U0475843

清代贡院史

上卷

毛晓阳 著

海峡出版发行集团
福建教育出版社

图书在版编目（CIP）数据

清代贡院史：共2卷/毛晓阳著. —福州：福建教育出版社，2024.6
ISBN 978-7-5334-9950-1

Ⅰ.①清… Ⅱ.①毛… Ⅲ.①贡院－史料－中国－清代 Ⅳ.①G529.49

中国国家版本馆CIP数据核字（2024）第080118号

策划编辑：祝玲凤
责任编辑：黄晓夏　吴鲁薇　陈玉龙
美术编辑：季凯闻

Qingdai Gongyuan Shi（Shang Xia Juan）

清代贡院史（上下卷）

毛晓阳　著

出版发行	福建教育出版社
	（福州市梦山路27号　邮编：350025　网址：www.fep.com.cn
	编辑部电话：0591-83716736
	发行部电话：0591-83721876　87115073　010-62024258）
出 版 人	江金辉
印　　刷	福州万达印刷有限公司
	（福州市闽侯县荆溪镇徐家村166-1号厂房第三层　邮编：350101）
开　　本	710毫米×1000毫米　1/16
印　　张	70.75
字　　数	1200千字
插　　页	4
版　　次	2024年6月第1版　2024年6月第1次印刷
书　　号	ISBN 978-7-5334-9950-1
定　　价	160.00元（上下卷）

如发现本书印装质量问题，请向本社出版科（电话：0591-83726019）调换。

序

科举的研究将会走向何方呢？笔者曾经在自己以前的一篇名为《宋代政治的空间与结构：科举社会的"人际网络"研究》的文章中探讨过这个问题。要而言之，有以下几点：科举的相关研究硕果累累，而其中多数皆以阐明科举之制度为着眼点，由此，科举制度本身基本得到了清晰说明。如今，科举研究的视野已经逐渐转向了科举背后各种各样的"存在"。笔者本人就一直尝试着从系统、空间、网络等三个方向推进科举的分析研究。

系统的研究既与制度关系密切，而包含科举制度在内的官僚制度也与政治、社会的结构相互结合并发挥作用。例如，当我们讨论科举究竟如何形塑了中国社会，或者科举给社会带来了何种构造之类的问题时，就与系统的研究密切相关。具有代表性的，如何炳棣《明清社会史论》(*The Ladder of Success in Imperial China：Aspects of Social Mobility*，1368—1911，Columbia University Press，1962)一书便从"社会流动性"(social mobility)的角度指出：正是科举促使社会的阶层、身份实现了大幅度的流动。

而本杰明·艾尔曼(Benjamin A. Elman)则运用了法国社会学家皮埃尔·布尔迪厄(Pierre Bourdieu)"文化资本""言语资本""社会关系资本"等方法概念，指出科举一直具有政治、社会、文化的"再生产"能力，特别是士大夫阶层凭借各种类型的资本对自己的阶层进行"再生产"的功能构造。何炳棣与本杰明的两种观点，看似互相矛盾，却正正阐明了一个历史事实：科举既促进了社会的流动，同时，也成为了其再生产的主要动力。

笔者则曾留意于宋代科举与荐举制的关系，并尝试透过网络这一侧面对科举进行分析，而研究的结果表明：具体地看，士大夫阶层在应试科举的阶段，便与构筑于家族、乡里、学校、书院等场域的网络发生了深刻的关联；而在中举之时，又构建起与科举直接相关的网络，如"座主门生""同年"等考官和中举者之间、同期中举者之间的关系网络；此后，在官场晋升的各个阶段中，在不断需要推荐人的荐举制的结构运作之下，士大夫们将不停地在同姓、同乡、同学、同舍、同官等各种各样的网络之间选择、取舍，并最终结成属于自己的政治网络。

诚然，科举与网络的议题并不止步于此。科举社会深入地关联着多种多样的网络，而我们的研究更需要注意到人群在网络之中具体的活动。例如，探讨家族与科举的关系，前述何炳棣的讨论必然是相关的重要参考。而贾志扬（John W. Chaffee）《宋代科举》（*The Thorny Gates of Learning in Sung China: A Social History of Examinations*，Cambridge University Press，1985）一书更提出：由男性系不断扩大之家族组成的宗族，以及通过婚姻关系结合的姻族，二者在科举中发挥的作用，都值得研究者留意。贾志扬的研究亦表明，科举与婚姻之关联，同样是网络构筑的重要元素，士大夫们也正是通过宗族、姻族向着"中举"的目标展开攻略的。

还有一样值得留意的要素，便是"空间"。这里的"空间"，既有地理学上说明物理性空间的"space"的含义，其概念范围和研究视野更拓展至"place"，即将处于该"space"内的网络、社会秩序、文化、学术等各项内容包含其中的"place"。以这一定义为基础，学校、书院、贡院等与教育、考试相关的空间，义庄、贡士庄、乡曲义田等为科举考生提供旅费支援的宗族或乡里组织，期集宴、鹿鸣宴和乡饮酒礼等仪礼有关的空间，支持应考住宿的会馆、公所，以及考生们进行交流的旅馆、茶馆、园林、妓院、寺庙等等，各种各样的"空间"遂跃现于研究者眼前。

若按照笔者上述的整理来看，本书应属于通过"空间"研究科举的视角，而其成果则是以科举考场"贡院"为抓手展开的关于科举的具体考察。故而本书中的"空间"并不仅仅指向单纯的物理空间"space"，更着眼于包含了介入"space"之中的各种内容的"place"。正因如此，本书的考察对象不但面向风水堪舆、崇祀神祇等"人文景观"，还有"考试规范与考试公平观念""社会效益与考场成本选择""体恤考生与助考公益观念"等"考试观念"。此外，清晰呈现出与"贡院"的维持管理关系密切的乡绅们的活动"身影"等成果，也说明本书的研究已经涉及介入"空间"的"人"之实态的深度分析。笔者认为，本书的成果在对科举的"空间"研究而言，堪称周详、精到。

笔者与毛晓阳先生的交往可以追溯至2019—2020年他受聘为大阪市立大学（现在的大阪公立大学）客座教授的一年间。严格来讲，更早的因缘，则是在此之前浙江大学龚延明先生将毛先生介绍于笔者，而毛先生接受了大阪市立大学的访学邀请之时。龚先生出版了《宋代登科总录》等成果，为科举学的发展做出了重大的贡献，同时，他其实也在为科举学这一学术领域，构筑起了研究的网络。毛先生在大阪市立大学期间，笔者与他进行了深入的交流。毛先生不但积极参加笔者开设的课程，以及笔者每月主办的宋代史谈话会，还经常在会上提出宝贵的学术意见和建议。笔者至今仍然记得他每次提出的意见都曾带来巨大的启发。毛先生那般勤勉而实诚的性格，也充分体现在了本书的研究之中。本书网罗收集了清代贡院的大量史料，正如前述，以"空间"为切入点，向读者展现了崭新的中国古代科举的面貌。通过本书，我们亦可一窥毛先生勇于开拓创新研究视角的科研精神。

综上所述，笔者认为本书是开辟了崭新的科举研究领域的重要成果，也热切地期待今后的科举研究领域不断产出同样的优秀作品。

2024年4月25日
大阪公立大学大学院文学研究科教授　平田茂树　撰
中山大学人文高等研究院副教授　胡劲茵　译

目 录

第一章　绪论 ……………………………………………………… 1

第二章　清代贡院的历史渊源 …………………………………… 20
　　第一节　周代泽宫与后世贡院/20
　　第二节　唐五代贡院/41
　　第三节　宋代省试贡院/60
　　第四节　宋代府州军贡院/73
　　第五节　辽金元贡院/122
　　第六节　明代贡院/134

第三章　清代贡院的级别类型 …………………………………… 165
　　第一节　清代殿试场所与乡会试贡院/166
　　第二节　清代学政试院/175
　　第三节　清代县试考棚/195
　　第四节　清代其他类型的科举考试建筑/203

第四章　清代贡院的时空分布 …………………………………… 233
　　第一节　清代乡试贡院的时空分布/234

第二节　清代学政试院的时空分布/248

第三节　清代县试考棚的时空分布/338

第五章　清代贡院的修建途径 …… 434

第一节　清代乡会试贡院的修建途径/434

第二节　清代学政试院的修建途径/455

第三节　清代州县考棚的修建途径/477

第四节　个案研究：清代台湾科举公益与贡院/501

第六章　清代贡院的建筑形制 …… 525

第一节　清代乡会试贡院的建筑形制/526

第二节　清代学政试院的建筑形制/564

第三节　清代县试考棚的建筑形制/584

第四节　清代贡院的场外附设助考建筑/608

第七章　清代贡院的人文创造 …… 633

第一节　清代贡院的风水堪舆/633

第二节　清代贡院的匾额楹联/662

第三节　清代贡院的亭台楼阁/714

第八章　清代贡院的管理制度 …… 739

第一节　清代贡院的政府监管/739

第二节　清代贡院的社会监督/757

第三节　清代贡院的日常管理/772

第九章　清代贡院的考试思想 …… 793

第一节　考场规范与考试公平/793

第二节　考场成本与社会效益/801

第三节　体恤考生与助考公益/817

第十章　清代贡院文学 829
　　第一节　清代贡院记/829
　　第二节　清代贡院诗/956

第十一章　晚清贡院的近代转型 993
　　第一节　乡会试贡院的废弃与处置/994
　　第二节　学政试院的废弃与处置/1013
　　第三节　县试考棚的废弃与处置/1023

第十二章　结语 1032

参考文献 1047
后记 1116

第一章

绪论

科举是中国古代人才选拔制度的重要发展阶段。科举有广义和狭义之分，广义的科举泛指分科取士，狭义的科举则是指从隋炀帝大业元年（605）创立进士科至清光绪三十一年（1905）宣布全面停罢科举期间所实行的"一切以程文为去留"的人才选拔制度。科举通过分科分级、公平考试的方式，统一评判候选者的优劣，为封建国家的官僚系统不断输送后备人才。其参与范围之广泛、逐级淘汰之残酷、录取比例之悬殊，在世界考试史上实属空前绝后。在此过程中，科举也规定了学校教育的内容，形塑了社会阶层的再生产方式，在隋唐至明清的各个时代都留下了深刻印记。

上世纪90年代以来，有关科举制与科举学的研究成果层出不穷。人们之所以关注科举问题，除了源自人们对历史的与生俱来的好奇心，更由于它不仅对中国古代社会发展所形成的巨大影响，并且成为中国传统文化基因中的重要内核，而且因为它对当代中国以高考和公务员考试为代表的人才培养与考试选拔制度具有直接的现实观照价值。而在科举学术研究层面，学界大致形成了科举制度、人物、法规、民俗、文献整理等研究，以及科举与政治、经济、社会、教育、文化、文学的关系研究等若干门类，充分体现了科举学的广博性特征。与科举学的其他研究选题不同，本文将目光投向清代科举制的具体执行场所即科举贡院，并主要从社会史的研究视角对其进行综合观照。

一、概念界定

贡院有广义和狭义之分。广义的贡院泛指所有科举专用考场，狭义的贡院则仅指乡会试专用考场。清代科举考试可以分为三大级七小级，三大级即童试、乡试、殿试，分别对应生员、举人和进士三种科举出身；七小级即童试包括县试、府试和院试三小级，乡试包括科试①和乡试两小级，殿试包括会试和殿试两小级。理论上讲，三大级七小级的科举考试都应该在相应的专用考场内举行。清代各地建造的科举专用考场主要有三种类型，即为乡试（顺天乡试贡院同时也是全国会试贡院）而建造的乡试专用考场，为学政院试（含生员岁试、科试和童生院试、府试）而建造的院试专用考场，以及为各县（含散州、散厅）童生参加县试而建造的县试专用考场。不过，由于清代科举的间隔周期较长，一般为三年一科，因此建造和维修科举专用考场的成本便显得过于高昂，很难被人们普遍接受。从文献记载来看，清代并非所有级别的科举考试都建有专用考场，也并非所有级别的科举专用考场都被称为贡院，但是各类科举专用考场都有被称为贡院的案例。

事实上，清代国家对于各级科举专用考场的称谓并无官方的法律规定。在清代各级科举考试中，殿试没有建造专用考场。清初殿试在天安门外，顺治十四年（1657）改在中和殿东西阁阶下②，乾隆五十四年（1789）之后改在保和殿③。会试以顺天贡院为考场，不需要另建专用考场，其名称即为顺天贡院，或称京师贡院。各省乡试考场一般被称为贡院，但偶尔也被称为试院，全国共有17处贡院，即顺天、江南、浙江、江西、福建、山东、山西、河南、湖南、湖北、广东、广西、四川、陕西、甘肃、云

---

① 明清时期"科举必由学校"，即一般情况下必须考取为官学生员，才有资格继续参加乡试考取举人，再参加会试和殿试考取进士。对于童生来说，文童每三年各有一次岁试和科试的机会考取生员，武童则每三年仅有岁试一次机会。

② 商衍鎏：《清代科举考试述录》，北京：三联书店，1958年，第109页。

③ （清）礼部：《钦定科场条例》卷55《殿试·题派事宜》，沈云龙：《近代中国史料丛刊三编》第48辑，台北：文海出版社，1989年，第4199页。

南、贵州贡院。①

文武生员的岁试与科试、童生的院试都由各省学政主持,其考场一般建造于学政衙署或行署之中,大多称为试院,但也不乏其他称谓,如贡院(如浙江衢州府,湖北荆门厅,甘肃兰州府、甘州府、巩昌府、肃州,河南郑州,山西平阳府、蒲州府、潞安府、沁州、平定州、忻州、代州、解州、绛州、岢岚州等)、右文馆(如浙江湖州府、嘉兴府)、校士院(如福建台湾府、山东莱州府)、文馆(如福建福宁府)、考试院(如陕西凤翔府)等,而山东、山西、陕西、甘肃、河南等北方省份多称之为考院,浙江则多称之为校士馆。童试之府试以府、直隶州为单位,一般都是借用学政试院为考场,只有个别地方建造过专门的府试考场,但是其数量极少,目前仅见江苏镇江府(京江试院)、安徽太平府(府学考棚)和湖南酃县(府考棚)3所②,其中酃县在本县县城有县试考棚,在府城清泉县又建造了府考棚,仅供本县生童使用③。故本文不拟列为专节对府试专用考场进行讨论。

最低级别的童生县试,其专用考场一般被称为考棚,但也有其他较为常见的称谓如贡院、试院、校士馆、考舍、试馆(如浙江处州府各县、湖北大冶县),以及较不常见的称谓如兴贤馆(湖北英山县)、考署(江西金溪县)、考棚(江西宜黄县、广东花县)、试舍(江西萍乡县)、试庐(广西上林县)等。北方的山东、山西、陕西、甘肃、河南等省也经常将县试专用考场称为考院。

清代各地贡院往往并非只有一种称谓。有时候同一贡院在不同的文献

---

① (清)礼部:《钦定科场条例》卷28《关防·贡院》,沈云龙:《近代中国史料丛刊三编》第48辑,台北:文海出版社,1989年,第1951页。

② 镇江府京江试院是由丹徒、丹阳两县合建的用于府试、县试的专门考场;太平府建有学政试院,《(光绪)重修安徽通志》载该府还有府学考棚,但未说明其具体用途。个别地方志中也有府考棚的称谓,如《同治安仁县志》卷12《建置志》"公廨"门中便同时记载了县考棚和府考棚(江苏古籍出版社,1996年版,第625页),但府考棚其实是学政试院,并非专为府试而建造的科举考场。

③ (清)唐荣邦,杨岳方:同治《酃县志》卷5《营建志》,台北:成文出版社,1975年,第328—331页。

中有不同的称谓。如甘肃兰州府靖远县于道光六年（1826）将旧粮仓改建为"试士之所"，道光《兰州府志》称之为试院①，而道光《靖远县志》则称之为考院，且仿照乡试贡院之例将考院大堂称为至公堂②。又如山东临清直隶州试院初创于乾隆四十一年（1776），《乾隆临清直隶州志》卷2《建置志二》《建置志三》分别称其为考棚、试院。③ 而《民国临清县志》则除继承了乾隆县志的试院、考棚的称谓外，还载有考院之名。其卷7《建置志二·文化类》中列有"试院"一目，而在正文中则有"知州李涛就中洲工部旧署建考棚"的行文，在卷10《教育志·学校教育》中又称之为考院："光绪三十二年，知州张承燮奉令在考院旧址成立初级师范学校。"④

有时候同一贡院在同一种文献中的称谓也有所不同。如在北方的一些地方志中，一方面将其科举专用考场称为考院，另一方面志中所收录的贡院记则称为文场、试院或考棚。如山东东昌府试院始建于明代，清顺治十六年（1659）重建。《嘉庆东昌府志》卷14《学校志下》将其记载为试院："试院，在郡城南门内。"同卷所附两篇记文的标题则均写作考院，一篇为施闰章《重建东昌考院记》，另一篇为应纯仁《重修考院记》。⑤ 又如山东新城县《民国新城县志》卷5《建置志一》中将其县试专用考场称为考院："师范传习所，光绪三十二年知县吴延祚即旧考院改建。"而在卷23《金石志二》所收录的知县李振先的《道光建立书院考棚记》中，则有文场、考棚之称谓："讲堂甬道之两翼，拟筑屋十六楹为文场。""立书院，宜矣；

---

① （清）陈士桢，涂鸿仪：道光《兰州府志》卷3《建置志》，台北：成文出版社，1976年，第199页。
② （清）陈之骥：道光《靖远县志》卷2《学校志》，台北：成文出版社，1976年，第179页。
③ （清）张度，邓希曾：《乾隆临清直隶州志》，南京：凤凰出版社，2004年，第336、338页。
④ 张树梅，王贵笙：《民国临清县志》，南京：凤凰出版社，2004年，第99、166页。
⑤ （清）嵩山，谢香开，等：《嘉庆东昌府志》，南京：凤凰出版社，2005年，第218页。

并建考棚,不亦僭乎?"① 在南方各省的地方志中也经常有类似的情形。

之所以同一座贡院在同一种地方志或不同地方志中会有不同的称谓,可能与称谓之主体不同有关。如在同治十二年(1873)刊印的《广信府志》卷2《建置志》中,其"公廨"门载有"学政试院"一目,这是志书编纂者的称谓;而在巡抚岳濬、学政赵大鲸、知府陈世增分别撰写的记文中,都将这座乾隆二年(1737)由旧察院行署改建而来的广信府院试专用考场称为校士馆。② 据查,赵大鲸、陈世增都是浙江杭州府人,浙江各地多将学政试院、县试考棚称为校士馆。地方志的编纂者一般为本地文化名流,志中称谓本地事物自然要采用本地的习惯称谓;而撰写科场记文的作者多为各类官员,清代实行官员任职籍贯回避,故官员多为外省人士,他们在记文中也习惯采用其本省之称谓。有时候在同一篇贡院的记文中也会出现不同的称谓。如《同治武陵县志》卷10《建置志》刊载有一篇《改建试院碑记》,它是道光六年(1826)刻石的碑文,主要叙述嘉庆十七年(1812)常德府"阖郡绅士请诸太守应公先烈"共同捐资重修本府学政试院的经过。与该碑记标题直接用试院指称这座科举专用考场不同,碑记正文中使用了常郡考棚、旧试院、新考棚等称谓③,说明在碑记作者看来,这座学政院试专用考场既可以称为试院,也可以叫作考棚。

为了避免在叙述时引起混乱,本文在行文过程中将分别用贡院、试院和考棚专指乡会试、院试(含府试)、县试三个级别的科举专用考场,但本书的标题则统称为贡院,也就是将三种级别类型科举专用考场统称为贡院。这主要出于以下考虑。首先,称乡试考场为贡院,是参考清代最为权威的科场法规《钦定科场条例》及各省通志的通行惯例。其次,称院试专用考场为试院,主要是参考《(光绪)重修安徽通志》、光绪《湖南通志》

---

① 袁励杰,张儒玉,王寀廷:《民国重修新城县志》,南京:凤凰出版社,2004年,第66、259页。
② (清)蒋继洙,李树藩:同治《广信府志》卷2《建置志》,台北:成文出版社,1970年,第153—154页。
③ (清)陈启迈:《同治武陵县志》卷10《建置志》,南京:江苏古籍出版社,2002年,第251—252页。

的记载,二者都是清代人编纂的省志,其中前者将府、直隶州的院试专用考场统一称为试院,后者则将其统一称为督学试院。另外,宣统《山东通志》尽管没有记载县试专用考场,但也统一称各府院试专用考场为试院。民国《湖北通志》将院试、县试专用考场均称为试院。再次,称县试专用考场为考棚,主要是参考光绪《江西通志》和《(光绪)重修安徽通志》的记载。与后者一样,前者称所有县试专用考场为考棚,但是对所有院试考场则统一记载为提督学院署(南昌府)和提督学院行署。

值得指出的是,在所有的贡院称谓中,校士馆和考院是两个较为常见的名称。前者集中记载于乾隆《浙江通志》和乾隆《山东通志》,后者则散见于山东、山西、河南、陕西、甘肃等北方省份的府州县地方志中。不过,不管是校士馆还是考院,它们都没有被统一用于称谓院试考场或县试考场,而是将这两个级别的专门考场同时称为校士馆或考院。也就是说,即便是在这些省份,这两个称谓也都无法作为某一级别贡院的专称。

本文以清代科举专用考场为主要研究对象。同时,为了全面展示清代科举考试场所的全貌,本文也将顺带叙及其他非科举专用考场,如清代科举最高级别考试即殿试的考场,以及因未建造专用考场而临时借用为考试场所的县衙、府衙、书院以及寺庙等建筑,展现其在考试期间的设置情形。

科举是中国乃至世界范围内存在时间极长、发展日益规范的人才选拔考试,是现代文官考试制度的前身,对于当代各级各类考试都具有独特的借鉴意义。同样的,作为科举制度具体推行的场所,清代贡院也是迄今为止世界历史上独一无二的专门为考试而建造的功能性建筑。清代贡院的这种独特性,也赋予了它独一无二的研究价值。

二、研究目的

"无情如造化,至公若权衡。"公平取士是隋唐以来中国人才选拔制度的一贯追求。唐代前期将吏部考功员外郎主持省试的行政管理机构及其场所称为吏部贡院,开元年间以后改由礼部侍郎主持科举考试,礼部贡院随即代替吏部贡院登上了历史舞台,并一直延续到宋代。两宋时期,除省试级别的礼部贡院外，府、州、军等解试贡院也日渐普遍，贡院的行政管理机构性质日益淡化，科举专用考场的特性则日渐明显。明代确立了童试、乡试、会试三级制的科举制度，与之对应的是，除了会试、乡试贡院，童试阶段用于举行府试和院试的学道行署试院也开始出现。延至清代，随着《钦定科场条例》等科举法规的不断完备，与之相辅而行的多种级别类型的科举专用考场已臻健全，不仅会试、乡试贡院和学政行署试院基本完备，由各地士绅捐资建造的州县童试考棚也遍及全国，成为清代贡院区别于历代的一大特色。贡院作为科举考试的主要发生场所，它的发展历史对于认识中国科举制度的发展历程显然具有重要的参考价值。清代贡院集历代贡院之大成，对于研究中国历代贡院制度、全面认识和客观评价科举制度具有典型意义。研究清代贡院史，能够帮助我们通过贡院这一侧面，了解清代科举制度的具体执行情形，同时追寻中国历代追求公平、公正社会价值观念的发展途径。

"三场辛苦磨成鬼，两字功名误杀人。"科举时代，不管幸运高中还是屡次被黜，贡院都是众多科举人物毕生难以忘怀之地。关于科举考生的考试历程，历代留下了非常丰富的文献记载。研究清代贡院，能够为我们提供了解某一个特定历史人物的一个侧面，进而帮助我们深入了解其心路历程。根据众多的同类研究个案，我们便能够全面了解科举考生这一特定的历史人群，进而为了解不同时代考生的文化生态、总结其文化特征提供参考。

"天下之事，惟义利而已。"在清代科举社会里，随着人们对满清王朝归属感的逐步加深和摊丁入亩赋役制度的全面推行，宋代大儒程颢的这一主张在清代基层社会士绅阶层中被积极奉行。为了帮助本地科举考生实现赴考梦想，从明末清初开始，各地士绅便不断通过公益捐助的方式建造县试考棚、学政试院，这一活动在清代中后期捐纳制度日渐成熟的背景下伴随着宾兴、善会、善堂等教育、慈善捐助活动一起达到了高潮。在清代贡院修建活动中，中国传统的公平取士观念和教育公益文化相得益彰，成为科举文化乃至中国传统文化的重要组成部分。

研究清代贡院无疑具有特定的学术价值和现实意义。科举学的创立者刘海峰先生认为，贡院是中国科举文化的具体象征；日本学者宫崎市定则指出，贡院是中国科举这一考试地狱的集中体现。无论褒贬如何，作为中国古代的第五大发明，实施了1300多年的科举制度确实为中国传统文化注入了特有元素。而要完整认识和客观评价科举制度，作为其具体实践场域的贡院无疑值得人们关注。同时，作为世界历史上唯一存在过的"纯"考试场所，数以千百计的清代贡院的兴废历程也一定能对当代中国乃至世界的考试实践提供借鉴。

三、文献综述

1. 前人研究综述

有关清代贡院之研究，从民国时期便已经开始。如1932年的《明远》杂志第1期发表了胡伦清（1896—1966）所撰《旧贡院硕果仅存的明远楼》，虽然主要探讨的是浙江贡院内的明远楼，实际上却回顾了浙江贡院的发展历程。[①] 1943年第1卷第25期的《大东亚周刊》发表了朱意防的《北京贡院始末记》则简要介绍了清代顺天贡院的发展史。但真正从学科研究的角度讨论贡院，则自20世纪90年代以来开始盛行。[②] 迄今国内学界围绕中国古代贡院已经发表了一定数量的专门的研究论著，其研究方法与相关论点对本项目均具有直接的借鉴作用，为本选题的全面推进提供了重要参考。

专著方面，周道祥《江南贡院》（1999）、《江南贡院史话》（2008）和肖振才《江南贡院》（2007），刘先澄《贡院春秋》（2013），陆军、黄秀颖《清代广西贡院》（2013），王琛、杨建文《清代甘肃贡院》6部专著都是分别以江南贡院、四川阆中贡院、广西贡院和甘肃贡院为主题的个案研究成果，其突出优点在于将贡院置于其所处的历史情境，侧重于描述贡院与科举制度、当地教育、八股文、科场案及当地科举人物之关系，不足之处在于对贡院建筑本身反而着墨不多。马丽萍《明清贡院建筑》（2013）原是

---

① 胡伦清：《旧贡院硕果仅存的明远楼》，《明远》1934年第1期，第114—117页。
② 朱意防：《北京贡院始末记》，《大东亚周刊》1943年第1卷第25期，第21页。

南京工业大学的一篇硕士学位论文，出版为专著不免显得篇幅较短，但作者从建筑学和城乡规划的视角，围绕贡院规划选址、建筑配置与布局、单体形制特征等问题对明清乡、会试贡院建筑进行实例分析，不仅严格遵循学术规范，而且图文并茂，特色鲜明，颇足借鉴。

相关著作方面，刘海峰《科举学导论》（2005）、李兵《千年科举》（2010）、姜传松《清代江西乡试研究》（2010）、李世愉与胡平《中国科举制度通史·清代卷》（2015）、王日根等著《中国科举通史·清代卷》（2020）等科举学著作均曾直接论及清代贡院，而谢青主编《中国考试制度史》（1995）、杨学为主编《中国考试通史·明清卷》（2004）等考试史著作则在叙及清代乡会试考场规则时论及清代贡院。这些著作都将贡院置于中国科举制度的历史发展整体进程之中进行考察，对于了解清代科举制度与贡院关系的历史演进具有参考价值。

单篇论文方面，众多研究者从以下几个方面给予本选题以启发。

首先，评价清代贡院的历史价值。如刘海峰《贡院——千年科举的背影》（2009）认为贡院是科举制度与科举文化的具体象征；田建荣《陕西贡院的历史变迁》（2014）认为陕西贡院在维持明清以来西安作为中国西北地区文化枢纽地位的过程中，体现并发挥了重要的科举、教育和文化价值；张亚群《科举文化盛衰与贡院的命运》（2014）认为贡院是科举文化兴盛的产物，清末科举文化衰落也导致了贡院的消亡。

其次，提供专题研究的多维视角。如杨兴茂《甘肃贡院与贡院长联》（1985）详细评点了甘肃贡院长联，从一个侧面展示了贡院楹联、匾额独有的文化美学意蕴；李乾朗《台湾可能仅存之江南匠派建筑——台湾府台中城内考棚遗存建筑》（1993）讨论了台中考棚的建筑地域风格问题；刘苗苗《定州贡院初探》（1999）、马丽萍《明清贡院选址研究》（2012）从建筑学的视角分别分析了贡院的结构和选址问题；李兵《明清贡院供水趣谈》（2008）提示研究者关注考试期间用于解决考官和考生食宿问题的相关考场设施；陶易《贡院火灾悲喜录》（2013）提供了评价贡院建筑安全的视角；张森《明清顺天贡院的修建及经费探究》（2010）对顺天贡院的经费来源与管理问题的讨论，提示我们应从经济和社会的视角分析贡院与国家、社会的关系。

再次，部分关于贡院文献整理的论文为本项目提供了难得的资料线索。如石万寿《古碑拾遗：道山建台阳考棚捐题碑记后碑》（1975）、张传《有关云南贡院的两块碑记》（1981）、黄丽《贡院碑石及江西贡院的变迁》（1998）、周道祥《江南贡院碑刻揭示的科举文化》（2010）、罗登宜《贡院石碑》（2011）、陈宁宁《河南贡院清代碑记两通》（2012）分别整理、分析了台南府和云南、江西、江南、贵州、河南等省的学政试院或乡试贡院的石碑碑文，它们均是反映这些贡院在不同历史时期的建造或维修情形的珍贵史料。

硕博士学位论文是近年来贡院研究的一支生力军，体现了贡院研究正在不断向专门化发展。主要包括以下三种类型。一是直接以贡院或考棚为研究对象，主要有以下 12 篇，即马丽萍《明清贡院建筑研究》（南京工业大学 2012 硕）、刘赟俊《1873 年江南贡院格局及其构成浅析》（南京大学 2015 硕）、王旭静《清末江南贡院明远楼浅析》（南京大学 2015 硕）、宁琴《江南贡院常设展板文字英译项目报告》（南京师范大学 2017 硕）、杨娜娜《历史文化景观数字化保护与传承研究：以定州贡院为例》（石家庄铁道大学 2018 硕）、张静《清代科举考场建筑及其价值研究》（湖南大学 2018 硕）、王冬亚《宋代贡院研究》（河北大学 2019 硕）、庄雅萍《台湾科举考试与府级考棚之研究》（台南大学 2019 硕）、杨锐《晚清湖北考棚研究》（淮北师范大学 2019 硕）、田万宾《清代贡院建筑形制及空间特性研究——以定州贡院为例》（中国建筑设计研究院 2019 硕）、万亚玉《甘肃贡院研究（1875－1905）》（新疆大学 2019 硕）、张伯丞《考场、体验、抒发——宋代贡院与士人》（台湾清华大学 2023 硕）。二是因研究明清各省乡试而涉及贡院问题，主要有以下 6 篇，即刘希伟《清代山东乡试研究》（厦门大学 2008 硕）、姜传松《清代江西乡试研究》（厦门大学 2009 博）、许静《清代湖南乡试研究》（湖南大学 2009 硕）、王忠培《清代浙江乡试资格考试及其录取人数研究》（浙江大学 2016 硕）、邹艳妮《清代江南乡试研究》（湖南大学 2016 硕）、裴家亮《明代应天府乡试研究》（福建师范大学 2018 硕）。三是在探讨城市历史地理景观的过程中涉及贡院问题，主要有以下 5 篇，即周会娟《明清时期桂林城若干历史地理问题研究》（广西师范大学 2008 硕）、王毅《南京城市空间营造研究》（武汉大学 2010 博）、卢方琦《明清南昌城复原研究》（北京大学 2013 硕）、王璐《清代杭州城市地理研究》（复旦大学 2014 硕）、巩帆《阆中古城景观意象研究》（重庆大学 2016 硕）。

除了以上与清代贡院直接相关的论著，部分论及宋辽元明贡院的论著则为本项目探源清代贡院的历史渊源、对比清代贡院的历史特色提供了参考。其中代表性著作有龚笃清《明代科举图鉴》（2007）、何忠礼《南宋科举制度史》（2009）、王凯旋《明代科举制度研究》（2012）；代表性论文有梁庚尧《南宋的贡院》（1991）、葛绍欧《宋代府州的贡院》（1992）、何忠礼《北宋礼部贡院场所考略》（1993）、高福顺《辽朝礼部贡院与知贡举考论》（2011）、钱建状《南宋的州府贡院与贡院记》（2014）、刘希伟《科举废止后江南贡院处置过程钩沉》（2014）、何忠礼《南宋的礼部贡院与省试》（2018），等。

与国内贡院研究成果相对丰富的情况相比，国外学界针对中国古代贡院的研究成果则较为少见，不仅迄今尚未出版相关专著，单篇论文亦属罕见。

早期欧美或日本的旅华人士在其游记性作品中描述过他们见到的晚清或民国初期的贡院，如美国传教士丁韪良《中国环行记》（1896，又名《花甲记忆》）提到福建贡院是福州全城唯一可称道的建筑，它反映了中国文明最好的一面；日本人内藤湖南《燕山楚水》（1900）中描述了庚子国变前夕顺天贡院污秽肮脏、野草丛生的场景；原胜郎《贡院之春》（1915）描述的南京贡院里堆满了秦淮河疏浚的泥土。当代汉学家如日本学者宫崎市定《科举：中国的考试地狱》（1963）在"乡试"章节中专门论及了乡试"试验场"（即贡院）；美国学者贾志扬《宋代科举》（1995）认为宋代贡院深邃复杂的院子和庄严的中央主轴线能够加强崇高威严之感，它是最明显和使人印象深刻的科举象征。一些晚清传教士或摄影家则留下了不少清代贡院的照片，如中国国家图书馆和大英图书馆合作编纂的《1860－1930：英国藏历史照片》（2008）中便收录了多幅北京、广东贡院的照片。西方传教士的现场观察或海外学者的研究成果为我们了解与评价清代贡院提供了不同视角。

总体来看，此前清代贡院研究虽然已经取得了一定的成果，但是依然有值得深入完善之处。

首先，已有成果的研究对象多集中于乡、会试级别的科举专用考场即乡会试贡院，如江南贡院、顺天贡院、河南贡院、甘肃贡院、陕西贡院、福建贡院、云南贡院、广东贡院等，而对于举行岁科试的县试、府试和院试的科举专用考场包括学政行署试院和县试考棚则极少有人关注。目前学界论及的学政院试考场仅有安庆府考棚、定州贡院、阆中贡院、郑州贡院、黄州府贡院、台南校士场、台中考棚等寥寥数所，论及的县试考棚则更仅有四川青神县考棚一所。而实际上清代各地所建生员岁、科试和童生童试的专用考场数量有数百所之多。统计和分析清代各级贡院的时空分布，将是本项目的主要任务之一。

其次，已有成果尽管已经体现了较为多样的学术视角，如从科举制度、科举文化、科举人物、科举经费、建筑布局等方面探讨贡院的意义与价值，但它们或为笼统概述，或属个案分析，缺乏多组个案研究后的全面考察，尤其是对于贡院文化、贡院文学、贡院思想、贡院与地方社会的关系等议题较少有人论及。而在级别虽低但却数量众多、贴近基层社会的县试专用考场层面，以上诸多议题基本无人涉足。

再次，已有成果多属单篇论文或个案研究，其中尤以顺天贡院、江南贡院、河南贡院、甘肃贡院、广西贡院、云南贡院、阆中贡院、定州贡院等科举地位较为重要或尚有遗迹存世的贡院受到学界关注，例如已出版的6部贡院专著中有3部是关于江南贡院的，1部关于广西贡院，1部关于四川阆中贡院，1部关于甘肃贡院。而大多数单篇论文则或篇幅较为简短，讨论不够深入，或未能严格遵循学术研究规范，论述欠缺严谨。

因此，清代贡院研究需要从整体上对不同级别和类型的贡院进行多学科多视角的观照，完成一部综合性的研究专著。并以此为基础，为完成《中国贡院通史》奠定基础。

2. 史料综述

本研究的史料来源主要以地方志为主，而以清代正史、典章制度史、个人文集笔记等史料为辅。其中，地方志史料对本研究的资料搜集工作至关重要。

中国地方志浩如烟海，资料繁富，而以清代地方志数量最多。上世纪60年代以来，在中国出版界的持续努力下，各类影印版地方志丛书不断涌现，大致有以下几种类型。一是以全国地方志为影印对象的地方志丛书。其中最为典型的有两种，即由台湾成文出版社于20世纪60—80年代影印出版的《中国方志丛书》和由江苏古籍出版社（后更名为凤凰出版社）、上海书店出版社、巴蜀书社于1991年至今联合影印出版的《中国地方志集成》。学苑出版社2010年出版的《中国稀见地方史料集成》也是立足全国视野影印出版的珍稀地方志丛书。二是以某一省份地方志为影印范围的地方志丛书。较为典型的如《海南地方志丛刊》《广东省历代方志集成》《江西省地方志丛书》等。三是以某一朝代地方志为影印对象影印出版的地方志丛书。较为典型的如《宋元方志丛刊》《明代孤本方志选》《清代孤本方志选辑》等。四是以各大图书馆所藏地方志为影印范围的地方志丛书。较为典型的如《北京师范大学图书馆藏稀见方志丛刊》《福建师范大学图书馆藏稀见方志丛刊》《华东师范大学图书馆藏稀见方志丛刊》《陕西省图书馆藏稀见方志丛刊》《四川大学图书馆藏珍稀四川地方志丛刊》《天一阁藏明代方志选刊》《天一阁藏明代方志选刊续编》。五是以中国流失海外的地方志为影印对象的地方志丛书。较为典型的如《日本藏罕见中国地方志丛刊》《日本藏罕见中国地方志丛刊续编》。

除了专门的影印出版的地方志丛书，有些大型丛书里也收录了不少的地方志。如台湾商务印书馆《景印文渊阁四库全书》、上海古籍出版社《续修四库全书》等。此外，中华书局出版有《永乐大典方志辑佚》，台湾学生书局影印出版的《中国史学丛书》中也包括不少地方志。

随着网络技术的发展和大数据时代的到来，中国地方志数据化的步伐不断加快，其中走在最前列的是中国国家图书馆。中国国家图书馆所收藏的数字方志库系通过拍照、扫描等方式，将地方志逐页制成电子图片，并将其分部分卷整理上网，供读者免费阅读。他们还致力于将地方志进行文字识别、输入、校对，制成纯文本文档，并参照原始网页进行还原性排版，既保证了每一版页的内容都与原版完全相同，又使得其页面文字更为清晰。很多公益个人或网站也在保护知识产权的前提下，将各类地方志丛书制成电子书，供人们从网上免费下载，进行公益性资料查询和学术研究。地方志文献处理的电子化、网络化，为包括本项目在内的相关研究提供了极大的便利，节省了大量的时间和经费。

不过，由于各种主观或客观方面的原因，本文在查询地方志所载贡院史料时，仍不可避免地存在遗漏的情况。主要包括以下三个方面。

一是由于地方志编纂体例的差异而导致考棚归类不同，有时候会对我们的史料查阅工作形成更多的困难。如从各省通志来看，《（光绪）重修安徽通志》、光绪《江西通志》、民国《湖北通志》都在记载各类衙署或学校的时候，附载各级贡院，而其他省志则大多仅仅记载乡试贡院和学政试院，而对州县考棚则付诸阙如。有些地方志会在建置志或学校志中，特别设置试院或考棚的条目，并在全书的目录里加以呈现，但也有很多地方志的目录里找不到贡院的卷次归属。尤其是在民国年间编纂的地方志里，其体例大多按照近代的学科分类进行章节安排，类似贡院这类已经被改建或废弃的公用建筑，往往很难在第一时间找到其类目所在，只能在学校志、政治志或建置志里寻找其蛛丝马迹。

二是由于民国方志多是采取石印、铅印等排印技术，字体相对更小，影印出版时已经显得极为模糊，制成电子书后更加难以辨认，这无疑增加了资料查阅的难度，影响了资料查阅的进度。

三是清人在建成贡院后，一般都会请人撰写记文以便刊刻立碑，这些记文也多被刊载于地方志中。有些地方志将贡院的相关记文直接刊载在试院、考棚等相关条目之下，查阅起来较为方便，但是字体则往往采取双行小字，读写、录入均更困难；有些地方志则将贡院记文刊载于艺文志之中，因而需要在艺文志中逐页查找。

本文在查找地方志中的贡院史料时，一般先翻阅其目录，如果目录中便列有贡院条目，翻检将会便利很多。但如果目录中没有列出相关条目，便需逐页翻阅，其中最可能包括贡院史料的便是建置志、学校志和艺文志，有时则需要从职官志、人物志等卷目中寻找蛛丝马迹。这种通过逐页翻阅而查到了相关信息的情形，往往令人格外欣喜万分。比如山东登州府栖霞县考棚，在光绪七年（1881）刊印的《增修登州府志》中，其卷首目录"卷之十学校"下有双行小字"祀典附、书院试院附"，说明登州府的学政试院和所辖各州县的考棚均被载于卷10《学校志》中。在该卷的正文部分，也用一句话简略记载了栖霞县考棚，即"试院，在书院西偏，道光二十六年（1846）知县方传植创建"①。而在光绪五年（1879）续修的《栖霞县续志》目录中，则没有列出试院或考棚的条目信息，在卷2《建置志》的正文中，不管是"公署"门还是"学校"门中，也都没有为考棚专列条目。不过，经过耐心翻阅，终于在"书院"门中发现了道光二十六年知县方传植创建书院的事件，并从中发现了一句提及栖霞县考棚的文字，即"院西北便门一道，通考院"。尤其令人高兴的是，在该书卷9《艺文志》中，我们还发现了方传植所撰《重修霞山书院碑记》一文，其中提及他在道光乙巳（1845）莅任栖霞知县后，因为不忍心看到"都人士虽潜心务学，而苦无敬业乐群之所；且遇县试，所有桌凳皆诸童躬负入署"，因此与士绅商议，将考院、书院同时捐办。在获得了绅民"咸以为宜，输将踊跃"的大力支持下，方传植利用捐款购买地基，"增新改旧，西为校试之所，东为书院生童肄业之地"。②

又如与栖霞县同属登州府的黄县考棚，其文献记载也相当隐蔽。据《增修登州府志》卷10《学校志》，黄县考棚在书院西偏，道光二十九年（1849）知县宋炜图劝捐创建。而据查与考棚创建时间最为接近的同治十年（1871）修纂的《黄县志》，其目录非常简略，只有卷次与卷名，卷名下没有列出更为详细的条目。据查卷2《营建志》，我们终于发现了有关考棚的简略记载。该县志采取了与其他方志不同的刊载体例，也就是用"曰学校"的排版形式总领"学校"门的全部内容。但是在叙述完学校及学额变化情况之后，该志并不是像其他地方志一样另起一段，而是直接在该段

---

① （清）周悦让，慕荣榦：《光绪增修登州府志》卷10《学校志》，南京：凤凰出版社，2004年，第104页。
② （清）黄丽中，于如川：《光绪栖霞县续志》，南京：凤凰出版社，2004年，第57、295—296页。

文字的后面用"学校之辅则有书院"一句，开始叙述书院的建置情形。在书院内容的最后，刊刻的是"若夫踵而大之，尚有望于后之君子"这句话。这本来是一句结束语，但在排印形式上，则这句话却并未结束，而是紧跟着刊刻了一句："书院内西偏有考棚一所，道光二十九年建。"在它的后面又用双行小字补充了一句话："是年，宋炜图劝输修文庙，以余资购地创建。"① 也就是说，该志"曰学校"三字引领的一大段文字，其实叙述了儒学、书院、考棚三个事物。另外，在该志的《艺文志》中，既未刊刻考棚记文，也未刊载书院记文。和全国其他省份乃至于山东省其他府州县的地方志相比，《光绪栖霞县续志》与《同治黄县志》的记载显然更为隐蔽，若非有《光绪增修登州府志》的简略记载作为指引，仅仅查阅这两部方志的话，稍不留心，便会遗漏。

民国时期编纂的地方志，因考棚早已废弃不存，因而大多只能在叙述民国时期教育、学校的卷目中发现考棚的身影，其原因是当时很多学校的前身便是县试考棚。有些地方明明创建了考棚，但在清代末年修纂的当地方志中，依然不为考棚设置条目，令人很是费解。如四川珙县，在卷2《建置志》"公署"门和卷6《学校志》中均未载考棚，在卷11《艺文志》中也没有发现与考棚有关的记文。不过，在《艺文志》中有一篇题为《恭颂幼樵邑侯邵公德政》的碑记中，我们很偶然地发现了关于该县考棚的记载。这篇碑记的作者是恩贡生邓桂林，他用诗文的体裁，逐一叙述了知县"邵公"的相关德政，包括设立三费局以解决治安问题、建造考棚、创建书院、劝捐卷价和宾兴基金、筹划兵饷、赈济饥荒等。在刊刻体例上，则该志采取了诗文正文与双行夹注的形式，即在某些诗句的后面，用双行小字加以解释。其中叙及考棚的共有两句。第一句是"又不见，童军听点五更寒，簇簇负凳如负案"，第二句是"自侯考棚备，鹄立鱼贯灿衣冠"。在第一句的后面，县志的双行小字夹注为："邑向无考棚，临场以书院代考。诸童点名时，自携桌凳，狼藉不堪。"第二句的夹注则是："公迁书院于城

---

① （清）尹继美：《同治黄县志》卷2《营建志》，南京：凤凰出版社，2004年，第417页。

南，以旧书院为考棚，列东西文场，号桌悉备。"据查该书卷 8《职官志》可知，这则碑记所颂扬的"邑侯邵公"，实际上是珙县知县安徽人邵作霖，他到任的时间是"同治二年（1863）选，十月到任"。而据碑记中的"三年抚字三年苦，一身瘦矣苍生肥"的诗句及其所附"侯现欲引疾归里"的双行夹注，可知邵作霖的在任年限大致为三年。① 据此可以推知，邵作霖倡建珙县考棚的时间当在同治二年至同治五年（1866）之间。

另外，清代有一些贡院尤其是县试考棚被附建于书院、儒学、文昌宫等教育类建筑中，其相关的文献记载便往往附在地方志的学校志或祠祀志部分，而我们在翻阅地方志的时候很可能会忽略这些方志门类的资料搜索，从而导致统计数字的偏差。有些地方志的记载则极为简略，甚至只有只言片语。如福建永春直隶州大田县建有考棚，而《民国大田县志》卷 3《建筑志》只有一句话："考棚，在县署前西。今改造县立第一小学校。"另外则是在同卷叙述大田县署时提及"咸丰三年（1853）黄友煽乱，城陷，公署各机关尽付一炬，历任县官以考棚权作亲民地"，以及在卷 4《学校志》中叙述第一区县立均溪小学校时提到"清光绪三十二年（1906）科举既停，知县李浦霖奉令创立学校，将考棚改造学舍，筹'崇报捐'为开办费"。② 因此，我们只能据此推断大田县考棚创建于咸丰三年之前的某一年份。

由于年代久远，很多清代贡院的第一手材料没能流传下来，有些甚至在清代便已散佚。如湖南辰州府学政试院始建于清代初年，雍正十二年（1734）、乾隆二十九年（1764）两次重修。其中乾隆二十九年官绅合力捐资重建后，曾经留下了《落成碑记》，但在同治十年（1871）辰州府附郭县沅陵县编纂县志时，这篇记文已经"今不存"，无处寻觅③，该志卷44

---

① （清）罗度，郭肇林：《光绪珙县志》卷 8《职官志》、卷 11《艺文志》，台北：成文出版社，1975 年，第 533 页、第 873—875 页。

② 陈朝宗，王光张：《民国大田县志》卷 3《建筑志》，台北：成文出版社，1975 年，第 276、299、519 页。

③ （清）守忠，许光曙：《同治沅陵县志》卷 9《公署》，南京：江苏古籍出版社，2002 年，第 213 页。

《艺文志》只保存了 2 篇贡院记，即知县王作梅作《重修考棚碑记》和恩贡张开谟作《辰州试院记》。又如江西建昌府泸溪县于嘉庆五年（1800）建成考棚后，"庶吉士周毓麟撰记勒石，邑令阎丐中书，丁步曾又为记，俟勒石"①。但据查《同治泸溪县志》，只发现了一篇题为《邑令阎鏊新造试院记》的贡院记，而周毓麟、丁步曾的记文则都未被收入志中。按周毓麟为泸溪县嘉庆七年（1802）戊辰科二甲第 74 名进士，丁步曾则是泸溪县嘉庆六年（1801）辛酉恩科三甲第 115 名进士。② 这些消失的贡院记虽然不影响我们对清代全国贡院数量的统计，但对于深入了解这些贡院的修建情况，无疑是一种缺憾。

当然，无论地方志记载贡院的文字信息是否详尽、其目录或正文是否专设了考棚的条目，它们都毕竟是一种客观的文献资料，我们无法对古人求全责备；能否从地方志中查阅到贡院的相关信息，还是取决于查阅者是否具备耐心、细致、周备的科研态度。本文对清代全国各地学政试院、县试考棚的查阅与归纳，必定存在相当多的缺漏，这些都将在我们的后续研究中加以弥补。

四、研究方法

本选题以清代各级贡院为研究对象。在课题过程中，将主要采取以下研究思路、视角或方法。

首先是文献法。通过全面查找清代及民国地方志，以及清代文集、笔记等，充分收集能够反映清代贡院的时空分布、兴废沿革、时人议论的第一手资料。在此基础上，采取多学科的视角进行综合考察。

其次是社会史的研究视角，一方面将清代贡院置于清代历史发展的大背景下，分析其产生的历史渊源、社会背景，阐述其管理组织与监督形式，考察其消亡的过程与原因。另一方面致力于探讨在建造与维护贡院的

---

① （清）杨松兆，孙毓秀，彭钟华：《同治泸溪县志》卷 1《公署》，南京：江苏古籍出版社，1996 年，第 19 页。

② 朱保炯，谢沛霖：《明清进士题名碑录索引》，上海：上海古籍出版社，1989 年，第 2232、344 页。

过程中，清代国家、地方和士绅之间的关系，借此反思学界长期讨论的"公共领域"概念。鉴于大多数贡院尤其是数量众多的府州县考棚的建造与维修均由民间捐资完成，因此"社会公益"的分析视角将贯穿本研究的始终。

再次是教育学的研究视角。从考试的公平与效率出发，分析清人在建造贡院的过程中面临公平取士原则与考试测量成本的两难抉择时所体现出的教育公益与教育公平追求。

最后是文化学的研究视角。从中国传统文化美学理论出发，分析清代贡院的建筑形制之美，包括整体布局的庄严整齐、建筑命名的激扬奋发、建筑功能的职能专属、楹联匾额的文采流芳、堪舆风水的玄奥隐喻等。

此外，本项目还将从文学的角度，探讨清代贡院的记文、诗作，从中分析作者及其思想与影响等。总之，希望从多元化的研究视角，还原清代贡院的历史原貌，从而深入揭示清代贡院所承载的中国传统文化精神。

第二章

清代贡院的历史渊源

清代贡院是在唐代以来历代贡院的基础上发展演变而成的。伴随着历代科举考试类别、规则的不断变化,贡院也随之不断发生改进。科举制度虽然首创于隋朝,但由于文献不足征,我们已经无法知晓隋朝贡院的情况。因此,考察清代以前贡院的发展变化,目前只能从唐代贡院的兴起、北宋礼部贡院的专门化、南宋府州解试贡院的普及、明代贡院层级分类的逐步定型等若干阶段入手。

传统中国作为一个以儒学立国、坚信三代盛世可以越逾千古的国度,除了现实生活中出现过的物质性贡院,在中国的儒家典籍文献中,我们还可以发现另外一种非物质性的、甚至可能从未真正存在过的贡院,这就是本章首先要讨论的中国贡院的文化渊源——周代泽宫。

第一节 周代泽宫与后世贡院

一般认为,科举制度创立于隋唐。不过,从广义科举的角度来看,在隋唐以前,中国还实行过其他的考试选拔制度,其中最典型的便是汉代的察举制。而从儒家典籍文化的角度来看,则周代的"宾兴制"才是中国历史上最早的人才选拔制度。清末湖南石门县人阎镇珩(1846—1910)所撰

《六典通考》便将"周宾兴"列为"历代宾兴"之首的中国最早的人才选拔制度。① 这种宾兴制，在《周礼》中被记载为大司徒"以乡三物教万民而宾兴之"②和"三年则大比，考其德行道艺，而兴贤者能者，乡老及乡大夫帅其吏与其众寡以礼礼宾之"③，在《礼记》中则被详细描述为从"命乡论秀士升之司徒，曰选士"，到"司徒论选士之秀者而升之学，曰俊士"，再到"乐正崇四术，立四教，顺先王诗、书、礼、乐以造士"，最后到"大乐正论造士之秀者以告于王而升诸司马，曰进士"④ 的一个系统而完备的人才教育与选拔制度。

从唐代开始，全国最高级别的科举考试——省试的考试场所一般被称为贡院，而一直到了北宋后期，从地方到中央才逐渐建造了主要包括礼部贡院和府州军贡院在内的科举专用考场。它们的形制不断变化，明清时期则形成了以单个考生独立号舍为标志的考试区域和以衡鉴堂为标志的阅卷区域的内外帘考场结构。那么，在隋唐以前，中国是否存在类似的考试场所？或者，是否存在如同以周代宾兴制为科举制度的典籍文化之源一样的科举贡院的文化源头？答案是，确实有。

我们知道，在察举制下，尽管也有对策大廷的考试环节，但都是在殿堂之上完成对策，并没有特意为之建造专门的考场；而在各郡国则主要以荐举的方式产生孝廉候选人，且被推荐的人数极少，因此也没有必要建立专门考场。尽管如此，坚信三代圣王创造了古今中外无法超越的王道乐土的中国历代知识分子依然在传统的儒家典籍文献中找到了贡院的最早原型，它就是周代的泽宫。正如他们将《周礼》和《礼记》中的宾兴制描绘成后世科举制的前身一样，《周礼》和《礼记》等文献中的泽宫被认为是

---

① （清）阎镇珩：《六典通考》，扬州：江苏广陵古籍刻印社，1990年，第396—422页。
② （汉）郑玄注，（唐）贾公彦疏，赵伯雄整理：《周礼注疏》，李学勤《十三经注疏（标点本）》，北京：北京大学出版社，1999年，第266页。
③ （汉）郑玄注，（唐）贾公彦疏，赵伯雄整理：《周礼注疏》，李学勤《十三经注疏（标点本）》，北京：北京大学出版社，1999年，第295—299页。
④ （汉）郑氏注，（唐）孔颖达疏，龚抗云整理：《礼记正义》，李学勤主编《十三经注疏（标点本）》，北京：北京大学出版社，1999年，第403—405页。

科举贡院的儒家典籍文化源头。

迄今为止，国内外学界尚未就泽宫发表过任何一篇单篇论文。在一些教育史论著中甚至没有顺带提及泽宫。经检索，笔者仅在一些词典或非教育类著作中查到了对泽宫的简略解释。如周楣声《针灸穴名释义》下篇《条析》在解释"尺泽"穴的时候，提到"泽宫，是古代习射之处"①。《中国武术大辞典》收有"泽射"词条："古帝王选士助祭之前，先习射于泽宫，称泽射。"②《全唐诗大辞典》收有"泽宫射"词条："古时天子祭祀时要选士助祭。选士之时，先习射于泽宫，后射于射宫，凡射中者，才得入选。"③ 另外，任慧峰在《先秦军礼研究》第五章《军礼相关问题考辨》第一节《射礼》中提到："泽宫与射宫，是天子祭前举行大射的地方。"④ 本文拟就泽宫的原始出处及后世的词义解释、写作用典进行考述，并进而探讨泽宫在中国贡院历史中的文化意涵。

一、先秦两汉儒家典籍有关泽宫的记载与解读

先秦两汉时期的儒家经典中，记载了泽宫的文献主要有《诗经》《周礼》《仪礼》《礼记》等，两汉经学家则在以"传""笺"等形式对这些文献进行注疏、考订的过程中，进一步阐述了其对泽宫的理解。

先秦时期出现的《周礼》，在《夏官·司弓矢》篇有"泽，共射椹质之弓矢"一句。东汉经学家郑众（？—83）在为其作注时指出："泽，泽宫也，所以习射选士之处也。"⑤ 这是史籍中最早出现的"泽"与"泽宫"，郑众认为"泽"就是"泽宫"，是通过习射的方式选士的场所。

成书于汉代的《礼记》是记载周代礼仪文物制度的文献。据《礼记·郊特牲》记载，周王在祭祀祖庙前要例行占卜，"卜之日，王立于泽，亲

---

① 周楣声：《针灸穴名释义》，合肥：安徽科学技术出版社，1985年，第24页。
② 马贤达主编：《中国武术大辞典》，北京：人民体育出版社，1990年，第533页。
③ 张忠纲主编：《全唐诗大辞典》，北京：语文出版社，2000年，第931页。
④ 任慧峰：《先秦军礼研究》，北京：商务印书馆，2015年，第234页。
⑤ （汉）郑玄注，（唐）陆德明音义，（唐）贾公彦疏：《周礼注疏》卷32《司弓矢》，《景印文渊阁四库全书》第90册，台北：商务印书馆，1983年，第588页。

听誓命,受教谏之义"。郑玄(127—200)为"泽"字作注,指出"泽,泽宫也,所以择贤之宫也。既卜,必到泽宫,择可以与祭祀者"①。同书卷62《射义》中,郑玄在解释"天子将祭,必先习射于泽。泽者,所以择士也。已射于泽,而后射于射宫。射中者得与于祭,不中者不得与于祭"一段文字时,进一步解释说:"泽,宫名也。士,谓诸侯朝者、诸臣及所贡士也。皆先令习射于泽,已乃射于射宫,课中否也。"② 在这两处注释中,郑玄对泽宫的解释稍有出入。前者说泽宫是择贤之宫,表明在泽宫中进行考选;后者则说泽宫是习射之地,而射宫才是课(考课、考核)士之地。

春秋末年孔子编纂的《诗经·小雅》中有一首《车攻》,其中有一句"萧萧马鸣,悠悠斾旌"。西汉初年的毛亨(生卒年不详)认为,这句诗描写的是周天子外出狩猎时的场景。他指出,周天子率领诸侯、大夫、士等一起田猎,所获猎物理论上全部归天子所有,但是不管得到的猎物多么丰盛,天子也仅仅"择取三十焉",剩下的猎物则都被用来作为泽宫习射时的奖品,即"禽虽多,择取三十焉,其余以与大夫士,以习射于泽宫"。而随行出猎的诸侯、大夫或士能否得到猎物,也不是取决于他们在田猎时是否捕获了猎物,而是取决于他们在泽宫习射时的表现,即:"田虽得禽,射不中不得取禽;田虽不得禽,射中则得取禽。"原因在于:"古者以辞让取,不以勇力取。"③ 在这里,泽宫不仅是习射之地,还是通过习射的成绩获取狩猎猎物之所。

成书于战国至秦汉间的《仪礼》,记载了周代的冠、婚、丧、祭、乡、射、朝、聘等礼仪制度。该书《乡射礼》中用"礼射不主皮,主皮之射者,胜者又射,不胜者降"这句话,简略分析了"礼射"与"主皮射"的区别。郑玄对这句话也进行了解释,指出"礼射,谓以礼乐射也,大射、

---

① (汉)郑玄注,(唐)陆德明音义,(唐)孔颖达疏:《礼记注疏》卷26《郊特牲》,《景印文渊阁四库全书》第115册,台北:商务印书馆,1983年,第536页。
② (汉)郑玄注,(唐)陆德明音义,(唐)孔颖达疏:《礼记注疏》卷62《射义》,《景印文渊阁四库全书》第116册,台北:商务印书馆,1983年,第515页。
③ (汉)毛亨传,(汉)郑玄笺,(唐)陆德明音义,(唐)孔颖达疏:《毛诗注疏》卷17,《景印文渊阁四库全书》第69册,台北:商务印书馆,1983年,第497页。

宾射、燕射是矣"。他认为，礼射的最大特点就是"不主皮"，也就是不用兽皮作为箭靶，而必须有"侯"即正式的箭靶，目的在于突出其"其容体比于礼、其节比于乐"的贵族特质，因此评判礼射的标准也便不在于射得是否精准，即"不待中为隽"，而在于其"容体"和"节"是否与礼乐相合。郑玄进一步分析"主皮射"的主要特征，一是"不胜者降，则不复升射"，二是"主皮者无侯，张兽皮而射之"，也就是直接用兽皮作为箭靶。郑玄引西汉伏胜《尚书传》的说法，指出为了保证军队的战斗力，西周采取野外狩猎的形式，使之保持战斗的习性。最后，郑玄指出，周代每逢祭祀之时，都会将狩猎时抓获的猎物集中到泽宫，并让所有参加狩猎者一起在泽宫习射，以"揖让"而非"勇力"为标准，决定其"取"猎物的数量。因此，郑玄认为"泽，习礼之处，非所行礼"，也就是泽宫是学习礼仪的地方而非真正举行大典的地方。因此，理论上讲，泽宫所习之射应该是一种礼射；但从《周礼》《礼记》《诗经》等来看，泽宫习射选士还是会考虑"射中"次数的多寡，因此郑玄也不禁提出了自己的疑问："其射又主中，此主皮之射与？"①

总体来看，从毛亨、郑众和郑玄对泽宫的注解，我们可以发现，在东汉经学家看来，泽宫是一种以"习射选士"的方式确定参加周王祭祀活动资格的具有一定考试功能属性的场所。而从《礼记·射义》"泽者，所以择士也"的行文，则说明泽宫之所以这样命名，当是因为"泽"字的读音与"择"字相同。

二、唐代学者对泽宫的讨论

在唐代以前，人们对于泽宫的讨论较少。随着隋唐时期科举制度的创立，以诗、书、礼、易、春秋等为代表的儒家典籍被确定为科举考试的核心参考书目，人们对于泽宫的讨论才逐渐增多起来。其中，作为唐代《五经正义》系列儒家经典著作的注疏者，贾公彦、孔颖达等代表性学者通过

---

① （汉）郑玄注，（唐）陆德明音义，（唐）贾公彦疏：《仪礼注疏》卷5《乡射礼》，《景印文渊阁四库全书》第102册，台北：商务印书馆，1983年，第163页。

"音义"(注音)、"疏"(注释)等形式,进一步阐明了汉代学者对相关儒家经典的"传""笺",其中也不可避免地涉及了泽宫的解读问题。

贾公彦(生卒年不详),河北永年县人,唐高宗永徽年间(650－655)官至弘文馆学士。在为《周礼·夏官·司弓矢》篇的"泽,共射椹质之弓矢"一句作疏证时,贾公彦根据相关经学家对周王所使用的弓和箭靶的材质的分析,指出"是试弓、习武在泽宫也",① 从而首次将"泽宫习射择士"解读为在泽宫中"试弓、习武"。而在注疏《仪礼·乡射礼》之"礼射不主皮,主皮之射者,胜者又射,不胜者降"一句时,贾公彦对郑玄的注释作了详细解说,主要包括四点内容。其中前三点比较简单,概括而言就是:一礼射即礼乐之射,二宾射包括了乡射,三主皮射共有两番(轮);而第四点则是贾公彦重点回应郑玄"其射又主中,此主皮之射与?"的疑问。贾公彦认为,结合《尚书传》和《周礼》中的《山虞》《大司马》《梓人》《司弓矢》《圉师》等篇章来看,泽宫中应该有两种射礼,即"泽宫之内,有班余获射,又有试弓习武之射",其中班余获射是一种主皮射,即"以余获陈于泽宫中,卿大夫士共以主皮之礼射取之",而习武之射则是一种礼射,它以"甲、革、椹质"为箭靶,即"习武之射无侯,直射甲、革、椹质"。②"无侯"并非不设箭靶,而是指不设置合乎礼仪制度的正式箭靶。贾公彦的这一解读,完美解答了郑玄留下的近五百年的疑问。

孔颖达(574－648)在为毛亨《毛诗·小雅》"萧萧马鸣,悠悠旆旌"一句作疏证时,用了较为详细的文字描述了周王出猎时的狩猎队伍、狩猎时射杀猎物的"上杀""下杀""面伤""践毛"等多种类别、天子得到猎物后的三种用途即"干豆""宾客"和"君庖",最后分析了泽宫班余获射的参与者:"其余每禽三十之外,以与卿大夫士习射泽宫,所谓班余获射也。不言诸侯,诸侯不常在。卿大夫尚得与射,诸侯在射,可知也。以大兽公之,非复己物,君赐使射,故非中不取,言向者田猎所取用勇力,今

---

① (汉)郑玄注,(唐)陆德明音义,(唐)贾公彦疏:《周礼注疏》卷32《司弓矢》,《景印文渊阁四库全书》第90册,台北:商务印书馆,1983年,第588页。
② (汉)郑玄注,(唐)陆德明音义,(唐)贾公彦疏:《仪礼注疏》卷5《乡射礼》,《景印文渊阁四库全书》第102册,台北:商务印书馆,1983年,第163页。

射者礼乐所取，用辞让也。"①

在《礼记注疏》中，孔颖达也先后两次提到了泽宫。一是在《郊特牲》篇中，在注疏"卜之日，王立于泽，亲听誓命，受教谏之义也"一句时，孔颖达结合郑玄的注释，指出"王在于泽宫中，于其宫以射择士，故因呼为泽宫也。王卜已吉，又至泽宫射，以择贤者为助祭之人，故云'王立于泽'也。《礼器》云'举贤而置之'是也"。②二是在《射义》篇中，孔颖达在注疏"天子将祭，必先习射于泽"一节时，结合郑玄的注释，分析了本节的祭祀与泽射与此前章节的类似内容之间的联系，并重点分析了泽射的目的，即所谓"进爵""削地"等问题。孔颖达还指出："泽是宫名，于此宫中射而择士，故谓此宫为泽。泽所在无文，盖于宽闲之处近水泽而为之也。非唯祭而择士，余射亦在其中。"③孔颖达虽然没有说泽宫的"余射"具体有哪些，但他和贾公彦都主张泽宫之射不仅一种则是一致的。同时，和郑玄一样，孔颖达也保留了自己对于泽宫的一个疑问，即泽宫的具体方位问题。

除了纯粹从学术角度对泽宫的分析，唐代学者还从教育制度变革的角度探讨了在唐代恢复泽宫制度的可能性，其中最为典型的代表是归崇敬。归崇敬（712—799），苏州吴郡人，唐代著名礼学家。玄宗时期，归崇敬以国子监司业兼集贤殿学士的身份参与修撰《通志》，主要负责编写"礼仪志"部分，其成果得到了时人的充分肯定。当时由于皇太子想在国学举行"齿胄之礼"，归崇敬乘机上疏，建议改革国学制度。他指出，周代国学制度是其人才辈出、盛世安康的重要保证，自两汉以来，历朝也都非常重视建造明堂、辟雍、灵台等天子之学，而唐代的国学制度则与古制不合。他建议参照两汉以来建造明堂、辟雍的做法，将国子监改称辟雍，国

---

① （汉）毛亨传，（汉）郑玄笺，（唐）陆德明音义，（唐）孔颖达疏：《毛诗注疏》卷17，《景印文渊阁四库全书》第69册，台北：商务印书馆，1983年，第498页。
② （汉）郑玄注，（唐）陆德明音义，（唐）孔颖达疏：《礼记注疏》卷26《郊特牲》，《景印文渊阁四库全书》第115册，台北：商务印书馆，1983年，第536页。
③ （汉）郑玄注，（唐）陆德明音义，（唐）孔颖达疏：《礼记注疏》卷62《射义》，《景印文渊阁四库全书》第116册，台北：商务印书馆，1983年，第515页。

子监祭酒改称太师氏，国子监司业则改名为左师、右师。归崇敬的理由是，《礼记·王制》篇以辟雍为天子之学，汉代刘向《五经通义》认为"辟，明也，雍，和也，言以礼乐明和天下"；《礼记·射义》篇则说辟雍"亦谓之泽宫"，"天子将祭，必先习射于泽宫"，[①] 说明在古代天子之学对于培养人才和举行典礼都具有重要作用。不过，由于百官集议后认为"习俗既久，重难改作"，归崇敬的建议最终未获施行。

三、宋代以来学者对泽宫的分析

北宋时期，发生了庆历兴学、熙宁兴学和崇宁兴学等三次重要的教育制度改革，极大地推动了教育、科举的发展。进士科分经义、诗赋二途取士的制度变革，则进一步提升了儒家典籍在教育、科举制度系统中的重要地位。在此背景下，宋代学者对泽宫的讨论也更为热烈，并一直延续到元明清时期。宋元明清时期学者对泽宫的讨论主要有两个主题，一是围绕泽宫的择士功能，并由此延伸到泽宫以射择士的相关问题；二是关于泽宫的性质问题，即该建筑在择士之外的主要功能，以及由此而衍生出来的其他相关问题。

1. 泽宫与习射择士

北宋陕西蓝田人吕大临（1044－1091）《礼记解》讨论了以射选士的内在逻辑问题，即为什么士在射礼中的表现可以作为选人的标准。他认为，周代以射选士，而士并非专事于射。诸侯贡士于天子，主要是以"德进言扬"为标准，而射是能够体现贡士之"德进言扬"的最佳方式。因为在礼射的时候，射者必须做到"容体欲比于礼，节欲比于乐，而中欲多"。要做到这三点，则又"非其志专一则不能也，非动容闲习则不能也，非心夷气平、强有力而不惮烦则不能也"。真正的礼射可以"正志意、和容体，以养人于善"，而统治者则可以通过射礼"观人之德行"，[②] 达到以射选士

[①] （后晋）刘昫：《旧唐书》卷149《归崇敬传》，北京：中华书局，1975年，第4016－4017页。

[②] （宋）卫湜：《礼记集说》卷158，《景印文渊阁四库全书》第120册，台北：商务印书馆，1983年，第742页。

的目的。对于这个问题,北宋福建长乐人陈祥道(1053—1093)也认为:"贡士与射,其来尚矣。盖人之贤、不肖,不能逃于威仪、揖让之间,而好恶趋舍,常见于行同能偶之际。故射于泽宫,饰之以礼乐以观其德,比之以偶以观其类,则人材其遗乎?"① 也就是说,通过对比习射者在礼射过程中所表现出来的礼乐揖让等行为举止,可以发现其贤或不肖。

北宋福建尤溪县人、熙宁六年(1073)进士周谞(生卒年不详)则曾就周王在泽宫习射择士活动中所扮演的角色进行分析,并认为泽宫以射选士的目的是选取助祭之士:"泽宫,择助祭者之所。故冢宰于此誓命其助祭者,而王亦亲听之,盖示其君之于臣,其上则有所受教,而其下则受谏而已。"②

有些学者则讨论了以射选士时所使用的弓矢与标靶。如南宋浙江金华人赵溥(生卒年不详)在注释《冬官考工记·弓人为弓》中的"往体寡,来体多,谓之王弓之属,利射革与质"时,先是对周代射礼中天子之弓的款式与箭靶的材质进行了详细的解说,并进而指出,"天子将祭,先习射于泽宫以选士。先射于泽,然后射于宫",③ 在此过程中,所有参加者在泽宫习射环节均统一使用椹木制作的箭靶,而在射宫举行大射之礼时,则按身份地位分别使用不同材质的箭靶。又如明代王应电(生卒年不详)《周礼图说》在论及《天官·司裘》篇时,也对周天子及其诸侯行射礼时所用箭靶进行了描述,他指出,"王大射,则共虎侯、熊侯、豹侯设其鹄,诸侯则共熊侯、豹侯,大夫则共麋侯,皆设其鹄",制作这种"侯"的方法非常严谨,"用虎、熊、豹、麋之皮以为侯,中栖一鹄以为的"。王应电进一步解释说,所谓"大射",是指"诸侯春献功并贡士于天子,天子与之

---

① (宋)卫湜:《礼记集说》卷158,《景印文渊阁四库全书》第120册,台北:商务印书馆,1983年,第744页。
② (宋)卫湜:《礼记集说》卷65,《景印文渊阁四库全书》第118册,台北:商务印书馆,1983年,第389页。
③ (宋)王与之:《周礼订义》卷80,《景印文渊阁四库全书》第94册,台北:商务印书馆,1983年,第565页。

射于泽宫，择士以祭也"①。清代桐城古文派方苞（1668－1749）《周官集注》在论及"凡祭祀，共射牲之弓矢；泽，共射椹质之弓矢"两句话时，用设问的方式讨论了泽宫大射的目的："泽，泽宫也。大射以狸步张三侯，不以及远为贤也。此用椹质，岂合士于泽宫以考艺，则并较其力之强弱与？"②这是因为，"椹质"的箭靶较为坚硬，如果射者力气不够大，弓拉得不够满，则很有可能出现箭不入靶的情况。

有些学者则讨论了习射选士后的奖惩问题。如南宋嘉兴华亭人卫湜（生卒年不详）《礼记集说》认为，周王在祭祀之前，"必先习射于泽，泽者，所以择士也"，之后再"射于射宫，射中者得与于祭，不中者不得与于祭"。不过，除了决定是否有资格参与祭祀，卫湜还认为，射宫之射中诸侯贡士的表现还将决定贡士所属诸侯可能得到的奖励或惩罚，即"不得与于祭者有让，削以地；得与于祭者有庆，益以地"，也就是所谓的"进爵绌地"。③

清代福建安溪人李光地（1642－1718）曾担任康熙二十七年（1688）戊辰科武会试主考官，他在考试结束后撰写的《戊辰武会试录序》中，论及古今取士异同，指出周代以六德、六行、六艺宾兴贤能，其中射是六艺之一，具体的考试方法则是："古人所以取士，则试于泽宫，中多为隽，与于祭，升于朝。"④

2. 泽宫即是辟雍

事实上，在后人看来，泽宫除了"以射择士之所"这一涵义，它其实还有另外一项重要的涵义，即学校。更确切地说，是指周代的辟雍。

前引唐代归崇敬建议恢复周代天子之学时，便曾认为辟雍又称泽宫。

---

① （明）王应电：《周礼图说》卷下，《景印文渊阁四库全书》第96册，台北：商务印书馆，1983年，第331页。

② （清）方苞：《周官集注》卷8，《景印文渊阁四库全书》第101册，台北：商务印书馆，1983年，第257页。

③ （宋）卫湜：《礼记集说》卷158，《景印文渊阁四库全书》第120册，台北：商务印书馆，1983年，第741页。

④ （清）李光地：《榕村集》卷11《序二》，《景印文渊阁四库全书》第1324册，台北：商务印书馆，1983年，第688页。

而南宋理学家朱熹（1130－1200）也认为泽宫就是辟雍。他指出，《礼记·王制》篇论学有提到"天子之学曰辟雍，诸侯之学曰泮宫"，而根据"说者"之论，辟雍是"大射行礼之处"，它最显著的外形特征便是"水旋邱如璧，以节观者"，而泮宫则是"诸侯乡射之宫也，其水半之"。"说者"认为，"雍为泽，盖即旋邱之水，而其学即所谓泽宫也"①。虽然我们无法确定朱熹所提到的"说者"究竟是谁，但可以确定朱熹本身是同意"说者"的观点的。

元代山西陵川人郝经（1223－1275）《续后汉书》卷87《礼乐录》中列有"辟雍"条目："辟雍，天子学宫也。水如璧，圜外以节观者，通中而有四门。雍，壅也。壅水为泽也，故又谓之泽宫。"② 也就是认为泽宫之名源自辟雍环形之水，泽宫也就是辟雍。书中还指出，辟雍共有五学，而太学居中；辟雍是天子学宫，诸侯学宫则名泮宫。

明代浙江会稽人季本（1485－1563）《诗说解颐字义》在讨论《诗经·大雅》中的《文王有声》一诗时指出，"辟雍，学名也。辟、璧通。雍，壅水为泽，亦名泽宫，古人于此习射。又名为序。水旋邱以节观者，故曰辟雍。"③ 他进一步指出，辟雍之名始于文王时期，后来武王营建镐京时，也在其间建造了辟雍。辟雍之水是环形，而诸侯的学校则只能是半圆形，"东西南方有水，半辟雍之制"。由于其形状如半璧，故而被称为泮宫。

明末清初浙江海宁人朱朝瑛（1605－1670）《读诗略记》在解释《诗经·周颂》中的《振鹭》篇"振鹭于飞，于彼西雍"一句时，转引天启五年（1625）进士何楷的观点，认为这首诗描写的是"此助祭于祖庙，而先习射于泽宫，故周人作诗以美之"。同时指出，"《礼·射义》云：天子将

---

① （元）马端临：《文献通考》卷40《学校考》，北京：中华书局，1986年，第381页。

② （元）郝经：《续后汉书》卷87《礼乐录》，《景印文渊阁四库全书》第386册，台北：商务印书馆，1983年，第503页。

③ （明）季本：《诗说解颐字义》卷7《大雅文王》，《景印文渊阁四库全书》第79册，台北：商务印书馆，1983年，第485页。

祭，先习射于泽，而后射于射宫。射中者得与于祭，不中者不得与于祭。此诗言西雍，雍者，天子之辟雍，正泽宫也。"①

当然，由于以上两个讨论主题在《周礼》《礼记》等儒家经典中本身便都是与泽或泽宫有关，因此一般来说学者们都会讨论到这两个主题，只不过有时是在不同的章节分开来讨论，有时则是合在一起进行讨论。如清代的纳兰性德（1655—1685）在其《陈氏〈礼记集说〉补正》中，便分别对泽宫的习射择士功能及泽宫的基本属性进行了探讨。一方面，对于泽宫的位置及其基本属性问题，纳兰性德认为泽宫就是辟雍，是周代的天子之学："窃案：泽，即泽宫也。泽宫，即辟雍也。射宫，东序也。"另一方面，对于泽宫和射宫到底哪个才是最终的择士场所这一前人语焉不详的问题，纳兰性德认为，是"先射于泽宫以习之，而后射于射宫以择之也"②。也就是在两次射礼中，泽宫之射只是习射，而射宫之射才是最终决定候选者能否参与周王祭祀大典的关键。

王夫之（1619—1692）《诗经稗疏》在总结前人观点的基础上，参考众多文献，对周代辟雍、泮宫、泽宫等提出了独到的见解。他首先强调，"古今言辟雍、泮宫者不一，未可偏据"，即便是宋代朱熹所提出的"辟雍，天子大射之处"的论点，也并不准确，因为这一观点与"泽宫者，壅水为泽，盖即辟廱、泮水之谓"也就是辟雍便是泽宫的观点无法弥合。王夫之指出，从文献来看，所谓"泮"和"雍"，其实分别是指鲁国的泮水和岐周的雍水，它们都是现实中存在的河流，"泮水本鲁之水名，而泽宫立于其上"，"雍乃岐周之水名，盖因水而立宫，引水以环之"。正因为它们都是现实中的地名，所以其他国家的学校才不会也叫作泮宫或辟雍。王夫之认为，从这个角度来看，郑玄所提出的所谓"辟明廱和之训，亦拘文

---

① （明）朱朝瑛：《读诗略记》卷6《周颂》，《景印文渊阁四库全书》第82册，台北：商务印书馆，1983年，第549页。
② （清）纳喇性德：《陈氏〈礼记集说〉补正》卷38《射义》，《景印文渊阁四库全书》第127册，台北：商务印书馆，1983年，第274页。

而失实"①，也便意味着，后世非要将周代泮宫、辟雍的这种特殊性事物看作是普遍性事物，便只能是胶柱鼓瑟、难以说通。而王夫之结合历史地理地名考证的方法所提出的论点，显然较郑玄及其之后仅仅从文字涵义的角度解释辟雍、泽宫的历代学者的论点更具说服力。

当然，也有一些学者并不认为泽宫即是辟雍。如元代江苏江阴人梁益（生卒年不详）便认为泽宫其实就是射宫。其《诗传旁通》在解释《车攻》篇之"每禽取三十"一句时，引述《谷梁传》进行解说，指出"禽虽多，天子取三十焉，其余与士众以习射于射宫。射而中，田不得禽，则得禽；田得禽，而射不中，则不得禽。是以知古之贵仁义而贱勇力也"。他还引东晋南阳人范宁《春秋谷梁传集解》的注释，分析"取三十"的用途，即"取三十，以供干豆、宾客、君庖"，并说"射宫，泽宫也"。在紧接着的泽宫条目下，他又转引江西都昌人陈澔《礼记集说》的观点，对泽宫的具体方位提出了疑问，指出"泽，宫名，其所在未详"，同时引唐代孔颖达的注疏，说泽宫的位置或许是"于宽闲之处近水泽而为之"。②

而元代"北山四先生"之一的浙江东阳人许谦（1269-1337）则既不认为泽宫即是辟雍，也不赞同泽宫即是射宫。他在《诗集传名物钞》中指出："天子泽宫，西郊小学也。诸侯泽宫，郊之大学也。"也就是说，泽宫是周代天子、诸侯都有的学校。在天子，泽宫是西郊小学，在诸侯，泽宫是郊之大学。许谦还认为，不仅天子、诸侯各有其泽宫，他们也都各有其射宫："大射，谓祭祀射。王将有郊庙之事，以射择诸侯及群臣与邦国所贡之士可以与祭者，容比礼，节比乐，而中多者得与于祭。诸侯及卿大夫将祭其先祖，亦与群臣射以择之。凡大射，各于其射宫。"③ 相比于其他谨守汉儒注疏的学者，许谦的解读确实令人脑洞大开。

---

① （清）王夫之：《诗经稗疏》卷3《大雅》，《景印文渊阁四库全书》第84册，台北：商务印书馆，1983年，第852页。

② （元）梁益：《诗传旁通》卷7《车攻》，《景印文渊阁四库全书》第76册，台北：商务印书馆，1983年，第874页。

③ （元）许谦：《诗集传名物钞》卷6，《景印文渊阁四库全书》第76册，台北：商务印书馆，1983年，第179页。

四、宋代以来泽宫之用典

用典，即引用典故，是提升文章辞藻色彩、拓展文章想象空间、完善作者意象建构的一种修辞手法。它可以通过简短的词句传达较为丰富的意涵，令读者在词语的古今语义交汇中获得较之平铺直叙更为丰富的信息，达到古今一体的美学体验。从宋代以来，泽宫开始成为人们行文叙述中的常见用典，主要用于代指写作者所处时代的两种事物，即学校与贡院。

1. 学校与泽宫之用典

在以泽宫为学校这一涵义方面，史籍文献中可以查到不少用典的例子。需要指出的是，当人们用泽宫之典代指学校时，往往并不专指中央之学，而是用之代指所有官方学校。

元代著名学者、河南汲县人王恽（1227－1304）曾为元初大名路达鲁花赤李益立山撰写神道碑铭，其中谈到李益立山在大名路举行孔庙释菜礼时，见殿庑颓败，乃喟然叹曰："泽宫风化所系，今若尔，何以兴善心于民乎？"于是为之修治一新。王恽还曾撰写过一篇《绛州曲沃县新修宣圣庙碑》，叙述曲沃知县舒穆噜、贾天衢等相继新修县学，其中贾天衢考虑到"泽宫故地卑陋湫隘，不足奠安神观、耸邦民瞻"①，于是另选城西北开阔地带建造新学。王恽在这两篇文章里用泽宫分别代指大名路儒学和曲沃县儒学，这与元代学者认为周代天子和诸侯均建有泽宫正相吻合。

明代江西广昌人、景泰五年（1454）进士何乔新（1427－1502），官至刑部尚书，曾为其友揭尚文撰写《赠揭君尚文游南雍序》，称其自居家塾时便以温恭好学而被亲友称道，后考入县学成为"邑庠弟子员"，更加"学与行益进"，得到"邑大夫以及师儒"的一致好评，因而"贡之泽宫，与四方之士偕试于天子之廷，名在高第，遂升之上舍，俾卒业焉"。② 揭尚文从县学被"贡之泽宫"，并在廷试之后因名列高第而"升之上舍"，显然

---

① （元）王恽：《秋涧集》卷51、53《碑》，《景印文渊阁四库全书》第1200册，台北：商务印书馆，1983年，第680、699页。

② （明）何乔新：《椒邱文集》卷11《序》，《景印文渊阁四库全书》第1249册，台北：商务印书馆，1983年，第177页。

泽宫是用典，代指明代国子监，上舍也是用宋代太学三舍法之典，代指国子监贡生。

明代东林党领袖、江西吉水人邹元标（1551—1624）《重修袁州府儒学记》是一篇为袁州府儒学而撰写的学记，记中除了叙述袁州府重修儒学的经过，还两次用泽宫之典代指府学。一为回忆自己当年参观袁州府儒学的观感："予昔过袁，睹其山川秀郁，泽宫宏远。"二为呼应宋代盱江先生李觏（1009—1059）所撰写的《袁州学记》："谭泽宫者，率艳称盱江一记，未至其宫，若神游其庭焉。"① 很显然，这两处泽宫都是代指袁州府儒学的用典。

雍正二年（1724）三月乙亥，清世宗（1678—1735）便在给礼部等衙门下达的一道谕旨中，强调"治天下之要，以崇师道、励泽宫为先务"②。李清馥（1703—？）所编《闽中理学渊源考》在叙及明代福建莆田人、永乐四年（1406）状元林环（1376—1415）时，则说他"幼聪慧过人，阅书多成诵，尤精伏氏经。方在泽宫时，文章已为人所重"③。

清代湖南桑植县教谕廖式曾（生卒年不详）在其为家乡蓝山县撰写的《凤感乡新建圣祠宾兴序》中，也用到了泽宫的典故。道光二十五年（1845）蓝山县士绅历时三年捐资建成"圣祠"，廖式曾应邀作序，其中提到"方今圣天子成均讲学，泽宫造士，圣道炳如日星，文教沛若江河，乡人士沐泽被化"④。所谓成均，是指国子监；而泽宫则显然是指地方官学。

咸丰年间江西萍乡县乡绅敖星煌（生卒年不详）所撰写的《乐英庄

---

① （明）邹元标：《愿学集》卷5上《记》，《景印文渊阁四库全书》第1294册，台北：商务印书馆，1983年，第177页。
② （清）爱新觉罗·胤禛：《世宗宪皇帝圣训》卷10《文教》，《景印文渊阁四库全书》第412册，台北：商务印书馆，1983年，第144页。
③ （清）李清馥：《闽中理学渊源考》卷52，《景印文渊阁四库全书》第460册，台北：商务印书馆，1983年，第542页。
④ 雷飞鹏：《民国蓝山县图志》卷15《教育篇第六上》，台北：成文出版社，1970年，第1086页。

记》也提到,"士人入学伊始,肃衣冠,泽宫瞻拜,因以慕教育而无穷"①。所谓乐英庄,是萍乡县士绅专门为本县士子代向学师缴纳修脯的公益助学组织,而泽宫则是用典,实际上指的是袁州府学与萍乡县学。

晚清学者缪荃孙(1844—1919)曾撰有《〈泽宫位次考〉序》一文,系其为桐城人洪静川的《泽宫位次考》所作序。缪序除了文章标题中有泽宫二字,通篇未再言及。从序文内容来看,洪静川之所以要编纂这部《泽宫位次考》,是因为他发现"经师升配贞观,通古今之学;弟子从祀开元,增侯伯之封"以来,孔庙从祀队伍日益壮大,但却存在"序爵序齿,偏易混淆;位东位西,每多凌躐"的现象,因此才"爰为考订,勒成一书",使得"泮宫璧水,缋成合食之图;木豆竹笾,永定一尊之制"。②很显然,洪静川这部《泽宫位次考》所考订的,绝非周代泽宫中被崇祀者的位次,而是自唐至清千余年间各地孔庙中不断增加的历代先圣、先贤的位次。作者用泽宫为书名,显然也是一种用典。

清代方志中用泽宫之典以指代各级学校的例子亦颇为常见。如康熙《江西通志》卷32《南康府》便记载,明代正德年间宁王朱宸濠发动叛乱,南康知府、星子知县等守令官员纷纷弃城而逃,星子县诸生陶尚德却以"先圣宫殿,笾豆乐器在焉"为号召,挺身而出,发动众人一起守护学宫,最终"濠去,泽宫无恙"。③乾隆《盛京通志》为《学校志》所拟卷首语中,也用到了泽宫的典故:"我皇上四莅陪都,恩纶叠沛,增广额数,菁莪化被,无远弗届。凡身列泽宫者,涵濡于百年之久,含咀于六艺之华,澡德既深,敷文益盛。"④乾隆《甘肃通志》卷9《学校志》卷首语中也将

---

① 刘洪辟:《民国昭萍志略》卷2《营建志》,南京:江苏古籍出版社,1996年,第55页。
② (清)王先谦:《骈文类纂》,长春:吉林人民出版社,1998年,第234页。
③ (清)于成龙,杜果:康熙《江西通志》,清康熙二十二年(1683)刻本,卷32《南康府》,第33页。
④ (清)阿桂,刘谨之:乾隆《盛京通志》卷43《学校志》,《景印文渊阁四库全书》第502册,台北:商务印书馆,1983年,第138页。

各地官学称为泽宫:"甘属各郡泽宫之制,创立修举,考据宜详。"①

2. 贡院与泽宫之用典

由于《周礼》《礼记》中赋予了泽宫一种习射择士的功能,从而有了考场的属性,故而后人在谈到科举贡院时,往往也采取用典的方式,用周代的泽宫代指当时的贡院。

以泽宫为贡院用典,自唐代已然。刘禹锡(772-842)曾作有《泽宫诗》一首,赠与晋昌唐如晦(生卒年不详),祝愿其科举高中。该诗为四言诗,描写周代泽宫习射择士的场景,而其序文则解释了诗作标题的涵义:"泽宫,送士岁贡也。晋昌唐如晦,以信谊为良弓、文学为敢矢,规爵禄,犹众禽密,彀持满,溯风蜚缴者,数矣。有措杯之妙,而无双鸰之获。帐弓收视,归究其术。繇是迹愈屈,而名愈闻,君子益多之。彼不由其术、一幸而中者,虽悬貂在廷,君子未尝多也。岁殚矣,告予以西。余为赋泽宫一章,庶见子之弓弗再张也已。"②序中指出,唐如晦的德行、才艺非常优异,取功名、登甲科就像是用箭射入密集的飞鸟一般。尽管他数次赴考都没有成功,但却没有气馁,更加潜心学习,名望也越来越高。这次他再次出发西入长安参加省试,一定会一击必中,以后再也不必赴考了。序中的"泽宫,送士岁贡也",其实就是用周代泽宫习射择士的典故,代指礼部贡院省试。

唐代大中九年(855)进士孙樵(生卒年不详)所作《寓居对》,描写当时科举考生寓居长安刻苦攻读的残酷场景,并使用了泽宫的典故:"提笔入贡士列,抉文倒魄,读书烂舌,十试泽宫,十黜有司。"③所谓"十试泽宫",指的是十次踏入解试或省试贡院。孙樵在前一年还撰有一篇《骂僮志》,其中提到"九试泽宫,九黜有司",依然是用泽宫代指贡院之

---

① (清)许容,李迪:乾隆《甘肃通志》卷9《学校志》,《景印文渊阁四库全书》第557册,台北:商务印书馆,1983年,第293页。

② (唐)刘禹锡:《刘禹锡集》第9册,上海:上海人民出版社,1975年,第814-816页。

③ (唐)孙樵:《孙可之集》卷7,《景印文渊阁四库全书》第1083册,台北:商务印书馆,1983年,第83-84页。

用典。

　　宋代文献中用泽宫之典以代指贡院者也有不少。如北宋初年文学家王禹偁（954－1001）曾作有一篇《园陵犬赋》，借写园陵之犬生前身后都能够在皇帝身边尽忠职守、备受荣宠，反观自己，则是虽有忠君之心，却无寸功之立，惭愧惶恐，希图取录。赋中用"叨泽宫之一第，玷承明而再入"①之句，追述自己在太平兴国八年（983）殿试被钦赐及第的场景，而泽宫正是代指贡院之用典。北宋著名政治家文彦博（1006－1097）在其《送福州通判陈铸殿丞》的诗作中，也用到了泽宫的典故，用于代指贡院。诗云："泽宫登甲第，殿省滞时英。闽国题舆贵，稽山昼锦荣。轶才犹绊骥，美俗仰诚衡。寿母平反喜，迎知讼牒清。"②

　　南宋著名文学家江西吉水县人杨万里（1127－1206）在其为江东路转运判官徐诩（1123－1188）撰写的墓志铭中同样有此用典。该墓志首先回顾了自己早年认识徐诩的经过，即淳熙七年（1180）他与徐诩分别担任广东提举常平使和广西提点刑狱使，徐诩给他写了一封"其词甚度、其意甚昵"的信，并称他为"同年之兄"。继而叙及直到徐诩去世，他才想起当年徐诩给他写信的原因是那年秋天"泽宫当贡士，公之子逸试于东漕之有司"③。而徐诩生性耿直，写信求人却不肯明言。所谓"泽宫当贡士"，泽宫实际上是指解试贡院。

　　泽宫既然可以被用作贡院之典故，那么泽宫一词出现在贡院记中，自然也就顺理成章。如生活在两宋之交的江苏溧阳人李处权（？－1155）在其为浙江衢州贡院所作《衢州新建贡院记》中，便在开篇处叙述了周代的教育选举制度，指出周代将人才宾兴贤能于王之后，"则取其行能同耦者

---

①　曾枣庄，刘琳：《全宋文（第4册）》卷137《王禹偁一》，成都：巴蜀书社，1989年，第206－207页。

②　（宋）文彦博：《文潞公集》卷3《古律诗》，太原：山西人民出版社，2008年，第47页。

③　（宋）杨万里：《诚斋集》卷125《墓志铭》，《景印文渊阁四库全书》第1161册，台北：商务印书馆，1983年，第619页。按，《四库全书》徐诩被写作徐朗。

射于泽宫,泽宫者,所以择士也",并说"古之择士之所,惟见于此"。① 杨万里在其为建康府贡院撰写的《建康府新建贡院记》中,也以泽宫为典,突出维修贡院的必要性:"矧是泽宫古以择士,而公卿大夫是之自出,而为屋才百其楹,岁陁月隤,至者千人,项背骈累,至纬葭为庐,架以苍筤,风雨骤至,伛偻蔽遮,仅全文卷。"② 而浙江鄞县人王应凤(1223—?)也在其为江苏通州贡院所作《通州贡院记》中提出:"古者,诸侯三岁一贡士,大国三人,其试之于泽、于射宫,匪直以言扬也。"③ 四川眉山人李焘(1115—1184)于淳熙五年(1178)为四川制置使胡长文撰写了《成都府贡院记》,叙述其主持建造成都府路类省试贡院的过程,其中在谈到建造类省试贡院的原因时,李焘指出"天子委曲加惠,故即以古泽宫择士大典就付西南统帅,既择乃趋行在所策试,遂官爵之"④。

自宋迄清,以泽宫代指贡院或作为贡院之用典的事例也有很多。如元末明初无锡人钱仲益(1332—1412)曾为同乡后辈王绂(1362—1416)所绘《送行图》作了一首题画诗,勉励其科举应试金榜题名:"泽宫春贡选贤能,万里扶摇起大鹏。上苑莺花三日醉,夜窗风雨十年灯。雪消官柳黄犹浅,水暖溪流绿渐增。自古读书期报国,老夫拭目看飞腾。"⑤ 明代史学家王世贞(1526—1590)也曾使用泽宫之典。据其所撰《累封奉直大夫礼部精膳员外郎思吾支公暨配李宜人合葬志铭》,支良知与其子支可大均有文名,但在科举考试方面则境遇不同。支良知"七战而七不利",支可大

---

① 曾枣庄,刘琳:《全宋文》第174册,上海:上海辞书出版社,2006年,第149页。
② 曾枣庄,刘琳:《全宋文》第239册,上海:上海辞书出版社,2006年,第311页。
③ 曾枣庄,刘琳:《全宋文》第354册,上海:上海辞书出版社,2006年,第366页。
④ 曾枣庄,刘琳:《全宋文》第210册,上海:上海辞书出版社,2006年,第271页。
⑤ (明)汪砢玉:《珊瑚网》卷36《名画题跋十二》,《景印文渊阁四库全书》第818册,台北:商务印书馆,1983年,第693页。

则"六战于泽宫、于南宫而再利",①最终官至湖广巡抚。我们知道,"南宫"一般代指礼部贡院,则王世贞铭中所说的"六战于泽宫",当是特指乡试贡院。

清代贡院记中也有言及泽宫的案例。如福建漳州府试院在清初便已建成,此后也历经修葺、扩建。光绪三年(1877),知州沈定均主持增建试院外棚,并为之撰写了《漳州府试院外棚记》,文章开篇就说:"古者,选士泽宫,观德于射。射,武事也,而容节必比于礼乐。"②

当然,由于古人也有人认为泽宫就是射宫,因而有些文献也直接将贡院称为射宫。如四川宁远府越嶲厅同知蹇诜在光绪十一年(1885)捐俸200余两建造考棚,其同乡宁远知府何亮清为其撰写《越嶲厅试棚记》,开篇便说:"试棚之设,昉古射宫,所以为试士地也,今所在郡邑皆有之。"③

历代用泽宫代指贡院的用典,都是代指文科举贡院或试院、考棚,清代则有用其代指武科考场的案例。如湖南永州府新田县嘉庆版县志便从武科举的角度,在叙及该县射圃时用到了泽宫一词。县志指出,新田县射圃位于县城南门外,是知县钟运泰捐俸建造的,其门首悬挂了"观德"匾额,建造该射圃的目的是"较武习射,以补泽宫之缺"。④

对于宋明以来多以泽宫特指乡试贡院的现象,广西全州人、成化二十三年(1487)进士蒋冕(1462—1532)《广西贡院修拓记》的论述可以被认为是颇为完美的总结。蒋冕首先简略追溯了唐宋礼部贡院的历史,继而详细叙述了广西贡院的发展历程以及嘉靖乙酉(1525)广西左布政使彭夔主持重修广西贡院的经过与规制,接下来谈到明代贡院与周代泽宫的关系:"予闻,古者射宫、泽宫,皆用以择士。《礼》不云乎?诸侯岁献贡士

---

① (明)王世贞:《弇州续稿》卷119《文部》,《景印文渊阁四库全书》第1283册,台北:商务印书馆,1983年,第673页。

② (清)沈定均:《漳州府试院外棚记》,(清)吴宜燮,黄惠,李田寿:《乾隆龙溪县志》《艺文(新增)》,台北:成文出版社,1967年,第447页。

③ (清)马忠良,孙锵:光绪《越嶲厅全志》卷5《学校志下》,台北:成文出版社,1969年,第394页。

④ (清)张厚郿,黄应培:《嘉庆新田县志》卷3《建置志》,南京:江苏古籍出版社,2002年,第37页。

于天子，天子试之于射宫。然未有不先试于泽宫，而能与试于射宫者。则唐宋以来在外诸州郡与今日各藩服之贡院，大抵皆泽宫也。泽宫，疏礼者谓所在未详，盖于宽闲之处近水泽为之。今兹贡院，脱卑隘而就高明，非所谓宽闲之处耶？"①

需要指出的是，清代人将贡院比于周代的泽宫、射宫，并不仅仅是一种运用典故的文学修辞手法，而是同时也代表了一种儒家施政理念。清代国家以儒家的伦理纲常为治国原理，清代科举考试以儒家的四书五经为基本内容，《周礼》《礼记》等儒家典籍中描绘的三代制度被认为是值得后世研究与模仿的理想制度。

从先秦两汉儒家典籍文化中习射择士的泽宫，到唐代经学家们眼中兼具太学教育、祭祀与班余获射、试弓习武射等多功能的教育考试场所，再到宋元明清学者用典修辞所代指的国家各级官学和科举乡会试贡院，泽宫一词的词义在二千多年中与时俱进，走过了一段幻影迷蒙的历程。在中国古代学校教育体系中，泽宫远不属于C位角色，它的重要性不仅不及明堂、辟雍等"出身清白"、史籍班班可考的天子之学，甚至不及仅仅是地方诸侯之学的泮宫。尽管围绕泽宫问题发表见解的学者人数众多、讨论该问题的时间也长达二千余年，然而对于它的基本属性人们依然没有统一的意见，甚至在其名称的由来、其具体的建筑方位等问题方面，人们或语焉不详、或避而不谈，至今还是雾里看花、无法定论。

当然，对于本选题研究来说，我们的目的并不是要彻底解决这些问题。我们讨论泽宫，主要的目的是追寻中国古代贡院的最早起源。目前我们可以肯定的是，在隋唐建立科举制度之前的数百年中，古代经学家已经在四书五经等儒家典籍文献中设定了一个习射择士的考试场所。而随着科举制度的逐步发展，人们为了论证建造贡院的合理性，在叙及当时所建的贡院时，往往使用用典的修辞手法，将贡院称作泽宫，这也使泽宫成为后

---

① （清）汪森：《粤西文载》卷23《记》，《景印文渊阁四库全书》第1466册，台北：商务印书馆，1983年，第38—39页。

世贡院的典籍文化之源。

第二节　唐五代贡院

唐代科举承袭隋制。据王定保（870—954）《唐摭言》记载，唐高祖武德辛巳（621）四月一日下诏："敕诸州学士及早有明经及秀才、俊士、进士，明于理体，为乡里所称者，委本县考试，州长重核，取其合格，每年十月随物入贡。"① 这道诏书，被认为是唐朝实行科举取士之始。

按照考试主管机构的不同，以唐玄宗开元二十四年（736）为分界线，唐代科举可分为前、后两个时期。唐代前期由尚书省吏部主持，后期由礼部主持，二者均属尚书省之属官，故均称为省试。礼部主持省试的官员为侍郎，官职较高，体现出对科举取士的重视。而吏部主持省试的官员，则学界有吏部考功郎中和吏部考功员外郎两种不同的观点。金滢坤根据唐代杜佑《通典》"武德旧制，以考功郎中监试贡举"②的记载，认为在贞观年间以前唐代是以吏部考功司郎中主持省试的，此后则改由考功员外郎主持。③ 而据清人徐松《登科记考》考证，唐代贞观之前的唐高祖武德年间，9年之中仅开科5次，其中只有一科能够确定知贡举的姓名，即武德五年（622）十二月的吏部考功员外郎申世宁。这一年是唐代有文献记载的首次开科取士，全国各州推举、选拔的218位考生群聚长安，分别参加明经、秀才、俊士、进士等科考试。主持此科考试的吏部考功员外郎申世宁也便成为了中国科举史上有文献记载的第一位省试主考官："吏部奏付考功员外郎申世宁考试。"④ 此次省试的录取率极低，仅录取秀才1人、进士4人。《登科记考》的记载显然与《通典》不相吻合。徐松认为，武德五年之所以没有派遣"吏部考功司郎中"主持省试，是因为"定制之初不必划

---

① （五代）王定保：《唐摭言》，北京：中华书局，1959年，第1页。
② （唐）杜佑：《通典》，北京：中华书局，1988年，第635页。
③ 金滢坤：《中国科举制度通史·隋唐五代卷》，上海：上海人民出版社，2015年，第331页。
④ （清）徐松：《登科记考》，北京：中华书局，1984年，第4页。

一也"。① 并且，根据徐松的考证，从武德五年至开元二十四年（736）的110多年间，所有可以考知姓名的省试知贡举官的官职均为吏部考功司员外郎。本节主要讨论唐朝至五代的贡院问题。

一、唐代考功贡院

有关唐朝前期110多年间的省试考场问题，目前学界尚无定论。从历史文献的记载来看，古人一般认为唐代最早出现的贡院是礼部贡院。如据唐人李肇（生卒年不详，唐元和间任中书舍人）《唐国史补》卷下"礼部置贡院"条记载："开元二十四年，考功郎中李昂，为士子所轻诋，天子以郎署权轻，移职礼部，始置贡院。"② 即认为贡院之名始于开元二十四年改由礼部侍郎知贡举，而此前考功员外郎主持省试的110多年间则没有设置贡院。南宋历史学家李焘（1115－1184）曾为成都府类省试贡院撰写《贡院记》，在追溯唐代省试贡院的历史时指出："礼部贡院之名实自唐始，或谓始于文皇，非也。开元以前，贡举皆属吏部，命考功员外郎主之。二十四年，明皇谓考功望轻，乃稽贡举于礼部，命侍郎专掌其政令，别给以印，礼部贡院得名，盖始于明皇也。"③ 作为南宋时期最为知名的历史学家，李焘对于唐代前期的省试考场并未加以说明。

那么，由吏部考功员外郎主持省试的110多年间，其考试地点究竟在哪里？具体名称又是什么？对于这个问题，金滢坤根据唐代张鷟《朝野佥载》卷6的记载，"开元四年（716）尚书考功院厅前一双桐树忽然枯死。旬日，考功员外郎邵某卒"④，认为"考功员外郎典举，举行考试应该在本

---

① （清）徐松：《登科记考》，北京：中华书局，1984年，第5页。
② （唐）李肇：《唐国史补》，上海：上海古籍出版社，1979年，第56页。按，李昂实为吏部考功司员外郎。
③ （宋）扈仲荣：《成都文类》，《景印文渊阁四库全书》第1354册，台北：商务印书馆，1983年，第805页。
④ （唐）张鷟：《朝野佥载》，《景印文渊阁四库全书》第1035册，台北：商务印书馆，1983年，第284页。

司院厅,既然本司有院厅,应该就是科举考试的场所"①。这是目前所见关于这一问题的最具代表性的学术观点。

这一观点的提出自然有其道理。唐五代及北宋前期,各地在举行解试时,由于尚未建立专门的考场,往往借用府州军衙署等作为解试的临时考场。唐朝前期赴省试人数较少,考功员外郎既然拥有专属的厅事,自然也可以直接借用其衙署为省试的临时考场。而相关文献也证明,唐代考功员外郎确实有其专属衙署。如北宋时期宋敏求(1019－1079)《长安志》也记载:"考功员外郎厅事有薛稷画鹤,宋之问为赞,工部尚书厅事有薛稷画松石,并为时所重。"②薛稷(649－713)是唐代著名的书画家,与褚遂良、欧阳询、虞世南并称初唐四大书法家,绘画长于人物、佛像、树石,尤其擅长画鹤。宋之问(656－712)为初唐诗人,与沈佺期并称"沈宋"。其所作《题省壁画鹤》诗云:"粉壁图仙鹤,昂藏真气多。鸾飞竟不去,当是恋恩波。"③此诗标题中的"省壁",或即为吏部尚书省考功厅之墙壁,而"画鹤"也很可能就是《长安志》所提到的薛稷的画鹤图。宋之问曾任考功员外郎,并于景龙二年(708)知贡举。④薛稷画鹤图及宋之问题诗的时间很可能就是这一年。

唐朝前期赴考人数较少,"自贞观讫开元,文章最盛,较艺者岁千余人"⑤,千余考生分散到进士、明经等各科,且逐场淘汰,则每个单场的考生人数当不会太多。考功员外郎既然有其专属的厅事即办公场所,自然具备了利用其厅事组织临时考场的条件。

事实上,在礼部贡院出现之前,唐代已有吏部考功贡院。据北宋王溥(922－982)《唐会要》卷74《选部上》记载,唐玄宗开元"二十八年

---

① 金滢坤:《中国科举制度通史·隋唐五代卷》,上海:上海人民出版社,2015年,第333页。
② (北宋)宋敏求:《长安志》,清光绪十七年(1891)重刊本,卷7,第2页。
③ (清)彭定求:《全唐诗》卷53《宋之问三》,北京:中华书局,1960年,第658页。
④ (清)徐松:《登科记考》,北京:中华书局,1984年,第149页。
⑤ (元)脱脱:《宋史》卷155《选举志一》,北京:中华书局,1974年,第3614页。

(740)八月,以考功贡院地置吏部南院,以置选人文书。或谓之选院"①。这段引文中的"以置选人文书"6字,《钦定四库全书》版《唐会要》中作"以悬选人文榜"②,意思大致相同。

王溥,并州祁县(今山西晋中市祁县)人,后汉乾祐年间状元,历仕后汉、后周、北宋三朝,周太祖、世宗、恭帝及宋太祖四朝宰相,官至司空、太子太师,封祁国公。王溥是北宋初年著名的史学家,曾主持编纂《唐会要》《五代会要》等史书。据《四库全书》所录《唐会要》提要可知,百卷本《唐会要》虽然最终由王溥于北宋太祖建隆二年(961)完成编纂,但事实上只有最后20卷成于王溥之手。前面的80卷中,自唐高祖至唐德宗计9朝的40卷是由唐代苏冕(734—805)主持编纂的,名为《会要》;自唐顺宗至唐武宗计6朝的40卷则由杨绍复③等人编纂的,名为《续会要》;王溥增入的20卷为唐宣宗至唐哀宗计5朝的史事,合为100卷,名为《新编唐会要》。④ 据此可知,虽然《唐会要》成书于北宋初期,但该书的考功贡院这一称谓,其实是在唐代中期苏冕等人编成《会要》时便已提出。

王溥在《唐会要》中的考功贡院的称谓,也被南宋王应麟(1223—1296)编纂的《玉海》所引述:"《会要》:'开元二十年(732)八月,以考功贡院地置吏部南院,以悬选人文榜。或谓之选院。'"⑤ 值得注意的是,《玉海》在转述《唐会要》的这段文字时,特意将原文的"开元二十

---

① (宋)王溥:《唐会要》,清光绪十年(1884)江苏书局刻本,卷74,《选部上》,第23页。按,《景印文渊阁四库全书》本《唐会要》"以置选人文书"作"以悬选人文选"。

② (宋)王溥:《唐会要》卷74《选部上·吏曹条例》,《景印文渊阁四库全书》第607册,台北:商务印书馆,1983年,第131页。

③ 杨绍复,虢州弘农人,进士擢第,宏辞登科,位终中书舍人。因受唐宣宗(847—859年在位,年号大中)时宰相崔铉的赏识,与郑鲁、段瓖、薛蒙等四人有"郑杨段薛,炙手可热。欲得命通,鲁绍瓖蒙"的时谚。

④ (清)纪昀,等:《钦定四库全书总目》卷81《史部·政书类一》,《景印文渊阁四库全书》第2册,台北:商务印书馆,1983年,第679页。

⑤ (宋)王应麟:《玉海》卷117《选举·唐选院》,《景印文渊阁四库全书》第946册,台北:商务印书馆,1983年,第160页。

八年八月"改为"开元二十年八月",将"以置选人文书"改为"以悬选人文榜"。

王应麟这样修改并非没有道理。我们知道,《唐会要》主要是按照时间先后顺序来编排其叙事行文,并将因该历史事件而引发的后续事件附载于后。我们发现,在《唐会要》中,在改考功贡院为吏部南院这件事的前面,所记载的事件是开元十八年(730)侍中裴光庭主张按照"循资格"的标准选用官吏,以及裴光庭死后中书令萧高于开元二十一年(733)改为按照"才优业异、操行著明"的标准选用官吏;而在这件事的后面所记载的史事则是开元二十二年(734)七月六日吏部尚书李嵩奏请在兵部司勋司下发的告身印章里加上"告身"两字,以避免两部告身"行用参杂,难以区分"。显然,《唐会要》将开元二十八年八月发生的事件编排在开元十八年和开元二十二年发生的两个事件之间,确实不符合该书的叙事体例。而王应麟在《玉海》里将"开元二十八年"改为"开元二十年",确实更符合《唐会要》的叙事体例,而且也使得整段文字更合乎逻辑。

为什么这么说?这是因为,《唐会要》里的这一小段文字只是其所在段落的上半部分,该段落的下半部分还有两句话,即"其选院本铨之内,至是移出之。东都至二十一年七月以太常园置之"。前一句解释了为什么新设的吏部南院会"或谓之选院",因为"选院"原本是在"铨之内",现在虽然移入吏部南院了,但依然可以用原来的名称"选院"来继续称呼它。为什么不干脆就叫"选院",而要称为"吏部南院"呢?这是因为吏部南院里除了有新移过来的选院,还有原本就在此地的考功贡院。后一句则更为重要,它是解释为什么"二十八年八月"是"二十年八月"之误的关键。这一整段文字的叙事逻辑,是先叙述西京长安设置吏部南院之事,后叙述东都洛阳依例采取的措施。因此句中才用了"东都至二十一年七月"的表述方式,表明东都洛阳是仿照京城长安之例设置的吏部南院,其地点在"太常园",而时间则是"(开元)二十一年七月"。显然,"二十八年八月"不可能是"二十一年七月"之前的时间。《唐会要》中的这个"八"字,很可能是因为"八月"而在抄写时误增的衍字。需要指出的是,《唐会要》中这段明显不合叙事逻辑的文字,也让后人产生了误解。如张东光便认为,"开元二十四年（736）之后,贡举由吏部移入礼部,由礼部侍郎主管,考功贡院便闲置起来"①。

据此我们认为,在礼部贡院这一名称可能出现的时间上限（即开元二十四年）之前,应该已经有了考功贡院这一称谓。但是,这一称谓最早出现的时间,以及唐代最早设置考功贡院的时间,目前都还无法考知。

需要注意的是,《唐会要》说考功贡院被改为吏部南院之后,"或谓之选院",也就是吏部南院也被称为选院。对于吏部南院与选院的关系问题,《玉海》也曾转引《长安志》的记载,指出"选院在尚书省之南,亦曰吏部南院,选人看榜之所也",并加以说明："选院本铨曹之内,至是移出之。东都至二十二年七月以太常园置之。"也就是说,《玉海》认为唐代吏部本有南、北两处办公衙署,即北边一处为位于尚书省内的吏部衙署,而南边一处即是考功贡院。选院原本是北边吏部衙署的一部分,开元二十年被移出后,与南边的考功贡院合署办公;四年之后,即开元二十四年,由于改由礼部侍郎知贡举,南边的考功贡院不再负有贡院的考试功能,其名称自然也被取消,吏部南院或吏部选院从此成为了南边吏部衙署的专属称谓。《玉海》所引《长安志》卷7《唐皇城》对唐代吏部南、北两处办公衙署的位置情况有更为详细的描述：

> 承天门街之东第五横街之北：从西,第一左领军卫（卫北有兵部选院）,次东左威卫（卫北有刑部格式院）,次东吏部选院（以在尚书省之南,亦曰吏部南院,选人看榜名之所也）,次东礼部南院（四方贡举人都会所也）。院东安上门街。横街抵此而绝。②

我们根据《长安志》绘制了"唐代尚书省衙署分布图",并主要体现了位于第四横街南边的吏部选院与礼部南院的相对方位。从图中可以看到,在唐代长安城承天门街第五横街的北面,从西到东依次排列着若干部

---

① 张东光：《唐、五代铨选考试的资格审查机构——南曹》,《晋阳学刊》2012年第6期,第96页。
② （北宋）宋敏求：《长安志》,清光绪十七年（1891）重刊本,卷7,第3页。

门的衙署，包括左领军卫（其北为兵部选院）、左威卫（其北为刑部格式院）、吏部选院、礼部南院等。

承天门街	承天门街东之第三横街						安上门街
			尚书令都堂				
	后部	刑部	工部	吏部	户部	礼部	
	承天门街之东第四横街						
	兵部选院	刑部格式院		吏部选院		礼部南院	
	左领军卫	左威卫					
	承天门街之东第五横街						

图1-1　《长安志》唐代尚书省衙署分布图

《长安志》记载的是开元二十四年以后皇城衙署的分布情况，此时的吏部选院（或称吏部南院）已经不具备考功贡院的职能，而是"选人看榜名之所"。而礼部南院是否就是礼部贡院？书中并未加以说明。

宋人程大昌（1123—1195）所著《雍录》是一部系统考证汉代以来长安城的宫殿、衙署、山川、街市等历史地理变化的著作，书中根据《唐六典》《长安志》等文献，描述了开元二十四年以后吏部选院和礼部贡院的位置关系。其叙述尽管不一定完全准确，但对于探讨开元二十四年以前的考功贡院问题，却也颇具参考价值。关于吏部选院，程大昌认为，"尚书省在朱雀门北正街之东，自占一坊，六部附隶其旁"。在尚书都省及尚书六部衙署建筑群的南边，分别有吏部选院和礼部选院。由于吏部选院是在尚书省的南边，所以才会有吏部南院或南曹之名，也就是《长安志》所说的"以在尚书省之南，亦曰吏部南院。选人看榜之所也"，以及《唐六典》

第二章　清代贡院的历史渊源

所说的"（吏部）员外郎一人掌选院，谓之南曹"①。程大昌解释说："唐世选法不似今时日日引选，每遇四时当受选时，别出本曹治廨之外，于南院引集焉。"程大昌还认为，吏部选院的"院外别有列榜之所，告以留黜也"②。

而关于礼部南院，程大昌则说，"礼部既附尚书省矣，省前一坊别有礼部南院者，即贡院也"③。宋代殿试后填写进士金榜时，会用淡墨之笔在榜文的开头部分写上"礼部贡院"四个大字，程大昌认为这个习惯和唐代完全相同，说明唐代"已尝名南院以为贡院矣"。另外，礼部南院和吏部南院一样，都有张贴榜文的高墙："有列榜之地如吏部。"这显然是根据王定保《唐摭言》所载唐代省试制度而做出的判断，即："旧例于都省考试。南院放榜，张榜墙乃南院东墙也，别筑起一堵，高丈余，外有壖垣，未辨色；即自北院将榜就南院张挂之。"④ 只不过程大昌并不赞同《唐摭言》所说的唐代礼部省试的考试地点和放榜地点分别是在尚书省南、北两处的观点，而主张礼部南院就是贡院，是省试的专门考场，而其南院外部的东墙即是放榜之所。

程大昌的这一观点，不但与王定保的观点不合，也和今人的研究结论有所不同。如何忠礼先生便认为，"唐代的省试试场，设置于公务繁忙的尚书省，举人考毕，便上都堂纳卷。进士榜则张贴于礼部南院之东墙，院内为进士入闱时的集中地"，"所谓礼部贡院，只不过是暂时借用尚书省的某些厅堂和礼部南院而为之，试场内空无一物"⑤。这一观点无疑是正确

---

① （唐）李林甫，等：《唐六典》卷2《尚书吏部》，北京：中华书局，1992年，第36页。

② （宋）程大昌：《雍录》卷8《职官》，《丛书集成续编》第51册，上海：上海书店出版社，1994年，第104页。

③ （宋）程大昌：《雍录》，《景明刻本古今逸史》第25册，卷8《职官》，第3页。

④ （五代）王定保：《唐摭言》卷15《杂记》，北京：中华书局，1959年，第159页。

⑤ 何忠礼：《北宋礼部贡院场所考略》，《河南大学学报（社会科学版）》1993年第4期，第49—50页。何忠礼先生研究南宋礼部贡院的论文也引述了程大昌的观点。见所著：《南宋的礼部贡院与省试》，《厦门大学学报（哲学社会科学版）》2018年第5期，第83页。

的。程大昌对考功贡院之所以会有错误的理解,很可能是因为他把唐代贡院与他所处时代的南宋贡院等而同之,也就是认为它们都是服务于科举考试的专用考场,而忽略了唐代贡院作为考务管理衙门的根本属性。

本文尚未查到能够说明唐代考功贡院基本建筑规制与具体运行方式的史料。不过,知贡举改由礼部侍郎担任后,唐代科举取士的考试规程并未发生变化,礼部贡院阶段的相关情况对于了解唐代考功贡院阶段的省试运作情形无疑具有参考价值。唐懿宗咸通八年(867)进士韦承贻曾于省试后创作了一首题为《策试夜潜纪长句于都堂西南隅》的诗,云:"褒衣博带满尘埃,独自都堂纳卷回。蓬巷几时闻吉语,棘篱何日免重来?三条烛尽钟初动,九转丹成鼎未开。残月渐低人扰扰,不知谁是谪仙才?"① 从该诗的题目可以知道,在该科省试第三场策试时,韦承贻的座席是在"都堂西南隅",而从诗的内容则可以得知,其纳卷地点是在尚书省"都堂"。我们虽然不能依据这首诗认为该科所有的举子都是在尚书省都堂周边的廊檐里完成考试,但至少可以说明包括韦承贻在内的部分考生是在都堂旁边完成答题的。在韦承贻参加省试的咸通八年,唐代科举早已进入礼部贡院阶段,此时礼部南院也早已是相对独立的区域,此时考生的席次尚且有位于都堂旁近者,则在唐代前期的考功贡院阶段自不待言。

有关考功贡院这一称谓,历代典籍中还有另外一个类似的词语,即宋代王钦若(962—1025)《册府元龟》中提到的吏部贡院:"(后周显德)二年(955),尚书吏部贡院进新及第进士李覃等一十六人所赋诗赋、文论、策文。"② 这是目前可以检索到的文献中唯一发现的一处吏部贡院。当然,五代科举承袭自唐代中后期,当时的吏部早已与科举、贡院没有直接的关系。此处的吏部贡院,极有可能是礼部贡院之误。自武德五年(622)唐代首开科举,到开元二十四年(736)改由礼部侍郎知贡举,吏部考功员外郎主持省试计有115年之久。对于这115年间省试考场的命名,《唐会

---

① (清)清圣祖御定:《御定全唐诗》卷600,《景印文渊阁四库全书》第1429册,台北:商务印书馆,1983年,第111页。
② (宋)王钦若:《册府元龟》卷41《帝王部·宽恕》,《景印文渊阁四库全书》第902册,台北:商务印书馆,1983年,第663页。

要》和《玉海》的考功贡院无疑是较为合理的。参照唐代开元二十四年以后出现的礼部贡院的称谓，我们完全有理由将唐代开元二十四年之前省试考场称为考功贡院，甚至进一步称为吏部贡院。

事实上，用考功贡院一词称呼开元二十四年以前的省试场所，学界并非没有先例。如1992年吴宗国《唐代科举制度研究》便已指出，唐玄宗开元年间，由于各方面的原因，"原来的考功贡院也已无力应付有关贡举的烦杂的众务"[①]。而王增辉《唐代座主门生关系研究》也提出，"唐初，吏部考功司主管科举考试事务，考试在吏部下属的考功贡院进行"[②]。我们需要注意的是，与礼部贡院一样，唐代的考功贡院其实更多地也是一个考试主管部门，而不是一座专门的考试建筑。

二、唐代礼部贡院

唐代为后人所熟知的省试考场是礼部贡院。尽管《唐摭言》记载说礼部贡院这一称谓的来历之一是贞观年间唐太宗以飞帛体书写了"礼部贡院"四字，每字一纸，贴在皇城端门城楼的进士榜前，但礼部贡院这一专称的出现不可能早于唐玄宗开元二十四年。南宋历史学家李焘（1115—1184）在为成都府类省试贡院撰写的《贡院记》中也曾顺带驳斥了这种观点："礼部贡院之名实自唐始，或谓始于文皇，非也。"[③]"文皇"即唐太宗。唐代礼部贡院的设立，自然与省试改由礼部侍郎主持有关。开元二十四年，因省试主考官吏部考功员外郎李昂决心痛惩省试请托之弊，却反被省试举人李权歪曲李昂诗句的意涵，扣上大不敬的帽子，对其进行当面刁难、羞辱，最终使得李昂无法做到恪尽职守、秉公取士。这一事件显然是科举日益受到社会重视的客观反映，同时也使朝廷意识到"省郎位轻，不足以临多士""考功郎所职掌位轻事重，名实不伦"，用"从第六品上阶"的考功员外郎主持省试已经无法令考生心悦诚服。为此，唐玄宗下诏，自

---

① 吴宗国：《唐代科举制度研究》，沈阳：辽宁大学出版社，1992年，第49页。
② 王增辉：《唐代座主门生关系研究》，辽宁大学硕士学位论文，2015年，第6页。
③ （宋）李焘：《贡院记》，（宋）扈仲荣：《成都文类》，《景印文渊阁四库全书》第1354册，台北：商务印书馆，1983年，第805页。

今以后改由礼部负责省试,并提升主考官的职衔,专派"正第四品下阶"的礼部侍郎知贡举:"每年诸色举人及斋郎等简试,并于礼部集。既众务烦杂,仍委侍郎专知。"①

科举考试改由礼部侍郎主持之后,逐渐开始有了礼部贡院的设置。开元二十四年九月奏请使用的贡举印章,其所刻文字很可能就是"礼部贡院之印"6个字。如据《宋会要辑稿》记载,元丰六年(1083)闰六月十四日尚书礼部上奏,"旧制贡院专掌贡举,其印章曰'礼部贡院之印',遇锁试则知举官总领。昨废贡院,毁旧印,以其事归礼部,准格遇科场牒印并公事。缘本部分曹治事,凡十有五,贡举乃其一事,若遇锁试牒印,即他曹事实有阙。乞别铸'礼部贡举之印'"②。当然,文中的"旧制"二字,显然更多的是指元丰改革科举之前的北宋贡院制度。同时,尽管前引程大昌《雍录》认为唐代礼部南院就是省试的专属贡院,但其观点并没有得到唐昭宗光化三年(900)进士王定保的认可。如前所述,王定保认为唐代省试是"都省考试,南院放榜",并非都是在礼部南院或礼部贡院。

程大昌《雍录》所引唐懿宗咸通八年(867)进士韦承贻的"才到第三条烛尽,南宫风月画难成"的诗句,本意是想解释为什么礼部别称"南宫"、礼部郎官又名"南宫舍人",但该诗却似乎正好可以为证明礼部南院并非省试唯一场所提供线索。据《御定全唐诗》,韦承贻的这首诗(一说为薛能所写)的前面还有另外一首登第诗,即前引《策试夜潜纪长句于都堂西南隅》诗,说明韦承贻的考试座位是被安排在"都堂西南隅",其纳卷地点也是在"都堂"。这两首诗虽然不能证明所有省试考生都在都堂考试,但至少可以说明包括韦承贻在内的部分考生是在都堂考试的。当代宋史专家何忠礼先生便据此诗认为"唐代的省试试场,设置于公务繁忙的尚书省,举人考毕,便上都堂纳卷",礼部南院为"进士入闱时的集中地"。

---

① (清)徐松:《登科记考》,北京:中华书局,1984年,第278—279页。

② (清)徐松:《宋会要辑稿》第108册《选举三》,北京:中华书局,1957年,第4285页。按,(宋)王应麟:《玉海》卷116《选举·科举三》"礼部贡举之印"作"礼部贡院之印",当误。(《景印文渊阁四库全书》第946册,台北:商务印书馆,1983年,第148页。)

他进一步补充说，所谓礼部贡院"只不过是暂时借用尚书省的某些厅堂和礼部南院而为之，试场内空无一物"①，即认为礼部南院不仅是进士入闱的集中地，也是省试考场的一部分。

何忠礼先生关于省试试场空无一物、极为简陋的观点，可以通过江州人舒元舆（791—835）的《上论贡士书》得到证实。在这篇奏折中，舒元舆叙述了他在唐宪宗元和八年（813）参加礼部省试的场景："臣年二十三，学文成立，为州县察臣，臣得备下土贡士之数。到阙下月余，待命有司，始见贡院悬板样，立束缚检约之目，勘磨状书，剧责与吏胥等伦。臣幸状书备，不被驳放，得引到尚书试。试之日，见八百人尽手携脂烛水炭，洎朝晡餐器，或荷于肩，或提于席，为吏胥纵慢声大呼其名氏。试者突入，棘闱重重，乃分坐庑下，寒余雪飞，单席在地。呜呼！唐虞辟门，三代贡士，未有此慢易者也。"② 从中可以看出，尽管礼部专管贡举已近百年，但唐宪宗（805—820 在位）年间的礼部贡院显然还不是一座科举专用考场，考生需要自己携带诸如笔墨、蜡烛、木炭、水壶、碗筷、坐席等考试、生活用具，由吏胥逐一"纵慢声大呼"的方式点名进入考场，并被安排在厅堂廊檐之下考试，没有桌椅，全都席地而坐。这与明清时期贡院每人一个小隔间（号舍）的考试条件不啻霄壤之别。当然，此时礼部贡院已被称为"棘闱"，考前磨勘、入场点名、考试排座等场规已经逐步成熟。

由此可见，唐代的礼部贡院虽然已经具备了后世贡院的部分功能，但它并不是一座像明清会试贡院一样的纯粹的科举专用考场，而更主要是一个主持礼部省试、制订科举政策的常设行政机构，这从历史文献的行文中可以很明显地看出来。如唐文宗开成三年（838）五月"敕礼部贡院：进士、举人，岁限放三十人及第"③。唐宣宗大中十年（856）三月，中书门

---

① 何忠礼：《北宋礼部贡院场所考略》，《河南大学学报（社会科学版）》1993 年第 4 期，第 49 页。
② （宋）姚铉：《唐文粹》卷 26，《景印文渊阁四库全书》第 1343 册，台北：商务印书馆，1983 年，第 376—377 页。
③ （五代）刘昫：《旧唐书》，北京：中华书局，1975 年，第 574 页。按，中华书局点校本将"礼部贡院"中间用顿号断开，作"敕礼部，贡院进士、举人"，当误。

下上奏，"礼部贡院见置科目开元礼、三礼、三传、三史、学究、道举、明算、童子等九科，近年取人颇滥，曾无实艺可采，徒添入仕之门。须议条疏，俾精事业"①。史籍中还有诸如"知礼部贡院"或"权知礼部贡院"的表述，表明礼部贡院具有行政管理部门的属性。诚如清代徐松《登科记考》"凡例"所反映的："唐主司自改制后，以礼部侍郎任者曰知贡举，他官任者曰权知贡举，皆于上年之秋冬简任，次年正月入闱。第传记所载，或称简任之年，或称主试之年，故每致参差。"②之所以会造成知贡举到底属于哪个年份的歧误，其根本原因即在于礼部贡院兼具考试行政管理部门和科举专用考场的双重属性，因而才会产生以任官时间和入闱时间来确定其知贡举年份的不同标准。

唐代进士科省试共考三场，实行逐场淘汰制。据清人徐松《登科记考》记载，考生一般需在省试前一年的十月赶到长安（或东都），按照"乡贡进士例于十月二十五日集户部，生徒亦以十月送尚书省"的规定，接受姓名、乡贯、三代履历等信息的审核，次年"正月乃就礼部试"。进士科省试"先杂文，次帖经，次答策"，采取逐场淘汰的方式，"每一场已，即榜去留"。③故唐末福建莆田人黄滔（840－911）所作《下第》诗云："昨夜孤灯下，阑干泣数行。辞家从早岁，落第在初场。"④进士科省试终场后，礼部贡院于二月公布录取名单，四月申送吏部举行关试，以凭命官任职。

唐代省试，一般先考进士科，再考明经科等诸科，我们可以再引黄滔的省试经历为证。黄滔于唐昭宗乾宁二年（895）参加进士科省试，放榜当日便举行了御试。不久，还处于登科后春风得意心情中的黄滔又得到了友人明经及第的消息，更觉喜上添喜，乃作《送友人明经及第》诗表达祝贺，诗中有"十问九通离义床，今时登第信非常。亦从南院看新榜，旋束

---

① （五代）刘昫：《旧唐书》，北京：中华书局，1975年，第634页。
② （清）徐松：《登科记考》，北京：中华书局，1984年，第3页。
③ （清）徐松：《登科记考》，北京：中华书局，1984年，第3页。
④ （清）清圣祖御定：《御定全唐诗》卷704，《景印文渊阁四库全书》第1430册，台北：商务印书馆，1983年，第128页。

春关归故乡"①之句。这除了说明当时明经科省试确实是在进士科之后，同时也说明明经科的放榜地点也和进士科一样，同样是在礼部南院。不过，对于第一点，徐松《登科记考》并不确定，只说"疑试明经在进士放榜后"②。

唐代分科取士，对于不同科目的考生，礼部贡院提供的考场待遇也有所不同。北宋沈括《梦溪笔谈》在谈及宋代科举考试时曾对比唐代的情形："礼部贡院试进士日，设香案于阶前，主司与举人对拜，此唐故事也。所坐设位，供张甚盛，有司具茶汤饮浆。至试经生，则悉撤帐幕、毡席之类，亦无茶汤，渴则饮砚水，人人皆黔其吻。非故欲困之，乃防毡幕及供应人私传所试经义，盖尝有败者，故事为之防。"③沈括指出这是唐代礼部省试的情形，到宋代时依然如此，故而欧阳修有诗云："焚香答进士，撤幕待经生。"④

相对来说，唐代礼部贡院的场规并不严密。据《唐摭言》卷2《争解元》条附载《叩贡院门求试》事："合淝李郎中群，始与杨衡、符载等同隐庐山，号'山中四友'。先是封川李相迁阁长，会有名郎出牧九江郡者，执辞之际，屡以文柄迎贺于公。公曰：'诚如所言，庐山处士四人，倘能计偕，当以到京兆先后为齿。'既，公果主文。于是拥旌旗，造柴关，激之而笑。时三贤皆胶固，惟合淝公年十八，矍然曰：'及其成功，一也！'遂束书就贡。比及京师，已锁贡院，乃槌院门请引见。公问其所止。答

---

① （清）清圣祖御定：《御定全唐诗》卷705，《景印文渊阁四库全书》第1430册，台北：商务印书馆，1983年，第137页。
② （清）徐松：《登科记考》，北京：中华书局，1984年，第3页。
③ （宋）沈括：《梦溪笔谈》，北京：中华书局，1957年，第28页。
④ 按，关于"焚香答进士，撤幕待经生"的作者，一般有两种说法。一是直接将其归为欧阳修的词句，如沈括《梦溪笔谈》、阮阅《诗话总龟》、彭乘《墨客挥犀》、江少虞《事实类苑》、朱熹《朱子语类》、马端临《文献通考》等，二是将其叙述为宋代的谚语，如宋黄履翁《古今源流至论集》、元代王恽《秋涧集》。另外，"焚香答进士"，亦有人写作"焚香礼进士"，如宋代胡次焱《梅岩文集》、元代王恽《秋涧集》、许衡《鲁斋遗书》，"撤幕待经生"一句，亦有人写作"瞑目待经生"，如明代杨慎《升庵集》。

云：'到京后时，未遑就馆。'合沍神质瑰秀，主副为之动容。因曰：'不为作状头，便可延于吾庐矣。'"① 这虽然是个孤立的案例，但也从一个侧面反映了唐代省试场规的松弛：迟到的考生不但不会被取消考试资格，而且竟然可以直接敲门进入贡院参加考试；而正、副主考官发现这个迟到的考生"神质瑰秀"后，竟然想直接让他住到自己家里去；作为主考官的"封川李相"仅凭传闻，便向地方官许诺自己将会按照考生到达长安时间的先后来排定其考试名次，听起来简直便如同儿戏一般。

又如唐贞元二十一年（805）因德宗于正月癸巳驾崩，是年会试被推迟到三月下旬才张榜公布录取名单。礼部侍郎权德舆为知贡举官，作有《上巳日贡院考杂文不遂赴九华观祓禊之会以二绝句申赠诗》："三月韶光处处新，九华仙洞七香轮。老夫流滞何由往？珉玉相和正绕身。"并自注说："时以《沽美玉》为题。"② 从中可见，唐代知贡举官在主持考试期间的活动并不像后世那样受到严格的限制，他们在录取名单正式公布之前，可以出贡院参加各类社会交往活动。

唐宣宗大中九年（855），还发生了一起团伙伪造印信意图威逼利诱主考官员违规录取相关考生的事件。是年正月八日，御史台接到贡院知贡举、中书舍人沈询的举报称，有黄续之、赵弘成、全质等三位明经"伪造堂印、堂帖"，其中黄续之身穿"绯衫"、手持伪帖进入贡院，要求主考官沈询设法录取三人及第，许诺事后可向其奉送1600贯的钱款。御史台经过严加审讯，最终判决黄续之等三人"准法处死"，贡院主考官举报有功，且并未收受贿赂，不予追究责任。③

唐代科举迷信现象已经出现。据元代李好文《长安志图》记载："试官石，在九耀街武安王庙前，横卧街侧，色黑而莹。长四五尺，高二三尺。世传唐时举人就试，以钉钉之，卜其中否。今观石上有钉数十余钉，

---

① （五代）王定保：《唐摭言》，北京：中华书局，1959年，第18—19页。
② （清）徐松：《登科记考》卷15《贞元二十一年》，北京：中华书局，1984年，第577页。
③ （清）徐松：《登科记考》卷22《大中九年》，北京：中华书局，1984年，第825页。

头皆露，亦有半入而上曲者。昔李将军射石饮羽，盖偶然尔，此岂偶然者耶？其理殆不可晓。"① 唐代礼部贡院曾借用武安王庙为临时考场，该试官石很可能与贡院有关。

三、唐代府州军解试考场

在宋太祖赵匡胤正式确立殿试制度以前，中国的科举考试一直实行形式上的二级制，即尚书省省试和府州军解试。② 唐代进士科考生"自乡升县，县升州，州升府，皆历试行艺，秋会贡于文昌，咸达帝廷，以光王国"③。但是，唐代考生通过了县、州、府的各级考试，并不能获得相应的功名。获得发解资格的举子如省试未获成功，下届依然要再次参加解试。这与明清时期科举三大级七小级的制度设定有很大区别。④

有关唐代县府州军解试的考场，极少有文献记载。据《唐摭言》卷2《争解元》条：

> 同、华解最推利市，与京兆无异，若首送，无不捷者。元和中，令狐文公镇三锋，时及秋赋，榜云："特加置五场。"盖诗、歌、文、赋、帖经，为五场。常年以清要书题求荐者，率不减十数人，其年莫有至者。虽不远千里而来，闻是皆寝去；惟卢宏正尚书独诣华请试。公命供帐，酒馔侈靡于往时，华之寄客毕纵观于侧。宏正自谓独步文场。公命日试一场，务精不务敏也。宏正已试两场，而马植下解。

---

① （元）李好文：《长安志图》，清光绪十七年（1891）重刊本，卷中，第16页。
② 按，武玉环，高福顺，都兴智，吴志坚：《中国科举制度通史·辽金元卷》认为，从组织考试的角度说，唐代科举有县、州、礼部三级（上海人民出版社2015年版第501页）。
③ （清）徐松：《登科记考》，北京：中华书局，1984年，第3页。
④ 三大级七小级，即童试、乡试、殿试为三大级，三大级分别对应生员、举人、进士三种逐级提升的功名。七小级即童试又可分县试、府试、院试三级，乡试又可分为科试、乡试两级（武生为岁试、乡试两级），殿试又可分为会试、殿试两级，均为获得三种级别的功名所必须逐级通过的考试。其余如生员之岁试、五贡之考选或廷试、举人之大挑、进士之庶吉士朝考，均不属于三种级别的功名中必须逐级通过的考试。

植,将家子弟,从事辈皆窃笑。公曰:"此未可知。"既而试《登山采珠赋》。略曰:"文豹且异于骊龙,采斯疏矣;白石又殊于老蚌,剖莫得之。"公大伏其精当,遂夺宏正解元。①

从中可以发现,与明清乡试相比,唐代解试有以下不同:其一,唐代解试虽然区分考生籍贯,但并不作为考生能否在当地发解的限制条件,导致个别府州军因其获得的政策优势被称为"利市"州,并从而成为各地考生的首选考点;其二,作为解试主考官的府州军地方官有权自主决定考试内容、考试场次和单场考试的时长,说明唐代解试在一定程度上还保留了察举制时代郡守荐士的残留;其三,考生不必同时参加考试,迟到者也有机会夺取解元;其四,解试场规极为宽松,考场上可以摆设酒馔,外地来者可以"纵观于侧",即围观考试。《争解元》条下还记载了白居易任杭州知州时根据张祐、徐凝于酒席之间各自吟诵的成名佳句来判定该科解元的故事,更说明有时候解元甚至不必在考场中决出,体现出解试考官对考试结果具有决定性的影响作用。

四、五代礼部贡院

公元907年到960年,后梁、后唐、后晋、后汉、后周相继建立,史称五代十国。其中后梁(907—923)建都长安,后唐(923—936)建都洛阳,后晋(936—947)先建都洛阳,后迁都开封,后汉(947—950)、后周(951—960)均定都开封。五代时期的礼部贡院和唐代基本相同,也兼具行政管理部门与后世贡院的双重属性。

如据薛居正《旧五代史》载,后唐清泰二年(935),"礼部贡院奏:'进士请夜试,童子依旧表荐,重置明算、道举。举人落第后,别取文解。五科试纸,不用中书印,用本司印。'并从之"②。又如后汉乾祐年间(948—950),"贡院尝录一学科,于省门叫噪。申中书门下,宰相苏逢吉

---

① (五)王定保:《唐摭言》,北京:中华书局,1959年,第17页。
② (宋)薛居正:《旧五代史》,北京:中华书局,1976年,第652页。

令送侍卫司,请痛笞刺面"①。再如后周显德六年(959)下诏,命令"礼部贡院今后及第举人,依逐科等第定人数姓名,并所试文字奏闻,候敕下发榜"②。以上文献中的礼部贡院或贡院显然不是指科举专用考场,而是负责管理考试的行政机构。而唐天成年间和凝(898—955)知贡举时,命人"撤棘启门",打破了"贡院旧例,放榜之日,设棘于门,及闭院门,以防下第不逞者"的惯例③,这里的贡院、院门,说的显然是一所闭门取士的科举专用考场。

与唐代一样,五代科举亦采取逐场淘汰制度。如周太祖广顺三年(953)下旨,要求礼部贡院"于引试之前精加考核,逐场去留",并强调礼部贡院应按照考生实际才学取舍人才,"无艺者虽应举年深,不得饶借场数;有艺者虽遭黜落,并许陈诉"。④

五代贡院亦被称为棘闱。据《旧五代史》卷127《和凝传》记载,和凝在后唐明宗天成(926—930)年间被任命为殿中侍御史,历任礼部主客司员外郎、翰林学士、主客司郎中等职,曾权知贡举。此前,"贡院旧例,放榜之日,设棘于门,及闭院门,以防下第不逞者",而和凝则秉公取士,毫无私心,命人撤去荆棘,开启贡院大门,结果"是日寂无喧者"。而该科"所收多才名之士,时议以为得人",⑤ 证明和凝没有辜负考生对他的信任。

五代贡院依然主要是一个主管科举考试的行政机构,并同样未建造专用的省试考场。据北宋太宗朝左拾遗田锡(940—1004)《上太宗论军国要机朝廷大体》的奏折,提及"尚书省是前代所营,公宇低隘,南宫二十四

---

① (宋)薛居正:《旧五代史》,北京:中华书局,1976年,第1407页。
② (宋)薛居正:《旧五代史》,北京:中华书局,1976年,第1579页。
③ (宋)薛居正:《旧五代史》,北京:中华书局,1976年,第1672页。
④ 《钦定续通志》卷140《选举略》,《景印文渊阁四库全书》第394册,台北:商务印书馆,1983年,第288页。
⑤ (宋)薛居正:《旧五代史》卷127,《景印文渊阁四库全书》第278册,台北:商务印书馆,1983年,第406页。

司不在其间，六尚书无本厅，诸郎官无廨宇。至于九寺三监，寄在内前廊下"①。所谓"前代所营"，是指北宋初期的尚书省沿用了此前定都开封的后晋、后汉、后周三个朝代的做法，即马端临所说的北宋初期尚书省设于"梁太祖旧第"②，也就是借用梁太祖旧第为尚书省官衙，其办公场所相当拥挤。田锡的奏折中同时指出："加以礼部无贡院，试处非省垣，每年试举人，权就武成王庙。"说明五代时期礼部贡院在主持科举考试时，因为尚书省六部及各所管郎官本身都没有办公衙署，因而便无法像唐代礼部贡院一样借用六部及礼部衙署作为相对固定的考试场所，而只能借用武成王庙为省试考场。

需要指出的是，田锡是太平兴国三年（978）进士，曾历任宣州通判、直史馆、相州知州、谏议大夫等职，此奏折当为其直史馆时所作。奏折中提到的武成王庙，是历代奉祀西周武成王姜尚的庙宇，其祀典自西汉以来便已存在。唐玄宗开元十九年（731）命于长安、洛阳建齐太公庙，唐德宗建中二年（781）更追封为武成王，并仿照文庙之制，选取"张良、穰苴、孙武、吴起、乐毅、白起、韩信、诸葛亮、李靖、李勣"③ 等10名历代武功卓著的军事家配祀于庙中。北宋太祖建隆三年（962），命左谏议大夫崔颂与中使卢德岳等"同修武成王庙"④，从而与文庙一起被合称为北宋文、武两大祠庙。

唐五代时期是中国庶民地主的成长阶段，也是中国科举制度的早期发展阶段。由于每年都会开科，且设科种类较多，因此各科各类的应试人数和录取人数都相对较少。这也使得考试的周期相对更长，而负责主持考试

---

① （宋）田锡：《咸平集》，舒大刚：《宋集珍本丛刊》第一册，北京：线装书局，2004年，第264页。
② （元）马端临：《文献通考》，北京：中华书局，1986年，第468页。
③ （清）秦蕙田：《五礼通考》卷123，《景印文渊阁四库全书》第137册，台北：商务印书馆，1983年，第972页。
④ （宋）李焘：《续资治通鉴长编》，清光绪七年（1881）浙江书局校刊本，卷3《太祖》，第10页。

的相关机构尤其是省试贡院在每年之中都需要用很多的时间用于考试报名、考场布置、试卷处理、组织考试、试卷评阅、张榜公布,以及将中选者名单汇总上报、组织或参加中式者的宴赏活动等。这也是为什么唐五代贡院既是科举专用考场又是常设的考试行政管理机构的重要原因。不过,由于考试类别复杂多样、考试场所未能专用、考场纪律随意涣散、录取标准难以统一等原因,唐五代科举考试结果的公平与公正受到极大的损害。进入宋代以后,随着庶民地主日益壮大和科举制度不断变革,科举考试场所也相应发生了巨大的变化。

第三节 宋代省试贡院

北宋是中国科举制度重要的发展与成熟时期,殿试、别头试、锁厅试等考试形式,以及弥封、誊录、对读等对后世影响深远的科场防弊措施,都是在北宋时期创制的。而作为这些防弊措施得以顺利施行的物质条件,宋代贡院也日渐发展成熟,其作为科举专用考场的诸多建筑规制也为后世所仿效。

一、宋代殿试考场

宋代科举在继承唐制的基础上有了更多的发展。其中,为防止考官与门生结成朋党,宋太祖于乾德六年(968)创立了殿试制度,宋太宗于淳化三年(992)创立了弥封制度,宋真宗于大中祥符八年(1015)创立了誊录制度,后来又出现了朱、墨卷对读之制。

北宋殿试最初在崇政殿举行,宋神宗熙宁三年(1070)后改在集英殿。[①] 据孟元老《东京梦华录》卷1《大内》,北宋开封府宫城内集英殿的主要功能是"御宴及试举人于此"。[②] 据《宋史》记载,大中祥符五年

---

① 杨学为,陈高华,宋德金,张希清:《中国考试通史·宋辽金元》,北京:首都师范大学出版社,2004年,第184页。
② (宋)孟元老:《东京梦华录》卷1,王云五:《丛书集成初编》第3216册,上海:商务印书馆,1935年,第28页。

(1012)宋真宗亲自参与修订了《亲试进士条制》,其中规定:

> 凡策士,即殿两庑张弈,列几席,标姓名其上。先一日表其次序,揭示阙外。翌旦拜阙下,乃入就席。试卷,内臣收之,付编排官,去其卷首乡贯状,别以字号第之;付封弥官,誊写校勘,用御书院印;付考官定等毕,复封弥送复考官再定等。编排官阅其同异,未同者再考之;如复不同,即以相附近者为定。始取乡贯状、字号合之,即第其姓名、差次并试卷以闻。①

这份《条制》简单描述了编排考试座次、试卷弥封、誊录、评阅、录取的基本过程,但对于考场内不同执事人役的办公场所问题则未作说明。尤其是在后世最为关心的内、外帘关防制度方面,更是未作描述。当然,明清时期的殿试试卷虽然也要弥封,但却不作誊录处理,因而考生的楷书水平常成为排定名次的重要指标。

南宋定都临安后,宫城建筑参照北宋建造,而殿试也依然在集英殿举行。据吴自牧《梦粱录》卷3《士人赴殿试唱名》中记载:

> 诸路举人到者,排日赴都堂,帘引讫,伺候择日殿试。前三日,宣押知制诰、详定、考试等官赴学士院锁院,命御策题,然后宣押赴殿。士人诣集英殿起居,就殿庑赐坐引试,依图分庑坐定,各赐印刊策题。其士人止许带文房及卷子,余皆不许挟带文集。士人入东华门,各行搜检身内有无绣体私文,方行放入。午则赐食与士人,其砚水之类,皆殿直祗直供办,午后纳卷而出。旧制,士人卷子仍弥封,卷头打号,然后纳初放官,次下复考,考定次第,送详定参详一同,方定甲名次资,而定夺三魁。伺候上御文德殿,临轩唱名,进呈三魁试卷,天颜亲睹三魁,排定姓名资次,然后宣唤三魁姓名。其三魁听快行宣唤数次,方敢应名而出。扣问三代、乡贯、年甲同,方请入状

---

① (元)脱脱:《宋史》卷155《选举志一》,北京:中华书局,1974年,第3610页。

元侍班处，更换所赐绿襕靴笏。①

从中可以看出，尽管南宋殿试并未建造专用考场，而是在集英殿"就殿庑赐坐引试"，但依然极为注重其保密性。首先，所选定的知制诰、详定、考试等官提前三日派任后，需在学士院住宿，不许与外界交接。其次，考生进场时，依然要进行搜检，不许携带别项书籍。再次，殿试试卷实行弥封。最后，殿试卷一体誊录。与后世不同的是，南宋殿试从早晨入场，到午后纳卷，时长只有一个白天，即最晚不能晚于日落交卷。

宋末元初临安人刘一清在其《钱塘遗事》中更为清楚地记载了南宋末年殿试及其考场的基本情况。殿试之前数日，考生需要到贡院书铺纳卷、请号，每人缴纳5000钱，可得试卷一套和《御试须知》一本。请号之日，考生黎明到书铺排队，等候画押领取坐号。所有考生按照省试录取名次逐一登记姓名后，领取一张入场座位号，"号以白纸半片为之，有字数行，尚书、侍郎、郎中偕衔押字，及有中官某人监集英殿门"。这张"号"不仅是考生殿试入场的凭证，也是传胪典礼的入场凭证。殿试当日，所有考生统一从和宁门进入，来到集英殿门外，由监试之中官查验、收取其座位号，以便传胪前由书铺发还考生。同时，集英殿外高挂座位图，以便考生于天明之后了解自己的座位情况。考试开始之前，天子亲临集英殿，百官先举行常朝典礼，之后才由礼赞官指导考生向皇帝叩拜。礼毕，考生根据坐号在集英殿廊庑之下的座位入座。每位考生的座位上都有一张三尺长的纸牌，上面写着"某人某乡贯或东西廊第几人，不得移动及污损"等字样。坐定之后，由中官向考生展示考题，考生将其抄写在草纸上，并装入黄纱袋子里，吊挂在自己脖子上，以免不慎污损。考试过程中考生如需解手，亦需将试卷装入黄纱袋中，与桌上的座位牌一起随身携带，以免被人偷走、调换试卷。领卷之后，皇帝入内用膳，同时命人给考生准备早餐。一般为太学馒头一枚、羊肉泡饭一盏。饭后，考试正式开始。为防考生作

---

① （宋）吴自牧：《梦粱录》卷3《士人赴殿试唱名》，杭州：浙江古籍出版社，2006年，第22—23页。

弊，考试过程中，中官、从官"杂处董之"，监试之宰执大臣也会不断在考场内巡行。午后申时，皇帝再次来到集英殿，考生开始交卷。交卷地点在"殿廷东庑阶下旨寨中"，由一中官在旁监试，考生需将座位牌与试卷一并交其收掌。考生若迟迟不能交卷，则监试官命人向其警告："已不在黄甲矣！"考生交卷后，经过集英殿及和宁门等四道大门，均须在门外所设历簿上登记姓名。①

二、北宋礼部贡院

北宋省试仍由专管礼部贡院事务的礼部侍郎主持。与唐朝不同的是，在经历了近150年的不规范考试之后，北宋王朝的礼部省试终于有了考试专用贡院。魏了翁《普州贡院记》所言"礼部之有贡院，自唐开元始。国朝科举虽袭唐旧，而贡院之或废或置、或毁或复，至崇宁而后有定所"②，反映的就是北宋省试从借用其他场所作为临时考场到拥有专属的省试考试场所的演变历程。

据前引马端临《文献通考》和田锡《上太宗论军国要机朝廷大体》，宋太祖时期的尚书省设于梁太祖旧第，但礼部省试场所则并非在尚书省，而是在武成王庙。宋太祖（960－976在位）时期，每科所录取的进士人数都很少，建隆元年（960）（状元杨砺）、二年（状元张去华）分别录取了19名和11名及第进士。③最多的一科为开宝八年（975）的31人，最少的一科为乾德四年（966）的6人④，这同时也说明当时参加礼部省试的考生较少，礼部贡院组织考试的场所压力相对较小。

宋太宗（976－997在位）时期，各府州发解人数不断扩大，参加省试

---

① （元）刘一清：《钱塘遗事》卷10，《景印文渊阁四库全书》第408册，台北：商务印书馆，1983年，第1028－1029页。

② （宋）魏了翁：《鹤山集》，《景印文渊阁四库全书》第1172册，台北：商务印书馆，1983年，第502页。

③ 龚延明，祖慧：《宋登科记考》第1册，南京：江苏教育出版社，2005年，第1－2页。

④ （元）马端临：《文献通考》，北京：中华书局，1986年，第304－305页。

的考生也日益增加。如太平兴国二年（977）"诸道所发贡士凡五千三百余人"，以至于需要分别派遣官员主持进士及诸科考试；雍熙初年"贡举人集阙下者殆逾万计"；淳化三年（992）"诸道贡举人万七千三百，皆集阙下"。① 相应的，各科所录取的进士、明经等登科人总人数也不断增长。如太平兴国二年取"进士一百九人，省元□，状元吕蒙正，诸科二百七人，十五举以上百八十四，凡五百余人"②。其他如太平兴国五年（980）共取进士121人，诸科534人，合计655人。③ 雍熙二年（985）录取进士258人，诸科699人，合计957人。淳化三年取进士353人，诸科774人，合计1127人。全国发解考生人数的不断增加，无疑对省试考场的规模提出了更高的要求。田锡所提出的"重新省寺，用列职官"的建议，在太平兴国七年（982）得到了回应。北宋朝廷所采取的办法是，将尚书省从梁太祖旧第迁入蜀主孟昶旧第。蜀主孟昶（934—965在位）在乾德三年（965）五月归降宋朝后，宋太祖为其建造了颇为华丽宽敞的府邸，但孟昶到达开封后仅35日便去世了，其府邸从此被空置。太平兴国七年尚书省迁至此地，不仅办公条件大为改善，同时也具备了仿照唐代旧例在其中附设礼部贡院的省试场所的空间条件，不再需要借用武成王庙作为考场。

此时的贡院，既是省试考试的管理机构，同时拥有相对独立的考试场所。据《玉海》记载，淳化三年正月，苏易简奉命知贡举，领命之后，"即赴贡院，以防请托"。④ 而《宋史》则记载，"先是，有击登闻鼓诉校试不公者，苏易简知贡举，受诏即赴贡院，仍糊名考校，遂为例"⑤。贡院可以起到防弊作用，说明它已经有相对封闭、独立的建筑条件。同时，在殿试、闻喜宴结束之后，"制下，而中书省同贡院关黄覆奏之，俟正敕下，

---

① （宋）李焘：《续资治通鉴长编》，清光绪七年（1881）浙江书局校刊本，卷28，第9页。
② （元）马端临：《文献通考》，北京：中华书局，1986年，第305页。
③ 按，（宋）李焘：《续资治通鉴长编》卷21载为进士119人，诸科533人，合计652人。
④ （宋）王应麟：《玉海》卷116《选举·科举三》，《景印文渊阁四库全书》第946册，台北：商务印书馆，1983年，第144—145页。
⑤ （元）脱脱：《宋史》卷155《选举志一》，北京：中华书局，1974年，第3608页。

关报南曹、都省、御史台，然后贡院写春关散给"，说明贡院依然是一个承担着考务管理工作的行政机构。

在宋徽宗崇宁元年（1102）于太学之外学专设礼部贡院的省试考场之前，礼部贡院还曾经借用过开宝寺和太学作为省试考场。① 开宝寺本名封禅寺，太祖开宝三年（970）曾加以重修，其占地面积跨越数坊，建有房屋数千间。宋神宗元丰五年（1082），由于尚书省迁至孟昶府邸已近百年，房舍日渐颓朽，因此决定择址另建新的尚书省衙署，而工程期间的省试即借用开宝寺为临时考场。不料，元丰八年（1085）首次使用开宝寺作为省试考场时，正月初九日开考，二月二十八日考试录取工作行将结束，开宝寺贡院却不幸失火，不仅试卷等文书档案灰飞烟灭，还造成了多位考务管理人员的伤亡，"点检试卷官翟曼、陈方、马希孟焚死，吏卒死者十四人"。② 火灾发生后的第七天，中书、尚书、门下三省长官联合上奏，建议"令礼部别锁试"。③ 经过详细讨论，最终决定"以太学为贡院，再令引试"④。

北宋初年的太学是国子监的附庸，没有专属的校舍。宋仁宗庆历四年（1044）曾接受判国子监王拱辰的建议，准备为锡庆院新造一所办公大楼，而以原锡庆院房舍改作太学校舍。不过，由于另建锡庆院需要投入不少经费，这一建议未能施行，最终只能将太学寄居于锡庆院中，"廊庑数十间，生员才三百人"。直到熙宁四年（1071），宋神宗诏令"尽以锡庆院及朝集院西庑建讲堂四，诸生斋舍、官掌事者直庐略具，而太学栋宇始仅足用"⑤。元丰年间（1078－1085）王安石建议改革科举制度，实行三舍法选士，曾经废除礼部贡院，并销毁礼部贡院印章。不过，这一措施并未施行

---

① 何忠礼：《北宋礼部贡院场所考略》，《河南大学学报（社会科学版）》1993年第4期，第50—52页。
② （元）马端临：《文献通考》，北京：中华书局，1986年，第2358页。按，李焘《续资治通鉴长编》卷351载"吏卒死者四十人"。
③ （宋）李焘：《续资治通鉴长编》，清光绪七年（1881）浙江书局校刊本，卷351《神宗》，第6页。
④ （宋）庞元英：《文昌杂录》，北京：中华书局，1958年，第68页。
⑤ （元）马端临：《文献通考》，北京：中华书局，1986年，第395页。

多久,"寻复给印,而贡院则犹取具临时"①。据《玉海》,礼部贡院获准重新铸造的印章为"礼部贡举之印"②,时间为元丰六年(1083)闰四月。元丰八年开宝寺临时贡院发生火灾后,朝廷决定"再令引试"的考场便是由锡庆院改建的太学。

在借用各处寺庙、太学等作为省试考场期间,由于条件所限,无法严密实施考场规章制度,考试纪律较为松散,"诸道进士猥杂,或挟书、假手,侥幸得官,所至多触宪章"③。以至于太平兴国七年(982)宋太宗发布命令,一方面要求"所在贡举等州,自今长吏择官考试,合格许荐送",另一方面要求礼部按照吏部选人之法,"自今解贡举人依吏部选人例,每十人为保,有行止逾违、为他人所告者,同保连坐,不得赴举"。④ 然而,这些措施并不能从根本上解决因客观条件限制而产生的考场内考纪涣散的问题。为此,自哲宗朝开始,北宋朝廷逐渐出现了建造专门的省试考场的意图。据《续资治通鉴长编》记载,宋哲宗元祐元年(1086)十月,"诏工部检计修旧尚书省为贡院,仍令踏逐别试所试院"。不过,书中此段文字后面还加注了这样一句话:"三年正月十九日,就太学试礼部进士,然则贡院竟未成也。"⑤ 亦即过了两年的时间,将原孟昶府邸所设旧尚书省改建为礼部专属贡院的计划并未付诸实施。

事情的转机出现在北宋第三次大规模兴学期间。宋徽宗崇宁元年(1102),为了全面推行三舍法,使学校成为人才培养与选拔的核心部门,根据蔡京的建议,决定按照古制在开封城南门外再建造一座隶属于太学的外学,以扩大太学的招生规模,"命将作少监李诫即城南门外相地营建外

---

① (宋)李焘:《贡院记》,(宋)扈仲荣:《成都文类》,《景印文渊阁四库全书》第1354册,台北:商务印书馆,1983年,第805页。
② (宋)王应麟:《玉海》卷116,《景印文渊阁四库全书》第946册,台北:商务印书馆,1983年,第145页。
③ (宋)李焘:《续资治通鉴长编》,清光绪七年刊本,卷23《太宗》,第14页。
④ (清)徐乾学:《资治通鉴后编》,《景印文渊阁四库全书》第342册,台北:商务印书馆,1983年,第137页。
⑤ (宋)李焘:《续资治通鉴长编》,清光绪七年刊本,卷350《哲宗》,第11页。

学,是为辟雍"。① 这所外学共有讲堂4所,斋舍100所,每斋各有5楹,可容30人。计划按照上舍生300人、内舍生600人、外舍生3000人的规模进行考试、升选;全国各州县"兴学贡士",按照考试成绩,除少部分优秀考生分三等分别进入外舍、内舍、上舍,其余未入三等的考生均进入外学继续学习和升选。各地学校分别设定贡士名额,其数量均从各地原有解试解额中进行划拨。崇宁三年(1104),由于各地依然按照此前的科举之法考选人才,影响了三舍法的推行,在蔡京的建议下,宋徽宗诏令:"天下取士悉由学校升贡,其州郡发解、凡试礼部法并罢,而每岁试上舍生则差知举,如礼部法。"② 不过,由于三舍法被时人批评为"利贵不利贱,利少不利老,利富不利贫",严重影响教育公平,因而宋徽宗不得不在宣和三年(1121)下诏:"罢天下三舍法,开封府及诸路并以科举取士。"③ 宣和六年(1124),全国各地赴京参加礼部省试的进士、诸科举子共有15000余人,其中被录取者高达800余人,宣和七年(1125)登科人亦达805人。

崇宁兴学废科举、兴学校的改革举措虽然没有执行多久便告失败,但以外学为三舍法考试场所的制度却促成了北宋礼部省试专门考场的建立。前引李焘《贡院记》云:"崇宁弥文,创建外学,以待四方所贡士,则礼部贡院自是特起,不复寓他所矣。"④ 三舍法的目的之一是用学校贡士取代科举取士,最终却反而推动了省试考场的巨大进步,这是熙丰变革者所始料未及的。只是,随着北宋的灭亡,东京开封礼部贡院未能获得继续发展的机会。

---

① (元)脱脱:《宋史》,北京:中华书局,1977年,第3663页。
② (清)徐乾学:《资治通鉴后编》,《景印文渊阁四库全书》第343册,台北:商务印书馆,1983年,第760页。
③ (元)马端临:《文献通考》,北京:中华书局,1986年,第296页。
④ (宋)李焘:《贡院记》,(宋)扈仲荣:《成都文类》,《景印文渊阁四库全书》第1354册,台北:商务印书馆,1983年,第805页。

三、南宋礼部贡院

自公元 1130 年赵构以杭州为行在，到 1276 年元朝大军攻破临安，南宋朝廷一直以杭州为事实上的都城。南宋科举与北宋一样，也分解试、省试和殿试三级。在省试一级，主要是礼部省试贡院，以及与之级别相近的礼部别试院和各路类省试贡院二种。

南宋礼部省试贡院建于杭州。据吴自牧《梦粱录》记载，南宋礼部贡院在观桥西，"置大、中门。大门里置弥封、誊录所及诸司官，中门内两廊各千余间廊屋，为士子试处。厅之两厢列进士题名石刻，堂上列省试赐知贡举御札及殿试赐详定官御札，并闻喜宴赐进士御诗石刻"①。从中可以看出，这座中国历史上最早建造的国家级科举专用考场，其形制与当时的解试贡院及后世的乡会试贡院基本相同，即前面部分为大门、二门，是考生点名入场区，其间分布着弥封、誊录、执事官及人役办公房舍；中间部分是考生答题区，东、西各有千余间廊屋，每间安排若干座位，足以容纳每科"不下万余人"的考生；后面部分为主考办公阅卷区，为示隆重，其厅堂上摆放了圣旨、刊立了御制诗碑和进士题名碑等。

吴自牧《梦粱录》卷 2《诸州府得解士人赴省闱》条，较为清楚地介绍了南宋礼部省试的大致过程，从中也可以窥见礼部贡院的结构分区的规制与功能：

> 三月上旬，朝廷差知贡举、监试、主文、考试等官，并差监大、中门官、诸司、弥封、誊录等官。就观桥贡院，放诸州府郡得解士人，并三学舍生得解生员、诸路运司得解士人、有官人及武举得解者，尽赴院排日引试；及诸州郡诸路寓试试得待补士人，并排日引试。国子监牒试中解者，并行引试。如有避亲者，就别院引试。朝廷待士之重，差官之际，并令快行宣押所差官员入内，到殿听敕。其知

---

① （宋）吴自牧：《梦粱录二》卷 15《贡院》，王云五：《丛书集成初编》第 3220 册，上海：商务印书馆，1935 年，第 133 页。

贡举、监试、主文,并带羞帽,穿执乘驭,同诸考试等官,迎引下贡院,然后锁院,择日放试。诸州士人,自二月间前后到都,各寻安泊待试。遂经部呈验解牒,陈乞纳卷用印,并收买试篮桌椅之类。试日已定,隔宿于贡院前赁房待试,就看坐图。其士人各引试三场:正日本经,次日论,第三日策。预试人照合试日,分集于贡院竹门之外,伺候开门放试。士人各入院内,依坐位分廊占坐讫。知贡举等官于厅前备香案,穿秉而拜,诸士人皆答拜;方下帘幕,出示题目于厅额。题中有疑难处,听士人就帘外上请,主文于帘中详答之讫,则各作文,随手上卷。至晡后,开门放士人出院。纳卷于中门外,书知姓氏,试卷入柜而出。其士人在贡院中,自有巡廊军卒赍砚水、点心、泡饭、茶酒、菜肉之属货卖。亦有八厢太保巡廊事。所纳卷子,径发下弥封所封卷头,不要试官知士人姓名,恐其私取故也。却于每卷上打号头,三场共一号,方发往誊录所誊录。卷子依字号书写,对读无差,方纳入考试官各房考校。如卷子考中,发过别房覆考,如称众意,方呈主文。却于誊录所吊取真卷点对,批取定夺。魁选伺候申省,奏号揭榜。候取旨差官下院,拆号放榜。中省魁者殿试陛甲,恩例前十名亦如之。补试中榜者,参太、宗、武三学为生员。举人中省闱者,俟候都堂点请覆试,不过一论冒而已。覆试毕,然后到殿也。此科举试三年一次,到省士人不下万余人,骈集都城。铺席买卖如市,俗语云"赶试官生活",应一时之需耳。①

从中可以看出,贡院大门前的民间在考试之前往往被考生租赁一空,除了方便点名入场,还可以在考前到贡院门前观看"坐图",即座位分布图。考生在考前需要自行购买一些考试物品,其中除了"试篮",竟然还需购买"桌椅",说明南宋礼部贡院并不是像后世明清时期的乡会试贡院那样,里面都是隔成小间的号舍,而更像是明清时期的府试、县试临时考

---

① (宋)吴自牧:《梦粱录一》卷2《诸州府得解士人赴省闱》,王云五:《丛书集成初编》第3219册,上海:商务印书馆,1935年,第9—10页。

场一样，考生需要自备桌椅。考生携带试篮、桌椅进入贡院之后，自行根据"坐图"，"分廊占坐"。南宋礼部贡院的这种场内设施，与其禁止继烛制度有关。也就是说，礼部省试考试三场，每场都是当天领卷入场、当天交卷出场，不许日落后还留在贡院之内。而明清时期的礼部会试和各省乡试则都是当日凌晨领卷入场后，当天答题未完者可以在场中号舍内歇宿一晚，次日中午时分才交卷出场。

对于南宋礼部贡院的建成年份，潜说友（1216－1277）《咸淳临安志》说是"贡院建置岁月未有所考"①。

礼部贡院建成后，其规制也被各地府州军解试贡院所仿效。如淳熙十二年（1185）知州陈公亮任内重建的浙江严州贡院，其规制便是"一遵礼部贡院之制"②。南宋灭亡后，元朝建都北京，杭州省试贡院遂告荒废。

别试院亦称别试所，也建于杭州，其级别与礼部贡院相同，其用途是"专以待贡士之避亲嫌者"③，即防止考官利用职权为与其有亲戚关系的考生大开方便之门。据潜说友《咸淳临安志》，南宋别试所原本"在贡院右"，参加考试者主要包括"贡士之避亲嫌"和"监、漕选"等类考生。后来由于考生人数不断增加，"湫隘不足以容"，故淳祐十二年（1252）下旨命临安府另选地址建造新的别试院，最终在"在大理寺之西"即"军器所万全指挥营空地"进行建造，而原别试院的房屋则直接"并入贡院"。④

类省试亦称类试，是由诸路帅臣、监司主持的相当于省试的科举考试，类省试贡院亦称类试院。北宋已有类试制度。据记载，北宋仁宗景祐

---

① （宋）潜说友：《咸淳临安志》卷12《贡院》，《宋元方志丛刊》第4册，北京：中华书局，1990年，第3471页。
② （宋）陈公亮，刘文富：《淳熙严州图经》卷1《科举》，《宋元方志丛刊》第5册，北京：中华书局，1990年，第4288页。
③ （宋）吴自牧：《梦粱录二》卷15《贡院》，王云五：《丛书集成初编》第3220册，上海：商务印书馆，1935年，第133页。
④ （宋）潜说友：《咸淳临安志》卷12《贡院》，《宋元方志丛刊》第4册，北京：中华书局，1990年，第3479－3480页。

年间，"从贾昌期之请，命诸路转运司类试举人"①。南宋初年，由于政局动荡，朝廷下令各路以转运司所在州府举行类试："建炎兵兴，四方举子不能至行在，遂以省额分于诸路，谓之类试。"②尽管建炎三年（1129）曾因左司谏唐煇批评各路类省试考官的级别、素质太低，不能像礼部省试那样做到"至公、厌人心"，且"专委宪臣，奸弊滋生，才否贸乱，士论嚣然"，因而建议停罢诸道类试，但次年便宣布恢复川陕地区的类试："复川、陕试如故。"③绍兴二年（1132）十二月癸卯，川陕宣抚司"类试陕西发解进士，得周谟等十三人，以便宜赐进士出身"，也就是不仅举行类省试，甚至不必参加殿试便直接赐为进士。绍兴四年（1134）六月壬申，"复命川、陕类试"④。而在其他各路，类试也并未全部取消。如绍兴二年"两浙进士类试于临安"⑤，浙江归安人秘书省校书郎刘一止被派任为两浙类试的考官，他精心校阅，努力搜求，"欲得通晓时务者"⑥，所录取的张九成果然不负众望，参加殿试后被取为状元。至绍兴五年（1135）政治初步稳定后，南宋朝廷以各路类试"所取多不当"，乃下旨"复开省闱，一如旧制"，在杭州由礼部主持省试。

不过，在四川、福建等地区，类省试制度则依然延续。如乾道（1165—1173）年间福建建宁府"运使沈枢始于南门之左创类试院"，其地址"在府治东宣化坊"⑦，说明南宋前期福建建宁府一直举行类试，乾道年间

---

① （清）郝玉麟：乾隆《福建通志》，《景印文渊阁四库全书》第530册，台北：商务印书馆，1983年，第260页。

② （清）徐乾学：《资治通鉴后编》卷111《宋纪一百十一》，《景印文渊阁四库全书》第344册，台北：商务印书馆，1983年，第216页。

③ （元）脱脱：《宋史》卷156《选举二》，北京：中华书局，1974年，第3626页。

④ （元）脱脱：《宋史》卷27《高宗本纪四》，北京：中华书局，1974年，第502、510页。

⑤ （宋）潜说友：《咸淳临安志》卷92《纪遗志四》，《宋元方志丛刊》第4册，北京：中华书局，1990年，第4203页。

⑥ （清）嵇璜、曹仁虎：《钦定续通志》卷379《列传》，《景印文渊阁四库全书》第398册，台北：商务印书馆，1983年，第226页。

⑦ （清）郝玉麟：乾隆《福建通志》，《景印文渊阁四库全书》第530册，台北：商务印书馆，1983年，第260页。

才根据朝廷规定建成类试院。而在绍兴二十九年（1159）的一次经筵会讲上，四川眉州人、权礼部侍郎孙道夫"极论四川类试请托之弊，请尽令赴礼部"，说明四川类省试一直存在并实施了近30年。而对于孙道夫所提到的四川类省试的弊端，宋高宗及国子监祭酒杨椿一致认为，四川离京城辽远，考生"涉三峡、冒重湖"，往返杭州参加省试，需要历经颇多艰险；即便四川类试存在弊端，也不能直接加以废除，而只需由朝廷派一名临场监试官员即可解决。① 经过此次讨论，四川类试被保留下来。

据李焘《贡院记》，在淳熙五年（1178）四川安抚制置使胡长文建造成都府类省试贡院之前，四川地区的类省试系由四川宣抚使主持进行，但由于要集合成都路十五州或四川三路四十三州的考生统一考试，而宣抚使的治所又变化不常，或在利州路，或在阆中，或在兴元府，因而也就无法建造类省试贡院。四川宣抚使建置被取消后，类省试转由四川安抚制置使负责，这才有了淳熙五年四川安抚制置使胡长文建造成都府类省试贡院之事："于锦官坊直府治之南，其袤九十一丈，广五十一丈四尺。舆诵云吉，龟兆日时。鸠材筑基，久乃克为。凡为屋三百七十二楹，为墙三百二十六堵，用工十万九千四百六十六，费钱六万三千缗、米二千九百六十五石。"② 类省试贡院建成后，胡长文还派人将其绘成一幅《类省试贡院图》，送到都城临安，请四川籍的史学家李焘为之撰写记文。不过，成都府类省试贡院虽然以四川为名，但其考生实际上一直包括陕西举子。③

宋代不抑兼并的土地制度，有力地推动了庶民地主的发展壮大，推动了社会经济的繁荣和人口数量的繁殖。尤其是在宋代尚文抑武、优待士人的政策推动下，越来越多的社会大众投入了科举制度的再生产系统中。随

---

① （元）脱脱：《宋史》卷156《选举二》，北京：中华书局，1974年，第3630—3631页。

② （宋）李焘：《贡院记》，（宋）扈仲荣：《成都文类》，《景印文渊阁四库全书》第1354册，台北：商务印书馆，1983年，第804—805页。

③ 张希清：《中国科举制度通史·宋代卷》，上海：上海人民出版社，2015年，第247页。

着宋代科举常科逐渐减少为进士科,以及考试频率逐渐固定为三年一科,宋代科举产生了不同于以往的众多变化。从贡院的角度来看,则主要体现在两个方面。一方面,应试人数越来越集中于进士科,且每一次的应试人数空前增多;另一方面,考试时间越来越集中在三年中的一两个月,礼部贡院考期繁忙、考后悠闲成为常态,这使其作为常设性考试主管行政部门的必要性逐渐丧失。而众多考生集中于同一时间参加考试,不仅极大地增加了考试组织工作的难度,也极大地提高了考场防弊功能的要求。尽管国家级的礼部省试可以凭借府州军的定额发解制度来控制应试人数,但各地府州军解试的应试人数则不断增长。为了维护科举考试取士的公平性,作为科举专用考场的贡院随之诞生,并根据考试功能的界定而在贡院内部区分出不同的局部建筑。中国贡院的发展也进入了第一个高峰期。

第四节 宋代府州军贡院

科举是中国古代重要的人才选拔制度,也是封建政权官僚队伍的重要来源。贡院是科举制度施行的重要场所之一,贡院质量的高低在一定程度上决定了制度执行的严格或宽松,也一定程度上影响了人才选拔的公平性与质量高低。宋代科举是中国科举制度重要发展阶段,其最低级别的考试场所——宋代府州军贡院——是中国科举制度向下延伸的重要体现,理应得到人们的较多关注。

一、宋代府州军贡院代表性研究论著

有关宋代府州军贡院,目前已有一定的研究成果。其中如杨学为、陈高华、宋德金、张希清《中国考试通史·宋辽金元》,张希清《中国科举制度通史·宋代卷》,刘海峰、李兵《中国科举史》,钱建状《中国科举通史·宋代卷》等科举史、考试史著作都曾涉及宋代府州军贡院,而专门研究宋代府州军贡院的代表性论文主要有5篇。一是台湾师范大学葛绍欧的《宋代府州的贡院》,作者基于21篇贡院记,通过统计、归纳的方法,分析了宋代府州贡院的地理分布、建造时间、贡院选址、经费来源、房舍规模、考生人数、主事者身份、社会影响等问题。① 二是台湾大学梁庚尧的《南宋的贡院》，作者通过查阅各种地方志、文集、笔记，对包括南宋礼部贡院、南宋礼部别试院、四川类省试贡院、福建类试院、江东漕试贡院以及44所各地府州军贡院在内的49所贡院的修建背景与动机、兴建与扩大等相关问题进行了详细的分析。② 三是厦门大学钱建状的《宋代的州府贡院与贡院记》，该文以梁文所发现的贡院为线索，通过检索、分析《全宋文》中刊载的35篇贡院记，从文学体裁的角度，深入分析了贡院记的产生原因、文体特征、及其与学记的异同，视角颇为独特。③ 钱文所涉及的32所贡院，多为葛、梁二文已经论及者，但也新增了雷州、无为军2所贡院。四是河北大学王冬亚的硕士学位论文《宋代贡院研究》，该文以宋代礼部贡院、府州军贡院为研究对象，包括绪论、历史沿革、选址、兴修、形制、管理制度与功能共6章，对宋代贡院尤其是府州军贡院进行了深入研究。④ 该文所涉及的贡院也多已被梁文论及，王文新增的贡院只有1所，即其根据正德《琼台志》卷27《古迹》所增补的琼州贡院，约建于南宋绍兴年间（1131—1162）。⑤ 以上4篇文章分别涉及的贡院合计为53所。五是诸葛忆兵的《宋人贡院记论略》，该文将贡院记作为一种独特的文学题材，从内容和写作特色两个方面进行了分析，并以魏了翁的4篇贡院记为例做了个案分析。作为一篇较晚发表的权威期刊论文，该文仅查阅了31篇宋代贡院记⑥，其文献工作显然不够详尽；尤其是作为个案研究的"魏了

---

① 葛绍欧：《宋代府州的贡院》，邓广铭，漆侠主编：《国际宋史研讨会论文选集》，保定：河北大学出版社，1992年，第304—319页。
② 梁庚尧：《南宋的贡院》，日本中国史学会：《中国史学》1991年第1卷，又见刘海峰主编：《二十世纪科举研究论文选编》，武汉：武汉大学出版社，2009年，第452—474页。
③ 钱建状：《宋代的州府贡院与贡院记》，《科举学论丛》2014年第2期，第9—16页。
④ 王冬亚：《宋代贡院研究》，河北大学硕士学位论文2019年。
⑤ 王冬亚：《宋代贡院研究》，河北大学硕士学位论文2019年，第82页。
⑥ 诸葛忆兵：《宋人贡院记论略》，《四川大学学报（哲学社会科学版）》2020年第1期，第20页。

翁创作的贡院记"被列为第二点，介于"内容"与"写作特色"之间，逻辑上显得有所不协。

另外，台湾中正大学杨宇勋教授所著博士学位论文《取民与养民：南宋的财政收支与官民互动》（台湾师范大学历史研究所，2003）及其会议论文《宋朝兴修贡院的涵义》也从历史发展、取士抡才、考场专门化、风水、经费等角度讨论了宋代的贡院。2019年10月19日，杨宇勋教授还以《宋朝兴修州郡贡院的涵义》为题，在河南大学历史文化学院"名师学人讲坛（2019年第56期）"进行了交流。尽管杨氏的研究没有参考以上4篇文章，但其研究依然涉及了他们所未讨论的其他15所府州军贡院，从而为本文的研究提供了文献线索和视角参考。

以上研究成果对宋代各级各类贡院进行了较为详尽的研究，为后续研究奠定了基础。不过，个别学者的论点仍有待商榷，对某些文献的解读还存在一定错误，对部分贡院的创建年份的判定还不够恰当。如葛、钱、王三文都列有"靖江"贡院，葛文列为"靖江（两浙路）"①，钱文将其地点列为"靖江"②，王文直接列为"靖江贡院"③，而实际上宋代并无府州军一级的"靖江"地名。之所以会产生这一错误，是因为三位研究者所据文献都是鲍同所作《贡院记》，该文中有"靖江往时亦无以异，自置郡数百年，升府又数十年，更立帅守，不知几人，未有加意者"④的行文。据考证，文中的"靖江"本作"静江"，指的是广南西路静江府。静江府在宋代为桂州，绍兴三年（1133）以高宗潜邸升为静江府。鲍同于宋孝宗乾道五年（1169）任广西静江府通判，适逢静江府知府张维与提点刑狱滕庚⑤、转运判官姚孝资等创建贡院，这才应邀撰写了静江府贡院记。杨宇勋则在表格

---

① 葛绍欧：《宋代府州的贡院》，邓广铭，漆侠主编：《国际宋史研讨会论文选集》，保定：河北大学出版社，1992年，第308页。
② 钱建状：《宋代的州府贡院与贡院记》，《科举学论丛》2014年第2期，第10页。
③ 王冬亚：《宋代贡院研究》，河北大学硕士学位论文2019年，第83页。
④ （宋）鲍同：《贡院记》，曾枣庄，刘琳：《全宋文》第201册，上海：上海辞书出版社，2006年，第3页。
⑤ （清）金鉷：雍正《广西通志》卷51《秩官志四》，《景印文渊阁四库全书》第566册，台北：商务印书馆，1983年，第470、472页。

中将其列为"桂州"贡院,事实上此时桂州已经升格为静江府。又如葛文将平江府贡院的修建时间定为淳熙年间(1174—1189)①,主要是根据周南《平江重修贡院记》一文。但是该文只简略提及平江知府姚宪建造平江府贡院之后"四十年",平江府"太守陈公"又扩建贡院。据查光绪《苏州府志》卷52《职官一》,姚宪任平江府知府的时间是乾道三年(1167)五月至五年(1169)三月,此后则升迁为两浙转运判官。而在姚宪之后大约40年任平江府知府的陈姓知府只有一人,即嘉定五年(1212)二月以朝散郎、两浙西路提点刑狱公事兼任平江府知府的陈荳。他在当年八月"除直秘阁,知平江府",其离任时间则有两种说法,一是嘉定五年八月,二是嘉定七年(1214)九月,其离任原因则均为升任度支郎官。② 据此可以推断,姚宪建平江府贡院的时间当在乾道三年至乾道五年之间,而姚宪之后约40年扩建平江府贡院的知府为陈荳,时间则应为嘉定五年至嘉定七年之间。梁文所著录的两个时间分别为"乾道四年"和"嘉定元年",王文则认为陈荳重修贡院的时间为庆元六年(1200),显然都不够准确。钱文以梁文为基础,并通过网络检索查阅宋代贡院记,资料获取方面更为便利,但文中也有一些错误,如将《衢州贡院记》作者"李处权"和《无为军贡院记》作者"王蔺"分别误为"李处全""王兰"③。

笔者在以上研究者的基础上,通过查阅其他地方志、文集等,又发现了他们未曾涉及的20所贡院,合计发现了73所贡院。其中,除了两宋的礼部贡院、礼部别试所、成都府类省试院、建宁府类省试院等5所省试级别的贡院之外,其他67所均为府州军级别的贡院,其中包括2所漕试贡院,即江东漕试贡院(又称建康府转运司贡院)和两浙路漕试贡院(又称两浙漕司贡院)。此外,2019年10月笔者参加东亚宋学国际学术研讨会期

---

① 葛绍欧:《宋代府州的贡院》,邓广铭,漆侠主编:《国际宋史研讨会论文选集》,保定:河北大学出版社,1992年,第307页。
② (清)李铭皖,冯桂芬:光绪《苏州府志》卷52《职官志一》,台北:成文出版社,1970年,第1429、1430页。
③ 钱建状:《宋代的州府贡院与贡院记》,《科举学论丛》2014年第2期,第11、16页。

间，受与会学者台湾中正大学杨宇勋教授的指正，又新增 14 所宋代府州军贡院，合计 87 所。

表 2-1 宋代贡院一览表

研究者	贡院数	贡院名
葛绍欧	21	吉州贡院、梅州贡院、黄州贡院、潮州贡院、建康府贡院、彭州贡院、婺州贡院、资州贡院、普州贡院、眉州贡院、成都府贡院、长宁军贡院、平江府贡院、台州贡院、严州贡院、兴化军贡院、徽州贡院、高邮军贡院、建康府转运司贡院、静江府贡院（梁文未论及）
梁庚尧	49	（除葛文论及之 20 所外，以下为葛文未论及者）福州贡院、泰州贡院、袁州贡院、礼部贡院、衢州贡院、临江军贡院、建昌军贡院、建宁府贡院、常州贡院、衡州贡院、汉州贡院、湖州贡院、礼部别试所、明州贡院、泉州贡院、绍兴府贡院、建宁府类试院、漳州贡院、饶州贡院、镇江府贡院、四川类省试贡院（即葛文成都府贡院）、临安府贡院、通州贡院、汀州贡院、真州贡院、扬州贡院、江阴军贡院、容州贡院、江东漕试贡院（即葛文建康府转运司贡院）、安徽池州贡院、广州贡院
钱建状	32	（除葛、梁文分别论及的 30 所贡院，以下为钱文新增者）雷州贡院、无为军贡院
王冬亚	53	（除葛、梁、钱文分别论及的 52 所贡院，以下为王文新增者）琼州贡院
毛晓阳	87	（除葛、梁、钱、王文分别论及的 53 所贡院，以下为本文新增者）南雄州贡院、瑞州贡院、荆门军贡院、宣州贡院、两浙漕司贡院、洪州贡院、南安军贡院、抚州贡院、杭州贡院、北宋礼部贡院、开封府贡院、嘉兴府贡院、温州贡院、兴国军贡院、江陵府贡院、六安军贡院、永州贡院、象州贡院、贵州贡院、宝庆府贡院（以下为杨宇勋教授发现者）汉阳军贡院、兴州贡院、兴义府贡院、德庆府贡院、横州贡院、藤州贡院、邕州贡院、高州贡院、钦州贡院、廉州贡院、浔州贡院、郁林州贡院、宾州贡院、化州贡院

总体来说，以上研究成果大体分为两类，一是将贡院作为一个整体进行研究，二是将州府贡院作为一个整体进行研究。而前者的研究对象虽然包括了礼部贡院、礼部别试所、类省试贡院，实际上在很多章节的讨论过程中只分析了地方府州军贡院。由于何忠礼先生对宋代礼部贡院已有较为权威的研究成果①，本文的补论主要针对宋代府州军贡院展开，旨在立足于前人研究成果，揭示府州军贡院这一宋代最低级别贡院的主要特色，及其在中国历代贡院演进过程中的角色特征。

二、北宋府州军贡院

北宋前期，科举制度尚处于不断改进、完善的过程之中，殿试、弥封、誊录、对读、别试等制度逐渐产生。但在专门的考场方面，则即便是礼部贡院，也都还未能建成科举专用考场，更遑论府州军级别的解试专用考场了。每逢解试，各府州军往往借用寺观、学宫、衙署或其余公共空间作为临时考场，其中尤以借用寺庙最为常见："列郡校试，寓于浮屠之馆者，十有七八。"② 直到宋神宗年间王安石改革学校、科举制度以后，各地贡院才陆续出现。

1. 文献所见北宋贡院

从文献记载来看，相比于南宋，北宋时期的府州军贡院并不多见。梁庚尧《南宋的贡院》提到的北宋贡院主要有福州、泰州、真州、潮州4所贡院③。王冬亚《宋代贡院研究》则提及徽州贡院亦建于北宋，不过其"宋代贡院兴建年代表"中所列出的北宋贡院及其建造年份则只有4所，分别为福州试院（1090）、泰州贡院（1097）、袁州贡院（北宋）、真州贡院

---

① 何忠礼：《北宋礼部贡院场所考略》，《河南大学学报（社会科学版）》1993年第4期；《南宋的礼部贡院与省试》，《厦门大学学报（哲学社会科学版）》2018年第5期。
② （宋）魏了翁：《眉州创贡院记》，曾枣庄，刘琳主编：《全宋文》第310册，上海：上海辞书出版社，2006年，第426页。
③ 梁庚尧：《南宋的贡院》，刘海峰主编：《二十世纪科举研究论文选编》，武汉：武汉大学出版社，2009年，第453页。

(北宋)。①

梁文、王文所考订的6所北宋贡院，福州试院最易判定。据梁克家《淳熙三山志》卷7《公廨》记载，宋哲宗元祐五年（1090），福州知州柯述因朝廷颁布"学及孔子庙不得试进士"的命令，借机"择州治之东南公廨及隙地"建造福州试院。泰州贡院的文献记载也很清楚，据嘉靖《惟扬志》卷7《公署》记载，泰州贡院为宋哲宗绍圣四年（1097）由知州陆佃主持修建，共有各类房舍62间。② 真州贡院的始建年份无考，据隆庆《仪真县志》卷8《学校考》记载，真州贡院在建成之后，"靖康、建炎中虏数入寇，院遂毁废"③，可推知其始建于北宋。潮州贡院与真州贡院类似，其始建年份亦不可考，据《永乐大典》所收录的《三阳志》记载，潮州贡院位于"城北之五里"，"建炎间火为草寇"④，亦可推知始建于北宋。而徽州贡院、袁州贡院的情形则相对较为复杂。

徽州贡院，始建年份无考，但不晚于宣和年间（1119—1125）。据乾隆《歙县志》卷2《公署》记载，徽州贡院建成于南宋孝宗乾道四年（1168）："以大成殿东余地增民地六百二十余丈为之。"⑤ 不过，安徽休宁县人、绍熙四年进士程珌（1164—1242）所写的《徽州贡院记》则透露该贡院实际上始建于北宋年间。记中首先指出，徽州贡院是由歙县知县郑升卿主持建造的，宝庆二年（1226）歙县知县赵希齐对徽州贡院加以扩建，使其可以容纳10000名考生同场考试，"中坐万士，裕如也"。同时，程珌

---

① 王冬亚：《宋代贡院研究》，河北大学硕士学位论文2019年，第12、14页。
② （明）朱怀幹，盛仪：嘉靖《惟扬志》卷7《公署》，《天一阁藏明代方志选刊》第12册，上海：上海古籍书店，1963年，第19页。
③ （明）申嘉瑞，李文，陈国光：隆庆《仪真县志》卷8《学校考》，《天一阁藏明代方志选刊》第15册，上海：上海古籍书店，1963年，第7页。
④ 佚名：《三阳志》，《永乐大典方志辑佚》第4册，北京：中华书局，2004年，第2706页。
⑤ （清）张佩芳：乾隆《歙县志》卷2《公署》，台北：成文出版社，1974年，第152页。

在回顾徽州贡院的历史时还提到,"新安贡宇㢉于宣和,嗣建未遑"①。"新安"为徽州在晋代新安郡的古地名,所谓"新安贡宇㢉于宣和",也就是徽州贡院曾在北宋徽宗宣和年间毁于火灾,这说明它的始建年份当更早于宣和年间。另据《淳熙新安志》的记载也证明了程珌的说法:"贡院自宣和后不复设,遇岁大比,则毁学之斋壁以纳之,坐讲堂及庙两庑。"②

袁州贡院,始建年份无考。据钱文子《袁州贡院记》,庆元二年(1196)袁州知州江自任因考生人数较多,贡院房舍不敷使用,导致考生"攘臂相先,逼侧斗兢",故而另寻地址,建成了一所"二百三十有二楹"的贡院。记中还提到"旧贡院在郡之东。绍兴中士亦多,始合迎恩驿以试。其后又益多,则东通报恩寺,创庐舍以处之"③,也就是在绍兴之前,袁州已经建有一所贡院,随着考生人数不断增多,贡院无法容纳,因此陆续借用周边建筑如迎恩驿、报恩寺作为临时考场。而所谓"创庐舍以处之",应该就是正德《袁州府志》卷6《沈昭远传》中提到的绍兴十三年(1143)沈昭远以户部侍郎身份出知袁州时"始创贡院"④。当然,"正德府志"说沈昭远建造贡院是"始创",当属误判。

除了福州、泰州、真州、潮州、徽州、袁州这6所贡院,建造于北宋的府州军贡院还有以下10所。

开封府贡院,始建年份无考。据两宋之交孟元老著《东京梦华录》记载,在北宋东京开封府的后门大街看街亭往东方向,分布有"贡院、什物库、礼部贡院、车营务草场"⑤ 等建筑。杨学为主编《中国考试通史》之

---

① (宋)程珌:《徽州贡院记》,曾枣庄,刘琳:《全宋文》第298册,上海:上海辞书出版社,2006年,第85页。
② (宋)罗愿:《淳熙新安志》卷1《州郡》,台北:成文出版社,1974年,第59页。
③ (宋)钱文子:《袁州贡院记》,曾枣庄,刘琳:《全宋文》第302册,上海:上海辞书出版社,2006年,第54页。
④ (明)严嵩:正德《袁州府志》卷6《职官志》,《天一阁藏明代方志选刊》第37册,上海古籍书店,1963年,第35页。
⑤ (宋)孟元老:《东京梦华录》卷2,王云五:《丛书集成初编》第3216册,上海:商务印书馆,1935年,第37页。

《宋辽金元》卷将其中的"贡院"直接叙述为"开封府贡院"①。张希清著《中国科举制度通史·宋代卷》虽然将这句话中的"贡院、什物库"断句为"贡院什物库",但同样认为其中的"贡院"是指开封府贡院。北宋灭亡后,开封被金人占领,开封府贡院很可能毁于战乱。

南安军贡院,始建年份无考。据雍正《江西通志》卷24《古迹志》转引《名胜志》的记载:"元丰间,黄庭坚典南安试,贡院无酒饮,周道辅自赣来,携一榼,时时对酌,试毕尚有余。"②又据黄庭坚《山谷外集》载有一首题为《南安试院无酒饮,周道辅自赣上携一榼,时时对酌,惟恐尽。试毕,仆夫言尚有余樽。木芙蓉盛开,戏呈道辅》的律诗:"闻说君家好弟兄,穷乡相见眼俱青。偶同一饭论三益,颇为诸生醉六经。山邑已催乘传马,晓窗犹共读书萤。霜花留得红妆面,酌尽斋中竹叶瓶。"③据《山谷年谱》卷12、13记载,黄庭坚于元丰四年(1081)任太和(今江西泰和县)知县,并"考试举人于南安军",即应邀担任南安军解试考官,当时考官还有"王诚之、柳诚甫、周道甫、魏伯殊、余洪范、徐适道、徐致虚、马固道"④等人。《江西通志》与《山谷外集》所载南安军解试考场的名称虽有不同,一曰"贡院",一称"试院",但似均可说明至迟在元丰四年南安军已经建有贡院。若真是如此,则南安军贡院便将取代福州试院,成为中国建成最早的解试贡院。

当然,由于记载南安军贡院的文献来源主要以黄庭坚的诗序为主,并无其他文献佐证,因此目前还无法最终确定其是否真的就是一座解试贡院。类似的反证可以用苏辙(1039—1112)的《洛阳试院楼上新晴五绝(其二)》为例,该诗不仅在诗题中有"试院"一词,而且诗中也有"高

---

① 杨学为,陈高华,宋德金,张希清:《中国考试通史·宋辽金元》,北京:首都师范大学出版社,2004年,第146页。
② (清)谢旻:雍正《江西通志》卷24《古迹志》,《景印文渊阁四库全书》第514册,台北:商务印书馆,1983年,第381页。
③ (宋)黄庭坚:《山谷外集》卷14《律诗》,《景印文渊阁四库全书》第1113册,台北:商务印书馆,1983年,第538页。
④ (宋)黄㽦:《山谷年谱》,《景印文渊阁四库全书》第1113册,台北:商务印书馆,1983年,第863、864页。

楼一闭三十日"之句，体现出宋代贡院"锁院"的典型特征，似乎可以肯定洛阳（即河南府）建成了试院，也就是解试贡院。不过，该诗的诗序则云："熙宁壬子八月，于洛阳妙觉寺考试举人，及还，道出嵩、少之间，至许昌，共得大小诗二十六首。"① 说明诗中的"洛阳试院"实际上只是泛指科举考试场所而言，并非一所专门的解试贡院。而对于南安军贡院来说，虽然目前我们尚无法确证它就是一所专门的解试贡院，但同样也无法确证它并不是一所专门的解试贡院。

洪州贡院，据雍正《江西通志》记载北宋宣和元年（1119）创建。此前洪州无贡院，每逢考试都是"于城东开元寺试士"。宣和元年"始创于仙市坊"②，可惜不久又被烧毁。到乾道四年（1168），帅守吴芾才在原开元寺故址上重建贡院。

绍兴府贡院，始建年份无考。据宋人施宿《嘉泰会稽志》，乾道九年（1173）绍兴知府钱端礼（1109—1177）建成贡院，"东南重庑，为屋百楹。考阅有厅，宴止有房。誊书、糊名，两舍对峙。中门、外门，规制屹然。选举盛观，此邦自承平时所未见"。不过，绍兴府此前并非没有贡院，"闻之耆旧，住舍法时，郡学西北隅是为试所"③，即在徽宗时期推行三舍法时曾经在郡学的西北隅建有贡院，只不过后来取消三舍法、恢复科举之后，这所贡院反而逐渐颓毁，每逢考试只能先后借用"诸暨大雄寺、城东延庆寺"等近十处寺庙作为考场。

严州贡院，始建年份无考。据陈公亮《重建贡院记》，淳熙十二年（1185）陈公亮任知州时因见贡院"夹于两寺之间，其地湫隘喧嚣，其栋宇卑陋浅窄，不惟不足以容，殆非朝家严科制、崇儒礼士之意"，因而着手为之另择高地重建贡院。记中提及，当时所选择的这个贡院新址，很有

---

① （宋）苏辙：《栾城集》卷4，《景印文渊阁四库全书》第1112册，台北：商务印书馆，1983年，第44页。
② （清）谢旻：雍正《江西通志》卷18《学校志二》，《景印文渊阁四库全书》第513册，台北：商务印书馆，1983年，第613页。
③ （宋）施宿：《嘉泰会稽志》卷1《贡院》，《宋元方志丛刊》第7册，北京：中华书局，1990年，第6729页。

可能就是"熙丰间贡士所，司谏江公公望尝于此取科级"①。

湖州贡院，始建年份无考。据谈钥《嘉泰吴兴志》卷11《学校》所载《赡学田记》，其中提到乾道三年（1167）知州王十朋"率卿大夫出财重建，为屋百十六楹"。这篇学田记的语句多有脱漏，其中"乾道……后七年罢舍法……乾道三年"的叙事时间则明显不合逻辑。文中虽然并未明确提到王十朋所重建的便是贡院，但是在叙述王十朋"重建"行为的前面有这样的行文："后七年罢舍法，日就颓毁。自是而后，诏下兴贤，莫有定所。"在其后面则有双行小字夹注"宣和五年后进士举与计偕者八百人"等关于湖州解额变化的叙述，而紧接在双行小字夹注文字后面的正文内容，则是庆元六年（1200）知州李景和扩建房舍的叙述，其中并提及扩建的原因是"每遇科举，旋搭席屋，且布有风雨沾湿之患，又入院拥并，有蹂践之虑"。据此推断，这篇《赡学田记》并非其全貌，甚至很可能在删并剪裁时与某篇贡院记混在了一起。从"后七年罢舍法，日就颓毁"的表述来看，湖州在北宋实行三舍法兴学贡士之时也建造了贡院，后来也因为废除三舍法而导致贡院逐渐破败。北宋全面停罢三舍法是在宣和三年（1121），往前推7年，则是1114年即宋徽宗政和四年，疑此年便是湖州贡院的初建年份。

成都府贡院，始建年份无考。据李焘《贡院记》，在南宋建炎年间以前，成都府便已经有"旧贡院"，由于这所贡院"既狭小，不足以容"②，而每次考试时，成都府所辖9县举子应试人数都会超过5000人，因此淳熙五年（1178）成都知府胡长文才会决心择址另建类省试贡院。成都府贡院是目前所见由府一级贡院上升为类省试贡院的唯一一个案。

黄州贡院，始建年份无考。据楼钥《黄州贡院记》，嘉定二年（1209）黄州知州高仲远因此前黄州解试都是借用州学学宫为临时考场，"三载必一毁撤，既非所以作士气，而学宫寖以颓靡"，乃选址于"驿舍遗址"建

---

① （宋）陈公亮：《重建贡院记》，曾枣庄，刘琳：《全宋文》第274册，上海：上海辞书出版社，2006年，第413—414页。

② （宋）李焘：《贡院记》，曾枣庄，刘琳：《全宋文》第210册，上海：上海辞书出版社，2006年，第269页。

造贡院。楼钥特别强调，此次修建贡院意义重大，因为它使黄州"八十五年之阙典，一旦复兴"。这篇记文的开篇部分还提到"建炎兵毁以来，秋赋多附他邦"①。据此可以推测，黄州在嘉定二年之前的85年即宣和六年（1124）左右本来有一所贡院，宋末战乱中被毁。

汀州贡院，始建年份无考。据乾隆《福建通志》，汀州知州赵克夫在南宋绍兴二年（1132）将贡院迁建于"府治东北兴贤门内"，而原先的贡院则在"县治东"②，这所贡院很可能在北宋时期便已存在。另据《临汀志》，汀州贡院"旧在长汀县东，以三舍法废"③，可为汀州贡院建于北宋之明证。

建宁府贡院，始建年份无考。据嘉靖《建宁府志》卷20《古迹》，建宁府贡院"在登俊坊"，旧志记载"建安岁一贡士，而贡院屡经焚毁"。直到南宋高宗绍兴年间，"运判丘砺先守是邦，后领漕事，以众乐园及园旁近地鼎创之。内备考官直舍、誊录、弥封院及厅庑等"④。也就是说，在南宋绍兴年间丘砺创建登俊坊贡院之前，建宁府其实已经建有贡院，且"屡经焚毁"，则其始建年份当在北宋时期。

以上10所贡院，除洪州贡院可以确知始建于宣和元年（1119）外，其他9所贡院的确切始建年份暂时都无法考订。

2. 北宋府州军贡院兴起的原因

有关北宋府州军贡院出现的原因，一般认为宋徽宗政和二年（1112）董正封（？－1032）奏请"令诸州遍立贡院"是北宋贡院在各地出现的最主要原因。如魏了翁（1178－1237）《普州贡院记》便指出，宋代"科举虽袭唐旧，而贡院之或废或置，或毁或复，至崇宁而后有定所。政和二

---

① （宋）楼钥：《黄州贡院记》，曾枣庄，刘琳：《全宋文》第264册，上海：上海辞书出版社，2006年，第372－373页。
② （清）郝玉麟：乾隆《福建通志》，《景印文渊阁四库全书》第530册，台北：商务印书馆，1983年，第274页。
③ （宋）胡太初，赵与沐：《临汀志》，《永乐大典方志辑佚》第4册，北京：中华书局，2004年，第1333页。
④ （明）夏玉麟，郝维岳，汪佃：嘉靖《建宁府志》卷20《古迹》，《天一阁藏明代方志选刊》第27册，上海：上海古籍书店，1964年，第5页。

年，从董正封之请，诸郡得立贡院"①。所谓"至崇宁而后有定所"，指的是北宋礼部贡院至徽宗崇宁元年（1102）为太学建造外学，并于此后专以外学为礼部省试较为固定的场所，不再需要借用礼部南院、开宝寺、武成王庙、太学等作为临时考场。所谓"诸郡得立贡院"，指的是全国各地的府州军贡院。李焘《贡院记》也指出，董正封奏请"令诸州遍立贡院"的影响颇为深远，不仅当时各州普遍设立了贡院，甚至到了南宋孝宗淳熙年间（1174－1189），还出现了"近时诸州缘董正封建请，又争立贡院，往往挟士以扰民"②的现象。不过，在北宋时期，最初设立的诸多府州军贡院很快便告废弃，时间则大约在宋徽宗宣和三年（1121）三舍法被罢、全面恢复科举取士之后，即魏了翁所说的"舍法既罢，则贡院亦随废矣"③。这也就意味着这一时期的府州军贡院的存在时间非常之短，即从政和二年到宣和三年（1121）短短10年左右。因此梁庚尧先生才会认为，"北宋贡院的普遍设立只有短短的十年时间"④。

那么，本该与科举考试联系更为紧密的府州军贡院，为什么反而会和三舍法之兴废如斯响应？个中原因，主要有三个方面。第一，从选址与规模来说，三舍法时期所建贡院很难满足解试的需求。据前引《嘉泰会稽志》，两浙路绍兴府"住舍法时，郡学西北隅是为试所"，也就是三舍法时期的绍兴府贡院是建在郡学西北隅，只是郡学建筑群的一个附属部分，这决定了其建筑规模不可能太大。据宋徽宗崇宁五年（1106）颁行的新学令，根据三舍法制度，全国各府州学、县学学生要在每年正月分别参加两类考试，即本地府州军学学生升入太学的"公试"和府州军下辖各县学学

---

① （宋）魏了翁：《普州贡院记》，曾枣庄，刘琳：《全宋文》第310册，上海：上海辞书出版社，2006年，第356－357页。
② （宋）李焘：《贡院记》，（宋）扈仲荣：《成都文类》卷46，《景印文渊阁四库全书》第1354册，台北：商务印书馆，1983年，第805页。
③ （宋）魏了翁：《鹤山集》，《景印文渊阁四库全书》第1172册，台北：商务印书馆，1983年，第502页。
④ 梁庚尧：《南宋的贡院》，刘海峰主编：《二十世纪科举研究论文选编》，武汉：武汉大学出版社，2009年，第453页。

生升入州学的"岁升"考试。① 而各类学校的在校生规模都比较小,如大观二年(1108)京西南路学事路瑗奏称,京西南路所辖八州三十余县的全部学校一共只有 3300 多名学生,平均每学只有不到 90 名学生,每州学生只有 400 余名。据今人研究,即便是许多州县学不断扩充的背景下,大多数州学的在校生也只有 50 人左右,全国各地只有三分之一的学校在校生人数超过 100 人。② 联想到宋代各府州军动辄数千甚至上万考生的解试场景,三舍法时期修建的贡院确实过于狭窄,那些附属于府州军学校的贡院,在恢复科举后也很难在原有基础上进行扩建。第二,从存在价值来说,科举制度下的贡院是"以程文定去留"这一科举取士标准的重要保障,而在三舍法制度下,决定学生能否升舍的标准更为多元,其中学生日常行为表现的"八行"即"孝、悌、睦、姻、任、恤、忠、和"便是非常重要的标准。同时,由于三舍法"利贵不利贱,利少不利老,利富不利贫"的弊端,普通门第子弟或家庭贫寒子弟的升贡渠道被严重侵占,贡院的存在价值并不明显。第三,无论是神宗时期主持熙宁兴学的王安石,还是徽宗时期推动崇宁兴学的蔡京,其施政方针或道德品行在当时朝野都颇具争议,王安石受到以司马光为首的保守派的激烈批判,蔡京更被当时的太学生陈东等人讥为"六贼之首"。他们推行的包括州学贡院在内的相关教育政策,自然也得不到人们的响应与支持。

当然,从各地贡院创建的时间来看,崇宁兴学或许并非其唯一的原因。个别文献会指向元祐五年(1090)宋哲宗下令严禁各地以地方官学或孔庙为解试临时考场。如据《淳熙三山志》记载,元祐五年五月朝廷下达"学及孔子庙不得试进士"的命令,福州知州柯述(1017-1111)借机主持建造福州试院③。同时,建于绍圣四年(1097)的泰州贡院和很可能在宋神宗元丰年间之前便已建成的南安军贡院,以及淳熙十二年(1185)新建的严州贡院的前身很可能是"熙丰间贡士所",其建成时间也都早于崇

---

① (元)脱脱:《宋史》卷 157《选举志三》,北京:中华书局,1974 年,第 3664 页。
② 毛礼锐,沈灌群:《中国教育通史》第 3 卷,济南:山东教育出版社,1987 年,第 24 页。
③ (宋)梁克家:《淳熙三山志》,福州:海风出版社,2000 年,第 79 页。

宁兴学。

另外，尽管文献记载极为简略，但检讨 16 所北宋府州军贡院的相关记载，我们可以发现个别贡院显然是为了满足解试的需要而建。如 1090 年建成的福州试院，"穿堂延庑，中辟旷除，后敞公堂，缭以重屋，以为考校之舍。外门之内，监门、巡铺、封弥、誊录之所皆具。旬五十而成，凡为正屋百有二十区"。即便是面对远超过三舍法的 3000 名考生，福州试院也可以令他们"峨冠鹄袖，雍容而入"。①

而在建炎初年朝廷下令于成都举行面向一路十五州进士（南宋绍兴二年改为面向三路四十三州）的类省试之前，成都府下辖的 9 个县的考生"数逾五千"，而且"日增而未止"，这也便造成了"旧贡院既狭小不足以容，则更就佛寺取具临时"② 的窘状。

因此，我们可以判定，北宋时期的府州军贡院主要有两种类型，一是为了满足解试需要而建的贡院，其规模相对较大，并随着应试人数的日渐增多而不断扩建。此类贡院的创建时间并不限于政和二年（1112）董正封奏请之后，如福州贡院便是建于元祐五年（1090）。二是为了适应兴学贡士需要而建的贡院，其规模相对较小，很可能都是附属于当地儒学，且存在时间只限于政和二年至宣和三年（1121）之间的大约 10 年左右。尽管它们都是服务于府州军一级的考生，但从建造目的到建筑规模都有较大的区别。前者我们可以称为解试贡院，后者则应称为贡士贡院。宣和三年恢复科举取士之后，前者继续向前发展，后者则大多遭到改废。

三、南宋解试贡院

有别于北宋府州军的两类贡院，南宋在府州军级别的行政区划中只有一种贡院，即解试贡院。本文所发现的 87 所贡院中，除了 5 所省试级别的贡院，其余当均属解试贡院，其中包括 2 所漕司贡院。其中基本确定始建

---

① （宋）梁克家：《淳熙三山志》卷 7《公廨类一》，《宋元方志丛刊》第 8 册，北京：中华书局，1990 年，第 7849－7850 页。
② （宋）李焘：《贡院记》，曾枣庄，刘琳：《全宋文》第 210 册，上海：上海辞书出版社，2006 年，第 268 页。

于北宋的解试贡院为 16 所，其余 71 所当均为南宋时期所建。

漕司贡院，又称漕试贡院，是各路转运司专门为锁厅试人员和官宦子弟等考生而建造的。目前有史可查的宋代漕试贡院共有 2 处，一是两浙漕司贡院，在杭州北关门外沈家桥，是"以待两浙路寓士及有官人宗女夫等发解之处"。① 二是江东漕试贡院，亦称江东转运司贡院，位于建康府（今南京）"青溪之西"，系嘉定九年（1216）真德秀任江东转运副使时主持建造的，"为屋余百五十楹，钱以缗计者万四千有奇"，主要服务于"士与为吏者亲嫌"和"已仕而锁其厅者"两类考生。②

从文献记载来看，有关南宋府州军贡院的史料最为丰富。学界所据以研究两宋贡院的史料，其实也多是南宋府州军贡院的史料。除了保存于《全宋文》及各类文集中的南宋时期名人撰写的数十篇贡院记，自宋元以至明清所纂修的地方志也多载有南宋贡院史料。立足于这些史料，葛、梁、钱、王等学者都对南宋贡院进行了较为深入的研究。其探讨的主题包括贡院的修建原因、时空分布、主事人员、贡院规模、风水观念等。本文认为，有关南宋府州军贡院，以下七个方面颇值得关注。

1. 地方官是南宋解试贡院修建活动的主要发起人

正如葛绍欧《宋代府州的贡院》所发现的，该文所讨论的 21 所贡院中，其创（改）建的主事人全部都是当地的最高行政首长，即郡守（或称太守），并认为"宋代的地方行政首长，都极重视地方教育的发展，他们在这方面的努力，也都是值得推崇，都该给以肯定的评价"③。而梁庚尧《南宋的贡院》则指出，"各地贡院的兴修，多视郡守的态度而定。若是郡守无意于此，则无论兴建、扩建或迁移，常无法动工"④。

---

① （宋）吴自牧：《梦粱录二》卷 15《贡院》，王云五：《丛书集成初编》第 3220 册，上海：商务印书馆，1935 年，第 133 页。
② （宋）李道传：《江东转运司新建贡院记》，曾枣庄，刘琳：《全宋文》第 304 册，上海：上海辞书出版社，2006 年，第 45—46 页。
③ 葛绍欧：《宋代府州的贡院》，邓广铭，漆侠主编：《国际宋史研讨会论文选集》，保定：河北大学出版社，1992 年，第 312 页。
④ 梁庚尧：《南宋的贡院》，刘海峰主编：《二十世纪科举研究论文选编》，武汉：武汉大学出版社，2009 年，第 460 页。

事实上，宋代府州军解试贡院之所以能够建成，除了有地方最高行政首长作为主要发起人，还有其他行政官员与之通力合作，共襄盛举。如乾道五年（1169）建成的广西静江府贡院，便是由静江知府张维、提点刑狱滕公、转运判官姚公三人共同商讨决定兴建的，为了筹备建造经费，他们想出了官府经商营利的办法："捐蓰之以筹计者五百，而公与宪均任其飞挽之责，贸蓰而取其资。"① 又如淳熙十二年（1185）重建的浙江严州贡院，也离不开地方官员的通力合作。在其建造过程中，知州陈公亮"鸠工度材，授以规摹，政事余隙，必身督之"，州一级其他官员纷纷亲身督查，县一级官员也尽力协助，"别驾二三公既日相从于蓁丛中，而诸邑令佐又悉能劝相率富室之乐教者以助其直"。更有甚者，在决定重修贡院之初，还得到了其他府州地方官员的积极肯定，"谋既定，会婺守待制洪公迈以召命经筵馆于是，因以见勉"②。

有些府州军的解试贡院历经了多任地方长官经营之后才得以建成，如浙江绍兴府贡院便凝聚了三任知府的心血。先是乾道四年（1168）"太师史公浩得地于爽垲"，完成贡院选址工作，接下来是乾道六年（1170）"丞相蒋公芾继之，锐欲鸠僝，会奉祠去"，完成经费的筹集工作，最后是乾道九年（1173）"资政殿学士钱公端礼始克成之"，③ 最终建成贡院。又如四川普州贡院，在杨楚望出任普州知州并建成贡院之前，宁宗嘉定年间（1208—1224）的多任知州都曾经想为普州建造贡院，他们包括"刘文节公、大理少卿杨昌伯、天官侍郎许成子"以及魏了翁，但最终都未如愿，"旷日绵祀，或死或去"。④ 作为当时天下知名的理学大师，魏了翁既然曾经亲自关心过普州贡院的建造工作，故而其后任杨楚望在建成贡院之后，

---

① （宋）鲍同：《贡院记》，曾枣庄，刘琳：《全宋文》第 201 册，上海：上海辞书出版社，2006 年，第 3 页。

② （宋）陈公亮：《重建贡院记》，曾枣庄，刘琳：《全宋文》第 274 册，上海：上海辞书出版社，2006 年，第 413—414 页。

③ （宋）施宿：《嘉泰会稽志》卷 1《贡院》，《宋元方志丛刊》第 7 册，北京：中华书局，1990 年，第 6729 页。

④ （宋）魏了翁：《普州贡院记》，曾枣庄，刘琳：《全宋文》第 310 册，上海：上海辞书出版社，2006 年，第 357 页。

才会邀请魏了翁撰写《普州贡院记》,而魏了翁也欣然从命。

有些地方官则在任职不同府州军的知府、知州或知军时,都有修建贡院之举。如绍兴二十七年(1157)丁丑科状元王十朋便曾经创建过两处贡院,一是乾道三年(1167)担任湖州知州时曾经率领卿大夫出财重建湖州贡院,"为屋百十六楹";① 二是乾道五年(1169)担任福建泉州知州时,"得州治西偏部使者馆,始作贡院,棘墙修庑皆如例"。② 又如前引建造绍兴府贡院的三任知府之一的史浩(1106-1194),他在乾道四年(1168)积极准备建造贡院,并完成了贡院选址工作。乾道九年(1173)改任福州知州,他依然关心当地考生的解试条件,不仅上疏"讲求累举之弊",还妥善安排了福州二万余名考生的考场布置,其中包括"假签判、察推、知录、司法四厅",临时扩充贡院范围。③ 应该说,各地府州军地方长官的施政态度确实是当地解试贡院建设的关键因素之一。

当然,从时人观念来看,创建解试贡院,是检验地方官是否合格的标准之一。如魏了翁在给嘉定三年(1210)建成的四川长宁军贡院撰写的《长宁军贡院记》中,便曾经指出:"君人者,以天下为一家,不自治也。分千里之地,寄诸郡守,害焉除之,阙焉修之,不便焉必图所以更张之。如此,乃可以位天位、禄天禄而亡愧。弗是之思,视其蛊坏不至者,懵懵然去之,奚以守吏为哉?!"④

2. 教育公益属性在南宋解试贡院修建活动中初露端倪

"以公益求公平"是清代贡院最为重要的时代特征⑤。相比较而言,宋

---

① (宋)谈钥:《嘉泰吴兴志》卷11《学校》,《宋元方志丛刊》第5册,北京:中华书局,1990年,第4732页。
② (明)阳思谦,徐敏学,吴维新:《万历重修泉州府志》卷24《杂志》,《中国史学丛书三编》第4辑,台北:台湾学生书局,1987年,第1763页。
③ (宋)梁克家:《淳熙三山志》卷7《公廨类一》,《宋元方志丛刊》第8册,北京:中华书局1990年,第7850页。
④ (宋)魏了翁:《长宁军贡院记》,曾枣庄,刘琳:《全宋文》第310册,上海:上海辞书出版社,2006年,第296页。
⑤ 毛晓阳,邹燕青:《以公益求公平:清代州县考棚述论》,《清史论丛》2017年第1辑,第147—167页。

代府州军贡院的经费来源虽然不如清代贡院那样普遍来自民间捐资，但不少贡院的修建过程都有民间捐资者的身影，从而在中国贡院史上首次呈现出教育公益的色彩。

毋庸讳言，宋代府州军贡院的建造离不开地方官的推动。不过，仅靠地方官的推动，却也无法完成贡院的修建。其中最大的困难，便是经费的筹集问题。从各种贡院记中我们可以发现，很多作者在谈到贡院修建经费时，多会强调没有向地方百姓进行摊派。如李英《荆门军贡院记》提到，宁宗时期（1195－1224）荆门军建造贡院，"费不取于榷计"；[1] 雷孝友《瑞州贡院记》指出，庆元四年（1198）瑞州创建贡院，"民不知有是役"；[2] 王应凤《通州贡院记》强调，咸淳四年（1268）建成贡院，"民不知役，逾月而成"；[3] 钱文子《袁州贡院记》感叹，庆元二年（1196）知州江自任重建贡院时共花费了370多万钱，却可以做到"不请于朝，不赋于民，不取办于诸县"。[4] 显然，在时人看来，能够建成贡院自然是件好事，但其前提是不要因为建贡院而给百姓增加额外负担。

在这种思维的指引下，南宋贡院的修建一般采取两种方式筹集资金。一种是地方官设法开源节流筹集经费，如静江府贡院采取的是地方官设法开源的方式。乾道二年（1166）静江府知府张维、提点刑狱滕庸、转运判官姚孝资提议建造贡院，但"府之经费百度皆仰漕台，财用无所从得，又乏旷址可卜，久未果为"。其时恰逢"盐法初复，官以醝为市，凡于此取办"，几位地方官这才想出"捐醝之以笥计者五百，而公与宪均任其飞挽之责，贸醝而取其资"的办法，经过三年的经营，才终于筹集了经费，于

---

[1] （宋）李英：《荆门军贡院记》，曾枣庄，刘琳：《全宋文》第302册，上海：上海辞书出版社，2006年，第408页。

[2] （宋）雷孝友：《瑞州贡院记》，曾枣庄，刘琳：《全宋文》第272册，上海：上海辞书出版社，2006年，第354页。

[3] （宋）王应凤：《通州贡院记》，曾枣庄，刘琳：《全宋文》第354册，上海：上海辞书出版社，2006年，第367页。

[4] （宋）钱文子：《袁州贡院记》，曾枣庄，刘琳：《全宋文》第302册，上海：上海辞书出版社，2006年，第55页。

乾道五年（1169）十二月建成了静江府贡院。① 更多的地方官则采取节流的方式。如庆元五年（1199）高邮军知军陈巩因见高邮军解试时"寓试郡学，不惟湫底局库，士气弗振，职校士者亦病之"，故而决心创建贡院，其经费筹集的方法是"积累铢两之余，公私初不与知"。② 乾道六年（1170）夔州知州王伯庠重建夔州贡院，而"顾公帑、视民力，则弊不可仰"，最终只能采取"公私之须皆一归于节专以治之"的方法筹集资金，经过五个月的努力，建成了拥有110间房屋的贡院，"一毫不取于民，民但见其成，而不知其为力"。③

另一种则是由地方士绅捐资帮助筹集经费。潮州贡院是一个较为典型的例子。据真德秀《潮州贡院记》，嘉定十二年（1219）潮州知州陈憺、通判赵善涟设法重建潮州贡院，前后共用"钱千三万有奇"，其中"郡之所捐者百万，别驾半之，其余则为士者合以相焉，而民弗知也"。也就是说所有费用都来自捐款，其中知州陈憺捐款100万，通判赵善涟捐款50万，其余钱款都是士绅合力捐助的。潮州贡院的修建，不仅没有向百姓摊派费用（"民弗知也"），甚至没有让吏胥参与执行（"吏弗与也"）："考视工程，则寓客之贤曰王君恪，勾稽出纳，则郡庠之隽曰方遇、施仪凤等实分任焉。"④

嘉定二年（1209）四川资州重建贡院同样离不开士绅捐款。此次重建贡院，共建成房舍540楹，花费钱款1440余万钱。这些经费共有三个来源，其一是"盘石令王君子克率外三邑缗钱以助"，其二是"郡人赵君希浚以前三岁举人尝输金于州也，至是白其长，出所输以给用度"，其三则

---

① （宋）鲍同：《贡院记》，曾枣庄，刘琳：《全宋文》第201册，上海：上海辞书出版社，2006年，第3页。

② （宋）陈造：《高邮军建贡院记》，（清）夏之蓉：道光《高邮州志》卷12《艺文志》，台北：成文出版社，1970年，第1956页。

③ （宋）关耆孙：《大贡院记》，曾枣庄，刘琳：《全宋文》第200册，上海：上海辞书出版社，2006年，第332页。

④ （宋）真德秀：《西山文集》卷24《潮州贡院记》，《景印文渊阁四库全书》第1174册，台北：商务印书馆，1983年，第364页。

是"州之士各襁属不绝"。① 这三种经费来源，除了第一种属于官方经费外，其他两种都是士绅捐助。

嘉定年间（1208—1224）四川眉州知州黄予同扩建本州贡院的经费则包括四种来源，其一是"具糇粮、称畚筑"的前期准备工作费用，数目不详，来自眉州知州所掌握的行政公款；其二是眉州所属成都府路转运司判官黄伯固、厉模所拨公款2000万；其三是成都府路提点刑狱使郭正孙所发公款500万；其四是焕章阁待制李德"捐资为里人倡，凡得钱二千万"。②

下表列出了文献可以考知其经费来源的26所府州军贡院的29次创（改）建的经费来源情况。表中从衢州贡院到通州贡院共13所贡院③的修建经费为府州军地方长官独力筹集，自静江府贡院到袁州贡院共4所贡院的修建经费为多位地方官员合力筹集，自汉州贡院至普州贡院共12所贡院的修建经费中有部分为民间捐资筹集。总体来看，宋代尚未出现完全由地方士绅捐资建造贡院的个案，地方官利用行政职权筹拨经费建造贡院是较为普遍的情形。这与清代贡院尤其是其中级别较低的学政试院、州县考棚大多由民间捐资完成有较大的不同。

表 2-2　南宋解试贡院经费来源例表④

贡院名称	修建时间	经费来源	文献出处
浙江衢州贡院	绍兴十七年（1147）	知州张嵲创建贡院，籍旧逋以其用，故人不病扰；取游食以助役，故工不告劳。	天启《衢州府志》卷12《贡院记（李处权）》

---

① （宋）魏了翁：《资州新创贡院记》，曾枣庄，刘琳：《全宋文》第310册，上海：上海辞书出版社，2006年，第271页。

② （宋）魏了翁：《眉州创院记》，曾枣庄，刘琳：《全宋文》第310册，上海：上海辞书出版社，2006年，第426页。

③ 表中的成都府贡院，原本为府一级的解试贡院，是为满足成都府9县考生解试而建，淳熙五年（1178）四川制置使长文改建为省省试贡院后，成都府解试应当还是在该贡院举行。故本文依然将其列入该表。

④ 为使读者第一时间明了表中各贡院与当代省市区划的对应关系，表中每所贡院前均标明其当代省市名称。

续表

贡院名称	修建时间	经费来源	文献出处
江苏建康府贡院	乾道四年（1168）	留守史正志在蔡宽夫侍郎宅的旧址上创建贡院，捐金而偿其迁筑之费，取羡余之木，为屋百有十楹。雇用它郡水灾流民及厢卒出力，国人不及知。	《景定建康志》卷32《建康府贡院记（陈天麟）》
四川夔州贡院	乾道六年（1170）	知州王伯庠重建贡院，公私之须皆一归于节专以治之。凡五阅月而成，为屋一百一十间，一毫不取于民，民但见其成，而不知其为力也。	乾隆《四川通志》卷41《大贡院记（关耆孙）》
四川成都府贡院	淳熙五年（1178）	四川制置使胡长文建成贡院，凡为屋三百七十二楹，为墙三百二十六堵，用工十万九千四百六十六，费钱六万三千缗，米二千九百六十五石皆有奇，秋毫不以烦百姓。	扈仲荣《成都文类》卷46《贡院记（李焘）》
安徽无为军贡院	绍熙四年（1193）	知军周珌捐帑廪之余钱、余粟，而增葺之，增屋四之一，通前一百有九楹，邦人未及知，而事已集。	嘉庆《无为州志》卷27《艺文志》
江西袁州贡院	庆元二年（1196）	知州江自任重建贡院，合二百三十有二楹，凡为钱三百七十万有奇，不请于朝，不赋于民，不取办于诸县。	正德《袁州府志》卷14《贡院记（钱文子）》
江西瑞州贡院	庆元四年（1198）	知州胡乘重金购买民地，创建贡院，择可委者尸事，木取之旁郡，力出乎州兵，市工以佣，且倍其直，凡为屋一百四十有八楹，而民不知有是役。	《全宋文》第272册，卷6161
江苏高邮军贡院	庆元五年（1199）	知军陈巩创建贡院，房舍共八十余间，用钱若干、米若干石，积累铢两之余，公私初不与知。	陈造《江湖长翁集》卷21《高邮军贡院记》

续表

贡院名称	修建时间	经费来源	文献出处
湖北荆门军贡院	宋宁宗朝（1195—1224）	知军叶笺建造贡院，木章竹干，瓦甓石铁，悉储于累月之前，工雇于市，匠食于官，而费不取于榷计。	《全宋文》第302册，卷6911《李英》
广东梅州贡院	庆元六年（1200）	梅州知州刘涣节用储财，匠以工计者五千有奇，杂役则募闲民，用砖十万，盖瓦倍之，钱以缗计者数千，米以斛计者累百。	周必大《文忠集》卷58《梅州贡院记》
湖北黄州贡院	嘉定二年（1209）	知州高仲远重建贡院，费缗钱五百万，米二百斛，悉出于搏节之余，民不知役，工不告劳。	楼钥《攻愧集》卷54《黄州贡院记》
江苏建康府贡院	咸淳三年（1267）	留守马光祖重建贡院，不月而成，民不知役。共糜钱十八界一十三万三千八百九十五贯有奇，米一千五百五十石，他物从官给者不与焉。	《景定建康志》卷32《建康府重建贡院记（冯梦得）》
江苏通州贡院	咸淳四年（1268）	知州冯弼重建贡院，重门罗棘，有堂、有厅、有庑，为间者八十有八，民不知役，逾月而成。	《全宋文》第354册，卷8205《王应凤》
广西静江府贡院	乾道五年（1169）	知府张维、提点刑狱滕廥、转运判官姚孝资，捐蹩之以箩计者五百，而公与宪均任其飞挽之责，贸蹩而取其资。为役甚伙，而民不知。	汪森《粤西文载》卷22《贡院记（鲍同）》
安徽婺州贡院	淳熙四年（1177）	经过两任知州韩元吉、张津的前期准备，继任知州李椿建成婺州试院，乡老士子咸以为请，而七邑之大夫又请为助，于是取于帑廪之余，合以属县之力。	韩元吉《南涧甲乙稿》卷15《婺州贡院记》

续表

贡院名称	修建时间	经费来源	文献出处
江西吉州贡院	绍熙三年（1192）	知州胡长卿购买民田为址，重建贡院，靡钱万缗，粟千五百斛，转运林君浞亦助其费。	周必大《文忠集》卷28《吉州新贡院记》
江西袁州贡院	宝庆元年（1225）	知州王栋主持重修贡院，通判吴、郡卫朴出官帑佐之，总为屋凡七百楹，靡金钱凡二百二十万。	正德《袁州府志》卷14《贡院记（不著撰人）》
四川汉州贡院	隆兴、乾道间（1163—1173）	罗宗约任四川制置使参议官，至兴州劳将士，宣抚使以礼致遗，为钱三百万，还次汉州，以五十万助之治贡院。	《文定集》卷22《沙县罗宗约墓志铭》
浙江湖州贡院	乾道三年（1167）	知州王十朋率卿大夫出财重建，为屋百十六楹。	《嘉泰吴兴志》卷11《学校篇》
四川彭州贡院	淳熙三年（1176）	知州王敦诗、通判邓枢采纳进士穆漪等议，取废驿故地建造贡院，郡士奔走后先，肩袂相属，甓坚材良，山积云委，用缗钱万五千六百有奇，役工称是。	陆游《渭南文集》卷18《彭州贡院记》
安徽无为军贡院	淳熙十二年（1185）	淳熙十二年军学分教石崇昭主持建造贡院，凡为屋八十一楹，费钱三百四十万有奇，三分之二出于邦人，其余则官司之助与赡学之赢也，而粟不与焉。	嘉庆《无为州志》卷27《艺文志》
浙江严州贡院	淳熙十二年（1185）	知州陈公亮重建贡院，诸邑令佐悉能劝相率富室之乐教者以助其直，费不病伕，役不叹劳。	董岳《严陵集》卷9《重建贡院记（陈公亮）》
江苏真州贡院	绍熙五年（1194）	知州徐景令判官朱明孙等倡士民捐资鸠工，因旧址重建屋四十六楹。	隆庆《仪真县志》卷8《学校考》

续表

贡院名称	修建时间	经费来源	文献出处
四川资州贡院	嘉定二年（1209）	眉州知州吕洞、教授王晞鸿利用捐款建成贡院，新筑凡五百四十楹，诸费为钱一千四百四十万有奇。盘石令王君子克率外三邑缗钱以助；拨前三年各县举人捐款以给用度，州之士各禩属不绝。	魏了翁《鹤山集》卷38《资州新创贡院记》；《全宋文》第310册，卷7094《魏了翁四二》
四川长宁军贡院	嘉定三年（1210）	知军虞方简捐钱二十万购买市旁近地，并捐建贡院大门；乡之进士属役赋文，建造各类房舍六十楹；通判杨师信、校官文东寅为庐馆以继之，郡士以次各守事期，用丁夫万三千七百有奇，钱用诸费二十七万一百有奇。	魏了翁《鹤山集》卷40《长宁军贡院记》
四川眉州贡院	嘉定年间（1208—1224）	知州黄予同扩建贡院，少府既以余法用具糇粮、称畚筑，焕章阁待制李公德又捐资为里人倡，凡得钱二千万。转运判官黄公伯固、厉公模前后所发如之，不足则刑狱使者郭公正孙又发五百万，卒成之。	魏了翁《鹤山集》卷41《眉州创贡院记》
广东潮州贡院	嘉定十二年（1219）	潮州知州陈憺、通判赵善涟发动捐款，重修潮州贡院，共用钱千三万有奇，郡之所捐者百万，别驾半之。其余则为士者合以相焉，而民弗知。	真德秀《西山文集》卷24《潮州贡院记》
浙江台州贡院	嘉定十六年（1223）	知州朱江重建贡院，捐金给粟，助其役。郡邑之僚采，桑梓之达士，友之同志，从风乐施。	林表民《赤城集》卷6《增造贡院记（楼观）》

续表

贡院名称	修建时间	经费来源	文献出处
四川普州贡院	绍定年间（1228—1233）	知州杨楚望倡建贡院，既辍少府用度之赢，又告诸本道转运刑狱使者及卿大夫士以补其乏。士受役，要不以厉民。	魏了翁《鹤山集》卷44《普州贡院记》

3. 严肃场规、尊重人才是修建南宋解试贡院的重要目的

与省试贡院的发展轨迹相同，宋代府州军解试在尚未建成贡院之前，往往借用学校、佛寺、衙署、驿馆、谯楼等建筑作为临时考场，从而滋生了诸多问题，如座位过于拥挤、考场秩序紊乱、考生斯文扫地、取才有失端重等。因此，贡院的建立，其主要目的便存在于三个方面。第一是改善考场条件，增加座位；第二是严肃考场纪律，防止舞弊；第三是端重考场威严，砥砺考生。如江南西路瑞州，乾道元年（1165）利用驿舍旧址建成贡院，但仅过了30多年便不得不在庆元四年（1198）进行扩建，其主要原因，一是房舍太少不敷使用，"栋宇挠弱，庭庑浅迫，凡莅事者、试业者暨诸有司，皆不足以容"；二是未能功能独立，有碍考场纪律，"通驿舍而一之，东、西异处，防闲不严，士人坐作出入，俱弗以为便"。① 又如两浙路严州，淳熙十二年（1185）知州陈公亮另选场地重建贡院，其原因一是旧贡院"夹于两寺之间，其地湫隘喧嚣，其栋宇卑陋浅窄"，无法容纳数千考生，二是因为他认为这种状况不符合"朝家严科制、崇儒礼士之意"。②

南宋初年江苏溧阳人李处权的《衢州新建贡院记》较为全面地阐述了时人对贡院防弊功能的认识。他指出，在没有创建贡院的时候，往往借用寺舍官府为考场，从而致使"芨舍棘藩，取具一切，湫隘暴露，防禁不严，奸弊滋起"。他强调，建造科举专用考场有利于保证科举至公无隐、

---

① （宋）雷孝友：《瑞州贡院记》，曾枣庄，刘琳：《全宋文》第272册，上海：上海辞书出版社，2006年，第3544页。
② （宋）陈公亮：《重建贡院记》，曾枣庄，刘琳：《全宋文》第274册，上海：上海辞书出版社，2006年，第413—414页。

士子尽情发挥，"凡国家取士，岂非所谓至公者耶？斯院之役，使人人得安意挺志以毕技于前，而秋毫之私无所隐"。他反驳那种认为不必"豫备逆设"贡院、只需临时借用场地的观点，认为这种"苟且是图"的做法是"为政之公患"，是不尊重科举选才，"欲以取士为虚文"。①

正是在这种思想观念的指引下，从国家到地方，都采取措施以改进混乱不堪的解试状况。国家的层面，主要是在全国范围内统一了解试日期。南宋以前，全国各地解试"试无常日"。由于解试录取比例极低，温州、福州、台州等"人盛员窄"之地"几于千取其一"，因此部分考生便利用各州解试无常日的空子，在多个府州军参加解试，以获取额外的取解机会。有些考生"诡冒取解数州"，还有些考生"易乡贯，去井邑，求试于漕台、于太学"，从而滋生了冒籍问题，影响了考试公平。为此，宋高宗于绍兴三十四年（1164）下诏，命令全国各府州军"例以八月十五日引试"②，以此杜绝考生多处应考的现象。

地方的层面，则是努力建造专门的考试场所——府州军贡院，并不断完善考场内部的相关设施。各地贡院的建筑面积虽各大小不一，但建筑格局则多仿照礼部贡院，总体上都区分出入场点名区、考生答卷区和试卷加工与评阅区，另外则有厨房、厕所等后勤服务区。有些府州军贡院还致力于改善考生的应试条件，比如为考生准备固定的座位，以方便考生完成作答，这与唐代考生往往席地而坐、宋代考生需要自备桌椅入场进行答题有所不同。如福建汀州贡院始建于北宋神宗时期，绍兴二年（1132）重建时，建有"东庑三，西庑二，计百二十楹"。到了淳祐年间（1241—1252），知州郭正己考虑到"旧就试者自纳竹案，试则争哄撼几"，试院之大，竟容不下一张安静的考桌，于是便设法在试院中"更置木案"，考生不仅不必自带考桌，而且答题时木质考桌更为坚固稳定不易摇动，"士以

---

① （宋）李处权：《衢州新建贡院记》，曾枣庄，刘琳：《全宋文》第174册，上海：上海辞书出版社，2006年，第150页。
② （宋）陈耆卿：《嘉定赤城志》卷4《公廨门一》，台北：成文出版社，1983年，第7099页。

为便"。① 又如两浙路台州贡院，系由知州朱江在乾道七年（1171）主持建造，"重庑参错，为屋三百一十楹"。在考生列坐答题的房间里，"每屋一楹列三案，案附柱，长存一庑架二棚"，这样考生再也不用担心发生"先输案入试，俟请卷，纷拿汹哄"的混乱状况。同时，朱江还命人进一步改进考场的座位设计，"使坐其间者以关子附绳而上，则卷子随绳而下，自是无失卷若案者"②。这说明，在朱江主持建造台州贡院之前，由于考场系临时搭建，纪律混乱，考生如厕或交卷时，其考桌和试卷经常被人偷走。

从建筑格局来看，南宋已经根据考场内部人员的角色身份或职责功能来安排其所对应的房屋，并在贡院建筑的整体布局中安排其具体位置，从而使贡院形成了职责功能科学合理的空间布局。以江苏建康府贡院为例。据南宋末年江西武宁人周应合（生卒年不详，1250年进士）《景定建康志》所载《重建贡院之图》③，我们可以看到建康府贡院是一座被四面墙壁包围的长方形建筑群。在这个空间里，从南向北大致分三个区域，依次被设置为入场点名区、考生答题区、考官阅卷区。其中入场点名区以贡院大门、中门为关键节点，利用长方形围墙隔离出一个相对封闭的长方形空间，大门、中门和东、西两边的搜检处、交卷处则构成此部分区域的核心功能建筑。考生答题区是整个贡院建筑群中面积最大的部分，由中心甬道隔离为东、西文场两个部分，每个部分都分别依次建造了号棚、天井，并配备了若干水井等。由考生答题区经甬道中间的正厅向北进入考官阅卷区，其中心节点为衡鉴堂，东西两边分别有监试、监临、主考试官、同考试官的生活住宿之所，此外则有书吏办公房舍、厨房、厕所以及天井、花台等附设建筑。

整个贡院建筑群自南而北依次分布的贡院大门、中门、甬道、正厅、

---

① （宋）佚名：《临汀志》，《永乐大典方志辑佚》第4册，北京：中华书局，2004年，第1333—1334页。
② （宋）陈耆卿：《嘉定赤城志》卷4《公廨门一》，台北：成文出版社，1983年，第7099页。
③ （宋）周应合：《景定建康志》卷5《地理图序》，北京：中华书局，1989年，第1383页。

衡鉴堂、倒座，形成整座贡院的东西对称的中轴线。长方形的周边围墙栽种荆棘，将贡院与外界完全隔离开来，形成一个关防严密、安静肃穆的封闭空间。而贡院内部的三个空间又分别相对独立，如入场点名区是一个相对封闭的空间，隔离考生与外界的信息传递，保证试卷发放与回收的准确无误。考生答题区则由中门、正厅和四周的围墙隔断为一个相对封闭的空间，阻断考生答题时与贡院外部的信息传递，同时阻断考生与考试官员之间除考题以外的信息传递。考官阅卷区同样是一个相对隔离的封闭区，考试期间，考官及监临、监试、书吏等人员的生活起居均在贡院，所需生活用品定期由贡院外部经严密搜检后送入院中，在考试成绩揭晓前，任何人员非遇重病或死亡，不得擅自离开贡院。

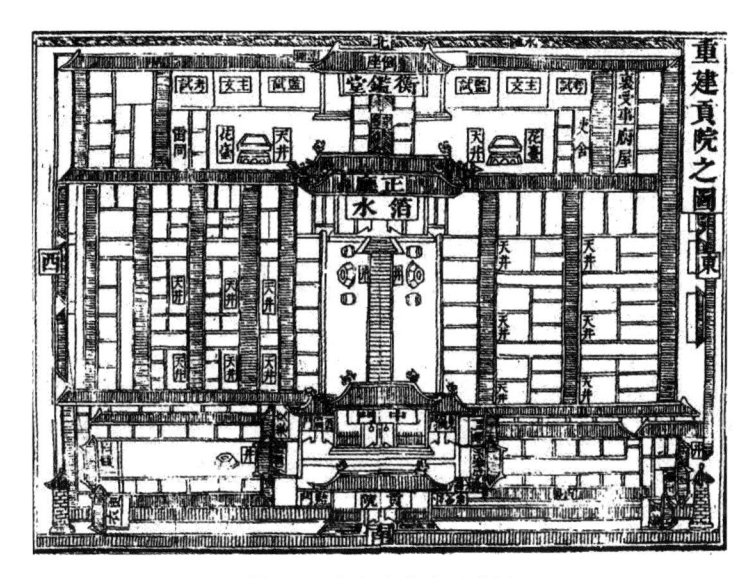

图 2-1　南宋建康府贡院图

宋代建康府贡院是一座解试贡院，其级别与明清时期的乡试贡院相当。相比较而言，宋代建康府贡院主要有以下四点不同之处：一是明清时期的贡院在龙门到至公堂的南北甬道上，一般都建有明远楼，以便俯瞰全场，监督考试，而宋代建康府贡院从中门到箔水、正厅的甬道上没有建造任何亭台楼阁。二是明清时期的贡院在考生答题区与考官办公区之间一般以至公堂及其左右房屋形成隔断，从而将考生与阅卷官隔离开来，而宋代建康府贡院里承担这一功能的建筑则是正厅。三是明清时期贡院均有内、外帘之分，其中内帘主要为主考、同考阅卷区，狭义的外帘主要包括监临、监试、提调等外帘执事官员办公区，广义的外帘则还包括考生答题区和入场点名区。而宋代建康府贡院则没有区分出内帘和外帘，尤其是没有将监试与主文、考试等官员区分开来，而是全部分列于衡鉴堂的东西两侧。这种建筑格局，显然无法排除监试官对阅卷工作的干扰，影响主考官、同考官阅卷过程的独立自主性。四是明清乡试贡院考生座位为每人一间的号舍，而宋代建康府贡院则是多人共用一条长桌。宋代解试共分三场，每场都在一日内完成，因此不必像明清乡试一样必须每场在贡院中住宿两晚，故其考试座位也不是明清贡院的每人一间的号舍，而是布置长桌、长凳编排座次，即"仿金华诸郡例，置长桌钉柱间"。① 也就是说，宋代的贡院考场桌椅布置更像是今天高考的考场。

值得指出的一点是，尽管宋代在省试、解试中都实行了弥封、誊录制度，建康府贡院在点名入场区的大门之内、中门之外也设有封弥所、誊录所、监门处、交卷处等场所，但是从《重建贡院之图》来看，其空间较为狭窄，很难容纳足够的誊录书手和对读人员。尤其是在南宋中后期，很多府、州、军的解试应试人数动辄数千、万余，要誊录这么多的试卷，难度不可谓不大。要知道，南宋末年的端平元年（1234），建康府贡院的房间数量只有212楹②，建康府全府的解试定额只有13名③，说明其考生人数相对较少。与之相比，嘉定五年（1212）的潮州贡院共有房屋1300楹④，淳熙年间福州的解额有60余名，而进入福州贡院参加解试的考生规模则是

---

① （宋）周应合：《景定建康志》卷32《学校志五》，台北：成文出版社，1983年，第1238页。
② （宋）杨万里：《建康府新建贡院记》，曾枣庄，刘琳：《全宋文》第239册，卷5352《杨万里六八》，上海：上海辞书出版社，2006年，第311—312页。
③ （宋）周应合：《景定建康志》卷32《学校志五》，台北：成文出版社，1983年，第1233页。
④ （宋）真德秀：《潮州贡院记》，曾枣庄，刘琳：《全宋文》第313册，卷7182《真德秀四八》，上海：上海辞书出版社，2006年，第393—394页。

"应诏者二万人"①，其考试组织工作的难度更加超乎想象，尤其是在执行誊录、对读制度方面，也对贡院提出了相应更高的空间要求。

各地建造贡院之后，根据既定的程式进行规范考试便有了基础保障。以福州试院为例，在淳熙元年（1174）由于报考人数达到了2万人，时任福州知州史浩便在原有试院房舍已经达到247间的基础上，将周边的签判、察推、知录、司法四厅衙署征用为临时考场，并改进考试流程，有序组织考试。主要包括以下6个环节。

一是提前完成考生结保工作。先查明考生是否犯有命案，确定获得考试资格后，要求必须在七月十五日前完成"约束结保，投纳《家状》"，以便考务管理部门可以有充裕的时间来编定"试案"即座次表。

二是按照考生籍贯进行分区管理。总体分为4个分场就试，即"大厅两廊坐负城两县举人"，"怀安、福清、罗源于行衙"，"长溪、永福、古田于旧展试院"，"连江、长乐、闽清、宁德于新展四厅"。其余因到外地游学未回而超过结保期限的考生，另外安排考场座位。

三是按考生籍贯，分不同路径，组织考生进场和出场。总体为"四进二出"，即"闽县、侯官士人并于定安门入试院门，晚出中门，纳卷毕，出试院大门"；其他10个县的考生，"怀安、福清、罗源并于依仁坊门入行衙、兴贤堂、桂堂外"，"长溪、永福、古田从东康门入旧展试院"，"连江、长乐、闽清、宁德从鼓门内东廊入新展四厅"，考试结束，这10个县的考生"并出行衙中门，纳卷毕，出行衙大门"。逾期结保编定试案的考生，其进出考场的路径也有所不同，其中进场就试，"闽、侯官士人，从鼓门里东廊棘门入司法厅"，"宁德、长溪、古田、永福士人，从东康门入旧展试院"，出场交卷则"并由行衙大门"。

四是严格考场纪律。考号内部纪律方面，考生入场后，除承担保头任务的考生可以起身领取考卷外，其余考生均不得随意走动，更不许搬移试案。考生交卷方面，分幕指导考生交卷："逮晚，设燎门道，列十四幕为

---

① （宋）梁克家：《淳熙三山志》卷7《公廨类一·试院》，《宋元方志丛刊》第8册，北京：中华书局，1990年，第7850页。

纳卷所，闽、侯官分六幕，新、旧展试院分四幕，其续射保人别置一幕。"

五是规范考生试期服务。考生场外食宿方面，严禁商贩乘机涨价，"官、私屋赁士人就试及卖试案人，并不许长价"。试卷备办方面，禁止吏卒乘机盘剥，"纳卷吏贴，不得邀觅钱物"。考生场内饮食方面，每间考号配备一名"祗应"号卒，"逐间揭姓名以待需唤"，考生如需饮水，或"猝有疾患"需要吃药，均由号卒代为烧水、熬药。场内服务均为免费提供，严禁号卒向考生索要钱财。

六是规范考生试卷管理。命题管理方面，采取"命工锯板分雕"的方式，将策问考题印刷为单页，防止考题泄露，加快发卷速度。试卷封弥方面，封弥官逐场亲手封弥试卷，盖好印章；同时登记于号簿，缴给监试官，等阅卷结束再按登记序号向监试官号簿查明考生姓名。试卷誊录方面，"增誊录为三百人"；每名誊录书手准备一本"交卷历"，登记所抄写试卷的份数、代码，再准备一本"功过历"，记录誊录书手所犯的"节去文理、添注杂一、折换卷头，或别行抄上白卷"等类错误，作为奖惩标准。试卷对读方面，改变原先誊录兼对读的办法，另外设置对读官及对读人员。答卷选优方面，每位考官配备一名善写楷书的抄写人员，每人领取500张纸，负责帮助考官抄写优秀答卷，以便其考试结束后随身带走。

与清代相比，宋代贡院记在分析各地修建贡院的原因时，多突出临时性解试考场的拥挤、喧嚣、混乱，而清代贡院记则在此基础上，进一步强调家境贫寒士子在抢夺考场座位时的相对劣势，以及考场纪律涣散不利于公平选拔人才。

4. 规模日益增广是南宋解试贡院的发展常态

与北宋府州军解试贡院修建的原因一样，南宋解试贡院不断增多、扩建的原因，同样是因为解额不断增加而带来的考生人数的不断增加。解额人数与考生人数的增加，可以看作是一对互为因果的变量。梁庚尧《南宋的贡院》一文曾通过列表，展示南宋11所贡院房舍数量不断增加的情况。本文拟通过个案展示的视角，对此问题做进一步揭示。

在所有南宋解试贡院中，安徽无为军贡院和福建福州试院的发展可算是极为典型的个案。无为军（治所在今安徽芜湖市无为县）在北宋时期未建贡院,"以景福寺为较艺之所"。南宋初年因时局动荡,赴考之人较少,"庶事草创,淮上往往合数郡为一试。无为亦附旁郡"。绍兴十七年(1147),时局逐渐稳定,无为军拟单独进行解试。此时景福寺已经残破不堪,只能"权就州学"组织考试。但这样一来,又使得"学舍三年必一折毁,试既讫事,官司漫不加省,修补灭裂,积以颓敝,士子病之"。尽管地方士绅多次提议建造贡院,但地方官却不肯出面组织。直到淳熙十年(1183),浙江会稽人石崇昭任无为军学分教,才"慨然任其责",在地方士绅的积极参与、捐款助力下,经过两个阶段近两年的时间,终于建成了一座"为屋八十一楹,监考有位,封、誊有所,廊庑深明,门扃严固,院之内外,所当设置,无一不具"的贡院。而所花费的340多万的经费,则"三分之二出于邦人,其余则官司之助与赡学之赢"。但是,无为军贡院建成仅仅9年,举行了4次解试,便出现了"士风日盛,去秋大比,试者千余人,院之两庑又不足以容,而席屋窘于风雨"的情况。为此,无为军知军周珌与郡博士钱万顷商议,由官方"捐帑廪之余钱、余粟而增葺之",使无为军贡院"增屋四之一,通前一百有九楹"。①

作为一个规模较小的解试贡院,无为军贡院到12世纪末期才达到了"试者千余人"的规模。相比较而言,僻处东南海疆的福建福州试院的建筑规模无疑大了很多。福州试院的建置规模也是随着考生人数的增加而不断扩大的。据南宋梁克家《淳熙三山志》记载,福州试院始建于北宋哲宗年间,此前一直借用福州儒学为考场,当时"生员逡巡邸宿于外,先圣释奠亦移他所",不仅无法严密考纪,更无法保证祭孔典礼的肃穆庄严。因此,元祐五年(1090)五月福州知州柯述(1017—1111)因朝廷下达"学及孔子庙不得试进士"的命令,乃借机选址于福州府衙东南的察推厅和作院旧址及其邻近空地,先培高地基,"增筑厥址,崇其旧三尺",然后全面动工,"穿堂延庑,中辟旷除,后敞公堂,缭以重屋,以为考校之舍。外门之内,监门、巡铺、封弥、誊录之所皆具"。经过150天的工期,建成了

---

① (宋)王蔺:《贡院记》,(清)顾浩,吴元庆:嘉庆《无为州志》,南京:江苏古籍出版社,1998年,第322页。

一座拥有"正屋百有二十区"、占地面积"广二百三十尺有奇，而深倍之"的试院。① 当时应试考生只有 3000 人，贡院显得非常宽敞，考生"峨冠鹄袖，雍容而入"。此后大约 50 年间，考生人数增加了五倍，福州试院变得日渐拥挤，"侧肩争门，坐不容膝"。至南宋绍兴末年，考生人数已经增至 2 万余人。为了满足考生需要，历任福州知州不断借用邻近贡院的行政建筑如作院、监甲仗库、廨舍、签判厅、察推厅、知录厅、司法厅等作为考场，乾道元年（1165）知州王之望又扩建试院，增加 127 楹房屋。王之望还亲自撰写了一篇《戒谕文》，警告个别蛮横的考生不要拥挤推搡，不必争抢座位，否则很可能"一犯严科，自有公法，三木被体，二物加威，屏于远方，编之罪籍"。② 这篇《戒谕文》是地方官员希望加强考场纪律管理迫切心情的真实写照。下表集中展示了两宋之交福州试院不断扩建的大致过程。

表 2-3 宋代福州试院扩建过程一览表

时间	扩建者	考生人数	扩建细节
景祐四年（1037）	范元、许宗寿	不详	建府学，"靡公帑千万，植宇六十楹"；"大比例为集试所"
元祐五年（1090）	柯述	举士才三千	广二百三十尺有奇，而深倍之。增筑厥址，崇其旧三尺。穿堂延庑，中辟旷除，后敞公堂，缭以重屋，以为考校之舍。外门之内，监门、巡铺、封弥、誊录之所皆具，旬五十而成，凡为正屋百有二十区
绍兴十七年（1147）	不详	约 15000 人	"侧肩争门，坐不容膝"，因此只好"假漕司行台"为临时考场

---

① （宋）梁克家：《淳熙三山志》，福州：海风出版社，2000 年，第 79 页。
② （宋）梁克家：《淳熙三山志》，《宋元方志丛刊》第 8 册，北京：中华书局，1990 年，第 7850 页。

续表

时间	扩建者	考生人数	扩建细节
绍兴三十二年（1162）	王师心	约15000人	考试官从3人增加到10人
乾道元年（1165）	王之望	近17000人	将试院西北方向之监甲仗库等廨舍迁出，"得其地，东西二十有八丈，南北四之三。增为屋百二十有七楹"
淳熙元年（1174）	史浩	2万人	假签判、察推、知录、司法四厅以益之

福州试院的建筑规模之所以不断扩展，显然是因为考生人数的快速增长。而考生人数的增长，则与福州解试名额的增减互为因果。下表反映了自北宋初期到南宋初期福州解试名额的变化历程。

表2-4 宋代福州解试发解人数一览表

时期	纪年	人数
宋初	建隆年间	举子尚少；解额未有定法
1020	天禧四年	2人
1029	天圣七年	18人
1033	明道二年	41人
1037	景祐四年	22人
1045	庆历五年	33人
1058	嘉祐三年	17人
1060	嘉祐五年	25人
1067	治平四年	31人（每三年一试）
1105	崇宁四年	改行贡法，解21人，贡20人，共41人
1106	崇宁五年	81人
1122	宣和四年	贡法罢，59人

第二章 清代贡院的历史渊源

续表

时期	纪年	人数
1123	宣和五年	60人
1126	靖康元年	60人
1156	绍兴二十六年	62人

从表中可以看出，福州在1090年建造试院之前，福州解试的发解名额只有31人，而到了南宋初期已经到达了62人。此时福州解试的应考人数接近15000人，相当于约每242名考生只有1人可以获得发解机会。

除了无为军贡院和福州试院，南宋各地能够反映解试贡院建筑面积不断扩大的个案还有很多，甚至可以说，几乎每所解试贡院都经历了规模日增的过程。其中如浙江明州贡院、台州贡院、福建兴化军贡院、江苏平江府贡院均是如此。浙江明州（今宁波）解试最初赴试者不过数百人，两宋时期先后借用行衙、妙音院、谯楼或开元寺为考场。随着考生人数不断增多，乾道五年（1169）知州张津便在"妙音院废址"建造了拥有140楹房屋的明州贡院，共费金钱1000万缗。不久"又不足以容，有司每借府学之冷斋以居"，嘉定六年（1213）代理知州、提点刑狱使程覃重修贡院，在其南边"增屋数十间，作弥封、誊录所"。[①] 浙江台州，南宋初期由于"试士未盛"，因而先后借用韩运判宅、兜率院作为考场。但是由于兜率院处于山腰位置，考生、官员均觉得"陟降不胜病"，乾道七年（1171）台州知州朱江便在巾子山之北建造贡院。此后，考生人数陆续从"五六千人"增加到"八千人"，原有贡院房屋不足使用，只能借用邻近的报恩寺行者寮扩充考场。嘉定十四年（1221）知州齐硕利用贡院东边已告废弃的福安院及其院后空地拓建房屋"七十三楹，与正院第八庑通"。[②] 福建兴化军因考生人数不断增多，解试考场也随之不断变化："间三岁诏下，试于郡庠；已而褊隘，则移于使者行部之舍。历数举，试员益众，则又移于南山之广化寺，距城五里许，士者病之。"淳熙三年（1176）知军姚康朝接受士绅

---

① （宋）罗濬：《宝庆四明志》，台北：成文出版社，1983年，第5102页。
② （宋）陈耆卿：《嘉定赤城志》，台北：成文出版社，1983年，第7099页。

建议，着手建造贡院，当时的考生人数已经达到了"殆余六千人"。而考虑到将来考生人数还会不断增多，因而新建成的兴化军贡院便设置了提前量，共有房屋306楹，"度可容万人"。①江苏平江府解试人数的增加幅度虽然比不上兴化军，但其考场同样承受了源源不断的压力："南渡以前试者少，每诏下则试于浮图近郭之虎丘。其后渐多，则试于郡学。又多，则郡学缠苇为屋以居之。后又益多，太守姚宪始作贡院，距今四十年，试者至二千人。合五县二百几乡之士，七八十年间增至二千几百人。今太守陈公惧不足以容也，乃辟而广之。"②宋代贡院的发展，与两宋考生不断增多的历程相伴而行。

5. 讲究风水是南宋解试贡院修建活动的习见风气

风水、堪舆之术是中国古代建筑文化的重要组成部分，不论是阴宅还是阳宅，宋代人都极为看重风水，当时甚至有人用风水上佳的墓地作为礼物赠送亲友。如南宋嘉定十五年（1222），广东增城人崔与之（1158－1240）便将其专程聘请"江西地师"寻获买受的三处"吉壤"赠送给四兄钟启初，用于安葬与其"恩同父子"的钟启初之父钟遂和，以报答其卵翼、训诲之恩。③在南宋贡院的修建过程中，自然也离不开风水的考量。文献记载表明，不论是那些借助原有建筑改建的贡院，还是经过慎重选址建造的贡院，往往都颇为注重风水。其中，地形是否开阔高爽、朝向是否背山面河、环境是否幽雅安静是较为重要的几条原则。

如广南西路的静江府贡院，系乾道五年（1169）知府张维与提点刑狱滕膺、转运判官姚孝资用了三年时间通过官方贩卖食盐获取利润等集了贡院修建经费，其选址则是因西城慈寿寺失火，迁府学于慈寿寺址，而于府学旧址创建贡院。静江府通判鲍同在其撰写的《贡院记》中指出，"夫人

---

① （宋）陈俊卿：《兴化军贡院记》，曾枣庄，刘琳：《全宋文》第209册，上海：上海辞书出版社，2006年，第351—352页。
② （宋）周南：《平江重修贡院记》，曾枣庄，刘琳：《全宋文》第294册，上海：上海辞书出版社，2006年，第141页。
③ （宋）崔与之撰，张其凡、孙志章整理：《宋丞相崔清献公全录》，广州：广东人民出版社，2008年，第151页。

物钟乎山川之秀,地理阴阳之说,圣人不废焉",认为风水堪舆之说与儒家学说并不矛盾。为此,他寄望将来:"郡之秀气,慈寿据其先,旧学据其次。前既以慈寿为学,今又以旧学为贡闱,异材将辈出矣。"① 又如前引严州旧贡院"夹于两寺之间,其地湫隘喧嚣",且"栋宇卑陋浅窄",无法容纳应诏赴考的三千多名考生。为此,淳熙十二年(1185)冬,知州陈公亮决定选择在地势更高的"高爽地"建造新的贡院。经过"相阴阳,审面势",陈公亮选定了位于州学西偏的一处新址,认为它不仅"计其广袤,适足以当堂庑之地",也就是符合建造贡院的空间条件,而且"层峦前列,秀气可挹,崇冈后峙,旺势岿然,真角才战艺之场,摘藻振奇之地",② 符合贡院选址的风水条件。他的观点也得到了恰好路经严州的婺州知州洪迈的肯定。再如潼川府路长宁军贡院,系嘉定三年(1210)知军虞方简捐资倡建。在贡院选址时,虞方简先是自己"乃陟南冈,顾见西门之左,稼泽且数十丈,距郡宇百步,而近域诸峰秀出于左,中为宝山,屹起百仞",初步确定这是一处风水极佳的宝地。接下来与僚属及军学师生一起详勘,众人也都表示赞同,而且"考诸龟,亦惟协吉"③,最终确定以之为贡院选址。

需要指出的是,明清时期贡院所强调的"东方文明"④ 风水理念在宋代贡院的建造活动中尚未得到体现。如婺州贡院,最初没有建成贡院时,"寓于僧庐,褊陋局隘,弗称是邦之大",为此淳熙元年(1174)知州韩元吉设法建造贡院,最终"得爽垲于郡城西南隅,负巍峰,俯大川",⑤ 属于风水绝佳之地。又如宣州贡院,绍兴三十年(1160)朱翌任宣州知州,决

---

① (宋)鲍同:《贡院记》,曾枣庄,刘琳:《全宋文》第201册,上海:上海辞书出版社,2006年,第4页。
② (宋)陈公亮:《重建贡院记》,曾枣庄,刘琳:《全宋文》第274册,上海:上海辞书出版社,2006年,第413—414页。
③ (宋)魏了翁:《长宁军贡院记》,曾枣庄,刘琳:《全宋文》第310册,上海:上海辞书出版社,2006年,第295页。
④ 马丽萍:《明清贡院选址研究》,《江苏建筑》2012年第4期,第2页。
⑤ (宋)韩元吉:《婺州贡院记》,曾枣庄,刘琳:《全宋文》第216册,上海:上海辞书出版社,2006年,第187页。

定为之创建贡院，选择了"郡治之西，地极高明"的一片土地，建成数十楹房屋。朱翌在其撰写的《宣城新建贡院记》中指出，"是院也，以阴阳家言之，必有英才魁天下之士"①。再如平江府贡院，乾道四年（1168）郡守姚宪创建，其位置在"西河西明泽桥北旧西比较酒务基"。② 据潘谷西《中国建筑史》所展示的宋代平江府（今苏州）的地图，贡院的方位恰恰在苏州城的最西边。③

与讲究风水、堪舆的贡院选址相一致的是，在修建贡院的过程中，往往还包括一些特殊的建造仪式，其中主要有上梁仪式和落成仪式。如乾道五年（1169）泉州贡院在其建造过程中，便举行了上梁仪式，知州王十朋还写了一首《四月八日贡院上梁》诗纪念此事："广厦初成万柱标，修梁巍跨玉虹腰。况逢此日生千佛，定引群仙上九霄。下笔蚕声纷战艺，出林莺友竞迁乔。清源人物从今盛，孝子忠臣满圣朝。"④ 与其他建筑类别的上梁文一样，该诗的主旨也是以诉说贡院建成后的美好愿景，祝福清源（泉州别称，泉州有清源山）人文蔚起、人才鼎盛、孝子忠臣满圣朝。诗中"下笔蚕声纷战艺"一句，显然是借用了当年欧阳修贡院诗的典型词句，考场内士子静心作答、耳中只听到笔尖在试卷上奋笔疾书的沙沙之声，犹如一只只春蚕在安静而快速地啃食桑叶。

相对而言，史籍中关于贡院落成仪式的记载较之上梁仪式要更多一些。如泉州贡院在乾道五年四月八日举行完上梁仪式后，至五月已经基本建成，此后还曾在贡院中举行过若干次宴饮唱和活动。但是，知州王十朋并未马上举行落成典礼，而是选定于当年的八月中秋节这天为泉州贡院举行落成典礼。与上梁仪式一样，王十朋也写了一首题为《八月十五日贡院落成，宾僚咸集，斥世俗之乐不用，饮文字也。把杯邀月，诵香满一轮中

---

① （宋）朱翌：《宣城新建贡院记》，（清）鲁铨，洪亮吉：光绪《宁国府志》，台北：成文出版社，1970年，第661页。
② （宋）范成大：《吴郡志》卷4《学校》，台北：成文出版社，1965年，第100页。
③ 转引自王冬亚：《宋代贡院研究》，河北大学硕士学位论文，2019年，第30页。
④ （宋）王十朋：《梅溪后集》卷17《诗》，《景印文渊阁四库全书》第1151册，台北：商务印书馆，1983年，第484页。

句,即席赋诗,以勉多士》的七言诗,用以纪念贡院落成典礼。在这首贡院落成诗中,王十朋用"千枝万枝香不断,人人有分行当攀。姮娥殷勤寄消息,科第要从勤苦得"①的诗句,告诉泉州士子科举是一种"人人有份"的公平取士制度,只要大家勤苦攻读,都能实现月宫折桂的梦想。

  无独有偶,与福建相邻的广东潮州也在乾道五年重修了贡院,不过潮州知州曾造选定的举行落成仪式的日期则是乾道六年(1170)正月的元夕节。为此,曾造还提前写信向泉州知州王十朋报喜,同时请求其作诗以作纪念。王十朋当即回信,并以唐代潮州刺史韩愈的诗文为韵,写成《曾潮州到郡未几,首修韩文公庙,次建贡闱,可谓知化本矣。某因读韩公〈别赵子〉诗,用韵以寄》一诗。诗中从"韩公学孔子,不陋九夷居"入手,评述了韩愈对潮州文化发展的历史贡献,接下来表扬曾造能够效法韩愈重视文教,"下车首风教,庙修庭草除。又闻新棘闱,轮奂归画图"。②令人颇感兴趣的是,在乾道六年的元宵节,广东的潮州贡院举行了落成典礼,而在福建的泉州贡院也在"张灯会客",举杯相邀,与会者诗兴大发,相互唱和,成为一时之佳话。

  与福建泉州贡院和广东潮州贡院一样,宋代其他府州军贡院的落成典礼一般都会举行盛大的聚会,如乾道九年(1173)重建的绍兴府贡院,是由知府钱端礼"合在官、在泮之士,赋诗宴饮以落之"。③有些则与地方其他典礼同时举行,如绍兴十七年(1147)十二月知州张嵲建成衢州贡院,便是"合行乡饮礼,于是率州之宾老士大夫以落之"。④又如庆元六年(1200)十一月重修的梅州贡院的落成典礼,也是"越十二月朔,行乡饮

---

  ① (宋)王十朋:《梅溪后集》卷18《诗》,《景印文渊阁四库全书》第1151册,台北:商务印书馆,1983年,第494页。
  ② (宋)王十朋:《梅溪后集》卷19《诗》,《景印文渊阁四库全书》第1151册,台北:商务印书馆,1983年,第505—506页。
  ③ (宋)施宿:《嘉泰会稽志》卷1《贡院》,《宋元方志丛刊》第7册,北京:中华书局,1990年,第6729页。
  ④ (宋)李处权:《衢州新建贡院记》,曾枣庄,刘琳:《全宋文》第174册,上海:上海辞书出版社,2006年,第150页。

酒礼发焉"。① 所谓"落之""发焉",均指举行落成典礼。

6. 名人作记是南宋贡院修建活动中的普遍现象

南宋各地在建成解试贡院之后,往往会聘请当时名人为之写作记体文,称为"贡院记",使其建造贡院的事迹可以传之久远。宋人对选择贡院记的作者非常慎重。南宋绍定五年(1232)进士、徽州祁门县人方岳(1199—1262)便曾在给"王侍郎"回信时提到,"邦君以其位卑才下,不能承当大题目,故以贡院记属吕宗卿,而以此记见委"。② 这封信里没有提及"邦君"是谁,也没有提及为什么"邦君"会同时分别请人撰写"贡院记""桥记"两篇文章。吕宗卿即吕午,字伯可,号竹坡,安徽歙县人,嘉定四年(1211)进士,曾任监察御史、泉州知州、浙东提刑、崇政殿说书、起居郎、中奉大夫等。方岳曾与之多次诗文唱和,并为之撰写过家传。方岳在信中说自己"位卑才下",自然是自谦之词,事实上他曾经做过袁州知州,是颇为知名的诗人、词人;他将贡院记视为"大题目",则显然是视受邀写作"贡院记"为莫大的荣光,反过来也说明贡院记这类文章之被时人所重视。

南宋贡院记的作者,有的是名满天下的一代文豪,如四川彭州贡院在淳熙三年(1176)建成之后,知州王敦诗等多位彭州官员均写信给抗金名将、著名文学家陆游(1125—1210)为之作记。先是王敦诗"徙利州路转运判官,书来属予为记",接着是邓枢"又继以请",淳熙四年(1177)正月新任彭州知州王序"又以请"。如此盛情之下,陆游实在无法拒绝,最后写成了《彭州贡院记》。需要指出的是,淳熙元年至三年间,陆游先后任职蜀州通判、荣州代理州事,并因积极主张出师北伐收复失地而被贬官,居住于成都杜甫草堂浣花溪畔。陆游"放翁"的自号,便是出自这一时期与主和派的斗争过程。因此,除了其民族气节与文学名望,陆游的仕宦地与彭州相近,也是彭州地方官请其作记的重要原因之一。

---

① (宋)周必大:《梅州贡院记》,曾枣庄,刘琳:《全宋文》第231册,上海:上海辞书出版社,2006年,第243页。
② (宋)方岳:《秋崖集》卷32《简》,《景印文渊阁四库全书》第1182册,台北:商务印书馆,1983年,第541页。

第二章 清代贡院的历史渊源

有些作者则和贡院所在地有乡梓关系，如淳熙五年（1178）为成都府类省试贡院撰写《贡院记》的李焘，四川眉州人，时任礼部侍郎、敷文阁学士，著有《续资治通鉴长编》等史书，是名满天下的历史学家。成都知府胡长文请他为成都府的类省试贡院作记，确实是不二人选。

有些作者与贡院所在地有仕宦关系，如撰写贡院记最多的魏了翁，所创作的4篇贡院记均与四川地区的贡院有关，这是因为魏了翁多年来一直在四川各府州任官，甚至曾经亲身着手创建贡院。同时，魏了翁是邛州浦江县（今属四川）人，因此和其所撰写贡院记的四个州也有广义上的乡梓情谊。

有些作者和主持建造贡院的地方官存在朋友或同年关系，如楼钥应邀为黄州贡院撰写记文，是因为他和黄州知州高仲远"有中外之好，相与素厚"。

有些作者甚至本身便是主持修建贡院的地方官，如乾道五年（1169）为广西静江府贡院写作《贡院记》的鲍同，时任静江府通判，是该贡院建造过程的亲身经历者。

表 2-5　南宋贡院记作者与贡院关系例表

贡院名称	修建时间	作者及其与贡院所在地关系
四川成都府类省试贡院	淳熙五年（1178）	李焘（1115—1184），四川眉州丹棱县人，绍兴八年进士。时任官礼部侍郎、敷文阁学士，并正在编纂《续资治通鉴长编》。（乡梓关系）
广西静江府贡院	乾道五年（1169）	鲍同（生卒年不详），浙江遂昌人，绍兴八年进士，时任静江府通判。（仕宦关系）
四川夔州路大贡院	乾道六年（1170）	关耆孙（生卒年不详），四川青城人，绍兴十八年进士，时任简州知州。（乡梓兼仕宦关系）
安徽徽州贡院	宝庆二年（1226）	程珌（1164—1242），安徽休宁人，绍熙四年进士，时任礼部尚书、翰林学士知制诰。（乡梓关系）
湖北黄州贡院	嘉定二年（1209）	楼钥（1137—1213），浙江鄞县人，隆兴元年进士，著名文学家。时任参知政事、资政殿大学士。与黄州知州高仲远"有中外之好，相与素厚"。（朋友关系）

续表

贡院名称	修建时间	作者及其与贡院所在地关系
江西瑞州贡院	庆元四年（1198）	雷孝友（生卒年不详），江西宜丰人，乾道五年进士，卒官观文殿大学士、知福州。时任御史中丞。（乡梓关系）
广东潮州贡院	嘉定十二年（1219）	真德秀（1178－1235），福建浦城人。庆元五年进士，著名学者，时任江东路转运副使。主持修建潮州贡院的知州陈憺系真德秀的学生；潮州郡学职14人绘贡院图登门请记。（朋友关系）
四川资州贡院	嘉定二年（1209）	魏了翁（1178－1237），四川邛州人，庆元五年进士，著名理学家。时居家丁父忧，后先后任汉州、眉州知州。贡院成，知崇庆府杨某具其颠末嘱为记。（乡梓兼仕宦关系）
四川长宁军贡院	嘉定三年（1210）	魏了翁。时任汉州知州，长宁军之吏以书来请。（乡梓兼仕宦关系）
四川普州贡院	约嘉定十一年（1218）	魏了翁。时兼任潼川府路安抚司公事（帅司），普州知州杨楚望以其为普州上司，故请其作序。（乡梓兼仕宦关系）
四川眉州贡院	宝庆元年至绍定四年间①（1225－1231）	魏了翁。曾任眉州知州，并着手创建贡院未果。知州黄申与魏了翁同乡，建成贡院后，数千里而请记。（乡梓兼仕宦关系）
江西吉州贡院	绍熙三年（1192）	周必大（1126－1204），江西庐陵人。绍兴二十一年进士，著名文学家。时任观文殿大学士，吉州知州胡长卿与周必大为故人，寄书请记。（乡梓兼朋友关系）

---

① 梁文作嘉定年间（1208－1224）。按，魏了翁《眉州创贡院记》中提及自己"居靖未返"，则当为宝庆元年十一月至绍定四年八月他被贬官靖州居住期间。

续表

贡院名称	修建时间	作者及其与贡院所在地关系
广东梅州贡院	庆元六年（1200）	周必大。时以少傅、观文殿大学士、益国公致仕，梅州程乡知县李昌龄与周必大为同乡，以书请记。（朋友关系）
江西袁州贡院	庆元二年（1196）	钱文子（1147—1220），浙江乐清人，绍熙二年赐进士，著名史学家。知州江自任以书来请记。（未知关系）
江西抚州贡院	隆兴二年（1164）	赵公硕（1121—1187），安徽浚仪人。官至侍郎，工书。（朋友关系）
广东南雄州贡院	端平元年（1234）	曾次元（生卒年不详），端平初以从事郎任韶州军事判官，与南雄州相邻，士辈谒请为记。（仕宦关系）
浙江严州贡院	淳熙十二年（1185）	陈公亮（生卒年不详），浙江武义人。时任严州知州。（仕宦关系）
浙江婺州贡院	淳熙四年（1177）	韩元吉（1118—1187），河南雍邱人。曾任婺州知州并计划创建贡院。婺州知州李椿寄书请记。（仕宦关系）
江苏通州贡院	淳熙十年（1183）	程大昌（1123—1195），安徽休宁人。官至礼部侍郎。与通州知州蒋邕为进士同年。（朋友关系）
江苏通州贡院	咸淳四年（1268）	王应凤（1230—1275），浙江鄞县人。宝祐四年进士。通州知州冯弼以贡院图来请记。（未知关系）
四川彭州贡院	淳熙三年（1176）	陆游（1125—1210），浙江山阴人，进士，著名文学家，力主抗金。时任蜀州通判。彭州知州王敦诗、王序、通判邓枢均写信请记。（仕宦关系）
湖北荆门军贡院	宁宗年间（1195—1224）	李英（生卒年不详），籍贯不详。（未知关系）
江苏建康府贡院	乾道四年（1168）	陈天麟（1116—1177），安徽宣城人。绍兴十八年进士，时任镇江知府，史正志重建贡院，请其作记。（仕宦关系）

续表

贡院名称	修建时间	作者及其与贡院所在地关系
江苏建康府贡院	绍熙三年（1192）	杨万里（1127—1206），江西吉水人。绍兴二十四年进士，时任直龙图阁、江东转运副使。建康知府余端礼请其作记。（仕宦关系）
江苏建康府贡院	嘉熙元年（1237）	吴藏（生卒年不详），江苏建康人。嘉熙初为从政郎、蕲州州学教授。（乡梓关系）
江苏建康府贡院	咸淳三年（1267）	冯梦得（生卒年不详），福建将乐人。嘉熙二年进士，时任太府少卿兼权直舍人院。沿江制置大使、江东安抚大使马光祖请其作记。（未知关系）
福建兴化军贡院	淳熙三年（1176）	陈俊卿（1113—1186），福建莆田人。绍兴八年进士，南宋名臣，淳熙二年知福州。兴化知军姚康朝建成贡院，请其作记。（乡梓关系）
安徽宣州贡院	绍兴三十年（1160）	朱翌（1097—1167），安徽潜山人。时任宣州知州，命宣城知县吴一能负责建造贡院，未成而调任平江知府。贡院落成，吴一能派人请其作记。（仕宦关系）
浙江台州贡院	嘉定十五年（1222）	楼观（生卒年未详），浙江临海人。淳熙十四年进士。嘉定十三年为军器监兼考功郎官。后任大理少卿、处州知州。（乡梓关系）
江苏江阴军贡院	淳熙九年（1182）	葛邲（1131—1196），江苏江阴人。隆兴元年进士。淳熙间由侍御史历官中书舍人、给事中，淳熙十三年任刑部尚书。（乡梓关系）
江苏平江府贡院	约嘉定元年（1208）	周南（1159—1213），江苏平江府人。绍熙元年进士。后任池州教授。1207年被劾罢。（乡梓关系）
江苏高邮军贡院	约庆元五年（1199）	陈造（1133—1203），江苏高邮人。淳熙二年进士。庆元二年任房州通判，后升浙西路安抚司参议、淮南西路安抚司参议。知军陈巩建成贡院，请其作记。（乡梓关系）
浙江衢州贡院	绍兴十七年（1147）	李处权（？—1155），江苏丰县人。曾三任衢州知州。（仕宦关系）

续表

贡院名称	修建时间	作者及其与贡院所在地关系
江苏江南东路转运司贡院	嘉定九年（1216）	李道传（生卒年不详），四川井研人。庆元二年进士，南宋理学家。时任江南东路常平茶盐公事，与真德秀一起赈饥。真德秀建贡院，请李道传为记。（仕宦关系、师友关系）
安徽无为军贡院	绍熙四年（1193）	王蔺（？—1214），安徽庐江人。乾道五年进士。时任端明殿学士、庐江郡开国公。自淳熙十二年至绍熙四年，无为军两次修（扩）建贡院，均请王蔺撰写记文。（乡梓关系）

上表共列出了 31 所贡院的 35 篇贡院记及其作者，其中撰写贡院记最多的作者是魏了翁，共有 4 篇，均为四川地区贡院；拥有贡院记最多的贡院是建康府贡院，共有 4 篇，涉及建康府贡院在 4 个不同时期的修建活动。这些贡院记的作者中，因与贡院所在地有乡梓关系而应邀撰写记文的最多，共涉及 11 人次；与贡院所在地有仕宦关系的有 6 人次，其中 2 人次曾在当地任职，属于前任，2 人次不仅是前任，还曾经着手建造过贡院，2 人次是贡院的主持建造者，属于现任；与主持建造贡院的地方官有朋友关系的共有 7 人次；与主持建造贡院的地方官存在上下级关系的有 6 人次，其中 2 人次是建造贡院地方官的上级，4 人次为下级。其余还有 4 人次目前暂时无法确定其与所涉及贡院之间的关系。

值得注意的是，各地在邀请名人撰写记文时，除了派专人登门礼聘，或由地方官写信拜请之外，还有一些地方官会先让人绘制一幅贡院图，以使受邀作记之人能够对贡院有直观、感性的印象，方便其写出更为优秀的记文。如咸淳五年（1269）四川安抚制置使胡长文主持建造了成都府类省试贡院后，便"遣人持书及类省试贡院图来武陵"，而李焘则"读其书竟，取图披观,规模诚为壮丽靡盬"①,并进而撰成了2300余字的《贡院记》。又如嘉定十二年(1219)潮州建成贡院后,"郡学职十有四人以其绘事之图"②登门拜访真德秀请求撰写记文。再如淳熙年间通州知州冯弼建成贡院,乃向王应凤"以图来请记"。③

如果说贡院的建造始于地方官的倡议,那么贡院记则是贡院建造活动的最终总结与升华。宋代的贡院记不仅较为详细、客观地记叙了各地贡院的建造过程,还表达了作者对贡院的认识,较为全面地折射出了宋代官方与地方社会上层成员对贡院的基本态度。宋代贡院记是中国历代记文中的一种特别的类型,它们是宋代较为广泛的官方与民间为了进一步完善科举制的公平、公正而做出的努力,其中一定程度上体现了宋代的贡院思想。它们是元明清时期贡院记的早起源头,更为清代贡院的公益介入提供了学习的对象。与后世的贡院记、考棚记一样,宋代贡院记除了被保留在宋代的文集之中流传后世,也被刊刻于石碑之上竖立在贡院之中,成为该贡院的历史见证。

7. 非考试期间解试贡院的管理问题尚未引起足够重视

与清代相同,在宋代,人们对于建造贡院的必要性同样有所质疑。如衢州知州李处权在《衢州新建贡院记》中,便用设问的方式,为质疑者提供了发声的机会:"今为是耽耽者,旷数年以待,不几月之用,其为不急之务欤?"④每三年才能使用一次,每次使用也不过是二三个月,这种建筑

---

① (宋)李焘:《贡院记》,曾枣庄,刘琳:《全宋文》第210册,上海:上海辞书出版社,2006年,第268—269页。按,文中"武陵"当作"武林",即南宋都城杭州的别称。李焘从淳熙三年(1176)被宋宪宗任命为秘书监、权同修国史、兼权实录院同修撰,到淳熙十一年(1184)以敷文阁学士致仕、去世,一直都在完成《续资治通鉴长编》的最后修订工作。

② (宋)真德秀:《潮州贡院记》,曾枣庄,刘琳:《全宋文》第313册,上海:上海辞书出版社,2006年,第393页。

③ (宋)王应凤:《通州贡院记》,曾枣庄,刘琳:《全宋文》第354册,上海:上海辞书出版社,2006年,第366页。

④ (宋)李处权:《衢州新建贡院记》,曾枣庄,刘琳:《全宋文》第174册,上海:上海辞书出版社,2006年,第150页。

的成本确实很高，人们怀疑它的建造必要性也合乎情理。

不仅如此，在宋代贡院建成之后，有关其非考试期间的管理与使用问题，也一直未能形成成文的或约定俗成的规章制度。清代贡院尤其是府州县考棚、试院建成之后，大多会共同议定管理章程，规定非考试期间任何官民人等都不得借用考棚房舍作为住宿、商用、教学等用途。有些则专门捐设田产或店房，作为考棚维修基金。宋代解试贡院建成之后，基本上都未能议定管理章程，保证其日后的使用与维修。如建康府贡院创建于绍兴初年，后经多次维修。嘉定十六年（1223）重修之后，"率三岁一葺，因陋就简，牵补目前。试已，则借占蹢践，靡所不有，殆弗止撤藩篱、毁薪木而已"①。

很多地方官在赴任途中，往往也会被沿途地方官安排在贡院里住宿，或以贡院为宴饮、游玩场所。如广东端州贡院，系淳熙六年（1179）代理知州冯宙扩建使华馆而成，建成之后，"时监司按部，及士大夫往来者，于是馆焉"②。又如乾道四年（1168）九月王十朋赴任泉州知州，途经福州时，便由福州知州安排，与七位同乡及同年好友一起，在福州贡院宴饮赋诗。王十朋所作《至福唐会乡人丁镇叔、张器先、甄云卿、项用中、赵知录、薛主簿、同年孙彦忠草酌试院》诗云："一同年友七乡人，劝酒那容耳不闻。尚齿自惊多白发，论文堪笑有红裙。诗篇共约题孤屿，游宦犹疑在五云。此会此时宁易得，明朝风月两州分。"③ 诗题中的"福唐"是福州的别称，诗中的"红裙"二字，王十朋为其添加了旁注："权师吴宪遣官奴来侑酒。"据此可知，虽然福州最高长官"权师吴宪"没有出席此次宴会，但却派人送来了"官奴"演艺助兴。有美酒佳肴，有旧友新知，有诗文唱和，有红裙乐舞，一次快乐和伤感并存的宴会，为平时冷清寂寥的贡

---

① （宋）周应合：《景定建康志》卷32《儒学志五》，台北：成文出版社，1983年，第1238页。

② （清）郝玉麟，鲁曾煜：雍正《广东通志》卷53《古迹志》，《景印文渊阁四库全书》第564册，台北：商务印书馆，1983年，第509页。

③ （宋）王十朋：《梅溪后集》卷17《诗》，《景印文渊阁四库全书》第1151册，台北：商务印书馆，1983年，第480页。

院平添了不少的生气。

有些解试贡院也成为当地政府官员聚会、休闲的场所。如乾道五年（1169）四月王十朋在泉州建成贡院后，便于五月率领僚属、友朋到贡院纳凉并作诗唱和，王十朋的《贡院纳凉分韵得湖字》诗云："突兀千间屋，清凉五月湖。人才此涂出，暑气坐中无。虎榜唐文杰，雄风楚大夫。相期游广厦，慷慨论唐虞。"① 此后，王十朋又先后两次与同僚一起在贡院聚会，并分别写作了《修戒石》和《六月二十五日，会同官于贡院，用前一绝分韵得相字》两首诗。这些宴饮、游玩活动，显然不是贡院应该具有的功能，过度的喧嚣扰攘也无疑不利于贡院的保护，一定程度上会加速贡院的损坏。

南宋府州军地方官在贡院中举行宴饮、唱和活动，当时借鉴礼部贡院新进士期集的做法。据马端临《文献通考》，自北宋以来，新进士往往举行期集活动，诗酒唱和，既分享成功喜悦，更增进同年情谊。南渡之后，猝然之间无地可选，故"置局于贡院"，而朝廷则特旨"赐之餐钱"。② 不久前还是"三场辛苦磨成鬼"的紧张鏖战之地，现如今变成觥筹交错的纵情狂欢之所。在一张一弛之间，新进士踏上了登临人生高峰的新起点。这样的人生经历，决定了新进士入仕后对待贡院的基本态度。

当然，宋代也并非完全无人注意到贡院的后期管理问题。如淳熙十二年（1185）、绍熙四年（1193）无为军分别创建和扩建了贡院，无为军庐江县人、端明殿学士、庐江郡开国公王蔺在应邀撰写的《贡院记》中，便提出了对贡院保护的担忧："自兹以往，恐来者之不知，或指为官舍，或假以为宾馆，日复一日，岁复一岁，焉能保其不坏而为马厩也哉？"但他和"郡博士与诸生"所能做的，也只有"因书其言以告于后"，通过这篇贡院记来提醒人们记住贡院之来之不易："贡院之经始，不因于官而出于

---

① （宋）王十朋：《梅溪后集》卷17《诗》，《景印文渊阁四库全书》第1151册，台北：商务印书馆，1983年，第488页。
② （元）马端临：《文献通考》卷32《选举五》，北京：中华书局，1986年，第302页。

邦人之情，不动于民而出于邦人之力。"① 宋代贡院之所以常被地方官用作非考试场所，当是与宋代贡院的修建经费多由官方筹集有关。

与科举制度一样，两宋时期也是中国贡院制度不断发展和完善的阶段。北宋前期，贡院的建造活动尚未开展。此时，就连礼部省试都没有建造独立的专用考场，更遑论府州军解试贡院了。经历庆历兴学、熙宁兴学两次重要的教育改革之后，人们对地方儒学、圣庙的重要性的认识也日渐加深，同时也对贡院借用庙学为临时考场的合理性提出了质疑，最终导致由皇帝亲自下达的"学及孔子庙不得试进士"政策的出台，而福州、泰州等个别府州军也开始为解试建造专用的考场。随着崇宁兴学以学校贡士代替科举取士，不仅礼部省试逐步固定以太学之外学作为专用考场，各地府州军也随之普遍建造了规模相对较小、建造更为灵活的贡士贡院。尽管它们只存在了短短的十年左右的时间，但却为随后恢复的科举制度注入了"解试需有专门考场"的观念，以至于南宋时期有的府州军还以北宋政和二年（1112）董正封"令诸州遍立贡院"的奏疏作为设法筹资建造贡院的政策依据。

总之，南宋时期是中国贡院的重要发展阶段。这不仅体现在各地府州军贡院的普遍建立，它们的出现日渐完善了贡院建筑的外形规制，也体现为由当时的精英阶层所撰写的各种贡院记。它们通过引经据典和结合现实，将宋代贡院的建造活动提升到了一个新的历史高度。它们在建造贡院的原因、贡院经费的取得、贡院的风水理念、贡院与传统儒家人才理论的关系等各个方面都进行了较为深入的论述，初步构建了中国贡院思想的理论体系，在中国贡院史上写下了重要的一笔。

第五节　辽金元贡院

从科举制度的发展演变历程来看，辽金元时期虽然是少数民族建立的

---

① （宋）王蔺：《贡院记》，（清）顾浩，吴元庆：嘉庆《无为州志》，南京：江苏古籍出版社，1998年，第322页。

政权，但却在继承唐宋科举制度的基础上进行了变革，从而为明清科举制度的成熟奠定了基础。

一、辽代礼部贡院

辽太宗会同（938—947）初年，辽朝开始实行科举取士。辽朝科举制度的核心内容继承于唐朝，兼收于宋朝，影响于金朝。① 辽朝科举制度最初取法唐朝，"辽起唐季，颇用唐进士法取人"②，辽圣宗统和（983—1012）以后则兼法唐宋，"圣宗统和以后，用唐宋之制取士"③。辽朝科举主要有进士、明经、律学等常举类科目，此外还有才行、贤良、茂材异等各种制举类科目。

辽太宗会同初年仿唐朝制度开科取士，其考试管理机构当亦为礼部贡院。不过，由于此后世宗、穆宗等朝的内部动乱，礼部贡院遭遇废弃。直至保宁八年（976），辽景宗才"诏南京复礼部贡院"，即命令修复南京（今北京西南）的礼部贡院。④ 辽朝科举每科录取人数极少，高福顺教授曾据《辽史·圣宗本纪》的记载，列表分析辽圣宗统和年间各科所取进士人数，结果发现除了统和二十四年（1006）、二十六年（1008）两科分别录取了 23 名和 13 名进士之外，其余各科所录取的进士人数均不满 10 人，大多仅两三人，⑤ 与《续通志》所说的"自是以后放进士及第者每年有之，大约不过二三人"完全一致。这说明，辽朝进士科的赴考人数较少，也从一个侧面反映出礼部贡院的工作当并不繁重。

辽朝科举共分四级，殿试之外，还有乡、府、省三试，其中"乡中曰乡荐，府中曰府解，省中曰及第"。由于史料不足，目前尚无法确知辽朝

---

① 武玉环，高福顺，都兴智，吴志坚：《中国科举制度通史·辽金元卷》，上海：上海人民出版社，2015 年，第 11 页。
② （元）脱脱：《金史》，北京：中华书局，1975 年，第 1129 页。
③ （清）嵇璜：《续通志》，杭州：浙江古籍出版社，2000 年，第 4015 页。
④ （清）嵇璜，曹仁虎：《钦定续通志》卷 42《辽纪》，《景印文渊阁四库全书》第 392 册，台北：商务印书馆，1983 年，第 576 页。
⑤ 武玉环，高福顺，都兴智，吴志坚：《中国科举制度通史·辽金元卷》，上海：上海人民出版社，2015 年，第 24 页。

礼部贡院的职掌。不过，一般认为辽朝科举制度兼法唐宋，则其礼部贡院之职掌亦当接近唐宋之礼部贡院。据厉鹗《辽史拾遗》卷16引《契丹国志》的记载："贡院以二寸纸书及第者姓名给之，号'喜帖'。明日举案而出，乐作，及门，击鼓十二面，以法雷震。"① 从中可以看出，辽朝礼部贡院除了负责组织考试，还兼负揭晓后向考生及其家族报喜之职能。

辽朝乡试、府试阶段贡院，目前尚不可考。

二、金代贡院

金代科举制取法宋、辽，并有诸多创新。其进士科主要分汉进士、女真进士两类，其级别分乡试、府试、省试、殿试四级。② 乡试由各县县令主持，分别考试诗赋、经义、策论。府试在金代前期设燕、云中和汴三个类试考点，海陵王时期改设大兴府、大定府、大同府、东平府、开封府、河中府六个考点。省试在京师礼部考试，殿试由皇帝出题考试。

由于史料记载较为欠缺，目前尚无法确知金代贡院的情况。金代山东东平人李世弼所撰《金登科记》指出，金代天会年间始设科举，分词赋、经义、同进士、同三传、同学究5种类别选拔人才，考试类别不同，所设置的考点也有所不同。其中词赋科最初"试期不限定月日，试处亦不限定府、州"，贞元二年（1154）金国迁都于燕，"自后止试于析津府"。经义科最初在真定府设立考点，后又在蔚州、析津府设立考点。天德三年（1151），经义科被废止。进士科的存在时间最长。天眷三年（1140）以黄河为界分南选、北选进行考试。天德二年（1150）分乡试、府试、省试、御试四级，其中会试先后分六路、九路、十路设置考点。贞元二年迁都于燕后，御试集中于燕京，在宣阳门上举行新进士"唱名"典礼。③

据《大金国志》记载，金代府试相当于唐宋的府州军解试，其考官主

---

① （清）厉鹗：《辽史拾遗》，《景印文渊阁四库全书》第289册，台北：商务印书馆，1983年，第1002页。
② 都兴智：《金代科举的女真进士科》，《黑龙江民族丛刊》2004年第6期，第64页。
③ （清）孙承泽：《春明梦余录》卷41《礼部三》，北京：北京古籍出版社，1992年，第792—793页。

要有"知举一人、同知二人",由尚书省根据皇帝钦定主考名单,发文赴任。府试考场称为"试闱","用四柱揭彩其上,目曰至公楼",也有"弥封、誊录、监门之类"①的考场分区。考试之时,主考官会登上至公楼从高处观察,以便监视考生作答。如果主考官被发现徇私舞弊,将面临"停官不叙"的惩罚。②

金代元好问《续夷坚志》也提到了至公楼,且透露了部分地方府试的考生规模。该书卷4载有一则《平阳贡院鹤》,其中提及金卫绍王完颜永济大安(1209—1211)初年,高约、耿嗣、阎秀、王之正等四人奉命主持平阳府试,赴试考生极多,"平阳举子万人"。他们梦见有一个穿着绯衣的人来拜谢主司,次日则有群鹤"旋舞至公楼上,良久不去"。③这一科的平阳府试考题为"圣人有金城",解魁为泽州人宋可封;省试考题为"俭德化民家给之本",省元为孙当时;殿试考题为"获承休德不遑康宁",状元为王纲。三人均为山西河东人,被认为是天降祥瑞所致。

与宋代主考官一样,金代主考官在贡院之中也会作诗相和。如金世宗大定十年(1170)进士、山东泰安人党怀英(1134—1211)便曾写过一首《次文孺韵》诗与赵沨的《贡院闻雨》诗唱和,诗云:"病眼花生纸,羁怀棘绕墙。挑灯檐溜急,到枕漏声长。响彻鸡埘曙,寒迎雁背霜。凄凉三径菊,无梦到壶觞。"元好问将此诗编入《中州集》时,为之作注云:"好问按:此诗是贡院中唱和,故有'花生纸''棘绕墙'之句。"④据聂立申著《金代名士党怀英研究》考证,党怀英所作的这首诗题中的"文孺",便是金代大定二十二年(1182)进士、礼部郎中赵沨。⑤他曾作有两首贡院诗,

---

① (宋)宇文懋昭:《钦定重订大金国志》卷25,《景印文渊阁四库全书》第383册,台北:商务印书馆,1983年,第1035—1037页。
② (宋)洪皓:《松漠纪闻》卷2,《景印文渊阁四库全书》第407册,台北:商务印书馆,1983年,第705页。
③ (金)元好问著,李正民评注:《续夷坚志评注》,太原:山西古籍出版社,1999年,第153页。
④ 陈衍著,钱仲联编校:《陈衍诗论合集(下)》,福州:福建人民出版社,1999年,第1226页。
⑤ 聂立申:《金代名士党怀英研究》,长春:吉林大学出版社,2012年,第178页。

其一为《贡院闻雨》："灯暗风翻幔，蛩吟叶拥墙。人如秋已老，愁与夜俱长。滴尽阶前雨，催成镜里霜。黄花依旧好，多病不能觞。"根据诗中提到的"蛩""秋"等词语，可以推知考试时间约在中秋时分，说明这是他奉命主持府试时的场景。赵沨的另一首《贡院中怀山中故居》则是描写他身处贡院而起思乡之情，诗云："岁晚西溪路，谁过旧草堂？苔纹侵柱础，竹色度邻墙。白首光阴疾，青山意绪长。相思老兄弟，夜夜梦还乡。"①

三、元代贡院

一般认为，元朝正式恢复科举取士之制是在1314年即元仁宗延祐元年首开乡试。不过，在此之前蒙古贵族便已经仿照宋、金之制进行科举取士。1231年，耶律楚材被大蒙古国窝阔台汗任命为中书令，致力于创学校、设科举等文教活动。元太宗九年（1237）秋八月，命术忽觯、刘中"历诸路考试"，分论、经义、词赋三科取士，"作三日程，专治一科，能兼者听，但以不失文义为中选"。②据雍正《陕西通志》记载，1238年"京兆府府学置贡院"，陕西韩城人郝鼎臣"于三场内俱登魁甲，尤长词赋"。③《康熙江西通志》卷19《元举人》记载至元丙子科（1276）和大德庚子科（1300）江西各有10人、11人考中举人，④不过对于其考试场所则未做说明。

元仁宗皇庆二年（1313）恢复科举，次年正式举行乡试，此后尽管总共仅举行了16科乡会试，但元代科举却能承上启下，在继承宋、金科举的基础上进一步发展，演化成乡试、会试、殿试三级制的科举制度，为明清科举制度的最后完善奠定了基础。

---

① 薛兆瑞，郭明志：《全金诗》卷66《赵沨》，天津：南开大学出版社，1995年，第381页。
② （明）宋濂：《元史》卷81《选举志一》，北京：中华书局，1976年，第2017页。
③ （清）刘于义，沈青崖：雍正《陕西通志》卷63《人物志九·儒林》，《景印文渊阁四库全书》第554册，台北：商务印书馆，1983年，第845页。
④ （清）于成龙：《康熙江西通志》卷19《元举人》，南京：凤凰出版社，2009年，第496页。

1. 殿试考场

皇庆二年，中书省根据元仁宗谕旨，议定科举条目。其中最高级别的进士考试称为御试，考期为三月初七日，考场设在翰林国史院。考前三日，中书省奏派监试官、执事官名单。考前二日，考官入院。考前一日，考官拟定策问题，进呈皇帝钦定。考试当日，"执事者望阙设案于堂前，置策题于上。举人入院搜检讫，蒙古人作一甲，序立，礼生导引至于堂前，望阙两拜，赐策题，又两拜，各就次。色目人作一甲，汉人、南人作一甲，如前仪。每进士一人，差蒙古宿卫士一人监视。日午，赐膳。进士纳卷毕，出院。监试官同读卷官，以所对策第其高下，分为三甲进奏。作二榜，用敕黄纸书，揭于内前红门之左右"①。殿试阅卷结束后，择日举行传胪大典。礼部提前一日告知，当日新进士齐集阙前，侍仪舍人唱名，新进士谢恩，即行放榜。又择日于翰林国史院举行恩荣宴。新进士并需恭诣殿廷上谢恩表，及诣中书省参见。最后择日诣孔庙行释菜礼，并在国子监竖立进士题名碑。

2. 会试考场

与明清时期不同，元代会试并未建造专门的贡院。据《元婚礼贡举考》所载延祐二年（1315）二月的会试程式，会试考场设于翰林院东至公堂，采取"设席分舍"的临时搭建考舍的形式。正月十五日，应试举人需要赴中书省礼部印卷，将自备的两份试卷交由中书省在卷面用印钤缝，再自行带回。正月二十八日，礼部张榜公布会试日期、考场编号等事宜。二月初一日黎明，举人进入考场，"搜检怀挟讫，班立堂下，各再拜，知贡举官答跪，试官以下各答拜，毕，受题，各就本席。午后，相次于受卷所投卷而出"②。初三日、初五日，考第二、第三场，基本程序与第一场相同。

所有考生的试卷，需先交受卷官，然后交弥封所弥封，将家状、草卷"腰封用印"，区分蒙古、色目、汉人、南人四类试卷，在其上"以三不成

---

① （明）宋濂：《元史》卷 81《选举志一》，北京：中华书局，1976 年，第 2025 页。
② 转引自杨学为：《中国考试史文献集成·宋辽金元卷》，北京：高等教育出版社，2003 年，第 833 页。

字撰号"进行编号，并相应登记于名册"历"内。之后，将考生的草卷、真卷一起送誊录所用红笔誊写。誊写完毕，注明誊写者姓名，由誊录官加盖骑缝印章，送对读所对读。对读完毕，将试卷汇总呈报监察御史，加盖印章后送内帘阅卷。知贡举居中，试官相向而坐，共同阅卷，用墨笔批点，分九等评定。评阅结束，阅卷官、监察御史、弥封官共同取原卷拆号，由知贡举在原卷家状部分书写甲次、名次，交中书省分南、北榜在省门外张榜。

3. 乡试贡院

乡试是元代科举最基层的考试，类似于唐宋解试、辽金府试。与唐宋解试要先通过县试选拔、辽金府试要先经过乡试选拔不同，元代乡试的应试者是由地方官从路、府、州、县学及诸色户内推选"年及二十五以上、乡党称其孝悌、朋友服其信义、经明行修"① 的本地户籍士子。

较之唐宋解试，元代的取士方法上有较大的变革，元代贡院也因之改变。其中，由于元代用行省级别之乡试取代了南宋时期府州军级别的解试，直接造成了乡试考场的大量减少。南宋时期用于举行类省试、漕试、解试的诸多贡院失去了存在价值而被拆毁或改作他用。如始建于乾道年间的建宁路类试院在元代被"改创廉访分司廨"，始建于南宋绍兴年间的福建建宁府贡院因福建路考生需"合试于浙江行省"，而被"改为刘屏山书院"。② 江西建昌府贡院为绍兴年间直接改建按部廨署而成，进入元代则改"为文锦局，后毁于壬辰兵火"。③ 江苏镇江贡院始建于淳熙年间，据元至顺间编纂的《镇江志》记载，"归附后废"。④ 广西静江府贡院在元代时被

---

① （元）佚名：《通制条格》卷5《学令》，《续修四库全书》第787册，上海：上海古籍出版社，1995年，第697页。
② （明）夏玉麟，郝维岳，汪佃：《嘉靖建宁府志》卷20《古迹志》，厦门：厦门大学出版社，2009年，第629页。
③ （明）夏良胜：正德《建昌府志》卷6《公署志》，《天一阁藏明代方志选刊》第34册，上海：上海古籍书店，1964年，第30页。
④ （元）俞希鲁：《至顺镇江志》卷11《学校志》，台北：成文出版社，1975年，第685页。

改建为临桂县学①。

元代乡试以行省为单位。除中书省之直隶省部所辖真定、东平、大都、上都 4 路及河东冀宁路、山东济南路 2 个宣慰司之外，全国分设岭北、辽阳、河南、陕西、四川、甘肃、云南、江浙、江西、湖广、征东等 11 个行省。元仁宗皇庆二年（1313）中书省颁行《考试程式》，对科举考试程式、内容、考官、录取名额、考场规则、报考条件等都做了规定。其中，在乡试录取名额方面，规定全国每科乡试即以中书省 4 路、11 行省、2 宣慰司共计 17 个考点为准，合计录取 300 人参加次年会试，从中取中 100 人为进士。其中蒙古、色目、汉人、南人分别考试，各取中进士 25 人。17 个乡试考点每科的录取名额均为固定名额，详见下表。

表 2-6 元代乡试录取分省定额一览表②

地区\种族	右榜		左榜		合计	比例
	蒙古人	色目人	汉人	南人		
直隶大都路	15	10	10	0	35	11.7%
直隶上都路	6	4	4	0	14	4.6%
直隶真定路	5	5	11	0	21	7%
直隶东平路	5	4	9	0	18	6%
河东冀宁路	5	4	7	0	16	5.3%

---

① （清）金鉷：雍正《广西通志》卷 37《学校志》，《景印文渊阁四库全书》第 566 册，台北：商务印书馆，1983 年，第 97 页。

② 本表主要参照武玉环，高福顺，都兴智，吴志坚：《中国科举制度通史·辽金元卷》之《元代卷》第一章第三节《会试名额的地域分配》（上海人民出版社，2015 年，第 470 页）绘制。表中大都路汉人分配名额原作 10 人，书中误作 18 人；大都路四类名额原本合计 35 人，书中误作 43 人；大都路四类名额原本占比 11.7%，书中误作 14.3%；汉人腹里乡试名额原本合计 48 人，书中误作 46 人；腹里四类名额原本合计 120 人，书中误作 118 人；腹里四类名额原本合计占比 40%，书中误作 39.3%。今据《通制条格》卷 5 原文改正（《续修四库全书》第 787 册，上海：上海古籍出版社，1995 年，第 695－696 页）。

续表

地区＼种族	右榜		左榜		合计	比例
	蒙古人	色目人	汉人	南人		
山东济南路	4	5	7	0	16	5.3%
腹里合计	40	32	48	0	120	40%
辽阳行省	5	2	2	0	9	3%
河南行省	5	5	9	7	26	8.6%
陕西行省	5	3	5	0	13	4.3%
甘肃行省	3	2	2	0	7	2.3%
岭北行省	3	2	1	0	6	2%
江浙行省	5	10	0	28	43	14.3%
江西行省	3	6	0	22	32	10.6%
湖广行省	3	7	0	18	28	9.3%
四川行省	1	3	5	0	9	3%
云南行省	1	2	2	0	5	1.6%
征东行省	1	1	1	0	3	1%
合计	75	75	75	75	300	100%

  以此为基础，元代乡试即在此17个乡试单位中设置贡院，由行省及宣慰司长官分别举行考试。元代朝廷并未要求各行省必须建造专业的贡院。据《通制条格》，每逢乡试之前，各行省应由"提点擗掠试院，差廉干官一员，度地安置席舍，务令隔远。仍自试官入院后，常川妨职，监押外门"①。所谓"度地安置席舍"，即意味着考场内的考生座位是临时摆放的，而"提点擗掠试院"更多地应该理解为设置临时考场。正因为没有建造专门场所的制度规定，因而有些行省便放弃建造专门的贡院，如湖广行省乡

---

① （元）佚名：《通制条格》卷5《学令》，《续修四库全书》第787册，上海：上海古籍出版社，1995年，第696页。

试便是"试于城隍庙"。① 当然，也有很多行省则仿照宋代礼部及府州军贡院之制，建造专门的乡试贡院，或沿用南宋所建之府州解试贡院。如江西行省的乡试贡院建造于延祐元年（1314），位于南昌县"琉璃门北"，至正十二年（1352）才毁于兵燹。② 江浙行省的贡院在杭州府城祥符桥③。广东行省的贡院为南宋淳祐十年（1250）所建，此时离南宋灭亡仅剩20多年，元朝恢复科举后，继续作为广东行省之贡院，直至元代末年才告损毁。④ 陕西行省也在奉元路长安县建造了贡院，据清人毕沅（1730—1797）订补的宋代宋敏求《长安志》所载《奉元城图》，陕西行省贡院位于长安县城的南部偏东方位，处于京兆府学的正南方，二者之间连为一个整体。⑤

从元代乡会试制度所规定的"就试之日，日未出入场，黄昏纳卷"⑥的规定来看，元代乡会试的考试时长与唐宋省试、解试基本相同，也就是当日考完，考生不在场内歇宿。这种考试时长规定，说明元代贡院的考生号舍亦应与唐宋贡院一人一座位的桌凳结构相似，而与明清时期贡院一人一个半封闭独立单间的结构不同。

元代末年，农民起义风起云涌，各地战乱不断，社会动荡不安。不过，已经习惯了开科取士的元朝政府依然不愿停止科举取士，甚至一些因战乱而流亡他省的士子还被归入流寓试。如元顺帝至正十九年（1359）五月，陕西行省平章政事兼同知枢密院事察罕帖木儿奏请："今岁八月乡试，河南举人及避兵儒士，不拘籍贯，依河南省原定额数，就陕州置贡院应

---

① 吕调元，刘承恩：民国《湖北通志》卷58《学校志四》，台北：华文书局，1967年，第1366页。
② （清）谢旻：雍正《江西通志》卷18《学校志二》，《景印文渊阁四库全书》第513册，台北：商务印书馆，1983年，第613页。
③ （清）李卫：雍正《浙江通志》卷30《公署上》，《景印文渊阁四库全书》第519册，台北：商务印书馆，1983年，第778页。
④ （清）郝玉麟，鲁曾煜：雍正《广东通志》卷17《公署志》，《景印文渊阁四库全书》第562册，台北：商务印书馆，1983年，第616页。
⑤ （宋）宋敏求：《长安志》卷上《奉元城图》，清光绪十七年（1891）刻本，第11—12页。
⑥ （元）拜柱：《通制条规》，明抄本，卷5《学校·科举》，第24页。

试。"① 这一建议得到了朝廷批准,陕西设河南流寓试,按照原额录取。②

尽管各行省并不一定都建造了专门的贡院,但在考场执事官员的派遣、考试过程的规范方面,元代乡试依然有其必须遵行的既定程式。至正四年(1344)江苏上元县人杨翮担任了甲申科江西行省乡试的外帘官,负责管理糊名工作。考试结束后,他受邀撰写了《帘外官题名记》和《江西乡试小录序》两篇文章,反映了元代江西乡试及贡院场景。

> 《帘外官题名记》(节录):至正四年,龙集甲申,当宾兴之岁。江西行省遵用定制,下其书所部州郡,举明修之士,咸集于南昌,试艺秋闱。先期,命使者走礼币于四方,聘校文之官矣。继又咸谓,帘外列职,非借夫有官君子文行之兼备者分任之,将无以称塞明诏右文之意。遂与江西湖东道肃政廉访司官集议,选定其人,亦复前事,遣使即所居敦请,且度遐迩,定期会,近者驿艘,远者驲骑,文移招徕,莫不如礼。乃八月十又八日,群仙毕至,合十又三人,而省府之属又四人。是日,与省、宪二府及校文之官,大燕于至公之堂。于是幕府员外郎王公举觞以属十有七人者,授之省牒,俾专厥职。明日入院,遂各占其所署,则有奔走使令呵警之人、帘帷茵褥几席之具、笔札器用膏烛之物、粟肉饮馔汤茗酒醴淆馓之供,各循故常,咸极丰备。故诸君子得以尽心职事,而思虑精神之烦劳,皆莫或有所厌惮。宾主之道,盖交尽矣。时予亦忝与是选,主糊名。九月初吉,列署之事毕者皆次第出院,独予与主易书者封川县尹沃哶君仲弘、临川县尹严君仲芳,迨十又六日既拆封揭名宴劳礼毕,始得解去。③

> 《江西乡试小录序》(节录):至正四年秋八月,江西行省遵用诏书故事,合所部经明行修之士三千人,大试而宾兴之,举三岁之典

---

① (明)宋濂:《元史》卷45《顺帝本纪八》,北京:中华书局,1976年,第945页。
② 武玉环,高福顺,都兴智,吴志坚:《中国科举制度通史·辽金元卷》,上海:上海人民出版社,2015年,第461页。
③ (元)杨翮:《佩玉斋类稿》卷2《记》,《景印文渊阁四库全书》第1220册,台北:商务印书馆,1983年,第63页。

也。于是平章政事荣禄公总其纲，员外郎王公赞其画，礼聘搢绅先生于四方，俾司考文之权。敦请文行之士于群有司，分任帘外之职。供亿掌领，咸有主名。是皆省檄所署。而监其事者，肃政廉访副使任公也。初，省、宪二府以五月癸卯，大会于贡院，考制稽礼，征财庀物，即日命属司之吏，治隶闱，修列署，起废弊，补阙遗，以复常规。遣驿骑之使，旁走四出，交于道路，近者累驿，远者数千里，以致聘币。未几，承韬之宾来趣其事者，冠盖相望，先期而会。八月甲戌，二府复大会作乐，以燕考官，暨于列职。自是官史有局，莅事惟谨，三试之日，多士云集，肃然无哗。九月辛丑拆名，黎明榜出，龙兴路官属导以鼓吹仪仗，揭之省门之外。右榜九人，左榜二十二人，合三十又一人。贡额之外，又二十五人焉，右九而左十六也。盖三十又一者贡额之旧，而二十又五则昉自今始。①

从中可以看出，每届乡试之年的五月至九月期间，江西行省及肃政廉访司两个衙门需要依次完成以下工作，主要包括：（1）行省平章政事总领乡试各项工作，肃政廉访使负责行使监督之责；（2）选定乡试外帘官17人，分别负责糊名、誊录、对读等各项工作，并从省内外聘请缙绅先生担任同考官，负责阅卷工作；（3）确定报考考生的人数；（4）命各执事官员修理贡院各处房舍；（5）八月十八日于至公堂举行宴会，次日考官入闱；（6）三场结束后，九月初部分外帘官出闱，糊名、誊录官则依然留在贡院内，直到九月十六日将榜文张挂于江西行省大门之外后方始出院。元代江西乡试贡院作为一座能够容纳3000名考生同场竞技的科举专用考场，尽管其座位排列不是一人一间的号舍结构，但是除了考生座次，场内还需安排主考官、同考官、外帘官以及收掌所、弥封所、誊录所、对读所等考试服务人员的住所等，其总体面积当是相当可观。

---

① （元）杨翮：《佩玉斋类稿》卷8《序》，《景印文渊阁四库全书》第1220册，台北：商务印书馆，1983年，第114页。

承宋辽金之后的元代，是中国科举制度发展的低潮时期。基于民族歧视思想的取士政策，也极大地伤害了汉民族知识分子的应试积极性。从科举功名的角度来说，元代实现了真正意义上的乡试（举人）、殿试（进士）二级制。由于元代科举将宋代科举的定额录取制度从府州军级别的解试提升到了行省级别的乡试，导致元代地方最高级别贡院的数量较之宋代极大地减少。不过，元代用乡试定额录取来限制参加会试的举人人数，同时在会试时实行不同人群的区域定额录取，为考试组织与阅卷录取的顺利开展奠定了基础。但元代乡试以下的科举考试是如何实行的，其名额是如何限定的，是否也有如宋代解试一样的府州军贡院的建设，其应试士子是否也像宋代府州军解试一样动辄有数千上万人，目前尚未有史料加以揭示。元代乡试以下级别科举考试专用考场的建造问题，是明代科举必须解答的难题。

第六节　明代贡院

清代科举承袭明制。在科举制度基本取法于明代的基础上，清代贡院同样以明代贡院为取法对象。明承元制，与元代科举相同，明代科举也包括乡试、会试、殿试等层级。不过，在元代科举制度的基础上，明代科举制度也有所发展。首先是废除民族歧视政策，殿试不再设左右两榜。其次是平衡南北取士数量，实行南、北、中卷的会试分区定额录取制度。再次是改革乡试制度，适当平衡文教政策的省际差距。最后是规范岁、科试制度，建立并巩固科举取士与学校养士之间的联系。而这一系列的改变，在明代贡院方面也都有直接的体现。

一、明代殿试考场

明初定都南京，洪武、建文及永乐十年之前的会试、殿试均在南京举行。洪武三年（1370）五月初一，朱元璋（1328—1398）下诏开科取士，颁行《科举条格》，规定每三年一开科，八月乡试，二月会试。殿试时期定为三月初三日①，场所为南京奉天殿。据《明太祖实录》，明代首科殿试便是洪武四年（1371）三月乙酉朔日在奉天殿举行的。②不过，据《洪武四年进士登科录》，该科殿试实际上举行于二月十九日，次日便在午门外"唱名、张挂黄榜"、在奉天殿"钦听宣谕"，同日还举行了"除授职名"的仪式，新进士并于奉天门谢恩。③

为了尽量选拔出实用人才，朱元璋甚至决定从洪武五年（1372）至洪武七年（1374）连续开设乡试。④不过，仅仅过了一年多，朱元璋便以科举所取人才多为后生少年，其中"能以所学措诸行事者甚寡"为由，下诏"天下举人罢会试"。直至洪武十七年（1384）三月，朱元璋才下诏重开科举，命礼部颁行《科举程式》，确定了"三年大比，子午卯酉年乡试，辰戌丑未年会试"的科举周期。规定乡试年各省八月初九、十二、十五日三场为乡试，会试年全国二月初九、十二、十五日三场为会试，三月朔日举行殿试。⑤宣德年间（1426－1435）以后，殿试日期逐渐固定为三月十五日。

永乐十三年（1415）以后，明代殿试均在北京举行。永乐十一年（1413）四月己酉，明成祖朱棣到达北京，"于奉天殿丹陛设坛告天地，遣官祭北京山川神隍诸神"。⑥永乐十三年二月壬辰，"行在礼部会试天下举人，得洪英等三百四十九人"⑦，同年三月己亥，明成祖"御奉天殿，试礼

---

① （明）王世贞：《弇山堂别集》，北京：中华书局，1985年，第1541页。

② 黄彰健主编：《明太祖实录》卷62，台北："中研院"史语所据国立北平图书馆红格钞本影印版，1962年，第1195页。

③ （明）礼部：《洪武四年进士登科录》，明洪武四年刻本，宁波天一阁藏，第3页。郭培贵《中国科举制度通史明代卷》亦持此说。见上海人民出版社2015年版，第420页。

④ （明）宋濂：《文宪集》卷5《会试纪》，《景印文渊阁四库全书》第1223册，台北：商务印书馆，1983年，第361页。

⑤ （明）王世贞：《弇山堂别集》，北京：中华书局，1985年，第1543页。

⑥ 黄彰健主编：《明太宗实录》卷139，台北："中研院"史语所据国立北平图书馆红格钞本影印版，1962年，第1673页。

⑦ 黄彰健主编：《明太宗实录》卷161，台北："中研院"史语所据国立北平图书馆红格钞本影印版，1962年，第1832页。

部选中举人洪英等三百四十九人及前科未廷举人刘进等二人"①，江西泰和人陈循被钦点为迁都北京后的首位状元。从此以后，明代殿试均在北京奉天殿举行。嘉靖三十六年（1557）四月紫禁城因雷击遭遇严重火灾后，至嘉靖四十年（1561）奉天殿方告修复，次年改名皇极殿。其间，嘉靖三十八年（1559）己未科②、四十一年（1562）壬戌科③殿试改在大朝门举行，而嘉靖四十四年（1565）乙丑科④及此后的明代殿试均在皇极殿举行。清朝建立后，顺治二年（1645）将皇极殿改名太和殿，俗称金銮殿。

据《明会典》卷51《策士》，明代殿试主要有以下既定仪节：

> 先期一日，鸿胪寺官设策题案于殿之东。光禄寺备试桌于两庑。至日早，礼部官引贡士入至皇极殿丹墀内东西，北向立。文武百官各具公服，侍立如常仪。鸿胪寺官请升殿，上常服，御皇极殿。鸣鞭，文武百官行叩头礼，侍班。执事官举策题案于殿中。内侍官以策题付礼部官，置于案上。鸿胪寺官引贡士就拜位。执事官举策题案，由左阶降，置御道中。赞贡士行五拜三叩头礼。各分东西侍立。执事官随举策题案于丹墀东。鸿胪寺官奏礼毕。鸣鞭，驾兴，文武百官退。军校举试桌列于丹墀东西，北向，置定。礼部官散题，贡士仍列班跪受，叩头就试。是日如遇天雨，或大风，试桌即移设于两庑。⑤

与宋辽金元等各朝一样，明代殿试虽然名义上由皇帝亲临，但皇帝并

---

① 黄彰健主编：《明太宗实录》卷162，台北："中研院"史语所据国立北平图书馆红格钞本影印版，1962年，第1835页。
② （明）礼部：《嘉靖三十八年进士登科录》，明嘉靖三十八年（1559）刻本，宁波天一阁藏，第6页。
③ （明）礼部：《嘉靖四十一年进士登科录》，明嘉靖四十一年（1562）刻本，宁波天一阁藏，第6页。
④ （明）礼部：《嘉靖四十四年进士登科录》，明嘉靖四十四年（1565）刻本，宁波天一阁藏，第6页。
⑤ （明）申时行，许国，王锡爵：《大明会典》，明万历十五年（1587）刻本，卷51《策士》，第19页。

不全程监试，而是在接受百官一跪三叩头礼及考生五拜三叩头礼之后，便起驾离开，其他发卷、监考、受卷、阅卷等事务均交给各执事官完成。当然，也有部分极为关心殿试的皇帝，在考生答题期间也会持续加以关注。如宣德五年（1430）庚戌科殿试期间，明宣宗朱瞻基便在发卷后"退御武英殿，赋《策士歌》，以示诸读卷官"；弘治十八年（1505）乙丑科殿试，明孝宗朱祐樘"于宫中焚香吁天，期得真才，以资实用"。①

殿试后二日，在文华殿举行读卷仪式。殿试读卷官依次向皇帝跪拜，并高声朗读拟录取的殿试前三名考生的策论答卷，其余考生的答卷则视皇帝意愿决定是否朗读。读卷后，司礼监官依次接卷置于御案，由皇帝钦定名次，并于试卷上亲笔书写"第一甲第一名""第一甲第二名""第一甲第三名"字样。之后，将其交给内阁官员领收，阅卷官则将其余试卷拆卷填写黄榜。对于读卷官拟定的考生名次，明代皇帝大多予以肯定，但有些时候也会重新排定。如明世宗朱厚熜喜欢亲自批阅读卷官进呈的殿试策，如嘉靖八年（1529）己丑科殿试，他便分别批阅了罗洪先、程文德、杨名、唐顺之、陈束、任瀚等人的殿试策并写下了批语，其中在罗洪先殿试策上批阅的是"学正有见，言谠而意必忠，宜擢之首"，将其钦定为状元。又如明思宗朱由检则喜欢重新排定录取名次，如崇祯元年（1628）戊辰科殿试，阅卷官原拟刘若宰、庄应会为一甲第一、二名，而明思宗"翻驳再三，竟用刘第一，而抑庄为二甲首，其第二、第三皆特拔"。其中被钦定为探花的管绍宁策论中的"诚"字原本少了一撇，算是一个较大的瑕疵，而崇祯帝竟然直接为其添上缺笔。崇祯七年（1634）甲戌科殿试，明思宗不仅翻阅了读卷官依例呈阅的12本殿试策，还命内阁再抱了12本到文华殿，最终将原拟第22名的刘理顺钦定为状元，原拟一甲第一名的李焜则被定为二甲传胪。

殿试阅卷完毕、名次排定后，需要举行传胪大典，其日期一般为读卷仪式的第二天。传胪大典的举行地点也是在皇极殿。传胪大典开始前，读

---

① （清）孙承泽：《春明梦余录》卷7《策士》，北京：北京古籍出版社，1992年，第115页。

卷大臣和提调官、执事官先要在中极殿（即清代的中和殿）完成填写黄榜的工作，且必须当着皇帝的面将第一甲三位鼎甲的姓名填入黄榜。之后，皇帝与文武百官齐集皇极殿，新进士被引入殿中，行四拜礼。随后，执事官依次传呼三鼎甲的姓名，其余进士则分别传呼第二甲某人等若干名、第三甲某人等若干名。唱名结束后，新进士行四拜礼，随执事官出皇极门观看张榜。

洪武三年（1370）《科举条格》规定，每次会试录取100名举人参加殿试，由皇帝钦定一甲3人进士及第，依次为状元、榜眼、探花，其他录取二甲17人，赐进士出身，录取三甲80人，赐同进士出身。不过，这显然只是继承了元代的殿试每科录取100名进士的制度规定，但是实际上并未执行。如明代首科殿试即洪武四年（1371）辛亥科殿试便是明证。首先，据《洪武四年进士登科录》，该科合计录取进士120人，其中一甲3人，二甲17人，三甲100人。[①] 其次，该科殿试并非举行于三月初三日，而是二月十九日，殿试次日便行传胪。再次，当时全国11行省参加该科会试的"诸省之士"总共只有200人[②]，远未达到全国每科合计录取500人的乡试名额。之所以会出现这种情况，主要是因为明初社会尚未稳定，而朝廷急需用人，洪武三年所录取的72名举人还没来得及在来年参加会试，便已经直接被"悉授官"。洪武十七年（1384）恢复科举取士后，每一次会试录取的贡士和殿试取中的进士人数都各不相同。洪武年间多至470余人，少则30人。永乐年间多者472人，少者95人。明宣宗以后，多者400人，

---

① （明）礼部：《洪武四年进士登科录》，明洪武四年刻本，宁波天一阁藏本，第4、5、9页。按，自宋仁宗嘉祐二年（1057）确定殿试例不黜落之制以来，省试、会试合格举子在殿试中一般都不会被直接淘汰。洪武四年殿试同样如此，会试所取120名贡士均分别在殿试后被取录为一、二、三甲进士。值得指出的是，《洪武四年进士登科录》第三甲第39名进士福建莆田县站籍郑潜的会试名次被记载为"会试第一百六十六名"，实际上是"会试第六十六名"之误刊。（第19页）

② （明）王世贞：《弇山堂别集》卷81《科试考一》，北京：中华书局，1985年，第1542页。

少者 100 人。① 与制度规定相比，明代殿试的实际操作显然更为灵活。

二、明代会试贡院

据明洪武三年（1370）颁行的《科举条格》，全国各省乡试每科合计录取 500 名举人赴京参加会试，从中录取 100 人参加殿试，取为进士。同时，高丽国、安南、占城等国经明行修之士在其本国参加乡试并被录取后，可以"贡赴京师会试，不拘额数选取"。② 洪武六年（1373）停罢科举取士。洪武十七年（1384）重新开科后，新制定的《科举程式》中规定，全国各地乡试在录取举人时，不必拘束于所设名额，可以"不拘额数，从实充贡"，即根据人才的实际情况进行录取。

明代的会试考场为会试贡院，是明代科举制度中级别最高的专门考场。据朱国祯（？—1632）《涌幢小品》，明代初年的南京会试贡院系借用武学房舍作为考官办公场地，考生答卷则于空地临考"搭盖苫舍"，③ 摆放考桌、考凳。明成祖迁都北京，永乐十三年（1415）以原元代礼部旧基改建会试贡院。④ 行之百余年后，随着应试人数不断增加，嘉靖年间（1522—1566）旧贡院日渐显得"制甚逼隘"，为此有人建议将其移建于北京城西北之隙地。而反对者则根据风水堪舆之说，认为原址是在北京东城，东方为"人文所会"，利于人才选拔，而西北方位则正好相反，因而反对迁建，主张"宜因其址而充拓之"。⑤ 两种意见相持不下，最终因循至万历二年（1574）才决定就原址进行扩建。是年三月动工，次年九月竣工，扩建

---

① （明）朱国祯：《涌幢小品》卷 7《试额》，北京：中华书局，1959 年，第 141—142 页。
② （明）王世贞：《弇山堂别集》卷 81《科试考一》，北京：中华书局，1985 年，第 1541 页。
③ （明）朱国祯：《涌幢小品》卷 7《试院》，北京：中华书局，1959 年，第 158 页。
④ （清）孙承泽：《春明梦余录》卷 41《礼部三》，北京：北京古籍出版社，1992 年，第 791 页。按，朱国祯《涌幢小品》认为改"旧礼部"为"京师试院"是在正统年间（1436—1449），但未说明此前北京会试贡院设于何处。
⑤ （明）张居正：《京城重建贡院记》，（清）于敏中：《钦定日下旧闻考》卷 48《城市》，北京：北京古籍出版社，1985 年，第 747 页。

后的会试贡院"径广百六十丈",地势较为宽阔,形制更为严备。据《春明梦余录》记载:

> 外为崇墉施棘,徼道前入,左、右、中各树坊名,左曰虞门,右曰周俊,中曰天下文明。坊内重门二,左、右各有厅,以备讥察。次曰龙门。逾龙门,直甬道为明远楼。四隅各有楼相望,以为瞭望。东、西号舍七十区,区七十间,易旧制板屋以瓦甓,可以避风雨,防火烛。北中为至公堂,堂七楹。其东为监试厅,又东为弥封、受卷、供给三所,其西为对读、誊录二所。又后为燕喜堂,三楹,东、西室凡十六楹,诸书(胥)吏工匠居之。其后为会经堂。堂东、西经房相属,凡二十有三楹,同考者居之。①

从中可以看出,万历年间扩建的贡院以至公堂为分界线,主要包括内帘、外帘两大区域,其中外帘主要为考生答题的号舍区,内帘主要为考官阅卷的会经堂等阅卷区。

对于明代乡会试贡院内的考生座号是否已经形成了一人一间的号舍制问题,学界尚未形成统一观点。刘海峰指出,洪武十七年(1384)仍将贡院内考生所处地方称为"席舍",尚未称为"号舍",因此主张此时尚未形成一人一间的号舍制。② 而郭培贵则认为,明代已经形成了一人一间的号舍之制,且"席舍"就是"号舍",因为清代同样有人将号舍称为"席舍"。③ 笔者尚未找到足够的史料佐证,来说明在明代乡会试凌晨入场、黄昏交卷的考试时长要求的背景之下,贡院为每名考生建造独立考试单间的理由。因为清代的贡院号舍兼具考试座位与夜宿床铺的双重功能,而明代贡院席舍显然只有考试座位一种功能。另外,清代乡会试允许考生在贡院

---

① (清)孙承泽:《春明梦余录》卷41《礼部三》,北京:北京古籍出版社,1992年,第791页。
② 刘海峰:《科举学导论》,武汉:华中师范大学出版社,2005年,第289页。
③ 郭培贵:《中国科举制度通史·明代卷》,上海:上海人民出版社,2015年,第208页。

中过夜,这一制度变化是清初开始的,还是从明代某个时期便已然如此?依然是个未解之谜。

明代各省乡试举人录取名额不断增加,每科会试入京赴考的举人也不断增多,相应地要求会试贡院增加其号舍数量。浙江宁波市天一阁收藏了大量的明代会试录,尽管亦非全璧,且只有部分会试录中记载了应试举人与录取贡士的相关数据,大部分也并非精确数字,但依然为我们推算明代会试录取比例及会试贡院的号舍数量提供了参考。下表"明代会试录取比例表""会试录相关数字"栏中的文字系摘录自天一阁藏各科会试录,其中有关每科会试所录取贡士人数的数字,会试录的表述往往只有约数,本文根据该会试录中所刊贡士名单,找到确切数字,并以之作为计算录取比例的除数。明代会试录的作者经常使用"几""凡""余""有奇"等表示"大约""接近""多一点"等意思的模糊词语,来描述参加会试的举人人数。本文统计明代历科会试的录取比例,也只能以这些约数作为被除数。

表2-7 明代会试录取比例表

科次	会试录取相关数字	录取比例(%)
洪武四年	士之就试者一百八十九,在选者逾百人	63.5
宣德八年	四方之士偕计吏而来凡千四百人,颖脱而出者百人	约7.1
正统元年	今年会试礼部者凡千人(该科录取100名)	10
正统四年	就试之士千余人,拔其尤者百人	10
正统七年	天下之士就试于礼部者凡千人……中选者得百五十名	15
正统十三年	预试者凡千三百人,得文字优粹者百五十人	5
景泰五年	凡试士三千有奇,取文之中式者三百五十人	11.7
天顺元年	天下士领荐书而至者盖三千余人(该科中式贡士三百名)	10
天顺四年	于三千余卷得中式者凡百五十	5

续表

科次	会试录取相关数字	录取比例（%）
天顺七年	士之负才艺就试者几三千人……取得才艺之优者二百五十人	8.3
成化二年	数之得三千一百有余人……得士之尤者三百五十人	11.3
成化八年	于三千四百余卷中严考校公去取遵宸断得二百有五十人	7.4
成化十七年	天下士来就试者几四千人……取其文之中式者三百人	7.5
成化二十年	数之得四千人有奇……拔其尤者仅得三百人	7.5
成化二十三年	时与试者几四千，拔其尤者三百五十人	8.75
弘治十二年	天下士会试于礼部者三千五百人……择其纯以俟宸断得三百人	8.6
弘治十八年	天下乡举士会京师者三千八百有奇……选取其尤得三百人	7.9
正德六年	会试士以期集者合新旧三千五百有奇，所取仅三百五十	10
正德九年	于三千八百余卷中奉宸断取其文之中式者四百人	10.5
正德十二年	择其纯以俟宸断得三百五十人，盖于时就试之士三千九百有奇	9
嘉靖二年	择其文于三千六百卷中，恭从宸断取四百人	11.1
嘉靖八年	夫士凡三千七百余人，取三百二十名	8.6
嘉靖十一年	凡三千八百余人咸集试于礼部……中三百二十人	8.4
嘉靖十七年	新旧举士人试者凡四千有奇……擢中式者三百二十人	8
嘉靖二十三年	士之就试于礼部者凡四千有奇……得俊者三百二十人	8

续表

科次	会试录取相关数字	录取比例（%）
嘉靖二十六年	万邦之士与计偕者四千三百人有奇……取中式者三百人	7
嘉靖二十九年	天下士会试于礼部者几四千五百人……取三百二十人	7.1
嘉靖三十二年	士之前后贡于有司者四千四百有奇……（中式举人四百名）	9.1
嘉靖三十五年	天下士就试者四千四百有奇……遴选以俟宸断，取三百人	6.8
嘉靖三十八年	士集礼部待试者四千六百人有奇……取三百人	6.5
嘉靖四十一年	士之就试者四千五百有奇……拔其俊三百人	6.7
嘉靖四十四年	三试之士凡四千六百有奇，遵宸断取中式者四百人	8.7
隆庆五年	合两畿诸省前后所贡士四千三百余人……取四百人	9.3
万历二年	士待试礼部者几四千五百人……取三百人	6.7

从会试人数来看，宣德（1426—1435）、正统（1436—1449）间全国各省参加会试的人数均在1500人以下，虽然录取的贡士总量较少，但录取比例则相对较高。景泰五年（1454）到嘉靖十一年（1532）之间的会试人数大多在3000—4000人之间，而录取的贡士人数也相应增加，大多在300—400人之间，录取比例也各不相同。嘉靖二十三年（1544）以后，参加会试的举人均超过了4000人，尽管录取人数也相应增加，但录取比例均未超过10%。万历初年张居正主持扩建顺天府贡院，将号舍数量扩充到"东、西号舍七十区，区七十间"，即大约为4900间，说明施工前参考了相近若干年来的会试考试人数。据相关学者根据《明熹宗实录》关于万历四年（1576）八月顺天乡试人数"至六千余名"的记载，认为"明末顺天贡

院的号舍有可能达到六千余间"。① 这种推测虽然有一定的道理，但毕竟没有直接的文献佐证。前引朱国祯《涌幢小品》及清代《钦定科场条例》的记载都表明，在未建专门的贡院或贡院号舍不敷使用的情况下，乡会试提调往往采取每逢考试便临时搭盖棚厂的方式来解决考生的座位问题。这些临时棚厂座位，并不能算作是贡院自有的号舍。

三、明代乡试贡院

洪武三年（1370）五月颁行的《科举条格》规定，"各省并直隶府州等处，通选五百名为率，人才众多去处，不拘额数，若人才未备不及数者，从实充贡"。② 王世贞《弇山堂别集》记载了河南、山东、山西、陕西、北平、福建、江西、浙江、湖广、广西及京师（永乐元年改称南京）共11个乡试考点可以录取举人的数字③。不过，据统计，《科举条格》规定的全国乡试录取举人的总数实际上是510名。1384年以后，各省乡试录取举人的人数不断增加，全国的录取总数也日渐增多。

表2-8 洪武三年《科举条格》各省乡试举人名额分配一览表

省份	名额	省份	名额	省份	名额
河南	40	山东	40	山西	40
陕西	40	北平	40	福建	40
江西	40	浙江	40	湖广	40
广西	25	广东	25	在京乡试	100

---

① 张森：《明清顺天贡院的修建及经费探究》，《北京社会科学》，2010年第4期，第69页。

② （明）王世贞：《弇山堂别集》卷81《科试考一》，北京：中华书局，1985年，第1540页。

③ 据清人孙承泽《春明梦余录》所载11处乡试名额与《弇山堂别集》略有不同，无河南之40名，而有广东之25名，京师100名则载为"应天八十人"（第796页）。据《明史·地理志》，洪武三年广东、河南均已纳入明朝版图，且都已设置了行中书省，合计全国共有12个行省级别的行政区划单位。郭培贵《中国科举制度通史·明代卷》据《明太祖实录》卷55"洪武三年八月乙酉"条补入"广东省二十五名"（第250页）。

表 2-9 明代各省直乡试录取额数变化例表

更定时间	南直	北直	江西	浙江	福建	湖广	广东	河南	四川	陕西	山西	山东	广西	云南	贵州	小计
洪武三年	100	40	40	40	40	40	25	40		40	40	40	25			510
宣德元年	80	50	50	45	45	40	40	35	35	30	30	30	20	10		540
正统五年	100	80	65	60	60	55	50	50	45	40	40	45	30	20		740
景泰四年	135	135	95	90	90	85	75	80	70	65	65	75	55	30		1145
嘉靖十四年	135	135	95	90	90	85	75	80	70	65	65	75	55	40	25	1180
万历四十三年	158	155	100	95	95	95	80	85	75	70	70	80	58	47	32	1295
崇祯十五年	173	170	110	105	105	105	86	93	83	78	78	88	60	49	34	1437

　　明代各省乡试录取举人的总人数共有多少？这个问题目前尚未有确切答案。不过，根据明代各省乡试录取定额，我们可以大致估算出明代全国举人总数为 103 178 人。其中南直、北直的举人数最多，均超过 10 000 人，占比也超过了 10%。江西、浙江、湖广、福建、河南等省紧随其后，举人数均在 7000 人以上。广东、山东、四川次之，举人数在 6000 人以上。接下来是山西、陕西，举人数超过 5000 人。再接下来是广西和云南，举人数分别超过 4000 和 3000 人。举人数最少的是贵州，仅有 1212 人。

表 2-10　明代全国各省举人数估算表

排序	直省	人数	占比%	排序	直省	人数	占比%
1	南直	11 726	11.4	9	山东	6682	6.5
2	北直	10 632	10.3	10	四川	6351	6.2
3	江西	9002	8.7	11	山西	5858	5.7
4	浙江	8510	8.3	12	陕西	5572	5.4
5	湖广	7977	7.7	13	广西	4698	4.6
6	福建	7882	7.6	14	云南	3244	3.1
7	河南	7038	6.8	15	贵州	1212	1.2
8	广东	6794	6.6		合计	103178	100

洪武九年（1376）六月甲午，朱元璋下诏"改行中书省为承宣布政使司"①，此时全国共有2京和11个承宣布政使司（洪武四年七月增设四川等处行中书省）。洪武十五年（1382）增设云南等处承宣布政使司、永乐十一年（1413）增设贵州等处承宣布政使司，终明之世全国共为2京即京师（北京）、南京和13个布政使司。与省级行政区划单位逐渐增加相对应，明代全国的乡试考点也增加为15处。

1. 顺天贡院

京师所辖8府37州136县的士子在顺天贡院参加乡试。顺天府原为洪武元年（1368）八月自元大都路改名所设的北平府，永乐元年（1403）正月升为北京，始改称顺天府，以大兴、宛平二县作为附郭。顺天府的乡试贡院也就是全国的会试贡院。从万历二年（1574）时任内阁首辅张居正（1525—1582）所作《京师重修贡院记》和时任翰林院检讨赵用贤（1535—1596）所作《重修贡院记》可知，万历初年完成扩建的顺天贡院共有"东西号舍七十区，区七十间""号舍四千八百有奇"。②

---

① 黄彰健主编：《明太祖实录》卷106，台北："中研院"史语所据国立北平图书馆红格钞本影印版，1962年，第1772页。
② （清）于敏中：《钦定日下旧闻考》卷48《城市》，北京：北京古籍出版社，1985年，第747—748页。

总体来说，和会试共用顺天贡院的北直隶，其历科乡试的应试人数与国家会试的应试人数大致相当，体现了充分利用贡院号舍的考量。根据浙江宁波市天一阁所藏明代历科顺天乡试录，我们发现明代顺天乡试的录取比例较会试相对更低，大多数科次都在3％—6％之间，且呈现不断走低的态势，表明明代顺天府乡试的难度在逐年增大。

2. 应天府贡院

南京所辖14府4直隶州，共17散州、97县的士子，在应天府参加乡试。应天府以上元、江宁为附郭。据朱国祯《涌幢小品》，明代建立之初，借用南京武学为贡院，在其中搭盖苫舍，组织考试。至景泰五年（1454），应天府尹马谅奏请以南京锦衣卫指挥纪纲没官旧房为试院，"其中搭盖如故"，据传其地下"时有甲马声"。万历五年（1577）御史陈王道"始易以木"[①]。天顺元年（1457），时任南京国子监祭酒的江西安福人吴节（1396—1481）撰写了应天府贡院的《重修碑记》，认为"南京应天府为天下贡院首，其制度亦为四方所取法"。并指出明代设科取士以来，南京贡院曾四易其址，一是"洪武初以北城演武场为之"，二是"永乐中移于郡学文庙"，三是正统间"复徙武学之讲堂"，四是景泰五年应天府尹马谅移建于秦淮河南的"前武臣没入废宅"。吴节所撰《重修碑记》，所记叙的正是马谅移建贡院的过程。此次移建应天府贡院，得到了朝廷及地方官的政策重视与经费支持，马谅及府丞陈宜"首任经费"，而"寮采之良，亦各捐俸为助"，故而规制颇为严整，规模更为闳敞。

> 中为至公堂，监临侍御与知贡举官居之。左右夹室，则封、检、对、誊之所也。后为内帘寝室，翰林正考主之。东西有厢，则同考师儒校雠之处也。堂之前，地平而势整，甲乙相向，可为席三千有奇，所以待士也。由南而入，则重门蒙纤，护之以棘，所以防搜检而严更仆也。与凡庖湢之房、饩廪之库，亦有位次。而什物之需、几案之

---

① （明）朱国祯：《涌幢小品》卷7《试额》，北京：中华书局，1959年，第158页。

用，又皆因时而为之者也。①

经过此次移建后，应天府贡院未再转移它所，不过依然进行过维修。如嘉靖十三年（1534）甲午科乡试前，应天府贡院经过维修之后，"制宏而丽，森而有域"。②嘉靖末年，桐城人盛汝谦（生卒年不详）任操江佥都御史，见贡院号舍均用芦苇，于是"捐俸修拓，甃以砖"。③

从明代各时期应天府乡试主考官所撰写的乡试录中所列应试人数来看，大约在嘉靖时期以前，应天府各府州县儒学士子及南直隶太学贡监参加南京乡试的人数逐渐增多，从景泰元年（1450）的1600余人增加至近3000人，其中正德五年（1510）达4140人。其录取比例则相对较高，除正德五年外，均超过了5%。嘉靖年间以后，应天府乡试人数逐渐从三千多人增加至近五千人，由于从景泰四年（1453）开始其乡试录取额数便被固定为135人，故而乡试录取比例便逐年下降。与北直隶相比，南直隶乡试应试人数要略多一些，录取比例的下降幅度也较北直隶更大。尤其在明代后期，南直隶乡试的录取率降幅明显，甚至跌破了3%的比例，反映出其难度更甚于北直隶乡试。

3. 山东贡院

山东承宣布政使司所辖6府15署州89县在济南府参加乡试。济南府以历城县为附郭。山东乡试贡院，明时在布政司署东，始建于明洪武四年（1371），"前临鼓楼，后坐大明湖，东为府学，西为布政司署"。④成化十

---

① （清）赵弘恩，黄之隽：乾隆《江南通志》卷91《学校志》，《景印文渊阁四库全书》第509册，台北：商务印书馆，1983年，第542—543页。

② （明）张治：《应天乡试录后序》，《张龙湖先生文集》卷3，《四库全书总目丛书》集部76，济南：齐鲁书社，1997年，第401页。

③ （清）赵弘恩，黄之隽：乾隆《江南通志》卷146《人物志·宦绩八》，《景印文渊阁四库全书》第511册，台北：商务印书馆，1983年，第255—256页。

④ （清）岳浚，杜诏：乾隆《山东通志》卷26《公署志》，《景印文渊阁四库全书》第540册，台北：商务印书馆，1983年，第588页。

九年（1483）重修，嘉靖元年（1522）重建至公堂。① 另据直隶顺德府唐山县儒学教谕朱弘纪所撰《山东乡试录序》，明成化十年（1474），山东地方官员因"贡院狭隘卑湿，不足以舒士气"，乃由山东布政使、按察使带领各级官员"作新充广，规制焕然"；并将原至公堂前之应魁楼移建于贡院中央，使其"高阁明爽，非复畴昔"。②

据天一阁藏明代山东乡试录，明代山东乡试的应试人数较少，多年来一直在1000－2500人左右徘徊，反映出山东贡院所能容纳考生的人数较少。另外，明代山东乡试的录取率长期徘徊于3％－5％左右，总体上略高于南、北直隶。

4. 山西贡院

山西承宣布政使司所辖5府3直隶州16属州79县的士子，在太原府参加乡试。太原府以阳曲县为附郭。明代山西贡院本为指挥陈彬之故宅，在承恩门西，正统十年（1445）用西南角水池及空地与之交换，改建为贡院，"面城背水，形势崇高"。据光绪《山西通志》，此时山西贡院的大致规制为："外为牌坊，东、西号舍万余间。明远楼、瞭望楼、供给所、监临处悉备。至公堂七间，弥封、对读、誊录、交卷各一所。监临处、衡鉴堂五间，藻鉴堂五间。内帘抡材堂七间，五经房十二间，提调、监试、收掌试卷各一区。"到了万历元年（1573），又"就南城壁起奎光楼、登仙桥，规制壮丽，甲于他省"。③ 而此前弘治五年（1492），镇守山西太监刘政、巡抚都御史杨澄和巡按御史蒋勋鉴于"山西人文之盛视昔加隆，士之挟负以待试者雾瀜云集，贡院湫隘，有弗能容"，因而"辟地以广之"，④ 扩建了贡院。

---

① （清）赵祥星，钱江：《康熙山东通志》卷22《公署》，南京：凤凰出版社，2010年，第290页。

② （明）朱弘纪：《山东乡试录序》，《成化十年山东乡试录》，天一阁藏明成化十年刻本。

③ （清）曾国荃，杨笃：光绪《山西通志》卷80《公署略下》，《续修四库全书》第643册，上海：上海古籍出版社，1995年，第321页。

④ （明）宋山：《山西乡试录序》，《弘治五年山西乡试录》，天一阁藏明弘治五年刻本，第1－2页。

光绪《山西通志》与同时期编纂的光绪《江西通志》一起，被方志研究界誉为"志坛双璧"。但参考天一阁藏明代乡试录，则可发现该志对山西贡院号舍数量的记载似乎有夸大不实之嫌。自明代中期的成化二十二年（1486）至明代后期的万历十年（1582）的近百年间，在有应试人数可查的15科山西乡试中，应试人数最多的万历十年壬午科山西乡试也只有2300多名考生入场。离正统十年最近的成化二十二年丙午科山西乡试则仅有1000余名考生入场。正统十年创建山西贡院，山西全省乡试考生的人数当亦在1000名左右，完全没有必要修造"万余间"的号舍。其实，即便是到了清代末年，山西贡院的号舍总数也仅有8000余间。明代山西乡试的录取率同样不断降低，其中成化二十二年丙午科约为6.5%，此后逐渐下降，至万历十年壬午科跌破3%，仅为约2.8%。

5. 河南贡院

河南承宣布政使司所辖8府1直隶州11属州96县的士子，在开封府参加乡试。开封府以祥符县为附郭。明代初年，河南乡试借用开封府城浚仪街的元代平章政事珠展的故宅作为考场，但其规模有限，"狭隘不足以容众"。至宣德九年（1434）乃移建于开封府城西南隅。其地形较为宽敞，但地势较为"卑下"。故天顺六年（1462）黄河泛滥时，河水入城，而贡院"遂为水所潴"，这一年的壬午科河南乡试不得已迁移到"大梁街藩司之故巨盈库"举行。由于事出仓促，这座临时贡院完全没有贡院该有的样子："惟文衡、至公二堂因库之旧屋为之，粗备其制，余俱未备，监临、提调等官至寓于至公堂之耳房、内帘门之侧室，而受卷等所及士子号舍，皆以席为之。"尽管如此，在弘治十年（1497）之前，河南乡试依然在其中举行了40多年。弘治十年冬，河南左右布政使周季麟、王珣和河南按察使李镜与巡抚副都御史陈道、巡按监察御史李瀚和清军御史刘伟商议拓建贡院，使其形制齐备，规制严整。

院址故迫隘，前后增拓以丈计凡五十有奇。改文衡于最后，更其匾曰"五星聚奎"。堂之两旁及左右各为文衡寓居，其前左右为内收掌试卷所，又前为总门，扁曰"内帘"，严扃锁之，而穴墙为转轮，以通试卷。外执事至此，非有公言，不敢辄启焉。内帘门之外，左为监临公寓，右为提调、监试公寓。其前为堂，曰"洗心"，盖监临等官退而稽会公务之所。而供给及收卷、誊录、对读、弥封五所，皆列之左右。又前乃为至公堂，堂之隙地为文场，其号舍旧用席，今以板易之，为槛一千八百有奇。文场之中为层楼，曰"明远"。其前二门之外为搜检官寓所，又前乃贡院总门。前为三坊，扁其中曰"贡院"，左曰"沧海腾蛟"，右曰"丹山起凤"，以表识焉。自文衡堂至此，凡为屋以槛计二百四十有奇。[①]

不过，尽管这座扩建的河南贡院"布置结架悉费心思，而整饬壮丽，实甲多省"[②]，但到了明代末年，随着黄河水位不断增高，河南贡院最终"没于水"。由于当时农民起义遍布全境，地方官员无暇修葺，只能"扩辉县之白泉书院以为取士之地"，直至清代顺治年间才移建贡院于开封府治西北的明朝周藩废址。

从天一阁藏明代河南乡试录所透露的河南历科乡试应试人数来看，成化（1465—1487）至万历（1573—1620）初年河南乡试考生从最初的1500余人增至2600余人，弘治十一年（1498）新建的河南贡院共有1800多间号舍，至嘉靖七年（1528）后便已无法满足入场考生的需求，必须另外搭盖棚舍。明代中期河南乡试录取率略高，如成化二十二年（1486）丙午科约为5.3%，万历四年（1576）丙子科降至约3.3%。

6. 陕西贡院

陕西承宣布政使司所辖8府21属州95县的士子，在西安府参加乡试。西安府以长安、咸宁二县为附郭。明代陕西贡院在西安府治西北，系由左布政使许资奏请创建于明景泰年间。弘治八年（1495）乙卯科乡试之前，

---

① （清）田文镜，王士俊，孙灏，顾栋高：乾隆《河南通志》卷43《学校志下》，《景印文渊阁四库全书》第536册，台北：商务印书馆，1983年，第513—514页。

② （明）濮琰：《河南乡试录序》，《弘治十一年河南乡试录》，天一阁藏明弘治十一年刻本。

巡按陕西监察御史李瀚因贡院"校文之室幽隘弗展,乃饬所司拓而新之"。① 弘治十一年戊午科乡试前,陕西布政使、按察使行文巡抚督察院右副都御史熊翀、巡按监察御史马碁商议修整贡院,"规划经费,作新试院,百凡之务,既庀罔缺"。② 嘉靖四年(1525),巡抚王荩、巡按郑气将原为席棚的号舍全部改建为木质结构,并拓增数百间。此外还建筑内外各处院墙,又引通济渠于五星堂下。嘉靖十九年(1540),巡按张光祖重修贡院时,致力于调整内部各建筑方位:"明远楼在中,北为至公堂。堂北为四所,收掌所南有'为国荐贤堂',其北为外帘,匾以'精白一心',又匾曰'明公皆居'。文衡门南北则聚奎堂,旧止三楹,增为五楹。又其北为主考厅,五经房列左右,咸更新焉。"③

据天一阁藏明代陕西部分科年的乡试录,陕西贡院历科乡试应试士子的人数大约在1000—2500名之间,说明其考场内号舍数量亦当大致相当。明代陕西乡试前、中期的录取率相对较高,此后则不断下降。如成化十年(1474)甲午科约为6.5%,嘉靖二十八年(1549)己酉科则仅约为2.6%。

7. 四川贡院

四川承宣布政使司所辖13府6直隶州15属州111县的士子,在成都府参加乡试。成都府以成都、华阳二县为附郭。有关明代四川贡院的始建时间,乾隆《四川通志》、《同治重修成都县志》均未记载。据天一阁藏嘉靖十六年(1537)丁酉科四川乡试录,是年巡按四川监察御史金灿"以贡院隘弗称,乃相地量工,属有司恢拓之。于是垣屋焕然一新",④ 说明明代四川建有专门的乡试贡院。从天一阁所藏其他明代四川乡试录来看,历科四川乡试应试人数较多时可达2800余人,则明代四川贡院的号舍规模当亦

---

① (明)孙文原:《陕西乡试录序》,《弘治八年陕西乡试录》,天一阁藏明弘治八年刻本,第2—3页。
② (明)刘莹:《陕西乡试录序》,《弘治十一年陕西乡试录》,天一阁藏明弘治十一年刻本,第3页。
③ (清)刘于义,沈青崖:雍正《陕西通志》,《景印文渊阁四库全书》第551册,台北:商务印书馆,1983年,第764—765页。
④ (明)黄珠:《四川乡试录序》,《嘉靖十六年四川乡试录》,天一阁藏明嘉靖十六年(1537)刻本,第1页。

与之接近。明代四川乡试录取率相对较低,如嘉靖二十二年(1543)癸卯科仅约为 2.5%。

8. 湖广贡院

湖广承宣布政使司所辖 15 府 2 直隶州 17 属州 108 县的士子,在武昌府参加乡试。武昌府以江夏县为附郭。明代湖广贡院在"省城北凤凰山下",始建于正统年间(1436—1449),"号舍皆板屋"。成化七年(1471)重修,"地位轩豁,规模宏敞"。① 弘治五年(1492),湖广藩、臬诸臣与巡按监察御史汪宗器计划举行壬子科乡试,因"贡院湫隘",乃为之"辟而新之"。② 万历元年(1573)布政使施尧臣、陈瑞等始易以瓦。崇祯十五年(1642),提学高士泰增修。③ 据天一阁藏明代湖广乡试录,明代湖广乡试应试人数从成化年间的 1300 余人逐渐增加到嘉靖年间的 3300 余人,其间多经修葺、扩建,其号舍数量当亦与之相当。明代湖广乡试的录取率同样不断降低,如成化七年(1471)辛卯科约为 6.5%,而嘉靖三十七年(1558)戊午科仅为约 2.7%。

9. 浙江贡院

浙江承宣布政使司所辖 11 府 1 属州 75 县的士子,在杭州府参加乡试。杭州府以钱塘、仁和二县为附郭。浙江乡试贡院洪武初年在杭州府学西边,以仁和县学旧基建造。天顺三年(1459)乃移建于观桥东仁和仓旧址,"东北五里,视旧地宽广幽静,重门高埔,内外谨严"。至成化十年(1474)甲午科,因"人才寖盛,又以嘉、湖二府来属,地狭不足以容席舍",浙江左布政使张瓒乃与右布政使宁良、按察使戴珙及巡抚刘敷商议,决定重修贡院,"鸠工抡材,筮日举事。朽者更之,腐者易之。卑者崇之,隘者广之。废缺者补之,漶漫者增饰之,悉从改制。工出于在官之役,财

---

① (明)王文凤:《湖广乡试录序》,《成化七年湖广乡试录》,天一阁藏明成化七年(1471)刻本,第 3 页。

② (明)梁晓:《湖广乡试录序》,《弘治五年湖广乡试录》,天一阁藏明弘治五年刻本,第 1 页。

③ 吕调元,刘承恩:民国《湖北通志》卷 58《学校志四》,台北:华文书局,1967 年,第 1366 页。

出于公帑之羡，无扰于民"。① 新建的贡院"规模宏丽，甲于他省"。嘉靖四年（1525），巡按御史潘仿重建选秀堂、至公堂，拓建明远楼，新建瞭高楼，使其"规制大备"。嘉靖二十五年（1546），巡按御史杨九泽"易南隅民居，辟路迁门，复加缮治"②。

据天一阁藏明代乡试录，明代各时期浙江乡试应试人数基本在1400—4000人之间，说明浙江贡院能够容纳的考生人数亦当与之接近。明代浙江乡试的录取率不断下降，天顺六年（1462）壬午科约为6.4%，嘉靖四十年（1561）辛酉科仅约为2.3%。

10. 江西贡院

江西承宣布政使司所辖13府1属州77县的士子，在南昌府参加乡试。南昌府以南昌、新建二县为附郭。明洪武初年，因原来的元代江西贡院毁于至正壬辰兵燹，故仿照北宋宣和年间之例，"试士于上蓝寺"。洪武二十九年（1396）江西按察使房安与参政单玹在南昌东湖三皇庙故址改建贡院。嘉靖元年（1522），因东湖"湖水泛溢，贡院卑湿"，巡按御史程启元乃将进贤门外原宁王宸濠所建之阳春书院改建为贡院。嘉靖三十四年（1555）贡院毁于火灾，乃将原东湖贡院加以整修，重新在此举行乡试。③

据宁波天一阁藏明代江西历科乡试录，明代江西历年来的乡试入场人数大致在2500—4700之间，说明明代江西贡院可以容纳的考生人数亦大致在此区间。相比于其他各省，明代江西乡试的录取率相对更低，如成化十年（1474）甲午科仅约3.5%，此后大多数科年均在3%—4%之间徘徊，嘉靖四十年（1561）辛酉科更是仅约为2%。

11. 福建贡院

福建承宣布政使司所辖8府1直隶州57县的士子，在福州府参加乡

---

① （明）商辂：《重修浙江贡院记》，（清）李卫：雍正《浙江通志》卷30《公署上》，《景印文渊阁四库全书》第519册，台北：商务印书馆，1983年，第778页。

② （清）李卫：雍正《浙江通志》卷30《公署上》，《景印文渊阁四库全书》第519册，台北：商务印书馆，1983年，第778页。

③ （清）谢旻：雍正《江西通志》卷18《学校志二》，《景印文渊阁四库全书》第513册，台北：商务印书馆，1983年，第613—614页。

试。福州府以闽、侯官二县为附郭。明代福州贡院最初在谯楼东,洪武十七年(1384)布政使改建于城南,成化七年(1471)布政使朱英将其改建于将军山东北。正德十一年(1516)巡按御史胡文靖主持扩建,就近购买"民居八十区",东西各八丈,将大门改为南向。新建成的贡院"门庭宏邃,栋宇壮杰,而丹腹炳炳交辉。新规既拓,旧构复华,观者罔不动容属目"①。万历五年(1577),给事中萧崇业被派往册封琉球,暂借贡院为使馆。其家人不慎引发火灾,造成重大损害。②次年,就原址重建,规制更为完备:"中为至公堂,后为衡鉴堂,为抡才堂。堂之后为主考官房,为洗心亭,中竖御碑,东西为五经同考官房。外东为监临公署,西为提调、监试公署。又东列四所,曰对读,曰受卷,曰弥封,曰内供给。西二署,曰誊录,曰巡绰。至公堂之前为东、西文场,中为明远楼,四隅有瞭望楼。出大门外十武,为天开文运坊,东、西有坊,一曰明经取士,一曰为国求贤。又东为三司公署,今废。西为外供给所。中有桥,曰登瀛;有坊曰天衢,曰云路,曰龙门,达于通衢。"③万历三十七年(1609)八月,因遭遇连续十多天的大雨,至初六日福州贡院依然"水深数尺,文场垣舍倾坏",④最终不得不调整试期,本应在初八日凌晨入场的头场考试在初十日才告入场。

据宁波天一阁藏明代福建乡试录,除了明代初期的若干科次外,明代中后期福建历科乡试入场人数逐渐从1600余人增加到3000余人,这反映了不同时期福建贡院号舍的大致规模。明代福建乡试早期录取比例相对较高,弘治、正德年间多约为5%以上,嘉靖年间以后有所降低,在3%左右徘徊。

---

① (明)姚镆:《东泉文集》卷2《序》,《四库全书存目丛书》集部46,济南:齐鲁书社,1997年,第501页。
② (清)郝玉麟:乾隆《福建通志》卷65《杂纪·祥异》,《景印文渊阁四库全书》第530册,台北:商务印书馆,1983年,第307页。
③ (清)郝玉麟:乾隆《福建通志》卷19《公署》,《景印文渊阁四库全书》第528册,台北:商务印书馆,1983年,第39页。
④ (清)郝玉麟:乾隆《福建通志》卷65《杂纪·祥异》,《景印文渊阁四库全书》第530册,台北:商务印书馆,1983年,第307页。

12. 广东贡院

广东承宣布政使司所辖10府1直隶州7属州75县的士子，在广州府参加乡试。广州府以南海、番禺二县为附郭。明代初年，广东贡院"于光孝寺暂设棘闱"，从洪武十七年（1384）甲子科乡试开始，共在此举行了16科乡试。宣德元年（1426），将会城东北隅的西竺寺故址改建贡院，当年的丙午科乡试便是在新的贡院中举行的。不过，这所贡院后来也"经兵燹圮废"，导致清代初年再次"暂于光孝寺试士"。①

从天一阁藏明代广东乡试录的记载来看，明代广东乡试入场考生人数从明代前期的1000多人，逐渐增加到嘉靖年间的3000多人，万历年间再减少到2000多人。明代广东乡试录取比例降幅较为明显，如成化四年（1468）戊子科约为7.5%，而嘉靖三十一年（1552）壬子科仅约为2.5%。

13. 广西贡院

广西承宣布政使司所辖11府48属州50县的士子，在桂林府参加乡试。桂林府以临桂县为附郭。宋代广西静江府本建有一所贡院，入元之后被改建为临桂县学。元代广西属湖广等处行中书省管辖，因此不设贡院。明代天顺年间，广西贡院被"徙于新西门内"。②

据天一阁藏明代广西乡试录，从明代初期开始，广西乡试应试人数最多的时候只有1500余人，表明广西贡院的号舍数量亦当与之相当。从录取比例来看，广西乡试的难度较之其他省份要略低一些，如弘治五年（1492）壬子科约为7.9%，此后虽然同样不断下降，但均不低于3.7%。

14. 云南贡院

云南承宣布政使司所辖58府75属州55县的士子，在云南府参加乡试。云南府以昆明县为附郭。明初云南没有设立乡试考场，考生需赴南直隶应天府参加乡试。永乐九年（1411）云南独立开科，宣德四年（1429）令贵州士子到云南参加乡试。嘉靖十六年（1537），贵州另自开科。永乐

---

① （清）瑞麟，戴肇辰，等修，史澄，等纂：光绪《广州府志》卷65《建置略二》，台北：成文出版社，1966年，第100页。

② （清）金鉷：雍正《广西通志》卷35《廨署》，《景印文渊阁四库全书》第566册，台北：商务印书馆，1983年，第30页。

年间，经巡按云南监察御史王文题请，云南建造贡院。嘉靖年间，巡抚顾应祥增修。万历年间，巡抚刘世曾重修。明末，孙可望、李定国农民起义军自川入滇，将云南贡院"据为伪王府，多所拆毁"。①

据天一阁藏明代云贵乡试录、云南乡试录，嘉靖十六年云南、贵州分别举行乡试之前，云贵两省考生均在昆明之贡院参加乡试，其录取名额多所变更。云贵合试期间，两省考生的人数大约在1200—1500名之间。分闱之后，云南一省乡试士子也都在1500名以内。这应该是参照了云南贡院的号舍数量而在科试时调整了录取比例。天一阁藏明代乡试录数量较少，据其统计的录取率大约在2.7%—4.2%之间。

15. 贵州贡院

贵州承宣布政使司所辖10府9属州14县的士子，在贵阳军民府参加乡试。贵阳府以新贵、贵定二县为附郭。贵州在元代分属四川、湖广、云南三个行中书省，明永乐十一年（1413）设置贵州承宣布政使。嘉靖十四年（1535），巡按贵州监察御史王杏上疏，主张在府城西南隅选取胜地，从布政司藩库中拨银2400两，营建贡院。嘉靖十六年（1537）丁酉科，贵州独立举行了第一科乡试。② 经过近百年的使用，明代末年贵州贡院"毁于贼"。③

据天一阁藏4科的明代贵州乡试录，嘉靖年间贵州乡试的应试人数在1200人左右，至万历年间减少至900人左右。贵州乡试的录取名额有限，其乡试录取比例也都较低，大约在2.5%—3.3%之间。

需要指出的是，本文所列各省乡试录取比例，所指的仅是进入贡院参加乡试的人数与该科乡试录取举人人数之间的比值，而非完全是各省提学

---

① （清）范承勋，张毓碧，谢俨：康熙《云南府志》卷9《学校志二》，台北：成文出版社，1967年，第245页。

② （明）吴维岳：《贡院碑记》，（清）鄂尔泰，靖道谟，杜诠：乾隆《贵州通志》卷41《艺文志·记二》，《景印文渊阁四库全书》第572册，台北：商务印书馆，1983年，第426页。

③ （清）鄂尔泰，靖道谟，杜诠：乾隆《贵州通志》卷9《营建》，《景印文渊阁四库全书》第571册，台北：商务印书馆，1983年，第225页。

道科试所录可以参加乡试的人数，更不是各省有志应试的所有生监的人数。如据弘治十四年（1501）辛酉科江西乡试主考官郴州学正韩宗尧《江西乡试录序》，该科实际进入考场的生监共为"三千有奇"，但此前报名参加科试的生监则"雾滃云集，无虑万人"。经过江西提学道科试之后，"阅而汰其太半，以进之巡按"，而江西巡按监察御史又"覆阅而汰其十二，以进之场屋"，最终只有3000多人获得了乡试资格。该科共录取95名举人，为当时江西乡试的定额。因此，韩宗尧才会在赞叹江西为"多才之大藩"之余，进一步感叹士子科举路途之艰难："盖几百人而得一人也，欹欤难哉！"①

文献记载表明，在科试结束之后、乡试开始之前，各省藩、臬和巡按监察御史要遵例对提学道所取士子进行复试。一般情况下，复试不会大规模淘汰科试录取生监，但也有例外。如弘治五年（1492）壬子科江西乡试前，提学道黄仲昭在科试中录取的生监有"四千有奇"，而在复试阶段，巡按御史韩明与藩、臬两司"汰黜过半"。②有的时候还会额外多录取一些考生进入考场。如弘治十一年（1498）河南乡试前，巡按监察御史李瀚任乡试监临，乃"合提学副使车玺所取七郡士严加复试，而又增其所遗，总一千八百人有奇"。③又如正德十一年（1516）丙子科江西乡试，监察御史李润兼任监临，因"士入试者旧不盈二千，颇病于狭"，于是与提学道田汝耕商议"少增至二千五百有奇，而得以尽士之蕴"。④

作为乡试监临官，巡按御史在复试阶段对提学道科试所取考生进行复试，一方面是检查应试生监是否存在枪替等舞弊行为，另一方面也可以根据贡院的号舍数量而对入场人数进行增减。如弘治十四年（1501）辛卯科

---

① （明）韩宗尧：《江西乡试录序》，《弘治十四年江西乡试录》，天一阁藏明弘治十四年刻本，第7页。
② （明）柯德赞：《江西乡试录序》，《弘治五年江西乡试录》，天一阁藏明弘治五年刻本，第2页。
③ （明）濮琰：《河南乡试录序》，《弘治十一年河南乡试录》，天一阁藏明弘治十一年刻本，第2页。
④ （明）颜烨：《江西乡试录序》，《正德十一年江西乡试录》，天一阁藏明正德十一年刻本，第2页。

福建乡试之前，提学道刘丙"历试诸郡，得士二千人以俟"，到了复试阶段，监察御史陆偁经过"量地而舍之"，发现贡院"仅容千七百有奇"，于是"复通试之，取之如舍数"。① 总体而言，从长时段的发展来看，各地文风的盛衰推动了贡院号舍数量的增减，而在某一时段内，贡院号舍数量的多少也决定了各省乡试应试人数的多少。

四、明代院试考场

明代科举必由学校，除了一些特殊的儒户，所有士子必须先经过提督学道主持的岁科试，被录取为各地方官学的生员，方能由此踏上入贡、中举的科举仕途。提督学道始设于明英宗正统元年（1436）五月，称为"提调学校官"，规定全国各直省中，"南、北直隶各置御史一员，余置按察司副使或佥事一员，专督学校"。② 后或称提督学院，简称提学道或提学。提督学道是一省主管教育、科举的最高长官，每三年一任期，需两次巡行全省，以府和直隶州为单位，分别主持岁试、科试。一方面考试童生录取为生员，另一方面考试生员，根据其成绩按六等黜陟法进行奖惩，科试中名列一、二等者则获得赴省城贡院参加乡试的资格。

提督学道按临各府、直隶州，当地地方官一般要在其会城设置行署，供学政住宿、办公，并以之为考场，举行岁试、科试。有些省的督抚、提督学道会根据各府、直隶州的地域范围与考生人数的多寡，呈请朝廷批准合若干个府和直隶州共建一个学道行署。至明代中后期，学道行署中一般会附建专用考场，称为试院，以区别于乡会试之贡院。

也有一些府、直隶州的学道试院并未建造于会城之中，而是建造于普通的非附郭县。如据光绪《蒲城县新志》记载，陕西蒲城县在明代万历年间曾在"县署西建设考棚，凡属华州者均来应院试"。蒲城县在清代属同州府管辖，明代则属西安府。这座建造于蒲城县的考场虽然称为"考棚"，

---

① （明）徐㵆：《福建乡试录序》，《弘治十四年福建乡试录》，天一阁藏明弘治十四年刻本，第 2 页。
② （清）嵇璜，曹仁虎：《钦定续文献通考》卷 50《学校考》，《景印文渊阁四库全书》第 627 册，台北：商务印书馆，1983 年，第 399 页。

但却是华州（明代散州亦可领县）及其所辖华阴、蒲城二县"应院试"的场所，说明它本质上是一所学道试院。到了明代末年，由于"流寇梗途，渭以南诸县合试于华，同州五属俱寄试于蒲"①。也就是说，此时在华州又新设了一所学道试院，而蒲城县虽然是华州的属县，但其所建学道试院却同时供本县及同州、朝邑、合阳、韩城、澄城、白水合计 1 州 6 县生童院试之用。蒲城县这座学道试院，清初依然沿用，康熙初年废弃后，康熙五十一年（1712）重修后被作为蒲城、澄城、白水三县的府试考场。

  明代陕西之所以在蒲城县设学道试院，当是与其所属的西安府辖境过大有关。据《明史》记载，明代西安府一共领有 37 个州、县②，大致相当于清代的西安府、同州府、乾州、商州、邠州 2 府 3 直隶厅的范围。如此广袤的辖境，如果西安府仅在长安县或咸阳县设置一座学道试院，则势必难以协调全部 37 个州县生童的院试日期，同时也势必导致很多偏远州县的生童饱受道路奔波之苦。因此，明代才会在西安府辖境内设置了至少 5 处学道试院，即除了在三原县设提督学道署及试院之外，还分别在乾州、商州、蒲城县、华州借用察院等衙署设置督学行署或考院。如乾州便是以原本为"巡按巡茶按临之所"的察院改建为"考院"，万历乙卯（1615）知州夏思曾、崇祯五年（1632）知州杨殿元又分别扩建、重修。③

  也有不少府、直隶州的学道试院被建造于交通便利、方位适中的非附郭城市。如江苏应天府有两座试院，一座"在府城大功坊南，明嘉靖间御史卢焕建。万历间圮，御史陈贞复建"，另一座"在句容县治东南旧书院址"。④ 这两座试院，前者为明代前期、中期提督学道驻节下榻、主持考试之所，后者为万历二十三年（1595）督学陈某所建。万历四十年（1612）

---

  ① （清）李体仁，王学礼：光绪《蒲城县新志》卷 4《学校志》，台北：成文出版社，1969 年，第 164 页。
  ② （清）张廷玉：《明史》卷 42《地理三》，北京：中华书局，1976 年，第 993—998 页。
  ③ （清）刘于义，沈青崖：雍正《陕西通志》卷 15《公署》，《景印文渊阁四库全书》第 551 册，台北：商务印书馆，1983 年，第 794 页。
  ④ （清）赵弘恩，黄之隽：乾隆《江南通志》卷 91《学校志》，《景印文渊阁四库全书》第 509 册，台北：商务印书馆，1983 年，第 543—544 页。

经督学熊廷弼重修后，历任学道便在此驻节，成为专门举行应天府生童岁试的试院，而科试则依然在府城试院举行。

和应天府试院一样，明代南直所辖 14 府、4 直隶州仅应天、苏州等 6 府建造了试院，且建成时间较晚。在建成试院之前，则因地制宜利用学道行署或相关建筑组织临时考场。据乾隆《江南通志》卷 91《学校志》，南直隶 18 个府州除应天府试院外，苏州府试院位于昆山县城荐严寺旁，最初为宣德间知县罗永年建造的巡抚行台，"后为督学校士之署"。常州府试院位于江阴县吴良镇，万历四十三年（1615）学使按部校士，知县许达道"拓而新之"，崇祯间学使倪元珙"购民居增拓辕门"。宁国府试院在府治西宛陵书院旧址，明宣德中推官尹崇高因书院故址建造试院，正统间知府增修，除用作试院外同时作为巡抚行台以及"宪使往来公馆"。池州府试院在府城西街，旧本为西察院，其功能一方面是学使按临校士之所，同时也是"宪使往来驻节之地"。凤阳府试院在府治东，原为西察院，明成化间知府南鹏建为试院。另外，松江府生童附试于昆山县苏州府试院，镇江府生童附试于江阴县常州府试院。其余淮安、扬州等 6 府及徐州等 4 直隶州的试院情况，《江南通志》均未记载，很可能都是采取在察院或衙署搭建临时考场的方式进行考试。

明代各地文风有别，读书应试者多寡不一，因而也造成了各地试院分布不均的情形。如明代南直隶总体上文教鼎盛，但应天府之岁试、科试发展出两座试院，但其他各府则相对欠缺，而松江府、苏州府则合用位于昆山县的苏州府试院。该试院本为宋代范文穆公即范成大的石湖书院旧址，明代宣德年间改为巡抚行台，"后为提学御史校试苏、松两郡之所"。到了明代末期以至清代初年，昆山县这一试院年久失修，导致苏州府士子不得不往江阴县淮安府试院参加岁科试，有时候则不得不"权宜郡学"。[①]

由于文献记载的详略不同，仅就本文对各省方志资料的掌握来看，相比于清代而言，明代全国各府、直隶州中建造了专门督学试院的并不多

---

① （清）金吴澜，汪堃：光绪《昆新两县续修合志》卷 3《建置志》，台北：成文出版社，1970 年，第 58 页。

见。在未建试院的地方，其岁科试当与此前唐宋元朝一样借用衙署、官学或寺庙搭建临时考场。如江西抚州府，南宋孝宗隆兴二年（1164）抚州知州陈森在治事厅故基建造了抚州贡院，元代被改为湖东道肃政廉访分司的衙署，明代则被作为按察分司衙署。洪武二年（1369）抚州知府李廷桂、成化丁未（1487）抚州知府周瑛先后重修。清朝初年遵循明代旧例，"凡御史巡方、督学考校，皆在焉"①。至顺治十八年（1661）巡按监察御史被裁革之后，才"专为考署"，成为专门的岁科试考场。

明代各地为学使按临建造专门的考场，一定程度上是出于节省考试成本、减轻百姓负担的考虑。如据明人陈懿典《宏文馆碑记》指出，历来督学使者到嘉兴府主持岁科试，都是借用大察院作为考场，临时搭盖棚舍组织考试。这种方式，往往会形成"耗费帑藏，葺墍鸠工，烦累浃旬，不即告竣。试毕给散，薪木化为败物。三载间岁科接踵，再兴再废"的可怕循环，给百姓造成极大的困扰。②为此，崇祯年间知府郑瑄主动"割俸为七邑令尹倡"，建成一间可以容纳千人的校士馆。当然，这种临时搭盖棚厂作为院试临时考场的方式，也时常被人们认为不便于考试。如山西平阳府"旧无试院，岁于旷地盖厂校士，民苦其役，士患风日，雨雪不足蔽"，因此，明代末年"始因废仓故址，创试院"，这样才使得"士民交便之"。③

五、明代县试考场

明代岁试、科试每三年各举行一次，由提督学道主持。除考校学校生员外，还选拔童生进入府厅州县之官学，称为生员。学者研究指出，明代正统年间以前，提学官尚未设立，各地官学取录生员之权基本由地方守令掌控。正统初年才开始由提学官主导考选生员，至天顺六年（1462）才最

---

① （清）许应鑅，朱澄澜，谢煌：光绪《抚州府志》卷18《建置志》，台北：成文出版社，1970年，第286—287页。
② （明）陈懿典：《宏文馆碑记》，（清）许瑶光，吴仰贤：《光绪嘉兴府志》卷7《公署志二》，上海：上海书店出版社，2000年，第180页。
③ （清）邹士璁：《重建平阳试院记》，刘玉玑，张其昌：民国《临汾县志》卷5《艺文类上》，台北：成文出版社，1976年，第821页。

终确定由提学官独掌生员考选之权。而以三级考试为标志的童试制度则出现在正德朝，确立于嘉靖朝。①

明代童生之岁、科试，统称为童试，分县试、府试、院试三个级别，分别由知县（或散州知州）、知府（或直隶州知州）和提督学道主持。府试和院试所对应的行政区划完全一致，因此如果该府或直隶州的提督学道行署中建有试院，则府试便可与之共用同一考场；如果提督学道行署中未建试院，则多在府衙、府学或邻近寺院搭盖临时考棚，如前引明末南直隶苏州府便是"权宜郡学"。

县试阶段是否需要建造专门的考场，明代国家或地方政府并无相应的规定。从地方志的记载来看，明代县试级别的考场极为少见。如据宣统《建德县志》记载，建德县有"旧试院"和"新试院"，其中新试院建于乾隆四十一年（1776），旧试院则是"在东街，明洪武初年知县夏霖建，后圮"。县志没有说明"后"的具体年份，只说它在乾隆二十四年（1759）被知县宁鳌"即其址改建储备仓"。②又如湖广岳州府华容县在明代嘉靖年间由教谕王佛麟在教谕署西庑后创建了试院，其中也建有号舍，但是"后改为教谕署"。③光绪《华容县志》同样没有说明"后"的具体年份。由于明清时期并不缺乏非附郭县而建有学政试院的案例，而宣统《建德县志》和光绪《华容县志》的记载又过于简略，因而明代洪武年间安徽建德县和明代嘉靖年间湖南华容县分别创建的"试院"究竟属于院试试院还是县试考棚，目前尚无法断定。另有学者指出，明代河南汝阳县建有县试考棚④，不过据笔者复查其所引资料，则文中所引康熙《汝阳县志》卷10《艺文志》刊载的叶秉敬（1562—1627）所撰《天中校士馆碑记》中叙及的"天

---

① 郭文安：《明代童试确立时间考》，《江海学刊》2018年第3期，第50页。
② （清）张赞巽：宣统《建德县志》，清宣统二年（1910）刻本，卷7《学校志》，第72页。
③ （清）孙炳煜，张钊：光绪《华容县志》卷5《学校志》，台北：成文出版社，1975年，第139页。
④ 李兵，李志明：《明代童试与生员中举率再探》，《大学教育科学》2013年第4期，第79页。

中校士馆"实际上并非汝阳县的县试考棚,而是汝阳县所属的汝宁府的学道试院。叶秉敬在文中提及的"天中生儒八千有奇"也不能理解成为"汝阳县的考生人数更多,县试人数多至八千人",而是指汝宁府及其下辖的14个州县的全部考生,包括生员、童生在内,合计有8000人。之所以康熙《汝阳县志》要刊载这篇叙述本府校士馆的记文,是因为汝阳县是汝宁府的附郭县,汝宁府校士馆的位置就在汝阳县城里面。

迄今为止,除了光绪《华容县志》所记载的这所存在时间可能极短、级别尚难确定的"试院",本文还没有发现其他州县级别的明代县试考场。不过,可以肯定的是,就像清代初年各地的做法一样,明代大部分时期各州县举行县试时,其考场都是借用县衙、官学或寺院等作为临时考场,临考时搭盖棚厂,考后拆除。

本章结语

经过唐宋辽金元明各时期的发展演进,承载着古人公平取士、为国求贤理想的科举制度在明代末年逐渐进入了一个日益成熟的历史阶段。不管是考试场规的日渐严格,还是考试内容、应试文体的全面固定,以及社会各个阶层对科举的普遍认同,都达到了新的高度。从贡院的角度来看,从唐代发展到明代,逐步形成了涵盖会试、乡试、院试等多个级别的颇为完整的贡院系统。在清承明制的背景下,清代贡院所承担的任务,便是在明代的基础上进一步发展,首先是完成各级别贡院的普及化,其次是将贡院各功能建筑形制规范化,再次是在较长时间内使贡院建筑固定化,最后是从规模、材质、装饰等方面使贡院更为美观化。

第三章

清代贡院的级别类型

中国历代贡院的级别分类体系发展至明代已经趋于完整，并为清代贡院的发展提供了借鉴。而随着赋役制度变革的影响日益加深，清代贡院尤其是州县级别考棚的建造和管理更为成熟，并日益增添了公益元素，成为中国教育公益文化史不可或缺的部分。此外，从普及的程度来看，清代贡院的级别类型不仅全部齐备，而且分布相当广泛。如以《（光绪）重修安徽通志》为例，尽管由于清代安徽考生必须在南京参加乡试，安徽本省没有建造乡试贡院，但志中所记载的府级以下科举专用考场则显得极为齐备，其中府、直隶州的考场一律称为试院，而县级（含散州）的考场则一律称为考棚。乾隆《浙江通志》记载的科举专用考场，乡试级别称为贡院，院试级别的一律称为校士馆。受其影响，光绪《处州府志》也将学政试院称为校士馆，而将县级考场统称为试馆。

总体而言，清代的科举考试场所主要有三种类型，即专门型、附属型和临时型。其中，临时型科举考试场所不仅是清代以前科举考试场所的常态，而且也是清代各地非常普遍的科举考试场所类型，存在于清代各省童试阶段的各个级别考试。清代各府州县在建成专门的考棚、试院之前，均曾采用临时型考场组织相应级别的考试，这种情形甚至连各省贡院都无法避免。附属型科举考场并非清代科举考试场所由临时型向专门型发展的必经阶段，它们体现了清代社会在建造专门型科举考场即各类贡院前的彷徨挣扎。专门型科举考试场所的数量众多，级别最全，规模最大，它们是清代贡院发展的终极目标。

第一节 清代殿试场所与乡会试贡院

从贡院的角度来看，清代是中国历代科举发展最为成熟的时期。在三大级七小级的清代科举系统中，除了第一大级中的殿试之外，其余六个小级的考试几乎都建造了专门考场。其中，由于第一大级中的会试专用考场与顺天乡试合用顺天贡院，故而仅从建筑类别来看，清代最高级别的科举专用考场便是乡试贡院，这与明代科举完全相同，而与宋代科举之最高专用考场为礼部贡院则有所区别。

一、清代殿试场所

殿试考场，是清代级别最高的临时型科举考试场所。当然，尽管清代殿试并未建造专用考场，但是即便只是临时借用，清代殿试依然有较为固定的场所。尤其是在考试期间，为了保证考试的公平、便捷、保密，殿试的考试场所也参照乡会试的考场规则进行布置。

清代殿试考场以乾隆五十四年（1789）为分界线，此前均以太和殿［清顺治十四年（1657）之前曾在天安门外］为考场，此后改以保和殿为考场，均于殿前广场排放试案，雨天则在廊檐之下考试。

1. 考场范围

清代前期，殿试主要在太和殿前广场或两廊举行，南边以太和门及其左右两边的贞度门、昭德门为界，北边以太和殿及其左右两边的中左门、中右门为界，东、西各以围墙为界，形成了一个相对封闭的接近正方形的临时考场。

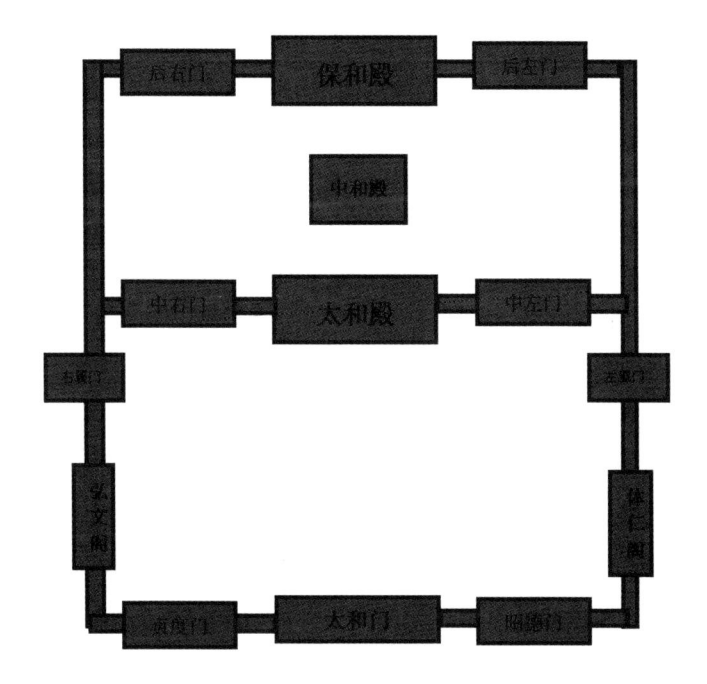

图 3-1　清代殿试考场示意图

乾隆五十四年（1789），改为在保和殿外的广场上举行殿试，北边以保和殿及其左右之后左门、后右门为界，南边以太和殿及其左右之中左门、中右门为界，东、西各以围墙为界，形成一个相对封闭的长方形考场。清代后期也有个别科次不在保和殿殿试，如嘉庆十四年（1809）因维修保和殿，改为"照旧例于太和殿两廊列坐考试"。

2 考场布置

殿试前一日，鸿胪寺在保和殿内东边和保和殿外丹陛正中各安置一张黄色桌案，用于考试当日放置试题。同日，光禄寺负责派人在太和殿或保和殿外广场摆放试案，如遇雨雪天气则摆放于廊庑之中。礼部司官与銮仪卫堂官一道，指挥銮仪卫校尉凭腰牌进入考场，在试案上依次贴上写有考生姓名和会试名次的纸条。①

---

① （清）礼部：《钦定科场条例》卷 55《殿试》，沈云龙：《近代中国史料丛刊三编》第 48 辑，台北：文海出版社，1989 年，第 4216—4217 页。

3. 考试流程

清初承明制，于三月十五日举行殿试。乾隆二十六年（1761）改为四月二十一日殿试，四月二十五日传胪，并成为定制。① 此后虽偶有不同，如乾隆四十五年（1780）因第五次南巡，改为五月十日殿试，乾隆四十九年（1784）也是因为南巡改为四月二十六日殿试，但其他时期则基本沿袭不变。殿试当日"辨色"，即黎明时分，内阁官身穿朝服，将刷印好的试题双手捧至保和殿内的黄色桌案上。同时，考生从午门进入紫禁城，向北走过金水桥，在太和殿前太和门的左右二门贞度门、昭德门外排队等候。其中，会试名次为偶数的考生在贞度门外（朝北为左）等候，会试名次为奇数的考生在昭德门外（朝北为右）等候。② 礼部分派两名堂官，分别在昭德门、贞度门依次点名，向考生分发殿试试卷。这一排队方式及地点与清代前期是相同的，如康熙六年（1667）缪彤（1627—1697）参加三月二十日殿试，礼部仪制司员外郎俞有章负责入场点名，他不断提醒考生："名数单者从左掖门入，双者从右掖门入。"缪彤想起自己会试成绩是第 36 名，"当在右"，因此"由贞度门至太和殿前，行三拜九叩头礼"。③ 礼部及鸿胪寺官员各穿朝服，引领考生分别从太和殿的中右门（朝北为左）、中左门（朝北为右）进入保和殿前的大广场，由 20 名大门侍卫带领，至保和殿殿阶之末，依次站立等候分发试题并入座开考。

此时，所有读卷大臣及相关监试官员等均在保和殿丹陛之东站立。一名大学士进入保和殿内，从黄色桌案上捧起试题，出保和殿中门至檐下。礼部堂官跪接试题，从正中走下台阶，来到丹陛前的黄色桌案旁，跪地将试题安放其上，并行三叩首礼。鸿胪寺官先带领读卷官、执事官至丹陛前依次排队，由赞礼官指挥，行三跪九叩首礼。之后，全体考生亦由鸿胪寺

---

① （清）礼部：《钦定科场条例》卷 55《殿试》，沈云龙：《近代中国史料丛刊三编》第 48 辑，台北：文海出版社，1989 年，第 4240 页。
② （清）礼部：《钦定科场条例》卷 55《殿试》，沈云龙：《近代中国史料丛刊三编》第 48 辑，台北：文海出版社，1989 年，第 4227 页。
③ （清）缪彤：《胪传纪事》，（清）王晫：《檀几丛书》，清康熙三十四年（1695）刻本，卷 8，第 2 页。

官指引，左右各分两行，前行至丹陛之下，由赞礼官指挥，行三跪九叩首礼。

行礼之后，开始分发试题，"礼部派满洲、汉司官各二员，分引笔帖式四员，举题案。满洲、汉司官各四员散给题纸"①，考生一律跪地接题。试题分发完毕，考生再行三叩首礼，起身后由鸿胪寺官指引，各自来到试案之前，根据试案所贴姓名条对号入座。

考生点名入场时，其笔砚等考试用具，由銮仪卫派遣校尉代其搬送。考生在各自座位安顿好后，各校尉将考具交给考生，即行退出太和殿外。读卷大臣离开考场，到文华殿南边的内阁休息，殿试考试正式开始。

考试期间，由礼部事先奏请派遣两名护军统领在保和殿外中左、中右两门专司稽查。②乾隆五十四年（1789）规定，考生考试期间饮用茶水，此前由护军校尉在场伺候，今后改由宫内太监经管。③

殿试考试时长，最初并未限定。乾隆四十六年（1781）上谕规定，"向来殿试，新进士有至次早始交卷者"，虽然是因为考生为慎重起见不肯轻易落笔，但一来"考试给烛，最滋弊窦"，更深人静时"防闲更未能周"，二来"殿廷重地，尤宜谨慎"，因此今后殿试交卷时间一律"以日入为度，不得仍准给烛"。④不过，据乾隆四十八年（1783）礼部奏请按照翰林院庶吉士朝考试卷备办殿试试卷的奏折显示，此前考生之所以"每至次早始能交卷"，很大一部分原因是"殿试正卷式样甚长，字体亦大，士子书写不易"。⑤

---

① （清）礼部：《钦定科场条例》卷55《殿试》，沈云龙：《近代中国史料丛刊三编》第48辑，台北：文海出版社，1989年，第4222—4223页。
② （清）礼部：《钦定科场条例》卷55《殿试》，沈云龙：《近代中国史料丛刊三编》第48辑，台北：文海出版社，1989年，第4192页。
③ （清）礼部：《钦定科场条例》卷55《殿试》，沈云龙：《近代中国史料丛刊三编》第48辑，台北：文海出版社，1989年，第4199页。
④ （清）礼部：《钦定科场条例》卷55《殿试》，沈云龙：《近代中国史料丛刊三编》第48辑，台北：文海出版社，1989年，第4242—4243页。
⑤ （清）礼部：《钦定科场条例》卷55《殿试》，沈云龙：《近代中国史料丛刊三编》第48辑，台北：文海出版社，1989年，第4244页。

考生答题完毕后，统一从中左门交卷后出考场。乾隆二十五年（1760）增设监试大臣后，考生正卷均呈交监试王大臣，由其在考生策论结尾处标画，"逐卷画押，以防抽换"。全体考生交完卷后，监试王大臣将所有试卷统一转交受卷官。受卷官清查无误后加盖印戳，再交弥封官逐一弥封，加盖印戳，全部装入卷箱，由收掌官送交文华殿，等待读卷大臣评阅，排定甲次。考生的草稿本需统一交给礼部官，再由监试御史、受卷官另行封存，"俟察看标识时一并查核"。①

4. 殿试阅卷

清代殿试读卷官在文华殿阅卷，阅卷工作需在考试结束后两日内完成。两天之中，读卷大臣与监试御史、收掌官等需"住宿文华殿两旁"，阅卷期间不许外人出入，"其门上启闭，交与景运门护军统领派拨护军管理"。② 阅卷官阅卷、睡眠所需炕、案等器具，由工部在殿试前一日送到文华殿及其两廊房间内安设，并需负责安放、打扫工作。

由于殿试例不黜落，且有资格参加殿试的考生均已身经百战，相互之间的差距并不太大，因而考生为获得理想的甲次排名，答题时往往投机取巧，希图"幸进"。如在文内插入"颂联"，将心思放在讨好考官和皇帝上面。如乾隆三十六年（1771）上谕指出，此前早已下旨设法整顿"殿试对策贡士多用颂联"的不良风气，但却并无实际效果，近期内读卷大臣进呈的前十名试卷依然"颂多规少"，有些甚至"语涉瑞应"；③ 道光三十年（1850）候补京堂张锡庚也奏请命贡士在殿试策对时"删去颂联"④。而殿试读卷官则多看重考生楷书字迹之优劣，以卷面的美观与否作为评判考生素质优劣之标准。这种重形式轻内容的阅卷倾向，也长期招致了人们的批

---

① （清）礼部：《钦定科场条例》卷55《殿试》，沈云龙：《近代中国史料丛刊三编》第48辑，台北：文海出版社，1989年，第4225页。
② （清）礼部：《钦定科场条例》卷55《殿试》，沈云龙：《近代中国史料丛刊三编》第48辑，台北：文海出版社，1989年，第4227页。
③ （清）礼部：《钦定科场条例》卷55《殿试》，沈云龙：《近代中国史料丛刊三编》第48辑，台北：文海出版社，1989年，第4241页。
④ （清）礼部：《钦定科场条例》卷55《殿试》，沈云龙：《近代中国史料丛刊三编》第48辑，台北：文海出版社，1989年，第4252页。

评。如乾隆二十五年（1760）清高宗便批评"向来读卷诸臣，率多偏重书法"，要求读卷官应首重"文义通畅"而非"书法端楷"，道光三十年（1850）御史戴絅孙也建议"殿试不宜专尚楷字"。

殿试后第三日黎明，读卷大臣须将所选出的前十名试卷"进呈钦定"，即由皇帝决定其名次。清朝前期，前十名试卷不拆弥封。如康熙六年（1667）殿试传胪，该科状元缪彤在传胪前一天听闻传言"某人状元，某人榜眼，某人探花"，因此自认为"彤已无望，不过随班行礼而已"。因此当传制官喊了三遍他的名字，他依然不敢相信是在叫自己，直到"礼部官掖之前，然后出班跪"。由于他的犹豫迟疑，未及跪倒，传制官便已经宣读榜眼张玉裁的名字，属于违制，导致该传制官被纠仪御史检举，竟然受到了"罚俸三个月"的处罚。① 乾隆二十五年以后，为防止有人调换试卷，规定由读卷官与监试大臣一起拆开弥封，并由吏部、礼部司官预先传集相应的十位考生，由读卷大臣进呈试卷时带领引见。皇帝钦定名次后，读卷官带领前十人入内参拜。之后，读卷大臣命人调取考生原卷，在红本房誊写名次，"前三卷填写一甲第几名，后七卷填写二甲第几名"，② 并捧至内阁，将其余各卷依次书写甲次名次后，再开启弥封，交给填榜官填榜。再由内阁学士捧榜至乾清门加盖皇帝之宝印章。

清代前期，在太和殿举行传胪大典。乾隆二十六年（1761）以后，殿试日期确定为四月二十一日，传胪日期确定为四月二十五日。③ 殿试改在保和殿后，传胪大典仍在太和殿举行。皇帝亲临太和殿，新进士穿公服，戴三枝九叶顶新帽，行传胪大典。传胪之后，一甲三名随大金榜由太和门、午门、中门出，其余二甲、三甲进士由左边昭德门和左掖门、右边贞

---

① （清）缪彤：《胪传纪事》，（清）王晫：《檀几丛书》，清康熙三十四年（1695）刻本，卷8，第2页。
② （清）礼部：《钦定科场条例》卷55《殿试》，沈云龙：《近代中国史料丛刊三编》第48辑，台北：文海出版社，1989年，第4220页。
③ （清）礼部：《钦定科场条例》卷55《殿试》，沈云龙：《近代中国史料丛刊三编》第48辑，台北：文海出版社，1989年，第4305页。

度门和右掖门出，送至东长安门外张挂。① 至此，以保和殿为临时考场之殿试基本宣告结束。

殿试是清代科举最高级别的考试，也最受朝野重视，历任皇帝也都对殿试场规郑重其事，多次下旨严饬。延至晚清，国力渐衰，殿试纪律日渐松弛。如光绪元年（1875）御史张道渊的奏折里便指出，近期殿试交卷，有些考生离开座位后，竟然在交卷地点中左门前"秉烛书写，延至夜半始行交卷"。光绪三年（1877）殿试，有些考生竟然"争取题纸，任意喧哗"。光绪六年（1880）殿试因内阁未能及时恭设策题，导致"诸贡士急欲得题，以致纷纷争取"，考场一片混乱。御史李振南也上奏指出，该科殿试清场后，考生已经全部离场，但却竟然"尚多未缴之卷"，直到二更天才缴齐，这说明有不少考生把试卷带出了考场，"于他处接烛补写完好，始行缴入"。光绪九年（1883）给事中李肇锡的一道奏折则指出，之所以会出现那么多的乱象，一个重要的原因是在殿试行将结束交卷的时候，前来接班的各衙门人员纷纷"招邀朋辈，纷至沓来"，这些官员利用职务之便帮助考生"挖补错伪，修改字句，从容闲暇，可至夜分"；有些没有写完的考生则先写结尾，空着试卷的中间部分，请求监试大臣容情画押，然后再到中左门外补写。考生、考官们之所以要如此作弊，原因就在于"士子进身之始，惟殿试为最重，一甲之与三甲判若天渊，仕宦年资，终身以此"②。殿试例不黜落，为了获得更好的考试名次，考生及其同乡京官不惜破坏游戏规则也便难以避免。面对各种批评意见，清廷除了一次次地下旨严令考官各尽职守、考生严守场规，再无其他可行的办法。

二、清代会试贡院

清代殿试与会试是两种不同性质的考试。后者遵循择优录取的原则，按照考生答题的表现决定去取，属于淘汰性考试，而殿试则不会按照考试

---

① （清）礼部：《钦定科场条例》卷55《殿试》，沈云龙：《近代中国史料丛刊三编》第48辑，台北：文海出版社，1989年，第4300页。

② （清）礼部：《钦定科场条例》卷55《殿试》，沈云龙：《近代中国史料丛刊三编》第48辑，台北：文海出版社，1989年，第4263页。

成绩进行优胜劣汰,属于排位性考试。从考试场所来说,殿试没有专用考场,而会试则和以直隶省、八旗、国子监考生为主的北闱乡试共用顺天贡院。

顺天贡院始建于明永乐十三年(1415),系以元朝礼部旧署加以改建而成。明万历三年(1575)又在原址及周边空地进行扩建,规模更为开阔。①清代建立后,继续沿用顺天贡院作为会试和顺天乡试的考场,并多次进行维修。其中,乾隆二十七年(1762)扩建后的规制极为闳敞,仅龙门便有三重,有普通考生号舍9064间,官生号房61间,小号房836间。②此次增修贡院,除各类房屋数量均告增加之外,其入场点名的入口也增加了两处。原有贡院仅设东、西两道砖门,点名入场时往往需要长时间的排队等候,以至于"唱名迟滞"。此次扩建,乾隆皇帝"特命于南照壁增辟砖门二"③,形成东、东南、西南、西四道入场砖门。至同治年间再次增修时,共增加号舍3000多间。

从时人的记载来看,清代会试共分三场,考生每场所坐号舍并不相同。如康熙六年(1667)缪彤参加会试,便是"二月初九日第一场,坐淡字号","十二日第二场,坐珠字号",④说明每场考试之前考务管理人员都要重新编排座次。

三、清代乡试贡院

清代科举制度继承明制,其中也包括对乡试贡院的全面继承。清代建立初期,全国共有15座乡试贡院,其中南、北直隶各1座,其余13布政使司各有1座。康熙年间以后,随着全国人口的不断增加,省级行政区划

---

① (清)于敏中:《钦定日下旧闻考》卷48《城市》,北京:北京古籍出版社,1985年,第747页。
② (清)李鸿章,黄彭年:光绪《畿辅通志》卷12《京师》,上海:商务印书馆,1934年,第501页。
③ (清)于敏中:《钦定日下旧闻考》卷48《城市》,北京:北京古籍出版社,1985年,第753页。
④ (清)缪彤:《胪传纪事》,(清)王晫:《檀几丛书》,清康熙三十四年(1695)刻本,卷8,第1页。

也逐渐增多，导致乡试贡院的数量也相应增加。截至光绪三十一年（1905）清廷宣布停罢科举，全国共有17座乡试贡院。表3-1反映了清代各省乡试贡院的始建年份及其号舍数量相对较多时期的情形。

表3-1 清代全国乡试贡院号舍规模一览表

省别	始建	文献所载清代号舍数量
顺天	明永乐十三年（1415）	1886年建有号舍15 000余间
江南	明景泰五年（1454）	1873年建有号舍26 040间
江西	宋宣和元年（1119）	1867年号舍增至17 591间
浙江	明天顺三年（1459）	1873年共有号舍13 276间
山东	明洪武四年（1371）	1825年建有号舍8099间
福建	宋元祐五年（1090）	1828年扩建号舍增至9300余间
河南	明天顺六年（1462）	1844年重建号舍11 866间
山西	明正统十年（1445）	1830年共建有号舍8000余间
陕西	明景泰间（1450—1457）	1873年号舍增至11 490间
甘肃	清光绪元年（1875）	1875年有号舍4000余间
四川	清康熙四年（1665）	1870年号舍增至13 935间
湖北	明正统间（1436—1449）	1869年号舍增至12 200余间
湖南	清雍正元年（1723）	1865年号舍增至10 350间
广东	宋淳祐间（1241—1252）	1862年号舍增至10 708间
广西	清顺治十四年（1657）	清末有号舍5500余间
云南	明永乐间（1403—1424）	1708年号舍增至4865间
贵州	明嘉靖十四年（1535）	1844年号舍增至7394间

需要指出的是，清初承明制，全国设15个乡试考点，其中顺治二年（1645）改南直隶为江南省，康熙六年（1667）再分为江苏、安徽两省，但两省依然共用南京之江南贡院，直至清末科举停废。与江南省一样，陕甘省于康熙七年（1668）被分为陕西、甘肃两省，但甘肃士子参加乡试依

然要赴西安贡院。直至光绪元年（1875）左宗棠任陕甘总督时，才奏请在兰州建造乡试贡院，陕甘正式分闱考试。湖广省于康熙三年（1664）分设湖南布政使司，为湖南省，并移明代设置的偏沅巡抚于长沙。雍正二年（1724），改偏沅巡抚为湖南巡抚，并同意湖南建造贡院，与湖北分闱考试。另外，光绪十一年（1885）台湾建省后，其士子仍需赴福州贡院参加乡试。不过，时任台湾巡抚刘铭传等也在积极筹备，于光绪十五年（1889）八月在台湾府台湾县（今台中市）建成台湾府考棚。① 按照当时的规划，台中是台湾建省后的省会，这座台湾府考棚显然也肩负了作为台湾省贡院的使命。

第二节　清代学政试院

学政，全称为提督学政，亦称提学、督学、学院、学道、学台、学宪。据清人法式善《清秘述闻》，清代"学道、学政，分院、并院，各省旧制不同，今则悉称提督学政"。② 书中根据各省通志记载的学政名称，总体上前后大致有提督学道和提督学院之别，而各省又略有不同。如直隶学政在顺治十年（1653）前后分别称为提督学政监察御史和提督学政翰林院，江苏省学政在雍正二年（1724）前分别有御史、内院、提学道、通省学院等称谓，此后则称为江苏学院。一般认为，清代前期唯顺天、江南、浙江的学政是以翰林出任，为提督学政，称为学院；而其他各省则以道府及各部郎中之进士出身者担任，为提调学政，称为学道。雍正四年（1726）后，各省提督学政、提调学政通称学院。③ 学政负责掌管"学校政令，岁、科两试"，"巡历所至，察师儒优劣，生员勤惰，升其贤者能者，

---

① 刘枝万：《台湾中部碑文集成》，《台湾文献丛刊》第151种，台湾银行经济研究室，1962年，第175页。
② （清）法式善：《清秘述闻》卷9《学政类一》，北京：中华书局，1982年，第314页。
③ 王庆成：《清代学政官制之变化》，《清史研究》2008年第1期，第73—80页。

斥其不帅教者"。① 学政一般每省一人，直隶等 17 直省各设学政一员，由内阁会同吏部、礼部考试并报请皇帝钦定派出。盛京奉天府以府丞兼任，福建台湾府因"远隔重洋"，福建学政"难以按临考试"，② 故以分巡台湾道兼理。

一、清代国家的学政试院政策

学政岁、科试分生员、童生两类。而童生岁科试一般亦称童试，分县试、府试、院试三个小级。学政院试又分岁试、科试两类，有关其考试场所，顺治九年（1652）统一规定：

> 驻劄衙门须宽大，可试千余人，高垣厚壁，环覆以棘，不许故留水道穴隙及假墙虚壁一切弊窦。吏书房不得近厨厕，不得近巷市。仍各总界一门，门各异钥，钥各异牌，总贮一匣，以时启闭。抄案门皂等房，不许与外房相接，须隔一墙，各备行灶净器。后堂正房，务整理洁净。一间安置床帐，一间置净几六张，石砚、笔墨、水注、镇纸、灯台、烛架俱全。堂上平铺地板。公座纱厨，架高三尺。稍前置小公座，以便接见。堂下置水缸二，长盘四，磁罐十，以便倒换。试场须高敞坚密，可蔽风雨，不留空隙，不缠柱结彩。堂外甬道东西，以千字文横列编号。每额悬粉牌一面，大书某字号，悬灯于上。考案前后左右相去各二尺，上置界尺一，下置净器一。案脚用长竹编结，以防移动。仍贴某字几号于案上。尽号止，即照案数置座号签，东西分为二筒，每一号为束。又备造一册，务令册对签号，签对案号。于学政到日呈送，不许遗漏差错。堂左设案二，候放出题等书，及照出手牌三十面。旁设大云板一架。堂右置长凳四，围屏二架，以便官吏暂处。堂东西壁，各备出题长柄牌六面、提牌八面。小公座前，置长

---

① 赵尔巽：《清史稿》卷 116《职官三》，北京：中华书局，1977 年，第 3345 页。
② （清）素尔讷：《钦定学政全书》卷 8《学政事宜》，沈云龙：《近代中国史料丛刊》第 30 辑，台北：文海出版社，1968 年，第 179 页。

案，铺毡于上。北首放移席、换卷、丢纸、说话、顾盼、挽越、抗拒、犯规、吟哦、不完小印十个，总盛一匣，印色俱全。中放东西文场座号签筒，南首留与教官用印。两旁设受卷长案各一，分置各府、州、县学坐牌在上。每案各置界尺四，呈文纸五十张，笔墨砚各一，照进长柄粉牌二。月台设小云板一架，连槌，在饮茶桌前。饮茶桌一张，横放，置茶四大壶，姜汤二壶，上用纸贴，明开姜、茶字；茶钟六个。冬春备火盆木炭。相连又设桌一张，直放，上置饮茶小印一面，印色全；界尺四，以便放卷。相离五尺，甬道中又设木梆一架，连槌，在出恭桌前。出恭桌一张，横放，上置出恭小印面，印色全；界尺四，以便放卷。文场四隅各置粗壮桌一张，铜锣四面，以备巡绰人役站立瞭望。左角门边，席围行灶，中备食盒、水缸、水桶及碗碟等物，合用水菜俱全。右角门边，置净桶四个，俱用芦席编棚，约高四尺，上不用盖，以便远观，不许附近外墙。二门内，大门外，各设大鼓一面。前堂、后堂高灯八座，甬路挂灯八盏。二门、大门高灯各四座。二门内两边，暂用围屏遮蔽，设桌凳，以备官吏轮流憩息。事毕，照数给领。其合用五经、四书、《性理通鉴纲目》及《小学》《武经七书》等书。教官先一日呈送，完日领回。①

以上关于清代学政驻劄衙署的考场设置规定，《钦定大清会典则例》卷70《礼部》亦有记载，只是个别文字稍有不同。从中可以看出，清朝立国之初便非常重视学政主持的岁科试，并从考场设置、考场管理、人员配备等各个方面进行了统一规范。不过，与清代中后期相比，仅从考场设置来看，此时的院试考场显然还有不少的瑕疵。首先，清初尚未要求各地府州地方官为学政岁科试建造专门的考试场所，而只是要求在学政驻劄的衙署中有足够的空间，可以在岁试和科试期间形成内、外帘的基本布局。其次，尽管大堂是考试组织工作的中心区域，但在大堂与阅卷区域之间并未

---

① （清）素尔讷：《钦定学政全书》卷11《学政按临》，沈云龙：《近代中国史料丛刊》第30辑，台北：文海出版社，1968年，第219—223页。

隔离开来，以防弊窦。再次，考生答题区域并未采用乡试贡院号舍的规格即每人一个隔间的形式编排座次，而是在同一房舍中摆放若干考桌、考凳，编排考生座位，考生相互之间并无格挡。尽管为了防止考生移动考案（即考桌）而用长竹固定其案脚，但前后左右仅隔二尺的个人考试空间，显然无法有效防止考生窥视抄袭、换卷替考。

总而言之，清代前期的学政考场，虽然延续自明朝，但却依然有颇多临时考场的特性，与清代中后期建造的科举专用的学政试院有较大的区别。因此，为了进一步加强岁科试考场的防弊管理，清代各省除在省城为学政建造提督学政官署外，在省城以外学政三年两次巡考而至的各府、直隶州，也都纷纷建造行署，并在署中建造专门的试院。

当然，为了尽量节约建造学政试院的经济成本，在一些文风较弱的偏远省份，清朝政府并不主张每个府都建造学政试院。如乾隆年间云南督抚呈请建造东川、昭通二府的学政试院，便遭到了礼部的反对。据《清高宗实录》记载，乾隆九年（1744）十一月，云南总督兼管巡抚事务张允随（1693—1751）上奏，指出云南东川、昭通二府自雍正五年（1727）改由云南省辖以来，其生童均需远赴曲靖府应试，"跋涉艰难"，因此建议在昭通府城增建一所学政试院。礼部经过讨论后认为，云南省"幅员最广，程途窵远，若添建考棚，学政按试，势难周遍"；并且东川、曲靖二府自从改归云南省辖以来，其生童岁科两试便一直是附于曲靖府学政试院举行，"相安已久，应毋庸议"。不过，为了表示对地方督抚、士绅所提建议的理解与支持，礼部也提出了一个折中的方案："但既称该属生童岁科二次远途赴试维艰，应令学臣按试曲靖时，即将东川、昭通二府及镇雄州、永善县等学生童，岁、科接连考试。"①

二、清代各省学政试院的特殊情形

清代初期，科举制度一依明制，其科举专用考场亦多延续明代做法。

---

① （清）庆桂，董诰，曹振镛：《清高宗实录（三）》卷 228《乾隆九年十一月上》，北京：中华书局，1985 年，第 947 页。

很多地方的岁科试并无专门场所，甚至可以称为"居无定所"。如广东肇庆府，明代时"督学岁、科试士，向在城内分司"，进入清代以后，由于遭遇战乱等情形，先后改在阅江楼、府学明伦堂举行岁科试："国初督标重兵全驻城内，不能容士民往来居住，遂改阅江楼次，为文馆之用。继而干戈繁扰，江楼瓦砾，校士衡文，更无定所。知府张京铨等构材鸠工，规划府学明伦堂，增广房屋衙斋，以备督学按临。自康熙五年以后，岁科两考，恒驻于斯矣。"① 这种情况，直到雍正七年（1729）设置肇高学政建造试院后，才得以改变。总体来看，清代各省学政试院除了正常的情形即在各府、直隶州之附郭城市建造试院之外，还存在一些特殊的情形。

1. 清初以察院、布政分司、按察分司等衙署为学政试院

察院，即巡按监察御史之衙署，一般在省会者称察院署，在各府、直隶州者称察院行署。巡按监察御史隶属都察院，巡视各省地方，其前贯以省名，称某道监察御史。除巡视各省利弊外，例得为乡试监临。清代初期，各府、直隶州一般循明代旧例，以察院行署为各府岁科试临时考场。如据《乾隆绍兴府志》记载，浙江绍兴府学政试院在府城仓桥之西，本为明察院署，康熙二年（1663）曾作为浙江提督衙署，不久提督移驻宁波，于是将其改为"督学校士之所"。② 又如安徽宁国府在清初有两所学政试院，"一在旌德，一在郡城"，均系从明代的察院旧址改造而来。雍正三年（1725）江苏、安徽分上、下江各派学政以后，"学使者不复诣旌，而郡城察院遂为督学专署"。③ 浙江台州府明代"试士，就察院司搭盖棚厂，率三年而更作"。清代相沿不改，直到康熙六年（1667）"学使按考，飓风陡起，厂揭瓦飞，与试者狼狈不能卒事"④，这才由临海县教谕胡云客率领台

---

① （清）屠英，江藩：《道光肇庆府志》卷5《建置志》，上海：上海书店出版社，2003年，第178页。

② （清）李亨特，平恕：《乾隆绍兴府志》卷7《建置志》，上海：上海书店出版社，1993年，第212—213页。

③ （清）宋敩：《重修试院记》，（清）鲁铨，洪亮吉：光绪《宁国府志》卷23《艺文志》，台北：成文出版社，1970年，第721页。

④ 张寅，何奏簧：民国《临海县志》卷8《学校志》，台北：成文出版社，1975年，第745页。

第三章　清代贡院的级别类型

州府学、临海县学两学诸生着手建造了 20 多间的专门考场，也就是台州府学政试院。四川成都府提督学院署，明代时为巡按御史署，清顺治八年（1651）重建，雍正年间"始改学院署"。①

正因为清代学政试院与察院关系如此密切，有些地方在长期以察院为学政试院之后，其名称也一直沿用不变。如河南许州直隶州便是如此，据清道光十八年（1838）刻本《许州志》记载，该州察院"旧在州治东，逼仄不能容多士，知州萧元吉改建于治东南隅"。改建后的察院规模极广，东南西北周长达到 190 丈，除了大庭及其左右院、大堂及其左右院、龙门、大门、鼓乐楼、认保所、搜集官厅等房屋建筑外，还有供考生考试的核心区域，即"东文场二三十二楹，西文场二三十二楹，号容二千余人"。② 显然，许州察院其实已经是一座学政试院。

布政分司，即承宣布政使司的派出机构，主要有督粮道、分守道和督册道三类。明代有些府州的提督学道也多借用布政分司为驻节衙署。如浙江嘉兴府学政试院称为宏文馆，最初便是布政分司，明崇祯年间知府郑瑄"建为督学校士之所"，其东西号厂"可坐千人"，大门外东西辕门，建造二座牌坊，其匾额分别题为"文章司命"和"风教提衡"。③ 又如广东廉州府试院，"旧为布政分司馆"，始建于明洪武二年（1369），万历四十五年（1617）副使李守俊改为海北道署，清康熙三十三年（1694）知府董绍业改为试院。④ 再如甘肃巩昌府试院称为贡院，位于附郭县陇西县治东南，"旧布政分司也"，建造于明成化六年（1470），后为分守道衙署。此后历

---

① 陈法驾，曾鉴：《民国华阳县志》卷 29《古迹三》，成都：巴蜀书社，1992 年，第 433 页。
② （清）萧元吉：道光《许州志》，清道光十八年（1838）刻本，卷 2《建置志》，第 4—5 页。
③ （清）许瑶光，吴仰贤：《光绪嘉兴府志》卷 7《公署二》，上海：上海书店出版社，1993 年，第 180 页。
④ （清）阮元，陈昌齐：道光《广东通志》卷 134《建置志十》，《续修四库全书》第 672 册，上海：上海古籍出版社，2002 年，第 127 页。

经重修，至清代乾隆年间，"改崇文书院，督学校士于此"。① 在全国各地学政科举专用考场中，兼具书院校士和科场取士功能的大多数是县试考棚，类似巩昌府学政试院兼具书院功能的则极为少见。

按察分司，即提刑按察使司的派出机构，在各省以副使、佥事分道巡察。明代及清代前期，也有一些府州借用按察分司为提督学道行署。如陕西兴安州督学行署在清康熙五年（1666）建于学宫之东，而此前则位于新城，称为新城考棚，它原本是守道李天麟所建的"按察分司"。② 湖北德安府试院在府城内东南，"即明按察分司署故址"，清嘉庆十五年（1810）之前被称为校士馆，此后则称为试院。③ 河南怀庆府试院称为学院试馆，在附郭县河内县署东边，"本按察分司署"，④ 始建于明弘治十七年（1504），清代康熙、乾隆年间曾多次重修。

具体到各个地方，人们对以上三个机构的称谓又各有不同。如据《乾隆绍兴府志》，明代称布政分司为南司，按察分司为北司，巡院系嘉靖间所创，故称新司。绍兴府试院称为校士馆，其址位于新司即仓桥西明巡院署。⑤

2. 多府合用同一学政试院

由于有章可循、有院可用，且清初应试人数相对有限，因此各地学政行署也往往并不建造专门的考场。而一些未建试院的府、直隶州，学政往往不再按临就试，而是调取各县生童到其他府的院试考场应试。这种现象在清代初年较为普遍。

---

① （清）鲁廷琰，田吕叶：《乾隆陇西县志》卷3《建置志》，南京：凤凰出版社，2008年，第39页。

② （清）刘于义，沈青崖：雍正《陕西通志》卷15《公署》，《景印文渊阁四库全书》第551册，台北：商务印书馆，1983年，第784页。

③ （清）赓音布，刘国光：光绪《德安府志》卷4《建置志上》，台北：成文出版社，1970年，第141页。

④ （清）袁通，方履篯：道光《河内县志》卷16《营建志》，台北：成文出版社，1976年，第589页。

⑤ （清）李亨特，平恕：《乾隆绍兴府志》卷7《建置志》，上海：上海书店出版社，1993年，第212—213页。

为了笼络汉族知识分子，清代初年朝廷设法在西南推行科举制度，实行"四川分四道，每道设一考棚"的岁科试政策，各道所辖州县的生童均分别赴提学道署所在地参加岁科试中的院试。贵州是南明政权控制的最后区域之一，直到顺治十七年（1660）才被统一到清朝版图。清朝设四川四道后，贵州各府州厅也相应被划归各道应试。如遵义府便是"始往夔州，继重庆"，即先被归到夔州府（驻地在今奉节县）试院，后被归到重庆府试院。由于"千里往还，多致裹足"，故而在康熙七年（1668）遵义府府学生员便呈请在本地应试，改建被裁之道署为考棚，以便提督学道"临遵考试"。① 此时因为尚未建造专用试院，因而前后仅有四五位学政按临遵义府考试。直到康熙四十四年（1705）知府王元弼任内，才"据阖属绅士呈请，申详列宪"，最终遵义府得到清圣祖批准从康熙四十八年（1709）起"专设遵棚"，结束了生童"裹粮千里，三载两试，山行险阻，蜀道青天"②的艰难赴考岁月。

贵州黎平、南笼二府同样如此。清代初年，贵州部分府州因为"属在遐边，汉夷杂处，凡僻小郡治，不能俱设考棚"，因而采取因地权宜之计，确定了"前赴别府，合棚就考"之例。其中如黎平府仅辖有永从县一县，府、县仅有两学，生童人数均少，因而尽管赴考路途均有五六百里不等之遥，但是只能按照规定"皆赴镇远府合棚应试"。南笼府（嘉庆二年改名为兴义府）原本为南笼厅，只设有一所厅学，生童人数更少，因而虽然要经过十多处驿站，但是只能循例"皆赴安顺府合棚应试"。雍正七年（1729）黎平府增设古州厅，加上此前雍正五年（1727）增加的开泰、锦屏、天柱等县，合计共辖有 4 县 1 厅，对应 6 所府、县、厅之官学。而南笼自康熙二十五年（1686）设厅后，雍正五年升府，同年增辖永丰州（嘉庆二年改名贞丰）、普安县、安南县、普安州（后先后升直隶州、改直隶

---

① （清）黄乐之，平翰，郑珍：道光《遵义府志》卷 24《学校志三》，台北：成文出版社，1968 年，第 526 页。

② 刘显世，谷正伦，任可澄，杨恩元：《民国贵州通志》《建置志》，成都：巴蜀书社，2006 年，第 250 页。

厅、降为散厅，改名盘州厅）4个州县，对应府、州、县5所官学。① 雍正八年（1730），御史晏斯盛（？—1752）出任贵州学政，适逢黎平、南笼二府士绅呈请在本府建造学政试院，以免合棚就考长途跋涉之苦。为此，云贵总督兼贵州巡抚张广泗（？—1749）行文贵州学政，并命两府相关官员予以核查。经过调查取证，晏斯盛等人均表示两府士绅所述情况属实，其"踊跃公捐""设立考棚"的建议也属可行。为此，张广泗呈报朝廷，请求允许该两府士绅各自捐资建造学政试院，"庶多士益知奋勉，而学校章程亦可底于画一"。② 据《光绪黎平府志》，雍正十年（1732）黎平知府滕文炯详请巡抚张广泗题准，"颁帑银八百两，并士民捐助"建造，于雍正十一年（1733）告成。③ 而据《咸丰兴义府志》，南笼府在雍正九年（1731）由知府黄世文率领士绅捐建了学政试院④。

山西各府、直隶州中附试于其他试院者也有不少。如朔平、宁武二府均建府于雍正四年（1726），其中朔平府在清代初年为右玉、左云、平鲁三卫之地，雍正三年（1725）才改三卫为三县，并于右玉县设朔平府。⑤ 由于建府较晚，且地处传统意义上的北方边地，文风不盛，故一直未建学政试院，其生童岁科试均赴邻近的大同府试院。大同府试院建于大同县城太平楼西北，始建年份不详。据《道光大同县志》记载："每逢寅、申、巳、亥之年，合大、朔两郡之生童连棚按试，科、岁相接，为通省岁考之终，即通省科考之始，故院署规模宏敞。"⑥ 两府不但合用同一试院，而且

---

① 赵尔巽：《清史稿》卷75《地理二十二贵州》，北京：中华书局，1977年，第2364、2367页。

② （清）张广泗：《考试分棚疏》，（清）鄂尔泰，靖道谟，杜诠：《乾隆贵州通志》卷9《营建志》，《景印文渊阁四库全书》第571册，台北：商务印书馆，1983年，第257—258页。

③ （清）俞渭，陈瑜：《光绪黎平府志》卷4《学校志上》，成都：巴蜀书社，2006年，第367页。

④ （清）张锳，邹汉勋，朱逢甲：《咸丰兴义府志》，贵阳：贵阳文通书局，清宣统元年（1909）铅印本，卷20《学校志》，第1页。

⑤ 赵尔巽：《清史稿》卷60《地理七》，北京：中华书局，1977年，第2037页。

⑥ （清）崔允昭，黎中辅：《道光大同县志》卷5《营建志》，南京：凤凰出版社，2005年，第59页。

岁、科连试，与众不同。宁武府未建府之前附试于岢岚州试院，设府次年便自行建造试院，而保德州及其所辖河曲县的考生均赴宁武府试院参加科试。其他如辽州直隶州在康熙三十一年（1692）建造考院之前，岁试附试于沁州直隶州试院，科试附试于太原府试院；建成考院之后，学政仅岁试按临举行院试，科试则依然附试于太原府。平定直隶州于雍正二年（1724）建成试院之后，学政亦仅岁试按临一次，科试如前附试于太原府试院。解州直隶州试院建造于雍正三年，仅用于举行岁试，科试附试于蒲州府试院。绛州直隶州在雍正二年建成试院后，仅用于举行岁试，科试附试于平阳府试院。①

广西泗城府、镇安府二府的情况与山西朔平府类似。二府在清代雍正年间改土归流后，因地僻人稀，故而每届岁试均将生童"调赴南宁，岁科一考"，也就是进行岁科连考。经过近百年的发展，至道光年间，两府文教逐步兴盛，文武生员分别有490余名和590余名，参加童试的童生也分别有360余名和1600余名。为此，道光二十三年（1843）七月，泗城知府李闲和镇安知府糜良泽联合发出详文，请求广西巡抚周之琦代为上奏，请求在镇安府奉议州建造两府合用的学政试院，并准许广西学政按临两府，也就是在奉议州试院举行考试，使两府生童不必远赴八九百里甚至千里之外的南宁府。奏疏中提及，泗镇试院是由两府绅民合力捐资建成的，其中泗城府绅民共捐资1792两，而镇安府绅民则捐银14 590两、钱13 400余串，除建试院、明伦堂、演武所、提调监射等房屋外，还剩余银1792两、钱13 460余串，议定发典生息，作为办考经费之用。最后，两位知府提出："请道光二十四年起，在于奉议州分棚考试，仍遵照嘉庆年间原定旧章，岁科并考，由岁试之年举行。"②

云南大理府在清初未建试院，每次学政按临，"岁科两试辄以太和县署为校士场"，"非所以昭体制，肃关防"。而作为"古南诏都会"，大理府

---

① （清）曾国荃，杨笃：光绪《山西通志》卷79《公署略上》，《续修四库全书》第643册，上海：上海古籍出版社，1995年，第286页。
② （清）周之琦：《捐建考棚疏》，（清）羊复礼，梁年：光绪《镇安府志》卷25《杂文》，台北：成文出版社，1967年，第407—408页。

学政行署还承担着"鹤庆、丽江、景东、蒙化、永北五郡暨新设之镇沅"共计7个府级行政区划单位的院试考场任务，每次考试时"应试生童几及万余辈"。为此，雍正十二年（1734）云南学政吴应枚与当地督抚藩等官员商议，将本府的旧钱局改建为学政试院。①

有些府州厅在很长的时间内附试于其他地区的学政试院。如湖南乾州直隶厅一直未建造自己的试院，据《光绪乾州厅志》记载，该厅"厅考棚无，院试考棚附辰州府"。②又如据梁章钜（1775—1849）《楹联三话》，道光年间四川全省24个府级行政区划单位中（清末时期四川共有27个府级行政区划单位），只有17个建造了学政试院，而其他7个均附考于他府、州考棚，分别为："松潘、理番两厅、资、绵、茂三州附成都考棚，叙永厅附泸州考棚，石砫厅附忠州考棚。"③这种情形，在一些文风较弱的边远地区更为常见。如前引云南东川、昭通二府便曾长期附试于曲靖府试院。

这种附考于其他府州学政试院的情况，不仅存在于西北、西南等文教欠发达省份，同样也存在于东南科举发达省份。如江苏松江府最初没有自己的学政试院，每逢学政按临，该府士子便需"岁试赴昆山，科试赴江阴，跋涉费多"。昆山为苏州府学政试院所在地，江阴为常州府试院所在地。常州府学政试院始建于明万历四十三年（1615），清初因其"规制闳敞"，被江南学政用作驻劄衙门，"向岁试常、镇二府，科试苏、松、常、镇四府，皆在此"。此外，始建于顺治年间的江苏淮安府试院，也是海州直隶州及其所辖赣榆、沭阳二县生童的学政岁科试考场所在。④

清代山东曹州府的情形与江苏各府颇为接近。清代初年，曹州尚未升

---

① （清）吴应枚：《大理府新建试院记》，（清）鄂尔泰、靖道谟：雍正《云南通志》卷29《艺文志》，《景印文渊阁四库全书》第570册，台北：商务印书馆，1983年，第522—524页。

② （清）蒋琦溥、林书勋、张先达：《光绪乾州厅志》卷4《学校志》，南京：江苏古籍出版社，2002年，第109页。

③ （清）梁章钜、梁恭辰编著，白化文、李鼎霞点校：《楹联丛话全编》，北京：北京出版社，1996年，第242页。

④ （清）赵弘恩、黄之隽：乾隆《江南通志》卷91《学校志》，《景印文渊阁四库全书》第509册，台北：商务印书馆，1983年，第544—545页。

府，然其治内有兖西兵备道署，署中建有试院，"为学使科岁衡文之所，谓之西九处考棚"。后来兖西兵备道奉旨裁撤，试院旋即裁撤，"士子悉就兖郡考试"，也就是附试于兖州府学政试院。雍正二年（1724）曹州升格为直隶州，雍正十三年（1735）又升格为府，辖1州9县，但是因为建造试院"役繁而费巨"，因此便只好继续附试于兖州府学政试院。直至乾隆十三年（1748）知府刘藻任内，才与附郭县菏泽县知县唐惟明一起倡议士绅捐资，于乾隆十四年（1749）十一月建成曹州府试院，"凡三百间，计费万金"，① 从而告别了附试于兖州府试院的历史。山东沂州在雍正十二年（1734）升格为府，因未来得及建造学政试院，因而本府七县士子仍需"侨试于曲阜"。曲阜县为兖州府属县，距离沂州府各县远者六七百里，近者不下四五百里，"长途跋涉，负笈艰难，加以沂、沭天险，阻绝东西"，从而经常出现"士子误考被黜，童生分甘自弃"的情况。② 最终，乾隆十八年（1753）沂州府士绅在知府李希贤的率领下捐资建造了试院，免除了生童跋涉之苦。

直隶遵化州一直未能建造属于自己的院试专用考场，明代的时候隶属于蓟州，故其生童赴蓟州考院参加院试。嘉靖二十三年（1544）以后，学使偶尔按临，以西察院为临时考场。明代末年，又命附通州试院应试。乾隆年间升格为直隶州后，遵化及其所领玉田、丰润二县又"借棚就试于永平"，即赴永平府学政试院参加院试。直至光绪二年（1876），三地士绅才商议共同捐资，将燕山书院与州判署互换，改州判署为试院，这才结束了遵化直隶州三个州县的生童数百年来远赴他府试院考试的历史。③

3. 省城学政试院责任更重

值得指出的是，与其他普通府、直隶州的学政试院不同，各省省城的

---

① （清）刘藻：《曹州府创建试院记》，（清）李登明，谢冠：《乾隆曹州府志》卷8《学校志》，南京：凤凰出版社，2004年，第139页。

② （清）李希贤：《沂州府新建考院记》，（清）潘遇莘，丁恺曾：《乾隆沂州府志》卷33《艺文志》，南京：凤凰出版社，2004年，第390—391页。

③ （清）陈以培：《继修试院碑记》，（清）何崧泰：《光绪遵化通志》卷17《建置志》，上海：上海书店出版社，2006年，第311—312页。

学政试院往往承担了更多的考试任务。如据浙江钱塘县（今杭州市）人沈近思（1671—1727）所撰《改建督学使署碑记》，位于浙江省会的杭州府督学试院首先需要承担 4000 多名本府文武博士弟子的岁、科试考场的任务，同时也要承担"童子倍之"的本府府试考场任务。此外，它还需要承担每届乡试前本省学政在杭州举行的录遗的考场任务，亦即"督学使按部于杭，十一郡之士未录科者咸试于杭之校士馆"。① 同样的描述，也出现在乾隆三十四年（1769）以侍读学士之职出任山东学政的安徽芜湖人韦谦恒（1715—1792）所撰《重修济南考棚记》中。他指出，作为省会试院，济南考棚不仅要容纳"博士弟子员至五千有奇，童子则以万计"的岁、科两试考生，而且要满足"萃十郡人士录科举于其中者又六七千"大比之年的录科考试需要，是一个"数万人挥毫吮墨、含英咀华之地"。② 其他各省会学政试院也概莫能外。

清代各省学政原则上都驻节于省城，也就是在省城建造学政署，而在其他府、直隶州建造学政行署。当然，也有一些省份虽然学政署建在省城，但学政驻节却不在省城。如山东学政署建于济南府历城县，但自明嘉靖二十一年（1542）开始，该署便只是作为学政"校士时莅临之所"，学政则"平日驻节青州"。直到康熙戊辰（1688）"升道为院"即改提学道为提督学院后，才正式"移历城为常驻之所"。③ 此外，清代大多数时期，有 4 个省的学政一直未驻节省城，即"顺天学政驻通州，江苏学政驻江阴县，安徽学政驻太平府，陕西学政驻三原县"。④ 这 4 个州、县都不是省城所在府的附郭县（安徽学政驻地准确地讲是在太平府的附郭县，即当涂县）。

4. 非附郭县而建有学政试院

---

① （清）沈近思：《改建督学使署碑记》，吴庆坻：《民国杭州府志》卷 18《公署一》，上海：上海书店出版社，1993 年，第 484 页。

② （清）胡德琳：乾隆《历城县志》，清乾隆三十八年（1773）刻本，卷 10《建置考一》，第 37—39 页。

③ （清）成瓘，成琅：《道光济南府志》卷 9《公廨》，南京：凤凰出版社，2004 年，第 214 页。

④ 商衍鎏：《清代科举考试述录》，北京：三联书店，1958 年，第 9 页。

清代各府、直隶州学政试院的选址，一般遵循两个原则，即"统领属邑之规"和"道里维均之制"。① 前者是普遍性原则，即学政试院一般都是建造于府或直隶州会城所在城市；后者是公平性原则，即试院的修建费用往往需要辖区内各州县分摊解决，因此应该建在距离各州县相对平均的城市。

关于普遍性原则，康熙五十二年（1713）江苏巡抚张伯行（1651—1725）在重建江宁府府城试院时曾经这样说过："夫古者，士习于学宫，自诗书六艺，至于论治论狱出兵授捷之材，皆取于此，故人才真而弦歌弗辍。后世为士者，又徒雕琢于文辞以自见，势不得不广其地以试其材。然国家大体，必于会城为宜者，诚有见于地之不可易，而君子亟亟储材之意，斯为至也。若其往试句曲，疲于舟车徒步，以漂溺寒饿为忧，其小者也。"② 也就是说，普遍性原则源自国家制度的统一安排，在这个"大一统"的规定面前，个别地方因路途遥远而导致空耗路费甚至漂溺寒饿都是小事。

当然，张伯行的观点并未通行全国。自明代开始，便已经有很多府、直隶州按照公平性原则，将其学政试院设于非附郭州县。这种公平性原则，也就是康熙九年（1670）会元宫梦仁（1632—1713）在康熙四十五年（1706）为扬州府试院作记时所提到的"（泰州）地当十邑之中，道里均而往来便"③。除了前文所提到通州、江阴县、当涂县和三原县，其他还有不少学政试院没有建在府城，兹列举如下。

山西太原府岢岚州是归属于太原府的散州，自明天启五年（1625）知州朱希龙改建芦阳书院为试院以来，便成为邻近七个州学士子的岁试专用考场。清朝建立后，此制度被延续下来。至雍正十一年（1733），因"文

---

① （清）马允邵：《创建直隶解州试院记》，（清）张承熊：《光绪解州志》卷15《艺文志》，南京：凤凰出版社，2005年，第509页。
② （清）赵弘恩，黄之隽：乾隆《江南通志》卷91《学校志》，《景印文渊阁四库全书》第508册，台北：商务印书馆，1983年，第543—544页。
③ （清）赵弘恩，黄之隽：《乾隆江南通志》卷91《学校志》，《景印文渊阁四库全书》第508册，台北：商务印书馆，1983年，第545—546页。

场湫隘，庐舍颓圮"，于是做出调整，保德州、河曲县、偏头县、老营县四州县生童赴宁武府试院参加岁试，岢岚州、岚县、兴县三州县生童则赴太原府试院岁试，从而导致岢岚州"文场于是遂废"。乾隆八年（1743）经知州阎士绮禀请，准予学政按临岁试，因而岢岚州、岚县、兴县士绅合力捐资增修试院，"考棚复为振兴"。约80年后，山西巡抚成格奏请取消岢岚州试院，三学生童依旧附试于本府省城试院。不过仅仅过了不到十年的时间，山西巡抚卢坤与学政李煌便因"士子颇形苦累"，奏请恢复岢岚州试院，作为保德州、河曲县、岢岚州、岚县、兴县五个州县生童岁试的专用考场。为此，道光十一年（1831），五个州县的绅民合力捐资重修试院各房舍后，还将历年奏折、上谕、批文、匾额等"悬诸堂楣，以垂久远"。①

山西平阳府在清代初年循明代旧制，共辖有6州、28县，地域范围相当辽阔。为了方便生童参加学政院试，明代平阳府建造了南、北两座试院，分别被称为北棚和南棚，其中北棚建于府城即附郭县临汾，南棚建于解州。嘉靖乙卯（1555），解州南棚被地震所毁，不得已将试院改建于邻近的安邑县。清雍正二年（1724），平阳府的行政区划做出重大调整，"蒲、解、绛、吉、隰直隶，割临晋二十县分隶，太平、襄陵、汾西寻复"。②解州升格为直隶州后，安邑县与夏县、平陆、芮城共4县被划归解州管辖，而解州士绅遂积极争取将试院从安邑迁建回州城。经知州许日炽、童绂先后禀请山西巡抚、布政使衙门批准，于是"首倡捐资"，而官属、士庶则"踊跃乐输"，最终在解州复建了试院，结束了安邑县作为非附郭县而建有学政试院的长达170年的历史。不过，安邑县士绅却并不甘心，他们纷纷上书山西学政，请求"援例请仍其旧"。但是乾隆元年（1736）后连续12年担任解州知州的福建安溪县进士彭洙则认为，解州士

---

① （清）吴光熊，史文炳：光绪《岢岚州志》，清光绪十年（1884）刻本，卷3《衙署》，第31页。

② 赵尔巽：《清史稿》卷60《地理七》，北京：中华书局，1977年，第2029页。按，中华书局点校本中此段文字标点原作："蒲、解、绛、吉、隰直隶，割临晋二十县分隶太平、襄陵、汾西，寻复。"

绅"请于州城另立,体制甚合",而安邑作为解州属邑并不应该建有试院,因此他"详请上宪",建议要求"安邑士民不得互相争执"。① 经过此次协调,解州直隶州试院才得以成为本州5学士子岁科试专属考场,甚至邻近的蒲州府生童也偶尔被调拨到解州试院参加院试。

广西思恩府辖有武缘、宾州、迁江、上林、那马4县1厅及白山等7个土司,其学政试院则建造于宾州。据清代福州进士、思恩知府李彦章所作《倡率辟建宾州试院书示武缘县士民》和《辟建思恩府试院记》,宾州之所以不是思恩府附郭县却建有试院,"为合郡校士之所",是因为"宾为冲途",处于交通要道,因此"学使者三年两临,驻节于此;而郡守以时往试宾州及上林、迁江二县之士,亦就为考棚焉"。由于其场地狭隘,仅能容下1200名左右的考生,因此李彦章捐资一千两为倡,共筹集资金5000余缗,于道光八年(1828)五月至道光九年(1829)六月扩建试院,"增辟坐号二千有奇"。②

江苏省除了常州府试院不设于附郭县武进或阳湖而设于金坛,苏州府不设于附郭县吴县、长洲或元和而设于昆山之外,其他如扬州、镇江两府试院也都没有建于附郭县。扬州府的附郭县是江都和甘泉,但其学政试院则被设于泰州。镇江府的附郭县是丹徒县,但其学政试院则被设于金坛。据同治五年(1866)御史王兰谷所奏关于将镇江府试院迁回金坛县的奏折,自雍正七年(1729)金坛县人徐培荣等募捐钱款4000余两,仿照常州府试院的格局创建镇江府试院后,本府院试便一直在金坛县举行,该试院同时也成为金坛、溧阳两县的府试考场。咸丰年间,因遭遇太平军之乱,镇江府试院被毁。时任江苏巡抚李鸿章于是奏请在镇江府城即丹徒县城建造学政试院,并很快得以完工。身为金坛县人,王兰谷上奏指出,"考棚改设府城,实于地势、人情均不相宜"。所谓"地势",是指丹徒县有多处洋商房屋,容易在考试期间平生事端;所谓"人情",是指金坛位于本府4

---

① (清)张承熊:《光绪解州志》卷3《公署》,南京:凤凰出版社,2005年,第408页。

② (清)李彦章:《榕园文钞》卷1、卷5,《清代诗文集汇编》584册,上海:上海古籍出版社,2010年,第230—231、276—277页。

县的居中地段，方便各县士子赴考；且金坛、溧阳两县相对贫困，如将试院改设府城，两县士子势必难以承受。为此，他建议"以新建之考棚仍照旧章，专为徒、阳府试之地，而于金坛按照旧址另建考棚为院试及坛、溧府试之地"①。

5. 学政不按临试院主持院试

一些府州即便建造了专门的试院，也并不一定能够得到充分利用。康熙十八年（1679）清廷会议指出，全国各地岁科试考试有十种积弊，其中第七种为"各府地方设有考棚，（学政）惮于亲临，将生童远调考取。各州县告病生员，扛抬验病，困苦难堪"。② 出现这种情形的主要原因，在于清承明制的过程中，各地学政依然可以根据此前的惯例，在同一学政试院考试不同府厅州县的生童。因此，即便各地已经呈请建造了学政试院，但为了能够按时完成三年两考的学政任务，有些学政便按照此前常例，调集生童赴一地考试，以免自己旅途劳顿。

如贵州遵义府试院，清代初年，遵义府生童均需赶赴四川夔州或重庆，参加学政主持的岁科试。到了康熙七年（1668）遵义府各学生员不愿继续长途跋涉，因此通过贵州地方长官向朝廷请求在遵义府建造专棚。这一请求也得到了贵州学政、清朝礼部的同意，但在具体执行时，则有些学政并不奉旨遵行。如康熙十四年（1675）便"复调至渝棚两试科岁"，康熙三十年（1691）学政王家栋"复行调考"。这种情况，直到康熙四十六年（1707）重新建造了提督学院院署后才得到圆满解决。

又如山西解州试院，清代初年，解州为散州，隶属平阳府管辖。平阳府学政试院有"南北两棚，北在平阳，南在安邑"，而安邑县的南棚原本建在解州，因嘉靖三十四年（1555）地震被毁，改设安邑县，此后便成为惯例。雍正三年（1725），解州升格为直隶州，知州许日炽、童绂先后率领绅士捐资建成学政试院，但由于"体制未备"，因而"学宪每年按临，

---

① 冯煦：民国《金坛县志》卷3《建置志》，台北：成文出版社，1970年，第102—103页。

② （清）素尔讷：《钦定学政全书》卷10《学政关防》，沈云龙：《近代中国史料丛刊》第30辑，台北：文海出版社，1968年，第195页。

仍在安邑旧棚"。至乾隆十年（1745），知州彭洙对解州试院加以倡捐增建，并请求学政按临考校。不料，安邑县士民以其与旧例不合，请求依然按临安邑学政试院。经过山西巡抚阿里衮、山西学政夏廷芝商议，认为解州已经是直隶州，"另立考棚，体制甚合"，且解州地理位置"远近适均，应无不便"，因此同意学政按临解州试院。尽管解州试院"历十有五年，始睹成功"①，但原建于安邑县的学政试院则从此无法得到学政按临考试的待遇。

6. 行政区划变革与学政试院地址变迁

由于各方面的原因，有些地方的行政区划级别会被多次调整。其中较为常见的情况是行政区划级别的提升，即由普通散州升格为直隶州，有些还继续升格为府。这些直隶州、府所建造的试院与其他州府并无区别。

有些州县最初是府或者直隶州，并建造了学政试院。后来该府、州被降格为散州，因此其所建学政试院也随之废弃。如直隶天津府沧州，清代雍正初年升格为直隶州后，知州董思任在守御所废址创建学政试院，"学使按临校士于中，置考棚八十楹"。不久，雍正九年（1731）沧州降为散州，改属天津府管辖，"学院遂废"。直至光绪九年（1883），沧州知州赵秉恒、州人刘凤舞等才募集捐款1600余两，在渤海书院之中讲堂后空地建成"大厦四十间"。②而这只是沧州一州的县试考棚而已。

当然，也有些直隶州被降格为散州后，其原建试院一直被保留下来，依然作为学政院试的考场。如河南郑州本为开封府所辖散州，雍正二年（1724）升格为直隶州，统辖荥泽、荥阳、河阴、汜水四县。为了方便本州生童考试，"阖郡绅士呈请知州高文恺申详学宪王公国栋咨题考试郑州及荥泽、荥阳、河阴、汜水五处生童"，并捐资公建学政试院一座，称为贡院。到了雍正十三年（1735）郑州又被降格为散州，依然归开封府管

---

① （清）介锡周：《增建试院记》，（清）张承熊：《光绪解州志》卷15《艺文志》，南京：凤凰出版社，2005年，第591页。
② （清）赵秉恒：《建考棚记》，（清）徐宗亮：《光绪重修天津府志》卷35《学校志》，上海：上海书店出版社，2004年，第64页。

辖，但是郑州的学政试院却没有被取消，"生童仍留棚考试"。① 不仅如此，乾隆七年（1742）经开封知府朱绣题请，将开封府另外三个州县即禹州、密县、新政县的生童也就近归入郑州的学政试院参加考试，从而使在郑州试院所容纳的岁科试生童的州县数扩大到 8 个，甚至超过了大多数正常府级行政区划的州县数量。

在特殊情形下，有些府州的学政试院会发生城市选址的改变。如江苏苏州府学政试院最初设于昆山县，后昆山县因人口增多及赋税繁盛而将其东部分设为新阳县，学政试院便被划归到新阳县城区。咸丰十年（1860）试院因太平军起义而"毁于兵"，同治三年（1864）江苏巡抚李鸿章乃奏请将其改建于苏州府府城之中，具体位置则在苏州府三个附郭县即吴县、长洲、元和中的元和县定慧寺东边。② 显然，苏州府学政试院本身并未发生迁徙，但由于其所在地行政区划名称的变化，使其也在文献记载中发生了属地的被动转变。

三、清代学政试院的总体发展

清代学政试院是在明代学政试院的基础上继承、发展而来的。清代初年，随着清朝政权在全国的统治逐步稳固，以及人口不断恢复和增加，清代对行政区划的调整策略也从康熙年间的以省级行政区划调整为主进入到了雍正、乾隆年间的以府级行政区划（含直隶州、直隶厅）调整为主。明代废除元代行中书省制，在全国设置 13 个布政使司，领有 140 个府、20 个直隶州，③ 下辖 173 个散州、1138 个县，另外还有 19 个羁縻府、47 个羁縻州和 6 个羁縻县。而清代建有贡院的 18 个行省所领有的有资格设置学

---

① 周秉汇，刘瑞璘：民国《郑县志》卷 3《建置志》，台北：成文出版社，1968 年，第 158－159 页。
② （清）李铭皖，冯桂芬：光绪《苏州府志》卷 22《公署一》，台北：成文出版社，1970 年，第 528 页。
③ 按，据（清）张廷玉：《明史》卷 40《地理志一》，明代全国 13 布政使司"分统之府百有四十，州百九十有三，县千一百三十有八"（中华书局 1976 年版，第 882 页），但据查各卷所载 13 布政使司行政区划数字，则共有 157 府、20 直隶州，合计 177 个府级行政区划单位。

政行署的府、直隶州、直隶厅的数量则共有 300 多个，较明代超出 120 多个。

表 3-2　明清府级行政区划单位对比一览表①

省份	明代	清代	省份	明代	清代
直隶	10	22	浙江	11	12
江苏	18	12	福建	9	11
安徽		13	广东	11	19
山东	6	13	广西	11	15
山西	8	19	云南	19	23
河南	9	15	贵州	8	16
陕西	8	12	奉天		13
甘肃		15	吉林		11
四川	19	27	黑龙江		7
江西	13	14	台湾		4
湖北	17	12	新疆		16
湖南		18	合计	177	339

尽管明代提督学道的按临处所并不与府、直隶州一一对应，有些提督学道行署对应若干府、直隶州，有些府中则设有不止一处提督学道试院，但与清代相比，明代的提督学道试院显然远比清代为少。以陕西延安府范围内的试院为例，明代延安府共辖有 3 州、16 县，境内共设有两个提督学道试院，一座在延安府城，主要供提督学道考试"本府与肤施、安定、延长、安塞、延川、保安、甘泉、宜川八邑及鄜、洛四庠之士"，另一座在绥德州，主要供学道考试"本州及清涧、米脂、吴堡、葭州、神木、府

---

① 上表明代府级行政区划数量主要根据《明史·地理》各分卷前言部分所载数字进行统计。郭红，靳润成：《中国行政区划通史·明代卷》统计明代府级行政区划的数字为府 162 个、直隶州 34 个，不过其中包括了军民府。（第 11－12 页）其中云南（26）、陕西（9）、贵州（10）、广西（20）四个布政使司的数字与本文不同。

谷、榆林八庠之士"。① 这一学政试院的分布情况，自明代至清代初年共施行了300余年。至雍正三年（1725）延安府所辖鄜州、绥德州、葭州全部升格为直隶州，雍正九年（1731）又升榆林卫为榆林府，乾隆初将葭州降为散州划拨榆林府管辖，② 从而使原延安府范围内出现了2府、2直隶州，即延安府、榆林府和绥德州、鄜州，学政试院也从原2座变为4座，即延安府、绥德州、鄜州、榆林府各建有1座试院。总体而言，清代学政试院不仅数量日渐增多，其位置也更多地向府城、直隶州城所在地迁移。

另外值得指出的是，尽管清代顺治年间便已经出台了关于学政院试场所的相关规定，很多地方也想方设法或新建或改建了学政行署，但学政行署与学政试院并非完全步调一致相伴相生。也就是说，有了学政行署，不等于就有了学政试院。如湖北郧阳府在乾隆二十年（1755）才在学政行署中添修了"东西文厂"，有了较为专业的考试号舍，但该学政行署却早在清初就"撤抚治提督，而以其署为学使之试院"。而在这座所谓的"试院"，却是"有室有堂，而未尝有士子列坐之宇。每学使至，始编席为棚"③，事实上只是供学政按临居住与办公用的简署，并不具备专门考场的功能。

第三节 清代县试考棚

县试，是清代科举三大级七小级的考试制度体系中最低级别的考试。县试以县或散州、散厅为单位，由知县或散州知州、散厅同知主持，经过正场和若干复试之后，拟定录送名单，送府或直隶州参加府试或直隶州试。

---

① （清）孔繁朴，高维岳：《光绪绥德直隶州志》卷8《艺文志》，南京：凤凰出版社，2007年，第512页。
② 赵尔巽：《清史稿》卷63《地理十陕西》，北京：中华书局，1977年，第2091—2092页。
③ （清）吴葆仪，王严恭：《同治郧阳志》卷2《建置志》，南京：江苏古籍出版社，2001年，第199页。

一、清代国家的县试考场政策

明代以来,在科举制度的府试和县试一级,国家并未要求必须建造相应的专用考场。按照明代科举制度的相关规定:"由县而府而督学,必层累而试之,得优取乃为生员。然必督学御史才有试院,府、县试士各于其署而已。"① 清代科举同样如此,《光绪庐江县志》便指出:"乡会试有贡院、院考有试院以密关防,府、县试则试于署中者为多。"② 乾隆五十九年(1794),江西金溪县进士、时任刑部主事杨夔(1741—1825)则作了更为详细的分析:

> 国家试士之制,由府、县试之录名始。顾自县以上试士皆有试院。唯府无试院,然得假学使者院以试,县之傅府而怡者亦然,其他属城则不得也。属城之试士,即于县治之署。③

所谓"傅府",指的是附郭县,"属城",指的是非附郭县。由此可以看出,清代初年各省乡试建有贡院,岁、科试的学政院试建有试院,而府试、县试则一般没有建造专门的考场,其中府试及附郭县的县试大多借用学政试院举行,而散州、各县则基本上都未建有专门的考场。杨夔是乾隆四十九年(1784)进士,后官至浙江巡抚。

府试以学政试院为考场,源自朝廷的政策规定,即乾隆九年(1744)礼部议准:"嗣后府、州考试童生,照州县录送名数,即在学政衙门考棚内编号扃试。"④ 同治年间山西崞县人张曾也谈到了这项政策:"试院之设,

---

① (清)汤成烈:《缙云县试馆记》,(清)潘绍诒,周荣椿:光绪《处州府志》,台北:成文出版社,1974年,第177页。
② (清)钱鑅,俞燮奎,卢钰:《光绪庐江县志》卷4《学校志》,南京:江苏古籍出版社,1998年,第141页。
③ (清)杨夔:《金溪新建考署碑记》,(清)许应鑅,朱澄澜,谢煌:光绪《抚州府志》卷19《建置志二》,台北:成文出版社,1970年,第301页。
④ (清)素尔讷:《钦定学政全书》卷22《童试事例》,沈云龙:《近代中国史料丛刊》第30辑,台北:文海出版社,1989年,第379页。

惟督学使者按临之地则有之，其余州县不数数觏也。查乾隆九年部议，有嗣后府直隶州考试童生，照州县录送名数，即在学使试院编号扃试，如府直隶州治内向无试院，应选择就近紧密公所，照依试院之式编列坐号，严行考校。而于州县试所在，未经议及。"① 附郭县借用学政试院作为县试考场，在在有之，而非附郭县则没有相应的县试考场条件。如据光绪《黄岩县志》的作者观察指出："凡直省府州，皆有试士之馆，而县非附郭，或不具焉。"② 浙江德清县人孙德祖（1840—1905）也说："是故郡治必有试院，以待学使按试，惟附郭之县，得先府、院而用之。其在他邑，往往阙而未备。"③ 因此，建造专门的县试考场，从而从考场方面补足清代科举制度建设的最后一环，俨然成为了清代全国非附郭县的独特使命。

二、清代县试考棚的特殊类型

清代中后期，各省州县纷纷建造县试考棚，最常见的情形是一县建造一座考棚。如湖北省包括附郭县在内的67个州县中，只有3个非附郭州、厅、县未建考棚，其余均先后建造了考棚。又如江西含附郭县在内的80个州、厅、县中，除12个附郭县以及科举被废前后才设立的2个厅外，其余66个县、州、厅中只有3个非附郭厅、县未建考棚，其他63个则都建造了考棚，均属一县（州、厅）一座考棚。也就是说，在清代的科举时代里，两省可以在专门的考棚里举行县试的州厅县的比例分别达到了95.5%和96.2%。其中江西更是出现了2个本不必建造考棚的省会附郭县（即南昌县、新建县）均分别建造了县试考棚的案例。

不过，中国地域辽阔，各地文化差异较大。即便是在大一统的清帝国，尽管每个非附郭县（州、厅）建成一座考棚是最为常见的类型，但各

---

① （清）张曾：《新修试院碑记》，（清）赵冠卿，龙朝言，潘肯堂：《光绪续修崞县志》卷7《艺文志上》，南京：凤凰出版社，2005年，第570—571页。
② （清）陈钟英，王咏霓：光绪《黄岩县志》卷8《建置志》，台北：成文出版社，1970年，第630页。
③ （清）文赓：《余姚试院碑记》，（清）邵友濂，孙德祖：光绪《余姚县志》卷10《学校志》，台北：成文出版社，1983年，第198页。

省县试考棚还是存在其他的情形。

1. 两县合建一座考棚

光绪十八年（1892），江苏常州府宜兴、荆溪两县士绅便合力建造了考棚，并命名为宜荆试院。清初宜兴、荆溪本为一县，雍正二年（1724）两江总督查弼纳以苏、松、常赋重事繁，上疏朝廷，建议将太仓州等13个江苏州县各一分为二，包括"析武进置阳湖，无锡置金匮，宜兴置荆溪"。① 两县虽然分治，但县衙却同处一城，遇有公共事务，两县往往合力承担。此次建造宜荆试院，也是由宜兴知县万立钧和荆溪知县薛星辉根据士绅的建议合力定议的。合计募捐银帑13 100余元、钱1000余缗，建成后"岁科试两县令轮驻试士"。②

安徽凤阳府寿州、凤台县也是两邑合建一座考棚，命名为寿台试院。寿州原为凤阳府属州，雍正十一年（1733）分寿州城东北隅增置凤台县，两地依然同属凤阳府。道光七年（1827）八月，寿州知州朱士达捐廉1000两，倡议建造考棚，两邑士绅合力捐资18768两，经过一年多的工期，于道光九年（1829）正月正式完工，"坐北朝南，头门、仪门以内，东西两旁分建坐号，中设大堂、后堂及栖止、阅卷之所，四面围墙坚筑高厚，头门之前设立照壁、月池，并于东南隅建文峰塔一座"，称为寿台试院。尽管寿台试院并非学政试院级别的考棚，但是却在某种程度上享受学政试院的待遇。同治九年（1870）经呈报礼部，寿州、凤台县两地童生府试可以不必远赴凤阳府城，而由凤阳知府"带印莅寿考试"。③ 而在正常情况下，知府应该是借用学政试院主持府试。

2. 非附郭县而建有府试考棚

虽然清代岁科试分为县试、府试、院试三个小级，但从科举专用考场

---

① 赵尔巽：《清史稿》卷58《地理志五江苏》，北京：中华书局，1977年，第1998页。

② 陈善谟，徐保庆：《光宣宜荆续志》卷2《建置志》，台北：成文出版社，1970年，第108页。

③ （清）曾道唯，葛荫南：《光绪寿州志》卷9《学校志》，南京：江苏古籍出版社，1998年，第126页。

来看，这三级考试只需建造院试和县试两个级别的考场，而各府、直隶州均可借用院试考场举行府试，不必建造府试专用考场。不过，偶尔也会有例外情况。湖南衡州府酃县便单独在府城建造了其独有的府试考棚。乾隆三十年（1765），酃县因距离府城衡阳县路途遥远，故而"合邑禀请府随院试"，也就是府院连考。不过，府院连考虽然可以免除酃县童生的往返跋涉之苦，但是却不能享受在学政试院参加府试的待遇："每届学使按临，诸童就试府署，桌凳搬运维艰。"① 为此，道光二十一年（1841）邑绅尹宗声根据父亲尹京庵的遗命，禀请衡州知府，表示愿意独力捐资"创建府试考棚一所"，专供本县生童府试之用。该府试考棚和其他考棚一样，也都有东西辕门、照墙、鼓吹亭、头门、仪门、东西号舍、大堂、官厅、号房、受卷所等各类功能性建筑。值得指出的是，除了这座捐建于府城衡阳县的府试考棚，早在乾隆三十六年（1771）酃县就已经在县城捐建了一座县试考棚。

3. 附郭县而建有县试考棚

清代全国各府、直隶州的附郭县，其县试一般都是借用学政试院作为考场。如果该府、直隶州没有建造学政试院，则往往也是借用县衙或儒学搭建临时考场。不过，全国各地也有极少数附郭县建造了专属的县试考棚。

江西南昌府南昌县便是其中的典型代表。南昌县是南昌府的两个附郭县之一，同时也是江西省会所在地。据《民国南昌县志》记载，南昌县考棚建造于道光庚寅（1830）。在此之前，南昌县一般是在县署举行县试，童生应试则需"买卷、租座"，以至于"讦诉纷纷"。同时，每届新生入学时，都要向学师缴纳"入泮束脩"，经常出现师生之间"争多论少，相持不下"的不雅情景。为此，道光十年（1830）南昌县六乡绅民合力捐资，公建考棚，并捐设资助本县士子参加各类考试的宾兴公益基金，成立考棚

---

① （清）唐荣邦，杨岳方：同治《酃县志》卷5《营建志》，台北：成文出版社，1975年，第330—331页。

公局，推举六乡士绅为管理首事进行值年轮管。①

省会城市建造了考棚的还有两个县，即长沙县和昆明县。长沙县是湖南长沙府的会城附郭县之一（另一个是善化县），也是湖南省会所在地。嘉庆六年（1801），长沙县士绅在贡院东辕门外捐资建造了一座县试考棚，称为宾兴考棚。②昆明县是云南云南府的附郭县，也是云南省会所在地。道光十三年（1833），昆明县知县罗登举捐廉于县署左侧建造了考棚。③

此外，作为府城附郭县而建造了县试考棚的还有云南省开化府文山县。开化府在道光二十六年（1846）建成了府考棚，系由知府刘禧祖主持修建的，位于府衙之中。文山县作为开化府的附郭县，也在道光二十六年"缴价"将原前左营都司署改建为县试考棚。④

4. 按照考生籍贯区分考棚座号

清代实行多民族和谐发展的少数民族政策，为了鼓励少数民族学子积极学习儒家文化知识，往往在科举考试方面给予一定的优待政策，即为其划定保障名额。与之相适应的是，各地在建造县试考棚时，也往往专门设置少数民族的坐号分区。

如湖南新宁县考棚建造于嘉庆八年（1803），位于县署西偏。同治元年（1862）发生火灾，考棚仅存东西坐棚。次年，知县秦豫基组织重修，并增置"八峒考棚"一座，"每届县试，分棚列坐"。所谓"八峒"，指的是新宁县瑶族百姓，清代称为"八峒猺人"，其子弟入学称为"猺生"，每届岁试，新宁县学定额取入瑶族子弟，初为2名，康熙年间增至3人。雍

---

① （清）江召棠，魏元旷：《光绪南昌县志》卷12《学校志上》，南京：江苏古籍出版社，1996年，第93页。
② （清）赵文在，易文基：嘉庆《长沙县志》卷11《典礼志》，台北：成文出版社，1975年，第897页。
③ （清）戴纲孙：光绪《昆明县志》卷3《建置志》，台北：成文出版社，1967年，第42页。
④ （清）岑毓英：光绪《云南通志》，清光绪二十年（1894）刻本，卷40《建置志三之四·官署四》，第1—3页。

正十年（1732）"以诸峒向化日久，改为新生学额"。① 乾隆二十一年（1756）议准，"湖南所属苗、猺土人应试，均着改为新童"。据《钦定学政全书》记载，清代湖南宝庆府邵阳、武冈、新宁、城步四个州县的儒学招生名额中均包含有三名"新童"。② 新宁县的"八峒考棚"，当是在新宁县考棚中区分出瑶族考生的棚厂区，以便区分字号，从中录取三名定额的生员。

湖南永州府宁远县考棚创建于嘉庆八年（1803），系知县蒋震集合绅士公议，以春陵书院旧址创建。从头门、仪门进入考场后，中间为甬道，东西两廊分上下二座为号舍，"依乡里次序，编定字号，合计可坐千余人"。再往前为大堂，大堂东西两边各有三间房屋，里面各设坐号，其中"东为城厢内外坐号，西为新籍坐号"。③ 所谓"新籍"，指的也是苗族和瑶族的应试子弟。

福建台湾府凤山县考棚建造于光绪元年（1875），称为试院。该考棚由增贡生蔡垂芳监督建造，合计有房屋36间，其坐号分为闽籍、粤籍两个部分，其中闽籍廊号位于大堂之前，共有10间，400个坐号；粤籍廊号位于穿心亭左边，共有6间，240个坐号。④ 清代台湾人口多为闽粤移民，由于习俗、语言、心理等区别较大，闽粤械斗一直是台湾社会治理的重大难题。凤山县作为清代福建台湾府最早设立的三个县之一，其县试考棚区分闽、粤捐款和闽、粤号舍，一方面是为了公平起见，另一方面也是为了尽量避免双方发生矛盾。需要强调的是，福建台湾府的闽籍和粤籍都是汉族，并非少数民族。

5. 一县建有两座考棚

---

① （清）张葆连，欧阳辅：《光绪新宁县志》卷15《学校志》，南京：江苏古籍出版社，2002年，第373、371页。

② （清）素尔讷：《钦定学政全书》卷55《湖南学额》，沈云龙：《近代中国史料丛刊》第30辑，台北：文海出版社，1989年，第1058、1037—1038页。

③ （清）曾钰：嘉庆《宁远县志》卷3《建置志》，台北：成文出版社，1975年，第284—285页。

④ （清）卢德嘉：《凤山县采访册》，《台湾文献丛刊》第73种，台湾银行经济研究室，1960年，第160页。

县试考棚一般每县一座，有些甚至终清之世未建考棚，原因在于建造与维修考棚"工巨费繁"，成本较高。不过，有个别地方却建造有两座考棚。如湖南靖州直隶州会同县，乾隆四十八年（1783）在城南建成了一座考棚，后被称为南考棚，次年又在儒学学宫旁边建造了另一座考棚，称为东考棚。不过，到了嘉庆六年（1801）知县柳万泰"以东考棚为三江书院"[1]，只剩下南考棚。

清代县试考棚的出现时间较晚，大致可以确定为清代乾隆早期。在此之前，全国各地非附郭州县都没有专门建造的考场供地方官举行童生县试。正如道光八年（1828）戊子科福建乡试解元郭礼图所指出的，尽管全国很多州县都没有建造考棚，每次考试都是"扃署而集之"，因而存在"脂烛饼饵笔砚之具，亲提携以入，吏胥语嘈杂，隶卒狞面相向，地逼而人隈，卒风雨淋湿衣服"等诸多不便之处，但是"习俗以苟且相沿，而凡事以因循鲜济"，人们因循"故事成例之狃于其旧而惮于改制往往而然"。整个福建省内，"扃署之制，定之者不以为非，奉之者不以为过"[2]，数百上千年来，各地未建县试考棚者比比皆是。福建建宁府政和县在道光二十二年（1842）建成了东和试院，并于光绪五年（1879）和光绪二十九年（1903）两次重修。令郭礼图意想不到的是，他为政和县撰写的《东和试院记》竟然会是撰写于科举时代的最后一篇贡院记文。

清代县试考棚主要建造于非附郭州县，每个州县建造一座考棚，主要用于州县官举行本地文武童生的县试之用。这种一县一考棚的形式，并非源自国家政策规定，而是地方自发形成，并发展为清代县试考棚的主流形式，体现了清代地方社会对科举最低级别考试即县试的规范化追求。清代各地存在的与众不同的县试考棚，既体现了清代县试考棚的多元化发展趋势，也说明了清代县试考棚的发展并未完全成熟，尚处于较为初级的发展

---

[1]（清）唐际虞，李廷森：《光绪靖州直隶州志》卷2《建置志》，南京：江苏古籍出版社，2002年，第438页。

[2] 钱鸿文，李熙：《民国政和县志》，民国八年（1919）铅印本，卷13《学校志》，第49页。

阶段。当然，由于西方殖民主义者带给中国传统文化的猛烈撞击，清代县试考棚的这个发展趋势被强行切断，各地考棚在清末教育近代化的过程中被迫转型，直至完全消失。

第四节 清代其他类型的科举考试建筑

除了以上专门为县、府、院、乡、会试而建造各级贡院，清代各地还因各种原因而建造了其他不同类型的科举考试建筑，即相对并不独立但是同时也是相对专用的科举考场。这些考场，其主体建筑并非用于科举考试，而且作为学校、衙门、书院、寺院等，只不过在考试期间实施封闭管理，使其临时变化为一座功能相对完备的科举考场，拥有功能相对齐全的考试专门区域如考官阅卷区、考生号舍区、辅助功能区等。这些类型的考场建筑大都属于州县级别的县试考场。

一、附建于官衙

1. 以官衙为临时性考场

自唐宋以来，府州官衙便是组织临时考场的最为常见的建筑。唐代省试、北宋省试和解试，类多借用衙署、学校、寺庙等组织临时性考场。北宋末年至南宋时期，越来越多的府州军建造了解试贡院，而县级科举考试则未建造专用考场。明代改御史台为督察院，并向各省派出巡按监察御史，其职责之一便是担任乡试监临。巡按监察御史在省城建立衙署，在省内各地则因地制宜建造行署，一般简称为察院，往往成为朝廷使节驻节之处。提督学道按临各府州举行岁科试，也多以之为考场。清代初年承袭明制，察院依然是各省学政最为常见的岁科试考场。

此外，其他官署或官方建筑也会被拿来组织临时考场。如湖南永州府，在清代初年时曾以濂溪书院为校士场所，后来则"就通判署右设考棚"①，直到乾隆年间才由零陵县知县陈三恪率领本府八县士绅捐建试院。广东琼州府（今属海南省）则在康熙三十三年（1694）以八年前学政程宪所建讲约亭为试院，"试竣仍讲约"②，直到雍正十年（1732）才由知府宗思圣率阖属吏民捐建试院。

清代时期，一些非府城附郭县的州县没有建造科举专用考场，每逢考试，都是借用州县官衙作为临时考场。如安徽庐州府巢县在建造县试考棚之前，数百年间都是借用县署为考场，"以县治大堂并各科加以甬道，两旁搭盖席棚，自备桌凳以进"。③ 安徽祁门县也是"向无试院，逢考皆在县署局试"④。

浙江金华府浦江县人戴殿泗较为详细地分析了各地以县署为考棚的理由。他指出，从岗位职责的角度来说，知县除了催科、听讼、建造、防守四大职责之外，最重要的职责便是县试。但长期以来，各地都没有建造考棚，每逢考试都是借用县署的大堂及各房作为临时考场。这种方式虽然"陵猎杂沓"，显得极为混乱，但是人们都是"弗以为怪"。其原因何在呢？戴殿泗认为："所以然者，考棚宜建，而县务纷繁，多不暇举。即欲举之，或格于无力；有力矣，又苦经理之人不克尽心料简以称善建。历览诸州县中大概然也。"⑤

2. 依托官衙改建专用考场

久而久之，有些州县便进一步将官衙局部空间加以改造，使其更加接近县试专用考场。如湖北长乐县（今五峰土家族自治县）、大冶县、通山

---

① （清）嵇有庆，刘沛：《光绪零陵县志》卷2《建置志》，南京：江苏古籍出版社，2002年，第414页。
② （清）明谊，张岳崧：光绪《琼州府志》，清光绪十六年（1890）刻本，卷6《建置志》，第6页。
③ （清）黄云，林之望：光绪《庐州府志》卷17《学校志》，台北：成文出版社，1970年，第298页。
④ （清）周溶，汪韵珊：同治《祁门县志》卷18《学校志》，台北：成文出版社，1974年，第744页。
⑤ （清）善广，张景青：《光绪浦江县志》卷4《建置志》，上海：上海书店出版社，1993年，第174页。

县、黄梅县4县考棚均是如此。

湖北长乐县考棚称为试院，其位置在"县署大堂下"。① 从县署大堂进入内堂，后面则是考棚的门楼、二门及大门，再进则为"左右号舍各五间"，号舍中均为石桌、木凳。后面有衡鉴堂三间。② 这座建在县署内的考棚，从道光十八年（1838）初知县胡馨组织士民动工，到道光十八年二月至三月蔡聘珍接任续修，再到同年四月胡馨回任续修，最后于道光十九年（1839）五月由杨际昌接手完工，一共经过了三位知县一年多的修建时间。

湖北大冶县考棚，位置在县衙左。进入考棚，要先从县衙仪门的东角门进入县衙，然后"右转"，进入考棚的"云程初步"门，接着"左转"，才是考棚的龙门；再往里面，才是东西文场，其中东文场有东棚、子棚，均为八楹，西文场有西棚，也是八楹；再往里面，则是考棚大堂，继任知县詹应甲题写"论秀堂"匾额。③

湖北通山县试院，系知县张中孚和邑人汪鼎于道光二十六年（1846）建造，其地址"在县署内"。④ 该县本拟在城东建造独立的考棚，但因为"地势低，且与署远"，因此虽然已经花费1100两买了管姓房屋，不过最终还是放弃了。最后，官绅选择在"署内右侧审其地，得天然基"⑤，并拆迁常平仓扩大基址，总体上仿照武昌府考棚，建成了一座可容千余人考试的考棚。考棚号舍之外的建筑还包括"县署大堂右建吁俊门，入内东向建云路门，南向建龙门，外左右建谯楼，中建奎光"，以及"考舍上建至公堂，堂右建衡鉴堂，左建内供给所。考舍西北隅为厮舍"。建造考棚的过程总

---

① 吕调元，刘承恩：民国《湖北通志》，民国十年（1921）刻本，卷58《学校志四》，第21页。

② （清）李焕春，潘炳勋：《光绪长乐县志》卷5《建置志》，南京：江苏古籍出版社，2001年，第176页。

③ （清）胡复初，黄昺杰：《同治大冶县志》卷2《建置志》，南京：江苏古籍出版社，2001年，第78页。

④ 吕调元，刘承恩：民国《湖北通志》，民国十年（1921）刻本，卷58《学校志四》，第13页。

⑤ （清）乐纯青：《创修考棚记》，（清）罗登瀛，胡昌铭，朱美燮，乐纯青：《同治通山县志》卷6《艺文志》，南京：江苏古籍出版社，2001年，第256页。

体上由知县张中孚掌控，而具体事务则由"绅士汪鼎、陈兆熊、徐联桂、唐又赞、陈丹桂等首领其任"，建造考棚的全部经费都来自"合县士民踊跃经营"，整座考棚"规制宏敞且坚固"，历时"三载而功成"。①

湖北黄州府黄梅县考棚建成于光绪元年（1875），也是附建于县衙旁边。在此之前，黄梅县每逢考试都是在"县署大堂及书役各房"编排座位。咸丰年间，县署被战乱所毁，只好"就学宫空地搭草棚及帐棚数处，考官借斋宿官厅为点名、受卷之所"。同治十三年（1874）九月，知县覃瀚元"毅然自任，事在必行，通禀上宪，按户劝捐"，并选择县署东偏的仓廒、捕署旧址谋划考棚基址，经过9个月的工程，最终建成了一座拥有"文场东西各廿四楹，坐号二千有奇"的县试考棚。这座考棚，"龙门西向，由卷棚直达县署大堂，即以大堂为点名堂，进场放牌，亦由县署头、二门出入，不另设门、堂。因地制宜，费亦从简也"②。

将官衙的局部空间改建为县试考场，这种情形在全国其他省份也有相同的案例。如安徽宁国县考棚创建于道光二十六年（1846），系知县林自立倡议全县捐资合建。咸丰十年（1860）"毁于兵"，同治四年（1865）重修时知县蔡铎禀请以考棚原址为县署，"于大堂两廊建坐号八间，兼为考棚"。③科举废除后，考棚功能丧失，完全成为县署。又如云南临安府嶍峨县考棚由知县陈宗海主持创建于光绪三年（1877），其地址在"县署二堂"。④

另外，清代全国也有个别州县采取其他的折中办法对官衙进行利用。如四川成都府汉州知州蔡学海于道光庚寅（1830）"捐置考桌三百张，考凳三百张，存州署萧曹祠"，用于书院"收录"即招生考试、书院生童

---

① （清）罗登瀛，胡昌铭，朱美燮，乐纯青：《同治通山县志》，南京：江苏古籍出版社，2001年，第128页。
② （清）覃瀚元，袁瓒：《光绪黄梅县志》卷9《建置志》，南京：江苏古籍出版社，2001年，第39页。
③ 杨虎，李丙羚：民国《宁国县志》卷6《学校志》，台北：成文出版社，1975年，第591页。
④ （清）岑毓英：雍正《云南通志》，清光绪二十年（1894）刻本，卷38《建置志三之二·官署二》，第12页。

"官课"和全县岁科试之用,规定"他事、他人不得借用"。① 该州并没有将州衙的局部空间改造为考棚,只是添置了用于县试等各类考试的桌凳,一定程度上减轻了考生自带桌椅进入考场的负担。

二、附建于儒学

1. 以儒学为临时性考场

自两宋以来,贡院便与儒学、书院密不可分。宋代礼部省试很长时间都以太学为贡院,各府州军解试也多借用官学房舍为考场。明清时期,科举必由学校,二者之间的关系更为紧密。光绪二十三年(1897)直隶大名府东明县建成试院,东明县人李曾裕《创修试院记》便指出,"试院之设,与学校、书院相辅为功,皆为振兴人才计"。② 在这种观念的影响下,不少地方将其县试考棚与修建儒学、书院结合起来。它们或以儒学为县试考场,或在儒学周遭连片建造考试号舍。

儒学,即明清时期的地方官学。根据其所属府州县等行政区划级别的不同,又分别有府学、州学、县学或厅学、卫学、乡学等相应的设置。作为培养人才之地,考试自然不可或缺。在学生员每月接受儒学教官的考试,称为"师课";本地道员、知府、知州、知县等地方官亦往往到儒学考试,称为"官课";学政按临,除岁科试外,往往还有"观风"考试。而在未建科举专用考场之前,各地也往往以儒学为临时考场。浙江钱塘县(今杭州市)人、江西吉安府莲花厅同知朱钰便在嘉庆十五年(1810)为莲花厅考棚撰写的记文中指出:"考棚惟郡与州之直隶者有之,其他则恒以学宫之明伦堂为校士所,至有不能容者。"③

清代福建各府、直隶州在建成学政试院前,便大多借府学或直隶州学

---

① (清)刘长庚,侯肇元:嘉庆《汉州志》卷12《学校志》,台北:成文出版社,1976年,第295—296页。
② 周保琛,李增裕:民国《东明县续志》卷3《艺文志》,台北:成文出版社,1976年,第308页。
③ (清)定祥,刘绎,周立瀛:光绪《吉安府志》卷7《建置志》,台北:成文出版社,1975年,第267页。

明伦堂为考场。如建宁府每逢院试时，"其凳桌设在建宁府学明伦堂，以及东西两廊"。① 泉州府在乾隆四年（1739）建造督学试院前，尽管被批评"亵圣、滋弊"，但依然一直借用"府学明伦堂"为院试考棚。② 永春在雍正十二年（1734）升格为直隶州后，"权于明伦堂作考棚，岁科两试，学使按临驻学正斋，班役寓训导宅，教官暂僦民居，试竣复旧"。③

其他各省也有很多借用儒学为学政院试或州县县试考场的案例。如山西泽州府阳城县在同治十一年（1872）建成考棚之前，"每逢岁科两试，诸童县试者，率于临场自携几案，列坐于明伦堂"。④ 安徽泗州直隶州始设于雍正三年（1725），虽然同时建立了州学，但却一直未建造试院，每逢学使按临主持岁科试，"皆考童自备桌凳，在学宫扃试"。⑤ 江西广信府广丰县在乾隆三十四年（1769）建成考棚之前，"科、岁县试，向于明伦堂"。⑥ 山东济南府德平县考棚称为试院，创建于光绪三年（1877）。此前本县童试均"于学宫扃试"，道光年间因改建书院，乃改于书院举行童试。只是考生人数众多，书院空间有限，每逢考试只能"佐以席棚"，不可避免地存在"负庋几，携坐具，风檐雪案，多士苦之"⑦的情景。为此从光绪三年开始，知县周和哉、蒋山公先后倡议士绅捐款，历时二年建成

---

① 詹宣猷，蔡振坚：民国《建瓯县志》卷6《城市志》，台北：成文出版社，1967年，第71页。

② （清）方鼎，朱升元：乾隆《晋江县志》卷2《规制志》，台北：成文出版社，1967年，第59页。

③ 郑翘松：民国《永春县志》卷7《建筑志》，台北：成文出版社，1975年，第194页。

④ （清）赖昌期：《阳城县创修获泽试院记》，（清）赖昌期，谭沄，卢廷棻：同治《阳城县志》卷15《艺文志》，台北：成文出版社，1976年，第965页。

⑤ （清）方瑞兰，江殿飏，许湘甲：《光绪泗虹合志》卷6《学校志》，南京：江苏古籍出版社，1998年，第471页。按，关于泗州试院的始建年份，《（光绪）重修安徽通志》的记载与《光绪泗虹合志》不同，即认为泗州试院始建于雍正四年。本文次章兼采其说。

⑥ （清）蒋继洙，李树藩：同治《广信府志》卷2《建置志二》，台北：成文出版社，1970年，第156页。

⑦ （清）李敬熙：《创建试院碑记》，（清）凌锡祺，李敬熙：光绪《德平县志》卷13《艺文志下》，台北：成文出版社，1976年，第700—702页。

考棚。

与前引四川汉州一样，清代全国也有个别州县采取折中方式利用儒学建筑组织临时性考场。如山东武城县一直都没有建造县试考棚，道光二十一年（1841）知县厉秀芳便捐资置办了60副长考桌、长考凳，"以备阖邑童生县试"，平时储存于县学"明伦堂西厢房"，由县礼房负责收管。为了保证长期使用，还议定了"岁修章程"。①

2. 依托儒学改建专用考场

清代县试考棚一般是为童生考秀才而建，县试考生虽然统一都叫作童生，但是并不限制考生年龄，既有未冠童子，也有耄耋老人，符合条件者均可自愿报名，允许屡败屡战。正因为如此，每逢岁科试时往往应试童生人数众多。面对成百上千甚至数千的考生，儒学原有房屋自然无法容纳。为此，一些府县便在儒学之中建造号舍，以便为考生提供更为便利的考试条件。

湖南省是清代全国最早建造县试考棚的省份，其中有些州县的县试考棚便与当地儒学紧密联系在一起。如湖南长沙府茶陵州考棚便建造于学宫之中。乾隆二十六年（1761）学宫迁至州城之外，其原址被改建为试棚、书院。乾隆五十七年（1792）学宫迁回城内，适逢试棚、书院颓圮，乃予修葺。嘉庆二十年（1815）以修纂州志的剩余捐款修葺儒学大成殿，因考棚内桌凳年久损毁，兼以己巳年灾民借居，毁坏过半，于是"另行捐费，易木以石，为永久计"。② 此后道光二十年（1840）、咸丰八年（1858）均曾同时修理学宫、考棚。据同治《茶陵州志》卷1《图》所刊载的《学署考棚合图》，学宫与考棚呈正方形被围墙围成一个完整建筑，从南往北的中轴线上依次建有头门、明伦堂、奎星阁、衡文堂和尊经阁，东边则依次

---

① 王延纶，王繡铭：民国《增订武城县志续编》卷4《学校志》，台北：成文出版社，1976年，第141页。

② （清）梁葆颐、谭钟麟：同治《茶陵州志》卷13《学校志》，台北：成文出版社，1975年，第407页。该志原作"茶陵州志"，成文出版社在影印出版时，误作"茶陵县志"，此据原书改正。

为学正署、东文场，西边依次为训导署和西文场。①

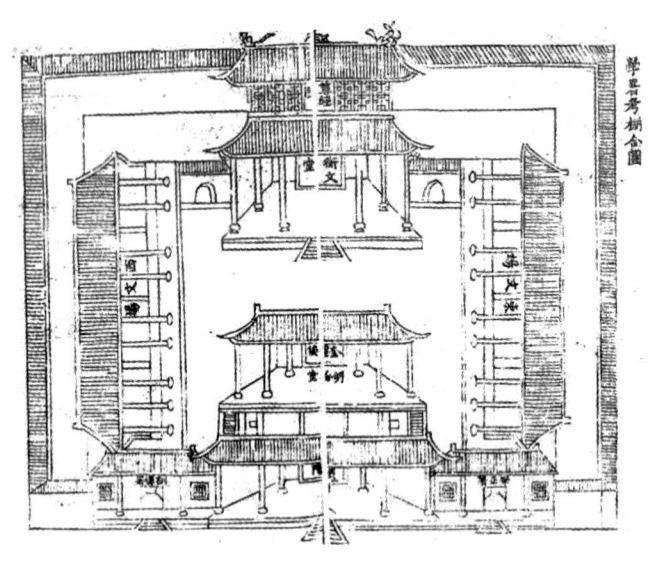

图 3-2　湖南长沙府茶陵州《学署考棚合图》

湖南长沙府安化县考棚建在学宫明伦堂左右两旁。乾隆十四年（1749）安化县人邓天人、王崇礼、罗洪荣等因本县向无考棚，每逢岁科试都在县署大堂外"搭棚架厂"组织考试，"每风雨交作，漏痕满地"，便借着重修明伦堂的机会，"于明伦堂前接建考棚"。但是由于建造质量太差，导致"不数年就倾圮，原置桌凳悉无存"。乾隆三十九年（1774）教谕陈以邦、训导胡兴簧建造庆祝所、重修明伦堂时，在明伦堂外左右"复建号舍八间，桌凳咸备"。道光二年（1822）知县刘冀程等重修庆祝所时，也同时修葺明伦堂和考棚，"号桌号凳概更新之，头门内东西设坐棚，应试者免露立。又增置号桌号凳如干，存书院备月课生童用"。同治七年（1868）邑绅龙应芳、曹业鸿等补修庆祝所、明伦堂，因考棚无法满足日益增多的应试人数，乃"增建号舍，号桌号凳视昔几倍"。此时的考棚依

---

① （清）梁葆颐，谭钟麟：同治《茶陵州志》卷1《学署考棚合图》，台北：成文出版社，1975年，第84—85页。

然位于明伦堂左右两旁，考试时，明伦堂中则摆设号桌号凳，称为"堂号"。①

湖南常德府龙阳县考棚经历了逐渐与学宫剥离并最终独立的过程。该县考棚建成于乾隆五十一年（1786），总体上位于明伦堂的东边，但却是"就明伦堂为大堂"，除了建有穿堂3间、过厅1架、仪门和头门各3间之外，还建有号舍40间，并制备了320副桌凳。至嘉庆九年（1804），邑绅廖溶、萧占元等因为重修文庙更改大门朝向，并将明伦堂移建于文庙左偏，于是重新规划考棚结构，另建考棚大堂，增添号舍4间、桌凳20副。还在头门旁另建5间房屋，"为诸生避风雨之所"。②

依托儒学建筑修建专用考场，此类事例在清代其他省份所在多有。如安徽池州府青阳县，其儒学明伦堂"另有东西号舍，为校士文场"。③陕西同州府白水县考棚称为考院，是同治十二年（1873）知县李廷钰利用"里民差费余钱数百千缗"在儒学明伦堂后面的学署西斋遗址建造的，其规制为"新构三楹，东西翼以号舍，中置过厅三楹，扃以门墙。分之为考院，而统之于学宫。上房为考院之内厅，即为学宫之尊经阁，祀仓圣、吕祖于阁中"。④江西抚州府东乡县考棚与明伦堂前后相连，系嘉庆七年（1802）知县周钟泰主持修建的。他认为，考棚与明伦堂都是事关学校教育、人才培养，不仅可以同时建造，而且可以同地建造。其具体做法是："撤堂之旧，而增其高，益其广，且辟其隙地，可容数千人。堂为楹者二十有八，前为露台，中为甬道，东西为号舍二十四间，计其楹二百五十有四。几案坐号一千有奇。又前列三门，为仪门，两翼为官厅，外为头门，共为楹者

---

① （清）邱育泉，何才焕：《同治安化县志》卷18《学校志》，南京：江苏古籍出版社，2002年，第362页。
② （清）黄教镕，黄文桐，陈保真，彭日晓：《光绪龙阳县志》卷12《学校志》，南京：江苏古籍出版社，2002年，第178页。
③ （清）段仲律：《新建察院文场暨蜡庙碑记》，（清）周赟：《光绪青阳县志》卷11《艺文志》，南京：江苏古籍出版社，1998年，第553页。
④ （清）马有章：《白水创修考院记》，（清）饶应祺，马先登：光绪《同州府续志》卷15《文征续录下》，台北：成文出版社，1970年，第1170—1171页。

五十。周以崇垣，饰以丹雘。"① 从《同治东乡县志》卷首所刊《文昌宫考棚图》来看，东乡县所建的考棚与明伦堂、文昌宫以及教谕署、训导署五种公署建筑连成一片。考棚在明伦堂之前，文昌宫在明伦堂之后，教谕署、训导署分别位于明伦堂左右两边。这种结构形式，是清代全国贡院选址中绝无仅有的案例。

以上三个事例都是在县学之中附建县试考棚的例子，在府学中附建学政试院的例子同样存在。如江西抚州府试院，原为南宋抚州贡院，元代改为湖东道肃政廉访分司，明代改为按察分司。明代至清初，一直是御史巡方和督学考校的驻劄之所。顺治十八年（1661）巡按被裁，才成为纯粹的学政试院。康熙十三年（1674）试院遭遇火灾，抚州知府张四教便在府学文庙的西偏明伦堂创建考署，从而使府学与试院功能合一。直到康熙五十四年（1715）知府任士理莅任，发现这座考署的号席仅能容纳千人，其余考生则需"编入学宫"，以学宫为考场，导致"吏胥出入，亵慢圣贤"，这才自己捐廉将试院迁回原址，"两旁棚厂可列坐三千有奇"。②

福建永春直隶州的州学则在其学政试院从无到有的过程中起了重要的过渡作用。雍正十二年（1734）永春升格为直隶州后，因未能及时建造试院，只能借用州学为考场。由于其空间过小，只能采取各县分开逐一考试的方式，因而给意图不轨的考生留下了冒籍的空子。乾隆十七年（1752），福建学政冯钤为了"除童生重考积弊"，乃与知州杜昌丁一起"将崇圣祠移建大成殿后，其址为训导宅"，然后"以旧训导宅地添建号舍，明伦堂及两庑可容一千八百余人"。考场容量扩大之后，将本州3县童生"一场扃试，而童生重考之弊绝"。③ 15年后即乾隆三十二年（1767），知州嘉谟才在大成殿东另建明伦堂，试院与明伦堂最终剥离，使永春州学政试院成为

---

① （清）李士棻，王维新，胡业恒：《同治东乡县志》卷15《艺文志》，南京：江苏古籍出版社，1996年，第628页。
② （清）任士理：《重建抚州考署记》，（清）许应鑅，朱澄澜，谢煌：光绪《抚州府志》卷18《建置志》，台北：成文出版社，1970年，第287—288页。
③ 郑翘松：民国《永春县志》卷7《建筑志》，台北：成文出版社，1975年，第194—195页。

一座相对独立的院试专用考场。

三、附建于书院

清代虽说是科举必由学校，但是从教育的角度来说，各地官学大多仅起到"颁发文凭"的作用，其日常考课尤其是教官的讲学活动则日渐废弛，王朝科举教育主要依赖于书院。建书院、置学产、聘师儒、严考课，是地方官施政的重要内容。因此，各地书院便成为了举行较低级别科举考试的常见临时考场。如湖北巴东县一直未建考棚，每逢童试都是"即信陵书院扃试"。① 江西进贤县在嘉庆二十一年（1816）建成考棚以前，也是在本县曲水书院举行岁科试。② 广西百色直隶厅恩隆县未建考棚，每逢县试之年，"即于书院扃试"。③ 不少州县在书院中添建号舍等相关建筑或设备，从而使书院兼具专用考场的属性。有些州县在修建考棚后，将其同时作为书院，生童在非考试期间可以肄业其中。有些州县则选择将书院与考棚建在毗邻，或将两者合二为一。

1. 书院兼为考棚

清代湖北省是全国各地创建各级各类贡院最为齐全的省份之一。至清代末年，湖北省除了鹤峰州、兴山县2个州县没有建造州县考棚外，其余州县均先后建造了考棚，而各府（直隶州）的附郭县也都参加了当地学政行署试院的创建，故也有资格直接将其借用为本县的县试考场。民国《湖北通志》卷58《学校志四》将这些府州县级别的贡院统一称为试院。这些试院，有不少是附建于当地的书院之中。如兴山县虽然没有建造考棚，但该县的兴山书院因为多年来一直无法筹集到山长束脩、诸生膏火经费，

---

① 吕调元，刘承恩：民国《湖北通志》，民国十年（1921）刻本，卷58《学校志四》，第20页。

② （清）江璧，胡景辰：《同治进贤县志》卷3《公所》，南京：江苏古籍出版社，1996年，第281—282页。

③ （清）陈如金，华本松：光绪《百色厅志》卷5《建置志》，台北：成文出版社，1967年，第50页。

"惟每届县试就书院中试士,如试院然,书院特以为名耳"①,故而事实上就是一座县试考棚。

而在湖北的其他州县,如光化、潜江、竹山、来凤、保康等,则明确记载其考棚是附建于书院之中。光化县考棚附建于复文书院。道光十年(1830)光化县知县谢坤因见县中无考棚,每次岁科试均在县署举行,因而号召捐款,"拓书院故址,修讲堂三楹,左右厢六间,大堂三楹,左右耳房二间"。大堂之下,"东西考棚各九间,前场各所三间"。考棚大门题额仍为"复文书院","除岁科两试外,生童肄业如故"。②潜江县试院"在南城内传经书院",系道光十六年(1836)潜江知县何渭珍同邑人彭光廷等建造。③书院中有传经堂,堂后有藏书楼,藏书楼"东西为文场"。④建始县试院附建于五阳书院。道光二十一年(1841)知县袁景晖率邑人李如桂等劝捐重建五阳书院,"兼作考棚,自讲堂、斋房、东西号舍以及行门、官厅、亭阁、箭道共计大小四十余间,石脚号桌、凳六十四副"。⑤竹山县试院在上庸书院。道光二十八年(1848)代理知县周和祥与邑人陈杰祥等商议将义学改建为上庸书院,"将诚正堂前两廊改为东西文场,又前为龙门,又前为头门",从而使上庸书院同时兼具"讲学、肄业及月课试士之所"多种用途,"书院、考棚合而为一"。⑥

以书院兼为较低级别科举考试的临时考场,或在书院中建造县试专用考场,类似的情形在清代全国各省州县中较为普遍。如江苏的溧阳、青

---

① (清)黄世崇:《光绪兴山县志》卷12《学校志》,南京:江苏古籍出版社,2001年,第54页。
② (清)钟桐山,段映斗:光绪《光化县志》卷2《学宫》,台北:成文出版社,1970年,第248—249页。
③ 吕调元,刘承恩:民国《湖北通志》,民国十年(1921)刻本,卷58《学校志四》,第16页。
④ (清)史致谟:光绪《潜江县志》卷5《学校志》,台北:成文出版社,1970年,第344—245页。
⑤ (清)熊启咏:同治《建始县志》卷2《建置志》,台北:成文出版社,1975年,第128页。
⑥ (清)周士桢:同治《竹山县志》卷3《学校志》,台北:成文出版社,1975年,第414—415页。

浦、兴化等县，浙江的江山、龙游、孝丰、上虞、新昌等县，湖南龙山、安仁等县，安徽蒙城县、无为州等州县，贵州绥阳县、麻哈州等州县，以及福建同安县、山东东阿县、直隶巨鹿县、河南滑县、广西柳城县、陕西平利县均是如此。参见下表。

表 3-3　清代州县书院兼为县试考棚例表

州县	书院	年份	文献摘录	出处
湖南衡州府安仁县	宜溪书院	乾隆四十年（1775）	中为讲堂，左右为厢房各一……前为东西文场，县试考棚在焉。又前为龙门，为点名官厅	（清）张景恒，张鹏，侯材骥：《同治安仁县志》卷6《学校志二》
江苏镇江府溧阳县	平陵书院	乾隆四十一年（1776）	创建书院，兼为考棚	（清）李景峄，史炳：光绪《溧阳县志》卷7《学校志》
浙江湖州府孝丰县	定性书院	乾隆四十一年	正厅三间，前列东西号舍，又前为仪门、为大门、为屏墙	（清）刘浚，潘宅仁：光绪《孝丰县志》卷3《建置志》
浙江杭州府新昌县	南明书院	嘉庆十年（1805）	陈榭簊出己资捐桌一百二十张，凳一百二十条，复于书院侧出己资构屋六楹，皮置桌凳，为县试童生考用	金城，陈畬：民国《新昌县志》卷5《礼制》
湖南永顺府龙山县	云从书院	嘉庆二十年（1815）	倡建书院，始附设之。共考棚一十八间，分列讲堂下左右，即以书院头门作龙门	（清）符为霖，刘沛：同治《龙山县志》卷5《学校志》

续表

州县	书院	年份	文献摘录	出处
江苏松江府青浦县	青溪书院	道光九年（1829）	正殿两庑为县试号舍，桌凳悉备	（清）陈其元，熊其英：光绪《青浦县志》卷9《学校志》
江苏扬州府兴化县	文正书院	道光十二年（1832）	甬道左右号房各七间，腮号各二间。每间桌凳三副，每副容坐八人，师范堂桌凳十副，容坐四十人。足敷县试之用	（清）梁园棣：咸丰《重修兴化县志》卷4《学校志》
浙江绍兴府上虞县	经正书院	道光十二年	大门额曰经正书院，仪门内额曰丽泽试院，左右各建考棚，为岁科童试所	（清）储家藻，徐致靖：光绪《上虞县志校续》卷36《书院》
贵州遵义府绥阳县	新添书院	道光十七年（1837）	上舍三间，后三间，左右考棚十六间	（清）黄乐之，平翰，郑珍：道光《遵义府志》卷24《学校志三》
河南卫辉府滑县	欧阳文忠公书院	道光二十二年（1842）	建考棚于后院……建依书院，俾月课亦于斯，造士抡才，合济其美	王维垣，王蒲园：民国《重修滑县志》卷10《教育六》
山东泰安府东阿县	谷城书院	道光二十六年（1846）	前后地址三区，瓦舍楼房计二十余间，局势宏敞。然仅供考棚之用，并无延师课士之费	周竹生，靳维熙：民国《东阿县志》卷4《政教志四》

续表

州县	书院	年份	文献摘录	出处
浙江衢州府江山县	文溪书院	道光二十八年（1848）	中为讲堂，后为讲舍，两廊添设考棚，可编坐号千四五百。每岁科录取童生，扃试于此	（清）王彬，朱宝慈：同治《江山县志》卷4《学校志》
安徽庐州府无为州	新绣书院	同治二年（1863）	置桌凳以为生童肄业之所，兼作试院	（清）黄云，林之望：光绪《庐州府志》卷17《学校志》
福建泉州府同安县	双溪书院	同治四年（1865）	修复双溪书院，又拓余地创建考棚	林学增，吴锡璜：民国《同安县志》卷7《建筑志》
安徽颍州府蒙城县	养正书院	同治七年（1868）	向只讲堂前面东西两棚，考课则有余，考试则不足	汪篪，于振江：民国《重修蒙城县志书》卷5《学校志》
陕西兴安府平利县	锦屏书院	同治八年（1869）	置号桌，以书院兼作考棚	（清）杨孝宽，李联芳：光绪《续修平利县志》卷3《建置志》
贵州都匀府麻哈州	三台书院	同治十三年（1874）	修复（三台书院），即为州试考棚	刘钟荫，周恭寿：民国《麻江县志》卷7《营建志》

续表

州县	书院	年份	文献摘录	出处
直隶顺德府巨鹿县	广泽书院	光绪二年（1876）	讲堂三楹，中悬"萃英堂"匾额，堂西壁有书差房二间，堂两翼号厂各三十楹，号板、号凳俱备。除月课外，兼作县试所	（清）凌燮、夏应麟：光绪《巨鹿县志》卷3《学校志》
山东沂州府莒州	城阳书院	光绪十三年（1887）	中起讲堂五间，后堂九间，为阅卷所，门厨属焉。考棚分列东西，外设巡道门二重	卢少泉，庄陔兰：《民国重修莒志》卷19《经制志》
浙江衢州府龙游县	凤梧书院	光绪十四年（1888）	两廊号舍容局试千人	余绍宋：民国《龙游县志》卷5《建置考》
广西柳州府柳城县	龙江书院	光绪十五年（1889）	以正座为书院讲堂，堂上为文昌阁，两廊为生童书斋，并东西号舍，后座为院长栖息之所	何其英，谢嗣农：民国《柳城县志》卷8《艺文志》
山东东昌府清平县	清阳书院	光绪二十四年（1898）	于书院之前段增修东西考棚各九楹	梁钟亭，张树梅：民国《续修清平县志》卷2《建置志》

需要指出的是，上表系根据各类地方志的记载制成，清代各地以书院兼为考棚的案例当不仅表中所列各省州县。

2. 考棚兼作书院

书院兼为考棚，一般是指在原有书院中添建考棚，或在创建书院时顺便在其中建造考棚，以收一举两得之效。反之，考棚兼作书院，则是在建造考棚时便在其中设置了不属于考棚而属于书院的房舍，以使考棚在非考试期间也能得到充分利用。与前者相比，考棚兼作书院的案例更少一些，但总体数量并不算少。

山东济宁直隶州、青州府博山县和登州府各县的考棚多与书院相关。济宁直隶州向无试院,道光十年(1830),王镇莅任济宁知州,经过与士绅商议,在北门内购买地基,"西偏建考棚,东偏为阅卷之所",考试结束后,"即为诸生考业之地"。其结构为:"大门上起楼,塑魁星像。大门内迤西为小龙门,门内考棚七十五间,内可坐千人。中起悬龛,供文昌。连官厅、更屋等八十间,属之考棚;大门内厅事、讲堂以及厢房、斋庖四十五间,属之书院。"① 博山县于光绪元年(1875)建成考棚,大门、映壁、点名厅、鼓乐楼俱备,其棚厂则有60间。除此之外,还建有"讲舍五间,乐育堂三间"②,说明该考棚很可能在平时就兼具书院的讲学、考课职能。登州府共辖有10个县,其中除蓬莱(附郭县)、福山、荣成三县未建考棚外,其他七县均建造了县试考棚。其中栖霞县考棚建于书院西偏,文登县建于书院东,其他海阳、莱阳、招远三县均"在书院内",而招远县考棚则"在书院仪门内"。③ 而据《光绪海阳县续志》,道光十六年(1836)知县邓肇嘉劝捐建造考棚,"专为科、岁县试之地"。咸丰三年(1853)知县王文焘予以扩建。至光绪三年(1877),知县王敬勋劝捐书院膏奖基金1000两发当生息,每月初二日在考棚课试生童一次,直接将考棚改名为学海书院。④

安徽霍山、巢县、太湖等县考棚均被赋予了书院功能。六安州霍山县县试考棚建造于嘉庆三年(1798),名为"云程馆",除了是"扃试童子之地"⑤,非考试期间则兼作书院。庐州府巢县原本有巢湖书院,建于雍正十

---

① (清)徐宗幹,汪承镛:《道光济宁直隶州志》卷5《学校志》,南京:凤凰出版社,2004年,第234页。
② 王荫桂,张新曾:民国《续修博山县志》卷3《建置志二》,台北:成文出版社,1968年,第299页。
③ (清)周悦让,慕荣榦:《光绪登州府志》卷10《学校志》,南京:凤凰出版社,2004年,第102-109页。
④ (清)王敬勋,李尔梅,王兆腾:《光绪海阳县续志》卷1《建置志》,南京:凤凰出版社,2004年,第187页。
⑤ (清)秦达章,何国佑:《光绪霍山县志》卷5《学校志》,南京:江苏古籍出版社,1998年,第103页。

二年（1734），咸丰八年（1858）毁于兵燹。同治五年（1866）因建造考棚，全县士绅乃合力捐资，在定林寺旧址建造大堂、文场、龙门若干间，"平日则为讲堂，县试则为锁院"。① 安庆府太湖县书院、考棚合二为一。太湖县原有县试考棚名为考舍，太平天国年间被毁，咸丰十一年（1861）知县马文龙与邑绅商议重修，就原址拓建，"后为书院，前为考棚"。②

江西赣州府雩都县在考棚中建造书院。该县雩阳书院旧在西关外，乾隆己巳（1749）由士民合力捐建，嘉庆庚申（1800）被洪水冲毁。该县考棚则创建于嘉庆十五年（1810），系由知县雷学淦、牛廷炤先后号召士绅合力捐资约5000两所建，称为雩阳试院，其东西文场坐号共有700余号。道光癸未（1823），江西巡抚程含章命全省各府州县设法筹捐重修本地书院。雩都知县向应桂接到檄文后，考虑到"书院久废，创建为难"，经过与士绅商议，次年便在雩阳试院后堂左右空地增建房屋20余间，作为生童肄业之所。③ 据查《同治雩都县志》卷首刻有《新书院试院图》，图中左上角空白处标注的考棚名称为"贡川试院"，图中建筑大门匾额上写的则是"雩阳书院"，大门后仪门悬挂有"骧首天衢"匾额，左右分列东西文场，棚厂中摆放长条考桌。

浙江金华府兰溪县考棚称为云山试院，始建于道光年间。太平天国运动期间，考棚被毁。知县余祚馨考虑到本县云山书院也已损毁，如果同时修建考棚、书院，财力恐有不及，便决定"合两役为一役，则事半而功倍"，在书院旧址重建试院、书院，"外为试院，内作书院"。④ 经其与继任知县陶鸿勋的合力推动，最终于同治五年（1866）完工。

广东潮州府揭阳县考棚创建于同治九年（1870），系由知县周士俊捐

---

① （清）黄云，林之望：光绪《庐州府志》卷17《学校志》，台北：成文出版社，1970年，第298页。

② 高寿恒，李英：《民国太湖县志》卷12《学校志》，南京：江苏古籍出版社，1998年，第92页。

③ （清）颜寿芝，王颖，何戴仁，洪霖：《同治雩都县志》卷4《建置志》，南京：江苏古籍出版社，1996年，第86－87页。

④ （清）秦簧，唐壬森：光绪《兰溪县志》卷3《建置志》，台北：成文出版社，1974年，第550－552页。

资创建为岁科童试之场，称为榕江试舍。该考棚除了建有"东西风廊，坐位二千号，以石为之。内外厅房三十二间，两旁列舍四十间"之外，还建有"东西二楼，购经史大部书数种藏之"。考棚建成后，官绅商议"其中厅房列舍，拟为延师讲课之所。每年束脩由县捐送，著为例"①，说明该考棚被赋予了书院的职能。

河南陈州府扶沟县旧无考棚，每次岁科试均"就署开场，支席为舍，公移多不便"，不可避免地影响了县衙办公。为此，光绪十年（1884）知县孟宪璋听从士绅建议，"辟书院旧地，劝捐建修"，称为试院。由于考棚地基原本就是书院废址，因而孟宪璋依然在试院大门上题写了"大程书院"牌匾，表明是以考棚"兼为士子月课地"。该县考棚是按照前任扶沟知县杨恩铭"前为号舍，后为讲堂，俾书院、试院二而一之"②的设计思路动工建造的。

总体来看，清代各地州县之所以要在考棚中安排书院的功能建筑，一方面是因为二者都是教育建筑，另一方面则主要是出于修建成本的考量。考棚每三年仅使用两次，每次约一个月，使用频率过低，无形中抬高了其修建成本。将考棚与书院合二为一，既可以节省另建书院的经费，又可以满足考棚的考后维修保养，一举多得。

3. 考棚与书院建筑相连

有些地方的考棚与书院之间虽然并无相互包含的关系，但在建筑结构上则是紧密相连。如广东广州府花县县试考棚称为考栅，建成于同治五年（1866），系由知县彭荣绍"于花峰书院后新建考栅，高大光明，石桌木凳，编列号位九百有余。凿去书院上堂墙壁，与考栅联接。考栅由书院大门出入栅内"。③ 书院大门悬挂"天开文运"匾额，而此前书院上堂奉祀的

---

① （清）王崧，李星辉：光绪《揭阳县志》卷1《建置志》，台北：成文出版社，1974年，第79页。

② （清）熊灿，张文楷：光绪《扶沟县志》卷4《建置志》，台北：成文出版社，1976年，第283—286页。

③ 孔昭度，符矩存，利璋：《民国花县志》卷5《学校志》，上海：上海书店出版社，2003年，第51页。

前任知县狄尚绷的禄位牌也改而奉祀于考棚上堂。

江苏阜宁县县试考棚称为考舍，建成于光绪十一年（1885），其格局相对来说较为简单。该考棚未建造大门，而是以观海书院大门为进入考场的起点。进书院大门后，"折而东，建西向门楼一座；进而北折，建南向点名所三楹；再进，建东、西大号舍各十五楹，东、西堂号各三楹；建堂三楹殿其后，颜曰'奎照'；由堂达点名所，架木棚以蔽风日；四周围墙，文渠绕之，西面渠水贯通南北；当门楼之东，跨桥渠上，通出入也"①。也就是说，整个考舍被围墙包围起来，围墙外面基本都被水渠包围，其出入的通道只有与书院相同的一道门楼，而门楼则建在水渠之上。围墙里面，最北是主考阅卷的奎照堂；往南正中有通道，上架木棚；通道东、西两边依次是考生考试的堂号和大号；通道尽头是点名所，点名所外面就是供考生出入的门楼。

山东登州府黄县考棚建造于道光二十九年（1849），是由知县宋炜图劝捐修文庙后以余资购地创建的。据《同治黄县志》卷首所载《书院图》显示，黄县考棚的规制极为简单，它被建造在士乡书院的左边，只有东西相对的两排棚厂，周边以围墙包围成长方形的内聚结构。②从图中可以看到，考棚本身没有大门、龙门、大堂、阅卷所等功能建筑，其对外联系通道只有书院西南角落的一个门道。猜测其考试期间应该就是以书院大门为搜检入口及交卷场所，而书院讲堂当是知县阅卷之所。

清代各地之所以将书院和试院联系在一起，除了现实的修建经费问题，也有其相应的理论依据。前引直隶大名府东明县人李曾裕《创修试院记》中所说的"试院之设，与学校、书院相辅为功，皆为振兴人才计"便是典型的论点。嘉庆十四年（1809）江西瑞州府上高县知县刘丙在其记叙创建上高县考棚的记文中，也提出了类似的观点："古政与教合，州里乡党，皆以为之长者为之师，故论秀书升，考校德行道艺，皆于庠序。学校

---

① 吴宝瑜，庞友兰：民国《阜宁县新志》卷7《教育志》，台北：成文出版社，1975年，第619页。
② （清）尹继美：《同治黄县志》卷首《书院图》，南京：凤凰出版社，2004年，第398—399页。

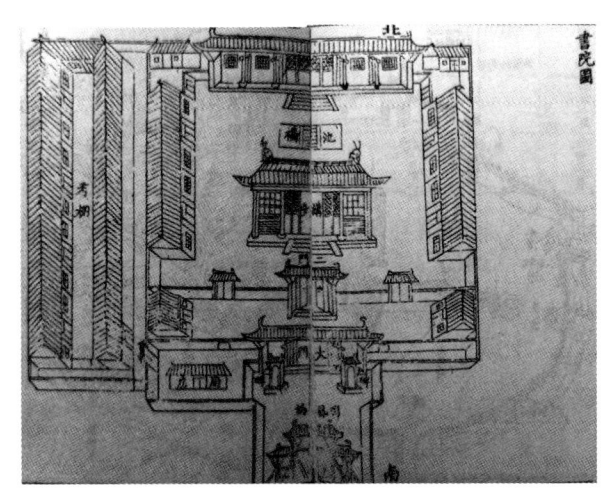

图 3-3　山东登州府黄县考棚、书院图

始自后世,别为儒官,以郡县试蜀诸守令,于是政与教分,而选士、造士之地殊。今谋创考棚,修复书院,俾政教一,不犹存古之意乎?"① 刘丙的这番解释,虽然在引经据典方面有些迂阔,但他说书院、考棚分别属于选士、造士之地,则是时人的普遍认识,也是大多数州县将书院与考棚合二为一的理论依据。

4. 书院成为考棚独立的过渡者

尽管书院与考棚都与人才培养有关,但毕竟属于人才培养过程中的两个不同阶段,其房舍结构、规制与管理也都有其特殊要求。总体而言,考棚要求隔断与封闭,而书院则更需要开放与流通。二者之所以合二为一,主要还是现实的经费问题。因此,在经费条件允许的情况下,二者由合而分便成为必然。在此过程中,有些地方的书院为考棚的独立成型创造了条件。如福建德化县考棚创建于嘉庆十五年(1810),是由知县申允继命董事苏元来、郑梦登等募捐经费,就图南书院增建号舍而成。申允继在其撰写的记文中指出:"讲肄为修业,考校为抡才。就修业处以抡才,院设考棚,事虽创而实因,谁曰不宜?"在这种思想的指导下,德化县考棚最终

---

① (清)刘坤一,刘绎:光绪《江西通志》卷 67《建置略一》,《续修四库全书》第 657 册,上海:上海古籍出版社,2002 年,第 572 页。

与书院合而为一,其规制为:"正中讲堂,美其轮奂。左右翼以楼房。东拓两廊,编坐号八百余。西号半之。号几用石板支架。至厢、寝、廪、庖,分列堂后。外围高墙,实壮观瞻。从此讲肄考校,俱在其中,岂不懿哉?"① 这种情形在维持了十多年后,至道光二年(1822),知县王德授将图南书院移建于治西教谕旧署,从而使考棚独立出来,并"专额曰试院"。

四、附建于文昌宫

作为被认为关系一地文运盛衰的文昌宫,有时也是县试临时考场的一种选择。文昌宫是清代颇为特殊的道教坛庙建筑。白莲教起义爆发后,清仁宗出于振兴文运、战胜邪说、福国佑民的目的,于嘉庆六年(1801)将文昌神信仰上升为全国性祀典,② 从而在全国掀起了兴建、扩建文昌宫、文昌阁等文昌神庙祀的热潮。有些地方便借机搭顺风车,将县试考棚与文昌宫联系起来。

1. 借用文昌宫为临时考场

有些地方采取的是借用文昌宫为县试临时考场的办法。这种情形在文昌神升格为全国祀典时便已存在,如湖南永顺府龙山县,"嘉庆以前未设考棚,县岁科试于文昌宫"。③ 而在成为全国祀典之后,此类情形变得更为普遍。如江苏松江府金山县便是因为"嘉庆六年(1801)奉旨尊为文帝,列入祀典",故而于嘉庆十年(1805)特地建造了文昌宫。在文昌宫建成之后的嘉庆十二年(1807),本县贡生黄霆、程杞等捐资制备"考桌、考凳九十副",存储于文昌宫中,作为县试童生桌凳之用。他们并商定要让文昌宫"永为县试文童之所"。④ 又如广西南宁府隆安县考棚建成于道光二

---

① 方清芳,王光张:《民国德化县志》卷6《建置志》,上海:上海书店出版社,2000年,第231页。
② 常建华:《清代的国家与社会研究》,北京:人民出版社,2006年,第384—413页。
③ (清)符为霖,刘沛:同治《龙山县志》卷5《学校志》,台北:成文出版社,1975年,第168页。
④ (清)龚宝琦,黄厚本:光绪《金山县志》卷14《学校志》,台北:成文出版社,1970年,第629—630页。

年（1822），系由知县钟孚吉倡捐建成的。该考棚"在城东文昌祠内"，具体情况则是在文昌祠的东西两廊中设置"各类石凳三十六行"①，说明它虽然名为考棚，实际上与金山县一样，仅是制备了若干数量的考凳，不同之处则在于考凳的材质是石质的。

2. 在文昌宫中添造县试考棚

江西南昌府奉新县考棚建成于嘉庆九年（1804），系在捐资建造文昌宫及文昌先代殿时，于其中附建考棚。此次建造考棚，由教谕郭大经发起，全县各乡士绅分别捐资承建其中的某一建筑，其中除了徐炫南兄弟捐献地基外，由士绅分别捐建其他房舍的情况为："县市、建康、南北四乡建文昌宫，并建官厅于试棚之南。奉新乡建先代殿。县市廖公济翔建官厅于宫之中。法城乡建兴贤、育才二坊。由二坊入为试棚八，曰乾棚、坤棚，县市徐、廖子姓建；曰兑棚，进城严公秋圃建；曰离棚，从善周公潮海、岳公讷斋建；曰震棚，法城涂公勉斋、进城罗公晴峰建；曰巽棚，县市邓公慎庵建。奉化乡建坎棚，法城乡建艮棚。"② 最终全体士民捐资总额达白银 17 000 余两。

江西赣州府会昌县文昌宫则与考棚合二为一。嘉庆十七年（1812）福建闽县进士曾晖春莅任会昌知县，在考察县情的过程中，发现本县尚未建造文昌宫，每次祭祀文昌帝君，只能在儒学奎光阁进行。同时，他也发现该县未建考棚，每次县试考生都要自己"负几担凳"，在县衙临时考场挤占座位。为此，他邀集绅士商议，决定将两项工程同时劝捐，合并举行。经过两年多的施工，"文昌宫考棚"终告建成。其规制为："前建鼓楼三楹，置东西塾。再进则仪门三楹。中为抡才堂。堂之两庑分列坐号。后之正殿为文昌宫。夹室、阶除咸备。东为三代祠，东之偏则考官校阅

---

① 刘振西：民国《隆安县志》卷4《建置志》，台北：成文出版社，1975年，第209页。

② （清）郭大经：《敕建文昌宫先代殿并附建试棚记》，（清）吕懋先、帅方蔚：《同治奉新县志》卷2《学校志一》，南京：江苏古籍出版社，1996年，第469页。

之所。"①

贵州贵阳府贵定县在道光十九年（1839）创建了该府唯一的一座县试考棚。该考棚为知县俞汝本先捐廉置备桌椅，同时劝县人王仁溥捐出经费，在"文昌宫内添修考棚"。考棚大堂"就文昌宫之中庭为之，龙门即魁星阁，头门即文昌宫之外门"②，而新建的房屋只有照壁、辕门。

贵州镇远府天柱县考棚创建于光绪二十七年（1901），其址在文昌宫。该县文昌宫在清初便已存在，康熙、道光、光绪年间多次重修。其中光绪二十七年在文昌宫中兴修"奎阁一座"，并以之"兼为试士考棚"，具体则是"阁傍左右考棚各五间"。③ 据《光绪续修天柱县志》卷首《图考》所刊刻的"文昌考棚"图，其大门所悬挂的匾额题为"文昌宫"。

广东赤溪直隶厅虽然是一个府级行政区划单位，但由于初设于同治六年（1867），辖区范围仅有1厅，应试童生仅有百名，因而未设官学，其童生由同知录送广东学政凭文录取，其生员则归入广州府学统一管理。为了组织县试和府试，光绪十二年（1886）同知喻增伟在赤溪厅城西门外建成考棚，具体位置则是在"城西文昌宫中殿两廊"，④ 也就是附属于文昌宫。

五、乡学考棚

清代学校主要分为中央之学与地方之学两种类型。其中中央之学主要包括国子监以及满蒙八旗各类学校，地方之学则主要根据省级以下的府州厅县等行政区划级别，依次设有府学、州学、厅学、县学，每类学校根据其文风高下被赋予不同数量的新生录取名额。除此之外，清代地方学校系统中还有"乡学"，其级别待遇与县学略同。如据《钦定学政全书》记载，

---

① （清）魏瀛，鲁琪光，钟音鸿：《同治赣州府志（一）》卷10《官廨》，南京：江苏古籍出版社，1996年，第228页。
② 贵定县采访处：《民国贵定县志稿》《学校志》，成都：巴蜀书社，2006年，第24页。
③ （清）林佩纶，杨树琪：《光绪续修天柱县志》卷首《图考》、卷2《营建志》，成都：巴蜀书社，2006年，第155、178页。
④ 王大鲁，赖际熙：《民国赤溪县志》卷3《建置志》，上海：上海书店出版社，2003年，第65页。

清代山西太原府所辖各州县儒学的入学名额为："太原县学、太谷县学、祁县学、徐沟县学、清源乡学、交城县学、兴县学，各额进十二名。"① 其中的"清源乡学"便是与"徐沟县学"一样同属于徐沟县的一所官学。

清源本是山西太原府所辖之县，最早设县于唐武德元年（618），历宋、元、明而未改。至乾隆二十八年（1763）"省清源入徐沟"②，也就是将清源县合并到徐沟县里。而清源县原有之县学，则参照直隶大名府魏县被裁撤并入大名、元城等县的成例，"将裁汰之清源县学改为清源乡学，文武生童另编乡学字样，岁科考试名数及帮补廪增出贡选拔，均照旧办理，徐沟县训导移驻清源乡学，董率清源乡学士子"。③ 此外，《钦定学政全书》还记载，乾隆二十九年（1764）山西潞安府平顺县被裁并到潞城、壶关、黎城三县之中，其原有平顺县学也被予以保留，直接改名为"平顺乡学"，其录取名额亦原样保留。

据《光绪清源乡志》记载，早期清源乡学在岁科试时，一般是县试头场留在清源乡应试，"僦庙宇作考棚"，接下来的几场复试则要到徐沟县城，"招覆则群赴徐沟"，这样便产生了"往返跋涉之劳，羁旅守候之苦，寒士多不便之"的情形。为此，同治三年（1864）徐沟县知县程璩与清源乡学训导李有光、巡检袁鸿庆等利用倡率士绅捐资1.5万余两在清源乡建造梗阳书院的机会，"特于书院西创立考棚，置备桌凳"，"嗣后文武县试俱在清源开场，申详立案，泐石院中，永为定例"。④

六、武科试场

清代科举分文、武两科，其考场差别较大。文科举考试八股文、五言

---

① （清）素尔讷：《钦定学政全书》卷53《山西学额》，沈云龙：《近代中国史料丛刊》第30辑，台北：文海出版社，1966年，第993页。
② 赵尔巽：《清史稿》卷60《地理七山西》，北京：中华书局，1977年，第2022页。
③ （清）素尔讷：《钦定学政全书》卷53《山西学额》，沈云龙：《近代中国史料丛刊》第30辑，台北：文海出版社，1966年，第1010—1011页。
④ （清）王勋祥，王效尊：《光绪清源乡志》卷5《学校志》，南京：凤凰出版社，2005年，第446页。

诗、策论以及诏诰判表等应用文，均需使用笔墨、纸张，需要有书桌以供书写；又因为容易发生代考、抄袭等舞弊行为，故而需要用棘闱、号舍等考试专用功能建筑对考生进行空间隔离。武科举虽然分内场和外场，但是其内场考试内容一般为写作策论或默写武经，内容相对简单，场次相对较少，故而都是借用文科举的贡院。而在武刀、掇石、射箭等环节，亦往往无法在室内举行，而需要更加平整、开阔的室外场地作为考场。

清代武科考试的场地一般有以下几类。

一是演武场或演武厅。有关演武场的记载在地方志中非常普遍。演武场并非专门的武试场所，但武试却经常以演武场为外场考试场所。如陕西省武乡试的演武场又称习武园，在西安城万寿宫西北。它既是"巡抚循例大阅之所"，又是"历科武闱乡试校士"的外场考场。① 西安府武岁试的演武场在三原县南门外庆善寺西，是"督学会考校射所"。乾隆十九年（1754）因其"地势局促，场北面坑坎十余丈，诸生骑射苦于驰骤"，三原知县蔡维乃捐俸倡修，"陷者平之，促者拓之，墙垣门厅式廊增新"。② 甘肃平凉府的演武场在考院东边，民国时期改为平凉县公共运动场，而在科举时代则是武举外场考场，"旧日考取武生，即在此驰马射箭"。③

演武场多指户外场地，演武场边所建房舍则多称为演武厅。如安徽凤阳府的演武厅在凤阳县城东南，建于洪武十四年（1381）。进入清代后规定，"每当本府考试武童及学院按临考试武生、武童，修饰厅屋、箭道、马道系凤阳卫办理，修整照墙系长淮卫办理，总督、提镇阅兵则寿春营分防凤阳守备办理"。④ 学政岁试武童，本来与这些军事部门无关，之所以要他们承担修整义务，主要在于这是他们平常操练军队的场地。

---

① 翁柽，宋联奎：《民国咸宁长安两县续志》卷8《衙署考》，南京：凤凰出版社，2007年，第419页。

② （清）焦云龙，贺瑞麟：光绪《三原县新志》卷2《建置志》，台北：成文出版社，1976年，第76页。

③ 郑哲侯，朱离明：《民国平凉县志》卷2《建置志》，南京：凤凰出版社，2008年，第364页。

④ （清）于万培，谢永泰，王汝琛：《光绪凤阳县志》卷6《经制志》，南京：江苏古籍出版社，1998年，第282页。

二是其他合适的空地。如四川重庆府长寿县于道光八年（1828）建造了县试考棚，而武童外场考试则没有专门的场地，其中"步射在考棚头门外坝，马射在城南河坝、东街麻嘴校场坝"。① 与舞刀、掇石等力量型考试项目相比，马步箭属于运动技巧型考试项目，需要更为开阔的考场。

三是专门建造的考场。从地方志的记载来看，有个别地方为武举考试设置了专门考场。如遵义府便设有"督学使骑射箭道"，其方位在协署旁边，原本是副将射圃，"假以校士"。② 而湖南永州府道州则将其专门用于步射考试的建筑称为观德堂。道州在嘉庆九年（1804）建造了县试考棚，此后武生童的射箭考试"即在考棚中道校射"。但是由于每逢考试时"两廊观者如堵"，经常出现围观者"被箭误伤，殊失观德之雅"的情况，因此同治五年（1866）知州长明便在倡捐添修考棚号舍时，在考棚右侧建造了一座观德堂，作为步射的专用考场，"两翼覆以长廊，左入右出，俾比耦者得以雍容揖让"。③ 当然，观德堂虽然可以解决武科考试的步射考场问题，但并不能完全解决马射、武刀、掇石的考场问题。

有些地方专门建造演武厅作为武试考场。如嘉庆十六年（1811）湖南辰州府重修试院时，因试院旁边"隙地尚广数亩"，便在此"立为演武厅，诸武童于校场骑射毕，凡步箭、刀、石，可于此演。既不劳学宪往返，而营中长官并看弓箭者亦驰马立至。郡县有司及各学犹易为侍从，纵风雨骤至泥泞塞途，诸武童犹得暂憩文场，绝无沾污衣裳之患"。④ 湖北荆州府石首县也于道光年间建造了演武厅，作为武试考场。此前石首县举行武试

---

① 卢起勋，刘君锡：民国《长寿县志》卷7《学校志》，台北：成文出版社，1975年，第328页。
② 周恭寿，赵恺，杨恩元：《民国续遵义府志》卷3《公署》，成都：巴蜀书社，2006年，第69页。
③ （清）许清源，洪廷揆：《光绪道州志》卷5《学校志》，南京：江苏古籍出版社，2002年，第115页。
④ （清）王作梅：《重修考棚碑记》，（清）守忠，许光曙：《同治沅陵县志》卷44《艺文志》，南京：江苏古籍出版社，2002年，第523—524页。

时，都是"择高平处修整步、马道而已"。① 总体来说，尽管中国自宋代以来便一直重武轻文，而要建造供武刀、举石、射箭尤其是骑射等考试项目的武科举专用考场也确实难度更大，但清代依然有部分州县进行了尝试。与文科举府试专用考场的零星出现一样，武科举专用考场的创建代表了清代贡院日渐专业化发展的一种趋势，也是清代贡院层级日渐完备的一种体现。

本节所讨论的主要是附设于各类衙署、学宫、书院、祠宇等公共建筑中的准科举专用考场，它们体现了清代地方社会为顺利举行科举考试而进行的努力，同时也是清代科举考试尤其是较低级别的县试、府试、院试等从未建专用考场到建成专用考场两个阶段之间的过渡状态。

除了前文提到的各类准科举专用考场，清代各地县试还曾借用其他建筑作为临时考场。如山东兖州府阳谷县在光绪十三年（1887）建成考棚之前，是在山西会馆中举行县试。② 河南怀庆府孟县在道光十四年（1834）建成河阳试院之前，"每逢县试，常假城隍庙或东城根关帝庙，张棚以试"。③ 山西蒲城县在明代属华州管辖，万历年间在蒲城县署西边建造了考棚，作为华州各属的院试考场。明代末年，由于"流寇梗途"，因而"渭以南诸县合试于华，同州五属俱寄试于蒲"。清朝建立后，蒲城县试院日渐颓敝，雍正十三年（1735）同州升府以后自建试院，蒲城县被划归管辖。不过，康熙五十一年（1712）知县汪元仕捐俸重修蒲城县试院时，依然"力请督学按临，与澄、白为一棚；而府试之往西安者，亦请封题代考，免士子跋涉之艰"，说明蒲城县试院在清代前期还是曾经作为邻近州县的学政试院。不过，据光绪二十四年（1898）蒲城知县杨孝宽所撰记文

---

① （清）朱荣实，傅如筠：《同治石首县志》卷2《营建志》，南京：江苏古籍出版社，2001年，第62页。
② （清）孔广海：《创修考院碑记》，董政华：民国《阳谷县志》卷13《艺文志》，台北：成文出版社，1968年，第580页。
③ 阮藩济，宋立梧：民国《孟县志》卷3《建置志》，台北：成文出版社，1976年，第290页。

则称,"蒲邑试院之废已数百年于兹矣",而在没有考棚的这数百年里,蒲城县县试"皆借东岳、城隍诸庙扃而试之"。①

本章结语

"清承明制",清代各级各类贡院,是在明代贡院的基础上不断发展并日渐完善的。与明代贡院相比,清代贡院既有继承,更有发展。

继承主要体现为三个方面。一是清代乡会试贡院的数量虽然增加了2座,即湖南与甘肃贡院,但总体数量增幅不大,原有贡院所在城市没有变化。二是学政试院依然是保证各类官学招收新生以及帮助乡试淘汰一大批候选者的重要考场。三是清代低级别考试尤其是县试往往借用衙署、儒学、书院以及其他相应场地作为考场,这在明代同样存在。如明代浙江各州县儒学多建有号舍,如宁波府号舍"西斋后凡三十七间"②,其余如杭州府余杭县,严州府淳安县,嘉兴府嘉善县、嘉兴县,温州府平阳县,台州府仙居县等儒学也都建有号舍③。山东青州府在万历四十一年(1613)将布政分司改建为云门书院,"学道试士亦即在此"。④ 当然,与宋代省试、解试经常借用寺庙等作为考场相比,明清时期借用寺观等佛、道两教的宗教场所作为考场的案例极为罕见。

---

① (清)李体仁,王学礼:光绪《蒲城县新志》卷4《学校志》,台北:成文出版社,1969年,第164页。

② (清)曹秉仁:乾隆《宁波府志》卷9《学校志》,台北:成文出版社,1974年,第453页。

③ (清)张吉安,朱文藻:嘉庆《余杭县志》卷4《建置志》,台北:成文出版社,1970年,第47页。(清)李诗:光绪《淳安县志》卷2《方舆志》,台北:成文出版社,1975年,第164、166页。(清)江峰青,顾福仁:《光绪嘉善县志》卷5《建置志》,上海:上海书店出版社,1993年,第358页。(清)赵惟喻:《光绪嘉兴县志》卷5《学校志》,上海:上海书店出版社,1993年,第80—81页。符璋,刘绍宽:民国《平阳县志》卷7《学校志》,台北:成文出版社,1970年,第94页。(清)王棻,李仲昭:《光绪仙居县志》卷6《建置志》,上海:上海书店出版社,1993年,第91、94页。

④ (清)张承燮,法伟堂:《光绪益都县图志》卷14《营建志下》,南京:凤凰出版社,2004年,第126页。

发展主要体现在以下三个方面。一是乡会试贡院的考场规模不断扩大，大多数贡院的号舍数量都较明代成倍增加。贡院内部的房舍布局、建筑材质也都得到了逐步的改善。二是学政试院的分布更为合理。随着各省府级行政区划的不断调整，原有的提学按临之处不断增加，试院数量显著增多。学政试院设置的原则开始更多地由"道里唯均"的公平性原则转向会城为主的普遍性原则。非附郭县而建造学政试院的案例与比例日渐减少。三是县试考棚普遍增多。本文迄今尚未找到明代任何一个州县建造了县试考棚的确切史料记载。即便是湖南岳州府华容县所建造的"试院"，也在建成后不久便改建为教谕署，该县再次建造县试考棚时已经到了清代嘉庆八年（1803）。从《华容县志》所载"明嘉靖有号舍，在西庑后，后改为教谕署"[①]的内容来看，它并非专门的县试考场，而是类似于浙江各县附建于儒学的号舍。县试考棚的普遍出现，其背后的背景则是以州县为单位的士绅积极参与贡院的捐资建造，体现了基层社会对科举制度的欣然接纳，并积极参与其制度改造与完善。它是清代贡院区别于明代贡院的最大不同，也昭示着中国的科举制度在追求公平方面走到了极致。

---

① （清）孙炳煜，张钊：光绪《华容县志》卷5《学校志》，台北：成文出版社，1975年，第139页。

第四章

清代贡院的时空分布

讨论历史事物的时空分布问题，向来是一件吃力不讨好的工作。要统计某一历史事物在近300年内的全国分布情况，更是令人望而却步。哪怕只是一个偶然的遗漏，也可能影响我们费尽心力得到的全部数据的准确性。对于清代贡院这一事物来说，尽管它们在历史时期曾经与如此多的文化人发生过联系，但是迄今为止，我们只在地方志中查阅到了有关清代贡院的详细记载，此外则只在一些文集、笔记中载有与贡院有关的记文、诗作等。同时，受地方志的版本及其保存现状的制约，我们对各地贡院史料的掌握程度也便不尽相同。如贵州的学政试院，据光绪十二年（1886）贵州学政杨文莹《平越重建试院记》有："黔之试院，上下游凡十有三，最峨敞者铜仁，朴坚则兴义，自余以次降，而莫陋于思南。"① 亦即截至光绪十二年贵州全省12府、1直隶州、1直隶厅共14个府级行政区划单位共建有13所学政行署试院。但是据查《民国贵州通志》，则仅记载了贵阳府、安顺府、遵义府、黎平府、都匀府、镇远府、思南府和平越直隶州7府1州的8所试院，而兴义府、大定府、石阡府、思州府、铜仁府、松桃直隶

---

① （清）瞿鸿锡，贺绪蕃：《光绪平越州志》卷10《建置志》，成都：巴蜀书社，2006年，第144页。

厅均未记载。① 而当我们查阅《咸丰兴义府志》时，发现其实兴义府在雍正九年（1731）便经巡抚张广泗奏请建造了试院，此后曾数次迁建。嘉庆二年（1797）以后，因普安厅未建试院，故其岁科试亦借兴义府试院举行。② 又如江西省各府州县在同治、光绪年间统一编纂了地方志，这为我们掌握清末该省各级贡院的历史面貌提供了方便，但该省各府州县民国年间修纂的方志却相对较少，这又使得我们很难全面追溯废科举后该省各级贡院的历史结局。这种文献记载情况，在其他省份也较为常见，有的甚至更糟。本章所讨论的清代贡院的时空分布问题，也只能以此文献背景为基础，有些地方的贡院很可能因为文献不载或查阅不周而被遗漏。

第一节 清代乡试贡院的时空分布

清代全国共设有 23 个省，其中奉天、吉林、黑龙江建省于光绪三十三年（1907），此时科举制度已被废除；新疆建省于光绪九年（1883），台湾建省于光绪十一年（1885），然其士子参加乡试的贡院并未因为分省而有变化。江南省虽然在康熙元年（1662）被分为江苏、安徽两省，但江南乡试并未因之分闱，两省自始至终共用江南贡院。因此，截至清代末年全国共设有 17 座乡试贡院，分别为顺天贡院、江南贡院、山西贡院、山东贡院、河南贡院、陕西贡院、甘肃贡院、浙江贡院、江西贡院、湖北贡院、湖南贡院、四川贡院、福建贡院、广东贡院、广西贡院、云南贡院和贵州贡院。

一、清代乡试贡院的空间分布

从中国地理的七大区域划分来看，清代的 17 座乡试贡院，除了东北地区没有贡院外，其他六大区域均有至少 2 座贡院。其中，华东地区最多，

---

① 刘显世，谷正伦，任可澄，杨恩元：《民国贵州通志》《建置志·公署公所·清》，成都：巴蜀书社，2006 年，第 234—267 页。
② （清）张锳，邹汉勋，朱逢甲：《咸丰兴义府志》，贵阳：贵阳文通书局，清宣统元年（1909）铅印本，卷 20《学校志·试院》，第 1 页。

共有5座，分别为江南贡院、浙江贡院、江西贡院、山东贡院、福建贡院；华北地区2座，分别为顺天贡院、山西贡院；华中地区3座，分别为河南贡院、湖北贡院、湖南贡院；华南地区2座，分别为广东贡院、广西贡院；西南地区3座，分别为四川贡院、云南贡院、贵州贡院；西北地区2座，分别为陕西贡院、甘肃贡院。

如果仅以传统意义上的中国南方、北方来看，则分布于北方的贡院共有6座，分别为顺天贡院、山东贡院、山西贡院、陕西贡院、甘肃贡院、河南贡院；分布于南方的贡院共有11座，分别为江南贡院、浙江贡院、江西贡院、福建贡院、湖北贡院、湖南贡院、广东贡院、广西贡院、四川贡院、云南贡院、贵州贡院。

如果以中国东部、中部、西部的地域概念来分析，则分布于东部的贡院共有7座，分别为顺天贡院、山东贡院、江南贡院、浙江贡院、福建贡院、广东贡院、广西贡院；分布于中部的贡院共有5座，分别为山西贡院、河南贡院、湖北贡院、湖南贡院、江西贡院；分布于西部的贡院共有5座，分别为陕西贡院、甘肃贡院、四川贡院、云南贡院、贵州贡院。

二、清代乡试贡院的时间分布

清代乡会试贡院多始建于明代，有些则可以追溯到两宋时期，始建于清代的实际上只有湖南、甘肃两省贡院。其中，湖南贡院建成于雍正二年（1724），甘肃贡院始建于光绪元年（1875）。因此，分析清代贡院的时间分布，主要是分析清代各省贡院的修建问题。顺治二年（1645）规定，"每届乡会试，先期派委员役葺理"[①]，即每次乡试之前，各省贡院都会经历一定的整修。本节所讨论的贡院修建，主要包括修复、扩建、重建、移建等，而不包括每届乡试之前的常规整修。

---

① （清）礼部：《钦定科场条例》卷28《关防·贡院》，沈云龙：《近代中国史料丛刊三编》第48辑，台北：文海出版社，1989年，第1957页。

表 4-1 清代乡试贡院修建时间一览表

省别	清代首次修建	清代历次重修
顺天	康熙十一年（1672）增盖贡院号舍千间	康熙二十四年（1685）贡院号舍易以椽瓦； 康熙三十八年（1699），贡院前建牌坊 3 座； 康熙五十四年（1715）重建明远楼、四角楼，修盖号房 1500 间，围墙概砌以砖； 雍正十年（1732）将砖土坐凳改为坐板； 乾隆元年（1736）添设号舍 1685 间，将头门、二门、龙门、巡绰房等向前挪建，购买旗民房屋，挪建牌坊、照墙、公所等； 乾隆二十七年（1762）重修贡院，改建贡院号舍 9900 间； 嘉庆十二年（1807），添建号舍 729 间； 同治九年（1870），增修号舍 3000 间； 光绪初年，号舍增至 12 000 余间； 光绪十二年（1886）添建号舍 3000 间，合计 15 000 余间。
江南	雍正二年（1724）总督查弼纳捐资增设号舍	雍正十年总督尹继善捐修堂帘，广增号舍； 乾隆二年（1737）购买贡院东姚家巷居民房屋，拓建号舍及内外帘各项房屋，统计新旧号舍共 17 204 间； 道光年间经维修，有号舍 15 800 余间； 同治三年（1864）曾国藩主持重修贡院； 同治六年（1867）增建号舍 2812 间，称为状元新号； 同治八年（1869）增建提调、外供给公廨合计 8 所； 同治十二年（1873）增建号舍 2000 余间，合计共有 295 号，20 640 间； 光绪五年（1879）增建办公房屋 501 间。

续表

省别	清代首次修建	清代历次重修
江西	顺治十年（1653）布政使卢震阳重建于进贤门内旧址	康熙二十年（1681）巡抚安世鼎移建于东湖故址； 康熙五十一年（1712）巡抚佟国勷改建号舍1万余间，改木席为石材； 康熙五十八年（1719）巡抚白潢增置号舍1000间； 乾隆十二年（1747）巡抚开泰重修，举子号舍增高七寸，易竹椽以杉木； 乾隆十三年（1748）布政使彭家屏种植槐树桂树，开浚水井12口； 乾隆三十三年（1768）巡抚吴绍诗重修，将万间号舍增高，并重修各类房屋561间； 嘉庆二十年（1815）巡抚阮元改修号舍，凿井32口； 嘉庆二十二年（1817）巡抚钱臻重修号舍，增设西北文场号舍； 道光二年（1822）新昌县绅漆绍祖捐改各号厕舍，补建号舍108间； 咸丰九年（1859）巡抚觉罗耆龄增建号舍950余间； 同治六年（1867）巡抚刘坤一檄各属捐资增建东南文场号舍4000间，凿井14口，合计有井49口； 光绪年间贡院号舍增至17 591间； 光绪三十三年（1907）改为学堂。
浙江	康熙二十三年（1684）巡抚赵士麟增建号舍5120间	康熙五十年（1711）巡抚王度昭添建号舍2300间，合计12 276间； 雍正七年（1729）总督李卫重建聚奎堂、明远楼、主考房，在号舍中甃以砖石； 嘉庆六年（1801）巡抚阮元用石板铺砌号舍； 道光十九年（1839）绅士郑祖琛募资改造号舍厕墙，绅士胡敬等捐修号舍；

续表

省别	清代首次修建	清代历次重修
		同治三年（1864）总督左宗棠派捐重建贡院，各类房屋1400余间，号舍11 335间； 同治五年（1866）巡抚马新贻增建号舍800余间； 同治十二年（1873）巡抚杨昌浚筹捐款项增建号舍2273间； 光绪十四年（1888）巡抚崧骏在贡院照壁外建造行棚，为考生候点憩息之所。
山东	雍正十年（1732）增建号舍合计10 000间	乾隆三年（1738）添设内帘监试官房6间，大门1座，号舍425间； 道光六年（1826）济南知府钟祥增修号舍合计8099间，用捐银44 000余两； 同治十年（1871）巡抚丁宝桢扩建贡院，添建号舍3000间，估价32 000两有奇； 光绪二十四年（1898）巡抚李秉衡拓湖地增建号舍，共约13 500间； 光绪三十一年（1905）后废科举，贡院号舍、至公堂、明远楼被拆，改建为提学司署、济南府中学、模范小学堂、图书馆、谘议局等。
福建	康熙十九年（1680）重修	康熙三十八年（1699）学使汪薇重修； 康熙四十四年（1705）巡抚李斯义重修； 康熙四十七年（1708）巡抚张伯行重修； 康熙五十六年（1717）巡抚陈瑸增建号舍； 乾隆十八年（1753）总督喀尔吉善、巡抚陈宏谋增建号舍，扩建贡院； 道光六年（1826）总督孙尔准巡抚韩克功劝捐改建贡院，新建号舍1000余间； 同治十二年（1873）闽浙总督李鹤年等捐银5424两，增建号舍535间，合计共9920余间。

续表

省别	清代首次修建	清代历次重修
河南	顺治十六年（1659）巡抚贾汉复重建于周藩废址	雍正十年（1732）总督田文镜移建贡院于省治之东北，估价25 556两； 道光九年（1829）士民捐资增建号舍共计11 866间； 道光二十一年（1841）黄河泛滥，拆贡院砖石救灾，道光二十三年（1843）重建贡院，建成公所782间，重建号舍10 009间，修复号舍1857间，费钱11万。
山西	乾隆四十五年（1780）增建号舍500间	道光五年（1825）募资重建贡院，新建号舍6900余间，费银30 000余两； 道光十年（1830）巡抚徐添建号舍1090间； 光绪八年（1882）拓修贡院，费捐银3万余两。
陕西	康熙五十六年（1717）布政使萨穆哈增建南号舍	雍正元年（1723）巡抚噶世图将号舍易以瓴甓； 道光十年朝邑县生员刘学宠叔侄独力捐资46 440余两重修； 同治十三年（1874）巡抚邵亭豫重修； 光绪三十一年（1905）科举停罢，贡院改建为存古学堂与陕西谘议局。
甘肃	光绪元年（1875）左宗棠筹捐始建贡院	光绪十一年（1885）陕甘总督谭钟麟增修扩建，共有号舍4000间； 光绪三十二年（1906）陕甘总督升允设劝工局于贡院，并于贡院东部创立绸缎厂、玻璃厂、织布厂、裁绒厂、制革厂、卤漆厂、洋木厂、铜器铁器厂、纸笔纸盒厂等； 光绪三十二年于贡院点名厅、搜检厅开辟南北农业试验场； 光绪三十三年（1907）陕甘总督崧蕃于贡院东北部设立甘肃省官报局；又于贡院北部成立甘肃省中等矿务学堂、甘肃省中等农林学堂、甘肃省巡警学堂； 光绪三十四年（1908）于贡院东南部设置甘肃督垦总局； 民国二年（1913）甘肃公立法政专门学校迁至贡院明远楼北侧； 民国四年（1915）甘肃总督张广建在贡院修建兰州制造局； 民国六年（1917）于贡院衡鉴堂东设立甘肃省立甲种农业学校； 民国十三年（1924）以法政专门学校为基础建立兰州中山大学，后陆续更名为甘肃大学、甘肃省立学院、国立甘肃学院。

续表

省别	清代首次修建	清代历次重修
四川	康熙四年（1665）知府季应熊改建明蜀王府为贡院	乾隆五十一年（1786）添修号舍 4000 余间； 乾隆五十三年（1788）成都知府丞勋增建号舍 156 间； 嘉庆十一年（1806）布政使姚令仪增修号舍 1000 间，合前共 5306 间； 道光八年（1828）总督戴三锡等捐廉添建号舍 1200 间； 道光十八年（1838）增修号舍 3000 间； 咸丰八年（1858）添修新号 2600 间； 同治三年（1864）成都知府杨重雅募款彻底重修贡院，共成堂楼院所大小 500 间，有堂号 240 间，大号 4608 间，费银 7 万有奇； 同治四年（1865）添修新号 1275 间； 同治九年（1870）添修号舍 1216 间，合计共有号舍 13 935 间。①
湖北	康熙三十一年（1692）布政使施尧臣重修贡院，以瓦屋代替板屋	康熙四十二年（1703）巡抚刘殿衡增建号舍 5000 余间； 嘉庆九年（1804）黄冈王宗华添建号舍 800 间； 道光五年（1825）武昌府绅士捐资增建号舍 1000 余间，拓建点名处所； 道光十八年（1838）裕谦重修号舍 7940 间，用银 46 000 余两； 咸丰八年总督官文、巡抚胡林翼扩建号舍，合计 10 100 余间； 同治八年（1869）购买东偏民地增建号舍 2100 余间，合计 12 200 余间。

① 按，表中数字来自《同治重修成都县志》卷 4《学校志》（巴蜀书社影印版，第 148 页）。据《钦定科场条例》卷 28《关防·贡院》，四川贡院原有号舍 6306 间，道光八年奏添 1200 间，道光十九年（1839）添 2500 间，咸丰九年（1859）添 1517 间，同治四年添 1000 间，又增修 276 间，同治八年添 1000 间，共计 13 799 间。（文海出版社 1989 年影印版，第 2003—2004 页）二者在添建号舍年份及间数方面均有不少出入。

续表

省别	清代首次修建	清代历次重修
湖南	雍正二年（1724）巡抚李发甲改湖湘书院为贡院，通省士子公捐廪膳银建造	乾隆三年（1738）添建内监试官正房3间，两厢房各3间，耳房各1间； 乾隆十二年（1747）巡抚蒋溥改造原号舍8500间为4250间，增建750间，合计5000间； 乾隆四十三年（1778）巡抚李湖用砖铺号舍地面； 乾隆五十一年（1786）巡抚浦霖捐俸将号舍甬道铺砌石条； 嘉庆二年（1797）长沙府属绅士于东辕门外捐建宾兴坐棚二处； 咸丰八年（1858）添建号舍500间； 咸丰十一年（1861）添建号舍1000间； 同治四年（1865）添建号舍1586间，誊录号舍1268间，对读号舍176间。合计共有号舍10 350间。
广东	顺治十一年（1654）以布政司旧址为贡院	康熙十四年（1675）移建贡院于清水濠； 康熙二十三年（1684）巡抚李士正重建贡院于旧城东南隅，有号舍5000间； 嘉庆二十一年（1816）布政使赵慎畛重修贡院； 道光元年（1821）总督阮元捐俸倡捐全面扩建贡院号舍，供给7603间，凿井24口，共用银40 400余两； 道光二十二年（1842）绅士潘仕成捐修并增建号舍565间； 咸丰十一年总督劳崇光倡议捐建号舍8154间； 同治元年（1862）总督瑞麟倡议捐建，增建号舍3000间，共有11 708间。
广西	顺治十四年（1657）监察御史田升龙改建于独秀山下明靖江王旧府	康熙五年（1666）改建于都指挥使司旧署； 康熙二十年（1681）代理巡抚麻勒吉回迁靖江王府； 雍正十年（1732）巡抚金铁重修至公堂； 乾隆四年（1739）巡抚杨超曾重修，费银4993两； 乾隆六年（1741）改衡鉴堂竹棚为瓦木拱棚5间； 乾隆七年（1742）增建号舍420间。

第四章 清代贡院的时空分布 241

续表

省别	清代首次修建	清代历次重修
云南	康熙三年（1664）总督卞三元重修	康熙四十五（1706）年布政使刘荫枢增建号舍； 嘉庆六年（1801）巡抚初彭龄增建西场号舍； 道光元年（1821）总督明山倡捐改建号舍，甃以砖。
贵州	顺治十六年（1659）巡抚赵廷臣移建于布政使署左	康熙十一年（1672）增建各所及号舍700余间； 雍正六年（1728）巡抚祖秉圭扩建贡院，增建号舍、公厅； 嘉庆十二年（1807）头门、官厅、号舍被水冲毁，请帑补修； 道光八年（1828）学政许乃普倡捐增建号舍1385间，建提调、监试公所； 道光十一年（1831）头门、官厅、号舍再被水冲毁，贵筑知县高中谋倡捐绅僚增修号舍378间； 道光十九年（1839）增建内供给大厨房13间，生员饭食房17间； 道光二十四年（1844）贵筑知县郑士范修龙门三间、至公堂五间； 光绪三十一年（1905）后改设师范传习所。

总体来看，清代各省乡试贡院修建活动的修建目标、前期规划、经费来源、修建项目、总体投入等都各不相同。有的只是对贡院局部的小规模修缮，或是对某一部分厅、堂、院、所以及考生号舍的改造，有的则是因考试需要而向周边区域的大幅度扩建，或是在大灾大难之后的全面重修，还有的是放弃原有选址的全面迁建。

以始建于南宋乾道年间的广西贡院为例。清代初期，经过张献忠余部李定国战乱后，明代天顺间迁建于桂林府城新西门内的贡院"尽圮"，顺治十四年（1657）巡按广西监察御史田升龙"疏请即旧藩邸改建，开科取士"。① 所谓"旧藩邸"，即明代洪武五年（1372）分封于广西的靖江王朱

---

① （清）金鉷：雍正《广西通志》卷69《国朝名宦》，《景印文渊阁四库全书》第567册，台北：商务印书馆，1983年，第152页。

守谦的府邸,位于独秀山下,今为广西师范大学王城校区。康熙五年(1666),广西贡院被改建于明代广西都指挥使司旧署。康熙二十年(1681),代理广西巡抚麻勒吉奏请仍旧以靖江王府为贡院。①雍正十年(1732),因广西贡院"历年既久,朽蠹实甚",至公堂更是"上漏旁穿,惧将压焉",随时有倒塌的危险,广西巡抚金铁与代理广西布政使张钺等乃着手重修,"鸠工庀材,未两月而落成",使其"涂墍有加,丹腰毕举,翚飞鸟革,轮焉奂焉"。②乾隆四年(1739)巡抚杨超曾重修广西贡院,先将贡院东边的玉皇阁迁建他处,以其地建造贡院围墙,并新建"誊录、对读二所官厅各五间,所房各二十五间。受卷所房十间,官厅如誊录、对读数"。此外,又"以旧房二十间改建弥封、受卷二所房一十有六。外庖厨九间"。此次重修贡院,共花费白银 4993 两。③

当然,清代广西属于科举小省,其乡试录取定额仅有 45 名,在清代全国 18 个省份中排名第 13 位(与湖南、安徽并列),仅高于陕西(41 名)、贵州(40 名)、甘肃(30 名)。因而,其贡院规模及修建力度也便无法与江南、顺天、浙江、江西、福建等科举大省甚至是河南、山西、广东等科举中省相比。如雍正十年总督田文镜移建河南贡院时,合计估价 25 556 两④;道光二十一年(1841)黄河决堤,拆取河南贡院数百万砖石防御水灾,两年后重建贡院时,"修建公所七百八十二间,重建号舍万有九,葺复者千八百五十七,凿井五,凡糜制钱十一万有奇"⑤。道光元年(1821)

---

① (清)金铁:雍正《广西通志》卷 35《廨署》,《景印文渊阁四库全书》第 566 册,台北:商务印书馆,1983 年,第 30 页。

② (清)张钺:《重修至公堂记》,(清)金铁:雍正《广西通志》卷 116《艺文志》,《景印文渊阁四库全书》第 568 册,台北:商务印书馆,1983 年,第 444 页。

③ (清)蔡呈韶,胡虔:嘉庆《临桂县志》卷 12《廨署》,台北:成文出版社,1967 年,第 201 页。

④ (清)田文镜:《改建贡院碑记》,(清)田文镜,王士俊,孙灏,顾栋高:乾隆《河南通志》卷 43《学校志下》,《景印文渊阁四库全书》第 536 册,台北:商务印书馆,1983 年,第 515 页。

⑤ (清)鄂顺安:《重修河南贡院碑记》,郭灿金:《世纪华章 纪念河南大学建校 100 周年书系·百年流韵》,开封:河南大学出版社,2012 年,第 4 页。

两广总督阮元（1764—1849）倡议绅民全面扩建广东贡院，合计"用银四万四百有奇"。① 道光五年（1825）山西巡抚倡议士绅捐资重建贡院，"共新建号舍六千九百有奇，顶高六尺二寸，宽三尺，深四尺。号内写板俱用桌面，坐下仍用木板，视旧规加增"，合计"约费银三万有零"。② 同治三年（1864）成都知府杨重雅募捐"彻底重修"四川贡院，"共成堂、楼、院、所大小五百余间"，"统用银七万有奇"。③

各省乡试贡院号舍数量的多少，取决于其乡试录取举人的既定名额。下表是清代乾隆九年（1744）全面调整后的各省乡试录取举人定额。

表 4-2 清代中期各省乡试录取定额

省份	乡试定额	省份	乡试定额	省份	乡试定额
直隶	270	江苏	69	安徽	45
浙江	94	山东	69	湖南	45
江西	94	山西	60	广西	45
福建	87	四川	60	贵州	40
河南	71	云南	54	陕西	41
广东	71	湖北	47	甘肃	30

根据清代各省的乡试录取定额，以及历年恩科加广的一次性录取名

---

① （清）瑞麟，戴肇辰，史澄：光绪《广州府志》卷65《建置略二》，台北：成文出版社，1966年，第100页。

② （清）李德溥：《贡院号舍记》，（清）李培谦，阎士骧：《阳曲县志》卷13《文征》，台北：成文出版社，1976年，第1147页。

③ （清）罗廷权，衷兴鉴：《同治重修成都县志》卷4《学校志》，成都：巴蜀书社，1992年，第148页。按，该志作者，巴蜀书社影印出版时题作"李玉宣等修，衷兴鉴等纂"，然据卷首"修纂姓氏"可知，该志所列15位主修官员中，有7位为历任成都知县，而罗廷权则被列为第一位"主修"，李玉宣是第二位。另据衷兴鉴撰写的卷末"跋语"，成都县此次重修县志，确实成书于多位知县任内，而最早则始于同治甲子（1864），时任知县罗廷权接受士绅建议做出了重修县志的决定。至同治己巳（1869）李玉宣任内则着手设立志局开始编纂，此后又经历了金凤洲、周瀚、吴鼎立、白赓棣、沈芝林等5位知县任内继续推动，最终才得以在同治癸酉（1873）完成编纂。按照惯例，在有多位修、纂者的情况下，其作者一般将第一位修、纂者列为该志作者。

额，我们可以大致估算出清代全国各省举人的数量及全国举人的总人数。参见下表。

表 4-3　清代全国各省举人数估算表

排序	省份	人数	排序	省份	人数
1	顺天	25 511	8	河南	7997
2	江苏	12 464	9	山东	7664
	安徽		10	四川	7122
3	湖北	10 452	11	陕西	7055
	湖南			甘肃	
4	江西	10 380	12	山西	6834
5	浙江	10 363	13	云南	5875
6	福建	9618	14	广西	5096
7	广东	8038	15	贵州	4298
全国合计					138 767

三、清代乡试贡院的修建原因与修建周期

清代各省修建贡院的原因不外有四，一是因大灾大难贡院被毁而需要重建；二是因另有选址而需要移建；三是规模不敷使用而需要扩建；四是房舍陈旧矮小而需要改建。

由于修建贡院的原因不同，因而其修建周期也便各不相同。清代贡院除了至公堂、衡鉴堂、明远楼、龙门等主体建筑材质较好而保存更久，因而维修周期相对较长之外，其他如贡院围墙、工役房舍等的建造材质则相对较差，而考生号舍也有石板、木板乃至草席、芦苇等的区别，其修建周期也便相对较短。另外，由于地方官的重视程度不同，对贡院状况的分析也便有所差异，从而导致修建周期的长短不一。

由于文献记载的详略程度不同，我们很难统计出清代各省修建贡院的平均周期。不过，基本保持在 20—50 年的时间范围内。如江西贡院，顺治五年（1648）因金声桓之乱而"毁于兵"之后，顺治十年（1653）巡抚蔡士英、布政使卢震阳乃"即进贤门内旧址重建"。28 年之后即康熙二十年（1681）江西布政使王日藻与巡抚安世鼎合议，将其依旧移建回东湖故址，当时贡院号舍已有 17591 间。这是江西贡院在清代的第二次修建工程。31 年后即康熙五十一年（1712）巡抚佟国勷改建号舍 10 000 多间，并将原来的木席改为石材。康熙五十八年（1719）巡抚白潢增置号舍 1000 间。这可以看作是清代江西贡院的第三次重大维修。28 年后的乾隆十二年（1747）巡抚开泰增修贡院，除了增建了部分房屋之外，还将"举子号舍增高七寸，易竹椽以杉木，坐板、写板则加阔之"，整个贡院"次第一新"。[①] 次年，布政使彭家屏在院中各处种植槐、桐、桂、芙蓉等树木花草，并开浚水井 12 口。这是清代江西贡院的第四次重大维修。20 年后的乾隆三十三年（1768）巡抚吴绍诗重修贡院，涉及各类房间 561 间，共费帑银 6098 两。这是清代江西贡院的第五次重大维修。47 年后的嘉庆二十年（1815）巡抚阮元改修号舍，共费白银数万两。随后的嘉庆二十二年（1817）巡抚钱臻再修号舍，并增设西北文场号舍。道光二年（1822）新昌县（今宜丰县）绅士漆绍祖捐款改建各号厕舍，并补建号舍 108 间。这可以看作是清代江西贡院的第六次重大维修。37 年后的咸丰九年（1859）江西巡抚觉罗耆龄增建号舍 950 余间。同治六年（1867）巡抚刘坤一倡议士绅捐款增建号舍 4000 间。这可以看作是清代江西贡院的第七次重大维修[②]。从顺治十年（1653）到同治六年的 214 年中，江西贡院经历了 7 次重大维修，平均约 30 年大修一次。

当然，在某些特殊的情况下，有些贡院的修建周期会更短一些。如江南贡院，道光年间贡院号舍共有 15800 余间。太平天国起义之后，短短十余年间，江南贡院经历了 4 次较大力度的修复。同治三年（1864）两江总

[①] （清）钱陈群：《重修江西贡院碑记》，（清）刘坤一，刘绎：光绪《江西通志》卷 67《建置志》，《续修四库全书》第 657 册，上海：上海古籍出版社，2002 年，第 561 页。

[②] （清）刘坤一，刘绎：光绪《江西通志》卷 67《建置志》，《续修四库全书》第 657 册，上海：上海古籍出版社，2002 年，第 560－562 页。

督曾国藩对江南贡院"稍加修整","增号舍若干";同治六年代理两江总督李鸿章"乃更扩而大之,相院旁地垣而合之,东至平江府,西至西总门,凡增二千八百一十二间,厕房八十一所,官房四区,合旧号都为万八千九百奇"①,这批新建的号舍被称为"状元新号";同治十二年(1873)代理总督张树声又"饬收买东首民基,广号舍二千间有奇",使江南贡院的号舍总数达到 20 640 间,其号巷共编《千字文》295 字;光绪五年(1879)再次"增建办公房五百一间"②。又如浙江贡院,太平天国起义期间"经乱毁"后,同治年间共进行了 3 次重大维修。一是同治三年(1864)闽浙总督左宗棠倡捐修建各类房屋 1400 余间,并将旧有号舍 11 335 间全部加阔;二是同治五年(1866)巡抚马新贻购买民地拓建号舍 800 余间;三是同治十二年(1873)再次购买民地增建号舍 1000 余间。③ 同样受太平天国起义影响,咸同时期湖南贡院的修建活动也相对密集。咸丰八年(1858)"添建五百号";咸丰十一年(1861)"添建一千号";同治四年(1865)"添建一千五百八十六号"。④ 这使得湖南贡院的号舍数量从道光年间的 7264 间猛增到 10 350 间。

康熙年间的福建贡院也频繁维修,据乾隆《福建通志》记载:"康熙十九年(1680)重修,三十八年(1699)学使汪薇、四十四年(1705)巡抚李斯义、四十七年(1708)巡抚张伯行、五十六年(1717)巡抚陈璸,先后增辟文场。"⑤ 清代中后期,四川贡院的修建活动也极为频繁。乾隆五十一年(1786)"添修号舍四千数百间";乾隆五十三年(1788)"增号舍

---

① (清)李鸿章:《重修江南贡院碑记》,时呈忠:《南京夫子庙志略》,北京:中国工人出版社,2005 年,第 79 页。
② (清)蒋启勋,赵佑宸,汪士铎:《同治续纂江宁府志》卷 7《建置志》,南京:江苏古籍出版社,1991 年,第 62 页。
③ 吴庆坻:《民国杭州府志》卷 18《公署一》,上海:上海书店出版社,1993 年,第 498 页。
④ (清)刘采邦,张延珂,袁继翰:《同治长沙县志》卷 12《典礼志》,南京:江苏古籍出版社,2002 年,第 184 页。
⑤ (清)郝玉麟:乾隆《福建通志》卷 19《公署》,《景印文渊阁四库全书》第 528 册,台北:商务印书馆,1983 年,第 39 页。

一百五十六间"；嘉庆十一年（1806）"增修号舍一千间"；道光八年（1828）"增修号舍一千二百间"；道光十八年（1838）"增新号三千"；咸丰八年（1858）"添修新号二千六百间"；同治四年（1865）"添修新号一千二百七十五间"；同治九年（1870）"添修新号一千二百一十六间"。① 最终四川贡院的号舍总数达到了 13 935 间。道光年间贵州贡院的维修频率也很高。道光八年（1828）全省士绅捐资"增号舍一千三百八十五间"；道光十一年（1831）增修号舍 378 间；道光十九年（1839）增建"内供给大厨房十三间，生员饭食房十七间"；道光二十四年（1844）"修龙门三间，至公堂五间"。②

乡试贡院是清代各省级别最高的科举专用考场，不仅地方官员极为重视，各地士绅也都极为关心。中央、地方、百姓的共同关注，推动着各省乡试贡院在占地面积、房舍数量、建筑材质、建筑布局等方面不断发展，使之成为各省省城中最为引人瞩目的地标建筑。

第二节　清代学政试院的时空分布

清代乡试贡院数量较少，讨论其时空分布问题较为容易。而各府、直隶州的学政试院和各散州、县的县试考棚的时空分布问题，则相对较为复杂，它们同时也是后文所要讨论的清代贡院的建成途径、建筑规制、经费来源、管理监督等问题的基础。为了叙述的便利，本文按照今天通常所说的中国七大地理分区，即华东、华北、华中、华南、西北、西南、东北，来安排本章节中所讨论的学政试院、县试考棚的谋篇布局。另外，尽管民国以后有部分州县的省际归属发生了改变，不过本文依然根据《清史稿·地理志》的记载，将其计入清代所属省份。

---

① （清）罗廷权，衷兴鉴：《同治重修成都县志》卷 4《学校志》，成都：巴蜀书社，1992 年，第 148 页。
② 刘显世，谷正伦，任可澄，杨恩元：《民国贵州通志》，成都：巴蜀书社，2006 年，第 236 页。

一、华东各省学政试院的时空分布

现代的华东六省一市及台湾地区,在清代时期是全国社会经济文化最为发达的区域,也是全国科举最为繁盛的区域,主要包括清代江苏、安徽、浙江、江西、福建、山东、台湾 7 个省。由于光绪十一年(1885)台湾建省后并未与福建省分闱考试,故本节将台湾省的学政试院全部归入福建省学政试院一览表中。

1. 江苏

据《清史稿》卷 58《地理五》,清代初期江苏与安徽均属江南省管辖,顺治十八年(1661)分设江南左、右布政使。康熙元年(1662),改江南右布政使司为江苏布政使司,统辖江宁、苏州、常州、松江、镇江、扬州、淮安 7 府和徐州直隶州。此后,雍正二年(1724)升太仓州、邳州、海州、通州为直隶州,雍正十一年(1733)升徐州直隶州为府,降邳州直隶州为徐州府属州。光绪三十二年(1906)增设海门直隶厅。截至清末,江苏省共设有 12 个府级行政区划单位,包括 8 府、3 直隶州、1 直隶厅。

清代初期,江南省为科举大省,江苏、安徽合计录取举人 99 名。康熙年间分省之后,其乡试录取定额亦分省录取。乾隆元年(1736)经礼部尚书杨名时奏准,定江苏省按照"中省之二等取中七十二名",安徽省按照"小省之二等取中四十八名"。[①] 乾隆九年(1744)之后,江苏省在江南乡试中分配的录取举人名额为 69 名,并一直延续到咸丰时期。同治年间为镇压太平天国运动,江苏士绅通过各种形式获得捐输广额 18 名,最终在同治九年(1870)全省乡试举人录取定额增加到 87 名。[②] 清代初期,江南省由一名学政主管其教育、科举事宜。后因安徽考生赴宁道途遥远,乃于雍正三年(1725)分为上、下江,各设一名学政,下江学政专管江苏,上江学政专管安徽。截至清末科举停废前,江苏省共有 8 府、3 直隶州、1 直隶

[①] (清)礼部:《钦定科场条例》卷 20《各省乡试定额》,沈云龙:《近代中国史料丛刊三编》第 48 辑,台北:文海出版社,1989 年,第 1414 页。

[②] (清)礼部:《钦定科场条例》卷 24《捐输加广乡试定额》,沈云龙:《近代中国史料丛刊三编》第 48 辑,台北:文海出版社,1989 年,第 1718 页。

厅，其学政行署及学政试院的建造情况参见下表。表中资料以乾隆《江南通志》卷91《学校志》的记载为基础，辅以各府志、县志作为补充。为使表格更为简略，备注栏中一律隐去乾隆《江南通志》。

表 4-4　清代江苏学政试院一览表

地名	始建年份	修建规模与经费	备注
江宁府	明嘉靖间	江宁府试院，康熙五十二年（1713）巡抚张伯行重建。东西考场可坐1600人。由乡绅、江宁府学及江宁、上元两县学生员及例监生捐资建造； 道光初重建； 同治六年（1867）重修，共房屋号舍117间。	《同治续纂江宁府志》卷7《建置》
江宁府句容县	明万历二十三年（1595）	句容试院，雍正十二年（1734）之前江宁府岁试在此举行。	
淮安府	顺治年间	清初改明察院署为考棚； 雍正二年（1724）知府祖秉圭等易席棚为瓦厂； 乾隆初修理； 道光中屡经大修； 光绪三十一年（1905），停岁科试，试院废，号舍塌毁殆尽，院左右灯牌公所悉变为民居。	光绪《淮安府志》卷21《学校志》；《民国续纂山阳县志》卷7《学校志》
扬州府	康熙年间	康熙年间以明凤抚军使院改为试院； 康熙四十五年（1706）泰州童生捐府试资斧修葺； 雍正元年（1723）知州魏锡祚复修； 乾隆五十九年（1794）郡属公捐重造桌凳； 光绪十七年（1891）知州张兆鹿禀请重修； 光绪三十一年停止科举，地遂旷废，今教育会、劝学所皆设于内。	《道光泰州志》卷7《公署》；《民国续纂泰州志》卷5《公署》

续表

地名	始建年份	修建规模与经费	备注
徐州府	康熙五十四年（1715）	康熙五十四年知州卞之钧、姜焯相继创建，考生不再赴淮安府应试； 嘉庆十二年（1807）知府王泽增建号舍； 光绪十六年（1890）徐州道段喆修拓之； 光绪三十二年（1906）改为徐州中学堂。	民国《铜山县志》卷11《建置志》
通州直隶州	雍正二年（1724）	雍正二年改直隶州，知州白映棠建立试院； 乾隆初，增建沙字号于仪门东偏； 嘉庆十一年（1806）知州张桂林辟东西隶房建新文场，东二楹，西五楹； 道光十五年（1835）知州平翰重修大堂及东西文场； 同治七年（1868）知州梁悦馨重修，建东新文场五楹； 光绪三十二年（1906）改建贫民学校。	光绪《通州直隶州志》卷5《学校志》；《北洋官报》1906年第1073册
海州直隶州	无		
海门直隶厅			该厅设置于科举废后
苏州府	明代	在昆山县，顺治十五年（1658）提学佥事张能麟重建； 顺治十六年（1659）学使胡在恪建东西号厂二十八间； 康熙五十六年（1717）邑人王喆生重修西厂； 雍正十三年（1735）邑人顾登重修东厂； 乾隆六年（1741）学使张廷璆捐俸百金，檄府恢扩试厂，改换桌凳；	光绪《昆新两县续修合志》卷3《官署》；民国《昆新两县续补合志》卷2《建置志》

第四章　清代贡院的时空分布

续表

地名	始建年份	修建规模与经费	备注
		乾隆八年（1743）巡道汪德馨、本府觉罗雅尔哈善饬各属协济，移建仪门于南二十步，增建号厂十二间，另设桌凳四百具，通共坐号一千六百； 乾隆五十六年（1791）学使胡高望檄苏、太两属州县捐俸改筑砖墙，甃石为基； 嘉庆二十五年（1820）苏郡诸生汪溥等以号舍桌凳薄劣易坏，捐资改树以石，用松木为桌面，改制坐凳； 光绪三十二年（1906）邑人杜庆征等人禀请新邑令王熙宇转禀江督核准开垦，名新丰公司。	
松江府	康熙三十八年（1699）	康熙三十八年郡人莫之玫捐资倡买察院后顾氏宅，拓而大之，诸生捐助，创建试院； 嘉庆十八年（1813）府属官制助号板、考凳，甃以砖石； 同治三年（1864），知府钱德承筹拨官钱，属邑绅姚光发等重建。	光绪《重修华亭县志》卷2《建置志》
太仓州	同治四年（1865）	原合试于昆山县苏州府试院，同治三年巡抚李鸿章奏请分建试院，五年（1866）知州方传书奉命建成试院； 光绪三十二年改为太镇嘉宝崇中学堂。	民国《太仓州志》卷4《营建志》

续表

地名	始建年份	修建规模与经费	备注
常州府	明万历四十三年（1615）	康熙十五年（1676）学使邵嘉、知县何且纯次第修整； 嘉庆二十五年（1820）学使姚文田修葺通署，增高龙门； 道光十九年（1839）学使祁寯藻檄署县陈延恩增建新文场二十二楹，改制石脚，凡为号二千有奇； 同治三年（1864）两江总督曾国藩、江苏巡抚李鸿章命江阴知县颜荣阶重建号舍784间，合计建署费钱31 800缗，八郡三直隶州分任之，建文场之资3900缗，常州专任之； 同治十三年（1874）学政林天龄倡议重修号舍560间； 光绪三十二年（1906）学使裁撤，淮军统领徐传隆、三十六标先后暂驻其中，试院不幸毁于火灾； 民国元年（1912）改为新县署。	道光《江阴县志》卷2《建置志》；光绪《江阴县志》卷1《建置志》；民国《江阴县续志》卷3《建置志》；《民国江阴近事录》卷1《建置志》
镇江府	雍正八年（1730）	雍正八年金坛、丹阳二县诸生捐资在金坛县建造试院； 同治五年（1866）六月，御史王兰谷奏请重建，耗费16 000余缗。	民国《金坛县志》卷3《建置志》

从上表可以看出，清代江苏省所辖12个府州厅共建造了11所学政试院，其中江宁府建有2座，海州直隶州和海门直隶厅则均未建造。另外，江苏各府州厅所建学政试院并非全在府城。如"苏州府考棚在昆山，常州府考棚在江阴，扬州府考棚在泰州"[①]，镇江府试院在金坛县，江宁府试院

---

① 冯煦：民国《金坛县志》卷3《建置志》，台北：成文出版社，1970年，第102页。

清代初年曾设于句容县。其主要原因在于这些试院所在州县都位于各府较为中心的地点，从而使各州县士子的应试路途可以较为平均，与明清时期创建学政试院的"道里适中"原则相一致。从创建时间来看，江苏各府、直隶州试院的创建时间都比较早，有些在明代便已经建造，部分建造于清代顺康雍时期，只有太仓直隶州试院建造于清代末期。

2. 安徽

顺治十八年（1661）江南省分为左、右布政使司时，左布政使司所辖府州奠定了安徽省行政区划的基础。康熙六年（1667）改左布政使司为安徽布政使司，领有7府、3直隶州。雍正二年（1724）以后，经过相应的调整，截至清代末年，安徽省共辖有安庆、徽州、宁国、池州、太平、庐州、凤阳、颍州8府和滁州、和州、广德州、泗州、六安州5直隶州。

安徽与江苏虽然在康熙六年被分为两省，但终清一代其乡试一直共建、共用江南贡院。由于以长江为参照，两省的地理位置相对而言分属上游、下游，故安徽、江苏也相互对应被称为"上江"和"下江"。雍正三年（1725）两省分设上江、下江学政后，上江学政驻劄当涂县，分管安徽省教育、科举事务。乾隆九年（1744）至清末捐输广额期间，安徽省乡试定额一直为45名。

下表资料来源之一为乾隆《江南通志》卷91《学校志》。与前文"清代江苏学政试院一览表"一样，为示简略，表4-5的备注栏中也一律不列该志为参考文献。此外，该表也重点参考了《（光绪）重修安徽通志》卷93《学校志》。为示简略，备注栏中也一律隐去该文献。

表 4-5　清代安徽学政试院一览表

地名	始建年份	修建规模与经费	备注
安庆府	顺治七年（1650）	顺治七年操江巡抚李日芃改旧察院为学政试院，有号舍 800 间； 康熙十二年（1673）知府姚琅重建大堂； 康熙四十八年（1709）诸生江岱等倡捐增置中文场； 雍正十年（1732）知府徐士林倡捐重修东西文场 42 间； 嘉庆二十五年（1820）知府申瑶大加修葺，增棚厂 5 间，用钱 7560 缗； 咸丰间毁，同治二年（1863）总督曾国藩下令重建； 光绪间重修号舍，共计六场，能容考生三千数百人，桌凳均易以石脚； 光绪三十二年（1906）改建为安徽师范学堂； 宣统三年（1911）改为优级师范学堂； 民国元年（1912）改设省立第一师范学校。	《民国怀宁县志》卷 8《考棚、学堂》
庐州府	顺治间	顺治中知府崔允宏建于合肥县城南门大街； 同治六年（1867）与县学地址互换； 同治七年（1868）李鸿章命知府洗斌仿照修建府学章程，五属按亩捐集修费，重建试院。	光绪《庐州府志》卷 17《学校志》
凤阳府	明成化间	康熙五十三年（1714）学使胡润添建东西文场； 咸丰八年（1858）毁，同治四年（1865）知府李衔华、胡玉坦，知县王廷琳、王步瀛率绅士相继建复； 光绪七年（1881）凤颍道任兰生捐盖生童避雨瓦屋 30 间。	《光绪凤阳府志》卷 6《经制志》

第四章　清代贡院的时空分布

续表

地名	始建年份	修建规模与经费	备注
颍州府	雍正三年（1725）	雍正三年知州李月槎建造； 同治初院圮，知府李文森、知县尹沛清率绅重建。	
亳州	雍正十一年（1733）	雍正十一年邑人公建； 雍正十三年（1735）亳州降为颍州府属州，试院遂废。	乾隆《亳州志》卷4《学校志》
徽州府	康熙二十八年（1689）	康熙二十八年休宁县监生黄凤翼捐资于旧察院建造棚厂为试院作为岁试考场，雍正三年后岁科试均在该试院； 雍正十二年（1734）歙县汪涛捐资重建； 乾隆五十六年（1791）歙县尚书曹文埴重建； 咸丰十年（1860）兵毁后同治三年（1864）知府刘传祺建复； 光绪三十一年（1905）改创新安中学堂，撤左右考棚建学生自修室。	《民国歙县志》卷2《营建志》
宁国府	康熙二十五年（1686）	康熙二十五年宣城知县袁朝选捐资修建瓦厂，为学使造士之所； 雍正二年（1724）公捐修拓； 乾隆十七年（1752）旌德汪永年、汪观澜等呈请捐建，置两厂桌凳。	光绪《宁国府志》卷15《营建志》
宁国府旌德县	明成化中	督学试院始建于明成化中，在县治南，岁久圮； 万历六年（1578）知县卢洪春购民地改建县治东； 崇祯五年（1632）兵备副使移驻旌德县，以之为治所，知县宗敦一另建试院于北门内； 康熙六十一年（1722）学使者临郡试，不复至旌德，院遂废。	民国《旌德县志》卷2《建置志·公宇》

续表

地名	始建年份	修建规模与经费	备注
池州府	明代	明代于西察院建为学使按临校士之所； 康熙三十二年（1693）知府李灿拓基建号舍14楹，易席为瓦，可坐千余人； 乾隆元年（1736）知府李暲增拓为20楹，可容2400人； 乾隆五十八年（1793）知府荆道乾重修，共1920号，每号前后棚各坐10人； 同治二年（1863）知府范先谟、知县李熙瑞于兵毁后以秀山书院改建； 光绪十二年（1886）六县按每名生员派捐一百元的标准筹款重建试院。	《光绪贵池县志》卷11《学校志》；《光绪青阳县志》卷11《艺文志》
太平府	康熙七年（1668）	康熙七年改明察院为试院； 康熙十年（1671），当涂知县寇明允修葺； 康熙三十四年（1695）知县祝元敏重修； 康熙四十四年（1705）知县成文运捐俸重建； 雍正三年（1725），安徽学政孙嘉淦增建棚厂； 同治十二年（1873）巡抚英翰、布政使吴坤修重建； 光绪二十三年（1897）督学徐致祥大加修葺； 光绪三十三年（1907）改修太平府学宫所，余屋为地方团体办公之所，先后成立城区自治公所、县议会、姑孰小学； 民国九年（1920）改为第八师范学校，十二年（1923）改为第十中学，十七年（1928）改为县立中学。	《民国当涂县志》之《民政志》

续表

地名	始建年份	修建规模与经费	备注
广德直隶州	咸丰九年（1859）	咸丰九年，因宁国府试院兵毁，广德州士绅呈请捐建考棚，次年兵毁。	《光绪广德州志》卷6《营建志》
滁州直隶州	康熙五十一年（1712）	康熙五十一年重建；咸丰初兵毁，同治初李世忠赔修，即吉姓民房改作，内东西号舍各十二间。	《光绪滁州志》卷3《营建志二》
和州直隶州	雍正九年（1731）	雍正九年署知州曹元梦、学正唐德咸募建；咸丰初兵毁。同治三年（1864）知州林廷杰、六年（1867）知州游智开相继修复。	《光绪和州直隶州志》卷8《学校志》
六安直隶州	雍正五年（1727）	雍正五年知州李懋仁捐俸倡建；乾隆十三年（1748）知州金宏勋添建东文场五间；乾隆二十七年（1762）知州徐元添建号舍六间；乾隆四十八年（1783）添建东西文场各十二间；咸丰七年（1857）兵毁，同治初重建。	《同治六安州志》卷15《学校志》
泗州直隶州	雍正四年（1726）	雍正四年知州张文炳建；道光十四年（1834）学政沈维鐈捐俸倡修；咸丰间兵毁。同治三年邑绅吴棠倡建如旧。	《光绪泗虹合志》卷6《学校志》

与江苏一样，清代安徽学政试院的始建时间也都比较早，部分始建于明代，大多数建造于清代前期的顺康雍时期。从清代初年开始，安徽各府、直隶州便陆续建造了学政试院。据《（光绪）重修安徽通志》记载，截至清代光绪年间，安徽全省8府、5直隶州所全部创建了试院。有些试院的维修、扩建或重建周期比较短，如六安州试院自雍正五年到乾隆四十八年之间不到60年的时间里就有4次修建。太平府试院则在康熙七年

（1668）到雍正三年（1725）之间不到60年间经历了5次修建。个别试院的存在时间极短，如广德州岁科试一直附于宁国府试院考试，太平天国时期，由于宁国府试院毁于战乱，故广德州士绅乃呈请在该州复初书院的旧基上捐建考棚，咸丰九年（1859）九月规模初具，并请"学宪按临考试"。然而，第二年便再次"被兵，仅存屋十余间"①，此后也未能重新修复。又如亳州在雍正二年（1724）被从凤阳府属州升格为直隶州，雍正十一年（1733）"邑人公建"学政试院，但是因为雍正十三年（1735）亳州再次降为散州，改属颍州府管辖，因而"试院遂废"。②该试院未计入清代安徽学政试院总数之中。

另外，宁国府学政试院原本位于旌德县，始建于明代成化年间（1465—1487），且在万历年间成为"调考徽、宁等府州"的安徽省科举考试中心。清代顺治二年（1645）在安徽、江苏分别设置上江、下江学政，上江学政巡考宁国府时，曾经采取"岁试驻郡城，科试临旌调考"的措施，但是顺治九年（1652）又再次全部集中在旌德县的学政试院统一考试。康熙元年（1662）至雍正三年（1725）的60多年间，安徽、江苏曾经合派一名学政。康熙二十五年（1686），宁国府附郭县宣城县知县袁朝选捐资在府城"修建瓦厂，为学使造士之所"，安徽学政在宣城县学政试院主持宁国府院试的条件逐渐成熟。至康熙六十一年（1722）以后，安徽学政不再莅临旌德县学政试院，导致其日渐荒废。③

3. 浙江

据《清史稿》卷65《地理十二》，截至清代末年，浙江省共辖有11府、1直隶厅，下辖77个县级行政区划单位，包括1散州、1散厅、75县。与明代一样，浙江在清代依然是科举大省，乡试录取名额一直处于全

---

① （清）胡有诚，丁宝书：《光绪广德州志》卷6《营建志》，南京：江苏古籍出版社，1998年，第124页。
② （清）华度，蔡必达：乾隆《亳州志》，清乾隆五年（1740）刻本，卷5《学校志》，第9页。
③ 陈炳德：民国《旌德县志》，民国十四年（1925）刻本，卷2《建置志·公宇》，第9页。

国各省前列，仅次于直隶与江南省。乾隆九年（1744）以后直至清末捐输加广永远定额期间，浙江省的乡试录取定额与江西省一样都是 94 名。① 据乾隆《浙江通志》及各府县志记载，除了定海直隶厅外，清代浙江 11 个府全部建造了学政试院。需要指出的是，乾隆《浙江通志》将各府学政试院统一称为"校士馆"。下表备注中除了已经列出的参考文献外，本文也同时参考了乾隆《浙江通志》卷 30—32《公署志》。

表 4-6 清代浙江学政试院一览表

地名	始建年份	修建规模与经费	备注
杭州府	明嘉靖三十三年（1554）	嘉靖三十三年提学副使阮鹗创建； 顺治十四年（1657）提学道谷应泰改建于按察司东花园旧址； 康熙二十一年（1682）提学道杨引祚重建； 雍正四年（1726）督学彭维新以奉裁都司衙门改建为校士馆； 嘉庆元年（1796）督学阮元重修大堂及鼓楼门廨； 嘉庆五年（1800）督学刘用钘重修，诸生孙邦治、汪世铨、韩文彬修庑舍、董其役； 咸丰十一年（1861）经乱毁，同治四年（1865）重建； 同治八年（1869）重修； 同治十二年（1873）重修内外堂宅、东西文场； 光绪十四年（1888）邑绅王文韶、朱智、金曰修、丁丙、许郊、邹在寅等重修考棚； 宣统元年（1909），改提学使司。	《民国杭州府志》卷 18《公署一》

---

① （清）礼部：《钦定科场条例》卷 20《各省乡试定额》，沈云龙：《近代中国史料丛刊三编》第 48 辑，台北：文海出版社，1989 年，第 1417 页。

续表

地名	始建年份	修建规模与经费	备注
嘉兴府	明崇祯间	明崇祯中知府郑瑄以布政分司改建为弘文馆； 嘉庆十年（1805）知府李赓芸倡捐重修； 道光四年（1824）、九年（1829），嘉兴、秀水二县先后重修； 道光十八年（1838）秀水绅士陈宗伯捐修东西文场； 咸丰十年（1860）毁于兵，同治三年（1864）知府许瑶光重建。	《光绪嘉兴府志》卷7《公署志二》
湖州府	明宣德间	明宣德中以泰定仓旧基改建为宏文馆，隆庆五年（1571）知府栗祁重修； 康熙元年（1662）知府陈永命倡捐重建； 乾隆初改名右文馆； 道光三年（1823）知府方士淦重建； 同治初毁，四年（1865）知府杨荣绪详请重建。	光绪《归安县志》卷2《舆地略》
宁波府	未详	改建奉裁巡按御史之行台为督学试院； 雍正九年（1731）知府曹秉仁增建考棚及堂后厅轩。	乾隆《宁波府志》卷11《公廨》
定海直隶厅	无		
绍兴府	康熙八年（1669）	康熙八年改提督署为督学试院； 康熙五十七年（1718）知府俞卿重修。	《乾隆绍兴府志》卷7《建置志》

第四章　清代贡院的时空分布　　261

续表

地名	始建年份	修建规模与经费	备注
台州府	康熙六年（1667）	康熙六年临海县教谕胡云客率两县诸生改建察院为校士馆； 康熙十三年（1674）坏于兵，就布政分司搭盖棚厂考试； 乾隆十年（1745）巡抚常安、学使彭启丰檄令就原址重建； 道光三年（1823）知府伊明阿重修； 道光十一年（1831）临海知县周召棠修葺； 咸丰十一年（1861）毁于寇，同治二年（1863）知府韩承恩筹款重建； 同治三年（1864）知府刘璈增修。	民国《临海县志》卷8《学校志》
金华府	明崇祯元年（1628）	崇祯元年知县高倬、邑人叶儴建校士馆； 顺治三年（1646）校士馆毁，改察院行台为学政试院； 乾隆十四年（1749）知府朱椿修； 嘉庆十四年（1809）知府颜荣修； 嘉庆十九年（1814）知府吴廷琛修； 道光九年（1829）知府萧元桂修； 光绪十二年（1886）知府陈文骥修。	民国《金华县志》卷4《建置志》
衢州府	明崇祯九年（1636）	明崇祯丙子知府张文达修建； 顺治八年（1651）改为总督署； 康熙二十三年（1684）总督移驻福建，复为校士馆； 嘉庆八年（1803）郡绅输重金重建； 咸丰军兴难民及客兵拆屋为薪，同治六年（1867）知府陈鲁令五邑捐资重建； 宣统三年（1911）议拆试院为西式楼房两进改为师范学校，适逢民国成立，草草完工；	康熙《衢州府志》卷6《贡院》；嘉庆《西安县志》卷11《公署》；民国《衢县志》卷3《建置志上》

续表

地名	始建年份	修建规模与经费	备注
		民国元年（1912）创办小学教育养成所； 民国三年（1914）改师范讲习所； 民国五年（1916）改为金华道第二联合县立师范讲习所； 民国六年（1917）乃改为省立第八师范学校，并将旧县丞署圈入改为附属小学； 民国十三年（1924）遵照部令实行新学制，统归中学校管理，别分师范一部，初级完全班亦一改为讲习班。	
严州府	明崇祯十五年（1642）	明崇祯十五年邑人大中丞宋贤捐资三千金创建； 雍正三年（1725）督学彭维新、李清泽、知府蒋林等倡捐扩修； 嘉庆十三年（1808）邑绅金同捐资扩建； 嘉庆二十年（1815）冬雪积压号宇崩塌，邑绅捐资重建； 咸丰十一年（1861）毁于兵，同治十二年（1873）知府宗源瀚请帑重建； 民国二年（1913）改设地方审检厅，后改为浙江省立第九师范学校。	道光《建德县志》卷7《学校志》
温州府	明万历二十四年（1596）	明万历二十四年知府刘芳誉、知县林应翔改察院为试院； 清代改兵巡道署为校士馆； 乾隆二十八年（1763）永嘉知县崔锡扩建； 嘉庆元年（1796）被台风吹毁，督抚等奏请修复。	《乾隆温州府志》卷6《公署》；乾隆《永嘉县志》卷5《公署》

第四章 清代贡院的时空分布 263

续表

地名	始建年份	修建规模与经费	备注
处州府	明万历间	万历间知府李实建于府治西北一里； 后以分守道署改建校士馆； 康熙二十五年（1686）知府刘廷玑、知县张建德率诸生捐修； 道光五年（1825）遂昌职员官清、缙云职员朱瑛暨各邑绅士捐建； 咸丰八年（1858）毁于匪，九年（1859）知府马椿龄修； 咸丰十一年（1861）复毁，同治二年（1863），知府刘无盛督率十县绅士筹捐分建； 光绪三十二年（1906）改为处州中学堂校舍，附设师范速成科； 宣统三年（1911）改为浙江第十一中学堂； 民国二年（1913）改为省立第十一中学校及省立第十一师范学校； 民国十二年（1923）合并为浙江省立第十一中学校。	光绪《处州府志》卷5《建置志》；民国《丽水县志》卷2《学校志》

作为明清时代的科举大省，清代浙江各府大多都在明代末期建造了学政试院，只有绍兴、台州二府试院的建造时间是在康熙初年。

4. 江西

清代江西省也是科举大省，乡试录取定额一直排在全国各省前列，仅次于直隶、南京两省。除了部分时期，江西乡试录取定额一直与浙江省持平。清代末年为镇压太平天国起义，清政府推行捐输广额政策，江西省所广乡试定额也与浙江省相同，各增加10名，总数均为104名。

截至清光绪三十三年（1907）瑞州府增设铜鼓厅，清代江西承宣布政使司共辖有13府、1直隶州，下辖4散厅、1散州、75县。其14个府级行政区划单位的学政试院的时空分布情况详见表4-7。该表以光绪《江西通志》卷67《建置志》为基础，结合各府、直隶州志及相关县志的记载加以补充。为示简略，备注栏中一律未列该文献来源。

表 4-7 清代江西学政试院一览表

地名	始建年份	修建规模与经费	备注
南昌府	康熙四十六年（1707）	康熙四十六年江西学政杨顒改建旧副使道署为学政试院署； 乾隆二十二年（1757）督学张映辰重修； 乾隆二十八年（1763）督学周煌修理考棚； 乾隆三十六年（1771）督学汪廷玙修理办公书房等； 乾隆三十八年（1773）督学曹文埴倡建考棚十四重，共4000余间； 乾隆四十一年（1776）督学蒋元益重修大堂、川堂等； 乾隆四十四年（1779）督学汪永锡修理内署等； 嘉庆十一年（1806）督学曹振镛谕四邑绅士重修； 嘉庆十六年（1811）试院失火，督学潘世恩重建； 道光十三年（1833），南昌绅富喻波文、余恒万集各邑修考棚； 道光十九年（1839）四邑绅士捐修； 同治九年（1870）督学徐郙修； 光绪二年（1876）督学许庚身重修； 清末改设学务公所。	《同治南昌府志》卷10《建置志》；民国《南昌县志》卷9《建置志下》

续表

地名	始建年份	修建规模与经费	备注
饶州府	明弘治间	明弘治间知府李复贞即丹霞观址创建； 康熙十九年（1680）知府黄家遴重建号舍，临时盖茅棚； 乾隆二年（1737）知府张钟偕绅民建造瓦房29间； 嘉庆十三年（1808）合郡士民重建； 咸丰三年（1853）毁，九年（1859）知府张衍重合七邑绅民重修。	《同治饶州府志》卷4《建置志》；《同治鄱阳县志》卷3《公署》
广信府	乾隆二年	乾隆二年知府陈世增始以旧察院行署改建试院； 嘉庆十五年（1810），知府王赓言葺号舍桌凳，悉易以石； 嘉庆二十二年（1817）知府杨书绍率同上饶知县周力田等七邑摊捐修葺； 道光四年（1824）知府何贞劝谕阖郡捐资于头门内外添建避雨亭； 道光二十八年（1848）知府史致谔劝捐重修。	同治《广信府志》卷2《建置志二》
南康府	未详	旧在府治东； 康熙十四年（1675）知府伦品卓迁建于府学后； 雍正十一年（1733）知府董文伟改建于府治西； 嘉庆十三年都昌县贡生王松等呈请大修； 咸丰三年毁，十年（1860）知府龚翔云饬四县绅民共捐修复。	同治《南康府志》卷5《建置志一》

续表

地名	始建年份	修建规模与经费	备注
九江府	乾隆八年（1743）	乾隆八年知府施廷翰始就城东元妙坊兵备道废署改建； 嘉庆二年（1797）郡绅重修，桌凳俱用石脚； 咸丰四年（1854）毁，八年（1858）复建。	同治《九江府志》卷12《公廨》
建昌府	明崇祯间	明崇祯间知府李恢先建； 康熙间移建府学于明益藩故府，雍正三年（1725）知府李朝柱即旧学址改建试院； 乾隆六年（1741）知府杨宏志重修，有号舍1800有奇； 乾隆二十三年（1758）知府孟炤增修； 咸丰六年（1856）毁，同治八年（1869）知府达春布率郡绅捐修。	《同治建昌府志》卷2《建置志》；《同治南城县志》卷2《建置志》
抚州府	康熙二十七年（1688）	康熙二十七年知府张四教倡建； 康熙五十六年（1717）知府任士理重建； 乾隆四年（1739）知府刘永锡重修； 嘉庆十五年（1810）知府伊明阿、知县秦沆重修； 咸丰八年（1858）毁，同治元年（1862）知府吴祖昌修复。	光绪《抚州府志》卷18《建置志》
临江府	康熙四十二年（1703）	康熙四十二年知府高毓麟、知县宁尧采改湖西道署为试院，添建号舍； 乾隆三十四年（1769）知府李昌昱重修； 嘉庆十一年（1806）知县方宗敬增建号舍编为六棚； 道光八年（1828）聂宗周捐修； 咸丰七年（1857）毁，九年（1859）重建。	《同治临江府志》卷5《公署》；《同治清江县志》卷3《公署》

续表

地名	始建年份	修建规模与经费	备注
瑞州府	顺治十六年（1659）	顺治十六年改巡按监察御史之察院署为试院； 乾隆三十一年（1766）知府卢崧重修； 嘉庆初年合府捐资重修。	同治《瑞州府志》卷3《建置志》
袁州府	康熙四十五年（1706）	康熙四十五年知县江为龙详请就兵备道署合郡公修，增加廊庑； 乾隆五十三年（1788）萍乡贡生文守元捐修，建南北两舍考棚； 嘉庆十一年(1806)改建考棚于署东偏，共12棚； 咸丰五年（1855）毁，十年（1860）知府陈乔枞倡捐重修； 宣统三年（1911）改为袁州中学堂； 民国三年（1914）改为省立第八中学； 民国二十九年（1940）间为宜春乡村师范学校。	《咸丰袁州府志》卷15《营建志》；《民国宜春县志》卷13《营建志》
吉安府	康熙四十五年	康熙四十五年知府徐德武、知县刘廷瑛改湖西道裁署建试院； 乾隆三十九年（1774）知府卢崧增建，共列座3600号，费银1660两； 道光三年（1823）庐陵监生萧瑞华捐修； 咸丰六年（1856）毁，泰和县孙明及其子孙三次捐修； 清末停考试，鞠为茂草； 民国四年（1915）邑绅周鸥以银币3000元购买，捐作合县公业，改为宋四先生祠； 民国五年（1916）开办县志局； 民国十年（1921）开办凌云工艺场，附设艺徒学校； 民国十八年(1929)吉安地方法院借作院址； 民国二十四年（1935）庐陵县士绅申请不动产登记。	光绪《吉安府志》卷6《建置志》；《民国吉安县志》卷5《建置志》

续表

地名	始建年份	修建规模与经费	备注
赣州府	康熙二十九年（1690）	康熙二十九年以赣州府治旧址改为试院； 康熙三十九年（1700）知府谢锡衮增建两翼为东西文场； 乾隆七年（1742）知府汪宏禧建东西文场前后两楹； 嘉庆二十三年（1818）兴国江澜捐修东西文场； 道光十年（1830）火毁，十一年（1831）知府汪云任倡议修复； 同治十年（1871）知县黄德溥禀请各县重修。	《同治赣州府志》卷 8《官廨》
宁都直隶州	乾隆二十一年（1756）	乾隆二十一年知州沈文详请，举人曾洲等择建于城西南郊； 嘉庆五年（1800）水圮，七年（1802）知州黄永纶倡捐重建，共费 6000 有奇； 咸丰七年（1857）毁，九年（1859）知州潘毓瑞率州绅修复； 同治三年（1864）毁，知州郭毓龙率州绅再修。	《道光宁都直隶州志》卷 8《公署志》
南安府	康熙四十二年（1703）	康熙四十二年署府安玉调详请，大庾县绅士公捐建造； 乾隆七年（1742）四邑绅士倡捐改造东西考棚座位共 1000 号； 道光六年（1826）知府张锦珩倡捐重修，大庾县分建头门等； 咸丰元年（1851）毁，同治七年（1868）知府黄鸣珂重建，增建号舍 20 条合计 420 座，共费银 1000 余两； 清末科举停废，渐圮，嗣后驻兵拆毁一空，平基址为操场。	同治《南安府志》卷 4《建置志》、卷 32《新造录》；《民国大庾县志》卷 3《建置志》

第四章　清代贡院的时空分布

清代江西 13 府 1 直隶州全部建造了学政试院,且大多创建于清代康熙(6 个)、乾隆(3 个)年间。与浙江省相同,江西各地的学政试院基本上也都采取棚厂格局,每棚若干号,每号设若干桌凳。在试院维修、重建方面,江西各地大多采取各县分摊捐款的方式筹集经费。个别愿意独力捐助的绅富也往往捐资承担本县所分摊的试院局部建筑的修建任务。

5. 福建

清康熙二十三年(1684)以前,福建省共辖有 9 府、2 直隶州,下辖 1 散厅、57 县。康熙二十三年台湾归于一统,设台湾府,辖诸罗、台湾、凤山三县,属福建省管辖。此后台湾中部、北部日渐开发,由诸罗县逐渐分出彰化、嘉义、淡水、宜兰、新竹等县,并于光绪元年(1875)增设台北府。光绪十一年(1885)宣布分设"福建台湾行省",下辖台北府、台湾府、台南府、台东直隶州 4 个府级行政单位,但是台湾省士子依然需要渡过台湾海峡到位于福州的福建贡院参加乡试,故本文将其各级贡院亦归入表 4-8 "福建省学政试院一览表"中。截至乙未割台之前,福建、台湾两省共辖有 12 府、3 直隶州,下辖 4 厅、68 县。

表 4-8 清代福建(含台湾省)学政试院一览表

地名	始建年份	修建规模与经费	备注
福州府	明万历十七年(1589)	万历十七年副使耿定力改清军察院为提督学校公署; 清初毁于火,地废为城守营,乃于署中置东西文场试士; 雍正九年(1731)督学戴瀚修葺; 乾隆十七年(1752)郡人何际述捐建考棚。	乾隆《福州府志》卷 18《公署一》
福宁府	明崇祯九年(1636)	明崇祯九年秦冈改建射圃,兼为文馆; 雍正间改建试院,费钱 1700 余缗; 清光绪三十二年(1906)改为学堂; 民国间改为省立第三中学校。	《民国霞浦县志》卷 7《建置志》

续表

地名	始建年份	修建规模与经费	备注
延平府	未详	清初学政按临，以明上察院为校士所； 康熙间知府萧来鸾重建四贤堂及大堂、考棚； 乾隆三十三年（1768）巡道杨仲兴重建； 同治六年（1867）知府赵均、南平县知县陈培桂重修； 民国四年（1915）南平县知县林扬光奉官产处卖与广东梁淇祥作蚕桑所，售大洋二百二十元。	《民国南平县志》卷4《城市志》
建宁府	乾隆十七年（1752）	乾隆十七年知府来谦鸣倡议七县绅民合力捐建； 光绪初毁，七邑士绅捐资重建； 光绪三十一年（1905）建宁府署失火被焚，迁于试院； 民国元年（1912）废府设县，合建安、瓯宁为一县，改为建瓯县公署； 民国十七年（1928）改名建瓯县政府。	民国《建瓯县志》卷6《城市志》
邵武府	未详	清代改分守建南道署为试院； 乾隆十八年（1753）泰宁绅士童祖宪、童德励、童德劢共捐银五百两修考棚； 道光二十五年（1845）知府中祐督四邑捐资改建，大加增广； 光绪末废科举制，改为中学小校。	《民国重修邵武县志》卷7《公署》
汀州府	未详	邑庠许麟倡置单案几子，入试甚便； 乾隆庚辰（1760）知县杨廷桦、知府高霆倡捐重修； 嘉庆乙亥（1815）知府孙尔准、知县吴应劭倡捐重修； 咸丰元年（1851）知府李佐贤捐修； 光绪三十一年并归汀郡中学。	光绪《长汀县志》卷10《公署》；《民国长汀县志》卷6《古迹志》

续表

地名	始建年份	修建规模与经费	备注
漳州府	清初	清初改云龙书院为试院； 康熙三十年（1691）始盖瓦厂，地隘，借元妙观地； 康熙五十五年（1716）重修； 乾隆二十四年（1759）巡道张惟寅偕府、县官员重建； 乾隆二十四年州府蒋允焄、知县吴宜燮建试棚复道； 同治三年（1864）粤匪毁，后改建于开元寺遗址； 光绪三年（1877）知府沈定均增建外棚。	光绪《龙溪县志》卷3《规制志》
龙岩直隶州	乾隆元年（1736）	乾隆元年知州张廷球以公费银1130两及加捐，于布政分司、漳南道及县丞三废署改建； 嘉庆七年（1802）知州承焘于东辕门外添造长廊为憩所； 道光十六年（1836）修葺； 民国初改建为中学校。	民国《龙岩县志》卷13《学校志》
兴化府	清初	清初改巡海道行署为督学试院； 乾隆二十一年（1756）绅士捐银请知府宫兆麟重修； 光绪三十二年（1906）改为通德学校； 民国十九年（1930）东厂、衡鉴堂前后划分党部； 民国二十四年（1935）西四厂考棚改为残废院，二十七年（1938）改为莆田中心卫生院。	《民国莆田县志》卷18《建设志上》
泉州府	乾隆四年（1739）	乾隆四年知府王廷诤、知县李永书倡集绅士改兴泉永道旧署为督学试院； 乾隆十七年（1752）晋江知县干从濂改建； 嘉庆十年(1805)各处坍塌腐朽，绅士分别领修。	《道光晋江县志》卷13《规制志》

续表

地名	始建年份	修建规模与经费	备注
永春直隶州	乾隆三十二年（1767）	乾隆三十二年知州嘉谟迁建明伦堂，使学政试院完全独立； 道光年间林时青捐修考棚； 光绪年间林春庆重修考棚，添建桌椅； 光绪末年改建为中学堂； 民国七年（1918）省立第十二中学迁回原梅峰书院旧址，试院遂常为军营。	民国《永春县志》卷7《建筑志》
台南府	乾隆四年（1739）	乾隆四年巡台御史单德谟呈请修造试院，名为"校士院"； 乾隆三十一年（1766）台湾道张珽于台湾道署西偏隙地另建试院； 嘉庆二十二年（1817）全府生童捐资1400余金重修考棚未果； 道光十八年（1838）台湾知府周彦重建试院，有座号3400座，费金至五万； 日据时期，台南府考棚被改建为宪兵队驻所。	《乾隆续修台湾府志》卷2《规制志》等
台北府	光绪五年（1879）	光绪五年建成台北府试院，贡生洪腾云捐献地基与经费； 中法战争期间刘铭传以试院为临时指挥所。	《台阳见闻录》卷上《建置志》等
台湾府	光绪十六年（1890）	光绪十六年建成台湾府试院，耗银28 000余两； 光绪二十一年（1895）后被改为警察署与台湾民政支部办公处所。	洪弃生《瀛海偕亡记》，等
台东直隶州	无		

　　清代福建（台湾）的学政试院考棚的创建时间相差较大。个别试院在明代便已出现，大多数建成于乾隆年间。总体而言，作为东南沿海省份，福建（台湾）民众从事科举公益活动的热情颇高。尤其是光绪年间台湾府

级行政区划由1个增加为4个,其学政试院则由1座增加至3座,筹建试院的经费均来自官绅捐款,其数额也颇为庞大,体现了因科举而形成的台湾地区民众对清代中央王朝的巨大向心力。

清代福建学政试院也多采取棚厂式结构。如道光十三年(1833)台湾府(即后来的台南府)着手重修试院,道光十五年(1835)完工。其中的号舍部分的结构为:"仪门内为考棚,左右各三廊。一廊十间,间五十座,凡士子之座三千。北横廊左右各七间,间二十座;南横廊左右各六间,间十座;凡士子之座四百。中为大堂,学政收卷之所居。再进为内堂,学政阅卷之所居。"①

6. 山东

据《清史稿》卷61《地理志八》,截至清代末年,山东省共辖有10府、3直隶州,下辖8散州、96县。②清代山东为科举中省,光绪十二年(1886)前后其乡试录取定额为69名,在今天的华东六省一市中与江苏省相同,仅高于安徽省的45名,而少于福建的87名和江西、浙江的94名。③据查康熙、乾隆、宣统三种版本的《山东通志》,发现它们对各府、直隶州所建造的学政试院的记载很不一致。其中《康熙山东通志》仅记载了济南府提学道④,宣统《山东通志》则记载了济南、泰安、沂州、青州、莱州5府的学政试院,而其他5府3直隶州的试院则均未见记载⑤。而据乾隆《山东通志》,则此时山东的10个府全部都建成了学政试院,并被统

---

① 诸家:《台湾关系文献集零(十)》,《台湾文献史料丛刊》第9辑,台北:台湾大通书局,2009年,第72页。
② 赵尔巽:《清史稿》卷61《地理志八》,北京:中华书局,1977年,第2045页。
③ (清)礼部:《钦定科场条例》卷20《乡会试中额·各省乡试定额》,沈云龙:《近代中国史料丛刊三编》第48辑,台北:文海出版社,1989年,第1405—1407页。按,该乡试录取定额为乾隆九年(1744)以来的定制,各省在此定额之外还有捐输加广定额,多为10名。
④ (清)赵祥星,钱江:《康熙山东通志》卷22《公署》,南京:凤凰出版社,2010年,第289页。
⑤ (清)杨士骧,孙葆田:宣统《山东通志》卷38《疆域志第三》,上海:商务印书馆,1934年,第1477—1486页。

一记载为"校士馆"。① 不过，不管是哪种版本的通志，其记载的内容都极为简略。经过进一步查阅各府、直隶州的府志、直隶州志，以及各府附郭县的县志，本文获得了更为详细的资料。清代山东各府、直隶州的学政试院情况见下表。需要说明的是，由于胶州直隶州在光绪三十一年（1905）才正式升格为直隶州②，此时科举已经被停废，故本文将胶州"考院"列入后文的"清代山东县试考棚一览表"。

表 4-9 清代山东学政试院一览表

地名	始建年份	修建规模与经费	备注
济南府	明代	明嘉靖二十一年（1542）移建大明湖之南； 道光十五年（1835）济南知府王镇、历城知县舒化民扩建，可容1344人； 同治八年（1869）学政于建章主持重修，添建边号； 光绪十三年（1887）学政陆润庠重修； 光绪三十一年（1905）停科举，三十二年（1906）即其址改建客籍学堂。	民国《续修历城县志》卷13《建置考一》
东昌府	明代	顺治十六年（1659）知府卢纮、聊城知县刘士龙倡捐两千余两重建； 嘉庆九年（1804）知府嵩山倡捐重建考院瓦棚。	《嘉庆东昌府志》卷14《学校志》
泰安府	乾隆十七年(1752)	乾隆十七年知府颜希深倡捐创建，有坐号1200有奇； 光绪年间就院址设初级师范； 后改办农业学校； 再改为乙种职业学校。	《民国重修泰安县志》卷2《舆地志》

---

① （清）岳濬，杜诏：乾隆《山东通志》卷26《公署志》，《景印文渊阁四库全书》第540册，台北：商务印书馆，1983年，第588—602页。

② 赵尔巽：《清史稿》卷61《地理志八》，北京：中华书局，1977年，第2065页。

续表

地名	始建年份	修建规模与经费	备注
武定府	乾隆十一年(1746)	乾隆十一年十属绅士公建； 道光十七年（1837）惠民县知县徐纷倡捐扩建，可容1600余人，耗银17 590两有奇。	《咸丰武定府志》卷8《学校志》
临清直隶州	乾隆四十一年(1776)	乾隆四十一年知州李涛、王溥创建； 清末罢科举，知州张承燮奉令在考院成立初级师范学校，附设高等小学堂； 民国三年（1914）改为县立第一高等小学校； 民国八年（1919）改设省立第十一中学校。	《民国临清县志》卷7《建置志》
兖州府	未详	道光二十六年（1846）改建房屋共163间，号凳109条。	《光绪滋阳县志》卷5《学校志》
兖州府曲阜县	未详	考院，即旧志所载学使校士馆； 光绪三十一年（1905）改建四氏师范学堂； 民国时期改为省立第二师范学校； 民国二十三年（1934）改为省立曲阜师范学校。	《民国续修曲阜县志》卷4《政教志》
沂州府	乾隆十八年(1753)	乾隆十八年知府李希贤捐俸倡议士绅捐建； 光绪二十九年（1903）改为沂州中学堂； 民国二年（1913）改为省立第十中学校； 民国三年（1914）改为省立五中学校； 民国十七年（1928）改为省立第五中学； 民国二十三年改为省立临沂中学。	《乾隆沂州府志》卷13《学校志》；《民国续修临沂县志》卷8《教育志》
曹州府	乾隆十四年(1749)	乾隆十四年知府刘愷命菏泽知县唐惟明创建。	《乾隆曹州府志》卷8《学校志》

续表

地名	始建年份	修建规模与经费	备注
济宁直隶州	道光十年（1830）	道光十年知州王镇倡议捐资于渔山书院建造考棚75间，内可坐千人； 光绪三十一年（1905）八月知州王赓廷于渔山书院旧址建第一高等小学校。	《道光济宁直隶州志》卷5《学校志》；《民国济宁直隶州志》卷7《学校志》
登州府	未详	旧名校士馆，遂改察院为试院； 道光十八年（1838）知府英文倡捐增修，有坐号1472号； 咸丰六年（1856）知府汪承镛劝捐重修。	《光绪登州府志》卷10《学校志》
莱州府	康熙四十九年（1810）	康熙四十九年知府陈谦、学政黄叔琳及莱州知州舒士贵等各捐银创建，有桌凳900号； 乾隆五年（1740）学政严有禧、知府张桐重修； 道光二十三年（1843）知府王沄倡捐15 700余金重建； 光绪三十二年（1906）改设莱州中学； 民国元年（1912）改为省立第九中学； 民国二十三年（1934）改为省立掖县初级中学。	《乾隆莱州府志》卷3《学校志》；《道光再续掖县志》卷下《艺文志》；《民国四续掖县志》卷1《公署》
青州府	雍正四年（1726）	明万历四十年（1612）副使高第、知府王家斌改布政分司为云门书院，并相沿为校士所； 雍正四年专为试士场； 康熙八年（1669）知府陶锦尽撤号房，重修； 乾隆、道光年间知府李涛、徐相、胡德琳相继重修。	《咸丰青州府志》卷27《营建考》；《光绪益都县图志》卷14《营建志下》

第四章 清代贡院的时空分布

续表

地名	始建年份	修建规模与经费	备注
胶州直隶州			科举被废后设直隶州,未建造学政试院

上表共列有13座学政试院,其中12座分别对应山东的12个府、直隶州,1座位于非附郭县曲阜县,该试院在《民国续修曲阜县志》中被载为"考院",并说其在旧志中的记载是"学使校士馆"。①

从时间分布情况来看,山东各府、直隶州学政试院的创建时间大多较晚,除济南府、东昌府试院始建于明代之外,其他学政试院大多建于乾隆年间。原因是清代山东各府、直隶州行政区划一直处于调整之中,如泰安、武定、曹州、沂州、济宁州在雍正二年(1724)才被升格为直隶州,雍正十二年(1734)又升格武定、沂州为府,次年升格泰安、曹州为府。乾隆四十一年(1776),恢复济宁州为直隶州,并升格临清州为直隶州。②而建造学政试院的前提,是必须有府或直隶州的建置。

需要指出的是,据《光绪登州府志》卷10《学校志》记载,山东登州府试院的地址是"在书院内"。不过,据该志卷首所刊载的登州府城图,则该府学政试院位于城东宜春门内,是一片独立的长方形建筑群,其名称为"考院"。③

二、华北各省学政试院的时空分布

今天的华北地区主要包括北京、天津、河北、山西和内蒙古等省、直辖市、自治区。在清代,其所对应的实施了乡试的行省则主要是直隶和山

---

① 孙永汉,李经野,孔昭曾:《民国续修曲阜县志》卷4《政教志》,南京:凤凰出版社,2004年,第107页。
② 赵尔巽:《清史稿》卷61《地理志八》,北京:中华书局,1977年,第2045页。
③ (清)周悦让,慕荣榦:《光绪登州府志》,南京:凤凰出版社,2004年,第19、100页。

西两省。

1. 直隶

从清代科举版图的角度来说，清代顺天乡试的应试者范围不仅包括今北京、天津、河北三省市注籍的考生，也包括来自全国各地的国子监考生，还包括满、蒙、汉军八旗的考生。在《钦定科场条例》中，在顺天贡院参加乡试的考生被分为"满"（满蒙）、"合"（汉军）、"夹"（奉天）、"承"（承德）、"旦"（宣化）、"贝"（直隶）、"皿"（国子监，又分南、北、中皿）七种字号，用以区分其籍贯来源，并决定其录取人数。

据光绪《畿辅通志》记载，截至清代光绪二十五年（1899），直隶各府、直隶州的学政署、行署共有18处，其中提督学政署1处，在"京师安定门大街迤东黄土坡"，提督学政行署17处，包括京师、通州2处，保定、承德、永平、河间、天津、正定、顺德、广平、大名、宣化10府各1处，以及遵化、冀、赵、深、定5直隶州各1处。[①] 由于光绪《畿辅通志》没有详细记载以上各府、直隶州试院的具体修建情况，故本文下表所列直隶各府、直隶州学政试院的修建情形，均为逐一查阅各相关府志、直隶州志及相应的附郭县县志，并根据其记载进行叙述。其中，深州直隶州只有同治版《深州风土记》可供查阅，其中未载试院。

表4-10　清代直隶学政试院一览表

地名	始建年份	修建规模与经费	备注
顺天府	未详	京师安定门大街迤东黄土坡	光绪《畿辅通志》卷130《经政略》

---

① （清）李鸿章，黄彭年：光绪《畿辅通志》卷130《经政略》，《续修四库全书》第634册，上海：上海古籍出版社，2002年，第416页。

续表

地名	始建年份	修建规模与经费	备注
顺天府通州	未详	以旧察院改作试院； 康熙十八年（1679）地震圮，二十一年（1682）知州于成龙修； 康熙二十九年（1690）学院李应荐等地方官合力修东西号舍； 康熙三十二年（1693）学院顾藻扩修； 乾隆四十四年（1779）知州高天凤用公帑大修，并捐俸制备桌凳； 道光初年州绅白镕劝募顺天府属京外各官重修； 同治七年（1868）学政贺寿慈倡捐添修； 光绪元年（1875）知州高建勋捐资扩建； 光绪二十九年（1903）设立通州管理小学堂； 民国二十五年（1936）改建河北省立通县女子师范附属小学校校舍。	光绪《通州志》卷2《建置志》；民国《通县志要》卷3《建置志》
顺天府蓟州	明代	明代有考试棚厂77间，天启年间被改为铸钱局； 康熙四十四年（1705）士绅捐资重建，有棚厂35间； 雍正八年（1730）焚毁，乾隆二十八年（1763）改建仓廒。	民国《蓟县志》卷6《建置志》
保定府	康熙三十六年（1697）	康熙三十六年自易州迁至府城； 乾隆四年（1739）保定知府倪象恺用公帑3900有余重修； 道光七年（1827）清苑县知县陆费瑔主持重修，费钱9000有奇； 光绪三十二年（1906）改建为保定府警务总局。	《光绪保定府志》卷35《工政略》；《中华报》1906年第434期

续表

地名	始建年份	修建规模与经费	备注
正定府	明崇祯十年(1637)	崇祯十年改恒阳书院为督学试院； 乾隆十七年（1752）知府富尼汉移建城东南隅。	《光绪正定县志》卷11《学校志》
大名府	明弘治间	明弘治间元城知县张崇捐廉倡修； 雍正辛亥（1731）、乾隆己未（1739）两次修葺，因陋就简； 同治九年（1870）扩建，用钱一万余缗； 光绪末改设初级师范学校； 民国初年改为中学分校； 民国时期再改为第五女子师范学校。	《民国大名县志》卷6《廨署》
顺德府	未详	试院，在府治西北。	《乾隆顺德府志》卷1《建置》
广平府	明万历间	明万历间知府乔因羽以察院旧址改建试院； 同治十年（1871）知府长启，郡人武汝清、李待时重修两文场； 同治十二年（1873）郡人高甲等重修，大堂、魁楼一律完整。	《光绪广平府志》卷22《经政略》
天津府	雍正十一年(1733)	雍正十一年盐院鄂礼捐俸倡建； 嘉庆二十一年（1816）天津府知府张大维督同候选州同陆芬捐资重修； 道光十九年（1839）天津府知府恒春督同邑人王文通、黄士琳捐资重修。	《光绪重修天津府志》卷35《学校志》
河间府	明代	明代为提学副使校士署； 乾隆十八年（1753）郡十一属公修。	《乾隆河间府志》卷5《公署》

第四章 清代贡院的时空分布

续表

地名	始建年份	修建规模与经费	备注
承德府	乾隆四十三年（1778）	乾隆四十三年奉旨建造承德府试院，东西考舍各七楹。	《道光承德府志》卷13《学校志》
朝阳府	无		光绪三十年（1904）升府
赤峰直隶州	无		光绪三十三年升（1907）直隶州
宣化府	明代	明时宣大武举乡试及考试科、岁生童于此。	《乾隆宣化府志》卷9《公署》
口北三厅	无		未设官学
永平府	未详	康熙丁亥（1707）知府张朝琮重修；乾隆间卢见曾修理坐号，甃以砖；光绪元年（1875）知府游智开重修，于号板下植以石。	《光绪永平府志》卷34《公署上》
遵化直隶州	光绪二年（1876）	光绪二年知州何崧泰倡捐改州判署为试院；光绪十二年（1886）知州陈以培倡捐重修；光绪十三年（1887）合州生童倡捐龙门。	《光绪遵化通志》卷17《建置志》
易州直隶州	无		
冀州直隶州	未详	雍正三年（1725）知州俞鸿馨改建，有东西考棚各十一间；民国时改为师范学堂。	《民国冀县志》卷4
赵州直隶州	乾隆元年（1736）	乾隆元年创建，有考棚63间。	《光绪赵州直隶州志》卷3《建置志》

续表

地名	始建年份	修建规模与经费	备注
深州直隶州	未详		光绪《畿辅通志》卷130《经政略》未载
定州直隶州	乾隆三年（1738）	乾隆三年知州王大年创建；道光十四年（1834）知州王仲槐重修；民国年间改设平民教育促进会。	《民国定县志》卷3《政典志》

据上表可知，清代直隶12府、7直隶州和口北三直隶厅，除了朝阳府、赤峰直隶州因建置时间较晚而未及建造学政试院、口北三厅因未设官学而不必建造学政试院之外，其他11府6直隶州中只有易州未建学政试院。从建造时间来看，直隶各府州创建学政试院的年代都比较早，其中如顺天府、通州、顺德府、永平府、冀州的相关方志虽未载明其学政试院的初建时间，但大致可以肯定建造于清初甚至是明代。而其他各府州试院亦均创建于清代前期，仅遵化州试院创建于光绪二年（1876）。

2. 山西

清代山西省的行政区划较为稳定，截至乾隆三十七年（1772），共辖有9府、10直隶州、12直隶厅①，下辖6散州、85县。清代山西为科举中省，光绪十二年（1886）编纂的《钦定科场条例》记载其乡试录取定额为60名。据曾国荃主编、杨笃主纂的光绪《山西通志》，清代山西学政试院共有16处，其中太原府有提督学政署试院，其他提督学院行署试院则分别"在平阳、蒲州、潞安、泽州、汾州、大同、宁武七府，辽、沁、平、忻、代、解、绛、岢岚八州"。②通志并分别根据各府、直隶州的府志、州志，

---

① 按，赵尔巽《清史稿》卷60《地理七山西》的概述部分记载山西领有"府九、直隶州十，厅十二，州六，县八十五"（中华书局1977年版，第2021页），正文部分则记载了12个直隶厅，合计府级行政区划单位共有31个。

② （清）曾国荃、杨笃：光绪《山西通志》卷79《公署略上》，《续修四库全书》第643册，上海：上海古籍出版社，1995年，第286页。

简略介绍了其试院所在方位及建造年份。在转述各志内容时，通志基本照录其原有称谓，分别载为"贡院"（平阳府、蒲州府、潞安府、沁州、平定州、忻州、代州、解州、绛州、岢岚州）、"试院"（汾州府、泽州府、大同府、宁武府）和"考院"（辽州），等。下表各府、直隶州学政试院的相关文献内容，基本都参考了光绪《山西通志》卷79《公署略上》的记载。为免冗长，表格的备注栏中均未列出该文献。

表 4-11　清代山西学政试院一览表

地名	始建年份	修建规模与经费	备注
太原府	未详	康熙十二年（1673）督学道谢公观重修。	道光《阳曲县志》卷3《建置图》
太原府岢岚州	明天启五年（1625）	明天启五年知州朱希龙改建大堂五楹； 雍正十一年（1733）因文场湫隘，庐舍颓圮，七学分别附试于宁武府、太原府试院，岢岚州试院遂废； 乾隆八年（1743）知州阎士绮禀请岢岚州、岚县、兴县三学捐资重建； 嘉庆二十四年（1819）巡抚成格建议恢复旧制，试院复废； 道光八年（1828）巡抚卢坤、学政李煌呈请仍复考棚，保德州、河曲、岢岚州、岚县、兴县五学俱归岁试； 道光十一年（1831）五学绅民捐资重修东西文场各十间； 咸丰七年(1857)知州樊恩煦饬三学绅士捐资重修。	光绪《岢岚州志》卷3《衙署》

续表

地名	始建年份	修建规模与经费	备注
汾州府	明天启二年（1622）	明天启二年汾州府同知柳白卿、通判温毅然、曹祖功、永宁州知州沈复礼、汾阳县知县李作义、平遥县知县杨廷谟、介休县知县孙磬石、孝义县知县阎梦夔共捐俸建； 乾隆六年（1741）候选知州郭建瑄捐银三千七百五十余两重修，更增拓考棚。	《光绪汾阳县志》卷2《官署》
潞安府	明万历十六年（1588）	明万历十六年知县张主敬改建察院为贡院； 雍正年间知府左文言重修； 乾隆六年知府李为栋重修； 道光二十五年（1845）知府多慧重修。	光绪《长治县志》卷3《建置志》
泽州府	明万历三十三年（1605）	明万历三十三年知州贺盛瑞创建东西号舍； 雍正十年（1732）知府许日炽重修。	
辽州直隶州	康熙三十三年（1694）	康熙三十三年知州王景亮创建； 嘉庆二十一年（1816）知州李羲文重修； 道光十二年（1832）知州顾春芳重修； 同治九年（1870）知州祝如濂重修。	光绪《辽州志》卷2《公署》①

① 按，该志成文出版社影印版标注其书名为雍正《辽州志》，并注明为据雍正十一年（1733）石印本影印。不过，书中各卷均有续编，其中卷4《职官志》续编"知州"部分所记载的最后一个辽州知州为"陈栋，江苏江宁人，军功。（光绪）四年任"（第328页）。查卷首有"旧凡例"共6条，末尾署名为"大兴徐三俊谨识"（第27页），紧跟着又有"续修凡例"，共5条，末尾署名为"白下陈栋谨识"（第31页），由此可证该志实为基于雍正十一年徐三俊原修本的续修版。另据卷8《续艺文》刊有若干篇文稿，其中知州陈栋《示为决科事》一文之后第1155—1158页原稿缺失，第1159—1160页则为某篇关于发放宾兴费用的文稿，其时间署为"光绪六年六月初五日"（第1160页），说明该续修版的完成时间最迟应不晚于光绪六年（1880）。再该志最后有一篇《重印辽志后叙》，最后落款时间为"民国十八年四月十六日"，作者署名为"古辽阳刘鹤翔撰并书"。据后叙可知，此部《辽州志》实为雍正原修、光绪续修、民国重印的版本，也就是说，民国年间刘鹤翔等虽然想续编该志，但是均因"兵差络绎，民力不支"而无法实施，最终只能根据光绪年间的原有刻版刷印若干部，以便刊行保存。

续表

地名	始建年份	修建规模与经费	备注
沁州直隶州	明崇祯四年(1631)	明崇祯四年知州张守约创建； 崇祯五年（1632）知州张鳌养续建； 康熙十二年（1673）知州汪宗鲁重修； 康熙三十年（1691）知州刘民瞻扩建； 康熙四十四年（1705）知州张兆麟创建厂棚并后厅； 乾隆四年（1739）知州张秉纶重修； 乾隆三十二年（1767）知州姚学瑛重修； 嘉庆六年（1801）知州刘征泰扩建； 道光二十二年（1842）知州穆克起重修，号舍增至48间。	《乾隆沁州志》卷2《公署》；《光绪沁州复续志》卷1《公署》
平定直隶州	雍正二年（1724）	雍正二年知州李濂以太原同知署改建贡院； 道光二十年（1840）知州文光倡捐阖邑重修。	《光绪平定州志》卷4《建置志》
平阳府	明万历末期	明万历间提学副使王三才、知府黄道亭筹费创建； 康熙三十四年（1695）地震毁，知府王辅重建； 康熙四十六年（1707）知州刘榮捐俸增拓。	《乾隆平阳府志》卷2《公署》
蒲州府	未详	乾隆十八年（1753）知府周景柱用蒲州府署与贡士院互换衙署。	《乾隆蒲州府志》卷4《廨署》

续表

地名	始建年份	修建规模与经费	备注
解州直隶州	明代	明代原建于解州建造平阳府南棚； 嘉靖三十四年（1555）地震后南棚改建于安邑县； 雍正三年（1725）知州许日炽、童绂先后督率绅士捐资重建于解州； 乾隆十年（1745）知州彭洙修葺； 乾隆十三年（1748）知州韩桐建半舫斋； 乾隆三十二年（1767）知州博文扩建； 道光十六年（1836）知州徐丽生重修； 咸丰四年（1854）知州张世烯大修； 光绪末年试院废弃不用； 民国初年试院地基被变卖作官桑园。	《光绪解州志》卷3《公署》；民国《解县志》卷11《营建考》
绛州直隶州	雍正二年（1724）	雍正二年知州万国宣建东西号舍十八楹； 雍正九年（1731）知州顾凯陆添设号舍十四楹； 乾隆元年（1736）知州童绂增建堂号六楹； 乾隆二十八年（1763）知州张成德重修； 同治十二年（1873）知州沈钟重修，砖号尽易木板； 光绪三十二年①（1906）知州朱善元改设中等学堂； 民国元年（1912）独立为新绛中学校，附设第一高等小学校； 民国八年（1919）与稷山、绛县、垣曲合立为绛垣中学校。	民国《新绛县志》卷7《学校志》
隰州直隶州	无		

---

① 民国《新绛县志》卷8《营建志》载为"光绪二十一年"，当误。

续表

地名	始建年份	修建规模与经费	备注
霍州直隶州	无		
大同府	未详	每逢寅申巳亥之年合大同、朔平两郡生童连棚按试，科、岁相接； 道光七年（1827）添建东院房舍； 光绪三十二年（1906）改设中学堂、初级师范学堂。	《道光大同县志》卷5《营建志》；《北洋官报》1907年第1409期
朔平府	无		附考于大同府试院
宁武府	雍正五年（1727）	雍正五年知府郎瀚、同知董泗儒、知县江杨瑄、高人杰与五学生员捐金改建察院为试院。	《咸丰续宁武府志》卷3《官署》
忻州直隶州	道光十三年（1833）	道光十三年知州李培谦倡捐4万余缗，其中用钱1.4万缗创建试院。	《光绪忻州志》卷10《公廨》
代州直隶州	未详	康熙二十二年（1683）雁平道张道祥捐资约2000金重建； 乾隆四十九年（1784）知州吴重光重修； 同治六年（1867）知州昌禄重修。	《光绪代州志》卷4《建置志》
保德直隶州	无		

续表

地名	始建年份	修建规模与经费	备注
归化城等12直隶厅	无		

清代山西学政试院建成的时间一般都比较早，除了个别地方如忻州直隶州的试院建成于道光年间外，其他试院大多建成于清代前期，其中有 6 座试院直接自明代试院延续而来。不过，由于山西处于清代科举版图的北部边地，文风向来较弱，赴考人数较少，因此有些府、直隶州也便始终没有建造学政试院，一直附试于其他府、直隶州。

三、华中各省学政试院的时空分布

华中地区主要包括河南、湖北、湖南三省。除了河南与江苏、安徽、河北相邻的部分州县在清末以来的省际归属有所变化，今日华中三省的地域范围总体上与清代时期大致相同。

1. 河南

清代河南承续明代河南布政使司的区划范围，改为河南省。雍正、乾隆年间，河南省府州县的行政区划升降稍显频繁。据《清史稿》卷 62《地理九》记载，自清初至宣统初年，河南省共领有 9 府、5 直隶州、1 直隶厅，下辖 5 散州、96 县。其中，郑州只在雍正二年（1724）至雍正十二年（1734）及光绪末年升为直隶州，淅川则是宣统元年（1909）才升格为直隶厅，故实际上河南在清代科举制度阶段只有 9 府、4 直隶州需要建造学政试院。

需要指出的是，与《（光绪）重修安徽通志》、光绪《江西通志》等不同，清代雍正、乾隆两版《河南通志》及此后光绪、民国重刻版《河南通志》在记叙各府州县贡院时均付诸阙如。如国家图书馆所藏光绪二十八年（1902）刻版的《河南通志》（国图著录其作者为"田文镜"），虽然在卷 42《学校志》中附载了乡试贡院，但关于各府州县建造学政试院、县试考棚的情况，则仅在卷 40《公署志》中用"在旧大道宫东，国朝提督学道张九徵改建开封府治东"① 短短 22 个字提到了河南提督学政署。因此，本文只能以《中国方志丛书》《中国地方志集成》影印出版的河南各府州县地方志为基础，辅以中国国家图书馆数字方志库中的河南地方志，尽量还原清代河南各级贡院的原貌。

表 4-12　清代河南学政试院一览表

地名	始建年份	修建规模与经费	备注
开封府	明代	明末河水没，移驻河北辉县，后移鄢陵； 康熙元年（1662）提学道张九徵捐俸改建府治东南。	同治《开封府志》卷10《公署》②
开封府鄢陵县	明代末年	明代末年黄河大水，开封被淹，乃移提学道署于鄢陵； 清代初年仍以鄢陵为学政试院； 康熙年间迁回开封。	民国《鄢陵县志》卷6《建置志》
归德府	无		光绪《归德府志》卷10《公署》未载

---

① （清）田文镜，等：光绪《河南通志》，清光绪壬寅（1902）刻本，卷 40《公署》，第 1 页。按，该志扉页记录其版本年代为"光绪壬寅"，但首页所刻第一篇序文则是同治八年（1869）河南布政使秦尧曦所作，次篇序文为道光六年（1826）河南布政使杨国桢所作，两篇序文均介绍了其刊印通志的目的均是为了补全雍正雕版的原貌，并未增补雍正以后的史事内容。民国版《续河南通志》同样没有增补有关学政试院、县试考棚等贡院的内容。

② 按，同治二年版《开封府志》所载河南贡院、提督学道署的时间下限与雍正《河南通志》基本相同。

续表

地名	始建年份	修建规模与经费	备注
陈州府	明代	明代旧察院为学使者公廨，创建不知所自，碑志皆失记载； 乾隆十年（1745）陈州知府崔应阶以捐俸和罚款修理； 嘉庆年间知县焦以润重修； 道光年间知县刘广澍重修； 同治十一年（1872）知府蒋珣、知县潘钟瀚大修之，坐号皆用石条，左右各二十二行，共房四百一十楹； 宣统元年（1909）知府陶福同改建为陈州初级学堂； 民国后改为省立第二师范。	乾隆《陈州府志》卷5《建置志》；民国《淮阳县志》卷2《建置志》
许州直隶州	未详	察院旧在州治东，逼仄不能容多士； 道光十六年（1836）知州萧元吉扩建，东西文场64间，共可容2000余人考试； 光绪三十四年（1908）知州润芳设立师范传习所； 民国后为客军驻扎。	道光《许州志》卷2《建置志》；民国《许昌县志》卷2《建置志》
郑州直隶州	雍正二年（1724）	雍正二年升直隶州，知州高文恺率阖州士绅捐资公建，称为贡院； 雍正十三年（1735）降散州，五处生童仍留郑州试院； 乾隆四年（1739）水灾倒塌，知州张铖捐廉重建。	民国《郑县志》卷3《建置志》

续表

地名	始建年份	修建规模与经费	备注
河南府	未详	即旧察院署改建为学政试士之所； 雍正六年（1728）知府张汉、洛阳县知县王箴舆修； 乾隆八年（1743）洛阳县知县龚崧林重修； 乾隆四十一年（1776）知府施诚、洛阳县知县何如钟修复，增建号房各二十间，易席棚作瓦房。	同治《河南府志》卷6《建置志二》
陕州直隶州	雍正十一年（1733）	雍正十一年生童捐资建署，题请学政按试； 同治二年（1863）知州周仁寿大修； 光绪九年（1883）知州赵希曾修葺； 清末县绅张坤建议改为陕州中学堂； 民国初年改为省立第九中学校，后又改为陕县初级中学校。	民国《陕县志》卷4《建置志》
汝州直隶州	未详		道光《汝州全志》只剩下残本
彰德府	未详	学院校士馆在县治西南，即北察院署改建。	嘉庆《安阳县志》卷8《建置志》
卫辉府	康熙五十七年（1718）	明试院在辉县百泉书院； 康熙五十七年知府吴柯详移旧河北道署，捐修文场坐号。	乾隆《卫辉府志》卷10《建置志》
怀庆府	明弘治十七年（1504）	明弘治十七年知府徐以贞建； 康熙五十五年（1716）知府方愿瑛捐置器物； 乾隆二十五年（1760）知府沈荣昌率属捐修； 乾隆二十六年（1761）水灾，知府沈荣昌率属公捐重修。	道光《河内县志》卷16《营建志》

续表

地名	始建年份	修建规模与经费	备注
南阳府	未详	同治十二年（1873）知府任恺重建。	光绪《南阳县志》卷3《建置志》
汝宁府	明万历三十九年（1611）	万历三十九年知府林应翔命汝阳县知县赵谦倡令两州十二县士绅捐建创修校士馆，费七百金，可容千人； 清中叶后在察院试士，瓦房连绵数十间； 清末改为学堂； 民国年间改为河南省立第六中学。	民国《汝南县志》卷9《教育考上》
光州直隶州	雍正三年（1725）	雍正三年知州张球及合属官绅捐资创建校士馆； 道光三年（1823）知州栗毓美募捐重修，改名为试院； 光绪四年（1878）知州姚国庆添修号舍，合计坐号1920号。	光绪《光州志》卷1《建置志》
淅川直隶厅	无		淅川于道光十二年（1832）设散厅,宣统元年（1909）升直隶厅

以上共列清代河南省各府、直隶州试院12座，其中开封府学政试院有2座，1座在省城附郭县祥符县，1座在郑州。郑州在雍正二年（1724）升格为直隶州后，立马着手捐资公建了学政试院，称为贡院。10年后郑州再次降为开封府的散州，但是郑州贡院作为学政试院则被保留下来，并于乾隆七年（1742）后成为郑州、荥泽、荥阳、河阴、汜水、禹州、密县、新

郑等 8 个州县的院试考场。① 其余本应建造学政试院的 2 个府州，汝州直隶州因道光版《汝州全志》仅有残本，故暂时还无法断定其是否建有试院，归德府则在光绪版府志中未见相关记载。总体来看，清代河南省 12 座学政试院的建成时间都比较早，一般都出现在明代以及清代初年，而在雍正年间升格为直隶州的郑州、陕州、光州也都很快就建造了学政试院。

2. 湖北

清代初年，湖北、湖南二省均属湖广等处承宣布政使司管辖，康熙三年（1664）才分设湖北、湖南两个布政使司，其中湖北领有武昌、汉阳、黄州、安陆、德安、荆州、襄阳、郧阳等 8 府。此后，雍正十三年（1735）升夷陵州为宜昌府，同时以恩施县为附郭县设施南府。乾隆五十六年（1791）升荆门州为直隶州。至光绪三十年（1904）升鹤峰州为直隶厅后，湖北布政使司共辖有 10 府、1 直隶州和 1 直隶厅，下辖 1 散厅、6 散州、60 县。② 民国《湖北通志》卷 58《学校志四》载有各府州试院，其所载内容虽然简略，但其时间下限则涵盖了清代湖北学政试院的整体历史，故下表主要以通志记载为基础制成，同时亦辅以各府志、直隶州志及附郭县志的记载。表中未将民国通志列为参考文献，以示简略。

表 4-13　清代湖北学政试院一览表

地名	始建年份	修建规模与经费	备注
武昌府	明代	明时建于旧学院魁星阁前； 顺治十七年（1660）学使周启岐建振德堂，设考棚于平湖门旧署内； 康熙十七年（1678）学使蒋永修迁建； 康熙四十一年（1702）改设于学院门外，增置鼓棚、牙旗；	同治《江夏县志》卷 2《疆土志·廨宇》

---

① 刘瑞璘：民国《郑县志》卷 3《建置志》，台北：成文出版社，1968 年，第 158—159 页。

② 按，赵尔巽：《清史稿》卷 67《地理十四》载湖北共有"府十，直隶州一，直隶厅一，县六十"（中华书局版，第 2170 页），当误。据书中各府所辖具体州县的名称，统计出清代湖北县级行政区划单位应该是 1 散厅、6 散州、60 县。

续表

地名	始建年份	修建规模与经费	备注
		康熙四十四年（1705）学使段宏誉以武昌、汉阳两府优免银大设考棚桌凳； 嘉庆三年（1798）通城胡懋盛、胡大鹏修； 咸丰十一年（1861）学政贾瑚修； 同治八年（1869）学政张之洞、武昌府知府黄昌辅修； 光绪九年（1883）学政高钊中修。	
汉阳府	雍正三年（1725）	雍正三年知县阎炳建，绅士汉阳徐谔修； 嘉庆二年（1797）汉阳朱瀚修； 道光十八年（1838）知府杨炳堃重建； 道光二十五年（1845）知府夏廷桢重建； 咸丰二年（1852）兵燹圮，七年（1857）知府刘齐衔、知县吴瑛建。	《同治续辑汉阳县志》卷6《公署》
黄州府	明万历间	明万历间知府潘允哲建造北察院，明末毁； 康熙四十八年（1709）知县黄极、五十八年（1719）知县钟苇扩建号舍； 乾隆二十三年（1758）知府钱銎扩建号舍，倍于旧； 嘉庆八年（1803）邑人王宗华捐金三万有奇，拓基重建； 道光十九年（1839）知府德山、知县刘鸿庚出俸银修院墙； 咸丰三年（1853）兵毁，九年（1859）知府周炳鉴、知县陈汝蕃重建； 咸丰十一年（1861）复毁，同治二年（1863）知府黄益杰、知县薛元启修； 光绪元年（1875）知县恒琛修； 光绪三年（1877）知府英启、知县恒琛劝捐重葺； 光绪八年（1882）知府英启、知县戴昌言劝修头门、仪门、内外雨棚。	光绪《黄州府志》卷9《学校志》

续表

地名	始建年份	修建规模与经费	备注
安陆府	明崇祯三年①（1630）	明崇祯三年知县叶应甲建； 顺治二年（1645）重葺； 康熙五十三年（1714）知府张陛修； 乾隆三十三年（1768）知府伟璂修； 道光七年（1827）钟祥县知县移建城北； 咸丰六年（1856）贼毁，八年（1858）重建； 同治三年（1864）知府同勋率钟祥县知县孙福海重修，增号舍八百有奇。	《同治钟祥县志》卷2《建置志》
德安府	未详	嘉庆十五年（1810）知府李世治重修； 咸丰四年（1854）贼毁，七年（1857）知府周炳鉴重建； 咸丰十一年（1861）贼复毁，十二年②知府吉尔哈春续修之； 光绪五年（1879）知府陈汝蕃倡捐扩修，增东西坐号； 光绪八年（1882）知府赓音布增置龙门外雨棚，西辕门外左右两廊。	光绪《德安府志》卷4《建置志上》
荆州府	未详	旧在防城内龙山书院东； 康熙二十三年（1684）移建府治南，有坐号二千有奇； 乾隆十六年（1751）知府刘士铭、知县何师轼与知府叶仰高、知县王铭琮相继改建，增考棚至100余间；	光绪《荆州府志》卷21《学校志》

① 《同治钟祥县志》卷2《建置志》记载试院于明代为察院，嘉靖中改为大监守备署，"国朝顺治三年易作试院，为督学岁科考试行署"。（江苏古籍出版社2001年，第35页）

② 原文如此。"十二年"应为"同治元年"之误。

续表

地名	始建年份	修建规模与经费	备注
		乾隆五十三年（1788）水圮，嘉庆七年（1802）知府张方理修； 道光中两次水淹复圮，光绪二年（1876）知县柳正笏修。	
襄阳府	康熙六十年（1721）	清初以巡按御史废署为试院； 康熙六十年守道赵宏恩改建试院于红花园街西南巡道署； 嘉庆二十年（1815）郡人襄阳监试赵宏印捐修号凳； 道光四年（1824）襄阳诸生胡谦益捐资改筑； 道光十五年（1835）胡谨中、赵鹏万等重修； 道光十八年（1838）杨正伦、枣阳黄载福于辕门外建雨舍，为应试者避雨之所；南漳刘天成等捐钱百缗发典生息以备岁修。	《光绪襄阳府志》卷13《学校志》
郧阳府	乾隆二十年（1755）	康熙四十九年（1710）知府郭维桢尝设书院于此，后为学使行署； 乾隆二十年修东西文场，堂额仍旧曰"保釐"； 道光七年（1827）房县文童袁捐修坐号； 道光二十九年（1849）知府胡允林、知县陈子饬暨郧县邑士卜作栋等修堂舍坐号； 同治七年（1868）知府金达、知县余思训增修房舍以栖宾从，以肃关防。	《同治郧阳志》卷2《建置志》
宜昌府	乾隆二年（1737）	乾隆二年知府李元英、知县何广廷创建； 光绪末年借为高等小学堂宿舍； 光绪三十三年（1907）改以前墨池书院为高等小学堂宿舍，而以原设墨池书院之中学堂、师范学堂迁于试院。	《同治宜昌府志》卷4《建置志上》；《北洋官报》1908年第1833册

续表

地名	始建年份	修建规模与经费	备注
施南府	乾隆四十一年①（1776）	乾隆四十一年知府张映宿建，后百有余年未有重修； 光绪九年（1883）知府李谦燧恩施知县刘鉴督修，共用钱1930余串。	光绪《施南府志续编》卷4《学校志》
荆门直隶州	乾隆五十七年（1792）	南宋绍兴中，在荆门军治南，知州洪适创建； 知州叶蓁移建于军治西北； 乾隆五十七年知州史湛倡捐，费5000余两，称为贡院； 嘉庆二年（1797）知州张琴修； 咸丰六年（1856）七年（1857）知州黄昌辅修； 同治元年（1862）知州牟嗣龙补建号舍，坐号480位，号凳48条。	《同治荆门直隶州志》卷3《政典志》
鹤峰直隶厅	无		光绪三十年（1904）设直隶厅，科举随之被废

清代湖北 12 个府级行政区划单位中，除鹤峰直隶厅因光绪三十年才由隶属于宜昌府的散州升格为直隶厅，因而未及创建试院外，其余 10 府、1 直隶州都建造了试院。其中确定建造于明代的有 3 座，确定建于康雍乾时期的有 5 座，建造时间不详的有 2 座，而荆门直隶州学政试院则可以追溯到南宋绍兴年间所建的荆门军贡院。

3. 湖南

康熙三年（1664）分湖广行省为湖北、湖南两省时，湖南布政使司共辖有长沙、常德、衡州、永州、宝庆、辰州、岳州 7 府，郴州、靖州 2 直

---

① 按，民国《湖北通志》卷 58《学校志四》记载施南府试院创建于乾隆三十六年（1771）（台北华文书局版，第 1371 页），而光绪《施南府志续编》卷 4《学校志》则记载乾隆三十六年施南府详请按县设学，四十一年捐建考棚，四十六年学使按临。（台北成文出版社版，第 239 页）

隶州和永顺、保靖州2军民宣慰使司共11个府级行政区划单位。雍正七年（1729）置永顺府，乾隆元年（1736）升辰州府之沅州为府。雍正七年、十年（1732）分别升岳州府之澧州、衡州府之桂阳州为直隶州。嘉庆二年（1797）升辰州府之乾州、凤凰、永绥为直隶厅。嘉庆二十二年（1817）设晃州直隶厅。光绪十八年（1892）设南州直隶厅。截至清末，湖南省共辖有9府、4直隶州、5直隶厅，下辖3散州、64县。光绪《湖南通志》卷43《建置志三》中的"公署"门载有各府、直隶州的督学试院，各直隶厅均未刊载。下表以光绪版通志为基础，辅以各府志、直隶州志及各附郭县志制成。备注栏中未将光绪版通志列为参考文献，以示简略。

表 4-14 清代湖南学政试院一览表

地名	始建年份	修建规模与经费	备注
长沙府	明代	明代设湖南提学道； 顺治十八年（1661）改为湖广提学道； 康熙四十二年（1703）改为学院； 康熙四十七年（1708）知府崔岱齐以旧府署改建； 嘉庆十二年（1807）学政狄梦松重修。	《同治长沙县志》卷7《公署》
宝庆府	康熙五十年（1711）	康熙五十年邵阳知县李架倡捐，以明江川王故宫建为试院，东西号舍各三棚，棚四十列，每列号桌号凳12副； 乾隆二十二年（1757）知府郑之侨令邵阳知县陈景仁改建号桌为号板，一板为十人座，每棚一间，为号桌十，增建一棚，共可坐3200人； 乾隆四十年（1775）邵阳知县方世仁及县人周思咸、唐可隽修葺； 嘉庆二十年（1815）邵阳廪生欧阳汪度、周在丰等倡捐增建二棚，设大堂号桌，增建雨亭； 道光二十三年（1843）署知府裘鸣琨、邵阳知县胡廷槐派捐修葺。	《道光宝庆府志》卷93《礼书七》

续表

地名	始建年份	修建规模与经费	备注
岳州府	康熙三十六年（1697）	康熙三十六年知府张信以北分司行署改建； 康熙四十八年（1709）巴陵知县王国英重修； 乾隆九年（1744）知府黄凝道增修； 乾隆五十二年（1787）平江县吴嗣龙父子捐资重修； 嘉庆二十四年（1819）邑人李大元、余昌鼎捐建坐棚； 道光初年巴陵县人重修号舍，改用石凳； 咸丰四年（1854）毁于贼，五年（1855）捐资复修； 同治九年（1870）广东盐运使郡人钟谦钧重修，移建考棚。	《光绪巴陵县志》卷9《建置志》
常德府	康熙年间	清初在龙阳搭场； 康熙时知府胡向华以行司署改建考棚； 后知县劳启铣改旧县署为考棚，桌椅取办临时； 嘉庆二十年（1815）知府应先烈倡捐建，东西号舍各三层共计72间，号桌284条，费2万余金。	《同治武陵县志》卷10《建置志》
澧州直隶州	康熙五十四年（1715）	康熙五十四年湖广学政薄有德准澧州六学生员捐资创建； 乾隆四十九年（1784）州牧范元琳率绅士捐资重修； 道光七年（1827）知州谢希闵率绅士扩建，并增建雨棚； 同治元年（1862）水灾后知州吴荣率绅士修复。	《同治直隶澧州志》卷2《舆地志》
南州直隶厅	无		

续表

地名	始建年份	修建规模与经费	备注
衡州府	乾隆二十四年（1759）	乾隆二十四年知府饶佺修建。	《乾隆衡州府志》卷9《公署志》
永州府	乾隆三十年（1765）	乾隆三十年零陵知县陈三恪率八县士绅捐建；后知县黄九叙倡捐重修；道光九年（1829）知县王景章率邑绅唐时昇等捐资扩建；咸丰己未（1859）邑绅赵肇光等捐资修复。	《光绪零陵县志》卷2《建置志》
桂阳直隶州	雍正十二年①（1734）	雍正十二年知州张明叙创建，张明叙以科派被诬议罪，督修首事王伊士下狱；乾隆四十八年（1783）知州沈名惔重修；道光中知州陈同治重修，可容3000人。	《同治桂阳直隶州志》卷6《工志》
郴州直隶州	康熙二十二年（1683）	康熙二十二年知州陈仓襄以布政分司旧署改建；康熙五十一年（1712）知州范廷谋率五邑捐修；乾隆五十九年（1794）知州刘尔芊率五邑捐建考棚外官厅，作五县公馆及考试生童避雨栖止之用；嘉庆元年（1796）知州卫际可于头门外建造坐棚。	《嘉庆郴州总志》卷9《公署》
辰州府	雍正十二年	清初改巡道署为督学行署，每试士列坐于学宫棂星门外；雍正十二年知府李珣捐俸倡建试院，列坐次1500有余；乾隆二十九年（1764）知府席绍葆倡捐扩建；嘉庆十六年（1811）沅陵知县王作梅捐俸倡修，拓建为三棚，坐号计132块，费2000余金；道光三十年（1850）知府钟音鸿、沅陵知县张景垣倡捐重修，扩建为四棚，坐案144块，费银1.4万余两。	《同治沅陵县志》卷9《公署》

① 光绪《湖南通志》卷43《建置志三》载雍正十年（1732）建。

续表

地名	始建年份	修建规模与经费	备注
沅州府	乾隆元年（1736）	乾隆元年州升为府，知府朱琰①以前明偏沅巡抚旧署改建； 乾隆四十二年（1777）署芷江县知县叶梦麟扩建。	《同治沅州府志》卷11《公署》
永顺府	乾隆三年（1738）	乾隆三年永顺知县徐正思领帑创建； 道光十二年（1832）知府诸嘉杏、知县施岑源修葺； 道光二十九年（1849）知府梁云滋、知县裕麟修葺； 咸丰七年（1857）知府黄文琛、知县孙翘泽重修； 同治元年（1862）知府彭庆钟捐设雨棚； 同治十二年（1873）大水倾圮，知府魏式曾捐廉倡修，增广号舍； 光绪末年考试停止，此署废； 民国间基址废为菜圃、稻田，租稞归中校管理。	《同治永顺府志》卷5《学校志》；《民国永顺县志》卷21《学校志二》
靖州直隶州	未详	旧在州东门内； 嘉庆二十四年（1819）火灾，四邑士绅同修； 同治十二年州绅修葺。	《光绪靖州直隶州志》卷2《建置志》
乾州直隶厅	无	厅无考棚，院试附辰州府。	《光绪乾州厅志》卷4《学校志》
凤凰直隶厅	嘉庆十二年（1807）	嘉庆十二年道台傅鼎、同知姚兴洁率厅士捐资公建，有号桌号凳各30张。	《道光凤凰厅志》卷6《学校志》

① 光绪《湖南通志》作"炎"。

续表

地名	始建年份	修建规模与经费	备注
永绥直隶厅	未详	清末改为官立初等小学堂。	《宣统永绥厅志》卷10《学校志中》
晃州直隶厅	无		《道光晃州厅志》未载

上表共列有清代湖南省15座学政试院，其中南州、乾州、晃州三个直隶厅均未发现建有试院。从时间分布来看，清代湖南省学政试院均创建较晚，只有1座试院创建于明代，其余试院则多建造于康熙（5座）、雍正（2座）、乾隆（4座）时期，另嘉庆年间建有1座，其他2座试院的建成时间不详。

四、华南各省学政试院的时空分布

华南，即今天的华南地区，主要包括广东、海南二省和广西壮族自治区以及香港、澳门两个特别行政区。在清代主要包括广东、广西两省。海南省在清代为广东省琼州府，故本文将其学政试院列入广东省。

1. 广东

清代初年，广东由明代的广东布政使司改为广东省，此后省内府、州、县行政区划略有调整、升降。据《清史稿》卷72《地理十九》，截至清代末年，清代广东共领有19个府级行政区划单位，包括9府、7直隶州、3直隶厅，下辖4散州、1散厅、79县。清代广东为科举中省。乾隆九年（1744）核定全国各省乡试定额时，广东省的乡试录取定额被确定为72名，另有商籍中额1名。

道光《广东通志》卷129—136《建置略·廨署》记载了广东省乡试贡院和学政试院的建置情况，下表即是以之为基础制成，同时据各府志、州志和附郭县志加以补充。需要指出的是，在道光版通志编纂出版之时，阳江厅、赤溪厅、钦州、崖州都还没有升格为直隶厅、州，因此通志里也就没有记载其学政试院。为示简略，表中未将道光《广东通志》列入备注栏。

表 4-15 清代广东学政试院一览表

地名	始建年份	修建规模与经费	备注
广州府	明嘉靖二年(1523)	明嘉靖二年提学副使魏校迁濂溪祠于粤秀山下，改为提学道署； 清初迁建于番禺之育贤坊； 康熙四十九年（1710）督学张明先迁回九曜坊； 乾隆六年（1741）、二十八年（1763）、三十四年（1769）俱准部覆，动项修葺； 嘉庆七年（1802）学政姚文田拓修； 道光十四年（1834）学政王植修葺，钱仪吉为记； 同治十年（1871）学政何廷谦任内巡抚李福泰筹款重修； 光绪二十年（1894）学政徐琪修治； 光绪三十二年（1906）改为提学使署，将东西文场号位拆除，设学务公所，改东文场为法政学堂。	光绪《广州府志》卷65《建置略二》；《宣统番禺县志》卷4《建置志》
肇庆府	雍正七年(1729)	雍正七年添设肇高学政，驻劄肇庆； 乾隆十六年（1751）裁肇高学政，遂以其署全为试院； 嘉庆七年易试案以石； 道光十七年（1837）重修，增拓 500 余位； 光绪三十一年（1905）科举废，此院遂废； 宣统间屡为军队驻劄，一日颓圮，旋将东西文场毁拆，试院遂废。	《宣统高要县志》卷6《营建志》

续表

地名	始建年份	修建规模与经费	备注
罗定直隶州	雍正十一年（1733）	雍正十一年知州熊士望、郑德璋先后率州绅捐建，费钱3000余贯； 乾隆四十一年（1776）知州张昌拓建坐号，建甬道以避雨阳； 道光四年（1824）知州何玉池率众拓建号舍。	《民国罗定志》卷2《学校志》
佛冈直隶厅	无	未设学校。	《道光佛冈县直隶军民厅志》未载
赤溪直隶厅	光绪十二年（1886）	光绪十二年同知喻增伟建于城西文昌宫中殿两廊。	《民国赤溪县志》卷3《建置志》
韶州府	未详	旧有试院，以兵燹频仍，仅存焦土，久为营厩； 康熙二十二年（1683）知府唐宗尧倡捐，共有房屋84间； 乾隆三十四年（1769）重修； 嘉庆二十三年（1818）重修； 咸丰十一年（1861）知府史朴改建魁星楼于仪门。	《同治韶州府志》卷15《建置志》
南雄直隶州	康熙四十二年（1703）	康熙四十二年改察院公署为试院，免赴韶州试院应试，称为考棚； 嘉庆十八年（1813）学正黄其勤倡修，添造东西两棚，坐号桌凳易以厚板石脚。	《道光直隶南雄州志》卷11《建置志》
连州直隶州	雍正十一年（1733）	雍正十一年知州陶德焘建； 道光七年（1827）知州汪忠增、徐香祖、顾远承等率绅民重修增广号舍。	《同治连州志》卷3《公署》
连山直隶厅	无		

续表

地名	始建年份	修建规模与经费	备注
惠州府	乾隆四年（1739）	乾隆四年知府张士琏始建于小西门内； 乾隆四十年（1775）归善县人林必贵捐地拓建； 道光十九年（1839）知府杨希铨暨绅士聂廷襄等倡捐重修，坐号增至2565号。	《光绪惠州府志》卷7《建置志》
潮州府	未详	明成化间建巡按行署，后改为试院； 康熙三十年（1691）知府李钟麟、知县金一凤重修； 道光二十九年（1849）知府刘浔率绅士邱步琼、朱以鉴、刘于山、唐际虞劝捐集资逾万，将旧试院拆去，购民居重行拓建，创川堂、大堂、后堂、东西官厅。左右号舍分四庑，桌板易以石，建奎阁于左侧。	《光绪海阳县志》卷18《建置志二》
嘉应直隶州	雍正十二年（1734）	雍正十二年拆旧守御所衙署鼎建，列座位2400号； 嘉庆十九年（1814）一州四县各绅士具呈捐修，增建号舍，易木案以石； 咸丰己未（1859）、同治乙丑（1865）两次发匪焚毁，同治五年（1866）知州杨有成、同治九年（1870）知州周士俊先后劝捐修葺，坐号增至3755号； 光绪九年（1883）知州陈善圻劝捐重修； 光绪十五年（1889）知州金桂馨、十八年（1892）知州吴宗焯拓建，增座位449号。	光绪《嘉应州志》卷10《廨署》
高州府	乾隆十年（1745）	乾隆十年知府刘重选修； 道光四年（1824）于三堂西边增建一座； 同治间展拓西廊两所。	《光绪高州府志》卷9《建置志》

续表

地名	始建年份	修建规模与经费	备注
雷州府	康熙十四年（1675）	康熙十四年裁分守道，以其署改建为试院；嘉庆二十二年（1817），知县谢邦基倡捐大修，增建文场一所，号舍一切改拓一新，坚固壮丽。	《嘉庆雷州府志》卷4《建置志》
阳江直隶州	同治九年（1870）	同治九年邑绅莫鸿猷等督修试院，应试者从五六百人增至二千余人；光绪三十三年（1907）改建为官立两等小学堂，将旧有考费拨为学费。	《民国阳江县志》卷8《建置志》
廉州府	康熙三十三年（1694）	康熙三十三年知府董绍业改海北道署为试院；乾隆十四年（1749）合浦知县吕崇素捐修；嘉庆七年（1802）知府常格率阖郡绅士捐增号舍9楹，统计新旧号舍25楹，坐号1510号；道光十年（1830）合浦知县翁忠瀚等重修。	道光《廉州府志》卷7《建置志》
钦州直隶州	无		《道光钦州志》未载
琼州府	雍正十年（1732）	雍正十年知府宗思圣率绅士捐建试院于府署之左；乾隆十六年（1751）定制岁科并行；乾隆三十五年（1770）改建为府学宫，即以学宫旧址改建为试院；道光六年（1826）阖郡绅士醵金改建东西文场坐号。	光绪《琼州府志》卷6《建置志》
崖州直隶州	无		《民国崖州志》未载

上表共列有清代广东15座学政试院，在清代广东19个府级行政区划单位中的占比为78.9%。从时间分布来看，除潮州、韶州2府试院虽始建年份不详但基本可以确定不晚于康熙早期之外，其余13座学政试院有1座

沿自明代，3座始建于康熙年间，5座始建于雍正年间，2座始建于乾隆年间，同治、光绪年间各有1座。

2. 广西

清初循明之旧，改广西承宣布政使司为广西省，领有桂林、柳州、庆远、思恩、平乐、梧州、浔州、南宁、太平9府，此后历有增置、调整，截至清末，共为11府、2直隶州、2直隶厅，下辖15散州、8散厅、49县、24土州、4土县、13土司。

清代广西为科举小省。在乾隆九年（1744）核定全国各省乡试录取定额时，广西被确定为45名。① 清人谢启昆、胡虔修纂的嘉庆版《广西通志》卷129－132《建置略·廨署》记载了各府、直隶州学政试院的情况。兹根据该志的记载，并辅以各府志、州志及附郭县县志，制成下表。为示简略，备注栏中未将嘉庆通志列为参考文献。

表4-16　清代广西学政试院一览表

地名	始建年份	修建规模与经费	备注
桂林府	康熙二十一年（1682）	康熙二十一年督学王如辰建；嘉庆四年（1799）学政钱楷重建号舍，有号舍18间，每间可容60人，试以千人为率。	嘉庆《临桂县志》卷12《廨署》
柳州府	嘉庆四年	嘉庆四年修。	光绪《马平县志》卷3《廨署》
庆远府	乾隆三十七年（1772）	乾隆三十七年以庆阳书院改建试院，生童不必再赴柳州府参加岁科试。	民国《思恩县志》第5编《文化》

---

① （清）礼部：《钦定科场条例》卷20《乡会试中额·各省乡试定额》，沈云龙：《近代中国史料丛刊三编》第48辑，台北：文海出版社，1989年，第1419页。

续表

地名	始建年份	修建规模与经费	备注
思恩府	未详	以右江道行署改建，位于宾州； 乾隆六年（1741）宾州知州宋允升筹款重建； 道光八年（1828）思恩知府李彦章捐资扩建号舍至2400余号； 咸丰八年（1858）毁于寇，同治四年（1865）知府熊寿山偕邑绅陆生兰等筹款重建； 光绪末年改建为思恩府中学堂； 民国间改为宾上迁中学； 民国十五年（1926）改为广西省立第十二中学。	（清）李彦章《榕园文钞》卷1《倡率辟建宾州试院书示武缘县士民》；《广西古建筑志》，广西美术出版社，2010年
百色直隶厅	光绪四年（1878）	光绪四年同知杨廷玙合泗城府知府陈善均劝捐集资，提款创建，东西号舍各五。	光绪《百色厅志》卷4《建置志》
泗城府	无	生童赴镇安府奉议州试院。	
平乐府	未详	在北街凤凰山麓平乐县旧署。	
梧州府	康熙四十六年（1707）	康熙四十六年建； 乾隆二十三年（1758）同知李文在建考棚； 乾隆三十四年（1769）知县牟钤倡捐重建东班房。	同治《梧州府志》卷5《建置志》
郁林直隶州	雍正五年（1727）	雍正五年知州韩世俊倡建于巡道署旧址； 乾隆四十六年（1781）知州董良重修，建东西试场各十三楹； 道光二十八年（1848）知州叶绍棠重修； 同治四年（1865）知州叶葆元重修，增建东西试场各十二楹。	光绪《郁林州志》卷5《建置志》

第四章　清代贡院的时空分布

续表

地名	始建年份	修建规模与经费	备注
浔州府	未详	在西门外,以分巡左江道旧署改; 嘉庆四年(1799)学政钱楷、桂平县知县余清标重修。	
南宁府	乾隆六年①(1741)	清初假萧文端公宅第为岁科两考考场; 乾隆六年知府苏士俊改建萧氏宅第为试院,置石案、石凳; 道光八年(1828)左江道呈麟、署府景琨、知县王济暨绅士重修,增设坐号,添建东西文场一座; 民国初改为财政厅,每年政府仍纳租于萧氏。	民国《邕宁县志》卷21《学校志》
太平府	乾隆二十二年(1757)	乾隆二十二年知府查礼建。	
上思直隶厅	未载		
镇安府	道光二十五年(1845)	道光十四年(1834)知府恒梧创议请建于奉议州,二十五年竣工,为泗城、镇安两府试院,故名泗镇试院; 咸丰年间毁于兵,同治七年(1868)绅民重建于镇安府城; 同治十三年(1874)知府赵沃、觉罗英锐,知县何昭然、梁瑞堂率同绅民增建,详请学院按临考试。	光绪《镇安府志》卷13《廨署》
归顺直隶州	未载		

上表共列有 12 座清代广西省学政试院,占清代广西 15 个府级行政区

---

① 嘉庆《广西通志》载为乾隆七年(1742),当为其建成之年份。

划单位的80%。从时间分布角度来看,清代广西省学政试院的建成时间普遍较晚,其中如百色直隶厅试院始建于光绪年间,而镇安府、泗城府原本长期借用南宁府试院考试,直至道光二十五年才在镇安府奉议州建造了试院,泗城府生童均赴该试院考试。

五、西北各省学政试院的时空分布

今日中国西北地区主要包括陕西、甘肃、青海三省和宁夏回族自治区、新疆维吾尔自治区。在清代科举制度的版图内,则主要有陕西、甘肃两省。

1. 陕西

清代初年,陕西设省,置巡抚、总督。康熙二年(1663)分置甘肃省,乾隆二十四年(1759)陕西总督正式称为陕甘总督。雍正、乾隆年间,陕西商州等先后历经升格为直隶州、府,或再次降格为散州。截至清末,陕西省共辖有7府、5直隶州,下辖5散州、7散厅和73县。

清代大部分时间里,陕西、甘肃两省乡试都是同闱取中。乾隆九年(1744)调整全国各省乡试定额时,陕西从原先的67名减少为61名,此外甘肃"聿"字号取中2名、宁夏府士子另编"丁"字号取中2名、榆林府等7处另编为"木"字号取中1名。[①] 乾隆十三年(1748)、三十六年(1771)、三十八年(1773),鉴于榆林、凉州、宁夏等府乡试应试人数逐渐增多,朝廷准其隔科照定额录取,其他科分归入全省凭文取中。嘉庆二十三年(1818)将镇西府[雍正九年(1731)设同知,属甘肃省,乾隆三十八年升府,咸丰五年(1855)降为厅,光绪十二年(1886)属新疆省]、迪化直隶州(乾隆三十八年升直隶州,属甘肃省,光绪十二年升府,改属新疆省)附入陕甘乡试取中,另编"聿"字号取中1名,合计62名。光绪元年(1875)在经历了因同治八年(1869)至同治十二年(1873)补开陕甘乡试而进行的乡试录取名额分配计算的复杂演练之后,陕甘总督左宗棠

---

① (清)礼部:《钦定科场条例》卷20《乡会试中额·各省乡试定额》,沈云龙:《近代中国史料丛刊三编》第48辑,台北:文海出版社,1989年,第1418—1419页。

奏请陕甘分闱，建议两省在原有62名乡试定额的基础上，按照陕西41名、甘肃21名的分配比例，加上两省分别捐输获得的广额人数，最终确定陕西省乡试定额50名，甘肃乡试定额30名。①

关于清代陕西省学政试院，记载最为集中的历史文献本应是《陕西通志》。不过，杨虎城、邵力子修纂的民国《续修陕西通志稿》对清代学政试院语焉不详，因而最能全面反映清代陕西学政试院建造情形的便只有雍正年间刘于义、沈青崖修纂的《陕西通志》。本文下表所列清代陕西省各府、直隶州学政试院，即是以雍正版通志为基础制成的，同时附之以各府、直隶州和附郭县等地方志的记载制成。与前文各省一样，下表备注栏中亦未将雍正《陕西通志》列为参考文献，以示简略。

表 4-17　清代陕西学政试院一览表

地名	始建年份	修建规模与经费	备注
西安府	明万历四十三年（1615）	明万历乙卯创建督学署于三原县； 康熙四十二年（1703）知县李瀛详请捐俸公修； 康熙四十六年（1707）以西安城关中书院为督学使署； 康熙六十一年（1722）总督年羹尧题请陕西学政移驻三原县； 乾隆十九年（1754）知县金世綍详请动项重修，号舍易以木桌木凳； 乾隆二十年（1755）知县蔡维劝详请动帑重修学政公署； 同治甲子（1864）西号舍圮，知县余庚阳补修。	光绪《三原县新志》卷2《建置志》

① （清）礼部：《钦定科场条例》卷20《乡会试中额・各省乡试定额》，沈云龙：《近代中国史料丛刊三编》第48辑，台北：文海出版社，1989年，第1458—1463页。

续表

地名	始建年份	修建规模与经费	备注
同州府	乾隆元年（1736）	乾隆元年同州升府，建府棚，华州试院遂告闲置； 同治九年（1870）候选郎中李景福独力捐建同州府学，其祖某任游击，曾独力捐修同州考院； 光绪三十一年（1905）提学使余堃周饬知府瑞清改建为实业学堂，经费由十县摊捐； 宣统三年（1911）停办后，改设省立第二师范。	光绪《同州府续志》卷14《文征续录上》；民国《大荔县志稿》卷7《学校志》
同州府华州	明代崇祯年间	崇祯中知州史文楷建造学政行署； 康熙中知州冯昌奕改建，为华、商二州生童岁科试考场； 乾隆元年同州府棚建成后，改为秀峰书院。	《乾隆再续华州志》卷1《建置志》
同州府蒲城县	明代万历年间	明万历时，蒲城县署之西建造考棚，华州各县均于此应院试，明末渭河以南各县合试于华州，同州府五县合试于蒲城，康熙初年延续旧制，后40余年改于同州府。	光绪《蒲城县新志》卷4《学校志》
凤翔府	未详	在儒林巷文庙东； 雍正九年（1731）知府任晟捐俸重修； 乾隆三十九年（1774）知府达灵阿、凤翔知县罗鳌倡捐八属重修，有号舍30间。	《乾隆凤翔府志》卷2《建置志》
汉中府	未详	陕西学政岁科连试汉中府，以茅为棚，墙粪土无完堵； 乾隆后期南郑县知县郭嵩捐廉重修试院，改茅棚为瓦房； 宣统三年（1911）改为中等实业学堂； 民国间，考棚改为高等审检分厅署。	《民国续修南郑县志》卷3《政治志》

续表

地名	始建年份	修建规模与经费	备注
兴安府	明万历年间	旧试院在新城按察分司,守道李天麟建; 康熙五年(1666)知州王章割学宫东偏地附于察院为考棚; 康熙三十二年(1693)圮于水,雍正九年(1731)经知州丁克成、鲍遐龄先后重建。	《乾隆兴安府志》卷4《建置志》
延安府	未详	在北门内街西。	《嘉庆延安府志》未载
榆林府	未详①	旧学署考棚在绥德州; 雍正九年设府,合县绅士捐建学政行署; 乾隆三十八年(1773)知府舒其绅、榆林知县黄照、神木知县方万年、府谷知县郑居中、葭州知州郑仔、怀远知县胡绍祖公修。	《道光榆林府志》卷7《建置志》
乾州直隶州	明代	明代改建察院为考院; 万历四十三年(1615)知州夏思曾增建,左右号舍各五楹; 崇祯五年(1632)知州杨殿元修葺; 康熙六十一年(1722)知州黄炜重修,并重修号舍; 乾隆间知州顾声雷易之以木,沿用至光绪间; 民国十七年(1928)就考院旧址创建考院巷女子小学; 民国三十年(1941)更名在城镇中心学校考院分校。	《光绪乾州志稿》卷5《土地志》;《民国乾县新志》卷6《教育志》

① 雍正《陕西通志》卷15《公署》未载榆林府学政试院。

续表

地名	始建年份	修建规模与经费	备注
商州直隶州	明万历四十三年（1615）	明万历乙卯以北察院为督学行署，遇试设棚厂，试已撤去； 顺治十年（1653）知州刘正率五县诸生捐资重建； 顺治十四年（1657）知州王思治相继鼎建，规模大备，后移试华州； 雍正四年（1726）从华州还试本州，同知杨宗泽倡捐重建； 乾隆二十二年（1757）知州杨文思扩建东西瓦棚共八间。	《乾隆直隶商州志》卷4《建置志》；《乾隆续商州志》卷2《建置志》
邠州直隶州	未详	称为考院。	《民国邠州新志稿》卷6《建置志》
鄜州直隶州	雍正四年①（1726）	雍正四年知州孔毓铨详请建造考棚，三县公修； 道光元年（1821）大水毁，二年（1822）知州硕庆、杨名飏先后修理，东西号房36间，座位易以板凳； 道光九年（1829）知州吴鸣捷捐廉增修，于号檐撑支席扇六尺，边纫白布二尺，以障风日。	《道光鄜州志》卷2《建置部》
绥德直隶州	明代	雍正九年（1731）湖南布政使张璨重建试院； 雍正十一年（1733）陕甘学政王兰生增修试院； 乾隆四十五年（1780）知州臧荣青重修，东西考棚各九间，共六十四甬，每甬十五号，共九百六十号； 道光二十一年（1841）知州江士松增修，号舍柳椽易以松，柴栈易以砖，坐与案易以石。	《光绪绥德直隶州志》卷4《建置志》

---

① 雍正《陕西通志》卷15《公署》载为雍正三年，即1725年。

陕西省学政试院的地理分布相对其他省份较为普遍，全省12个府级行政区划单位全部建成了试院。从时间分布来看，尽管有部分学政试院的始建年份目前尚未确定，但大都可以肯定是始建于清代初年，甚至是延续自明代。

2. 甘肃

清代初年，甘肃设巡抚，先驻宁夏，再驻兰州。至康熙三年（1664）正式设甘肃行省。截至清代末年，甘肃省共辖有8府、6直隶州、1直隶厅，下辖6州、8厅、47县，共计61个州厅县。

如前所述，甘肃虽然在清代大部分时间里都与陕西分属两省，但甘肃士子同样是在清代绝大部分时间里与陕西士子同场较艺、同闱竞争。直到同治年间，左宗棠奏请补行因捻军等农民起义而延期的乡试，因陕、甘两省战争状况不同，为公平起见，决定从录取名额中分出若干名数，留给可能会在更晚科年赴试的甘肃士子。这一事件，引起了两省官员对陕甘合闱时期两省分别录取人数的关注，从而为光绪元年（1875）两省正式分闱后的乡试录取定额分配问题提供了参考。在清代最后的科举年份里，甘肃省的乡试录取定额被确定为40名，其中30名为通省乡试定额，10名为咸同年间的捐输广额。

有关清代甘肃省学政试院，记载最为集中的文献本应该是清末或民国版通志。不过，国家图书馆数字方志库只有一种残本民国《甘肃通志》，而雍正六年（1728）成书的《甘肃通志》则仅记载了建于明代弘治三年（1490）的"武乡试贡院"，它"在兰州城内东，旧行都司署改建"，[①] 但是却完全没有涉及提督学政行署或试院。因此，本文主要通过查阅《中国方志丛书》和《中国地方志集成》两种方志丛书，并辅之以国图数字方志库的相关县志，找寻有关清代甘肃各府、直隶州的学政试院。

[①] （清）许容，李迪：乾隆《甘肃通志》卷8《建置志》，《景印文渊阁四库全书》第557册，台北：商务印书馆，1983年，第283页。

表 4-18　清代甘肃学政试院一览表

地名	始建年份	修建规模与经费	备注
兰州府	未详	在府城东，按试府、县士子于此。逢武乡试以为贡院。	道光《兰州府志》卷3《建置志》
平凉府	未详	在城内北街； 民国二年（1913）改建陇东中学堂； 民国三十三年（1944）为甘肃省立平凉中学校。	《民国平凉县志》卷2《建置志》
巩昌府	未详	明成化六年（1470）建布政分司，后改为县署； 乾隆间为崇文书院，督学校士于此。	《乾隆陇西县志》卷3《建置志》
庆阳府	乾隆二十五年（1760）	乾隆二十五年知府赵本植修葺学政行署，并建号舍，东西二十间，盖以砖瓦，置桌凳八百有奇。	《乾隆新修庆阳府志》卷18《学校志》
宁夏府	未详	考院，在猪市街西北； 同治二年（1863）城陷焚毁，十年（1871）假银川书院为试院； 光绪末停止考试，知府赵维熙改为府中学堂； 民国间改为省立第八师范学校，附设第五中学校。	《乾隆宁夏府志》卷5《建置志》；民国《朔方道志》卷10《学校志》
西宁府	无		《民国西宁府续志》未载
凉州府	未详	康熙五十八年（1719）火灾，仅存房二十余间； 乾隆四年（1739）重建，东西号房各六间，悉砌土为桌。	《乾隆武威县志》卷2《建置志》

续表

地名	始建年份	修建规模与经费	备注
甘州府	未详	旧贡院在城东北隅故巡抚都御史台；乾隆三十四年（1769）张掖知县王廷赞改建于城东南甘山道署。	乾隆《甘州府志》卷5《建置志》
泾州直隶州	同治九年（1870）	旧附平凉府考试；同治九年知州邵杜改建行台基址建造考院。	《宣统泾州采访新志》之《学校志》
固原直隶州	无		《宣统新修固原直隶州志》未载
阶州直隶州	雍正八年（1730）	雍正八年知州葛时政创修考院，规模极其宏敞；同治九年知州洪惟善重修；光绪五年（1879）地震后知州文治补修。	《光绪阶州直隶州续志》卷6《建置志》
秦州直隶州	未详	明初为布政分司署，后改为巡按察院，巡按革，乃改为试院，有东西号房各十二楹；道光四年（1824）学使张岳崧捐廉倡修。	《光绪秦州直隶州新志》卷2《地域志》
肃州直隶州	无		《光绪肃州新志》未载
安西直隶州	无		《光绪安西采访底本》未载
化平川直隶厅	无		

甘肃学政试院的地域分布比例相对较低，这应该是与其地处科举边地、文风相对较弱有关。

六、西南各省学政试院的时空分布

西南即西南地区，主要包括重庆、四川、贵州、云南、西藏五个省、自治区和直辖市。在清代的科举制度版图内，主要包括四川、云南、贵州三个行省。

1. 四川

清顺治二年（1645）设四川省及四川巡抚，顺治十四年（1657）又设四川总督。至乾隆十四年（1749）裁四川巡抚，以四川总督专管四川省事务。截至清代末年，四川省共有 15 府、9 直隶州、3 直隶厅，下辖 11 散州、11 散厅、118 县，以及 29 个土司，是全国各省中拥有最多县级行政区划单位的省份。清代四川为科举中省，乾隆九年（1744）调整全国各省乡试录取名额时，四川省乡试定额由 66 名减少为 60 名。

由于没有某种版本的四川省通志能够集中提供有关清代四川省学政试院的基本史料，本文只能通过逐一查询《中国方志丛书》《中国地方志集成》等影印出版的各种清代地方志，来了解清代四川省学政试院的发展情形。

表 4-19　清代四川学政试院一览表

地名	始建年份	修建规模与经费	备注
成都府	雍正年间	雍正年间改旧巡按御史署为学院署； 同治三年（1864）知府杨重雅筹款新创于贡院东偏，有堂号 240 号、大号 4608 号，称为府试院； 民国时学院废，因以其地建工业学校。	《同治重修成都县志》卷 4《学校志》；《民国华阳县志》卷 29《古迹三》
重庆府	明代	旧在县城隍庙右； 康熙五十四年（1715）知县谭懋学详请改总督署为试院，改旧试院为同知署； 道光间邑绅捐资改修； 咸丰初年廪生刘士伟募修雨棚； 清末停止考试，改试院为川东师范学校； 民国间为第三模范市场。	《民国巴县志》卷 2《建置志上》

续表

地名	始建年份	修建规模与经费	备注
保宁府	未详	嘉庆二十二年（1817）川北道黎学锦捐廉率属重修，坐号悉易以石脚。	《道光保宁府志》卷11《舆地志》
顺庆府	康熙六年（1667）	康熙六年建修； 乾隆四十二年（1777）知府承勋重修； 民国间先后为道尹署、驻军司令部。	《民国新修南充县志》卷5《舆地志》
叙州府	雍正七年（1729）	雍正七年以通判署改建； 嘉庆间知府俞恒润、张瑞溥，知县刘元熙倡率士民捐资重建。	《光绪叙州府志》卷9《公署志》
夔州府	康熙四十四年（1705）	康熙四十四年设棚于达州，继而设于万县； 康熙四十七年（1708）改设于梁山县； 雍正十三年（1735）知府崔邑俊详请建造试院于府城； 嘉庆十六年（1811）知府邓燧扩建东文场五间； 道光三年（1823）署知府徐双桂、知府恩成倡捐2195两重修； 咸丰初年万县职员贺兰川捐银1000余两扩建。	《道光夔州府志》卷5《公署》；《光绪奉节县志》卷6《公署》
龙安府	未详		《道光龙安府志》未载
宁远府	未详	初附雅州府试院，后自建试院； 前学院何绍基署有"海镜堂"三大字匾额，悬于堂上； 民国初年，为县议会议场； 后迭为驻军司令部。	《民国西昌县志》卷7《教育志》

续表

地名	始建年份	修建规模与经费	备注
雅州府	乾隆年间	雅州府士子初赴邛州应试，乾隆间巡道李公借分巡上南道公署为考棚； 嘉庆元年（1796）、十六年（1811）巡道徐长发、郑成基先后补修； 光绪二十年（1894）安成增修崇雅文舍为课士所； 民国改设上南观察使，后复为分巡上南道公署。	《乾隆雅州府志》卷3《衙署》；《民国雅安县志》卷2《衙署》
嘉定府	未详	嘉庆十年（1805）知府宋鸣琦以原址嚣隘，就前上川南道署改建； 光绪末改作中学校； 民国间改建为公园。	《民国乐山县志》卷4《建置志》
潼川府	明代	本州治向有考棚，明末毁于兵； 康熙四十五年（1706）潼川知州张应诏复建； 乾隆五十二年（1787）潼川知府张松孙重修； 嘉庆十三年（1808）三台县知县沈昭兴重修； 道光十五年（1835）三台县人罗锦山捐资重修。	《光绪新修潼川府志》卷14《试院》
绥定府	雍正八年（1730）	雍正八年建为州文童考试地； 嘉庆十六年（1811）太平厅并三县公捐重修，左右厢房各二考棚，左右木案木凳约200余，每一案凳容生童十四人； 道光九年（1829）补修； 同光之际文童应试者多，于西偏辟地添置新号； 光绪初知县廖葆恒筹款于考棚内外建置雨棚； 光绪三十三年（1907）于试院设劝学所，并开办模范小学； 民国间改为征收局，并割后东号舍为烟酒公卖监察所。	《民国达县志》卷1《建置门》

续表

地名	始建年份	修建规模与经费	备注
康定府	无	光绪三十四年（1908）升为府。	升府时已废科举
巴安府	无	光绪三十四年升为府。	升府时已废科举
登科府	无	宣统元年（1909）升为府。	升府时已废科举
邛州直隶州	明万历间	明万历间知州牛大纬改建鹤山书院为试院，后兵燹尽毁；康熙三十四年（1695）知州戚延裔重修，左右棚厂各五间；乾隆四十二年（1777）知州叶体仁重修；嘉庆十三年（1808）知州吴巩重建，左右棚厂各八间，箭厅三间。	《嘉庆邛州直隶州志》卷8《公署》
绵州直隶州	道光二十年（1840）	初附考于成都府试院；道光二十年知州陈耀庚倡捐建造试院；光绪三十一年（1905）州绅吴朝聘、邓昶改建为联立中学校，拆除东西号舍及号板；民国间屯殖司令部暂驻其内。	《同治绵州直隶州志》①卷15《公署》；《民国绵阳县志》卷2《建置志》
资州直隶州	道光三年（1823）	最初附考于成都府试院；道光三年知州靳章绅就行台左右创修东西文场，计坐号1800有奇；道光十五年（1835）扩建，添坐号672号；咸丰九年（1859）为防城毁号过半，同治二年（1863）知州黄济补修；民国间并入资州联合县立师范学校。	《光绪资州直隶州志》卷4《舆地志》；《民国资中县续修资州志》卷2《建置志》

① 该志题目，巴蜀书社影印出版时题作"同治直隶绵州志"，而据查该志各页中缝，均写作"绵州志"，其卷首第一篇序文则作"重修绵州直隶州志序"。此据序文改。

续表

地名	始建年份	修建规模与经费	备注
茂州直隶州	无	附考于成都府试院。	梁章钜《楹联丛话》
忠州直隶州	乾隆八年（1743）	乾隆八年知州刘乃大建修； 嘉庆年间知州张星炜重修； 道光六年（1826）知州吴有箎重修。	《同治忠州直隶州志》卷2《建置志》
酉阳直隶州	道光二年（1822）	初附重庆府试院考试，乾隆十年（1745）准其岁科并考； 道光二年自建试院，东西文场20间，石脚号桌160张，木号桌120张，木号凳280条。	《同治增修酉阳直隶州总志》卷5《学校志》
眉州直隶州	嘉庆十一年（1806）	嘉庆十一年知州梁敦怀倡捐建造。	《嘉庆续眉州志略》《公署志》
泸州直隶州	康熙九年（1670）	康熙九年知州杨奇烈建试院，不久再次附设叙州府； 雍正十一年（1733）知州王世睿重建； 乾隆三十六年（1771）知州夏诏新、三十八年（1773）署知州仲沛信相继扩建； 道光二十七年（1847）知州黄鲁溪拓建。	《光绪直隶泸州志》[①] 卷3《公署》
永宁直隶州	无	附考于泸州试院。	

---

① 该志题名，巴蜀书社影印出版时题作"光绪泸州直隶州志"，而据查该志各页中缝，均作"光绪直隶泸州志"。此据书中中缝订正。

续表

地名	始建年份	修建规模与经费	备注
松潘直隶厅	无	附考于成都府试院。	
石砫直隶厅	道光二十年（1840）	原本附考于忠州试院；道光二十年同知王槐龄设法规划基址创建考院。	《道光补辑石砫厅新志》
理番直隶厅	无	附考于成都府试院。	

据梁章钜《楹联三话》，道光年间四川全省24个府级行政区划单位中（清末时期四川共有27个府级行政区划单位，梁章钜生活的年代康定、巴安、登科尚未升府），有17个府、直隶州建造了学政试院，另有7个直隶州、直隶厅均附考于他府、州的学政试院，分别为："松潘、理番两厅、资、绵、茂三州附成都考棚，叙永厅附泸州考棚，石砫厅附忠州考棚。"①不过，据查四川各府志、直隶州志，则《楹联三话》中所云附成都考棚的资州直隶州、绵州直隶州和石砫直隶厅均于道光年间自建了试院，故至迟在道光年间四川全省应该有20座学政试院。上表"永宁直隶州"即《楹联三话》中的"叙永厅"，它本为散厅，乾隆元年（1736）升为直隶厅，光绪三十四年（1908）改名为"永宁直隶州"。②

2. 云南

清代初年置承宣布政使司为云南省，设云南巡抚及云贵总督。截至清代末年，云南省共有14府、4直隶州、5直隶厅，下辖26散州、12散厅、

---

① （清）梁章钜，梁恭辰编著，白化文，李鼎霞点校：《楹联丛话全编》，北京：北京出版社，1996年，第242页。
② 赵尔巽：《清史稿》卷69《地理十六》，北京：中华书局，1977年，第2207—2208页。

41县以及1土府、3土州和18土司。清代云南为科举小省,乾隆九年(1744)其乡试录取定额从59名减少为54名。

清代云南省虽然是边远省份,但在省志编纂方面却毫不逊色于其他各省。中国国家图书馆数字方志库共收录了5部不同版本的《云南通志》,其编纂年份和主修者分别是乾隆元年(1736)鄂尔泰、道光十五年(1835)阮元、光绪二十年(1894)岑毓英、光绪二十七年(1901)王文韶和民国三十八年(1949)龙云。相比较而言,光绪二十年版岑毓英主持修纂的《云南通志》对云南各类贡院的记载更为全面,也更便于查询。这是因为,一方面,该版通志将贡院、督学考场和县考棚均归入"建置志"的"官署"门中,在排版格式上则均以府名、县名为小标题,每个官署均独占一个段落,查询时便可一目了然地快速找到所需要的信息。另一方面,该版通志在叙事方面较之其他版本更为详细,如在叙及曲靖府学政试院时,该版通志除了记载了道光三十年(1850)知府邓尔恒重修学政试院之事,而且还记载了同治十年(1871)补用道岑毓祥筹款兴修试院的内容。① 而相比之下,光绪二十七年版通志则只记载了道光三十年邓尔恒重修试院之事,没有提及同治十年的试院重修。② 民国三十八年版通志虽然在排版形式上恢复了光绪二十年版通志的每个官署独占一段的体例,并对个别叙事进行了细微的调整,但总体内容则和后者完全相同,并没有补充记载这些官署在光绪二十年之后尤其是民国时期的发展变化情况。因此,下表所呈现的清代云南学政试院概貌,主要是参考了光绪二十年版《云南通志》制成,并附以对《中国方志丛书》和《中国地方志集成》等地方志的查阅结果。

---

① (清)岑毓英:光绪《云南通志》,清光绪二十年(1894)刻本,卷39《建置志三》,第1页。
② (清)王文韶:光绪《云南通志》,清光绪二十七年(1901)刻本,卷27《地理志》,第1页。

表 4-20　清代云南学政试院一览表

地名	始建年份	修建规模与经费	备注
云南府	未详	原设道署，在按察司东南，后移城外土桥； 康熙五十一年（1712）移建于南门内； 康熙五十五年（1716）移建于北门内世恩坊右； 同治八年（1869）重修； 光绪二年（1876）知县王履亨请款续修； 光绪六年（1880）知县鸣秦请款续修； 光绪三十二年（1906）开办昆明市立第四小学校，民国十年（1921）附设蒙养园，民国十二年（1923）改蒙养园为昆明市立第二幼稚园。	光绪《云南通志》卷37《建置志三》
武定直隶州	无		《光绪武定直隶州志》未载
大理府	未详	原在打线街，久废，临考暂借县署； 雍正十二年（1734）迁建于太和县西北旧钱局； 咸丰六年（1856）杜倪踞城残毁，同治二年（1863）巡抚岑毓英戡平战乱后重建。	
丽江府	无		《乾隆丽江府志》《民国丽江县志书》未载
楚雄府	未详	在府署东巡道旧署； 康熙二十二年（1683）知府牛奂重修； 咸丰十年（1860）贼踞城拆毁，同治十年（1871）郡绅李维述集资修葺。	

续表

地名	始建年份	修建规模与经费	备注
永昌府	康熙三十五年（1696）	康熙三十五年知县程奕修于旧兵备道署； 乾隆四十九年（1784）署知县瑭琎重修； 同治十三年（1874）知府朱百梅补修。	
顺宁府	无		《光绪续顺宁府志稿》未载
永北直隶厅	无		《乾隆永北府志》《光绪永北直隶厅志》未载
蒙化直隶厅	无		《光绪蒙化县乡土志》未载
景东直隶厅	雍正十二年（1734）	雍正十二年同知徐树闳详请改建旧开南书院为督学考场。	
曲靖府	未详	在城隍庙街旧府署； 道光三十年（1850）知府邓尔恒重修； 同治十年（1871）补用道岑毓祥筹款兴修。	
东川府	光绪八年（1882）	光绪八年官绅筹款将旧日新书院改建为督学考场。	
昭通府	光绪八年	光绪八年知府杨凌率绅士等由五属公捐建造； 清末停废科举，奉令于试院设立官立高等学堂； 民国元年（1912），与县署书院之官立高等学堂合并，称为公立两等小学校； 民国二年（1913）创办省立第二师范学校于试院内。	民国《昭通县志》第9《教育》

第四章 清代贡院的时空分布

续表

地名	始建年份	修建规模与经费	备注
镇雄直隶州	无		《光绪镇雄州志》未载
澂江府	未详	在城内东北巡道旧署； 道光三年（1823）知县吴绳重修； 咸同间贼踞城拆毁，同治十一年（1872）署知府胡毓璠由四属捐款重建； 光绪五年（1879）知县王世德增修； 光绪八年（1882）知县马恩荣增修； 光绪九年（1883）学政丁立幹捐廉补修。	
广西直隶州	康熙四十四年（1705）	康熙四十四年撤旧学署捐资改建； 咸丰二年（1852）知州吴维鼎倡捐修葺； 同治十年（1871）开化镇总兵邑人张保和捐资重修。	
临安府	未详	在建水州旧署； 乾隆五十七年（1792）知府张玉树重修； 同治三年（1864）移建于黉宫右侧。	
广南府	道光二十三年（1843）	道光二十三年，知府玉绶、知县沈炳并绅士捐修； 同治十二年（1873）知府靳登瀛补修； 光绪三年（1877）绅士捐资增修； 光绪八年知府刘春霖添设东西舍并桌凳。	
开化府	道光二十六年（1846）	道光二十六年知府刘禧祖建于府署内； 同治十二年知府陈廷珍重建。	
镇沅直隶厅			
镇边直隶厅			

续表

地名	始建年份	修建规模与经费	备注
元江直隶州	无		《民国元江县志稿》未载
普洱府	道光二十六年（1846）	道光二十六年知县达洪阿捐建；同治三年（1864）毁，光绪九年（1883）知府孙逢源劝捐重修。	

上表共列出了 14 座清代云南省学政试院，占清代云南全部 23 个府级行政区划的 60.87%。其中康熙年间所建 2 座，雍正年间 1 座，道光年间 3 座，光绪年间 2 座，另有 5 座始建年份不详。

3. 贵州

清初沿明制，改贵州布政使司为贵州省，并于顺治十六年（1659）设贵州巡抚，受云贵总督辖制。清代贵州各府、直隶州的升格、降级情况较为频繁。截至清代末年，贵州全省共有 12 府、1 直隶州、3 直隶厅，[①] 下辖 13 散州、11 散厅和 34 县，以及 53 土司。清代贵州为科举小省，乾隆九年（1744）后其乡试录取定额被减少到 40 名。民国三十七年（1948）版《贵州通志》根据各府、直隶州志的记载，较为详细地刊载了清代贵州学政试院的兴废情况，并附载了各试院的相关记文。下表以民国通志为基础，辅以各府州县志制成。

[①] 赵尔巽：《清史稿》卷 75《地理志二十二》载为"直隶厅三"（中华书局 1977 年版，第 2352 页），不过其具体列出的直隶厅则只有松桃直隶厅。其所遗漏的 2 个直隶厅为仁怀、普安。另外，清代贵州在较长的历史时期内还曾有另外 2 个直隶厅，即赤水厅和盘州厅，前者乾隆四十一年（1776）升直隶厅，光绪三十四年（1908）降为散厅，隶属遵义府（同上版本，第 2363 页），后者嘉庆十四年（1809）升直隶州，十六年（1811）改直隶厅，光绪三十四年（1908）降散厅，隶属兴义府（同上版本，第 2368 页）。据查相关方志，二厅均未创建学政试院。

表 4-21 清代贵州学政试院一览表

地名	始建年份	修建规模与经费	备注
贵阳府	明弘治十八年（1505）	明弘治十八年提学副使毛科建提学道署； 顺治十七年（1660）佥事赵紊建； 康熙二十五年（1686）佥事袁时中、毕忠言先后主持迁建于粮驿道旧址； 雍正六年（1728）迁建，龙门以内东文场14间，坐号430，西文场14间，坐号345。大堂之东新堂设堂号三间，坐号90，又东文场15间，坐号720，合计坐号1585号； 乾隆三十七年（1772）学使孙毅扩建； 乾隆五十八年（1793）学使洪亮吉扩建； 道光二十一年（1841）重修； 光绪三十三年（1907）改为提学使司署； 宣统三年（1911）提学使陈石麟于署内建西式楼房三楹。	《道光贵阳府志》卷35《宫室图记第五》
安顺府	嘉庆九年（1804）	嘉庆九年以游击署为督学行署； 道光二十六年（1846）知府朱德玑捐廉购买屋基，添修坐号； 道光二十九年（1849）知府常恩捐廉倡捐，扩建号舍。	《咸丰安顺府志》卷18《公署志》
都匀府	未详	有清中叶始建试院，岁科连试； 咸丰八年（1858）毁于乱，知府吴德容先后设行署于荔波、独山及平舟司举行府县考试； 同治四年（1865）学政黎培敬试于独山州试院； 光绪元年（1875）知府罗应旒修复。	《民国都匀县志稿》卷9《官署》

续表

地名	始建年份	修建规模与经费	备注
镇远府	未详	在府城内。	《乾隆镇远府志》卷11《公署志》
思南府	未详	督学旧署被改作行台； 光绪二十四年（1898）新建于城东； 光绪三十一年（1905）停试后，厅堂号舍尽行圮毁，仅存斋房十余间。	《道光思南府志》卷5《学校门》
思州府	无		
铜仁府	道光十九年（1839）	道光十九年知府周作楫倡建，所募万余金，未二十年而遭兵燹，院宇荡然无存； 咸丰八年（1858）代理知府周夔倡捐重修。	
遵义府	康熙四十四年（1705）	康熙四十四年知府王元弼改分司署为学院行署； 嘉庆二十一年（1816）知府赵遵律拓建，东西文场能容千七八百人； 光绪三十三年（1907）改设遵义协镇署。	道光《遵义府志》卷24《学校志》； 《民国续遵义府志》卷3《公署》
石阡府	无		
黎平府	雍正十年（1732）	雍正十年知府滕文炯倡建，东西号房各九间，新号房七； 嘉庆五年（1800）知府富坤、知县崔本倡捐重修； 道光七年（1827）知府刘绍瑄、知县刘嗣矩倡捐重修。	《光绪黎平府志》卷4《学校志上》

续表

地名	始建年份	修建规模与经费	备注
大定府	康熙七年（1668）	康熙七年知府宁云鹏创建大定府贡院； 康熙四十三年（1704）以府属暂应考棚，学政张豫章题为"考棚"； 乾隆四十四年（1779）以旧文庙为考棚； 道光十三年（1833）知府王绪昆重修； 道光二十二年（1842）知府姚柬之重修，左右各十五棚，左右坐号各四百五十号。大堂之右坐号七十七，其左坐号四十八。	《道光大定府志》卷21《治地志三》
兴义府	雍正九年①（1731）	雍正九年巡抚张广泗、知府黄世文创建于府署右侧，后两次移建； 道光二十一年（1841）知府张锳移建于城内经历署右侧，共费银30 800余两。	《咸丰兴义府志》卷20《学校志》
普安直隶厅②	道光十五年（1835）	道光十五年绅民捐建； 同治七年（1868）兴义府陷于贼，学政乃调五属生童于普安厅考试，同知吴宗兰与绅民筹款重建号舍20余间； 光绪六年（1880）同知俞渭复增修号舍六区，号桌120张，号凳140条，号板40块。	光绪《普安直隶厅志》卷7《营建志》
仁怀直隶厅	光绪十五年（1889）	光绪己丑仁怀厅同知陈沄倡捐九千九百余缗，改建邑绅归公故宅为考棚，东西号舍各七楹。	《光绪增修仁怀厅志》卷7《艺文志》

---

① 按，《民国贵州通志》《建置志》未载兴义府试院。

② 赵尔巽：《清史稿》卷75《地理二十二贵州》总论部分载嘉庆十四年（1809）、十六年（1811）先后升普安为直隶州、直隶厅，不过正文部分却将普安列于兴义府条下（中华书局1977年版，第2351—2352页，2367页）。又总论部分说贵州有12府、3直隶厅、1直隶州，但正文部分则仅列有12府、1直隶厅、1直隶州。据查，除误以普安直隶厅系于兴义府条下外，还误将仁怀直隶厅系于遵义府条下。

续表

地名	始建年份	修建规模与经费	备注
松桃直隶厅	无		
平越直隶州	未详	乡宦樊师孔捐住宅为试院；咸丰中寇毁，光绪十二年（1886）知州杨兆麟重修。	《光绪平越州志》卷10《建置志》

《民国贵州通志》共记载了8座学政试院，其他各府州厅则全部从缺。不过，据光绪十二年贵州学政杨文莹所撰《平越重建试院记》，则当时贵州全省共有13处学政试院："黔之试院，上下游凡十有三，最峨敞者铜仁，朴坚则兴义，自余以次降，而莫陋于思南。"① 另外，从其他地方志的记载来看，《民国贵州通志》未记载试院的一些府州厅，其实是建有试院的。如贵州兴义府，通志未载试院。不过据《道光兴义府志》，则该府在雍正九年（1731）便建有试院。原本位于府署右侧，后来先被迁于东门外，再被迁于城东北。道光二十一年（1841）知府张锳认为其过于低矮简陋，于是将其改建为先农坛，而在城内经历署右侧重新建造了一座新试院，合计费银 30 800 余两，建成房屋 209 间。兴义府试院不仅供本府生童院试之用，而且升格为直隶州、直隶厅的普安的生童也依然在兴义府试院考试。②

作为边疆省份，贵州文教的发展较内地省份具有一定的差距，读书应试者数量较少，导致国家给予各府州县官学的录取名额相对较少，从而反过来又限制了当地士子求学应试的积极性。为了减少考试成本，清代初年贵州多地被附试于周边州府的督学试院，如南笼府生童在雍正年间之前便是附试于安顺府。有些州府如遵义府生童甚至被调到四川省重庆府试院考

---

① （清）杨文莹：《平越重建试院记》，（清）瞿鸿锡，贺绪蕃：《光绪平越州志》卷10《建置志》，成都：巴蜀书社，2006年，第144页。
② （清）张锳，邹汉勋，朱逢甲：《咸丰兴义府志》，贵阳：贵阳文通书局，清宣统元年（1909）铅印本，卷20《学校志》，第1—3页。

试,"裹粮千里,三载两试,山行险阻,蜀道青天",① 时间、金钱、精力均被白白浪费在了赶考的路上。

七、清代其他省份的学政试院分布

除了以上 18 个以省为单位的科举区域,在《清史稿》地理志中所载其他省份还有其他个别府、州也建造有学政试院。由于其数量较少,本文未再按照省份列出,而是在表中直接列出其在《清史稿》地理志中的所属省份。

表 4-22　清代奉天学政试院表

地名	始建年份	修建规模与经费	备注
奉天奉天府	雍正末至乾隆初	雍正九年(1731)吕文樱任奉天府府丞,于奉天、锦州二府各建考棚。	《乾隆汾州府志》卷32《艺文志》
奉天锦州府	雍正十二年(1734)	雍正十二年官绅生童公建; 乾隆六年(1741)增建大堂、二堂、三堂,俱五间; 嘉庆、咸丰年间屡经邑绅捐资修葺; 清末改为中学堂,后改为第四高等小学校; 民国九年(1920)时为师范学校。	民国《锦县志》卷8《教育下》

作为清朝东北龙兴之地的重要省份之一,奉天省并不属于清代典型的科举省份即18行省之一,没有建造乡试贡院,士子均归入顺天贡院参加乡试。

乾隆二年(1737),江西巡抚岳濬(?—1753)应广信府知府陈世增之邀,为广信府新建学政试院撰写了《校士馆记》一文。岳濬在文中指

---

① 刘显世,谷正伦,任可澄,杨恩元:《民国贵州通志》《建置志》,成都:巴蜀书社,2006年,第250页。

出:"信当闽粤之冲,我朝定鼎之初,兵燹未远,守兹土者辄以保障农桑为要,而课士衡文之地未及讲也。督学使者按临是邦,每僦废第馆之,附郭数椽,湫隘荒陋,更非体制。兹国家承平日久,废坠举修,比户可封,人文日盛。信虽山郡,骎骎日上。"① 岳濬的分析,道出了广信府相对较晚修建学政试院的原因,同时也揭示了清代全国各地学政试院时空分布变化的核心因素。

表 4-23 清代学政试院空间分布状况一览表

省份	府(直隶州厅)数	试院数	百分比	备注
江西	14	14	100	
安徽	13	13	100	
山东	13	13	100	兖州府有两座学政试院;光绪三十一年(1905)胶州升格为直隶州,之前所建考场为县试考棚。
陕西	12	12	100	西安府学政试院设于三原县;同州府学政试院先后设于蒲城县和华州。
福建	11	11	100	
贵州	14	13	92.86	据光绪十二年(1886)贵州学政杨文莹《平越重建试院记》。
江苏	12	11	91.67	江宁府建有两座试院;苏州、扬州、常州、镇江四府学政试院均非建于附郭县。
浙江	12	11	91.67	浙江学政试院多称为校士馆;定海直隶厅未建试院。
湖北	12	11	91.67	鹤峰州光绪三十年(1904)升格为直隶厅

---

① (清)岳濬:《校士馆记》,(清)王恩溥,邢德裕,李树藩:《同治上饶县志》卷 23《艺文志》,南京:江苏古籍出版社,1996 年,第 731 页。

续表

省份	府（直隶州厅）数	试院数	百分比	备注
河南	15	13	86.67	开封府试院清初设于鄢陵县；归德府、汝州、淅川厅相关方志未载。
湖南	18	15	83.33	乾州厅附试于辰州府。
直隶	22	18	81.82	顺天府学政试院设于通州；蓟州曾经建有学政试院；朝阳府置于光绪三十年，赤峰直隶州设于光绪三十三年（1907），均未建试院。
广西	15	12	80	镇安府试院设于奉议州，与泗城府合用。
广东	19	15	78.95	佛冈厅未设学校。
台湾	4	3	75	台湾自康熙二十三年（1684）至光绪十一年（1885）均属福建管辖；台湾建省后，科举依然归属福建；台东州未建试院。
四川	27	20	74.07	
甘肃	15	10	66.67	
云南	23	14	60.87	
山西	31	16	51.61	山西共辖有9府、10直隶州、12直隶厅。
奉天		2		
合计	302	245+2	81.13	仅统计设有乡试贡院的18行省；台湾省试院计入福建省。

从上表可以看出，在清代设立了乡试贡院的 18 个行省中，安徽、江西、福建、山东、陕西 5 省的学政试院空间分布比例都达到了 100%，浙江、湖北、贵州、江苏 4 省则都超过 90%，而湖南、直隶、河南、广西 4 省则达到 80%，广东省接近 80%，四川超过 70%，甘肃、云南达到了

60%以上，学政试院空间分布比例最低的是山西省，仅为50%强。台湾建省之后虽然未设专任学政，也没有建造乡试贡院，但却依然享有福建乡试的保障名额（7名），从科举帝国版图来说，即便是在被日本强占之后，台湾也并未脱离福建。因此，表中虽然将台湾省学政试院单列为一行，但在计算18省学政试院总数时，则依然将其与福建省试院一起计入。

表4-24 清代学政试院时间分布状况一览表

省份	明代	顺治	康熙	雍正	乾隆	嘉庆	道光	咸丰	同治	光绪	不详	合计
江苏	4	1	3	2	0	0	0	0	1	0	0	11
安徽	2	2	4	4	0	0	0	1	0	0	0	13
浙江	8	0	2	0	0	0	0	0	0	0	1	11
江西	2	1	7	0	3	0	0	0	0	0	1	14
福建	2	0	0	0	4	0	0	0	0	0	5	11
台湾	0	0	0	0	1	0	0	0	0	2	0	3
山东	2	0	1	1	5	0	1	0	0	0	3	13
直隶	6	0	1	0	3	0	0	0	0	1	6	18
山西	7	0	1	3	0	0	1	0	0	0	4	16
河南	5	0	1	3	0	0	0	0	0	0	4	13
湖北	3	0	1	1	4	0	0	0	0	0	2	11
湖南	1	0	5	2	4	1	0	0	0	0	2	15
广东	1	0	3	5	2	0	0	0	1	1	2	15
广西	0	0	2	1	3	1	1	0	0	1	3	12
陕西	6	0	0	1	0	0	0	0	0	0	5	12
甘肃	0	0	0	1	1	0	0	0	1	0	7	10
四川	3	0	3	2	2	1	4	0	1	0	4	20
云南	0	0	2	1	0	0	3	0	0	2	6	14
贵州	1	0	2	2	0	1	2	0	0	1	4	13
奉天	0	0	0	2	0	0	0	0	0	0	0	2
合计	53	4	38	30	32	4	12	1	4	8	59	245+2

从上表可以看出，清代各地所建 247 座学政试院（含奉天省），除始建于明代的 53 座和暂时无法考订其始建年代的 59 座，其余 135 座试院的始建年代分别分布于清代顺治至光绪的 9 个帝王时期，其中又以康熙、雍正、乾隆三个时期最为密集，说明这三个帝王时期就是清代学政试院制度的完善期。

第三节　清代县试考棚的时空分布

清代各省学政岁科试巡行本省各府、直隶州、直隶厅，除考试在学生员及在籍应乡试之贡生、监生外，还需主持童试，为各府厅州县之儒学考选童生入学。清代童试共分县试、府试、院试三小级，县试由知县主持（散州、散厅为知州、同知或通判），府试由知府主持（直隶州、直隶厅为知州、同知或通判），院试由学政主持，依次考选，最终由学政按照各府州厅县官学学额决定录取名单。顺治十五年（1658）、康熙三年（1664）先后规定，学政考选童生，三年之中只于岁试时举行，科试时不得考选。至康熙十二年（1673）才改变政策，以"三年为时甚久，仅行考试一次，储才不广，督责不勤"① 为由，决定仍照旧例，三年内岁、科两考，考选童生入学。

与顺治九年（1652）便制定了学政院试的考场建造政策及详细考场规则不同，清代初年并未制定关于建造府试、县试考场的政策。直至乾隆九年（1744），清朝礼部才议准："嗣后府州考试童生，照州县录送名数，即在学政衙门考棚内，编号扃试。如学政衙门不在府州治内，应令该府州选择就近紧密公所，照依院试之例，编列坐号，严行考校。"② 也就是说，各府、直隶州可以借用学政试院举行府试，附郭州县可以借用学政试院举行县试，其他非附郭县的州县则只能借用州县衙门等公共建筑搭盖临时考场

---

① （清）素尔讷：《钦定学政全书》卷 9《考试事宜》，沈云龙：《近代中国史料丛刊》第 30 辑，台北：文海出版社，1968 年，第 186 页。
② （清）素尔讷：《钦定学政全书》卷 22《童生事例》，沈云龙：《近代中国史料丛刊》第 30 辑，台北：文海出版社，1968 年，第 379—380 页。

举行县试。

乾隆九年对县试考场的这一政策规定影响颇为深远。一方面，它为各地建造府试、县试考场奠定了基调，即国家原则上不承担建造这两级考试专用考场的经费支出；另一方面，它为社会公益力量承担这两级考试专用考场尤其是县试考棚的修建成本提供了政策空间。大约从乾隆年间开始，以湖南等省为先发，各地士绅开始着手自主建造县试考棚，以保障科场场规顺利执行，为赴试童生提供便利。延至清代末期，此类州县试专用的考棚日渐增多，在个别省份几乎达到了全省普及的程度。

一、华东各省县试考棚的时空分布

1. 江苏

明清时期，江苏是全国科举鼎盛的省份之一，以至于有状元为苏州土特产之誉。清代江苏12个府级行政区划单位中，有8府、2直隶州建立了学政试院，只有海州直隶州和海门直隶厅未建试院。而在县试考棚方面，江苏各州县中县试考棚的分布率相对较低。据笔者查阅台湾成文出版社《中国方志丛书》、江苏古籍出版社《中国地方志集成·江苏府县志辑》及各单行本江苏地方志后进行的统计，江苏省12个府级行政区划单位所辖67个县级行政区划单位，包括3散州、4散厅、60县，仅建有以下10座县试考棚。由于清代江苏县试考棚的空间分布较低，因此表4-25将未建县试考棚的州县全部略去，以示简略。各州县顺序主要按县名首字拼音排列。

表4-25　清代江苏县试考棚一览表

地名	始建年份	文献摘编	备注
宝山县	未详	民国元年（1912）书院、校士馆经费列存九八规平银四千三百两。	民国《宝山县续志》卷4《财赋志》
常熟县	光绪二十五年（1899）	光绪二十五年邑绅陆懋宗等就养济院余地，呈由邑令沈祖燕，建为常熟校士之所。	光绪《重修常昭合志》卷14《学校志》

续表

地名	始建年份	文献摘编	备注
丹徒县	嘉庆十四年（1809）	嘉庆十四年郡守邓暄于水利通判署故址创建，作为丹徒、丹阳两县府试考场； 道光十年（1830），丹徒、丹阳两县士绅捐资修葺，增建新号六间； 道光二十年（1840）知县王德茂改租屋为正门，改名京江试院； 同治四年（1865）重修试院房间89间，号舍28间，拟改为学政试院； 同治七年（1868）改为丹徒、丹阳两县府试、县试考棚。	光绪《丹徒县志》卷19《学校志》
阜宁县	光绪十一年（1885）	光绪四年（1878）知县苏超才批准邑绅顾皋兰等建议，拨观海书院经费3000千存商生息为考舍建筑基金，再劝捐以集事。光绪十一年蒇事。	民国《阜宁县新志》卷7《教育志》
溧阳县	乾隆四十一年（1776）	乾隆四十一年以察院旧址建造平陵书院，兼为考棚。	光绪《溧阳县志》卷7《学校志》
青浦县	道光九年（1829）	道光九年知县张敦道在青溪书院之东建造厅事，兼为考棚； 同治六年（1867）知县钱宝传捐俸重修。	光绪《青浦县志》卷9《学校志》
如皋县	同治九年（1870）	同治九年知县周际霖率绅士张如杰等倡捐建造考舍，有号舍十九间，共编列1426号，另有桌凳253副，共计费钱4800多千文。	同治《如皋县志》卷2《建置志》
兴化县	道光十四年（1834）	道光十四年知县龚善思改建县丞署为文正书院，兼为考棚。	咸丰《重修兴化县志》卷4《学校志》

续表

地名	始建年份	文献摘编	备注
盐城县	道光二十八年（1848）	道光二十八年，知县焦肇瀛倡捐建造； 咸丰十一年（1861），益以河工县丞废署； 光绪三年（1877）、五年（1879），知县刘仟、朱湘委贡生张觐恩扩建讲堂、号舍。	光绪《盐城县志》卷5《学校志》
宜兴、荆溪县	光绪十八年（1892）	光绪十八年，宜兴知县万立钧和荆溪知县薛星辉在通真观巷书院旧址，会绅重建宜荆试院，耗费捐银13 100余元，两县轮流主持两县岁科试； 光绪二十九年（1903）改为宜荆经史学堂； 光绪三十二年（1906）改为知新学堂。	《光宣宜荆续志》卷2《建置志》

表中所列10座县试考棚，其建成时间分布为乾隆、嘉庆各1座，道光3座，同治1座，光绪3座，建造时间未详1座。常熟县考棚甚至建成于废科举前5年的光绪二十五年（1899）。

清代江苏有些州县将考棚附建于书院之中。如镇江府溧阳县乾隆年间有"试童二千数百人"，县署无法容纳，于是在乾隆四十一年（1776）利用"民捐赈剩钱并续劝捐"，在察院废址上建造了平陵书院，"兼为考棚"。① 松江府青浦县在嘉庆五年（1800）捐建了青溪书院，道光九年（1829）知县张敦道在书院之东建造厅事，兼为考棚，"正殿两庑为县试号舍，桌凳悉备"。② 扬州府兴化县则有"文正书院考棚"，始建于道光十四

---

① （清）李景峄，史炳：光绪《溧阳县志》卷7《学校志》，台北：成文出版社，1983年，第186页。
② （清）陈其元，熊其英：光绪《青浦县志》卷9《学校志》，台北：成文出版社，1970年，第701页。

年（1834），系由知县龚善思将被裁缺的县丞署改建为文正书院，以之兼作考棚。其号舍有"甬道左右号房各七间，腮号各二间"，采取长桌长凳编排座号："每间桌凳三副，每副容坐八人；师范堂桌凳十副，容坐四十人，足敷县试之用。"① 根据县志的记载，该考棚仅可编排 472 个考试位次，说明兴化县的文风相对较弱。

清代江苏有个别州县采取了颇为不同的方式来解决县试场地问题。如松江府金山县，嘉庆十年（1805）由知县郑人康捐俸倡建了文昌宫。两年后，贡生黄霆、程杞等捐置了 90 副考桌、考凳，存放于文昌宫中，并"勒石祠壁，永为县试文童之所"。② 与上述溧阳等县附建于书院的考棚不同，金山县虽然将文昌宫"永为县试文童之所"，但却只有 90 副考桌考凳，其余则并无任何专门建作县试考棚之用的房舍，因而不能认为它就是一座县试考棚。

2. 安徽

安徽是清代 18 行省中唯一自始至终不设乡试贡院的省份。不过，《（光绪）重修安徽通志》却是最为详细地记载全省各府州县学政试院、州县考棚的省志之一。此外，清代及民国年间编纂的安徽各府州县志也大多记载了学政试院与州县考棚。根据省志记载，在光绪初年安徽 8 府 5 直隶州所领 51 县、4 散州共 55 个州县中，共有 30 个州县建造了考棚，而 8 府所在的附郭县以及南陵、芜湖、无为州、巢县、怀远、凤台、灵璧、颍上、霍邱、亳州、蒙城、全椒、来安、建平、盱眙、天长、五河等 17 个非附郭州县则都没有建造考棚。而据查各州县地方志，则巢县、无为州在同治年间已经建成了考棚，光绪通志漏列了这 2 座考棚；凤台县虽然未建考棚，但却与寿州合建了"寿台试院"。蒙城县在光绪十八年（1892）扩建了同治七年（1868）所建书院考棚，合计安徽全省共有 33 座县试考棚。另太平府

---

① （清）梁园棣：咸丰《重修兴化县志》卷 4《学校志》，台北：成文出版社，1970 年，第 453 页。

② （清）龚宝琦、黄厚本：光绪《金山县志》卷 14《学校志》，台北：成文出版社，1970 年，第 630 页。

还有一座"府学考棚"①。下表备注栏中的文献出处，除列出的文献外，均摘自《（光绪）重修安徽通志》卷93《学校志》。部分府志、县志因其版本晚于《（光绪）重修安徽通志》，内容亦较为简略，故备注栏中的文献来源从缺。另外，由于安徽县试考棚的空间分布率较高，故表4-26按照《清史稿·地理志》的记载顺序对各州县考棚进行排列。各府所领州县放在"文献摘编"栏下，是为了节省版面。

表 4-26　清代安徽县试考棚一览表

地名	始建年份	文献摘编	备注
安庆府		怀宁、桐城、潜山、太湖、宿松、望江。	
桐城县	道光二十三年（1843）	道光二十三年知县史丙荣建；同治四年（1865）以培文书院改设。	
潜山县	未详	咸丰初兵毁，同治二年（1863）知县陈泳以游击署旧址重建；同治八年（1869）知县赵志和增建西文场一所。	
太湖县	乾隆五十五年（1790）	乾隆五十五年知县余心畅倡建；咸丰初兵毁，十一年（1861）重建，后为书院，前为考棚；光绪二十年（1894）知县萧仁丙督同绅修复；民国元年（1912）就考棚改设县议会，三年（1914）改为地方财政局。	《民国太湖县志》卷12《学校志》

---

① （清）沈葆桢、何绍基：《（光绪）重修安徽通志》卷93《学校志》，《续修四库全书》第651册，上海：上海古籍出版社，2002年，第111页。

续表

地名	始建年份	文献摘编	备注
宿松县	嘉庆十三年（1808）	嘉庆十三年合邑绅士公建，有号舍二千余坐； 咸丰初兵毁，同治二年（1863）邑人石绳箴捐屋应考，未建号舍； 光绪二年（1876）重建试棚，光绪五年（1879）竣工； 光绪三十二年（1906）改为宿松官立高等小学堂，民国时期改为宿松县立高等小学校。	《民国宿松县志》卷3《学校志》
望江县	嘉庆四年（1799）	嘉庆四年知县傅廷英建； 道光二十七年（1847）邑绅何俊捐修； 咸丰初残毁，同治二年（1863）邑绅龙璇等重修。	
徽州府		歙县、休宁、婺源、祁门、黟县、绩溪。	
休宁县	嘉庆十二年（1807）	嘉庆十二年邑绅刘启纶建； 咸丰初兵毁。	《道光休宁县志》卷3《学校志》
婺源县	道光八年（1828）	道光八年建； 咸丰九年（1859）东文场毁，十一年（1861）知县杨式荣重建； 光绪六年（1880）邑绅重建； 科举废后渐次圮废。	《民国婺源县志》卷6《学校志》
祁门县	道光十年（1830）	道光十年知县王让同邑绅洪炯邀集四乡捐建，号舍800余座，费逾万金； 同治八年（1869）知县周溶重修。	同治《祁门县志》卷18《学校志》

续表

地名	始建年份	文献摘编	备注
黟县	道光五年（1825）	道光五年知县吴子珏建，不两月集费三万余金； 道光二十二年（1842）邑绅胡元熙重修； 咸丰四年（1854）防军王梦麟驻兵于试院，拆圮过半。	道光《徽州府志》卷3《建置志》；同治《黟县三志》卷10《政事志》
绩溪县	未详	兵毁。	
宁国府		宣城、宁国、泾县、太平、旌德、南陵。	
宁国县	道光二十六年（1846）	道光二十六年知县林自立创建； 咸丰初兵毁，其址建为县署，兼为考棚； 科举废后直接成为县署。	民国《宁国县志》卷6《学校志》
泾县	乾隆三十九年（1774）	乾隆三十九年邑贡生马元龙建，共有号舍2400余间； 咸丰初兵毁。	
太平县	未详	咸丰初兵毁，同治七年（1868）重建。	
旌德县	未详	道光十九年（1839）邑绅朱则环于凫山书院西重建； 咸丰初兵毁。	《民国旌德县志》卷2《建置志》
池州府		贵池、青阳、铜陵、石埭、建德、东流。	
青阳县	乾隆四十一年（1776）	乾隆四十一年知县段中律倡捐，合邑兴建； 道光二十一年（1841）大雪压倒，胡王氏命子如望、如春捐资600金重修； 咸丰兵毁，同治四年（1865）劝农局余资重建。	《光绪青阳县志》卷1《营建志》

续表

地名	始建年份	文献摘编	备注
铜陵县	未详	咸丰初兵毁，同治七年重建。	
石埭县	嘉庆二十四年（1819）	嘉庆二十四年邑人捐输建置；咸丰初兵毁，光绪初年重修。	
建德县	洪武初年	乾隆四十一年合邑绅士捐建；乾隆六十年（1795）修门首桥路；道光元年（1821）重修；道光十七年（1837）移于东门；同治中知县王必蕃捐修。	宣统《建德县志》卷7《学校志》
东流县	嘉庆十七年（1812）	嘉庆十七年知县吴簏捐修。	
太平府		当涂、芜湖、繁昌。	
繁昌县	道光十一年（1831）	道光十一年建；咸丰初兵毁，同治三年（1864）修复。	
庐州府		合肥、舒城、庐江、巢县、无为州。	
舒城县	道光十五年（1835）	道光十五年知县吴士良倡议捐建，有号舍20间；咸丰初兵毁，同治二年（1863）邑绅凤台教谕高肇麟等捐买房屋一所，同治四年（1865）知县延龄等率众修复，共有号舍44间；光绪二十一年（1895）修。	《光绪续修舒城县志》卷21《学校志》
庐江县	同治二年	同治二年邑绅王华、王长庆捐建。	《光绪庐江县志》卷4《学校志》
巢县	同治五年（1866）	同治五年全县捐资5000余千创建考棚，兼做书院；光绪五年（1879）知县童增锦添造房屋，为县试阅卷之所。	光绪《庐州府志》卷17《学校志》

续表

地名	始建年份	文献摘编	备注
无为州	同治二年（1863）	同治二年州牧穆其琛建新绣书院，并置桌凳以为生童肄业之所，兼作试院。	光绪《庐州府志》卷17《学校志》
凤阳府		凤阳、怀远、定远、凤台、寿州、宿州、灵璧。	
定远县	道光年间	道光中知县饶元英就曲阳书院改建； 同治三年（1864）邑人徐宗浦捐置桌凳。	
寿州凤台	道光八年（1828）	道光八年知州朱士达捐银1000两倡捐合建，有考试桌凳1960张，共用银2万余两，称为"寿台试院"； 道光十年（1830）学政胡开益罚寿州文童顾某捐建西棚11间； 同治三年重修； 光绪二年（1876）寿州与考生童捐资扩建中东、中西、东棚； 光绪七年（1881），凤颖道任兰生筹款添建官厅、雨舍52间。	《光绪寿州志》卷9《学校志》
宿州	道光十二年（1832）	道光十二年知州周天爵捐建； 同治三年知州张云吉倡修。	
颍州府		阜阳、颍上、霍丘、亳州、涡阳、太和、蒙城。	
涡阳县	同治六年（1867）	同治六年知县薛元启建。	
太和县	道光二十年（1840）	道光二十年知县雷时夏倡建，可坐1875人； 同治五年（1866）重修； 光绪末改建为高等小学堂。	民国《太和县志》卷1《舆地志》

第四章 清代贡院的时空分布

续表

地名	始建年份	文献摘编	备注
蒙城县	同治七年（1868）	同治七年知县李炳涛倡捐建立养正书院，以书院作为考棚； 光绪十八年（1892）知县胡肇祺添建东西两院考棚二十余间。	民国《重修蒙城县志书》卷5《学校志》
和州直隶州		含山。	
含山县	道光二十四年（1844）	道光二十四年建； 咸丰初毁。	
六安直隶州		英山、霍山。	
英山县	乾隆三十七年（1772）	乾隆三十七年知县徐曰纪倡建； 道光二十一年（1841）水圮，暂改书院为考棚，院试赴六安州试院； 同治三年（1864）各县捐资修理考棚； 民国年间，考棚遗址由县财政局租与民间造屋种园。	《民国英山县志》卷4《学校志》
霍山县	嘉庆三年（1798）	嘉庆三年知县俞廷柏倡建云程馆，为童生县试之所； 道光六年（1826）改为书院，每遇县试暂让行，考试毕复入肄业； 咸丰初毁，同治八年（1869）知县张伯超因云程馆旧基重建试院； 光绪三十一年（1905）筹建高等小学堂。	《同治六安州志》卷15《学校志》；《光绪霍山县志》卷5《学校志》
泗州直隶州		盱眙、天长、五河。	
泗州	道光二十八年（1848）	道光二十八年知州沈祥煦捐廉倡建试院。	《光绪泗虹合志》卷2《建置志》、卷6《学校志》

上表共列清代安徽县试考棚 34 座，其中 1 座是由寿州、凤台两县合建。除广德州、滁州所辖 3 县均未建造县试考棚外，其余 11 个府、直隶州都至少建有 1 座县试考棚。为免冗复，表中将未建县试考棚的府州县略去。从时间分布来看，清代安徽省县试考棚大多建于清代中后期，其中始建于乾隆年间者 4 座，嘉庆年间 6 座，道光年间 13 座，同治年间 5 座，另始建年份未详者 5 座，建于洪武初年者 1 座。

表中有 2 座考棚需要特别说明。一是泗州考棚。泗州在清代顺治初年本为直隶州，康熙六年（1667）降为散州，归凤阳府管辖。康熙十九年（1680），因黄河自北宋末年以来夺淮入海泥沙淤积，洪泽湖水位不断上涨，导致"州城圮，陷入洪泽湖"，因此将州治迁到盱眙县城。① 雍正二年（1724）泗州再次升格为直隶州，知州张文炳于雍正四年（1726）创建学政试院，其选址也是在盱眙县的"县署西"。② 不过，这座学政试院并非上表所列的这座泗州考棚。乾隆四十二年（1777），朝廷将原属凤阳府的虹乡县划入泗州，并以之作为泗州州治，虹乡县建制从此撤销。而泗州直隶州的学政试院则依然留在盱眙县。此后，道光十三四年间，安徽学政沈维鐈（1778—1839）捐俸倡修泗州试院，沈维鐈和时任盱眙知县沈祥煕（生卒年不详）分别写了《重修泗州试院碑记》和《试院碑记》记录此事。咸丰年间，泗州学政试院被兵火所毁，同治三年（1864）经盱眙县人漕运总督吴棠（1813—1876）倡议捐资重建，时任安徽学政朱兰（1799—1873）撰有《重建泗属试棚碑记》。上表所列的泗州考棚，实际上是已经升任泗州知州的沈祥煕在道光二十八年（1848）"捐廉为倡"所建造的，其地址在泗州州城（即原虹乡县城）状元街，"前置面壁，东西列辕门，四外缭以垣墙，中建头门，次仪门，次大堂，两旁翼以号舍二十间，凡讲肆内寝庖湢之所无不毕具"。③ 从《光绪泗虹合志》所载其建造该试院的原因来

---

① 赵尔巽：《清史稿》卷 59《地理六安徽》，北京：中华书局，1977 年，第 2017 页。
② （清）王锡元：光绪《盱眙县志稿》卷 5《学校志》，台北：成文出版社，1970 年，第 312 页。
③ （清）方瑞兰，江殿飏，许湘甲：《光绪泗虹合志》卷 6《学校志》，南京：江苏古籍出版社，1998 年，第 471 页。

看,即"泗虹旧无试院,皆考童自备桌凳,在学宫扃试",这座试院实际上是一座县试考棚。因此,本文将这座位于泗州州城的试院作为县试考棚列入上表,而将位于盱眙县的泗州试院作为学政试院列入前文之"清代安徽学政试院一览表"。另需再加说明的是,泗州的这两座"试院",《(光绪)重修安徽通志》认为同为泗州直隶州学政试院,它在雍正四年建成之后,并未在乾隆四十二年迁移到"裁虹归泗"的泗州州城,而是"道光二十八年知州沈祥煦移建城内状元街。咸丰间兵毁。同治三年邑绅吴棠倡建如旧"。① 通志所载,显然是被泗州直隶州的这两座试院给搞混了。

二是建德县考棚。据宣统《建德县志》记载,建德县考棚称为试院,并有"旧试院"和"新试院"之分。新试院即表中所列,载于通志,旧试院则是"在东街,明洪武初年知县夏霖建,后圮"。县志没有说明"后"的具体年份,只说它在乾隆二十四年(1759)由知县宁螯"即其址改建储备仓"。②

此外,《(光绪)重修安徽通志》所载贡院主要有两类,一是各府、直隶州的学政试院,通志统一称为试院;二是各州县的县试考棚,通志统一称为考棚。通志在太平府部分,除载有太平府试院和繁昌县考棚,还载有"府学考棚",这也是全省唯一的一所府学考棚。它是嘉庆二十二年(1817)"邑南乡士民公捐建置",有头门3间、奎昌阁1座、正堂3楹,并有东西号舍30间。正堂序外左右号舍各1间,后堂1间。同治四年(1865)重建,八年(1869)增修。③ 据考,太平府虽然不是安徽省的省会,但从雍正三年(1725)上下两江分设学院以来,太平府试院曾是上江学院即安徽督学的驻劄之地。④ 清代安徽全省考生参加乡试需赴江苏省的

---

① (清)沈葆桢,何绍基:《(光绪)重修安徽通志》卷93《学校志》,《续修四库全书》第652册,上海:上海古籍出版社,2002年,第111页。
② (清)张赞巽:宣统《建德县志》,清宣统二年(1910)刻本,卷7《学校志》,第72页。
③ (清)沈葆桢,何绍基:《(光绪)重修安徽通志》卷93《学校志》,《续修四库全书》第652册,上海:上海古籍出版社,2002年,第111页。
④ 鲁式穀:《民国当涂县志》卷2《民政志》,南京:江苏古籍出版社,1998年,第150页。

江南贡院，其学政录遗考试的考场也是设在太平府试院。因此，《（光绪）重修安徽通志》所载太平府府学考棚很可能是该府的府试考棚。

3. 浙江

清代浙江共有12个府级行政区划单位，包括11府、1直隶厅，下辖75县、1州、1厅共77个县级行政区划单位。与《（光绪）重修安徽通志》不同，乾隆《浙江通志》只记载了乡试贡院和学政试院（称为校士馆），而没有记载县试考棚。本文根据各府志、县志的记载，制成"清代浙江县试考棚一览表"。与其他各省不同，浙江省各县的县试考棚一般被称为校士馆，有些则称为试馆，如新昌县①、缙云县②均有试馆，同时也被称为考棚、试院。这与清代各地为科举考生捐建的考试期间备考、住宿场所同名而异义。

表4-27 清代浙江县试考棚一览表

地名	始建年份	文献摘编	备注
湖州府		乌程、归安、长兴、德清、武康、安吉、孝丰。	
孝丰县	乾隆四十一年（1776）	乾隆四十一年在学宫旧址建造书院，附建号舍于其中； 嘉庆二十五年（1820）知县范仕义修； 咸丰间号舍被毁。	光绪《孝丰县志》卷3《建置志》
宁波府		鄞县、慈溪、奉化、镇海、象山、南田。	
慈溪县	道光十五年（1835）	道光十五年邑人郑廷荣、郑一夔父子捐银二万四千创建，左右两廊考屋六十九间；咸丰十一年（1861）粤匪拆毁，同治二年（1863）邑人桂馥、凌庆铵、冯可镛等筹款重修。	《光绪慈溪县志》卷2《建置志》

---

① 金城，陈畲：民国《新昌县志》卷5《礼制》，台北：成文出版社，1970年，第486页。

② （清）何乃容，葛华，潘树棠：《光绪缙云县志》卷3《公署志》，上海：上海书店出版社，1993年，第228页。

续表

地名	始建年份	文献摘编	备注
奉化县	道光十八年（1838）	道光十八年知县蒋士麒①倡建，可容千余人，费二万余金； 咸丰十一年（1861）粤匪毁，八乡分修之； 光绪癸未（1883）大风，馆屋多毁，募修之； 光绪三十一年（1905）改为县立中学堂。	光绪《奉化县志》卷2《建置志》
镇海县	咸丰六年（1856）	咸丰丙辰（1856）邑绅王咸亭、咸章兄弟捐建，耗费2万余缗，有座位1千余号； 同治初毁于兵，克复后重建； 光绪三十二年（1906）创办镇海公立两等小学堂。	光绪《镇海县志》卷5《建置志》；民国《镇海县志》卷11《学校志下》

---

① 按，原文作"蒋士祺"。据光绪《奉化县志》卷16《职官表上》有"蒋士麒"，无"蒋士祺"，并载"蒋士麒，湖南长沙人，进士，十八年任，创校士馆"（成文出版社1970年，第910页）。不过，据查《同治长沙县志》卷21《选举志一·进士》无蒋士祺、蒋士麒。据朱保炯、谢沛霖《明清进士题名碑录索引》载有"（蒋）士麒　江苏常熟　清道光13/3/11"（上海古籍出版社1989年，第1459页），可知蒋士麒实为江苏常熟县人。据查光绪《重修常昭合志》卷27《人物六·耆旧》载蒋士麒字幼谷，与弟士麟俱以陕西籍中举人，归常熟县原籍后考中道光癸巳（1833）进士，历任浙江金华、仙居、象山、嵊县等县知县，道光庚子（1840）调任奉化县，次年便丁父忧去任。服阕后，拣选兵马司正指挥，署东城指挥，不久以原班选授湖南嘉禾县知县，"未上卒于京邸"（江苏古籍出版社1991年，第441-442页）。另查《缙绅全书（道光十八年夏）》载浙江宁波府奉化县知县为"蒋士麒，江苏常熟人，癸巳，十八年二月补"（大象出版社2008年，第307页）。《爵秩全览（道光十九年夏）》则载奉化县知县为"蒋士麒，江苏常熟人，进士，（道光）十七年十二月补"（大象出版社2008年，第518页）。又查《缙绅全书（道光二十年秋）》载奉化县知县为"蒋士麒，江苏常熟人，癸巳，十八年正月补"（大象出版社2008年，第97页）。据此可知，光绪《奉化县志》卷2《建置志》所载"蒋士祺"当作"蒋士麒"，而光绪《重修常昭合志》卷27《人物六》所载蒋士麒调任奉化县时间当作道光戊戌，即道光十八年。

续表

地名	始建年份	文献摘编	备注
绍兴府		山阴、会稽、萧山、诸暨、余姚、上虞、嵊县、新昌。	
萧山县	道光十四年（1834）	道光十四年知县郑锦声捐资倡建； 咸丰辛酉（1861）毁于兵，光绪间知县宋炽倡议重建； 清末改为高等小学校。其仪门则改建为劝学所，又改为县议会会所，后全部归入高等小学校。	民国《萧山县志》卷10下《学校门》
余姚县	同治十二年（1873）	同治十二年邑人叶灿等以捐修文庙余资建造试院，有号棚60间。	光绪《余姚县志》卷10《学校志》
上虞县	道光十二年（1832）	道光十二年知县杨溯洢、教谕徐廷銮倡捐建造经正书院，于仪门额曰丽泽试院。	光绪《上虞县志校续》卷36《书院》
新昌县	嘉庆七年（1802）	嘉庆壬戌知县朱品镐设立书院董事，陈树簪捐制桌一百二十张，凳一百二十条，复于书院侧捐建房屋六楹，皮置桌凳，为县试童生考用； 道光元年（1821）知县张邦栋倡捐建造万寿宫，以捐资余款建造考棚。	民国《新昌县志》卷5《礼制》
台州府		临海、黄岩、天台、仙居、宁海、太平。	
黄岩县	道光二十年（1840）	道光二十年知县陈晖创建； 同治八年（1869）知县孙嘉重修； 光绪二年（1876）知县王佩文增修围墙斋室； 宣统初改设劝学所，附县议会；议会废，改设教育会、农会；两会废，改设教育局，附通俗图书馆、县党部、公园。	光绪《黄岩县志》卷8《建置志》；民国《台州府志》卷16《学校略上》

第四章　清代贡院的时空分布　　353

续表

地名	始建年份	文献摘编	备注
天台县	道光八年（1828）	道光八年知县张如梧，邑绅王懋昭、袁凤翔倡捐银17 800余两建造，有考棚32间； 科举罢废后，光绪三十一年（1905）改设天台中学堂。	民国《台州府志》卷57《学校略下》；《民国天台县志稿》卷9《舆地略》
仙居县	同治十三年（1874）	同治十三年知县唐济倡捐筹集5600余贯建成。	《光绪仙居县志》卷6《建置志》
宁海县	嘉庆二十三年（1818）	嘉庆二十三年知县邓廷彩倡捐，建有考棚32楹； 咸丰十一年（1861）寇毁，同治二年（1863）西乡王希郊重修； 同治六年（1867）知县孙熹重修。	光绪《宁海县志》卷4《学校志》
太平县	同治十年（1871）	同治十年邑令吴俊筹捐创建，东西号舍共50间； 光绪初知县唐济建藜照楼五间。	《光绪太平续志》卷2《建置志》
金华府		金华、兰溪、东阳、义乌、永康、武义、浦江、汤溪。	
兰溪县	道光八年（1828）	道光五年（1825）知县乐韶创建，道光八年知县李百龄建成，题名"云山试院"； 咸丰辛酉（1861）经寇毁，同治四年（1865）知县余祚馨、同治五年（1866）知县陶鸿勋重建，共费7000有奇； 同治十三年（1874）知县吴绍正增建号舍若干间； 光绪六年（1880）知县陈钟英增建聚奎桥、奎星阁。	光绪《兰溪县志》卷3《建置志》

续表

地名	始建年份	文献摘编	备注
东阳县	嘉庆二十四年（1819）	嘉庆二十四年知县向肇隆倡捐建。	《道光东阳县志》卷10《政治志六》
永康县	道光二十一年（1841）	道光庚子（1840）辛丑（1841）间都人士捐银17 000余两创建试院；咸丰八年（1858）毁于寇，光绪九年（1883）邑人胡凤丹独力捐资13 213两重建，号舍有桌凳384副。	民国《永康县志》卷2《建置志》
浦江县	嘉庆二十年（1815）	嘉庆二十年邑人张守高等禀请知县岳炯创建，称为"浦阳试院"；道光三年（1823）知县方功钺增建；咸丰辛酉（1861）毁于兵，光绪七年（1881）知县恩裕捐俸倡捐重建；光绪十四年（1888）知县善广谕令士绅捐葺。	《光绪浦江县志》卷4《建置志》
衢州府		西安、龙游、江山、常山、开化。	
江山县	道光二十八年（1848）	道光二十八年修复文溪书院，两廊添设考棚，可编坐号千四五百；咸丰八年衢州府校士馆毁，以江山县考棚补行全府戊午科科试，增建房屋三十余间；同治七年（1868）暴风雨坏西文厂，同治八年（1869）知县王景彝重修。	同治《江山县志》卷4《学校志》
温州府		永嘉、瑞安、乐清、平阳、泰顺、玉环厅。	

第四章 清代贡院的时空分布

续表

地名	始建年份	文献摘编	备注
乐清县	道光四年（1824）	道光四年郑遇春倡捐创建，有号舍20间； 道光二十年（1840）增生蔡梦鱼、庠生周应科重修； 同治元年（1862）为粤匪所毁，二年（1863）选贡徐德元重建； 光绪十三年（1887）贡生洪兴运捐建两廊、避雨所。	光绪《乐清县志》卷3《规制志》
平阳县	道光八年（1828）	道光八年知县查炳华倡建，称为"昆阳试院"； 科举废后，始改设小学，旋为县议会场所。	民国《平阳县志》卷6《建置志二》
玉环厅	道光二十二年（1842）	道光二十二年例贡生林植三捐资独建。	《光绪玉环厅志》卷7《学校志》
处州府		丽水、青田、缙云、松阳、遂昌、龙泉、庆元、云和、宣平、景宁。	
青田县	道光十八年（1838）	道光十八年知县梁倬汉、教谕金韵铃、训导李师泌创建； 同治元年（1862）毁于兵，三年（1864）六月知县范基栋饬生员周冕、职员周云龙、附贡叶遇春捐建； 同治十三年（1874）知县雷铣饬监生周步青同弟冕增建东西文场七间。	光绪《处州府志》卷5《建置志》；《光绪青田县志》卷2《建置志》
缙云县	道光二十八年（1848）	道光二十八年署知县汤成烈、教谕尹希伊、训导余伟倡捐建，左右各考棚27间，号舍各440间。	光绪《处州府志》卷5《建置志》
松阳县	咸丰六年（1856）	咸丰六年邑绅劝捐建造，因戊午遭寇未竣。	光绪《松阳县志》卷4《建置志》

上表共列入清代浙江县试考棚 24 座,其地域分布极不平均。如杭州、嘉兴、严州 3 府均无一州县建造县试考棚,湖州府 7 个县中仅孝丰县建造了县试考棚,衢州府 5 个县中仅江山县建造了县试考棚。而绍兴、宁波 2 府县试考棚的分布率则相对更高,台州府更是除了附郭县黄岩县外,其余 5 县均建造了县试考棚。为示简略,表中略去了未建成任何县试考棚的杭、嘉、严 3 府和定海直隶厅。

从时间分布来看,清代浙江各州县创建县试考棚的时间也相对较晚。如浦江县浦阳试院建成于嘉庆二十年（1815）,在全国各省的州县考棚中并不算早,而本县翰林院编修戴殿泗（1746—1825）在其所撰记文中则认为,该考棚的建成对于全省各州县都具有示范性作用:"将见浙东、西州县,必有争先仿效以光试典者!"① 从地方志的记载来看,浦江县考棚确实是清代浙江全省建造最早的一座县试专用考棚,其他如新昌、孝丰两县都是在书院里附建号舍,也就是以书院兼作考试场所,其主体则依然是书院。全省其他县试考棚大多数都建成于道光年间,少量建造于咸丰、同治时期,其中始建于乾隆年间者 1 座,嘉庆年间 4 座,道光年间 14 座,咸丰年间 2 座,同治年间 3 座,合计 24 座（含与书院合建者）。

值得指出的是,清代浙江各地县试考棚大多采取棚厂结构,也就是考生答题区域被建成为若干间考室,每个考室摆放若干副桌凳。这是因为县试与府试、院试一样,都不需要在考场内过夜,因而其棚厂结构也便与各省乡试贡院每名考生独自占用一个小单间的考场结构有所不同。

4. 江西

清代江西承宣布政使司共辖有 14 个府级行政区划单位,下辖 1 散州、4 散厅、75 县。其中虔南厅设于光绪二十九年（1903）,铜鼓厅设于光绪三十三年（1907）,此时科举临近被废或已经被废,均未及建造县试考棚。表 4-28 所摘编的各县考棚资料的文献来源之一为光绪《江西通志》卷 67—69 之《建置略·廨宇一、二、三》,为免冗复,备注栏中不列。经查对,

---

① （清）善广,张景青:《光绪浦江县志》卷 4《建置志》,上海:上海书店出版社,1993 年,第 174 页。

光绪《江西通志》尽管修纂时间较晚，光绪七年（1881）才完成雕版刻印，但其对于各州县考棚的记载依然有所遗漏。比如饶州、九江两府12县的考棚均告漏载，吉安府吉水县、南安府崇义县等个别县份也存在漏载现象。

表 4-28　清代江西县试考棚一览表

地名	始建年份	文献摘编	备注
南昌府		南昌、新建、丰城、进贤、奉新、靖安、武宁、义宁州。	
南昌县	道光十年（1830）	道光十年邑绅捐建，可容数千人。	同治《南昌县志》卷2《建置志》；民国《南昌县志》卷13《学校志下》
新建县	道光二十四年（1844）	道光二十四年知县蔡以修率绅士捐建于城东北隅永和门内，以八卦命名八棚。	《同治新建县志》卷18《公所》
丰城县	嘉庆十二年（1807）	嘉庆十二年邑人李海麟捐建，共有试案坐板一千八百号；咸丰八年（1858）阖邑派费修理。	《同治丰城县志》卷3《建置志》
进贤县	嘉庆二十一年（1816）	嘉庆二十一年黄氏、万氏两家合力捐建，费钱七千余缗，坐号可容一千二百余人。	《同治进贤县志》卷3《公所》
奉新县	嘉庆元年（1796）	嘉庆元年邑人捐建；咸丰间毁，同治初复建。	《同治奉新县志》卷2《学校志》
靖安县	道光二年（1822）	道光二年知县佛尔国春率邑绅捐建。	《同治靖安县志》未载

续表

地名	始建年份	文献摘编	备注
武宁县	道光十七年（1837）	道光十七年邑人张绍玑父子捐银15 345两创建； 咸丰四年（1854）毁，九年（1859）张绍玑孙英澍重修； 咸丰十一年（1861）复毁，同治五年（1866）修。	《同治武宁县志》卷12《公廨》
义宁州	嘉庆二十三年	嘉庆二十三年绅民捐建； 咸丰五年（1855）毁，同治二年（1863）知州邓国恩修葺； 同治九年（1870），知州王维新增修号舍。	《同治义宁州志》卷9《建置志》
饶州府		鄱阳、余干、乐平、浮梁、德兴、安仁、万年。	
余干县	乾隆五十五年（1790）	乾隆五十五年邑人黄国定捐建； 咸丰元年（1851）黄国定之孙等捐助考棚岁修田28.3亩。	同治《余干县志》卷6《学制》
乐平县	未详	原在翥山书院之东； 道光十八年（1838）监生徐振波独力捐修，共费二千金有奇； 咸丰丁巳（1857）粤匪窜扰被毁，九年（1859）徐振波之孙国骅捐资修复。粤匪再至而毁考棚，各乡集资重建。	《同治乐平县志》卷2《建置志》

续表

地名	始建年份	文献摘编	备注
浮梁县	乾隆五十六年①(1791)	乾隆五十六年知县何浩改建昌江书院为考棚，设"人、文、化、成"四棚，共1000多号。	《道光浮梁县志》卷5《公署》
德兴县	嘉庆二十年（1815）	嘉庆二十年生员胡友谦捐建。	同治《德兴县志》卷2《建置志》
安仁县	嘉庆四年（1799）	嘉庆四年例贡毛凤腾捐建；道光七年（1827）毛凤腾子羽丰、翎丰重修；道光二十二年（1842），其孙高翔、飞鹍重修屏墙、头门；咸丰九年（1859）毛高翔、飞鹍复修砖墙、号舍；同治十一年（1872）毛高翔、飞鹍复修砖墙、号舍。	《同治安仁县志》卷12《建置志》
万年县	嘉庆四年	嘉庆四年合邑士民以旧书院基址改建；道光三年（1823）西棚坍塌，合邑重修；咸丰十年（1860）兵燹，合邑按粮筹费捐修。	同治《万年县志》卷3《建置志》
广信府		上饶、玉山、弋阳、贵溪、铅山、广丰、兴安。	

---

① 按，据（清）锡德，石景芬：同治《饶州府志》卷13《职官志五·何浩传》，"何浩，字改夫，会稽人。乾隆丙申（1776）知浮梁，廉慎勤敏"（台北：成文出版社，第1423页）。又据同书卷11《职官志三·县职下》载乾隆年间的浮梁县知县，在何浩之后还有胡熙年等8位知县。即便乾隆五十六年何浩便被议去职，4年中要经历8位知县，似乎不合情理。疑县志卷5《公署》所载浮梁考棚的建造年份有误。

续表

地名	始建年份	文献摘编	备注
玉山县	乾隆五十七年（1792）	乾隆五十七年知县丁如玉建； 道光十八年（1838）知县张兼山重建； 同治六年（1867）知县王大校修葺。	同治《广信府志》卷2《建置志二》
弋阳县	乾隆三十九年（1774）	乾隆三十九年知县吴兴宗同绅士捐建。	同治《广信府志》卷2《建置志二》
贵溪县	乾隆十九年（1754）	乾隆十九年知县李承弼率邑绅捐建； 嘉庆十九年（1814）合邑重修。	同治《广信府志》卷2《建置志二》
铅山县	乾隆三十一年（1766）	乾隆三十一年知县刘承业同绅士捐建； 道光二十二年（1842）知县吴林光修理； 同治三年（1864）毁，四年（1865）知县祥安率邑绅捐建。	同治《广信府志》卷2《建置志二》
广丰县	乾隆三十四年（1769）	乾隆三十四年士绅捐建，后圮； 道光十九年（1839）增贡生俞茂桐独力重建； 同治七年（1868）由县筹款修葺。	同治《广信府志》卷2《建置志二》；同治《广丰县志》卷2《公廨》
兴安县	乾隆三十九年	乾隆三十九年绅民捐建； 咸丰十一年（1861）毁，同治二年（1863）知县杨邦栋偕士民重建。	同治《广信府志》卷2《建置志二》
南康府		星子、都昌、建昌、安义。	
都昌县	嘉庆七年（1802）	嘉庆七年邑绅黄流瓒等以学宫旧址改建考棚，列号230余，坐2800余人； 道光二十九年（1849）知县邱瑞谕令合县绅士修葺考棚； 咸丰初迭为兵毁，九年（1859）邑绅汤士斌等重修，列号舍为天干十棚。	《同治都昌县志》卷2《建置志》

续表

地名	始建年份	文献摘编	备注
建昌县	同治十年（1871）	同治十年知县陈惟清率邑绅捐建。	《同治建昌县志》卷2《建置志》
安义县	道光十二年（1832）	道光十二年邑绅公建；咸丰六年（1856）毁于兵，同治十一年（1872）重建。	同治《南康府志》卷5《建置志》
九江府		德化、德安、瑞昌、湖口、彭泽。	
德安县	道光三年（1823）	道光三年知县包彦布奉宪谕倡捐建造；咸丰四年（1854）被匪损毁，十年（1860）知县管纪勋修葺。	同治《九江府志》卷12《建置志》
瑞昌县	嘉庆二十四年（1819）	嘉庆二十四年创建，共69号；同治十年扩建。	同治《九江府志》卷12《建置志》
湖口县	嘉庆二十二年（1817）	嘉庆二十二年知县宋庚倡捐修建，共58间；咸丰四年兵毁，同治间改建，有号舍16间。	同治《九江府志》卷12《建置志》
彭泽县	嘉庆六年（1801）	嘉庆六年合邑鼎建；咸丰间毁于贼，同治二年（1863）知县李士棻重建。	同治《九江府志》卷12《建置志》
建昌府		南城、新城、南丰、广昌、泸溪。	
新城县	嘉庆四年（1799）	嘉庆四年邑人吴英等公建；咸丰六年毁，同治七年（1868）邑绅筹资修复。	《同治建昌府志》卷2《建置志》
南丰县	道光元年（1821）	道光元年知县刘腾蛟创建；咸丰六年（1856）寇毁。	《同治建昌府志》卷2《建置志》
广昌县	道光二十九年（1849）	道光二十九年邑人黄飞鹏等捐建；咸丰八年（1858）毁，同治元年（1862）飞鹏子祖伊重建。	《同治建昌府志》卷2《建置志》

续表

地名	始建年份	文献摘编	备注
泸溪县	嘉庆五年（1800）	嘉庆五年知县徐培集绅捐建；咸丰十一年（1861）寇毁东西二棚，同治元年知县孙瑞征借作县署。	《同治建昌府志》卷2《建置志》
抚州府		临川、金溪、崇仁、宜黄、乐安、东乡。	
金溪县	乾隆五十六年（1791）	乾隆五十九年邑绅捐建，编坐号二千有余。	《同治金溪县志》卷8《建置志》
崇仁县	嘉庆六年（1801）	嘉庆六年邑人黄杰捐建，共费万余金。	《同治崇仁县志》卷2《建置志》
宜黄县	嘉庆二十年（1815）	嘉庆二十年合邑绅士捐资鼎建于义学旧基，称为"考棚"，可坐1360余人。	《同治宜黄县志》卷12《建置志》
乐安县	嘉庆二十一年①(1816)	嘉庆二十一年知县刘开诚集绅创建；咸丰六年（1856）毁，同治三年（1864）职员曾承祖捐资修复。	同治《乐安县志》卷2《建置志》
东乡县②	嘉庆七年（1802）	嘉庆七年知县周钟泰倡捐，与明伦堂一起建造，坐号1000有奇；光绪初废。	《同治东乡县志》卷15《艺文志》
临江府		清江、新淦、新喻、峡江。	
新淦县	道光三年（1823）	道光三年知县宋庚集绅民捐钱三千余缗建造；咸丰七年（1857）兵毁，同治九年（1870）商人朱梦槐捐资重建。	《同治新淦县志》卷2《建置志》

① 按，光绪《江西通志》卷68《廨宇二》载为"嘉庆十九年"。据光绪《抚州府志》卷19《建置志》所录乐安县人缪其学《考棚大堂记》，乐安县考棚的建造工作始于嘉庆乙亥（1815）之冬，蒇事于嘉庆丙子（1816）夏。

② 按，光绪《抚州府志》卷19《建置志》未载东乡县考棚。

续表

地名	始建年份	文献摘编	备注
新喻县	道光五年（1825）	道光五年监生刘必选、刘咏苹父子捐资5000余两，为号八百有奇。	《同治新喻县志》卷3《建置志》
峡江县	道光二十一年（1841）	道光二十一年知县蒋予检倡建。	《同治峡江县志》卷2《建置志》
瑞州府		高安、新昌、上高、铜鼓厅。	
上高县	嘉庆十四年（1809）	嘉庆十四年知县刘丙修近圣书院，因余地建考棚。	《同治重修上高县志》卷11《艺文志》
新昌县	嘉庆十八年（1813）	嘉庆十八年建；宣统初年废，为高等小学堂。	《民国盐乘》卷4《营建志》
袁州府		宜春、分宜、萍乡、万载。	
分宜县	嘉庆十六年（1811）	嘉庆十六年历时三年建成，费钱不下万缗；民国元年（1912）改为学校讲堂；民国四年（1915）改为一区中心小学校。	《同治分宜县志》卷2《建置志》；民国《分宜县志》卷6《建置志》
萍乡县	乾隆五十七年	乾隆五十七年合邑公建；嘉庆二十一年（1816）合邑公修；道光二年（1822）兴贤庄公建雨亭。	同治《萍乡县志》卷2《建置志》；《民国昭萍志略》卷2《建置志》
万载县	嘉庆四年（1799）	嘉庆四年合邑土七客三捐资近8000金创建；道光二十六年（1846）以修学宫余款添建两廊号舍520座；咸丰六年（1856）寇毁，同治八年（1869）邑绅宋仕豪捐建，费1600两有奇，计坐号2200有奇。	《同治万载县志》卷8《建置志》；《民国万载县志》卷2《营建志》

续表

地名	始建年份	文献摘编	备注
吉安府		庐陵、泰和、吉水、永丰、安福、龙泉、万安、永新、永宁、莲花厅。	
泰和县	嘉庆十年（1805）	嘉庆十年公建； 道光十四年（1834）县绅吴捷元续修； 道光三十年（1850）县绅刘景云补修； 咸丰五年（1855）毁，八年（1858）邑绅萧鼎梅重建。	光绪《吉安府志》卷7《建置志》
吉水县	嘉庆二十四年（1819）	嘉庆二十四年阖邑公捐数千金，建成考棚，有"一片承平雅颂声"七棚；咸丰六年（1856）毁于兵，同治十一年（1872）劝捐修葺。	光绪《吉水县志》卷13《建置志》
永丰县	嘉庆十三年（1808）	嘉庆十三年知县李金台倡建； 嘉庆十五年（1810）知县王榘曾增修； 嘉庆十六年（1811）知县陈天爵增修； 嘉庆二十一年（1816）知县牛廷炤增修； 咸丰五年毁，同治五年（1866）县人欧阳贞重修。	光绪《吉安府志》卷7《建置志》；《同治永丰县志》卷7《公廨》
安福县	嘉庆四年（1799）	嘉庆四年知县孙范金倡建，合计费钱万千有奇，共建六棚，可容三千余人。	《同治安福县志》卷17《艺文志》

续表

地名	始建年份	文献摘编	备注
龙泉县	乾隆五十三年（1788）	乾隆五十三年知县胡光祖率绅倡建，置坐号二千余； 嘉庆十三年（1808）邑绅重修； 道光十年（1830）胡言扬独力捐修，添坐号五百余，添建雨棚； 道光二十七年（1847）知县徐希纶劝捐补修； 咸丰六年（1856）太平军拆毁，同治五年（1866）绅耆公捐重建。	《同治龙泉县志》卷3《建置志》
万安县	嘉庆二十四年（1819）	嘉庆二十四年建，计六棚，坐号一百一十三条，可坐二千余人； 咸丰六年后多次寇毁，同治四年（1865）邑人刘士楠修复。	《同治万安县志》卷2《建置志》
永新县	嘉庆十七年（1812）	嘉庆十七年知县王章、郭元揆率邑绅倡建，历时六年，耗资15000余缗； 咸丰五年（1855）毁，同治元年（1862）知县黄汝梅集绅重修。	光绪《吉安府志》卷7《建置志》；《同治永新县志》卷6《建置志》
永宁县	嘉庆二十四年	嘉庆二十四年知县刘飞倡劝绅耆捐资鼎建，共东西二棚，分八座，计八百号； 同治六年（1867）被寇拆毁，邑绅萧文龙公后裔、尹可山等修复。	《同治永宁县志》卷2《公廨》
莲花厅	嘉庆十五年（1810）	嘉庆十五年士绅醵金创建； 咸丰十年（1860）重修。	光绪《吉安府志》卷7《建置志》
赣州府		赣县、于都、信丰、兴国、会昌、安远、长宁、龙南、定南厅、虔南厅。	

续表

地名	始建年份	文献摘编	备注
雩都县	嘉庆十五年（1810）	嘉庆十五年知县雷学淦、牛廷炤创建；咸丰七年（1857）毁，同治六年（1867）知县颜寿芝修复。	《同治雩都县志》卷4《建置志》
信丰县	道光四年①（1824）	道光四年邑绅公建，考棚大堂后为书院讲室。	《同治信丰县志续编》卷7《学校》
兴国县	嘉庆十八年（1813）	嘉庆十八年知县俞之钰创建，名为"潋江试院"。	《同治兴国县志》卷8《公署》
会昌县	嘉庆十七年（1812）	嘉庆十七年知县曾晖春率邑人创建。	《同治会昌县志》卷8《公署》
安远县	道光十六年（1836）	道光十六年知县陈隽倡捐建造，共费钱8426.32千文，有坐号千余座；同治十一年东文场崩颓。	《同治安远县志》卷2《试院》
长宁县	嘉庆二十五年（1820）	嘉庆二十五年知县李衢倡建。	
宁都直隶州		瑞金、石城。	
瑞金县	未详	在锦江书院。	
石城县	未详	在琴江书院。	
南安府		大庾、南康、上犹、崇义。	
南康县	道光八年（1828）	道光八年邑绅创建；道光十六年知县王骎劝令城乡绅富增修；咸丰十年（1860）知县周汝筠增修；同治十年（1871）知县沈恩华增修。	《光绪南安府志补正》卷2《公署》

---

① 按，光绪《江西通志》卷69《建置略·廨宇三》载信丰考棚修建于道光三十年（1850），当误（《续修四库全书》第657册，第625页）。

续表

地名	始建年份	文献摘编	备注
上犹县	道光二十三年（1843）	道光二十三年知县许琛倡捐创建。	《光绪南安府志补正》卷2《公署》
崇义县	道光十三年（1833）	道光十三年知县王修地捐资重修旗阳书院，并添建左右号舍屏格、生童考试桌凳。	《（咸丰）崇义县续志》卷2《建置志》

清代江西是全国建造县试考棚最为积极的省份之一。嘉庆二十年（1815）南昌府义宁州学正、抚州府临川县人黄文榘曾经指出，"近年来吾江右属县建立考棚者，指而数之过半"。① 而在同治十年（1871）建昌县邑绅合力捐建县试考棚时，知县陈惟清则说："考棚为试士之区，州邑所必有者也。"② 说明就其所见来说，当时江西的州县考棚已经非常普遍。事实上也正如陈惟清所看到的那样，清代江西各州县考棚确实在全国首屈一指。全省14个府级行政区划单位所辖的80个厅州县中，除了12个附郭县因为可以共用学政试院而未建县试考棚，③ 其他68个厅州县中有64个建成了考棚（含南昌、新建二县）。而未建考棚的4个厅县中，铜鼓、虔南2厅均因建置年份太晚而没有机会建造考棚，实际因各种原因而未建考棚的只有龙南县与定南厅，也就是说，清代江西省在科举实施年代的78个州县，有76个都建有可供其举行县试的考棚。而未建考棚的龙南县与定南厅都是地处较为偏远的赣南山区，不仅经济发展较为落后，科举氛围也相对较弱。当然，据《（咸丰）崇义县续志》记载，道光十三年（1833）崇义

---

① （清）黄文榘：《初建考棚落成记》，（清）王维新，涂家杰：《同治义宁州志》卷32《艺文志》，南京：江苏古籍出版社，1996年，第628页。
② （清）陈惟清，闵芳言，王士彬：《同治建昌县志》卷2《建置志》，南京：江苏古籍出版社，1996年，第475页。
③ 清代江西共有13府、1直隶州，其中南昌府附郭县有2个，即南昌、新建二县，因此全省共有14个附郭县。其中南昌、新建二县也建造了县试考棚，它们是全国唯一同时兼有乡试贡院、学政试院和县试考棚的双附郭县。

县知县王修地捐资重修旗阳书院,"添建左右号舍、屏格、生童考试桌凳",①说明崇义县考棚是一座附属型的县试考棚。

从时间分布来看,在清代江西的64座县试考棚,创建于乾隆年间的有11座,嘉庆年间33座,道光年间16座,同治年间1座,另有3座考棚始建年份不详。

5. 福建

如前所述,在1895年台湾被日本强占之前,今天的福建、台湾两省在长达200多年的时间内都是同属清代福建省。约在光绪十三年(1887)前后,两省的县级行政区划为4厅、68县。由于各地所编纂的府县志涵盖的时间范围各不相同,本文从《中国方志丛书》《中国地方志集成》以及《福建通志》等各福建地方志中查到的县试考棚的数量并不太多,因此表4-29采取的是"清代江苏县试考棚一览表"的著录格式,略去所有未建县试考棚的州县。

表4-29 清代福建县试考棚一览表

地名	始建年份	文献摘编	备注
大田县	未详	咸丰三年(1853)黄友煽乱后权借为县署; 光绪三十二年(1906)知县李浦霖将考棚改造学舍; 民国年间改造为县立第一小学校。	民国《大田县志》卷3《建筑志》

---

① (清)汪报闻,陈世玮:《(咸丰)崇义县续志》,清咸丰六年(1856)刻本,卷1《建置志·学校》,第11页。

续表

地名	始建年份	文献摘编	备注
德化县	嘉庆十五年（1810）	嘉庆十五年知县申允继倡议绅董就图南书院建造考棚，编坐号1200有奇；道光二年（1822）移图南书院于治西教谕旧署，因专额曰试院；光绪三十二年（1906）知县佘鹤鸣改建官立两等小学堂；宣统二年（1910）改名官立第一高等小学堂。	《民国德化县志》卷6《建置志》
凤山县	光绪元年（1875）	光绪元年增贡生蔡垂芳董建，共有房间三十六间，闽籍廊号十间400号，粤籍廊号六间240号。	卢德嘉《凤山县采访册》
光泽县	乾隆二十五年（1760）	乾隆二十五年知县王瑶在杭川书院附建考棚。	光绪《光泽县志》卷1《时事表》
建阳县	光绪十年（1884）	光绪八年（1882）知县八十四捐廉倡首筹捐一千两有奇，建造考棚；光绪三十二年知县施文藻与邑绅将考棚改建为第一高等小学校之寄宿舍、礼堂等。	《民国建阳县志》卷6《学校志》
清流县	嘉庆十九年（1814）	嘉庆甲戌教谕余殿荣筹资建造；道光十年（1830）知县吴光汉倡修；光绪三十四年（1908）改官立小学堂为县立高等小学堂，葺考棚以广之。	道光《清流县志》卷5《学校志》；《民国清流县志》卷4《大事志》
沙县	光绪十五年（1889）	光绪十五年知县章国均谕令绅士俞凤等募捐创建，称为"虬溪试院"；民国年间改为县立高等小学校。	民国《沙县志》卷4《建筑志》

续表

地名	始建年份	文献摘编	备注
顺昌县	乾隆四十年（1775）	乾隆四十年邑贡生陈长燝捐建；后改为协镇衙门；光绪末年绿营裁撤，改为教育会、农会会所；民国间改为军队驻扎所。	《民国顺昌县志》卷10《建设志》
同安县	同治四年（1865）	同治四年知县白冠玉倡捐创建考棚；光绪三年（1877）邑绅叶文澜于贞素堂后增建考棚；光绪二十五年（1899）杜文艮重修考棚。	民国《同安县志》卷7《建筑志》
新竹县	光绪十二年（1886）	光绪十二年知县方祖荫倡捐建造，列坐1000号，费番银8900多元；光绪二十年（1894）倡捐修理。	《新竹县志初稿》；《台湾私法物权编》第4章
政和县	道光二十三年（1843）	道光二十三年知县袁万里始建东和试院，费钱3800有奇；光绪五年（1879）知县席珍与邑绅范光璋等41人募资重建；光绪三十二年（1906）知县陈寿昌改为东和学校。	民国《政和县志》卷13《学校志》

总体来说，清代福建（含台湾省）各州县对于建造县试考棚的热情较低，全省60多个州县中只有9个州县建造了考棚，而较早建造独立的县试考棚的顺昌县则因被往来官差借住及被协镇占用，很早便失去了县试考棚的性质。反而是隔海相望的台湾府（台湾省），在建造各级贡院上表现出了较大的热情，不仅台北、台南、台湾三府全部创建了学政试院，而且凤山、新竹二县也捐资建造了县试考棚。福建省（含台湾）的这11座县试考棚的时间分布为：乾隆2座，嘉庆2座，道光1座，同治1座，光绪4座，另有1座始建年代未详。

6. 山东

如前所述，清代山东省共辖有10府、3直隶州，下辖8散州、96县。

由于目前存世山东地方志中多为清代中前期及民国中后期版本，前者于清代后期各类贡院的发展情况未及刊载，后者因为修志体例变更因而对于清代贡院又多语焉不详，因此相比于安徽、江西等省，山东省贡院资料的查阅难度相对更大。清代山东县试考棚的修建情况参见下表。

表 4-30　清代山东县试考棚一览表

地名	始建年份	文献摘编	备注
济南府		历城、章丘、邹平、淄川、长山、新城、齐河、齐东、济阳、禹城、临邑、长清、陵县、德州、德平、平原。	
长清县	光绪十四年（1888）	光绪十四年知县苏杰倡捐建造；光绪三十年（1904）改设高等小学堂；民国四年（1915）改为高等小学校；民国十三年（1924）改为高级小学校；民国十七年（1928）改为县立第一小学。	民国《长清县志》卷2《地舆志下》
陵县	同治十年（1871）	同治十年知县戴杰重修三泉书院，东西两廊建号舍十间，制备考桌凳各七十件；光绪二十八年（1902）书院改建官立高等小学堂；民国二十三年（1934）改为三泉小学校。	光绪《陵县志》卷11《学校志》；《民国陵县续志》卷2第七编《教育》
德平县	光绪三年（1877）	光绪三年知县周尔梅倡议监生庞景奎独力捐资建造；光绪七年（1881）知县蒋树屏、文生阎汝霖倡捐增建东西号舍各十楹；光绪二十九年（1903）于白麟书院设官立高等小学堂，试院、文昌阁悉并在内。	光绪《德平县志》卷2《建置志》；《民国续修德平县志》卷8《教育》
东昌府		聊城、堂邑、博平、茌平、清平、莘县、冠县、馆陶、高唐、恩县。	

续表

地名	始建年份	文献摘编	备注
清平县	道光二十四年（1844）	道光二十四年知县林上砥于书院之前段增修东西考棚各九楹； 同治五年（1866）知县桂昌募集巨款修葺，合计有房舍九十间； 光绪二十四年（1898）知县李铨重修； 光绪三十年（1904）改为高等小学堂。	民国《续修清平县志》卷2《建置志》
莘县	光绪二十四年（1898）	光绪二十四年知县王澂捐廉创建； 光绪末年改设学堂。	民国《莘县志》卷5《教育志》
高唐县	道光五年（1825）	道光五年知州崔颀劝捐，将文昌阁后隙地添建考院，增修号舍。	《光绪高唐州志》卷3《书院》
泰安府		泰安、肥城、新泰、莱芜、东平州、东阿、平阴。	
肥城县	道光二十九年（1849）	道光二十九年知县梁康辰、训导张运长集资于鸾翔书院修建南北考棚二座； 光绪二年（1876）知县程西池集资重修，十三年（1887）竣工。	《光绪肥城县志》卷5《学校志》
莱芜县	同治二年（1863）	同治癸亥邑绅合力捐建试院，有号舍二十六间； 光绪三十二年（1906）二月改为公立高等小学堂； 民国二年（1913）官立、公立高等小学堂两校合并为县立高等小学校； 民国九年（1920）改为县立中学校。	《民国莱芜县志》卷12《学校志》；《民国续修莱芜县志》卷11《政教志》
东平州	咸丰三年（1853）	咸丰三年知州吴沨改建龙山书院于小东门内路北，东为书院，西为试院，东西考棚各三十间。	《光绪东平州志》卷6《建置考》

续表

地名	始建年份	文献摘编	备注
东阿县	道光二十六年（1846）	道光二十六年知县汪南金创建谷城书院，仅供考棚之用； 光绪二十二年（1896）知县张世卿改名校士分馆； 光绪二十九年（1903）知县李桂芬奉令改名高等小学堂； 民国十八年（1929）改名县立第一小学校。	民国《东阿县志》卷8《政教志四》
武定府		惠民、青城、阳信、海丰、乐陵、商河、滨州、利津、沾化、蒲台。	
乐陵县	道光十九年（1839）	道光十九年知县宗元醇倡捐。	《咸丰武定府志》卷8《学校志》
蒲台县	道光二十九年（1849）	道光二十九年孀妇刘冯氏继故夫刘保佑之志，命长子理问衔刘振骧捐建考棚。	《咸丰武定府志》卷8《学校志》
兖州府		滋阳、曲阜、宁阳、邹县、泗水、滕县、峄县、汶上、阳谷、寿张。	
邹县	咸丰八年（1858）	咸丰八年知县林士琦扩建近圣书院，并依考棚式建号舍，俾岁科县试童子亦于此。十年（1860）工乃毕，东西考棚各十间。	《光绪邹县续志》卷4《学校志》
泗水县	同治十一年（1872）	同治十一年知县闽南邓升俊创建，东西棚各六间。	《光绪泗水县志》卷7《学校志》
阳谷县	光绪十四年（1888）	光绪十四年知县刘承宽募捐倡修。	民国《阳谷县志》卷3《公署》
沂州府		兰山、郯城、费县、莒州、沂水、蒙阴、日照。	

续表

地名	始建年份	文献摘编	备注
莒州	道光二十年（1840）	道光二十年知州李舒翘创建城阳书院，兼为考棚；光绪十三年（1887）知州周秉礼筹集1.3万贯全面改建；光绪二十九年（1903）改为校士馆；光绪三十年（1904）改为高等小学。	《民国重修莒志》卷29《经制志》
曹州府		菏泽、单县、巨野、郓城、城武、曹县、定陶、濮州、范县、观城、朝城。	
巨野县	光绪三年（1877）	光绪三年麟州书院，建东西文场各十五间；光绪三十一年（1905）改为高等小学堂。	《民国巨野县志》卷1《建置志》
郓城县	光绪二年（1876）	光绪二年改建步云书院为宣文书院，于讲堂前建东西考棚。	《光绪郓城县志》卷2《书院》
曹县	光绪元年（1875）	光绪乙亥知县冯恩培倡邑人谢森捐制钱5500千文建，东西文场各二十间。	《光绪曹县志》卷2《建置志》
登州府		蓬莱、黄县、福山、栖霞、招远、莱阳、宁海州、文登、荣成、海阳。	
黄县	道光二十九年（1849）	道光二十九年知县宋炜图倡修文庙，以余资购地创建考棚。	《同治黄县志》卷2《书院》
栖霞县	道光二十六年（1846）	道光二十六年知县方传植与霞山书院同时创建。	《光绪登州府志》卷10《学校志》
招远县	未详	在书院仪门内。	《光绪登州府志》卷10《学校志》

第四章 清代贡院的时空分布 375

续表

地名	始建年份	文献摘编	备注
莱阳县	道光三十年（1850）	道光三十年知县凌泰磐扩建庐乡书院，设厢房五十四间，初备县试之用，试后仍同虚设，光绪十二年（1886）后才开始招生； 光绪三十一年（1905）改建为高等小学堂与示范传习所； 民国十年（1921）改为县立中学，附设小学。	《光绪登州府志》卷10《学校志》；《民国莱阳县志》卷2《教育》
宁海州	道光二十七年（1847）	道光二十七年知州博文创建新牟平书院，即书院仪门内建造东西号舍各十间； 清末学制维新，改为县立两等小学； 民国三年（1914）修整东西考棚，分设教室，扩为完全多级小学，附设师范传习所。	《光绪登州府志》卷10《学校志》；《民国牟平县志》卷2《地理志》
文登县	咸丰四年（1854）	咸丰四年知县赵敏功建； 光绪九年（1883）重修。	《光绪文登县志》卷2《官廨学校》
海阳县	道光十六年（1836）	道光十六年知县邓肇嘉创建； 咸丰三年（1853）知县王文焘增修。	《光绪海阳县续志》卷1《建置志》
莱州府		掖县、平度州、潍县、昌邑、胶州、高密、即墨。	
平度州	同治六年（1867）	同治六年知州海澄改西关歇业质库为考院； 同治十年（1871）知州吉灿升扩建号舍； 清季设高等小学； 民国年间改名西关小学。	民国《续平度县志》卷5《政治志》

清代贡院史

续表

地名	始建年份	文献摘编	备注
胶州	道光二十五年（1845）	道光二十五年知州张同声创建，巡抚觉罗崇恩题额"思乐堂"； 光绪三十年（1904）知州余则达增修考院，共计房七十二间； 光绪三十一年（1905）改建高等小学堂； 民国六年（1917）将高等小学校迁于考院； 民国十七年（1928）改名第一小学校。	《道光胶州志》卷13《建置志》；民国《胶志》，卷8《疆域志》
高密县	同治十一年（1872）	同治十一年知县陈来忠建通德书院，共号舍五十六间（外院设住厦三间），坐号共一千七百号。	《民国高密县志》卷9《教育》
青州府		益都、博山、临淄、博兴、高苑、乐安、寿光、临朐、安丘、昌乐、诸城。	
博山县	光绪元年（1875）	光绪元年知县王维鹤同绅民创建，有考棚六十间； 光绪三十一年邑绅即其地成立公立高等小学堂； 民国元年（1912）官、公合并后逐渐改建； 民国二十六年（1937）为县立考院小学校。	民国《续修博山县志》卷3《建置志二》
临朐县	嘉庆十二年（1807）	嘉庆十二年邑人朱良谟、马骏龙各捐钱三千缗创立； 民国元年（1912）改明伦堂考棚为单级教员养成所； 民国四年（1915）改为师范传习所，民国以来县内小学教师十九皆毕业于此。	《光绪临朐县志》卷7《学校志》；《民国临朐县志》卷12《教育略》

上表共列有清代山东省的31座县试考棚。从地域分布来看，登州府的

县试考棚分布最为普遍，全府 10 个州县中，除附郭县蓬莱县外，只有福山、荣成二县未建考棚。而临清、济宁两个直隶州所辖 6 县则无一建造了县试考棚。为免冗复，表中略去未建县试考棚的州县。从时间分布来看，清代山东各州县县试考棚的建造时间都相对较晚，除了青州府临朐县考棚建成于嘉庆十二年（1807）外，其余 30 座州县考棚绝大部分建造于道光（13 座）、咸丰（3 座）、同治（5 座）和光绪（8 座）年间。

另外，从考棚的选址来看，清代山东有不少考棚被附建于当地书院之中，也就是并非一种独立存在的专门贡院。如登州府黄县考棚便位于"书院内西偏"[①]；栖霞县考棚也是与书院同时建造的，"西为校试、月课之所，东为书院"[②]；莱阳县庐乡书院从道光三十年（1850）开始便只是"初备县试之用，试后仍同虚设"[③]；文登县考棚"在文山书院"[④]，宁海州新书院在道光二十七年（1847）建成后，"并为州之考棚"[⑤]。其他如牟平县、海阳县、肥城县、德平县、陵县、邹县、巨野县、郓城县、东明县、高唐州等也都是如此。

二、华北各省县试考棚的时空分布

1. 直隶

清代直隶共有 12 府 7 直隶州 3 直隶厅，下辖 9 散州、1 散厅、104 县。据查《中国方志丛书》《中国地方志集成》及部分单行本地方志，我们发现清代直隶各州县中建造了县试考棚的极为罕见。

---

① （清）尹继美：《同治黄县志》卷 2《建置志》，南京：凤凰出版社，2004 年，第 417 页。

② （清）方传植：《重修霞山书院碑记》，（清）黄丽中，于如川：《光绪栖霞县续志》卷 9《艺文志》，南京：凤凰出版社，2004 年，第 296－297 页。

③ 梁秉锟，王丕煦：《民国莱阳县志》卷 2《政治志》，南京：凤凰出版社，2004 年，第 309 页。

④ （清）李祖年，于霖逢：《光绪文登县志》卷 2《官廨》，南京：凤凰出版社，2004 年，第 44 页。

⑤ （清）舒孔安，王厚阶：《同治重修宁海州志》卷 7《学校志》，南京：凤凰出版社，2004 年，第 386 页。

表 4-31 清代直隶县试考棚一览表

地名	始建年份	文献摘编	备注
沧州	光绪九年（1883）	光绪九年知州赵秉恒、州人刘凤舞等公建于渤海书院内东。	《光绪重修天津府志》卷 35《学校志》
长垣县	同治十年（1871）	同治十年知县陈金式、观祜捐建修补书院，并建造号舍 24 间。	同治《增续长垣县志》卷上
东明县	光绪二十三年（1897）	光绪二十三年知县曹景郕仿文庙花捐旧规，收制钱九千余贯创建；宣统二年（1910）改并高等小学堂。	民国《东明县续志》卷 1《建置志》
巨鹿县	光绪二年（1876）	光绪二年知县张春熙移建广泽书院，附建两翼号厂各三十楹，兼作县试考棚。	光绪《巨鹿县志》卷 3《学校志》
宁津县	光绪二十二年（1896）	光绪二十二年经两任知县捐俸募捐筹银 5200 余两建成考棚，东西瓦厦各九楹，每楹三号。	光绪《宁津县志》卷 4《学校志》
祁州	光绪六年（1880）	光绪六年知州朱闻保与士绅捐资创建贞文书院，东院为书院讲堂，西院为试士院；光绪末年改为高等小学堂新班教室、自修室。	民国《安国县新志稿》卷 1《舆图志》
元城县	光绪二十一年（1895）	同治十一年（1872）知县吴大镛倡捐 13000 余缗建造贵乡书院；光绪二十一年知县唐则瑀于书院仿贡院程式增修考棚。	民国《大名县志》卷 9《教育志》
枣强县	同治十三年（1874）	同治十三年知县方宗诚重建大原书院，劝员外郎李咸临、贡生李执玉、千总衔武生李清华、六品衔李建龄，以书院西宅基一所，捐归书院，永为岁科县试之考棚。	光绪《枣强县志补正》卷 1《书院补正》

第四章 清代贡院的时空分布 —— 379

从地域分布来看，清代直隶 114 个县级行政区划单位仅有 8 座县试考棚，分布率不到 8%。正定府（14 州县）、广平府（10 州县）、承德府（4 州县）、宣化府（10 州县厅）、永平府（7 州县）以及遵化、易州、赵州、深州、定州 5 个直隶州所辖 13 州县均未建造考棚。从时间分布来看，这 8 座考棚均建造于同治、光绪年间。从建筑选址来看，8 座县试考棚有 6 座附建于书院，只有东明和宁津二县考棚属于县试专用考棚。

2. 山西

清代山西 9 府、10 直隶州、12 直隶厅，其中 12 直隶厅均未辖州县，9 府、10 直隶州合计辖有 6 散州、85 县。由于光绪《山西通志》只记载了山西乡试贡院和各府、直隶州的学政试院，未载县试考棚，故而本文只能逐一查阅《中国方志丛书》和《中国地方志集成》等地方志丛书，以及中国国家图书馆数字方志库中的数据，列表展示清代山西各州县考棚的基本情况。

表 4-32 清代山西县试考棚一览表

地名	始建年份	文献摘编	备注
广灵县	咸丰元年（1851）	咸丰元年知县官德于延陵书院内讲堂东院建造号舍二所。	光绪《广灵县补志》卷 2《营建志》
崞县	同治五年（1866）	同治五年知县万启钧倡捐建造，费钱一万余缗。	《光绪续修崞县志》卷 7《艺文志上》
河津县	嘉庆十九年（1814）	嘉庆十九年县令沈千鉴创建。	《嘉庆河津县志》卷 3《公署志》
灵丘县	同治六年（1867）	同治六年知县陈世培倡捐修建。	《光绪灵丘县补志》卷 9《艺文志》、卷 10《补遗志》
清源乡	同治三年（1864）	同治三年徐沟县知县程豫、训导李有光等倡建梗阳书院，于其中建造考棚。	《光绪清源乡志》卷 5《学校志》

续表

地名	始建年份	文献摘编	备注
曲沃县	道光二十一年（1841）	道光二十一年知县张兆衡倡建，有号舍十六间；民国年间改为县立第一高级小学校。	《民国新修曲沃县志》卷24《营建考》
荣河县	同治十二年（1873）	同治十二年知县戴儒珍创建，有东西号舍各十楹。	
襄陵县	道光十年（1830）	道光十年知县王逢寿重修姑汾书院，增建考棚；光绪三十二年（1906）书院改组为高等小学堂；民国元年（1912）改为高等小学校。	民国《襄陵县志》卷17《学校志》
襄垣县	道光二十七年（1847）	道光二十七年知县卓熙泰建修漳川书院，前立考棚，东西各十三间。	《民国襄垣县志》卷6《学校志》
阳城县	同治十一年（1872）	同治十一年知县赖昌期倡捐2800余两，东西号舍可列坐四五百人，称为获泽试院。	同治《阳城县志》卷15《艺文志》
盂县	道光二十一年（1841）	道光二十一年知县康孔昭倡建；道光二十八年（1848）知县李鸿畴增建龙门；同治五年（1866）知县张士霖增建武考"观德堂"。	《光绪盂县志》卷8《建置考》
榆次县	光绪五年（1879）	光绪五年富绅捐资建置考院。	《光绪榆次县志》卷1《建置志》

上表共列有12座县试考棚，说明其在山西全省的空间分布率显然是极低的。从时间分布来看，这些考棚大多建成于清代后期，其中嘉庆年间1座，道光年间4座，咸丰年间1座，同治年间5座，光绪年间1座。另外，这12座县试考棚约有一半建于书院之中。

三、华中各省县试考棚的时空分布

1. 河南

清代河南 16 个府级行政区划单位,共辖有 101 个县级行政区划单位,包括 5 散州、96 县。不过,由于郑州和淅川厅是在科举被废后才升格为直隶州、厅,因此河南在清代实行科举考试的年份中,实际上存在 103 个县级行政区划单位。

需要指出的是,不论是各年代版本的《河南通志》,还是各府、直隶州的方志,都没有统一记载全省、全府、全直隶州的县试考棚。这一定程度上增加了本文查找和统计河南省各州县县试考棚的难度。本文主要根据台湾成文出版社影印版《中国方志丛书》中河南省各地方志的记载,编制了表 4-33"清代河南县试考棚一览表"。

表 4-33 清代河南县试考棚一览表

地名	始建年份	文献摘编	备注
长葛县	道光二十六年（1846）	道光二十六年监生王嗣曾独力捐资创修; 光绪十二年（1886）监生左应旂独力捐资扩修文场; 光绪十三年（1887）重修严师堂五间,内附冰鉴轩、东西看卷所六间,培风堂五间; 光绪十四年（1888）重修龙门、廪保礼房所等; 光绪三十三年（1907）废科举兴学堂,左应旂仍独力捐资改为高等小学校,东西文场改造学生寝室,冰鉴轩改为第一教室,培风堂改为第二教室; 民国二年（1913）陆军驻此失火焚东斋房十六间,县知事苗德垩提罚款五百千、继县知事何毓琦复提罚款一百余缗重修。	民国《长葛县志》卷 2《营缮志》

续表

地名	始建年份	文献摘编	备注
扶沟县	光绪十一年（1885）	光绪十一年知县孟宪璋辟书院旧地劝捐建造文场，题额"大程书院"。东西号舍各十三楹，费钱一万五千缗有奇。	光绪《扶沟县志》卷4《建置志》
巩县	未详	考院在旧城南大街路西；清末改为高等小学校。	民国《巩县志》卷6《建置志》
光山县	未详	光绪三十一年（1905）改旧试院为劝学所，以司一县教育；光绪三十一年兴学，即于旧试院内设一师范传习所；民国元年（1912）秋又立一师范简易科，民国二年（1913）突遭土匪抢劫县署，及白匪陷城，时办时停；民国三年（1914）春奉令将该校改为小学教员讲习所。	民国《光山县志约稿》卷2《教育志》
滑县	道光二十年（1840）	道光二十二年（1842）知县秦敦原捐俸为倡，在欧阳书院后院建造考棚；光绪二十五年（1899）知县盛元均增建考棚；光绪三十二年（1906）知县吕相曾改为景贤学堂；光绪三十四年（1908）改为官立两等小学堂；民国元年改名县立高等小学校。	民国《重修滑县志》卷10《教育六》

续表

地名	始建年份	文献摘编	备注
浚县	道光十八年（1838）	道光十八年知县王步鳌在希贤书院中增建号舍，兼作县试考棚； 咸丰十年（1860）知县李德坊重修书院，增置石几桌凳； 光绪十一年（1885）知县黄璟增建号舍石桌凳。	光绪《续浚县志》卷4《建置志》
林县	嘉庆二十二年（1817）	知县周百顺于黄华书院后购民房改建讲堂、斋舍，并建考棚三十间； 道光八年（1828）知县周起滨增修斋舍、考棚； 光绪三十二年（1906）改为学校。	民国《林县志》卷7《教育志》
灵宝县	道光二十一年（1841）	道光二十一年知县严正基创建。	光绪《灵宝县志》卷2《学校志》
卢氏县	道光三十年（1850）	道光三十年知县刘应元捐廉倡建，共有坐号八百余号； 同治元年（1862）寇毁，同治三年（1864）知县秦家驹捐廉募捐重建。	光绪《卢氏县志》卷15《艺文志》
鹿邑县	光绪二年（1876）	光绪二年知县张书绅重修鹿鸣书院，并拓基建号舍，为岁科试儒童战艺之所，因易名为试院。	《光绪鹿邑县志》卷7《学校志》
孟县	道光十四年（1834）	道光十四年知县顾廷琥创建河阳试院； 光绪九年（1883）知县王兰森重修； 民国元年（1912）迁县立第一小学校于试院。	民国《孟县志》卷3《建置志》

续表

地名	始建年份	文献摘编	备注
确山县	康熙三十三年（1694）	康熙三十三年知县孙京改建新察院为试院①； 道光二十九年（1849）己酉知县王士桓重修； 同治八年（1869）知县戴文海增修号舍八间； 光绪十八年（1892）知县达信倡捐增修号舍等房屋十七间； 光绪三十年（1904）设劝学所于试院； 民国二十年（1931）前半为教育局，后半为武装警察队。	《民国确山县志》卷4《建置志》、卷24《文征下》
商水县	同治六年（1867）	同治六年知县叶尔安建于凤台书院废址； 同治十年（1871）知县曹文昭添置号板器具； 光绪二十二年（1896）知县李焕新增修号房二十三楹； 民国四年（1915）改为关岳庙。	民国《商水县志》卷9《学校志》

---

① 按，关于确山县试院的始建年份，《民国确山县志》的记载前后相互矛盾。其中卷4《建置志》记载"康熙三十三年，知县孙京重修，改为试院"（民国二十年铅印本第4—2页）。而卷24《文征下》则记载，确山县试院是由"国初吴文端公"在其任内"因藩邸遗址，构而葺之，为试士之所"（第18—1页）。据同书卷7《职官考》（第6—2页）、《宦绩传》（第18—2页）及《清史稿·吴琠传》（中华书局1977年版第9963—9965页）记载，"吴文端公"当为吴琠（1637—1705），山西沁州人，顺治十六年（1659）进士，康熙六年（1667）至康熙十三年（1674）间任确山知县。后官至保和殿大学士兼刑部尚书，卒谥文端，雍正年间入祀贤良祠。据查县志《宦绩传》与卷23《文征中》所录邑人翟昌"邑侯吴公德政记"（第14—15页）以及《清史稿》中均未明确记载吴琠修建确山试院之事。故本文将确山试院的创建者认定为知县孙京。

续表

地名	始建年份	文献摘编	备注
夏邑县	光绪十三年（1887）	光绪十三年知县陆钢、邑绅彭麟昌倡捐重修崇正书院，并建造考棚，称为试院；光绪三十年（1904）改为学堂。	民国《夏邑县志》卷2《建置志》
项城县	道光二十六年（1846）	道光二十六年阖邑绅董劝捐重修莲溪书院，旧旁隙地增设考棚；同治八年（1869）邑侯李慰乔暨阖邑绅董劝捐修理，号板易木为石；光绪三十年改为高等小学堂。	宣统《项城县志》卷9《学校志》
新乡县	同治八年	同治八年在古廊书院添修东西号舍五六十间，俱用青石代桌凳，备县试文场用，就书院前隙地修箭道，备县试武场校射用；废科举后，号舍改建学舍，武场改为学校操场。	民国《新乡县续志》卷1《学校志》
信阳州	咸丰八年（1858）	咸丰八年邑附生陈龙光之子荣林、炳林继承先志，捐钱八千余缗创建；光绪十七年（1891），炳林之子庭模捐钱二千九百串有奇拓修；光绪末年庭模次子其训捐资改试院为县两等学堂；民国年间改为县立小学校。	民国《信阳县志》卷13《教育一》
荥阳县	道光十年（1830）	道光十年知县熊燮创建考棚，称为成皋试院；道光三十年（1850）知县李洁、杜德咸重修。	民国《续荥阳县志》卷5《学校志》
叶县	未详	布政分司，在城隍庙西。今废，其地为试院。	同治《叶县志》卷2《建置志》

续表

地名	始建年份	文献摘编	备注
伊阳县	道光六年（1826）	道光六年知县张道超于紫逻书院后建堂七楹为县试考棚，称为试院。东西号舍各十六间，石几凳各五十六条，条各十号，共计五百六十号。	道光《伊阳县志》卷3《学校志》
宜阳县	咸丰年间	咸丰间知县王杭率邑捐建西察院廊庑，添修石条号板，为县试考核之所。	光绪《宜阳县志》卷5《建置志》
正阳县	同治八年（1869）	同治八年知县张宝禧重修正阳书院，改称奎林书院，兼作试院，创设石条号桌；光绪二十年（1894）知县戴荣枢同邑绅袁丕行、陈翰臣等扩建；光绪三十一年（1905）知县王拱裳、邑绅袁丕行、陈翰臣等将书院改设高等小学堂；民国十二年（1923）奉令改称县立第一小学校。	民国《正阳县志》卷1《建置志》

上表共列有清代河南省的22座县试考棚。从空间分布来看，除开封府外，其余各府、直隶州均至少有一个州县建造了县试考棚。其中陈州府、卫辉府、汝宁府各有3个州县建造了考棚，而陕州直隶州所辖3县中有2县建造了县试考棚。为免冗复，表中略去了未建县试考棚的府州厅县。

从时间分布来看，清代河南这22座考棚的建造年代都相对较晚，其中林县考棚建成于嘉庆二十二年（1817），其他有9座建成于道光年间，2座建成于咸丰年间，3座建成于同治年间，3座建成于光绪年间，另有3座考棚建成年代不详。不过，河南省却建有清代最早的县试考棚，即汝宁府确山县试院。尽管《民国确山县志》对该县试院的创建年份和主持修建者有两种不同的说法，但不管是康熙六年（1667）至康熙十三年（1674）的吴琠主持修建说，还是康熙三十三年（1694）的孙京主持修建说，都比全国其他各地县试考棚的创建年代早了很多年。

相比于其他各省的县试考棚，清代河南各州县的县试考棚有一个非常重要的特征，那就是很多县试考棚都是附建于书院之中。这不仅节约了建造经费，而且将造士、择士合二为一，也进一步促进了清代书院教育的科举化倾向。

2. 湖北

清代湖北共有10府、1直隶厅、1直隶州，下辖5散州、1散厅、61县。据民国《湖北通志》卷58《学校志四》记载，清代湖北67个县级行政区划单位，共建有54座县试考棚，未建考棚的州县包括10个府的附郭县、汉阳府夏口厅和宜昌府兴山、巴东2县。需要指出的是，民国版通志将各府、直隶州的学政试院和各州县的县试考棚统称为试院。

表 4-34　清代湖北县试考棚一览表

地名	始建年份	文献摘编	备注
武昌府		江夏、武昌、嘉鱼、蒲圻、咸宁、崇阳、通城、兴国州、大冶、通山。	
武昌县	道光九年（1829）	道光九年知县林芳倡建，士绅合力捐资1万缗有奇，有号舍2000有奇。总名为校士馆。	光绪《武昌县志》卷7《学校志》
嘉鱼县	道光四年（1824）	道光四年知县邵勤倡建；道光二十七年（1847）知县刘繁重建；咸丰九年（1859）知县武镇西捐资添修后堂；同治十三年（1874）知县汪光璧修。	《同治重修嘉鱼县志》卷1《营建志》
蒲圻县	道光十年（1830）	道光十年邑人章应勋捐建，十六年（1836）其子联盛等复捐钱四百缗存典生息作岁修资；咸丰二年（1852）毁，三年（1853）知县孙守信重建；复毁，七年（1857）知县李炎因基改修；咸丰十一年（1861）知县孙宝田率邑人舒绍徽修。	《同治蒲圻县志》卷2《学校志》

续表

地名	始建年份	文献摘编	备注
咸宁县	嘉庆十一年（1806）	乾隆五十七年（1792）知县陈贻青创建，未成； 嘉庆十一年知县张际熙修，邑人卢之昑捐二千金以助； 道光五年（1825）阖邑绅耆修葺； 道光十九年（1839）知县夏廷懋劝捐重修； 道光二十一年（1841）兵毁，二十二年（1842）知县王本立修； 道光二十九年（1849）水圮，同治三年（1864）知县罗琳，邑人洪以芳、周礼门修； 光绪七年（1881）知县陈树楠增修。	光绪《咸宁县志》卷5《学校志》
崇阳县	道光二十五年（1845）	道光二十五年知县金云门建； 兵毁。历任知县改为衙署。	《同治崇阳县志》卷3《建置志》
通城县	道光二十三年（1843）	道光二十三年知县林逢年、训导沈田玉劝职员黎少朴家族捐建考棚； 咸丰四年（1854）毁，同治三年知县袁秉亮倡捐修葺，邑人黎斗三等阖族醵金修葺； 光绪元年（1875）邑人黎海潮增置号舍； 光绪六年（1880）知县舒恭寿出俸银修。	《同治通城县志》卷10《学校志下》
兴国州	道光六年（1826）	道光六年知州沈照倡建； 道光二十一年（1841）州人刘懋节捐资修葺，加广坐号； 咸丰中寇毁，同治五年（1866）知州王臣弼与州人陈光亨等筹费兴修，坐号计三千六百有奇； 光绪五年（1879）知州陆祐勤与州人筹款修复。	《光绪兴国州志》卷9《考棚》

续表

地名	始建年份	文献摘编	备注
大冶县	早于道光初年	道光初年詹应甲署理知县，题写大堂匾额为"论秀堂"； 同治五年知县胡复初倡捐建造。	《同治大冶县志》卷2《建置志》
通山县	道光二十六年（1846）	道光二十六年知县张中孚谕令邑人汪鼎等倡捐鼎建，有号舍千余号。	《同治通山县志》卷3《学校志》
汉阳府		汉阳、汉川、孝感、黄陂、沔阳州、夏口厅。	
汉川县	同治八年（1869）	同治八年知县德廉率邑人捐建，耗钱万缗有奇，容千六百人。	《同治汉川县志》卷11《学校志》
孝感县	咸丰元年（1851）	咸丰元年知县李榣倡建。	《光绪孝感县志》卷21《艺文志》
黄陂县	道光十一年（1831）	道光十一年知县韩铜士建。	《同治黄陂县志》卷15《艺文志中》
沔阳州	嘉庆二十二年（1817）	嘉庆二十二年州绅平治、平澍捐钱13 550余贯，建号舍85间，桌凳828块，坐号4284座； 咸丰四年（1854）粤匪窜沔，屋稍破毁，候选训导李文林醵集租利置基地及号舍。	《光绪沔阳州志》卷5《学校志》
黄州府		黄冈、黄安、蕲水、罗田、麻城、蕲州、广济、黄梅。	
黄安县	道光三十年①(1850)	道光三十年知县许赓藻倡捐建造。	《光绪黄安县志》卷9《艺文志》

---

① 按，民国《湖北通志》载黄安县考棚建于道光二十八年（1848），而据《光绪黄安县志》，该考棚其实落成于道光三十年。

续表

地名	始建年份	文献摘编	备注
蕲水县	道光十五年（1835）	道光十五年知县旷成春率邑人陈代琛、李云林劝捐创建； 咸丰初毁，知县蒋照、林佐先后修复。	光绪《黄州府志》卷9《学校志》
罗田县	道光初	道光初知县窦毓俊、赵鹏翔、杨彪、耿醇玉先后倡议修建考棚，称为贡院； 道光二十八年（1848）知县王同治与邑绅增置号棚； 同治三年（1864）兵毁，六年（1867）知县吴凤笙率邑人醵金重修。	《光绪罗田县志》卷4《政典志》
麻城县	道光七年（1827）	道光七年知县董应魁率邑人蔡声扬等建，有号板二千余，称为亭州试院； 道光十年（1830）知县孟登先任内全面竣工； 咸丰四年（1854）寇毁县署，移试院办公，八年（1858）邑人醵金修葺； 光绪七年（1881）知县陆祐勤买民房扩建号舍； 光绪二十九年（1903）邑绅屈开埏改试院为高等小学堂。	民国《麻城县志》卷2《建置志》
蕲州	嘉庆十三年（1808）	嘉庆十三年知州范宝琼劝捐鼎建； 嘉庆十九年（1814）州人骆自天等乐输重建； 道光二十三年（1843）知州刘鸿庚、陆恩绂劝捐增葺，吴大本等各捐基地； 咸丰初寇毁，同治元年（1862）知州崔兰馨移建，知州黄式度续修。	《光绪蕲州志》卷6《学校志》

第四章　清代贡院的时空分布　391

续表

地名	始建年份	文献摘编	备注
广济县	道光十七年（1837）	道光十七年知县丁鹿寿建，每年以来套洲租钱为检盖费； 咸丰元年（1851）知县方大湜修。	《同治广济县志》卷2《建置志》
黄梅县	光绪元年（1875）	光绪元年知县贾瀚元按户派捐，建成考棚，东西文场各二十四楹，坐号二千有奇。	《光绪黄梅县志》卷9《建置志》
安陆府		钟祥、京山、潜江、天门。	
京山县	道光二十六年（1846）	道光十九年（1839）至二十六年知县梁芸滋捐廉创建文庙，同时捐建考棚，共五棚，可容一千五百余人； 光绪戊寅（1878）提书院存款添建，可容二千余人。	《光绪京山县志》卷2《建置志》
潜江县	道光十六年（1836）	道光十六年知县何渭珍同邑人彭光廷建； 同治三年（1864）知县刘葆初谕邑人刘高绅等醵金修。	光绪《潜江县志》卷5《学校志》
天门县	嘉庆二十三年（1818）	嘉庆二十三年知县王希琮捐廉独修，称为校士馆。	道光《天门县志》卷11《学校志》
德安府		安陆、云梦、应城、随州、应山。	
云梦县	道光十六年	道光十六年知县熊宝书倡劝绅耆捐资建造考棚，东西号舍一千一百余座； 同治三年火毁，十一年（1872）知县丁琛重建； 光绪五年（1879）知县刘式穀筹款重修。	光绪《云梦县志略》卷5《学校志下》
应城县	道光十一年（1831）	道光十一年知县涂嵩率邑人金士棠同士绅捐建，东西号舍共四十四间，桌凳共一百二十四条，编一千四百余号，称为蒲阳试院。	《光绪应城县志》卷4《学校志》

续表

地名	始建年份	文献摘编	备注
随州	道光六年（1826）	道光六年知州窦欲峻于学宫旧址创建；咸丰六年（1856）寇毁，同治六年（1867）知州潘亮功改建今所。	《同治随州志》卷11《学校志》
应山县	道光二十七年（1847）	道光二十七年知县董炳枘谕邑人黄秉中等建造。	光绪《德安府志》卷4《建置志上》
荆州府		江陵、公安、石首、监利、松滋、枝江、宜都。	
公安县	道光六年	道光六年知县关西园捐廉倡建；同治五年（1866）知县袁金和因其基近北城，为水所圮，提公费移建南平书院右；同治十年（1871）复圮于水，知县陈善寅移置新城，有号舍三十二间；同治十三年（1874）知县徐光熙修。	同治《公安县志》卷4《民政志中》
石首县	道光七年（1827）	道光七年知县王会清率绅耆创建，有石脚号桌号凳269条；光绪四年（1878）知县徐人法修；道光年间知县谢建立演武厅，作为武试场。	《同治石首县志》卷2《营建志》
监利县	嘉庆十六年（1811）	嘉庆十六年知县任鄌祐修建；咸丰四年（1854）兵毁，同治七年（1868）知县查子庚、十年（1871）知县林瑞枝并修，共有号舍100间，可容2000余人。	《同治监利县志》卷5《学校志》
松滋县	道光七年	道光七年知县张希吕创建，邑人沈值昭等酾金6200有奇，修建号舍48间，制长案188条，可容1500人。	《同治松滋县志》卷5《学校志》

续表

地名	始建年份	文献摘编	备注
枝江县	道光四年（1824）	道光四年知县蒋祖暄、邑人阎徽五等捐建，有号舍26楹，号桌凳92副； 咸丰十年（1860）水圮，同治四年（1865）邑人阎敦五等重修； 同治十一年（1872）知县陈善寅移建； 光绪元年（1875）知县徐光熙修。	《同治枝江县志》卷4《建置志》
宜都县	道光八年（1828）	道光八年知县郎汝琦、孙天枢创修，称为试院。	《同治宜都县志》卷2《营建志》
襄阳府		襄阳、宜城、南漳、枣阳、榖城、光化、均州。	
宜城县	道光二十四年（1844）	道光二十四年知县蔡应垣、翟奎观相继倡建，有号桌号凳76副； 光绪六年（1880）知县傅维祐、七年（1881）知县齐维昌相继修葺。	同治《宜城县志》卷4《学校志》
南漳县	道光十八年（1838）	道光十八年知县李景颐建； 道光二十七年（1847）知县姜国祺修； 同治四年圮，知县沈兆元增设号凳； 光绪十三年（1887）知县胡开元修； 光绪二十四年（1898）知县姚濬昌重修； 民国年间改为公廨。	《民国南漳县志》卷8《学校志》
枣阳县	咸丰二年（1852）	咸丰二年知县陈子彷创修； 光绪二年（1876）知县尹文翰修； 光绪九年（1883）知县左挺生增置案几； 光绪末年改造考棚为高等小学堂。	《民国枣阳县志》卷18《学校志》
榖城县	道光六年（1826）	道光六年知县韩维镛就筑阳书院设考棚桌凳。	《同治榖城县志》卷3《学校志》

续表

地名	始建年份	文献摘编	备注
光化县	道光十年（1830）	道光十年知县谢坤建于复文书院内；咸丰六年（1856）土寇毁，七年（1857）知县汪铭、八年（1858）知县吉临劝捐重修；同治中知县林煊增置案几数十条，存于院中。	光绪《光化县志》卷2《学校志》
均州	咸丰七年	咸丰七年知州吴嗣仲率邑人萧光烈等创建，十年（1860）知州熊登瀛落成。	《光绪续辑均州志》卷4《建置志》
郧阳府		郧县、房县、竹山、竹溪、保康、郧西。	
房县	道光十七年（1837）	道光十七年知县刘其渊率邑人周大年等倡捐建造，称为校士馆；光绪六年（1880）知县彭熙修。	《同治房县志》卷4《学校志》
竹山县	道光二十八年（1848）	道光二十八年知县周和祥暨邑人陈杰祥等建考棚于上庸书院。	同治《竹山县志》卷3《学校志》
竹溪县	道光十六年（1836）	道光十六年邑人谌祖连建。	《同治竹溪县志》卷3《公廨》、卷4《学校志》均未载
郧西县	道光二十三年（1843）	道光二十三年知县翁吉士创建，可容五六百人；同治元年（1862）贼毁，二年（1863）知县林瑞枝补修；同治二年复毁，四年（1865）知县程光第重修。	《同治郧西县志》卷8《学校志》
保康县	同治四年	同治四年知县宋熙曾倡捐建修书院于明伦堂后，考棚在内。	《同治保康县志》卷2《建置志》
宜昌府		东湖、归州、长阳、兴山、巴东、长乐。	

续表

地名	始建年份	文献摘编	备注
归州	道光二十六年（1846）	道光二十六年知州方长治；光绪四年（1878）倡捐增修房屋五间，供大吏过境住宿，费2000余缗。	《光绪归州志》卷2《建置志》
长阳县	道光十四年（1834）	道光六年（1826）知县白荣西议建未果；道光十四年知县范炳监率邑人刘文源等醵金创建东西文场，各置号桌六十条。	《同治长阳县志》卷2《学校志》
兴山县	未建	兴山书院旧无山长束脩、诸生膏火经费，惟每届县试就书院中试士，如试院然，书院特以为名耳。	《光绪兴山县志》卷12《学校志》
巴东县	未建	每童试，即信陵书院扃试。	《同治巴东县志》各卷未载
长乐县	道光十八年（1838）	道光十八年知县胡馨建，知县杨际昌落成；光绪元年（1875）知县郑敦祜修。	《光绪长乐县志》卷5《建置志》
施南府		恩施、宣恩、来凤、咸丰、利川、建始。	
宣恩县	咸丰十年（1860）	咸丰十年知县陈文炤倡建。	《同治宣恩县志》卷20《艺文志》
来凤县	道光三十年①（1850）	道光三十年知县林端如建造；光绪七年（1881）知县唐殿华建于南门外凤山书院。	《同治来凤县志》卷8《建置志》
咸丰县	乾隆五十二年（1787）	乾隆元年（1736）设学，乾隆五十二年始建考棚于施郡。②	《同治利川县志》卷5《建置志》

① 按，据民国《湖北通志》卷58《学校志四》，来凤县考棚建成于光绪七年（台北华文书局版，第1371页）。

② 按，据民国《湖北通志》卷58《学校志四》，咸丰县考棚"在县署旁"（台北华文书局版，第1371页）。

续表

地名	始建年份	文献摘编	备注
利川县	咸丰七年（1857）	咸丰七年知县高炳临劝捐创建，有廊号二十二间，号桌一百七十六张。另有堂号若干间。	《光绪利川县志》卷8《学校志》
建始县	道光二十一年（1841）	道光二十一年知县袁景晖率邑人李如桂等拓基创建于北门内五阳书院。	同治《建始县志》卷2《建置志》
荆门州		当阳、远安。	
当阳县	道光二十九年（1849）	道光二十九年知县董文煜创建，共有号舍四十间。	同治《当阳县志》卷5《政典志下》
远安县	未详	在县城东门内。	《同治远安县志》各卷未载

上表所载清代湖北 67 个县级行政区划单位中，10 个附郭县因为都有学政试院可供借用，因此无须创建考棚。夏口厅在光绪二十四年（1898）才与汉阳县分治，因此虽设有厅学、捐设有宾兴基金，但却未及建造考棚[①]；宜昌府兴山县在兴山书院中进行县试，该县书院一直没有捐设"山长束脩、诸生膏火经费"，因此它纯粹就是一座县试考棚，"每届县试就书院中试士，如试院然，书院特以为名耳"[②]；宜昌府巴东县与兴山县一样，"每童试，即信陵书院肩试"[③]。不过，两县地方志均未说明是否在书院中建有号舍等必备考试设施，因此我们不认为它们建成了附属于书院的非独立型县试考棚。

从时间分布来看，清代湖北省 54 座县试考棚创建于乾隆年间的有 1 座，嘉庆年间 5 座，道光年间 38 座，咸丰年间 5 座，同治年间 2 座，光绪

---

① 侯祖畲，吕寅集：《民国夏口县志》卷6《学校志》，南京：江苏古籍出版社，2001年，第94—95页。
② （清）黄世崇：《光绪兴山县志》卷12《学校志》，南京：江苏古籍出版社，2001年，第54页。
③ 吕调元，刘承恩：民国《湖北通志》卷58《学校志四》，台北：华文书局，1967年，第1370页。

年间 1 座，另有 2 座始建年份不详。从表中可以看出，道光年间是湖北省建造县试考棚的高峰期，平均每年有 1.2 座县试考棚被建成。有些年份湖北省内同时有数座县试考棚落成，如道光二十六年（1846）有 4 座，道光四年（1824）、六年（1826）、十六年（1836）均有 3 座，而道光七年（1827）、十年（1830）、十一年（1831）、十七年（1837）、十八年（1838）、二十八年（1848）则均有 2 座考棚落成。

3. 湖南

清代湖南省共辖有 9 府、4 直隶州、5 直隶厅，下辖 3 散州、64 县，合计 67 个县级行政区划单位。由于光绪《湖南通志》卷 43《建置志三》只记载了湖南省乡试贡院和部分学政试院，而没有记载各州县的县试考棚，因此，本文只能通过逐一查阅《中国方志丛书》和《中国地方志集成》影印出版的各府志、州志、县志，并辅以中国国家图书馆数字方志库所收各单行本湖南省地方志予以补充，最终制成表 4-35"清代湖南县试考棚一览表"。

表 4-35　清代湖南县试考棚一览表

地名	始建年份	文献摘编	备注
长沙府		长沙、善化、湘潭、湘阴、宁乡、浏阳、醴陵、益阳、湘乡、攸县、安化、茶陵州。	
长沙县	嘉庆六年（1801）	嘉庆六年士绅捐建于湖南省贡院东辕门外，称为宾兴考棚。	嘉庆《长沙县志》卷 11《典礼志》
湘阴县	乾隆五十年（1785）	乾隆五十年于文庙旁隙地建立考棚，其西云路旁有射堂以校武。	《光绪湘阴县图志》卷 24《学校志》
宁乡县	嘉庆三年（1798）	嘉庆戊午知县彭公倡建于玉潭书院旁；光绪三年（1877）知县唐步瀛倡议邑绅捐钱八千余缗，拓建考棚，可坐二千余人。	光绪《宁乡县宾兴志》卷 1

续表

地名	始建年份	文献摘编	备注
浏阳县	嘉庆三年	嘉庆三年知县裘豫、赵嘉程先后率绅捐建； 道光四年（1824）王良湘捐二百缗葺修； 咸丰十年（1860）宋骧、宋鲲兄弟捐田四十亩为岁修基金。	《同治浏阳县志》卷4《营建志》
益阳县	乾隆五十五年（1790）	乾隆五十五年知县刘尔芋倡议捐建，棚厂中设长案条凳，可坐三千余人； 嘉庆五年（1800）知县陈嘉言倡捐改建，有棚厂七十八间，并捐设岁修田产； 同治七年（1868）知县诸桓倡捐修葺，并扩建坐棚三十六间。	《同治益阳县志》卷8《学校志下》
湘乡县	乾隆三十四年（1769）	乾隆三十四年知县朱鉴昌率邑绅创建； 同治四年（1865）合邑士绅整修。	《同治湘乡县志》卷4《学校志》
安化县	乾隆十四年（1749）	乾隆十四年邑人邓天人、王崇礼、罗洪荣就明伦堂前接建考棚； 乾隆三十九年（1774）教谕陈以邦、训导胡兴簧在明伦堂左右建造号舍八间； 道光二年（1822）知县刘冀程修葺，增置号桌号凳； 同治七年（1868）邑绅龙应芳、曹业鸿补修考棚，号桌号凳倍于往昔。	《同治安化县志》卷18《学校志》
茶陵州	乾隆二十六年（1761）	乾隆二十六年迁学宫于城外，即其旧址改为试棚； 乾隆五十七年（1792）学宫迁回，补修考棚； 嘉庆二十年（1815）以修志余资修葺考棚； 道光二十年（1840）监生周扬烈重修； 咸丰二年（1852）、五年（1855）粤匪窜扰，八年（1858）知州刘如玉督筹防局绅修理。	同治《茶陵州志》卷13《学校志》

第四章　清代贡院的时空分布

续表

地名	始建年份	文献摘编	备注
宝庆府		邵阳、新化、城步、武冈州、新宁。	
新化县	乾隆十七年（1752）	乾隆十七年知县戴高令绅士晏廷冕等十四人创建； 乾隆二十四年（1759）知县梁栋重加修葺； 乾隆五十四年（1789）知县周临远撰引议修，不果； 道光十三年（1833）县人欧阳铿等倡修。	《道光宝庆府志》卷93《礼书七》；《同治新化县志》卷10《学校志》
城步县	乾隆五十六年（1791）	乾隆五十六年县人创建； 嘉庆十年（1805）重修。	民国《城步县志》卷2《公署》
武冈州	乾隆十五年（1750）	乾隆十五年署知县顾某、知州刘尚质创建； 乾隆四十八年（1783）重修； 嘉庆二十一年（1816）知州许绍宗添建号舍四间。	《道光宝庆府志》卷93《礼书七》；《同治武冈州志》卷27《学校志》
新宁县	嘉庆八年（1803）	嘉庆八年知县蔡孔易捐俸倡建； 咸丰三年（1853）知县赵启玉以迁学余资增修后座及云路门； 同治元年（1862）火灾，二年（1863）知县秦豫基重修，并增建八峒考棚一座。	《光绪新宁县志》卷15《学校志》
岳州府		巴陵、临湘、华容、平江。	
华容县	明嘉靖年间	明嘉靖年间教谕王佛麟创建试院，后改为教谕署； 嘉庆五年（1800）知县安有仁倡议按亩捐费二千余缗，命廪生蔡在斯等董其事，耗时两年竣工，东西文场有高凳、坐凳二百副。	光绪《华容县志》卷5《学校志》

清代贡院史

续表

地名	始建年份	文献摘编	备注
临湘县	嘉庆十五年（1810）	嘉庆十五年知县张富业倡修，东西文场各二十间； 同治元年（1862）风灾倾覆，知县黄维瓒重修； 同治十年（1871）邑绅补葺，邑绅浙江台州府知府刘璈捐建夹号二十间。	同治《临湘县志》卷5《学校志》
平江县	乾隆三十七年（1772）	乾隆三十七年知县吴镇倡捐建于学宫右侧； 乾隆四十一年（1776）知县范元琳倡捐讲堂，重修大门； 乾隆四十五年（1780）知县成明重加修葺； 嘉庆七年（1802）知县李滋栉择绅董张乐焕等募捐重建，龙门内东西文场号各三棚，每棚五间，桌凳完整，至公堂东西文场号舍共十八间，合计四十八间； 同治九年（1870）邑绅喻崇古伯任捐基地； 同治十二年（1873）邑绅凌文奎、文苤、文藻兄弟捐资全面重修； 同治十三年（1874）邑绅林元炳禀请捐铺屋一所，为考棚岁修基金。	同治《平江县志》卷26《学校志》
常德府		武陵、桃源、龙阳、沅江。	
桃源县	嘉庆九年（1804）	嘉庆九年知县李瑜建； 道光十二年（1832）知县俞昌会修葺； 同治四年（1865）知县孙桐生筹款，谕邑绅皇甫英等扩，最后东棚增木号板数十座。	光绪《桃源县志》卷4《学校志》

续表

地名	始建年份	文献摘编	备注
龙阳县	乾隆五十一年（1786）	乾隆五十一年邑人童翰盛等创建于学宫旁，以明伦堂为考棚大堂，建有号舍四十间，桌凳共三百二十条； 嘉庆九年（1804）邑士廖溶等另建大堂，增拓号舍四间，桌凳二十条； 嘉庆十四年（1809）彭玉等改为文昌后殿； 咸丰十年（1860）邑士陈永超、胡冠国等移文昌阁于学宫右，改建头门与仪门正对。	《光绪龙阳县志》卷12《学校志》
澧州直隶州		石门、安乡、慈利、安福、永定。	
安乡县	嘉庆十四年（1809）	嘉庆十四年知县银中珠督邑绅捐建，共号舍三十六间，号桌号凳各一百七十三件。	《同治直隶澧州志》卷2《舆地志》
慈利县	嘉庆五年（1800）	嘉庆五年知县陆振基倡建，有号舍二十四间。	《同治直隶澧州志》卷2《舆地志》
安福县	嘉庆九年	嘉庆九年知县张在田创建； 道光三年（1823）知县田敏耕以修治余款令首事黄先桂等增修； 道光十五年（1835）知县林发森令绅士文卜熊等倡捐重修，东西号舍各十五间，每间四号，共百二十号；长号板东西文场各六十张，坐号板东西各六十张。	《同治安福县志》卷8《公署志》
永定县	嘉庆十八年（1813）	嘉庆十八年知县鲁起元倡捐建造，有号舍二十间。	《同治续修永定县志》卷5《学校志》

续表

地名	始建年份	文献摘编	备注
衡州府		衡阳、清泉、衡山、耒阳、常宁、安仁、酃县。	
衡山县	嘉庆九年（1804）	嘉庆九年邑绅文昌晋、龙彩节倡建县署仪门内； 道光二十年（1840）阖邑士绅捐资改建于县治南门外书院右。	《光绪衡山县治》卷16《学校志》
耒阳县	乾隆五十八年（1793）	乾隆五十八年知县阎广居倡捐建造； 道光三年（1823）知县许瀛倡捐修葺； 光绪五年（1879）知县李师濂倡捐重修，易旧号以石脚。	《光绪耒阳县志》卷1《公署》
常宁县	乾隆六十年（1795）	乾隆六十年知县莫镶督县绅李德用等四十四人创建； 嘉庆十二年（1807）知县赵勋督县绅吴山高、雷显堂、王国曦、唐成珀、刘学远等增建，又东列号一棚； 道光十四年（1834）县绅董重修东西列号； 道光二十年县绅重修头门，改建东西辕门； 同治四年（1865）县绅整修上下厅堂，东西各棚，并围墙、辕门； 同治六年（1867）增建又西号一棚。	《同治常宁县志》卷2《学校志》
安仁县	乾隆四十九年（1784）	乾隆四十九年知县谭崇易倡捐建造于宜溪书院讲堂前，东西号舍各九楹； 嘉庆十八年（1813）邑绅捐资重修，扩建号舍。	《同治安仁县志》卷6《学校志二》

第四章 清代贡院的时空分布

续表

地名	始建年份	文献摘编	备注
鄮县	乾隆三十六年（1771）	乾隆三十六年知县黄华年倡率邑绅刘武懋等捐资，在武庙旧址建立考棚； 嘉庆十五年（1810）邑绅罗文焕、刘武循等倡众捐资改修，头门西向； 嘉庆二十二年（1817）邑绅改回头门南向，增建奎光楼； 咸丰五年（1855）寇毁，同治五年（1866）城邑绅尹积光、谭作案等监修号舍号板，仍复旧制。	同治《鄮县志》卷5《营建志》
永州府		零陵、祁阳、东安、道州、宁远、永明、江华、新田。	
祁阳县	乾隆四十二年（1777）	乾隆三十七（1772）至四十二年知县曾天爵倡捐建造； 嘉庆年间知县赵洛、邑绅琼载飑重修； 道光年间知县王时叙、邑绅李建寅等捐修； 咸丰年间知县刘达善等重修； 同治年间知县吴清鹓、张正纪、陈玉祥先后谕令邑绅捐建。	《民国祁阳县志》卷4《建置志》
东安县	嘉庆年间	嘉庆中安佩莲创建，坐号一千二百座。	《光绪东安县志》卷4《建置志》
道州	嘉庆九年（1804）	嘉庆九年知州孙寿域倡捐建造，可坐千余人； 同治五年知州长明倡捐扩建坐棚，并建观德堂为武试场所。	《光绪道州志》卷5《学校志》

续表

地名	始建年份	文献摘编	备注
宁远县	嘉庆八年（1803）	嘉庆八年知县蒋震集合绅士樊在陆等即春陵书院地基拆卸创建，可坐千余人。	嘉庆《宁远县志》卷3《建置志》
永明县	道光十七年（1837）	道光十七年知县刘湄率众捐资创建；咸丰间因县署贼毁，借作县署十余年；光绪末年分东西棚屋为警察局、蒙学堂。	《光绪永明县志》卷22《学校志》
江华县	嘉庆十八年（1813）	嘉庆十八年邑绅陈京率绅士王登武等倡建；同治八年（1869）知县刘华邦谕令绅士顾金诰等重修。	《同治江华县志》卷5《学校志》
新田县	无	嘉庆志之前"考棚未设，每逢岁科两考，历系县署大堂考试"。	《嘉庆新田县志》卷3《建置志》未载
桂阳直隶州		临武、蓝山、嘉禾。	
临武县	乾隆四十五年（1780）	乾隆四十五年知县赵嘉程与邑绅罗大颖等倡捐建造。	《同治临武县志》卷14《公署志》
蓝山县	嘉庆四年（1799）	乾隆五十年（1785）知县赵贵览倡建，嘉庆四年知县史克信任内建成；同治五年（1866）知县胡鹗荐扩建文场；清末改为中学堂，民国元年（1912）改为初级中学，民国二年（1913）停办，十四年（1925）恢复，遵章改为初级中学；民国二年曾设教员养成所，一年毕业；民国四年（1915）设乙种师范讲习所，一年毕业；民国十二年（1923）设甲种师范讲习所，二年毕业。	《民国蓝山县图志》卷16《教育下》

第四章　清代贡院的时空分布

续表

地名	始建年份	文献摘编	备注
郴州直隶州		永兴、宜章、兴宁、桂阳、桂东。	
永兴县	乾隆四十年（1775）	乾隆四十年知县李荣陛捐建，共有东西号舍二十六架，头门悬挂"安陵书院"匾额；乾隆五十八年（1793）知县袁珥重捐修；光绪七年（1881）知县吕凤藻倡捐扩建号舍十一架。	《光绪永兴县志》卷14《公署》
宜章县	乾隆三十四年（1769）	乾隆三十四年邑孝廉吴德汉及绅耆改建旧书院及教谕、训导署为考棚，号舍内共号桌一百八十张，号凳一百八十条；嘉庆十年（1805）邑举人吴楚翘及绅耆捐置石桌石凳共一百二十一条，添建号舍三楹；嘉庆十八年（1813）知县李克恒建东西鼓楼；光绪三十二年（1906）停科举，考棚旷废；民国八年（1919）县知事刘运鸿改筑县立高等小学校。	民国《宜章县志》卷6《建置志》
桂阳县	乾隆三十三年（1768）	乾隆戊子年胡醇懿倡建，有东西号舍二十二架，号桌八十八联。	《同治桂阳县志》卷7《建置志》
桂东县	乾隆三十四年	乾隆三十四年于旧濂溪书院内建造严溪试院，坐棚桌凳系邑绅胡殿魁倡捐。	《同治桂东县志》卷5《学校志》
辰州府		沅陵、泸溪、辰溪、溆浦。	

续表

地名	始建年份	文献摘编	备注
泸溪县	嘉庆五年（1800）	嘉庆五年知县徐培倡议捐建，共有六棚七百二十号； 道光九年（1829）增修川堂及东西砖墙； 咸丰十一年（1861）寇毁，同治元年（1862）知县孙瑞征借作县署，仅存甬道东西二棚； 同治七年（1868）董首修补号板二百四十号； 同治九年（1870）知县杨松兆增建房屋设立监狱。	《同治泸溪县志》卷1《公署》
溆浦县	未详	旧在卢峰书院东偏，隘甚； 道光三年（1823）邑令张相侯倡捐，移建于文庙遗址，有东西坐号五十九间； 民国元年（1912）改为知县公署。	《民国溆浦县志》卷5《建置志》
沅州府		芷江、黔阳、麻阳。	
黔阳县	乾隆四十四年（1779）	乾隆四十四年知县叶梦麟董阖邑绅士买北门廖姓地创建。	《同治沅州府志》卷11《公署》
麻阳县	乾隆三十二年（1767）	乾隆三十二年知县荆道乾建造书院，外立号舍为考棚，可坐千余人。	《同治新修麻阳县志》卷2《公署》、卷4《学校志》
永顺府		永顺、龙山、保靖、桑植。	
龙山县	嘉庆二十年（1815）	嘉庆二十年知县朱沛霖在书院附建考棚十八间，以书院头门作龙门； 道光十八年（1838）迁建于东门外； 同治年间太平天国之乱后重修。	同治《龙山县志》卷5《学校志》

续表

地名	始建年份	文献摘编	备注
保靖县	道光八年（1828）	道光八年署知县谢元谟建。	《同治保靖县志》卷4《学校志》
桑植县	咸丰八年（1858）	咸丰八年知县傅祥华倡建。	《同治桑植县志》卷3《学校志》
靖州直隶州		会同、通道、绥宁。	
会同县	乾隆四十八年（1783）	乾隆四十八年贡生杨世灏、宋尚志、于东周等创建南考棚；乾隆四十九年（1784），生员唐仲云等于学宫右建东考棚；嘉庆六年（1801），署邑令柳万泰改为三江书院。	光绪《会同县志》卷4《学校志》

上表共列有清代湖南省46座县试考棚。清代湖南省18个府级行政区划单位共管辖67个州县，其中除南州等5个直隶厅不辖州县、澧州等4个直隶州不设附郭县之外，其余9个府一共设有11个附郭县，即长沙府、衡州府各设有两个附郭县。这11个附郭县中，除长沙县建有宾兴考棚外，善化县等10个县均未建造考棚。此外，湘潭县等11个州县的地方志虽然没有记载考棚，但是它们大多编纂于清代废科举前较久的时期，因此无法确定它们在编纂该地方志之后至科举被废期间是否建造了县试考棚；有些州县甚至没有相应版本的地方志可供查阅，因而也不能确定该州县是否建造了县试考棚。总体来说，清代湖南省县试考棚的空间分布比例相对较高。为免冗复，表中删去了未建造县试考棚的5个直隶厅及相关州县的名称。

相比于清代全国其他省份，湖南省各州县县试考棚的一个重要特征是建造时间普遍较早。在46座县试考棚中，除溆浦县考棚始建年代不详外，其他45座考棚有23座建于乾隆年间，18座建于嘉庆年间，2座建于道光年间，1座建于咸丰年间，而华容县考棚则是"明嘉靖年间教谕王佛麟创，后改为教谕署"。①

需要指出的是，湖南衡州府酃县除了在乾隆三十六年（1771）建造了县试考棚外，由于离府城的距离实在太远，要往返两次到府城参加府试和院试，大为不便，因此道光二十一年（1841）邑绅尹宗声呈请衡州知府准其独力捐资，在府城建造"府试考棚一所"，专门作为酃县生童府试之用。②酃县作为一个非附郭县而建成府试考棚，这在清代全国是绝无仅有的案例。它体现了清代地方在执行科举制度时的灵活性，其目的在于方便考生应试。

四、华南各省县试考棚的时空分布

1. 广东

清代广东省所辖19个府级行政区划单位，共领有84个县级行政区划单位，包括4散州、1散厅、79县。道光《广东通志》卷129－136《建置略》"廨署"门刊载了广东贡院和各府、直隶州学政试院的基本情况，但没有记载各州县县试考棚。下表主要根据《中国方志丛书》《中国地方志集成》《广东历代方志集成》等地方志丛书的各影印版府志、直隶州志及各县志的记载制成，同时辅以查阅中国国家图书馆数字方志库所收广东方志文献。

表 4-36　清代广东县试考棚一览表

地名	始建年份	文献摘编	备注
潮阳县	光绪二年（1876）	光绪二年署知县叶大同筹款倡建，计坐号一千三百有奇。	《光绪潮阳县志》卷3《署廨》

---

① （清）孙炳煜，张钊：光绪《华容县志》卷5《学校志》，台北：成文出版社，1975年，第139页。
② （清）唐荣邦，杨岳方：同治《酃县志》卷5《营建志》，台北：成文出版社，1975年，第328－331页。

续表

地名	始建年份	文献摘编	备注
儋州	光绪二十一年（1895）	清光绪二十一年乡绅周秉忠等倡建； 光绪二十四年（1898）增建东西号舍； 光绪末迄民国初改为县立第一高小学校； 民国九年（1920）毁于土匪。	民国《儋县志》卷4《建置志》
电白县	嘉庆二十二年（1817）	嘉庆二十二年知县蒋善功倡建，通邑捐金万两有奇。	道光《电白县志》卷8《建置志》
东莞县	同治十二年（1873）	同治十二年知县张庆镖率绅士捐建； 光绪二十八年（1902）知县刘德恒改建东莞学堂； 光绪三十年（1904）经全省学务处定名初级师范； 光绪三十四年（1908）正月改为中学； 民国间改为县立第一中学校。	民国《东莞县志》卷17《建置志》
海康县	未详	正文散佚（目录卷12《学校志》中列有试院）。	《民国海康县续志》卷12《学校志》
和平县	光绪十八年（1892）	光绪十八年邑绅黄涵清等倡建； 光绪三十二年（1906）改为县立高等小学校； 民国八年（1919）秋改为县立中学校。	《民国和平县志》卷9《教育志》
花县	同治五年（1866）	同治五年知县彭荣绍于花峰书院后新建考棚，石桌木凳，编列号位九百有余； 光绪二十九年（1903）知县黄炳文将考棚、书院改建学堂。	《民国花县志》卷5《学校志》

续表

地名	始建年份	文献摘编	备注
化州	道光五年（1825）	道光五年州同职黎卓英独力捐建，有号舍六十八间，坐号二千六百余座，费银四千两；光绪七年（1881）州人捐资拓建文昌阁。	《光绪化州志》卷3《建置志》
揭阳县	同治九年（1870）	同治九年知县周士俊捐资创建，有坐位二千号，以石为之，用银八千九百余两，称为榕江试舍。	光绪《揭阳县志》卷1《建置志》
乐昌县	道光八年（1828）	道光八年知县李云栋因建昌山书院，与邑绅共议建考棚于书院之左。	
平远县	嘉庆十七年（1812）	嘉庆十七年阖邑捐资建造考棚，有稳桌坐号一千零二十七号，散桌凳各二百一十张，可设坐号一千零四十二号，合计二千六十九号。	《嘉庆平远县志》卷2《学校志》
仁化县	嘉庆二十四年（1819）	嘉庆二十四年知县郑绍曾改仁阳义学为考棚，榜曰试院，东西文场坐号各一百五十有奇。	《民国仁化县志》卷首《建置志》
石城县	道光九年（1829）	道光九年知县王德茂合绅士倡捐创建；光绪二十九年（1903）改建为县立高等小学堂；光绪三十一年（1905）秋季招师范生一班；光绪三十二年（1906）春季招高小生两班。	《民国石城县志》卷4《经政志》
四会县	光绪十九年（1893）	光绪十九年知县刘德恒捐廉倡建，有木长凳四十条，配石长凳，共设坐号八百号。	民国《四会县志》编2上《建置五》

续表

地名	始建年份	文献摘编	备注
吴川县	道光十八年（1838）	道光十八年邑绅捐资创建；咸丰十一年（1861）毁，同治五年（1866）知县姜光耀迁建，左右各列号舍、雨廊。	《光绪吴川县志》卷3《建置志》
西宁县	光绪七年（1881）	光绪七年邑绅倡建文昌宫、泷西义学，遂将甘棠书院添广号舍，改设考棚，以为县试校士之所。	《民国西宁县志》卷11《学校志三》
香山县	光绪十五年（1889）	光绪十五年知县李征庸创建，可容二千余人；科举废后，考棚叠次更改，非复旧日规模。	民国《香山县志》卷4《建置志》
信宜县	光绪五年（1879）	光绪五年建登瀛楼奉祀捐创印金公费者牌位，堂上两廊设考试台凳。	《光绪信宜县志》卷2《经政志》
徐闻县	光绪四年（1878）	光绪四年知县谢效芬同绅士捐建；宣统年间借为县署。	《宣统徐闻县志》卷3《建置志》
阳春县	光绪四年	光绪四年知县萧炳堃暨邑绅刘承辇等倡建。	《民国阳春县志》卷2《建置志》
增城县	同治十二年（1873）	同治十二年知县觉罗祥瑞、杨先荣先后倡建，仿广州督学署，制颇宏敞，可容二千人；光绪三十一年（1905）改建为县立高等小学堂。	《民国增城县志》卷4《建置志》
遂溪县	道光十七年（1837）	道光十七年知县黄榜率绅士捐建，坐号二千余。	道光《遂溪县志》卷3《学校志》

上表共列有22座县试考棚，分布于清代广东11个府级行政区划单位之中。其中高州府各县考棚的分布率最高，在该府6个县中，除附郭县茂名县之外，其余5个县都建成了县试考棚。而廉州府及崖州、钦州、南雄、连州4个直隶州则均未建造县试考棚，肇庆、惠州、琼州3府均只有一个

县建造了县试考棚。从时间分布来看，这些县试考棚主要建成于清代中后期，分别为嘉庆年间 3 座，道光年间 5 座，同治年间 4 座，光绪年间 9 座，另有 1 座建造时间未详。

清代广东各县考棚多采取棚厂结构，有些棚厂中的坐号有可移动型和不可移动型两类。如嘉应直隶州平远县考棚创建于嘉庆十七年（1812），位于学宫右偏，考棚中"设稳桌坐号一千零二十七号，散桌凳各二百一十张，坐号一千零四十二号，共二千零六十九号"。① 其中的"稳桌""散桌"，便分别属于不可移动型和可移动型桌凳。

2. 广西

截至清代末年，广西省的 15 个府级行政区划单位共辖有 113 个县级行政区划单位，包括 82 个流官州厅县和 41 个土官州厅县。由于文教发展进度不同，广西各州县设立官学的时间也都很不一致，有些州厅县尤其是土官管辖的州厅县直至清末都未能设学。而未设官学，也便意味着不必举行县试，因之也便无须建造县试考棚。据查广西各府州县地方志，清代广西县试考棚的分布大致如下。

表 4-37　清代广西县试考棚一览表

地名	始建年份	文献摘编	备注
北流县	道光十一年（1831）	道光十一年邑绅梁宗敏等筹捐创建，设坐号一千五百号；咸丰七年（1857）城陷全毁，同治四年（1865）邑绅筹捐重建。	光绪《北流县志》卷 9《学校志》
富川县	道光十三年（1833）	道光十三年知县吉泰改建义学为考棚，东西文场二间；同治十一年（1872）知县罗超松增号舍二间。	光绪《富川县志》卷 6《学校志》

---

① 卢兆鳌：《嘉庆平远县志》，民国二十四年（1935）刻本，卷 2《学校志》，第 17 页。

续表

地名	始建年份	文献摘编	备注
贵县	同治十三年（1874）	同治十三年知县袁宝篆重建； 光绪十一年（1885）知县裘彬移建头门，增座位； 民国间并入县立小学校。	民国《贵县志》卷5《建置志》
怀集县	同治十二年（1873）	同治十二年知县孙汝霖倡捐二千余两创建； 光绪三十一年（1905）改建师范学校。	《民国怀集县志》卷2《建置志》
柳城县	光绪十六年（1890）	光绪十六年知县陈伯陶筹资一千一百余两，于龙江书院讲堂前两廊建造东西号舍，作为县试考棚。	民国《柳城县志》卷8《艺文志》
隆安县	道光二年（1822）	道光二年知县钟孚吉倡建，有石凳三十六行。	民国《隆安县志》卷4《建置志》
陆川县	道光元年（1821）	道光元年知县彭庆昭偕绅民捐资创建，有号舍一百有奇，号约容十人； 光绪三年（1877）邑绅吕臣勷慨拔囊增建号舍二十二间，号九十九条，号容九人，费钱二千六百缗； 宣统二年（1910）知县郭炳元改建为官立蚕业学堂； 民国元年（1912）改为农业学校； 民国二年（1913）移农业学校于关帝庙，于考棚改设县立中学校； 民国十年（1921）毁于兵。	民国《陆川县志》卷9《学校类一》
迁江县	同治十二年（1873）	同治癸酉知县周蕃重建印山书院，内外东西两翼以为考棚。	民国《迁江县志》第六编《文化》

续表

地名	始建年份	文献摘编	备注
融县	未详	光绪三十三年（1907）知县赵邦泽偕邑绅于仙山书院后座两旁添建宿舍，修改东西考棚为教室，成立县立两等小学堂； 民国十三年（1924）兴办县立初级中学校，迁县立高级小学校于蚕业学校。	民国《融县志》第三编《政治》
容县	道光八年（1828）	道光八年知县项国楠偕邑绅增建绣江书院，讲堂前建二长廊，为试场，椅桌悉备。	光绪《容县志》卷12《学校志》
上林县	道光二十一年（1841）	道光二十一年署县柯桂采率绅民捐资创建，称为试庐； 同治二年（1863）毁于贼，十年（1871）知县傅桢率邑绅李先芬等移建； 光绪三十二年（1906）改设两等小学堂； 宣统三年（1911）改为上林县立高等小学堂； 民国元年（1912）改为高等小学校； 民国七年（1918）改为上林县立中正小学校； 民国十五（1926）年改为上林县立模范小学校； 民国十七年（1928）改设上林县立中学校，迁小学校于澄江书院。	光绪《上林县志》卷6《学校志》；民国《上林县志》卷8《教育志》
武缘县	道光十八年（1838）	道光十八年知县世纪详请倡建，共有2454号； 民国年间改为武那七司中学校。	民国《武鸣县志》卷4《建置考》

续表

地名	始建年份	文献摘编	备注
下雷土州	雍正五年（1727）	知州佟世俊因巡道署改建。	非直隶州
象州	同治九年（1870）	同治九年知州李世椿修复象台书院，并建造考棚。	同治《象州志》卷上《学校》
新宁州	光绪四年（1878）	同治十二年（1873）至光绪四年，新宁州知州马圻、袁宝箓、武焕南相继筹款修建。	光绪《新宁州志》卷3《学校志》

上表共列有15座县试考棚，分布于广西省8个府和直隶州中。桂林府、庆远府、泗城府、太平府、镇安府、百色直隶厅等6个府厅所辖州县均未建造县试考棚，其分布率为零。表中为免冗复，将其名称相应删除。

从时间分布来看，这15座考棚主要建成于清代后期，具体分别为建成于雍正年间1座，道光年间7座，同治年间4座，光绪年间2座，另有1座的建成时间不详。

五、西北各省县试考棚的时空分布

1. 陕西

清代陕西省12个府、直隶州，共辖有85个县级行政区划单位，包括7个散厅、5个散州和73个县。据查《中国方志丛书》和《中国地方志集成》以及各单行本陕西方志，发现清代陕西省各州县县试考棚的空间分布率较低。

表4-38　清代陕西县试考棚一览表

地名	始建年份	文献摘编	备注
白水县	同治十二年（1873）	同治十二年知县李廷钰创修于学宫明伦堂后。	光绪《同州府续志》卷8《建置志》
朝邑县	道光元年（1821）	道光元年邑人谢正原等捐资创修，东西号房各二十间。	

续表

地名	始建年份	文献摘编	备注
定远厅	同治十年（1871）	同治十年署同知汤廷玉、鲁学浩先后择绅周卜年等募资创建，费钱3170余串。	光绪《定远厅志》卷11《学校志》
郃阳县	嘉庆二十一年（1816）	嘉庆二十一年知县靖本托以元圣祠旧址建造，有号棚三十楹。	《光绪同州府续志》卷14《文征续录上》
泾阳县	未详	在县署西；道光十二年（1832）知县毛有献重修；同治元年（1862）泾阳县丞署毁于兵，假试院居之；宣统年间附设清均、差徭两局公所。	宣统《泾阳县志》卷1《地理志上》、卷6《学校志》
宁羌州	道光二十八年（1848）	道光二十八年知州孙玉麒谕邑绅武举李笃生、贡生张廷献等劝捐建造，东西号舍十间，称为考院；咸丰五年（1855），李国瀛自山西洪洞县丁艰回籍，捐廉补修。	光绪《宁羌州志》卷2《建置志》
平利县	同治八年（1869）	同治己巳知县卫锡恩劝捐，置办号桌，以书院兼作考棚。	光绪《续修平利县志》卷3《建置志》
蒲城县	光绪二十一年（1895）	光绪二十一年知县张荣生捐俸倡捐，并提用里局余钱三千缗建造，东西号舍各十二楹，约七百余座，费钱一万二千二百余缗。	光绪《蒲城县新志》卷4《学校志》
三原县	嘉庆二十四年（1819）	嘉庆二十四年邑人知府李大䨇创建。	光绪《三原县新志》卷2《建置志》

从上表可以看到，清代陕西85个县级行政区划单位中，仅有4个府级行政区划单位中的9个州县建造了县试考棚，分布比例略高于10%。其中，三原县作为西安府的非附郭县，不仅建有西安府学政试院，而且还建

造了县试考棚，是全国各省非附郭县而同时拥有两级贡院的罕见案例。蒲城县不仅从明代崇祯年间开始便建有提学道试院，并一直延续至乾隆年间，而且在光绪二十一年又捐建了县试考棚。而凤翔府、延安府、榆林府及乾州、商州、邠州、鄜州、绥德州等8个府级行政区划单位则没有一个州县建造了县试考棚。从时间分布来看，这9座县试考棚中，有2座建成于嘉庆年间，2座建成于道光年间，3座建成于同治年间，1座建成于光绪年间，另有1座考棚的建成年份不详。

2. 甘肃

清代甘肃省15个府级行政区划单位共辖有61个州厅县。如前所述，雍正版《甘肃通志》卷8《建置志》、卷9《学校志》均未记载各府学政行署或试院，因此本文只能查阅《中国方志丛书》和《中国地方志集成》以及国家图书馆所提供的甘肃省数字方志，并根据相关记载制成表4-39。

表4-39 清代甘肃县试考棚一览表

地名	始建年份	文献摘编	备注
靖远县	道光六年（1826）	道光六年邑绅士姚三荣等请以旧仓地募资改建，称为考院，有东西号房二十四间。	道光《靖远县志》卷2《学校志》

如上表所示，清代甘肃只建有1座县试考棚。这体现了清代甘肃作为一个科举帝国版图边远省份的实际文风。

六、西南各省县试考棚的时空分布

1. 四川

清代四川省（含今重庆市）28个府级行政区划单位共辖有140个州厅县、29个土司，是清代科举版图中府州厅县行政区划数量最多的省份。本节根据各类府州县地方志的记载，制成表4-40"清代四川县试考棚一览表"。

表 4-40　清代四川县试考棚一览表

地名	始建年份	文献摘编	备注
成都府		成都、华阳、双流、温江、新繁、金堂、新都、郫县、灌县、彭县、崇宁、简州、崇庆县、新津、汉州、什邡。	
双流县	道光二十六年（1846）	道光二十六年知县孙桤、杨观曦率绅粮捐资建造，东西号舍外，设号桌以备堂号； 清末废科举，唯考棚犹存。	民国《双流县志》卷1《公署》
新都县	未详	原在县署侧； 道光十八年（1838）知县张奉书移建于城东文昌宫正殿前； 宣统元年（1909）改修左右号舍为讲堂，设自治传习所一班、速成师范学校一所。	《民国新都县志》第二编《政纪》
彭县	未详	在学署之西，有西、东、后东三个棚厂，共有号舍十八间。	光绪《彭县志》卷1《衙署志》
崇庆县	未详	王三品、王绍荣等同捐； 清代末年，刘毓崑等议建学校于试院，民国八年（1919）设中学校； 清末试院田产与孔庙学田、宾兴田等均被归入学费局统一管理。	《民国崇庆县志》卷7《学校志》
汉州	道光三十年（1850）	道光庚寅知州蔡学海捐置考桌、考凳各三百张，存州署萧曹祠，书院收录、官课及岁科试皆用之。	嘉庆《汉州志》卷12《学校志》
重庆府		巴县、江津、长寿、永川、荣昌、綦江、南川、合州、涪州、铜梁、大足、璧山、定远、江北厅。	
江津县	道光五年（1825）	道光五年知县陈叙颂募捐创建文场，并以余款购置铺屋为岁修公款； 民国间为驻军所。	《民国江津县志》卷2《建置志》

续表

地名	始建年份	文献摘编	备注
长寿县	道光八年（1828）	道光八年修建，有东西文场，另有堂号，为考生前十名调大堂或二堂所用，名"坐堂号"； 科举罢后，改为团练传习所和资助研究所、警察局； 清末改为县参议会； 民国建立后，为司令部，右花厅改为劝学所，西文场改为城防局； 后因驻军，毁损殆尽； 民国三十三年（1944）左右修复为县城镇中心小学校。	民国《长寿县志》卷7《学校志》
綦江县	嘉庆二十二年（1817）	嘉庆二十二年知县图敏、教谕韩兆瑞、训导张崇朴集诸生捐建； 道光十二年（1832）知县邓仁堃倡捐改建，东西文场外，增置堂号桌凳一千二百余号，地面俱捶三合土，令平如镜，净不起尘，坐号概易以新油漆，使洁，嵌以石墩，使不移动。	《同治綦江县志》卷3《学校志》
南川县	道光三年（1823）	道光三年①，知县彭履坦捐资倡建。	《光绪南川县志》卷3《营建志》、卷11《艺文志》

---

① 按，据（清）佚名：《光绪南川县乡土志》第一章《历史》第二节《政绩》记载："嘉庆二十三年（1818），知县彭履坦建考棚，置乡学，设养济院。"（清抄本，第2页）按，《光绪南川县志》卷6《秩官志》记载："彭履坦，江西泰和进士，嘉庆二十四年（1819）任。"（光绪二年刻本，第4—2页）则彭履坦不可能在嘉庆二十三年便倡建了考棚。

续表

地名	始建年份	文献摘编	备注
璧山县	道光元年（1821）	道光元年阖邑绅粮公建；道光九年（1829）邑人王嘉谟于二堂募建仓颉圣像一尊。	《同治璧山县志》卷4《学校志》
顺庆府		南充、西充、蓬州、营山、仪陇、广安州、邻水、岳池。	
邻水县	道光十一年（1831）	道光十一年知县余绍元倡建，照粮摊派筹集经费。	《道光邻水县志》卷2《学校志》
叙州府		宜宾、庆符、富顺、南溪、长宁、高县、筠连、珙县、兴文、隆昌、屏山、马边厅、雷波厅及沐川长官司等4长官司。	
南溪县	道光十五年（1835）	道光十五年修建。	《民国南溪县志》卷2《治制篇》
筠连县	咸丰七年（1857）	咸丰七年知县张奋翼建；民国三年（1914）改建为乙种蚕业学校；民国十七年（1928）停止招生，并入高小，此校遂废。	民国《筠连县志》卷3《教育志》
珙县	同治二年（1863）	同治二年知县邵作霖改建旧书院为考棚。	光绪《珙县志》卷11《艺文志》
夔州府		奉节、巫山、云阳、万县、开县、大宁。	
巫山县	光绪二年（1876）	光绪二年职员周仁和捐资创建，东西文场共有号桌号凳各四十五副，外置长桌凳各十条，临试移列堂号，共可坐四百余人。	《光绪巫山县志》卷16《学校志》
万县	道光二十一年（1816）	道光二十一年训导龚珪劝杜峙三独力捐资一万六千二百三十余千文建造。	同治《万县志》卷36《艺文志》
大宁县	未详	光绪六年（1880）孀妇胡赵氏捐修考棚，费钱二千九百余千文。	《光绪大宁县志》卷4《学校志》

续表

地名	始建年份	文献摘编	备注
龙安府		平武、江油、石泉、彰明、阳地隘口长官司。	
彰明县	道光二十八年（1848）	道光乙巳（1845）迄道光戊申（1848）等年，知县牛树梅、董炳章先后主持创建。	《同治彰明县志》卷15《学校志》
宁远府		西昌、冕宁、盐源、昭觉、会理州、盐边厅、越嶲厅及瓜别安抚司等3安抚司、威龙州长官司等8长官司。	
会理州	咸丰七年（1857）	咸丰七年知州王锡之倡建。	《同治会理州志》卷2《营建志》
越嶲厅	光绪十一年（1885）	光绪十一年同知塞诜于军粮府署西偏创建考棚，东西文场各三间，号凳号桌俱备； 光绪二十七年（1901）同知孙锵捐修头门、仪门； 光绪二十八年（1902）开办学堂，改修东西文场为学生自习室。	光绪《越嶲厅全志》卷5《学校志》
嘉定府		乐山、峨眉、洪雅、夹江、犍为、荣县、威远、峨边州。	
洪雅县	道光十一年（1831）	道光十一年知县邓仁堃倡建； 咸丰十年（1860）办理防堵，改二堂西厢房储存军器火药； 同治六年（1867）捐津局首事呈请知县顾其恺于考棚建造公仓，收存义卷、书院租谷； 光绪间借作办差行台。	《光绪洪雅县志》卷1《学校志》
潼川府		三台、射洪、盐亭、中江、遂宁、蓬溪、安岳、乐至。	

续表

地名	始建年份	文献摘编	备注
射洪县	未详	在城西南隅。	《光绪新修潼川府志》卷14《试院》
盐亭县	未详	在学署左。	同上
中江县	未详	在东街。	同上
遂宁县	光绪十一年（1885）	光绪十一年，知县傅亦舟倡捐建造；民国十年（1921）省立第三师范学校成立于此。	《民国遂宁县志》卷7《学校志》
蓬溪县	未详	在县城内文昌宫。	同上
安岳县	道光十四年（1834）	道光十四年知县濮瑗捐廉二千余金倡修号舍三十二间，共一千八百余号；同治八年（1869）邑令查文瀚重建，二门内左右两廊号舍二十间，每间三路，每路十座，又修理老号，添老号桌十路。	《光绪续修安岳县志》卷1《建置志》
乐至县	道光十六年（1836）	道光十六年知县胡丕昌创建，可编座位一千号；民国四五两年开办师范学校于旧试院内，十一二年移校寇公祠；民国七年（1918）迁县立女子小学校于旧试院，有学生百余人。	《道光乐至县志》卷4《建置志》；《民国乐至县志》卷2《学校》
绥定府		达县、东乡、新宁、渠县、大竹、太平、城口厅。	
东乡县	道光九年（1829）	道光九年知县余绍元倡建，有号舍三十二间。	民国《四川宣汉县志》卷9《教育志》
渠县	道光九年	道光九年知县王椿源建考棚于文庙宫墙外，号舍宏敞。	民国《渠县志》卷3《教育志中》

续表

地名	始建年份	文献摘编	备注
大竹县	道光八年（1828）	道光八年知县林丹云倡建，东西文场编号二千七百有奇； 同治十年（1871）添盖仪门外雨亭； 光绪中邑绅萧先儒捐千金易石案以木，并建头门外雨亭； 光绪三十一年（1905）知县段荣嘉奉札设学务局，监修考棚，撤毁文场，改修为师范传习所； 光绪三十二年（1906）设中学一班，继设模范初小学校及巡警教练所； 民国初仍设传习师范及模范校； 民国五年（1916）至十一年（1922）为驻军地； 后为县立高等小学校。	民国《大竹县志》卷2《建置志》
邛州直隶州		大邑、蒲江。	
大邑县	道光二十年（1840）	道光二十年知县朱才煌、张如海相继主持，委派士绅捐资建造； 同治三年（1864）知县徐震翔补修号凳； 光绪末年考棚改设劝学所； 民国十七年（1928）考棚改设县立初级中学校。	《同治大邑县志》卷8《建置志》、卷12《金石志》；《民国大邑县志》卷4《学校志》
绵州直隶州		德阳、安县、绵竹、梓潼、罗江。	

续表

地名	始建年份	文献摘编	备注
安县	道光十五年（1835）	道光十五年知县陶春元倡捐就汶江书院拓地建修考棚，继任知县彭作籍落成；光绪初年县绅捐资重修；废科举后，与汶江书院一律改为别用。	《民国安县志》卷16《建置志》
资州直隶州		资阳、内江、仁寿、井研。	
仁寿县	道光八年（1828）	道光八年知县胡光瓒倡捐六千余金建造；同治四年（1865）知县余濮琮重修。	《同治仁寿县志》卷5《礼教志》
忠州直隶州		酆都、垫江、梁山。	
酆都县	同治七年（1868）	同治七年署知县田秀栗倡捐修建；同治九年（1870）大水漂没，光绪十四年（1888）知县何诒孙重修。	《光绪酆都县志》卷2《营建志》
酉阳直隶州		秀山、黔江、彭水。	
秀山县	咸丰五年（1855）	咸丰五年知县李渐鸿募捐三千三百余千建造考棚，有号桌号凳各八十五张。	《同治增修酉阳直隶州总志》卷5《学校志》
黔江县	咸丰元年（1851）	咸丰元年合县绅民捐建。	《同治增修酉阳直隶州总志》卷5《学校志》
彭水县	道光二十二年（1842）	道光二十二年知县张树棠倡率士民捐建，东西号舍各五间，号桌号凳各八十张、堂号木桌凳各十张。	《同治增修酉阳直隶州总志》卷5《学校志》

第四章 清代贡院的时空分布 425

续表

地名	始建年份	文献摘编	备注
眉州直隶州		丹棱、彭山、青神。	
丹棱县	道光三十年（1850）	道光三十年知县毛震寿倡捐建造；咸丰十年（1860）被贼拆毁，同治十年（1871）知县庄定域续修；光绪六年（1880）补修。	《光绪丹棱县志》卷2《建置志》
彭山县	道光二十一年（1841）	道光二十一年知县钱聚仁与邑人郭相贤兄弟合力捐资建造，号舍足敷千人之坐；光绪三十年（1904）知县康寿桐改为官立学校及劝学所。	《民国重修彭山县志》卷4《学校志》

上表共列有40座清代四川县试考棚，分布于16个府级行政区划单位中。其中潼川府和酉阳直隶州县试考棚的空间分布率最高，除了潼川府三台县作为附郭县而不必建造县试考棚外，其他各县均建造了县试考棚。顺庆、龙安、嘉定3府和邛州、绵州、资州、忠州4直隶州均只有1个县建造了县试考棚。由于其他12个府级行政区划单位中均未建造县试考棚，包括保宁府、雅州府、康定府、巴安府、登科府5府，茂州、泸州、永宁州3直隶州和松潘厅、石砫厅、理番厅、懋功屯务厅4直隶厅，为免冗复，表中将以上府州厅及其所辖州厅县全部略去。

从时间分布来看，清代四川这40座县试考棚的始建年份均相对较晚，其分布状况为：嘉庆1座，道光21座，咸丰4座，同治2座，光绪3座，未详9座。

2. 云南

清代云南共有23个府级行政区划单位，下辖79个州厅县和22个土府、土州、土司。光绪二十年版《云南通志》第37—40卷《建置志》"官署"门除了记载了云南省贡院和学政试院，也记载了部分州县的县试考棚。下表即以光绪版通志的记载为基础，辅以各府州县地方志的记载制成。

表 4-41 清代云南县试考棚一览表

地名	始建年份	文献摘编	备注
阿迷州	未详	兵燹后阿迷州吏目署毁，借住考棚。	
大关厅	光绪九年（1883）	光绪九年同知谢光焘率士民捐修于厅署左侧。	
昆明县	道光十三年（1833）	道光十三年知县罗登举捐建；光绪二十年（1894）已坍塌。	光绪《昆明县志》卷3《建置志》
陆凉州	光绪五年（1879）	光绪五年绅耆捐修。	
禄劝县	未详	光绪三十二年（1906）知县李崇朴督绅拔贡角显、岁贡梅安荣于考棚开办蚕桑学校；民国十年（1921）县知事周为桢奉令筹办成立议、参两会，将县自治公所移于考棚内。	民国《禄劝县志》卷4《官署志》
巧家厅	光绪四年（1878）	光绪四年同知胡秀山筹款修建于厅署侧。	
腾越厅	未详	在厅署侧；咸丰七年（1857）兵燹毁，光绪八年（1882）同知陈宗海倡捐重修。	
文山县	道光二十六年（1846）	道光二十六年知县陆葆以前左营都司署改建考棚。	文山县是开化府附郭县
嶍峨县	光绪三年（1877）	光绪三年知县陈宗海建造于县署二堂。	
宣威州	道光二十八年（1848）	道光二十八年知州吴人彦捐修。	

上表共列有清代云南省 10 座县试考棚，分布于 8 个府级行政区划单位

中。其中道光年间创建者 3 座,光绪年间创建者 4 座,始建年份不详者 3 座。

值得指出的是,与江西南昌府附郭县南昌县、新建县和湖南长沙府附郭县长沙县一样,清代云南云南府附郭县昆明县和开化府附郭县文山县也都建造了县试考棚。

3. 贵州

清代贵州 14 个府州厅,合计辖有 58 个州厅县和 53 个土司。《民国贵州通志》虽然记载了各府、直隶州的学政行署及其试院,但却没有记载各县考棚,因而无法集中获得清代贵州考棚的系列资料。下表各县考棚信息均查自各府州县地方志。

表 4-42　清代贵州县试考棚一览表

地名	始建年份	文献摘编	备注
独山州	道光二十七年（1847）	道光丁未邑廪生张万春、增生张馥春、监生咏春兄弟捐资一千零八十两,建造号舍五百三十余座; 咸丰五年（1855）战乱毁,同治四年（1865）知州吴德容增修大堂、龙门、头门及号舍; 光绪末年改为高初等小学校。	《民国独山县志》卷 19《学校志》
贵定县	道光十九年（1839）	道光十九年知县俞汝本劝县人王仁溥捐资于文昌宫内创建考棚,两廊号舍各七间。	《民国贵定县志稿》《学校志》
黄平州	光绪十九年（1893）	光绪癸巳,知州瞿鸿锡委绅张政、周之冕、张兰皋、黄品超、韩邦森筹募捐款,修复书院,并建考棚; 光绪三十一年（1905）就书院考棚改办高初小学堂。	《民国黄平县志》卷 10《书院》

续表

地名	始建年份	文献摘编	备注
麻哈州	同治十三年（1874）	咸丰戊午（1858）三台书院毁于乱，同治十三年修复后，即为州试考棚；光绪三十二年（1906）书院改设为学堂。	民国《麻江县志》卷7《营建志》
水城厅	光绪元年（1875）	光绪元年通判陈昌言改建文庙，以其原基址创建考棚。	《水城厅采访册》卷6《学校志》
绥阳县	道光十七年（1837）	道光十七年知县李毓馨募建新添书院，其中有左右考棚十六间；同治初年毁于贼；其址于民国年间尽为民居。	道光《遵义府志》卷24《学校志》；《民国绥阳县志》卷2《营建下》
天柱县	光绪二十七年（1901）	光绪二十七年于文昌宫兴修奎阁一座，左右考棚各五间。	《光绪续修天柱县志》卷2《营建志》

上表共列清代贵州县试考棚7座，分布于贵阳府、都匀府、大定府、镇远府、遵义府5个府级行政区划单位中。其中始建于道光年间的3座，同治年间1座，光绪年间3座。

以上根据《中国方志丛书》《中国地方志集成》以及其他各类丛书类地方志或单行本地方志，分省列表描述了清代各省州县考棚的时空分布状况。从空间分布状况来看，清代设置了乡试贡院的18个行省合计共辖有1619个散厅、散州、县及土州、土县、土司，其中有395个州县建造了420座县试考棚。尽管各府所在附郭县原则上可以借用学政试院作为其县试考场，但依然有江西南昌府南昌县、新建县，湖南长沙府长沙县，云南云南府昆明县，开化府文山县等5个附郭县建造了县试考棚。为了体现各州县建造县试考棚的自主性，下表在统计各省县试考棚的空间分布比例时，将附郭县及其所建考棚都排除在外。

表 4-43　清代县试考棚空间分布状况一览表

省份	县(散州厅)数	考棚数	百分比	备注
湖北	67/0	54	94.74	县试考棚与学政试院一样多被称为试院
江西	80/4	62+2①	93.94	南昌、新建两个省城附郭县也建有县试考棚
湖南	67/1	45+1	80.36	省会附郭县长沙县建造了县试考棚
安徽	55/8	34	72.34	寿州、凤台县合建；太平府建有府学考棚，未计入县试考棚
浙江	77/1	24	36.36	浙江县试考棚多称为校士馆
山东	104/0	31	33.33	多座考棚与书院合二为一
广东	84/0	22	29.73	
四川	169/6	40	26.14	四川有 29 个土司
河南	101/9	22	23.91	
福建	72/2	11	18.33	含台湾省
江苏	67/8	10	17.24	宜兴、荆溪合建
广西	113/1	15	14.71	广西有 41 个土司及土州、土县
山西	91/9	12	14.63	
陕西	85/8	9	11.69	
云南	101/4	8+2	9.2	云南有 22 个土司及土府、土州；昆明县、文山县作为附郭县也建造了县试考棚
直隶	114/2	8	7.02	
贵州	111/2	7	7.07	贵州有 53 个土司
甘肃	61/8	1	1.89	
合计	1619/93	415+5	29.1	

①　"+2"表示南昌、新建 2 县所建县试考棚，它们本是附郭县，不必建造县试考棚。本列湖南省"+1"和云南省"+2"分别代表湖南长沙府长沙县和云南云南府昆明县、开化府文山县均作为附郭县而建有县试考棚。

从表中可以看出，与学政试院相比，清代全国各省县试考棚空间分布比例相对更低，其中分布率超过50%的只有4个省份，最高的是湖北和江西，都超过了90%，其次是湖南和安徽，分别超过了80%和70%。其他14个省份只有浙江、山东达到了30%以上，广东、四川、河南超过20%，福建、江苏、广西、山西、陕西5省超过了10%，而云南、直隶、贵州、甘肃等省均在10%以下。甘肃省甚至只建有1座县试考棚，占比不到2%。县试考棚在全国各省极不均衡的分布状况，反映了清代国家并未强制要求各地州县必须建造县试考棚的事实。

表 4-44　清代县试考棚时间分布状况一览表

省份	明代	顺治	康熙	雍正	乾隆	嘉庆	道光	咸丰	同治	光绪	不详	合计
江苏	0	0	0	0	1	1	3	0	1	3	1	10
安徽	1	0	0	0	4	6	13	0	5	0	5	34
浙江	0	0	0	0	1	4	14	2	3	0	0	24
江西	0	0	0	0	11	33	16	0	1	0	3	64
福建	0	0	0	0	2	2	1	0	1	4	1	11
山东	0	0	0	0	0	1	13	3	5	8	1	31
直隶	0	0	0	0	0	0	0	0	2	6	0	8
山西	0	0	0	0	0	1	4	1	5	1	0	12
河南	0	0	1	0	0	1	9	2	3	3	3	22
湖北	0	0	0	0	2	4	36	5	4	1	2	54
湖南	1	0	0	0	23	18	2	1	0	0	1	46
广东	0	0	0	0	0	3	5	0	4	9	1	22
广西	0	0	0	1	0	0	7	0	4	2	1	15
陕西	0	0	0	0	0	2	2	0	3	1	1	9
甘肃	0	0	0	0	0	0	1	0	0	0	0	1
四川	0	0	0	0	0	1	21	4	2	3	9	40
云南	0	0	0	0	0	0	3	0	0	4	3	10
贵州	0	0	0	0	0	0	3	0	1	3	0	7

续表

省份	明代	顺治	康熙	雍正	乾隆	嘉庆	道光	咸丰	同治	光绪	不详	合计
合计	2	0	1	1	44	77	153	18	44	48	32	420
比例（%）	0.5	0	0.2	0.2	10.5	18.3	36.4	4.3	10.5	11.4	7.6	100
年均（座）	0	0	0	0	0.7	3.1	5.1	1.6	3.4	1.6		1.6

从上表可以看出，在清代全国420座县试考棚中，除了安徽池州府建德县和湖南岳州府华容县目前尚无法确定是否确实已在明代建成了用于县试的"试院"，以及目前尚无法确定创建年代的32座考棚之外，其余386座考棚全部分布在乾隆至光绪年间。其中乾隆年间44座，占比10.5%，嘉庆年间77座，占比18.2%，道光年间153座，占比36.4%，咸丰年间18座，占比4.3%，同治年间44座，占比10.5%，光绪年间48座，占比11.4%。从每年平均新建县试考棚的数量来看，道光年间新建的县试考棚数量最多，30年间每年新建5.1座，其次依次为同治3.4座，嘉庆3.1座，咸丰、光绪均为1.6座，而乾隆年间则为0.7座。清代年平均建造县试考棚的数量为1.6座，这是从清代建立的顺治元年即公元1644年开始计算，截至科举制度实施的最后一年即公元1904年科举结束，合计260年。

从本文的检索来看，清代各省最早建造的县试考棚是河南汝宁府确山县试院，它是在康熙三十三年（1694）由知县孙京倡议捐资，将原有察院改建为试院。① 而清代各省最晚建造的县试考棚，则是光绪二十七年（1901）建成的贵州镇远府天柱县"文昌考棚"。这一年天柱县在文昌宫中建成了奎阁，并以之"兼为试士考棚"，也就是在"阁旁左右考棚各五间"。② 很有意思的是，这两座县试考棚都不是独立型县试考棚。

---

① 张缙璜：《民国确山县志》，民国二十年（1931）铅印本，卷4《建置志》第4—2页。
② （清）林佩纶、杨树琪：《光绪续修天柱县志》卷2下《营建志》，成都：巴蜀书社，2006年，第178页。

本章结语

本章的清代贡院的时空分布问题，分别讨论了空间分布与时间分布，主要是以各地考棚的初创年份与地点为切入点，借以揭示清代贡院的时空发展问题。不过，这个问题似乎并没有那么简单。如同我们在分析清代乡试贡院的时空分布时所指出的那样，作为一种人造建筑，贡院被建成之后并非一劳永逸，而是在经过若干年的使用之后，便会因为耗损而不可避免地迎来重修。有些贡院则因为水灾、火灾、风灾、战乱甚至风水不佳而需要重建甚至迁建。这些重修、重建、迁建的工程量并不小，很多时候甚至超过了初创时期的工作量，需要投入更多的人力、物力。遗憾的是，本文目前还没有对这些重修、重建与迁建进行统计。

另外，正如前文所指出的，清代贡院的时空分布很不平均，尤其是低级别贡院如县试考棚，各省的分布比例差别极大。就本文目前所掌握的史料来看，我们暂时还无法回答某些问题，比如江苏、浙江等科举发达省份为何县试考棚的数量如此之少？湖南、江西、湖北、安徽等省的科举成绩并不相同，为何其县试考棚比例却非常接近？造成各省县试空间分布比例差别悬殊的原因何在？此外，尽管数量极少，但个别府、直隶州已经开始在建造专门用于府试的贡院，对此应该如何评价？如果科举制度没有被停废，建造府试考场是否有可能成为一种新的趋势？

第五章

清代贡院的修建途径

科举是清代的"抡才大典"。作为专门服务于科举制度的公共建筑，各级贡院所对应的地方政府本应是贡院修建经费的直接承担者。尤其对顺天贡院等省级以上贡院来说，在清代很长一段时间内都遵行贡院修建经费的财政报销制度。不过，从史料记载来看，随着时间的发展，越来越多的案例表明，很多贡院的修建经费并非来自国家或地方政府的财政拨款，而是来自民间捐款。这种情形，越是低级别的贡院便越普遍。从捐助者的身份来看，除了有科举制度的直接受惠者即本地的贡生、生员、童生等，也有已经出仕为官的本地缙绅，还有本地的亲民官如知县、知州、知府，以及道、臬、藩、学、抚、督等更高级别的官员。而在修建不同级别贡院的过程中，政府官员、地方士绅则分别扮演了决策者、捐助者、执行者等不同的角色。这种为追求考试公平而有的教育公益现象，无疑是清代科举区别于其他朝代的一大特色。

第一节 清代乡会试贡院的修建途径

乡会试贡院是清代级别最高的科举专用考场。从"抡才"的角度来说，乡试贡院中录取的举人和会试贡院中录取的贡士，有资格分别通过大挑和殿试进入仕途，成为清代官僚系统中的一员，因而较之其他较低级别的贡院,乡会试贡院更具有国家考试"为国求贤"的基本特征。总体来说,在清代乡会试贡院的修建过程中,也更多体现了清代的国家意愿。

一、督抚学宪主导的决策过程

乡试贡院是清代各省最高级别的贡院,因此其修建活动包括决策过程等也往往由该省最高级别的地方官如总督、巡抚等主导完成。

河南省于明代天顺年间因黄河水涨,将贡院由省城西南隅迁至旧藩司巨盈库,崇祯年间再次遭遇水灾,贡院付诸东流,"片砾无有存者",不得已借用位于黄河北岸的辉县百泉书院为河南贡院。清顺治年间,巡按监察御史李粹然与河南巡抚贾汉复(1605—1677)商议,认为该贡院气局湫隘,且僻处豫北,道里不均,于是决定将位于开封城中央位置的"旧周藩基址"改建为河南贡院。他们一起"具疏上请",得到了"上嘉纳,制曰可"的批复。最终,通过将重建工程全面委托给"素饶宏才伟略"的"大参王君",并在获得"阖豫各属州邑咸鼓舞乐输"的资金支持下,终于在"不数月"的时间内建成了新的河南贡院。①

广西省在康熙二十年(1681)将明代靖江王府改建为贡院之后,经过半个世纪逐渐朽蠹破败,即便是贡院最为核心的建筑即至公堂也是"上漏旁穿",随时有倒塌的危险。为此,时任广西巡抚金𫓧(1678—1740)提议重建贡院,并率先捐俸作出表率。广西布政使张钺及"臬司徐公、驿盐道耿公、桂林太守钱元昌、司马徐德秩、别驾吴大猷、梧川司马陆纶"等地方官员也相继捐俸,"共成其事,鸠工庀材,未两月而落成"。②

湖南贡院始建于雍正三年(1725),此后得到了多次修复,其决策过程离不开历任湖南巡抚的努力。早在康熙四十四年(1705),湖南巡抚赵申乔(1644—1720)便曾疏请允许湖南省分闱,未获施行。康熙五十一年(1712)湖南巡抚潘宗洛、康熙五十五年(1716)湖南巡抚李发甲(1652

---

① (清)李粹然:《河南贡院记》,(清)管竭忠:同治《开封府志》,清同治二年(1863)刻本,卷11《学校志》,第32—33页。
② (清)谢启昆,胡虔:嘉庆《广西通志》卷129《建置略四》,《续修四库全书》第678册,上海:上海古籍出版社,2002年,第766页。

—1717)、康熙五十九年（1720）湖广乡试主考官编修吕谦恒分别"密疏"或"密奏"，也都未能如愿。直至雍正元年（1723）七月，清世宗直接命礼部员外郎双全谕令礼部，以湖南考生横渡洞庭，有覆没风涛之患，准其从次年二月恩科乡试开始，利用李发甲所建湖湘书院改为贡院，就地分闱考试。至乾隆十年（1745），巡抚蒋溥上奏称，当年李发甲建造贡院，因考期迫促，不得不因陋就简，甚至于贡院内的号舍竟然前后两排相对开门，考生对面交谈，防弊形同虚设。为此，他建议在拓宽号舍面积的基础上削减号舍总体数量，并从"存公银两"内拨款维修。这一建议，得到了朝廷的批准。不过，由于全省生监纷纷表示愿意捐出科举盘费银和廪饩银用于改造贡院，继任巡抚杨锡绂经过通盘核算，发现全省科举盘费银和廪饩银两合计共有 9880 余两，不仅足以支付改造号舍的 1600 余两，剩余部分用于重修贡院围墙、辕门、照壁、鼓楼、瞭望楼等也尚有赢余。为此，杨锡绂将士绅情愿捐款重修贡院的情况上奏朝廷，获准照此执行。①

有些时候，各省省会所在府的知府也能对贡院修建工程起到重要的决策作用。如道光十一年（1831）蒙古镶黄旗人裕谦（1793—1841）出任武昌府知府。裕谦出身将门世家，嘉庆二十二年（1817）中进士，以庶常选主事，历员外郎、郎中，出为荆州知府。任武昌知府期间，他见湖北贡院年久失修，地势低洼，时有倾覆之虞，乃设法以工代赈，召集灾民充任工匠。同时，裕谦一方面首捐俸银 2000 两，号召全省士绅踊跃捐款，筹银 4.6 万余两作为修建经费，另一方面"为之相其阴阳，量其高下，察其利病而规其制度"。接下来，他禀请督抚委派汉阳府通判邵勷、大冶知县王启炳、试用知县宋其洋、江夏县丞周存义、江夏知县庞大奎等共襄其事，自己则"夙夜督理之"。② 9 个多月后，湖北贡院顺利完成重修，裕谦实属功不可没。

---

① （清）刘采邦，张延珂，袁继翰：《同治长沙县志》卷 12《典礼志》，南京：江苏古籍出版社，2002 年，第 181—183 页。
② （清）裕谦：《裕靖节公遗书》卷 7《重士类》，《清末民初史料丛书》第 32 册，台北：成文出版社，1968 年，第 567—575 页。

二、贡院修建经费由国库报销

对于全国各省乡试贡院及会试贡院的修理周期与修建经费问题，清廷有明确的规定："京师贡院，每逢乡、会试年，先期修理。直省，三年一修。由顺天府尹、直省督抚咨户工二部核销。如遇恩科，其修理事宜撙节办理，不得援照常例浮冒开报。"① 此外，对于非经常性的贡院修建工程，清廷还规定："各省贡院添建号舍、房间，由该督抚核实具题，礼部题覆。其动用公项及估计兴修各事宜，由户工二部定议。"② 礼部、户部、工部分别是清代教育、财政、工程的最高国家机关，由它们联合承担各省贡院的工程审批与经费核销工作，体现了清廷对乡会试贡院修建工作的高度重视。

各省乡试贡院的修建工作也都按照这一政策严格执行。其中不仅包括对贡院的整体重修，也包括对贡院内局部建筑的扩建、增建。

乾隆元年（1736）八月八日，顺天府尹陈守创上奏扩建顺天贡院号舍事宜。奏折中称，乾隆元年二月，时任顺天府尹吕耀鲁因为前一科乡试士子较多，已经在原有 8315 间号舍的基础上，奏请添建了 1685 间号舍，使顺天贡院号舍总数达到了 1 万间。本年恰逢登极恩科，各地举子"踊跃观光，实在投卷入场者共一万四百一十九名"，超过了现有贡院 1 万间号舍的容纳总量。因此，陈守创"于号舍之旁，敕令大、宛两县搭盖厚密席棚，添设桌凳"③，并于乡试正式开始之前奏报朝廷，以便乡试之后奏请报销。

同样是在乾隆元年（1736），总理事务王大臣等经过会商，覆准了侍讲邹升恒提出的关于要求各省仿照顺天乡试之例"添设内帘监试官一员"的建议。为此，各省督抚亦应在贡院内为该监试官设法添加办公房舍。乾隆三年（1738），护理湖南巡抚张渠（1686－1740）便上疏报告了本省的

---

① （清）礼部：《钦定科场条例》卷 28《关防·贡院》，沈云龙：《近代中国史料丛刊三编》第 48 辑，台北：文海出版社，1989 年，第 1953 页。
② （清）礼部：《钦定科场条例》卷 28《关防·贡院》，沈云龙：《近代中国史料丛刊三编》第 48 辑，台北：文海出版社，1989 年，第 1954 页。
③ 张伟仁：《明清档案》A68 册，台北：联经出版事业公司，1986 年，第 B38699 页。

处理计划。张渠表示，由于湖南贡院里并无闲置房间，而且监试必须贴近试官，因此只能就近新建房舍："今帘官房后尚有空地，应建正房三间，两厢房各三间，耳房各一间。四周围墙、门楼一座，中筑台阶甬道。"经礼部议准，准其在此位置添建内监试房舍。在经费报销方面，经费渠道准许其"动用公项，听户部定议"，而报销数额则准许其"估计房垣，事隶工部，咨覆工部定议"。①

各省在奏请报销修建贡院经费时，其可以报销的钱款数额均需要经过工部逐项核实，并由工部尚书具折上报，提出是否准其报销的审核建议，供皇帝参考。如嘉庆元年（1796）三月十四日，工部尚书彭元瑞（1731—1803）具疏奏报对陕西省乙卯科乡试前修理贡院号舍所用钱款的审核结果，指出审核后的可报销经费数额为"工料银一千一百六十两三分三厘"，并给出了"应准动项修理"的处理建议。②

对于一些经过核算发现存在问题的奏销申报，工部可以将其驳回，令其重新具折申报，或直接奏请更改其报销经费的数额。乾隆三十七年（1772）陕西巡抚勒尔谨（？—1781）奏请报销修理陕西贡院用银，经工部审核后被驳回。工部给出的理由包括："册开抹饰墙垣，并不将每墙长若干丈尺并灰厚分数开明；搭脚手架子，又未开明应搭处所之长高丈尺；刷糊顶棚窗槅等项，亦不将应糊之长宽丈尺分析声明，均难查核。"也就是说，多项报销经费的数字凭证不够准确，完全是笔糊涂账。除了总结性处理意见，工部还"相应将指驳各款，于副册内注明，钤印发还该抚"，要求其指示相关责任单位根据驳文"逐一分析，另造正、副妥册题销"。③又如乾隆五十三年（1788）五月二十五日，四川总督李世杰（1716—1794）奏请报销乾隆五十一年（1786）丙午科四川文乡试经费。奏疏中显

---

① （清）礼部：《钦定科场条例》卷28《关防·贡院》，沈云龙：《近代中国史料丛刊三编》第48辑，台北：文海出版社，1989年，第1964—1965页。

② 张伟仁：《明清档案》A271册，台北：联经出版事业公司，1986年，第B153243页。

③ 张伟仁：《明清档案》A214册，台北：联经出版事业公司，1986年，第B119651页。

示,此前四川省已经向朝廷奏请过报销此项用银,但经过工部核查发现奏销清册中存在不符合要求的地方,如"修理房屋未开几檩,成造抹饰墙垣亦无灰厚分数"等。为此,李世杰责令成都知府、成都知县根据工部的指驳要求,"详细查明,逐一核算,分析更正",最终"删减银八两四钱零八厘八毫二丝"。① 李世杰经过复核无异后,这才再次拟定题本,附上原有清册及新造清册,请求朝廷予以报销。

有时候工部还会要求各省重新核算贡院修建经费的数额,而各省也可以据理力争重新上报。如嘉庆元年(1796)一月十九日,代理江西巡抚万宁奏报,本省甲寅恩科乡试前修理贡院所用银两"无浮",请求"照原册核销"。奏折中称,正常来说,"常例修理贡院"一般需要耗费"银二千二三百两不等",而此次修理江西贡院,虽然没有对东西文场号舍进行改建,但其他方面依然耗费了一定的钱款。其中主要包括两项,一是"应修房屋墙垣等项",一共需要耗银1349.553两,二是"搭盖蓬厂、裱糊等项",一共需要耗银344.661两,两项合计需要耗银1694.214两。这些银两,都已经由江西省城的两个附郭县即南昌、新建二县"撙节确估",并无差错。请求先从"司库公用耗羡银"给发银1500两,"速饬赶修完竣,以副场期"。② 这次核销修理江西贡院经费的过程说明,此前工部曾经驳回了江西巡抚上报的核算数额,而江西巡抚则表示原来的核算数额无误,要求工部按照原来的数额批准报销。

对于各省需要报销的贡院经费,户部需要在审核之后提出建议并奏报皇帝最后钦定。如乾隆五十六年(1791)三月十八日,贵州省申请报销己酉科文武乡试经费银两,经户部审核后,时任大学士、管户部事务的和珅具折上奏,指出经贵筑知县蔡五锡造册申报,并经贵州省布政使司核实,该科贵州省文武乡试所用钱款"连修理贡院等项,实用正项、公项银四千九百七十两六钱八分六厘",经户部参照"部定额数"核实,共计节省了

---

① 张伟仁:《明清档案》A252册,台北:联经出版事业公司,1986年,第B142497页。
② 张伟仁:《明清档案》A271册,台北:联经出版事业公司,1986年,第B152894页。

921.862两,"均系实用,并无扣克、浮冒",建议准其报销。同年三月二十日,乾隆帝批复:"依议!"① 即同意了工部的审核建议。

修建乡试贡院,其经费名义上由户部从国库报销,其实是由户部从该省应该上交国库的各类赋税款项中核减。如乾隆四十年(1775)二月三日,陕西巡抚毕沅题请报销咸宁等县修理贡院用过工料银,请求从本省"司库地丁并乾隆三十九年耗羡银内"动支。经工部、户部核准,朝廷决定"其所需工料银二千八百二十六两八钱六分,准其在于地丁银内动支银一千一百七十五两五钱三分三厘,尚不敷银一千六百五十一两三钱二分七厘,准其在于三十九年耗羡银两照数动支",同时要求陕西巡抚"将用过工料银两照例切实确核,照具册结题销"。② 又如乾隆五十六年(1791)二月二十五日湖南巡抚冯光熊奏请报销己酉恩科乡试修理贡院房屋所用经费,请求从地方赋税收入中拨付,首先是乾隆五十四年(1789)全省的"额征科举银二千六百三十六两五钱九分九厘",其次则是"其不敷经费银一千两,应准其在于五十四年地丁银内动支"。③

从中可以看出,清代各省乡试贡院的修建费用主要来自各省每年征收的赋税,包括地丁银和耗羡银两种。清代前期,国家税收主要包括地税和丁税两种,雍正年间实行"摊丁入亩"政策后,统一称为地丁银。由于清代农民缴纳赋税主要以银为本位,而散碎银两因其纯度不同在熔铸为银锭时会产生损耗,因而地方政府便要求百姓在缴纳赋税时按耗损比例补足所损耗的钱款,称为火耗,亦称耗羡银。雍正年间实行"火耗归公"政策,禁止地方官私自加派,使得耗羡银成为清代国家重要的收入来源之一。地丁银和耗羡银名义上都归国家所有,但为了维持地方政府机构的运转,清代国家便将其分作"起运"和"存留"两个部分,分别上缴中央户部国库

---

① 张伟仁:《明清档案》A257册,台北:联经出版事业公司,1986年,第B144955—144956页。

② 张伟仁:《明清档案》A223册,台北:联经出版事业公司,1986年,第B125311页。

③ 张伟仁:《明清档案》A257册,台北:联经出版事业公司,1986年,第B144761页。

和存贮各省布政司藩库。各省乡试贡院的修建经费、举行乡试的科场费用、举人赴京会试旅费及旗匾银等，均从"存留"项下拨付。

据查各类地方志，清代各州县所编列的科举经费征收项目及其银钱数额尽管总体上大致相同，但也因时因地而有所差别。其中，由于各州县土地面积、人口数量、文风盛衰以及距离考试场所远近等各不相同，其所编列的科举经费预算类别与数额往往同中有异。

据《光绪顺天府志》记载，顺天府所辖 24 个州县中，除了大兴、宛平、平谷 3 县外，其他 21 县的赋税征收项目中均包括科举经费，主要有贡生花红旗匾银、乡会试对读誊录等银、翻译场誊录等银、武场供应银、武举会试盘费银、会试举人盘费银、举人坊银、进士坊银、武举花红旗匾银、武进士花红旗匾银等 10 余项。这些科举经费征收项目中，各州县征收数额相同的项目有 6 项，分别为两年一办的"贡生花红旗匾银二两五钱"、三年一办的"会试举人盘费银三两三钱三分三厘""举人坊银二十六两六钱六分七厘""进士坊银三十三两三钱三分三厘""武举花红旗匾银三两三钱三分三厘"和"武进士花红旗匾银六两六钱六分七厘"。① 其他三年一办的科举经费征收项目主要有乡会试对读誊录等银、状元归第银、武场供应银、会试筵宴银、翻译场誊录银等，具体到每个州县的类别、数额都有所不同，详见下表。

表 5-1 顺天府各州县征收科举经费一览表

州县	类别	总额
良乡县	乡会场对读、誊录等银 5 两 状元归第银 1 两	81.833 两，因粮缺无征，实支银 11.833 两
固安县	会试誊录、书手银 1.4 两 状元归第银 4 两 武场公费银 0.546 两	81.779 两

---

① （清）周家楣，缪荃孙：《光绪顺天府志》卷 51《食货志三》，北京：北京古籍出版社，1987 年，第 1845－1908 页。按，21 个州县中，只有文安县的会试举人盘费银为 4 两。

续表

州县	类别	总额
永清县	乡会场对读、誊录银15.15两 状元筵宴银2两	92.981两
东安县	乡试对读、誊录、书手银6.137两 会试对读、誊录、书手银5.452两 状元归第银3.333两	90.756两
香河县	乡会场对读等银各4.167两 协济保定府武场供应银0.546两 状元归第银2.333两	77.046两
通州	乡试誊录等银6.333两 会试誊录等银4两 状元归第银3.333两 潮县归并、状元归第银0.667两	92.667两，除举人、进士花红旗匾银70两缺额，实止支银22.667两
三河县	乡试誊录等银13.3两 会试誊录等银19.9667两 武会试厨皂银5.6两 翻译会试书手等银13两 武场供应银3两 状元归第银7两	137.7两，内除进士花红旗匾银40两缺额，实银97.7两
武清县	乡试誊录等银4.333两 会试誊录等银3.5两 状元归第银5两	88.667两
宝坻县	乡、会试誊录等银1.4两 武场公费银2.5两 状元归第银3.333两	53.066两
宁河县	会试誊录等银1.4两 武场公费银2.5两	79.733两
昌平州	武场供应银2.803两 状元归第银0.667两	79.303两

续表

州县	类别	总额
顺义县	乡、会场对读、誊录等银4.667两，又厨子银0.5两 武场供应银2两 状元归第银1.333两	
密云县	乡、会试对读、誊录等银11.333两 武场公费银2两 状元归第银2两	94.499两
怀柔县	乡试对读等银0.2两 会试对读等银1.2两 状元归第银1.333两	79.767两
涿州	乡、会场誊录等银10.9两 状元归第银4两	90.733两
房山县	乡、会试对读、誊录银12.35两 会试筵宴银4两	92.183两
霸州	乡、会试对读、誊录银12.35两 会试筵宴银4两	92.183两
文安县	乡、会场对读、誊录等银13.143两 会试举人盘费银4两	89.642两
大城县	乡、会试誊录银5.333两	83.834两
保定县	乡试誊录等银2.625两 会试誊录等银0.525两	78.983两
蓟州	乡、会试对读、誊录等银25.583两 翻译场誊录等银13两 武场供应银1.833两 武举会试盘费银1.667两	121.249两

需要说明的是，《光绪顺天府志》所载各州县需要征收的科举经费，均记载于卷51《食货志三》的"田赋"门中，该门类除了记载田地数额外，其余还有"摊丁入亩总征银"，其下又分"存留""起运"二项，而

"存留"项中又分为"官俸""役食""祀礼""带办""驿站"五类,科举经费被归为"带办"项目。

同属直隶省的大名府长垣县的科举经费征收项目与顺天府各县又略有不同。据嘉庆《长垣县志》卷7《田赋书》记载,该县每年需"带办花红等项银一百二两五钱",其中包括:"贡生花红旗匾银二两五钱(二年一办);会试举人盘费银六两;新中举人坊价银二十六两六钱六分七厘;新中进士坊价银三十三两三钱三分三厘;新中武举花红旗匾银三两三钱三分三厘;新中武进士花红旗匾银六两六钱六分七厘;会试誊录书手十八名,工食银二十四两(以上六项三年一办)。"① 从中可以看出,长垣县的7项科举经费征收项目中,贡生花红旗匾银、举人坊银、进士坊银、武举花红旗匾银、武进士花红旗匾银这5项的数额与顺天府各州县完全相同,而"会试举人盘费银"的数额则略多于顺天府各州县,在乡会试对读、誊录人员费用方面则被额定编制了18名誊录书手的工食银共计24两。又如直隶省广平府永年县共编制了10项科举经费征收项目,其中长垣县与顺天府各州县相同的7项(该县将武举、武进士的花红旗匾银分为府、县两类,核编经费的数额则是相同的),永年县也都完全相同,其不同的三项,一是会试举人盘费银(6两,与长垣县相同),二是武闱入帘公宴银(10两),三是会试誊录书手银(16两)。②

清代各地科举经费征收项目及其数额"因时""因地"而异。前者是由于清代初年顺康时期裁减了大量的科举经费的征收项目,后者则是因为每个州县分担的更高级别科举考试的经费有所不同。据咸丰四年(1854)编纂的《平山县志》,清代各地科举经费征收项目及其数额出现变化的原因是部分科举经费被裁减了。该志卷3《赋役志》"存留"门中分别载有"旧志所载赋役之法"和"现在赋役之法",其中"现在赋役之法"详载了各项经费的历史变化情况,兹不揣冗长,抄录于次。

---

① (清)李于垣,杨元锡:嘉庆《长垣县志》卷7《田赋书》,台北:成文出版社,1976年,第544页。
② (清)夏诒钰:光绪《永年县志》卷7《田赋志》,台北:成文出版社,1968年,第158—159页。

二年一办：

贡生盘费花红旗匾银四十两，每年银二十两。康熙十四年（1675）裁银十两，康熙十五年（1676）全裁银十两。康熙二十年（1681）奉复，仍实支银二十两。内于康熙二十六年（1687）奉裁盘费银十七两五钱，实支花红旗匾银二两五钱。

三年一办：

科举生员宾兴盘费花红酒席银四十二两，每年该银十四两。顺治十四年（1657）裁银七两，康熙十四年裁银三两五钱，康熙十五年全裁银三两五钱。

会试举人盘费银十八两，每年该银六两。康熙十四年裁银三两，康熙十五年全裁银三两，康熙二十年奉复，仍实支银六两。康熙十二年（1673）奉文为请酌定文武等事案内，文武举人按名均给。

新中举人每名坊价银八十两，每年该银二十六两六钱六分六厘六毫六丝六忽六微。康熙十四年裁银十三两三钱三分三厘三毫三丝三忽三微，康熙十五年裁银十三两三钱三分三厘三毫三丝三忽三微。康熙二十年奉复，仍实支银二十六两六钱六分六厘六毫六丝六忽六微。

新中进士每名坊价银一百两，每年该银三十三两三钱三分三厘三毫三丝三忽三微。康熙十四年裁银十六两六钱六分六厘六毫六丝六忽六微五纤，康熙十五年全裁银十六两六钱六分六厘六毫六丝六忽六微五纤。康熙二十年奉复，仍实支银三十三两三钱三分三厘三毫三丝三忽三微。

武闱入帘公宴银八两，每年该银二两六钱六分六厘六毫六丝六忽六微。康熙十四年裁银一两三钱三分三厘三毫三丝三忽三微，康熙十五年全裁银一两三钱三分三厘三毫三丝三忽三微。二案俱于二十三年（1684）奉复，仍实支银二两六钱六分六厘六毫六丝六忽六微。

新中武举每名花红旗匾银十两，每年该银三两三钱三分三厘三毫三丝三忽三微。康熙十四年裁银一两六钱六分六厘六毫六丝六忽六微五纤，康熙十五年全裁银一两六钱六分六厘六毫六丝六忽六微五纤。

康熙二十年奉复，仍实支银三两三钱三分三厘三毫三丝三忽三微。

新中武进士每名花红旗匾银二十两，每年该银六两六钱六分六厘六毫六丝六忽六微。康熙十四年裁银三两三钱三分三厘三毫三丝三忽三微，康熙十五年全裁银三两三钱三分三厘三毫三丝三忽三微。康熙二十年奉复，仍实支银六两六钱六分六厘六毫六丝六忽六微。

会试誊录书手工食银十六两，每年该银五两三钱三分三厘三毫三丝三忽三微。康熙十四年裁银二两六钱六分六厘六毫六丝六忽六微五纤，康熙十五年全裁银二两六钱六分六厘六毫六丝六忽六微五纤。康熙二十年奉复，仍实支银五两三钱三分三厘三毫三丝三忽三微。

顺天乡试贡院供给银四两，每年该银一两三钱三分三厘三毫三丝三忽三微。康熙十四年裁银六钱六分六厘六毫六丝六忽六微五纤，康熙十五年全裁银六钱六分六厘六毫六丝六忽六微五纤。①

从该志的记载我们可以看出，在康熙十四年（1675）前后的几年间，州县所编定的科举经费征收项目大多经历了"奉裁"的过程，其中有些项目裁减比例较大，仅保留了很少数额，如贡生盘费花红旗匾银从每年20两裁减为每年2.5两；有些项目在部分裁减或全部裁撤后，不久又得到了恢复，如会试举人盘费银、新中举人坊价银、新中进士坊价银、武闱入帘公宴银、新中武举花红旗匾银、新中武进士花红旗匾银、会试誊录书手工食银；有些则被多次裁减，直至全部裁撤，如科举生员宾兴盘费花红酒席银、顺天乡试贡院供给银。

除了地丁银和耗羡银，各省督抚还可从自己职权范围内的其他款项中拨款支付乡试贡院的修建经费。如乾隆元年（1736）广西驿盐道建议"拨东省积引羡余银两"用于修建广西贡院的"木石工料之费"。这一用广东盐政款项修理广西贡院的建议，得到了时任两广总督鄂弥达和广西巡抚金鉷的赞同，并由新任广西巡抚杨超曾在乾隆四年（1739）具体推进。他命

---

① （清）王涤心，郭程先：《咸丰平山县志》卷3《赋役志》，上海：上海书店出版社，2006年，第51—67页。

令广西布政使、按察使"相度基址，筹划规制，筮日鸠工"，经过5个月的施工，新建誊录、对读等各类房屋共计30间，并改建弥封、受卷二所房16间，建造庖厨9间，合计"费银四千九百九十三两有奇"。①

清代末期，由于对外割地赔款对内发展洋务，中央、地方财政均极为拮据，贡院维修所需经费往往难以筹集。如光绪二十三年（1897）山东巡抚李秉衡（1830—1900）上奏，经与各司、道悉心商酌筹议，准备在贡院北边围墙外购买民房、民地，增建号舍2190间，预计共需京钱115 480余千文，合白银45 000多两。由于"帑项支绌，不敢请拨正款，东省司、道各库，比年军需、洋款悉皆取给，实已搜索无遗"，因此为了能够顺利实施增建号舍计划，只能"于司、道各库及善后局积年节省外销之款极力挪凑，尚勉强可以敷用"。②

三、民间捐资日渐普遍

尽管各省乡会试贡院的修建是由地方督抚学宪等进行决策，而清代国家也制定了贡院修建经费可从国库报销的政策，但从各省贡院的修建历程来看，很多贡院的修建经费是由民间捐资筹集的。

福建贡院从万历年间因火灾重建以后，清康熙十九年（1680）、三十八年（1699）、四十四年（1705）、四十七年（1708）、五十六年（1717）曾多次重修或扩建。乾隆十八年（1753）闽浙总督喀尔吉善、福建巡抚陈宏谋经过与"藩臬监司诸君"商议，决定再次重修贡院。正当他们要联名撰写奏折请求朝廷准予用公帑修贡院时，福建各地绅士在"少京兆陈君治滋、少银台林君枝春等"地方精英的率领下，联名呈文，请求督抚准其捐资修建贡院。在得到批准后，全省士绅"一时争先，踊跃输将，不数月而十郡二州计数至二万六千八百有奇"。他们之所以愿意捐款修建贡院，是因为他们认为贡院是"吾侪进身之始，亦后来子弟观光之地，宜自经理，

---

① （清）谢启昆，胡虔：嘉庆《广西通志》卷129《建置略四》，《续修四库全书》第678册，上海：上海古籍出版社，2002年，第766页。

② （清）李秉衡：《李忠节公奏议》卷15《奏山东文闱价买民田添建号舍折》，《清末民初史料丛书》第5种，台北：成文出版社，1968年，第1145—1147页。

不敢重耗国帑"。经过5个多月的工期，耗费16 000多两白银，福建贡院完成重修，焕然一新。剩余捐款6000两则被"权子母，永为将来修理贡院之需"。对于福建士绅主动捐资修建贡院的行为，巡抚陈宏谋大为叹赏，认为"闽中绅士乐事劝功，好善笃而趋义勇，实为十五省之冠"。①

湖北贡院自嘉庆年间以后多次倡议士绅捐资重修、扩建。嘉庆九年（1804）黄冈县人王宗华呈请独力捐资，增建号舍800间，并捐银2000两，"存典生息备广额供给之用"。②道光辛卯（1831）武昌知府裕谦（1793—1841）因贡院旧号浅隘、地形低洼，"蛙鸣砌下，蚁垤檐端"，于是捐俸2000两为倡，合计募捐"四万六千有余金"，全面重建贡院。③太平天国运动期间，湖北贡院"咸丰初寇毁"，咸丰八年（1858）湖广总督官文和湖北巡抚胡林翼"檄府州县绅富捐资重修"。光绪十一年（1885）两广总督张之洞上奏称，湖北近期乡试应试人数不下2万人，而贡院号舍仅有1万余间，很多考生因此无法通过录科、录遗进入考场。为此本省生监建议购买贡院西边围墙外民房，添建号舍1000余间，情愿"自行捐助，毋庸将公项动支，并请免其造册报销"。④

江西贡院曾经多次重修，其经费也常由全省各县合力捐助。如嘉庆二十年（1815）江西南昌"会城首事"戴淑元等呈请督抚，计划增置贡院号舍1000余座，并修葺旧有号舍，估算需要工程款2万余两。江西巡抚"下其事于郡县"，各地士绅"翕然乐从"。武宁县的首事直接向本县翁梦葛兄弟写信，说明了全省捐建考棚的情况。兄弟二人想起当年"秋闱侧身矮屋，覆以蓬茅，围以箬簧，雨则坐于漏涂，风则难张灯烛，湫隘暴露，度日如年"的场景，欣然同意组织劝捐。他们分别向南乡"姻娅"葛镜崖、

---

① （清）陈宏谋：《重修贡院记》，（清）徐景熹，鲁曾煜：乾隆《福州府志》卷18《公署》，台北：成文出版社，1966年，第438页。
② 吕调元，刘承恩：民国《湖北通志》卷58《学校志四》，台北：华文书局，1967年，第1366页。
③ （清）裕谦：《增修楚北贡院记》，（清）裕谦：《裕靖节公遗书》卷7《重士类》，《清末民初史料丛书》第32册，台北：成文出版社，1968年，第567—575页。
④ （清）礼部：《钦定科场条例》卷28《关防·贡院》，沈云龙：《近代中国史料丛刊三编》第48辑，台北：文海出版社，1989年，第2001—2002页。

葛华运兄弟劝捐 500 缗，向北乡贡生李廷黻劝捐 100 余缗，翁氏兄弟自己捐资 320 缗，合计 900 余缗，从而解决了武宁县的摊捐经费。① 到了咸丰九年（1859），江西再次重修贡院，同样由省内各县劝捐分摊，其中南昌府靖安县"公捐"经费银 400 两。而同治五年（1866）重修时，靖安县又合力捐助"添广号舍经费银三百两"。② 另据《民国万载县志》记载，嘉庆丙子（1816）万载县捐修省城贡院号舍的份额主要由各家族捐集，包括"郭孟牖祠、宋珊众、唐锡铎各捐纹银百两，西门鲍祠捐钱七十千，集贤坊张祠、后街汪祠、虹桥刘祠各捐元银五十两，白良袁祠捐纹银三十两，辛大祠捐钱三十千，陈孟楠捐银二十两，大北门丁祠捐钱二千"；咸丰九年时全县共计捐银 800 两；同治六年（1867）增建号舍，全县共捐银 400 两。③

其他各省亦不乏地方士绅捐资建造贡院之例。同治十二年（1873）浙江巡抚杨昌濬上奏，本次增建贡院号舍，合计新建 2273 间，并增建厕屋、改去旧号 36 间，所有工程经费"系筹捐兴办，并不动支正项，应请免其报销"。④ 四川贡院始建于康熙四年（1665），系由成都知府冀应熊向四川巡抚、布政使、按察使提出建议，改明蜀王府为贡院，"具题建修，倡捐有差"，也就是其修建经费吸纳了捐款。⑤ 至同治元年（1862），四川各大宪因贡院多所倾圮，决定"通省筹款，彻底重修"，经费来自全省各州县合力捐集，共耗费银两 7 万多两。⑥ 湖南贡院始建于雍正三年（1725），当时

---

① （清）王赟卣：《与修贡院号舍记》，（清）何庆朝：《同治武宁县志》卷 31《艺文志》，南京：江苏古籍出版社，1996 年，第 492 页。

② （清）徐家瀛，舒孔恂：《同治靖安县志》卷 4《学校》，南京：江苏古籍出版社，1996 年，第 124 页。

③ 张芗甫，龙赓言：《民国万载县志》卷 2《营建志》，南京：江苏古籍出版社，1996 年，第 93 页。

④ （清）礼部：《钦定科场条例》卷 28《关防·贡院》，沈云龙：《近代中国史料丛刊三编》第 48 辑，台北：文海出版社，1989 年，第 1992—1993 页。

⑤ （清）黄廷桂，窦启瑛：乾隆《四川通志》卷 5《学校志》，《景印文渊阁四库全书》第 559 册，台北：商务印书馆，1983 年，第 220 页。

⑥ （清）罗廷权，衷兴鉴：《同治重修成都县志》卷 4《学校志》，成都：巴蜀书社，1992 年，第 148 页。

系由"通省士子公捐廪膳银建造",但由于"场期已近,赶紧修造",故而工程较为简略。乾隆十一年(1746)经湖南巡抚蒋溥(1708—1761)奏准,将此前因陋就简之贡院"通行拆卸,照式改建号舍,并添建辕门、照墙、鼓楼、瞭楼、明远楼,以符体制"。① 其修建经费预估1600两左右,本拟从"存公银两内估计拨用",但由于长沙副榜贡生高拔与"各府州县七十九庠"联名呈请,表示愿意"将通省本年科举盘费、廪饩银两捐修号舍",② 经时任巡抚杨锡绂(1700—1768)奏准施行。

由于各省贡院规模巨大,每次维修都需要耗费数额不菲的钱财,因此大多数情况下都是通过集体捐资筹集款项。不过,也有个别乡绅愿意捐巨资修建贡院。如道光二年(1822)代理山西巡抚叶世倬根据举人郑起昌、李德溥,贡生张际昌的禀请,决定重修贡院。经过与山西布政使、按察使商议,"酌议通省士子捐修,随府州县之繁简派银,行文各处",而各州县士绅也都"踊跃乐从"。其中,介休县人冀国定便独力捐银1万两。在继任巡抚张师诚的主持下,决定由绅士捐资,并"择绅士董其事"。③ 由于捐款日益增多,管理董事孟登先、陈锦、阮共和、李德溥乃购买木料,备办砖灰,将旧号舍全行拆建,共新建号舍6900余间。到道光五年(1825)六月,贡院落成,总共耗费捐银3万余两。也就是说,冀国定所捐钱款大约占了所有捐款的1/3。

个别省份甚至有个人或单个家族独力捐资重建贡院的案例。如广东贡院在康熙二十三年(1684)、道光元年(1821)、咸丰十一年(1861)都曾经由官员或士绅合力捐资修建,而道光二十二年(1842)重修则是由"绅士"潘仕成"独捐修葺,增建号舍五百六十五间"。④ 据查,潘仕成(1804

---

① (清)礼部:《钦定科场条例》卷28《关防·贡院》,沈云龙:《近代中国史料丛刊三编》第48辑,台北:文海出版社,1989年,第1969页。
② (清)刘采邦,张延珂,袁继翰:《同治长沙县志》卷12《典礼志》,南京:江苏古籍出版社,2002年,第182—183页。
③ (清)李培谦,阎士骧:道光《阳曲县志》卷13《文征》,台北:成文出版社,1976年,第1147—1148页。
④ (清)瑞麟,戴肇辰,史澄:光绪《广州府志》卷65《建置略二》,台北:成文出版社,1966年,第100—101页。

—1873），字德畲，世居广州，家族以盐商起家，立足广州十三行，是晚清著名的官商巨富。又如陕西贡院，道光十年（1830）朝邑县生员刘学宠率领三位侄子武举刘振清、中书刘际清和议叙八品顶戴刘照清，向陕西布政使史谱、按察使杨名飏呈请独力捐资修建贡院。经过近一年的施工，刘氏家族共耗资 46 440 余两，合计完成了以下工程："补修旧号七千有八，增建号舍一千四百八十有二，号前回廊九十八间，号尾茅房一百八间，砖砌号内隔墙一百八堵，增修瞭望楼四座，改修明远楼一座，至公堂卷棚五间，精白堂五间，门内增建卷棚十四间，门外回廊三十间，点名官厅四座，座三间。协房八间，大门外砌石路一百四十丈，号外砖包围墙二百四十丈，余细工不计。"① 不仅如此，刘学宠又再捐银 1.7 万余两，用于补足道光十一年（1831）辛卯科乡试所缺银两，剩余部分则作为关中书院教育基金。总计此次修建贡院，刘学宠家族合计捐出了 63440 余两的巨款，是清代各省贡院修建活动中士绅捐款数额之最。

除了民间绅富捐资，各省贡院也有由官员捐资修理之例。如康熙二十三年（1684）广东巡抚李士桢筹划迁建贡院，计议妥当后，决定通过募捐的方式筹集经费，募捐对象则是各级地方官员，也就是："遂与制府吴公捐资为倡，藩臬司道协力共济，广、惠、廉郡守、提举司及南、番等县令亦各量输。"② 所谓"制府吴公"，是指时任两广总督吴兴祚，"藩臬司道"则是指广东布政使、按察使以及各道道员。其他捐款者则包括广州府、惠州府、廉州府知府及南海县、番禺县等部分州县的知州、知县等。捐集经费后，鸠工庀材，动工修建，历时十月，建成新的广东贡院。当然，康熙二十三年尚未实行养廉银制度，地方官员的收入来源除了俸禄之外只有各类"陋规"形成的灰色收入。广东贡院此次官员捐款是否转嫁给了普通百姓，文献并未交代清楚。

---

① （清）杨名飏：《陕西贡院碑记》，杨虎城，邵力子：民国《续修陕西通志稿》，民国二十三年（1934）铅印本，卷 6《建置志一》，第 6—7 页。
② （清）李士桢：《新建贡院碑记略》，（清）瑞麟，戴肇辰，史澄：光绪《广州府志》卷 65《建置略二》，台北：成文出版社，1966 年，第 100 页。

四、官绅参与组织实施

清代各省乡试贡院的修建工作，一般由督抚藩臬等地方最高级别的官员负责决策，其具体的工程实施工作，包括总理、督工、财务等，则大致包括两种人员调配方式。一种是由督抚抽调部分道府州县官员分任其责，另一种则是由地方绅士分工负责。前者一般适用于以公费修建贡院的情况下，组织实施者大多为外省籍贯官员，后者则一般出现在捐款修建贡院之时，组织实施者则多为本省在籍候选官员。

1. 在任官员负责组织实施工作

以公帑修建贡院，一般由督抚委派在任官员负责组织实施工作。如河南贡院，雍正九年（1731）清世宗升河南巡抚田文镜（1662—1733）为河东总督，主管河南、山东两省事务，也使其得以继续监临河南乡试。为此，田文镜主持移建了河南贡院。他首先花费了不到200两银子，在省城东南买了一块197亩"高原爽垲"的空地，接着派遣工匠预估建造经费约需25 556两，继而奏请朝廷，于是年七月二十七日正式动工，次年六月十二日全面完工。据田文镜所撰《改建贡院碑记》，此次移建河南贡院，"财则动诸正赋，力则雇诸佣工"，而工程的总理、协理、监督等负责人员则主要包括以下人员："是役也，董其事者，总理则署布政司事分守粮盐驿道副使张建德，协理则开封府知府刘湘，监督则彰德府同知章兆曾，协督则开封府通判李纶，度支出入则祥符县知县刘辉祖，采买物料则圯县县丞韩仪、西平县县丞张惟唐、兰阳县典史王钟也。"① 据查乾隆《河南通志》卷35—37《职官志》，张建德、刘湘、章兆曾、李纶、刘辉祖等人都是当时的在任地方官员。

有些由民间捐款修建的贡院工程，也由政府官员负责组织实施工作。如前引湖南贡院在乾隆十一年（1746）获准由全省79州生监捐出科举盘费银和廪饩银两用于重修贡院号舍等建筑后，次年巡抚杨锡绂委派长沙知府

---

① （清）田文镜，王士俊，孙灏，顾栋高：乾隆《河南通志》卷43《学校志下》，《景印文渊阁四库全书》第536册，台北：商务印书馆，1983年，第515页。

吕肃高、署永顺同知鲍启泌负责"监修",委派长沙知县李大本、善化知县魏成汉"襄事督工",① 即是由在任官员负责贡院工程的组织实施工作。当然,此次重修湖南贡院的捐款属于政府本应发放给全省生监的科举盘费银和廪饩银,具有准官方拨款性质,与民间士绅的纯粹捐款有所不同。

2. 本省士绅负责组织实施工作

纯粹由士绅捐资支持的贡院修建活动,其组织实施一般由士绅自主负责,官府退居监督者角色,以免被人质疑以权谋私中饱私囊。清代中期以来,各省士绅捐资修建本省乡试贡院的情况日益普遍。道光五年(1825)山东贡院、道光八年(1828)福建贡院、咸丰八年(1858)四川贡院的重修过程便是其中极为典型的案例。

道光五年,济南知府钟祥因见山东贡院号舍仅有7525间,"制卑且隘,每值宾兴,风雨偶作,士子局踏其中,苦不堪言",乃倡议捐廉展拓旧号,增置新号。他一方面命令历城知县张应云写信给全省其他州县官员劝捐钱款,一方面劝说"熟谙营缮"的"邑绅"魏祥"承命董工",而其他"襄事者"则有茅锡爵、王允中、杨龙云、吴赓虞、贾延龄、汪天桂、花寿山、王大纶、张文简等9人。次年,在继任历城知县侯燮堂与魏祥的精心策划下,"酌定章程,刊刻图样",利用全省捐集的62651两白银,对山东贡院进行了全面的整修,"共得新号八千九十有九间,用银四万四千两",其余所剩银两分别用于添加号舍号板、改用坡石砌路、修补内外帘厅事等项。② 据查,魏祥是乾隆年间山东著名建筑家,曾奉命主持修建行宫、孔庙、济南府学、魁星楼、文昌宫等各类建筑。

福建贡院在乾隆十八年(1753)重建之后,经过80来年的风雨剥蚀日渐破旧。道光八年(1828),居丧守孝的鳌峰书院山长、闽县进士陈寿祺向闽浙总督孙尔准、福建巡抚韩克均建议倡捐改建贡院。在陈寿祺的精心筹划下,"各属士民,闻风踊跃","号舍则改四为五,巷道则并三为两,

---

① (清)刘采邦,张延珂,袁继翰:《同治长沙县志》卷12《典礼志》,南京:江苏古籍出版社,2002年,第183页。
② (清)汤世培:《重修山东贡院碑记》,毛承霖:民国《续修历城县志》卷13《建置考一》,台北:成文出版社,1968年,第745—749页。

增高围墙、夹墙,巷内外地皆砌以石,增建号舍一千余间"。在工匠管理方面,陈寿祺为之"立章条,严程限"①,以治兵之法进行约束,最终仅仅6个多月便完成了贡院维修工程。陈寿祺(1771—1834)字恭甫,嘉庆四年(1799)进士,选庶吉士,散馆授编修。此后曾任广东、河南乡试副主考,会试同考官。嘉庆十五年(1810)丁父忧,从此未再出仕,属于典型的在乡绅士。

四川贡院于康熙四年(1665)开始在成都府城创建贡院,此后乾隆、嘉庆年间合计增建号舍6306间。从道光年间开始,修建四川贡院的组织实施工作逐渐从由委派政府官员负责改为由地方绅士组织实施。道光十八年(1838)四川总督窦兴新建号舍3000间,委派的是成都知府谢兴峣、县丞袁鋕埇、训导杨森组织实施,三人都是在任地方官。咸丰八年(1858)扩建号舍2600间,系由四川总督王庆云委派知县李柬、从九周霖、乡绅孝廉方正刘芳玉、教谕赖人庆等人组织实施。同治四年(1865)扩建号舍1275间,系由县丞周兆魁,乡绅知县刘作霖,训导张志凌、陈荣松,监生刘昌镛等"奉各大宪札"组织实施。同治九年(1870)扩建号舍1216间,系由县丞周兆魁,乡绅知县刘作霖,通判朱邦伸,主簿曾大銮,训导陈荣松,监生刘昌镛、张玉钧,五品衔廖琨"奉各大宪札"组织实施。②这三次贡院修建工程的组织实施人员,都是以当地士绅为主。

据学界研究指出,明代乡会试贡院的修建与维护的经费来源主要有官方拨款、赋役派编、分摊以及社会捐助等四个方面。其中官方拨款、赋役派编与分摊处于主体地位,社会捐助处于辅助地位,二者共同构成一个较为完整的贡院经费来源体系。③清代前期的情况与明代大致相似,但在乾

---

① 陈衍:《福建通志列传选》卷6《陈寿祺传》,台北:台湾银行经济研究室,1964年,第347页。
② (清)罗廷权,衷兴鉴:《同治重修成都县志》卷4《学校志》,成都:巴蜀书社,1992年,第148页。
③ 刘明鑫:《明代乡会试贡院修建与维护经费来源考述》,《求索》2017年第9期,第186—193页。

隆年间以后则发生了巨大转变，民间捐款开始居于主体地位，而官方筹资则退居补充地位。除了顺天贡院以外，其他各省贡院的重建、扩建等重大工程的经费来源几乎都由民间捐资完成，各省绅董成为贡院修建工程的实际推动者，而地方督抚则退居决策者与辅助者角色，主要负责公文呈报与捐助者请奖活动。

由本地士绅捐资修建贡院并参与负责贡院修建工程的组织实施工作，这种情形在宋代早已出现。如在嘉定五年（1212）三月建成的广南东路潮州贡院，其决策者、总管者、监督者、出纳者分别为："知是役之当为而勇以决其议者，郡太守蒲阳陈公也。知是役之可复而力以任其事者，别驾浚仪赵侯也。若夫考视工程则宾客之贤曰王君恪，勾稽出纳则郡庠之隽曰方遇、施仪凤等实分任之。"①整个修建过程中都没有让官府的胥吏人员参与，即"吏弗与也"。据真德秀所撰《潮州贡院记》一文可知，"郡太守蒲阳陈公"是指时任潮州知州陈㤚，"别驾浚仪赵侯"是指时任潮州通判赵善涟，他们都是现任官员，主要承担潮州贡院修建工程的决策工作。而被称为"宾客之贤""郡庠之隽"的王恪、方遇、施仪凤等人，则显然都不是在职官员，属于乡绅阶层。值得指出的是，正是在这篇记文中，真德秀提出了在建造贡院时"于义利之分诚不可不早辨"的概念。

第二节　清代学政试院的修建途径

清初承明制，以提学道兼副使佥事管理一省之教育、科举，康熙五十六年（1717）改为以京官派任各省学政。各省省会设提督学政（院）署，非省会之各府、直隶州、直隶厅则设提督学政（院）行署。为规范学政之院试，清代各府州厅往往组织地方士绅捐资，于学政署或行署中建造院试专用考场，其名称多所不同，除了试院这一常见称谓，还有校士馆以及贡

---

① （宋）真德秀：《潮州贡院记》，曾枣庄，刘琳：《全宋文》第313册，卷7182《真德秀四八》，上海：上海辞书出版社，2006年，第393—394页。按，该文作者一作刘爚，见（宋）刘爚：《云庄集》卷4《记》，《钦定四库全书》第1157册，台北：商务印书馆，1983年，第386—387页。

院、考棚等称谓。

尽管学政公署及其所属试院在性质上属于行政类建筑，但与府衙、州衙等其他行政类建筑相比，它们还具有更多的特殊性，其建造难度往往更大。乾隆四年（1739）顺天学政钱陈群在其所撰写的《保阳学政公署落成碑记》中便曾经分析了建造学政试院的困难所在。

> 自方伯连帅以至一命下吏，凡教养训练之责者，莫不有廨。廨以居官，官以视事，居之所庇，事之所集也。其始以公物创建，其后则各葺其居，以集厥事，无分营亦无他诿。前后更替，守之俾勿坏，犹易易耳。学政公署则不然，以直隶言之，为府十，十其署，为州五，五其署，而八旗泊京兆所隶不与焉。使者巡行所至，岁必一周，席不暇暖，既无余力遍为新之，守土之官间以时鸠工饬材，因陋就简，仅蔽风雨。每遇秋霖积雪，甚至颓败不测者。丙辰春，余奉命留任衡文，首按保阳，见屋宇倾圮，厅事后轩，樽枊欹侧，篝灯视事，风入窗牖，声渐渐然。瓦腐椽蛀，落几案间，心每悸也。未数日，夜中大雨，倒屋三楹，册籍尽为所压，胥役以避漏，移止他所，仅以身免。①

每省学政只有一位，但其公署或行署则不止一处，每按临一地，则必备一行署。而每三年只使用二次甚至一次，又使得学政行署及其附建试院的修建成本明显高于其他类别的行政类建筑。然而即便如此，清代各地为了维持科举取士的公平性，依然不断地建造、重修学政试院，而随着民间捐资逐渐全面承担其修建成本，清代学政试院也日益呈现出"以公益求公平"的特质。

一、清代国家的学政试院经费政策

学政试院是一府或若干府州厅进行岁科试的专用考场，其修建经费最

---

① （清）李培祜，朱靖旬，张豫垲：《光绪保定府志》卷35《工政略》，上海：上海书店出版社，2006年，第535页。

初一般是从公帑开销，具体则是由各府州所辖州县合力承担。清顺治九年（1652）规定，各府州需要为学政按临提前做好准备。其中，提督学道的"驻劄衙门须宽大，可试千余人，高垣厚壁，环覆以棘"。乾隆三十三年（1768），因发生广西学政梅立本"任意滥取，擅作威福，逼死县令"的极端事件，清廷乃就学政巡考过程中所涉及经费问题作出补充规定："各省考棚一切应用官备之物，及学政衙门额设书役例给工食，原应酌动公项，报部核销，不得令地方官再行捐备。"①

不过，从《明清档案》所录清代各时期的各省奏请报销各级贡院修建经费的奏折、批文等公文来看，基本上都只有乡试贡院修建经费的奏折与批文，而没有发现关于报销学政试院修建经费的同类史料。从地方志的记载来看，尽管清代曾要求各省学政按临院试所产生的供应夫马、护送兵丁、扛抬文册卷箱人夫、家人幕友夫马船只等费用均由其"自行发价雇觅"，但事实上这些经费连同各地学政试院的修建经费一道，都是从各地财政经费中开支的。如甘肃省西宁府循化厅乾隆五十一年（1786）开始建庙立学，乾隆五十三年（1788）正式举行岁、科试，共录取文武生员12名。循化厅童生、生员赴西宁府参加甘肃学政主持的院试，需要与本府其他州县共同承担相应的考场费用，称为考棚摊银。其中，乾隆五十三年、五十六年（1791）循化厅的考棚摊银分别为171.9两和193.7两。② 这些费用均在循化厅每年征收赋税的存留经费中动支。

各地地方志中也有不少由官方承担修建试院经费的记载。如直隶保定试院在乾隆四年（1739）重修时，"计用木大小三千五百六，瓦二十二万二千，砖一十九万六千，土坯十二万九千，计役木工、土工及搬运各工二万六千五百"，其经费主要来自"帑金三千九百有余"。道光七年（1827）重修时"用人之力积一万三千工，用木石砖瓦之材至百余万，细小料物及

---

① （清）素尔讷：《钦定学政全书》卷11《学政按临》，沈云龙：《近代中国史料丛刊》第30辑，台北：文海出版社，1989年，第219、239页。

② （清）龚景瀚、李本源：道光《循化厅志》卷3《学校志》，台北：成文出版社，1968年，第76页。

杂役称是",其经费也是"用费支九千有奇"。①所谓"帑金""支",说明经费来自财政拨款。

顺天府通州虽然既不是直隶州也不是附郭县,但却从明代以来便建有学政试院。乾隆三十八年(1773)东路同知曹元瑞奏请议定"岁科两试考棚供应事宜",经直隶总督批复确定,"每逢考试之前,先于通永、霸昌二道库贮'棚建'项下借拨银两应用,再按大、中、小治,提解归款。岁试摊银八百二十五两,科试摊银六百二十两"。这一经费策略很快得到执行。如乾隆四十四年(1779)知州高天凤呈请学院按照议定的条例修葺通州试院:"通永道属则通州、蓟州、三河、武清、宝坻为大治,香河、宁河为中治;霸昌道属则涿州、霸州、昌平州、良乡、文安、大城为大治,东安、永清、固安、顺义、密云为中治,房山、保定、怀柔、平谷为小治。大治摊银三十两,中治摊银二十五两,小治摊银二十两,共摊银五百八十五两。不敷银一两四钱零,通州捐办。"②

与乡试贡院一样,清代各省每年都有一定数额的修理学政试院的经费预算。如乾隆十年(1745)四月,礼部议覆了福建巡抚周学健(1693—1748)与福建学政吴华孙(生卒年不详,雍正八年庚戌科进士)关于减省福建省延平府等5府的"修理考棚银两"的奏议。礼部指出,从乾隆六年(1741)以后,每年福建学政可以动用的修理考棚银两为1800两。乾隆九年(1744)进一步规定,"三年内以二年银两匀给各府州,其一年银两留为学政衙门书吏盐菜、心红、纸张之用",也就是每年1800两银两中,将600两用于学政衙门日常办公,其余1200两用于修理各府州试院。当时福建全省包括台湾府在内一共是10府2直隶州,平均每府(直隶州)为120两。如果按照吴华孙的建议每年减省800两,则合计仅有1000两,必定造

---

① (清)李培祜,朱靖旬,张豫垲:《光绪保定府志》卷35《工政略》,上海:上海书店出版社,2006年,第545页。
② (清)高建勋:光绪《通州志》,清光绪九年(1883)刊本,卷2《建置志》,第14—15页。

成经费短缺的后果,因而礼部驳回了吴华孙的建议。①

二、修建学政试院的决策过程

清代初年,很多地方并未建造学政院试专用考场,学政按临时,往往以明代旧察院等相关建筑为临时驻劄地及院试考场。为了规范考场秩序,各地陆续建造试院,其中又多为利用察院旧址加以改建。在创建、重建或修理学政试院的工程决策方面,督抚、学政、知府等各级地方官员的倡议和主持至关重要。

1. 学政主导修建试院的决策过程

理论上来说,各省学政作为与学政试院直接相关的官员,本应是工程决策者的不二人选。然而,由于其职责与权力主要是分管学校与科举,很难直接筹措经费,因而在工程建设方面总有力不从心之感。乾隆三十六年(1771)莅任江西学政的曹文埴(1735—1798)便曾经指出,他作为肩负人才甄拔重任的一省学政,尽管时刻都在提醒自己不可"一事之或苟",但事实上却经常面临"有力所能为者,有力所不能为者"的尴尬处境。其中,"端士习、整文风,俾入吾庠序者悉通经学古之彦,而不许虚浮佻巧得以溷于其中",这是学政力所能及的本职工作;而像那些为地方兴利除弊尤其是要依靠"群自忻忻然而赴公家之义"才能完成的"不费官帑,不延岁月"的建造工程,则是学政力所不能为的。曹文埴认为,此类工作需要两个最基本的条件,一是"必出于吾庠序士乐善之诚",二是必须"倡以诸大吏鼓舞作兴之治化"。②曹文埴的话虽然不无自谦之辞,但从各省学政试院的建造过程来看,这番话语也确实反映了清代试院修建的普遍情况。

省城所在府学政试院的修建往往与督抚、藩臬等地方高级行政官员的决策有关。如江西南昌府学政试院,乾隆三十八年(1773)岁试期间,由

---

① (清)庆桂,董诰,曹振镛:《清高宗实录(四)》卷239《乾隆十年四月下》,北京:中华书局,1985年,第84页。

② (清)刘坤一,刘绎:光绪《江西通志》卷67《建置略一》,《续修四库全书》第657册,上海:上海古籍出版社,2002年,第556页。

于南昌、新建两个附郭县的考生人数众多，号舍数量不足，只能依照往常惯例，借用江西乡试贡院安排剩余考生，从而出现了考场过大、关防难周的问题。为此，时任江西巡抚海成、布政使李瀚、按察使欧阳永裿三人经过详细规划，决定将学政试院东南隅的按察使司衙署、射圃及民居迁建他处，而以其地扩建试院。决策完成后，他们开始向地方士绅倡议捐款，"为南昌绅士鼓"，而南昌府各县士绅则群情振奋，踊跃捐款，"以数百金输者踵相接"。在施工过程中，尽管江西学政曹文埴一直在赣州、南安各府主持岁试，而主持考棚建造工作的士绅董事则时刻与之保持联系，甚至小到"间架门径之尺寸、向背"都要不远千里向其汇报，希望得到其"指示方略"。显然，南昌府学政试院的顺利建成，尽管主要得力于士绅的慷慨捐资和董事的亲力亲为，但同样得力于抚、学二宪和藩、臬二司的决策支持。

江宁府学政试院同样位于省城，它始建于明代嘉靖年间，清顺治庚子（1660）损毁，此后多年未予修复。其间康熙甲戌（1694）、乙亥（1695）"有议复者，乃中止焉"，十多年后"太学生左史辈倡复之，辄又止"。① 直到康熙五十二年（1713）江苏巡抚张伯行担任癸巳恩科科试监临官，经诸生张元等呈请，并得到两江总督赫寿的同意，以及江宁知府章秉法等人的协助，才在经历了13个月的工期之后对其进行了全面修复。江宁府学政试院的修建工作之所以如此艰难，是因为该府还有另一处位于句容县的学政试院，且从明代万历二十三年（1595）开始，便因其地理位置正好处于江宁府中心地域而由各府诸生共同捐资建造了试院，并成为江宁府生童岁试之所，而科试则在郡城试院。康熙五十年（1711），因朝廷下旨令督抚只负责大收考试，而录遗则由学政专管，江宁府学及江宁、上元两县学士子乃"乘机捐建录遗考棚"，从而使该考棚成为本府岁科两试的考场。由于句容县等江宁府其他各县考生不愿远赴江宁考试，便一致提出反对意见，但却被江苏巡抚张伯行等予以驳回。尽管如此，句容等县诸生依然没有放

---

① （清）赵弘恩，黄之隽：乾隆《江南通志》卷91《学校志》，《景印文渊阁四库全书》第509册，台北：商务印书馆，1983年，第543页。

弃。直到雍正十二年（1734），句容知县鲁宏瑜在其奏报地方利弊的奏折中，将"考棚修费，每岁考派银二百两"列为本县弊政之一，总督赵弘恩于是乘机以"恐致累民"为理由，命令取缔句容县学政试院，从而使府城学政试院成为岁科两试的唯一考场。这场延续了140年之久的江宁府试院选址之争，才终于画上了句号。

学政试院是为各省学政主持岁科试而建造的专门考场，因此各省学政也往往是学政试院修建决策的不二人选。广西桂林府试院的修建决策工作便主要由学政掌握。该试院初建于康熙二十一年（1682），当时系由学政王如辰主持建造。但建成不久便告颓毁，多年来无人主持修复，以至于乾隆二十七年（1762）院署之西堂竟然长出了"芝草"。乾隆五十四年（1789）学政费振勋莅任后，见试院廨宇庳陋，原有号舍均已朽坏，乃倡议修复，督、抚、藩、臬、道、府、县令等官员各捐钱款，共得银900两，交由临桂知县鸠工庀材择日修复。然而，由于费振勋很快便受代离任，重修试院之事"遂寝"。① 直至十年之后学政钱楷莅任，试院的重修计划才再次启动并最终完成。

有些学政还主持过多个地方试院的修建工作。如清代书法家、山西寿阳人祁寯藻（1793—1866），嘉庆十九年（1814）进士，在历任军机大臣、各部尚书、体仁阁大学士等职之前，曾于道光三年（1823）以翰林院编修任湖南学政、道光十七年（1837）以户部右侍郎任江苏学政。在湖南学政任上，他曾主持增修岳州府试院号舍的工作，在江苏学政任上，又曾主持增修常州府试院号舍的工作，并用"善教者广其居，善学者广其储"的格言勉励两府士子。②

在学政参与建置各省试院的过程中，还留下了一些佳话。如江西南昌提督学院署，便曾先后由安徽歙县曹文埴、曹振镛父子主持修建。该学院署本为康熙四十六年（1707）由副使道署改建而成，乾隆二十二年

---

① （清）谢启昆，胡虔：嘉庆《广西通志》卷129《建置略四》，《续修四库全书》第678册，上海：上海古籍出版社，2002年，第762页。

② （清）祁寯藻：《增修江阴考棚记》，（清）李兆洛：道光《江阴县志》卷2《建置志》，台北：成文出版社，1983年，第247页。

(1757)、二十八年（1763）、三十六年（1771）相继维修。由于为了防止南昌、新建两个附郭县的考生冒籍应试，历来是将两县考生合在一起同日举行岁科试，但这样一来又往往造成"号舍不能容"的后果，历任学政便不得不借用省城贡院安排剩余考生，进而又出现了"于书隶之防闲、伺察之周密，则亦视他郡劳瘁倍之"的弊端。为此，乾隆三十八年（1773）曹文埴以詹事府左春坊左庶子出任江西学政，与巡抚海成、布政使李瀚、按察使欧阳永裿等共同决策，扩建试院号舍，并应士绅之请撰写了记文。① 40年后，曹文埴之子曹振镛（1755—1835）以工部侍郎任江西学政，并于嘉庆十一年（1806）主持增建了南昌府学政试院，并同样应邀撰写了记文，从而留下了父子学政两修南昌试院的佳话。

2. 府州地方官主导修建试院决策过程

由于学政试院基本上都是面向一府、一直隶州而建，与府试阶段应试考生的地域范围正好相同，因此当地知府或直隶州知州在修建试院时也具有重要的决策作用。

江苏扬州府试院建于泰州，而非附郭县江都、甘泉。这是因为泰州正好位于扬州府所辖10个州县的适中位置，因此康熙初年便将前明泰州凤抚军使院改造为学政行署。不过，由于管理职责不明，房屋日见破败不堪使用，各州县生童不得不远赴扬州府衙的临时考场应试。康熙四十五年（1706），江苏学政行文泰州，表示将再次按临泰州主持院试。为此，泰州士绅倡议捐资修理试院，"请于州不得，请于府乃得之"。时任扬州知府左必蕃对重修泰州试院表示坚决支持，他一面决定到泰州主持府试，一面准许泰州通过"诸童子以府试资斧踊跃捐修，阖邑绅士资助之"的集资方案筹集款项，"不五旬而既圮之试院焕然改观矣"。时任福建巡抚的泰州名人宫梦仁（1623—1713）应邀撰写了记文，指出此次重修泰州试院，知府左必蕃居功至伟："使其时公亦如州牧不问，则绅士之议寝，势必涉江而南，

---

① （清）曹文埴：《南昌提督学院署考棚记》，（清）刘坤一，刘绎：光绪《江西通志》卷67《建置略一》，《续修四库全书》第658册，上海：上海古籍出版社，2002年，第556页。

后因为例,暑雨祁寒,往返阙津道路间,其荼苦伊于胡底?"①

河南陈州府试院乾隆年间的一次重修活动则源自对作弊考生的处罚。陈州府试院创建年代无考,至乾隆初年知府崔应阶莅任时,试院已经"茅茨土垣,湫陋特甚。冬则雪风飘泊,夏则炎暑薰蒸,雨则平地污池。坐其中者率局蹐靡宁,作文那得更有佳思"?他志在修复试院,却苦于无处筹款。乾隆癸亥(1743)科岁试期间,有一位"姑不言其姓氏"的考生"谬称关节",哄骗另外一位考生出银150两,意图作弊。事情败露后,这些赃银被"例追入官"。崔应阶乃趁机"率属员各捐廉俸若干",合计筹银280余两,对试院进行了维修,"易以木瓦,低者平之,卑者高之,浅者深之,隘者阔之"。②

山西蒲州府试院的建造过程颇具戏剧性。蒲州在明代为平阳府所辖的散州,清雍正二年(1724)升格为直隶州,雍正六年(1728)再升格为蒲州府。当时由于新设府治,故知府即以原州署为署,而新设附郭县永济县的知县则"僦民居以视事"。次年,知府刘登庸动用公帑,建成新的知府衙门。乾隆十八年(1753),蒲州知府周景柱因知府衙署"处旷阔,少人居,不称理所",而城东贡士院则"俯近衢处,外喧内达",且空间狭隘无法容纳考生,呈请将府署与学使署互换位置。经过一番改造,新的蒲州府试院"易其旧方,使从新规,立厅事于大堂之后,而撤其故宇,改仪门为重闭,而汰其外闑",从而使"收者足以列号舍、布砚席,敞者足以待鹄立之士,足以班执事之吏,足以备鼓吹旛旌之罗列而候伺",③府衙、试院,各得其宜。

3. 附郭县知县主导修建试院决策过程

清代学政试院大多建于府城,府城所在的附郭县一般都是借用学政试

---

① (清)赵弘恩,黄之隽:乾隆《江南通志》卷91《学校志》,《景印文渊阁四库全书》第509册,台北:商务印书馆,1983年,第545页。
② (清)崔应阶:《重修考棚记》,(清)崔应阶:乾隆《陈州府志》,清乾隆十二年(1747)刻本,卷5《建置志》,第12页。
③ (清)周景柱:《新迁贡院记》,(清)乔光烈,周景柱:《乾隆蒲州府志》卷21《艺文志》,南京:凤凰出版社,2005年,第456—457页。

院作为举行县试之考棚，因而附郭县知县也经常成为修建学政试院的积极倡导者。

如江西九江府试院原为雍正年间所建关义仓。乾隆八年（1743），九江府附郭县德化县知县景师毅详请仿照南康府、赣州府兴建试院的先例，即"府考封题发县代考，各邑童生省其赴府应试盘费，以为修造之资"，童生将节省的路费捐出，在关义仓旧址建造试院。①

浙江温州府校士馆始建于明万历二十四年（1596），系由知府刘芳誉、永嘉知县林应翔改察院署而建成。乾隆二十八年（1763），永嘉知县崔锡倡议加以维修，在大堂东边添建7间房屋，并"捐俸创考棚内号板及坐凳"。② 崔锡还自己撰写了一篇《新制校士馆号板记》，不仅叙述了重修校士馆的原因和过程，更联系明代江西东乡人艾南英描写其场屋经历的文章，谈到了自己独力捐俸"竭蹙为此"的心理活动，体现了一个父母官爱护士人的政治责任感。

4. 其他主导官员

个别地方修建学政试院的决策过程得益于本省巡抚的推动。如浙江台州府试院始建于康熙六年（1667），是由教谕胡云客率两学诸生建造，但康熙十三年（1674）便被战乱损毁，只得借用分巡道署为临时考场，而其旧址则被协镇用于训练官兵。乾隆八年（1743）台州府士绅商议合力捐款在原址重建试院，请求地方官与协镇协调，取回基址，却未能如愿。次年，适逢浙江巡抚常安（1681—1748）"巡海"经过台州，而浙江学政彭启丰（1701—1784）也刚好按临台州主持院试，台州府士民借机"呈请者再"。彭启丰乃与常安及浙江布政使潘思榘（1695—1752）商议，最后决定顺从"舆情"，由巡抚常安出面，"密授区划，橄郡守冯君、邑令陈君，

---

① （清）陈鏊：同治《德化县志》卷12《建置志》，台北：成文出版社，1970年，第211页。

② （清）崔锡：乾隆《永嘉县志》，清乾隆三十年（1765）刊本，卷5《公署》，第3页。

咨商协镇,移演武场于郊外",① 最终在校士馆原址重建了台州府试院。与之不同的是,此后道光三年(1823)知府伊明阿、道光十一年(1831)知县周召棠、同治二年(1863)知府韩承恩、同治三年(1864)知府刘璈等历次重修台州府试院,均只由台州府知府等相关官员商议决定。

三、地方官与学政试院建造经费

有些情况下,地方官府也会设法承担试院的修建经费。其中,又主要包括捐俸倡建与捐俸创建两种类型。

1. 捐俸倡建

所谓捐俸倡建,是指地方官首先自己捐出若干银、钱进行号召,接着委派绅董广为募捐,筹集足够的捐款,最终建成考场。这种类型非常普遍,几乎是清代各省集体捐资建造贡院活动的程式化步骤。

如福建龙岩县于雍正十二年(1734)升格为直隶州,于是着手建造督学试院。首任知州刘彤经过估算,决定"动支银一千一百三十两有奇"。次年,张廷球接任知州,又"加捐倡建",最终将邻近的布政分司、漳南道、县丞三座废署改建为试院,乾隆元年(1736)十一月完工。② 又如山东武定府试院创建于乾隆十一年(1746),系由本府所辖 10 个州县的士绅合力捐资建造。至道光十五年(1835),由于试院长期"风雨剥蚀,梁栋墙垣,腐朽颓圮,势将尽废",而六月八日扃试期间,又适逢"大雨如注,风霆震撼,号舍几倾",山东学政季芝昌(1791—1861)乃要求知府汤世培、惠民知县徐鈖设法重建。徐鈖经过与邑绅李维墇等共同查勘、估算,准备在重修试院的基础上,再扩建号舍 400 号,总计可容 1600 号。为了坚定士绅共襄厥事的决心,徐鈖不仅向大家发出了"此予之责也"的宣言,并"首捐千二百金"。最终各县绅民踊跃捐资,"不旬日得六千余金"。至

---

① (清)彭启丰:《台郡校士馆记》,张寅,何奏簧:民国《临海县志》卷 8《学校志》,台北:成文出版社,1975 年,第 747 页。
② 杜翰生:民国《龙岩县志》卷 13《学校志》;台北:成文出版社,1967 年,第 153 页。

道光十七年（1837）工程完工时，合计捐银 18 596 两，支销经费 17 590 两。①

2. 捐俸创建

所谓捐俸创建，是指地方官承担了修建贡院的绝大部分经费甚至是全部经费。这种类型的记载常散见于各省地方志之中。

有些学政试院由多位与试院有行政地域统属关系的地方官合力捐资创建。如山东莱州府试院称为校士院，建成于康熙四十九年（1710），其经费全部来源于地方官员的捐助。在建成校士院前，莱州府岁科试都是"设席厂，临试取办卒成"，其间存在很多弊端。一方面，搭建临时考场对附郭县的百姓是一种较为沉重的负担："凡苇条之材靡不征，金木之工罔不役。吏一不虔，民用滋扰。"另一方面，临时搭建的考场，其建筑质量难称合格："葭墙板席，上穴旁穿，冬霜夏霖，冲风飘雪，士子殊以为艰。"为此，时任山东学政黄叔琳（1672—1756）首先"蠲俸倡议恢拓"，捐银300两为倡，莱州知府陈谦捐银1000余金，胶州知州舒士贵等各州县属官各捐数十金，最终"不敛民间一财，不扰工匠一役"，建成了拥有60楹东西文场、配备900副桌凳的莱州府学政试院。② 又如四川酉阳直隶州试院始建于明代万历年间。乾隆四十二年（1777）知州叶体仁"补修鹤山书院后，更修考棚"，共计"费金千余"，其中"大、蒲两属助十之三，余皆余捐俸而为之者也"。③ 也就是说，此次重修试院的经费都是由酉阳州、大邑县、蒲江县三位地方官捐资筹集的，而知州叶体仁则捐助了约70%的费用。再如江苏松江府试院，最初是在康熙三十八年（1699）由县人莫之玫捐资改造巡按御史行署而建成的，但嘉庆十八年（1813）试院制备号板、

---

① （清）张映蛟：《重修考院记》，（清）李熙龄：《咸丰武定府志》卷33《艺文志》，南京：凤凰出版社，2004年，第115—116页。
② （清）黄叔琳：《新造莱州府试厂记》，（清）严有禧：《乾隆莱州府志》卷13《艺文志》，南京：凤凰出版社，2004年，第314—315页。
③ （清）叶体仁：《重修考棚记》，（清）吴巩，王来遴：《嘉庆邛州直隶州志》卷43《艺文志》，成都：巴蜀书社，1992年，第371页。

考桌，其经费则来自"府属官"。①

有些学政试院是由某一位地方官独力捐资创建。如江西抚州府试院的历史可以追溯到南宋抚州贡院，后来曾被改建为其他建筑，清代顺治十八年（1661）才再次成为贡院。康熙五十四年（1715），知府任士理因其"墙卑屋浅，每风雨骤至，士子掩卷彷徨，不获安坐"，且空间偏少，致使多余的考生必须在学宫里编排坐号，造成"吏胥出入，亵慢圣贤"的现象，为此将其迁回宋代抚州贡院原址，并且将捐修试院看作是自己理应肩负的职责："此固守土职也，敢自多乎哉？""所用片石寸木，多捐俸为之，不足，鬻器典衣以佐。未尝索士民，派属吏。"② 任士理自捐廉俸建造试院的行为，获得了雍正初年江西学政沈翼机的高度赞赏，并为之撰写了《重建抚州府考署记》。又如山西代州直隶州试院始建年代无考，至康熙二十二年（1683）则由山西雁平道、江苏彭城人张道祥独力捐资重建。在此之前，代州士绅曾多次商议重建考院，但都因为"绌于财用，旋止其议"。当张道祥得知士绅的意愿之后，立即"毅然以为己任"，同时发起了建造试院和义塾的建造工程，"规划周详，制作宏远，乡士庶数议建复而卒不能者，公一举而成之"。其中在修建经费方面，"不役一民，不敛一钱，而匠夫之众，物料之广，雇募采买之需，几二千金，皆出己橐，而毫无悋惜之意"。③

中国自汉代以来便有崇尚循吏的政治文化传统，而推行文教化民成俗便是循吏的重要标准之一。清代服膺孔孟之道的地方官不在少数，无论是捐俸倡建还是捐俸创建学政试院，都是其努力成为利国利民优秀循吏的重要表现。

---

① （清）杨开第，姚光发：光绪《重修华亭县志》卷2《建置志》，台北：成文出版社，1970年，第205—206页。

② （清）任士理：《重建抚州考署记》，（清）许应鑅，朱澄澜，谢煌：光绪《抚州府志》卷18《建置志》，台北：成文出版社，1970年，第287—288页。

③ （清）张瑜：《新建考院附义塾记》，（清）俞廉三：《光绪代州志》卷4《建置志》，南京：凤凰出版社，2005年，第315—316页。

四、民间捐资为主的经费来源

由于清代康熙年间奉行"盛世滋生人丁永不加赋"的政策,雍正年间又推行"摊丁入亩"的赋役制度,加上三令五申严禁地方官向百姓摊派,因此清代中期后的地方官员在从事地方公共事务的活动时,不得不求助于地方绅富。而清朝政府所推行的捐赠旌奖政策,则更进一步鼓励了地方公共事务的捐助者,从而使得清代社会具有了公益社会的诸多特征。

清代学政试院大多由地方士绅参与捐资建造,在清代中后期尤其如此。如前引顺天府通州试院,在乾隆三十八年(1773)议定考棚供应事宜之前的历次修建,其经费多由相关官员设法筹集,而此后的历次修建则均由官绅捐款完成。如道光初年的一次重修,是"州绅白镕约京官霸州崔光笏、涿州卢坤劝捐顺属京外各官重修,添置桌凳";同治七年(1868)的维修是"顺天学政贺公寿慈倡捐兴修";光绪元年(1875)大规模重修,"添盖上房三间,东西厢房六间,并堂号、大号、桌凳、公案、门窗等项",都是由知州高建勋捐资完成的。① 从修建经费的捐赠主体来看,清代各地学政试院的经费捐助模式主要有三种类型。

1. 全体士绅合力捐资,捐款集中使用

学政试院是一府或直隶州厅的共同教育设施,涉及每一个有志上进的家族,因而也天然需要本地士绅一起众志成城、共襄盛举。共同捐款之后统一使用,是清代各地捐建学政试院的类型之一。

如江苏江宁府有两座学政试院,其中位于江宁县的名为江宁府试院,康熙五十二年(1713)张伯行重建时,其经费来自"乡先生及三库弟子员之任事者,与夫富商大贾之由成均而来系籍者,注名有簿,捐金有条"。②安徽安庆府试院建成于顺治庚寅(1650),此后历经修葺。雍正十年(1732)试院东西文场"为大风所倾颓",知府徐士林捐俸为倡,向本府7

---

① (清)高建勋:光绪《通州志》,清光绪九年(1883)刊本,卷2《建置志》,第14—15页。
② (清)赵弘恩、黄之隽:乾隆《江南通志》卷91《学校志》,《景印文渊阁四库全书》第509册,台北:商务印书馆,1983年,第543页。

所府学、县学的生员募集资金，修复旧号之余，增建东西文场42间，并增建监试厅3间。① 湖北德安府试院在嘉庆十五年（1810）扩建时，也得到了多位士绅的捐助。据湖北学政涂以辀所撰《扩修德安试院记》，数额较大的捐款共有4笔，即随州童生谢必选独力捐银1000两，应山武举蔡一举率其弟蔡圣举捐银1000两，监生韩天瑛捐银800两，监生吴恒发捐银500两。捐款活动的倡导者是代理德安知府陈元京，发起捐款倡议的时机是嘉庆十五年夏季科试期间，捐款的汇集时间则是当年的秋天，几位捐款者"秋初各携白金至郡，相度有成局矣"。② 而据知府李世治所撰《扩修德安试院记》，则捐资过程更为复杂："初请捐金之人七，而携金以至者四。以千两至者，应山文童蔡圣举、随州文童谢必选；以八百两至者，应山生员韩漳；以五百两至者，应城文童吴绍泰。事几不集，而又各益以二，则有输将不倦以成其子弟之美者，圣举之父贡生占鳌，漳之父监生天瑛，绍泰之父监生恒发。工既竣，犹有以制钱三百贯为补葺之计者，随州文童李华林与其弟藻。"③ 湖南常德府试院在嘉庆十七年（1812）由知府应先烈倡议捐建，各县士绅踊跃捐资，合计筹集捐款2.6万余两。其中，武陵县人阮世醇、戴大盼、张国顺分别捐银3100两，武陵县其他士绅合计捐银8200两；桃源县合计捐银4200两，龙阳县合计捐银3300两，沅江县合计捐银1600两。④ 浙江严州府学政试院称为校士馆，始建于明末崇祯年间。雍正三年（1725）曾经由浙江学政彭维新、知府蒋林等筹资重建，嘉庆十三年（1808）、二十年（1815）两次改建。据道光《建德县志》记载，校士馆的"文场桌凳，历由官置"，而嘉庆年间的两次改建，则都是由邑绅捐资完

---

① （清）沈葆桢，何绍基：《（光绪）重修安徽通志》卷93《学校志》，《续修四库全书》第651册，上海：上海古籍出版社，2002年，第109页。

② （清）涂以辀：《扩修德安试院记》，（清）赓音布，刘国光：光绪《德安府志》卷4《建置志上》，台北：成文出版社，1970年，第141页。

③ （清）李世治：《扩修德安试院记》，（清）王履谦，李廷锡：道光《安陆县志》卷10《学校志》，台北：成文出版社，1975年，第474—476页。

④ （清）陈启迈：《同治武陵县志》卷10《建置志》，南京：江苏古籍出版社，2002年，第252页。

成。其中嘉庆二十年的修建，捐资超过一百两的就有胡成章等 10 人。①

2. 分捐分建

由于学政试院是面向同府或直隶州中所辖各州县考生提供考试服务，故而在倡议捐修的时候，也往往由下辖各州县分摊其建造经费。不仅如此，各州县还事先约定所捐款项将用于建造试院中的某一特定建筑。如福建泉州府试院创建于乾隆四年（1739），嘉庆十年（1805）晋江县士绅合力捐修。其中王敦仁等兄弟 8 人"领修东廊，縻白镪二千七百余钣"，黄清和、林文时、王日曜等"领修西廊，縻白镪二千八百余钣"。其他如东后廊、大堂、内署、头门、仪门，都是"众绅士公捐重修"。② 又如江西袁州府试院也多采取各县分别捐修的方式。如康熙四十五年（1706）宜春知县江为龙便呈请袁州知府等上级官员，确定了"宜、分、萍、万公同修理"③的经费摊捐原则。其后乾隆十年（1745）、乾隆二十三年（1758）、嘉庆十一年（1806）和咸丰十年（1860）都是四县合力捐资重建试院。如嘉庆十一年决定移建考棚于学政行署东偏，分作 12 棚，以 12 地支命名。其中，"宜春众建官厅、寅字棚，职员萧光照独建子棚，刘方度记。贡生刘锦陞捐建辕门雨亭，刘潮记。分宜众建戌棚，职员萧声清独建申棚。萍乡众建丑、卯、未、酉四棚，并头门、二门。万载贡生李以正独建巳棚，刘昆独建午棚，辛氏祠众合建亥棚。"④

3. 个人或某一家族独力捐资

传统科举社会里，科举制度是社会阶层流动的重要动力，科举家族则既是这一动力的提供者，又是这一动力的制造者。表现在清代贡院的建造方面，则很多地方家族往往与当地的贡院密切相关。

---

① （清）周兴峄，严可均：道光《建德县志》卷 7《学校志》，台北：成文出版社，1983 年，第 505 页。

② （清）胡之鋘，周学曾，尤逊恭：《道光晋江县志》卷 13《公署志》，上海：上海书店出版社，2000 年，第 164 页。

③ （清）陈乔枞：《咸丰袁州府志》卷 15《营建志》，南京：江苏古籍出版社，1996 年，第 121 页。

④ 谢祖安，苏玉贤：《民国宜春县志》卷 13《营建志》，南京：江苏古籍出版社，1996 年，第 409 页。

江西吉安府在明代为科举大府，素有"翰林多吉水，朝士半江西"之誉。吉安府学政试院始建于康熙四十五年（1706），乾隆三十九年（1774）知府卢崧利用修纂府志的剩余捐款重修，此后的历次修建均由个人独力捐资完成。其中，道光三年（1823）由庐陵监生萧瑞华呈请学政李宗昉等独力捐资全面改建。据知府郑祖琛为其撰写的记文，萧瑞华是庐陵县监生，其曾祖、祖父、父亲均曾读书，而只有生父萧凌云"以庠生终"。萧瑞华本身则是"尝应童子试不售，弃为贾，家不及中人产"，最终却能够"承先人为善之志，遵父之遗命，倾资称贷，以独力成此数十年一见之善举"。咸丰年间，泰和县孙氏家族承担起了独力捐修试院的重任。咸丰四年（1854），泰和县人孙明呈请独力捐修试院。两年后太平军过境，试院被毁。咸丰九年（1859）孙明之次子员外郎衔孙焕衡、孙子工部学习员外郎孙鸣谦合力重修。不料，两年后太平军再次攻占吉安府城，试院又被损毁。孙焕衡、孙鸣谦再次捐资重修。①

安徽徽州府试院本为明代西察院，康熙二十八年（1689）休宁县乡贤黄大顺在其故址建造学政试院，专作徽州府的岁试考场。此后，其子监生黄凤翼及孙铨、铰、镡，曾孙治安等"越世增修，继承弗替"②，以家族之力，维修学政试院近50年。至雍正三年（1725）江苏、安徽各设学政后，徽州府的岁试、科试均在此试院举行。雍正十二年（1734），因试院房屋逐渐朽敝，来自歙县的汪涛又慷慨捐资，"重建大堂、内署、头门、仪门及四围垣墙，并增造楼房为寝息地，规制焕然"。③乾隆五十六年（1791），以户部尚书致仕家居的歙县人曹文埴又捐资重修试院，并增建东西号舍。尽管徽州府试院的修建工作并非一直由某一姓氏家族承担，但黄氏、汪氏家族却分别建造并守护了徽州府试院超过半个世纪的时间。

---

① （清）定祥，特克绅布，刘绎，周立瀛：《光绪吉安府志》卷6《建置志》，南京：江苏古籍出版社，1996年，第261页。

② 石国柱，许承尧：《民国歙县志》卷2《营建志》，南京：江苏古籍出版社，1998年，第56页。

③ （清）赵弘恩，黄之隽：乾隆《江南通志》卷91《学校志》，《景印文渊阁四库全书》第509册，台北：商务印书馆，1983年，第547页。

某些地方家族甚至成为当地学政试院的"专业维修户"。如安徽宁国府试院，乾隆十七年（1752）旌德县生员汪观澜等承其父汪永年遗命，合力捐银6000余两全面修复试院。至道光六年（1826），汪氏家族再次合力捐银5000余两重修试院，"遇、文果、家泰、致中、廷璋、期莲、应鹿、伯俊等实职其勤，皆同曾祖叔侄、昆弟也，他姓无与"。据安徽学政江西乐平人汪守和调查，旌德汪氏专注于维修宁国府试院前后已经三次，前两次捐建，安徽学政双庆、戴均元等均曾为之作记。汪守和指出，试院是若干州县的公事，"良不必以一人一家任也"，尽管从现实情况来看，捐资修建试院之事，"众人分任之，不如一人一家独任之之为得也"，但能够像旌德汪氏这样"一人赴之，数十家无异词"的情况，已经超出了"一人一家，志专而力易赴"的范畴。只能说明汪氏家族"勇于为义""勤勤焉厥祖之志为志"，从中也可以预见汪氏家族的"保族承家，莫大之庆"。①

清代捐建学政试院的各种类型并非截然分开互不干连，有些时候各种类型会相互杂糅在一起。如江西南昌府试院建成于乾隆三十八年（1773），是由江西学政曹文埴倡议本府7县1州合力捐资完成。经商议，各州县分别认捐其中的某一建筑，其具体经费来源则由各州县自行发动本地士绅捐资。结果奉新县的捐资额度便是由该县内阁中书蔡元度独力捐助的，而武宁县则由士民合力捐集，"霍然起而应之，输四百缗"。② 到了嘉庆十一年（1806）南昌府士绅再次合力捐修学政试院，奉新县蔡氏依然参加捐建，蔡元度之子蔡承经、孙蔡显功与严宗朴合力完成本县的捐资份额。③

有些地方的学政试院在不同时期的捐建活动呈现了多样的态势。如江西吉安府学政试院从乾隆三十九年（1774）到咸丰六年（1856）近百年时间内，分别经历了全县合力捐修、个人独力捐修和家族独力捐修这三种捐

---

① （清）汪守和：《三修宁国府试院记》，（清）王椿林，胡承珙：道光《旌德县续志》卷9《艺文志》，台北：成文出版社，1975年，第247—249页。
② （清）许应鑅，王之藩，曾作舟，杜防：《同治南昌府志》卷10《建置志》，南京：江苏古籍出版社，1996年，第249页。
③ （清）吕懋先，帅方蔚：《同治奉新县志》卷2《学校志一》，南京：江苏古籍出版社，1996年，第470页。

修形式。该试院始建于康熙四十五年（1706），其时因裁撤湖西道，故吉安知府徐德武与庐陵县知县刘廷瑛乃将其改建为学政试院。至乾隆三十九年，试院已经极为破旧，适逢全府合力捐资编纂府志，于是分管首事乃呈请将士绅捐款的余资用于重修学政试院。除了改造楼号20间，每间4号，每号设定座位20个，又增建号舍20间，每间4号，每号设定座位25个，总计设定座位3600个。全部修建资金共为1660两白银。道光三年（1823），吉安府试院再次重修，经费来自庐陵监生萧瑞华的独力捐助。咸丰六年（1856）该试院被战火所毁，泰和县人孙明及其子孙对其进行了三次捐修。①

清代各地捐建学政试院的捐资群体来源广泛，其中绅士阶层除了曾任或现任本籍官员，还包括尚未出仕但已经获取了进士、举人或贡生、生员等科举功名的士人，以及没有任何科举功名的童生与富人、商人等。如安徽泗州道光十七年（1837）重建试院，因其规模壮丽，被安徽学政沈维鐈赞为"安徽全省试院第一"。据其《重修泗州试院碑记》，此次重修泗州试院的经费均来自士绅捐助。其中贡献最大的要数监生张大元等三人："监生张大元独捐修号舍桌凳，监生吉文升独捐修内堂重门、辕门、院墙，其续捐藏事，则有生员陈瀛，而监修者，盱眙教谕吴臻福及邑之候选教谕杨保、生员汪云佺也。"这三位捐助者的捐助金额分别为：张大元捐银5994两、吉文升捐银3459两、陈瀛捐银3000两。此外还有数额相对较小的若干笔捐项，包括："贵州按察使杨殿邦捐银五百两；江西赣州府知府汪云任捐银四百两；山西朔州知州许昭德捐银二百两；江西铅山县知县俞舜钦捐银二百两；广西宜山县知县吴楷捐银二百两；广东南雄营守备杨映奎捐银一百两；童生汪根书、汪根芝各捐银三百两；童生樊国华捐银二百十五两；邑人陆大润捐银一百四十三两。"②从中可以发现，这些被称为"绅户"的捐资者，主要包括三类人群，一是本县在外省任职的官员，二是拥

---

① （清）刘坤一，刘绎：光绪《江西通志》卷68《建置略二》，《续修四库全书》第657册，上海：上海古籍出版社，2002年，第585页。
② （清）王锡元：光绪《盱眙县志稿》卷5《学校志》，台北：成文出版社，1970年，第312页。

有科举功名的本县生监，三是没有科举功名的普通百姓。

五、士绅为主导的工程监理

各地学政试院的修建计划多是由学政、知府或附郭知县做出决策，其具体负责执行修建工程者，则和乡会试贡院一样，往往有两种类型。一是委派本府、直隶州下辖州县的官员负责，二是交给本府士绅监督工程进度。

由督抚学宪或道台、知府委派学政试院所在府、直隶州下辖州县的官员负责其修建工作，在清代不乏其例。如乾隆四年（1739）直隶保定府重修学政试院，即是由知府倪象恺呈请直隶总督、布政使等开销公帑进行修建，共花费"帑金三千九百有余"，具体的工程监理人员则均为保定府官员："其时领帑备物，无冒无遗，则清苑县知县徐时作，早夜督查既廪称事，前则试用州判熊绎祖、州同陈上朋，继则试用州同王士瀚、州判徐世彬。"① 道光七年（1827）重修保定府试院，支用帑银9000余两，也是由地方官全程监理："始终任其事者，清苑县知县陆费瑔也。"② 又如江苏常州府试院在咸丰年间毁于战乱，两江总督曾国藩和江苏巡抚李鸿章命江阴知县颜荣阶着手重建。从同治四年（1865）六月到同治五年（1866）四月，共耗费钱款35 800多缗。负责修建工程的除了江阴知县颜荣阶，还有接任知县汪坤厚。此外，"终始厥事"的还有候补同知陈式金，试用训导沙淮、曹宗玮，候补县丞沙迺桢等，③ 他们中既有现任官员，也有候补官员。

然而从文献记载的总体情况来看，由本地士绅监理学政试院修建工程的案例在地方志中更多一些。如安徽安庆府试院始建于顺治七年（1650），

---

① （清）倪象恺：《重修保定府试院记》，（清）李培祜，朱靖旬，张豫垲：《光绪保定府志》卷35《工政略》，上海：上海书店出版社，2006年，第545页。
② （清）那彦成：《重修保定府试院记》，（清）李培祜，朱靖旬，张豫垲：《光绪保定府志》卷35《工政略》，上海：上海书店出版社，2006年，第545页。
③ （清）童华：《重建江苏学政节署记》，（清）卢思诚，季念诒：光绪《江阴县志》卷1《建置志》，台北：成文出版社，1983年，第295页。

雍正十年（1732）因东西文场被大风摧毁，知府徐士林乃捐俸重修。但是还没等工程竣工，徐士林便告离任。新任代理知府李国相继续推动此项工程，并委托"怀宁县教谕谢有辉、监生江峦"监工，终于在雍正十一年（1733）修建完成。① 又如山东泰安府在乾隆十七年（1752）建成试院之前，泰安府7个州县的考生均需远赴济南府应试。为此，知府颜希深"捐俸为之倡"，而全府绅士"亦乐输恐后"，于是"诹日于春二月，正方辨位，鸠工庀材"，其具体的工程监督、执行者则是"平阴尉姚秀元董其事，宋为熙、徐孔柱、韩承先、张朔、赵文龙、张元潴、张纬士分理之"，最终建成了拥有"东西坐号共一千二百有奇"的泰安府学政试院。②

学政试院说到底是为方便考生应试而建造的，因此有些地方的试院也会由地方士绅倡议修建，并由其具体负责修建试院的工程监理任务。如江苏镇江府在清代初期未建试院，岁科试均需远赴常州府试院应试，"不但远涉，亦地方之缺典"。因此，雍正七年（1729）"邑人许培荣、徐儒曾、史鸣镳、虞式金、于卜熊等"呈请建立试院。③ 安徽和州直隶州试院于雍正九年（1731）重建之后，学正唐德咸作为创建考棚的亲身经历者，撰写了《新建和州试院记》，提到此次修建试院的相关出力人员包括："议捐，俱踊跃乐从，其劝募最力者为举人吴韬、张基尉、贡士邱瑛、廪生张光斗、鞠筠、姚正揆等城乡催捐，而司训沈君廷楣亦分任其劳者也。议协助，则州六县四有定例，而催督转输，为含邑教谕黄君于度也。议董理，以监生王秬，诸生王尊彝、陈植、黄毓凤、宋璠、张铨、孙贯英、班应高等，而总其成者，余内侄诸生葛龚也。议出纳，□推余公慎，且谓余子侄诸生琦堪赞襄也。"最终，和州试院仅用了120天便告落成，被时任安徽学政"许为上江试院第一"。唐德咸认为，和州学政试院得以成功修建的关

---

① （清）赵弘恩，黄之隽：乾隆《江南通志》卷91《学校志》，《景印文渊阁四库全书》第509册，台北：商务印书馆，1983年，第547页。
② （清）颜希深：《新建泰安府试院碑记》，（清）成城：《乾隆泰安府志》卷26《艺文志》，南京：凤凰出版社，2004年，第175—176页。
③ 冯煦：民国《金坛县志》卷3《建置志》，台北：成文出版社，1970年，第102页。

键因素有三点："工费计三千金，州二县一，集之数旬，不虞物力之绌；又出纳听诸一人，彼此各无瞻徇；至任事诸子，亦莫不清心竭力，以底于成。"① 也就是，一是未雨绸缪，经费充裕；二是集中指挥，无所掣肘；三是齐心协力，以底于成。

河南光州直隶州学政试院的修建历程，揭示了清代学政试院建造经费来源的变化情形。光州学政试院原名校士馆，建造于雍正三年（1725），系由时任学政与巡抚共同报礼部批准，由代理知州张球及合属官绅一起捐资，在"察院旧基"扩张修建的。乾隆十六年（1751），"光属五处生员以公愿酌捐修葺棚费"，呈请河南学政准其"文武童生每岁各捐钱百文"，用于修葺试院，并获得礼部批准在案。不过，这一试院修葺经费筹集方案很快被勒令废止，原因是"奉部禁革卷价、棚费，行令各省画一办理"。② 为此，道光三年（1823）、光绪四年（1878）两次修葺、扩建光州试院，其经费均来自民间捐款。

河南光州本已议定由童生每年捐钱 100 文的方式筹集试院修理经费，却因为"奉部禁革卷价、棚费"而不得不"旋即停止"，说明这是源自朝廷的统一政策调整。据《清高宗实录》，这一政策其实在乾隆初年已经出台。乾隆二年（1737）四月辛未，清高宗颁发诏谕，要求安徽学政不得向童生收取卷价、棚费：

> 禁收童生卷价谕。闻安徽所属地方，应试童生有完纳卷价之陋例。其费汇交知府、直隶州，除修葺考棚外，有余则补学政养廉之不足。虽每童所出不过钱数十文，而在贫寒书生亦不免拮据之苦。且学政养廉，朕已特颁谕旨加至四千两，甚属宽裕，更不必取资于卷价。至于修葺考棚，乃地方之公事，应动存公银两办理者。著将童生交纳

---

① （清）唐德咸：《新建和州试院记》，（清）朱大绅，高照：《光绪直隶和州志》卷 8《学校志》，南京：江苏古籍出版社，1998 年，第 179 页。
② （清）杨修田：光绪《光州志》卷 1《建置志》，台北：成文出版社，1976 年，第 81—82 页。

卷价一事永行禁止，毋使不肖官员及胥吏人等借名苛索，致滋扰累。①

清代各地为了追求科举考试公平，不惜发动绅民捐集款项，其蒇事过程其实很不容易。道光十九年（1839）江苏学政祁寯藻筹捐扩建常州府试院，他在《增修江阴考棚记》中指出，此次捐修试院能够最后成功，乃得益于诸多人员的鼎力支持："此举当筹议时，其中委曲繁重之故，有非一二言所能殚述者。赖陈君主其成，诸邑令长师生襄其事，士民输其力，江阴职员张世承、生员沙淮世、承之子监生锡龄董其役。虽集资有难易，初议有异同，毅然作之，及臻其成，而人心晏如也。"② 而从文献记载来看，各地不乏因劝捐失败而放弃修建试院的事例。如光绪二十一年（1895）扬州府发动辖区内8个州县共同捐资，用于重修建于泰州的学政试院。不料，由于"陆续集资，被人婪蚀"，扬州知府不得不禀请江苏布政使司准予停止募捐活动，"已捐之款即着经手清缴，未捐者概不收取，以免别生枝节"。③

第三节　清代州县考棚的修建途径

州县是清代地方行政区划体系中的最基层单位。为了实现对州县的有效控制，清代的州县官员不得不全面依靠地方士绅。尤其是在进行地方公益事务建设时，更需要获得士绅的鼎力支持。清代各地县试考棚的修建活动，同样离不开地方士绅的广泛参与。从提供决策依据，到捐款捐地，再到考棚工程的建筑监管，以及建成之后的日常管理，州县士绅都是最核心的力量。

乡绅，或称缙绅，一般是指有生员及其以上科举功名的士人，以及曾

---

① （清）庆桂，董诰，曹振镛：《清高宗实录（一）》卷40《乾隆二年四月上》，北京：中华书局，1985年，第724页。
② （清）祁寯藻：《增修江阴考棚记》，（清）李兆洛：道光《江阴县志》卷2《建置志》，台北：成文出版社，1983年，第247页。
③ （清）佚名：《贡院停捐》，《益闻录》1895年第1436期，第10页。

任九品以上官职的在职或致仕官员。乡绅的科举功名包括正途与异途两类，其官宦履历则包括未仕、在任和致仕三种，同时也包括正途和捐职两类。从是否担任官职的角度，乡绅又可合称为士绅。从对地方社会的贡献的角度，乡绅又往往和地方地主、富商联系在一起，有绅富之谓。这是因为地主、富商通过捐资参与地方社会公益活动，可以因捐额较大而由地方官呈报朝廷申请旌奖，从而成为绅士集团的一位拥有虚衔官职的成员。

一、官绅主导的决策过程

清代州县考棚的创建与修理活动，一般由州县官员与各地士绅共同主导。其决策过程主要有两种类型，一是地方官员最先提出修建考棚的意见，继而访求士绅意见，最终拍板决定建造考棚。二是由士绅先有修建考棚的计划，进而向地方官提出创建考棚的建议。

1. 州县官员主导考棚修建决策

主导县试考棚修建决策的州县官员主要包括州县亲民官和州县学教官。

县试由知州、同知、知县等地方官主持，建造县试考棚与他们的文教实践关系最为密切，且清代州厅县官员基本上都有进士、举人、贡生等科举身份，曾亲身经历科举历程，对县试制度的利弊得失感受颇深，对县试童生的应试艰辛感同身受，故而大多数县试考棚的修建活动均来自州厅县父母官的决策。

江西饶州府浮梁县于乾隆五十六年（1791）改造昌江书院基址为县试考棚，完全由知县何浩完成决策。昌江书院原为雍正年间浮梁知县、浙江山阴人沈嘉徵主持创建，后因乾隆二十二年（1757）进士、山西代州人黄泌于乾隆中期任职浮梁知县时主持另建绍文书院，昌江书院遂告空置。后浙江会稽县人何浩莅任浮梁，乾隆丙申（1776）主持童试，见应试者均自携桌凳，"摩肩接踵""鱼贯而入者，未前闻也"，因而萌生了创建考棚的念头，于是就昌江书院旧有房屋加以改造，建成县试考棚，"列座一千有奇，而应试者仅过于座之半"。①

浙江处州府缙云县创建考棚的决策由知县汤成烈主导。道光二十七年（1847），江苏常州人汤成烈受命代理缙云县知县。到任后，他向绅士询问利弊疾苦，有人以"试事之苦"相告，即县试时考生必须自带桌凳入场，考试过程殊为艰苦。汤成烈因而萌发了"欲绅耆捐建考棚"的念头。邑绅吕建盛得知后，表示愿意捐出建造考棚的部分地基，生员应叔琳、柯怡颜等也愿意捐助更多的地基。经过实地丈量，三人不仅提供了考棚地基的四至长度，还绘制了相应的地图。汤成烈于是"集城乡绅士议，劝令三乡分认，各程其功"②。最终经过5个多月的工期，缙云县考棚顺利落成，规制宏丽。

福建泉州府同安县考棚的创建与知县白冠玉密切相关。同安县长期未建县试考棚，逢童试即于县署为考场，尽管应试人数仅有不到600人，但依然"地狭莫之容"。同治三年（1864），白冠玉被左宗棠聘为幕僚，随节入闽，次年被派代理同安知县。他在接连审理了股匪、抢掳、械斗、花会等多宗案件之后，认识到"为政如医病然，治其标尤必培其本""民风之正，决自端士习始"，于是决定修复同安县双溪书院，并为之创建县试考棚。在白冠玉的决策动员下，同安县书院、考棚得以同时完工，"文坛坐号，学舍讲堂，规模宏远，气象乔皇"③。

有些州县官员甚至不顾个人利弊得失，竭力推动县试考棚的修建工作。如湖南永州府道州考棚建成于嘉庆九年（1804），系由知州孙寿域倡捐建造的。据说在商议建造考棚之初，"有术者言不利于官署"，而孙寿域对于算命先生的话则根本不予理睬，采取了"勿听，毅然为之"的态度。不料，考棚刚刚完工，孙寿域家中老人不幸辞世，"工甫竣，而公以忧去

---

① （清）乔溎，贺熙龄，游际盛：《道光浮梁县志》卷5《公署》，南京：江苏古籍出版社，1996年，第73页。
② （清）潘绍诒，周荣椿：光绪《处州府志》卷5《建置志》，台北：成文出版社，1974年，第177页。
③ 林学增：民国《同安县志》卷7《建筑志》，台北：成文出版社，1967年，第177页。

矣",让人不禁联想起"术者"当初所说的话。为了报答孙寿域不顾自身吉凶也要为民建造考棚的恩德,道州士绅乃"立木主以祀,志不忘也"。①

文献记载表明,创建县试考棚需要满足天时地利人和等诸多条件,其中州厅县官员的个人施政能力非常重要,并非所有的州厅县官员都能顺利完成当地县试考棚的创建。

湖北荆州府公安县人毛家槐在其所撰《前修考棚序》中,高度评价了道光六年(1826)公安知县关西园捐廉主持建造县试考棚的行为。他在记文中指出,公安县作为文献名邦,自古人文鼎盛,代有闻人,但是该县考棚号舍却是:"历百余年来议之屡屡,辄畏其繁重而不果于行。"关西园到任后,不仅能"温慈惠和,与民休息",更能"与同寅诸公再三筹画,集邑绅,倡捐廉俸而议修之",得到一致赞同,"慷慨乐捐者有人,踊跃从公者有人"。最终用了近两年时间完成了考棚的建造,使得"广厦万间,士尽欢颜"。毛家槐感叹说:"夫易涣者人心,难集者公事。是役也,重大纷纭,告竣诚非易易。"公安县考棚之所以能够建成,最关键的因素即是知县关西园:"良有司开诚布公,程公集事,以肃试典,即以励文风。"②

湖北汉阳府孝感县在咸丰元年(1851)建成县试考棚,知县李榭被认为功不可没。孝感县举人徐恕曾指出,本县此前也曾经多次有人建议要建造考棚,但是都"迟之又久"没能成功,原因便在于"事关重大,提倡无人"。而知县李榭不仅能够促使邑绅"输资辐辏",还从"百千绅士中特遴十人授以事",将其分为三拨分管考棚创建工作,其中毛燿、刘肇楠、魏学礼三人是全县尊重的"硕彦",他们专门负责"胥徒匠役,有不事事者,必申警之,俾无惰……坚其址,厚其封,历久不陊,乃为功";严家彦、黄绍中、刘荣焯、汪庆华、张道传五人专门负责"司出纳惟谨";而徐云鹤、严国楷二人则专门负责提纲挈领,"事无巨细,悉属两君,勿推诿,

---

① (清)许清源,洪廷揆:《光绪道州志》卷5《学校志》,南京:江苏古籍出版社,2002年,第115页。
② (清)周承弼,王慰:同治《公安县志》卷4《民政志中》,台北:成文出版社,1970年,第374—376页。

勿惮烦剧,勿听间言,必有忍其乃攸济"。① 正是由于李榇大公无私、知人善任,才使得孝感县考棚最终完工。

有些县试考棚的创建得益于多任地方官持之以恒的努力推动。如湖北黄州府罗田县考棚建成于道光初年,但其决策过程却经过了窦毓俊、赵鹏翔、杨彪、耿淳玉等多任知县的积极筹划。据《光绪罗田县志》卷3《秩官志》记载,嘉庆十九年(1814)到任的云南举人窦毓俊因见"书院逼仄,考棚未建",便开始着手"择地创修,区画初定",但是却因"升任去"而未果。嘉庆二十年(1815)浙江进士赵鹏翔到任后,继续推进创修书院、考棚的计划,"着意运筹",也没有完成。中间经过蒋祖暄等三任知县后,道光四年(1824)陕西拔贡、孝廉方正杨彪到任,"尤力兴文教,劝捐修书院、考棚",结果还是"工未竣,改任去"。最后,道光八年(1828)山东举人耿淳玉接任杨彪担任罗田知县,在他的接续推动下,才使"书院、考棚工甫就"。② 据同书卷4《政典志》记载,在四位罗田知县中,窦毓俊最为关心考棚工程,他不仅在任时曾捐廉为倡,离任后还写信询问、催促。可以肯定的是,如果没有多任地方官的推动,罗田县考棚不可能最终建成。

有些州县官员终其一生也无法主持修建一座县试考棚,有些则多次主

---

① (清)徐恕曾:《前邑侯李公创修考棚碑记》,(清)朱希白、沈用增:《光绪孝感县志》卷21《艺文志》,南京:江苏古籍出版社,2001年,第449—450页。

② (清)管贻葵、陈锦:《光绪罗田县志》卷3《秩官志》,南京:江苏古籍出版社,2001年,第244—245页。按,据查清代嘉庆、道光年间的《缙绅全书》,可以发现《光绪罗田县志》对于这一阶段历任罗田知县的在任时间记载有误。如县志记载为嘉庆十三年(1808)署任的山东举人李廷寯,在嘉庆二十一年(1816)冬季的《缙绅全书》里实际记载为"甲寅(举人),(嘉庆)二十一年七月补"(大象出版社,2008年,第113页),此后直至道光四年夏季的《缙绅全书》里,罗田县知县依然是李廷寯。而在道光六年(1826)的《缙绅全书》里,罗田县知县才改成了"耿淳玉,山东昌邑人,丁卯(举人),(道光)六年十一月补"(大象出版社,2008年,第113页)。当然,《缙绅全书》反映的是清代吏部的官员职务变化信息,而各省督抚奏请署任的官员名单则不会进入《缙绅全书》。另据《光绪罗田县志》卷4《政典志》所载道光四年成文的《劝捐考棚膏火公议》,窦毓俊到任时间为道光三年(1823)。正常来说,道光四年叙述道光三年之事,当不至有误。从中似亦可推断卷3《秩官志》的记载并不准确。

导不同州县县试考棚的决策过程。如江苏溧阳县进士宋庚，嘉庆二十一年（1816）被调任江西九江府湖口县知县，见到该县童生参加县试均需提前一日携带坐具到县署摆放，"廨不能容，又携之学署、之城隍祠，日暮负而趋，风雨尤急"，因此不顾旁人"惧干科敛之禁"的劝阻，借捐修县志的机会，建议士绅"增诸计石粮，得四百钱可以毕事"，最终为湖口县建成了考棚。道光二年（1822），宋庚被调任江西临江府新淦县知县，见该县同样未建考棚，且同样遇到捐修县志，"乃以行之湖口者告新淦绅士"，最终耗费三千余缗，建成新淦县考棚。① 从建造两县考棚的经历，宋庚得出了"事之沮于畏难而成于果决也类如是"的结论，而他在湖口知县任上仅仅数月，便因"勤慎廉明，惩奸宄，除盗贼，兴义创建考棚，纂修邑志"而深受士民爱戴，"颂声遍野，去之日，衿耆呈请上宪攀留"。②

除了宋庚，浙江会稽县人谢希闵、湖南武冈州拔贡邓仁堃、浙江会稽县人陈宗海也都曾两次主持修建县试考棚。其中邓仁堃是在四川任职期间两次主持县试考棚的建造工程，一次是道光十一年（1831）在洪雅县创建考棚，另一次是道光十二年（1832）在綦江县重建考棚，并分别撰写记文记叙两次主持创建县试考棚的经历。其中，他在綦江知县任内所撰《重修綦江试院碑》一文通过对比，总结了修建考棚的经验教训："曩建洪雅考棚兼旬而成，今葳事十阅月，何迟速互异？洪雅之役专则速，兹兴于城堤诸工之时。固未可以一律视也。"③ 也就是认为专事专办更容易取得成功。陈宗海是在云南任职期间两次主持修建县试考棚，一次是光绪三年（1877）任临安府嶍峨县知县在县署二堂左右两旁建造考棚④，另一次是光

---

① （清）宋庚：《新建考棚记》，（清）王肇赐，陈锡麟：《同治新淦县志》卷2《建置志》，南京：江苏古籍出版社，1996年，第190-191页。

② （清）殷礼，张兴言，周谟：《同治湖口县志》卷6《职官志·文职》，南京：江苏古籍出版社，1996年，第149页。

③ （清）杨铭，伍濬祥：《同治綦江县志》卷3《学校志》，成都：巴蜀书社，1992年，第394页。

④ （清）岑毓英：《光绪云南通志》，清光绪二十年（1894）刻本，卷38《建置志三之二·官署二》，第12页。

绪八年（1882）升任永昌府腾越厅同知倡捐重修此前被兵燹所毁的考棚①。谢希闵则曾主持过不同级别贡院的修建工作。一次是在他担任湖南长沙府浏阳县知县的嘉庆二十二年（1817），他在此前两任知县裘豫、赵嘉程的基础上完成了浏阳县考棚的修建。②另一次则是在其升任湖南澧州直隶州知州的道光七年（1827），他为澧州重建了学政试院，并撰有《重建考棚记》。③

清代科举必由学校。作为一种为地方官学选拔新生的人才选拔考试，县试与州厅县的官学教育息息相关，因此个别地方的县试考棚也由州厅县官学的教官主导其修建决策。如江西南昌府奉新县考棚建成于嘉庆九年（1804），便是由本县儒学教谕郭大经决策建造的。据郭大经所撰《敕建文昌宫先代殿并附建试棚记》，嘉庆六年（1801）清仁宗"以文昌神聪明正直，扶正教，辟邪说，有功于世甚大"，谕令全国府州厅县均要设法建造奉祀文昌之神的宫庙。而奉新县因为公费拮据，未能即刻创建。作为县学教谕，郭大经认为建造文昌祠也是"典学校者之责"，因此召集邑人士合议，决定同时建造文昌宫与县试考棚。最终通过各乡捐资分建的方式顺利完工，合计共费"白镪一万七千有奇"。④

当然，由于清代学官官小位卑，其主导创建县试考棚的经历也便更为艰难。如福建汀州府清流县考棚，其创建源于县学训导余殿荣的苦心经营。清流县建县于宋代元符（1098—1100）年间，历代从未建造考棚。每逢童试，均于县署设立临时考场。嘉庆甲戌（1814），县学训导余殿荣因不忍见童生考前自备桌凳之辛劳，决心为其建造考棚。不过，尽管知县李慎彝表示支持，但余殿荣计划用于改建考棚的李不磷故宅却因多年无人居

---

① （清）陈宗海：《光绪腾越厅志》卷4《建置志》，南京：凤凰出版社，2009年，第278页。
② （清）王汝惺，邹焌杰：《同治浏阳县志》卷4《营建志》，南京：江苏古籍出版社，2002年，第259页。
③ （清）魏式曾：《同治直隶澧州志》卷22《艺文志》，南京：江苏古籍出版社，2002年，第482页。
④ （清）郭大经：《敕建文昌宫先代殿并附建试棚记》，（清）吕懋先，帅方蔚：《同治奉新县志》卷2《学校志一》，南京：江苏古籍出版社，1996年，第469页。

住，早已"栋折榱崩，庭树压栋。莽草拂人，蛇鼠昼游，狐狸夜啸。芟夷草木，只得围墙"，无法直接改造为专用考场。而且即便如此，李氏后人也不肯轻易捐献甚至是转让地基，余殿荣只好承诺为其另建一座崭新的"题目第"与之交换。两处工程，耗资巨大，县中士绅因此"各怀疑观望，未肯齐力速缴"。此时，县学教谕廖某撒手不管，而汀州府修建学政试院又需派捐花边银500元，福建省布政司又催缴李宅官地转卖之银两。余殿荣"左支右绌，日夜经营"，最终在"邑中诸公协力，门人帮办"①的合力推动下，才建成了"题目第"和县试考棚。

2. 地方士绅主导考棚决策

州县考棚毕竟直接服务于当地考生，考棚建成之前的考场乱象，士绅均曾亲身经历，因此他们也往往是建造考棚的积极倡议者，有些甚至是修建考棚的全面主导者。

如江西南昌府义宁州考棚的建造决策主要由士绅完成。据该州学正黄文荣《初建考棚落成记》，在嘉庆二十年（1815）考棚正式动工之前，"州绅士及学中老成辈尝有创建考棚之议，每以经费不给为虑，因而中止"。嘉庆十八年（1813）冬，"诸君子复邀同志诸人，集学中明伦堂，建言区画，厥有成议"。②之后才向时任知州呈请捐资建造考棚，并得到其全力支持。经过一年多的劝捐，考棚得以破土动工。又如江苏淮安府阜宁县也是由当地绅士最先倡议修建考棚。阜宁县考棚称为考舍，建成于光绪十一年（1885），但发起建造考舍的时间却是光绪四年（1878）。当时，邑绅顾皋兰等人向知县苏超才建议，从本县观海书院经费中拨款3000千文，存商生息，作为"建造基金"，等到若干年后存款利息达到一定数额，再"劝捐以集事"。这一建议被批准执行，光绪八年（1882）继任知县朱纯与士绅商议，择址于观海书院东偏"拓为考舍"，并与巡道周传诒捐廉倡首，"旬月间募集巨款"，最终建成了拥有"计屋四十余楹，墙、渠百数十丈，桌

---

① 林善庆，王琼：《民国清流县志》卷8《学校志》，上海：上海书店出版社，2000年，第304页。

② （清）王维新，涂家杰：《同治义宁州志》卷32《艺文志》，南京：江苏古籍出版社，1996年，第628页。

凳千数百座"的考舍。① 再如浙江永康县试院建造于道光二十一年（1841），光绪九年（1883）战后重建，均由当地士绅主导，而地方官员并未参与。其中创建考棚之役，系由"都人士集资"所创，共"费白金万七千有奇"；而光绪九年重建考棚，则更是由本县胡凤丹、胡宗廉父子独力捐资13 000余两、耗时近4年完成。②

有些参与县试考棚修建决策的士绅不仅是最初的倡议者，更是最积极的捐助人。如浙江宁波府慈溪县考棚称为校士馆，系道光十五年（1835）邑人郑廷荣、郑一夔父子捐银2.4万两所建，其中包括考屋69间，每间配备考桌4张、考凳4条，每副桌凳可以安排若干个考试座位。据《光绪慈溪县志》记载，此次捐建慈溪县考棚主要是靠郑一夔，他是道光十一年（1831）举人，曾经任职丽水教谕，"承父怀清志，倡建校士馆，费三万金"。③

不过，总的来说，各省州县要修建考棚，不管是以地方官为先导，还是以士绅为先导，其决策过程往往是由地方官与士绅共同参与协商完成。有些县试考棚的创建源自地方官绅心有灵犀、相互玉成，如江西抚州府崇仁县考棚的创建便是如此。嘉庆二年（1797）陈学诗莅任崇仁知县后，先后主持了两次童试，发现该县"人文于抚郡称最"，因为每次童试崇仁县都有9名新生被拨入府学。同时他也发现，该县童试未建考棚，"诸童皆负几檠，争先恐后，心力俱疲，进退排拥，甚非所以肃体统、节劳逸也"。

---

① 吴宝瑜，庞友兰：民国《阜宁县新志》卷7《教育志》，台北：成文出版社，1975年，第619—620页。

② （清）李汝为，潘树棠：民国《永康县志》卷15《艺文志》，台北：成文出版社，1970年，第825页。

③ （清）冯可镛，杨泰亨：《光绪慈溪县志》卷33《郑芬传（郑一夔附）》，上海：上海书店出版社，1993年，第670页。按，关于郑一夔捐建考棚银两的数额，光绪县志卷2《建置志》与卷33《列传十》的记载有所不同。另2003年慈溪县在原址建造了"慈溪县校士馆"博物馆，并用多副蜡像还原当时的场景。在考屋中，每个考生独占一张考桌。这一场景，显然与当时的情形不符。据县志，慈溪县校士馆共有考屋69间，每间4张桌子，配备4条凳子。如果每人占用一张桌子，则合计仅可容纳276名考生，而据赵光《新建慈溪县校士馆记》，本县考生"常至七八百人"。实际情况是考桌都是长条形，每张考桌需要安排若干名考生。

为此，他萌生了创建考棚的念头。不过，还没有等他向县中士绅提出倡议，邑绅黄廷绂便在嘉庆五年（1800）夏季主动请求捐资建造考棚，并表示是为了完成其父的遗愿。陈学诗感慨、嘉尚之余，乃"急为申其事于上宪，而以县尉之故址，经之营之，修之平之，攘之剔之"①，最终耗资1万余两，建成了崇仁县考棚。

正因为地方官绅都非常关注县试考棚的修建工作，因而从部分地方志的记载中便很难分出官绅的作用孰先孰后。如安徽祁门县试院建造于道光十年（1830），知县王让与邑绅洪焜共同主导了其决策过程。他们"邀集四乡劝捐购地"建成考棚，除了"中为冰鉴堂，两旁号舍八百余坐"的阅卷与考试区外，合计内外共建造房屋数十间，"计费逾万金，期年乃成"。②据同治《祁门县志》，洪焜，字子明，檡墅廪贡生，援例就教职，授镇洋训导。曾得林则徐赏识，认为其有"经济才"；道光十六年（1836）督办宝山海塘，被两江总督、安徽巡抚评价为"才能出众，实力办公，洵为江苏通省出色之员"。③洪焜还是祁门红茶极具代表性的茶商，其府邸洪家大屋至今尚存。

也有个别县试考棚是由两个县的官绅共同决策建造的。如安徽凤阳府凤台县本为寿州辖地，雍正十一年（1733）虽然被分作两个州县，但相互之间文化联系则从未分开。雍正十三年（1735）礼部议准，寿州分设凤台县后，其原有文武学额与廪生名额，均按"县四、州六"的比例进行分配，其中"文童二十名，酌分八名，武童十五名，酌分六名，拨入凤台县学"。④道光七年（1827），寿州知州朱士达到任之后，见寿州未建考棚，童生县试只能采取临时搭建席棚的方式进行，不仅"关防尤难周密"，而

---

① （清）陈学诗：《新建崇仁县试院记》，（清）盛铨，黄炳奎：《同治崇仁县志》卷3《建置志》，南京：江苏古籍出版社，1996年，第158—159页。
② （清）周溶，汪韵珊：同治《祁门县志》卷18《学校志》，台北：成文出版社，1974年，第744—745页。
③ （清）周溶，汪韵珊：同治《祁门县志》卷23《人物志·宦绩》，台北：成文出版社，1974年，第1259—1260页。
④ （清）素尔讷：《钦定学政全书》卷47《安徽县学》，沈云龙：《近代中国史料丛刊》第30辑，台北：文海出版社，1968年，第889页。

且童生"颇形竭蹶"。为此他在捐俸置办了1960副考试桌凳后，又捐银800两为倡，号召寿州、凤台士绅捐资，共建"寿台试院"。为了号召两邑士绅踊跃捐款，朱士达还撰写了一篇《捐建寿州考棚小引》，发动舆论宣传。

　　名标雁塔，春明问选佛之场；籍注蟾宫，秋赋扩登仙之界。度金针而造士，星使乘轺；秉玉尺以量才，风檐较艺。盖考棚之设，原与贡院并崇，而童试之阶，尤为长官所重。欲觇远到，宜立始基。寿州地隶钟离，星分斗宿。淮淝水波洁淑气，大小山林立雅材。召翁卿之祖孙，明经济美；胡文德之父子，清节绍休。策对制科，庞京兆贤良第一；动高相业，吕许公家世无双。以及殿虎声驰，人龙望著。善皆薰乎故里，功莫巨于中丞。保重危疆，克全桑梓，渊源正学，堪作典型。溯曩哲徽音，勖兹多士；宏圣庙乐育，责在有司。士达承乏是邦，恐惭厥职。思化民以成俗，当毓秀而抡英。巍焕黉宫，久赡美富；济跄讲院，略备条规。惟届试届期，而汇征无地。爰稽旧额，祗聚公庭。簿书勾检之区，殊嫌尘杂；胥吏往来之所，更碍关防。兼之桌凳自谋，左提右挈，席庐间构，上雨旁风。人文有鹊起之占，考校缺鸠居之卜，甚非所以隆造就，厚栽培也。乃基绅衿，急为筹画。位诹巽洁，向取离明。相度阴阳，具梁卵烯黄而筮吉，经营基址，计竹头木屑以程功。敢云广厦万间，大作单寒之庇？愿比为山一篑，共勤畚锸之劳。惟望词林主人，福田长者，勿靳橐囊倾解，咸随翰墨因缘。月斧手挥，修葺附华街之新样，云甍翼覆，罗珠编璧缀之奇珍。匪独棚列东西，于以甄陶美彦；抑且堂分内外，俾之景仰高贤。前据州人呈请有明广西巡抚方孩未先生崇祀乡贤，已蒙院宪会题，祗候恩纶下沛，式昭国典，藉励儒修。设栗主于其间，斯人原当社祭；衍薪传于无替，斯地即为专祠，有两善焉在。是举也，从兹室能生白，路可梯青。奉先正以守楷模，前有辉，后有光，永深俎豆馨香之慕；际承平而咏雅颂，此为倡，彼为应，长闻丝竹之声。是为引。①

这篇"引"首先向士绅阐述了建造考棚的意义；接着回顾了寿州历史上的著名人物，以激发士绅对乡土的自豪；继而分析了寿州未建考棚的诸多弊病；接下来简单介绍了自己的计划；最后为士绅描绘了建造考棚后的美好愿景。最终，两地士绅合计捐资2万余两，建成考棚。

二、乡绅主导的施工进程

由士绅商富捐资建造的县试考棚，其施工过程一般由其推举代表进行全程监控，官府退居于宏观监管的角色，以达到"事不经官，必无后累"②的效果。这种情形，在清代后期尤其普遍。

如福建建宁府政和县在道光二十三年（1843）建成考棚，称为东和试院。其时因为本县云根、星溪两所书院地理位置欠佳，故知县袁万里又在考棚的左边建造了熊山书院，而主持修建工程的主要是"院董秦功诏、魏锦松、杨绍溥、刘平、张观鹤、宋人杰、林载阳、余品超、魏国纶、魏廷藩、魏廷枢、卢正谊、范大年、陈作霖、宋人望、杨承需、陈春芳、魏建畿、尹鸣时、林繁露暨之骐、范光璋、余瑞麟、魏铨"合计24人。至光绪五年（1879）考棚遭灾被毁，时任知县席珍主持重建，其经理董事则包括"邑绅范光璋、魏绍纶、杨时春、赵瑞徵、陈箕先、倪赞元、杨邦治"等合计41人。③ 又如前引江苏淮安府阜宁县考舍建成于光绪十一年（1885），是光绪八年（1882）知县朱公纯与巡道周传诣倡捐募集巨款所建。据县志记载，当时参与考舍建造的"邑绅"共有四类人，一是"协力募建者"，即参与决策的士绅，他们有顾皋兰、陈肇礽、项名燿、陈立基、张一珍、

---

① （清）曾道唯，葛荫南：《光绪寿州志》卷9《学校志》，南京：江苏古籍出版社，1998年，第125页。
② （清）徐宗幹：《劝捐乡会试公费约》，丁曰健：《治台必告录》卷5，《台湾文献丛刊》第17种，台北：台湾银行经济研究室，1957年，第371—373页。
③ 李熙：民国《政和县志》卷13《学校志》，台北：成文出版社，1967年，第181—182页。

董璠、郑维藩、朱福、汪春阳、周正邠、江启珍、顾汝霖、吴士林、周如岗、刘丙成、顾广居、顾文英、汪春池、蒋八龙、祁春泉、王显、李采之，计22人；二是"购地者"，有许上达、戴德渊、王锦标3人；三是"募捐者"，有于峻廷、姜瑶、余登元、陶亮贤、邱栋材、常春锦、于盛治、张瑾生、杨宗亿、陶濯江、陈树、李鸿澡、顾生明、常锡田、田本先、丁涛，计16人；四是"缮写、管工者"，有李翰卿、李友兰、史耀卿3人。除了这44名绅士之外，其他3位绅士即典史陈家谟、顾朱华、八滩巡缉委员杨昭"亦均有力焉"。① 据县志记载，此次建造考舍的最早倡议者顾皋兰，字露香，本城举人，"淡泊自安，不乐仕进，历任本邑山长，弟子领乡荐、膺萃科、列胶庠者不可胜数"，是当地颇具影响力的乡绅。他平时"不问闲事"，但是"惟建考舍、修县志，则出力勇"。参与"协力募建者"之一的张一珍，其社会身份是"候选县丞"，曾建言"筑圩寨、置枪炮"以抵御捻军，并于光绪九年（1883）承办山东赈捐和到南京购买赈米，做到"无分文侵蚀"。另一位"协力募建者"汪春池，字砚香，本城人，增贡生。他"饶干才，历办地方公益"，曾经"创校士馆于阜城"。②

大多数县试考棚的施工进程则是由众多士绅集体推动，他们不仅没有索取报酬，而且自行支付公益成本，全身心投入考棚建造。也有一些县试考棚的施工进程得益于个别士绅的倾情付出。如江西抚州府乐安县考棚创建于嘉庆二十一年（1816），系由知县刘开诚捐俸倡议士绅捐资建成的。在官绅商议建造考棚的决策完成之后，士绅集体推举职员康明魁总体负责建造事务。尽管康明魁的住所离县城有60多里，他却能够"不惮勤劳，携资来邑，亲为营度。凡木石工匠之所需，一皆取诸其囊，无吝色，而亦无德容"。而且，康明魁不仅承担了建造考棚的总监工作，还主动捐资承担

---

① 吴宝瑜，庞友兰：民国《阜宁县新志》卷7《教育志》，台北：成文出版社，1975年，第620页。

② 吴宝瑜，庞友兰：民国《阜宁县新志》卷17《人物志·列传三》，台北：成文出版社，1975年，第1092、1096页。

了考棚最为复杂艰难的屋宇的建造工作,"慨然以署之大堂为己任",① 成为乐安县创建考棚最大的功臣。

三、民间捐助为主的经费来源

与乡会试贡院的修建经费可以申报礼部并由工部核实后从户部报销不同,清代县试阶段的考场费用往往由地方政府自行筹集,而在摊丁入亩的赋役制度背景下,往往也只能由士绅商富捐资筹集。

1. 士绅捐助为主的经费筹集渠道

清代各地士绅捐助建造县试考棚,大约可有以下几种情况。

第一种情况是全体士绅合力捐建整个考棚。如浙江台州府宁海县蒲湖试院始建于嘉庆二十三年(1818)。时任知县邓廷彩发起倡捐,先是"邑绅龚景潢、钱塘王若涵、王较书等募得黄坛贡生严辑圭等购买基址",接下来又"募捐城乡",最终建成了包括大堂、川堂、内花厅、东厢屋、外花厅、仪门、庑屋及"东西考棚各十六楹"② 的县试考棚。又如浙江台州府天台县校士馆建成于道光八年(1828)。时任知县张如梧率先捐银1200两发起倡议,随即委派邑绅王懋昭、袁凤翔、凌宗照、孙拱等为董事,设簿分赴城乡劝捐,合计共筹集捐款17 800余两。建造过程中,"木料挑备坚树,上架尽用磨砖,四围砌叠高墙,皆系青砖双夹。桌凳悉用石料,以期经久"。③ 再如安徽巢县在太平军战乱之后,为修复巢湖书院并创建县试考棚,巢县儒学在学生员经过合学公议,决定将二者合二为一,建造一座考棚书院,"平日则为讲堂,县试则为锁院"。知县蔡家馨申详各大宪,请求通过募捐筹集经费。其中,蔡家馨倡捐300千文,继任代理知县陈炳倡

---

① (清)许应鑅,朱澄澜,谢煌:光绪《抚州府志》卷19《建置志》,台北:成文出版社,1970年,第314页。

② 王瑞成,张浚:光绪《宁海县志》卷4《学校志》,台北:成文出版社,1975年,第452页。

③ 褚传诰:《民国天台县志稿》卷9《舆地略》,上海:上海书店出版社,1993年,第223页。

捐 254 千文，城乡绅富共捐钱 4800 多千文。①

第二种情况是由某一位士绅独力捐助整座考棚，捐款数额相对较大。如浙江慈溪县校士馆建成于道光十六年（1836），系由县人郑一夔独力捐资 2.4 万余两创建的。郑一夔时任丽水县训导，他遵从父亲郑廷荣的意愿，历时一年建成校士馆，使全县童生免于县试以县署为临时考场而露坐拥挤之苦。十年后，浙江学政兵部右侍郎赵光为之撰写了《新建慈溪县校士馆记》，用范仲淹"舍宅为黉舍"的典故赞扬了郑氏父子好善乐施的义举。②又如浙江永康县试院始建于道光二十一年（1841），系由全县绅民合力捐资 17 000 余两建成。咸丰年间，该试院毁于战火。至光绪九年（1883），邑绅胡凤丹考虑到战后凋敝，户瘠民贫，于是独力捐资 13 000 余两重建考棚。③再如四川夔州府万县、巫山县考棚分别建成于道光二十一年（1841）和光绪二年（1876），前者由邑人杜峙三独力捐资 16 000 余千文建成，后者则是本县职员周仁和独力捐资创建。另外，周仁和的后嗣还在每次考试前"先期修理一次"，同时还捐设维修基金，"以城外铺屋一所岁收租钱，永作补修之资"。④

有些捐助者在完成公益捐建后还谢绝了地方官向朝廷请求旌表的建议。如江西临江府新淦县考棚创建于道光三年（1823），当时系由知县宋庚倡议士绅合力捐建的。由于咸丰八年（1858）太平军陷城后新淦县考棚被毁，因而同治六年（1867）新任知县王肇赐决定重修考棚。在筹集经费时，有人向他提出，本县富商朱梦槐是一位"仗义"之人，"每益阳有义举，朱君常捐资以助"，虽然他长期在湖南益阳县经商，但是新淦县是他的"桑梓地"，捐资重建家乡的考棚或者书院，如果"致书相劝，或不见

---

① （清）黄云，林之望：光绪《庐州府志》卷 17《学校志》，台北：成文出版社，1970 年，第 298 页。

② （清）赵光：《赵文恪公遗集》，《清代诗文集汇编》第 594 册，上海：上海古籍出版社，2010 年，第 457-458 页。

③ （清）李汝为，潘树棠：民国《永康县志》卷 15《艺文志》，台北：成文出版社，1970 年，第 825 页。

④ （清）连山，李友梁：《光绪巫山县志》卷 16《学校志》，成都：巴蜀书社，1992 年，第 372 页。

辞"。为此，王肇赐与邑绅陈锡麟一起致信朱梦槐，请求他助力"邑中诸义举"。朱梦槐则回信表示，愿意独力承担书院、考棚二者之一的修建经费。数月之后，朱梦槐回到家乡，"遂举考棚而独任之"。考棚建成之后，王肇赐本拟为朱梦槐呈请议叙，而朱梦槐则婉拒其请，"敢以奖辞"。①

有些地方的考棚虽然不是由个人独力捐建，但其参与捐助的人数极少，与独力捐建较为相近。如山东青州府临朐县考棚的地址在明伦堂前，东西各棚厂十间，是邑人朱良谟、马骏龙于嘉庆十二年（1807）"各捐钱三千缗创立"。②又如江西南昌府进贤县考棚建成于嘉庆二十一年（1816），系由本县黄氏、万氏家族共同捐建。其中黄氏合族在黄敬业、黄金铎、黄梅、黄圣奏、黄孔箕等人的号召下捐出了建造考棚的地基，而万氏家族的廪生万叔权、庠生万达权、监生万经权则合力捐出了建造考棚所有房屋的经费共计 7000 余缗，最终建成了"分列八进，前后坐号计容千二百余人"的考棚。值得指出的是，进贤县考棚虽然是由黄氏、万氏捐资，但其工程监理却另有其人，即"庠生张文宾襄其工"。③

第三种情况是由某一个家族独力捐建整座考棚。如湖北汉阳府沔阳州考棚建成于嘉庆二十二年（1817），系由州绅平治、平澍兄弟捐资建造的，共有号舍 85 间，桌凳 828 副，坐号 4284 座，合计用钱"一万三千五百五十三贯四百九十八文"。不仅如此，至道光元年（1821），平氏兄弟担心"号舍历久损坏"，于是又捐送田产 200 亩，"以备修葺，每年定租利一百一十贯，缴存州署备支"。④又如浙江镇海县校士馆建成于咸丰六年（1856），系由议叙同知衔钦赐举人王福昌、钦赐举人加内阁中书王际昌兄弟捐建的，合计建造房屋 60 余间，耗钱 2 万余缗。据本县著名文学家姚燮（1805

---

① （清）王肇赐：《重建考棚记》，（清）王肇赐，陈锡麟：《同治新淦县志》卷2《建置志》，南京：江苏古籍出版社，1996年，第191页。

② （清）邓嘉缉：光绪《临朐县志》卷7《学校志》，台北：成文出版社，1976年，第258—259页。

③ （清）阮元：《新建进贤考棚记》，（清）江璧，胡景辰：《同治进贤县志》卷3《公所》，南京：江苏古籍出版社，1996年，第281—282页。

④ （清）葛振元，杨钜：《光绪沔阳州志》卷5《学校志》，南京：江苏古籍出版社，2001年，第173页。

—1864）所撰记文，在王氏兄弟捐资建造考棚之前，其父亲和叔父即"邑绅议叙八品衔王君咸亨，偕其弟议叙盐运司运同衔咸章"生前便曾决心捐建考棚。① 可以说，镇海县校士馆承载了王氏家族两代人的心愿。

有些州县考棚甚至与某一家族结下了数代相连的不解之缘。如江西饶州府安仁县考棚建成于嘉庆四年（1799），系由例贡毛凤腾捐资鼎建。至道光七年（1827），凤腾子羽丰、翎丰重修。到了毛凤腾的孙辈毛高翔、飞鹏之时，先是在道光二十二年（1842）重修考棚的屏墙和头门，继而在咸丰九年（1859）和同治十一年（1872）两次重修考棚的砖墙和号舍。② 又如江西武宁县考棚建成于道光十七年（1837），最初南昌知府张寅本拟捐钱 300 千为倡，号召全县士绅共同捐建。而本县"试用教职"张绍玑与其二子邑庠生张向斗、州同张向仁听闻消息后，表示愿意"独任其事"，最终独力捐资 15 345 两，建成考棚。咸丰四年（1854）、十一年（1861）太平军两次攻占武宁县城，考棚也两次毁于战火。咸丰九年（1859）、同治五年（1866）张绍玑之孙张英澍两次重修，其中后一次修葺共用银 5800 余两。③

第四种情况是将整座考棚分解为若干局部建筑，并由多名士绅分别认捐考棚的某一局部建筑。如江西赣州府兴国县潋江试院由知县俞之钰倡捐建成于嘉庆十八年（1813），系由各士绅商富分别捐建考棚某一建筑。其中邑人江侣淮堂捐建前后二栋及两廊坐号，钟桂标堂捐建头门，钟其大堂捐建大堂，郭邦安捐建龙门，黄敬熙捐建照墙。而基址不足，则是由钟华亭堂、寿念祖堂、刘荣粥、罗开莲捐置。此外，"竖造东西辕门及漫砌内外石路，均由合邑乐输"。④ 又如安徽舒城县考棚是在道光十五年（1835）

---

① （清）俞樾：光绪《镇海县志》卷 5《建置志》，台北：成文出版社，1974 年，第 257 页。

② （清）朱潼，徐彦楠：《同治安仁县志》卷 12《建置志》，南京：江苏古籍出版社，1996 年，第 625 页。

③ （清）何庆朝：《同治武宁县志》卷 12《公廨》，南京：江苏古籍出版社，1996 年，第 124 页。

④ （清）崔国榜，金益谦，蓝拔奇：《同治兴国县志》卷 8《公署》，南京：江苏古籍出版社，1996 年，第 70 页。

由知县吴士良和邑人共同商议，分区域募捐建造。其中，"头门三间，耿文梡捐建；穿堂五间，靳起橄等捐建；大堂三间，束斌捐建；后楼三间、围墙一周，主簿吴邦楹捐建；东西文场二十间，邑众同建"。①

有些考棚的局部建筑是由个别家族认捐修建。江西兴国县考棚捐户中的"江侣淮堂""钟桂标堂""钟其大堂"便都是家族名称。又如安徽太和县考棚建成于道光二十年（1840），本县李氏家族便独力捐建了西棚。李氏原籍开封，占籍太和县已有二百余年。该族平时就热心参与教育公益活动，如李常禄、李如松曾捐修书院、学宫，李枝芳、李营千等曾捐修明伦堂、崇祀祠。而当太平知县雷时夏倡议建造考棚时，生员李蕙芳便首先答应捐钱数百缗鼎力相助，而其族叔李瑶光则建议他直接捐建整个西棚，表示"虽罄所有，亦不惜"。生员李宗周外出回归后，"悉其事，尤为踊跃，首劝募条砖六万块，杂木二十一株，木橼一千根，以要其成"。除了为募捐工作尽心尽力，李宗周自己还为购置地址捐钱300缗，为建造考棚大堂捐银100两，为建造西棚捐"大砖瓦各二万块，大梓桐木六十株"。同时，李瑶光还"命子侄辈采伐工料，由宗周总理其事，不辞劳瘁，极力经营"，②最终凭借李氏一族之力建成了西棚。

有些考棚的各个局部建筑系由多名士绅商富合力捐建。如浙江处州府缙云县考棚称为试馆，建成于道光二十八年（1848），其中大堂、校艺亭、斐堂、书房等房屋由"东乡职员吕建盛、汪奠潮、吕有富，贡生卢汉阳，生员羊步鳌、田瑞和、胡圻，监生卢肇修、宋文英、胡芬、李树清，童生曹承榜、羊子亮、吕琨、朱玉海、吕钦槐、胡廷良、沈周宾、蔡新望、胡玉环、朱必强等"合力捐建；大堂左边27间考棚，计有坐号440个，由"西乡贡生王朝网、楼成周、朱湛，廪生朱泽厚，增生尚德璜、胡文华，监生王万清、李廷照、李华封，生员樊崧高、樊瑞判、朱耀周、朱桐、陈仲方、赵埙、朱昭等劝同合乡建"，大堂右边27间考棚，同样是440个坐

---

① （清）吕林钟，赵凤诏：《光绪续修舒城县志》卷21《学校志》，南京：江苏古籍出版社，1998年，第538页。

② 丁炳烺，吴承志：民国《太和县志》卷1《舆地志》，台北：成文出版社，1970年，第129—132页。

号,加上考号前的仪门,由"南乡生员杨兆鳣建";左边4间差房由"西乡合建";右边4间轿房由"南乡生员杨兆鳣建";大门5间由"南乡童生丁景良、陈汝舟、周佐清建"。此外,照墙、辕门由"南乡生员杨兆鳣同西乡合建",考棚周边的围墙由"三乡合建"。而整个考棚的建筑地基则由"职员吕建盛,生员应叔琳、柯怡颜、柯学洙、应枫,监生赵世雍、柯凌云、应晏朝,童生柯希麟等捐助"。[①] 从中可以看出,缙云县考棚的捐建者不仅包括50多名拥有贡生、廪生、增生、生员或监生的科举出身的低级士绅以及职员、童生等非科举出身人员,还包括一些未列出姓名的捐助者。

　　第五种情况是在考棚存续期间经历了不同的捐建方式。如安徽池州府青阳县原本以明大察院故址为县试场所,自明代以来考生们便是自备桌椅参加考试,"运桌负凳,争先拥后",因而在乾隆四十一年(1776)由全县士绅合力捐建了县试考棚。此次改建考棚,系由青阳县知县吴文涛、段仲律先后捐廉倡议,并"商同合邑绅士捐资",在大察院西边建造了"官厅、东西文场、龙门、头门"等。而道光二十一年(1841)的重修考棚则是由士绅独力捐资。当时考棚西文场及上厅站棚被大雪压倒,县中书院董事经过商议,决定劝说已故监生胡树滋之妻王氏独力捐资。而平素便经常"相夫为善"的胡王氏也当即表示"乐成此举","命子如望、如春捐出纹银五百两,交董事人经办"。此外,胡氏兄弟又另外捐出纹银100两修理东文场,以免考生进场后纷纷争坐新修的西文场而喧闹不休。[②] 又如浙江浦江县考棚称为浦阳试院,创建于嘉庆二十年(1815),除了正厅、头门两处局部建筑系由个别士绅独力捐建,其他剩余建筑均属合力捐资完成,即:"正厅系邑人修职郎张邦陛独建,头门系职员洪继煌独建,余皆合邑捐资。"而光绪七年(1881)重修考棚时,则均采取了士绅分别认捐某一局部建筑的方式,其中知县恩裕捐俸建造头门三间,而文昌楼、大堂、中

---

　　① (清)何乃容,葛华,潘树棠:《光绪缙云县志》卷3《公署志》,上海:上海书店出版社,1993年,第228—229页。
　　② (清)刘汉翼:《重修考棚邑令刘公碑示志》,(清)周赟:《光绪青阳县志》卷11《艺文志》,南京:江苏古籍出版社,1998年,第570页。

庭、仪门、奎星阁、东西号舍等"均系分认某处捐造某所"。①

各地在建造考棚的过程中，由于考棚占地面积、房屋数量、建筑材料等均各不相同，也导致所耗费的钱款相差甚远。有些考棚耗资相当巨大。如江西吉安府永新县考棚创建于嘉庆十七年（1812），是由王章、郭元揆两任知县先后率领全县士绅捐资，历时六年才建成的。据江西学政王鼎（1768—1842）所撰记文，永新县此次捐建考棚，邑绅踊跃捐资，"縻金钱万五千贯有奇，计用人工四万二千有奇，董其役者诸生谭从珏等二十人"。②又如前引浙江慈溪县校士馆耗资2.4万余两，浙江永康县试院捐款1.7万余两。

2. 多种筹资方式为辅

清代县试考棚虽然不如乡试贡院耗资巨大，但亦需要筹集不菲的资金。除了乡绅捐资，有时候还有其他的筹资渠道。一是地方官捐款，二是其他公项经费拨款。清代地方官多属流官，一般情况下三年一任，虽然不乏久任的案例，但也多有任职时间较短甚至只有数月的案例。因此，为任职地捐资建造县试考棚的地方官尽管都是较具社会责任感的贤吏，但其捐款数额一般不会太大，其捐资目的主要是为了发出倡议。故而在地方志中，地方官员的捐资一般也被称为"捐廉为倡"。有些地方官为了减轻百姓捐款负担，还会向上级政府申请拨款。

地方官捐廉为倡发起募捐建造县试考棚的案例在地方志中非常普遍，个别地方官的捐款数额还相对较大。如四川眉州直隶州彭山县考棚又称试廨，建成于道光二十一年（1841），占地面积16亩多，"号舍足敷千人之坐，堂、院、射圃、诸室咸具"，其修建经费则来自知县钱聚仁和邑人郭相贤弟兄合力捐助的9401钏。其中郭相宝捐钱1700钏，郭继贤捐钱6551

---

① （清）善广，张景青：《光绪浦江县志》卷4《建置志》，上海：上海书店出版社，1993年，第174页。
② （清）定祥，刘绎，周立瀛：光绪《吉安府志》卷7《建置志》，台北：成文出版社，1975年，第291页。

钏，知县钱聚仁捐款为"俸钱一千一百五十钏"。① 而湖北安陆府天门县考棚则是由知县王希琮独力捐建。天门县旧无考棚，每次童试都是借用县署为考场，"不无拥挤杂沓"。为此，嘉庆二十三年（1818）知县王希琮"捐廉置买地基，鸠工庀材，独修校士馆。东西号舍四间，共可容三千余人"。② 县志没有说明捐款数额，但从考棚的座号数量，可以推知耗费钱款绝不会少。

在捐款数额不足的情况下，有些地方官也会想方设法动用其他地方"公费"，其来源各自不同。如江西南昌府新建县考棚系由蔡以修、斌椿两任知县先后劝捐，于道光二十五年（1845）建成完工。其中本县南乡人陈恺荣、晓松兄弟捐构了夹墙、堂、祠、棚、宇等全部屋宇，而基地、围墙及八字墙、好义祠及祠前墙一面，均"公费置造"。③ 又如浙江台州府仙居县校士馆建成于同治十三年（1874），其经费除城乡绅富量力捐助的5600余贯外，还有知县唐济"先捐储库锾千余贯"。④ 又如广西柳州府柳城县一直以官衙为县试考场，光绪十五年（1889）知县陈伯陶莅任后，在同光时期数任知县议而未决的基础上，决定在本县龙江书院的讲堂建造考棚，"以正座为书院讲堂，堂上为文昌阁，两廊为生童书斋并东西号舍"。经费方面，主要有三个来源，一是"开籍公项、考童捐项"，二是"自捐廉俸"，三是"新任查团之陋规，不取分文，概充公用"。⑤ 再如江苏苏州府常熟县的县试考棚称为海虞试院，建于光绪二十五年（1899），共耗费工料银6000余元，其中知县沈祖燕捐款300元，继任知县杨家骊捐款50元，

---

① 刘锡纯：《民国重修彭山县志》卷4《学校志》，成都：巴蜀书社，1992年，第83页。

② （清）王希琮，张锡谷：道光《天门县志》，清道光元年（1821）刻本，卷11《学校志》，第62页。

③ （清）承霈，杜友裳，杨兆崧：《同治新建县志》卷18《公所》，南京：江苏古籍出版社，1996年，第190页。

④ （清）王寿颐，王棻：《光绪仙居县志》卷6《建置志》，台北：成文出版社，1970年，第396页。

⑤ （清）谢三聘：《鼎建书院文场碑记》，何其英，谢嗣农：民国《柳城县志》卷8《艺文志》，台北：成文出版社，1967年，第86页。

邑绅也捐助了大部分经费。此外还从常熟县水利局拨款1000千，从游文书院拨款1000千。此外，本县高、强两大家族还合力捐助110多亩田产，每年收租"作岁修费"。①

3. 特殊的考棚建造方式

历史的魅力往往存在于事物发展的多样性，清代州县考棚的建造途径也各不相同。尽管大多数县试考棚来自士绅商富的捐款，但募集捐款的途径则各有不同。

浙江台州府黄岩县校士馆的创建，便是源于一个颇有意思的商界故事。乾隆年间，温州府永嘉县有位曾姓商人，来到台州府黄岩县开设"典肆"发财致富。为了获取客户对自己商铺财力的信任从而敢于向其借贷，他便设法"高其闬闳，盛其华饰，广为亭台池囿，以相夸耀"，黄岩县富绅也放心地把钱存入其当铺，总数达到7万多两，为其积累了雄厚的借贷资本。过了30多年，曾氏的生意逐渐萧条，不得已只能偷偷溜回温州，同时向外宣布折价出售所建宅院用于偿还欠债。此时，黄岩县举人王映玉、附贡王映丰、恩贡潘绍濂等经过商议，一致同意禀请黄岩知县陈晖出面，号召士绅募集捐款，买下了曾氏宅院，将其改建为校士馆，专作本县童生岁科试考场之用。②曾氏商人30年繁华之后的萧条，成就了黄岩县考棚的教育公益佳话。

有些县试考棚的创建经费同样来自捐款，但却事出从权，带有一定的强制性质，被人称之为"摊捐"，即摊派性捐款。如湖南岳州府华容县考棚称为试院，建成于嘉庆八年（1803），系由知县安有仁委托廪生蔡在斯、生员程廷贵、职员宋以镇、贡生蔡光峻等倡建的，其经费的筹集方式为"按亩捐费"，"经两年工竣，费二千余缗"。③又如江西九江府德安县在道

---

① （清）郑钟祥，庞鸿文：光绪《重修常昭合志》卷14《学校志》，台北：成文出版社，1970年，第793页。
② （清）陈钟英，王咏霓：光绪《黄岩县志》卷8《建置志》，台北：成文出版社，1970年，第631—632页。
③ （清）孙炳煜，张钊：光绪《华容县志》卷5《学校志》，台北：成文出版社，1975年，第139—140页。

光三年（1823）建成了考棚，其经费筹集方式为"按粮摊费"，① 也就是由地方官邀集绅耆，商议在已有田地赋税额度的基础上再加派少量赋税，等到考棚建成后则不再加派。再如河北大名府东明县考棚的建造经费也来自摊捐。东明县旧无考棚，每逢岁科试均"就署中起席棚，诸童携负几案，纷拥不堪"。光绪二十三年（1897）知县曹景郕"仿文庙花捐旧规"，也就是"按亩出资"的方式，筹集经费九千余贯，建成县试考棚。②

有些县试考棚的捐款之中有一部分来自自愿捐资，还有一部分则来自"摊捐"。如河南归德府夏邑县考棚称为试院，创建于光绪十三年（1887），其创建经费除了知县郑藩捐钱200缗、继任知县陆钢捐钱100缗，其余则有"绅富捐资三千缗"和"按亩捐资四千八百九十缗"。③ 显然，"按亩捐资"的数额比官绅富民主动捐资的钱款数额要多一些。又如广东潮州府四会县考棚倡建于光绪十九年（1893），系选取旧常平仓基址为考棚地基进行创建。其建造经费除了知县刘德恒捐廉倡首外，其余则来自"集二十五铺公捐、诸绅富义捐"。④ 所谓"义捐"，当是自愿捐助，而"公捐"则或属摊捐性质。

清代是隋唐以来的传统中国社会中科举氛围最为浓郁的一个朝代。不仅统治者致力于使科场法规日益严密、科举文体日益规范，基层地方社会也为提升本地的科举成绩付诸了更多的实际行动。地方官员、士绅商富纷纷慷慨解囊捐设宾兴基金为考生提供旅费、试费，捐建科举会馆为考生提供住宿场所，捐建各级贡院为考试提供专门的场地，从而形成了种类繁多、特色各异的科举公益热潮。

---

① （清）沈建勋，程景周：《同治德安县志》卷4《建置志》，南京：江苏古籍出版社，1996年，第75页。
② 周保琛，李增裕：民国《东明县续志》，台北：成文出版社，1976年，第49、307页。
③ （清）张鉴堂：《重修崇正书院并增修试院记》，黎德芬：民国《夏邑县志》卷2《建置志》，台北：成文出版社，1968年，第374—375页。
④ （清）陈志喆，吴大猷：民国《四会县志》编2上《建置五》，台北：成文出版社，1967年，第159页。

从地方志的记载来看，有些州县考棚的建造其实极不容易。如湖北房县旧无考棚，道光十七年（1837）知县刘其渊偕典史沈森发起倡捐，决定将旧有书院改建为考棚，交由候选训导周寿山、邑增生陈恺堂、邑庠生曹近斋三人负责工程监理，从道光十八年（1838）三月开始动工。最初阶段，因为有知县刘其渊捐廉400两为倡，故而"好义乐输者奋勉不绝"，考棚也接近于草创完工。然而过了不久，热心建造考棚的几个人各自发生了重大变化："诚斋升迁矣，恺堂谢世矣，近斋告退矣！"只剩下周寿山一个人勉力维持，"欲完工，缺乏资斧，年近七旬，四方收其余捐，弥缝外项"。考棚虽然勉强完工并投入使用，但是却寒酸不堪，应试者"鱼贯而入，众堪容膝"。接下来，义学头门不幸坍塌，修复需款，周寿山"多方贷补"，左支右绌，陷入困境。所幸的是，道光二十七年（1847）至三十年（1850）间，两次代理房县知县的王锡畴对其给予鼎力支持，最终才使考棚顺利竣工。① 又如陕西汉中府定远厅考棚创建于同治十年（1871），系由代理同知汤廷玉、鲁学浩先后倡捐建成。汤廷玉在任期间，曾积极发动各乡士绅捐款，却未能建成考棚。这是因为很多捐款有名无实，"各乡捐款虽书五千有奇，类多纸上空谈，所收者仅数百千耳"。继任同知鲁学浩乃劝之以"大工既兴，不能中止"，也仅仅"交逾千缗"。此时，适逢溪河首富康安儒有事进城，鲁学浩乃"晓以大义"，最终募得善款1500串，于是与经手董事周春泉等商议，"令各乡将未缴捐数悉予豁免"，这才"鸠工庀材，越六月蒇事"。② 显然，为了维持考场秩序和为考生提供考试便利，各地士绅或费尽心力创建考棚，或捐资出力修理考棚，从而为清代贡院带来了独有的教育公益色彩。

---

① （清）杨延烈：《同治房县志》卷4《学校志》，南京：江苏古籍出版社，2001年，第413—414页。

② （清）鲁学浩：《建修考院记》，（清）余修凤：光绪《定远厅志》，清光绪五年刊本，卷25《艺文志》，第19—20页。

第四节　个案研究：清代台湾科举公益与贡院

清代是传统中国社会中科举味道最为浓厚的一个阶段。不仅统治者致力于使科场法规日益严密、科举文体日益规范，基层地方社会也为提升本地科举成绩采取了更多的实际行动，从而形成了种类繁多、特色各异的科举公益热潮。

作为康乾盛世初期才回归祖国版图的福建省一府，台湾在经历了最初的移民型社会向定居型社会转移的过程之后，也日渐在清代儒家伦理教化的大背景下，全面呈现出清代科举公益社会的普遍特征。其中，捐建各级贡院便是其重要内容之一。

有关清代台湾贡院问题，台湾学界已经发表了一定的研究成果。[①] 这些文章主要从建筑学、文物学的角度分析了清代台湾的三大学政试院，但对于其建造、维修经费的来源及考务管理问题未做分析。而对于清代台湾的县试考棚，则尚未见专文讨论。本节将清代台湾各级贡院作为一个整体进行探讨，并从科举公益的视角分析台湾各级贡院的建造经费来源及其使用问题。清代台湾长时间只是福建省的一个府，只有资格建造学政试院和县试考棚。光绪十一年（1885）被批准单独建省后，其科举并未全面脱离福建省，乡试名额依然归入福建省内，考生仍需赴福州贡院考试，因而其贡院政策与建省前相比并无区别。因此，研究清代台湾贡院主要包括县试考棚和学政试院两种类型。

---

① 其中主要有石万寿《古碑续拾：道山建台阳考棚捐题碑记后碑》（《台湾风物》第25卷，1975年第3期），抄录并分析了道光年间台南院试考棚的捐款碑文；詹德隆《台北考棚筑造年代试探》（《台北文献》第88期，1989年6月），重点分析了台北府试院的建造时间问题；李乾朗《台湾可能仅存之江南匠派建筑——清末台湾府台中城内考棚遗存建筑》（《建筑师》第19卷，1993年第3期）和《台中考棚遗构与地图显示的关系》（《建筑师》第19卷，1993年第4期）分析台中考棚所带有的浙江方面的建筑风格；赖志彰《台中考棚考——台湾省城元考试堂的历史变迁》（《空间》第44期，1993年3月），从建筑与历史的角度分析了台中考棚的历史变迁；苏峰楠《"大畏民志"石额由来之厘疑》（《台南文献》第1卷，2012年第2辑），分析了台南考棚的创建过程。

一、县试考棚

清代早期,全国大多数州县县试都是借用县衙之大堂、走廊、庭院等空地作为县试临时考场,"府县试士,则各于其署",① 考生必须自带桌凳,于临时考场中抢占位置安放桌凳。当时很多州县的赋役册中都刊载了搭盖临时考棚的相关费用,如据道光年间周玺编纂的道光《彰化县志·田赋志》所记载的本县每年"存留"经费便包括"岁、科两试考棚工料银一十六两六钱六分六厘"。② 光绪十四年(1888)正月的台北府新竹县同样如此,据时任新竹知县方祖荫开具的《新竹县每年必须用款数目简明清折》,他向台北知府雷其达禀请"宽裕"津贴的18项经费中的第7项便是"道府每届岁试应缴考棚经费番一千五百元",该行文字后面还有附注说明:"前件科考之年仅缴一千二百五十元,合并声明。"③ 彰化县、新竹县的这些"考棚工料银"和"考棚经费",显然都是为了举行岁科试搭盖棚厂而向百姓征收的钱款。

这种在清代全国普遍存在的岁、科试临时考场,不仅难以防止夹带、抄袭、枪替,维护考试公平,甚至很难进行正常的考务管理。如四川省万县,在未建考棚之前,"试诸县廨,无论几案自备,拥挤逼仄,炎蒸郁炙,风雨飘摇,试者深以为苦。而散处陬隅,族谈扰攘,稽察亦弗能周"。④ 山西荣和县在建成考棚前,也是"试则权占县署,或大堂,或花厅,错综参互,万难编列坐号,而一是器物,又须考者躬自负荷,出入维艰,甚矣其

---

① (清)邓传安:《蠡测汇钞》,《台湾文献丛刊》第9种,台北:台湾银行经济研究室,1962年,第40页。
② (清)周玺:道光《彰化县志》卷6《田赋志》,《台湾文献丛刊》第156种,台北:台湾银行经济研究室,1962年,第186页。
③ 戴彦辉:《淡新档案选录行政编初集》,《台湾文献丛刊》第295种,台北:台湾银行经济研究室,1971年,第224页。
④ (清)龚珪:《万县新建考棚碑记》,(清)张琴,范泰衡:同治《万县志》卷36《艺文志》,台北:成文出版社,1976年,第124页。

急。不特关防不严,亦殊非国家优崇士子意"。① 正是因为如此,在清代中后期,受一些先进县份的影响,全国各地都兴起了民间捐资建造县试考棚的热潮。清代台湾的县试考棚虽然出现较晚,但与同时期全国其他州县的考棚建造过程并无二致。清代台湾县试考棚主要有凤山县考棚和新竹县考棚。

1. 凤山县考棚

凤山县是台湾建县最早的县份之一,但其县试考棚却创建较晚。在各类文献中,凤山县考棚也被称为试院。据《凤山县采访册》,凤山县试院地处凤仪书院东偏,光绪元年(1875)由增贡生蔡垂芳"董建"。凤山县试院共有各类房屋36间,主要有头门5间、大堂1座,大堂后经穿心亭为阅卷厅1间,阅卷厅左右官房各3间、厨房1间,厅后奎楼1座,奎楼左边房屋5间,坐号16间。凤山县考棚的最大特征,便是考棚号舍分为闽童、粤童两种,其中大堂前闽童廊号10间,设有座位400号;穿心亭左粤童廊号6间,设有座位240号。②

凤山县考棚的建成,离不开士绅的捐助。据浙江绍兴人孙继祖所撰《重修凤山县学碑记》,早在同治四年(1865)孙继祖第一次担任凤山知县时,凤山县士绅商富便曾倡议合力捐资重修凤山儒学,但因捐款不足,功亏一篑。光绪元年(1875)孙继祖再次担任凤山知县,此时凤山儒学的重修工作已经在训导叶滋东、举人邱鹏云、廪生林瑞藻的主持下重新启动,并由训导叶滋东"独总其事",孙继祖则没有参与这件他十年前的未竟之事。其原因在于,此时的孙继祖正在"构试院为校士之所,未遑分营",③

---

① (清)戴儒珍:《创建考院序》,(清)马鉴,寻銮炜:光绪《荣河县志》卷11《艺文志续》,台北:成文出版社,1976年,第653页。

② (清)卢德嘉:《凤山县采访册》,《台湾文献丛刊》第73种,台北:台湾银行经济研究室,1960年,第160页。又,有关凤山县建造试院的时间,许南英《窥园留草》之《窥园先生自定年谱》载为光绪二年丙子(1876)。这年许南英22岁,凤山县"建凤山试院"(见许南英:《窥园留草》,《台湾文献丛刊》第147种,台北:台湾银行经济研究室,1962年,第222页)。

③ 夏德仪:《台湾教育碑记》,《台湾文献丛刊》第54种,台北:台湾银行经济研究室,1959年,第53页。

也就是无法做到儒学、考棚二者兼顾。与重修儒学学宫的经费来源一样，凤山考棚的建造经费也是来自民间捐款，且其工程是与儒学学宫的修建工程同时进行。据《凤山县采访册》记载，同治十二年（1873）时任凤山知县李燧同意士绅的建议，一方面着手整顿凤仪书院的经费收支，"拨新圳赢余水租银六百元，充作并经费"；另一方面则展开学宫、考棚的修建工作，"训导叶滋东重建圣庙"，"董事蔡垂芳议建考棚两处"。这些工程的相关经费均来自民间捐款，其中大多数由闽籍捐助，少部分由粤籍捐助，即"筹题粤捐二千元"。①

2. 新竹县考棚

新竹县是台湾较晚设置的一个县。其地先后归诸罗县［康熙二十三年（1684）］、彰化县［雍正元年（1723）］和淡水厅［雍正九年（1731）］所管辖。光绪四年（1878）撤销淡水厅设置台北府，曾暂以淡水厅署为府署。光绪五年（1879）闰三月，始将淡水厅分为淡水、新竹两县，而"旧淡水厅署始改为新竹县署"。②

新竹县考棚创建于光绪十二年（1886）。光绪十一年（1885）冬，安徽桐城人方祖荫以埔里社抚民通判的身份出任新竹代理知县。次年春季，他奉命主持县试，由于此前未建考棚，只能"集多士于公庭"进行考试，结果发现"杂沓拥挤，无以严防范而重甄陶"。方祖荫认为，这种情况不仅不符合"圣朝作育人材之意"，也不符合"士君子怀才欲试之心"；同时他也觉得，作为地方官员，不应该"因陋就简，听其校士无所，而不为创

---

① （清）卢德嘉：《凤山县采访册》，《台湾文献丛刊》第 73 种，台北：台湾银行经济研究室，1960 年，第 159 页。

② （清）陈朝龙：《新竹县采访册》卷 1《沿革》，《台湾文献丛刊》第 145 种，台北：台湾银行经济研究室，1962 年，第 10 页。按，清代福建台北府的设立时间，《清史稿·地理志十八台湾》语焉不详，只在所摘录的光绪十三年（1887）九月闽浙总督杨昌濬、台湾巡抚刘铭传的奏折里提到光绪元年（1875）沈葆桢请设台北府（中华书局，1976 年，第 2264 页）。而《清德宗实录》卷 51《光绪三年（1877）五月》、卷 56《光绪三年八月》记载，台北府首任知府为光绪三年五月由两江总督沈葆桢、闽浙总督何璟、福建巡抚丁日昌联合保奏的江苏海州直隶州知州林达泉，属"试署"其职（中华书局，1987 年，第 717、771 页）。

建试院之举"。为此,他率先垂范,号召士绅共同捐款,在县南门巡司口原巡检署遗基上建造考棚,"院宇凡三重,堂区规模宏敞,两廊列坐一千号。门楼前拱甬道,围墙井列。后建阁高耸,供奉奎星神像。计费番银八千九百八十四元六角九点正有奇"。① 光绪十二年五月兴工建造,同年十二月竣工。②

光绪十三年（1887）正月,方祖荫撰写了一篇《创建试院碑记》,记录了新竹县创建县试考棚的全过程。尽管方祖荫是此次建造考棚的重要发起者,但他却不居其功,而是在碑记中指出,试院得以建成,主要归功于"训导施天钧、府经历李继昆、典史傅若金、绅董林祥瑷、林汝梅、陈浚芝、郑如兰、李联萼、高廷琛、陈其德等共商厥成",表示自己"何力之有"。③ 在同时竖立的"创建试院捐名碑"中,共刊列了26笔捐款,其中包括24笔独立捐助者的姓名与捐款数额,以及"何、柳、万等生捐银九十八元"和"廖赞元本庄内因案赔款剩余缴捐银四百元"两笔捐款。统计捐款总数为9148银元,其中除了知县方祖荫捐银100元,其余捐助者捐款数额最大的是杜汉淮捐银3000元、苏团芳捐银1500元、郑以典捐银1000元、蔡景熙捐银600元,最少的为陈其德、高廷琛、郭程铭均为捐银20元,其余多为捐银100或200元。尽管碑文上没有体现捐助者的社会身份或科举功名,但可以肯定的是,此次捐建考棚的参与者较为广泛,是新竹县历史上颇为重要的一次集体教育公益活动。

遗憾的是,新竹县考棚建成后不久,便"遭风雨损坏"。为此,新竹县"考棚经理"绅董林汝梅、郑如兰、李联萼、陈浚芝、高廷琛、陈朝龙等人还在光绪二十年（1894）十月二十八日向新竹县政府呈递公禀,请求

---

① （清）陈朝龙：《新竹县采访册》卷5《碑碣（上）》,《台湾文献丛刊》第145种,台北：台湾银行经济研究室,1962年,第177页。

② （清）诸家：《新竹县志初稿》,《台湾文献丛刊》第61种,台北：台湾银行经济研究室,1963年,第93页。

③ （清）诸家：《新竹县志初稿》,《台湾文献丛刊》第61种,台北：台湾银行经济研究室,1963年,第245页。按,绅董中的陈浚芝,为光绪八年（1882）举人,光绪二十年（1894）会试中式为贡士,割台后于光绪二十四年（1898）中进士,依然将自己的籍贯填写为台湾新竹县。

"召匠议估","拨款修葺"。在所附"考棚修葺工料银"估价清单中,共列有10项需要修补的考棚细部结构,合计估价为"白银二百七十五元"。①收到公禀后,新竹知县范克承立刻亲自到考棚查勘,并根据所列清单,对各处需要维修之处进行逐项核对,确认"委实均应修理,不可稍缓","所估银数,尚无浮冒"。但范克承随即也发现,全县"别无闲款可筹,只有明志书院学租项下尚有余银,堪以筹拨"。但书院学租均系用民间捐款购置的田产,并非地方政府所有,且曾申报各级政府立案,即便他是新竹一县之长,也是"未敢擅专"。② 因此范克承在十一月初一日撰写了呈文,逐级上报给台北府知府、台湾道、台湾按察使、布政使及台湾巡抚,请求准予拨明志书院学租修理考棚。经过40多天的公文往返,十二月十五日,台北知府终于将经过台湾巡抚唐景崧批复的函件转给新竹县:"该邑考棚损坏,既经饬匠估计,所需工料应准在于明志书院学租项下,动拨兴修。"③不过,在批文尚未下发之前,范克承便已经将考棚修理工程发包出去,并于十一月二十四日由"匠首"沈仰企立具领状,领取工料银275大圆,"采买砖瓦、灰木等件,以凭兴工修理"。④ 显然,新竹县此次修理考棚,虽然没有再次发起募捐,但使用的经费则是同样来自民间教育公益基金明志书院的佃租收入。

新竹县考棚建成之后,当地士绅特意推选代表负责管理,称为"考棚经理"或"考棚绅董"。光绪二十年(1894)拨明志书院经费修理考棚的建议,就是由"考棚绅董"林汝梅等人发起的。此外,还特设专人负责考棚日常事务管理,并捐有专门的考棚修理基金。光绪十四年(1888),考棚绅董高廷琛、陈朝龙接手本县"隆恩圳"的管理事务,议定从其水租收

---

① 戴彦辉:《淡新档案选录行政编初集》,《台湾文献丛刊》第295种,台北:台湾银行经济研究室,1971年,第401—403页。
② 《考棚经理林汝梅等禀送新竹县考棚修葺等工料银估价单》,《台湾文献丛刊》第295种,台北:台湾银行经济研究室,1971年,第401—403页。
③ 《台北知府管将巡抚唐批示转知新竹县》,《台湾文献丛刊》第295种,台北:台湾银行经济研究室,1971年,第409页。
④ 《泥匠首向新竹县具领考棚工料银》,《台湾文献丛刊》第295种,台北:台湾银行经济研究室,1971年,第410页。

益中支付"奎楼、考棚经费",其中考棚经费主要是"考棚年丁年开薪水谷谷十石"。"考棚年丁"当系指负责非考试期间的考棚管理与维护的工作人员。光绪十五年(1889)七月,"吴振利捐银三百员缴县发交铺户陈和兴生息,作为递年修理考棚经费"。① 而据《新竹县制度考》,在日据初期,新竹县考棚还由隆恩圳水租中支付了其他相关经费,包括"考棚院丁林保每年工食谷二十石""考棚院丁许火每年工食谷二十石"和"考棚魁星楼每年油香谷八石"。②

二、学政试院

康熙二十二年(1683)施琅攻克台湾,宇内复归一统。在历经数月"弃留之争"后,台湾终被归为福建的一个府(府治在今台南市)。按照常规,台湾府岁试、科试之院试阶段本应由福建学政主持,但因为远隔重洋,往返不便,故改由台厦道〔雍正六年(1728)后改称台湾道〕兼理。雍正五年(1727)至乾隆十七年(1752)间,曾改为由两位满、汉巡视台湾监察御史中的汉御史兼理。台湾建省后,光绪十三年(1887)改由台湾巡抚兼理台湾学政事宜,轮流于台南、台湾、台北三府主持院试。台湾前后建有三座学政试院。

1. 台南试院

台湾府岁、科试初无考棚。据康熙三十五年(1696)刊行的高拱乾《台湾府志》和康熙四十九年(1710)周元文修《台湾府志》,在台厦道改为台湾道之前,台厦道公署曾被作为临时考场:"由大门而仪门、而厅事,扁曰'敬事堂'。堂之右,为斋阁、为驻宅;其前,为校士文场。"③ 将敬事堂前面的空地用作校士文场,当然不是规制齐备的专用考棚。发展到乾

---

① (清)陈朝龙:《新竹县采访册》卷3《津渡》,《台湾文献史料丛刊》第2辑,台北:台湾大通书局,2009年,第144页。
② 佚名:《新竹县制度考》,《台湾文献丛刊》第101种,台北:台湾银行经济研究室,1961年,第53页。
③ (清)周元文:康熙《重修台湾府志》卷2《规制志·衙署》,《台湾文献史料丛刊》第1辑,台北:台湾大通书局,2009年,第30页。

隆初年，台湾府的院试考场又改为借用海东书院作为临时考场。乾隆二年（1737）十二月二十七日，乾隆皇帝亲下谕旨，命建台湾府试院。《清实录》保存了该谕旨的内容：

> 据巡视台湾、给事中兼理学政单德谟奏称，台湾考试生童，向来未建考棚，止就海东书院之便。而地方湫隘，实不能容。遂别开门径，通于圣庙戟门外搭盖棚厂，未免杂沓喧嚣，邻于亵慢。且虑关防不密，易滋弊端。应请照内地之例，建立考棚，以昭严肃，等语。向因台湾应试人少，故未建立考棚。今人文日盛，生童众多，非复畴昔之比。着该督抚转饬地方有司，相度地方情形，修造试院。俾宫墙肃静，考试谨严，以重造士育才之典。①

乾隆帝谕旨中所说的海东书院，系由台厦道梁文煊于康熙五十九年（1720）所建。建成之后，由于多次被用作"校士所"，导致"书院几废"。谕旨下达后，巡台御史单德谟乃于乾隆四年（1739）"另建考棚"。② 这是台湾历史上建造的首座贡院。由于史料记载简略，我们无从获知该试院的建造经费来源。据《台湾南部碑文集成》所收录的一份《郑君墓志铭》残件，墓志主人公郑廷爵，祖籍福建同安县，祖上迁居台湾已有五代，他虽然为了照顾家庭而"辍举子业，援例成均"，但却天性孝友，关爱族人，周济乡党，并积极参与地方公益事务，"贡院、衙署、庙观、桥梁等项，踊跃捐金，殊难更仆数"。③ 此碑虽是残件，但据考订，碑文作者林昂宵曾在乾隆十九年（1754）甲戌、乾隆二十四年（1759）己卯两次受聘到郑家"课子侄业"，说明郑廷爵捐资参与建造"贡院"，当亦在此之前，并很有

---

① （清）庆桂，董诰，曹振镛：《清高宗实录（一）》卷59《乾隆二年十二月下》，北京：中华书局，1985年，第957页。
② （清）余文仪：乾隆《续修台湾府志》卷8《学校志·书院》，《台湾文献丛刊》第121种，台北：台湾银行经济研究室，1962年，第354页。
③ 黄典权：《台湾南部碑文集成》，《台湾文献丛刊》第218种，台北：台湾银行经济研究室，1966年，第57页。

可能就是乾隆四年单德谟主持建造的台湾府试院。

单德谟主持建造的这座试院，乾隆三十九年（1774）余文仪修纂的乾隆《续修台湾府志》称为校士院，位于台湾府城东安坊台湾县儒学的左边，不过已经废弃不用，其房舍先后在"乾隆二十七年（1762）改建海东书院，三十年（1765）改建祝圣宫"，①距离其建成只有20余年。而它被废弃不用的原因，是由于"迩来校士，皆在使者官舍，而试棚竟成闲廨"。②所谓"使者官舍"，是指台湾道衙署。单德谟初建考棚时，其选址在台湾府城东安坊，与其所担任的巡台御史的公署相邻。而分巡台湾道的公署则在府城的西定坊，正好与东安坊校士院遥遥相对。按照清代各省学政的普遍做法，院试一般都在学政公署附设的试院中举行；如未建试院，则直接在学政公署里布置临时考场。台湾道不在校士院中举行院试，一方面与当时通行的做法并不违背，另一方面也能便于考务管理，不必在府城东、西两坊往返奔波。

乾隆十七年（1752）台湾道兼理台湾学政、台湾府校士院废弃之后，每逢考试，均于台湾道衙署之中临期搭盖号舍。至乾隆三十一年（1766），陕西泾阳人张珽任台湾道，乃"于道廨西偏之隙地"建造学政试院，"鸠工庀材，匝月而竣"，合计共有房屋30楹，"费不繁而规模大备"。③次年二月，张珽还撰写了一篇《建台阳校士场屋记》记录其事，并刻碑立石。遗憾的是，由于碑文磨蚀，字迹残缺，从剩余的文字中，我们难以了解此次建造学政试院的经费来源。不过，在该文的结尾处，张珽特意记录了包括台湾府知府、海防同知、淡防同知以及台湾、凤山、诸罗、彰化四县知县在内的7位"官斯土者"的职衔、姓名。据此推测，很有可能这7位地

---

① （清）余文仪：乾隆《续修台湾府志》卷2《规制志·公署》，《台湾文献丛刊》第121种，台北：台湾银行经济研究室，1962年，第63页。
② （清）觉罗四明：《改建海东书院记》，（清）余文仪：乾隆《续修台湾府志》卷22《艺文志三·记》，《台湾文献丛刊》第121种，台北：台湾银行经济研究室，1962年，第812页。
③ 黄典权：《台湾南部碑文集成》，《台湾文献史料丛刊》第9辑，台北：台湾大通书局，2009年，第77页。

方官员曾经自行"捐廉"或积极发动属下绅民捐资筹集试院建造经费。

由于台湾文教的普及,台湾道衙署旁的学政试院在历经半个多世纪的使用之后,逐渐不能满足考生日益增多的考场需求。嘉庆二十二年(1817),有人提议募捐扩建试院,得到了广泛响应:"时值岁试,合郡应试生童乐然捐题,聚腋成裘,计有一千四百余金。"不过,经过估算,发现所需建造经费十分庞大,所捐之款根本不敷使用。试院未能扩建,其捐款则在次年被"移修文庙,并建正斋、衙署"。①

又过了十多年,台湾府考棚终于得以全面改建。据日人伊能嘉矩《台湾文化志》记载,道光十三年(1833),分巡台湾兵备道兼提督学政周凯因台湾府文风渐盛,而应试者逐年增加,四县三厅赴考之童生达二千余人,即便是分棚考校,依然无法容纳,乃"别为择地兴工,至十八年竣工",建成试院,使其达到了能够容纳台湾全府考生同场考试的规模:"中为大堂,左东廊,右西廊,廊分前中后,以千字文编号,每号考桌十张,考椅十条,可坐五十人,合计东西廊之座号三千余位。"②

不过,《台湾文化志》将台湾道周凯描述为此次建造台湾府考棚的策划人,则有所不妥。据检周凯《内自讼斋文选》之自撰年谱,周凯曾两任台湾道。第一次为道光十三年六月,当时是因为台湾"余孽未靖"而被福建总督程祖洛"调署台湾道事",是年七月七日任事,十月二十日卸事,合计代理台湾道仅百余日,主要的政绩是"搜获余匪,斩枭凌迟者八十余人"。③卸事之后,周凯"因台道刘次白七兄鸿翱初到,为留一月",至当年十二月初一日才回到厦门,继续担任兴泉永道之职。第二次为道光十六年(1836),当时周凯被闽浙总督魏元烺调署台湾道,原因则是"以便刘次白速赴陕西臬司之任"。他于九月一日到达台湾,九月三日开始任事,

---

① (清)温溶:《重修文庙碑记》,黄典权:《台湾南部碑文集成》,《台湾文献丛刊》第218种,台北:台湾银行经济研究室,1966年,第211页。
② (日)伊能嘉矩著,台湾省文献委员会编译:《台湾文化志(中)》第五章《考试》第一节《岁科及乡试会试》,台北:编译者,1985年,第74页。
③ (清)周凯:《芸皋先生自纂年谱》,《内自讼斋文选》,《台湾文献丛刊》第82种,台北:台湾银行经济研究室,1960年,第13页。

十二月十九日奉旨调补台湾道，其本任兴泉永道则由周日炳补授。① 不过，次年道光十七年（1837）七月三十日，周凯便不幸病逝，享年59岁。合计第二次署理、实任台湾道仅为11个月。

按周凯《内自讼斋集》中所提及的"台道刘次白七兄鸿翱"，即山东潍县人刘鸿翱，他于道光十三年（1833）由广东南邵连道调任台湾道②，道光十六年（1836）升陕西按察使③，是周凯正式担任台湾道之前的前任，道光二十年（1840）任福建巡抚。刘鸿翱在任台湾道期间，曾撰写了《台湾新修学政衙署碑记》一文，其中较为详细地叙述了建造台湾府学政试院之事。

> 道光癸巳冬，余蒙圣恩监司是邦，实兼提督学政之任。考试旧在道署，士子患其隘也，请于台湾府周君涧东，择建于府署之西北。经始于十三年某月某日，告成于十五年某月某日。正南作照壁，两旁列木栅，栅立左右辕门。正北三门，门左右设外官厅。厅左曰杂差所，右曰供给所。门内过水亭，亭左右设内官厅。厅左曰文巡捕所，右曰武巡捕所。由过水亭进，曰仪门。仪门内为考棚，左右各三廊。一廊十间，间五十座，凡士子之座三千。北横廊左右各七间，间二十座；南横廊左右各六间，间十座；凡士子之座四百。中为大堂，学政收卷之所居。再进为内堂，学政阅卷之所居。堂左曰庖湢之室，堂右曰学书之房。四围周以棘墙。④

根据这篇记文，我们可以知道，此次建造台湾府试院的真正主持者不

---

① （清）周凯：《芸皋先生自纂年谱》，《内自讼斋文选》，《台湾文献丛刊》第82种，台北：台湾银行经济研究室，1960年，第15—16页。
② 《缙绅全书［道光十四年（1834）夏］》，清华大学图书馆科技史暨古文献研究所：《清代缙绅录集成（12）》，郑州：大象出版社，2008年，第108页。
③ 《缙绅全书 中枢备览（道光十六年冬）》，清华大学图书馆科技史暨古文献研究所：《清代缙绅录集成（13）》，郑州：大象出版社，2008年，第351页。
④ 诸家：《台湾关系文献集零（十）》，《台湾文献史料丛刊》第9辑，台北：台湾大通书局，2009年，第72页。

是周凯，而是台湾府知府周彦［字涧东，江西鄱阳人，嘉庆二十四年（1819）进士，道光十三年任台湾知府］；试院的建造时间是从道光十三年到道光十五年，即1833－1835年；试院坐号的数量，除了左、右廊的3000座，在南、北横廊还有400座，合计共有3400座。伊能嘉矩《台湾文化志》中关于台湾府学政试院建造过程的叙述有其不准确之处。

刘鸿翱在道光十六年（1836）所作的一篇《台湾府学重修夫子庙并祭器、乐器记》中，还曾附带提及此次建造台湾府试院的经费来源："道光癸巳（1833）冬，翱由广东南韶连道调台湾道兼提督学政，谋于府守熊一本，议重新。候选同知许朝锦既督捐学政考棚，复愿独任其工。"① 说明此次建造台湾府试院的费用其实来源于捐款。同时也说明，此次建造台湾府试院一事，始于台湾知府周彦任内，成于知府熊一本任内。② 另外，刘鸿翱还撰有一篇《书孔、平二公遗事》，其中提到"造新考棚，费金至五万，皆归功于余"，③ 说明此次建造台湾府试院，共耗费了5万多两白银。

令人欣喜、慨叹的是，此次台湾绅民捐建试院的过程，100多年后因一块石碑的发现而重新被世人所了解。1974年至1975年间，成功大学石万寿教授曾在台南市卫民街的一处工地里抄录了一通道光十八年（1838）二月所立的石碑，上面共镌刻了13种不同社会身份的捐款人的姓名与捐款数额。碑刻尾部记录了此次捐款的总数："以上共捐来银一万二千四百两；共捐来番五万四千六百二十五圆，折银四万二千零一十九两二钱三分。合共捐来银五万四千四百一十九两二钱三分。"加上"总理许朝锦垫出银四千九百八十六两一钱零五厘四毫三丝，总合共来银五万九千四百零五两三

---

① 黄典权：《台湾南部碑文集成》，《台湾文献史料丛刊》第9辑，台北：台湾大通书局，2009年，第257页。
② 据《缙绅全书［道光十七年（1837）秋］》："台湾府知府，加一级，熊一本，安徽六安州人，进士，十三年十月授。"见《清代缙绅录集成（14）》，郑州：大象出版社，2008年，第114页。
③ （清）刘鸿翱：《绿野斋集选录》，《台湾关系文献集零（十）》，《台湾文献史料丛刊》第9辑，台北：台湾大通书局，2009年，第72页。

钱三分五厘四毫三丝。"① 这次捐款的数额，与刘鸿翱所说的"费金至五万"大致相符，说明该碑所记载的就是道光十五年（1835）完工的台湾府试院的捐款情况。

台湾府试院改建完成之后，便一直在台湾科举考试中发挥着其应有的功能，直至乙未割台。道光末年台湾道徐宗幹所著《斯未信斋文集》中收有两篇题为《试院谕诸生》和《庚戌岁试手谕》的告谕，其中言及他在道光戊申年（1848）四月到任后，"未及一月即行开考"，②说明在道光末年台湾府各厅、县童生、生员的岁试、科试均在府城试院举行。又据其《斯未信斋杂录》卷5《癸丑日记》记载，咸丰三年（1853）"夏四月初十日入院岁试，二十五日校场阅武，二十八日事竣"，③表明此时台湾府岁试的考试周期约为18天。

光绪三年（1877）五月初十日，福建巡抚丁日昌曾上《奏台湾府属岁试事竣折》，报告他在收到台湾府知府张梦元提交的府试录送文武生童名册后，即于本年三月十三日"移进考棚，严密关防，按次举行岁试"。④这是光绪初年议定福建巡抚"春冬驻台，夏秋驻榕"之例后，台湾学政交由福建巡抚兼理的最好例证。不久之后，福建巡抚不再驻台，而台湾学政也

---

① 石万寿：《古碑续拾：（二）道山建台阳考棚捐题碑记后碑》，《台湾风物》第25卷1975年第3期年，第11页。按，不过，就石万寿教授所抄录的碑文内容来看，此次捐款活动共有106位捐款者，其中捐款数额最多的为50圆，捐款最少的为8圆。即便以每人捐款50圆计算，其捐银总数也不过5300圆（实际为银1485.5圆，番银580大圆），离5万4千余两的捐款总数相去甚远。按照清代地方社会捐助儒学、考棚、坛庙等公共建筑的常规情形推论，作为台湾全府的院试考棚，不可能其捐助者的最高社会身份仅有一文一武两位举人，而台湾府其他进士、举人以及地方官员均漠然视之。疑此篇捐款名录原本刻为数通石碑，而石万寿教授所抄录的仅为最后一块石碑的内容。其余一通或数通石碑，或许还静静地埋在地下。

② （清）丁曰健：《治台必告录》卷5《斯未信斋文集》，《台湾文献史料丛刊》第3辑，台北：台湾大通书局，2009年，第355—357页。

③ （清）徐宗幹：《斯未信斋杂录》卷5《癸丑日记》，《台湾文献丛刊》第93种，台北：台湾银行经济研究室，1960年，第84页。

④ 《清季申报台湾纪事辑录（六）》，《台湾文献史料丛刊》第4辑，台北：台湾大通书局，2009年，第698页。

再次由台湾道兼理。光绪八年（1882）六月初八日台湾道刘璈贴出《决科告示》，通知全台考生将于 10 天后举行本年台湾府、台北府科试，其中"凡台南各属士子，由本学道亲临考棚，命题扃试"，①而台北府则由台北府知府代为主持。台湾建省后，光绪十三年（1887）将行政区划增为三府一州，原台湾府改称台南府，原台湾县改称安平县，而于彰化县分设台湾县，作为新设台湾府的附郭县。原台湾府试院亦相应改称为台南府试院。日据时期，台南府试院被改建为宪兵队驻所。

2. 台北试院

台湾的学政试院，在光绪元年（1875）分设台北府之后，还有台北府试院。在光绪十三年（1887）台湾正式建省之后，则又有台湾府（原台湾府改称台南府）试院。

据唐赞衮《台阳见闻录》记载，光绪二年（1876），沈葆桢向清廷建议，台湾已分二府，且已议定福建巡抚"春冬驻台、夏秋驻省"之例，则台湾事宜"应归巡抚主政"；同时应该"于台北府地方，捐建考棚"。这一建议，被"奉旨交部议准"。②不过，光绪二年沈葆桢已经升任两江总督，似不宜再为台湾学政试院之事向朝廷建言。据《清季申报台湾纪事辑录》，沈葆桢向朝廷提出相关建议的时间其实是在光绪元年七月二十八日，其时沈葆桢的身份还是"办理台湾等处海防兼理各国事务大臣"。沈葆桢所上奏的《请台属考试归巡抚主政折》，除了建议改由福建巡抚主持台湾两府之岁试、科试，还建议："淡、兰两属道阻且长，不特费巨身劳，每遇淫潦为灾，不免有望洋而返者；甚非所以体恤寒畯。可否请旨，于艋舺地方准其捐建考棚，巡抚于阅兵台北时顺便按临考试。"③只不过沈葆桢的这一奏折，直至次年二月二十一日，才由军机大臣会同礼部、兵部、工部会

---

① （清）刘璈：《巡台退思录》，《台湾文献丛刊》第 21 种，台北：台湾银行经济研究室，1958 年，第 12 页。
② （清）唐赞衮：《台阳见闻录》卷上《建置·学政》，《台湾文献史料丛刊》第 7 辑，台北：台湾大通书局，2009 年，第 11 页。
③ 《清季申报台湾纪事辑录（六）》，《台湾文献史料丛刊》第 4 辑，台北：台湾大通书局，2009 年，第 598 页。

商，并最终确定了由民间捐资建造台北府试院的决议。

在得到朝廷准许后，台北府试院开始动工修建，而其中出力最多的，则属台北府淡水县贡生洪腾云。据连横《台湾通史》"洪腾云传"记载："台北初建，新筑考棚，腾云献地，并捐经费。十三年春，巡抚刘铭传奏请嘉奖，赐'急公好义'之匾，建坊北门。"① 洪腾云因捐地、捐产创建台北府试院而被朝廷准予建坊表彰之事，《清实录》中亦有记载。据《清德宗景皇帝实录》，光绪十三年（1887）闰四月癸卯，"以捐助田亩，予台湾贡生洪腾云等建坊"。②

今台北"二二八公园"仍立有一座四柱三间三楼式的"急公好义坊"，其顶层已遭损毁，中层刻"急公好义"楷体大字，下层所刻为建坊缘由，内容为："福建台湾巡抚刘铭传奏：台北府淡水县四品封典、同知衔、贡生洪腾云，因府城建造考棚行署，捐助田地并经费银两，核与请旨建坊之例相符，仰恳天恩，给予'急公好义'字样，以示观感。光绪十三年闰四月十六日，奉朱批：着照所请，礼部知道，钦此。光绪十四年（1888）立。"③ 四根立柱前后各刻有一句联语，合为四副对联。其中正面中间两根长石柱的对联为："培子孙数十世种福之田，积善有余庆，昀看云礽联甲第；体国家三百年养士之德，博施宏素愿，允邀日下沛恩纶。"左右两边石柱上的对联为："高谊重斯文，观拓风檐，下笔声添蚕食叶；令名腾上国，恩颁轮阁，褒荣诏宠凤衔书。"背面中间两根长石柱的对联为："慷慨荷宸褒，见义勇为，绰楔留芳千古仰；舍施先试院，有基勿坏，士林遍誉一时新。"左右两边石柱上的对联为："稼穑体艰难，食德饮和，樽节退让以明礼；乡闾重模楷，言坊行表，令闻广誉施于身。"

---

① 连横：《台湾通史》卷35《列传七·孝义》，《台湾文献丛刊》第128种，台北：台湾银行经济研究室，1962年，第999页。
② （清）世续，等：《清德宗实录（四）》卷242《光绪十三年闰四月》，北京：中华书局，1987年，第263页。
③ http://bike.ericchen.info/20150829.htm. 据网络检索，该坊原建于石坊街，即今台北市衡阳路。1905年日据台湾"总督府"以市区改正为由，将其迁移至新公园（今二二八和平纪念公园）。其顶层及匾额、环护围栏均于迁移中被损毁。

台北府试院究竟建成于哪一年？这一问题迄今没有定论。据詹德隆《台北考棚筑造年代试探》一文指出，有关台北府试院的建成时间，共有三种观点，一是设台北府之光绪初年（连横《台湾通史》），二是光绪四年（1878）（尹章义《台北市二十方古迹碑文之商榷》），三是光绪六年（1880）（民国八年《台北厅志》）。① 其中，持光绪六年说者更多。许南英《窥园留草》在"窥园先生自定年谱"中也记载，光绪六年庚辰"建台北府儒学考棚及登瀛书院"。② 詹文据尹章义教授的考证，认为光绪六年说值得商榷。同时也指出，因文献不足征，目前暂时无法确定究竟哪种观点更接近历史事实。兹查《光绪朝东华录》，光绪五年（1879）四月辛亥，闽浙总督何璟奏报台北府分县设官情形，其中提及："刻下艋舺地方考棚，民捐民办，业经告成。"③ 据此可知，台北府试院在光绪五年四月已经建成且已经报知本省最高长官，则该试院建成于光绪六年之说，自然无法成立。又据《清季申报台湾纪事辑录》，光绪四年十一月初十日，闽浙总督何璟与署理福建巡抚吴赞诚、福建学政孙诒经联合上奏，请求调整台北府各县、厅文武学额。其中提及，调整台北府各县、厅之后，"岁、科考试，即于艋舺地方建设考棚办理，业经部议，奉旨允准在案"，"现既析淡、兰两厅之地为淡水、新竹、宜兰三县，所有考试，即于台北创设考棚办理。"④ 这一奏折可以说明，至少在光绪四年十一月间，身处福州的福建督抚、学政等官员还没有收到有关台北府试院已经建成的报告。

另据光绪七年（1881）十月二十六日闽浙总督何璟所奏《台湾府属风灾查抚情形片》，是年六月十九至二十日、七月初一至初三日，台湾、台北两府连续遭遇"飓风大雨"，导致山洪暴发、房屋倒塌、渔船倾覆、百

---

① 詹德隆：《台北考棚筑造年代试探》，《台北文献》第88期，1989年6月，第43—56页。
② 许南英：《窥园留草》，《台湾文献丛刊》第147种，台北：台湾银行经济研究室，1962年，第222页。按，原书"儒学""考棚"之间未加标点，疑句读有误，当断为"儒学、考棚"为妥。
③ （清）朱寿朋：《光绪朝东华录》，北京：中华书局，1984年，第740页。
④ 望陆：《清季申报台湾纪事辑录》，《台湾文献丛刊》第247种，台北：台湾银行经济研究室，1968年，第815页。

姓死伤等重大损失，其中台北府之"北路淡水、新竹、宜兰三县，民房皆有倒塌，人口间有伤毙；庙宇、考棚、书院、衙署，亦有损坏"。① 此时台湾全岛仅有台南、台北、凤山三座考棚，而北路考棚则仅有台北府试院。说明台北府试院在建成后不久，便曾经遭遇台风、暴雨，有所损毁。

3. 台中考棚

光绪十一年（1885），清廷接受钦差大臣左宗棠、闽浙总督杨昌浚等人的建议，决定台湾建省，刘铭传被任命为首任台湾巡抚。至光绪十三年（1887），台湾初步形成了3府、1直隶州下辖11县、6厅的行政区划格局。其中以原彰化县为基础，形成了下辖台湾、彰化、云林、苗栗4县和埔里社1厅的新设台湾府。而其教育、考试事宜，随即被提上了议事日程。其中，建造府城学政试院，也成为本府士绅最为关心的事务之一。

据许南英《窥园留草》"窥园先生自定年谱"，光绪十五年（1889）己丑，35岁的许南英会试被黜，是年"建台湾府（台中）城；建台湾府儒学及考棚于台湾城内"。② 另据《台湾中部碑文集成》"未录碑文存目表"，1926年日据时期，曾于台中市大南门发现一块"演武厅界址碑"。根据林汝言《台湾筑城沿革考》的考订："光绪十五年三月，命县知事黄承乙来守此土；八月间，兴建县衙、城隍、考棚、文庙及八门城楼。"③ 可知台中考棚始建于光绪十五年八月。

台湾大学建筑与城乡研究所博士班赖志彰的硕士学位论文《1945年以前台中地域空间形式之转化——一个政治生态群的分析》（1991年）曾详细讨论了台中学政试院的建筑、形制、使用与历史结局等问题；并曾撰写单篇论文《台中考棚考——台湾省城元考试堂的历史变迁》，从建筑学与历史学的视角，通过查阅日据时期台湾"总督府"的历史档案，结合众多

---

① 望陆：《清季申报台湾纪事辑录》，《台湾文献丛刊》第247种，台北：台湾银行经济研究室，1968年，第1014页。
② 许南英：《窥园留草》，《台湾文献丛刊》第147种，台北：台湾银行经济研究室，1962年，第224页。
③ 刘枝万：《台湾中部碑文集成》，《台湾文献丛刊》第151种，台北：台湾银行经济研究室，1962年，第175页。

的照片和绘图，详细展示台中学政试院的前世今生。文中指出，台中学政试院从光绪十五年（1889）开始起造，光绪十六年（1890）完工，合计耗费银两 28 000 余两。试院的总占地面积约为 2.36 甲（约合 22 800m^2），建筑面积约为 1081 坪（约合 3567m^2）。试院为典型的四合院格局，由东到西可分为三组建筑物。东侧为行政庶务办公场所，兼有部分试棚，由 16 个房间围聚成一个院落，入口门厅为五开间建筑。西侧左右对称各分布两排试棚，长度可达 140 米；每排均包括若干间试棚，均各以中庭为中心围聚为小四合院。按照试棚的号码计算，台中学政试院共有 83 号，每号面积不等，最大的有 30 坪（99m^2），最小的为 2.36 坪（约 7.8m^2），平均每号面积约为 27.5m^2。试院除试棚与主考阅卷所，还配备了厨房、厕所等生活设施。由于台湾府城主要由上海、福州等地工匠参与建筑，台中试院也更多呈现出闽东、福州一带的建筑风格。[①]

台中学政试院建成之后，当年便投入使用，在此举行台湾府岁试，兼理台湾学政的福建台湾巡抚刘铭传亲临台中试院主持考试。但随着刘铭传卸任台湾巡抚，邵友濂接任巡抚，奏请将台北府改设为台湾省省城，原本的台中省城建设也备受冷落，加上福建协济台湾建省的五年期限已到，台湾建省经费日形拮据，台中试院竟一度停止使用。据蒋师辙《台游日记》，光绪十八年（1892）三月，他参与台南府试院阅卷。其时"台湾府已建试院，中丞以政务殷剧，不欲久稽于外，仍令诸生就试台南，入告，得俞旨"。[②] 此次生童考试，先考台南府考生，时间为自三月二十七日至四月二日；次考台湾府考生，时间为从四月三日到四月十日。四月十一日至十四日，为武试阶段。两府考试结束后，四月十五日中午，蒋师辙即随邵友濂坐轮船赶往台北府，并在四月二十六日至五月四日间在台北府试院参加考试阅卷工作。

不过，一年之后，台中试院便又重新启用。据胡适之父胡传的《台

---

① 赖志彰：《台中考棚考——台湾省城元考试堂的历史变迁》，《空间》第 44 期，1993 年 3 月年，第 79—84 页。
② （清）蒋师辙：《台游日记》，《台湾文献丛刊》第 6 种，台北：台湾银行经济研究室，1957 年，第 16 页。

湾日记与禀启》记载,光绪十九年(1893)三月二十八日,胡传在台南府安平县"送苏侣笙广文、申莘甫孝廉、范膏民茂才赴台湾府试院阅卷"。①

光绪二十一年(1895)台湾被日本强占后,台中试院成为警察署与台湾民政支部办公处所。随着台湾各地民众抗击日军暴行活动的全面展开,台中百姓也于光绪二十二年(1896)五月二十三日向台中日军发动攻击,"民众一呼,即入城中,守备、警察、宪兵各队悉退守试院。试院者,前清督学试士所,规模广阔,今中将居也"。②但是由于缺乏统一指挥,且武器装备落后,民众最终未能攻入台中试院。1913年2月,因建造台中州厅舍,试院西侧的试棚被拆解,其木料被大甲富绅杜清购得,用于建造其家族宅院。1924年,日据台中州政府将试院东部主楼建筑迁建于水源地,并命名为"涌泉阁"。试院最终仅剩下原属西侧建筑的7间试棚改造的隔间,光复后由民间占住,其产权则归彰化县政府所有。而迁移至水源地的考棚主楼涌泉阁,则因年久失修,木料腐朽,早在1951年前后即被拆除。

网上资料显示,台中试院遗址已被台中市相关文物部门发现,2006年11月公告为市定古迹,称为"台湾省城儒考棚",其门牌号码为台中市西区民生路39号。台湾"文化部文化资产局"的网上资料称:它原为清光绪十七年(1891)新建省会台湾府小北门街内建筑群的主体部分,俗称"考棚",为今日台湾仅存的考棚建物。

三、清代台湾贡院的特征

由于赋役制度的变革,在进一步完善明代的一条鞭法并于雍正年间实行摊丁入亩政策之后,清代地方赋役征发日趋规范。除了赋役"存留"经费中规定的门类、数额之外,地方官任何额外的赋役摊派均被视为违制扰民之举,并将面临丢官罢职甚至牢狱之灾。清代的赋役制度在很大程度上

---

① (清)胡传:《台湾日记与禀启》,《台湾文献丛刊》第71种,台北:台湾银行经济研究室,1960年,第140页。
② 洪弃生:《瀛海偕亡记》,《台湾文献丛刊》第59种,台北:台湾银行经济研究室,1959年,第31页。

限制了地方官员随意向百姓摊派的乱政行为，但也带来了一定的弊端，也就是当遇到较为大型的地方公共建设时，往往无从筹措经费，其中便包括各地儒学、书院、考棚等教育类公共设施的建造、维修等。清嘉庆年间台湾府台湾县儒学训导郑兼才便曾经指出："今昔时势不同：明以前城郭、坛庙以及沟渠塘堰多治自官；今则不然，而吾闽为甚，衙署、贡院且委之民，街里、桥梁更不必言。台地此项，绰有漳、泉遗风，自非大贤伐善施劳亦所时有。"郑兼才所说的明代修理城郭、坛庙"多治自官"，事实上是官方有权力直接将经费随时摊派到地方百姓尤其是富绅头上，而清代此类事务"且委之民"，是指官方不能再直接摊派，而需由民间自愿捐资，有时是由"大贤"独力捐办，有时则由全体百姓认捐完成。之所以郑兼才要谈论这个问题，是因为当时正在重修《台湾县志》，在人物列传部分，时任总纂的嘉义县教谕谢金銮所编纂的初稿收录了众多捐助善款的人物。郑兼才认为此种刊载体例有所不妥，不应该全部载入，而应该"于各项中，惟择其大者，附见董事姓名；或独力修成，间用特笔，不没人善，于道未悖。余可概删"。① 从中说明，在道光以前，台湾民间社会捐资完成各类公共设施建设已经成为普遍现象，以至于方志作者在编纂相关人物的传记时都难以取舍了。

正是由于清代的赋役政策的大背景，因而与清代全国其他地方所建府州县贡院相比较，清代台湾贡院具有非常多的相似性。其中除了建造目的都是为了加强童试和生员岁科试的考试纪律，维护考试公平，同时也为当地考生提供更加便利的考试条件之外，② 其最大的相似性，则是建造经费基本都是来自民间捐款，地方士绅是建造贡院的主要推动力量。有些贡院得到的捐款数额甚至远远超过内地其他府州县贡院的修建经费，如道光年间台湾府试院的捐款数额便高达五万九千多两。事实上，台湾士绅除了捐建本府的学政试院，他们还曾捐资襄助重修福建省贡院。如道光八年

---

① （清）郑兼才：《六亭文选》，《台湾文献丛刊》第143种，台北：台湾银行经济研究室，1962年，第78页。

② 参见毛晓阳，邹燕青：《以公益求公平：清代州县考棚述论》，《清史论丛》第33辑，2017年第1辑，第147—167页。

(1828)鳌峰书院山长陈寿祺号召全省捐修省城贡院,嘉义人陈震曜正在福州监理鳌峰书院,并助修通志,乃"请于乡人士,募资拓建,增号舍千余,并董工役,将一载而成"。① 此次捐资活动中,板桥林家的创始人、柳州知府林平侯也慨然认捐"番银二千元"。②

当然,在这种相似性之外,清代台湾贡院也体现出一定的地域性特征。如凤山县试院中分建闽、粤两类坐号,闽籍坐号 400 个,粤籍坐号 240 个,体现的就是长期以来形成的清代台湾住民闽、粤分类的基本状况。另外,由于清代台湾城市建设起步较晚,因而作为各地较为大型的公共建筑,台湾贡院往往不能保持其科举专用考场的性质,而需肩负其他一些临时性功能。有时候,贡院被用作官方的宴会场所。如据胡适之父胡传的记载,光绪十八年(1892)三月二十一日,台北府"同官设席于考棚,为唐方伯饯行"。③ 有时候,贡院被作为地方公共荣誉的展示场所。如据《凤山县采访册》,凤山县有一块"谊敦推解"匾,系"太子少保、头品顶戴、兵部侍郎兼都察院右副都御史、巡抚山西兼管提督盐政印务、节制太原城守尉、一等威毅伯,曾为全台协助晋赈。官绅士民立",这块匾额就被悬挂于凤山县"考棚厅事上"。④

光绪元年(1875)、十一年(1885)以后才开始设府的台北、台中地区,贡院所兼具的临时功能尤其突出。光绪十年(1884)八月,法国殖民者向台湾北部发起攻击,以刘铭传、刘永福为首的台湾军民奋起抗击,而台北府试院曾被作为驻兵之所。是年八月十三日,法军因攻击基隆失败,乃派遣 5 艘船舰,从基隆出发,准备次日进攻沪尾(今淡水港)炮台。刘

---

① 连横:《台湾通史》,《台湾文献丛刊》第 128 种,台北:台湾银行经济研究室,1962 年,第 962 页。
② 《淡水厅筑城案卷》,《台湾文献丛刊》第 171 种,台北:台湾银行经济研究室,1963 年,第 38—39 页。
③ (清)胡传:《台湾日记与禀启》,《台湾文献丛刊》第 71 种,台北:台湾银行经济研究室,1960 年,第 9 页。
④ (清)卢德嘉:《凤山县采访册》壬部《艺文(一)·匾额》,《台湾文献丛刊》第 73 种,台北:台湾银行经济研究室,1960 年,第 340 页。

铭传乃"将基营全拔回郡,帅节已于十四晚刻回驻考棚"。① 刘铭传主政期间,曾借用台北府试院设置公共卫生部门。如据连横《台湾通史》卷16《城池志》:"官医局,在台北考棚内。光绪十二年(1886)设,十七年(1891)裁。"② 又据同书卷21《乡治志》"台湾善堂表":"台北官医局,在台北城内考棚。光绪十二年,巡抚刘铭传设,以候补知县为总理,招聘西人为医生,以医人民之病,不收其费,并设官药局于内。""台北医院,亦在考棚内。光绪十二年,巡抚刘铭传设,以医兵勇之病。"③ 显然,在台湾筹备建省初期,由于各类行政机关、公共部门突然大量增设,而经费拮据,事事掣肘,万难一一新建房舍。在这种情形下,即便是由民间捐资建造的准公共建筑,作为三年仅二次使用之台北府试院,也不得不肩负起更多的公共职能。光绪二十年(1894)唐景崧接任台湾巡抚后,因中日战起,台北作为台湾省省会所在地,形势更为紧要。福建水师提督杨岐珍奉旨于同年七月渡台,统筹台湾防务。他命令所部"分扎基、沪,自拥亲兵数百驻省垣之试院,征兵筹饷,皆不过问,一听抚军主持"④。台北试院成为台湾被割之前的军事指挥中心。

在传统科举教育体系中,儒学、书院、贡院三位一体,是宋明以来儒家教育的重要体现。而府州县考棚则是清代科举文化的基本载体,是清代科举社会最终巩固与强化的重要特征。宾兴、贡院、试馆,是清代基层社会民众全民参与科举制度实施的三个主要标志。清代台湾五座府县贡院的创建过程,是清代二百余年台湾社会教化儒学教化落地生根、枝繁叶茂的重要标志。通过社会大众共同捐资建造贡院、捐设基金维修贡院、推举士

---

① (清)刘璈:《巡台退思录》卷3,《台湾文献丛刊》第21种,台北:台湾银行经济研究室,1958年,第286页。
② 连横:《台湾通史》卷21《乡治志》,《台湾文献丛刊》第128种,台北:台湾银行经济研究室,1962年,第477页。
③ 连横:《台湾通史》卷21《乡治志》,《台湾文献丛刊》第128种,台北:台湾银行经济研究室,1962年,第563页。
④ (清)思痛子:《台海思恸录》,《台湾文献丛刊》第40种,台北:台湾银行经济研究室,1959年,第5页。

绅管理贡院，这一系列的过程中，科举考试的公平观念、人才培养的公益观念、文教建设的本土观念更加深入人心。

然而，就在台湾贡院建设全面兴起的同时，台湾也面临了有史以来最大的考验。列强环伺，危机四伏，作为清朝东南数省之屏障，台湾不得不发起变革。建省后短短数年之间，台湾后来居上，成为全国近代化发展最为先进的省份之一。台湾贡院也在变革途中贡献了自己的一份力量。但终究，举朝之昏聩蒙蔽、国家之积贫积弱，甲午一役，数代台湾绅民的努力被白白断送。日本血腥侵台后，台湾贡院始则成为侵略者的临时驻军场所，继则被殖民政府机关占用，最后则在日人之"都市计划"建设过程中被完全拆毁。如今台湾贡院的遗迹，仅存台中市儒考棚一座七开间的建筑遗构，成为台湾仅存的劫后余生的清代建筑之一，也是日本侵占台湾后肆意摧毁清代古建筑的有力证明。①

本章结语

尽管由于地方志的文献保存之功，使我们今天尚能对清代贡院的修建问题有所了解，不过正如人们所担心的那样，地方志的记载显然也不可避免地存在缺陷。其中最主要的缺陷便是"报喜不报忧"，也就是说，记载在地方志里的都是成功了的案例，而那些旋兴旋废甚至是胎死腹中的案例则未被记载。即便是对于那些成功了的案例，也往往秉持隐恶扬善的原则，尽量屏蔽那些可能会展示人性恶的一面的信息，只记载那些能够感染人们的善的一面。比如在倡捐方面，且不说按亩摊捐的方式必定不能获得所有人的同意而具有强迫性，从而有悖于捐助的自愿性原则，即便是自愿的"书捐""写捐"，也往往因为捐助人的公益意愿发生改变从而出现只"书"不"捐"的情况。在修建各级贡院的过程中，负责经费出纳的绅董

---

① 台湾文化大学教授李乾朗在《台湾可能仅存之江南匠派建筑——清末台湾府台中城内考棚遗存建筑》一文中说："我们看到它（按，指台中孔庙）在二十世纪初年所摄的照片，才深深觉得日本人在建设台中市时，十分刻意地摧毁了多少清代古建筑！考棚遗构可算是劫后余生吧！"（《建筑师》第19卷，1993年第3期，第121页）

能否量入为出精打细算尽一切可能节约开支，保证不出现假公济私中饱私囊的可耻行径？地方志很少出现相关表述。

　　之所以提出这种怀疑，是因为极个别地方志里确实记载了可能的案例。如乾隆五十年（1785）前后湖南学政钱澧（1740－1795）在按临岳州府岁试之时，便发现巴陵知县马见龙筹措600余两白银所修建的岳州府试院"费多而工恶"，其中刚刚修好的"东号七八间瓦甋崩落数椽"，而到了第二年"西号、南号同时并倾"。① 尽管钱澧没有直接道出其中存在偷工减料、中饱私囊的问题，但字里行间的意思已经非常明显。乾隆五十四年（1789）湖南宝庆府新化县知县周宁远撰写的《续修文场序》说得更加直白："特虑事非一人所能胜任，其中间有假公济私者，亦复不少。即如从前创建未尝刊石纪名，能保复修者之不援首事为口实乎？"为了避免有人"假公济私"，官绅商议采取的办法是："持公秉正老成练达素为众所推服者每乡及近城各举一二人踊跃劝捐，所捐资费共贮公所，仿古稍食之例，当堂以给工匠，事竣刊碑，并垂不朽。庶管钥者无纤介之嫌，解囊者无几征之恨。"② 这些事例说明，最起码在乾隆末年的湖南宝庆府新化县，由于士绅商富都担心捐款收取与使用的情况不公开、不透明，因而多持观望不前的态度，有些人甚至将募捐看作是接近于政府"征税"的强迫性行为。但是，钱澧《重修岳州试院记》和周宁远《续修文场序》中所揭示的这种现象并未普遍出现在本文所查阅的各种地方志中。我们有理由相信，清代贡院、宾兴、书院等教育公益活动中逐渐普遍出现的立碑、入志、张榜以及编印征信录等监管手段，所折射出来的正是站立在其对立面的各种假公济私、徇私舞弊之行为，甚至不乏假借捐输肆意勒索的可鄙行径。不以营利为目的的急公好义的公益行为，或许从来都伴随着唯利是图的私欲。在感动于捐助者的无私情怀的同时，公益倡行者们必须随时保持对私欲的警惕。

---

　　① （清）钱澧：《重修岳州试院记》，（清）钱澧：《钱南园遗集》卷5《记》，《清代诗文集汇编》第397册，上海：上海古籍出版社，2010年，第326页。
　　② （清）黄宅中，邓湘皋：《道光宝庆府志（三）》卷93《礼书七》，南京：江苏古籍出版社，2002年，第21页。

清代贡院史

下卷

毛晓阳 著

海峡出版发行集团
福建教育出版社

第六章

清代贡院的建筑形制

自南宋时期贡院建筑的建筑形制逐步定型之后，历代贡院便基本按照其样式进行建造，只在局部建筑的空间布局方面有所调整与变化。与此前的贡院一样，清代贡院也基本包括了内、外帘两个部分，其中内帘主要承担阅卷功能，外帘则主要承担答卷功能。围绕这两个功能，贡院也相应建造了以衡鉴堂和号舍为中心的相关建筑。

由于不同级别的科举考试的考官人数不同、试卷处理环节不同，决定了不同级别贡院的职能分区也便有所不同。总的来说，乡会试主考官由中央委派，其命题、阅卷、录取的保密级别相对更高，因此需要全程封闭式管理。各省巡抚、总督、布政使、按察使等例需兼任监临、监试、提调等职，因此亦需在考场中为其安排房舍，以供住宿。同时，乡会试考生的答卷需要进行弥封、誊录、对读处理，因此需要配备相应的工作人员，尤其是誊录、对读两所的人数众多，需要在乡会试贡院中辟出场地，供其工作、食宿之用。而童试三个阶段即县试、府试和院试的主考一般由知县（散州知州）、知府（直隶州知州）和学政担任，童生试卷不需誊录、对读，其阅卷环境相对宽松，因此学政试院、县试考棚的内部建筑也便相对简单，一般只需要配备龙门、号舍区、大堂、阅卷区等。因此，本文也按照考试级别的分类，从乡会试贡院、学政试院、县试考棚三个方面，对清代贡院的建筑结构进行分析。

第一节　清代乡会试贡院的建筑形制

一、清代乡会试考官、执事官员与贡院人役

清代贡院是一个相对密闭的空间，其中的各个建筑单位分别承担聚集、点名、答题、阅卷、卷务、监考、后勤等功能，因地制宜地分布在考场内部的不同方位，并被赋予相应的命名。分析贡院中不同人员的职责使命，是了解清代贡院结构功能与空间布局的最佳途径。

《钦定科场条例》是清代贡院的工作指南。它由清朝礼部负责编纂，因历朝均有续编，故而形成了多种版本，目前最为成熟的是光绪十二年版60卷本的《钦定科场条例》，分别列有科举、起送会试、乡试考官、会试考官、乡会试执事官员、三场试题、乡会试艺、试卷、内帘阅卷、乡会试中额、回避、关防、禁令、坐号、外帘所官、收掌所官、违式、乡会试供具、揭晓、筵宴、闱墨、试录登科录、解卷、复试、磨勘、殿试、朝考、翻译等30多个条目，除了汇编了当时执行的乡会试科场工作的基本规章制度外，还附载了此前各阶段相关条目内容的演变历程，是了解清代科举制度发展史的重要史料。此外，光绪末年还刊刻了《续增科场条例》，不分条目，以年系事，从光绪十一年（1885）至光绪二十八年（1902），每年刻为一卷，是了解清末科举改革的重要史料。

1. 清代乡会试的主考官

清代国家非常重视科举考试主考官的选派工作。如清世宗雍正皇帝登基之初便宣布，"国家抡才大典，首重试官"[①]。为了能够公平高效地录取最优秀的人才，清廷不断致力于提升主考官和同考官的科举素质，完善主考官、同考官的选拔与派遣制度。

一是创立试差考试制度。为了保证主考官的业务水平，雍正三年

---

① （清）鄂尔泰，张廷玉：《清世宗实录（一）》卷4《雍正元年二月》，北京：中华书局，1985年，第102页。

（1725）规定，各省乡试主考官需参加试差考试，由皇帝钦定四书题、五经题、诗题各一道，特派大臣阅卷评定，采取不予公布考试名次、直接排定引见次序的方式，由礼部开列候选名单，请旨钦定。同时要求参加试差考试的京官必须是进士出身，仅有举人出身者不再派充乡试主考官。

二是严格考官籍贯回避制度。乾隆二十四年（1759）礼部议准，每逢乡试之年，礼部需行文吏部，"将考差人员注明籍贯，开单咨送过部，随本具题"。[①] 也就是礼部在向皇帝敬呈主考官、同考官的预选名单时，应先期知会吏部开具各官员的籍贯信息，其目的在于确保考官避开原籍所在省份。

三是严格控制主考官的人数，除顺天乡试主考官外，其他各省乡试主考官一直都只派2人，即便是晚清二科甚至三科并考的省份，或者是如江南、浙江、江西等贡院号舍远远超出一万的省份，也都未能获准增派一名主考官。由于顺天乡试应试人员复杂，清廷特意多派了一两名主考官，但其增派的过程也颇为谨慎。据法式善等《清秘述闻三种》，乾隆四十五年（1780）之前顺天乡试主考官只有2名，乾隆四十五年至道光十五年（1835）壬辰科之间增加为3名，道光十五年壬辰科之后增为4名。需要指出的是，会试主考官在乾隆四十五年之前也只有3名，之后增加为4名。

为了体现对科举大省、中省、小省的不同待遇，清顺治八年（1651）规定，派往各省的乡试正副主考官应分别来自不同的部门，各有不同的品级。具体包括："顺天、江南正副主考，浙江、江西、福建、湖广正主考，差翰林官八员；浙江、江西、福建、湖广副主考，山东正主考，差给事中五员；山东副主考，山西正副主考，河南、陕西正主考，差光禄寺少卿一员，吏、礼二部司官各二员；河南、陕西副主考，四川、广东正副主考，广西、云南正主考，差户、兵、刑、工四部司官各二员；广西、云南副主考、贵州正副主考，差行人二员，中书、评事各一员。"[②] 随着时间的发

[①] （清）礼部：《钦定科场条例》卷9《乡试考官》，沈云龙：《近代中国史料丛刊三编》第48辑，台北：文海出版社，1989年，第769—770页。

[②] （清）礼部：《钦定科场条例》卷9《乡试考官》，沈云龙：《近代中国史料丛刊三编》第48辑，台北：文海出版社，1989年，第827—828页。

展,尽管各省乡试主考官的部门与品级出现了相应的变化,但乡试主考官的大、中、小省之间的等级差异则一直存在。

光绪十二年版《钦定科场条例》卷8—14记载了清代乡会试的主考官、同考官和执事官员,并附载了相关人役的情况。下表根据该书制定,大致反映了清代会试及各省乡试主考官的人数变化情况。

表6-1 清代乡会试主考官一览表

名称	人数	资格
会试主考官	正主考1人,副主考官2人①	进士出身;大学士、尚书以下,副都御使以上官员。
顺天乡试主考官	正、副主考官各1人②	进士出身;大学士、协办大学士、尚书以下副都御使以上之官员为一批,未考试差之侍郎以下副都御使以上官员为一批;顺天府尹、顺天直隶籍官员、考过试差官员须予扣除。
各省乡试主考官	正副主考官各1人	进士出身;侍郎以下京堂各官,包括宗人府主事、内阁侍读学士以下、翰林院侍读学士侍讲学士以下、詹事府少詹事以下、各部郎中、员外郎、主事、六科各道、国子监司业及中书评事、博士、监丞、助教;已参加试差考试。
会试同考官	18人	进士出身;詹事府少詹事、翰林院侍读学士侍讲学士以下,科道郎中、员外郎、主事等官;已参加试差考试。

与顺天乡试一样,各省乡试两位正副主考官都是从具有科举身份背景的京官中选拔,不同的是顺天乡试主考官被钦派之后的八月六日下午必须立即进入贡院,而各省乡试主考官则需按照相应的规定,定期从京城出发

---

① 按,乾隆四十五年(1780)后副主考官为3人,道光九年(1829)后副主考官增至4人。
② 按,乾隆四十五年后副主考官增为2人,道光十五年(1835)后副主考官增为3人。

赶往各省省城，赶在八月六日左右进入贡院。由于京城到各省的路途远近不同，为了保证主考都能在乡试前若干日准时到达，清廷还规定了各省主考官从京师出发的大致日期。为防止发生"交通嘱托情弊"，乾隆五十七年（1792）根据给事中拴住的建议，规定主考官领命谢恩后，必须在五日内起程；有在京城逗留者，礼部查明参奏议处。如遇乡试延后、闰月等情形，主考起程日期也相应进行调整。主考官们行程中所需驿马，由礼部行文兵部给发"邮符"，凭符享受驿站服务。① 嘉庆二十年（1815）进一步规定，除云南、贵州、甘肃、山东、山西、河南 6 省外，其余各省乡试考官的题请钦派时间均提前 10 天左右。

表 6-2　清代各省乡试主考官题准起程时间一览表

省份	大致变化	出发日期
云南、贵州		四月下旬
甘肃		五月中旬
广东、广西、福建	1815 年前	五月下旬
	1815 年后	五月上旬
湖南、四川	1815 年前	六月上旬
	1815 年后	五月中旬
湖北、浙江、江西	1815 年前	六月中旬
	1815 年后	六月上旬
陕西、江南	1815 年前	六月下旬
	1815 年后	六月中旬
山东、山西、河南		七月上旬

清代前期，各省乡试主考官往往由当地督抚馈送路费，数额多寡不一。乾隆三年（1738）规定，乡试主考官的酬劳由国家根据京城到各省的路途远近，统一发给路费银。乾隆六年补充规定，除了官职在四品以上的

---

① （清）礼部：《钦定科场条例》卷 9《乡试考官》，沈云龙：《近代中国史料丛刊三编》第 48 辑，台北：文海出版社，1989 年，第 758 页。

官员之外，其余四品以下考官的路费银在起程时由户部预先支给 200 两，其剩余部分则在考试结束后由各省督抚从"存公银两"内支给。[①] 从下表可以看出，清朝国家支付给乡试主考官的路费银与路途远近并不完全成比例。

表 6-3 清代各省乡试主考官路费银一览表

省份	距离（日）[②]	路费银（两）	省份	距离（日）	路费银（两）
云南	110	800	江西	60	
贵州	100	700	浙江	55	
广东	90		湖北	50	500
广西	90		江南	50	
四川	80	600	陕西	50	
福建	80		河南	30	
湖南	70		山西	30	400
甘肃	70		山东	30	

不过，各省支给乡试主考官的路费银两，似乎要高于国家规定。如据《同治长沙县志》记载："正科乡试，在于额存三年公项银两内，支给主考盘费银一千二百两。恩科之年，即于拨款内动支。"[③] 按照乾隆六年的补充规定，湖南省只需向两名主考官合计支给 800 两的盘费银。当然，还有一种可能是，乾隆六年的补充规定并未得到严格执行。

2. 清代乡会试同考官

同考官是协助主考官评阅考生试卷、推荐录取人选的内帘官。同考官一般按《诗》《书》《礼》《易》《春秋》等五经进行分类，其所在试卷评阅

---

① （清）礼部：《钦定科场条例》卷 9《乡试考官》，沈云龙：《近代中国史料丛刊三编》第 48 辑，台北：文海出版社，1989 年，第 758—759 页。
② 该栏据清嘉庆六年（1801）奎文阁刊本《大清缙绅全书》所载"顺天至各省凭限"制表。
③ （清）刘采邦，张延珂，袁继翰：《同治长沙县志》卷 12《典礼志》，南京：江苏古籍出版社，2002 年，第 195 页。

房间也被相应称为某经房，故同考官也俗称"房考""房官"。

清代逐步提升同考官的科举业务水平。顺治二年（1645）规定，顺天乡试同考官如有不足，可以"取在外推、知"充任。① 到了乾隆二十一年（1756）下旨，要求顺天乡试同考官不得再从近京州县调取，必须从京官选派进士出身者担任。为了确保同考官对科举文章的评阅水平，雍正元年（1723）规定，各省督抚应对同考官"试以时艺一篇"，选取"文理优长者"入场校阅，乾隆五年（1740）又增考策题一道。②

清朝廷同样严格执行同考官的籍贯回避制度，无论同考官是从本省官员中派任，还是从邻省官员中选调，均需回避原籍。考虑到地方州县官员也是乡试入场者的受知师，雍正五年（1727）曾规定，各省乡试同考官不得用本县科甲出身之州县官员，而选取邻省在籍候选之进士、举人担任。③ 不过，这一规定没有得到长期执行。如据乾隆十七年（1752）壬辰恩科福建乡试录，其12名同考官均为省内各府的知县，其中福州府3名、兴化府1名、泉州府1名、延平府3名、建宁府2名、邵武府2名。④ 根据清代地方官籍贯回避制度，这12名知县都是非福建省籍。乾隆五十一年（1786）还规定，由于顺天乡试考生中有一部分是来自国子监的贡生、监生，与国子监官员有师生之谊，因此要求国子监官员不得担任顺天乡试同考官，以防弊窦。

根据各省文风反映到乡试入场人数的多寡，清代各省被准许设定的房官的人数也各不相同。清代各省乡试同考官的人数大多经历过调整，其中在乾隆年间主要是减少了部分省份的同考官人数，而在清末同治、光绪时期，由于捐输广额导致科试过关的生监人数激增，不少省份增加了同考官

---

① （清）礼部：《钦定科场条例》卷10《乡试考官》，沈云龙：《近代中国史料丛刊三编》第48辑，台北：文海出版社，1989年，第847页。
② （清）礼部：《钦定科场条例》卷10《乡试考官》，沈云龙：《近代中国史料丛刊三编》第48辑，台北：文海出版社，1989年，第854页。
③ （清）礼部：《钦定科场条例》卷10《乡试考官》，沈云龙：《近代中国史料丛刊三编》第48辑，台北：文海出版社，1989年，第890页。
④ 《福建乡试录（乾隆十七年壬辰恩科）》，美国哈佛大学藏清乾隆十七年（1752）刻本，第7—8页。

人数。如清代前期顺天乡试同考官为 16 名，如康熙四十七年（1708）戊子科顺天乡试，其同考官包括御史 1 人、各部员外郎 4 人、各部主事 5 人、内阁中书 1 人、知县 5 人，合计 16 人。① 从雍正元年（1723）癸卯恩科开始，顺天乡试同考官人数增为 18 名。如雍正元年的同考官中包括编修 2 人、检讨 3 人、庶吉士 8 人、员外郎 1 人、主事 3 人。② 值得指出的是，据《清秘述闻三种》记载，在康熙年间的后十年间，顺天乡试和全国会试的同考官突然增加到了 32 名。如康熙五十六年（1717）丁酉科顺天乡试同考官便包括了 14 名编修、17 名检讨、2 名给事中、1 名郎中、1 名员外郎、1 名主事。③

其他省份，江南、浙江乡试同考官原本都是 16 员，康熙五十二年（1713）增为 18 员。乾隆十八年（1753）浙江乡试同考官恢复 16 员之数。陕西于乾隆九年（1744）由 12 员减少为 10 员，云南于乾隆九年由 10 员减少为 8 员，广西于乾隆五十七年（1792）由 10 员减少为 8 员。江西于同治八年（1869）由 14 员增为 16 员；四川于同治四年（1865）由 10 员增为 12 员；湖南于同治四年（1865）、光绪七年（1881）分别增加 2 员、1 员，从而由原来的 9 员增加到 12 员。山东于乾隆十八年（1753）由 14 员减少为 12 员，同治九年（1870）恢复为 14 员；河南于乾隆十八年由 14 员减少为 12 员，同治十一年恢复为 14 员；贵州于乾隆十八年由 10 员减少为 8 员；湖北于乾隆十八年由 11 员减少为 10 员，同治九年又增加为 12 员；福建于乾隆十八年由 12 员减少为 11 员，乾隆二十五年恢复原数；广东于乾隆十八年由 13 员减少为 10 员，同治五年恢复原数。④

清代光绪十二年（1886）前后各省乡会试同考官的人数、派充资格等

---

① （清）法式善，等：《清秘述闻三种》，北京：中华书局，1982 年，第 419－420 页。
② （清）法式善，等：《清秘述闻三种》，北京：中华书局，1982 年，第 434－434 页。按，据《钦定科场条例》卷 10《乡试考官·顺天乡试同考官》，"乾隆三年议准，顺天同考十八房"（文海出版社版第 840 页），不过据《清秘述闻三种》记载，从雍正元年癸卯恩科到乾隆三年戊午科共 8 科顺天乡试的同考官已经是 18 名。
③ （清）法式善，等：《清秘述闻三种》，北京：中华书局，1982 年，第 426－428 页。
④ （清）礼部：《钦定科场条例》卷 10《乡试考官》，沈云龙：《近代中国史料丛刊三编》第 48 辑，台北：文海出版社，1989 年，第 857－859 页。

情况参见下表。

表 6-4　清代乡会试同考官一览表

名称	人数	资格
会试同考官	18人	进士出身；詹事府少詹事、翰林院侍读学士侍讲学士以下，科道郎中、员外郎、主事等官；已参加试差考试。
顺天乡试同考官	18人	进士出身；翰林院侍读学士、侍讲学士、詹事府庶子以下，科道郎中、员外郎、主事、中书、评事、博士以上官员；已参加试差考试。
江南乡试同考官	18人	进士或举人出身之州县官及通判、同知学问优长者；由督抚考试四书文1篇、策1道；年壮学优。
浙江、江西乡试同考官	16人	同上。
山东、河南乡试同考官	14人	同上。
广东乡试同考官	13人	同上。
福建、湖南、湖北、四川乡试同考官	12人	同上。
陕西乡试同考官	10人	同上。
山西乡试同考官	9人	同上。
广西、云南、贵州、甘肃乡试同考官	8人	同上。

同考官是清代乡试内帘阅卷的主力军，各省贡院中均需按照同考官的人数建造相应的房舍。如同治元年（1862）两广总督瑞麟（1809—1874）和广东巡抚蒋益澧（1825—1874）奏请准许广东乡试添设3名同考官，得

第六章　清代贡院的建筑形制　　533

旨准行。适逢重修贡院，因此趁机增建了相应的房舍："旧同考官十房，今奉旨增三员，乃增建其房，合为十三房。"①

3. 清代乡会试的执事官员与人役

乡会试主考官主要负责拟定三场试题、决定考生录取结果，同考官主要负责批阅试卷并向主考官推荐优秀答卷，而组织考生入场、维护考场秩序、掌控试卷处理、保障考场后勤等项工作则需要乡试执事官员带领相关人役完成。这些执事官员及其人役，是乡会试得以顺利完成的重要保障力量。下表主要体现了顺天贡院乡会试执事官员的大致情况。

表6-5 顺天乡会试执事官员与人役一览表

名称	人数	获选资格与场内职责
监临	满、汉各1员	满洲监临，科甲出身及不由科甲出身侍郎以下三品卿以上；汉监临，监管顺天府尹、顺天府尹。
提调	1员	顺天府丞。
内帘监试	满、汉各1员	都察院科、道官员，稽查内帘事务。
内场监试	满、汉各4员，光绪间增为各5员	都察院科、道官员，稽查龙门以内及至公堂事务。
外场巡察	满、汉各2员	都察院御史，稽查砖门运送出入事务，砖门外住宿。
棘墙外巡察	满、汉各4员	都察院科、道官员，不分昼夜，轮流查察。
内收掌官	2员	京城各衙门进士出身未考试差者；或举人、恩拔副贡生出身者。
外收掌官	1员	同上。

---

① （清）蒋益澧：《增修贡院号舍碑记》，（清）李福泰，史澄：同治《番禺县志》卷15《建置志二》，台北：成文出版社，1967年，第159页。

续表

名称	人数	获选资格与场内职责
受卷所官	8员	同上。
弥封所官	4员	同上。
誊录所官	4员	同上。
对读所官	4员	同上。
试卷看守官	2员	至公堂委派，专司看守戳印封贮之试卷。
王大臣	1员	亲王、郡王、大学士、内阁学士、六部都察院堂官、都统、副都统、护军统领等，监同稽察砖门运送供给进院夫役铺陈等项，并搜检士子入场。
乾清门大臣侍卫	1员	监同搜检士子。
稽察点名官	无定额	内阁学士、六部、都察院、通政使司、大理寺堂官等，士子点名领卷入龙门时，稽察接谈、换卷、乱号等弊。
分巡砖门总兵	1员	步军统领专派在城总兵，酌带弁兵数十名，分巡各砖门，督率参、守等官，饬令士子按牌听点，应名给签。
稽查官	满、汉各1员	都察院奏派满汉堂官，专司稽查。
八旗副都统	每旗1员	副都统各带本旗参领、章京各1员，领催5名，入场弹压。
入场巡察官	1员	参将或游击。
入场巡绰官	4员	参将或游击。
督门官	2员	千总。
搜检官	4员	千总。
印卷官	1员	顺天府治中。
总理供给官	1员	顺天府通判。
供给官	2员	大兴、宛平知县。

续表

名称	人数	获选资格与场内职责
场内医官	1员	太医院。
对读生	120名	顺天学政册送四五等文武生员。
誊录书手	1200名	顺天直隶各州县衙门正身书吏内选派诚实能书者。
内帘书吏	8名	吏、户、兵、刑、工五部和都察院、通政使司、大理寺等衙门熟悉场务、字画端楷者，各1名。
受卷、弥封书役	无定额	各州县誊录内选充。
场内分卷书仪	24名	各部院衙门经承书吏内每处挑选6名，吏、礼、工部各派8名，从中挑选24名。
刻字匠	32名	顺天府行文所属各州县预期雇觅，造册送府查验，初六日入场。
刷印匠	24名	同上。
弥封匠	10名	同上。
关门夫	80名	同上。
蒸饭夫	20名	同上。
乡长夫	16名	同上。
裱糊匠	2名	同上。
泥木匠	6名	同上。
漏粉匠	1名	同上。
丞作匠	2名	同上。
打饼匠	2名	同上。
锡匠	1名	同上。
铁匠	2名	同上。
木匠	1名	同上。
棚匠	4名	同上。
鼓手	4名	同上。
乡厨	60名	同上。

续表

名称	人数	获选资格与场内职责
乡皂	60名	同上。
号军	1000名	顺天府行兵部转饬巡捕五营照数差拨。
搜检捕役		顺天府行五城兵马司派拨，随带砖门点名给签。
番役		九门提督自行派拨。

从上表可以看出，清代顺天乡试各类执事官员的人数共有80多人，而其他各类对读生、誊录书手、号军、士兵等的人数则有3000多人。这些执事官员与杂役人等，组成了一支庞大的考试后勤保障部队，为每一届乡试的成功开展提供了坚实后盾。清代其他省份的乡试考官人数与执事官员及其人役人数虽然与顺天乡试有一定的区别，但其类别则大致相同。

清代将各省按照文风高下分为大、中、小省，分别规定其乡试录取举人名额。在乡试执事官员方面也各有不同。如据乾隆九年（1744）甲子科江南乡试录，该科江南乡试的相关执事官员包括：监临官1员，提调官2员，监试官1员，内帘监试官1员，印卷官1员，收掌试卷官2员，受卷官7员，弥封官5员，誊录官5员，对读官4员，搜检官4员，巡绰官8员，供给官25员，合计66员。① 又如据乾隆十七年（1752）壬辰恩科福建乡试录，福建乡试的相关执事官员分别有：监临官1员（代理），提调官2员，监试官2员，内帘监试官1员，印卷官2员，收掌官1员，受卷官4员，弥封官2员，誊录官3员，对读官3员，掌号舍小印官1员，巡绰官9员，搜检官9员，供给官11员，合计51员。② 又据乾隆三十三年（1768）戊子科顺天乡试录，该科顺天乡试的贡院执事官员包括：监临官2员，提调官1员，内场监试官4员，外场监试官4员，内帘监试官2员，督理稽察左翼3员，督理稽察右翼3员，内收掌官1员，外收掌官1员，印卷官1员，受卷官4员，弥封官4员，誊录官4员，对读所官3员，总

---

① 《江南乡试录（乾隆九年甲子科）》，清乾隆九年（1744）刻本，第6—11页。
② 《福建乡试录（乾隆十七年壬辰恩科）》，美国哈佛大学藏清乾隆十七年（1752）刻本，第7—11页。

理供给官 1 员，供给官 2 员，内委官 2 员，外委官 2 员，监场官 1 员，监门官 2 员，搜检官 4 员，巡绰官 4 员，供事官 25 员，内帘供事官 7 员，合计 87 员。①

文献记载表明，清代各省乡试期间的执事人役都是从各州县选派入场的。如据《同治长沙县志》所载《乡试现行事宜》，每届乡试之期，"场内场外需用执事、小委各官，每届例于各属县丞、巡检内详委，临期分派。执事需用瞭望、巡逻、搜检各武弁兵丁，例移抚标、长沙协派拨"，"誊录、对读，每届查照详定名数，于各属正身书办内派取。至期解司，委员考验关防，临场点进"。② 所谓"各属"，即是指湖南省布政使司所辖各府州厅县。另据光绪《溧阳县志》："旧例，乡试解送誊录书农四十二名，对读三名。嘉庆九年（1804）甲子科奉文改制，在于各房书吏中选派，考验解省，入场供事。因正身书吏不敷，详请改派誊录二十一名、对读三名，勒石仪门外。并不派民轮办。嗣于嘉庆十五年（1810）奉文，自十八年（1813）癸酉科为始，添派誊录一名。"③ 江南贡院是全国号舍数量最多的乡试贡院，应试人数甚至超过顺天乡试，其乡试所需誊录书手、对读生的人数应亦不少于顺天乡试。溧阳县是江苏省镇江府所辖县，光绪《溧阳县志》所载的乡试解送"誊录书农"和"对读"的人数，当仅是江南贡院所需相应人役的一部分。另外，结合《长沙县志》和《溧阳县志》的记载可知，清代各省乡试对读本来都是选用学政科试时名列第四、第五等的生员充任，嘉庆九年曾改为从各府州厅县的书吏中派充，但因为书吏人数不够，所以只能改回原制。

清代乡试期间贡院内各类执事人役的征调制度，当亦源自明代。如据明嘉靖二年（1523）进士、时以按察副使之职提督江西学政的浙江鄞县人

---

① 《顺天乡试录（乾隆三十三年戊子科）》，清乾隆三十三年（1768）刻本，第 4—11 页。

② （清）刘采邦，张延珂，袁继翰：《同治长沙县志》卷 12《典礼志》，南京：江苏古籍出版社，2002 年，第 199 页。

③ （清）李景峄，史炳：光绪《溧阳县志》卷 7《学校志》，台北：成文出版社，1983 年，第 186 页。

张时彻（1500—1577）所著《芝园别集》记载，张时彻在访查民隐的过程中，了解到南昌、新建两县因为是省城附郭县，因而里甲负担格外沉重，其中便包括调派贡院科举誊录生的问题。按照正常规定，明代江西乡试贡院科举誊录生系由布政使司"各照行头，取用生员或吏农书手，南昌府共派书手三百名，通行宁、进七州县取用"。不过，各县所派人员往往很难到齐或不堪胜任誊录工作，"往年派行各县，有临期全无一人到者，或至而写字粗拙不堪誊录者"，最终不得不就近从南昌、新建两县调派，"仓卒发换，未免出于二县"，导致两县"派数虽少，预备则多"。张时彻透露，江西乡试派充誊录书手的办法原则上是："南昌除乡宦优免不派外，实派四百八十八里，每二里共报书手一名，共二百四十四名，共预备三百三十四名。"实际上具体每科派取的人数则或有不同，如"查得上科派取南昌一百二十名，新建八十名。今科南昌八十一名，新建四十名，临期又取五名。南昌预备五十四名，新建预备十名，俱在贡院门外俟候"。这些被派充誊录试卷的人役，还需参与完成贡院内的其他考务工作，包括：①"布政司造生儒三代及贴席舍图"，涉及成千上万名乡试考生的入场点名和对号入座工作，需要派取"南昌四十名，新建二十名"。②"提学道取造生儒脚色及唱名册"，需要派取"南昌十三名"；"察院委官舒通判及本府取造唱名册，并贡院各官供送手册"，需要派取"南昌五名，新建一十四名"，合计共需派取"南昌一百名，新建五十名"。他们在完成这些乡试前的考务工作后，等到考生头场考试结束，便立即进入紧张的试卷誊录工作环节，直到三场试卷全部誊录完成之后才能出场。明代乡试的这些后勤人役要在贡院之中停留一个月左右，其间所需耗费的经费，一般是由负责当差的里甲长自行赔付，形成额外负担。为此，张时彻根据多方细致调查，按照在贡院中服务"一月为期""每名给工食银六钱"粗略估算，认为支付每科乡试誊录书手的工食钱大约需要"银九十两"。他建议地方政府将此项费用"增入里甲规则，南昌该工食银六十两，新建该工食银三十两，分作三年派征，以备一年之用"，也就是分别编入两县的里甲项内统一征收。遗憾的是，他的这项提议未能得到批准："所议查取各县誊录盘缠，难以准行。"①

清代其他省份乡试贡院中的选派这些人役的具体经费来源,当与南昌、新建二县大致相似。据《乾隆平江县志》记载,湖南岳州府平江县每年需在一定的周期内征解存留本省使用的各类科举费用,其中除了岁贡盘缠银、岁科考试供应给赏银、科举生员盘缠花红酒席银、举人会试银等外,便有一项乡试贡院经费,即"科场对读生五名(每名银一两),誊录书手五十名(每名银五钱),共银三十两(三年一次),每年该银一十两"。虽然据县志记载,平江县此项经费在康熙十七年"全裁"②,但显然贡院内的此项工作需求不会因之消失,它很可能是改由其他州县承担。又如据光绪《抚州府志》记载,江西抚州府各县的"旧裁解给各衙门经费"中也有几项与贡院有关的经费,包括科举并租赁椅桌银、武场支应银和应试誊录生儒路费银,每个县的数额均有所不同。如应试誊录生儒路费银一项,临川县为117.333两,金溪县为64.333两,崇仁县为48.333两,乐安县为40两,东乡县为49.633两。③ 不过,同属抚州府的宜黄县则没有编制此项经费。与《乾隆平江县志》一样,光绪《抚州府志》也没有注明裁去这些科举经费的时间,也没有解释为什么要裁去诸多明代便已存在清初还延续征收的科举经费。而据《同治大冶县志》记载,湖北武昌府大冶县每年的存留经费项下也有一项数额不同但性质相同的经费,即"科举对读生六名,每名银一两,誊录书手二十名,每名银五钱,共银一十六两。三年一次,每年该银五两三钱三分三厘三毫"。此外,该县还编有另一项与贡院

---

① (明)张时彻:《芝园别集》卷5《公移·查处南新二县里甲案》,《四库全书总目丛书》集部82,济南:齐鲁书社,1997年,第557页。

② (清)谢仲坑、石文成:《乾隆平江县志》卷10《赋役志》,南京:江苏古籍出版社,2002年,第80页。按,据同治《平江县志》卷18《赋役志·解支》记载,平江县"外裁"各项经费中有"裁科场对读生五名,誊录五名,共银三十两"(江苏古籍出版社2002年版第410页)。核对《乾隆平江县志》,可知"誊录五名"当是"誊录五十名"之误。

③ (清)许应鑅、朱澄澜、谢煌:光绪《抚州府志》卷24—29《食货志》,台北:成文出版社,1975年,第392—453页。

有关的经费，即"贡院门子工食银三两六钱六分"①，此项当是非考试期间看守贡院人役的报酬。与《乾隆平江县志》和光绪《抚州府志》不同，《同治大冶县志》并未明确记载此项费用是否被裁。

二、清代乡会试贡院的空间布局

乡试考官、执事官员和人役的类别、数量，决定了清代乡会试贡院的空间结构布局与房屋规模。清代全国一共建有17座乡会试贡院，限于篇幅，本节无法对每一座乡会试贡院的空间布局逐一加以分析，只能根据文献详略选取顺天贡院、江南贡院等较具代表性的贡院进行个案分析。

1. 顺天贡院

顺天贡院是举行全国会试和顺天乡试的重要场地，其主考官、同考官、执事官员和人役的人数也居全国各省贡院之首，其建筑格局与规模也相对更为严整。顺天贡院的规制在清代初年已经大致完备。据雍正《畿辅通志》记载：

> 院制，外为崇墉，四周皆施以棘。院之前，中、左、右各树坊，中曰"天下文明"，左曰"虞门"，右曰"周俊"。坊之内为贡院门，次为龙门，直甬道为明远楼，左右号舍，鳞次栉比。中为至公堂，东为监试厅，左右为受卷、弥封、誊录、对读、供给五所。堂后隔以重门，曰内龙门，内为聚奎堂，考官阅卷之所。又后为会经堂，堂东西经房相属，同考官居之。②

从中可以看出，顺天贡院是一个被棘墙包围相对密闭的建筑群，主要包括四个部分，即以龙门为中心建筑的考生入场检查区、以明远楼与号舍为中心的考生答题区、以至公堂为中心的外帘试卷处理区、以聚奎堂为中

---

① （清）胡复初，黄晁杰：《同治大冶县志》卷4《田赋志》，南京：江苏古籍出版社，2001年，第110页。
② （清）李卫：雍正《畿辅通志》卷11《京师》，《景印文渊阁四库全书》第504册，台北：商务印书馆，1983年，第183页。

心的内帘考官阅卷区。其中，考生答题区和考官阅卷区是体现顺天贡院作为科举专用考场功能的最为核心的区域。而外帘试卷处理区的监试厅以及弥封、誊录、对读、收掌等各所则是贡院防弊的重要功能区。需要说明的是，这段文字在叙及外帘试卷处理区时，只介绍了至公堂东部的房舍，对于至公堂西部房舍的情况则未予叙及。疑其存在文字缺漏。

除了每届乡会试之前的常规修补，顺天贡院在清代各个阶段还曾有多次修理、扩建，其中又以乾隆、光绪年间的修建工程量最为浩大。从《光绪畿辅通志》的记载来看，清代末年顺天贡院建筑规制大致包括四个区域。

考试入场搜检区：院南向，外东、西砖门各一。乾隆二十七年增南面砖门二，砖门外设五城巡墙官厅三楹。东砖门内有"明经取士"牌楼一，点名厅六楹，守备厅三楹，监试厅九楹，外厅三楹。西砖门内有"为国求贤"牌楼一，外供给所房九楹，进题公馆六楹，点名厅六楹，守备厅三楹，监试厅九楹，外厅三楹。又东、西侧设内砖门房三楹，东、西官厅三楹。南面照壁一。中有"天开文运"牌楼一。第一龙门五楹，有"贡院"墨字匾一。内东侧五魁祠三楹，西向。第二龙门五楹。第三龙门有"龙门"金字匾一。东侧都统参领房十二楹，西侧都统参领房二十八楹。东、西、南、北瞭望楼四。周围外棘墙一，墙高一丈五尺。内棘墙一，墙高一丈。

考生答题区：第三龙门至至公堂甬道，中有明远楼，二重下马牌，上悬谕旨。傍日东、西文场。自至公堂至第三龙门以内，东、西号房各五十七连，共九千六十四间。东文场内又设官生号房六十一间。西北隅小号房四十连，共八百三十六间。

外帘试卷处理区：至公堂七楹，中悬御书匾额、御制四诗，勒石堂中，护以朱栏。至公堂前抱厦五楹，回廊三面，设木栅栏。堂之东、西设大库。东、西更道，各长二十丈。栅栏各一。至公堂东御史厅三楹，提调房二层，每层三楹。誊录所六层，每层五楹。大供给所二层，每层十楹。东厢房二层，每层三楹。南面大厨房四间，饭房四间。庭中井一。至公堂西监试大厨房四间。收掌房三楹，御史厅二层，每层三楹。受卷所二层，每层四楹。弥封所二层，每层四楹，又侧座三楹。

内帘考官阅卷区：至公堂后内龙门，门内聚奎堂七楹，中有"聚奎"匾一，其东、西二楹，总裁官居之。堂之两旁各三楹，副总裁官居之。后有穿堂三楹，两侧刷印、刻字房各五间。最后会经堂五楹，有"会经堂"匾一。两旁御史住房各一楹。又两旁经房各四楹，东、西经房各五楹，凡经房十八间，同考官居之。供事、收掌房各三间。庭中井一。①

从前后两版《畿辅通志》的记载可以发现，清代顺天贡院的建筑结构布局曾经发生过一定的改变。首先，增加了入场点名的入口数量；其次，贡院前三个牌坊变成了牌楼，匾额题字也有所不同；再次，贡院门庭由二道变为三道。由于两部方志所叙述内容的详略不同，故而无法知晓顺天贡院其他房舍是否存在变化。另外，与清代其他省份的方志不同，两部《畿辅通志》均未明确说明监临、监试、提调等贡院高级别执事官员的住所情况。

从顺天贡院各部分的房屋名称可以看出，由于乡会试考期为头、二、三场，考生虽然只需在考场中停留九天六夜，但是主考官、同考官及相关执事官员、人役等则需在贡院停留更长的时间。尤其是主考官，一般要提前两天住进贡院内帘，等到考试阅卷结束，其余考生、执事官员、人役等均已离开贡院，主考官才能离开，往往要在贡院内帘住宿一个多月。

以顺天乡试为例，考官以外各类人等进入贡院的时间为②：

七月下旬：棘墙外巡察科道满汉各4员，开始率队巡察。

七月二十八日：外场巡察御史满汉各2员，入住贡院砖门外。

---

① （清）李鸿章，黄彭年：光绪《畿辅通志》卷12《京师》，上海：商务印书馆，1934年，第501页。

② （清）礼部：《钦定科场条例》卷12《乡会试执事官员》，沈云龙：《近代中国史料丛刊三编》第48辑，台北：文海出版社，1989年，第921—936页。

八月六日：主考官入住聚奎堂；同考官 18 员入住会经堂；监临 2 员入住监临公所；提调 1 员入住提调公所；内帘监试满汉科道各 1 员、内场监试满汉科道各 4 员入住各自公所。

八月六日：内收掌官 2 员、外收掌官 1 员、受卷所官 8 员、弥封所官 4 员、誊录所官 4 员、对读所官 4 员入住各自公所。

八月六日：誊录书手 1200 名入场。

八月六日：刻字匠 32 名、刷印匠 24 名、弥封匠 10 名、关门夫 80 名、蒸饭夫 20 名、乡长夫 16 名、裱糊匠 2 名、泥木匠 6 名、漏粉匠 1 名、丞作匠 2 名、打饼匠 2 名、锡匠 1 名、铁匠 2 名、木匠 1 名、棚匠 4 名、鼓手 4 名、乡厨 60 名、乡皂 60 名入场。

八月七日：对读生 120 名入场；号军 1000 名入场。

2. 江南贡院

江南贡院是清代江苏、安徽两省士子合用的乡试贡院，其号舍数量最多时达到 2 万余间。从历史演变来看，江南贡院是中国贡院史上最为古老的贡院之一。前文已经根据周应合《景定建康志》所载《重建贡院之图》分析了南宋建康府贡院的结构功能，并对比了宋代贡院与明清时期贡院的主要区别。

《景定建康志》所记载的《重建贡院之图》是迄今所见中国科举史上最早的一幅贡院图。无独有偶，同样是在南京，同治年间的江南贡院也留下了两幅贡院图。同治三年（1864）曾国藩率湘军攻破南京，太平天国灭亡。由于江南贡院在战乱期间损毁严重，曾国藩命人重修贡院，并命李精阳绘成《重修江南贡院号舍全图》。[①]

[①] 朱炳贵编著：《老地图·南京旧影》，南京：南京出版社，2014 年，第 117 页。

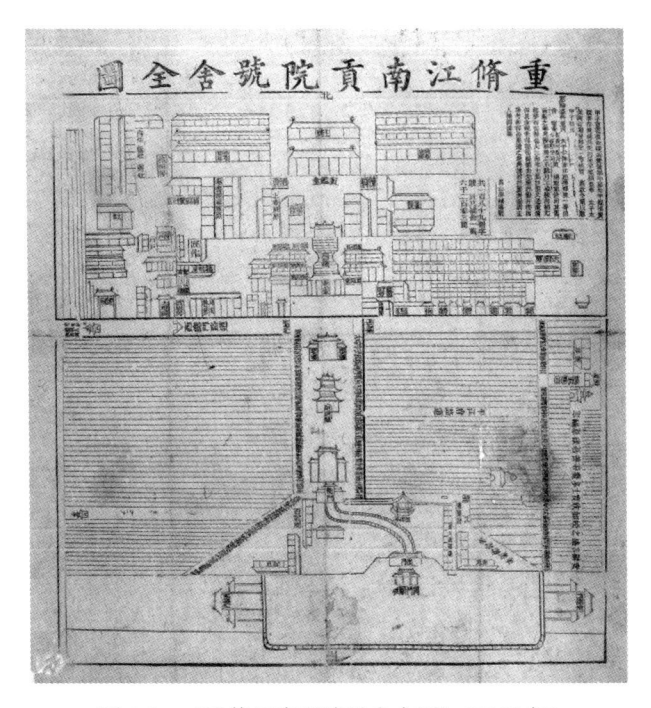

图 6-1 《重修江南贡院号舍全图》(1864 年)

总体来看,这幅贡院图的概貌与宋代建康府贡院图颇为接近,也是一座被四面围墙包围的长方形建筑群,大致分为南、北两个部分。其中南边部分又可分为点名入场区和考生答题区两个分区,考生答题区占了绝大多数的空间,而点名入场区则相对较为狭窄,其形状略呈梯形。考生答题区的中心是明远楼,这与南宋建康府贡院不同。南边部分也可分为以至公堂为中心的外帘监试区和以衡鉴堂为中心的内帘阅卷区两个分区。清代乡试贡院这一空间布局的变化,体现了清朝在严格考官锁院制度方面所做出的努力。通过将分别由各省巡抚、布政使、按察使担任的监临、监试、提调等贡院执事官员隔离到外帘,可以保证内帘同考官、主考官排除请托干扰、自主评阅试卷。

经过署理两江总督李鸿章的多次主持扩建,江南贡院号舍数量进一步增加,达到全盛的 20 640 间。同治十二年(1873)绘制的《江南贡院全图》,采取比例尺绘图技术,较为真实地反映了江南贡院的整体面貌。

第六章 清代贡院的建筑形制 545

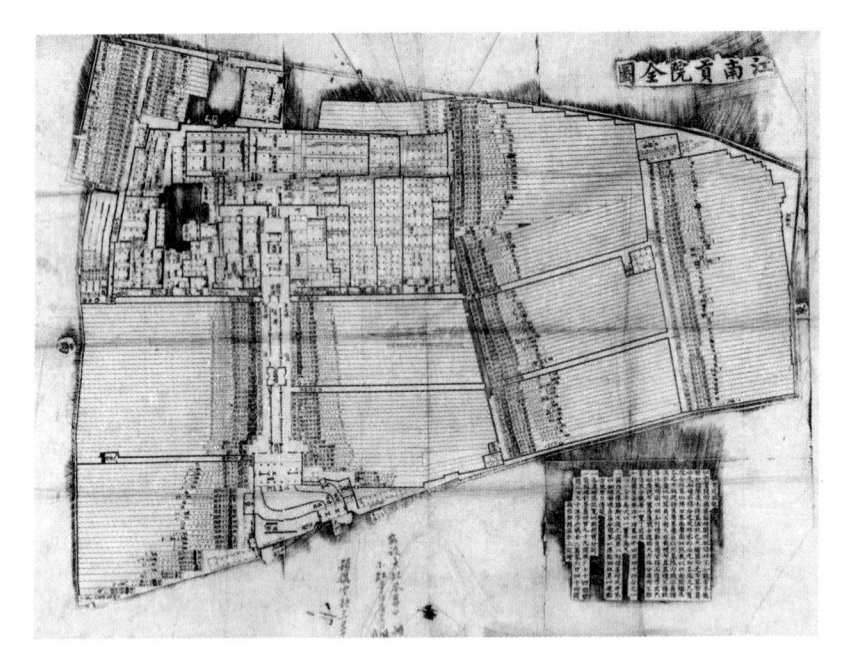

图 6-2 《江南贡院全图》(1873年)

该图右下角附有一则《贡院图说》，先总起介绍该版贡院图的绘画方法，最后分四点介绍贡院比例尺、图例、房间总数等。

江南贡院向无善图，坊间刊板，条理不分，观者未能了如指掌，是未得其法故也。夫绘图必先布算，布算必先知积，求积必先定形，求形必先知各处丈尺。贡院全址略似梯田，东西广，南北狭，兼以四面围墙及各路中钝锐诸角层累叠出，非用象限、勾股、三角诸法，参量比例，其角不明。又非截积布算，其积不得。故另作截积图，以明全形。积数、角积皆得，而后准丈、长短、广狭，布置房屋、号舍、道路、天井，条分缕析，不相紊清，庶令观者一览了然焉。

一，贡院用全形，四十四万四千四百四十四分之一，以一分半为丈，以一厘半为尺。

一，图内凡系墙角不通之处以粗线，台阶天井界以细线，每进房屋分间界以黑点，栅柱界以连点，方使眉目清楚。

一，各道路俱从宽，以与号筒分别。

一，贡院通计房屋四百九十九间，被厂七十四间，号筒二百九十五字，共号舍二万六百四十四间。

岁在癸酉梦秋上浣绘。①

从这张平面图里，我们可以清楚地看到，清代末年的江南贡院整体呈东西向的梯形状，在梯形的腰部，分为东西两个部分，东部全部都是号舍，西部总体上分为两个大的区域，即南边的号舍区和北边的办公区。南边的号舍区又以中间的大门、二门、龙门、甬道、明远楼分为东西两个文场，其中大门略向东偏，即位于二门、龙门、甬道、明远楼形成的中轴线的偏右方位。南边号舍区的这条中轴线，继续向北延伸形成纵贯南北的中轴线，依次经过锁院风清坊、至公堂、魁阁、飞虹桥、衡鉴堂、主考房。其中锁院风清坊是截断号舍区与办公区的中间节点，而飞虹桥则是截断内、外帘的中间节点。以至公堂、魁阁为对称线，至公堂的东边主要分布着监临堂和誊录右所、誊录左所、对读所、收掌所等，西边则分布着提调堂、监试堂、弥封所、匠作房等。以衡鉴堂为中轴线，左右分别为各同考官房等。

3. 江西贡院

明清时期的江西贡院有两处选址，一为东湖左三皇庙故址，一为进贤门内前明宁王宸濠阳春书院故址。其中东湖贡院使用时间更长，自明初至清末，仅洪武初至洪武二十九年（1396）借用上蓝寺为乡试考场、永乐元年（1403）至永乐十八年（1420）兼借贡院为新建县衙，以及嘉靖元年（1522）至嘉靖三十四年（1555）、顺治十年（1653）至康熙二十年（1681）两个阶段合计61年在进贤门贡院开科取士，其他时期均在东湖贡院举行乡试。据《雍正江西通志》记载，康熙二十年巡抚安世鼎主持迁建贡院于东湖故址后，其整体建筑格局中的相关房舍的功能分区极为明晰。大致如次：

---

① 朱炳贵编著：《老地图·南京旧影》，南京：南京出版社，2014年，第116页。

其制：周围缭以棘垣。前立头门、二门、龙门。中为明远楼。楼北为至公堂，堂后间以墙，为红门。门内为协一堂，公阅试卷。左右两庑居五经房考官；为涵碧堂，居两主司，是为内帘。至公堂左为监临都院公廨，右为提调、监试、正副公廨。监临公廨前，左为受卷所、为弥封所、为誊录所、为对读所、为掌卷所，各别以垣墙，是为外帘。至公堂前，列士子席舍。龙门外，置供给所。棘垣内四隅各立瞭角楼。头门外树立栅栏，列东西二坊，曰腾蛟，曰起凤。①

从中可以看到，从头门到龙门之间是江西贡院的入场点名区；龙门到至公堂是考生答题区；从至公堂到红门（《民国南昌县志》载为"黉门"）是监管贡院及试卷处理的核心区域，监临、监试、提调、受卷、弥封、誊录、对读、掌卷等贡院职能部门均分布于此，也是乡试贡院的外帘；从红门往北是考官阅卷区，主要有协一堂和涵碧堂，是江西贡院的内帘区域。

4. 贵州贡院

贵州贡院始建于明嘉靖十四年（1535），明末被毁。清顺治十六年

---

① （清）谢旻：雍正《江西通志》卷18《学校志二》，《景印文渊阁四库全书》第513册，台北：商务印书馆，1983年，第614页。光绪《江西通志》卷67《建置志》"至公堂左为监临都院公廨"作"至清堂左作监临公廨"，当误。另，《光绪江西通志》载贡院阅卷所原名协一堂，后改至明堂，再改至清堂，两主考所居房舍初名联璧堂，后改为奎宿堂，但均未说明改名时间。按雍正版通志所载依然为"协一堂""联璧堂"，乾隆十二年（1747）巡抚开泰重修贡院，时钱陈群出任江西乡试主考，所作《重修贡院记》中依然称为"联璧堂"。次年布政使彭家屏重修贡院并增设水井，所作记文中也是称为"联璧堂"。乾隆三十三年（1768）巡抚吴绍诗（1699—1776）重修贡院，所作《重修贡院记》中首次提及"廨舍则内有至明堂，最后有奎宿堂，皆衡文之地"，说明这两处内帘阅卷厅堂的改名应该是在乾隆十三年（1748）至乾隆三十三年之间，且最有可能是在乾隆三十三年吴绍诗重修贡院时。此后，在乾隆五十九年（1794）版《南昌县志》中，一直保留"至明堂"的称谓。而到了道光六年（1826）版《南昌县志》，则已经加注说明至明堂"今改至清堂"，表明该堂的更名当是在嘉庆年间。按嘉庆年间江西贡院最重要的修理工程是嘉庆二十年（1815）巡抚阮元主持的，尽管阮元自撰《重修贡院号舍记》中并未提及改名之事，不过我们有理由相信至明堂改为至清堂就在此次重修之际。

(1659)巡抚赵廷臣（？—1669）迁建新址。此后二百余年间，贵州贡院历经多次重修、扩建。如康熙十一年（1672）增建弥封、受卷各所及号舍700余间。雍正六年（1728）将原贵州学政公署并入贡院，增建号舍公厅。道光八年（1828）增建号舍1385间，并增建监试、提调等公所。至道光二十四年（1844）后，贵州贡院的建筑格局趋于成熟，整体构成大致如下。

极外甬墙，左右有辕门，左颜曰"明经取士"，右曰"为国求贤"。辕门内左右廊房各七间，鼓楼二间。头门三间，门外文武官厅各三间，役房二间，供给房三间。门内龙门三间，左锁钥房四间，米仓一间。又内为明远楼三楹，楼后为"文运天开"坊。坊之左为小栅，由栅而入为号十五，每号十五间。又左别为栅，由栅而入为号十四，每号二十七间，其间有左哨楼。坊之右设小栅，由栅而入为供给房十有一，后为厨房十有六，管供给官住房五间，其间有右哨楼。坊内为大道，左右号舍二千九百有七。正中亘以大栅，栅左右为房各二。由栅左进为新号舍一千三百八十五。稍上为新号舍三十六，缭之以垣。由中栅而进，左为供应房四，右为杂役房六。再进为门，曰"天鉴"。门内为至公堂，堂之后为监临署。左右翼以小屋各一、厢房五、内供给房八、文武官厅六、吏房十、役房十二。后为虎座门，则内帘门也。门内下左为厨房三，右为役食房三，最后为玉尺楼，四角四阿，典试官居之。楼内左为同考官房六，后为役房五、工匠房三间，为同考官房六。楼后别为小房三。大栅之左，迤而上为过道，为办差房一，为提调委官房一，为锁钥房一，为茶房三，为铺垫房三。大栅之右，迤而上为内帘锁钥房二，为厨房六，枧洞在其后，为厅事房一，为监试委官房一，为院书吏房一，为戈什哈房一。由大栅左，历新号舍，为运水官房一，誊录饭食官房一，文巡绰官房一，生员饭食官房一。别有门，自门内进为提调公所，有头门，有廊，有厅，有耳房，有客厅，有正房，有厨房，又为监试公所，有头门，有左右厢房各八，有正房，有厨房。又为受卷所，有头门，有正房，有厨房，共六间。又为掌卷所，有头门，有正房，有厨房，共八间。又为弥封所，有头门，有正房，有书吏房，有厨房，共八间。又有磨对添注涂改所五间。又为誊录所，有头门，门内左右为房各六，过道房三。又左右厢房各八，有正房、厨房。又有医药所三间，生员饭食房十一间，水槽房二间，咸由左而入。盖院地左拓展，而右临贯城河，且与布政司密迩也。①

从《道光贵阳府志》的记载可以看出，与其他地方志的记载不同，该志对贵州贡院内各类房屋的名称、结构、数量、方位的描述更为详尽，有利于加深读者对贡院各类执事官员及其人役职能的了解。

贵州贡院在道光年间迭经重修、拓建后，经明远楼为天鉴门，过天鉴门为至公堂、监临所等，再入则为内帘，其门被称为虎座门。而在明代嘉靖十四年（1535）巡按御史王杏主持创建时，至公堂后有天监堂，过天监堂为内帘门，内帘门上题有"桂香深处"匾额。②在其他省份大致也采取类似办法，如前引江西贡院是以"红门"（簧门）作为分隔内、外帘的重要门户。顺天贡院称为内龙门。河南贡院在明弘治丁巳（1497）重修时，其内帘自北而南主要有文衡堂和内收掌所，其外帘自南而北主要有至公堂、洗心堂，内、外帘之间有一道"总门"，门上直接题写"内帘"匾额。考试期间，内帘门须严密锁闭，不得开启，内外帘之间采取"穴墙为转轮，以通试卷"的方式进行试卷运送，并强调"外执事至此，非有公言，不敢辄启"。③

由于受"东方文明"贡院选址观念的影响，清代各省贡院大多建于省城的东南方位，采取坐北朝南的建筑格局，但也有个别例外。如光绪元年

---

① （清）周作楫，萧琯：《道光贵阳府志》卷43《学校略下》，成都：巴蜀书社，2006年，第236页。
② 刘显世，谷正伦，任可澄，杨恩元：《民国贵州通志》《建置志·公署公所·明》，成都：巴蜀书社，2006年，第218页。
③ （明）刘健：《贡院碑记》，（清）田文镜，王士俊，孙灏，顾栋高：乾隆《河南通志》卷43《学校志下》，《景印文渊阁四库全书》第536册，台北：商务印书馆，1983年，第513—514页。

左宗棠主持修建甘肃贡院时，由于受地形条件的限制，只能选址于兰州城西北方位，采取坐东朝西的建筑格局。光绪十一年（1885）陕甘总督谭钟麟增修后，甘肃贡院东西长140丈，南北宽90丈，东、南两面以附郭皋兰县的城墙为界，西、北两面另筑新墙。与其他各省贡院一样，甘肃贡院也有一条中轴线，只不过其方向不是自南向北，而是由西向东。在这条中轴线上，依次排列着大门、龙门、明远楼、至公堂、观成堂、内帘门、衡鉴堂、雍门等建筑。在这条中轴线的南北两边，大门外有外官厅、外供给所，大门南北有点名厅、搜检厅。龙门、明远楼至至公堂一线两边为南北文场，建有号舍4000间。至公堂、观成堂一线两边的外帘区域则分布着收掌所、弥封所、誊录所、对读所等建筑。衡鉴堂至雍门一线两边为考官阅卷的内帘区域。①

三、清代乡会试贡院相关建筑的不同称谓

在《全宋文》等保存的数十篇南宋贡院记中，我们没有发现关于当时贡院内部房屋相关称谓的详细记载。从《景定建康志》所存《重建贡院之图》，我们也可以发现图中除了考官办公区的"衡鉴堂"一处建筑的命名方式较为特别外，其余建筑或结构基本上都是以其功能或居住者类别进行命名，如考官办公区还有"监试""主文""考试""吏舍""天井""花台""雷同"等名称，点名入场区有"贡院""中门""监门""交卷""誊录""封弥"，考生答题区与考官办公区的交界处有"正厅""箚水"。

与宋代贡院不同，清代乡会试贡院中的标志性建筑大多有其特定的称谓，其中又主要体现为内、外帘官厅的不同称谓。下表为根据各省通志及省城所在府的府志、附郭县县志等制成的一览表。

---

① 邓明：《明远楼与甘肃贡院的兴废》，《档案》2008年第5期，第36—38页。

表 6-6 清代各省内外帘官厅名称一览表

贡院名称	内帘官厅	外帘官厅	备注
顺天贡院	聚奎堂、会经堂、燕喜堂	至公堂	明代
	聚奎堂、会经堂	至公堂	清代
江南贡院	衡鉴堂	至公堂	清代
山西贡院	抡材堂	至公堂、衡鉴堂、藻鉴堂	明代
	抡材堂	至公堂、丰树堂	光绪八年
山东贡院	不详	至公堂	清代
河南贡院	文衡堂	至公堂、洗心堂	明代
	衡鉴堂	至公堂	清代
陕西贡院	聚奎堂	至公堂、为国荐贤堂、精白堂	清代
甘肃贡院	衡鉴堂	至公堂、观成堂	清代
浙江贡院	选秀堂	至公堂	明代
	聚奎堂	至公堂、洗心堂、协忠堂	清代
江西贡院	协一堂（后改至明堂）、涵碧堂（一曰联璧堂）	至公堂	明代
	至清堂、宿奎堂	至公堂	清代
湖北贡院	衡鉴堂	至公堂、文明堂	清代
湖南贡院	衡鉴堂	至公堂	清代
四川贡院	衡文堂	至公堂、清白堂	清代
福建贡院	衡鉴堂、抡才堂	至公堂	清代
广东贡院	聚奎堂	至公堂、戒慎堂	清代
广西贡院	不详	至公堂	清代
云南贡院	衡鉴堂	至公堂、文明楼	清代
贵州贡院	玉尺楼	至公堂	清代

从上表可以看出，清代各省乡试贡院内、外帘官厅的名称并不完全统一。其中外帘区基本都建有至公堂。"至公"出自《吕氏春秋·去私》："舜有子九人，不与其子而授禹，至公也。"① 在至公堂的东边一般是监临官厅，为各省巡抚或总督住所，西边为监试、提调官厅，为布政使、按察使住所。弥封、誊录、对读、掌卷、外供给等所官厅分布于其周边。内帘区的中心区域多称为衡鉴堂，其次则属聚奎堂为多，其余则有衡文堂、文衡堂、宿奎堂、选秀堂、抡材堂、玉尺楼等称谓。值得指出的是，山西贡院外帘区有衡鉴堂和藻鉴堂，光绪年间裁撤藻鉴堂，又改衡鉴堂为丰树堂。② "衡鉴"，原为衡镜，"衡"可以量轻重，"镜"可以照美丑，引申为评鉴人才优劣的标准。唐代张说《中书令逍遥公墓志铭》："衡镜高悬，文武矫首，才无我失，善若已有。"③ 宋人避宋太祖祖父赵敬讳，改"镜"为"鉴"。衡鉴堂之意，就是考官要像衡和鉴一样，公平清明，妙选良能人才，因而常被用于命名考官校阅试卷、评定名次的处所。

四、清代乡会试贡院的考生号舍

清代各类贡院的考生答题区的考试座位一般分为三种类型，即号舍类、棚厂类与临时类。

号舍类考试座位一人一小间，若干小间依次排列共成一号，考生之间有墙壁形成隔断，位置完全固定不可移动。号舍类考试座位除了可以起到防止考生窥探抄袭的防弊效果，同时能够为考生提供最简陋的夜宿条件，一般被乡会试贡院所采用。

棚厂类考试座位，答题区共分若干大屋，每屋按房柱分为若干楹（间），每楹之间隔以矮墙，楹内安置若干长桌，配备相应数量的长凳，每条长桌按《千字文》命名，依次排列若干考试座位。桌凳一般固定在房柱或地面，使其坚固不可摇动，方便考生答题书写时保持稳定。这种考试座

---

① 邓明：《明远楼与甘肃贡院的兴废》，《档案》2008年第5期，第36—38页。
② （清）曾国荃，杨笃：光绪《山西通志》卷80《公署略下》，《续修四库全书》第643册，上海：上海古籍出版社，1995年，第321页。
③ （唐）张说著，熊飞校注：《张说集校注》，北京：中华书局，2013年，第1056页。

位为考生提供了最基本的答题条件，是一种经济适用的低成本考试座位解决方案，适用于童试阶段的县试、府试和院试。但由于同一长桌上的考生之间没有设置遮挡物，无法防止考生相互窥视、抄袭甚至交换试卷。

临时类考试座位，是指临时搭建能够遮蔽雨雪或烈日的简易席棚，棚内排放若干桌凳，并依次编排考生座次。这种临时类考试座次，既存在于未建贡院的时期，在已经建造了贡院的时期也可能因考生人数大量增加原有座位不敷使用而出现。

1. 号舍编号与规格

由于考生人数太多，入场点名搜检耗时太长，清代乡会试不得不要求考生在每场考试当日凌晨排队唱名入场，考试次日交卷，故考试当晚需在贡院住宿。为了防止舞弊，考务组织者必须为每个考生提供独立的考试"套间"。在当时的生产力条件下，考务管理者们设计出了"号舍"这种独一无二的考试专用房间。如顺天贡院的基本规制为："号舍之制，每号七八十间不等，号首设立栅栏，尾墙外即属更道，巡逻防范。"[①] 与顺天贡院一样，各省乡试贡院的号舍一般若干间为一号，号与号之间形成号巷，每号巷口设置木栅，考期闭合，禁止出入。巷口号舍外墙依次编以《千字文》中的文字，每一单间的号舍编号即是以该号巷所编文字加上中文数字排序；若干条号巷相连便构成文场。雍正元年（1723）规定，《千字文》中部分词义不好的字不能用来编为号舍名称，包括："荒吊伐罪毁伤悲虚祸恶竭尽终贱离颠亏疲逐邙惊坟弱倾困灭弊刑剪杳冥黜讥极殆辱耻逼索寂寥散累遣戚凋委落宰饥厌故祭祀颡悚惧恐惶骸骇垢诛斩贼盗捕叛亡魄孤陋寡愚诮四五八九。"乾隆五十四年（1789）又补充规定，各省编列贡院坐号，"应敬避天、元、皇、帝、日、月等字"[②]。贡院号舍每间三面为墙，头顶为棚，朝南开口；各有两块木板，一块固定，方便坐卧；一块可以拆卸，于两边墙上预设高低两道凹槽，号板置于高处凹槽便是写板，置于低

---

① （清）礼部：《钦定科场条例》卷28《关防·贡院》，沈云龙：《近代中国史料丛刊三编》第48辑，台北：文海出版社，1989年，第1975页。

② （清）刘采邦，张延珂，袁继翰：《同治长沙县志》卷12《典礼志》，南京：江苏古籍出版社，2002年，第199页。

处凹槽便与坐板相接成为床铺。

清代各省贡院号舍并无国家统一规定的建造规格。如据嘉庆末年出任两广总督的阮元在《广东贡院碑记》指出："各行省乡试号舍，初创即定其尺寸，纵有所修，无能改作。士子虽受促，无如何。余为士，坐江南、顺天号舍，皆宽舒。抚浙及江右，见其舍皆湫隘，曾改造宽大之。道光元年，予兼办广东巡抚监临事，见号舍更湫隘。"阮元主持改建的广东贡院号舍共有 7603 间，其改建前后的尺寸变化为："旧舍后墙至前号舍之后墙六尺四寸，今展深为八尺六寸；旧舍中有瓦处南北三尺四寸者，今展深为四尺六寸；旧舍左右墙宽三尺二寸者，今展宽为三尺四寸；旧舍瓦檐至地高五尺四寸者，今加高为六尺五寸；旧舍写、坐两层木板上长下短，夜不能并而卧，今使板同其长，可安卧。"① 又如据裕谦（1793－1841）所撰《增修楚北贡院记》，道光十二年（1832）裕谦任职武昌知府期间，捐银2000 两为倡，筹集捐款重修湖北贡院，合计修建"号舍凡七千九百四十间，旗生号舍百间"，号舍的规格则为："每号脊高八尺，檐高六尺五寸，深四尺，阔三尺三寸，地面平铺厚石，檐头加砌望砖，皆宽绰朴实。"② 相比较而言，湖北贡院号舍的屋檐最低处高度与广东贡院相同，都是 6 尺 5 寸，每间号舍的宽度较广东贡院宽 1 寸，而深度则较广东贡院短 6 寸。显然，按照正常人的身高，不管是 3.2 尺×4.6 尺的广东贡院号舍，还是 3.3 尺×4 尺的湖北贡院号舍，都很难让考生在其中舒展身体安稳入睡。

明清乡会试贡院一般坐北朝南建造，以至公堂、明远楼、龙门为中轴线，两边各建数十或成百条号舍，一般称为东文场、西文场。也有个别贡院如甘肃贡院采取坐东朝西格局，其中轴线两边的号舍便称为南文场、北文场。个别省份因特殊原因，其号舍结构略有不同。如湖南贡院始建于雍正三年（1725），当时由于场期仓促，故而因陋就简，其号舍便颇为特殊。据乾隆十年（1745）湖南巡抚蒋溥指出："士子号房，各省俱一面向外，

---

① （清）瑞麟，戴肇辰，史澄：光绪《广州府志》卷65《建置略二》，台北：成文出版社，1966年，第100页。

② （清）裕谦：《裕靖节公遗书》卷7《重士类》，《清末民初史料丛书》第32册，台北：成文出版社，1968年，第567－575页。

鳞次建造，从无有一号之中，南北对面者。湖南则每号一间中用泥壁隔断，分为前后两号，南北各向。士子进号，对面而坐，随意问答，无从稽查，每滋弊窦。旧例每十号用号军一名，各省号军俱倚前号墙后设炉扇火，供士子茶汤之役。湖南因士子对坐，号军炉灶无处安顿，俱就号口栅外炊爨，进出不时，栅难关闭。此辈出入，易滋传递作奸之弊。"① 蒋溥认为湖南贡院不合体制，需要全面重修。他同时还认为，湖南乡试录取名额仅有44名，虽然分闱之初应试者将近万人，使得原有8500多间号舍不敷使用，但是如果按照既定的录科比例，入场人数本该只有3600名，事实上并不需要这么多的号舍。为此，蒋溥建议将原号舍的中间隔墙拆除，两间变为一间，合计可以改建为4250间号舍；再于其他空地增建750间，使号舍总数达到5000间。不仅数量足够，而且每间号舍也和江南、浙江等省贡院号舍一样变得更为开阔，也避免了因考生对面而坐的舞弊可能。乾隆十二年（1747）改修后的湖南贡院，其号舍格局与其他省份趋于统一。

2. 贡院规模与号舍数量

随着时间的发展，各省考生人数不断增加，原有号舍不敷使用，不得已拓建号舍，一般就原有号舍的旁边增建新的号舍。如嘉庆十二年（1807）顺天乡试监临玉麟奏请增设号舍，经过现场勘丈，他发现东西各号尚有余地，便决定分别采取不同方式增建新号："有于本号头尾酌添者，有于隙地建设者，有将委员房屋拆移他处就地改设者，有于更道宽处量加添设者，通计可添号八百数十间。"②

各省乡会试贡院内所需建造号舍的数量，需要与考生的入场人数相互一致；而乡试考生的入场人数，则应与学政科试、录遗及督抚大收等乡试前的资格考试所取人数相当，其中又以学政科试所取生监人数为主要来源。清代前期，并未对学政科试录取的生监人数作出规定，这导致很多省份的贡院号舍都无法满足入场考生的需求。如乾隆三年（1738）两江总督

---

① （清）刘采邦，张延珂，袁继翰：《同治长沙县志》卷12《典礼志》，南京：江苏古籍出版社，2002年，第181—182页。

② （清）礼部：《钦定科场条例》卷28《关防·贡院》，沈云龙：《近代中国史料丛刊三编》第48辑，台北：文海出版社，1989年，第1976页。

那苏图等奏称,"江南贡院号舍共一万六千三百二十一间,年来士子日增,号舍实属不敷,应扩充宽展"①,请求将贡院的新旧号舍总数扩建到 17 204 间。礼部经过合议,批准了这一请求。同年,山东巡抚法敏疏称,"内帘监试房舍,应需建造;贡院号舍原止一万间,近科应试人多,号舍不敷,亦应添建"。礼部讨论决定,"应如所请,准其添设内帘监试官房六间,大门一座,号舍四百二十五间"。② 乾隆七年(1742),礼部也批准了广西巡抚关于广西贡院增建 420 间号舍的请求。

面对各省不断提出的拓建贡院的申请,清朝政府决定从限制乡试应试人数入手解决这一问题。乾隆九年(1744)礼部议准,各省科试录取生监参加乡试,称为"录送科举",简称"录科",其中式人数均应根据其乡试定额分大中小省由学政取录。其中,直隶、江南、浙江、江西、湖广、福建为大省,每举人定额 1 名录科 80 人;山东、河南、山西、广东、陕西、四川为中省,每举人定额 1 名录科 60 人;广西、云南、贵州为小省,每举人定额 1 名录科 50 人。③ 关于顺天乡试,乾隆十三年(1748)特别规定,因顺天贡院号舍"仅有万间",且"直隶文风较之江浙两省究属有间",故而将直隶"贝"字号考生按中省之例,每举人定额 1 名录科 60 人。此外,直隶的"中皿"字号和福建台湾府的"至"字号考生"科举无定额",即不必设定科试额数。④

乾隆九年确定录科政策之后,礼部又议覆了御史徐以升关于根据省内各地乡试中举历史成绩调整录科人数的奏疏,建议允许各省学政根据文风盛衰、高下,"通盘计算,慎选录科",具体方法是采取柔性名额法,即"学政于录科时酌量,文风盛者一二等名数从多,未盛者一二等名数从小,

---

① (清)礼部:《钦定科场条例》卷 28《关防·贡院》,沈云龙:《近代中国史料丛刊三编》第 48 辑,台北:文海出版社,1989 年,第 1963 页。
② (清)礼部:《钦定科场条例》卷 28《关防·贡院》,沈云龙:《近代中国史料丛刊三编》第 48 辑,台北:文海出版社,1989 年,第 1964 页。
③ (清)礼部:《钦定科场条例》卷 3《科举·科举定额》,沈云龙:《近代中国史料丛刊三编》第 48 辑,台北:文海出版社,1989 年,第 237 页。
④ (清)礼部:《钦定科场条例》卷 3《科举·科举定额》,沈云龙:《近代中国史料丛刊三编》第 48 辑,台北:文海出版社,1989 年,第 236 页。

其三等前列者仍照例酌量"。① 这一从制度上看极为合理的补充规定，在具体执行时则增大了学政工作的难度，学政往往碍于情面，无法减少文风"不盛"地区的录科人数，从而最终造成了乡试入场人数的大幅度增长。

从清代各省贡院的号舍数量，也可以看出乾隆九年之录科政策并未得到严格执行。如嘉庆十二年（1807）顺天乡试监临官玉麟等便上奏，称顺天乡试号舍共有 9200 余间，而本年乡试应试士子总数达到了 9700 多人。这种情形在之前各科乡试中并不鲜见，往往只能采取"于隙地搭盖席棚设桌分号"的方式安排多余考生，但又无法做到如每人一间号舍那样防止舞弊。为此，玉麟主张添建号舍 800 余间，以防考生人数进一步增多。工部经过实地履勘，认为顺天贡院确实还有隙地可建号舍。最终经查估大臣奏准，"除东西都统房前拟盖号舍一百六十三间暂停添盖外，实增添号舍七百二十九间"。② 又如四川贡院，据四川总督戴三锡于道光八年（1828）上奏称，贡院原有号舍 6300 余间，但近科人数增多，学政考录遗才往往"限于号舍，不便多取"，未免令考生有向隅之叹。因此戴三锡建议在贡院内隙地添建号舍 1200 间，并得到了宣宗"好！依议，钦此"③ 的批复。但这次添建的 1200 间号舍，显然不足以满足四川考生的需求。仅仅过了不到 40 年，四川总督骆秉章便于同治四年（1865）上奏，指出四川贡院共有号舍 11 500 余间，而"每届乡试应试者不下一万五六千人"，根本不敷使用，请求再增建号舍 1000 间。④

同治年间南方各省由于捐输广额，乡试应试人数更行激增。仅《钦定科场条例》所载，便有河南省乡试应试人数多达 16 000 人左右，而号舍仅 8000 有奇，湖北乡试应试人数达 11 000 多人，而号舍仅 9000 余间，山东

---

① （清）礼部：《钦定科场条例》卷 3《科举·科举定额》，沈云龙：《近代中国史料丛刊三编》第 48 辑，台北：文海出版社，1989 年，第 239 页。
② （清）礼部：《钦定科场条例》卷 28《关防·贡院》，沈云龙：《近代中国史料丛刊三编》第 48 辑，台北：文海出版社，1989 年，第 1976－1977 页。
③ （清）礼部：《钦定科场条例》卷 28《关防·贡院》，沈云龙：《近代中国史料丛刊三编》第 48 辑，台北：文海出版社，1989 年，第 1979 页。
④ （清）礼部：《钦定科场条例》卷 28《关防·贡院》，沈云龙：《近代中国史料丛刊三编》第 48 辑，台北：文海出版社，1989 年，第 1986 页。

贡院号舍仅有 9000 余间，而应试人数多至 12 900 余人等案例。另外，顺天、四川、陕西、浙江、福建、甘肃也都出现了相应的情景，广东贡院甚至出现了应试人数不下 2 万人而贡院号舍仅 1 万余间的悬殊场景。

相对于考生人数不断增多的情形，各省贡院号舍的增建速度显得很难适应形势的变化。为了应付每科乡试考生突然增多的变化情况，各省监临不得不采取临时搭盖棚厂的方法，满足考试需求。不过，这种方式其弊甚大，除了"稽查稍有不周，必至丛生弊端"的潜在性舞弊可能之外，"火烛既属可虞，风雨又难捍蔽"也是概率性极大的潜在威胁。因此，清人逐渐认识到，这种方式"只可出于权宜，不能行之经久"[1]。此外，清人也认识到，考生答题区域需形成相对隔离的独立空间，不仅不能与考场外的建筑接近，即便是场内相关建筑，也要与之隔离开来："场内巡更巷道毗连之处，概用墙垣截断作为空地，禁止人役往来行走。所有窝棚、席棚，俱不许挨墙搭盖。"[2] 乾隆三十六年（1771）礼部议准，顺天贡院"更道横墙与贡院大墙逼近，且与号舍相连，自应高砌，以防闲人混走。墙上堆垛棘刺，以防逾越"[3]。而临时搭建的棚厂，往往见缝插针，很难与其他建筑隔开距离，这便迫使各省贡院不得不不断增加新的号舍。

清代初年，各省贡院的号舍区域一般以明远楼为中心，均衡分布于甬道两侧，周围限以棘墙。不过，这一区域内的建筑面积毕竟有限，难以满足不断增加的号舍需求，最后不得不打破原有贡院布局，在离明远楼和至公堂较远的地方拓建号舍。如据前引江南贡院全图，占了整个贡院号舍数量一半以上的东部号舍，以及西北方向的状元新号，均没有围绕明远楼建造。又如江西贡院原有东、西文场，康熙五十一年（1712）已经增至 10 000 多间号舍，且均用石板代替木板以作坐板，康熙五十八年（1719）

---

[1] （清）礼部：《钦定科场条例》卷 28《关防·贡院》，沈云龙：《近代中国史料丛刊三编》第 48 辑，台北：文海出版社，1989 年，第 1975 页。

[2] （清）礼部：《钦定科场条例》卷 28《关防·贡院》，沈云龙：《近代中国史料丛刊三编》第 48 辑，台北：文海出版社，1989 年，第 1953 页。

[3] （清）礼部：《钦定科场条例》卷 28《关防·贡院》，沈云龙：《近代中国史料丛刊三编》第 48 辑，台北：文海出版社，1989 年，第 1970 页。

又扩建号舍 1000 间。至嘉庆二十二年（1817），号舍依然不敷使用，于是巡抚钱臻便在贡院西北方向建造了一批号舍，称为西北文场。同治六年（1867），巡抚刘坤一又筹集捐款在贡院东南方向增建号舍 4000 间，称为东南文场。① 这些新增的号舍，也都无法完全围绕至公堂和明远楼而建造。清代末年，江西贡院的号舍总数达到 17 591 间。

3. 号舍的类别

清代贡院号舍除了供考生考试、住宿的种类，还有其他一些具有特别功能的种类。

厕号。为了解决考试期间考生上厕所的问题，每条号巷的最后一间一般被建为厕所，称为"厕号"。

军号。各省乡试例需安排号军，一方面维持考场秩序，另一方面为考生提供餐饮服务。为了解决号军的住宿问题，每条号舍的第一间一般都被用于安置号军，称为"军号"。如顺天乡试每届安排号军 1000 人入场。乡会试考生需要在贡院中经历九天六晚，号军亦需在贡院里就近陪宿，一般也都在号舍住宿。如据光绪二十三年（1897）山东巡抚李秉衡（1830—1900）上奏指出，山东贡院共有号舍 12 400 间，"除去号军栖止及溷厕之号，计可容士子一万一千四五百人"②，也就是号军栖止之号与溷厕之号合计大约 1000 间。

井号。顺天贡院内有井号。据光绪十三年（1887）查估贡院工程大臣礼部尚书奎润上奏，顺天贡院内原有"东西文场井号各一"，专门用于住宿 80 名水夫。水夫的职责和管理方式，是"于士子入场考试日，令注满缸水，即关入井号内，以昭严密"。目前贡院内计划新建 3000 间号舍，则水夫人数和住宿之地也需相应增加。奎润建议，可以新增 30 名水夫，并在

---

① （清）刘坤一，刘绎：光绪《江西通志》卷 67《建置志》，《续修四库全书》第 657 册，上海：上海古籍出版社，2002 年，第 559—562 页。

② （清）李秉衡：《李忠节公奏议》卷 15《奏山东文闱价买民田添建号舍折》，《清末民初史料丛书》第 5 种，台北：成文出版社，1968 年，第 1145 页。

"新建监试委官各房两旁隙地添盖水夫房各十五间"①。当然，井号当是与厕号、军号一样，是水夫暂住于考生号舍，与安排水夫集中住宿的水夫房有所不同。

誊录与对读号舍。清代乡会试为防止考官与考生勾结舞弊，承袭北宋以来的弥封、誊录制度，对考生答卷全部另行弥封、誊录，所抄试卷名为朱卷。弥封、誊录一般都由誊录书手完成。为防止誊录试卷产生错误，或防止誊录者帮助考生改正错误，又继承对读制度，另派科试四五等生员对照墨卷、朱卷进行对比，是为对读生。由于时间紧迫、任务繁重，每届乡试进场承担誊录、对读任务的人员数量众多，如顺天乡试配有誊录书手1200名、对读生120名。为防止舞弊，这些人员考试期间亦不得离场，其食、宿均由贡院提供。为了解决他们的住宿问题，有的贡院中还专门建有誊录号舍和对读号舍。如湖南贡院屡经增修，道光以前共计新旧号舍7264号，咸丰年间添建1500号，同治年间添建1586号，总计10 350号。此外，同治四年（1865）"新建誊录号舍一千二百六十八号，又新建对读号舍一百七十六号"②。又如据同治九年（1870）顺天府尹王榕吉上奏，当时顺天贡院共有号舍10 420间，其中扣除"誊录书手号舍及井号、瞭望亭并每字尾号应除一二间"，能够提供给考生使用的号舍仅有9300余间。为了满足考试需要，此前同治三年甲子科和同治六年丁卯科不得不奏请"添搭棚号"。同治九年庚午科乡试头场点名后，因棚号渗漏，士子不肯归号，只能将监临官住宿的房屋一概腾出用作士子号舍，而将誊录书手置于棚厂。③又光绪十三年（1887）礼部尚书奎润等奉命查估贡院，评价顺天府尹关于新购地基添建3000间号舍的计划，指出顺天府尹拟"将誊录号一千间改为士子号舍，该所官房一律拆盖，移建誊录所及誊录号于供给所夫役

---

① （清）礼部：《钦定科场条例》卷28《关防·贡院》，沈云龙：《近代中国史料丛刊三编》第48辑，台北：文海出版社，1989年，第2007－2008页。

② （清）刘采邦，张延珂，袁继翰：《同治长沙县志》卷12《典礼志》，南京：江苏古籍出版社，2002年，第184页。

③ （清）礼部：《钦定科场条例》卷28《关防·贡院》，沈云龙：《近代中国史料丛刊三编》第48辑，台北：文海出版社，1989年，第1990页。

房后"的计划有所不妥,因为这样会导致誊录所与对读所的距离变远,不利于就近改正对读时发现的誊录错误。奎润等建议,誊录所官房保持不变,只需将誊录所号舍与誊录官房前的士子号舍对调,从而使誊录所官房与誊录号舍依然连成一片,自成一体,然后再分别新建若干誊录号舍。①

4. 号舍的材质

由于经费投入的不同,各省贡院号舍所使用的材料也各不相同。总体而言,明清两代,各省贡院号舍的建筑材质随着时间的发展而不断改进。

顺天贡院号舍在明代最初多为木质结构,万历二年(1574)重修之时,共建有东西号舍七十区,每区70间,"易旧制板屋以瓦甓,可以避风雨、防火烛"。②山西贡院始建于明代,其号舍起初仅有4000余间,"旧系木板攒造,忌回禄,明隆庆庚午始易以砖"。清道光五年(1825)全省士绅捐资重修时,新建号舍6900多间,"顶高六尺二寸,宽三尺,深四尺。号内写板俱用桌面,坐下仍用木板,视旧规加增"。③山东贡院在道光六年(1826)捐集银62 651两,动工全面修理。号舍方面,一部分进行拆修,一部分拓地新建。前者主要是指至公堂南边的号舍,"较旧式增高若干,展宽若干。每号添加小版,便皮藏器具。茅号各置厕门,上留窗隙,资启闭,避秽恶"。后者主要是指为了建造新号,只能在唯一可能的龙门前将原本地势低洼的华笔池进行工程处理,"浚水渠,加桩木,甃以板石,覆以石板,填以石灰,浆土累其上,凡五六层高,与地平,始堪建屋,添号五百余间"。④河南贡院始建于明代,弘治丁巳(1497)重修时,将原有席

---

① (清)礼部:《钦定科场条例》卷28《关防·贡院》,沈云龙:《近代中国史料丛刊三编》第48辑,台北:文海出版社,1989年,第2004—2007页。

② (明)张居正:《京师重建贡院记》,(清)于敏中:《钦定日下旧闻考》卷48《城市》,北京:北京古籍出版社,1985年,第747页。

③ (清)李德溥:《贡院号舍记》,(清)李培谦,阎士骧:道光《阳曲县志》卷13《文征》,台北:成文出版社,1976年,第1147页。

④ 毛承霖:民国《续修历城县志》卷13《建置考一》,台北:成文出版社,1968年,第747—748页。

制号舍全部"以板易之"①，即从草席改为木板。陕西贡院始建于明景泰年间，嘉靖四年（1525）巡抚王荩主持扩建，"号舍旧为席棚，悉易以木"。清代雍正元年（1723）巡抚噶世图继续扩建号舍，"悉易以瓴甓"。② 浙江贡院在明代万历四十年（1612）被重修，时任巡按御史李邦华"以旧木舍患火，易之以砖"。清代嘉庆六年（1801），时任巡抚阮元因贡院号舍低矮狭窄，且"阴雨泥淖，士子坐卧为苦"，命人"一律铺砌石板"。③ 江西贡院在康熙五十一年（1712）由巡抚主持重修，改建号舍一万有奇，"撤木席而易以石"。乾隆十二年（1747）巡抚开泰主持重修，又命人将"举子号舍增高七寸，易竹椽以杉木，坐板、写板则加阔之"。嘉庆二十年（1815）巡抚阮元改修号舍，命人将"东西场旧屋咸撤之，改建高宽，且深者复掘湖土增培舍基，舍高而湖浚，盖两得之。舍屋之椽尽覆以瓦，舍巷接石为路，舍尾改造厕室，以穴远流其秽于屋之外"。④

由于文献记载的详略不同，我们很难全面了解各省贡院号舍的屋顶、墙壁、桌板、地面所分别采用的材质类型及其历史变化情况，对于贡院号舍在长高宽方面的规格也无法全面掌握。不过可以肯定的是，不管是从方便考生应考、歇宿的角度，还是从确保考场防水、防火安全的角度，清代各省贡院号舍的建造材质确实在不断改进之中，号舍的度量规格也在不断增高与扩大。这种情形，反过来也提升了修建贡院的经费标准，在清代内忧外患不断加深的背景下，国家力量日见其绌，民间公益力量的参与势成必然。

---

① （明）刘健：《贡院碑记》，（清）田文镜，王士俊，孙灏，顾栋高：乾隆《河南通志》卷43《学校志下》，《景印文渊阁四库全书》第536册，台北：商务印书馆，1983年，第514页。

② （清）刘于义，沈青崖：雍正《陕西通志》卷15《公署》，《景印文渊阁四库全书》第551册，台北：商务印书馆，1983年，第764－765页。

③ 吴庆坻：《民国杭州府志》卷18《公署一》，上海：上海书店出版社，1993年，第497－498页。

④ （清）刘坤一，刘绎：光绪《江西通志》卷67《建置志》，《续修四库全书》第657册，上海：上海古籍出版社，2002年，第561－562页。

第二节　清代学政试院的建筑形制

清代院试由学政主持。学政负责一省教育，每三年两次巡试省内各府、直隶州。一次为岁试，考校文武生员，行六等黜陟法，武生之考试排名前列者获得武乡试资格。一次为科试，专门考校文生，行六等黜陟法的同时选拔其中的第一、二等及三等前五或前十考生参加乡试。考试文武生员之外，并考试童生，按照府州厅县儒学的招生名额，录取新进生员。学政主持的考试，无论岁试、科试，统称为院试。

一、清代院试考官、执事官员与人役

根据顺治九年（1652）的规定，学政院试的主考官即是学政本人，其执事官员大体依照乡会试制度，也设有提调、印卷、受卷、巡绰、供给等官员。不过，由于院试与乡会试存在较大区别，因而其执事官员的类别与人数也差别较大，因之也导致学政试院的空间布局与乡会试贡院存在差别。下表系根据《钦定学政全书》卷11《考试场规》的记载进行制作。

表6-7　清代学政院试执事官员一览表

名称	人数	资格与职能
印卷、受卷、散签、给牌官	东、西各1人	教官充任
供给官	1人	州县佐贰官或府卫首领官充任
巡绰官	1人	州县佐贰官或府卫首领官充任
仪门启闭官	1人	州县佐贰官或府卫首领官充任
巡捕官	2人	州县佐贰官或府卫首领官充任
搜检官	2人	卫所官充任
司照、进照、出牌官	2人	巡检大使充任
司茶官	2人	书吏充任，负责写题、司茶、受卷
司恭官	2人	书吏充任，负责写题、司恭、封卷

续表

名称	人数	资格与职能
巡绰、瞭望快手	8人	分两班轮流执勤
厨役	2人	
报名门吏	2人	负责把门
民壮	20人	接受搜检官领导,分东、西搜检
军牢	20人	接受搜检官领导,分东、西搜检

从上表可以看出,清代院试的执事官员与杂役的人数合计只有60多人,较之乡试少了很多,主要原因有二。一是院试都是当日凌晨入场,当日傍晚缴卷,考生不需要在试院中住宿,因而无须预留号军等相关执事官员、人役的住宿房间。二是院试试卷不需要进行誊录、对读处理,因而无须安排相应的执事官员,也因此试院之中既不需要建造供誊录、对读两所官员办公的官厅,也不需要为誊录书手和对读生建造住宿房间。而在乡会试贡院中,誊录所、对读所的官厅及其住宿号舍往往占据了较大的空间。

此外,清代院试与乡会试一样,也设有提调,专门负责考前的考试组织与考场布置以及考试过程中"大堂以外诸务",一般由各府或直隶州的知府、知州充任。清代对院试提调一职颇为重视,乾隆十二年(1747)谕旨指出,"提调一官,所关甚重","外场稽察弊窦,防范招摇撞骗之徒,其责全在提调"[1],要求各地知府不得借口公事繁忙,而将提调之职委之州县。

二、清代学政试院的空间布局

相比于各省乡试贡院,学政试院内部结构显然更为简单一些。如号称"冠冕直省之百八十一郡"的直隶保定府试院,乾隆四年(1739)重修时,"按其旧制,扩移新规",建筑规模较前大为增加,其总体格局大致如次:

---

[1] (清)素尔讷:《钦定学政全书》卷21《提调事例》,沈云龙:《近代中国史料丛刊》第30辑,台北:文海出版社,1989年,第364—365页。

> 中堂五楹，则因乎旧。堂前两厢增三十三间，为六十六间。龙门东西各增五间。此则文武诸生揖让进退、含英咀华之所也。堂后有轩，轩后有寝十有五间，曰唯改作，则学使者臧否人物、甲乙文章之地也。寝之左为间十三，右亦如之。因旧为新，则厨爨之丁夫与供事之书役所键闭扃钥之处也。仪门三间，前为头门，如其数而加高大焉。门左右为官厅，为吏舍，为鼓亭，增旧之十二为二十有四。平西偏隙地为射圃，治八椽于其后，为马厩。或因或创，凡为间大小者百六十有二。至其周围，内墙则用挑而瓦封其上，外墙则用筑而棘覆其颠，高均丈而加三，长则为丈四百六十。门以外石狮、旗杆、照壁森然成列，门以内公私所须之桌凳、屏盂、灯檠、筐筥、锜釜、铜锡、磁漆、饮食、服用之器，为数繁杂，另登簿册，任吏专掌，俾可持久。①

根据保定知府倪象恺的这篇《重修保定府试院记》，我们可以知道保定府学政试院大致分为三个部分，即入场点名区、考生答题区和考官阅卷区。其中入场点名区为仪门、头门至龙门及其东西两边的房舍，考生答题区为龙门至中堂及其东西两边的房屋，考官阅卷区为中堂至后墙。整个试院被两重围墙包围，内部共有162间房间，自南而北分别为：头门3间、仪门3间、官厅与吏舍24间；龙门20间、考号66间；中堂5间；轩寝及左右房间分别为15间、26间。

直隶大名府学政试院亦称贡院，在清代经历过3次较大规模的修建工程，分别为雍正九年（1731）、乾隆四年（1739）和同治九年（1870）。其中乾隆四年重修之后，其建筑格局大致如次：

> 贡院，为学使按临行署，在道署西，大名县仓隔壁。署前照壁、辕门、东西鼓吹楼各一。大门三楹，东官厅三楹，巡捕官居之。西房

---

① （清）倪象恺：《重修保定府试院记》，（清）李培祜，朱靖旬，张豫垲：《光绪保定府志》卷35《工政略》，上海：上海书店出版社，2006年，第545页。

三楹，看院人及水夫居之。大门内二门为奎楼，计三楹，东西角门各一，学使点名厅三楹，提调点名厅一。二门内大堂三楹，东、西文场共二十二楹。西院内巡捕厅三楹，大堂内二堂五楹，卷棚一间，穿廊三楹，学使办公、见宾之所。再后北堂七楹，学使下榻处，德文庄公保题额"交翠轩"……东西配房各三楹，幕友居之。穿堂东西偏房各数楹，为司阍所居，及吏役办公之处。内院东有厨灶等房十余间，西南厕溷一所，交翠轩后隙地一区，仅存树株。①

从中可以看出，大名府学政试院的建筑格局与保定府试院大致相同，也分为入场点名区、考生答题区和考官阅卷区三个部分。其中大门、二门及其东西房舍为入场点名区，考场执事官员、人役的办公处都在这个区域。二门至大堂为考生答题区，东西两边为考生文场。大堂以内至二堂、北堂为考官办公区，同时也是学政及其幕友的住宿区。我们还发现，同为乾隆四年重修的大名府试院，其考试文场较保定府试院要小得多，只有33间房间，是保定府试院的一半。据同治年间兵备道李文敏所撰《重修大名贡院碑记》，同治九年（1870）大名府重建试院后，其考生文场的间数才扩建到66间。另外，保定府试院设有头门、仪门、龙门共3重门户，而大名府试院则只有大门、二门2重门户。

大名府试院交翠轩两边有房屋供幕友居住，在各地试院中颇为常见。这些幕友表面上是学政的好友，实际上是帮助学政完成阅卷工作的人员，类似于乡会试的同考官。各地学政试院的考官办公区一般都设有幕友住宿或阅卷房舍，协助学政完成试卷评阅和新生录取工作。如陕西乾州学政试院原为明代洪武年间建造的巡按御史行台，后改为督学署。万历乙卯（1615）知州夏思曾增建内堂五楹，"左为学使止宿地，右为书室。东西偏各屋三间，东为仆从所居，西为幕友阅卷处"②。这一建筑格局在清代依然

---

① （清）何俊，郭程先：《咸丰大名府志》卷6《署廨》，上海：上海书店出版社，2006年，第174页。
② （清）周铭旂：《光绪乾州志稿》卷5《土地志》，南京：凤凰出版社，2007年，第274页。

延续。

福建汀州府学政试院也建有作为"幕客分校所"的"天香堂"。汀州府试院最初由邑庠许麟倡置，乾隆庚辰（1760）知府高霆与长汀知县杨廷桦、嘉庆乙亥①（1815）知府孙尔准（1770—1832）与长汀知县吴应韶、咸丰元年（1851）知府李佐贤与福建学政黄赞汤（1805—1869）先后倡捐重修。据黄赞汤所作记文，咸丰元年（1851）以后汀州府试院的建筑格局大致如次：

> 高门广厦，绕以周墙，制甚巨也。号舍宏敞，两亭对峙，如鸟革，如翚飞。其上为大堂，东为官厅，又东为差役房；西为巡捕厅，为门厅房，又西为书吏房。堂后为穿堂，旁有舍。过此为"玉衡堂"，学使者所居。内达"天香堂"，为幕客分校所，阶下种桂二本。东翼以屋，又扩西北隙地为小厅，庖舍副之。有小阜焉，戴以石竹树环之。坐厅而望，南山云起，爽人心目，因额曰"坐看云起之轩"。时李君已因公去任，询之与事者，佥云规画皆太守所定。②

光绪《长汀县志》卷首《图考》还保留了一张署名为"蒋步云刻"的汀州府试院的平面图，即《文厂》图，为我们了解其建筑格局分布提供了更为直观的依据。从图中可以看出，汀州府试院总体呈东西对称结构。在试院中轴线上，自南向北依次为照墙、头门、仪门、大堂、后堂、内堂等建筑，考生答题区分布在仪门到大堂的左右两边，分别称为"东坐号""西坐号"。图中大堂后面的"后堂"应该就是黄赞汤记文中所说的"穿堂"，后堂北边的"内堂"，当即是黄文所说的"玉衡堂"，而"内堂"后面的房间，应即是供幕客住宿和阅卷的"天香堂"。

---

① 按，光绪《长汀县志》原文作"己亥"，据查嘉庆年间无"己亥"纪年。又孙尔准于嘉庆十九年甲戌（1814）任长汀知府，次年嘉庆二十年（1815）为"乙亥"纪年。
② （清）刘国光，谢昌霖：光绪《长汀县志》卷10《公署》，台北：成文出版社，1967年，第139页。

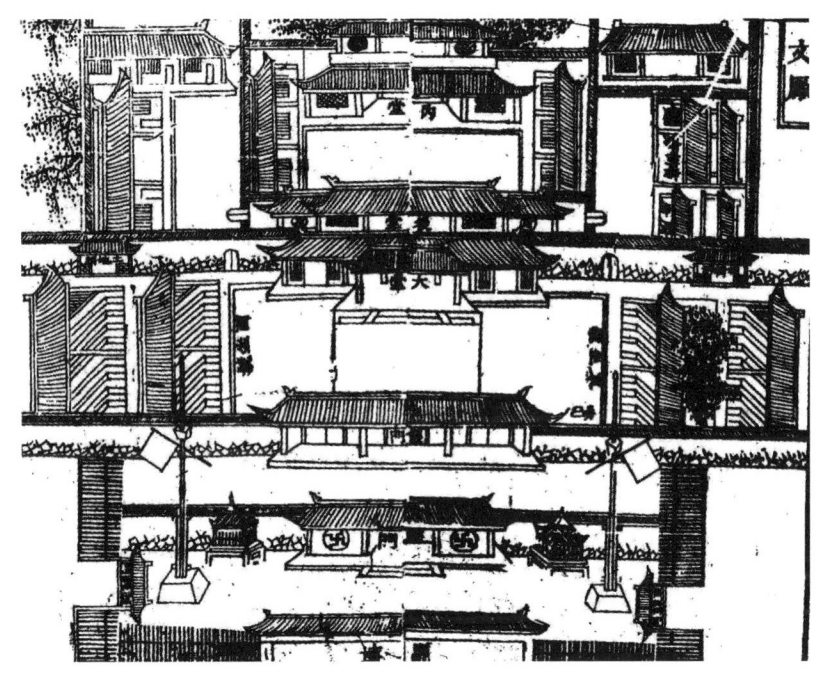

图 6-3 清代福建汀州府学政试院图（咸丰元年重建后）

清代学政按临各地主持岁科试，往往既要拟定题目考试评定多所官学的在学生员，又要拟定不同考题考试录取本府州县数百乃至数千的童生，且往往需要评阅多场考试的试卷，工作极为繁重。因此，京官获得学差之后，一般都会组建一支幕僚队伍。如南开大学创始人严修（1860－1929）在光绪甲午（1894）奉命担任贵州学政，恰逢同乡尹湛（1853－1921）丁忧在籍，"恳求同行，慨然见允"；严修又"约王式金銮襄校，亦承允诺"。除了他自己邀请的这两位朋友，此次贵州之行，严修的幕友还有由"王云舫师"和"高曦亭前辈"分别推荐而来的亲戚，即卢选卿和陈栗壶，前者被推荐来"襄校"，后者则被推荐来"办庶务"。这两个人都是因为其先人"客死"贵州，因此想通过进入严修的学政幕府趁机将先人的灵柩带回老家安葬。严修在日记里提及，此次出学差，师友所推荐的幕友、仆从，他只应允了卢、陈二人。① 据《钦定学政全书》记载，雍正十二年（1734）礼部议准，各省学政院试阅卷，有些因"试卷繁多，一己之精神不能遍览，势不得不延请宿学之士，寄以鉴衡"。有些贪图省事，往往"即以此府考居前列之生，带至彼府阅卷"，导致出现诸如"瞻顾乡曲""暗通关节，广徇情面""胥役勾连，传递消息，夤缘说合，招摇撞骗"等种种弊端。为此，雍正帝下旨，要求学政应在未入境之前便聘请幕友，"延请他省中学问优长、操守廉洁之士同往阅卷"，即便是邻近省份，也必须是距离该府或直隶州五百里以外者。② 乾隆三十八年（1773）鉴于有些学政"靳惜廉金，不肯多延名幕，致以人少误公"，无法按时完成试卷评阅工作，乾隆帝乃谕令："嗣后各省学政，务须通晓大体，多择工于阅文之幕友，即极小省份，亦不得不及五六人。"③ 同时要求各省督抚不得徇私隐瞒，必须据实参奏。

中国传统建筑一般讲究中轴线对称，上到皇城宫殿，下至百姓住所，莫不能外。清代各地的学政试院基本上也都采取这种格局。当然，个别学政试院的建筑格局有时也可能无法遵循中轴线对称的形制规则，不得不因地制宜进行调整。如福建兴化府学政试院，乾隆二十一年（1756）知府宫兆麟与莆田知县王恒、仙游知县贾凝吉倡绅士合力捐钱3440缗进行创建，其总体格局大致如次：

> 中为衡鉴堂，堂后有燕堂，东西有厢房十余间。有小楼一座，为分校幕僚住所。衡鉴堂之前为东、西两棚，均称东厂。又其西东、西、上、下四厂，均称西厂。每行木为几凳，石为脚，坐十五人。以千字文编号，各按卷面所编字号领坐位。外为仪门，仪门外甬道，折

---

① 严修：《蟫香馆使黔日记》卷1，《续修四库全书》第582册，上海：上海古籍出版社，1995年，第307页。
② （清）素尔讷：《钦定学政全书》卷17《阅卷关防》，沈云龙：《近代中国史料丛刊》第30辑，台北：文海出版社，1968年，第303页。
③ （清）素尔讷：《钦定学政全书》卷19《发案发落》，沈云龙：《近代中国史料丛刊》第30辑，台北：文海出版社，1968年，第331页。

而西向南为大门,大门又折而西为棚门、栏门,内北有候点息棚。南为提调房。①

从中可以看出,兴化府试院并不存在贯穿南北的中轴线,尤其是从仪门到大门、棚门之间的甬道更是至少有两处"折而西"的拐弯。从仪门到衡鉴堂之间的考生答题区尽管有"东厂""西厂"的区分,但也没有形成东西对称的格局。兴化府试院的中心建筑为衡鉴堂,其名称显然与乡试贡院有关。清代福建贡院中便有衡鉴堂与抡才堂,是内帘的重要建筑。所不同的是,兴化府试院衡鉴堂及其东西房屋并非完全的内帘建筑,它同时也是将考生答题区与考官办公区分隔开来的北边分隔线。此外,与大名府、汀州府试院一样,兴化府试院中也建有供"幕僚"居住的一座小楼。

清代初年规定,各府、直隶州必须为学政安排公署,方便其办公、住宿和岁科考试,其中省城所在府一般称为学政署,其他府州则称为学政行署。清代各地为学政建造的公署一般都是直接将其建成办公住宿功能与岁科考试功能二者合一的独立建筑,如保定府、大名府、汀州府、兴化府等试院均属此类。全国其他府州的学政公署基本上也都采用这种格局,因而在地方志中往往直接载为学政署、学政行署,或直接载为学政试院。

这种集考试与住宿功能为一体的学政试院,大多数又都是采取前半部分为考场、后半部分为学政阅卷兼住宿之区的格局。但也有一种较为特殊的类型,即更为偏向于学政公署的性质。以江苏常州府试院为例,整座试院虽然总体上采取东西对称的中轴线结构布局,但自南而北在中轴线上建造的房舍分别是照壁、头门、二门、龙门、大堂、崇素堂、燕喜堂、佳庆楼,龙门和大堂之间的东西两边分别为东文场、东新文场和西文场、西新文场,而学政阅卷的衡鉴堂则僻处于大堂东边的很小空间里。这与其他学政试院以及各省乡试贡院的格局显然存在很大的区别。值得指出的是,常州府的附郭县为武进、阳湖二县,但常州府学政试院则被建于非附郭县江

---

① (清)宫兆麟:《兴化府学政试院记》,石有纪,张琴:《民国莆田县志》卷18《建设志上》,上海:上海书店出版社,2000年,第752页。

阴县。光绪《江阴县志》卷首载有一幅常州府试院的平面图,题为"学使署图"。

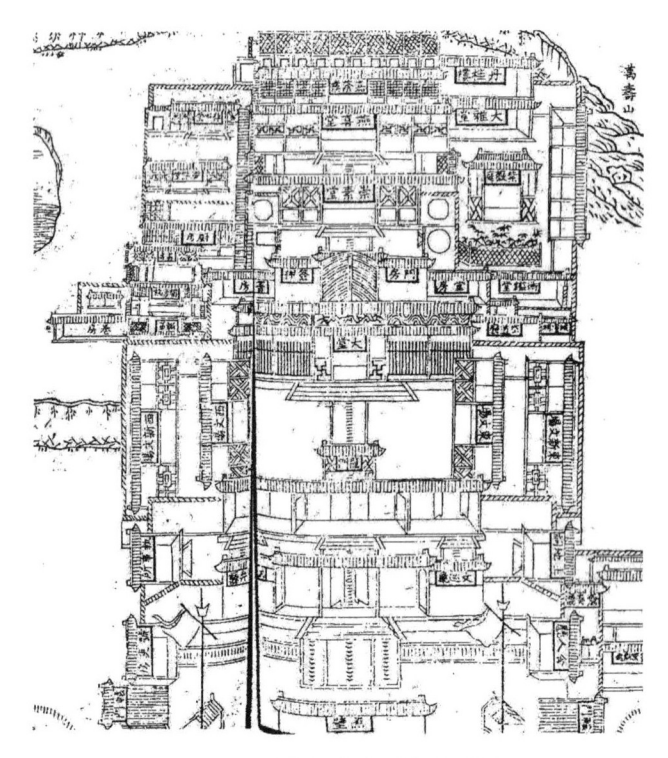

图 6-4 清代江苏常州府试院图

除了这种集办公、住宿与岁科考试功能为一体的建筑格局,清代全国也有个别学政公署被建成办公住宿功能与组织考试功能二者分离的格局,也就是在学政公署之外,另建专门的院试考场。如云南云南府的学政试院便是如此,该府学政试院被载为"督学考场",其址"原在南门内打绦街",康雍时期则改建为"在学政署内"①,即二者合二为一。山西太原府提督学院署与学政试院也经历了从分离到合并的过程。清代初期,太原府提督学院在太原府治南边,系从"旧臬司署改建",而其"考棚"则在承

---

① (清)鄂尔泰,靖道谟:雍正《云南通志》卷18下之二《文员公署》,《景印文渊阁四库全书》第569册,台北:商务印书馆,1983年,第622页。

恩门内迤东侯家巷，系从"旧三立祠改建，前号舍九百六十"。该考棚原本位于旧晋阳书院故址，万历癸巳（1593）巡抚魏允贞改书院为三立祠，万历辛亥（1611）督学王三才"移祠于后，前建考棚"，使之成为太原府院试之所。清代顺治年间，山西巡抚白如梅将三立祠迁建于承恩门内，"仍名三立书院，前为校士所"。① 不过，到了乾隆十四年（1749），该考棚被"移建于学政署"，② 从而结束了学政公署办公住宿功能与组织考试功能二者分离的格局。陕西西安府学政署与学政试院则比邻而居，直至清末。西安府学政署原本在西安府城，先后借按察司、关中书院为公署，而学政试院（亦称贡院）则位于三原县，始建于明代万历乙卯（1615）。康熙六十一年（1722）陕甘总督年羹尧题请将陕西学政署从关中书院迁至三原县，与试院比邻而建。③ 据该志卷首所载"督学署图"，这所学政试院分为督学署和贡院两个部分。督学署居东，由南向北的中轴线上分别有大门、仪门、大堂、二堂、内室等建筑，东西房舍两两对称。贡院居西，由南向北的中轴线上分别有贡院、辟吁门、东西号房、大堂、二堂等建筑，东西号房、官厅也大致两两对称。④

与乡会试贡院一样，清代各地学政试院也大多采取面南背北的建筑朝向，但也有个别学政试院与众不同。如甘肃泾州直隶州试院建成于同治九年（1870），采取坐东向西的结构布局，这与四年后建成的甘肃贡院是一样的。除了头门、宜门、大堂、外供给所等，其号舍称为"南号房""北号房"，各有7间。⑤

---

① （清）觉罗石麟，等：雍正《山西通志》卷37《公署》，《钦定四库全书》第543册，台北：商务印书馆，1983年，第256、197页。

② （清）谭尚忠，沈之燮：《乾隆太原府志》卷11《学校志》，南京：凤凰出版社，2005年，第113页。

③ （清）焦云龙，贺瑞麟：光绪《三原县新志》卷2《建置志》，台北：成文出版社，1976年，第73—75页。

④ （清）焦云龙，贺瑞麟：光绪《三原县新志》卷首《图》，台北：成文出版社，1976年，第30—31页。

⑤ （清）杨丙荣：《宣统泾州采访新志》《学校志》，南京：凤凰出版社，2008年，第549—551页。

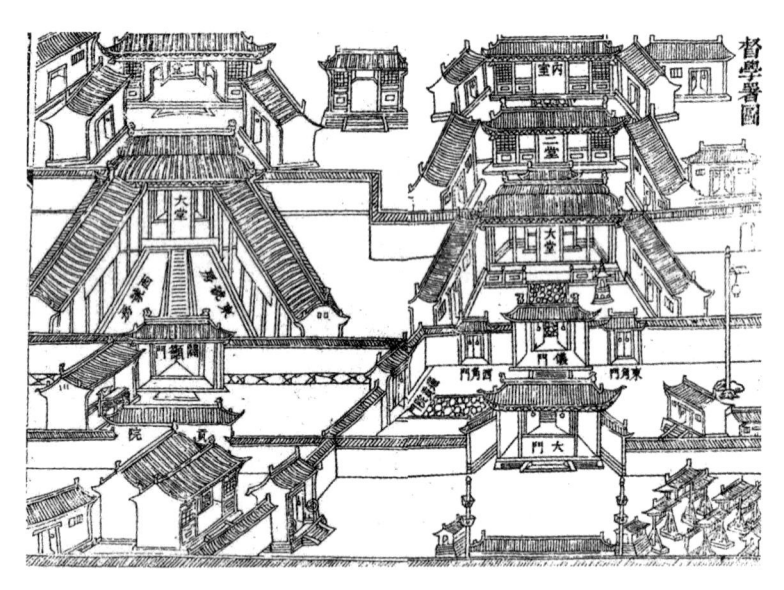

图 6-5 清代陕西西安府督学试院图

三、清代学政试院的号舍

与乡会试贡院不同，参加学政岁科试的生童不需要在考场中住宿。乾隆二十三年（1758）清礼部进一步重申："考试生童，定例于五鼓点名，申科净场，不论已未誊完，俱令交卷散出，决不给烛。恐日久法弛，学臣或博宽厚之名，以致暮夜滋弊。嗣后应恪遵题定场规，如有因给烛滋弊者，将违例之学政议处。"[①] 为了节约成本，清代各地学政试院的考生号舍一般都被建成棚厂模式，即考生答题区总体分成若干棚厂，每棚若干间（或称为"楹""甬"），每间安排若干排座位。这种棚厂型的考生号舍，是清代各地学政试院的主要类型。总体而言，各地试院棚厂中的排号方式大致可有三种类型。

第一种类型是每间号舍中安置若干副长桌、长凳，每副桌凳排定若干个考试座位。

---

① （清）素尔讷：《钦定学政全书》卷 12《考试场规》，沈云龙：《近代中国史料丛刊》第 30 辑，台北：文海出版社，1989 年，第 255 页。

贵州遵义府学政行署创建于康熙三十四年（1695）知府王元弼任内。行署前面部分为头门、龙门，后面部分为大堂、后堂、花厅、衡文亭、花园等，中间部分为东、西文场，场中"各置石桌四十条，凳亦如之，每条可三四十坐，足函千余人"。① 按，"三四十坐"或当作"十三四坐"，清代其他州县考棚的同类考桌一般没有一桌安排三四十个座位的。且若果然一桌"三四十坐"，则左右各四十条，合计可编座位 2400－3200 个，而不是只能容纳"千余人"。

江苏常州府学政试院在道光十九年（1839）由全府八县士绅捐资重修时，在原有东、西文场的基础上，增建东、西新文场 22 楹，改制石脚几座。考生座号的规格为："其坐号，每人占地广尺八寸，深四尺。东西旧文场容七百五十人，新文场容千二百五十四人。堂上文场容二百四十四人。几、坐俱以厚木为面，青石为足，防抵触与摇动也。"② 从中可以发现，该试院中每个考生只能占据"广尺八寸，深四尺"的座位面积。其中"深四尺"应当是考生前后之间的距离，而"尺八寸"则是每位考生可以使用的考桌的宽度。

江苏通州在雍正二年（1724）升格为直隶州后，知州白映棠改察院为试院，其号舍"以千字文排比，每字计十有五号"，由于座位排得太密，导致考生应试时"左右逼处，动辄掣肘"；同时由于"号桌、坐具为承办者辗转移用，临时取办塞责，皆断坏零落，不可凭倚"。嘉庆十一年（1806）知州张桂林主持扩建号舍，所建新、旧文场从原先只能容纳 800 个坐席拓展到可以容纳 1200 个坐席。原先的坐席是每个士子对应一副桌凳，15 副桌凳并排连为一个字号，此次重建试院则每个字号安排 12 个坐席，且每个字号"通为一桌，使不得移掇他处，高下有度，宽厚有数，坚固精

---

① 周恭寿，赵恺，杨恩元：《民国续遵义府志》卷 3《公署》，成都：巴蜀书社，2006 年，第 65 页。

② （清）祁寯藻：《增修江阴考棚记》，（清）陈延恩，李兆洛：道光《江阴县志》卷 2《建置志》，台北：成文出版社，1983 年，第 245－247 页。

致",考生答题时可免"举笔动摇之患"。①

安徽池州府试院建自明末崇祯年间,清代康熙癸酉（1693）、乾隆元年（1736）两次扩建,号舍从可以容纳1000余人扩充至可以容纳2400人。乾隆五十八年（1793）,知府荆道乾因此前号舍"号多地狭,出入肩相摩,静乐以为歉",于是筹集捐款再次扩建,将原来的"东西两大棚,共二千号"的号舍,拓展为4个棚厂,共可安排1920个座位。之所以号舍总面积变大,而排的座位却变少了,是因为每个座位的占地空间变大了。原先分为东、西2个棚厂时,每个棚厂排1000个座位,"每号坐二十五人",而通过"撤大堂移建于二堂"扩建为4个棚厂后,"每号前后棚各坐十人"②,相当于原来宽度的号桌只排了20个座位。

四川绥定府学政试院始建于雍正八年（1730）。嘉庆十六年（1811）本府所辖各厅县"公捐重修",其前面部分的建筑格局为:"左右辕门二,乐楼二,仪门一。左右厢房各二。考棚左右木案、木凳约二百余,每一案凳容生童十四人。"道光至光绪年间,历经扩建。其考官办公、阅卷区域格局为:"正中大堂一,左宅为书吏办公所。堂后厢房,左右各三间。东侧有厨房、厕所在其后。后堂五楹,试官所居。前为甬道,建置瓦亭,为文童复试处。"③

浙江省各学政试院一般都采用此种形式设置考生座位。如杭州府学正署试院,据钟毓龙《科场回忆录》:"东西文场相对各五间,间之方广约三四丈,其下初为泥地,天雨泥泞,龌龊不堪置足。清同光间,始悉易以条石。每间中横列案席各十行,皆以厚板连接而成,其下分支以石条,下入地中,而上嵌于木中,故牢固而不可动移。案之直径约二尺,坐席半之,其制与案同。前后无门窗,而界以短墙,高仅及肩。其一面为院中之墙,

---

① （清）梁悦馨,季念诒:光绪《通州直隶州志》卷5《学校志》,台北:成文出版社,1970年,第263—264页。
② （清）荆道乾:《重修试院碑记》,（清）陆延龄,桂迓衡:《光绪贵池县志》卷11《学校志》,南京:江苏古籍出版社,1998年,第219页。
③ 蓝炳奎,吴德准,王文熙,朱炳灵:《民国达县志》卷1《建置门》,成都:巴蜀书社,1992年,第16页。

一面为短木栏干而有门。考生毕入，则外加以锁。栏干之外为走廊，往来之道也。间与间之间，均为等大之院落，故场中极明爽。每间之上，悬有壁灯，标以字号，书以红色。每案上相距若干尺，皆粘有号数，俾考生得按卷上所印之某字第几号，寻觅而坐之。东西两走廊之间为甬道，宗师出入所由，上盖明瓦厂，故较暗。"①

湖南各府学政试院多采取棚厂形结构。如宝庆府试院始建于康熙五十年（1711），乾隆二十二年（1757）重修时，"改号桌为号板，宽一尺五寸，厚三寸。一板为十人座，每座长二丈六寸。每棚间旧为号桌十二，裁而为十。加以钉钮，不可移置"。②澧州直隶州试院在道光七年（1827）任内重修时，东西文场各有棚厂两行，"每行十八楹，每楹列字号凡四，每号条容九人。其号条、坐凳皆石柱，衔板宽厚平稳。去从前矮墙，出入得以自适"。③

一些清代人绘制的试院结构图为我们了解清代考生答题区的建筑形制提供了依据。如在前引福建汀州府试院的《文厂》图里，我们可以看到，在仪门和大堂之间的东西坐号里，整齐地排列着一张张长条形的考桌。又如湖北汉阳府试院，据《同治续辑汉阳县志》卷1《舆图》所刊刻的《考棚图》，我们可以看到，该学政试院在龙门与大堂之间的东西两边分别有内东号、外东号、外西号、内西号四个棚厂，每个棚厂各有六个隔间，每个隔间里绘有一张长条形的考桌。④这是因为该图只是一幅极为简略的三维立体图，在当时的绘画技术条件下，无法将其内部情况全部如实绘出。据《汉阳县志》记载，该试院最早建于雍正三年（1725），系由汉阳、汉川两县绅士共同捐建的，道光戊戌、乙巳、咸丰丁巳三次重建。据《乾隆

---

① 钟毓龙：《科场回忆录》，杭州：浙江古籍出版社，1987年，第18—19页。
② （清）黄宅中，邓湘皋：《道光宝庆府志（三）》卷93《礼书七》，南京：江苏古籍出版社，2002年，第20页。
③ （清）何玉芬，魏式曾：《同治直隶澧州志》卷2《舆地志·公廨》，南京：江苏古籍出版社，2002年，第114页。
④ （清）黄式度，王柏心：《同治续辑汉阳县志》，南京：江苏古籍出版社，2001年，第177—178页。

汉阳府志》记载，雍正三年创建的汉阳府试院共有"东西号舍三十六间，桌凳二千四百余座"①。

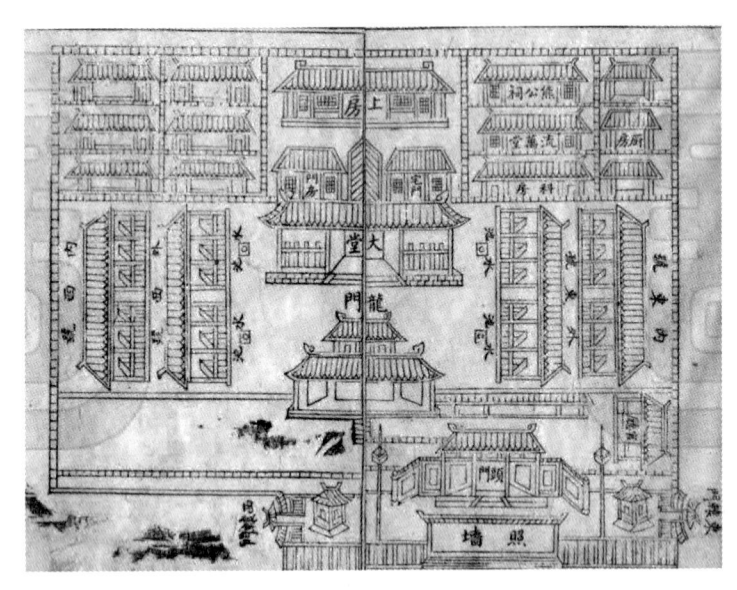

图 6-6　清代湖北汉阳府试院图

第二种类型与第一种基本相似，棚厂中的座位都是供单人使用，不过其材质不是木材，而是采用砖石甚至土坯。如山西绛州直隶州试院便是如此。该试院的号座称为"台座"，采取每人一个台座的形式。其东、西号舍在雍正二年（1724）创建之初只有 18 楹，座次之间非常拥挤："号舍鲜少，座次逼仄，士子风檐寸晷，撼思构文，舒臂维艰。"雍正九年（1731）增至 32 楹，其规制有较大改观："初，台座用土坯，今尽易以甓，而舍地则以甓布之。至台面另用巨甓，长二尺有二，广一尺有五，厚则二寸，强半下横，以不妨甓渤也。每楹计号三，每号计座十，通计号九百有六十。"②原本台座都是用土砖垒成，此时改为烧制的陶砖，供考生答题的台

---

① （清）陶士契：《乾隆汉阳府志》卷 6《公署》，南京：江苏古籍出版社，2001年，第 53 页。
② （清）张尔毅：《试院增修号舍台座记》，（清）李焕扬，张于铸：《光绪绛州志》卷 17《艺文志》，南京：凤凰出版社，2005 年，第 314 页。

面也换成 2.2×1.5 平方尺的陶砖。东西号舍共有 32 楹，每楹设三排号座，每排设 10 个台座，合计共有 960 个台座。至乾隆元年（1736），知州童绂又增建堂号 6 楹。同治十二年（1873）知州沈钟重修时，将陶砖做的号板改称木板。

无独有偶，山西潞安府试院号舍的建造模式与绛州试院基本相同，只不过所使用材质的改良年代比绛州更早一些。乾隆初年潞安知府李为栋重修试院时，就已经是"号台架木，虚其上下，覆以砖"，而到了道光二十五年（1845）知府多慧重修试院时，则是"仍其旧制，而规模宏阔，其号台之架木者，以石易之，坚厚至今无所摇落"。①

陕西绥德州学政试院中的考生座位也被建成台座。该试院于乾隆四十五年（1780）由知州戚荣青主持重修时，考生答题区的号舍分布情况为："东、西考棚各九间，共六十四甬，每甬十五号，共九百六十号。"② 至道光二十一年（1841），知州江士松与绅耆商议捐资 6000 余缗增修试院，除扩建三堂及西偏书吏房外，也对考生号舍进行了升级改造："其号舍则旧柳椽也，今易以松；旧柴栈也，今易以砖；旧碎石台也，今易以砖砌，而虚其中有容膝处，坐与案皆易以厚实板，即号舍地亦以平石遍铺之。"③ 所谓"柳椽"是指房顶椽条材质，柳条较为松软，此次重修改为松木条；"柴栈"是指墙壁材质，改筑砖墙；"碎石台"是指用碎石垒筑的台座，此前所砌为从地面到胸前的完整台座，落座之后，双膝无法伸展，此次则改用砖砌，中间空出，台面架以木板，落座之后，双膝可以伸入其中。

陕西鄜州学政试院始建于雍正四年（1726），道光元年（1821）遭遇水灾几乎全部倒塌，为此道光二年知州杨名飏倡捐重修，除大门、仪门、大堂、二堂、三堂等房舍外，还建有"东、西号房三十六间"，并将此前

---

① （清）陈泽霖，杨笃：光绪《长治县志》卷 3《建置志》，台北：成文出版社，1976 年，第 503 页。
② （清）孔繁朴，高维岳：《光绪绥德直隶州志》卷 4《建置志》，南京：凤凰出版社，2007 年，第 385 页。
③ （清）江士松：《重修试院碑记》，（清）孔繁朴，高维岳：《光绪绥德直隶州志》卷 8《艺文志》，南京：凤凰出版社，2007 年，第 516—517 页。

号房中的"土桌凳"改为"板桌凳"。然而,仅仅过了几年时间,号房便又日见破损,"号坐塌圮,号板损裂",尤其是因为号房的房檐过短,无法有效遮挡阳光、雨水,导致"每届试时,前号生童天晴苦晒,天雨苦湿"。道光九年,知州吴鸣捷捐廉进行全面整修,"所有坐号板片、土座一律更新,又于号檐撑支席扇六尺,边纫蓝布二尺,以障风日"。①

第三种类型也与第一种基本相似,只不过将供多人使用的长桌、长凳改为供单人使用的桌凳。如山东莱州府试院亦称校士院,始建于康熙四十九年(1710),系由知府陈谦、学政黄叔琳等官员合力捐资所建,共造"东、西文场六十楹",文场中共制备了"桌凳九百副"。②

由于文献记载详略不同,很多地方的学政试院究竟采取了以上哪种形式,我们暂时还无法得知。如湖北安陆府试院道光年间扩修,除堂号不计外,"东、西号舍各二层,共计九十六间,除走道十间,余八十四间。每间坐二十四名,共坐二千有十六名"。同治五年(1866)因府试人数增多,再次扩建,"添东、西号舍各一层,共计二十四间,每间坐二十一名,共坐五百有四名,通计可坐二千五百二十名"。③ 从中可以看出,《同治钟祥县志》只告知了号舍的间数、每间可编排座位的数量和总共可以容纳考生的人数,而每间号舍里的桌、凳的材质、长短信息则未予揭示。

此外,各类地方志中对试院座位计量单位的叙述用词也并不统一。如据《乾隆凤翔府志》记载,陕西凤翔府学政试院称为考试院,乾隆二十九年(1764)知府达灵阿倡捐重修时,除建有大门、仪门、官厅、奎星坊、三堂、二堂、大堂等外,还建有"东、西号舍共三十间"。④ 这里的"间",显然不同于乡会试贡院中的号舍"间"数,而更多的是指房屋的"间"

---

① (清)吴鸣捷,谭瑀:《道光郴州志》卷2《建置部》,南京:凤凰出版社,2007年,第266页。
② (清)黄叔琳:《新造莱州府试厂记》,(清)严有禧:《乾隆莱州府志》卷13《艺文志》,南京:凤凰出版社,2004年,第315页。
③ (清)许光曙,孙福海:《同治钟祥县志》卷2《建置志》,南京:江苏古籍出版社,2001年,第35页。
④ (清)达灵阿,周方炯,高登科:《乾隆凤翔府志》卷2《建置志》,南京:凤凰出版社,2007年,第53页。

数,每"间"中有若干号桌、号凳,每副号桌、号凳又可安排若干名考生的座位。它与《同治钟祥县志》的"间"所指向的事物完全相同。又如河南光州试院,据《光绪光州志》记载,雍正三年(1725)改造旧察院为校士馆,当时也是共建有"东、西号房三十间"。道光三年(1823)知州栗毓美募捐重修后,将其改名为试院。光绪四年(1878)知州姚国庆扩建试院,其号舍总数为:"计东二层共号舍二十六间,计西三层共号舍三十九间,统共坐号一千九百二十号。"① 而《同治河南府志》在记载河南府学院行署的历史沿革时,则仅在叙述乾隆四十一年(1776)知府施诚、洛阳县知县何如钟修复时提到"增建号房各二十间,易席棚作瓦房"。② 这两种地方志中的"间"与《凤翔府志》《钟祥县志》中的意思完全相同。而据《道光廉州府志》记载,该府士绅于嘉庆七年(1802)捐资修理学政试院,"统计新旧二十五楹,坐号一千五百零十,每号广尺有五寸,号几坐次皆用石"。③ 这里的"楹"事实上就是间,"号"也就是座位,与前引山西绛州试院的"号"有所不同。而山西绛州试院的"号"则类似前引陕西鄜州试院的"甬"。

清代学政按临各地举行院试,通常以府(直隶州)为单位,合一府(直隶州)之生员、童生分别分场进行考试,从入住试院到考完离境,一般需要20天左右的时间。生、童考完正场之后,还有若干次复试,称为头覆、二覆、三覆,多者可至五覆。由于院试正场往往已经决定了考试结果,因此考生可以不用参加复试,这使得复试人数较之正场人数少了很多。为了便于复试管理,很多地方的试院在普通号舍之外,还特别设置了"堂号"。如四川成都府试院建成于同治三年(1864),系由知府杨重雅筹款创建于四川贡院东偏,其考号包括"堂号二百四十"和"大号四千六百

---

① (清)杨修田:光绪《光州志》卷1《建置志》,台北:成文出版社,1976年,第81—82页。
② (清)施诚,陈肇镛:同治《河南府志》,清同治六年(1867)刻本,卷6《建置志二》,第2页。
③ (清)张堉春,陈治昌:道光《廉州府志》,清道光十三年(1833)刻本,卷7《建置志》,第16页。

零八"。① 山东临清直隶州试院始建于乾隆四十一年（1776）临清州升格为直隶州之后，除建有照壁、大门、仪门、大堂等外，还建有"考棚四十九间"，以及人文蔚起坊东西两边的"内堂号"，这些内堂号专门用作"四县生童复试之所"。② 贵州贵阳府试院在雍正六年（1728）迁建后，除了东西文场的坐号约1500号外，还在大堂之东的新堂设"堂号三间，坐号九十"。③

清代各地学政试院中不设明远楼，考试期间学政所处核心位置一般称为"大堂"。不过，有些地方的试院也仿照乡试贡院之例，称为至公堂。如湖南岳州府试院④、湖南澧州直隶州学院考棚⑤、山西岢岚州文场⑥均有至公堂。有些地方的学政试院中的大堂则有其他的名称，如浙江杭州府校士馆中有观成堂，系雍正四年（1726）学政彭维新改建都司衙门所建。⑦ 山东临清州在乾隆四十一年（1776）升格为直隶州后，由一州三县合力建造了试院，其中有大堂五楹，曰文昌堂。⑧

大堂是各地学政试院的核心建筑，其他较为重要的试院房屋则还有二堂、三堂等，其中二堂一般是学政评阅试卷的场所，各地往往也赋予其特别的名称。如浙江杭州府校士馆有"严翼堂"；江西饶州府学政署有"患

---

① （清）罗廷权，衷兴鉴：《同治重修成都县志》卷4《学校志》，成都：巴蜀书社，1992年，第148页。
② 张树梅，王贵笙：《民国临清县志》卷7《建置志》，南京：凤凰出版社，2004年，第99页。
③ 刘显世，谷正伦，任可澄，杨恩元：《民国贵州通志》《建置志》，成都：巴蜀书社，2006年，第234页。
④ （清）钱澧：《重修岳州试院考棚记》，（清）姚诗德，郑桂星，李和卿：《光绪巴陵县志》卷9《建置志》，南京：江苏古籍出版社，2002年，第510—511页。
⑤ （清）何玉芬，魏式曾：《同治直隶澧州志》卷2《舆地志》，南京：江苏古籍出版社，2002年，第113—114页。
⑥ （清）吴光熊，史文炳：光绪《岢岚州志》，清光绪十年（1884）刻本，卷3《衙署》，第31页。
⑦ 吴庆坻：《民国杭州府志》卷18《公署一》，上海：上海书店出版社，1993年，第484页。
⑧ 张树梅，王贵笙：《民国临清县志》卷7《建置志》，南京：凤凰出版社，2004年，第99页。

不公明堂"①；山东青州府试院有"梦愚堂"，系学政施闰章（1619－1683）所题②；直隶大名府贡院有"清鉴堂"，系学政孙诒经（1826－1890）所题③；福建汀州府学政试院有"玉衡堂"，为"学使者所居"，而其"幕客分校处"则名为"天香堂"。④

清代各地所建学政试院，虽然各因其所选建筑地基的高下广狭不同而格局略异，但作为一个大一统的帝国，各地贡院也体现出逐渐趋同的趋势。文献记载表明，有些地方在建造贡院时，往往会学习借鉴其他地方考场的建造样式。如雍正七年（1729）江苏镇江府建造学政试院时，便学习了本省常州府学政试院的建筑格局："其卷棚、考厂、头门、仪门、官厅、吏舍等，俱照江阴试院增设建造。"⑤这是因为镇江府在建成试院之前，本府生童都必须到位于江阴县的常州府试院参加岁科试。又如江苏苏州府督学试院原本建在新阳县，咸丰十年（1860）因战乱被毁，同治三年（1864）李鸿章奏请迁建于苏州府城吴县，"门庭堂寝廪庖，高卑广狭多寡，一准松江式"⑥，也就是全部按照松江府试院的格式重建苏州府试院。

清代各地学政试院的号舍数量各不相同。道光十九年（1839）江苏学政祁寯藻命代理江阴县知县陈延恩扩建常州府学政试院，将其号舍数量增加至2000多间，并将所有考凳改为石脚。试院完工后，祁寯藻在其《增修江阴考棚记》中指出："国家培养人才，超轶前古。士之应科岁试者，大

---

① （清）锡德，石景芬：《同治饶州府志》卷4《建置志》，南京：江苏古籍出版社，1996年，第150页。
② （清）张承燮，法伟堂：《光绪益都县图志》，南京：凤凰出版社，2004年，第126页。
③ 程廷恒，简恩霈：《民国大名县志》卷6《廨署》，上海：上海书店出版社，2006年，第71页。
④ （清）刘国光，谢昌霖：光绪《长汀县志》卷10《公署》，台北：成文出版社，1967年，第139页。
⑤ 冯煦：民国《金坛县志》卷3《建置志》，台北：成文出版社，1970年，第102页。
⑥ （清）李鸿章：《苏州府督学试院记》，吴秀之，曹允源：民国《吴县志》卷29《舆地考》，台北：成文出版社，1970年，第444页。

县多至四五百人，小县不下二三百人，而秀民之应童子试者更倍蓰焉。江苏为人文渊薮，各属试院皆渐次增广，而常郡犹仍旧制，东西两文场仅容千四百人。而武、阳、宜、荆应试文童，每场率二千以外，使者厅事及平时吏役治事之所皆编列坐号。"① 随着考生人数不断增加，清代各地官绅积极捐资扩建试院号舍，也是清代中后期其他各类贡院发展的常态。

第三节　清代县试考棚的建筑形制

清代县试考棚是为州县童试而建造的专门考场。尽管清代国家并未针对县试考场制定相应的政策，但随着时代的发展，越来越多的州县在士绅的踊跃捐助下建造了县试考棚，以规范县试考场秩序，促进考试起点公平。如前所述，有些地方志中县试考棚也被称为贡院。

一、清代县试考官、执事人役

关于各地县试、府试的考官尤其是相关执事人役的类别与具体人数，《钦定大清会典》《钦定学政全书》等清代政书都没有详细记载。从其他相关文献的记载来看，清代县试所安排的考官、人役当与学政院试大致相似，在场内有考官进行监视、阅卷，场外亦有提调全面弹压，考场内外分别派遣各类人役，协助完成搜检、巡逻、监考等考场防弊工作，以及提供展示考题、弥封试卷、制备饮食茶果等相应的服务。

1. 县试考官

清代末科探花商衍鎏（1875—1963）所著《清代科举考试述录》详细介绍了县试的报考资格、考试场次、考试内容、发案方式等，在考试组织者方面则提到"童生向本县署礼房报名"和"考官为本县之县官"，② 即由知县担任县试的主考官。

主考之外，县试也设有提调。康熙年间的江西新昌（今宜丰县）举人

---

① （清）祁寯藻：《增修江阴考棚记》，（清）陈延恩、李兆洛：道光《江阴县志》卷2《建置志》，台北：成文出版社，1983年，第245页。

② 商衍鎏：《清代科举考试述录》，北京：三联书店，1958年，第4页。

黄六鸿（1630—1717）在其所撰《福惠全书》中，也谈到了知县主持县试的问题。

> 其童生正考宜分别已冠、未冠出题，其题择虚灵并有议论、易见才情者，勿出枯涩以阻遏少年文机。然正考关系进取，人怀侥幸之心，宜将头门封锁严密，左右巡逻，毋许衙役水夫传递。每童各给果饼。至做完之时，试卷俱交案上，不得纷求面阅。其试卷务拔佳文，以备前列。应复试者作一圆圈出示，其应取正案者与复试圆圈一并贴出，彼知正案有名，免致更求复试，希列前茅。而提调官亦得耳根清静，不滋缠扰矣。①

黄六鸿曾在山东担任知县，其建议当有事实依据。他在书中提到了正考提调，但没有说明由县中哪类官员担任。清代院试一般以知府、知州担任提调，知府、知州若有紧要公事，可委派某一知县担任提调。府试由知府主考，一般委派府中某一知县或通判为提调。县试由知县主考，一般是从该县教谕、训导、县丞、主簿、典史等官员中派任为提调官。

清代县试由知县（或散州知州、散厅同知、通判）主持，有些文风较盛的州县，每届童试的考生人数可达2000余人，阅卷工作也较为繁重，因此知县除了邀请县学教谕、训导参与阅卷工作外，也会设法邀请其他人员加入自己的幕友群。如嘉庆二十五年（1820）进士、江苏通州人徐宗幹（1796—1866）曾于道光年间任山东泰安府泰安县知县，他的同乡道光癸未（1823）科状元王广荫（？—1852）"请假归，道出山左"，徐宗幹特邀请王广荫"留登泰山"，并于10月9日参加徐宗幹生日宴饮。之后，"适试童子，延驻试院同校；剪烛烹茶，宛然昔年在文社中"。不仅如此，王广荫还从糊名的试卷中发现了一份佳卷，推荐录取后，拆开弥封，发现竟然是王广荫的弟弟王广涵，而王广荫竟然直接向徐宗幹提出："此吾弟也，

---

① （清）黄六鸿：《福惠全书》，康熙三十八年（1699）金陵濂溪书屋刻本，卷24《宾兴考试》，第21页。

可望冠军，勿效余作第二人！"① 由于童生的水平参差不齐，且县试不能决定童生的最终录取结果，因而其阅卷工作的随意性也较为明显。

2. 县试执事人役

与学政院试一样，各地县试过程中也需安排相关执事人役，完成考生入场搜检、考场内外巡视、试卷弥封处理等工作。从同治年间福建汀州府的多篇童试文书我们可以发现，以长汀知县名义发出的县试公文均署名为"礼房承"，说明礼房是县试的主要承办衙门。其中的一篇公文《摄理长汀知县为县试入场纪律事牌示》虽有缺漏，但大致可以看出县试的入场流程："尔等届期三炮后，□□考棚□□□，照牌挨次听□，高声应名，接卷归号，毋得一人混□数□□□落后，□□挤喧。自示之后，如敢故违，定将该童除名。"另一篇题为《长汀知县为准备县试物件事致工房谕》的公文则提到，工房需于考前准备好考场内的相关用品："炉画、彩绸、纱灯、朱漆桌椅、公案桌椅、印架、堂号桌□、□□牌、高照、床铺、堂鼓、云电，厨房内锅、灶、钵、缸，应用一切物件。"② 这些公文表明，在县试过程中，县礼房、工房的工作人员（礼书、工书）均需承担相应的工作。

清末四川《南部档案》也反映了南部县县试执事人役及其承担的相应工作："需准备桶、茶担、布棚、蜡台、纱灯等50余项物品，以及鼓乐人、炮手、巡役等人员。岁试年应行武考，还需派差役催城外保甲，将县城西关外箭道铲平，预备桌凳，搭盖布棚，安设箭靶，并找齐吹手、掌号、击鼓等人员。"③ 这些执事人役，有些是从各衙门皂隶、书斗中选派，有些则需出钱向社会雇用。

---

① （清）徐宗幹：《王文慎公遗稿序》，徐宗幹：《斯未信斋文编》卷3《艺文》，台北：台湾银行经济研究室，1960年，第155—157页。
② 转引自天津教育招生考试院：《同治年间福建汀州府童试文书》，《历史档案》2016年第1期，第39—54页。
③ 转引自张亮：《晚清童试经费摊派及办考赔累——以四川保宁府为中心的考察》，《学术研究》2018年第7期，第125页。

二、清代县试考棚的空间布局

清代州县县试与学政院试一样，同属童试系统，是童试乃至整个科举考试体系中最基础的环节。县试考官与执事人役仿照院试设定，县试考棚也大致仿照学政试院的格局进行建造。

1. 清代县试考棚的总体结构布局

与学政试院相仿，清代县试考棚大致也可分为入场点名区、考生答题区和考官阅卷区三个部分。清代县试是童试的最低阶段，而院试则是童试的最高阶段。在学政院试阶段，由于学政既是阅卷主考，又是场内监试，因而无须像乡会试贡院一样在试院的阅卷区与答题区之间形成严密隔离，因此也就无法形成如乡会试贡院一样的内、外帘相隔的建筑格局。县试与之类似，知县同样既是阅卷主考，又兼场内监试，因而也同样无须将考棚建成内帘、外帘相隔的建筑形式。所不同的是，大多数学政试院都既是学政院试的考场，又是学政办公、住宿之所，因而在大堂之内一般都同时建有学政阅卷之所和学政住宿办公之所。而县试考棚只是知县主持县试的临时性办公场所，三年仅两次使用，因此其考官阅卷区相对更为简单。

江西袁州府分宜县考棚始建于嘉庆十六年（1811），系由嵩、黄两任知县倡捐钱款历时三年所建，其规制便颇为简洁严整。

> 考棚在教谕署东。前有东、西闸门，门内两曲廊，达于头门。中为过亭，以及于仪门。仪门内为东、西号舍。其上为大堂。堂后屋数楹，为考官校阅所。棚后墙外续架栈房十间。①

从《民国分宜县志》卷首所刻《考棚图》可以发现，分宜县考棚的三个分区非常明显。其最南端是一个相对封闭的院落，为考生入场等候区，东、西各设一道入口，方便考生从不同方向入场等候，以免拥挤。朝北正

---

① （清）李寅清，夏琮鼎，严升伟：《同治分宜县志》卷2《建置志》，南京：江苏古籍出版社，1996年，第147页。

中为头门，悬挂"天开文运"匾额。自东西闸门沿着两边墙壁及头门两边厢房所建走廊，考生依次排队，可遮蔽雨雪。从头门到仪门之间的院落为点名入场搜检区，中轴线上建有长廊，供考生接受搜检分批入场。这两个院落构成该考棚的考生入场点名区，同时也是发卷、受卷等执事人役办公的主要场所之一。自仪门至大堂之间的院落为考生答题区，东、西两边各建棚厂，摆放桌凳。大堂以内为考官阅卷区，也是一个相对闭合的院落，知县及其幕友在此评阅试卷，选定录送府试的童生名单。

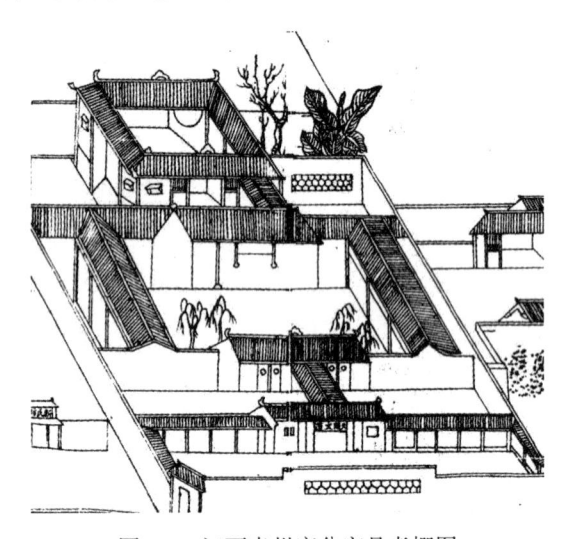

图 6-7　江西袁州府分宜县考棚图

湖北汉阳府汉川县考棚被称为校士馆，又名试馆，建成于同治八年（1869），系由知县德廉倡率邑绅捐款，在东岳庙故址建造。在同样由德廉主持编纂的同治十二年（1873）版《汉川县志》中刊载了一幅《校士馆图》，并附以一则约 200 字的图说，简要介绍了该考棚的基本规制，同时还回顾了历年来汉川县县试的考场组织方式。

> 校士馆之制，前为照壁，为头门，门左为官厅。中为龙门，门以内东西为号舍各十七楹。正中为大堂，堂之东为内号舍三楹，西为厨、湢。后为退食所，为寝室四，为阅卷房五。校士馆之未建也，官

率扃试童子于县署。将试之先，赁案、坐，购结卷，奔走驰劳焉。及其入场，严暑盛寒，风日雨雪，捱肩叠背于廊庑之下，欲静定以摅其所学，难矣。年来官僦民舍，扃试之日，湫隘尤甚。乃即岳庙故址，创建于伏龙山之阳。上栋下宇，规制视他邑为壮。更置芦州以备岁修，存生息以备卷资。①

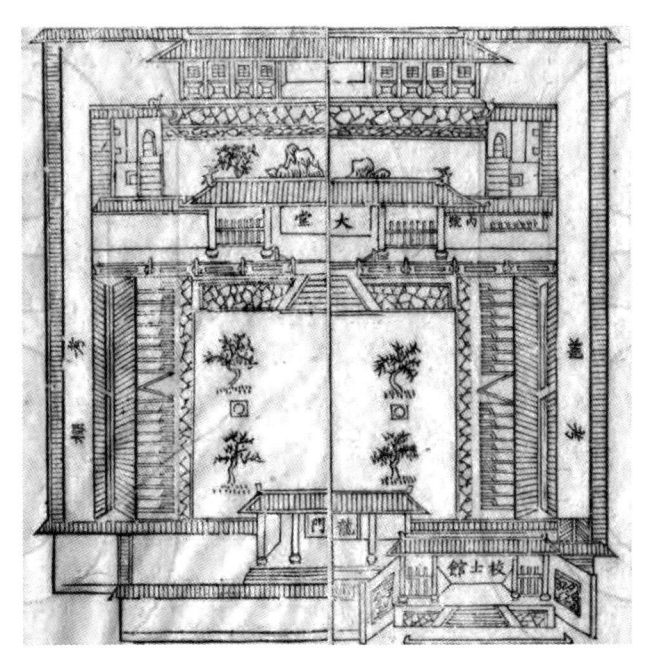

图 6-8　湖北汉阳府汉川县校士馆图

从汉川县校士馆图及其图说我们可以发现，该县试考棚是一座依山而建、逐级抬升的建筑。在其三个结构分区中，考生入场点名区的范围相对较小，在头门和龙门之间没有建造二门，头门也没有建在整座考棚的中轴线上，而是被建在龙门前的偏东南方位。头门左边的官厅是搜检等考场人役的办公之所。和学政试院一样，其龙门至大堂之间也没有修建明远楼，

---

① （清）德廉，袁鸣珂，林祥瑗：《同治汉川县志》卷首《图说》，南京：江苏古籍出版社，2001年，第27页。

甚至连甬道也没有修建。与乡会试贡院和学政试院一样，其考生答题的号舍也位于龙门至大堂的东、西两侧。不过，该县试考棚除了东西两边对称的棚厂号舍，在大堂东边还建造了三间内号舍。大堂是该县试考棚的核心区域，大堂往北是考官办公、阅卷之所，除了建有供知县及阅卷人员阅卷、住所的寝室和阅卷房，还配备了厨房和厕所。值得指出的是，该《校士馆图》中将图中东、西两边的棚厂直接标上了"考棚"字样。

湖北安陆府京山县考棚亦称校士馆，建成于道光二十六年（1846），系知县梁芸滋倡捐以行台改建而成，光绪戊寅（1878）扩建，合计可编坐号2000余号。其初始建筑格局及扩建后的建筑格局大致为：

> 就大公馆买置左右民房展拓规模，大门、仪门仍旧，其余皆改建焉。计建大堂三间，二堂三间，左右各花厅。东花厅屏墙外为厨房三间，西花厅屏墙外为跟班房二间。大堂下东为号舍三棚，西为号舍二棚，翼以围墙，可容一千五百余人……添建三棚于东花厅之旁，另构半棚于大堂之左，连前五棚，可容二千有余名。①

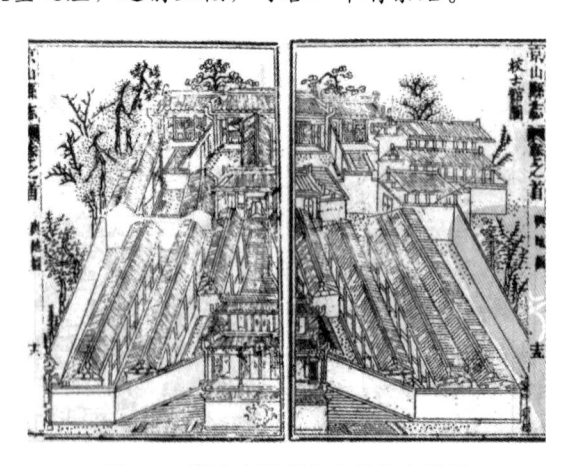

图6-9　湖北安陆府京山县校士馆图

从光绪八年（1882）版《京山县志》所刊载的这幅立体《校士馆图》

---

① （清）沈星标，曾宪德，秦有锽：《光绪京山县志》卷2《建置志》，南京：江苏古籍出版社，2001年，第240页。

可以看出，京山县考棚在最初创建时的建筑格局非常规整，是一座东西对称的坐北朝南建筑，中轴线上依次建有大门、仪门、大堂、二堂等建筑。它主要也是分为三个部分，其中入场点名区占地面积最小，即大门和仪门间的相对封闭的一个小院落；仪门至大堂之间及其东西两边的5个号棚是最初所建考生答题区；大堂、二堂及其两边花厅所组成的建筑区域为考官阅卷区。不过，由于报考人数不断增加，光绪四年（1878）又分别在考棚的东北方向即二堂花厅的东边添建了3个号棚，又在大堂的西边添建了半个号棚。此次扩建虽然满足了考生应试的需要，但却一定程度上破坏了其原有的东西对称结构。

2. 清代县试考棚格局的局部差异

清代各地县试考棚在建筑形制方面的功能分区与以上所举数县考棚的例子大致相似，不过在局部房舍方面则略有区别，以下分别根据地方志的记载略举数例。

安徽徽州府休宁县考棚系邑绅刘启伦于嘉庆十二年（1807）营造，其结构为："前照墙，左右鼓吹亭。头门内左右班房。二门内左右门房。甬道左右设东、西文场，直接大堂。堂后房二进各三间，东厅，西厨房。墙外西偏楼房四进，赁租以为岁修之费。"① 也就是顺着由南向北的中轴线方向，依次建造照墙、头门、二门、大堂及堂后阅卷房舍等建筑，依次形成入场点名区、考生答题区、考官阅卷区三个主要区域。

山西平阳府曲沃县考棚称为考院，创建于道光二十一年（1841），其建筑格局为："辕门旗杆、石狮各二。大门三间。内二门三间，东西角门各一间。内大堂五楹，两旁号舍一十六间。再进而二堂三楹，东西厢房各三间。再后三堂五间，西厢房三间。东翼以游廊，缀以小院，书斋、庖湢具备。西有小院，四面各建房屋三间。工资巨万，历一载而始成。辕门外铺面房屋，左四间，右两间，每岁租入以为补修之资。"② 除大门、二门、

---

① （清）何应松，方崇鼎：《道光休宁县志》卷3《学校志》，南京：江苏古籍出版社，1998年，第72页。

② 邬汉章，仇汝功：《民国新修曲沃县志》卷24《营建考》，南京：凤凰出版社，2005年，第557—558页。

大堂、号舍等主体建筑外，该县考棚不仅有二堂，还建有三堂及东西小院。在考棚之前建造辕门，配备旗杆、石狮，这显然是仿照乡会试贡院而设。

河南陕州直隶州灵宝县考棚亦称考院，创建于道光二十一年（1841），系由知县严正基倡捐所建。其建筑格局为："照壁一，左右辕门二。大门三间，内东厢房三间。至公堂三间，东西号舍各十二间。蔚文堂三间，左右耳房二间。屏门一间，内东西厢房各三间。退堂三间。西院箭亭三间，厨房三间。"① 从县志记载来看，该考棚的入场点名区较为简单，似乎辕门往里便是大门，进入大门便是号舍与至公堂。而其考官阅卷区则相对复杂，不仅有蔚文堂，还有屏门、退堂等相关房舍。

创建于道光元年（1821）的陕西同州府朝邑县考棚，亦称为试院，其建筑格局为："前堂五间，堂东西号房六间，后过亭一间，二堂三间，内堂五间，东西门印房六间。东厨房三间，西圊室二间。前堂之前牌房三间，东西号房各二十间。龙门三间，大门、二门各三间。当大门砌砖为粉壁。"② 该考棚的中轴线上依次为粉壁、大门、二门、龙门、前堂、二堂、内堂，其入场点名区和考官阅卷区的房舍显然比大多数州县考棚都更为繁复。

创建于道光六年（1826）的甘肃兰州府靖远县考棚，又名试院、考院，其建筑格局为："至公堂并耳房五间，卷棚三间，东、西号房二十四间，二门三间，东西角门二间，大门三间，东小门一间，火房三间。"③ 显然，与朝邑县考棚相比较，靖远县考棚的房舍更为简陋，大门与二门之间为入场点名区，至公堂与卷棚一带为考官阅卷区。

创建于道光十七年（1837）的湖南永州府永明县考棚系由知县刘湄率

---

① （清）周淦、高锦荣：光绪《灵宝县志》卷2《学校志》，台北：成文出版社，1976年，第184页。
② （清）吴崇执：《朝邑县新建试院记》，（清）饶应祺、马先登：光绪《同州府续志》卷14《文征续录上》，台北：成文出版社，1970年，第874—877页。
③ （清）陈之骥：道光《靖远县志》卷2《学校志》，台北：成文出版社，1976年，第179页。

众捐资所建，其建筑格局为："头门三间，门外前照壁，切近城内女墙。门东西各有坐棚（今已无）。门右旁为杂役房，左旁有厅事，为教官、典史监场起坐处。门内两翼为东西棚各八间，东棚之东为又东棚五间。正中大公堂三间，右有厅事房二间，后为阅卷所一堂一室。因限于地，故有西室无东室。西室之西簃室二间，对出者为庖。"①

3. 清代县试考棚格局的特殊个案

清代个别州县考棚的建筑形制显得较为独特，相比于其他县试考棚，它们或缺少某些建筑结构，或多了某些建筑结构。

始建于道光十四年（1834）的四川潼川府安岳县考棚，其建筑布局原本颇为简单，只有"号舍三十二间，一千八百余号，官厅一座，观德厅一座，龙门一座"。②同治八年（1869）因年久失修，部分号舍损毁，知县查文瀚便倡捐重建，使其形制结构变得略显怪异："龙门两旁铺面四间，龙门左右厢房各一间。二门一座三间，二门内左右两廊号舍二十间，每间三路，每路十座。论秀堂三楹，左右厢官房各二楹。增修老号。龙门、仪门添老号桌十路。"③从《光绪安岳县志》所刊载的《试院图》我们可以发现，安岳县考棚的龙门左右各建有若干间铺面，这和其他贡院的大门口往往设置屏墙或照墙，或建造东西辕门、牌坊从而营造庄严肃穆的考场环境有很大的不同。这些铺面与试院龙门、二门（即仪门）及其左右房屋一起构成一个四面闭合的院落，成为该考棚的考试入场点名区。仪门往北至论秀堂，左右两边分别有一个棚厂，共同构成一个四面闭合院落，这是道光年间初创时该考棚的考生答题区。论秀堂是该考棚的考官阅卷区，应该是从当初的观德厅更名而来。令人不解的是，同治八年重修该考棚时，竟然直接在论秀堂的两边建造两个棚厂，从而形成了考官阅卷区被考生答题区

---

① （清）万发元，周铣诒：《光绪永明县志》卷22《学校志》，南京：江苏古籍出版社，2002年，第390页。
② （清）濮瑗，周国颐：道光《安岳县志》，清道光丙申（1836）刻本，卷4《学校志》，第23页。
③ （清）陈其宽，邹宗垣：《光绪续修安岳县志》卷1《建置志》，成都：巴蜀书社，1992年，第757—758页。

三面包围的建筑布局。不仅如此，从该《试院图》中，我们也没有发现将号舍、论秀堂等全面包围起来的围墙。

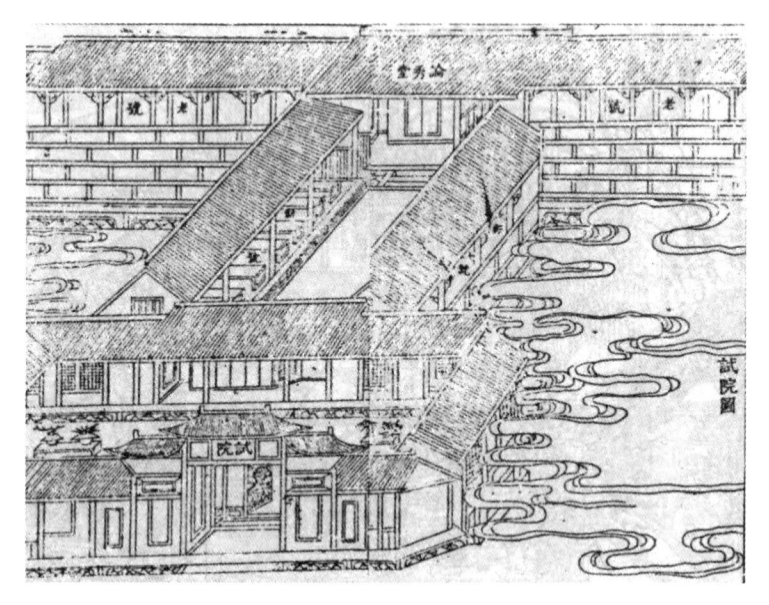

图 6-10 四川潼川府安岳县试院图

湖北武昌府大冶县考棚位于县署东边，始建于嘉道年间，同治五年（1866）知县胡复初倡捐重修后，其建筑格局为："由仪门东角门进，右转为云程初步门，又左转为龙门，东横列瓦棚八楹，又东为子号，亦八楹，曰东文场。西横列瓦棚八楹，曰西文场。中甬道，甬道上阶五级为堂，知县詹应甲署名论秀堂。右耳门通署左环翠亭。"① 据《同治大冶县志》卷首《舆图》所刊《大冶县署图》可以发现，考棚的占地面积较县署要小了很多，其中又以由子号、东号、西号、左右堂号组成的考生答题区所占面积最大。② 从中可以看出，大冶县考棚没有自己的大门，考生进考场时，要先经过县衙仪门，过东角门，接受搜检后由龙门分别进入东西文场。

---

① （清）胡复初，黄昺杰：《同治大冶县志》卷 2《建置志》，南京：江苏古籍出版社，2001 年，第 78 页。

② （清）胡复初，黄昺杰：《同治大冶县志》，清同治十二年（1873）刻本，卷首《舆图》，第 3—4 页。

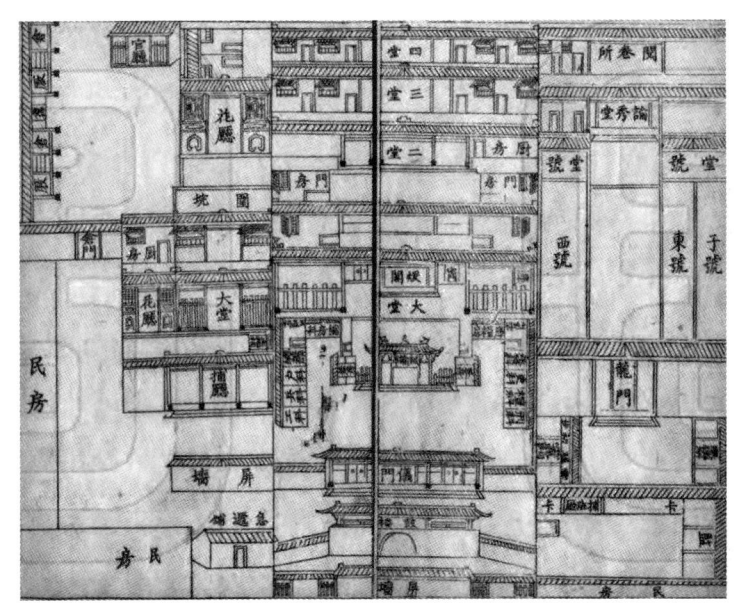

图 6-11　清代湖北武昌府大冶县署图

　　湖南岳州府平江县考棚借鉴了乡会试贡院的建筑布局。该考棚始建于乾隆三十七年（1772），嘉庆七年（1802）募捐重建后，其建筑格局为："门庑三间，次为龙门，门内左为东文场，右为西文场，二面号舍各三棚，每棚五间（卓凳完整）。中为甬道，直上历阶三级，上至公堂。堂左侧号舍两棚，每棚六间，右侧号舍两棚，每棚三间（卓凳完整）。至公堂后为衡鉴堂，共三间。堂右厨房二间，堂左书房三间，规制大备。"① 也就是说，该县考棚仿照乡会试贡院将考官办公、阅卷场所分别称为至公堂和衡鉴堂。同时，将考棚分为堂下、堂上两大片，这显然是受地形的限制。同治十二年（1873）邑绅凌文奎等兄弟三人捐资增修考棚，将衡鉴堂及其后建筑全部拆毁，依次重建川堂、衡鉴堂，并在川堂左右各增建号舍两棚，每棚五间。此时的平江县考棚，其中轴线自南而北依次建造大门、龙门、至公堂、川堂、衡鉴堂，而东、西文场则对至公堂和川堂形成了两面合围

---

① （清）张培仁，李元度：同治《平江县志》，清同治十三年（1874）刻本，卷26《学校志》，第 7—8 页。按，"卓凳"原文如此，应即是"桌凳"。

的态势。

三、清代县试考棚中的考官阅卷区

由于童试考生不必在场内歇宿一晚到次日才交卷，因而清代县试考棚的建筑构造与布局更加接近于学政试院，而与乡会试贡院有较大区别。不过，县试毕竟被人们视为云程发轫之始基，是"学而优则仕"的入学、中举、登第的科举历程中最初级的一次考试，因而人们在建造县试考棚时也会主动模仿乡会试贡院或学政试院，在建筑布局尤其是建筑命名方面下功夫，让走进考场的童生们体会到乡会试贡院的环境，激励其足登青云、身处凤池的科举志向。在县试考棚的建筑命名案例中，尤以处于考棚中心位置的大堂及决定考生命运的阅卷场所最为引人关注。

1. 考棚大堂

在清代地方行政类公共建筑中，以大门、仪门、大堂、二堂（有些还建有三堂、四堂甚至五堂）为中轴线，采取坐南向北、东西对称分布相关房屋的建筑格局最为流行。清代各地县试考棚多由地方士绅捐资建造，并非官方筹资建造，但也被视为公共建筑，在地方志中除了被记载于《学校志》中，更多的则是被记载于《建置志》中，与县署、典史署、推官署等官署一起被归入"公廨""廨宇""廨署""廨舍"等分目之中。

县试考棚的中心建筑，一般也和其他官署一样直接称为大堂，但也有不少地方仿照乡会试贡院的命名，将其称为至公堂。

湖广两省有多所县试考棚都将其大堂称为至公堂。如湖北荆州府公安、松滋两县，前者始建于道光六年（1826），同治癸酉（1873）被水灾冲毁后第二次迁址重建，除了建有32间号舍外，"内而至公堂、阅卷房、厨房，外而龙门、报亭、头门，以及东西栅栏、照墙咸具"。[①] 后者始建于道光七年（1827），除了建有48间的东西文场外，"前为照墙，为头门，次为仪门，为点名厅。中为甬道，甃以石，至公堂三楹，站厅称是。后为内

---

① （清）周承弼，王慰：同治《公安县志》卷4《民政志中》，台北：成文出版社，1970年，第373页。

堂，庖湢、从房附焉"。①光绪七年（1881）扩建的湖北武昌府咸宁县考棚除了有普通号舍4架、堂字号舍1架，以及头门、龙门等外，还有"至公堂三间，堂左厨房一间，阅卷所三间"。②同属武昌府的通山县考棚亦称试院，系知县张中孚谕令绅士汪鼎等于道光二十六年（1846）募捐创建，除吁俊门、云路门、龙门、左右谯楼、奎光阁、考舍等外，考舍之北则建有至公堂，至公堂之左右分别建有内供给所和衡鉴堂。③据通山县岁贡乐纯青《创修考棚记》指出，该考棚的建筑格局"大致仿武昌府考棚"而建。始建于道光二十四年（1844）的湖北襄阳府宜城县考棚除建有龙门、号舍、穿堂堂号、号舍等外，还建有"至公堂三楹"以及至公堂后面的"大厅三楹，两旁厢房共四间"。④

湖南岳州府华容县、平江县、临湘县、永顺府桑植县的县试考棚均有至公堂。平江县考棚前文已有叙及。华容县是地方志所载全国最早建造考棚的州县，始建于明嘉靖年间，后被改为教谕署，直至清代嘉庆八年（1803）才予重建，称为试院，有头门、龙门、号舍、至公堂等，另外在至公堂后面还有内堂，"为主试衡文、休暇、谈宴之地"。⑤临湘县考棚始建于嘉庆十五年（1810），分别建有照壁、头门、龙门、东西文场、至公堂和衡文所。⑥桑植县考棚建成于咸丰八年（1858），除头门、龙门、东西

---

① （清）罗有文，朱美燮：《同治松滋县志》卷5《学校志》，南京：江苏古籍出版社，2001年，第109页。

② （清）陈树南，钱光奎：光绪《咸宁县志》卷5《学校志》，台北：成文出版社，1975年，第529页。

③ （清）罗登瀛，胡昌铭，朱美燮，乐纯青：《同治通山县志》卷3《学校志》，南京：江苏古籍出版社，2001年，第128页。

④ （清）程启安，张炳钟：同治《宜城县志》卷4《学校志》，台北：成文出版社，1975年，第461页。

⑤ （清）孙炳煜，张钊：光绪《华容县志》卷5《学校志》，台北：成文出版社，1975年，第139—140页。

⑥ （清）恩荣：同治《临湘县志》，清同治十一年（1872）刻本，卷5《学校志》，第23页。

文场之外，也有"至公堂三间"。①

其他各省县试考棚中也有不少将大堂称为至公堂的案例。如河南陈州府灵宝县"考院"便有"至公堂三间"。②甘肃兰州府靖远县"试院"也有"至公堂并耳房五间"。③另如陕西汉中府定远厅在同治十年（1871）捐建考棚，除建有照墙、门庑、龙门、东西文场之外，"上为至公堂三间"。④山西蒲州府荣河县"考院"建成于同治十二年（1873），也有"至公堂三楹，卷棚三楹，东西耳房各二楹"。知县戴儒珍在其自撰《创建考院序》中，直接将至公堂称为"大堂"。⑤

清代各地州县考棚的大堂还有其他各类不同的称谓。如前引湖南永州府永明县考棚的正中为"大公堂三间"。江西临江府新淦县考棚有"正谊楼"，该考棚亦名"试院"，创建于道光三年（1823），"前列坐号五棚，后建官厅五间，锡名正谊堂"。⑥同属临江府的峡江县考棚有"聚奎楼"，该考棚为依山建造，除建有大门、点名堂、棚场等外，还"就凤台山地基平筑台阶，台上创建聚奎楼三楹，楼下为衡文堂"。⑦江西吉安府泰和县考棚称为"龙洲试院"，由士绅捐建于嘉庆十年（1805）。其建筑结构极为工整，前有照墙，左右榜房，入试院大门为甬道，东西有文场，可编排2000余考试座位。其大堂称为"经纬堂"，后有"玉尺堂"，堂左右为幕宾阅卷

---

① （清）魏式曾，周来贺：《同治桑植县志》卷3《学校志》，南京：江苏古籍出版社，2002年，第69页。
② （清）周淦，高锦荣：光绪《灵宝县志》卷2《学校志》，台北：成文出版社，1976年，第184页。
③ （清）陈之骥：《道光靖远县志》卷2《学校志》，台北：成文出版社，1976年，第179页。
④ （清）余修凤：光绪《定远厅志》卷11《学校志》，台北：成文出版社，1969年，第462页。
⑤ （清）马鉴，寻銮炜：光绪《荣河县志》卷3《学校志续》、卷11《艺文志续》，台北：成文出版社，1976年，第160、652—654页。
⑥ （清）王肇赐，陈锡麟：《同治新淦县志》卷2《建置志》，南京：江苏古籍出版社，1996年，第190页。
⑦ （清）谢方润：《峡江县试院序》，（清）暴大儒，廖其观：《同治峡江县志》卷2《建置志》，南京：江苏古籍出版社，1996年，第579页。

房计11间。① 同属吉安府的万安县考棚始建于嘉庆二十四年（1819），其中心房舍为"登俊堂"。咸丰年间因遭兵燹被毁，咸丰六年（1856）绅士刘士楠捐款重建，除原有登俊堂等房舍外，又在登俊堂右边改建花厅13间，悬挂"冰鉴堂"匾额，左边原郑心堂亦改名为"玉尺堂"。② 山东东昌府清平县考棚附建于书院，其正厅所悬匾额为"近思堂"。③ 河南郑州直隶州荥阳县始建于道光十年（1830），除大门、二门、东西文场外，还建有"致恭堂五间，卷棚五间，上房五间，东西厢房各三间"。④ 浙江台州府太平县（今温岭市）校士馆大堂名为"明鉴堂"，堂后有后川堂，再后五间为望鹤楼，奉祀文昌帝君。其东边花厅为"县试阅文较艺所"。⑤ 河南许州直隶州长葛县试院于光绪十三年（1887）重修，其大堂为"严师堂"，共五间，堂内附建"冰鉴轩"，其东西两边则有看卷所六间、"培风堂"五间。⑥ 湖北黄州府蕲州考棚创建于嘉庆戊辰（1808），同治年间战后重建，"前为讲堂，中有号舍五重，上为登春堂，堂后屋一重，左为试馆住舍，右为文童堂号"。⑦ 武昌府通城县考棚始建于道光二十三年（1843），咸丰年间毁于战乱，同治三年（1864）士绅分别捐资领修，除云路门、龙门、东西文场等房舍外，该考棚的中心建筑是"抡才堂"，由本县膏火局绅董

---

① （清）宋瑛，彭启瑞：《同治泰和县志》卷3《建置志》，南京：江苏古籍出版社，1996年，第70页。

② （清）欧阳骏，周之镛：同治《万安县志》，清同治十二年（1873）刻本，卷2《建置志》，第10页。

③ 梁钟亭，张树梅：民国《续修清平县志》卷2《建置志》，台北：成文出版社，1968年，第275页。

④ 卢以治，张沂：民国《续荥阳县志》卷5《学校志》，台北：成文出版社，1968年，第290页。

⑤ 喻长霖：民国《台州府志》卷16《学校略上》，台北：成文出版社，1970年，第864－865页。

⑥ 刘盼遂：民国《长葛县志》卷2《营建志》，台北：成文出版社，1976年，第70－71页。

⑦ （清）封蔚礽，陈廷扬：《光绪蕲州志》卷6《学校志》，南京：江苏古籍出版社，2001年，第128页。

王贻我等5人合力捐修。① 前引湖北武昌府大冶县考棚建在县衙的东边，其中心建筑为"论秀堂"，堂后为阅卷所。山东曹州府曹县考棚则建在县衙的西边，其中心建筑称为"伦秀堂"。②

2. 阅卷场所

各地县试考棚仿照乡会试贡院命名其相关房舍，除了将大堂称为至公堂外，也将二堂称为衡鉴堂。如前引湖北武昌府通山县考棚、湖南岳州府平江县考棚、陕西汉中府定远厅考院便都既有至公堂，也有衡鉴堂。湖北荆州府监利县考棚称为试院，始建于嘉庆十六年（1811）。同治十年（1871）因其在太平军战争期间遭兵燹半多倾圮，知县林瑞枝募捐重修，除分别建有头门、龙门、大堂东西号舍等外，还建有"衡鉴堂一层"。③ 如前所述，衡鉴堂是各省贡院考官阅卷所最为常见的称谓。

正如衡鉴堂并非各省乡会试贡院阅卷所的唯一名称一样，清代各地县试考棚也都还有其他称谓。如前引河南陈州府灵宝县考院便称为蔚文堂，前引湖南岳州府临湘县考棚直接称为衡文所。

江西临江府峡江县考棚、湖南长沙府茶陵州考棚、湖南永州府道州考棚均建有衡文堂。峡江县考棚前文已有叙及。茶陵州考棚始建于乾隆二十六年（1761），系与该县学署合二为一，其头门左右各建学正、训导署，入内则有明伦堂、奎星阁，东西各有文场，正北中心位置建有衡文堂，最后为尊经阁。④ 道州考棚建成于嘉庆九年（1804），由南而北的中轴线上依次建有头门、仪门、东西文场、衡文堂、文昌宫等建筑，在文昌宫两边房

---

① （清）郑荄，杜煦明，胡洪鼎：《同治通城县志》卷10《学校志下》，南京：江苏古籍出版社，2001年，第512页。
② （清）陈嗣良，孟广来：《光绪曹县志》卷首《图考》，南京：凤凰出版社，2004年，第24页。按，县志原图作"伦秀堂"，或为"论秀堂"之误。
③ （清）林瑞枝，王柏心：《同治监利县志》卷5《学校志》，南京：江苏古籍出版社，2001年，第110页。
④ （清）梁葆颐，谭钟麟：同治《茶陵州志》卷1《图》，台北：成文出版社，1975年，第84页。

舍的"东、西皆有小厅，为阅文者更衣、宴息之所"。① 需要指出的是，茶陵州和道州考棚均未建大堂，茶陵州甚至连仪门都没有建造。

江西吉安府万安县、安徽安庆府宿松县、安徽徽州府祁门县的县试考棚都建有冰鉴堂。万安县考棚前已叙及。宿松县考棚称为试棚，始建于嘉庆十三年（1808），除文场、龙门等外，其考官阅卷区有"大堂屋三楹，后为冰鉴堂"。② 祁门县考棚又称试院，始建于道光十年（1830），其中心为冰鉴堂，其余则有号舍、花厅、书房、大门等数十间房屋。③ 从《祁门县志》的记载来看，冰鉴堂就是该县考棚的大堂，这与宿松县试棚有所不同。

在其他州县，县试考棚内的阅卷场所还有其他名称。江苏淮安府阜宁县考舍有奎照堂④；河南许州直隶州长葛县试院有严师堂，堂内附建冰鉴轩，其东西则有看卷所六间、培风堂五间⑤；湖北黄州府麻城县考棚称为亭州试院，仪门内有"文运宏开堂"，堂后有考官住所及幕所，再进为龙门、号舍、奎星楼，再后则有藻鉴堂。⑥

四、清代县试考棚的座次安排

与学政院试一样，清代县试各场都是当天交卷，不准给烛，尤其是各场复试时参加考试的人数往往较少，答题要求也相对较低，因而县试考棚也和学政试院一样，都是采取棚厂类考试座位。大多数在棚厂中设置多人

---

① （清）许清源，洪廷揆：《光绪道州志》卷5《学校志》，南京：江苏古籍出版社，2002年，第115页。

② 俞庆澜，刘昂，张灿奎：《民国宿松县志（一）》卷21《学校志》，南京：江苏古籍出版社，1998年，第423页。

③ （清）周溶，汪韵珊：同治《祁门县志》卷18《学校志》，台北：成文出版社，1974年，第745页。

④ 吴宝瑜，庞友兰：民国《阜宁县新志》卷7《教育志》，台北：成文出版社，1975年，第619页。

⑤ 刘盼遂：民国《长葛县志》卷2《营建志》，台北：成文出版社，1976年，第70—71页。

⑥ 余晋芳：民国《麻城县志》卷2《建置志》，台北：成文出版社，1975年，第133页。

共用的长条桌凳，其材质则可包括泥土、木料、石材或混合材质。

1. 座次形制

湖南是清代全国各省最早开始建造县试考棚的省份，乾隆年间全国合计创建的44座县试考棚，有23座位于湖南省境内，比同时期江西建造的县试考棚还多12座。湖南县试考棚的座次形制多采取棚厂式。如乾隆五十五年（1790）湖南长沙府益阳县知县刘尔芹组织士绅倡议士民捐资建造了县试考棚，其建筑规制为："中建大堂，东西各建大棚一，堂前左右各建小棚一，悉设长案、条凳，共可坐三千余人。前建二门、头门，后建官舍，周缭以墙，东为巡风巷。前临街，竖屏墙，东西为栅门，题曰：腾蛟、起凤。"① 又如湖南澧州直隶州安福县考棚创建于嘉庆九年（1804），其整体建筑格局为："点名厅一座，左右游廊。大堂三间，东偏阅卷堂三间，西偏群房三间。东、西号舍各十五间，每间四号，共百二十号。长号板东、西各六十张，坐号板东、西各六十张。照墙一围。"② 该考棚的号数、长号板数和坐号板数都是120（号、张），说明每号配备一张长号板、一张坐号板。至于每号可以编列几个考生座位，县志中没有记载。推测其或许可以根据考生报名人数多少，平均排座于各号。人多则每号稍多排座，人少则每号稍少排座。

清代湖北各县考棚也大多采取棚厂型编列考生坐号。如建成于道光六年（1826）的德安府随州考棚，共有东西二棚，号舍各17间，可"编坐号一千六百有奇"。同治六年（1867）重修时，共建有"东棚二十间，西棚两重四十一间。每间深三丈五尺，宽一丈零六寸。设桌三、凳三，编号四十八座，共计座次二千九百二十八号"。③ 建成于道光十一年（1831）的同府应城县考棚，共建有"东西号舍共四十四间，桌、凳各一百二十四条，

---

① （清）姚念杨，赵裴哲：《同治益阳县志》卷8《学校志》，南京：江苏古籍出版社，2002年，第201页。
② （清）褚维垣，尹袭澍：《同治安福县志》卷8《公署》，南京：江苏古籍出版社，2002年，第134页。
③ （清）文龄，孙文俊，史策先：《同治随州志》卷11《学校志》，南京：江苏古籍出版社，2001年，第122页。

共一千四百余号"。① 荆州府松滋县考棚共有号舍48间，每间列长案，用松木、杉木为桌板，承以石脚，相应配以坐凳，合计有"长案一百八十八，可容千五百人"。② 荆州府公安县考棚始建于道光六年（1826），系由知县关西园捐廉倡修。同治年间，考棚两次遭遇水灾被毁，知县袁金和与士绅两次筹款迁建。新建考棚的总体建筑格局为："凡为号舍三十二间，每间桌凳若干件。内而至公堂、阅卷房、厨房，外而龙门、报亭、头门，以及东西栅栏、照墙咸具。"③ 可以看出，该县考试答题区共有32间考号，每间考号中配备若干副考桌、考凳，每副考桌、考凳编排若干考试座位。

江西南康府都昌县考棚的设置方式与公安县考棚略同。都昌县考棚建造于嘉庆七年（1802），系利用迁建儒学学宫的剩余捐款，在儒学旧址上进行建造。其建筑格局大致为前为大门、点名堂，后为大堂、阅卷所。点名堂之西建有"长舍"，亦即棚厂，"舍列号，号计二百三十有奇，坐二千八百余人。设长几、长凳，如号数，嵌以石，取其坚也"。④ 平均算来，每副长几、长凳大约需要编排12个考试座位。

江西抚州府宜黄县考棚建成于嘉庆二十年（1815）。其建造经费包括两个部分，一是派修省城乡试贡院之剩余捐款，二是全县士绅的补充捐款，总共为5000缗。其总体建筑格局为："大门内，南面堂屋三间。堂右号舍两棚，横长各十四楹，楹间三号，每号可坐十余人。北墙别立八楹，堂后左右相对各六楹，楹间三号，每号可坐五六人，共计可坐一千三百六十余人。案坐皆石脚木板，板厚三寸许，平实坚稳，檐宇高敞，墙垣周

---

① （清）罗绨，陈豪，王承禧：《光绪应城县志》卷4《学校志》，南京：江苏古籍出版社，2001年，第226页。
② （清）张希吕：《修松滋试院碑记》，（清）罗有文，朱美燮：《同治松滋县志》卷11《艺文志》，南京：江苏古籍出版社，2001年，第602—603页。
③ （清）周承弼，王慰：同治《公安县志》卷4《民政志中》，台北：成文出版社，1970年，第373页。
④ （清）狄学耕，刘庭辉，黄昌藩：《同治都昌县志》卷12《文录》，南京：江苏古籍出版社，1996年，第330页。

固。"① 与都昌县考棚相比，宜黄县考棚考生座位的材质大致相同，但每副坐案可以编排的考生人数则相对更少，只有五六个座位。

清代河南的县试考棚也大多采用棚厂型的建筑形制。如道光六年（1826）建成的河南汝州直隶州伊阳县考棚，大堂东西号舍共为 16 间，其中放置石几、石凳各 56 条，每套石几、石凳可编排 10 个座位，称为"号"，合计 16 间棚厂中可以编排 560 号。②

有些地方志中所刊刻的县试考棚图也可以大致看出州县考棚的这种棚厂结构。如据《同治永丰县志》卷首所附江西吉安府永丰县考棚平面立体图，考棚中心为大堂，大堂左右分别列有东棚、西棚、左棚、右棚。其中东、西两棚各有两个长条形的棚厂，每个棚厂分成若干楹，每楹摆放了若干条长桌。③

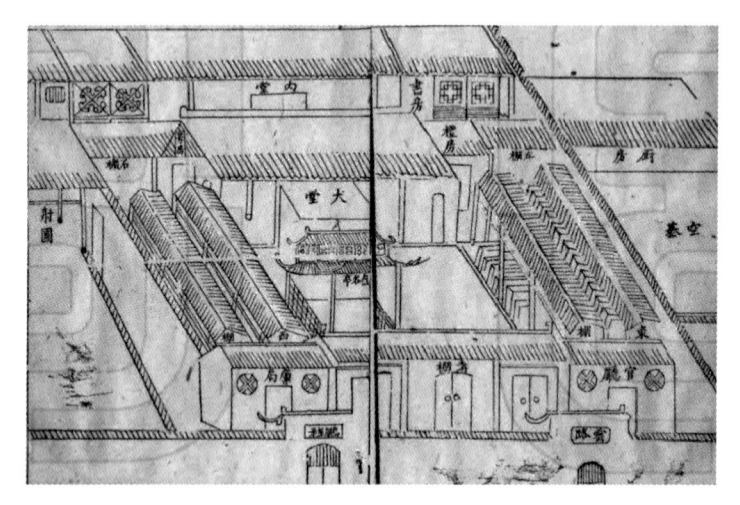

图 6-12　清代江西吉安府永丰县考棚图

---

① （清）程卓樑：《创建考棚记》，（清）张兴言，谢煌：《同治宜黄县志》卷 45《艺文志四》，南京：江苏古籍出版社，1996 年，第 641 页。
② （清）张道超，马九功：道光《伊阳县志》卷 3《学校志》，台北：成文出版社，1976 年，第 250 页。
③ （清）双贵，王建中，刘绎：《同治永丰县志》卷首《图》，南京：江苏古籍出版社，1996 年，第 24 页。

又如江西吉安府永宁县（今宁冈县）考棚，同治版《永宁县志》卷1《舆图》刊有一幅《考棚图》，虽然也是采取平面立体图进行绘制，并不能完全反映该考棚的原貌，但其东、西两文场中的长条形考桌却都描画得非常清楚。据该志卷2《公廨》，永宁县考棚东西二棚各有四座，号舍共计八百号。①

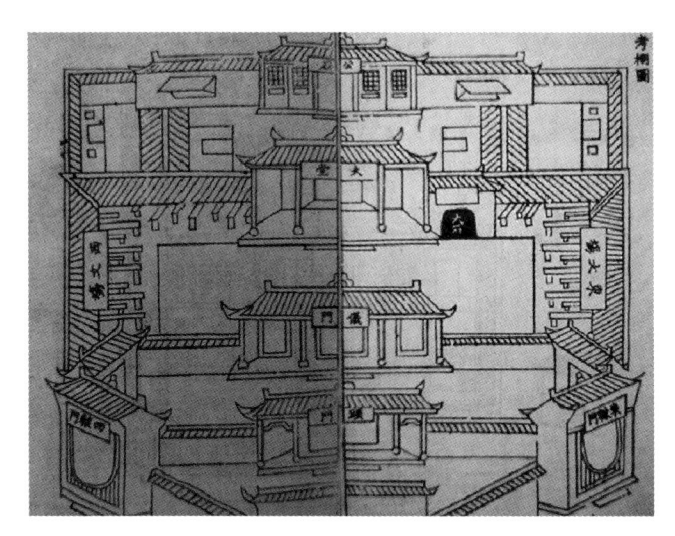

图 6-13　清代江西吉安府永宁县考棚图

再如湖北黄州府黄陂县考棚创建于道光庚寅（1830），系由知县韩铜士倡导士绅合力捐资所建。从《同治黄陂县志》卷1《图》所载立体的《考棚图》可以看到，从考棚头门进入入场点名区，过龙门为东、西棚厂，中有大堂，堂后有二堂。东、西棚厂各有三排，每排4间，每间设置3条长桌。受画纸所限，长桌间没有绘出长凳。②

---

① （清）杨辅宜，萧应乾：《同治永宁县志》，南京：江苏古籍出版社，1996年，第29、71页。
② （清）刘昌绪，徐瀛：《同治黄陂县志》卷1《图》，南京：江苏古籍出版社，2001年，第14页。

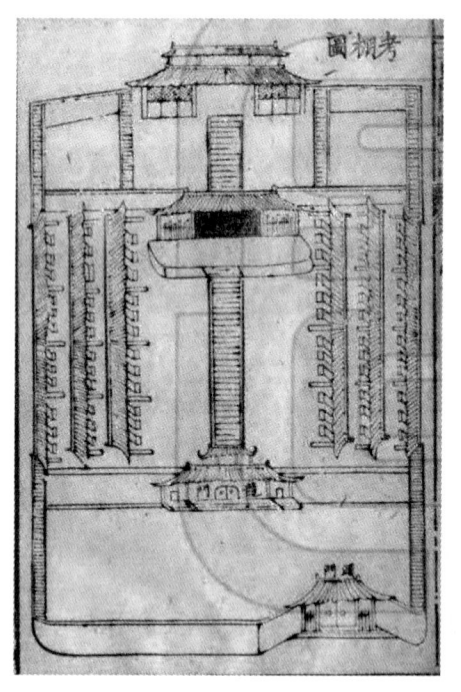

图 6-14 湖北黄州府黄陂县考棚图

2. 棚号与堂号

清代县试除正场外一般还安排有多场复试,参加复试者一般都是头场确定录送府试的童生,因此一般人数较少。复试的要求也低于正场,一般只要求针对考题草拟破题数句即可,不必完成全篇。为了便于复试管理,很多考棚往往设有"堂号",或位于大堂之中,或位于大堂左近房舍。如前引广西陆川县考棚堂号便是位于大堂的左右两边,共有二楹。其他各地县试考棚中设有堂号的所在多有。又如江苏阜宁县"考舍"将其考生答题座位分为"大号舍"和"堂号",包括"东西大号舍各十五楹、东西堂号各三楹"。[①]

四川各州县考棚大多设有堂号。成都府双流县于道光二十六年

---

① 吴宝瑜,庞友兰:民国《阜宁县新志》卷7《教育志》,台北:成文出版社,1975年,第619—620页。

(1846)建成考棚,除了乐楼、辕门、仪门、大堂、二堂外,有东西文场号舍,另外还"设号桌以备堂号"。① 重庆府长寿县考棚建造于道光八年(1828),除了二门内的东西文场号舍,在大堂、二堂也有堂号。据县志记载,"考试前十名调大堂或二堂,名坐堂号"。② 夔州府巫山县考棚创建于光绪二年(1876),是由本县职员周仁和独力捐资建造的,位于县署仪门内东西科房下。主体部分包括"东文场一棚,号桌号凳各十五;西文场二棚,号桌号凳各三十",此外则"置长桌凳各十条,临试移列堂号"。③ 酉阳直隶州彭水县考棚始建于道光二十一年(1841),系由知县张翚飞倡捐建造,规模粗备。继任知县涂金兰进一步完善,使其"规制始备",其中便包括"添设堂号桌凳各十张"。④

湖北各县考棚也有不少设有堂号。如在前引武昌府大冶县《县署考棚图》中,论秀堂前东、西两边便各有堂号,前引襄阳府宜城县考棚也有"堂号桌凳共四十条",前引黄州府蕲州考棚的登春堂后右边也有文童堂号。此外,施南府利川县考棚称为试院,始建于咸丰七年(1857)。其考生座位包括廊号与堂号两种,其中廊号位于仪门内左右长廊,共22间,每间设置8副桌凳,共有176条号桌。堂号位于官房之左,数量不明。⑤

值得指出的是,清代各地县试考棚之所以采取棚厂结构,主要是为了便于监督考试。因为棚厂结构非常简单,除了上面的顶棚之外,下面一般以房柱进行支撑,很少建造墙壁,或墙壁往往非常低矮。这样的结构,使监考者可以从中间的甬道甚至从大堂上纵观全场,所有考生的一举一动都

---

① 殷鲁:民国《双流县志》卷1《公署》,台北:成文出版社,1975年,第79页。
② 卢起勋,刘君锡:民国《长寿县志》卷7《学校志》,台北:成文出版社,1975年,第328页。
③ (清)连山,李友梁:《光绪巫山县志》卷16《学校志》,成都:巴蜀书社,1992年,第372页。
④ (清)庄定域,支承祜:《光绪彭水县志》卷2《学校志》,成都:巴蜀书社,1992年,第218页。
⑤ (清)黄世崇:《光绪利川县志》卷8《学校志》,南京:江苏古籍出版社,2001年,第62页。

在考官的视野范围之内，一切弊窦几乎无所遁形。这与乡试贡院中每个考生都被安排于相对独立的小隔间因而很难从明远楼甚至号巷口观察到考号内考生的行动很不一样。

出于同样的目的，有些州县的棚厂便直接建成"廊"的形式，也就是完全不建墙壁，只有顶棚和立柱。如道光元年（1821）由知县彭庆昭偕绅民捐资创建的广西郁林直隶州陆川县考棚，其考生座位除大堂左右二楹之堂号外，主要有"东西共四长廊，每廊约十间，为号百有奇，号约容十人"，也就是大约可以编排1000多个考生座位。光绪三年（1877），由于应试童生达到了一千七八百人，邑绅吕臣勷又捐资2600余缗，"增建二廊，为栋二十二间，号九十九条，号容九人"①，使考棚增加了近900个考试座位。又如湖北武昌府武昌县考棚，道光九年（1829）捐钱1万多缗重建之后，前有大门、仪门，中为大堂，"东西各为两廊，廊列号二千有奇"。②再如福建永春直隶州德化县考棚，建成于嘉庆十五年（1810），"东西三廊，编坐号一千二百有奇"。③这种廊号，由于修建成本较低，同时便于考官巡察考纪，因而在全国的学政试院和县试考棚中都较为普遍。

第四节　清代贡院的场外附设助考建筑

为了规范考试秩序、方便考生应试，各地士绅纷纷慷慨解囊捐建试院、考棚。为了进一步为各类考试提供便利，各地士绅进一步捐设了更多与科举考试有关的辅助性科举建筑。一是在考场入口点名处，捐建候点公所等排队等候的建筑，为考生提供考前等候入场的遮风挡雨之所。二是捐

---

① 古济勋，吕浚堃：民国《陆川县志》卷9《学校志一》，台北：成文出版社，1967年，第145页。《中国方志丛书》影印版民国《陆川县志》扉页未著录该志作者。查该志"重修陆川县志衔名"，"督修"为陆川县知事古济勋，"总纂"为本县清朝进士吕浚堃和范晋藩。

② （清）林芳：《武邑新建校士馆碑记》，（清）钟铜山，柯逢时：光绪《武昌县志》卷7《学校志》，台北：成文出版社，1975年，第431—432页。

③ 方清芳，王光张：《民国德化县志》卷6《建置志》，上海：上海书店出版社，2000年，第231页。

设会馆、试馆,为在离乡遥远的省城、京城参加乡会试的考生提供住宿场所,有些州县甚至在离乡较近的院试、府试、县试考场附近也捐设了试馆。三是捐设学师行寓和廪局等,为承担乡试、童试入场点名识认职责的学师、廪生等提供住宿、办公场所。作为广义宾兴公益基金的一种类型,清代各地各类贡院的场外附设助考建筑同样得益于士绅商富的慷慨捐助。他们为当地科举考生提供了全方位的助考公益,极大地便利了考生的"考路历程"。

一、考前候点建筑

科举考试人数众多,乡试动辄成千上万,院试、府试、县试也经常有几百、上千乃至数千人,考试组织工作极为复杂。早在北宋时期的解试阶段,福州试院便采取了分路点名数路进场的方式,以缓解考生入场时的拥挤混乱,缩短其候场时间。不过,即便如此,人数众多的考生在等待点名进场之前的候点场地问题,无疑也是一个令人较为头疼的难题。尤其是当遇到烈日骄阳、大风阴雨、严寒暴雪等天气时,容易引发拥挤踩踏而使点名入场工作无法有序进行,很可能令考生衣衫浸湿、考具损毁,严重破坏其临场心情,影响考试结果。为此,有些府州县便在贡院门口建造候点建筑,使考生可以不受天气影响而安心等待。这些候点建筑,有些是较为简易的候点棚屋,有些则被建成为正式公所。

1. 简易候点棚屋

江西袁州府试院辕门外建有"雨亭",系嘉庆己卯(1819)宜春县贡生刘锦陞捐资600两所建。袁州府萍乡县的县试候场建筑也称为"雨亭"。该县考棚建造于乾隆五十七年(1792),是由知县陆文涛倡议士绅捐资购买城内空宅建造的,其部分结构已经有了雨亭的功能:"前为门,门以内为平地,绕以垣,应试者听点于斯,旷然也。"[①] 到了道光二年(1822),本县"兴贤庄"又出资在考棚旁"公建雨亭"。兴贤庄是萍乡县规模最大、

---

① (清)陆文涛:《试舍记》,刘洪闿:《民国昭萍志略》卷2《营建志》,南京:江苏古籍出版社,1996年,第58页。

成立最早的宾兴基金组织，始建于嘉庆辛酉（1801），为本县各类士子提供全方位的考试资助，"岁取租息，供童子三试卷册费、诸生乡试、诸贡朝考费、已举士上春官计偕费，皆先事为之备"。①

江西建昌府学政试院建有"雨棚"。该试院始建于明崇祯年间，清代曾数次重修。咸丰六年（1856）因太平天国运动而毁于战乱，至同治八年（1869）知府达春布率领建昌府各县绅士合力捐资重修，并在"头门外增设雨棚"。②

四川重庆府和绥定府学政试院都建有"雨棚"。重庆府试院始建于明代，清康熙五十四年（1715）知县谭懋学详请迁建于原总督部院署。咸丰初年，廪生刘士伟"募修雨棚于院门外"。③绥定府学政试院始建于雍正八年（1730），光绪初年知县廖葆恒筹款"于考棚内外建置雨棚，免天雨生童泥泞"。④

浙江湖州府右文馆外有"厂屋"。湖州府右文馆建于明代宣德年间，本名宏文馆，乾隆初改名右文馆。乾隆三年（1738），乌程县知县罗愫、归安县知县何锦同在其东辕门外建造厂屋10间，"为试日士子庇风雨之所"。⑤

湖南岳州府试院外建有"坐棚"，系嘉庆二十四年（1819）巴陵县人李大元、余昌鼎捐资建造的。据李大元自撰记文，自乾隆末年岳州府平江县吴嗣龙父子两次捐资重修试院以来，岳州府试院的维修便从官修逐渐改为民捐。而作为与试院"相为表里"的建筑，试院坐棚的建造也有非同一

---

① （清）刘凤诰：《兴贤庄记》，刘洪闢：《民国昭萍志略》卷2《营建志》，南京：江苏古籍出版社，1996年，第54页。
② （清）李人镜，梅体萱：《同治南城县志》卷2《建置志二》，南京：江苏古籍出版社，1996年，第123页。
③ 朱之洪，向楚：《民国巴县志》卷2《建置志上》，上海：上海书店出版社，1992年，第53页。
④ 蓝炳奎，吴德准，王文熙，朱炳灵：《民国达县志》卷1《建置门》，成都：巴蜀书社，1992年，第16页。
⑤ （清）李昱，陆心源：光绪《归安县志》卷2《舆地略》，台北：成文出版社，1970年，第14页。

般的意义："试院之外，街道宽不盈尺，既无隙地，又少闲宇可以托足。试期，士子纷集，院门未启。晴明之候，固已露立瑟缩。若值雨雪泥泞，益怀躁进之意，趋蹿交形者有之。文场未临，而激昂青云之气，已再衰三竭矣。"①

浙江温州府乐清县校士馆外有"送考接考避雨之所"。乐清县校士馆始建于道光四年（1824），系由全县士绅合力捐建。道光二十年（1840）、同治二年（1863）曾经两次由士绅捐款主持重修。至光绪十三年（1887），国学生洪兴运捐资、廪生徐乃嘉监理，建造了头门，并在官厅东西建造了两廊，此外还"凑造三间，为送考接考避雨之所"。②

由于这些为考生守候点名而建的贡院附设助考建筑具有临时性质，因而有些地方志甚至没有为它们设定独立的称谓。如浙江太平县校士馆建于同治十年（1871），除了明鉴堂、文场号舍、川堂、花厅等建筑外，大门左右还建有游廊："东有游廊五间，西三间，以便接考人暂憩。"③ 浙江台州府学政试院也有游廊，位于试院大门外，"周遭数十间"，是"应试听点时蔽风雨之所"。咸丰十一年（1861）太平军攻陷台州府城，试院除大堂外全部被烧毁。同治元年（1862）清军重新夺回府城，次年全府士绅合力捐资重建试院，而游廊则因"工料倍于往昔"，需要耗费大笔资金，宁海县胡殿儒乃独力捐钱1800缗，"鸠工庀材，计重建六十一间，朴实坚固，如家屋然"。④

以上各府、县的考前候点建筑大多为一县、一府的全部应试生童而建，而个别州县则在乡试贡院边建造本县独属的候点房舍。如同治六年（1867）湖南湘乡县士绅便在省城贡院旁边捐资建造了专门服务于本县乡

---

① （清）姚诗德，郑桂星，李和卿：《光绪巴陵县志》卷9《建置志》，南京：江苏古籍出版社，2002年，第511页。

② （清）李登云，钱宝镕，陈珅：光绪《乐清县志》卷3《规制志》，台北：成文出版社，1970年，第697页。

③ （清）陈汝霖，王棻：《光绪太平续志》卷2《建置志》，上海：上海书店出版社，1993年，第516页。

④ （清）陈一鹤：《重修游廊记》，张寅，何奏簧：民国《临海县志》卷8《学校志》，台北：成文出版社，1975年，第749页。

试应考士子的"坐棚"。据《同治湘乡县志》记载,湘乡县这些坐棚位于省城长沙县的贡院东街,系"契买伍姓地基"所建,其作用则是"以为文武乡试进场时暂憩之所",说明"坐棚"与其他各地防雨公舍、雨亭一样,都是考试入场前临时等候的附设助考建筑。县志还记载,就在同一年,湖南湘乡县士绅还在省城长沙县共同捐资建造了省城试馆,专门接待"湘人士之赴省应试者"。①

2. 候点公所

清代各地州县捐建于贡院之外的等候点名的附设助考建筑,有一些也被记载了较为正式的名称。

江苏常州府试院建有"八邑候点公所"。所谓"八邑",是指常州府所辖武进、阳湖、无锡、金匮、江阴、宜兴、荆溪、靖江等八县。为了方便参加学政岁、科试的八县生童点名入场,咸丰七年(1857)常州府八县士绅合力捐资,在学政试院东边建造了"八邑候点公所"。为了保证该公所不被毁坏,常州知府平翰还特意在公所前立了一块禁示碑,为我们理解同类助考设施的建造原因提供了参考。其文曰:

> 署常州府平为勒石永禁事。案据常属武阳绅士翰林院侍读、詹事府左春坊赞善赵振祚、翰林院编修赵晋向、锡金绅士前台湾淡水厅同知杜绍祁、候选直隶州州判窦承焯、江阴绅士内阁侍读前贵州广顺州知州章诒燕、户部主事陈荣绍、宜荆绅士翰林院庶吉士任传纶、知州衔陕西韩城县知县沈云骧、靖江绅士就职教谕朱学澜、试用训导孙瞻洛禀称:常郡士子众多,每届院试点名,互相拥挤,以至点名迟滞。道光戊申年另设签牌,庶得从容挨次。又虑阴雨泥淖,站立雨中,前于庚戌年九学廪生邹毓彪、杜友房、左昭、杨日新、赵受恒、承越、薛沅、钱勖、邹光鉴、顾潮、周璈、苏逢盛、任昕、潘兆甲、李嗣公、谈汝谐、瞿钺、郑庭荣等呈请学宪青,于院署东辕门外隙地建造

---

① (清)齐德五,王述恩,黄楷盛:《同治湘乡县志》卷4《学校志上》,南京:江苏古籍出版社,2002年,第331页。

房屋，为八邑生童临点挨次守候之所。其第三进系赍奏厅旧屋，另建第三进，彼此互换，屋宇焕然，装修全备。工竣之日，由江邑验明详报在案。近年岁科试遵行，极为妥善。所虑日久月长，居民侵占，以致仍蹈拥挤故辙，为此呈求出示，勒石晓谕：前三进永远作生童临点守候之所，不宜别作公用，致碍考试。①

从中可以看出，建造候点公所的目的在于避免因拥挤混乱导致"点名迟滞"，同时避免阴雨天气考生被雨水淋湿或被泥淖滑倒，这与其他各省的防雨公舍、雨亭、坐棚等功能正好相同。另外，从这则碑文中我们还可以得知，常州府"八邑候点公所"虽然是由士绅捐资建造的附设于学政试院的助考建筑，但是也呈报知府衙门立案，并以府衙名义立碑示禁，显示出地方官与士绅对这项工作的一致关注。另据陈思、缪荃孙民国《江阴县续志》卷3《建置志》记载，"八邑候点公所"建成之后系由各邑廪生轮管，而在科举停废之后，"八邑候点公所"失去了存在意义，被作为公房出租取息，辗转交由常州府学务公所、常州府劝学所和江阴县劝学所管理收租，补贴常州府中学堂的办学经费。②

广东嘉应直隶州学政试院的考前候点建筑则称为"广厦社会"。道光年间，因嘉应州考生众多，岁科试时拥挤不堪，生员梁钰特意捐钱数千聘请人手在点名入场时高举蜡烛，以免黑暗拥挤之苦。而士绅因之发起倡捐，集资立会，在学政行署考院外用竹篾搭盖长廊，一方面可以点烛候考，另一方面则可以遮风避雨，并借杜甫"安得广厦千万间，大庇天下寒士俱欢颜"的诗句，将其命名为"广厦社会"。据嘉应州道光二年（1822）举人、广西柳州府知府张其翰所作《募捐广厦社会引》：

> 昔少陵有"广厦万间"之语，千古传诵，岂非嘉惠士林为第一盛

---

① （清）卢思诚，季念诒：光绪《江阴县志》卷1《建置志》，台北：成文出版社，1983年，第328—330页。

② 陈思，缪荃孙：民国《江阴县续志》卷3《建置志》，台北：成文出版社，1970年，第225—226页。

德，事虽虚愿，所存犹足以深入乎人心，矧实获其益者哉？我州地窄民稠，多以读书为业，故应童子试者亦四千人有奇。向来办考书吏啬于费，序进牌皆不点烛，擎牌人役又复寥寥。每值学使按临时，挤拥尤甚，应试者苦之。昨岁，梁君钰茂才慨然念及之，捐钱数千，多雇人役，牌皆点烛，由东辕门起，至学宫门首止，士得鱼贯而进，无往年挤拥之苦，欢声惬一时。今年夏，州牧文公开修城之局，以君钰兄梁韶阶光禄及杨秋畹孝廉、叶吉甫学博、陈侣衡明经、杨春园茂才、家朴楼茂才董其事。偶因城工余暇，谈及君钰曩举，以为快。重虑其无以为长久计也，且遇风雨亦未便举行，爰议自东辕门至学宫门首街道皆用篾篷搭盖，庶免风雨之虞。但合之点烛雇役，为费不少，非凑成一会，岁支余息，不能久远行也。在局诸公咸愿倡捐，以为乐善者劝。吾意州人士之众，虽修城经费数万金不难旦夕办，于是举乎何有？其嘉惠士林者，不既多耶？遂取少陵语，名之曰"广厦社会"，而为之引。①

据地方志记载，为了使广厦社会能够长期维持下去，自道光二十九年（1849）至咸丰元年（1851），嘉应州广厦社会的经理绅士共约花费了600两银钱，购买4间瓦房，租赁收租，成为广厦社会的支持基金。

需要指出的是，张其翰所作的这篇《募捐广厦社会引》中有"今年夏州牧文公开修城之局"等语。据查光绪《嘉应州志》卷9《城池》，"道光二十九年城上窝房、敌楼、堞雉均皆倒塌，周围墙身亦多鼓裂，知州文晟发谕捐修"②，说明嘉应州捐设广厦社会的时间当亦在道光二十九年前后。

湖南郴州直隶州试院边建有"考棚外官厅"，"系各官送考及生童避雨之地"。后来因为房舍狭窄，人多拥挤，乾隆五十九年（1794）郴州知州刘尔芊率领本州所辖永兴、宜章、兴宁、桂阳、桂东等五县一起捐资建造

---

① （清）吴宗焯，温仲和：光绪《嘉应州志》卷10《廨署》，台北：成文出版社，1967年，第163页。

② （清）吴宗焯，温仲和：光绪《嘉应州志》卷10《廨署》，台北：成文出版社，1967年，第157页。

官厅，包括"头门一栋三间，二门一栋，官厅一栋二间，二堂一栋三间，三堂一栋三间"，专门作为"五县公馆及考试生童避雨栖止之用"。①

安徽泗州盱眙县在光绪年间建有"防雨公舍"。据光绪《盱眙县志稿》记载，这座防雨公舍是由时任安徽凤颖道任兰生捐资建造的，共有房屋10间。它们被建在县考棚的西边，其作用是可以使"应试生童候点名时无雨雪露坐之苦"。②任兰生（1837—1888），江苏震泽（今同里）人。虽起家军功，却关心文教。除了为盱眙县捐建防雨公舍，他还于光绪七年（1881）组织寿州乡绅捐资重修了寿州学宫和寿台试院，并为试院添建了官厅、雨舍52间。寿州士绅在其去世后将其配祀于考棚后堂，以志不忘。寿州知州陆显勋撰写的《寿台试院新建雨舍碑记》，阐述了建造雨舍的原因和意义：

> 夫人文如是其蒸蒸也，人事如是之井井也，而天时靡测，风雨何常？设无先事之绸缪，则临时露处，沾溅淋漓，其何以昌士气而肃礼仪乎？今幸矣广厦轩辕，栋宇有待，多士鸠集而处，鱼贯而前，趋跄安雅，宜如何感戴宪慈，将以争自磨砺，升堂入室，造诣精深，文则凤楼独造，一空瓮牖绳枢之陋，由是而木天翔步，则不啻观察甘棠之舍，有为阶之地也，岂不懿欤？将勒贞珉，永垂不朽。③

安徽寿州寿台试院除了建有考棚雨舍，本州士绅任廷相还在光绪七年（1881）专门为它捐设了150亩的岁修基金，每年收租"为雨舍岁修费"。④任廷相捐资的目的之一，是为了能让其子入籍考试。

---

① （清）朱偓，陈昭谋：《嘉庆郴州总志》卷9《公署》，南京：江苏古籍出版社，2002年，第406页。

② （清）王锡元：光绪《盱眙县志稿》卷5《学校志》，台北：成文出版社，1970年，第317页。

③ （清）曾道唯，葛荫南：《光绪寿州志》卷9《学校志》，南京：江苏古籍出版社，1998年，第127页。

④ （清）曾道唯，葛荫南：《光绪寿州志》卷9《学校志》，南京：江苏古籍出版社，1998年，第124页。

相对来说,作为县试期间的考生点名场所,盱眙县防雨公舍的规模并不算大。而用于学政院试点名候场的安徽庐州府防雨公舍的规模则显然更为壮观。庐州府试院建成于清初顺治年间,此后多次由士绅捐资重修。清末同治七年(1868)因为遭遇太平天国战乱,庐州府试院被焚毁。其时代理两江总督李鸿章因赴任湖广总督,路经庐州府。作为庐州府合肥县人,且当年便曾在庐州府试院中参加童试并考取生员,李鸿章特意嘱咐地方官及家乡士绅设法倡捐重修试院。庐州府各县士绅也借此机会,除在合肥县学地基上重建试院外,还"捐修防雨公舍共九十二间"。①

清代同治年间安徽省各地试院、考棚建造防雨公所的活动日渐盛行。除了以上各府州县之外,远在江苏南京的"安徽学政行署"也在光绪初年建造了"避雨公所"。它位于安徽学政行署的西侧,与位于公署东侧的提调公廨一样,空间"俱轩敞"。②值得指出的是,安徽学政行署虽然远在南京,但安徽士绅已经在道光年间"捐资广之"。而南京贡院的历次修建,也都有江苏、安徽两省士绅参与捐资。安徽学政行署的这座避雨公所,当亦是由安徽士绅捐资建造的。

江苏淮安府称为"灯牌公所"。据史料记载,淮安府在建成灯牌公所之前,"每患生童拥挤,乃于栅栏内添设坐凳,按牌序坐。点名时,司事者执牌引入,离立错行者有禁,生童便之"。这种方法在一定程度上减轻了考生在黎明时分等候点名的拥挤之苦,但却只适合天气晴好的日子,如果遇到阴雨或降雪天气,则往往"公所狭隘不能容,执事之人与露坐者咸苦之"。为此,同治年间山阳县官绅决定倡捐集资,建造灯牌公所,方便考生入场点名。在山阳县人丁禧生的主持下,购买学政试院左右民房,"增建公所三十余间","广厦连延,规制甚盛"。而淮安府属盐城、阜宁、清河、安东、桃源等五县士绅也都捐集钱款,与山阳县共同完成灯牌公所的修造工作。不仅如此,他们还在山阳县丰裕乡购置"公费田二十三亩九

---

① (清)黄云,林之望:光绪《庐州府志》卷17《学校志》,台北:成文出版社,1970年,第291—292页。

② (清)蒋启勋,赵佑宸,汪士铎:《同治续纂江宁府志》卷7《建置志》,南京:江苏古籍出版社,1991年,第62页。

分"，作为灯牌公所维修基金。① 科举停废后，学政试院停止使用，"号舍塌毁殆尽"，试院左右的灯牌公所也都重新"变为民居"。②

贵州兴义府试院有"告示房"。道光二十一年（1841）兴义知府张锳倡捐建造了兴义府试院，"规模宏阔甲天下"，试院左右各建有一道辕门，辕门旁边建有"告示房"共 12 楹，"备阴雨憩息士子"。③

不仅部分学政试院、州县考棚附建有供考生等候点名入场的棚厂、公所，一些乡试贡院外也同样建有候点建筑。前引湖南长沙府湘乡县单独在湖南贡院外建造了专门服务于本县士子的"坐棚"。而有的省份则统一建造了服务于全省应试士子的候点建筑。如山西贡院在光绪八年（1882）重修时，便"于院门左右环以长廊，为士子听点时栖止之所"。④ 浙江贡院在光绪十四年（1888）"购照壁外民地，逢试期用篾簟搭盖行棚十一间，为十一府考生候点憩息之所"。次年，"行棚悉易瓦屋"。⑤

这些建造于各类贡院入口处的候点建筑，并非贡院的必备房舍，但也都是由士绅捐资创建的助考设施，体现出地方社会对科举考生的关怀日益细心和具体，反映了地方士绅为不断完善科举制度的具体执行所做出的努力。同时，各地士绅捐资建造此类贡院外附设助考建筑，本质上也是一种科举公益活动，属于清代教育公益文化的范畴。

二、科举试馆

尽管清代各类贡院中有极个别也被称为试馆，不过总体来看，清代文

---

① （清）孙云锦，吴昆田：光绪《淮安府志》卷 21《学校志》，台北：成文出版社，1976 年，第 1187－1188 页。

② 邱沅，王元章，段朝瑞：《民国续纂山阳县志》卷 7《学校志》，南京：江苏古籍出版社，1991 年，第 353 页。

③ （清）张锳，邹汉勋，朱逢甲：《咸丰兴义府志》卷 20《学校志》，成都：巴蜀书社，2006 年，第 252 页。

④ （清）曾国荃，杨笃：《光绪山西通志》卷 80《公署略下》，《续修四库全书》第 643 册，上海：上海古籍出版社，1995 年，第 321 页。

⑤ 吴庆坻：《民国杭州府志》卷 18《公署一》，上海：上海书店出版社，1993 年，第 498 页。

献中的"试馆"一词往往是指专门为科举考试期间的本地考生提供住宿的场所。对于为什么要建造科举试馆，晚清浙江德清县大儒俞樾曾有过这样的分析：

> 功令，凡岁阴在子、卯、午、酉之年，聚天下郡县学生而试之于各直省，是为乡试；子、卯、午、酉之明年，聚乡试所得士而试之于礼部，是为会试。凡乡、会两试，为士子出身之途，海内之士争趋之。然各自直省至京师，皆有会馆以弛其负担，而自郡县至省城则无有焉。其挟册负橐而来者，求一廛之蔽而不得，担簦蹞屣，屏营歧路间。噫！惫矣！此试馆之所以始也。①

俞樾十八岁便高中进士，其科举历程并未历尽艰辛，但也是亲身经历了科举考试的完整历程。在其成名之后，各地登门求文者络绎不绝，仅宁波府五县便有镇海、象山、奉化三县请其为本县试馆作记，对试馆的功能可谓极为熟悉。从记文中可以看出，他认为人们为参加县、府、院试乃至乡试考生而建造的试馆，其目的与用途其实与京城会馆完全相同，即为科举考生"弛其负担"，向其提供"一廛之蔽"。同时，从俞樾的这篇记文我们也可以看出，清代科举试馆大致可以从其所服务的考生类型而分为京城会馆、省城试馆、府城试馆和县城试馆4种类型。

1. 京城会馆

清代科举考试被分为三大级七小级，其专用考场也有县试考棚、府院试试院、乡会试贡院之区别。在试馆方面，则县、府、省级多被称为试馆，而京城所建者则多称为会馆。当然，也有一些地方将其京城会馆称为试馆，如浙江宁波府镇海县便是如此。该县举子入京会试，本可住宿于位于崇文门外的宁波府京城会馆，但是由于经历太平天国战乱后接连两次补试，导致新科举人入京者成倍增加。为此，本县商人余春源与任职于工部

---

① （清）俞樾：《镇海试馆记》，洪锡范，王荣商：民国《镇海县志》卷11《学校志下》，台北：成文出版社，1983年，第734页。

的谢菊堂和任职于吏部的盛蓉洲一起商议捐买京城房产改建为镇海县专属会馆，并在门前悬挂"镇海试馆"的牌匾。宁波府鄞县人、左都御史童华在其所作《京都镇海试馆记》中解释了不称为会馆的原因："不言会馆者，金爵觚棱，举头在望，惟镇人士志观光者得居之，他不得托足焉，懔天威咫尺之义。"① 也就是特别强调这是为赴京参加会试的本县举人专门建造的旅馆，其他商民人等均不得入住。

2. 省城试馆

省城试馆是专门为乡试考生服务的住宿场地，在各省科举试馆中也最为普遍。如浙江宁波府一共辖有 5 个县，即鄞县、慈溪、镇海、象山和奉化，其士绅都先后捐资在省城钱塘、仁和两个附郭县设立了省城试馆。据德清县人俞樾所撰《奉化试馆记》，宁波所属五县，奉化设置省城试馆的时间最晚，是在光绪十七年（1891）由县人孙锵倡议邑人捐款，自己则先后"至省垣者前后十余次"，用了三年的时间，终于在仁和县平安三图地方购买了八亩多的地基，建造了一座可以同时容纳 218 人住宿的试馆。俞樾认为，省城试馆的建成，可以起到"来试者必益众，而中式者亦必益多"② 的效果。俞樾还透露，宁波府镇海、象山两县建成省城试馆后，也是请他撰写了试馆记。

清代各县到省城购买地产建造试馆，往往需要按照正常规定履行购地手续，最后在当地政府部门登记在册。在笔者所查阅的文献中，光绪《奉化县志》的记载较为详细，兹以之为例，对清代各地创建试馆的历程有一个大致的了解。该志卷 2《建置志》中删繁就简，保留了奉化县创建省城试馆的"业户执照""佃业执照""地契"等文件。被俞樾称赞为奉化县"高才生"的孙锵之所以要十多次往返于杭州、宁波之间，主要便是与相关人等进行商谈、交涉，办理土地买卖、申报登记等手续。光绪《奉化县志》主要记载了省城试馆的三种文书。

---

① 洪锡范，王荣商：民国《镇海县志》卷 11《学校志下》，台北：成文出版社，1983 年，第 736 页。

② （清）李前泮，张美翊：光绪《奉化县志》卷 2《建置志》，台北：成文出版社，1970 年，第 137—138 页。

第一种是业户执照计 4 份，县志记载其内容为：

  杭州府仁和县正堂为填给印照便民执业轮纳事：兹据平安三图业户吴蒋氏、吴成烈、陈富仁、张维烈交来亲供，将原册沈正、吴有溶、有涛户下后开产业推付本都本图奉化试馆户，入册输粮，自光绪十七年未届为始。除留存根并将供据分别备查外，合给印照存报，以资遵守，需执照者。
  计开一则：随字第廿一号基地四亩一分六厘五毫；廿二号基地一亩五分；廿三号基地三分；廿四号基地七厘。
  常年科征地丁粮□漕粮米□遇闰之年加征银□不。
  光绪十七年五月□□日给。算房沙黄代办。

第二种是佃业执照 1 份，县志记载其内容为：

  佃业执照一纸，内开：奉绅周永年交来亲供，将原册无主陈姓等户后开产业佃付奉化试馆代垫户入册输粮。□随字廿五号佃地二亩三分四厘九毫。余并同前。

第三种是地契 4 份，县志记载其内容为：

  一卖主陈富仁，坐落土名仁邑平安三图随字号尧平巷，地三分，价银十两，契尾布字七千九十四号。
  一卖主吴蒋氏，坐落土名同上，地七厘，价银八两，契尾七千九十二号。
  一卖主张维烈，坐落土名同上，地一亩五分，价银三十两，契尾七千九十三号。
  一卖主吴成烈，坐落土名同上，地四亩一分六厘五毫，价银百两，契尾七千九十五号。①

从以上文件可以看出，要在县城、府城、省城、京城建造试馆，不仅需要寻找到合适的地址，更要与原业主进行物产买卖协商，并请他们按价出让物产地契、执照，向当地县衙进行申报、填给印照，进而办理该试馆专属之物产执照。要顺利完成这一过程，必须兼具天时、地利、人和，三者缺一不可。

3. 府城试馆

府城试馆，是各地为参加府试、院试的考生建造的试馆。

安徽霍山县最初本为庐州府属县，为了方便本县士子参加知府、学政主持的府试、院试阶段考试，"岁科试同人建试馆于府城中，在县桥南，北向。初名三义会馆，基甚宏拓"。考试期间，考生及送考的学官都可以在此居住。雍正二年（1724），六安州被升格为直隶州，霍山与英山二县被拨为六安属县。庐州府的霍山试馆因之废置，改名为三义庵。霍山县"西北乡各姓"又在六安州城东门内购置房基，建成州城试馆，共有房屋50余楹，名为"七八九团公所"，作为"该团应试诸生居息之地"。②

江西南昌府丰城县建有多所省城试馆，以其捐建人员和服务对象的不同而分为三种类型。第一种是全县共有的试馆，主要为"春秋课试馆"，它是"城内文课公建"，服务于全县参加府试、院试和乡试的士子。第二种是县中某坊都共建的试馆，如"尚义试馆"为"一坊公建"，"梯云试馆"为"三坊桥东公建"等，合计有11所。第三种是某一家族所建，如"秀斋试馆"为"城内陆姓建"，"南湖试馆"为"城内南湖李姓建"等，合计有8所。③

---

① （清）李前泮，张美翊：光绪《奉化县志》卷2《建置志》，台北：成文出版社，1970年，第138—139页。
② （清）秦达章，何国佑：《光绪霍山县志》卷5《学校志》，南京：江苏古籍出版社，1998年，第106页。
③ （清）王家杰，周文凤，李庚：同治《丰城县志》，清同治十二年（1873）刻本，卷3《建置志》，第4—5页。

4. 县城试馆

中兴名臣曾国藩曾为家乡撰写过《湘乡县宾兴堂记》一文，肯定并歌颂了士绅们乐善好施、崇文重教的义举。其弟曾国荃则在同治十年（1871）湘乡县捐建省城试馆时，撰写了《湘乡试馆记》一文，较为全面地反映了各类教育善举对科举考生应试历程的影响：

> 湘邑学额仅中县，科第之盛不如他邑，而应试者特多，自道咸以迄今，兹每岁应文童试者约三千人，应武童试者约八百人。大比之年，应乡试诸生五百余员。昔乘一叶而来，无泊舟之所，今则小西门外有宾兴码头矣。昔担两箧而至，无驻足之地，今则储备仓后有试馆矣。昔提篮于栅门外跂立久候，今则贡院东街有坐棚矣。至于岁修经费，则有讲让堂之赁租也。①

从文中可以看到，清代末年湘乡县科举考生同时享有宾兴码头、试馆、坐棚等辅助性助考设施提供的便利。而从各类地方志的记载来看，这种便利并非湘乡县考生所专有，它是清代各地科举社会的普遍现象。尽管科举制度被废已经过了一百多年，其所受到的诟病或颂扬则更历时千年，迄今尚无定论。然而毋庸讳言，清代士绅为科举考生顺利参加考试而做的种种公益善举，其"处心积虑""求全责备"，用心之细微、真诚，则是任何一个时代的考试制度推行过程中所未见的。

作为专供本地士子考期居住的公益性建筑，各地试馆除了建有供士子住宿的房舍，同时也设法对试馆进行相应的人文藻饰，使其兼具住宿、教化、审美等多种功能。如江西临江府新喻县（今新余市渝水区）"邑君子"在咸丰元年（1851）用捐建瀛洲书院的剩余捐款8000余两重修省垣试馆，历时两年完成重建，除了三栋主楼和左边的数楹小馆及右边的八间厦屋外，也对试馆内的景观进行了精心设计："南有小园，杂莳花木，四时之

---

① （清）曾国荃：《曾忠襄公文集》卷下，《续修四库全书》第1554册，上海：上海古籍出版社，2002年，第344页。

景不穷。轩窗洞启，环垂杨柳，虽盛夏燠暑，时有凉风袭人。东有塘蓄鱼，跳跋吹噓，颇饶濠濮闲意。西近百花洲，闲时息游，如观辋川图画。馆中备饶诸胜，足以供吟咏而畅文机。"① 河北遵化直隶州人史恩培于光绪八年（1882）捐资600两，在顺天府大兴县界崇南坊一甲崇文门外上头条胡同，创建了供州人"乡会试就读之所"的遵化试馆，于光绪十七年（1891）正式落成。试馆的主体部分为"楼厦四十五间，大门、车门各一间"，此外则在正中建造景贤堂，"供奉历代先达名贤祠位，旁设两龛，左祀历代忠臣孝子义行词宗，右祀历代孝女节妇贤母名媛"，约定每逢"乡试之年秋祭，会试之年春祭，非乡会年分择吉以祭"。此外，并邀请号为清朝八大书法名家之一的顺天府尹毕道远（1810—1889）题写了"遵化试馆"匾额，邀请本州进士史朴、玉田县进士蒋庆第和丰润县进士赵国华分别撰写了一副楹联：

> 遵化号多材，愿同人种福玉田，摛辞丰润；
> 长安居不易，喜试馆芳邻花市，雅集崇文。

> 具广厦千万间之概；
> 望家山三百里而遐。

> 遵荡平王道以西，来塞接卢龙，且相看麻岭含光，便流濯秀；
> 化慷慨士风而上，蓬堂开晴鹤，正不独李文经世，谷史名家。

这三副楹联都有其特色，各擅胜场。史朴的上联巧妙地将遵化直隶州及其所辖玉田、丰润二县的地名融入其中，同时表达了希望本州人才文章与公益结合相得益彰的愿望，下联恰如其分地评价了试馆的作用。蒋庆第的楹联较为简短，上联用杜甫《茅屋为秋风所破歌》的典故，称赞了史恩

---

① （清）张方矩：《重修省垣新喻试馆记》，（清）文聚奎，祥安，吴增逵：《同治新喻县志》卷3《建置志》，南京：江苏古籍出版社，1996年，第143页。

培捐建试馆的公益行为，下联含蓄地指出了试馆对本州士子应试的作用。赵国华的楹联将"遵化"的地名巧妙地嵌在上下联的首字位置，上联描述遵化的典型自然风貌，下联介绍遵化的历史名人，体现了浓郁的地域文化特色。

三、送考公所

清代科举制度规定，各省在举行乡试、院试时，各府州厅县官学的教官例需到场识认本学生员，以免杜绝代考等舞弊行为。在县试、府试、院试阶段，例需安排廪生为应试童生作保，以防有人冒籍应试，称为"廪保"。为了方便学师、廪保等人考试期间的办公、住宿，各地多有为其专门建造房舍者。

1. 学师行寓

学师行寓是指地方士绅为本地儒学教官在府城或省城建立的岁科试或乡试时临时下榻的公馆。清代学政按临各府、直隶州，举行童试招收儒学新生的同时也举行岁科试考核儒学老生，并根据考生成绩按"六等黜陟法"进行处置。每到考试之时，儒学教官例需同往，尤其是乡试之时，往往与考生一同赴省，名为"送考"。一些没有举人功名的教官也与学生一起参加科试、乡试。为了给送考教官提供住宿及办公的便利条件，个别地方的士绅便在府城或省城购买地基、房屋，作为其专门的下榻之所，称为"学师行寓"。从地方志等各类文献的记载来看，清代各地为儒学送考教官建立专门学师行寓的并不太多，目前我们发现的几个案例均在清代江西省境内。

江西萍乡县建有"学师行寓"。乾隆三十六年（1771）全县在袁州府城南门内捐资建造"昭萍学舍"，作为岁科试认保廪生栖身之所。至光绪五年（1879），因"昭萍学舍近为两学师行寓，遂另谋捐资公建，为廪生岁科试认保办公之所"，称为"廪保公所"。[①] 据《民国昭萍志略》卷2《建

---

① 刘洪辟：《民国昭萍志略》卷2《营建志》，南京：江苏古籍出版社，1996年，第59页。

置志·公所》并没有专列"学师行寓"的条目加以记载，故目前尚无法考知萍乡县学师行寓始建于何时。

江西安仁县建有"崇道堂"。嘉庆二十一年（1816）由武生段显祖等四家合力捐资在饶州府学前横街建造府试馆，作为本县生童岁科试府试阶段借寓之所。道光六年（1826），四姓又在府试馆后边的公共地基上增建"崇道堂"，"以为两学师府、院试公馆"。①

江西丰城县建有"明德堂"。据同治《丰城县志》记载，本县在省垣的祠宇、公廨、试馆中，有名为"志道堂"的一所建筑，地处南昌府儒学大成殿的东边，是丰城全县合力建造的。志道堂的东半部分为"明德堂"，系"茶坑谢安卿建为本县儒学送考公所"。②

总体来看，清代各地专门为送考儒学教官建造寓所的并不多见，但这并不是说其他地方对送考学师都更为冷漠，而是往往采取了其他办法。如安徽霍山县便将送考学师的寓所安排在试馆之中。据光绪《霍山县志》卷5《学校志》，雍正二年（1724）之前霍山县隶属庐州府，当时县中"岁科试同人建试馆于府城中"，最初悬挂"三义会馆"匾额于门首，"基甚宏拓，试期学官及送考生居之"③，也就是送考教官虽无专门的住宿场所，但他们均可与赴试考生一道在试馆居住。又如安徽南陵县，乾隆二十六年（1761）全县士绅在宁国府府城捐资建造"郡城会馆"，"以为府、院试两学送考、廪保画册之所"④，也就是由郡城会馆兼具。江西吉安府万安县则于道光年间合力捐资建造忠义祠，除了奉祀吉安府"合郡忠义"，每逢考

---

① （清）朱潼，徐彦楠：《同治安仁县志》卷12《建置志》，南京：江苏古籍出版社，1996年，第625页。

② （清）王家杰，周文凤，李庚：同治《丰城县志》，清同治十二年（1873）刻本，卷3《建置志》，第4页。

③ （清）秦达章，何国佑：光绪《霍山县志》卷5《学校志》，台北：成文出版社，1974年，第398页。

④ 余谊密，徐乃昌：民国《南陵县志》卷12《营建志》，台北：成文出版社，1970年，第140页。

试还兼作"两学师及各廪生并书斗办公之所"。①

有些地方则直接从本地的宾兴基金中给发专项经费，补贴儒学教官送考住宿费用。如浙江分水县有多种宾兴基金，其中嘉庆二十四年（1819）贡生王上槐捐资购置的"鹿鸣田"，每年可得"七折钱一百二十四两零"，约定除缴纳赋税及各项杂费外，以80两分给乡试考生，另送"送考学师仪一两"。②又如贵州湄潭县在光绪二十四年（1898）捐资设立"簧仪"，专门为儒学新生缴纳教官束脩、送考等费，以及廪生认保、杂役工食费等经费。其中教官束脩费为每次岁科试代全体新生送银600两，教官送考费为每次岁科试支给儒学教官纹银30两，称为"两学夫马之费"。③在这些地方，送考教官虽然没有专门的房屋可供住宿，但却可以用宾兴基金资助的送考费寻觅旅店住宿，效果其实完全相同。

2. 廪局

清代科举制度规定，童生参加岁试、科试，必须五人一保，互立保结，县试时并须有廪生一人为五人作保，称为"认保"，府、院试时增加一名廪生作保，称为"挨保"。如据钟毓龙《科场回忆录》，童生应试时必须有廪保，以在学中之廪膳生为之，所担保者为考生身家清白、并非冒籍、无冒名顶替、无匿丧等四项内容。童生例需向提供担保的廪生缴纳一定的钱款，数目多寡并无一定，称为"保结费"。④为免除考生向廪保生员缴纳"保结费"之累，同时也为了避免廪保生员因所保童生贫富不均而获益不等的尴尬，有些地方会在当地捐资设立的助考公益基金即宾兴中往往约定为童生代缴"廪保公费"。如据《乾隆石城县志》卷8《艺文志》邑人黄鹤雯所作《温家学捐卷资记》指出，江西石城县人温家学捐钱1600余千

---

① （清）欧阳骏，周之镛：《同治万安县志》卷2《建置志》，南京：江苏古籍出版社，1996年，第515页。
② （清）陈常铧，臧承宣：光绪《分水县志》卷4《学校志》，台北：成文出版社，1970年，第426页。
③ （清）吴宗周，欧阳曙：光绪《湄潭县志》卷3《营建志》，台北：成文出版社，1975年，第260页。
④ 钟毓龙：《科场回忆录》，杭州：浙江古籍出版社，1987年，第3—12页。

文,购置田产,"送学公签管理,以岁息为岁科院试童生卷资并廪保公费"。① 又如贵州湄潭县是从本县公田即"黉仪"中每次拨银 200 两,作为文武童生岁科两试办公经费。②

而有些地方的士绅更进一步在考试所在地为廪保生员建造专门的免费住宿、办公场所,称为"廪局"或"廪保公所"。如江西泰和县,乾隆四十七年(1782)全县士绅捐资在吉安府城江西学政院试考场的左边购买欧姓房屋,将其改建为廪局,合计有房屋 34 间,作为"每岁科府、院试廪保聚寓"。③ 据县志记载,该廪局在嘉庆、咸丰年间都进行了维修。又如江西龙泉县(今遂川县),咸丰二年(1852)利用"合邑采芹会公费"④ 在吉安府廨后墙右边建造廪局。该县采芹会系由全县士绅在道光三十年(1850)捐资设立的宾兴基金组织,共计捐款三万金有奇,"凡文武入泮束脩等费俱给自会,即乡会试亦酌帮舟车之资"。廪局建成之后不久,咸丰六年(1856)太平军攻占吉安府城时所有房屋"半被拆毁",同治四年(1865)经绅董筹资重修。

清代各地廪局的名称多有不同。如江西南昌县称为"廪堂",在"东湖书院屏墙背",系光绪六年(1880)知县崔国榜创建,作为"考试时廪生出结认保居止之所"。⑤ 南昌县和新建县是江西省城及南昌府府城,县试、府试、院试、乡试均就近考试,廪保生员并不需要长途跋涉。廪堂的建造,主要是为廪生的认保工作提供便利。江西余干县称为"廪保公所",

---

① (清)杨柏年,黄鹤雯:《乾隆石城县志》卷 8《艺文志》,南京:江苏古籍出版社,1996 年,第 226 页。
② (清)吴宗周,欧阳曙:光绪《湄潭县志》卷 3《营建志》,台北:成文出版社,1975 年,第 261 页。
③ (清)宋瑛,彭启瑞:《同治泰和县志》卷 3《建置志》,南京:江苏古籍出版社,1996 年,第 71 页。
④ (清)王肇渭,郭崇煇:《同治龙泉县志》卷 6《学校志》,南京:江苏古籍出版社,1996 年,第 102 页。
⑤ 魏元旷:民国《南昌县志》卷 13《学校志下》,台北:成文出版社,1970 年,第 196 页。

据同治《余干县志》卷6《学校志》记载,"廪保公所在考棚东墙外,众建"。① 考棚即余干县县试考棚,乾隆五十五年(1790)邑人黄国定独力捐资数千金建造。湖南新化县有"廪保公所"和"宝贤堂",廪保公所"在明伦堂左,尊经阁右,训导署后",宝贤堂"在宝庆府城凤家园内"②,前者在县城,是县试廪保住宿、办公场所,后者在府城,是府试、院试廪保住宿、办公场所。廪保公所建立的时间不详,宝贤堂则建于嘉庆年间。

清代各地为什么要专门为认保廪生建造廪局呢?《民国昭萍志略》对此问题有很好的解答:

> 童试有廪保,分作认、挨,为应考者验身家、明贯籍、谨抗匿、禁枪替,责至严也,永宜恪遵。定制,互相稽查,然非寓宿一处,则耳目分而闻见淆,难免无失于不及觉。我萍廪生,县学额设外,益以府学,几近五十名之多,尤非湫隘之区所得容。光绪五年己卯,都人士微窥世变,欲预为防,爰进合邑商议,仿宜、分、万三邑章程,建立廪保公所,劝谕四路,皆怂惠从,得资若干,购买袁郡西大街左郭姓屋址,沿旧增新,不二年而蒇事。其地与宜阳文昌殿邻,江环秀水,峰耸划成,清淑之气,足为文章发其华。先是,赴郡认保散寓客邸,偶有风闻,难遽会商,即画册亦无缓急次第,多形拥促。斯所以聚处,诸凡便于从前,咸称美焉。虽然,斯所之建,原为善事之谋,而非便安之地。梯云之人,入其中,旋出其中,恒过焉而不暇复问。惟是有其责,责当毋旷,循分自尽,亦异日经济之所见端。无论久暂,所愿慎思明辨,以几弊绝风清,无负朝廷设立廪保之意,则斯所庶为有益之举也已。③

---

① (清)区作霖,冯兰森:同治《余干县志》卷6《学校志》,台北:成文出版社,1975年,第400页。
② (清)关培钧,刘洪泽:同治《新化县志》卷8《建置志》,台北:成文出版社,1975年,第861页。
③ 刘洪辟:《民国昭萍志略》卷2《营建志》,南京:江苏古籍出版社,1996年,第59页。

据县志记载,江西袁州府萍乡县"廪保公所"最初称为"昭萍学舍",乾隆三十六年(1771)合邑公建于袁州府城南门内,光绪年间改称为"廪保公所"。二者名称虽然不同,但都是作为"岁科试认保地"。《廪保公所图册序》指出,之所以要专门为认保廪生建立公所,是因为每次考前认保、挨保,"偶有风闻,难遽会商,即画册亦无缓急次第,多形拥促",无法真正起到"验身家、明贯籍、谨抗匿、禁枪替"的作用,而建立廪保公所之后,则"诸凡便于从前",各项工作都便于开展。廪保公所的建立,有利于防范舞弊,端正考风,保证考试顺利进行。文中还提及,萍乡县建造廪保公所并非首创,而是仿照同属袁州府的"宜、分、万三邑章程"而建,表明袁州府属宜春、万载、分宜三县也已经建造了廪保公所,反映出为廪保生员建造专门的办公场所已经较为普遍。

同治《新化县志》所收录的两篇"宝贤堂记",也能很好地解答这一问题。第一篇是本县人曾毓栋撰写的《宝贤堂记》,记中首先讲了一个胥吏子孙违例应考的故事。乾隆末年,新化县有一李姓隶役,他买通关节,使其子孙得到廪生保结,得以"滥入国学"。此事引起县人公愤,以艾奇峰为代表的新化县廪生向湖南学政揭发检举,褫夺了李氏子弟的生员功名。为了避免同类事件再次发生,廪生们约定每年定期聚会一次,"宣读功令",杜绝滥保;并号召在学生员每名捐钱200文,"权其子母以为廪膳",也就是设立了廪保活动基金。到嘉庆年间,新化县士绅又在宝庆府购买房屋,建成宝贤堂,"以为申明功令之所"。第二篇是本县人刘洪泽撰写的《重修宝贤堂记》,作者指出,同治年间因为捐输增广学额,府试录送院试的童生人数大幅度增多,被选派到宝庆府城参加认保、挨保工作的廪保生员的人数也相应增多,导致宝贤堂无法满足全部廪生的住宿、办公需求,部分认保廪生"试期侨寓星散,每有计议,不能齐集,意见各殊,从违莫定",从而无法防范违例应考、枪替、冒籍等舞弊行为。为此,士绅再次捐资扩建宝贤堂，从而取得了"激浊扬清，振兴文教"的良好效果。①

清代各地廪局建成之后，一般都会议定管理章程，以便执事者遵循管理，使廪局长久不坏。如广西平乐府平乐县的廪生认保办公场所称为"学校公所"，系同治二年（1863）知县李端源倡议捐银1000两所建，作为"岁科两试邑廪聚处为众童画结之所"。与其他地方的廪局、廪保公所一样，平乐县学校公所也是岁科试廪保聚集场所，而不同的是，该公所同时承担了宾兴助考公益基金组织的相应职能。据民国《平乐县志》所载的学校公所管理章程：

> 一、议新籍已满六十年报考者，捐入宾兴花银六十圆，如未满六十年，捐花银一百圆；
> 一、议新籍已满五十年报考者，捐入宾兴花银一百五十圆；
> 一、议新籍已满四十年报考者，捐入宾兴花银一百八十圆；
> 一、议新籍已满三十年报考者，捐入宾兴花银二百圆；
> 一、议新籍已满二十年报考者，捐入宾兴花银二百五十圆；
> 一、议新公车赴京会试，每名送川资银五十两，嗣后每名每届送银二十两，以起程之日送给；
> 一、议选拔优贡进京，每名送川资银二十两，起程之日送给；
> 一、议大比之年，董事先将人数核算，计有若干，按人多少给以六成川资，存留四成，准八月初一日在省给发；
> 一、议每逢岁科考文武童院试，头场填册费概由宾兴送给；
> 一、议新籍未经捐输，毋论科岁并春秋闱，均不得领取宾兴费。②

从该章程我们可以看出，平乐县学校公所除了是考试期间作保廪生的

---

① （清）关培钧，刘洪泽：同治《新化县志》卷8《建置志》，台北：成文出版社，1975年，第862—863页。
② 黄旭初，张智林：民国《平乐县志》卷4《文化志》，台北：成文出版社，1967年，第260页。

聚寓之地，同时也肩负着为本县各类考生提供助考费用的职责。一方面，它通过向入籍本县的外地户籍童生收取捐款来扩充其基本金，另一方面，它也规定了向不同类型的考生提供助考费用的具体数额及经费管理方法。这同时也说明，作为一种辅助性助考设施，廪局与宾兴之间具有天然的联系，因而也可以被认为是一种广义的宾兴组织。

本章结语

由于各级考试的应试人数规模、考试时间长度、试卷处理方式、考官人役数量和国家经费政策的不同，清代乡会试贡院、学政试院和县试考棚的规模与形制也都存在相当大的差别。乡会试应试人数最多，单场考试时间较长，因而每位考生的考试答题环境必须既相对相互隔绝又可供答题住宿，号舍因之成为乡会试贡院答题区的最佳选择；考生试卷需要经过弥封、誊录、对读处理，相关人役数量众多，乡会试贡院中必须为其提供工作与住宿场地；主考和同考官的阅卷与录取过程不容干涉，因而衡鉴堂与至公堂之间便成为内、外帘分离的核心区域。修建经费报销政策与公益捐助旌奖制度为乡会试贡院的创建、迁建、扩建、重修提供了有力保障，这使得乡会试贡院无论是在占地面积、房舍数量还是在建筑材质、内外装饰等方面都远超过学政试院和县试考棚。

学政试院和县试考棚适用于院试、府试和县试，考试时长相对较短，考生不需在考场过夜，因此考场中的答题区只需提供满足考生答题基本需要的桌凳即可；考生的试卷不需经过誊录和对读，这便极大地缩短了试卷处理时间，减少了考场内的人役配备，因而也不需要为其修建房间；学政、知府、知县既是考场内外秩序的掌控者，又是考试阅卷与录取的决定者，因而考场中便无法明确区分出内帘与外帘。由于单场应试人数较少，并受限于经费筹集渠道，大多数学政试院尤其是县试考棚便只能尽量压缩考场规模，考生的座位往往只能有不到两尺的宽度。

伴随着清代人口规模的不断扩大，在各地不断涌现的捐建书院添设膏火、捐设宾兴提供助考的时代背景下，走进县试考棚、学政试院中的考生人数也日益增多。面对日渐兴盛的文风，清朝统治者也不断调整各地官学的大、中、小学级别，增加其入学定额；同时也不断调整各省乡试录取定额。尤其是在太平天国期间，为了鼓励乡绅踊跃捐输军饷或捐办团练，清政府更是推出了捐输增广学额、举额的政策。朝廷所表现出来的积极支持文教发展的态度，反过来也刺激了基层社会参与教育与科举的热情，使得各地即便是短时期内学额、举额并未改变，但涌入各级各类考场的人数依然在逐年递增。原本便因为相对缺乏日常维护而更加需要定期重修的各类考场，在面对日益艰巨的考试任务时显得更加窘迫不堪。几乎每一次的重修都伴随着号舍数量或考试棚厂的扩建，最初的形制规划也不断被见缝插针的新建房舍所打破，各种极端不规则的贡院建筑布局几乎随时都在各地呈现。它们并非各地官绅原本设计好的场景，但却经常成为他们不得不接受的现实。

第七章

清代贡院的人文创造

  清代贡院是一种以组织实施科举考试为目的的特殊建筑。除了肩负各自考试答题、考官阅卷、试卷处理、维护考纪等特定职能的单体建筑之外,清代贡院之中往往还分布着其他一些并不肩负考试功能的单体建筑,包括装饰类建筑如亭台楼阁、园池廊树等,信仰类建筑如奎星阁、文昌阁、贤良祠等。此外,清代贡院还常被赋予特定的文化元素或添加了相应的装饰物,如选址和布局体现的风水堪舆观、匾额和楹联反映的贡院思想等。这些非考试功能性单体建筑以及贡院风水、匾额、楹联等,一定程度上体现了时人对各类贡院乃至科举制度的审美情趣与价值判断,本书将其统称为贡院的"人文创造"。

第一节 清代贡院的风水堪舆

  科举考试是一种竞争性强、淘汰率高的人才选拔考试,它以对传统儒家经典的掌握程度为主要考查依据,具有一定的客观性,但也往往受考生群体水平、考官阅卷水平、考官职业态度、考期天气状况、考场规章制度执行情况等诸多因素的影响,因而具有较强的主观性。很多才华横溢名满天下的士人,却在长年的科举考试中屡屡碰壁,蹭蹬场屋,终身潦倒。这也便让很多人对自己的才学失去了自信,而将实现梦想的希望寄托在神灵、风水等玄妙虚幻的事物上。所谓"一命二运三风水，四积阴德五读书"，风水的好坏，被人们视作是个人能否得到朱衣点头、地方能否实现文风鼎盛的关键因素。在创建各级贡院方面，为了本地能够人文蔚起、科第蝉联，主持贡院修建工作的地方官员与士绅代表往往会费尽心机地选择风水上佳之地，有时候甚至会请专门的风水师帮忙选址。尽管主持修建各级贡院的官宦士绅一般都是信奉儒学、信守"子不语怪力乱神"的儒家知识分子，对于风水堪舆、阴阳五行之说避而不谈，但在众多的清代贡院文献之中，我们还是能找到相关的蛛丝马迹。

一、清代以前贡院的建筑风水观

中国的建筑风水理论孕育产生于先秦时期，汉魏已经出现了专门的堪舆家职业，并形成了较为完备的理论体系。在古代风水学的三大流派即形势派、理气派、命理派中，形势派注重山川地理的自然形态，关注山川的来龙去脉，把建筑放在特定的客观环境中去考察，利用觅龙、察砂、观水、点穴、定向等地理五诀进行选址，历来被社会各界所广泛接受。①

前文曾经叙及，宋代解试贡院选址多受堪舆风水思想的影响，其主要的派别则属形势派。如嘉定十二年（1219）闰三月，广南东路潮州贡院完成了迁建，潮州儒学选派了由14名师生组成的"郡学职"代表团，带着潮州贡院结构图，登门拜访大儒真德秀，请其拨冗撰写《潮州贡院记》。当被问到为什么要放弃现有贡院选址而迁回更早的贡院旧址时，儒学师生首先从地理形势的角度进行对比分析，在此基础上对前后人文之盛衰以及局部环境的广狭进行了比较分析。

> 以形势言之，则背负五龙，前峙金鳌，大江之水回环而萦带、双旌雁塔骈罗而鼎列者，昔人卜地之胜也。旁联民庐，后迫隍水，山川清明之气远而弗瞩、市廛欢嚣之声迩而狎闻者，近岁草创之陋也。况

---

① 黄美燕：《义乌建筑文化（上册）》，上海：上海人民出版社，2016年，第224页。

夫以人物则昔盛而今歇，以规抚则前敞而后隘，此其复之之指也。①

嘉定三年（1210）夏四月，潼川府路长宁军由知军虞方简组织官民捐资创建长宁军贡院。为了得到一处合适的贡院选址，虞方简在办公之余四处寻觅，"陟南冈，顾见西门之左，稼泽且数十丈，距郡宇百步，而近域诸峰秀出于左，中为宝山，屹起百仞"，从地理形势上分析，认定这是一处风水上佳之地。初步选定其为贡院基址之后，虞方简又广泛征求他人的意见："合寮吏与学之左右生观焉，不谋同辞，考诸龟亦惟协吉。"②也就是不仅让身边的同事和本地的高才生们充分发表意见，还在意见统一之后进行了占卜，从而得到风水占卜的认可。其选址过程可谓群策群力、慎之又慎，也充分体现了宋代风水观念的广泛流行。

明代后期，在贡院建筑风水观念中，除了此前流行的形势派观念，"东方文明"这一为教育考试类建筑所特有的风水观念逐渐被人们所讨论并认同，并出现在会试贡院的选址讨论过程中。据张居正《京师重建贡院记》，明成祖定鼎燕京后，于永乐十三年（1415）改建前元的礼部为会试贡院。到了明代中后期，这座贡院在经历了100多年的使用之后，不仅房屋日益破旧，而且由于应试举人数逐渐增加到了4000多人，且贡院周边迫近民居，地势狭窄，总体上显得极为"逼隘"，因而自嘉靖以来重修贡院的讨论便日渐流行。在所有建议中，有两种建议颇具代表性。一种建议是异地重建，即主张在北京城的"西北隙地"另建一所新的贡院。另一种建议是原址重建，这种建议认为，原来的贡院选址位于京城东方，而东方是"人文所会"，有助于提高人才选拔质量，非常适合建造贡院，因而建议"宜因其址而充拓之"。显然，这一建议是从风水的角度做出的分析，并最终获得了胜利。万历二年（1574）三月，明朝最终决定在原址重建贡院，

---

① （宋）真德秀：《潮州贡院记》，曾枣庄，刘琳《全宋文》第313册，卷7182《真德秀四八》，上海：上海辞书出版社，2006年，第393页。

② （宋）魏了翁：《长宁军贡院记》，曾枣庄，刘琳《全宋文》第310册，卷7096《魏了翁四四》，上海：上海辞书出版社，2006年，第295页。

"因故址，拓旁近地益之"①，历时 18 个月，最终在万历三年（1575）九月全面竣工。

二、清代贡院选址与风水观

1. 乡会试贡院选址与风水

与宋代以来的贡院相同，清代贡院在选址、动工、竣工等方面同样重视风水。清代官绅认为，乡会试贡院关乎一省乃至全国之文运，其选址风水必须特别慎重。不过，风水之说虽然一定程度上涉及环境地理学的某些原理，但是毕竟尚未发展到科学的高度。由于时势变化，很多被认定为风水上佳的贡院选址在不同的时期会有截然不同的评价。

以河南省贡院为例。明末崇祯时期，因农民军与明朝开封府守军互掘黄河大堤攻击对方，导致整个开封城被水浸没，贡院亦成泽国，只能选择地处黄河北岸的辉县百泉书院作为乡试考场，并延续至清代初期。顺治十六年（1659），河南巡按御史李粹然和巡抚贾汉复商议认为，百泉书院僻处黄河北岸，全省士子赴试道里不均，决定将贡院迁回开封府城，其基址则选定为位于开封城中央的前明封王"周藩"府邸。据李粹然《贡院碑记》，之所以要在开封城的中央修建贡院，是因为它是一块风水非常好的"形势最胜地"。

> 旧周藩基址，实居会城中央，轩豁鸿敞，较旧时贡院不啻壮胜十倍许矣。且面前午地为旧南熏门，离火文明，畅达阳气，而东西仁和、大梁两门左右夹翼，稍前为钟、鼓二楼台，分向拱峙，俨若龙蟠虎踞。盖中原揽海内之秀，兹地又揽中州之秀，允矣文章之府，而威凤祥麟腾跃之地也，岂待既蔡始知吉哉？②

---

① （明）张居正：《张太岳集》卷 9《记》，上海：上海古籍出版社，1984 年，第 114—115 页。

② （清）田文镜，王士俊，孙灏，顾栋高：雍正《河南通志》，《景印文渊阁四库全书》第 536 册，台北：商务印书馆，2008 年，第 514 页。

从中可以看出，由于开封城地处豫东平原，地势平坦，城中并无山陵，虽北枕黄河却是地上"悬河"，在这样的山川地理条件下审视风水，很难用传统的形势派风水理念进行分析，因而不得不借助各种人造建筑的空间分布情形，从虚幻莫测的天干地支和乾坤八卦理论入手进行风水判断。而这种缺乏山川地理形势为依据的风水分析，很容易被其他因素干扰，甚至全面推翻。果然，过了70多年，同样是此处选址，在时任总督田文镜（1662—1733）眼里，却变成了"地势低洼""积水不涸""于试士不便"的糟糕选择。这是因为，田文镜曾两次担任河南乡试监临，其间发现河南贡院的东、西、北三面都是水塘，其地势要高于贡院，这便使得本应干爽高垲的贡院反而成了水塘积水"永无涸期"的渗漏之所。为此，田文镜主张另择基址重建贡院。雍正九年（1731）他和其他官员一道，在开封城的东北方位找到了一片面积197亩的空地，不仅地势很高没有水淹之忧，而且据"形家者"根据天象、八卦和地面建筑进行分析，这片地基风水上佳："是为辛亥之龙，居奎壁之度；紫微垣于乾，文昌宫于巽；且铁塔正当天禄，而魁阁恰在离明，洵称吉地。"[①] 也就是说，不仅本身的乾坤八卦方位极佳，而且与周边的其他建筑包括文昌宫、开封铁塔、魁阁等相得益彰，能够进一步改善其风水。

清代广东贡院的迁建也受到了风水观念的影响。康熙二十三年（1684）广东巡抚李士桢号召官绅共同捐资，在番禺县城东南隅承恩里建造了新的广东贡院。据李士桢自撰《新建贡院碑记》，在选择贡院基址时，他与时任两广总督吴兴祚以及广东布政使、按察使、广州知府、番禺知县一起，集合省城士绅共同商议。他们不仅一致认同"习形家者言"有关明代贡院旧址"畚锸伤脉，玉盘既缺，灵气泄尽，不可仍也"的观点，决定放弃明代广东贡院的原址，而且认为番禺县城东南隅太和里的一处选址"有郁葱佳气聚焉，卜云既吉"，众人"询谋佥同"，[②] 意见一致，因而最终

---

① （清）田文镜：《改建河南贡院记》，郭灿金编著：《世纪华章：纪念河南大学建校100周年书系·百年流韵》，郑州：河南大学出版社，2012年，第3页。

② （清）阮元、陈昌齐：道光《广东通志》卷129《建置略五》，《续修四库全书》第672册，上海：上海古籍出版社，2002年，第72页。

确定即在该处建造广东贡院。

自明代嘉靖年间有人用"东方文明"的风水理论反对迁建顺天贡院以来，将贡院尽量建造于城市的东方或东南方位，便成为贡院选址的合理选项之一。田文镜迁建河南贡院于开封府城东面，李士桢建广东贡院于番禺县城东南，明清时期江西贡院使用时间最长的选址是在东湖东岸与南昌府城东城之间①，当均是受此风水理论的影响。

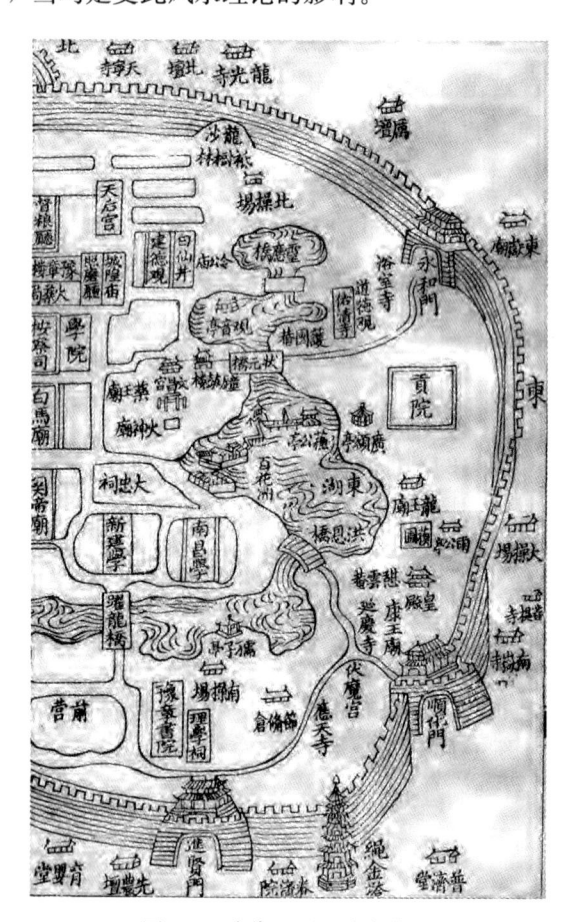

图 7-1　清代江西贡院方位图

---

① （清）徐午：乾隆《南昌府志》，清乾隆五十九年（1794）刻本，卷首《图说》，第1页。

清代末年中兴名臣李鸿章倡议重修江南贡院时，甚至拿整个江苏省来说事。同治六年（1867），李鸿章任代理两江总督，进一步在曾国藩重建江南贡院的基础上进行大规模扩建，并在《重修江南贡院碑记》中指出："江南本斗牵牛女分野，其辰星纪兼有降娄、大火之次，文明之象也。"①研究者所指出的明清时期大部分贡院都"坐落在城东或东南方位，代表东方文明之意"②，确实揭示了明清贡院选址的主流发展趋势。

2. 学政试院选址与风水

清代各地学政试院的选址同样受到风水观念的影响。如江苏苏州府学政试院位于昆山县县治东南。顺治十五年（1658）提学佥事张能麟主持重建并撰写记文，指出该试院"在东南隅巽位，兴文育才，文笔峰实钟其灵"。③所谓"东南隅巽位，兴文育才"，实际上是"东方文明"观念的另一种表达方式。又如浙江台州府学政试院，康熙六年（1667）建成之后，康熙十三年（1674）便被"兵火所焚"，不得不借用分巡道署廨舍作为校士考场。乾隆九年（1744），巡抚常安（1681－1748）路经台州，见其山川灵秀却人文萧条，不禁心生疑惑。在全面考察之后，他认为原因在于学政试院处置不当，因为康熙六年所建校士馆，其选址实为风水上佳之地："向在城中，坐对巾子峰。巾子为一郡文风之秀，与校士允协。"但是台州府在该试院因兵火被焚后，只能借用分巡道衙署作为试院；而试院旧址则因为接近协营，反而被"施为校武地"。如此一来，便导致了"文武易置，故山灵不佑"④的结果。为此，常安通过与雍正丁未科状元、浙江学政彭启丰（1701－1784）商议，决定根据"运随天转，人属地灵"的风水转运理论，将台州府校士馆迁回原址重新修建。不过，作为一位信守儒家治国理念的官员，常安虽然已经依照了风水之说迁建了台州府校士馆，却还是

---

① 时呈忠：《南京夫子庙志略》，北京：中国工人出版社，2005年，第79页。
② 马丽萍：《明清贡院选址研究》，《江苏建筑》2012年第4期，第2页。
③ （清）赵弘恩、黄之隽：乾隆《江南通志》卷91《学校志》，《景印文渊阁四库全书》第509册，台北：商务印书馆，1983年，第544页。
④ （清）常安：《台州府校士馆记》，张寅、何奏簧：民国《临海县志》卷8《学校志》，台北：成文出版社，1975年，第745－746页。

要在其撰写的记文中强调："士敦实学，岂借形家言？"要求台州府士子"益当奋发""敦俗兴行"，靠自己的努力而不是风水来赢得成功。

清人认为，贡院的兴废关乎一地文运之兴衰。嘉庆九年（1804）甲子科山东乡试，东昌府作为山东文教大府，竟然无一人中举。人们认为，这与东昌府学政试院的破败失修有关："考院瓦棚柱微欹斜，已既多年，忽于二月间梁栋倾覆，人以为脱科之兆。"① 学政试院多年破旧而无人修复，最终导致房屋倒塌，一定程度上说明人们对科举的重视相对不足，从而也预示着其科举成绩必将出现下滑。这种联想和推断，确实有一定的道理。

3. 县试考棚选址与风水

县试是清代最低级别的科举考试，县试考棚则是清代最接地气的贡院，其建筑选址同样体现了风水观念。与乡会试贡院和学政试院一样，清代各地州县县试考棚选址也主要体现为形势派风水观。

（1）考棚选址

清代全国各地县试考棚数量众多，史料记载也最为丰富，其中不乏涉及风水堪舆的文字记载。人们认为，县试考棚选址风水之好坏，往往关乎本地文运之盛衰。

从文献记载来看，有些州县考棚的选址主要考虑现实的山川地理形势，如地势是否开阔、周边是否有山水等，它们都属于视觉可见的事物。如江西吉安府永新县考棚建成于嘉庆十七年（1812），系由知县王章、郭元揆先后主持倡捐建造。考棚建成后，两位知县分别撰写了记文，其中王章的记文便从地理形势的角度分析了考棚选址的风水问题："考邑之山，西曰禾山，崒嵂耸峙，为一邑主峰；其东南，义山萦绕，蔚然深秀；北则幡竿岭，一带绵亘数十里。环城以外，清流潆洄，发源于琴水。而新筑之地，适当其胜，固不待形家者言，而知其地灵人杰也。行见英才辈出，蔚为国华。"② 显然，王章主要是从山峰河流的自然地理角度讨论考棚的选

---

① （清）嵩山，谢香开，等：《嘉庆东昌府志》卷14《学校下》，南京：凤凰出版社，2005年，第218页。

② （清）王章：《永新县考棚记》，（清）萧玉春，陈恩浩，李炜，段梦龙：《同治永新县志》卷6《建置志》，南京：江苏古籍出版社，1996年，第121页。

址，认为山环水抱的风水格局有利于人才成长与成就功业。又如福建延平府沙县试院，建成于光绪十五年（1889），是由知县章国均谕令全县士绅合力捐资建造的。此前，沙县县试均以县署为考场。章国均到任后，偶然路过文昌门兴国寺故址，发现此地风水极佳："七峰横绕，孤屿远朝，虬水为之襟，豸峰为之枕，龙蟠虎踞，蔚然大观，诚一邑之名胜也。"章国均心中一动，"不禁有兴建试院之想，以冀钟毓人文焉"①。此时，适逢增贡生俞文凤等呈请捐修文昌宫，章国均便顺水推舟，与儒学师生决定两工并举，同时募捐，最终筹集了近万金钱款，建成考棚及文昌宫。

有些州县考棚的选址则主要从八卦、天干地支的天文方位等分析考棚选址，要求考棚选址应该位于天干地支八卦方位图（参见下图）的东方、南方或东南方，而这些都属于想象中的虚拟天文形势。如广东韶州府乐昌县原有昌山书院，规模较大，但"年深倾圮，地势卑湿，非藏修之胜所"；而县试亦无考棚，每逢考试都是借用"县衙之大堂及两廊书科楹下"作为考场，考生则"担登桌椅，不胜其劳"。为此，知县李云栋于道光八年（1828）倡议捐资，同时创建书院和考棚。经过分析，李云栋发现昌山书院旧址"坐癸向丁，象协文明"②，非常适合建造书院、考棚这些文教类的建筑。所谓"坐癸向丁"，也就是大致为正南偏西方向。又如湖北汉阳府孝感县考棚建成于咸丰元年（1851），建造之初知县李椒便从风水的角度为大家加油鼓劲："今考棚值巽隅，必有得大魁、登鼎甲、蝉联继起者，诸君子勉之！将世世子孙食其福。"③ 所谓"巽隅"，也就是位于东南方位。

---

① 梁伯荫，罗克涵：民国《沙县志》卷4《建筑志》，台北：成文出版社，1975年，第308页。
② （清）李云栋：《建书院考棚记》，（清）徐宝符，李秾：同治《乐昌县志》卷11《艺文志》，台北：成文出版社，1967年，第200—201页。
③ （清）徐恕曾：《前邑侯李公创修考棚碑记》，（清）朱希白，沈用增：《光绪孝感县志》卷21《艺文志》，南京：江苏古籍出版社，2001年，第449—450页。

图 7-2　天干地支八卦方位图

有些州县考棚的选址兼顾了形势派风水观所考量的现实山川地形与虚拟天文形势的双重因素。如山东济南府长清县考棚建成于光绪十四年（1888），系由知县苏杰倡捐建造，其自撰《创建考棚碑记》认为，考棚选址风水极佳，将"大有造于士林"。他分析指出："东南为震、离之地位，象主文明。且南面金牛、石麟二山，蔚然朝拱，文笔一峰，屹立其颠。"[①]为此，他还特意给考棚大堂题写了"秀擢麟山"匾额，期待考棚可以"发秀山之秀，翰墨成林；炳灵岩之灵，簪缨累叶"，为长清县文运的昌盛起到积极作用。又如广东肇庆府四会县考棚选址的风水考量尤其典型。四会县考棚又称为试院和考院，系知县刘德恒于光绪十九年（1893）倡建，可编排 800 个考生坐号。据民国县志记载，其选址是由儒学训导李若金推算风水后才确定下来的。

> 考院坐向，系官绅公请训导李品士学师若金手定。其言曰：考院

---

① （清）苏杰：《创建考棚碑记》，李起元，王连儒：民国《长清县志》卷 2《地舆志下》，台北：成文出版社，1968 年，第 147 页。

地基左右邻墙，均向丁兼午。然观局度，以向午兼丁为宜。用六十四卦盘定之，坐《复》之六五，向《姤》之九五，爻辞均吉。即银冈庙之坐向也。前有高树，不见朝峰。从学署比观之，向午兼丁，则面高峰尖，秀气拱朝，洵属天然结构。至全局水口虽远不可见，意测之必巽兼巳印，以杨氏向水口神之说，亦复不差，云云。李师此向，切合本邑龙家大局，最为的当。将来修建圣庙、文庙，诚能依此，科名之盛，可豫决矣。①

总体而言，总结清代县试考棚选址的风水观念有以下三个方面值得关注。

一是有些县试考棚的选址受风水观的影响较大，以至于迁延日久难以决定。如湖北黄州府黄安县考棚建成于道光三十年（1850），时任知县许赓藻指出，尽管此前历任知县都曾有过建造考棚的想法，但是"皆未克就"，原因主要是有"三难"不易克服。一难是经费难："多士如云，朗朗百余间屋，非巨金莫办。"二难是选址难："近市无旷土，形势家言人人殊，谁孰然解者?"三难是统一意见难："金多而卜吉矣，而谋夫孔多，规划不定，事奚以济?"② 从今天的角度来看，这三难之中，第一、第三难都比较容易理解，而第二难则是今人所不太容易理解的。与黄安县同属黄州府的罗田县，尽管考棚建成之前应试士子备历艰辛的苦楚情状令人揪心，因而道光初年数任知县都不遗余力地倡议推动，但是考棚却依然迁延日久未能动工，原因同样在于风水难定："总以爽垲难营，无可藉手。"③ 正因为风水观对考棚选址至关重要，有些州县甚至将修建县试考棚的事务全盘

---

① （清）陈志喆，吴大猷：民国《四会县志》编 2 上《建置五》，台北：成文出版社，1967 年，第 161 页。
② （清）许赓藻：《新建考棚暨文昌宫先代祠记》，（清）陈瑞图，陶大夏，吴言昌，王仪吉：《光绪黄安县志》卷 9《艺文志》，南京：江苏古籍出版社，2001 年，第 620 页。
③ （清）管贻葵，陈锦：《光绪罗田县志》卷 4《政典志》，南京：江苏古籍出版社，2001 年，第 300—301 页。

委托给懂风水的人，如前引广东四会县考棚选址便是由全县士绅公请训导李若金推算选定的。又如河南陈州府商水县同治六年（1867）建成的县试考棚，其工程施工也是委托给一位精通堪舆的贡生："邑之贡生李如璧者，善风鉴，令相度改作，阅十数月而始成。"①

二是人们认为考棚风水可以通过人力加以改造。如江西临江府峡江县考棚称为试院，是由知县蒋予检于道光二十一年（1841）倡议建造，并由继任知县谢方润"一日一诣其地亲督课之"而建成。谢方润在其所撰《峡江县试院序》中指出，峡江县本身的地理方位非常理想，"金凤巩峙，玉峡安流，山清水秀，诚文人蔚起之区"。而蒋予检与峡江士绅为试院所选择的基址则是："峡江之麓，旧有迎宾馆基址可因。于是高其垣墉，广其舍宇，就山之高下而排列之，楼台高峙，凭轩一望，一派江流，万间鳞次，毕陈于户牖之下。"不过，在建造试院之前，蒋予检发现文庙的朝向不利于考棚，"圣庙方向不宜"，因此便对文庙进行了风水改造，"劝捐重葺，以城东门为大成门，巍然改观"。正是由于这一人工改造，试院建成之后得到了风水师的大力称赞："堪舆家以为文明之象由此启焉，今而后士子奋翻青云，将见文教蒸蒸日上，副熙朝作人之雅化，可于是卜之。"②

三是考棚选址的风水考量也受儒家人才教育思想的理性制约。与前文提到的状元彭启丰一样，清代各地州县官在为考棚确定选址时，在其考虑风水是否允协的同时，也会要求士子努力学习，不要完全迷信风水。如湖北汉阳府汉川县在同治八年（1869）建成考棚，称为校士馆。据《同治汉川县志》编纂者林祥瑗为考棚所写的按语，考棚建成后，有人从风水的角度分析了考棚选址在风水方面的优点："芝山西峙，汉水蟠绕，远望奇峰，三面环拱，如列屏帐，如熊踞凤翔。山光水色，相与掩映，是大有造于邑士也。"并建议他把这种风水之说写入记文。而林祥瑗则认为，"人材之兴，征诸造诣"，不能纯靠风水："若谓地灵则人杰，是形家言也，余不敢

---

① （清）叶尔安：《新建凤台试院碑记》，徐家璘，宋景平，杨凌阁：民国《商水县志》卷14《丽藻志》，台北：成文出版社，1975年，第657—659页。
② （清）蒋予检：《建立峡江县试院碑记》，（清）暴大儒，廖其观：《同治峡江县志》卷2《建置志》，南京：江苏古籍出版社，1996年，第578—579页。

知。请以校士之旨规多士焉。"所谓"校士之旨",也就是"四书六经,文以试其底蕴,诗赋以试其才华,论以试其断制,策以试其博洽"。他进一步强调,作为应试学子,应该"学古通经,兢兢抱虚声之惧",而不能将科举只是作为攫取功名、通达仕途的工具。① 有些地方官甚至对考棚风水之说不屑一顾。如湖南永州府道州知州孙寿域,嘉庆九年(1804)主持倡捐建造考棚时,"有术者言不利于官署",而他则"勿听,毅然为之"。②

正是由于考棚风水观念受到儒家思想的理性约束,因而尽管清代县试考棚是各类贡院里数量最多的一类,在选址时还是会有部分考棚不可避免地受到"东方文明"风水理念的影响,如前引山东长清县考棚选址"东南为震、离之地位,象主文明"、广东乐昌县考棚选址"坐癸向丁,象协文明"均属此类。但是从可以考知的考棚选址案例来看,"东方文明"的风水理念在县试考棚的选址过程中并未成为唯一选择。如江西广信府及其下辖7县一共建有7座贡院,包括1座学政试院和6座县试考棚(上饶为附郭县,故未建考棚)。据同治《广信府志》卷首《绘图》可以发现,在图中标明了考棚字样的5幅府县绘图中,广信府学政试院(图中标注为"考棚")处在府城中心位置,广丰、铅山两县考棚都位于县城北偏东30°方位,而弋阳县、兴安县(今横峰县)考棚均靠近县城西门③,没有一所考棚位于城市的正东或东南方位。又如湖北郧阳府学政试院,据《同治郧县志》卷首《城池图》,其南边城墙自东而西建有大南门、小南门两座城门,试院则位于小南门略东方位。④ 又如浙江处州府青田县考棚,据《光绪青田县志》载为"试院",而据其卷首所刊《舆图》,青田县考棚大致位于县城西部正中的位置,接近县城的西南角,考棚的西边、南边还有文昌宫、

---

① (清)德廉,袁鸣珂,林祥瑷:《同治汉川县志》卷11《学校志》,南京:江苏古籍出版社,2001年,第265—266页。
② (清)许清源,洪廷揆:《光绪道州志》卷5《学校志》,南京:江苏古籍出版社,2002年,第115页。
③ (清)蒋继洙,李树藩:同治《广信府志》,台北:成文出版社,1970年,第33、34、35、36、37页。
④ (清)周瑞,定熙,余潆廷,崔诰:《同治郧县志》卷首《城池图》,南京:江苏古籍出版社,2001年,第29页。

学宫等与教育有关的建筑。①

（2）建造仪式

除了建筑选址，清代县试考棚的风水观也体现在开工、上梁、竣工等相关仪式上。不过，由于县试考棚的主持修建者均属儒学子弟，秉承"子不语怪力乱神"的明训，因而在他们所撰写的捐引、呈文、详文、记文等文章中，一般很少看到对考棚风水的详细论述。如对于考棚的动工仪式，相关记文中一般都简化为"诹吉""择日"等极为简略的词语，而对于考棚的竣工仪式，也多仅简略叙及其竣工的时间。不过，由于清代县试考棚数量众多，考棚记文的数量相对丰富，其中有些便提及了考棚建造过程中的相关仪式，其中尤以上梁最为典型。

上梁是中国古代建筑建造过程中必不可少的一道工序和仪式，一般在进行主体建筑中梁安装时举行。在县试考棚的建造过程中同样需要举行上梁仪式，主要是在完成大堂主梁安装时举行。如江西南昌府义宁州考棚，系由全县士绅合力捐资建成。从嘉庆十八年（1813）邑绅商议修建考棚，到嘉庆二十年（1815）正式动工，再到嘉庆二十三年（1818）全面竣工，前后历时五年之久，其间考棚大堂也举行了上梁仪式。据州学学正黄文荣所撰《初建考棚落成记》："时正中大堂及堂后文昌阁同时并举，七月二十五竖柱、上梁。是日，天宇澄霁，风清气爽，观者咸谓有文明大启象。"说明人们认为一次顺利的上梁仪式可以为当地文教发展带来好运。大堂上梁仪式结束后，考棚其他建筑也逐一开工："由是而堂左右之东西号舍，阶□下之东西文场，阁东西之花厅、茶房、庖湢，仪门外之廪局、礼科，头门外之左天衢、右云路，院墙内之鼓吹二亭，院墙外之照墙一座，高广巍峨，俱与堂阁相称。"考棚竣工之后，黄文荣登文昌阁四望，顿觉豁然开朗，于是又从风水形势的角度对考棚与文昌阁进行了点评："凤山翼翼其后，修水环绕其前。左挹旌阳，右拂鹿源。南崖文峰一塔，群峰以罗列

---

① （清）雷铣，王棻：《光绪青田县志》卷首《舆图》，上海：上海书店出版社，2000年，第535－536页。

于几席襟带间，诚一州之巨丽伟观也！"① 又如江西南康府建昌县在同治十年（1871）夏天建成了考棚，而上梁仪式则是在同治九年（1870）十二月举行的："諏吉庚午嘉平月八日上梁，越今夏，规模成就。"② 所谓"諏吉"也就是占卜选取吉日。

当然，清代贡院的建筑仪式中融入风水理念，并非只有县试考棚如此，其他级别的贡院同样如此。也并非只有上梁之时如此，其他仪式环节如落成仪式也同样如此。如河北保定府试院始建于康熙三十六年（1697），至乾隆初年逐渐"颓塌倾败"，为此时任知府倪象恺先后呈请直隶总督李卫（1688—1738）、孙嘉淦（1683—1753）动用公款进行修理，合计"縻帑金三千九百有余"，重修大小房屋162间。建成之时，倪象恺举行了盛大的落成典礼，"乃肃所属之文武生童以落之"。③ 而顺天学政钱陈群应邀撰写的记文，其题目便直接拟定为《保阳学政公署落成碑记》。当然，相对于建造考棚之初的选址、建造考棚期间的上梁，考棚建成之后的落成典礼便显得没那么重要，其对于考棚风水的影响也相对较弱。

三、清代贡院局部建筑与风水观

清代各类贡院不仅在选择基址时必须考虑风水方位，对于其内部的局部建筑，同样也会基于风水堪舆之说进行考量。

1. 贡院与周边建筑的风水搭配

如前所述，清人认为贡院的风水可以通过改造或补充周边建筑加以改良，因而在修建贡院时，常常会将周边建筑的风水因素纳入进来一并研究。如江苏镇江府试院，嘉庆十四年（1809），镇江知府邓暄集合丹徒、丹阳两县绅士捐资建造府城试院，作为两县士子府试、县试专用考场。由

---

① （清）黄文榮：《初建考棚落成记》，（清）王维新，涂家杰：《同治义宁州志》卷32《艺文志》，南京：江苏古籍出版社，1996年，第628页。
② （清）陈惟清，闵芳言，王士彬：《同治建昌县志》卷2《建置志》，南京：江苏古籍出版社，1996年，第475页。
③ （清）倪象恺：《重修保定府试院记》，（清）李培祜，朱靖旬，张豫垲：《光绪保定府志》卷35《工政略》，上海：上海书店出版社，2006年，第545页。

于邓暄"精于堪舆家言",因此试院的结构方位全部由其亲自决定,比如"南面不宜开门,而堂后不宜建高屋"。不过,这座试院在太平天国起义期间并未逃脱被毁的命运,"粤寇之乱,号舍周垣俱归浩劫,惟讲堂上房仅存"。① 又如江西临江府峡江县考棚称为试院,建成于道光二十一年(1841)。据知县蒋予检所作《建立峡江县试院碑记》,在试院动工之前,有人提出了"圣庙方向不宜"之说,于是他便对县学大成殿进行了改建,"劝捐重葺,以城东门为大成门,巍然改观"。完工之后,蒋予检才选址于峡江之麓的寅宾馆旧址,倡捐建造试院,"高其垣墉,广其舍宇,就山之高下而排列之。楼台高峙,凭轩一望,一派江流,万间鳞次,毕陈于户牖之下"。蒋予检强调说,"庙成即建试院,堪舆家以为文明之象由此启焉。今而后,士子奋翮青云,将见文教蒸蒸日上,副熙朝作人之雅化,可于是卜之"。②

2. 贡院内部设施的风水搭配

有些贡院则对内部相关设施进行了风水检测与改造。如江西乡试贡院,乾隆十三年(1748)江西乡试之前,江西巡抚彭家屏考虑到"闱中向来井眼甚少,举子恒以艰于取汲为不便,而挑夫喧杂,夜深不扃,殊非宜。第穿凿弗慎,亦恐有碍文脉",为此他"召集诸生,度地詹吉",通过精密测算,发现"乾隆十三年十一月十四夜三逢甲子,为贞元会合、文明大启之象",便将是日选为开工凿井的吉日。到了选定的日期,彭家屏首先率领属下一起"虔肃祝奠,率属饬匠",继而命人在"至明堂前、至公堂下、号舍两旁及供给各所浚井一十有二,莫不源洁流清,宣涌不竭"。彭家屏认为,开挖了这些水井后,不仅可以解决考试期间用水不足的问题,而且也免除了派人挑水入院的"叫嚣之扰",对于考生来说,更可

---

① (清)何绍章,杨履泰:光绪《丹徒县志》卷19《学校志》,台北:成文出版社,1970年,第350页。
② (清)暴大儒,廖其观:《同治峡江县志》卷2《建置志》,南京:江苏古籍出版社,1992年,第578—579页。

"凝神定志，静候命试"。①

3. 贡院房舍朝向的风水影响

有些贡院非常在意内部房屋的朝向问题。如四川忠州直隶州试院，嘉庆十一年（1806）陕西人张星炜受命代理忠州同知，莅任后考察了城内各类建筑的朝向，发现"城内外宅形，或亥巳，或壬丙，未取癸丁合局，而试院亦然"，很不符合教育类建筑的风水之说。张星炜认为，"试院为文宗衡鉴之所，文运攸关"，必须设法改正这种朝向不佳的问题。最终经过士绅捐资，在试院原有基础上"新建三堂三间，俾前后星爻合度"。②

四、清代其他教育设施风水观

清代不仅建造各类贡院会讲究风水，在其他与文教有关的建筑如文庙、书院、文昌祠、文峰塔的建造方面，同样讲究风水。如前引峡江县试院一样，有些地方的文教类建筑也与当地贡院存在风水上的联系。

1. 儒学

儒学即各府州县官学，明清时期科举必由学校，贡院是选才之所，而儒学则是养才之地，两者相互联系，不可分割。各地在建造儒学房舍时同样注重风水堪舆。

有些地方比较注重儒学的选址风水。浙江长兴县儒学的建造同样受风水观念影响。早在明嘉靖二年（1523），因长兴县"科第人少"，知县齐之鸾便"据堪舆家说"，计划将儒学迁至县城西部的若溪之北。到了清代乾隆五十一年（1786），典史胡权"精堪舆"，他"以科第人少，邀同绅士，请于知县龙度昭，移宫墙于若溪南岸，拆取棂星门前周围栏栅"。③

有些地方注意儒学与周边建筑的风水关系。如江西赣州府兴国县儒

---

① （清）谢旻：雍正《江西通志》卷135《艺文志》，《景印文渊阁四库全书》第517册，台北：商务印书馆，2008年，第810页。

② （清）张星炜：《添建考棚记》，（清）侯若源，庆徵，柳福培：《同治忠州直隶州志》卷12《艺文志》，成都：巴蜀书社，1992年，第652页。

③ （清）赵定邦：《光绪长兴县志》卷4《学校志》，上海：上海书店出版社，1993年，第104、106页。

学，乾隆二年（1737）由知县徐大坤全面规划迁址重建。他经过"周视阴阳"，发现儒学文庙地势偏低，被城隍庙所压制，这限制了当地人文的发展："城隍与勾龙等祀，岿然居文庙上，非制也。"因此，他把城隍庙迁建于县署后面，而在城隍庙的原址上建造儒学，"黉序由是改观"。①

有些地方注意儒学大门的朝向。如浙江新城县儒学，其大门与其他各地儒学都有所不同："郡、县学皆开正门，新城独旁出，形家谓风水宜然。乾隆间改正，果不利，仍塞焉。"②浙江平阳县儒学的大门，乾隆十八年（1753）知县金鳌"以西大门当岭门风坳，不利儒学，改建大门三间于旧址"；光绪元年（1875）冬士绅合力捐修，"以形家言，移改大成殿方向为癸丁兼丑未"，也就是东北—西南方向。而在平阳县此前历次重修儒学的过程中，也曾多次改变其方位朝向。如明代万历三十一年（1603）知县汪宽主持修建时，曾"改向子午"；天启甲子年（1624）知县聂于勤又恢复原来的"癸丁旧向"。③

有些地方注意儒学大门前的地势宽窄。如广东嘉应州平远县学宫建于明代嘉靖四十二年（1563），万历年间迁建于县治东，清顺治十二年（1655）重建。《嘉庆平远县志》的编纂者分析学宫风水与科举成绩之间的关系之后指出："本邑学宫顶来龙正脉，可称吉秀。而科第不甚多，且未能建久大功业。堪舆家每言，学门迫向城墙，气促甚。若移东门，直对照壁，再培砌后面正脉，则人文鹊起，科甲鼎盛矣。"④

清代儒学作为一种教育类建筑，同样也受"东方文明"风水观念的影响。如江西南昌府靖安县儒学位于县城东门旁边，据《同治靖安县志》卷

---

① （清）赵大鲸：《重建兴国县学记》，（清）崔国榜，金益谦，蓝拔奇：《同治兴国县志》卷41《艺文志》，南京：江苏古籍出版社，1996年，第430页。
② 徐士瀛，张子荣：民国《新登县志》卷20《拾遗》，台北：成文出版社，1970年，第1518页。
③ 符璋，刘绍宽：民国《平阳县志》卷9《学校志》，台北：成文出版社，1970年，第94–96页。
④ （清）卢兆鳌，余鹏举：《嘉庆平远县志》卷2《学校志》，上海：上海书店出版社，2003年，第44页。

首《绘图》指出，"学宫左倚东门，霁峰塔在其巽方，得文明之象焉"①，这显然是受了"东方文明"风水堪舆理论的影响。

儒学的风水堪舆偶尔也会和建造贡院相互冲突。如湖北黄州府麻城县知县董应魁在道光初年倡议士绅捐资建造考棚，此时有人认为，"学宫棂星门中柱塞向，南城门为北门新楼所克，所培风水，必先二者而更张之"，也就是主张先捐资修改学宫棂星门和南北城门的风水，再捐资建造考棚。而县人给事中袁铣则认为，"培植文风固未可缓，要莫重于考舍"，他的理由是"集试县署，非惟燥湿不时，而各房卷宗，关系匪浅"。② 最终他们没有采纳先重修棂星门或南北城门的风水之说，而是募捐建造了县试考棚。

2. 文昌

清代的文昌崇祀与明代相承接。明代人认为，文昌在张、翼之间，合上将、次将、贵相、司命、司中、司禄共称"斗魁戴匡"六星，其中的"司命""司禄"二星，是"士子所籲以贱贵"③ 的关键，也是天下崇祀文昌的主要原因。清代文昌崇祀在嘉庆年间尤盛，甚至上升为与关帝平等级别的国家祭祀，每年举行春秋二祀，二月初三还要加祀，并同时祭祀文昌先代。关帝与文昌，在清代后期成为平起平坐的文、武二帝。

清代各地的文昌庙宇极多，有些州县建有多处文昌庙宇。如浙江上虞县，明代建有 2 座文昌阁和 1 座文昌祠，清代除了对其进行维修外，还新建了文昌庙 1 座，文昌阁 6 座，文澜阁 1 座，共计有 11 座较大规模的文昌庙宇。这些文昌庙宇的建筑选址，无一不体现风水观。如始建于明代万历年间的县治东文昌阁，其选址被认为是"厥基孔良，方位协吉"。始建于明代的二十二都文昌祠，其选址被认为是考虑了"虞城三面环山，独缺其东隅，建文昌祠于奎文塔左，所以捍地脉之旁削，障漕水之直趋"等风水

---

① （清）徐家瀛，舒孔恂：《同治靖安县志》卷首《绘图》，南京：江苏古籍出版社，1996年，第 22 页。

② （清）董应魁：《建修考棚序》，余晋芳：民国《麻城县志前编》卷 2《建置志》，台北：成文出版社，1975年，第 134 页。

③ （明）徐待聘：《文昌阁记》，（清）唐煦春，朱士黻：光绪《上虞县志》卷 34《祠祀》，台北：成文出版社，1975年，第 2405 页。

因素，建成之后则起到了"风气攸隆，人文丕茂，科第较盛"的效果。清代乾隆年间始建的十都文昌阁，前后由王全珍家族多次重修，其选址目的是"建阁于石梁，以祀文昌之神，盖取形家言，为风水厌胜术"，共耗费了 1400 余缗。知县周镛应邀为其撰写记文，表示"阴阳之说，儒者疑其妄，然事有可凭，则理不容诬"。始建于明代万历年间的镇都长坝文昌阁，因风灾、火灾和人为破坏等原因，在康熙、乾隆年间三次迁建，最后于乾隆二十年（1755）才根据"术者"的建议，选定回龙墩的地址，其选址理由是："五夫山南崒崒而北岩峣，苍翠之色，秀绝一方。惟东水直下，未免泄气。宜建中流，作为砥柱。"为此，建造者在阁中"设文、武二帝二座，面西向，以镇龙脉"。道光二十年（1840）建造的二十二都还珠里文澜阁，则更能体现文昌崇祀的风水观念。主持建造该阁的龙泽潓指出，上虞县以前的风水非常理想，"凭高原而瞰旷野，地势东倾。河自梁湖埭袤三十里入昼锦门，昔人又引百楼、象坤诸山涧，并巽湖之水，南注城渠，经络阛阓，潆洄于玉带溪以汇之"。然而随着时间的推移，县城内外的这些水源都遭受了破坏，"湖废渠淤，河益浅涩，经城东则流湍减汩，直轮姚江"，导致"精华之气，濒泄易尽"。龙泽潓指出，城市的水系就像是人的血脉一样，"风气之系河渠，犹血脉之周荣卫，苟血液勿渗，则痿痹而不仁"。要治上虞县的风水之症，只能采取改造风水的办法："计惟东关外开筑转坝以障百川，使直者隈之，迅者徐之，俾水曲而气活，庶地脉灵而文气丕振。"他的这个建议，得到了其他乡绅的支持，最终挖了一条"深丈五，广十倍之，清流纡回，环曲一里"的人工河，并填塞了原先的河道，筑成一道大坝，在坝上"建文澜阁以镇之"。①

与上虞县各论及文昌宫风水堪舆吉凶的言论相同，浙江新城县建造文昌宫的过程也体现了风水学的观点。乾隆十九年（1754），新城知县杨敩上任伊始，便听说该县长期文风不振，三十多年来无人中举。有人向他指出，个中原因在于儒学学宫与周边建筑的搭配不当，导致风水受损。具体

---

① （清）唐煦春，朱士黻：光绪《上虞县志》卷 34《祠祀》，台北：成文出版社，1975 年，第 2405－2411 页。

来说就是，此前文昌阁本是建在学宫之后，后来却将文昌阁改为尊经阁，在大成殿东偏方位另建文昌阁，这便导致"体势外散，厥气勿含"，科举成绩一蹶不振。要想重振科举，关键是要移建文昌阁。经过一段时间的访谈，杨毅发现这一风水观点竟然极为普遍，"士议于黉巷，语相答率同然，一辞坚持不可止"。为此他只得俯从民意，与县学教谕、训导一起"经营相度"，最终在尊经阁后发现了一座小山，"居艮位，为黄山余支，文庙主峰也"，且"前对卓峰，后倚城垣，据高面阳，足尽一邑之胜"，是风水绝佳的选址。他们于是号召全县士绅共同捐资，在山上建造了一座三层的文昌阁，"飞阁崔嵬，若出天表，凭栏四望，诸峰罗列，若揖若拱"，"夜分仰视，星斗若适在檐上，雄杰壮丽，与蜿蜒万山体势正称"，令人不禁对新城县的文运产生了"润色鸿业，黼黻皇廷"的无限向往。①

清代文昌信仰极为普遍，很多名人都不能免俗。如号称"睁眼看世界第一人"的林则徐（1785—1850），在其刚刚考中进士不久，曾因嘉庆十八年（1813）福建省籍京官有"四人出差"，被派往各省担任乡试主考官，因而认为这是"从来未有之盛"，从而赞同时人所提出的因在省城福州东街口建造文昌祠而带来的福建全省京官的试差盛事的观点："或云东街建文昌祠最得风水，兼东南为巽，巽为文明，理固然也。"②

附带言之，清代之所以将文昌神与文教、东方联系在一起，是有其历史原因的。据吴江县经学家朱鹤龄（1606—1683）为本县重修文昌阁所撰《新修文昌阁记》指出，在《史记·天官书》中，"斗魁戴筐六星"被称为"文昌宫"，其中"魁建平旦，主寅，寅于五行为木，位在东方，文明之象也，故干禄家多祈请焉"。同时，由于六星分别名为"上将、次将、贵相、司命、司中、司禄"，故唐末五代时人谭峭所著《化书》便将文昌神附会为贵相、司禄二星，将传说中周宣王时"挟弓矢，射不祥"的张仲附会为司命、司中二星，又将传说中战死的梓潼张恶子附会为上将、次将二星，

---

① 徐士瀛，张子荣：民国《新登县志》卷20《拾遗》，台北：成文出版社，1970年，第409页。
② （清）林则徐：《林则徐全集》第9册《日记卷》，福州：海峡文艺出版社，2002年，第20—21页。

从而使文昌、魁星、梓潼帝君等有了能够赋予人类科名、俸禄、官爵的神力。这也是清代各地均将文昌宫建于东方的根本原因。朱鹤龄在记文中还进一步表示，作为一个儒家知识分子，本不应该相信和谈论《化书》的这种怪力乱神之论，然而从历史发展来看，类似商代傅说为箕尾星、汉代东方朔为岁星等说法又确实存在，而唐代张路斯从人变化为龙，所生九个儿子都化成了龙的事情，连苏轼都曾经为其写过《昭灵侯碑记》，说明古今圣贤也并非完全摈弃神怪之说。因此，对于吴江县士绅重修文昌阁的行为，他不仅表示赞赏，而且期待今后本县真的可以出现"斗魁芒耀，灿然长鲜，江邑人文，称南国冠"①的盛况。

3. 文峰塔

文峰塔因塔形与毛笔形状近似，而被附会为有改善或提升一地文运的神奇力量，自古便被各地官绅所喜闻乐见。如明代大儒王世贞曾撰写过一篇《扬州文峰塔记》，记叙扬州僧人镇存在扬州化缘募资三万余金建造文峰塔的前因后果。其中提及，镇存俗名杨天祥，少年时曾于少林寺习武，精于"曲跃、距跃、伎击、剑舞"之术。为了募集建塔经费，他向扬州盐商表演武术，身形犹如"猿猱鬼神"，令众人惊叹不已。镇存化缘建塔的本意是"有感于阿育王事，发希有想"，因此才创建了该塔，而时任巡按监察御史邵陛则为之提供政策支持，并在该塔建成之后，为之题名为"文峰塔"。王世贞推测，邵陛为其如此命名的原因，是"盖取于堪舆家言，为一方科甲助"②。又如明末江西南昌县进士李汝璨在担任湖北蕲水知县时，发现本县科举竟然有"三脱科"的现象，即连续三次乡试无人中举。为此，他一方面"立兴贤庄"专门为考生提供科举路费支持，另一方面则

---

① （清）朱鹤龄：《愚庵小集》卷9《记》，《景印文渊阁四库全书》第1319册，台北：商务印书馆，1983年，第109—110页。
② （明）王世贞：《弇州续稿》卷65《记》，《景印文渊阁四库全书》第1282册，台北：商务印书馆，1983年，第856页。

"建文峰塔"以改造蕲水县文运。① 不久，本县周寿明便高中解元，同榜更有七人同时中举。

清代各地建造贡院时也有同时建造文峰塔的例子。如安徽凤阳府寿州和凤台县在道光七年（1827）八月开始合力捐资建造寿台试院，两年后试院完工，又"就巽方城角青云楼遗址造文峰塔，匾曰天一阁"。知州朱士达在创建考棚之初撰写的《捐建寿州考棚小引》中则提到，"位諏巽洁，向取离明"②，说明考棚与文峰塔都应建立在巽位即东南方向。又如陕西汉中府定远厅考棚也被称为考院，同治十年（1871）代理同知汤廷玉、鲁学浩先后募资，历时二年创建，共费钱3170余串。由于捐项尚有余款，乃以其"建文笔塔于巽方，借培风脉、壮观瞻"③。有些地方则在建造考棚之前建造文峰塔或奎星阁，借以改造当地的文运。如浙江会稽县人谢希闵在担任湖南浏阳知县时，便是先在县衙前奎星阁旧基上对其进行修复，紧接着又"创文塔于坤、巽二方，冀以培文教也"④。

与考棚、儒学、文昌阁等建筑一样，清代人在为文峰塔选址时，也常建造于东南方位。人们认为，在东南方位建造教育类建筑，有利于培育文脉、振兴人才。如扬州府文峰塔在万历十年（1582）建成，至康熙七年（1668）扬州地震时，文峰塔塔尖坠毁。为此，天都富绅闵象南慷慨捐资加以修复。闵象南认为，前人因为"长淮之水千里而来，侧过郡城，南下入江，径直无情"，因此才修筑了文峰塔，目的是"屹彼浮图，奠兹巽

---

① （清）谢旻：雍正《江西通志》卷70《人物志五·南昌府五》，《景印文渊阁四库全书》第515册，台北：商务印书馆，1983年，第447页。按，据查光绪《蕲水县志》卷7《选举志》，蕲水县在明崇祯九年丙子科乡试周寿明榜之前的万历、天启年间，并未出现连续三科无人中举的情况，甚至也没有出现连续三科无人中进士的情况。而周寿明中举的崇祯九年丙子科，蕲水县只有4人考中举人。

② （清）曾道唯，葛荫南：《光绪寿州志》卷9《学校志》，南京：江苏古籍出版社，1998年，第125页。

③ （清）鲁学浩：《建修考院记》，（清）余修凤：光绪《定远厅志》卷25《艺文志》，台北：成文出版社，1969年，第462—463页。

④ （清）王汝惺，邹焌杰：《同治浏阳县志》卷4《营建志》，南京：江苏古籍出版社，2002年，第588页。

位"。之所以要建在巽位，是因为"巽为文章之府，塔象卓笔之峰，庶足少缓建瓴之势，以助科名"。①

  这种"巽为文章之府"的观点，在明清时期较为流行。如明末清初文坛领袖钱谦益（1582—1664）在其所撰《募建表胜宝恩聚奎宝塔疏》中，详细分析了在常熟县迎春门外福城禅院建造聚奎塔的原因。他指出，本县陕西兵备道萧应宫捐资建造聚奎塔，兼有信佛与信风水双重原因，即"愿力固归元于佛事，缘起实发因于形家"。钱谦益认为，从形家的角度来说，常熟县城有一处关键的风水缺陷："盖邑之有来脉也，自沙山而顾山而虞山而县治结焉。邑之有朝水也，自曹湖而宛山而华荡而州荡而环流聚焉。兑龙结则巽维之体势宜高，客水朝则城口之关阑欲紧。乃今平沙铺展，分支径落，马鞍流派，奔腾顺势，直趋娄水。县治已结，无层拱迭卫之形；水口长流，寡磅礴萦纡之势。山自西来者既抱我而复去，水之东下者欲顾我而不留。是以炁有所钟，我不能审其所会；而支有所止，彼反得乘其所来。"而建造聚奎塔则正好可以改变这种风水格局："屹彼浮图，奠兹巽位，内可以朝揖县治，外可以拦截众流。移主客反背之情，成龙虎回抱之局。"钱谦益紧接着指出，萧应宫捐资建塔，工仅一半便不幸离世，不仅未能改造县城风水，留下的"烂尾楼"反而带来了更加不利的"文星缺陷"的后果："奋筑弛工，登冯辍响，树网侵凌于鸟鼠，雕角穿穴于雨风，未能符仪凤之祥，抑且犯青乌之忌。何也？巽为文章之府，塔有卓笔之形。人言卓笔无锋，当主文星缺陷。且入城而瞻塔，犹坐堂而视槛。朽本枝撑，举目则睹戈矛之状；积栱断烂，观象则应破碎之占。"② 钱谦益认为，对于这种"势吉而形凶"的风水格局，应该设法"趋全而补缺"，以避免"陵谷之变如斯，桑梓之忧曷已"的后果。为此，钱谦益毅然"力任

---

① （清）桑豸：《重修文峰塔尖碑记》，（清）阿克当阿，姚文田：《嘉庆扬州府志》卷30《古迹一》，南京：江苏古籍出版社，1991年，第494页。
② （清）钱谦益：《牧斋初学集》，民国涵芬楼影印明崇祯瞿式耜刻本，卷81，第16—17页。

竟其工，成七级"①。湖北黄冈县人明万历四十七年（1619）进士晏清在其所撰《募修钵盂峰青云塔序》中也有与钱谦益类似的表述："余尝习形家言，巽为文章之府，塔有卓笔之形。卓笔无峰，当主文星缺陷。是谓势吉而形凶，法当趋全而补缺。"②青云塔初建于明万历二年（1574），当年便为黄冈县带来了"联发解额者三"的科举成绩。明万历三十六年（1608）倒塌后，"武、黄诸郡相继罹于乱"。晏清也为此发出了"此塔之成，昔作镇于一方者，今且中流之砥柱"的感叹。

明清时期人工建造文峰塔，当源自中国历代直接将耸立如笔的山峰命名为文笔峰期以改变一地文运的传统。如北宋景祐三年（1036）范仲淹任江西饶州知州时，曾多方观察当地山水形胜。有一次游览妙果禅院后发现，"妙果禅院一塔高峙，当城之东南，屹起千余尺，饶之文章应也。城之下瞰数湖，水脉连秀，抑为儒者滋显也"。于是，范仲淹便将该塔所在山峰命名为文笔峰，将该湖命名为砚湖，并说二十年后当地将会有人高中状元。果然，在治平乙巳（1065）"州人彭尚书汝砺果第一人及第"③。又如据《明一统志》记载，浙江衢州府常山县治东有文笔峰，南宋时县令苏玭曾于此建浮屠之塔，"直上如笔，其后邑人相继登第"④，江西吉安府城东南也有文笔峰，相传文天祥中状元前曾"居其下"⑤。与文峰塔一样，这些文笔峰也多位于县城的东方或东南方位。

清代各地在进行教育类建筑选址时，也时常关注周围山峰的走向。如

---

① （清）杨振藻，钱陆灿：康熙《常熟县志》，清康熙二十六年（1687）刻本，卷13《寺观》，第49—50页。

② （清）英启，邓琛：光绪《黄州府志》卷40《寺观上》，台北：成文出版社，1976年，第1439—1440页。

③ （清）谢旻：雍正《江西通志》卷70《人物志五·南昌府五》，《景印文渊阁四库全书》第515册，台北：商务印书馆，1983年，第447页。按，《四库全书》版宋代祝穆《方舆胜览》卷18《饶州》载为"赵尚书汝砺廷对第一"，当误。

④ （明）李贤：《明一统志》卷43，《景印文渊阁四库全书》第472册，台北：商务印书馆，1983年，第1037页。

⑤ （明）李贤：《明一统志》卷56，《景印文渊阁四库全书》第473册，台北：商务印书馆，1983年，第135页。

苏州府试院选址,便不仅重视其所处方位为"东南隅巽位",建试院于此可以收"兴文育才"之效,而且还强调"文笔峰实钟其灵"。又如浙江开化县儒学"迁改不常",有"术者"认为县城南方一里之塔山就是一座能够主导本县文运的文笔峰,"若建学与兹山对,则文盛"。县人根据其建议修建学宫后,"果验"。① 该县县城西南方向三十里还有另一座文笔峰,也被形家描述为"两枝文笔插青天,左出将军右点元"。②

4. 其他建筑

清代可以用来改造文教风水的还有其他建筑,如魁星阁、绳金塔等。

广东贡院利用魁星阁改造文运。嘉庆十七年(1812)广东巡抚韩崶命人在番禺县县城左侧城上建造魁星阁。据广东布政使司相关档案记载,"查番禺县属老城东南角上,原有四方楼一座,近在贡院左侧,攸关各属文风,日久倾圮",导致各属文风不利。为此,广东布政使司向巡抚衙门详请将该四方楼"改建魁星楼",按照"修理省会城垣之例",由全省各州县一起"派捐"修建经费。③

江西贡院认为绳金塔关乎文运。据江西兴国县人王思轼(1655—1727)所撰记文指出,"章江之上,旧有绳金宝塔,位当巽方,青囊家以为实关文运"。康熙年间,绳金塔突然倒塌,时任江西巡抚佟国勷(1712—1717年在任)为之"慨然捐俸,命吏督造"。④

贡院可以通过文昌宫、文峰塔、文笔峰、魁星阁等建筑改造风水,提升文运,同时也需避开某些建筑,以免破坏风水。如乾隆十七年(1752)安徽宁国府旌德县汪永年、汪观澜因试院"旧制稍微狭隘,且院前有司狱司,说者谓其面囹圄,于地道不利",乃向知府呈请捐银六千余两进行改

---

① (清)嵇曾筠,沈翼机:乾隆《浙江通志》卷18《山川十》,《景印文渊阁四库全书》第519册,台北:商务印书馆,1983年,第536页。

② (清)徐名立,潘树棠:《光绪开化县志》卷5《疆域志五》,上海:上海书店出版社,1993年,第640页。

③ (清)李福泰,史澄:同治《番禺县志》卷15《建置略二》,台北:成文出版社,1967年,第157页。

④ (清)阿应麟,徐清选:道光《南昌县志》,清道光六年(1826)刻本,卷2《公所》,第23页。

建。先移建司狱司于府治，再将头门、官厅及文昌号舍"次第修置，灿然可观"。① 而四川重庆府綦江县在嘉庆二十二年（1817）建成考棚之后，便有形家指出，该考棚的风水欠佳，一方面是因为"大堂孤露，久之有敧斜势"，另一方面则是大堂还"遮蔽文昌宫外堂"，两者形成冲突。为此，道光十二年（1832）知县邓仁堃主持重建，命董事饶校先等"悉拆之"，然后平整地基，全面重建，从而使考棚成为了綦江县最为壮观的官方建筑："邑中官廨，此为第一宏敞。"②

五、清代官绅风水堪舆观的理性选择

清代风水观念在文教建筑方面的影响颇为深远，在各类学记、贡院记、书院记尤其是文昌记中有极为普遍的反映。在清人看来，建筑风水并非仅是关乎个体盛衰的独立存在，而是相互结合相互影响的综合系统，甚至天人合一、人天互动，故而每当遇到文运萎靡不振之时，各地官绅往往会希望通过建造相关建筑来改造风水，并进而借山川之气促进人文之重振。清代康雍时期被称为"筹台宗匠"的福建漳浦人蓝鼎元（1680—1733）在担任广东潮州府普宁知县、同期兼任潮阳知县期间，便曾经分析普宁县的人文历史与地理形势，向该县士绅提出了选址修建相关建筑从而改造普宁风水的建议。他撰写的《请修补普宁形胜序》，是其计划改造普宁县文教风水的基本纲领，也是清代教育建筑风水观念的典型个案。兹不揣冗长，摘录于次。

> 从来气运之盛起于人心，文物之兴由乎众志。故湮郁将开，必有人焉，起而振之。譬如燎原之火，有钻其燧而为星星之然者，然后焚山烈泽，光辉照乎四国。是知事无大小，为之则成，欲之即至。人心之专一，即为造化之感通，未有能限之者也。古称人杰地灵，谓地灵

---

① （清）双庆：《重建试院记》，（清）鲁铨，洪亮吉：光绪《宁国府志》卷23《艺文志》，台北：成文出版社，1970年，第721页。
② （清）杨铭，伍濬祥：《同治綦江县志》卷3《学校志》，成都：巴蜀书社，1992年，第395页。

可挺人杰之生，亦人杰能补地灵之阙，二者相因。讵可以人事不修，而徒咎山川于造物哉？普邑山川秀美，土田沃衍，虽弹丸蕞尔，可云乐郊。而文物未兴，大雅弗作，无论仔肩道统、经天纬地之儒，吾不得而见，即文章科名寻常泮璧之士，亦寥寥晨星，不及他邑一村落焉。建邦启土数百年，无有留心及此，一从而振兴之者，良可叹也。论者惑于青乌家之说，谓巽地文峰弗起，溪水来短去长，河隍焦干，地理浅薄，永无文物之望。余曰：噫！此可以人力补之耳。因相度形势，邑东郊昆安寨居巽方，小山隐伏，奇石虎踞，古为文昌祠故址。今祠移邑中，可建文明阁于上，昂凌霄汉，以当文峰，中祀濂洛关闽五先生，旁设学舍百十楹，为普邑人士读书讲学之所，榜曰文明书院。人事与天工并至，则文物之根源也。水口石潭山亦为巽地，建急水塔山巅，作中流底柱，使河行停蓄，不患去长。又有文峰插天之势，命其名曰文峰塔，以明余之所建，特取耸秀壮观，与迷惑于浮屠邪说者不同也。学宫之前旧有泮水，宜清深，今沙淤为陆，当疏浚之。凡城中大小沟渠，城外环绕濠水，一概开通，使舟楫可行，如人身脏腑通达脉络分明，血气周流无所滞碍，则四体自然坚强，百役自然从令。盖有诸中者不待外求，环城皆水，又不患其来之短也。①

在这篇倡议序文中，蓝鼎元首先分析了普宁县的人文历史，指出从科第成绩来看，普宁县还比不上其他县的一个村落。接下来他反驳了"青乌家"认为普宁县"巽地文峰弗起，溪水来短去长，河隍焦干，地理浅薄，永无文物之望"的观点，主张"地灵"可以带来"人杰"，而"人杰"也可以促成"地灵"。最后他提出了自己的形胜补修计划，一是在地属普宁县巽方的东郊昆安寨建造文明阁和文明书院，以便"人事与天工并至"，使之成为普宁县"文物之根源"；二是在同为巽地的水口石潭山建造急水塔，并将其命名为"文峰塔"，制造"耸秀壮观"的人文景观；三是疏浚学宫泮池及城中河道，使全县文运像人体的血脉经络一样通畅流转。蓝鼎

---

① （清）蓝鼎元：《鹿洲初集》，清光绪五年（1879）刻本，卷6《序》，第15—17页。

元的这种系统论风水观,融会形势、理气、命理三派,将人力与地理结合在一起,主张人力可以改造风水,体现了中国传统风水观积极有为的理念。

当然,对于这种风水观念,自幼熟读儒家经典的地方官员往往秉持源自"敬鬼神而远之"的"疑信参半"的态度。如乾隆九年(1744)出任直隶易州直隶州的张登高在面对有人提出的易州魁星楼岁久倾圮因而影响了本地科举成绩的说法时,便指出:"武邑弦歌,端由言子,蜀郡教化,实赖文翁,岂尽风水之使然?"紧接着他文笔一转,又说:"但堪舆家言,大儒不废。"原因在于,"教出于鼓舞而后曲尽其术,学得所观感而后不懈于心",如果建造魁星楼可以使大家得到一种鼓舞、触动,从而振奋其努力向学之心,则自己也可以接受重建魁星楼这一工程计划。为此,他勉励易州士子刻苦努力,超越前人:"理必濂洛关闽,文必王唐瞿薛;立品必玉润金坚,制行必渊渟岳峙;出则黼黻皇猷,奏名世之绩,处则仪型乡里,饶长者之风。"①

主持修建各类贡院的一般都是信奉儒家学说的地方官,他们虽然有人曲从时俗,在修建贡院时将风水堪舆因素纳入考量的范畴,但也有一些地方官毅然不顾风水之说,坚决按照自己的意愿进行修建。如嘉庆四年(1799),后曾历任多省巡抚的浙江嘉兴人钱楷(?—1812)出任广西学政,因见桂林府提督学院行署之廨宇"制极庳陋",对自己身为一省学政却"无一椽庇多士"而深感惭愧,乃与桂林知府邱庭漋、临桂知县蔡呈韶一起,着手进行试院的修建工作。令他意想不到的是,此时竟然有人从风水的角度提出了反对意见,指出"昔有阴阳家言,堂之下宜旷,今作号舍,毋乃隘甚?且不利于使者"!建议中止试院修建工作。钱楷不为所动,认为"以郡属之三千士人,三年两试于使者之堂,辱以隶人之馆,益以编竹之棚,旁风上雨,漂摇为患,豪素零毁,寒暑侵风,一旦而得所荫庇,为利岂不甚溥"?对这种能够"举一有利于千百士人"的事情,上天绝对

---

① (清)张登高:《重建魁星楼记》,张登高:《乾隆易州直隶州志》卷16《艺文志》,南京:上海书店出版社,2006年,第274页。

不会降之以不祥。为此，他坚持原议，让邱、蔡二人按原计划执行。半年之后，试院竣工，而钱楷也在广西各府、直隶州巡考完备，回到桂林府主持岁试，发现"怀铅握椠者熙熙然有广厦之乐"，而自己及宾友、从者之中没有任何一人遭遇过疾病、灾害。① 有些地方官则在其所撰记文中委婉地表达自己不信风水的观点。如山西蒲州府荣河县知县戴儒珍在同治十二年（1873）倡建考棚后，便在其所撰《创建考棚序》的结尾部分说："至于地之吉，辰之良，气局之宏敞，结构之谨严，后来人文之蔚起，堪舆家类能言之，固无庸予辞缕也，故不赘云。"②

第二节　清代贡院的匾额楹联

匾额与楹联合称匾联，是中国传统建筑特有的装饰物。匾联不仅以其文字内容揭示建筑的名称与性质，更因其书法形式而被作为特制的装饰品，为建筑增添书法艺术审美元素。名人题写的匾联往往可以对所题写的建筑起到增色效果。作为一种教育类公共建筑，清代各类贡院往往邀请名人题写匾联。而作为"抡才大典"的发生场地，也更容易吸引各类名人为之题字。由于大多数贡院的匾联已经无法见到实物，因此本书只能从匾联文字内容的角度进行分析，对于匾联的书法艺术造诣则无法置评。

一、清代贡院中的匾额

匾额，"匾"古亦作"扁"。《汉语大字典》转引《说文解字》云："扁，署也。从户、册。户册者，署门户之文也。"并引《后汉书·百官志五》云："皆扁表其门，以兴善行。"③ 说明匾额最迟在东汉时期已经出现，

---

① （清）蔡呈韶，胡虔：嘉庆《临桂县志》卷12《廨署》，台北：成文出版社，1967年，第197页。
② （清）马鉴，寻銮炜：光绪《荣河县志》卷11《艺文续》，台北：成文出版社，1976年，第654页。
③ 徐中舒主编：《汉语大字典》第三册，成都：四川辞书出版社，1986年，第2261页。

并有旌表善行的功用。额本指额头，即头部正面眉毛以上头发以下的部分，后引申为匾额。南朝宋羊欣《笔阵图》云："前汉萧何善篆籀，为前殿成，覃思三月，以题其额。"① 一般认为，横书为匾，纵书为额。

贡院悬匾，明代已然。如弘治丁巳（1497），河南省全面重修了因天顺壬午（1462）黄河水灾而临时迁至开封府城大梁街藩司巨盈库地的河南贡院，并更换了其中部分建筑的匾额题字。其中，位于号舍中心的高楼上有"明远"匾；外帘至公堂后专供监临等官员"退而稽会公务"的大堂则增题"洗心"匾；内帘总门处增题"内帘"匾，帘内文衡堂易以"五星聚奎"匾。② 又如陕西贡院始建于明景泰年间，嘉靖十九年（1540）巡按御史张光祖重修贡院时，在收掌所南边的大堂题写"为国荐贤"匾，该堂往北为外帘"精白堂"，题写的是"精白一心"匾和"明公皆居"匾。③ 再如广西贡院，明嘉靖乙酉（1525）重修后，其明远楼除了悬挂"明远"匾，其南门之上还"揭桂香扁焉"④，也就是题写并悬挂了"桂香"匾额。清代各类贡院中的匾额大致也可以分为大门匾额、牌坊匾额和厅堂匾额三类。

1. 大门匾额

清代贡院的大门，主要是指头门、龙门（或称仪门），有些则还建有二门。它们一方面是贡院的门户，另一方面本身也分若干开间（一般为三间），具有一定的纵深，在其左右两边还往往建造若干间厢房。大门匾额一般题写于正中开间的门额之上。

顺天贡院作为明清时期级别最高的科举专用考场，其相关建筑形制也最为特别。比如在贡院门庭的设计方面，大多数乡试贡院均称为头门、二门、龙门三重门庭，而顺天贡院则称为"第一龙门""第二龙门""第三龙

---

① 徐中舒主编：《汉语大字典》第七册，成都：四川辞书出版社，1986年，第4384页。

② （明）刘健：《贡院碑记》，（清）管竭忠：同治《开封府志》，清同治二年（1863）刻本，卷11《学校志》，第29—31页。

③ （清）刘于义，沈青崖：雍正《陕西通志》卷15《公署志》，《景印文渊阁四库全书》第551册，台北：商务印书馆，1983年，第764—765页。

④ （明）蒋冕：《广西贡院修拓记》卷上，（明）蒋冕：《湘皋集》，蒋钦辉主编：《全州历史文化丛书》，南宁：广西人民出版社，2001年，第190页。

门",其中第一龙门悬有"贡院"墨字匾,第三龙门悬有"龙门"金字匾;在至公堂后还有"内龙门",以之分隔内帘和外帘。① 其他各省贡院之门庭也多为三重,如康熙二十年(1681)重建的江西贡院便有"头门、二门、龙门"。② 但有的则只有两重,如广东贡院于康熙二十三年(1684)由巡抚李士桢迁建于内场东南隅承恩里,其门庭便只有大门和仪门:"明远楼之前为仪门,又前为大门。"③ 山西贡院也只有两重门户,即大门和二门,其中"大门内牌楼一座,曰龙门,二门三间,曰登明选公"④,"龙门"和"登明选公"分别是大门和二门的匾额题字。

清代各地州县考棚往往在考棚大门悬挂匾额,有的直接题写"考棚""校士馆""试院"或"贡院"字样,有的则为其题写特定的名称,以区别于其他州县考棚。如江苏镇江府丹徒、丹阳二县合建的考棚称为"京江试院"⑤;寿州和凤台县合建有"寿台试院"⑥;浙江金华府兰溪县建有"兰溪试院"⑦,同府浦江县则建有"浦阳试院"⑧;浙江温州府平阳县考棚称为"昆阳试院"⑨;江西吉安府万安县考棚位于县城东城根下迎恩门右,考棚

---

① (清)李鸿章,黄彭年:光绪《畿辅通志》卷12《京师》,上海:商务印书馆,1934年,第501页。
② (清)徐午:乾隆《南昌县志》,清乾隆五十九年(1794)刻本,卷4《公所》,第10页。
③ (清)瑞麟,戴肇辰,史澄:光绪《广州府志》卷65《建置略二》,台北:成文出版社,1966年,第100页。
④ (清)李德溥:《贡院号舍记》,(清)李培谦,阎士骧:《道光阳曲县志》卷13《文征》,台北:成文出版社,1976年,第1143页。
⑤ (清)何绍章,杨履泰:光绪《丹徒县志》卷19《学校志》,台北:成文出版社,1970年,第350页。
⑥ (清)曾道唯,葛荫南:《光绪寿州志》卷9《学校志》,南京:江苏古籍出版社,1998年,第125页。
⑦ (清)秦簧,唐壬森:光绪《兰溪县志》卷3《建置志》,台北:成文出版社,1974年,第550页。
⑧ (清)善广,张景青:《光绪浦江县志》卷4《建置志》,上海:上海书店出版社,1993年,第174页。
⑨ 符璋,刘绍宽:民国《平阳县志》卷6《建置志二》,台北:成文出版社,1970年,第65页。

大门悬挂"云江试院"匾额①；江西赣州府兴国县考棚大门悬匾"潋江试院"②；福建延平府沙县考棚悬匾"虬溪试院"③；山西泽州府阳城县考棚大门题"获泽试院"匾额④；河南郑州直隶州荥阳县考棚始建于道光十年（1830），建成之后，知县熊燮为之题写"成皋试院"匾额⑤；湖北黄州府麻城县考棚称为"亭州试院"⑥；湖北德安府应城县考棚称为"蒲阳试院"⑦；广东潮州府揭阳县考棚称为"榕江试舍"⑧。这些考棚的名称，都被题写匾额悬挂于大门之上。

有些州县考棚与书院合体，其大门匾额也多与其他考棚不同。如广东广州府花县考棚称为"考栅"，建成于同治五年（1866），共编列坐号900有余。该考棚与本县书院紧密相连，不但"考栅由书院大门出入栅内"，而且书院大门口悬挂的匾额也是乡试贡院中常见的"天开文运"。⑨

2. 牌坊匾额

牌坊是中国古代特有的纪念性或标志性建筑，用于表彰宣教或揭示地名。一般前后两面者为"坊"，四面合围者为"楼"。贡院的牌坊一般建于

---

① （清）欧阳骏，周之镛：《同治万安县志》，清同治十二年（1873）刻本，卷首《图考》，第9—10页。

② （清）崔国榜，金益谦，蓝拔奇：《同治兴国县志》卷8《公署》，南京：江苏古籍出版社，1996年，第70页。

③ 梁伯荫，罗克涵：民国《沙县志》卷4《建筑志》，台北：成文出版社，1975年，第307页。

④ （清）赖昌期，潭沄，卢廷菜：同治《阳城县志》卷15《艺文志》，台北：成文出版社，1976年，第965页。

⑤ 卢以治，张沂：民国《续荥阳县志》卷5《学校志》，台北：成文出版社，1968年，第290—291页。

⑥ 余晋芳：民国《麻城县志前编》卷2《建置志》，台北：成文出版社，1975年，第133页。

⑦ （清）罗䌳，陈豪，王承禧：《光绪应城县志》卷4《学校志》，南京：江苏古籍出版社，2001年，第226页。

⑧ （清）王崧，李星辉：光绪《揭阳县志》卷1《建置志》，台北：成文出版社，1974年，第79页。

⑨ 孔昭度，符矩存，利璋：《民国花县志》卷5《学校志》，上海：上海书店出版社，2003年，第51页。

贡院大门之前，用以展示贡院之威严，警示士子谨守场规。

贡院牌坊在明代也已经出现。如河南贡院，明弘治丁巳冬季重修之时，其贡院总门之前便建有三座牌坊，"扁其中曰贡院，左曰沧海腾蛟，右曰丹山起凤"。① 嘉靖四年（1525）巡抚王荩、巡按御史郑气重建陕西贡院时，也在贡院大门处建造二坊，分别题写"腾蛟""起凤"匾额。② 又如福建贡院在万历六年（1578）重建后，将原本位于大门外的"龙门"牌坊移建于二门之内，改题坊额为"天开文运"，东、西两边则各建"明经取士"和"为国求贤"坊。③ 广西贡院嘉靖四年（1525）重修时，在大门外建造了三座牌坊，"中曰天开文运，东曰明经取士，西曰荐贤为国"。④ 又如山西贡院，正统十年（1445）重修时，于贡院前建四柱三间式牌坊一座，"额曰登明选公"。考场四周各建一座瞭望楼，"额曰东观、西璧、斗横、宿曜"。⑤

清代各类贡院牌坊所题坊额有些大致相同，有些则颇具特色。

（1）乡会试贡院

顺天贡院，据雍正《畿辅通志》记载，明代及清代顺、康、雍及乾隆早期其大门之前建有三处牌坊，自东到西分别题写"周俊""天下文明"和"虞门"三个匾名。⑥ 而据《光绪畿辅通志》，乾隆二十七年（1762）顺天贡院经过重修之后，这三处牌坊上所题写的匾额全部更改，且从牌坊改建为牌楼。其中正中为"天开文运"牌楼，东边砖门内为"明经取士"牌

---

① （明）刘健：《贡院碑记》，（清）管竭忠：同治《开封府志》，清同治二年（1863）刻本，卷11《学校志》，第29—31页。

② （清）刘于义，沈青崖：雍正《陕西通志》卷15《公署志》，《景印文渊阁四库全书》第551册，台北：商务印书馆，1983年，第764—765页。

③ 陈衍：《民国闽侯县志》卷6《公署》，上海：上海书店出版社，2000年，第495页。

④ （明）蒋冕：《广西贡院修拓记》卷上，（明）蒋冕：《湘皋集》，蒋钦辉主编：《全州历史文化丛书》，南宁：广西人民出版社，2001年，第190页。

⑤ （清）谭尚忠，沈之燮：《乾隆太原府志》卷11《学校志》，南京：凤凰出版社，2005年，第113页。

⑥ （清）李卫：雍正《畿辅通志》卷11《京师》，《景印文渊阁四库全书》第504册，台北：商务印书馆，1983年，第183页。

楼，西边砖门内为"为国求贤"牌楼。①

浙江贡院，大门外所建三座牌坊的匾额与乾隆二十七年以后的顺天贡院牌楼匾额完全相同，也是中间为"天开文运"坊，东边为"明经取士"坊，西边为"为国求贤"坊。②此外，浙江贡院在仪门往北的甬道上还建有一座牌坊，题写"龙门"匾额，而贡院前面西南的登云桥前也建有一座"贡院"坊。

江西贡院，与顺天贡院一样，其贡院坊牌所题匾额也经历过变化。康熙二十年（1681）巡抚安世鼎、布政使王日藻将江西贡院迁回南昌县东湖故址后，在其头门外分别建造了东、西二坊，并题写"腾蛟""起凤"匾额，不久又改题为"天衢""云路"匾额。③

山西贡院头门、大门、龙门、二门均各建有坊，坊上有匾。其中头门三楹，有"贡院"匾。大门三楹，有"天开文运"匾，东、西各有大栅坊，坊上前后均有匾，东边大栅坊前为"日月争光"，后为"攀龙鳞"。西边大栅坊前为"风云庆会"，后为"附凤翼"。龙门牌楼有"龙门"匾。二门有"登明选公"匾。④

福建贡院自明代万历年间以来在二门内分别建有"天开文运""明经取士"和"为国求贤"三座牌坊，到了清代乾隆十八年（1753）则分别改为"为国求贤""天衢""云路"三坊。其大门西侧外供给所前面连接大路的登瀛桥前的"登瀛"坊则依然保留。⑤

贵州贡院前面甬墙左右分别有辕门，辕门上题写匾额，左边为"明经

---

① （清）李鸿章，黄彭年：光绪《畿辅通志》卷12《京师》，上海：商务印书馆，1934年，第501页。

② 吴庆坻：《民国杭州府志》卷18《公署一》，上海：上海书店出版社，1993年，第498页。

③ （清）刘坤一，刘绎：光绪《江西通志》卷67《建置志》，《续修四库全书》第657册，上海：上海古籍出版社，2002年，第560页。

④ （清）李培谦，阎士骧：道光《阳曲县志》卷13《文征》，台北：成文出版社，1976年，第1142—1143页。

⑤ 陈衍：《民国闽侯县志》卷6《公署》，上海：上海书店出版社，2000年，第495页。

取士",右边为"为国求贤"。过头门、龙门进入考生答题区,经甬道有明远楼,楼后建有"文运天开"坊。①

总体来说,清代乡会试贡院的牌坊匾额主要围绕科举取士的目的和结果题写,如"明经取士""为国求贤""天开文运""登明选公"都是说明乡会试的目的,而"腾蛟""起凤""天衢""云路""攀龙麟""附凤翼"则是用比喻的手法描述考试结果,也就是获选的考生将能够像蛟龙、凤凰一样平步青云。

（2）学政试院

与清代各省乡会试贡院的牌坊匾额题字基本类似不同,清代各地学政试院的牌坊匾额题字的差异则相对较大。

直隶蓟州除了有两块厅堂匾额"英才蔚起"和"冰壶玉尺"外,还有两块牌坊匾额,即考棚大门两边的牌坊,分别为东辕门"纪纲法度"匾额和西辕门"礼乐文章"匾额。据县志记载,这两块匾额在清初尚未建造东西辕门时已经存在,分别立于东栅和西栅。②"英才蔚起"是对考试结果的期待,"冰壶玉尺"则是对考官选才公正的诉求,"纪纲法度"是从禁止的角度警醒考生严守考试纪律,"礼乐文章"则是从鼓励的角度希望考生写出立意端正的文章。

明代崇祯年间,浙江嘉兴府知府郑瑄率领治下七位知县一起捐资,建成了专为督学校士之所的宏文馆。在大门往南的照墙两边,分别有东西辕门,各树一匾,其中东边的牌坊上刻着"文章司命",西边的牌坊上刻着"风教提衡"。③ 这两块匾额的内容均是描述学政的职责,"文章司命"是说学政通过评定考生的文章优劣而主宰其命运；"风教提衡"则是说学政肩负教化之责,不仅通过六等黜陟法奖惩各学生员,还有权对各州县儒学师

---

① 刘显世,谷正伦,任可澄,杨恩元:《民国贵州通志》《建置志》,成都:巴蜀书社,2006年,第236页。
② 仇锡廷:民国《蓟县志》卷6《建置志》,台北:成文出版社,1968年,第521—522页。
③ （清）许瑶光,吴仰贤:《光绪嘉兴府志》卷7《公署志二》,上海:上海书店出版社,1993年,第180页。

生的品行、辖区百姓的行为进行相应的奖惩，如奖勤罚惰、旌表节孝等。

江苏松江府学政试院称为云间试院，始建于康熙年间。嘉庆年间，试院门前建有"南国文衡"牌坊。① 江苏太仓直隶州试院前照墙两边有东西辕门，分别悬挂"三吴分秀"和"四邑向风"匾额。② 这两个学政试院的牌坊匾额主要是从本地与周边府州县文风对比的角度进行的积极评价。

江西广信府学政试院前有碑亭，并建有牌坊，最初题为"麟祥凤彩"，后改为"文治光华"。③ 山西代州直隶州试院在康熙二十二年（1683）六月完成重建工作，其大门外竖立一坊，榜曰"朝宗学海"。④ 这两地学政试院的牌坊匾额虽然也是评价了当地的学风，但是却是从广义的角度进行的评价。

山东莱州府学政试院始建于康熙四十九年（1710），系由山东学政黄叔琳与莱州知府陈谦及本府七县知县捐俸所建。除号舍等房舍外，还在试院中建造了两座牌坊，即大门处朝外而立的"龙门"坊，以及向内题写的"为国树人"坊。⑤ 这是直接揭示了学政试院选拔人才的功能。

（3）县试考棚

尽管清代各地的县试考棚规模较小，修建成本较低，一般较少建造牌坊一类的装饰性建筑，往往在点名入场的栅栏或辕门处悬挂匾额，用于揭示考棚属性，鼓舞考生信心。湖北省各县多有相关案例。如湖北黄州府麻城县考棚始建于道光初年，称为亭州试院，据光绪《麻城县志》卷首《考棚图》，考棚大门前左右各有一座辕门，其上分别有一块匾额，左曰"选

---

① （清）宋如林，孙星衍：嘉庆《松江府志》卷16《建置志》，台北：成文出版社，1970年，第352页。

② 王祖畲：民国《太仓州志》卷4《营建志》，台北：成文出版社，1975年，第164页。

③ （清）蒋继洙，李树藩：同治《广信府志》卷2《建置志二》，台北：成文出版社，1970年，第153页。

④ （清）张瑜：《新建考院附义塾记》，（清）俞廉三：《光绪代州志》卷4《建置志》，南京：凤凰出版社，2005年，第316页。

⑤ （清）严有禧：《乾隆莱州府志》卷3《学校志》，南京：凤凰出版社，2004年，第84页。

士",右曰"储才"。① 又如湖北黄州府广济县考棚称为试院,建造于道光十七年(1837),大门外左右各有一道辕门,门上各有一匾,左边匾额题写"云程发轫",右边匾额题写"风教扶轮"。②

有些县试考棚辕门匾额上所题写的文字与乡会试贡院类似。如湖北枝江县考棚始建于道光四年(1824),大门前左右各有一门,为考生入场点名通道,据同治《枝江县志》卷首《县试院图》,左边门上题有"腾蛟"匾额,右边门上题有"起凤"匾额。③ 又如湖北孝感县考棚始建于咸丰二年(1852),称为试院。据《光绪孝感县志》卷1所刊载的一幅立体《试院图》,该考棚试院大门外有两个点名入场的辕门,其中右边辕门上方悬有"腾蛟"匾额④,左边辕门上方的匾额未能显示,推测题字当为"起凤"。再如湖北通城县考棚始建于道光二十三年(1843),据同治《通城县志》卷首《考棚图》,该考棚只设置了一个点名入场的通道,其上悬挂的匾额题为"云路"。⑤ "腾蛟""起凤""天衢""云路"等匾额都是各省乡试贡院大门外常见的牌坊匾额。

江西吉安府各县考棚也有在入场点名的门首题写匾额的案例。如据《同治永丰县志》卷首《图》所刊刻的《考棚图》,左右两边的入口门首分别题写了"云路""鹏程"匾额。⑥ 又如据同治《万安县志》卷首《图考》所刊刻的《云江试院图》,考棚左右两边入口门首分别题写了"云蒸""霞

---

① (清)郑庆华:光绪《麻城县志》,清光绪二年(1876)刻本,卷首《图》,第31—32页。
② (清)朱荣实,刘燡:《同治广济县志》卷2《建置志》,南京:江苏古籍出版社,2001年,第222页。
③ (清)查子庚,熊文澜:同治《枝江县志》,清同治五年(1866)刻本,卷首《图》,第15—16页。
④ (清)朱希白,沈用增:《光绪孝感县志》卷1《试院图》,南京:江苏古籍出版社,2001年,第15页。
⑤ (清)郑荄,杜煦明,胡洪鼎:同治《通城县志》,清同治六年(1867)活字本,卷首《图考》,第9页。
⑥ (清)双贵,王建中,刘绎:《同治永丰县志》卷首《图》,南京:江苏古籍出版社,1996年,第24页。

蔚"匾额。①

3. 厅堂匾额

清代贡院的厅堂，主要包括至公堂、衡鉴堂、监临所、监试所、提调所以及弥封、誊录、对读、收掌所等内外帘考官的办公房舍，大多包括正厅与左右厢房两个部分。厅堂匾额一般悬挂于正厅门额之上，也有部分匾额被悬挂于厅堂之内。

（1）乡会试贡院厅堂匾额

清代贡院最为著名的厅堂匾额，当属乾隆皇帝御笔亲题的"旁求俊乂"匾。乾隆九年（1744）乾隆帝亲笔题写了"旁求俊乂"匾和一副楹联，赐予顺天贡院，并命各省贡院临摹，悬挂于至公堂。如福建贡院便是在乾隆九年被"颁匾、联各一，匾曰'旁求俊乂'，联曰'立政待英材，慎乃攸司，知人则哲；与贤共天位，勖哉多士，观国之光'"②。四川贡院也于同年被御赐"旁求俊乂"匾额，还"奉到御赐诗四首《幸翰林院，赐大学士及翰林等宴，因便阅贡院，乃至云路鹏程，诚不易易也》"。③ 江西贡院同样遵谕执行，乾隆十二年（1747）刑部侍郎钱陈群奉命主考丁卯科江西乡试，"将入闱，仰见至公堂屏风恭勒天章，鸾翔凤翥，气象矞皇，一时执事大小僚属，观瞻悚惕"。④ 各省重修贡院时，如逢旧匾朽坏，也会到临近省份临摹该匾和清高宗钦赐楹联与贡院诗。如咸丰十一年（1861）两广总督劳崇光（1802—1867）组织筹捐重修广东贡院时便是照此执行："垩饰既毕，从邻省贡院恭摹御笔扁、联、诗章，刻而悬之。"⑤

---

① （清）欧阳骏，周之镛：同治《万安县志》，清同治十二年（1873）刻本，卷首《图考》，第9—10页。
② 陈衍：《民国闽侯县志》卷6《公署》，上海：上海书店出版社，2000年，第495页。
③ （清）罗廷权，衷兴鉴：《同治重修成都县志》卷4《学校志》，成都：巴蜀书社，1992年，第148—149页。
④ （清）钱陈群：《增修贡院记》，魏元旷：《南昌邑乘文征》卷18《记六》，台北：成文出版社，1970年，第702页。
⑤ （清）瑞麟，戴肇辰，史澄：光绪《广州府志》卷65《建置略二》，台北：成文出版社，1966年，第100页。

尽管清代科举制度统一实施于全国，但除了朝廷御赐的匾联，各省贡院所悬其他匾额却并不完全相同。如顺天贡院除了至公堂"中悬御书匾额，御制四诗勒石堂中"，其余各处房舍匾额则直接题写厅堂之名，如聚奎堂悬"聚奎堂"匾，会经堂有"会经堂"匾。① 而山西贡院除了至公堂上悬有乾隆帝御赐"旁求俊乂"匾额，堂内亦悬挂"厘正文体"（乾隆上谕）匾额，并将乾隆帝巡行顺天贡院所作四首贡院诗制成牌匾，悬挂堂中。其他各处厅堂，藻鉴堂东监院题有"庶司清肃"匾；抡材堂题有三块匾额，中间为"青天白日"，东边为"天威咫尺"，西边为"无贰尔心"；五经房北文昌祠所悬匾为"文昌司命"。此外，明远楼朝前方向有"为国荐贤"匾，朝后有"日监在兹"匾。② 从诸版《山西通志》的记载来看，清代山西贡院明远楼和瞭望楼的匾额与明代完全相同。

（2）学政试院厅堂匾额

各省学政试院偶尔亦有皇帝钦赐匾额的案例。如山西太原府提督学政署的大堂便悬挂有"玉堂清要"匾额，是雍正二年（1724）清世宗御笔所题，"赐前学政刘于义"。③ 刘于义（1675—1748），字喻旃，号蔚冈，江苏武进县（今属常州市）人，康熙五十一年（1712）壬辰科进士，雍正元年（1723）以侍讲学士之职出任山西学政④，历任吏部侍郎，直隶河道总督，刑部、吏部、户部尚书，直隶总督，协办大学士等职。

当然，由皇帝赐匾联于学政试院毕竟是少数，更多的则由督抚、学政等地方高级官员为之题写匾额，其中又以各省学政题匾最为常见。这些学政题匾，立意大多与学政的本职工作也就是公平公正地评阅试卷相关。如

---

① （清）李鸿章，黄彭年：光绪《畿辅通志》卷12《京师》，上海：商务印书馆，1934年，第501页。
② （清）李培谦，阎士骧：道光《阳曲县志》卷13《文征》，台北：成文出版社，1976年，第1143—1148页。
③ （清）曾国荃，杨笃：光绪《山西通志》，《续修四库全书》第643册，上海：上海古籍出版社，1995年，第286页。
④ （清）法式善：《清秘述闻》卷11《学政类三》，北京：中华书局，1982年，第357页。按，据《清世宗实录》，刘于义雍正元年（1723）被派任提督山西学政时的官职为翰林院侍读，任内先后升为右庶子、侍讲学士。

广东罗定直隶州试院建成于雍正十一年（1733），时任知州熊士望特意题写了"藻镜堂"匾额，悬挂于大堂后之川堂。乾隆丙戌（1766）翁方纲任职广东学政，按临罗定试院，为其大堂题写了"江山聚秀"匾额。① 该试院川堂之东为上下花厅及阅卷所，川堂悬挂"藻镜堂"匾，其意显然与阅卷有关。翁方纲（1733—1818），字正三，顺天大兴人，乾隆壬申进士，官至内阁学士，曾历任广东、江西、山东三省学政，清代著名书法家、文学家、金石学家，被时人奉为文坛领袖。又如山东登州府试院旧名校士馆，道光十八年（1838）知府英文倡捐增修，该试院有四处较为重要的匾额。大堂后面的穿堂有两块匾额，即"冰雪自怡"和"蓬莱仙苑"，前者为山东学政陈鸣珂题写于康熙三十七年（1698）。陈鸣珂，字天藻，上海人，顺治乙未进士，"冰雪自怡"指考官取士无私，如冰雪之可鉴。穿堂后面为二堂，悬有吴江县陈沂震所题"道东斋"匾额。陈沂震（生卒年不详），字起雷，康熙庚辰进士，康熙五十六年（1717）以礼科给事中任山东学政。"道东"典出《后汉书》，东汉郑玄从山东赴陕西师事马融，学成东归，马融感叹"吾道东矣"。② 二堂后有后厅，内悬山东学政刘绎于道光十九年（1839）所题"水云光"匾额。③ 刘绎（1796—1878），字瞻岩，江西永丰人，道光十五年（1835）乙未科状元。又如直隶大名府试院始建于明弘治年间，清代雍正辛亥（1731）、乾隆己未（1739）曾简单修葺，同治九年（1870）则在兵备道李文敏、知府陈崇砥的主导下全面重修，"局势闳敞，堂舍高深"。光绪七年（1881）孙诒经（1826—1890）以户部侍郎任直隶学政，为其后堂题写"清鉴堂"匾额，被地方志的编纂者评价为

---

① 周学仕，马呈图，陈树勋：《民国罗定志》卷 2《建置志》，上海：上海书店出版社，2003 年，第 296 页。按，川堂是传统建筑中两个院子之间供穿行的房间，也可于此设座会客，各类地方志中亦作穿堂。

② （南朝宋）范晔：《后汉书》卷 35《郑玄传》，北京：中华书局，1965 年，第 1207 页。

③ （清）周悦让，慕荣榦：《光绪登州府志》卷 10《学校志》，南京：凤凰出版社，2004 年，第 100 页。

"笔力遒劲,自成一家"。① 再如直隶顺天府蓟州在清初建有考院,有考试棚厂77间,后因改为铸钱局,考生从此均需赴通州应试。康熙四十四年(1705)六月,蓟州生员钟良辅等呈请捐资重建考棚,专供蓟州、遵化、玉田、丰润、宝坻5个州县考生应学政院试之用。考院内外有两块较为重要的匾额,一是直隶学政杨名时(1661—1719)所题"英才蔚起"匾,并有"康熙乙酉六月望前二日"的匾首按语,当是悬挂于考院大堂;二是知州张朝琮所题棚北之匾"冰壶玉尺",当是在考官阅卷之所。② 不过,该学政试院在雍正八年(1730)便遭遇火灾而被毁。

以上四个学政试院的厅堂匾额中,"藻鉴堂""清鉴堂""冰雪自怡""冰壶玉尺"等匾额都是从考官阅卷需公正无私处着眼进行题写,"江山聚秀""英才蔚起"都是称颂试院为人才汇聚之地,"蓬莱仙苑""道东斋"则与当地自然地理或人文历史有所关联。

有些学政试院厅堂匾额则从学政学识渊博处立意进行题写。如湖南桂阳直隶州试院建成于雍正十二年(1734),道光七年(1827)重建后,可容3000人考试。学政程恩泽(1785—1837)引宋代致堂先生胡寅(1098—1156)所撰《桂阳学记》中的词语,用篆书题写了"理醇义熟堂"匾额,悬挂于试院大堂。③ 所谓"理醇义熟",指的是对儒家理学义理非常熟悉,引申为对考生的答卷能够轻易做出正确判断和评阅。

有些学政试院的厅堂匾额系从乡试贡院匾额变化而来。如广东阳江直隶州原本为肇庆府之辖县,同治六年(1867)改县为直隶州,邑绅温贤、冯汝钦等倡捐筹建试院,"工未竣,旋复为县"。同治九年(1870)"复改为厅",邑绅莫鸿猷等相继督修完工。④ 同治十一年(1872)广东学政何廷

---

① 程廷恒,简恩霈:《民国大名县志》卷6《廨署》,上海:上海书店出版社,2006年,第71页。
② 仇锡廷:民国《蓟县志》卷6《建置志》,台北:成文出版社,1968年,第521—522页。
③ (清)汪敩灏,吴嗣仲:《同治桂阳直隶州志》卷6《工志》,南京:江苏古籍出版社,2002年,第84页。
④ 按,赵尔巽:《清史稿》卷72《地理十九》载阳江县同治五年(1866)升格为直隶厅,光绪三十二年(1906)升格为直隶州。(中华书局1977年版,第2286页)

谦首次按临考试,乃为其大堂题写"新开文运"匾额。① 清代各省乡试贡院大门处多有"天开文运"坊,何廷谦为阳江州试院题写"新开文运"匾额,当是自"天开文运"变化而来,且蕴含对新设试院的阳江州士子的鼓励之意。

有些学政试院匾额则嵌入当地文教发展历史上的著名典故。如四川潼川府始建于明代,清康熙四十五年(1706)知州张应诏、乾隆五十二年(1787)知府张松孙、嘉庆十三年(1808)三台县知县沈昭兴、道光十五年(1835)三台县人罗锦山先后重修。乾隆三十八年(1773)和珅的老师江苏南汇县人吴省钦(1729—1803)以侍读之职出任四川学政,为潼川府试院题写了"及愚堂"匾额,并撰写《及愚堂跋》。跋云:"颜子如愚,昌黎韩子言归愚,朱子言破愚,愚无与于文也。刘复愚特樊宗师流辈,其文冢实在梓州。予惧夫州之人以复愚之文为可学,而所云破荒者不可及也,爰名试院之堂而厉之!"② 跋文中的颜子、昌黎韩子、朱子分别是指颜回、韩愈和朱熹,而刘复愚、樊宗师则都是唐代的散文家。刘复愚,名蜕,字复愚,荆南人。他出身寒微,为文却奇诡岸杰,自成一家。大中四年(850)进士及第,号为"破天荒"。樊宗师,字绍述,南阳人,元和三年(808)以武举登第,官至谏议大夫。为文诙奇险奥,艰涩怪僻。梓州是潼川府在唐代时期的区划名称,刘复愚死后梓州为其建有文冢,是潼川府历史上的名人。故吴省钦便用其名字中的"愚"字题写试院之堂,鼓励潼川府士子努力追求刘复愚"破天荒"的科举成就。

(3) 县试考棚厅堂匾额

有些县试考棚的厅堂匾额体现了对本地人文蔚起、科第蝉联的期望。如湖南常德府龙阳县于乾隆五十一年(1786)以明伦堂为考棚大堂,历时4年之久才建成县试考棚,知县党云龙为之题写了"匠成翘秀"匾额。③

---

① 张以成,梁观喜:《民国阳江县志》,上海:上海书店出版社,2003年,第248页。
② (清)阿麟,王龙勋:《光绪新修潼川府志》卷14《试院》,成都:巴蜀书社,1992年,第308页。
③ (清)黄教鎔,黄文桐,陈保真,彭日晓:《光绪龙阳县志》卷12《学校志》,南京:江苏古籍出版社,2002年,第178页。

"翘秀","翘楚""优秀人才"之意,"匠成"语意双关,一指考棚成功之不易,一指人才培养之匠心独具。又如湖南辰州府泸溪县考棚由知县徐培倡捐建造于嘉庆五年(1800),徐培并在考棚大堂题写了"观文成化"匾额,其川堂题写"登云有路"匾额。① 大堂是知县总领考场的核心办公区域,故其匾云"观文化成";川堂位于大堂后面,一般被作为阅卷场所,是决定考生能否考上生员并从此应举入仕的关键一环,故其匾云"登云有路"。此外,徐培还在考棚二门题写"万轫始基"匾额,表明考棚是士子踏上漫长科举征程的第一步。

有些县试考棚的厅堂匾额将县试的选才功能联系在一起。如山东胶州考院建成于道光二十五年(1845),次年山东巡抚觉罗崇恩大阅经过胶州,为其大堂题写了"思乐堂"匾额,"思乐"典出《诗经·鲁颂·泮水》"思乐泮水,薄采其芹",表明该考院是专门供童生应试入学的考场。

有些县试考棚的厅堂匾额则针对本地人文特征进行创作。如胶州考院大堂后面有北厅三间,题写了"海天抡秀"匾额②,"海天"揭示胶州在清代版图内的地理位置,"抡秀"即选拔优秀人才。又如浙江台州府黄岩县校士馆创建于道光二十年(1840),其正厅为士绅王绍素等捐建,台州知府潘观藻为其题写了"方峤树芝"匾额。③ "方峤"意指僻处边隅,说的是黄岩县的地域环境;"树芝"意指种植芝草,指出了校士馆的基本功能。由于文献记载较为简略,目前暂未知晓该匾悬挂于哪处厅堂或大门。"方峤树芝"之意则略近于胶州考院的"海天抡秀"匾。

二、清代贡院的楹联

楹联是张贴于中国传统建筑楹柱上的对联。由于中国古代建筑多为木

---

① (清)杨松兆,孙毓秀,彭钟华:同治《泸溪县志》,清同治九年(1870)刻本,卷1《公署》,第13页。
② 赵文运,匡超:民国《胶志》卷3《疆域志》,台北:成文出版社,1968年,第392—393页。
③ (清)陈钟英,王咏霓:光绪《黄岩县志》卷8《建置志》,台北:成文出版社,1970年,第633页。

质结构，且建筑形制多为左右对称结构，故而在楹柱上题写对联，不仅可以衬托建筑本身的中轴对称之美，也可以借楹联抒发作者的人生态度、思想情感，使建筑承载人们的特定观念，增添建筑的人文气息。清代贡院中的楹联，除了描述考场所处的地理环境和所具之考试功能，还对考官、考生等相关人员提出期望，宣传科举制度公平取士的文化精神，从而成为中国传统楹联文化中独具特色的一类。

1. 乡会试贡院楹联

清代各类贡院中最为著名的楹联，当属前文所叙及的清高宗在1744年巡幸顺天贡院时御笔亲书的至公堂楹联：

> 立政待英材，慎乃攸司，知人则哲；
> 与贤共天位，勖哉多士，观国之光。①

这副楹联的上、下联的首句都是向天下表明朝廷设立科举制度选拔优秀人才参与国家治理的立场，其后面八字则一是要求主考官善于识别真才，一是勉励考生刻苦攻读踊跃赴考。这副楹联不仅被悬挂于顺天贡院至公堂，同时也被临摹刻匾，悬挂于其他16个乡试贡院。

顺天贡院明远楼有一副七言对联，被认为最为切合顺天贡院，"若移置他省，便不见佳"。其内容为：

> 夜半文光射北斗；
> 朝来爽气把西山。②

"西山"一般指北京西山，是太行山的一条余脉，古称"太行山之首"，它像一条腾飞的蛟龙盘旋于北京的西边，故又称"神京右臂"。

---

① （清）徐景熹，鲁曾煜：乾隆《福州府志》卷18《公署志》，台北：成文出版社，1966年，第437页。
② （清）梁章钜，梁恭辰编著，白化文，李鼎霞点校：《楹联丛话全编》，北京：北京出版社，1996年，第51页。

清代各省贡院在厅堂、大门、牌坊等各类建筑都留下了楹联，其作者大多为一时之名流或在位之官员。如江南贡院是明清时期建筑规模最大的贡院，其内外各处楹联也都颇具特色。其中，著有《笠翁对韵》的清代文学家、戏剧家李渔也曾与江南贡院楹联结下不解之缘。李渔（1611－1680），字谪凡，浙江兰溪县人。他曾应"佟寿民方伯"之邀，为江南贡院创作了若干楹联。佟寿民，即佟彭年，汉军正蓝旗（辽宁广宁）人，康熙二年（1663）起任江苏布政使。康熙十年（1671）李渔在苏州游览佟氏寄园，受其所托为江南贡院题写了六副楹联。①

李渔题江南贡院大门联：

> 圣朝吁俊首斯邦，看志士弹冠而起；
> 天府策名由此地，喜英才发轫而前。

贡院大门是贡院的门面，大门楹联负有高屋建瓴、总括全局的责任。李渔此联不仅对仗工整、平仄和谐，颇具音律之美，而且恰如其分地展示了江南贡院在全国各地贡院中的地位，更兼选词欢快，令观者尤其是考生见之心喜，极受鼓舞，胸中平添一股月宫折桂志在必得的豪气。

李渔题江南贡院仪门联：

> 长才久数大江南，岂止王唐瞿薛；
> 良马定空幽冀北，非关牝牡骊黄。

从本书前一章所列同治三年（1864）《重修江南贡院号舍全图》可以发现，当时的江南贡院入口处只有两道门，即贡院大门和龙门，而同治十二年（1873）绘制的《江南贡院全图》中则有三道门，即大门、二门和龙门。李渔所题的江南贡院仪门联，当是指二门楹联。上联中的"王唐瞿

---

① （清）李渔：《笠翁一家言全集》，清雍正八年（1730）芥子园刻本，卷4《联》，第8页。

薛",一般认为是指明代八股文大家王鏊、唐顺之、瞿景淳和薛应旂。王鏊（1450—1524），字济之，江苏吴县（今苏州）人。成化十年（1474）解元，次年以会元被钦点为探花。历官编修、侍讲学士、户部尚书、文渊阁大学士、武英殿大学士，博学多识，文章修洁，世称震泽先生，被王阳明赞为"完人"。唐顺之（1507—1560），字应德，江苏武进县人。嘉靖八年（1529）会元，官至凤阳巡抚，曾督师抗击倭寇，破之海上，世称荆川先生。瞿景淳（1507—1569），字师道，江苏常熟县人。嘉靖二十三年（1544）会元、榜眼，历官编修、侍读学士、南京国子监祭酒、礼部左侍郎等职，曾任《永乐大典》总校官。薛应旂（1500—1575），字仲常，江苏武进县人。嘉靖十四年（1535）进士，明代著名学者、藏书家，曾上疏弹劾严嵩。王唐瞿薛四人都是江苏人，且都是从江南贡院考取功名，成就一番事功。李渔在贡院仪门题写这副对联，目的是勉励进入贡院的苏皖两省士子们要以此四人为榜样，努力成为国家的宝马良驹，驱驰王事，为国立功，为民造福，其下联即以"良马""牡牝骊黄"代指即将被乡试取中的人才。

李渔题江南贡院龙门联：

变化鱼龙地；
飞翔鸾凤天。

龙门是考生进入考场号舍的最后一道大门，龙门和至公堂之间的考生答题区是考生发挥所学，完成答卷，从而改变人生命运的重要场所。一旦文章被考官取中，则人生将从此全面改变，仿佛跳过黄河禹门的鲤鱼瞬间化为游龙，获得翱翔于青云之上的特殊能力。贡院"龙门"名称之由来，即在于此。李渔此联紧密结合这个典故，以极为简短的文字，直击考生之心灵，给他们以极大的鼓舞与震撼。

李渔题至公堂共有二联，分别为：

其一
圣朝无政不宜公，况此举乎更属抡才大典；
天子命名原有意，登斯堂也当兴顾义深思。

其二
三载辛勤来此地，人怀必售之心，非秉至公，则举者喜矣，错者不能无怨，怨蓄谤兴；
一生期许坐斯堂，务擅空群之识，惟持极慎，则得者快矣，失者亦无可惭，惭消誉起。

至公堂是贡院公平选士的核心象征，也是杜绝场内舞弊行为的中枢神经。故李渔的这两副对联都是劝勉贡院执事官员应该深刻体会朝廷公平选士制度设定的意义所在，第一联更多从执事官员着笔，第二联则更多从考生成败关乎社会稳定着笔。

李渔题江南贡院明远楼联：

矩令霜严，看多士俯仰低徊，群嚣尽息；
襟期月朗，喜胜地江山人物，一览无遗。

明远楼是各地乡试贡院中考生答题区位于中心的高楼，登斯楼也，可以俯瞰全场，时刻关注贡院内各号舍考生有无窜号、交换、抄袭等舞弊行为，并监视贡院内外是否存在抛砖头、放爆竹、飞鸽子、爬墙头等传递舞弊行为，是笼罩在考生答题区上空的一张大网。李渔此联紧密结合明远楼的建筑功能，上联较为紧张、严肃，描述科场条例森严，考生均宜各自用心安静作答，不许高声喧哗相互议论；下联则将登楼巡视考官之胸怀比作中秋明月，既公正无私一尘不染，又烛照全场毫无可欺，为人才济济之盛况而喜不自胜。

总体来看，李渔为江南贡院所题写的这六副对联都是从正面入手，强调科举考试的积极因素，鼓励考生认真发挥，力图上进，赞赏考官公正无私，拔取真才，从而使竞争无比激烈残酷的文战之场，整体上体现出光明正大的昂扬景象。尤其是其所撰明远楼对联，因为并未嵌入江南特定的人物或场景，具有极广泛的普遍性，因而被其他省的贡院明远楼所采用。如据梁章钜《楹联丛话》，陈宏谋（1696—1771）在任湖南巡抚时，便曾经将此联题写于湖南贡院明远楼。另据李科友《江西贡院与科举考试》，江西贡院明远楼也悬挂了此联，不过李文没有指出其作者。

李渔是浙江人而被邀请写作江南贡院楹联，但江南贡院也有由苏皖名流创作的楹联。如清末教育家、藏书家钱桂森（1827—1899）作有至公堂联。钱桂森，字莘白，江苏泰州人，道光三十年（1850）庚戌科进士，历任监察御史、侍读、内阁学士兼礼部侍郎等职。联云：

忆弹指顷四十二年，凉月中秋，寒雨重阳，早岁曾经辛苦地；
念广厦间万八千士，腾英霍岳，毓灵钟阜，几生同咏大罗天。

同治元年（1862）壬戌科进士、江苏仪征人陈彝（1827—1896）作有衡鉴堂联。陈彝，字六舟，历官监察御史、曲靖知府、安徽巡抚、顺天府尹、内阁学士兼礼部侍郎等职。联云：

且莫论白简朱衣，旧梦重寻，难得秀才风味；
看一片冰壶玉鉴，尘襟洗净，始知上界高寒。①

李渔所作六副贡院楹联，既有如至公堂联、龙门联、明远楼联等四副较具"普适性"的类别，用之各省贡院均无不妥，也有如大门联、仪门联等较具地方特色的种类，只能张贴于江南贡院之中。

清代各省贡院楹联多由在任官员如督抚、藩臬、学政等题写。如江南贡院有一副至公堂楹联，便是由两江总督马新贻所作。马新贻（1821—1870），字谷山，山东菏泽人。道光二十七年（1847）进士，历官安徽建

---

① 陈方镛：《楹联新话》，上海：中华书局，1932年，第21页。按，钱桂森对联中下联"霍"字或作"云"字。

平、合肥知县，安徽布政使，浙江巡抚，两江总督等职，同治九年（1870）被刺身亡。马新贻所题至公堂联为：

敷天瞻日月重光，兵气喜全消，雅颂承平，还是文章能报国；
胜地揽湖山有美，人才期慎选，规模整肃，须知科举为求贤。

这副对联上联有"兵气喜全消"之文，说明其作于太平天国被镇压之后。民国间陈方镛评该联"语气铿锵，正似行文最圆熟时"[1]。

山西贡院明远楼有时任山西巡抚张之洞所作的一副集句楹联：

秋色从西来，雁门紫塞；
明月几时有，玉宇琼楼。[2]

张之洞（1837—1909），字孝达，号香涛，直隶南皮（今河北沧州市南皮县）人。同治二年（1863）癸亥恩科探花，历任翰林院编修、侍读、内阁学士、山西巡抚、湖广总督、军机大臣、体仁阁大学士等职。张之洞任山西巡抚是在光绪七年（1881）至光绪十年（1884）之间，此明远楼联当是创作于其任山西巡抚从而依例入闱担任光绪五年（1879）己卯科或光绪八年（1882）壬午科乡试监临之时。联中利用集句技巧，将南北朝周兴嗣《千字文》（雁门紫塞）、唐代岑参《与高适薛据同登慈恩寺浮图》（秋色从西来）、苏轼《水调歌头》（明月几时有）和《念奴娇》（玉宇琼楼）等词句嵌入联中，其中"秋色""明月"等与乡试时间相关联，"雁门"代指山西，"琼楼"代指至公堂、明远楼等贡院单体建筑，可谓用心巧妙。

山西贡院还有其他多副楹联。据山西阳曲县举人李德溥于道光八年

---

[1] 陈方镛：《楹联新话》，上海：中华书局，1932年，第24页。按，该联上联"光"原作"先"，此据文意改。
[2] 杨克泉：《中华名楼经典对联荟萃》，北京：金盾出版社，2013年，第9页。

(1828)所作《贡院号舍记》①,山西贡院至公堂有四副楹联,分别为:

其一
明有公议;
幽有鬼神。

其二
场列东西,两道文光应射斗;
帘分内外,一毫关节不通风。

其三
时际中秋,适阴阳七十二气节圆佳候;
士逢大比,正主臣五百余年聚会昌期。

其四
立政待英材,慎乃攸司,知人则哲;
兴贤共天位,勖哉多士,观国之光。

这四副楹联,第一副从公道自在人心、举头三尺有神明的角度立意,平易近人,通俗易懂。不过,上联"公议"为偏正结构,下联"鬼神"为联合结构,且全联共八字,却用了两个"有"字,显然不算好对。第二副对联不仅实词、虚词对仗工整,平仄音律也非常协调,且"场列东西"与"两道文光应射斗"、"帘分内外"与"一毫关节不通风"都与贡院建筑的形制与功能非常契合,是清代贡院的最佳楹联之一,因此也常被各省乡试贡院所采用,如福建贡院、江南贡院、广西贡院也都题有此联。不过,据梁章钜《楹联丛话》,福建贡院此联中的"应射斗"写作"齐射斗"②,其作者为黄任(1683—1768),字于莘,一字莘田,福建永福县(今永泰县)人,康熙四十一年(1702)举人,官至广东四会县知县。第三副对联,上

---

① (清)李培谦,阎士骧:道光《阳曲县志》卷13《文征》,台北:成文出版社,1976年,第1142—1148页。
② (清)梁章钜,梁恭辰编著,白化文,李鼎霞点校:《楹联丛话全编》,北京:北京出版社,1996年,第51页。

联从乡试第三场适逢八月十五中秋节入手，并用"七十二气"表示乡试三年一开科，下联中的"大比"揭示事属科举，"主臣五百余年聚会昌期"化自贾谊《新书》五百年出一圣人的典故："自禹以下五百岁而汤起，自汤以下五百余年而武王起。故圣人之起，大以五百为纪。"① 比喻士子生逢盛世，正可辅佐君王成就一番功业。第四副对联即是乾隆帝御笔亲题赐顺天贡院至公堂的楹联。

李德溥《贡院号舍记》中还记载了一副山西贡院衡鉴堂楹联：

> 遴选持平，精光常溢骊黄外；
> 甄收秉直，乐育真同造化中。

衡鉴堂是考官阅卷之地，"衡"代表公平，"鉴"代表准确。要从成千上万份考生答卷中挑选出最优秀的作品，不仅要求考官独具慧眼，更要求其摒弃私心、秉公评阅，只有这样，才能选出有实际才能的人才，起到点石成金的功效。联中的"骊黄"用的是《列子·说符》伯乐为秦穆公相马的典故，既是称赞学政评阅考生试卷眼光独到，犹如伯乐相马，善于发现人才，又是称赞山西人才众多，甚至超出了朝廷给予的乡试录取名额。

与张之洞一样，清代其他各省巡抚为本省贡院题写楹联者甚多。这是因为，各省巡抚肩负乡试监临之责，是至公堂中最为举足轻重的人物。同时他们大多也是科甲出身，熟知贡院考试流程，深谙考生贡院心态，加之自小便学习吟诗作对，书法水平均属上流，因此他们所创作的贡院楹联往往能紧扣主题言之有物，摹情绘景如临其境。有些巡抚则将此省贡院楹联转接到彼省，使优秀的贡院楹联流传天下。如前引福建长乐籍的广西巡抚梁章钜，便将其同乡福建永福县（今永泰县）人黄任所作的对联题写于广西贡院。又如广西桂林籍的湖南巡抚陈宏谋也将前引李渔为江南贡院题写的明远楼楹联悬挂于湖南贡院明远楼，此外还在至公堂亲笔题写了一副新的楹联：

---

① （汉）贾谊：《贾谊集》，上海：上海人民出版社，1975年，第15页。

> 矮屋静无哗，听食叶蚕声，敢忘当年辛苦？
> 文星光有耀，看凌云骥足，相期他日勋名。

这副对联的上联描写自己感受到考生答题时静寂无声的紧张氛围，想起自己当年也曾经历三场辛劳，"食叶蚕声"系用宋代欧阳修贡院诗"无哗战士衔枚勇，下笔春蚕食叶声"的典故，描写上万名考生同时作答却鸦雀无声，耳畔只听到笔尖接触试卷时的沙沙声，如同春蚕正在啃食桑叶。下联则将考生比作文曲星（文星）、千里马（骥），勉励他们继续努力，将来和自己一起为国尽忠，为民效力，建立勋业。

晚清洋务运动代表人物之一的刘坤一（1830－1902）在担任江西巡抚时，也曾为江西贡院至公堂撰写楹联：

> 棘院香凝，抚丹桂数株，同沐九年雨露；
> 花洲瑞霭，喜红莲并蒂，预征多士风云。

此联后来被刊入刘坤一的文集，集中并刊有刘坤一自己所作的双行小字注解："余承乏江右，忝充乡试监临三次矣。今夏，百花洲红莲盛开，且有并蒂，为多士鼎甲之兆，喜而志之。癸酉。"[①] 刘坤一于同治三年（1864）升任江西巡抚，同治十三年（1874）调署两江总督，在江西巡抚任上共历10年之久。刘坤一自注该联作于"癸酉"，是为同治十二年（1873）。该楹联的上联主要说明了自己在江西巡抚任上已有九年，下联则结合江西贡院旁边的百花洲莲花盛开的场景，向考生表达了期望他们月宫折桂心想事成的美好愿望。

江西贡院内外还有多副对联。其中至公堂除了乾隆帝御赐的楹联及刘坤一所作对联外，还有一副为：

---

① （清）刘坤一著，陈代湘校点：《刘坤一集》第5册，长沙：岳麓书社，2018年，第676页。

> 老桂常华，曾见先公常种此；
> 章江载渡，已传小子竟成翁。①

这副对联的作者是浙江嘉兴人钱臻（1755－1839），字润斋，嘉庆二十一年（1816）至二十五年（1820）任江西巡抚。联中的"先公"指钱臻的祖父钱陈群（1686－1774），他曾于乾隆十二年（1747）、十五年（1750）连续两科担任江西乡试主考官并在贡院中亲手栽种了数株桂树，故钱臻所作上联有"老桂常华"之句。钱臻将祖父和自己在江西贡院的经历融入这副对联中，通俗浅近，饱含情感，祖孙二人与同一所贡院先后结缘，是中国贡院史上难得的佳话。

江西贡院协一堂还有康熙五十二年（1713）状元王敬铭所撰楹联：

> 三条官烛，棘围辛苦廿年，苟以温饱负平生，斯誓有如江水；
> 一介儒冠，玉署光荣两世，能取文章报恩遇，此行方认庐山。②

协一堂是康熙二十年（1681）巡抚安世鼎（生卒年不详）、布政使王日藻（1623－1700）将贡院迁回东湖故址后所建考官"公阅试卷"的场所，乾隆十三年（1748）至三十三年（1768）间改名为"至明堂"，嘉庆年间再改名为"至清堂"。王敬铭（1668－1721），字丹思，江苏嘉定县（今上海嘉定区）人。康熙五十二年（1713）癸巳恩科联捷状元，康熙五十六年（1717）被派任江西乡试主考官。王敬铭在此联中结合自己的科举、为官的经历，阐明了自己作为主考官的态度。上联写自己在45岁中举之前的20多年中曾多次经历乡试磨难，备尝艰辛，但自己的目的并非为了温饱，而是有更为远大的抱负。王敬铭表示，自己决心坚守誓言，就如同滔

---

① 此联及以下江西贡院各联，均转引自李科友《江西贡院与科举考试》，《南方文物》2005年第2期，第103－105页。按，李科友载该联作者分别为"钱臻书"，实为钱臻，"书"字显系误增。李文还将乾隆御赐楹联误作光绪皇帝所赐。
② （清）梁章钜、梁恭辰编著，白化文、李鼎霞点校：《楹联丛话全编》，北京：北京出版社，1996年，第171页。

滔赣江东流水永不回首一样，绝不反悔。下联写自己和父亲王晦（1646—1719）一样，都有幸在中进士后供职于"玉署"即翰林院，为报答圣祖皇帝的两世知遇之恩，自己一定会认真校阅，拔取真才。"庐山"既是代指江西人才，也是活用苏轼《题西林壁》"不识庐山真面目，只缘身在此山中"典故，既是通过认真校阅发现真正人才，又是借此机会表明自己矢公矢慎的真实用心。这副对联与钱臻的至公堂联一样，都是将自己甚至是家族的亲身经历融入楹联之中，其背后的故事感人至深、催人奋进。

江西贡院协一堂在嘉庆年间更名为"至清堂"，也有三副对联，分别为：

其一
金钱玉尺群公手；
黄卷青灯十载心。

其二
理法溯薪传，烛烬风檐，各见庐山真面；
文章归藻鉴，茶香锁院，共将湖水盟心。

其三
异同阐朱陆宗风，学有本源，莫但矜言文彩；
典则宗欧曾家教，发为事业，当思无负科名。

至清堂是从协一堂、至明堂更名而来，其建筑功能依然是考官阅卷场所，故而这三副对联都与考官阅卷相关。第一副对联的上、下联分别写考官有极为高超的阅卷水平，考生经历了十余载的刻苦攻读，国家设科取士就是要选拔出真正的人才，上下联立意积极，对仗工整。第二副对联与第一联相反，上联写考生在贡院中尽展生平所学，且其学识都是得自庐山真传——当年朱熹曾主持庐山白鹿洞书院，并创立了白鹿洞学规；下联写考官阅卷公正无私，如东湖之水，天日可鉴。第三副对联则全从考生的角度进行创作，上联结合宋代陆九渊心学、朱熹理学之异同，告诫考生应该学有本源，言之有理，不要只顾夸耀辞藻；下联联系宋代江西文坛欧阳修、曾巩等人的文章事功，勉励考生学以致用，将科举入仕与为民造福统一起来。朱、陆、欧、曾都是江西历史名人，此联既鼓励考生以前辈乡贤为榜样，又提醒考生注意学有本源，立志成就事业。

江西贡院明远楼也有两副对联，分别为：

其一

夜半文光射北斗；

朝来爽气抱西山。

其二

矩令霜严，看多士俯仰低徊，群嚣尽息；

襟期月朗，喜胜地江山人物，一览无遗。

关于第一副对联，梁章钜《楹联丛话》认为它是京师贡院明远楼的对联，并说"此雅切京师，若移置他省，便不见佳"。[①] 不过，北京虽然有号为"神京右臂"的太行山余脉之西山，但江西贡院所在的南昌、新建二县周边同样有名为"西山"的道教名山，因而此联并非"移置他省，便不见佳"。据前文可知，江西贡院明远楼的第二副对联实为李渔所撰，作者并非佚名。以上江西贡院楹联，均见李科友《江西贡院与科举考试》一文。需要说明的是，李科友误将第二联之"矩"写作"炬"，又误将"胜地"作"此帮"，致使上下联平仄失对。

该文还提及，江西贡院监临署也有两副对联，作者均佚名，分别为：

其一

派衍西江，问讲院书台，风流敦胜；

光分北斗，看物华天宝，气象如新。

其二

---

① （清）梁章钜，梁恭辰编著，白化文，李鼎霞点校：《楹联丛话全编》，北京：北京出版社，1996年，第51页。

场列东西，两道文光齐北斗；
帘分内外，一毫关节不通风。①

这两副对联，第一副对仗较为工整，且"西江"为江西别称，"物华天宝"为唐王勃《滕王阁序》描述"南昌故郡，洪都新府"之语，均与江西相关联。第二副对联中的"齐北斗"一般写作"齐射斗"，"射"与"通"对，均为动词词性，若作"北"字，便是失对，古人断不会犯这样的低级错误。

浙江贡院有浙江巡抚阮元撰联，其所悬挂的厅堂名称失考。阮元，字伯元，江苏仪征人，乾隆五十四年（1789）进士，历官礼部、兵部、户部、工部侍郎，山东、浙江学政，浙江、江西、河南巡抚及漕运总督、湖广总督、两广总督、云贵总督、体仁阁大学士等职，清代著名经学家，被尊为三朝阁老、九省疆臣、一代文宗。阮元曾于乾隆六十年（1795）以内阁学士任浙江学政，并于嘉庆四年（1799）至嘉庆十年（1805）、嘉庆十二年（1807）至嘉庆十四年（1809）两次担任浙江巡抚，在浙江为官十余年。此联结合乡试节候与杭州风景，体现了胸有成竹的自信与功名在我的豪情，其创作年份当为其抚浙期间。联云：

下笔千言，正桂子香时，槐花黄后；
出门一笑，看西湖月满，东海潮来。②

雍正五年（1727）丁未科状元、江苏长洲县（今苏州市）人彭启丰（1701—1784）曾三次出任浙江学政③，并为浙江贡院题写了一副楹联，其

---

① 按，该联在全国各地贡院中均属常见，一般认为此联作者为福建永福县（今永泰县）人黄任（1683—1768）。
② 黄涵林：《古今楹联名作选粹》，上海：广益书局，1929年，卷1，第12页。
③ 按，法式善《清秘述闻》卷10《学政类二》仅记载彭启丰分别以金都御史和吏部侍郎于乾隆六年（1741）、十六年（1751）担任浙江学政。（中华书局1982年版，第333页）

张贴厅堂不详，不过从联中的"蓉镜""桂枝""月旦识"等词语来看，极有可能是考官阅卷处的衡鉴堂楹联：

> 蓉镜重开，漫向湖山寻旧迹；
> 桂枝擢秀，相期月旦识真才。①

督抚、藩臬、学政为贡院题写楹联，典型的例子还有甘肃贡院。甘肃贡院是清代最晚创建的乡试贡院，是由陕甘总督左宗棠于光绪元年（1875）主持建造的。甘肃贡院至公堂有署名为"钦差大臣太子太保东阁大学士左宗棠"于光绪元年（1875）亲笔所书对联：

> 共赏万余卷奇文，远撷紫芝，近搴朱草；
> 重寻五千年旧事，一攀丹桂，三趁黄槐。②

该联上联描写贡院之功能，是要从众多考生的答卷中发现最优秀的篇章，下联结合自己中举后三次会试不第的亲身经历，勉励考生屡败屡战。

甘肃贡院至公堂还有陕甘总督崧蕃所撰楹联。崧蕃（？—1905），字锡侯，瓜尔佳氏，满洲镶蓝旗人，光绪二十六年（1900）至光绪三十一年（1905）任陕甘总督。其联云：

> 言行相顾，经济发为文章，今幸逢旷典并科，诸生岂乏英奇，所望后贤成伟器；
> 品学兼全，循名务期核实，虽此日抡才五省，君上旁求俊义，犹思变法得真儒。

---

① （清）梁章钜，梁恭辰编著，白化文，李鼎霞点校：《楹联丛话全编》，北京：北京出版社，1996年，第169—170页。
② 张有成：《重读甘肃举院楹联》，http://www.doc88.com/p-0844649421996.html。

此联上联中的"旷典并科",是指光绪二十六年(1900)庚子恩科因八国联军入侵而不得不推迟到光绪二十七年(1901)与辛丑科合并举行;"抡才五省",是指由于时间仓促,多个省份先后奏请将光绪二十七年正科乡试展缓到次年举行,因而光绪二十七年真正举行了并科乡试的省份只有"广东、广西、甘肃、云南、贵州"①等五个较为边远的省份。该联还将"经济""变法"等清末科举改革的"热词"嵌入其中,体现了一定的时代特征。

甘肃贡院衡鉴堂有两副对联,作者分别为徐郙和刘瑞祺。徐郙(1838—1907),字寿蘅,江苏嘉定(今上海嘉定区)人,同治元年(1862)壬戌恩科状元。刘瑞祺(1833—1891),字景臣,江西德化(今九江市)人,咸丰九年(1859)进士。光绪元年(1875)两人分别以侍讲学士和监察御史的身份担任乙亥恩科甘肃乡试的正、副主考官,因此两副对联均自署"典试使者"。徐郙所撰联为:

帝有恩言,下诏特增科举额;
士先器识,怜才无负相臣心。

刘瑞祺所撰联为:

丹绂新承文治,启千秋运会;
朱衣默鉴辛勤,念三载工夫。

衡鉴堂是主考阅卷场所,两人作为甘肃贡院首次开科的主考官,为衡鉴堂撰写楹联自是义不容辞。徐郙所撰联的上联从光绪登基首开恩科立意,下联从主考官选拔人才的标准入题,总体上非常贴切。上、下联之间的用词对仗、音律平仄也颇为工整。刘瑞祺所撰联的上联也从甘肃贡院首次分闱开科入手,并表达了该贡院可以历经千载公平取士的愿望,下联也

---

① (清)世续,陈宝琛,郭曾炘:《清德宗实录(七)》卷488《光绪二十七年十月》,北京:中华书局,1987年,第459页。

是从考官取士的角度，嵌入"朱衣点头"的典故，要求阅卷者体谅考生多年苦读的辛劳，认真评阅，选拔真才。

甘肃贡院观成堂有四副对联。其一为甘肃按察使杨重雅所书。杨重雅（？－1879），字庆伯，江西德兴人。道光二十一年（1841）进士，同治间任甘肃按察使，光绪元年（1875）十一月升任广西布政使，光绪三年（1877）升广西巡抚。其联云：

相业转乾坤，陆海尘清长安日近；
人文关气运，九霄露湛多士云蒸。

其二为甘肃布政使崇保所书。崇保（1815－1905），字俊峰，萨克达氏，同治八年（1869）后任甘肃布政使。联云：

帝德合亿万姓而大甄陶，名相怜才，几经擘画，思造此邦之俊彦；
人文郁数百年而宏发育，英儒重道，争自濯磨，愿为异日之贤良。

其三为甘肃布政使谭继洵所书。谭继洵（1823－1901），字子实，湖南浏阳县人。咸丰十年（1860）进士，光绪十年（1884）由甘肃按察使升任甘肃布政使，光绪十五年升任湖北巡抚。因其子谭嗣同（1865－1898）参与戊戌变法而受株连罢职。联云：

边塞起风云，喜紫气东来，会有辀轩随雁度；
苍生盼霖雨，问黄河远上，此中多少化龙才。

其四为陕甘总督谭钟麟（1822－1905）所书，谭自署为"监临使者"，落款时间为光绪十一年（1885）：

秦陇分闱以后生聚教训倏指十年，几番星使披罗，得士期为天下用；

国家吁俊之方经策诗文扃门三试，休道风檐辛苦，吾曹亦自个中来。

观成堂是贡院外帘执事官员集体办公的场所。以上四人分别是甘肃按察使、甘肃布政使和陕甘总督，乡试期间例需入闱，承担监临、监试、提调之责，自然都是观成堂中的主角。这四副观成堂楹联中，杨重雅所撰联立意平平，可悬之于任何一所贡院；崇保所撰联中的"名相怜才"，暗指左宗棠为甘肃争取分闱而多方擘画；谭继洵所撰联以"边塞""黄河远上"等词语，指明了贡院所在省份的地域特征；谭钟麟所撰联中的上联首句不仅点出了贡院地点，而且道出了创作此联的时间，而下联最后一句则用自己的科场仕宦经历给予考生月宫折桂的心理暗示，鼓舞考生乐观面对考试的艰辛。

贡院一般位于各省省城（顺天贡院位于顺天府，而直隶省城在保定府），故省城所在府的知府也是贡院楹联的创作者。前引清代楹联名家梁章钜所撰《楹联丛话》《楹联续话》等收录了不少各省贡院楹联，其中便包括此类楹联。据《楹联续话》记载，"道光戊寅恩科"邓廷桢（1776－1846）担任西安府知府，适逢全面重修陕西贡院，于是便"撰楹联数十对，皆极结撰之工，陕中为之纸贵"。[①] 邓廷桢所作的这些陕西贡院楹联分别如下。

邓廷桢作陕西贡院察院门楹联：

---

① （清）梁章钜，梁恭辰编著，白化文、李鼎霞点校：《楹联丛话全编》，北京：北京出版社，1996年，第171页。按，"道光戊寅恩科"当作"嘉庆戊寅恩科"，即嘉庆二十三年（1818），道光年间无"戊寅"之干支纪年。据《同治江宁府志》卷14之2《人物志》邓廷桢传，邓廷桢在嘉庆四年（1799）中进士后，入选庶吉士，历官编修、浙江宁波知府、陕西延安知府、西安知府等职，并于道光二年（1822）"超擢湖北按察使"，后官至闽浙、两广总督。鸦片战争中与林则徐共进退，被贬职，后起复，官至陕西巡抚。（江苏古籍出版社，1992年，第196－198页）可知邓廷桢任西安知府是在道光二年（1822）之前，最有可能的恩科乡试便是嘉庆二十三年戊寅恩科。

其一

恩湛鸾坡，环海胪欢歌曼寿；
名标雁塔，曲江高会洽群仙。

其二

地是周京，广进吉人歌引翼；
制循汉室，特颁明诏选贤良。

邓廷桢作陕西贡院大门楹联：

门对南山，看太乙峰高，华国雄文争气象；
恩迎北阙，值长庚星朗，作人雅化颂庞洪。

邓廷桢作陕西贡院东大门楹联：

左席罗珍，群仰星槎来左掖；
东门吁俊，试看奎曜丽东垣。

邓廷桢作陕西贡院西大门楹联：

运际右文，凤起蛟腾连右辅；
门迎西极，星辉云烂照西京。

邓廷桢作陕西贡院大观门楹联：

科重西京，盛世作人征寿考；
躔逢南极，祥晖绚采接文昌。

邓廷桢作陕西贡院连三门楹联：

地接龙门，多事须联鱼贯队；
恩开虎榜，嘉宾同拜鹿鸣歌。

邓廷桢作陕西贡院明远楼楹联二副：

其一
地重棘闱，看云里鹭飞，四面轩窗增壮气；
轮圆桂殿，听月中舞羽，一番鼓吹接仙音。

其二
楼起层霄，是明目达聪之地；
星辉文曲，看笔歌墨舞而来。

邓廷桢以"戊寅恩科"四字为各句首字，作有陕西贡院至公堂楹联二副：

其一
戊茂协菁莪，璧月圆时同寿宇；
寅清收杞梓，璃云多处朗文星。

其二
恩被贤良，听天语鸾衔，朵殿丝纶承北极；
科联甲乙，喜人文鹊起，辟雍钟鼓振西京。

邓廷桢题陕西贡院监临堂楹联：

地镇中权，看露冕宣风，玉鉴冰壶同朗照；
才登上选，听霓裳咏月，祥麟威凤共腾辉。

邓廷桢题陕西贡院精白堂楹联二副：

其一
精白一心，入手恍听蚕食叶；
丹黄万卷，到头仁看鹿衔苹。
其二
函关东，玉关西，萃两省人文，手提珊网；
使星内，台星外，合一时宗匠，心澈冰壶。

邓廷桢题陕西贡院衡鉴堂楹联：

典重求贤，笏节分持宣汉诏；
堂开吁俊，輶轩亲列采秦风。

邓廷桢题陕西贡院内帘楹联二副：

其一
发轫龙门，雷浪可容轻跃过；
分明蟾窟，霓裳未许窃听来。
其二
担弛戴星，且共岑苔吟夜月；
文披垂露，便看玉笋坐春风。

邓廷桢题陕西贡院受卷所楹联：

称心好句欣先睹；
入手奇文岂漫藏。

邓廷桢题陕西贡院弥封所楹联：

姓氏不妨偕豹隐；
光芒终许看龙腾。

邓廷桢题陕西贡院誊录所楹联：

绚采文疑堆锦绣；
妍朱笔合架珊瑚。

邓廷桢作陕西贡院对读所楹联：

顾误辩讹须守黑；
分章析句合涂黄。

梁章钜还提及，除了以上各联，邓廷桢还专门为两主考和提调、监试公署题写了楹联，"皆各切其人之官阶、科分、里贯言之，移地移时俱不适用"。①

有些离职居家或居丧守孝的官员，可能被邀请为贡院题写楹联。如嘉庆末年福建大修贡院时，适逢江南道监察御史林则徐（1785—1850）"奉讳里居"，"所有楹联悉出其手，亦极一时壮观精思"。主要有以下五副对联：

其一
皇路许驰驱，举孝兴廉，海峤人文罗福地；
天门同抶荡，蛮声腾实，蓬瀛才望奋清时。

其二
达四门四目四聪，我有嘉宾，莫负文章华国选；

---

① （清）梁章钜，梁恭辰编著，白化文，李鼎霞点校：《楹联丛话全编》，北京：北京出版社，1996年，第172页。

书六德六艺六行，烝哉髦士，要兼孝弟力田科。

其三

初日照三神山，看碧海珊瑚，尽收铁网；

长风破万里浪，喜丹霄银榜，早兆珠宫。

其四

乡赋念嘉宾，彩笔昔曾干气象；

持衡留藻鉴，文昌新入有光辉。①

其五

攀桂天高，忆八百孤寒，到此莫忘修士苦；

煎茶地胜，看五千文字，个中谁是谪仙才。②

这五副楹联，第一副上、下联的"海峤人文""蓬瀛才望"之语均是向福建全体绅民而发，当为贡院大门楹联；第二副中上、下联的"我有嘉宾""烝哉髦士"，分别典出《诗经·小雅·彤弓》和《诗经·小雅·甫田》，属于劝勉考生的话语，或为贡院龙门楹联；第三副、第四副所用"尽收铁网""持衡""藻鉴"等语，均与考官阅卷、选拔人才有关，当是为衡鉴堂或抡才堂所题楹联；第五副"八百孤寒"语系用唐代进士科入贡院者约八百人及《唐摭言》卷7"好放孤寒"条李德裕重用寒门，唐宣宗时被贬为崖州司户，有人为之作诗"八百孤寒齐下泪，一时南望李崖州"③之典故，此联似适合张贴于龙门牌坊或明远楼前。

远在西南边陲的云南贡院至公堂除了悬挂有乾隆帝御赐楹联，还有乾隆五十九年（1794）甲寅科彝族解元那文凤（1771—1823）题写的一副

---

① （清）梁章钜，梁恭辰编著，白化文，李鼎霞点校：《楹联丛话全编》，北京：北京出版社，1996年，第170—171页，第四副楹联"文昌"或作"文章"，见李文郑：《林则徐楹联辑注》，郑州：中州古籍出版社，1993年，第42页。

② （清）梁章钜，梁恭辰编著，白化文，李鼎霞点校：《楹联丛话全编》，北京：北京出版社，1996年，第241页。

③ （五代）王定保：《唐摭言》卷7《好放孤寒》，王云五：《丛书集成初编》第2739册，上海：商务印书馆，1935年，第61页。

对联：

> 文运天开风虎云龙际会；
> 贤关地启碧鸡金马光辉。①

甘肃贡院有兰山书院山长吴可读创作的长联。甘肃贡院动议创建之初，正是内忧外患频仍之际，国库空虚，地方凋敝，经费筹集异常艰难。为此，左宗棠委托兰山书院山长吴可读向甘肃各界倡议捐资筹集经费。吴可读（1812—1879），字柳堂，甘肃皋兰（今兰州）人，道光三十年（1850）进士，历官监察御史。多次受聘为兰山书院山长，在当地社会颇具影响力。吴可读为甘肃贡院成功筹得了50万两白银的修建经费，并创作了一副192字贡院长联，在全国各地贡院中实属绝无仅有：

> 二百年草昧破天荒，继滇黔而踵湘鄂，迢迢绝域，问谁把秋色平分？看雄关四扇，雉堞千寻，燕厦两行，龙门数仞，外勿弃九边桢干，内勿遗八郡梗楠，画栋与雕梁，齐煜耀于铁马金戈以后，抚今追昔，饮水思源，莫辜负我名相怜才，如许经营，几番结撰；
> 一万里文明培地脉，历井鬼而指斗牛，翼翼神州，知自古夏声必大。想积石南横，崆峒东矗，流沙北走，瀚海西来，淘不尽耳畔黄河，削不成眼前兰岭，群山兼众壑，都奔赴于风檐寸晷之中，叠嶂层峦，惊涛骇浪，无非为尔诸生下笔，展开气象，推助波澜。②

这副楹联，上联第一句结合云南贵州、湖北湖南乡试先后分闱的故事，引入陕西、甘肃乡试分闱；第二句借描述西北人文地理环境，歌颂左

---

① 朱惠荣，马荣柱：《云南贡院史话》，《思想战线》1993年第2期，第12—14+11页（下转11页）。
② 转引自杨兴茂：《甘肃贡院与贡院长联》，《兰州学刊》1985年第2期，第92—94页。又见俞振卿：《左宗棠、吴可读与甘肃贡院》，《西部时报》2011年10月28日第11版。

宗棠抬棺入疆誓死捍卫国土的英雄事迹；第三句劝勉考生感念左宗棠建造贡院的美意，努力成就功名事业。下联第一句描写中华一体，文化同源而无远弗届；第二句通过描述西北自然地理景况，说明甘肃贡院所处地理方位；第三句激励考生感受壮美山河，创作雄奇文章。尽管上、下联中的有些词语对仗并非完全工整，如"问谁把"对"知自古"、"四扇"对"南横"、"千寻"对"东峙"、"两行"对"北走"、"数仞"对"西来"、"外勿弃"对"淘不尽"、"内勿遗"对"削不成"、"抚今追昔"对"叠嶂层峦"、"饮水思源"对"惊涛骇浪"、"如许经营"对"展开气象"、"几番结撰"对"推助波澜"，但从对句的平仄音律和上、下联各自的景物描绘及遣词行文来看，此联不仅气势恢宏、格局宏大，而且结合地域环境、紧扣贡院主题，感情真挚奔放、词句雄美慷慨。令人读来倍觉振奋，仿佛置身于黄沙漫卷、胡马萧萧的黄河岸边，与南方各省杏花春雨江南的景象迥不相同。

清代贡院都是为笔试而建，因此一般更适合于文科士子考试，而武科士子虽然也要在贡院中考试策论〔嘉庆十二年（1807）后改为默写武经〕①，但更为重要的马步箭、武刀、掇石等项目则是在贡院之外的开阔地带进行考试，很少建有专门的武科考试房舍。也因此，贡院楹联一般都是张贴或装饰于文闱之中，为武闱题写的楹联极为罕见。据解维汉编选《中国衙署会馆楹联精选》，西安武闱有两副楹联，一联为"杨鬷父"所作，一联作者佚名。

其一
汉代徙豪杰实关中，迄今延魏遗风，犹称雄武；
国家以弧矢威天下，愿得干城伟略，上应旁求。

其二
三辅故多才，驷铁雄风犹近古；

---

① （清）景清，等：《钦定武场条例》，清光绪二十一年（1895）刻本，卷9《武生童考试》，第4页。

八荒今无事,羽林卫士尽通经。①

这两副武闱对联,第一副上联写西安为关中故地,民俗尚武,遗风犹存,下联写清朝以武功开国,故设武科举以选拔边疆将才。第二副上联与第一副上联立意相近,下联写天下和平,因而武科举也要考策论或默写武经。

另据陈方镛编著《楹联新话》,杭州城闽浙总督行台旁建有演武厅,"凡武人之大小考试,亦均集于此"。该演武厅有"铁庵居士"题写的一副楹联:

八座降文星,十里杏花环虎节;
三场观武备,万条杨柳拂骢鞍。②

该联上联"八座降文星",是指本省学政也经常会到场观看武场考试,下联"三场",指武科考试包括马步箭、掇石、舞刀三项内容。

2. 学政试院楹联

学政试院是各省学政主持院试的场所,故其内外楹联也多由学政创作或题写。

前引李科友《江西贡院与科举考试》一文除了介绍了江西省贡院的楹联,也谈到了南昌府学政行署中的两副对联。据李文考证,此二联一为翁方纲所作,一为陈宝琛所作。

翁方纲联
尔无文字休言命;
我有儿孙要读书。

---

① 解维汉编选:《中国衙署会馆楹联精选》,西安:陕西人民出版社,2006年,第117页。
② 陈方镛:《楹联新话》,上海:中华书局,1932年,第16—17页。

陈宝琛联

作君子自辨义利始；
举秀才须明经传人。①

翁方纲（1733－1818），字正三，顺天大兴县（今北京市大兴区）人。乾隆壬申（1752）恩科进士，乾隆五十一年以詹事任江西学政。其对联针对世间常见的"一命二运三风水，四积阴德五读书"的俗语，反其道而用之，鼓励世人刻苦攻读，不要迷信命运、风水之说。陈宝琛（1848－1935），字伯潜，福建闽县（今福州市）人。同治戊辰（1868）科进士，光绪八年（1882）以侍读学士任江西学政。其对联则从考生的品德、学识入手，强调君子当明义利之辨，科举需学四书五经。不过，据乾隆《南昌县志》，李文所说的翁方纲所作楹联实为乾隆四十八年（1783）榜眼、江西学政胡望高（生卒年不详）所题，其作者则是福建学政汪薇（生卒年不详）。汪薇，字棣园，安徽歙县人，康熙乙丑（1685）进士，康熙三十六年（1697）任福建学政。②乾隆四十八年胡望高任江西学政时将汪薇在福建学政任上所作的"联句"书写并悬于试院大堂楹柱上。③据道光十三年（1833）调任台湾道的刘鸿翱（1778－1849）云，前任台湾道平庆为了改变台湾"夤缘无所不至"的舞弊之风，道光十年（1830）莅任后曾也在台湾府（今台南市）学政试院题写了这副对联："尔无文字休言命；我有儿孙要读书！"④

乾隆四十二年（1777）工部侍郎彭元瑞出任浙江学政，在位于杭州府城的浙江学政署题写了一副楹联：

---

① 李科友：《江西贡院与科举考试》，《南方文物》2005年第2期，第103－105+92页。

② （清）法式善：《清秘述闻》卷10《学政类二》，北京：中华书局，1982年，第335页。

③ （清）徐午：乾隆《南昌县志》，清乾隆五十九年（1794）刻本，卷4《衙署》，第8页。

④ （清）刘鸿翱：《绿野斋集选录》，《台湾关系文献集零（十）》，《台湾文献史料丛刊》第9辑，台北：台湾大通书局，2009年，第72页。

天地自成文，湖山有美；
国家期得士，桃李无言。①

彭元瑞（1731—1803），字掌仍，江西南昌人。乾隆二十二年（1757）进士，历官编修、工部尚书、协办大学士。他博学多识，著述丰富，为楹联名家，曾任《四库全书》副总裁，与蒋士铨一起被乾隆皇帝称为"江右两名士"。该联上联写杭州美景，水色山光分外宜人，下联则用"桃李无言，下自成蹊"的典故，表示国家开科取士虽然以程文定去留，但却更重实行。

乾隆五十一年（1786）吏部侍郎朱珪出任浙江学政，按试金华府期间，曾为金华府学政试院题写了一副浙中贡院楹联：

铁面无私，凡涉科场，亲戚年家须谅我；
镜心普照，但凭文字，平奇浓淡不冤渠。②

朱珪（1731—1807），字石君，祖籍浙江萧山县，少时随父朱文炳侨居顺天府大兴县（今北京市大兴区），因而入籍大兴。这副楹联既可解读为所有学政必须遵循铁面无私、但凭文字的取士规则，也可解读为朱珪虽然原籍浙江，难免遇到亲戚朋友家的子弟应试，但他却绝不会因此而徇私舞弊。"渠"，即朱熹"问渠那得清如许"的"渠"，解作"他"，与上联末尾的"我"字词性、平仄正好相对。

乾隆五十四年（1789）己酉科探花、江西萍乡县人刘凤诰（1761—1830）嘉庆十二年（1807）以吏部侍郎出任浙江学政，也在杭州府学政试院大堂题写了一副楹联：

---

① （清）梁章钜，梁恭辰编著，白化文，李鼎霞点校：《楹联丛话全编》，北京：北京出版社，1996年，第51页。
② 梁石编著：《中国古今实用对联大全》，北京：大众文艺出版社，2003年，第415页。

使节壮湖山，东南坛坫；
文光拱奎壁，咫尺宫墙。①

直隶大名府试院在同治九年（1870）由兵备道李文敏、知府陈崇砥等募捐钱款一万余缗全面扩建后焕然一新，广敞宏大，朴质坚好。户部侍郎鲍源深（1811－1884）出任直隶学政，见状极为欣喜，为之题写了一副长联：

惟太守育英才，轮奂喜重新，俾都忘辛苦风檐如依广厦；
愿诸生储令器，功名期远到，要识得腾骧云路此是初阶。②

此副楹联，上联用杜甫《茅屋为秋风所破歌》"安得广厦千万间，大庇天下寒士俱欢颜"的典故，表扬知府陈崇砥实心为民建造试院，下联勉励考生努力学习，争取赴试成功，从此青云直上。

学政总管一省官学、科举，到任后需逐一按临省内各府、直隶州的学政行署，因此有些学政在多所试院中均题写了楹联，嘉庆四年（1799）己未科状元姚文田便是如此。姚文田（1758－1827），字秋农，浙江归安县（今湖州市吴兴区）人，多次充任乡试主考、会试主考及殿试读卷官，历任广东、河南、浙江等省学政，官至礼部尚书。据梁章钜《楹联续话》记载，姚文田督学期间，每逢按临各府州试院都要题写同一副楹联，用以警示考生不得心怀侥幸妄图舞弊：

科场舞弊皆有常刑，告小人毋撄法网；
平生关节不通一字，诫诸生勿听浮言。③

---

① （清）梁章钜，梁恭辰编著，白化文，李鼎霞点校：《楹联丛话全编》，北京：北京出版社，1996年，第170页。
② 程廷恒，简恩霈：《民国大名县志》，上海：上海书店出版社，2006年，第71页。
③ 翟吉昌编著：《官署对联选》，北京：中国档案出版社，2006年，第72页。

清末广东学政徐琪与姚文田略为相似，也是在多处试院都留有楹联，不过每副楹联的内容则因地制宜，各不相同。徐琪（1849—1918），字玉可，号花农，浙江仁和县人。光绪六年（1880）进士，历官编修、兵部侍郎等。他是著名考据学家俞樾（1821—1907）的弟子，工诗文、善书画。光绪十七年（1891），徐琪出任广东学政，赴任途中及巡考各府州期间，留下了不少诗文，均收入《粤轺集》。在此期间，徐琪先后为惠州、韶州、连州等试院题写了楹联。

徐琪题惠州府试院联：

> 门临沧海，室绕仙峰，特开斗极文光，持荡节来频选胜；
> 家住孤山，路经庾岭，又览罗浮春色，有梅花处尽题诗。

徐琪题韶州府试院联：

> 舜乐此九成，至今灵石琤琮，如有笙歌起天半；
> 唐贤岂专美，自昔曲江提倡，犹传风度冠南中。

徐琪题连州直隶州试院联：

> 名宦有昌黎，先达数几之，气节文章，能使边城顿生色；
> 众峰接湘楚，一川入沧海，轮囷磅礴，亦知圣世正需才。①

徐琪的这三副楹联，分别结合三地的典型景物、地名或历史名人进行创作，如惠州府试院联中的"罗浮"即毗邻惠州西湖的罗浮山；韶州府试院联中的"曲江"表面是唐代殿试之后新进士的曲江宴，实际则是韶州府附郭县曲江县；连州直隶州试院联中的"昌黎"指韩愈，他曾被贬谪为连

---

① 黄涵林：《古今楹联名作选粹》，上海：广益书局，1929年，卷4，第12—13页。

州阳山县县令。三副对联对仗工整、音律和谐，立意端正而不失情调，令人读来心情为之爽然。

清代学政为一省多处试院题写楹联，最典型的例子要数四川学政蔡振武。据《清秘述闻续》，蔡振武，字麟洲，浙江仁和人，道光丙申（1836）进士，道光二十三年（1843）以编修之职任四川学政。① 任职期间，蔡振武因见此前四川各地学政试院中只有重庆府、叙州府和酉阳直隶州试院有专属楹联，其他试院都是"率就省署一联分布各棚，无专指其地者"，为此他在考试闲暇之际，"采取志乘大略，参以管窥"，"手撰全省试院楹帖，付梓成书"。梁章钜对其颇为叹赏，故《楹联三话》将其所撰17座四川学政试院柱联全文照录。如其题成都府试院联对仗工整，平仄和谐，气势雄浑，将成都府统领四川全省的气魄展示得淋漓尽致，联云：

江汉钟灵，二千年天府廓名都，看大雅扶轮，渊云嗣响；
峨岷擢秀，廿四属人文循正轨，诏诸生鼓箧，邹鲁同风。②

清代奉天省提督学政自康熙二十八年（1689）后均由奉天府府丞兼任，故奉天府丞衙署便兼具了学政衙署的属性，其内外楹联也因此常带有学政试院楹联的特质。如福建闽县（今福州市）康熙五十二年（1713）癸巳恩科进士陈治滋（生卒年不详）、江苏长洲（今江苏苏州市）乾隆三十七年（1772）壬辰科进士李槃（生卒年不详）、福建长乐（今福州市长乐区）乾隆四十年（1775）乙未科进士梁上国（1750—1818）均曾在担任奉天府府丞期间，为府丞衙署大堂题写楹联。

陈治滋联
地重邠岐，礼乐务还醇厚；

---

① （清）钱维福：《清秘述闻续》卷12《学政类四》，北京：中华书局，1982年，第809页。
② （清）梁章钜，梁恭辰编著，白化文，李鼎霞点校：《楹联丛话全编》，北京：北京出版社，1996年，第241页。

学宗邹鲁,文章须探本原。

李棻联

化衍西岐,佐治仰参儒雅;
风清东海,抡才蔚起人文。

梁上国联

勉力为之,正人心,厚风俗,实惟根本;
文治彰矣,拔真才,加训迪,勿懈功夫。①

这三副楹联,分别出现了"文章""抡才""拔真才"等词语,属于典型的试院楹联。其中第一、第二副立意较为接近,都是勉励士子努力学习正宗儒学,向关中岐周和山东邹鲁看齐;第三副则从向考官提要求的角度,督促他们勉力训导,积极熏陶,为当地培养和选拔更多的人才。

学政试院多由本府知府、直隶州知州主持创建或重修,因而其楹联也有很多是由知府、知州创作或题写,或由知府、知州邀集友朋共同创作。

福建闽县进士李彦章(1794—1836)于道光五年(1825)出任广西思恩知府,任职期间捐俸为倡,全面重修了思恩府学政试院,并分别为试院大门、二门和大堂各撰写了一副楹联。如试院大门联将杜甫"广厦万间"和《唐摭言》"八百孤寒"的典故嵌入其中,对仗工整,说理晓畅,令考生一见而神气为之一爽。联云:

选士宜宽,况英华渐出山川,特辟此万千广厦;
读书不易,愿去取只凭文字,莫负他八百孤寒。②

贵州兴义府试院在道光二十二年(1842)由张之洞之父张锳主持重建,规模极为宏敞。落成之后,张锳邀请多位好友,除为各处房舍题写匾

---

① (清)梁章钜,梁恭辰编著,白化文、李鼎霞点校:《楹联丛话全编》,北京:北京出版社,1996年,第50页。
② (清)李彦章:《榕园诗钞》,《清代诗文集汇编》584册,上海:上海古籍出版社,2010年,第535页。

额外，也分别创作了多副楹联。如试院大堂有三副楹联，分别为：

帝泽诞春敷，申鸿奖，劝鸠工，舍旧图新，庶一郡菁莪同游广厦；
文风蒸日上，登龙门，舒凤翰，扬华摛藻，看六庠英俊连步巍阶。
卜地得居中，前凭玉案，后倚桅峰，独据山灵钟秀气；
凌云期直上，秋捷桂林，春游杏苑，都从棘院发先声。
念缵学辛勤，观我观人，敢以偏私妨士类；
奉简书寅畏，曰明曰旦，只将清白矢臣心。

二堂楹联为：

坛坫重新，说礼乐而敦诗书，满郡无非桃李；
文思广被，听弦歌如游邹鲁，连城尽乐薪樵。[1]

此外，兴义府试院二堂左边所建"红杏山房"、后院"纳旭亭"、"他山楼"、"植桂轩"、戏台、"木樨香里亭"也都题有楹联。它们都不是以试院建筑为描述对象，而是围绕试院景物布局谋篇的贡院楹联，清代各省试院中所在多有。如福建汀州府学政试院中有一棵参天古柏，相传年岁既久而有了通灵的神力，每任学政按临，必定到树下祭拜。有一年纪昀（1724—1805）任福建学政，到达汀州后，也循例焚香拜祭。隐约间看见树梢有一尊"绯袍执笏神"，因而在祭拜结束后特意撰写了一副对联："参天黛色长如此，点首朱衣或是君。"[2] 此联上联写古柏，下联写朱衣神，简洁明快，通俗易懂。按纪昀为乾隆甲戌（1754）科进士，乾隆二十八年

---

[1]（清）张锳，邹汉勋，朱逢甲：《咸丰兴义府志》卷20《学校志》，成都：巴蜀书社，2006年，第252—253页。
[2]（清）梁章钜，梁恭辰编著，白化文，李鼎霞点校：《楹联丛话全编》，北京：北京出版社，1996年，第51页。

(1763)以编修任福建学政。

3. 县试考棚楹联

县试考棚是清代数量最多的科举专用考场，但流传至今的考棚楹联却并不多见。考棚楹联的创作主旨与乡试贡院、学政试院楹联基本类似，其作者则多为本县知县或名流，其中尤以主持修建考棚的时任知县为常见。

湖南龙阳县建成考棚后，知县赵嘉程于乾隆五十九年（1794）为之题写了一副对联：

> 萃草野之英才，殚虑竭思，共论文章于午夜；
> 升珪璋之重器，匡时济世，还收效验于诗书。①

这副楹联，上联通过"萃""草野""英才""文章"等词语，体现了考棚的基本功能是将地方社会里最初级别的人才汇聚一堂进行考试，从中选拔最优秀的部分；下联用"升""重器""匡时济世""效验"，提醒考生不仅要善于写作八股文，还要有经世济用的实际才能。

河南汝州直隶州伊阳县知县张道超于道光六年（1826）在本县紫逻书院之后建造县试考棚，其大堂题匾曰"擢秀堂"，并在大堂楹柱题写了一副对联：

> 背伊阙，向尧山，看此邦童冠偕来，赓一片承平雅颂；
> 衔春华，佩秋实，愿化日人文蔚起，与三年大比贤能。②

该联的上联叙述了考棚的地理位置与士子的应试场景，下联则祝愿士子能够考中生员，并能尽快获得参加乡试的资格。此外，伊阳县考棚东偏还有专门作为"武试之所"的三楹厅事，其堂额为"观德"，联曰：

---

① （清）黄教镕，黄文桐，陈保真，彭日晓：《光绪龙阳县志》卷12《学校志》，南京：江苏古籍出版社，2002年，第178页。
② （清）张道超，马九功：道光《伊阳县志》卷3《学校志》，台北：成文出版社，1976年，第250页。

正己而后发；
反求诸其身。

此联出自《孟子·公孙丑上》，原文作"仁者如射，射者正己而后发。发而不中，不怨胜己者，反求诸己而已矣"。① 显然，该联的创造者是在借用孟子的话语，对参加武科县试的考生进行教导，要求他们在技不如人的时候，能够反躬自省从自身的角度寻找差距，而不要怨恨自己的对手，甚至好勇斗狠拳脚相向。

浙江金华府兰溪县云山试院由知县李百龄建成于道光八年（1828），但最早倡议建造该县试考棚的却是前任知县乐韶。道光五年（1825），乐韶见兰溪县没有建造考棚，每次考试都是"于治堂张幕结棚为试所"，而考试期间往往是在夏季，"炎郁重蒸，试童多病"，因而决心为兰溪县创建考棚。遗憾的是，考棚"规模甫就"，而乐韶却突然卸任去职。临别之时，乐韶撰写了一副楹帖留别兰溪士子，而为了纪念乐韶，三年后考棚建成，兰溪人也将该楹帖"悬诸庭，示不忘始"：

自从经始以来，不过为上雨旁风，童子免尝前日苦；
未及观成而去，已信得栽桃培李，宰官愈见后人贤。②

该联的上联解释了建造县试考棚的原因是为了让考生免于"上雨旁风"之苦，下联则表达了自己未能等到考棚建成的遗憾，以及对兰溪县未来人才辈出的期许。

四川重庆府綦江县考棚建成于嘉庆二十二年（1817），因其面积窄迫，难以容纳全县童试士子，不得不于道光十二年（1832）进行扩建。时任知县邓仁堃为其考棚大堂题写了"惟公生明"匾额，并创作了一副楹联：

---

① 李学勤：《十三经注疏·孟子注疏》，北京：北京大学出版社，1999年，第96页。
② （清）秦簧，唐壬森：光绪《兰溪县志》卷3《建置志》，台北：成文出版社，1974年，第550页。

我亦当年劳白屋；
　　谁于今日昧青天！①

　　这副楹联除了"白屋"与"青天"未能形成平仄相对，整体上则字句简洁，对仗工整。上联表示自己和应试生童一样，也是从县试考棚开始历尽艰辛努力攀登才到了今天的地位；下联向天发誓，不管是自己还是考生，都不会在考试时徇私舞弊。邓仁堃（？－1866），字厚甫，湖南武冈州人。道光五年（1825）拔贡，历官四川綦江等县知县，江西南安、广信等府知府，所到之处颇有政声。湖南武冈州考棚创建于乾隆十五年（1750），乾隆四十八年（1783）、嘉庆二十一年（1816）两次重修。②

　　江西建昌府广昌县考棚建于道光二十九年（1849），是由本县州同职黄云程独力捐建的。同治五年（1866）湖南人曾毓璋任职广昌县知县，因县署被毁未修，乃借广昌考棚为县署。由于此前他与自己的父亲曾受恬都担任过江西袁州府分宜县的县令，并都在任职期间多次在县衙主持分宜县试，因此便在其县衙题写了"桃李重栽"的匾额。到任广昌县后，考棚即是县署，其父曾受恬当年调任广昌知县，也曾于此主持童试。因此，曾毓璋在广昌考棚大堂上也题写了"桃李重栽"的匾额。不仅如此，他还在创作考棚楹联时叙及自己和父亲都曾担任广昌知县之事，并巧妙地将"同治""丙寅""广昌"等词语嵌入联中：

　　绾绶不同时，同邑同官丙鉴同悬，尚冀弦歌广播；
　　趋庭传治谱，治人治己寅恭治切，且看文教昌明。③

---

① （清）杨铭，伍濬祥：《同治綦江县志》卷3《学校志》，成都：巴蜀书社，1992年，第394页。
② （清）黄维瓒，潘清，邓绎：《同治武冈州志》卷27《学校志》，南京：江苏古籍出版社，2002年，第85页。
③ （清）曾毓璋：《同治广昌县志》卷3《公署志》，南京：江苏古籍出版社，1996年，第337页。

贵州镇远府黄平州考棚创建于光绪癸巳（1893），系知州瞿鸿锡（1844—1918）委托绅士张政、周之冕、张兰皋、黄品超、韩邦森筹募捐款，修复龙渊书院，并附建考棚于其中。考棚联曰：

试院听茶声，忆昔年露布书勋，此事已自崖而返；
宏规开社厦，看今日风檐献艺，诸君当磨砺以须。①

此联上联描写作者（或即瞿鸿锡）在考棚之中想起当年参加科举考试并幸获捷报的场景，感慨今日已经无力入场与大家角逐竞技；下联描写今天建成了规模宏大的考棚，考试虽然辛苦，但却有机会通过文章改变命运，勉励考生刻苦攻读做好准备。光绪三十一年（1905）废科举后，本州绅董奉命就龙渊书院和考棚改办高、初小学堂。

清代县试考棚楹联也有由本县名流创作的案例。如安徽徽州府婺源县（今江西婺源县）进士齐彦槐（1774—1841）是清代著名的天文学家，曾主持制造计时仪器天球仪。道光八年（1828）婺源县创建县试考棚后，齐彦槐为之撰写了一副楹联：

渍种必苗，蓺兰必香，千家茆屋书声，定有几枝大手笔；
登高自下，陟遐自迩，万里蓬山云路，先从一邑小文场。②

这副楹联立足于县试作为最低级别的科举考试这一基本特征进行创作，上联说的是县试考生就如大树长成之前的小苗，虽然不起眼，但其中必定有栋梁之材；下联说的是士子进入县试考棚，就像是踏上了科举之路的万里征程。总体来说，该联词语通俗，说理浅显，对仗工整，韵律和谐，是一副贴近生活、亲切自然的县试考棚楹联。

---

① 陈绍令、李承栋：《民国黄平县志》卷10《书院》，成都：巴蜀书社，2006年，第269页。
② （清）梁章钜、梁恭辰编著，白化文、李鼎霞点校：《楹联丛话全编》，北京：北京出版社，1996年，第170页。

随着科举制度的停废，贡院多遭废弃或改建，考场中的诸多匾额、楹联也日渐消失在历史尘埃之下。不过，考场楹联所倡导的积极应试、公平取士精神，则沉淀在中华民族的文化血脉里，并在不同的时代重新生发出来。在当代的一些考试场所里，有时也会张贴旧瓶装新酒的考场楹联。如据梁石编著《中国古今实用对联大全》，湖南湘潭一中等试场都张贴有对联。其中，湘潭一中试场联为：

及第岂无缘，望老汉摘星搦管正期舒骥足；
成才当有道，看小生揽月挥毫直欲占鳌头。

湖南岳阳二中试场联：

攀不尽叠叠科学高峰，览不完滚滚历史长河，回首工余饭后，雏凤新飞涉水跋山酬壮志；
问谁像苏秦引锥刺股，看谁像王勃登阁赋诗，追忆月下灯前，潜龙奋起呕心沥血步蟾宫。

湖南醴陵四中试场联：

倾三江水磨砺手中铁笔，今日小试利钝；
吸五车书成就心里波澜，明朝大展宏图。

湖南衡阳一中试场联：

怀壮志，攀书山，喜今朝自学诸君应大考；

选贤才，创伟业，看来日经邦俊杰腾中华。①

这些新时期创作的考场楹联，既吸引了传统贡院楹联所使用的词语和音律、所秉持的努力学习奋发成才思想，又融入了极富时代气息的考试制度、人生理想，不仅极大地激励了应试考生，而且为中国的考场楹联文化的传承增添了新的内容。

第三节　清代贡院的亭台楼阁

亭台楼阁，是中国传统建筑群的组成部分之一，是建筑群主体建筑的重要补充，并与主体建筑相互协调，构建整个建筑群的完整文化内涵。清代贡院的主体部分是指承担考试功能的相关房舍，主要包括考官阅卷、憩息之所，监临、监试、提调、各所的办公之所，考生答题的棚厂、号舍，以及大门、仪门、头门和围墙、牌坊等。贡院中的亭台楼阁与科举考试并无直接关系，既不承担关防、答题、阅卷、办公、后勤等科举应用性功能，也不承担揭示考场性质、宣示选才原则等考场装饰性功能，但它们作为考场的局部建筑，与其他主体建筑一起构成了整个考场的建筑文化。总体而言，这些亭台楼阁主要包括崇祀性建筑与休憩性建筑两种类型。

一、崇祀性建筑

清代各类贡院中的崇祀性建筑，主要包括三种类型，即文昌崇祀、魁星崇祀和先贤崇祀。其中，文昌崇祀与文庙、武庙一样，并列清代地方府州县三大"秩祀"之一。

1. 文昌崇祀

文昌又称文昌帝君，又名文星神。据《晋书·天文志》记载，文昌为天上星宿，位在北斗魁前，共有上将、次将、贵相、司禄、司命、司寇等

---

① 梁石编著：《中国古今实用对联大全》，北京：大众文艺出版社，2003年，第416页。

名称。相传其在人间有 73 次化身，如在周为张仲，在汉为张良，在晋为吕光，另有孟昶、张亚等。自唐玄宗以后，历代均对文昌帝君进行加封，其称号从唐代的"左丞相""济顺王"，到宋代的"忠文仁武孝德圣烈王""英显王""神文圣武孝德忠义王"，再到元代的"辅元开化文昌司禄宏仁帝君"。明朝对文昌帝君亦尊崇有加，各地纷纷建造其庙宇。清代嘉庆年间，朝廷宣称文昌神显灵协助官军镇压白莲教，更将其上升为国家崇祀，与关帝崇祀地位相当，各地分别为其建造文昌阁、文昌宫、文昌祠、文昌庙等专祠进行奉祀。

世传文昌庙中供奉之神共有 6 位，其中第 4 位身穿红色衣袍。欧阳修知贡举，每遇佳卷时，常觉座后有朱衣人点头，后世有诗云"文章自古无凭据，惟愿朱衣一点头"，又云"清夜梦中糊眼处，朱衣暗里点头时"。① 因此，"朱衣点头"便发展成为主考阅卷暗有神助的典故，而很多贡院中便附建有文昌帝君的神祠。前文亦已论及，有些州县的县试考棚甚至被建造于文昌宫中。

清代各省乡试贡院中不乏文昌崇祀。如山西贡院内帝五经房之北便设有文昌祠一楹，题有"文昌司命"匾额。② 河南贡院在顺治十六年（1659）重建时，"于后山屏上鼎建文昌祠一座"，祈求文昌神"藜光辉映，以启佑我后人"。③ 四川贡院内建有文昌殿，据《同治重修成都县志》记载，同治元年（1862）四川总督、藩臬等官员因为四川贡院"多所倾圮"，于是采取"通省筹款"的方式筹集资金，对贡院进行了"彻底重修"，合计用银 7 万余两。其中不仅新建弥封所、誊录房、受卷所等房舍，其余房舍则"虽率循其旧，规模俱极高大闳敞"。这些房舍包括"明远楼、至公堂、清白

---

① （明）彭大翼：《山堂肆考》卷 83《科第》，《景印文渊阁四库全书》第 975 册，台北：商务印书馆，1983 年，第 565 页。
② （清）李德溥：《贡院号舍记》，（清）李培谦，阎士骧：道光《阳曲县志》卷 13《文征》，台北：成文出版社，1976 年，第 1145 页。
③ （清）李粹然：《贡院碑记》，（清）田文镜，王士俊，孙灏，顾栋高：乾隆《河南通志》卷 43《学校志下》，《景印文渊阁四库全书》第 536 册，台北：商务印书馆，1983 年，第 514 页。

堂、衡文堂、文昌殿，及监临、主考、提调、监试、内外帘各官住院"①等，说明文昌殿此前早已存在。

清代各地学政试院中也多设有文昌神崇祀。如湖北荆州府学政试院于光绪二年（1876）重修，考虑到"文昌祠向居大堂东偏，每试院封闭，非所以妥神也"，因此仿照湖北贡院明远楼的式样，在点名厅楼上建造文昌阁，"以安神位"。②也就是说，由于考试期间试院封锁，导致文昌神无法像往常一样得到日常供奉，因而将其移于试院大门口的点名厅楼上。

各地县试考棚也多有文昌神祠。有些是在考棚内留出专门的房屋安放文昌神。如湖南靖州直隶州会同县于乾隆四十八年（1783）由贡生杨世灏等禀请知县陈玉墀购地创建考棚，除东西辕门、头门、龙门、东西文场、大堂之外，还有"内室一栋，中祀文昌帝君像"。③又如广东高州府电白县知县蒋善功于嘉庆二十二年（1817）倡捐建造县试考棚，其结构"上为文昌宫，中为大堂，外为仪门，为大门，东西长廊各编字号，几案俱备"。④又如湖北黄州府黄安县在道光二十八年（1848）由知县许赓藻筹资2.3万余缗，建成县试考棚，并"就爽垲地建立文昌宫及文昌先代祠各三楹"。⑤再如广西思恩府迁江县考棚附建于印山书院内，同治癸酉（1873）知县周蕃重建书院时，以书院"内外东西两翼以为考棚"，此外建有"讲堂三间，祀文昌帝君，后殿三间，祀文昌五世"。⑥

有些则是将文昌神安置在考棚的某座厅堂之内。如湖南长沙府益阳县

---

① （清）罗廷权，衷兴鉴：《同治重修成都县志》卷4《学校志》，成都：巴蜀书社，1992年，第148页。
② （清）倪文蔚，顾嘉蘅：光绪《荆州府志》卷21《学校志》，台北：成文出版社，1970年，第217页。
③ （清）孙炳煜：光绪《会同县志》卷4《学校志》，台北：成文出版社，1975年，第239页。
④ （清）蒋善功：《新建电白试院碑》，（清）叶廷芳：道光《电白县志》卷14《艺文志》，台北：成文出版社，1967年，第639－642页。
⑤ （清）许赓藻：《新建考棚记》，（清）英启，邓琛：光绪《黄州府志》卷9《学校志》，台北：成文出版社，1975年，第355－356页。
⑥ 黄旭初，刘宗尧：民国《迁江县志》第6编《文化》，台北：成文出版社，1967年，第215页。

考棚建成于乾隆五十五年（1790），嘉庆五年（1800）知县陈嘉言倡议捐资大加修葺。嘉庆二十一年（1816），知县李宗沆"移祀文昌于中，以大堂为正殿，内宅为后殿"，也就是将文昌帝君奉祀于考棚大堂里，并将原先阅卷人员居住的内宅改为后殿，奉祀文昌先代。不过，这一举措显然过于偏颇，不久文昌帝君便被请出了考棚，"旋改祀明星池庙"。① 又如浙江绍兴府上虞县考棚建成于道光十二年（1832），附建于经正书院，因此大门悬挂"经正书院"匾额，而仪门内则题写"丽泽试院"匾额。仪门往里，左右各建考棚，中间是讲堂，后为正楼，正楼之上"设文昌阁"。② 再如广西郁林直隶州陆川县考棚建于县城西北隅关帝庙右，为坐北朝南朝向，除头门、仪门及堂号、廊号外，其大堂则称为"厅事"，"上有楼，祀文昌帝君"。③

2. 魁星崇祀

魁星，又称奎星，相传其原型为唐代钟馗，因相貌奇丑，登第被黜，故愤而投水自尽，死后为神，主管天下文运。明清时期各地崇祀魁星，其像多作左手执名簿，右手持笔作点选状，右脚踏地或立于鳌背，左脚向后踢出，脚跟上方有一斗，寓意"才高八斗"。一"鬼"一"斗"，合为"魁"字，是为魁星踢斗，又称魁星点斗。

清代科举考试之前往往有祭拜魁星的典礼，有些则专门安排有祭祀基金。如据《同治长沙县志》记载，每逢乡试入帘宴后，监临率领提调、监试、内外帘官一起祭拜魁星，"行一跪三叩首礼"。而武乡试则在考完外场弓、刀、石后，再考内场，其"委官、祭魁星与文场同"。④ 又如江西吉安府万安县有文昌宫、射圃亭两项由宾兴会绅士收存的租税，其用途主要是

---

① （清）姚念杨，赵裴哲：《同治益阳县志》卷8《学校志》，南京：江苏古籍出版社，2002年，第201—202页。

② （清）储家藻，徐致靖：光绪《上虞县志校续》卷37《学校志下》，台北：成文出版社，1975年，第2632页。

③ 吕春瑺：民国《陆川县志》卷9《学校志一》，台北：成文出版社，1967年，第145页。

④ （清）刘采邦，张延珂，袁继翰：《同治长沙县志》卷12《典礼志》，南京：江苏古籍出版社，2002年，第194页。

"神前香灯、检盖屋宇外，每逢乡试为迎祭魁星及岁科文武优等生员奖赏花红之费"。①

清代各地颇多单独建造的魁星阁，而在各类贡院也不乏魁星崇祀。如同治三年（1864）闽浙总督左宗棠和代理浙江巡抚蒋益澧组织重建浙江贡院时，便在正副主考官房的后面"恭建高宗纯皇帝御题碑亭，旁为魁星阁"。② 除了乡试贡院中的魁星崇祀，在各地学政试院、县试考棚中也多设有魁星奉祀。

清代学政试院中的魁星崇祀也分专室供奉与附设供奉两类。专室供奉是指专门留出房屋供奉魁星神像。如广东韶州府学政试院创建于康熙二十四年（1685），中间为大堂，大堂左右为文场号舍，大堂后为阅卷所，阅卷所之后"设魁星楼"。咸丰十一年（1861）知府史朴将魁星楼改建于仪门。③ 又如江苏松江府试院，康熙三十八年（1699）松江府人莫之玫捐资购买察院后民房，加上原巡按御史之行署，在此基址上建造学政试院，除大门、仪门、东西文场、大堂、穿堂以及丛桂堂、欣遇堂等之外，在川堂后边也建有魁星阁。④ 四川邛州直隶州学政行署始建于明万历年间，系由知州牛大纬改原鹤山书院为"试馆"，也就是试院。康熙三十四年（1695），知州戚延裔重修时，除了重修头门、二门、大堂、卷棚、川堂、寝室、棚厂、书房、班房等外，还建成"奎楼一座"。⑤ 直隶广平府试院始建于明万历年间，作为周边三府生童的院试考场。清同治十年（1871），广平知府长启筹措资金，重修试院，除建成大门、吹鼓楼、仪门、东西文

---

① （清）欧阳骏，周之镛：《同治万安县志》卷6《学校志》，南京：江苏古籍出版社，1996年，第616页。

② 吴庆坻：《民国杭州府志》卷18《公署一》，上海：上海书店出版社，1993年，第498页。

③ （清）张希京，欧樾华：光绪《曲江县志》卷10《学校书二》，台北：成文出版社，1967年，第150页。

④ （清）宋如林，孙星衍：嘉庆《松江府志》卷16《建置志》，台北：成文出版社，1970年，第352页。

⑤ （清）吴巩，王来遴：《嘉庆邛州直隶州志》卷8《公署》，成都：巴蜀书社，1992年，第49页。

场、大堂等外，还建有"奎星楼一座"。①

附设供奉是指在试院某一单体建筑内附设魁星神像。如贵州遵义府提督学院行署始建于康熙三十四年（1695），中间为大堂，大堂后为内帘阅卷区域，大堂前有东西文场，文场前为龙门、头门、照壁及东西辕门。其中龙门之上建有重楼，"祀魁星"。②

魁星神像在清代各地州县考棚中也很常见，并同样有专室供奉和附设供奉两种形式。专室供奉，如直隶大名府东明县考棚称为试院，系由知县曹景郕"仿文庙花捐旧规收制钱九千余贯"于光绪二十三年（1897）建成，有大门、照壁、正堂、东西文场、阅武厅等房舍，此外还建有"魁星楼三间"。③又如台湾台北府新竹县考棚，光绪十一年（1885）冬季安徽桐城县人方祖荫莅任新化知县，倡议绅民捐番银8984元，建成县试考棚，两廊列坐1000号，"后建阁高耸，供奉奎星神像"。④

附设供奉，如江西吉安府万安县考棚又称云江试院，建于县城东城根下迎恩门右边。从《同治万安县志》卷首《图考》所载《云江试院图》我们可以发现，该考棚前面为照壁，左右分别有"云路""天衢"二门，入门中间为考棚大门，悬挂"云江试院"匾额，大门左右有"霞蔚""云蒸"二门。进入大门，左右各有棚厂，朝北正中有登俊堂，堂后有后栋。在大门正上方，塑有一尊魁星点斗塑像，魁星左手放置胸前，右手高高举起，手握如椽巨笔，左脚单足站立，右脚向后踢出。⑤

---

① （清）长启：《重修广平府试院记》，（清）吴中彦，胡景桂：《光绪广平府志》卷22《经政略》，上海：上海书店出版社，2006年，第357页。
② 周恭寿，赵恺，杨恩元：《民国续遵义府志》卷3《公署》，成都：巴蜀书社，2006年，第65页。
③ 周保琛，李增裕：民国《东明县续志》卷1《建置志》，台北：成文出版社，1976年，第49页。
④ （清）方祖荫：《创建试院碑》，（清）陈朝龙：《新竹县采访册》卷5《碑碣》，《台湾文献丛刊》第145种，台北：台湾银行经济研究室，1962年，第177页。
⑤ （清）欧阳骏，周之镛：同治《万安县志》，清同治十二年（1873）刻本，卷首《图考》，第9—10页。

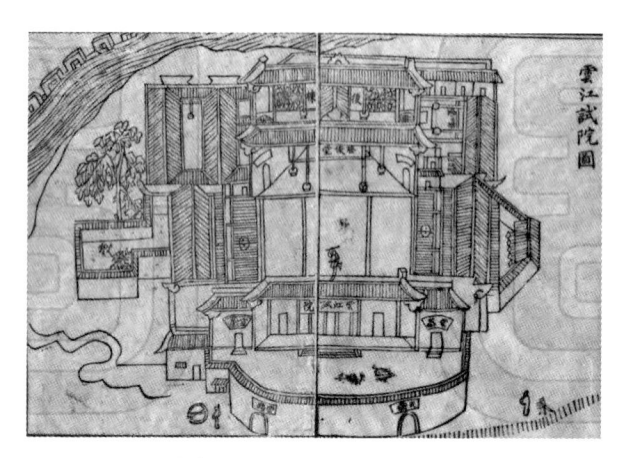

图 7-3　清代江西吉安府万安县《云江试院图》

广东琼州府儋州（今海南省儋州市）乡绅周秉忠等于光绪二十一年（1895）倡议捐资，在"旧仓"基址上建成县试考棚，主要包括"正座一间三眼，上有魁星楼"。①光绪二十四年（1898）才建成东西号舍。从中可以看出，即便是地处边陲海岛的边远州县，儋州市在捐建县试考棚时，魁星神位也要比考棚必备的号舍更早安置，这也说明了魁星神位在当地士绅心目中的重要地位。

由于文昌神、魁星都是主管文运的神灵，因而有些学政试院和县试考棚便既奉祀文昌，也奉祀魁星。有些试院或考棚是将文昌神和魁星就近供奉。如四川绵州直隶州最初附试于成都府学政试院，道光二十年（1840）知州陈耀庚号召绵州及下属 5 县士绅合力捐资，建造试院。除头门、二门、仪门、大堂、东西号房 16 间、东西堂号 6 间外，其二堂 5 楹，"上建文昌、奎星楼"。②又如河南陈州府扶沟县考棚建于光绪十年（1884），平时兼作书院。除大门、龙门、大堂、东西文场、讲堂等房舍外，"东南隅为文昌

---

①　彭元藻，王国宪：民国《儋县志》卷 4《建置志四》，台北：成文出版社，1974 年，第 306 页。
②　蒲殿钦，崔映棠：《民国绵阳县志》卷 2《建置志》，成都：巴蜀书社，1992 年，第 33 页。

阁、魁星楼"。①

大多数试院或考棚则是将文昌神和魁星分开供奉。如前引浙江金华府浦江县浦阳试院由邑绅修职郎张邦陞、职员洪继煌等捐资创建，其大门朝西，"正对为奎星阁"，后堂三间，堂上有楼，"祀文昌神"。②又如山西代州直隶州试院称为贡院，创建于康熙二十二年（1683）。其仪门上"作小阁，以奎星主之"，大堂称为"正楼"，其上"奉文昌"。③又如直隶大名府学政试院在同治九年（1870）由兵备道李文敏、知府陈崇砥组织增修，各类房舍极为齐备，其中"二门三楹，上为奎星楼"，"衡卷房七楹，上为文昌阁"。④又如浙江台州府太平县（今温岭市）校士馆建成于同治十年（1871），除明鉴堂、文场号舍等外，也同时设有魁星和文昌崇祀。其中"奎星阁在仪门上"，而明鉴堂过川堂后的望鹤楼则"奉文昌其上"。⑤再如广西柳州府柳城县考棚附建于龙江书院，系知县陈伯陶于光绪十五年（1889）所建，其中也同时设有文昌、魁星神位。据民国《柳城县志》记载，该考棚的建筑格局为："正座为书院讲堂，堂上为文昌阁，两廊为生童书斋，并东西号舍，后座为院长栖息之所。前座为仪门，门上为魁星楼，最外为头门、照墙、云路、天衢。"⑥从以上数例可以看出，各地考棚多在仪门楼顶上摆放魁星塑像，而文昌则奉祀于大堂之中或旁边房舍。

3. 先贤崇祀

清代贡院无论是乡试贡院，还是学政试院，或是县试考棚，均属区域

---

① （清）张文楷：光绪《扶沟县志》卷4《建置志》，台北：成文出版社，1976年，第283—284页。

② （清）善广，张景青：《光绪浦江县志》卷4《建置志》，上海：上海书店出版社，1993年，第174页。

③ （清）张瑜：《新建考院附义塾记》，（清）俞廉三：《光绪代州志》卷4《建置志》，南京：凤凰出版社，2005年，第315—316页。

④ （清）李文敏：《重修大名贡院碑记》，程廷恒，简恩霈：《民国大名县志》卷6《廨署》，上海：上海书店出版社，2006年，第71—72页。

⑤ （清）陈汝霖，王棻：《光绪太平续志》卷2《建置志》，上海：上海书店出版社，1993年，第516页。

⑥ 何其英，谢嗣农：民国《柳城县志》卷8《艺文志》，台北：成文出版社，1967年，第86页。

性公共建筑，虽然主要是考选人才之场所，但是同时也兼具教化人才之职能。因此有些地方便特意在贡院中设立本地前贤的木主，使进入贡院的考官与考生都能见贤思齐，砥砺奋兴。

同治三年（1864）江苏巡抚李鸿章因原在新阳县的苏州府试院毁于战乱，于是根据学政试院当在会城的一般性原则，接受苏州府、太仓直隶州绅士希望分别建造试院的申请，将苏州府试院重建于元和县定慧寺东。李鸿章还亲自为苏州府试院撰写记文，并为其大堂题写了"景范堂"的匾额①，意在纪念前贤范仲淹。范仲淹（989—1052）是北宋杰出的思想家、政治家和文学家，字希文，江苏吴县（今江苏苏州市）人。

值得指出的是，苏州府试院原本建于非附郭县的昆山县，其基址原本是崇祀南宋名臣、文学家范成大（1126—1193）的石湖书院。范成大，字至能，自号石湖居士，江苏吴县人。范成大与范仲淹同为吴县范氏同宗，但事功勋业各有不同，后人于昆山建石湖书院以崇祀他。明代宣德年间，昆山知县罗永年将书院改建为巡抚行台，不久被借用为"督学校士之署"。顺治十五年（1658）提学佥事张能麟在原址上重建苏州府试院，为了纪念范成大，张能麟命人在仪门外建造土地祠三间，"并祀范公，示不忘本也"。② 雍正二年（1724）清廷分昆山县为昆山、新阳二县，虽然依然共用一个县城，但苏州府试院则被认为地处新阳县地界内。民国元年（1912），新阳县被重新并入昆山县内。

山东临清直隶州试院建成于乾隆四十一年（1776）即临清州升格为直隶州之后，由知州李涛、王溥相继主持完工，在试院大门之内建有"宋五子祠"。③ "五子"指北宋五位著名的儒家哲学家，即周敦颐、邵雍、张载、程颢、程颐，他们的学说为宋代理学的发展奠定了基础。

---

① 吴秀之：民国《吴县志》卷29《舆地考》，台北：成文出版社，1970年，第444页。

② （清）赵弘恩，黄之隽：乾隆《江南通志》卷91《学校志》，《景印文渊阁四库全书》第508册，台北：商务印书馆，1983年，第544页。

③ 张树梅，王贵笙：《民国临清县志》卷7《建置志》，南京：凤凰出版社，2004年，第99页。

四川邛州直隶州学政试院，系明万历年间知州牛大纬以鹤山书院改建而成。清康熙九年（1670）大邑县知县李德耀代理邛州知州，在试院内建成"鹤山祠"，"设木主，祀鹤山先生"。该祠在嘉庆年间圮毁。嘉庆十三年（1808），知州吴巩重建试院，"培修旧迎晖阁一座，上立魏文靖公木主"。① "鹤山先生"即魏了翁（1178—1237），字华父，号鹤山，邛州蒲江县（今四川成都市蒲江县）人。庆元五年（1199）进士，历官汉州等知州、泸州府等知府、端明殿大学士、同签书枢密院事，卒谥"文靖"。魏了翁推崇朱熹理学，极大地推动了理学独尊地位的形成，清雍正二年（1724）被配享孔庙。魏了翁是邛州先贤，邛州学政试院将其奉祀于院中，正是要用先贤的文行激励踏入试院的考生们。

贵州贵阳府提督学政署头门和仪门之间的萧曹祠，系道光二十年（1840）贵州学政王庆云（1798—1862）主持修建。② 萧曹祠奉祀西汉初年名相萧何、曹参，萧何为相时的执政原则是与民休息，轻徭薄赋，曹参继任为相依然沿袭萧何的做法，故有"萧规曹随"的典故。一般认为，各地建造萧曹祠的目的是警惕地方官要以民为本，不要妄行征发，更不要贪赃枉法。

福建延平府沙县考棚创建于光绪十五年（1889），名为虹溪试院。试院中崇祀的神祇不仅有建于头门的"魁星楼五楹"，而且有建于考棚后进的"三大殿"。三大殿中供奉的神祇为："中祀文昌帝君，其左祀四贤，重儒道也，其右祀三实，存古迹也。" "四贤"指朱熹、杨时、李侗、罗从彦，他们都是宋代延平府的历史名人。"三实"暂不可考。此外还建有"尊育堂"七楹，并在其左右偏殿崇祀与本地相关的历史名人："若宋名相李忠定公昔曾流寓于此，并祀其位于尊育堂之左偏，其右偏则祀乡贤陈忠

---

① （清）吴巩，王来遴：《嘉庆邛州直隶州志》卷8《公署》，成都：巴蜀书社，1992年，第49页。
② 刘显世，谷正伦，任可澄，杨恩元：《民国贵州通志》《建置志》，成都：巴蜀书社，2006年，第234页。

肃公以配焉。"① 李忠定公指李纲（1083－1140），江苏无锡人，祖籍福建邵武，南宋抗金名臣；陈忠肃公指陈文龙（1232－1276），福建莆田人，抗元名将，今福州双杭有水部尚书庙，奉祀陈文龙。

除了崇祀本地先贤，有些贡院还崇祀捐资者或捐资者先祖。如江西南昌府奉新县考棚于嘉庆九年（1804）与文昌宫同时开工建造，为了鼓励和感谢捐款人，"公议捐银百两以上者建祠设主，以旌其义"，最终在考棚右侧建成了好义祠。②

4. 其他民俗崇祀

前引江苏苏州府试院在仪门外建有三间土地祠，常州府试院中也有同类民俗崇拜。康熙十五年（1676）学使邵嘉与江阴知县何旦纯一起重修常州府试院，便在头门里面东边建造了土地祠。③

江苏常州府试院始建于明代万历年间，清代曾多次重修，尤其是乾隆五年（1740）大修之后，"规模踵加，为江南官署之冠"。咸丰年间试院被战乱所毁，同治七年（1868）完成重建，除各类考试功能性建筑外，试院中还建有"关帝殿三间""城隍司一间"。④

贵州兴义府试院建有万寿宫。该府试院建成于道光二十一年（1841），是由兴义知府、张之洞之父张锳倡捐银两三万余两所建。在辕门以内、头门以外，左右分别建有一道石坊，右边石坊与头门房屋之间建有12楹的提调所，左边石坊与头门房屋之间建有万寿宫。⑤

---

① 梁伯荫，罗克涵：民国《沙县志》卷4《建筑志》，台北：成文出版社，1975年，第308页。
② （清）吕懋先，帅方蔚：《同治奉新县志》卷2《学校志一》，南京：江苏古籍出版社，1996年，第470页。
③ （清）陈延恩，李兆洛：道光《江阴县志》卷2《建置志》，台北：成文出版社，1983年，第230页。
④ （清）卢思诚，季念诒：光绪《江阴县志》卷1《建置志》，台北：成文出版社，1983年，第275页。
⑤ （清）张锳，邹汉勋，朱逢甲：《咸丰兴义府志》卷20《学校志》，成都：巴蜀书社，2006年，第252页。

二、休憩性建筑与景观

追求天人合一之美，是中国传统建筑审美的核心内涵之一。为了达到这一效果，传统建筑设计者所采取的方法主要有两种，一是走出去，也就是让建筑本身融入自然，成为自然美景的一部分；二是请进来，也就是让美景进入建筑，在建筑内部人为制造自然之美。

1. 亭

清代各类贡院中主要有两种亭，一种是具有特定功能的亭，如鼓乐亭、点名亭、避雨亭、凉亭、报亭、站亭、过亭、川亭等，另一种则是起装饰美化作用的景观亭。本节讨论的主要是后者。

有些贡院亭子的命名取意于自然风光。如广东肇庆府学政试院原本为肇高学政行署，乾隆十六年（1751）裁撤肇高学政，行署主要作为试院被保留下来。其大堂后建有"挹秀亭"。①"挹"，本意为舀取，"秀"指秀美风光，"挹秀"则是指面对满目葱绿如水，直欲舀取满饮，以畅胸怀，使用的是通感的文学手法。

有些亭子的命名融入了人文典故。如江苏常州府试院中建有多处亭子，包括列岫亭、存雪亭和知乐亭三处，它们都被建造于试院后院的池塘旁边。②"列岫"指群峰并矗、沟壑幽深，"存雪"指雪后轻寒、生机暗伏，"知乐"语意双关，既可让人联想到《庄子·秋水》"子非鱼安知鱼之乐"的典故，从而生发神游万物的天人合一之慨，又可让人联想到《孟子·尽心》"君子有三乐"的典故，从而获得勇猛刚毅、积极进取的激励。

有些亭子的命名结合了当地历史名人。如江西南昌府丰城县考棚是由封翁李海麟的三个儿子于嘉庆十二年（1807）合力捐建的，除了大堂、阅卷所、号舍等主体建筑外，设计者还"取沙湖为明塘，尤取盛家洲为门

---

① （清）阮元，陈昌齐：道光《广东通志》卷133《建置志九》，《续修四库全书》第672册，上海：上海古籍出版社，2002年，第113页。

② （清）卢思诚，季念诒：光绪《江阴县志》卷1《建置志》，台北：成文出版社，1983年，第276页。

境，树之屏墙"，墙外置亭，榜曰"朱夫子访盛杰士讲学处"。① 盛杰士，即盛温如，南宋丰城人。朱熹与之交友，曾两次到丰城寻访盛温如。据说用"东西"而非"南北"指代物品，便来自盛温如与朱熹的一次交谈。考棚创建者建造此亭，目的自然是要用本地古代士人与朱子平辈交往的历史，培养当代士子的自信心，勉励他们努力成才。这种处理方式，既把考棚周边的自然风光融入考棚整体文化的创造之中，同时也将当地标志性的文化故事融入考棚文化，从而丰富了丰城县考棚文化的内涵。

以上数例，大多是结合自然景观建造亭子，而有些贡院中的亭子则完全属于人造景观。如乾隆四十六年（1781）广西下雷土州知州董良重修提督学政行署，浙江海宁县藏书家、乾隆三十一年（1766）进士查莹应邀撰写了重修记文，其中提到乾隆二十七年（1762）"学使朱佩莲于庭右得泉三，建亭中央，以砖为阑护池，而名亭曰文源"。② 又如山西解州直隶州试院始建于雍正三年（1725），乾隆十年（1745）知州彭洙重修时，"念后无余地，捐俸另辟基址，建寻乐亭，堆石凿池，莳竹种花，蔚然深秀"③，用人工方式改变了试院中的人居环境。

2. 台

---

① （清）杨道南：《丰城新考棚记》，（清）王家杰，周文凤，李庚：《同治丰城县志》卷 21《艺文志中》，南京：江苏古籍出版社，1996 年，第 610—611 页。
② （清）谢启昆，胡虔：嘉庆《广西通志》卷 132《建置略七》，《续修四库全书》第 678 册，上海：上海古籍出版社，2002 年，第 812 页。按，据法式善《清秘述闻》卷 12《学政类四》记载，乾隆二十七年任广西学政的是福建闽县人叶观国，书中所载广西学政并无名为"朱佩莲"者（中华书局 1982 年版第 376 页）。不过，据查《清高宗实录（八）》卷 625《乾隆二十五年（1760）十一月下》，则载有本月庚午"以翰林院编修朱佩莲提督广西学政"（中华书局 1985 年影印版，第 1026 页）。而叶观国被派任广西学政的时间则是乾隆二十七年九月壬戌（《清高宗实录（九）》卷 670《乾隆二十七年九月上》，中华书局 1985 年影印版第 485 页）。《清秘述闻》载叶观国之前的广西学政为山东海阳人鞠恺，乾隆二十四年（1759）以编修任。查《清高宗实录（八）》卷 581《乾隆二十四年二月下》，鞠恺被派任广西学政的时间是乾隆二十四年二月庚午（中华书局 1985 年影印版，第 419 页）。可知《清秘述闻》中漏载乾隆二十五年广西学政朱佩莲。
③ （清）介锡周：《增建试院记》，（清）张承熊：《光绪解州志》卷 15《艺文志》，南京：凤凰出版社，2005 年，第 591 页。

与亭一样，台也是中国传统建筑中的典型景观，但其对建筑场地的自然条件的要求则相对更高，需要贡院中有一定的高敞之处才能施工布景。

乾隆五十八年（1793）贵州学政洪亮吉（1746—1809）在贵阳府提督学政署中"筑台三层"，并题写了"千叶莲台"的匾额。同时还命人建造了"思话轩、红香馆、听雨蓬、卷葹阁、金粟山、修竹廊、藏春坞、晓读书斋"等多处亭轩、假山、长廊、馆阁等，并分别为其撰写了诗句。①

嘉庆十一年（1806）江西临江府清江知县方宗敬倡议全府四县士绅增建试院号舍，将其编为"知、仁、圣、义、忠、和"六棚。同时还在试院中建造一处"读书台"，"以为督学查棚坐所，兼存卢肇读书旧迹"。②卢肇为唐代袁州宜春人，会昌年间（841—846）状元，官至集贤学士，历官歙、宣、池、吉等州刺史。江西万载、分宜、新余等地均有其读书处遗迹。

3. 楼

在清代各类贡院中，楼是不可或缺的建筑。乡试贡院号舍中心的明远楼，是所有贡院楼的典型代表。除了此类与科举紧密相关的楼，清代贡院中还有其他与考试功能无关的楼。

清代各类贡院中最为著名的楼阁，当属济南府学政试院中的"四照楼"。济南试院位于大明湖南岸，其建筑整体背南面北，是清代衙署中极为罕见的案例。试院与大明湖相接，"水流至阶除"，风景优美。清初文学家施闰章（1619—1683）于顺治十三年（1656）出任山东学政时，在试院中溪流之上建造了一座石梁，名之为"濯缨"，并将试院中的一座楼命名为四照楼。据施闰章所撰《提学道题名记》，这座楼风光绝美："俯瞰郡城，内外如指掌。湖中蒲苇、菱芡、芙蕖之色，来就几研，是可乐也。"每逢公事之余，"登楼纵目，凭云驭风，已而引领南望，其隐然若可见者为岱宗，又其南则尼山、凫绎诸峰"，令人心胸为之开阔。乾隆三十年

---

① 刘显世，谷正伦，任可澄，杨恩元：《民国贵州通志》《建置志》，成都：巴蜀书社，2006年，第234页。

② （清）潘懿，胡湛，朱孙诒：《同治清江县志》卷3《公署》，南京：江苏古籍出版社，1996年，第410页。

(1765)以大理寺少卿出任山东学政的安徽桐城人张若湉（1703—1787）曾重修四照楼，他在所撰《重修四照楼记》中指出，四照楼应是建成于明代嘉靖末年，是时任提学副使江西安福人邹善［生卒年不详，嘉靖三十五年（1556）进士，邹守益之子］主持建造的。张若湉在记文中描述了他重建四照楼后所见到的湖光山色：

> 暇辄登眺于斯，其南堆众皱而沓重嶂，堂者、屏者、脊者、胁者、蜀者、属者、赭者、苍者，蜿蜒奔辏，拱抱于横槛之旁。其左浸澄湖而倒天镜，为漪、为沦、为渊、为沈，练静縠瀔，渟膏蓄黛，与夫芙渠、葭菼、翘鹭、游鯈，掩映而出没者，浮动于履舄之下。右则万瓦鳞比，甍飞栏垂，而市声人影，无一接乎耳目。北则雉堞参差，遥天无际，杂树周连，高下其林。其翠发之单椒，矗于东北，而泰山凫峰，隐见于回顾之间。引泉循楼除下，架以石梁，清能鉴而流不竞，濯湘皆于是乎取之。至于月之午、雪之霁、风之爽，岚霞彩翠，雨云烟雾，四时之变态，虽善图者不能殚且肖。①

在这篇记文中，张若湉让自己化身成为一个电视摄像头，从四照楼的南北两面，将楼外各个方位的景物进行了四维时空的全景扫描，将最善绘画的神笔都难以描绘的场景，用无比生动而丰富的语言展现在人们的眼前。

由于四照楼在济南试院中高出地表，背山面湖，视野开阔，风光壮美，故而多位学政、诗人都曾为之题诗吟咏。乾隆五十八年（1793）任职山东学政的阮元不仅在其《山左学署八咏》诗中列四照楼为首，在其乾隆六十年（1795）任职浙江学政时，甚至将四照楼之名搬到了台州试院，并为之作诗题咏。其所作《四照楼榜》，实际上是其吟咏台州试院四照楼的诗序。榜云：

---

① （清）胡德琳：乾隆《历城县志》，清乾隆三十八年（1773）刻本，卷10《建置考一》，第36—37页。

> 台州试院在城北龙顾山之麓，有楼巍然，高出林表。牖窗四敞，云山相围。余置榻其上，流连浃旬。昔山左济南试院有四照楼，为施愚山所题。余极爱登眺，遂复以名此楼，书榜悬之。①

在阮元的经营下，台州府试院四照楼俨然成为了该试院中的代表性建筑，而他所撰写的这篇榜，也成为台州府学政试院的代表性景点。

4. 轩

轩一般是较小的有窗房屋，多为书房一类。作为凭文取士之地，各地贡院中自然少不了轩这种建筑。

河北大名府试院中有交翠轩，是试院中的学使下榻处。乾隆年间，直隶学政索绰络·德保（1719—1789）题有"交翠轩"匾额。这是由于后院中有两棵古柏，"虬枝铁干，苍翠参天，与晚香堂之柏相亚"。②大名知府、浙江嘉兴县人沈涛（1792—1861）经常在交翠轩住宿、办公，著有《交翠轩笔记》。其中云："大名试院之后庭有古柏二株，繁荫翳日，樛枝摩穹，夭矫拏攫，奇态万状。甫里怪魁之松，乐圃并秀之桧，殆无以过。"③"晚香堂"是大名府署中专门纪念宋代名将韩琦（1008—1075）的一处厅堂，"甫里松"当是指唐代陆龟蒙（？—881）《怪松图赞》中所描绘的松树，"乐圃桧"当是指宋代"苏门六君子"之一的李廌（1059—1109）《鼎足桧》中所描绘的桧树。

浙江宁波府学政试院中有优学轩。该试院系改建自巡按御史行台，有大门、仪门、正厅、川堂、后堂即东西廊房等房舍，后堂的后面建有优学轩，并"翼以亭，左曰省过，右曰涤心"。④"优学"之名，当是取自《论

---

① 张寅，何奏簧：民国《临海县志》卷8《学校志》，台北：成文出版社，1975年，第750页。
② （清）何俊，郭程先：《咸丰大名府志》卷6《署廨》，上海：上海书店出版社，2006年，第174页。
③ （清）沈涛：《交翠轩笔记》，清道光十六年（1890）刻本，卷首《自序》，第1页。
④ （清）嵇曾筠，沈翼机：乾隆《浙江通志》卷31《公署中》，《景印文渊阁四库全书》第519册，台北：商务印书馆，1983年，第797页。

语·子张》中的"仕而优则学，学而优则仕"。

福建汀州府学政试院在咸丰二年（1852）由知府李佐贤倡捐重修，除建有号舍、大堂、官厅、穿堂、玉衡堂、天香堂等考试功能性建筑之外，还在天香堂的西北空地上建造了一座小厅，厅旁小坡设置假山，栽种竹、树，由于"坐厅而望，南山云起，爽人心目"，因此将其命名为"坐看云起之轩"。①

不过，清代各类贡院中的轩也并不都是景观性建筑，有的也被赋予考试功能。如始建于道光二十六年（1846）的河南许州直隶州长葛县考棚，光绪十三年（1887）重修之时，在严师堂中附设冰鉴轩和东西看卷所六间、培风堂五间。②"冰鉴"一般是指阅卷官摒弃私情公平阅卷，"冰鉴轩"与东西阅卷所相连，显然其自身也是考官阅卷之所。又如浙江金华府永康县考棚建成于道光年间，光绪九年（1883）邑绅胡丹凤捐资一万三千二百两，历时四年完成重建，其后堂共五楹，题以"藜青轩"匾额，作为"县官僚属佐较艺所"③，也就是协助阅卷的幕僚评阅试卷的场所。

5. 廊

廊一般是指有屋顶的过道或屋檐下的过道。清代各类贡院中的廊主要有两种，一种是具有一定考试功能的廊，如安置考试座位的号舍之"长廊"④、考前等候点名入场的避雨之"游廊"⑤，前文已经叙及；另一种则是供休憩、赏玩的开放型长廊。

---

① （清）刘国光，谢昌霖：光绪《长汀县志》卷10《公署》，台北：成文出版社，1967年，第139页。
② 刘盼遂：民国《长葛县志》卷2《营缮志》，台北：成文出版社，1976年，第71页。
③ （清）胡丹凤：《重建试院落成记》，（清）李汝为，潘树棠：民国《永康县志》卷15《艺文志》，台北：成文出版社，1970年，第825页。
④ 如广西郁林直隶州陆川县道光元年（1821）建成考棚，其大厅东西"共四长廊，每廊约十间，为号百有奇，号约容十人"。见吕春琯：民国《陆川县志》卷9《学校志一》，台北：成文出版社，1967年，第145页。
⑤ 如浙江台州府的大门外便建有"游廊"，"周遭数十间，为应试听点时蔽风雨之所"。见（清）陈一鹤：《重修游廊记》，张寅，何奏簧：民国《临海县志》卷8《学校志》，台北：成文出版社，1975年，第749页。

四川成都府学政试院中有冷风廊。其名源自道光年间四川学政何绍基（1799—1873），他在四川灌县获得了一块"汉隶残石"，其上有"□□冷风"四字，于是将该残碑带回成都府学政试院，"置之廊下，名其廊曰冷风"。该廊与乾隆六十年（1795）四川学政钱樾（1743—1815）题写的"碧梧翠竹之居"和江苏长洲人李桀（生卒年不详，乾隆壬辰科进士）题写的"惜分阴斋"并称为"署中佳胜处"。①

浙江杭州府学政试院中有韵廊。光绪十六年（1890）学政潘衍桐重修西园，在其中建有"缉雅堂、韵廊、此君亭"。②

6. 池

池是中国传统建筑景观设计理念的重要载体。依池构架，顺水着墨，池边戏鱼，池中映柳，凭借对池的景观再造，体现独特的庭院山水文化之美，能够使人压力缓解，心情舒畅，文思顿启，灵感勃发。同时，在不慎遭遇回禄之时，池中之水还能帮助扑灭火灾，或者用于清洁房舍，具有相当的实用价值。清代各类贡院均能因地制宜，利用现有条件，在考场内外设置池类景观。

江西贡院的龙门外左为供给所，右则有"河水池"。③ 江南贡院始建于明景泰年间，在至公堂前有东西文场号房，"堂后有池"，并架桥于上，曰飞虹桥。④ 今天的飞虹桥位于江南贡院中国科举博物馆前，是连接秦淮河南北两岸的人行通道。云南贡院在昆明城拱辰门内，"后枕商山，前临九龙池"⑤。九龙池今名翠湖，历来是昆明之旅游胜地，被誉为"城中碧玉"。

---

① 陈法驾，曾鉴：《民国华阳县志》卷29《古迹三》，成都：巴蜀书社，1992年，第433页。

② 吴庆坻：《民国杭州府志》卷18《公署一》，上海：上海书店出版社，1993年，第487页。

③ 魏元旷：民国《南昌县志》卷9《建置志下》，台北：成文出版社，1970年，第125页。

④ （清）赵弘恩，黄之隽：乾隆《江南通志》卷91《学校志》，《景印文渊阁四库全书》第509册，台北：商务印书馆，1983年，第542页。

⑤ （清）戴纲孙：光绪《昆明县志》卷3《建置志》，台北：成文出版社，1967年，第42页。

各地学政试院中也多有池。山东省城济南府城号为"泉城",山东贡院内旧有"大比泉",嘉庆九年(1804)山东布政使江兰"复凿华笔池"。① 道光年间,因扩建号舍,华笔池的部分池面被填平。湖南桂阳直隶州试院在道光年间重修时,大堂后面建有十余处亭、馆,并开凿了两口小池塘,引泉通流。学政蔡锦泉为其题写了"夹镜双清"的匾额,并撰写跋语:"予历按九郡四州,试院宏敞,以斯为最。"整座试院的后堂环境极为优雅:"广厦七楹,两廊环抱,回阑四折,俯瞰方池,衡文者于此,豁目照心也。"② 广东广州府提督学政署始建于明嘉靖年间,清康熙四十九年(1710)广东学政张明先〔生卒年不详,康熙二十四年(1685)进士〕倡捐重修试院,并命人疏浚药洲,重建石碑,建造拜石亭,在池中栽植莲花。③

县试考棚虽然规模较小,但有些也有小池在焉。如湖南澧州直隶州永定县(今张家界市永定区)考棚创建于嘉庆十八年(1813),其照壁前便"置荷池一亩"。④ 又如浙江金华府浦江县浦阳试院建成于嘉庆二十年(1815),试院中除了号舍、桌凳、大门、仪门、正厅等建筑外,还"栽植花卉,有池畜金鱼。堂之西为小厅,前叠石作小山,种以梅竹"。⑤

7. 树

贡院中的树种类颇多,但有些树则因其特殊寓意而额外受到青睐。

清代各省乡试常在贡院中植树,典型代表当属江西贡院。乾隆十三年(1748)江西布政使彭家屏指挥衙役在贡院内栽种了四种树木,即槐树、

---

① 毛承霖:民国《续修历城县志》卷13《建置考一》,台北:成文出版社,1968年。744页。

② (清)汪敦灏,吴嗣仲:《同治桂阳直隶州志》卷6《工志》,南京:江苏古籍出版社,2002年,第84页。

③ (清)张明先:《学署考古记》,(清)阮元、陈昌齐:道光《广东通志》卷129《建置略五》,《续修四库全书》第672册,上海:上海古籍出版社,2002年,第69页。

④ (清)万修廉,张序枝:《同治续修(湖南)永定县志》卷5《学校志》,南京:江苏古籍出版社,2002年,第341页。

⑤ (清)善广,张景青:《光绪浦江县志》卷4《建置志》,上海:上海书店出版社,1993年,第174页。

桐树、桂树和芙蓉树。之所以选择种这四种树，是因为"槐"与"怀"同音，种植槐树可以让考生"有怀攻苦，三年易度，不可虚掷此一日"，提醒其珍惜时光、刻苦读书；"桐"与"同"同音，种植桐树可以让考官"触忆当年，无负其初心"，提醒考官同情考生，从而秉公校阅；种植桂树是为了让考官认识到人才之可贵，时刻不忘自己的使命，"掇此天香，移植上苑"；种植芙蓉树则是让考官在阅卷时要万分谨慎，不使真才埋没，"午夜校阅，直笔欲下之际，重念寒士之失意堪怜，勿轻施涂抹"。①

嘉庆二年（1797）浙江学政阮元主持重建杭州府提督学政署的二堂西厅即澹凝精舍，并修葺影桥、再到亭，并将池中小亭命名为定香亭。据其记载，署内"多老桂，共十株"，他还让人"补种梅、桂、桃、柳百余株"。②

相比较而言，由于乡试中举一般被称为"月宫折桂"，故而桂树也是各类贡院中的宠儿。如河南陕州直隶州卢氏县于道光二十九年（1849）捐资建造了可容800余人考试的考棚。在考棚大堂后面建有"厅事一区"，知县刘应元命人在其庭中"植以双桂，为评文宴息之所，颜曰：桂馨一山之斋"。③

三、清代贡院人文环境美化的个案

以上采取分门分类进行说明的方式，依次介绍了清代各类贡院的人文创造手法。需要指出的是，各类贡院并非仅仅采取所举的某一种方式来进行环境景观的再创造，而是往往因地制宜地采取多种方式。其中尤以学政试院最为用心，兹再略举数例。

浙江杭州府提督学政署始建于明嘉靖三十三年（1554），清代历经多

---

① （清）谢旻：雍正《江西通志》卷135《艺文志·记》，《景印文渊阁四库全书》第517册，台北：商务印书馆，2008年，第810页。
② （清）阮元：《定香亭记》，吴庆坻：《民国杭州府志》卷18《公署一》，上海：上海书店出版社，1993年，第485页。
③ （清）刘应元：《创修考院碑》，（清）郭光澍、李旭春：光绪《卢氏县志》，台北：成文出版社，1976年，第944—945页。

次重修。除了对试院内各考试功能性房舍进行维修，历任学政等官员还逐渐增建了不少亭台楼阁。如乾隆三十年（1765）浙江学政李宗文"筑再到亭于署西"。李宗文（生卒年不详），字延彬，福建安溪人，李光地曾孙，李清植子，乾隆十三年（1748）进士，官至礼部侍郎。他之所以要建再到亭，是为了纪念母亲黄夫人两次入住浙江学政署。其父李清植（1690—1745）雍正九年（1731）以侍讲莅任浙江学政，黄夫人曾作为妻子随行。乾隆三十年李宗文任职浙江学政，黄太夫人作为母亲再次随行。嘉庆二年（1797）学政阮元重建试院二堂，在其东边房舍题写了"澹凝精舍"匾额，同时"浚西园荷花池，筑影桥，定香亭，镌记再到亭碑阴。仪门外建坊，曰桃李门"，撰写了《定香亭记》和《影桥记》。道光三年（1823）学政杜堮（1764—1859）因其子杜受田（1788—1852）以会元中传胪，在试院题有"闻喜轩"匾额。道光十四年（1834）学政陈用光（1768—1835）重建范文正公祠。同治九年（1870）学政徐树铭（1824—1900）营建约园，并"浚池筑亭，有慈云阁、紫桃轩、心夷泉、恩晖楼、茚泮"，作有《约园记》。同治十年（1871），学政丁绍周（1821—1873）因其子丁立瀛（1844—1907）中进士、选翰林，于是仿杜堮题"闻喜轩"之例，题写了"叠喜轩"匾。光绪十四年（1888）瞿鸿禨（1850—1918）任浙江学政，在试院中修建"文昌宫"，俞樾（1821—1907）为之撰写了《文昌宫记》，由瞿鸿禨之妻傅幼琼亲笔书写刻碑。瞿鸿禨自己则撰有《定香亭图记》。光绪十六年（1890），学政潘衍桐（1841—1899）重修西园，撰《重修西园记》，并且"建缉雅堂、韵廊、此君亭"。光绪二十三年（1897）学政徐致祥（1838—1899）重修约园，并亲自撰写记文。①

江苏常州府试院在康熙十五年（1676）重建时，除头门、仪门、龙门、东西文场、大堂、川堂等之外，往里为宅门，宅门内有诸多亭台楼阁："其内为崇素堂，堂之东紫薇庭，庭前衡鉴堂，庭后丹桂楼，楼下大雅堂。由崇素堂而进为燕喜堂，后为佳庆楼。并崇素堂而西为薪樵堂、存

---

① 吴庆坻：《民国杭州府志》卷18《公署一》，上海：上海书店出版社，1993年，第484—488页。

心堂，堂后为知圣道斋。斋之西为列岫亭，面亭为池，池北有亭，曰存雪亭。亭之南临水为榭，曰香岩。其旁又有亭，曰知乐。"①

山东济南府学政署除了建有闻名天下的四照楼，还有其他亭台楼阁。据乾隆五十八年（1793）任山东学政的阮元所作《山左学署八咏》诗，这些亭台楼阁包括濯缨桥、小石帆亭、海棠泮、玉玲珑、钟楼、石芝、积石斋等。② 此外，试院"视事堂"西偏还有一座"独树轩"，"高可二寻，广半之。缀以绮疏，缭以素壁，东坐而西向"，顺治十三年（1656）山东学政施闰章还曾为之撰写《独树轩记》。③

贵州兴义府学政试院系知府张锳于道光二十一年（1841）倡捐建造，除了各类肩负考试功能的房舍，也修筑了不少亭台楼阁，栽植了多种花卉树木。比如在试院二堂的左边，"树石幽秀，有红杏林、绿芭蕉之属，其正屋三楹，曰红杏山房"；向前经过一道曲廊，"有亭曰纳旭亭"；经曲廊再往前，有"他山楼"三楹；楼下向北有"蕉雨轩七楹，庭中皆种绿蕉"；往前再走，曲径通幽，有"静室一，曰双清厂"，楼边又有"半船"三楹。从二堂的右边向前走，经厨房、厕楼向北、向东方向，"周以回廊，中为植桂轩，南向，凡五楹，极宏敞，庭中多桂树"，对面则"有平台一轩，为公宴处"。所谓"平台"，实际上是一座演剧的戏台，其后则建有一座"木樨香里亭"。在植桂轩的后面是川堂三楹，名为"意舟堂"；有"芝兰室"书房五楹；植桂轩东边有回楼十七楹，其下则为"十八先生祠"，南边有"骋怀楼"，中间有"观海楼"，北边有"天香阁"。这些亭台楼阁景致优美，仪态万千："凭栏一望，城中万家烟火，尽在目前。雉堞以外，近则蔬圃菜园，远则谷塍稻陇，又远则青山绿海，古寺丛林。五里长堤，

---

① （清）陈延恩，李兆洛：道光《江阴县志》卷2《建置志》，台北：成文出版社，1983年，第230—231页。

② （清）阮元：《揅经室四集》卷1《诗》，《清代诗文集汇编》第477册，上海：上海古籍出版社，2010年，第468页。

③ （清）胡德琳：乾隆《历城县志》，清乾隆三十八年（1773）刻本，卷10《建置考一》，第34页。

驾红腰于山畔;十寻碧塔,翻倒影于水湄,洵为边域雅观。"①

各地县试考棚尽管经费紧张,无法修建太多房屋,但亦不乏人文景观创造。如浙江金华府浦江县在嘉庆十六年(1811)捐资创建了县试考棚,后改称为浦阳试院,除了各考试功能建筑外,其中也有不少其他并无考试功能的亭台楼阁。一是各类崇祀,包括"大门西向,正对为奎星阁",正厅之西为"桧树神庙,今改东向"、后堂三间,"有楼,祀文昌神"。二是各类休憩庭院,"后为退堂,北向,堂之东为上房,又东为书房。栽植花卉。有池蓄金鱼。堂之西为小厅,前叠石作小山,种以梅竹"。②

道光二十年(1840)浙江台州府黄岩县知县陈晖主持建造了考棚,"有林木泉石之胜",台州知府潘观藻为其题写了"校士馆"匾额。其后若干年中,考棚中增建了不少亭台楼阁,使得"士之试于其中者,亦皆翩翩然有高翔寥廓之势"。如在大门内西北建有蹑云桥,仪门内建有丛桂厅。同治年间,邑人卢运辅在丛桂厅旧址建造了文奎阁,正厅后面建成朱子祠5间,其上为四照楼5间。朱子祠东厢为东庑敬斋3间,西厢有西庑义斋3间,敬、义二斋均崇祀宋代朱熹的及门弟子。③ 此外,在文奎阁东侧建有杨公祠3间,奉祀台海道杨应魁;杨公祠东侧有冯氏宾兴祠3间,奉祀武举冯振魁。文奎阁西侧则为宾兴祠,奉祀捐设本县宾兴助考基金的捐资者木主。宾兴祠前方建有假山,"有花木泉石之胜"。④ 在这些建筑中,蹑云桥、假山都是观赏性建筑,文奎阁是宗教性建筑,朱子祠、杨公祠、宾兴祠都是纪念性建筑,都与县试本身没有直接关系,但也都在一定程度上有所关联。

---

① (清)张锳,邹汉勋,朱逢甲:《咸丰兴义府志》卷20《学校志》,成都:巴蜀书社,2006年,第253页。
② (清)戴殿泗:《浦江县考棚记》,(清)善广,张景青:《光绪浦江县志》卷4《建置志》,上海:上海书店出版社,1993年,第174页。
③ 喻长霖:民国《台州府志》卷16《学校略上》,台北:成文出版社,1970年,第860-861页。
④ (清)陈钟英,王咏霓:光绪《黄岩县志》卷8《建置志》,台北:成文出版社,1970年,第634页。

亭、台、楼、阁、轩、榭、廊、舫，是中国传统建筑庭院装饰的主要内容。作为主体建筑的补充，它们通过丰富多姿的形态、独具慧眼的选址、意境深远的题字，向人们传递品味自然与感悟人生的深邃体验，给予人们与众不同的审美体验。

相对而言，县试考棚是清代贡院中级别最低的考场，其服务对象一般只有一州、一县的童生，其修建成本相对更高，因而多属简洁朴素甚至因陋就简，对于主要具有装饰性功能的亭台楼阁，大多付诸阙如或品种单一。而学政试院则既是学政主持岁科试的专门考场，同时又兼作学政按临驻劄的行辕之地，因而一定程度上兼具考试与生活两种功能。因此，学政试院中的亭台楼阁等类建筑往往更为丰富。尤其是各省省城的学政署是学政上任后居处时间最久的场所，学政不仅要在此举行省城所在府的岁科试，还要在乡试之前在此举行录遗考试。乡试期间，学政亦需在省等候，而乡试结束后则例得参加各省督抚举行的鹿鸣宴。因此，各省省城学政署中的亭台楼阁在全国各地的学政试院中也最为丰富。从这个意义上讲，乡试贡院中的亭台楼阁等建筑有时候甚至不如学政试院丰富多彩。

当然，对于在贡院中建造亭台楼阁类非功能性建筑的做法，清代人也并非完全认同。如雍正二年（1724）翰林院侍读学士、江西学政沈翼机[生卒年不详，康熙四十五年（1706）进士]便指出："世之治郡者，大率视其官如传舍。即黉宫、雉堞以及仓库、陂堰诸要务，且听其坏弗问，奚暇及于校士之馆？"认为地方官能够用心于学校、城墙、仓库、水利设施等关系教育、安全、经济发展等事务就已经很不错了，大多数人都不会关心贡院的建造问题。他进一步指出："间有好事者作为亭榭楼观，可登高明而远眺望，即自侈其优于政，或驰请名人为文镌石以张大其事，冀延誉于后。又孰有为广厦以庇多士，迟数年而曾不记其盛者耶？"也就是说，大多数地方官都热衷于宣扬自己的政绩，即便只是建了一个亭子、一座楼房，都要迫不及待地请人撰写记文、四处宣扬。尽管沈翼机说这些话的目的，是要表扬江西抚州知府任士理重建学政试院已经数年，却一直不肯找人撰写记文的低调实干精神，但是却从一个侧面反映了沈翼机对地方官员建造各类亭台楼阁的态度，即认为这些人都是"好事者"，这类建筑都只能起到"登高明""远眺望"的作用，并不体现地方官是否具有优秀的为政能力。

本章结语

自隋唐设立科举取士制度以来，历代都很少为科举考试建造专门的考场，大多是临时借用衙署、学校、寺观等公共建筑为考场。唐代虽然自开元二十四年（736）便已经有了"礼部贡院"之称谓，但它却更多的是一个常设于礼部的考务管理机构，其性质是政府行政部门，并非后世的专门考场。直到北宋中后期，为礼部省试、府州军解试而专门建造的贡院才开始出现。元代贡院文献不足征。明代则形成了自提学道署试院至乡会试贡院的贡院系统。不过，由于文献记载相对简略，今人对于清代以前贡院的人文创造几乎很难加以描述。我们只能通过清代人的描述，得到有关前代贡院的规制、匾额、牌坊等的模糊印象。

清代是中国历代贡院的集大成时期，不仅在考场层级方面实现了全面覆盖，而且在考场形制方面也日益成熟，同时在时空分布方面也达到了一定的比例。以此为前提，人们对于贡院的文化创造也不断丰富。在考场选址及其内部格局分布方面，各地都能因地制宜，利用风水堪舆理论进行建筑指导。在房舍匾额、楹联的题写方面，除了御赐匾、联，也大多能够在命题立意、书法字体等方面别出心裁体现个性，并使之成为向考生宣讲朝廷政策、鼓励考生正确对待考试、积极面对竞争的"心灵鸡汤"。而在实现了为考生提供基本的考试便利条件、使其免于自携桌凳、上雨旁风之苦后，各地官绅也开始得陇望蜀，致力于改善考场内部环境，建造亭台楼阁，栽植花草树木，为进入其中的主考官营造赏心悦目的工作环境。江西贡院中的桂树，山西泽州试院中的古松，山东济南学署中的四照楼，浙江杭州学署中的再到亭，无不引来历代考官与文人的诗词题咏，为清代贡院文化添加了别样的风味。

第八章

清代贡院的管理制度

科举制度在清代被视为"抡才大典",对于培养和选拔封建国家官僚系统的后备力量至关重要。贡院作为科举制这一"抡才大典"的具体实践场所,能否严格执行国家的制度设定、真正体现统治者的政治意图,是朝野关注的重要问题。诚如时人所云:"考棚之设,所以恤士子、谨关防、论定人材,为朝廷储公器,所系为至巨也。"[①] 从管理制度的角度来看,清代贡院主要需要面对政府监管、社会监督和自我组织管理三个方面的管理与控制。

第一节 清代贡院的政府监管

与宾兴会等专门为科举考生提供考试费用资助的社会公益基金组织不同,清代贡院并非完全意义上的社会公益组织,其所有权属性介于政府所有和社会共有之间,大多数时候则因为其修建费用的来源不同而有所不同。乡会试贡院的修建费用在清代前期多由国库承担,清代中后期则大多开始向本省绅民倡捐甚至摊捐,故而其管理也多由各府州县绅董构成的经

[①] (清)李忠塈:《新建考棚记》,(清)刘昌绪,徐瀛:《同治黄陂县志》卷15《艺文志中》,南京:江苏古籍出版社,2001年,第472页。

理首事集体执行。学政试院与县试考棚多由一府、一州或一县的绅民捐资修建,因而其管理话语权也多掌握在本地绅董会手中。不过,无论绅董对贡院的影响有多大,清代国家都有权对各类贡院的修建、处置进行政府监管。与清代宾兴公益基金组织的政府监管机制一样①,清代贡院的政府监管机制也主要包括对修建贡院的准入审批监管和对捐资协助修建贡院行为的鼓励嘉奖。

一、修建贡院的申报立案管理程序

清代朝廷及各级政府对于地方社会公益事业的监管制度已经日渐成熟,并形成了一整套的申报、审批、立案、嘉奖的完整程序。这套程序,不仅行之于养济院、育婴堂、恤嫠会、施棺会等政府或社会慈善组织的建立与施行过程中,也施行于官学、书院、义学、宾兴会等教育类公益基金资产的管理制度之中。贡院作为清代的一种特殊的教育公益事物,其修建活动同样需要遵循这一制度的相关规定。

1. 国库报销类型贡院的申报立案管理程序

清代各省修建贡院,如需要从国库开销修建经费,一般都需要由各省督抚撰拟奏疏,向皇帝进行呈报。皇帝批由礼部议准,再由皇帝钦定,贡院方可动工兴建,并从各省藩库之中拨款支用。最后各省督抚再将所有经费若干、所用工料若干、所修房舍若干、所用人工若干等开列清单,附于奏折之后,申请报销。

如贵州贡院从明嘉靖十四年(1535)由巡按御史王杏"题明"建立后,清代前期又经历了两次重大修建活动。其中顺治十六年(1659)经巡抚赵廷臣"题准"改建于省城布政司公署左边,雍正六年(1728)巡抚祖秉圭又因乡试人数日益增多,原有号舍数量不足,故而"题请"将学政衙署建筑群并入贡院,用于添建号舍、公厅,而于省城南门大街另建学政

---

① 参见毛晓阳:《论清代社会公益基金组织的政府立案管理制度——以科举宾兴为中心》,《山东社会科学》2016年第8期,第85—91页。

衙署。①

又如广西贡院系于顺治十四年（1657）以明靖江王府改建而成，康熙二十年（1681）、雍正十年（1732）、乾隆四年（1739）均曾重修。因地形所限，其衡鉴堂房舍面积较为浅窄，需要旁边接盖一座竹棚，以满足主试、房考共同阅卷的需要。但是竹棚毕竟易于朽烂，而且难避风雨，为此广西巡抚杨锡绂（1700—1768）于乾隆六年（1741）上疏，奏请"改造瓦木拱棚五间，轩敞坚固"，较为得宜。礼部讨论认为，"虽例无明文，但既为阅卷公所，则因事制宜，实属万不可少之公廨，应准其建造"。②

再如陕西贡院始建于明景泰年间，清代康熙、雍正年间两经扩建、重修。乾隆五年（1740），因秋雨过多，陕西贡院内帘阅卷厅房、考生应试号舍悉皆坍塌。为此，陕西巡抚岱琦提前上奏，请求在下届乡试之前完成重建。礼部经过讨论后决定，"应如所请，将陕西场内帘房号舍准其修造"③。

文献记载表明，若清代乡会试贡院的修建经费来自民间捐款，则各省督抚不需奏请礼部详议。如乾隆十八年（1753），福建巡抚陈宏谋（1696—1771）见贡院地势低洼，容易积水，考生应试艰难，经过与"藩臬监司诸君"商议后，决定对贡院进行"修治扩充"。就在他准备"入告请修"之时，"通省绅士"向他表示，"都人士蓄此志久矣。此吾侪进身之始，亦后来子弟观光之地，宜自经理，不敢重耗国帑"。最终，在"少京兆陈君治滋、少银台林君枝春"等人的倡导下，全省士绅"呈请捐修，一时争先，踊跃输将，不数月而十郡二州计数至二万六千八百有奇"。贡院修建完毕，所捐款项尚有剩余。当然，尽管陈宏谋没有在修建贡院之前向朝廷奏请动帑修理，但在贡院修成后，他却还是上奏朝廷汇报了此事。不过此时呈上

---

① （清）鄂尔泰，靖道谟，杜诠：乾隆《贵州通志》卷9《营建志》，《景印文渊阁四库全书》第571册，台北：商务印书馆，1983年，第225页。
② （清）礼部：《钦定科场条例》卷28《关防·贡院》，沈云龙：《近代中国史料丛刊三编》第48辑，台北：文海出版社，1989年，第1966页。
③ （清）礼部：《钦定科场条例》卷28《关防·贡院》，沈云龙：《近代中国史料丛刊三编》第48辑，台北：文海出版社，1989年，第1967页。

奏折的目的，不是请求动用公款进行报销，而是为了让朝廷知道百姓乐善好施的义举："闽中绅士乐事劝功，好善笃而趋义勇，实为十五省之冠。其急公之诚，不敢壅于上闻，谨以达之天听。"①

有关乡会试贡院修建过程的监管问题，前文在讨论乡会试贡院的修建途径时已经论及礼部审批的相关程序问题，此不赘述。

2. 社会捐助类型贡院申报立案管理程序

社会捐助类型贡院的修建活动，尽管其经费不必从国库报销，但同样需要进行申报立案。一般是由捐资者撰写呈文递交给与贡院相对等的行政管理衙门，再由该衙门长官代为拟定申文向更高级别的行政管理衙门上报，最终获得学政或督抚的批示，而不必上报礼部。

河北蓟州在清代初年循明代旧制建有考院，后被改为铸钱局，士子远赴通州应试。康熙四十四年（1705），蓟州、遵化、玉田、丰润、宝坻等5州县考生呈请合力捐资于蓟州重建考棚，知州张朝琮代其申报之后，获得各级官员的批示。其中通永道李批："仰候学院批示。录报。缴。"守道金批："仰候部堂、学院批示。缴。"直隶学院杨名时（1661－1737）最终批复："查据蓟、玉等五县生员既苦路途跋涉，资斧艰难，自愿于蓟城修复考棚，呈请就近考试，经该道查复前来。相应允其所请，以便士子。"② 通永道、守道的批示均表示要由更高级别的学院或总督批示，"缴"表示将其呈文抄录副本以备存案。

山西辽州直隶州在明代便是本省8个府级行政区划之一，但因未建试院，本州及所辖榆社、和顺二县的生童只能远赴其他地方的试院应试，"先赴平定、潞安，后改太原，原无定例"，康熙年间则改为"科附太原，岁往沁州"。为此，康熙三十年（1691），知州王景亮特为禀请上级衙门，于辽州建造试院，得到批准执行。试院建成后，王景亮撰写了一篇《创建考棚碑记》记录试院创建的历程。不过，据分析，该碑记实际上是当时王

---

① （清）陈宏谋：《重修贡院记》，（清）徐景熹，鲁曾煜：乾隆《福州府志》卷18《公署》，台北：成文出版社，1966年，第438页。
② 仇锡廷：民国《蓟县志》卷6《建置志》，台北：成文出版社，1968年，第521－522页。

景亮禀请建造辽州试院的禀文和山西巡抚、学政的批文的合刻。该碑记起首一句为"山西辽州申为'辽列八郡之一，考赴沁州之场，六庠苦乐不均，两州轻重互异。恩准详请辽、沁分考，以宏作养，以培文运'事"，这是王景亮所写申文的标题，直接点明了申文的目的。接下来一句为"据本州阖学生员李蕊、秦奚等呈，榆社县申据阖学生员韩祚禧等呈，和顺县申据阖学生员赵洁等呈，申详到州"，这是点明写作这篇申文的起因。再往下，王景亮详细阐述了辽州创建试院的理由、意义和具体目的，并简单说明了自己和两县知县捐俸改建察院行台为试院的修建计划，最后用"伏乞宪台批示定夺，以便遵行"作为这篇申文的结尾。紧接着，《碑记》先后用了"等因"和"等因，到州"作为承上启下的连接语，分别简单介绍了上级政府的批示和本州最终的处理结果。其中关于上级政府批示的内容为"于康熙三十年七月十六日申详前任抚宪叶、提学胥在案，于本年七月二十八日蒙批：'如详，辽、沁二属分场考校，永为定例。'"。这段话中的"前任抚宪叶"和"提学胥"分别指时任山西巡抚叶穆济（1688－1693年在任）和山西学政胥琬（康熙三十年到任），他们一致同意了王景亮的申请。本州最终处理结果为："蒙此，拟令勒石，以垂永久。"①

江西临江府新喻县监生刘必选、刘咏苹父子于道光五年（1825）呈请独力捐建考棚，经知县吴湛代为详请，得到上级官员的一致肯定，时任两江总督孙玉庭的批示中更有"好义乐输，洵堪嘉尚，俟酌量示奖"之语。最终，刘氏父子捐银 5000 余两建成考棚，合计可供 800 余人同时应考。②

安徽凤阳府寿州、凤台县士绅于道光七年（1827）合力捐建了两邑共用的"寿台试院"。作为该试院捐建活动的决策者与发起人，寿州知州朱士达在事后撰写了题为《详报考棚工程完竣稿》的详文，向凤阳府、凤庐道、安徽按察使司、安徽布政使司、安徽学政、安徽巡抚逐级汇报了捐建考棚的全过程，在请求各上级政府为之立案的同时，并代各捐资士绅提请

---

① （清）王景亮：《创建考场碑记》，（清）徐三俊，陈栋：光绪《辽州志》，台北：成文出版社，1976 年，第 695－698 页。

② （清）赵敬襄：《新喻县捐建试院记》，（清）文聚奎，祥安，吴增逵：《同治新喻县志》卷 3《建置志》，南京：江苏古籍出版社，1996 年，第 141 页。

政府嘉奖：

> 此次创建考棚，悉出诸绅富自行捐办，各董事均能实力实心，不辞劳瘁，前任江阴县训导孙澍征及候选通判孙诒祖不特捐银一千两以上，且能设法劝捐，妥为经理；协同捐职理问黄宗灏在工年余，始终勤奋，洵属好义急公，最为出力，自应分别请奖。所有捐银二千两以下及三百两以上各捐户，可否仰恳宪台核明转详大宪分别奏请量予鼓励之处，恩出宪施；其捐银三百两以下及一百两以上者，应请由府给匾奖励。其百两以下及数止数十两者，应由阜州分别给匾勒碑，以彰善行。凡零星捐户，请免入册，以归简易。此项工程，系民捐民办，应免造册报销。①

对于朱士达的详文，从凤阳知府到安徽巡抚各级地方官员分别给予了批复。据《光绪寿州志》记载，除凤阳知府、凤庐道、安徽按察使司的批示均为"同前因"外，安徽巡抚、学政、布政使的批复各不相同——

> 奉抚部院邓廷桢批：仰布政司确核妥议，通详查办。毋违。
> 奉学院胡开益批：据详已悉。所有该绅董等奋勉竣事，应行奏请鼓励之处，已于该详内批饬录报藩司核议，通详办理。仰俟藩司详到核夺。
> 奉布政使司邱鸣泰批：查此案已据该府详奉督、抚二宪批示到司，业经本司核议，转详请奏在案。仰候奉到各院批示，另檄饬遵。

与安徽寿州考棚的建造过程一样，全国其他地方考棚的修建工作同样需要逐级向上申报立案，有时候甚至要经过多次往返申报。在此过程中，州县父母官往往起到了至关重要的作用——他们不仅要扮演好上传下达的

---

① （清）曾道唯，葛荫南：《光绪寿州志》卷9《学校志》，南京：江苏古籍出版社，1998年，第125页。

情报传递员的角色，还要起到神经中枢的作用，作为工程统帅指导士绅通盘筹划、分头并进。

兹再以贵州兴义府试院的重修过程为例。兴义府试院始建于雍正九年（1731），嘉庆六年（1801）迁建。道光二十一年（1841），时任知府张锳（1791－1856）倡议捐输，再次迁建试院。为了获得本省督抚学宪藩臬等各级官员的批准立案，张锳于道光二十二年（1842）三月十八日撰写了一篇《捐修试院详稿》，向各上级衙门汇报。详稿内容如下：

> 为详明劝捐移建试院事。窃照兴郡试院建自嘉庆六年，迄今四十余载，屋舍倾圮。而且坐号不满五百，多士难容。住屋仅止数间，风雨莫蔽。更兼墙多短矮，地近荒凉，尤不足以严关防而塞弊窦。卑府到任，适值学宪按临，遽修不及，仅止草草补葺。学宪深以关防为虑，因多派人役周巡，幸无贻误。然此后势非重修不可。又查试院旧建城外，去城三里之遥，附近既乏居民，更无逆旅，赴考士子俱属寓居城内。若晴明偶值，已不胜黄昏奔走之劳；设阴雨时逢，更不胜黑夜沾途之苦。因与各绅士悉心筹画，均谓非移建城内不可。因与所属之贞丰州及兴义、普安、安南三县，以及册亨州同，暨附考之普安厅，首先倡捐，并命绅士实力劝捐。兹各属共已书捐万余金，已收钱数千金。业于城内旧东门，直抵旧北城墙，购地宽十五丈，长三十余丈，于三月十五日兴工。此系阖郡公事，所有银钱出入，暨各项工程，未便官为经理。查有本城拔贡生桑滋、生员缪汝兰、监生宋云、商民冯程远、张福昌，人俱端谨，饬令各司其事。所有银钱，俱交铺商收存，首士支销，设出入账簿二，一存府署，一存公局，以凭稽查，俾免侵欺滥销。各项工匠由各首士雇募，料物照市价平买。务期工坚料实，经久不坏。卑府仍随时查催，并札委教授郭超凡监修，督令赶紧修齐，以期仰副宪台嘉惠士林之至意。除俟工竣另报，并详请捐输绅民照例鼓励外，所有移建试院缘由，理合具文通报，伏乞俯赐查核示遵。除径报各宪外，为此备由照详施行。道光二十二年三月十

八日详。①

这篇详稿首先叙述了迁建试院的原因与决策过程，接着介绍了工程经费的来源，以及工程的具体经办方式，强调此次迁建试院系"阖郡公事"，因此"未便官为经理"，一切均由首事负责，官方只负责监督稽查。最后表明申报立案的目的。对于张锳的详稿，各级官员给予了批复，其中四月二十三日贵州巡抚贺长龄（1785—1848）的批文为：

> 据详，捐建试院兴工日期已悉。仰布政司即饬该府，督饬教授及士民等，赶紧修建。俟工竣查明捐输姓名银数，出司核议，详请鼓励。仍俟督部堂批示。缴。

五月十九日两广总督桂良（1785—1862）的批文为：

> 仰贵州布政司会同按察司、贵西道，转饬督令赶紧妥为修建，务期工坚料实，毋稍草率。仍俟工竣造册，由司核议详办。并候抚部院批示。缴。

道光二十二年九月，兴义府试院迁建完工之后，张锳又分别撰写了《修竣试院详稿》和《试院岁修经费详稿》。

在《修竣试院详稿》中，张锳首先详细说明了自己带领本府各县及普安州等官员分别捐银为倡，号召士绅踊跃捐款的经过与筹集到的经费数额。接下来介绍了工程的经管首事团队，以及试院房屋的名称与数量，同时还提到利用捐款在试院旁边建造了一座皇殿、在旧试院地址改建坛宇一所，以及建西门、南门城楼和拱极亭，说明了经费开销的数额、剩余捐款的处理等。最后说明了上呈详稿的目的，即虽然经费来自捐款，不必从国

---

① （清）张锳，邹汉勋，朱逢甲：《咸丰兴义府志》卷20《学校志》，成都：巴蜀书社出版社，2006年，第254—257页。

库报销，但对于捐款者则应"分别请给议叙，并给予匾额，以示鼓励"。对此，贺长龄于道光二十二年十一月初九日批复：

> 据详已悉。该府倡捐并督率所属暨士民捐输，将坛庙、试院、城楼各工修建完竣，余银置产生息，以资经费，办理妥速，洵属急公可嘉。仰布政司查核捐户姓名、银数，造具册结议详，以凭分别给匾，并奏请奖励。仍候督部堂批示缴册结存。

在《试院岁修经费详稿》中，张锳首先说明了筹备试院岁修经费的理由，介绍了由本城盐商夏裕兴等按"货盐百斤，捐银三分"捐设试院岁修经费的方式，并顺便提及了兴义府已经获得审批立案的另外两项公益基金，即棉花肆捐设书院山长束脩和生童膏火经费、铜铅肆捐设文武童生学考报名赘仪经费，供上级衙门参考批复。对此，贺长龄于十二月初二日批示："据详兴义新建试院，盐商愿捐毫金，按月呈解，作为岁修经费，已悉。仰布政司核饬立案。"而桂良则在十二月十九日批示："仰布政司核饬立案。"

咸丰年间，太平军起义席卷南方各省，江苏、安徽、江西、浙江、湖北、湖南等地贡院在战火之中损毁尤甚。战后重建时期，各地贡院亦在修复或重建之列。由于其经费多来自民间捐款，相关的申报立案手续也相对简单。

创建于乾隆四十一年（1776）的安徽池州府试院便在战乱中被严重损毁。光绪十二年（1886），安徽池州府下辖之六县知县，即贵池县知县范葆廉、青阳县知县陈宗器、铜陵县知县俸朝仁、石埭县知县陈俊源、建德县知县曾道唯、东流县知县王聚奎，联合向池州知府呈请重建试院。在呈文中，呈文主稿人范葆廉首先回顾了"郡城考棚"即池州府试院自"兵燹被毁"后30余年中学政岁科试的大致情形，指出因为"寄寓秀山书院为扃试之所"，"诸事草创，因陋就简"，而且"历年亦久，梁柱欹斜，朽败不堪"，"偶值风雨漂摇，瓦片桁条动辄倾覆"，近年来也曾多次提议进行修葺，但都因为工程估价需要16 000余两经费，而公费拮据，无法承担，而民间收成欠佳,难以募集捐款。尽管如此,由于"奉宪台、学宪面谕,以书院狭隘,未易关防,饬即归复旧制,限于科试前完工",各位知县才不得不呈请知府设法修复试院。为此,六位知县经过分别与辖区内的绅士商议,决定采取"各按文生学额每名认捐洋一百元"的方式筹集经费。如经费不足,则请本府绅士刘瑞芬、周馥等极力资助。呈文并强调,本次募捐修复试院,募捐工作均"选择公正董事分途劝导,绅商士庶听其乐输,不准假公抑勒,滋事生端",修建工作也由贵池知县等监督绅董认真经理,"概不假手书吏,致启需索冒滥之渐"。① 需要指出的是,六位知县呈文中所提到的两位"绅士",其中刘瑞芬(1827—1892)字芝田,安徽贵池县人,以诸生入李鸿章之幕,官至广东巡抚,时任出使英、俄等国大使;周馥(1837—1921)字玉山,安徽至德县(今安徽东至县)人,以淮军军功历任县丞,知县,兵备道,按察使,山东巡抚,闽浙、两广总督等职,时在李鸿章幕中协助督办海防、电报等事务。

二、贡院捐助者的政府嘉奖

清代初期继续执行明代万历时期开始实施的一条鞭法赋役制度,雍正年间则进一步在全国推行摊丁入亩制度。这种政府收支的预算制度,一定程度上限制了地方官员向里甲随意摊派的行为,因而在面对地方重大工程时,必须仰仗于基层地方社会的捐助。为了鼓励绅民捐款,清朝政府制定了一系列针对捐助者的嘉奖条款。

1. 清代国家旌奖政策

《钦定大清会典事例》卷 403《礼部·风教》"旌表乐善好施"条,记载了清代国家对各类慈善行为的奖励政策:

> 凡士民人等,或养恤孤寡,或捐资赡族、助赈荒歉,或捐修公所及桥梁道路,或收瘗尸骨,实与地方有裨益者,八旗由该都统具奏,

---

① (清)周赟:《光绪青阳县志》卷 11《艺文志》,南京:江苏古籍出版社,1998年,第 573—574 页。

直省由该督抚具题，均造册送部。其捐银至千两以上，或田粟准值银千两以上者，均请旨建坊，遵照钦定"乐善好施"字样，由地方官给银三十两，听本家自行建坊。若所捐不及千两者，请旨交地方官给匾旌赏，仍给予"乐善好施"字样。如有应行旌表而情愿议叙者，由吏部给予顶戴，礼部毋庸题请。①

同卷"旌表急公好义"条还列有道光十二年（1832）以后的若干起旌表"急公好义"的事例，其事项涉及捐设粥厂、捐资助饷、捐修城池、报效圣节、捐修文庙等。其中道光二十八年（1848）之前的政策规定，"照例旌表，由地方官给银三十两，听本家自行建坊，给予'急公好义'字样"；而此后则规定，"各省士民人等急公好义者，原系有力之户，嗣后八旗、各省遇有题请旌表者，均令本家自行建坊，毋庸给予坊银"。

清代各类贡院属于地方"公所"，地方士绅商富捐资建造贡院，既与"旌表乐善好施"类中的"捐修公所"等行为相符，也与"旌表急公好义"类中的捐修文庙等行为类似，其个人捐款达到一定数额者，均可参照礼部旌表条例，由地方官报请礼部给予嘉奖。其类别主要有议叙、题匾、建坊等。

2. 建坊旌奖

顾名思义，建坊旌奖就是准许捐资者自行在其家乡建造牌坊，向宗族乡民宣示自己的善行。捐款捐物达到白银千两以上者，牌坊上镌刻由皇帝题写的"乐善好施"或"急公好义"四字。相比于议叙、题匾等旌奖方式，地方志所载的建坊旌奖方式要少一些。

各省乡试贡院占地面积广、工程规模大，一般采取向全省士绅集体募捐的形式进行修建。不过，道光十年（1830）陕西贡院的捐建过程却是例外。是年，陕西同州府朝邑县生员刘学宠率领三个侄子刘振清、刘际清和刘照清呈请独力重修陕西贡院。除了补修旧号7008间外，还增建号舍

---

① （清）昆冈：《钦定大清会典事例》卷403《礼部·风教》，清光绪二十五年（1899）刻本，原书未编页码。

1482间，新建回廊、茅房、卷棚、官厅290间，瞭望楼、明远楼5座，围墙240丈，石砌通道140丈，合计用银46 440两。此外，刘氏叔侄还捐银17 000余两，作为关中书院师生束脩膏伙基金。经时任陕西布政使杨名飏、巡抚史谱奏报，清宣宗下旨分别按照规定给予刘氏叔侄相应的表彰。其中"刘学宠给与道员职衔，刘际清同此，以本职再给予纪录三次，刘照清给予运同知衔"，而刘振清本身已经是武举，且曾加捐守御所千总，因此不愿议叙，为此朝廷下旨给予"乐善好施"四字，并"由本部给银三千两使自建坊"。①

学政试院也有由个别士绅独力捐建的案例。如嘉庆八年（1803），湖北黄州府捐职布政司经历王宗华向来到黄州府主持岁试的湖北学政茹棻（1755—1821）请求独力捐修黄州府学政试院，得到了批准。一年之后，茹棻再次来到黄州府主持科试，发现试院已经焕然一新，而全部用费竟然高达3.7万两白银。为此，茹棻不仅为其撰写了记文，还由湖北巡抚高杞报告朝廷，使王宗华兄弟得到了"乐善好施"之褒奖，并"建坊如例"②。

县试考棚同样有由个别士绅独力捐建的案例。如道光十三年（1833）江西吉安府遂川县监生胡言扬独力捐修本县考棚"泉江试院"，合计费银3000多两。经江西督抚奏请奖励，"奉旨旌建'好善乐施'坊，祀忠义祠"，而遂川知县杨振纲和吉安知府董斯福都为其撰写了记文，以示褒奖。而在三年之前，胡言扬还因为捐田设立房族义仓、义学及本县宾兴田、雩溪乡学田，获得了江西学政程德楷特意为之题写的匾额"务本敦仁"，湖西道萨某也为其题写了"孝义克兼"匾额。③

---

① （清）杨名飏：《陕西贡院碑记》，杨虎城，邵力子：民国《续修陕西通志稿》，民国二十三年（1934）铅印本，卷6《建置志一》，第6—7页。按，文中"三千两"当作"三十两"。

② 吕调元，刘承恩：民国《湖北通志》卷58《学校志》，台北：华文书局，1967年，第1367页。

③ （清）王肇渭，郭崇辉：《同治龙泉县志》卷12《人物志》，南京：江苏古籍出版社，1996年，第264页。

3. 题匾旌奖

"题匾"旌奖，是指由中央或地方官按照相关规定为捐资人题写匾额，悬挂于其家中厅堂，借以向乡民表彰其乐善好施之美德的嘉奖。这种来自官方甚至是皇帝的题匾，无疑是一种社会地位的体现，能够帮助其获得社会民众更多的尊重。根据礼部议定的旌奖原则，捐款在1000两以上者可以自行建造"乐善好施"牌坊，不及1000两但数额较大者可以自制"乐善好施"匾额，其字体则按照皇帝书写的范本进行仿制。等而下之，则可由各级地方官员题写匾额进行表彰。

清代县试考棚数量众多，历次修建均由士绅商富捐资完成，地方志中记载了不少地方官题匾旌奖捐助者的事例。如江西饶州府安仁县考棚创建于嘉庆四年（1799），由例贡毛凤腾独力捐建。约30年后，毛凤腾之子生员羽丰、翎丰于道光七年（1827）捐资重修。为了表彰毛氏父子对考棚的贡献，安仁知县刘照藜和李杰先后为其题写了"佑启人文"和"有功学校"的匾额。[①] 又如江西饶州府德兴县考棚是由生员胡友谦于嘉庆二十年（1815）独力捐建的，时任知县杨嗣沅不仅应士绅之邀为其撰写了《创建考棚记》以存史实，认为建造考棚是"重遴选，恤单寒，杜传递，殆一事而三善备"的义举，而且还为之题写了"嘉惠士林"的匾额。[②] 又如江西吉安府吉水县考棚建成于嘉庆二十四年（1819），其修建经费达数千两之多，均是来自全县士绅公捐。其中四都桐睦监生邓蔚起捐银200两，知县周树槐题写了"好善急公"的牌匾予以奖励。[③] 再如山东曹州府曹县考棚建成于光绪元年（1875），其中东西文场各20间，号桌、号凳、龙门及其东西耳房、辕门等单体建筑或考试设备的经费均由邑人谢森承担，合计所捐钱款为5500千文。为此，知县冯恩培特意题写了"大义可风"匾额送给

[①] （清）项鉴：《县考棚记》，（清）朱潼，徐彦楠：《同治安仁县志》卷30《艺文志》，南京：江苏古籍出版社，1996年，第867页。

[②] （清）孟庆云，杨重雅：同治《德兴县志》卷2《建置志》，台北：成文出版社，1970年，第1802—1805页。

[③] （清）彭际盛，胡宗元：光绪《吉水县志》，清光绪三年（1877）刻本，卷13《建置志》，第10页。

谢森。①

参与捐建乡试贡院和学政试院而受到题匾旌奖亦不乏其例。如道光五年（1825），湖北武昌府等地士绅呈请"公捐银两"，在贡院东边隙地改建号舍1000余间，同时购买民房，拓展点名处面积，以免考生拥挤混乱。经湖广总督李鸿宾奏准："该绅士等急公好义，实堪嘉尚！现饬查捐输银数，分别给予匾额，以示奖励。"②

清代因捐建各类贡院而获得题匾旌奖的人群中也有女性的身影。如四川夔州府大宁县孀妇胡赵氏于光绪六年（1880）捐修考棚，共费钱"二千九百一十四千五百八十九文"。为此，知县高维岳查验之后，代为撰写呈文，上请旌奖。据《光绪大宁县志》记载，此次申报的结果为："蒙督宪丁给予'乐善好施'匾额，并给监修首士魏辅祥'好善急公'匾额。"③ 从中可见，由于战败赔款及对外贸易逆差的影响，清末银钱比价日渐悬殊，故而胡赵氏捐钱数额虽然接近3000千文，但是依然没有达到获准自行建造"乐善好施"牌坊的旌奖标准。

有些时候，地方社会也会采取赠匾的方式对捐资者表示感谢。如陕西人徐澍楷由陕西汉中府洋县训导升任湖北宜昌府鹤峰州知州，培植学校，捐俸奖学。因鹤峰州科名不兴，而州治距离省城路途遥远，赴考路费繁重，因此捐廉倡设宾兴费，资助赴试考生。此外，徐澍楷还曾"捐解考棚经费"。为此，鹤峰州士绅特意定制了"振兴文治"匾额赠送给他。④

4. 议叙旌奖

所谓"议叙"，是指由礼部参照国家相关政策，根据捐款数额，拟定旌奖方案，转详吏部给予捐款人相应品级的官服、靴帽，或给予加级奖

---

① （清）陈嗣良，孟广来，贾迺延：《光绪曹县志》卷2《建置志》，南京：凤凰出版社，2004年，第72页。
② （清）礼部：《钦定科场条例》卷28《关防》，沈云龙：《近代中国史料丛刊三编》第48辑，台北：文海出版社，1989年，第1978—1979页。
③ （清）高维岳，魏远猷：《光绪大宁县志》卷4《学校志》，成都：巴蜀书社出版社，1992年，第119页。
④ （清）长庚，厉祥官，陈鸿渐：《光绪续修鹤峰州志》卷11《秩官志》，南京：江苏古籍出版社，2001年，第533页。

励。被议叙者即列入候补官员行列，由中央各部或地方督抚根据实际存在的官员缺额进行任命。

各地绅民捐资修建各类贡院而被旌奖的案例，在地方志中多有记载。其中捐修学政试院获得议叙旌奖，如道光二十一年（1841），知府张锳倡议士民合力捐银 30 800 余两，重修贵州兴义府试院，并将剩余捐款存典生息或发厂生息，作为试院岁修基金及各类士子参加童试、乡试、会试等的宾兴基金。道光二十二年（1842）试院落成，总督桂良、巡抚贺长龄将其事奏报朝廷，得旨："锳、瀚中，及督工输金官绅士民，教授郭超凡、通州知州景寿春、拔贡生桑滋、岁贡生张万春、生员余腾蛟等，民陈涛、陈国贵等，加级、予衔有差。"① 又如道光二十二年（1842），山西沁州直隶州知州穆克德起决定重修始建于明代崇祯年间的学政试院，为了倡议绅民捐款，他向所辖沁源、武乡二县分别发文，要求知县捐俸为倡："札沁（源）、武（乡）二县自行捐廉，以为绅民先。"最后一共筹集了 9429 两的捐款，其中"王道久千戎、逯兰畦广文、刘韫山少尉、詹竹溪少府、沁源李笠樵明府、武乡刘彤乡明府共捐银一千四百两"，说明其他绅民的捐款计有 8029 两。次年试院落成，穆克德起向礼部呈文上报，为捐资绅民申请旌奖："以斯举详于上台，转请入奏，蒙恩允准奖励，凡在工捐资官绅士民，皆仰荷圣慈嘉其乐善，录其微劳，均予加级议叙，赏赉有差。"②

捐修县试考棚获得议叙旌奖，如道光十七年（1837），江西南昌府武宁县人张绍玑命令儿子张向斗、张向仁独家捐建本县考棚，历时10个月，共用银 15 345 两。为此，地方士绅禀请本县知县"详转奉部请旨议叙"，礼部核准之后，转请吏部议叙，结果"邑庠张向斗议叙通判，州同张向仁议叙同知"③。又如江西南昌府靖安县自道光二十一年（1841）开始，便由

---

① （清）张锳，邹汉勋，朱逢甲：《咸丰兴义府志》卷20《学校志》，成都：巴蜀书社，2006年，第252页。
② （清）穆克德起：《重修考院碑记》，（清）吴承恩：《光绪沁州复续志》卷4《艺文志》，南京：凤凰出版社，2005年，第450页。
③ （清）何庆朝：《同治武宁县志》卷12《公廨》，南京：江苏古籍出版社，1996年，第124页。

士绅主导"修学宫,建考棚,并及城工",其中考棚建成于道光二十二年(1842),靖安知县满洲镶红旗人佛尔国春为之题名"校士馆"。道光二十七年(1847)继任靖安知县的江苏长洲举人祁启萼为其撰写了《创建考棚记》,并在记文后分重资倡捐者、董事始终勤劳者、捐输董事、劝捐董事四类,说明了此次捐建考棚、学宫、城垣的相关人员及其所获议叙奖励:"学宫、考棚、城垣三工并举,事阅三载,钱费倍万。其重资倡捐者以监生议叙县丞项茂春为最。董事始终勤劳则有举人大挑分发湖北知县加一级萧鸿铨、按察司照磨加一级舒俊民、八品衔加一级舒受南、六品衔纪录二次赵人伟。捐输董事则有八品衔加一级纪录三次闵中鸿、监生议叙八品衔加一级舒汝炽、增生八品衔纪录二次舒忱、从九品议叙八品衔加一级加捐州同张官鏂。劝捐董事则有举人信丰县教谕加一级刘先焕、举人就职教谕加一级舒懋熙、拔贡生就职教谕加一级舒恭诒、武举人纪录二次舒景棣、生员议叙从九罗凤翔等,皆急公任事,著有劳绩,例得并书。"①

三、地方官奏请旌奖

需要指出的是,各地士绅捐资修建考棚及从事其他公益慈善捐助,不管是事先捐助计划的实施,还是事后获得何种旌奖,都需要经过由地方督抚代为奏报请奖的程序,经过礼部审核并奏请御批,才能最终决定。

如前引贵州兴义府知府张锳倡捐钱款三万余两建造了学政试院。道光二十二年(1842)九月试院完工之后,他撰写了禀稿,分别向贵州藩、臬、抚、学等官员汇报前后经过。同年十一月初九日,贵州巡抚贺长龄作出批示:"据详已悉。该府倡捐并督率所属暨士民捐输,将坛庙、试院、城楼各工修建完竣,余银置产生息,以资经费,办理妥速,洵属急公可嘉。仰布政司查核捐户姓名、银数,造具册结议详,以凭分别给匾,并奏请奖励。仍候督部堂批示。缴。册、结存。"② 在这个批示里,贺长龄要求

---

① (清)祁启萼:《创建考棚记》,(清)徐家瀛,舒孔恂:《同治靖安县志》卷13《艺文志》,南京:江苏古籍出版社,1996年,第356—357页。

② (清)张锳,邹汉勋,朱逢甲:《咸丰兴义府志》卷20《学校志》,成都:巴蜀书社出版社,2006年,第256页。

贵州布政使派人核查详稿真伪，并表示如情况属实，则一方面巡抚衙门将按照有关规定向捐资人颁发匾额，另一方面则要向朝廷上奏请奖。

又如广西泗城府和镇安府于道光二十三年（1843）合力倡捐在奉议州建造了两府共用之学政试院。光绪《镇安府志》卷25《杂文》收录了道光二十三年广西巡抚周之琦（1782—1862）撰写的《捐建考棚疏》[①]，较为完整地呈现了这一申报请奖制度的基本过程，兹不揣冗长，抄录于次：

> 奏为捐建考棚完竣，恳恩分别奖励事。道光二十三年七月二十七日，据泗城府知府李闲、镇安府知府糜良泽详称，窃照粤西省外各府州均有考棚，惟泗城、镇安二府改流伊始，地僻人稀，每届岁试调赴南宁，岁科一考，已历有年。我国家承平日久，文教覃敷。兹查泗城府属文武生员共四百九十余名，童生三百六十余名。镇安府属文武生员共五百九十余名，童生一千六百余名，人文蔚起。祗因赴考南宁，远或千余里，近或八九百里，生童中力能赴试者仅十之五，单寒之士艰于跋涉，实阻其上进。前据镇安、泗城府属绅士黄登云、李宜祖等于道光十九年九月内呈请，在于泗、镇壤接之奉议州合建考棚，分棚考试。经前抚臣梁章钜饬司转饬查办。嗣据前任镇安府恒梧、前署府周三锡、署泗城府李闲节次筹议，劝捐详办。接任镇安府知府糜良泽于二十年十二月到任后，会同泗城府李闲设法劝捐。兹据泗城府属士民共捐银一千七百九十二两零，镇安府属官民共捐银一万四千五百九十两有奇，钱一万三千四百余串。内初建造考棚及明伦堂、演武所、提调监射办考各公所，以及号舍、桌凳等项，共用工料银一万二千七百一十六两零，尚余银一千七百九十二两零、制钱一万三千四百六十余串，发典生息，以为办考经费之用。据委署天保县知县袁沛霖前往奉议州新建考棚工程逐一查勘，俱已一律完竣，合式坚固，并无草率浮冒。出具印结，并查明各官绅士民等捐银数目及年籍、履历各册，

---

① （清）羊复礼，梁年：光绪《镇安府志》卷25《杂文》，台北：成文出版社，1966年，第407—408页。

由藩司邵甲名、臬司宝清议请奏明分别鼓励，前来。臣查泗、镇两府既建考棚分考，所有该府文武生童应请道光二十四年起在于奉议州分棚考试，仍遵照嘉庆年间原定旧章，岁科并考，由岁试之年举行。此项工程系官民捐办，动用银数请免造册报销。除将各官民捐银数目及年貌、籍贯、三代履历清册送部核办外，所有官民捐建考棚工竣缘由，谨会同两广督臣恭折具奏。

周之琦的这道奏折简要叙述了泗城、镇安两府在奉议州合建学政试院的原因、建造费用的来源、上奏的主要目的，并强调已经委派地方官员对相关事实进行了认真核对，并无欺瞒。为了方便礼部等衙门进行审核，周之琦还命人编制了一份清册，里面记载了捐输银钱的各色官民的年龄、相貌、籍贯以及三代履历等相关信息，作为审核完成后予以旌奖的直接依据。

此道奏折，清人何福祥修纂的道光《归顺直隶州志》卷4《艺文志》所载与之基本一致，只有标题和结尾部分略有不同。首先，其标题载为"捐建考棚完竣疏"，多出"完竣"二字。其次，结尾部分从"奏明分别鼓励，前来"到"泗、镇两府既建考棚分考"之间还有这样一段文字："臣查例载地方修城等项工程，绅衿士民捐银三四百两以上者，奏请给以八品顶戴。如有顶戴人员，声明听部另行议叙。其议叙人员，令督抚查明年貌籍贯三代履历，造册送部，填写执照发给。又道光十五年准礼部通行，士民捐银二百两以上者，给予顶戴。又士民有捐制钱一串，以一两计算，各等语，云云。至前任镇安府恒梧、署任周三锡、现任糜良泽各捐数，俱系知府大员，地方应办之事，毋庸议。云云。"① 后面的文字中，"请免造册报销"缺少一个"免"字，"会同两广督臣"后面多了一个"祁"。前者当系脱文，后者则是指时任两广总督祁㙄（1777－1844）。祁㙄，字竹轩，山西高平县人，嘉庆元年进士，道光二十四年（1844）接替琦善任两广总

---

① （清）何福祥：道光《归顺直隶州志》卷4《艺文志》，台北：成文出版社，1968年，第93—97页。按，县志原文"修城"本作"修成"，此据文意改。

督处理鸦片战争善后事宜，卒于任所。

对于各地士绅捐建贡院的义举，清代国家、政府官员、地方社会的旌奖措施往往同时发动，构成一个奖励义举的制度系统，同时也是一个保护社会公益的监督系统。前引山西沁州试院道光二十二年（1842）的重建活动便是如此。首先，工程结束后，主持本次捐建活动的知州穆克德起通过山西各级政府将事情原委上报到朝廷，得到道光帝"允准奖励"的命令，同时"仰荷圣慈嘉其乐善，录其微劳，均予加级议叙"。这是来自国家或朝廷的奖励。其次，试院建成后，"董事者以勒碑为请"，穆克德起于是为之撰写了《重修考院碑记》，将重要的捐款者、董事者、督工者的姓名均逐一提及，这是地方官员"撰文"与基层社会"立碑"的奖励。再次，本次捐资重建试院的过程也被载入沁州地方志，其可贵义举也得以流传至今，这是来自地方社会的刊载入志的旌奖。江西吉安府万安县考棚经过咸丰年间两次兵燹残破，本县绅士刘士楠两次慷慨捐助进行修复，其中同治四年（1865）重修时更是耗费捐款 8000 余两。为此，知县贺宏勋"嘉其志"，一方面"赠以匾额"，一方面则"详上宪请邀议叙"，从而"宏圣朝旌奖好善之例"。[①] 正是在这样一个旌奖好善义举的制度系统的宣传引导下，越来越多的绅商富户竞相解囊，向政府倡导的教育公益或社会慈善等组织进行捐助，并积极投身其日常管理活动，有力地推动了中国传统教育公益文化事业的发展。

第二节　清代贡院的社会监督

清代贡院的社会监督，是指清代地方基层社会围绕贡院而有的防蚀杜弊、褒扬义举、保存史实等行为。由于中国史学隐恶扬善的传统观念，因而常见于地方志等史籍文献中的社会监督形式主要以后二种为主，其中保

[①]　（清）贺宏勋：《考棚记》，（清）欧阳骏，周之镛：同治《万安县志》，清同治十二年（1873）刻本，卷18《文翰志》，第53—54页。

存史实主要包括编入地方志、编纂考棚专志、编纂考棚征信录三种形式，褒扬义举主要包括撰文、奉祀、立碑三种形式。通过这些监督形式，各地建造贡院尤其是捐建贡院的事实被记录于当时并流传于后世，成为防蚀杜弊的确凿证据。

一、采编入志

国有史，地有志，家有谱。地方志是一地之史，叙述其建置沿革、官廨坊表，胪列其山川桥梁、民情风俗，表记其人文盛衰、文艺典故，而隐恶扬善、讽劝世道也往往寓于其间。地方志的修纂虽多由官方监督执行，但具体的采访、编纂工作则主要由地方士绅承担，史事之取舍、叙事之详略也多由编纂者斟酌裁定。各类贡院关系人才盛衰与人心劝勉，向来是各类地方志采编、纂辑的重点内容之一。

道光十一年（1831），湖北德安府应城县建成了县试考棚。据《光绪应城县志》记载，建考棚时，除了购买了若干房屋、荒地，以备"日后扩充考棚规制之用"外，还购置了4处田产，作为"修葺经费"。县志指出，这些田产每年可收田租33石多，"其水使垱段，详《蒲阳辑略》"。① 也就是说，管理首士还特意将考棚的修葺经费田加以编纂，载入一部名为《蒲阳辑略》的文献。

道光十六年（1836），江西赣州府安远县知县陈隽捐廉号召邑绅捐集钱款8400余缗创建考棚。《同治安远县志》不仅在建置志中专设"试院"一目记载其创建过程，还在其后附载了"创建试院书院乐输芳名"，逐一刊载为建造考棚、书院慷慨捐助的人员的姓名、捐款数额，合计近300人次。捐助的门类包括银两、铜钱、田产、店铺、房产，捐助数额多者银元1400元，少者铜钱1千文，县志均不厌其烦，全部刊载。②

湖南衡山县初无考棚，嘉庆九年（1804），乡绅文昌晋、龙彩节发起

---

① （清）罗缃，陈豪，王承禧：《光绪应城县志》卷4《学校志》，南京：江苏古籍出版社，2001年，第226页。
② （清）黄瑞图，欧阳铎：《同治安远县志》卷2《试院》，南京：江苏古籍出版社，1996年，第413－417页。按，志中叙述捐银的计量单位均写作"员"。

倡捐，在县署仪门之内建造考棚。道光二十年（1840），全县士绅再次倡捐，将考棚移建于县治南门外雯峰书院的右边。由于考棚建成后捐款尚有盈余，乃以之购置田产，每年可收田租300余石，并在书院和考棚之间建造"培文馆"作为管理机构，田租收入用来支付"考棚岁修资及县府试科场卷费、会试资斧"，也就是将考棚与宾兴基金的管理合二为一。据同治县志记载，考棚名下的资产共有3类，一是"考棚置买基地"，共有7笔，计房基8所；二是"考棚公捐岁修田租（考棚与培文馆联属田租，合一经理）"，共有5笔，计田产约66亩；三是"考棚置买岁修田租"，共有6笔，计田产约220亩。①

江苏淮安府阜宁县考棚称为"考舍"，建成于光绪十一年（1885）。民国二十三年（1934）修纂的《阜宁县新志》详细记载了为建造考舍分别承担"协力筹建""购地""募捐""缮写管工"等相关工作的"邑绅士"："协力筹建者，顾皋兰、陈肇礽、项名燿、陈立基、张一珍、董璠、郑维藩、朱福、汪春阳、周正邠、江启珍、顾汝霖、吴士林、周如岗、刘丙成、顾广居、顾文英、汪春池、蒋八龙、祁春泉、王显、李采之；购地者，许上达、戴德渊、王锦标；募捐者，于峻廷、姜瑶、余登元、陶亮贤、邱栋材、常春锦、于盛治、张瑾生、杨宗億、陶濯江、陈树、李鸿澡、顾生明、常锡田、田本先、丁涛；缮写管工者，李翰卿、李友兰、史耀卿。至典史陈家谟、顾朱华、八滩巡缉委员杨昭亦均有力焉。"②

有些地方志的主修者恰好也是当地贡院的倡建者，因而在编纂地方志时对于贡院修建过程的记载尤其详细，读起来很像是当事人撰写的记叙文。如四川合江县人、陕西商州直隶州知州罗文思在莅任后的第四年即乾隆二十二年（1757）主持重修了商州学政试院，并在次年主持修纂《续商州志》。由于前一版的州志是乾隆九年（1744）王如玖编纂的《直隶商州志》，因此罗文思决定"前志所载者不重录"，仅记载其间13年发生的事

---

① （清）李惟丙，劳铭勋，文岳英，胡伯第：《光绪衡山县志》卷16《学校志》，南京：江苏古籍出版社，2002年，第442—443页。
② 吴宝瑜，庞友兰：民国《阜宁县新志》卷7《教育志》，台北：成文出版社，1975年，第620页。

情,这也使得该志可以用较多的篇幅详细叙述新发生的事情。在卷 2《建置志·公署》中,罗文思先简要叙述了雍正四年(1726)以来商州试院的修建历程,继而附录了首位按临商州主持岁试的陕西学政王蓍所撰写的《考院记》,接下来对学政按临商州时需要本州及所辖镇安、洛南、山阳、商南四县共同承担的"一切应用"银两进行了补充说明,并附载了当时的"行四县札"。① 这些都为今人了解清代修建学政院试经费的具体门类与分摊情况提供了宝贵的第一手资料。

二、编纂考棚专志

专志是地方志的一种,专门记述某一事物或事业的历史与现状。贡院专志与学志、书院志、宾兴志等一样,都属于教育类专志。清代各地所编纂的贡院专志多为县试考棚志。

湖南衡州府常宁县考棚建成于乾隆六十年(1795)。嘉庆十二年(1807)甘庆增代理常宁知县期间,率领县绅吴山高等修理学宫、书院,增建考棚号舍,同时发起募捐,置买田产,"为宾兴、膏火之资"。管理士绅还将修葺考棚、捐设宾兴的文献资料编纂在一起,"合刻《宾棚志》"。已经完成交接任务、暂居于县试考棚的甘庆增应士绅之请撰写记文,指出常宁县士绅多年来围绕学宫、书院、考棚、县志所做的事情,"无非作育人材,为时珍用",必能实现"顽廉懦立""孝里义门,敦行古处,蒸蒸向化"的积极效果。②

浙江金华府浦江县"浦阳试院"建成于嘉庆二十年(1815),工程结束后,相关人员编纂了《考棚志》。《考棚志》除了记载考棚建造的经过、士绅的捐款情况、申报立案文书、管理章程外,还详细刊载所有岁修基金

---

① (清)罗文思:《乾隆续商州志》卷 2《建置志》,南京:凤凰出版社,2007 年,第 245—246 页。
② (清)玉山,李孝经,毛诗:《同治常宁县志》卷 2《学校志》,南京:江苏古籍出版社,2002 年,第 345 页。

的田产情况。①

江西吉安府吉水县"文江考棚"建造于道光年间,工程结束后编纂有《吉水考棚尚义录》,其内容主要包括申报立案的文书及吉水县各乡绅民所捐钱款的数额。②

三、刊印考棚征信录

"征信录"是清代中后期逐渐流行于赈济、育英、恤孤、恤嫠、宾兴、学田等社会慈善、公益活动中的社会监督方式,如在清代科举宾兴助考公益基金组织的社会监督机制中便包括刊刻征信录的方式。③清代各类贡院作为一种公共建筑,其捐建过程中也偶有刊印考棚征信录的案例,如浙江嘉兴府学政试院便采取了刊行考棚征信录的监督方式。该学政试院被称为"宏文馆",初建于明崇祯年间,清代嘉庆十年(1805)知府李赓芸倡捐重修,合计捐集"白金七千有奇"。由于捐资者人数较多,李赓芸认为"不能仿汉碑之例,锓姓名于碑阴",而只能采取"别梓《征信录》以垂久"④的方式,将其捐款使用情况通过分发《征信录》广而告之,接受大众监督。

四、撰文褒扬

地方社会的嘉奖与表彰,是传统社会公益良性发展的重要助力,其主要的表彰方式有撰文、奉祀、立碑等。撰文褒扬,是由地方官员或本地名人撰写记文,记录贡院捐建者的嘉德善行、崇文义举,从而使事以文存,文以事传,捐助者、撰文者和义举本身均得以不朽于后世。由于此类事例

---

① (清)善广,张景青:《光绪浦江县志》卷4《建置志》,上海:上海书店出版社,1993年,第174页。
② (清)佚名:《吉水考棚尚义录》,清道光刻本。
③ 毛晓阳,金甦:《论清代社会公益组织的基层社会监督机制——以科举宾兴为中心》,《东南学术》2014年第3期,第214—220页。
④ (清)李赓芸:《重修宏文馆记》,(清)许瑶光,吴仰贤:《光绪嘉兴府志》卷7《公署志二》,上海:上海书店出版社,1993年,第181页。

在地方志中极为常见，故本节仅以江西为例加以说明。

江西饶州府余干县考棚是乾隆五十五年（1790）由邑人黄国定独力捐资建造。嘉庆元年（1796），本县生员程清晖向刚刚到任一年的余干知县贺维锦请求给予黄国定以表彰。由于贺维锦到任后已经接触过黄国定，并认为他具有"粹然儒者气象""立品甚高"，因而立即答应了程清晖的请求，先是书写了"弁冕人伦"的匾额"以嘉之"，继而"拟续补一记，勒石以垂久永"。嘉庆二年（1797），贺维锦完成了这篇《考棚记》，其中提出："人生莫大于孝，孝莫大于善体亲心。出所学，承慈教，以为人之所不能为，则甚矣司马黄君独建试院之为足取也。"① 此外，余干训导吴照也为之撰写了《捐建县考棚记》一文，高度赞赏其公心义举。

江西南昌府进贤县在未建考棚前借用曲水书院为考场，嘉庆丙子（1816）因书院"历岁既久屋舍多倾圮，且人数岁增，湫隘不能容"，庠生黄敬业、监生黄金铎乃代表黄氏阖族捐出书院西边地基一块，而廪生万叔权、庠生万达权、监生万经权兄弟也独力捐资 7000 余缗，建成可以容纳 1200 余人考试的县试考棚。时任两广总督的阮元收到其受知弟子、进贤知县周澍的书信后，便撰写了一篇《新建进贤考棚记》，对这些人予以嘉奖。记文中提到他当初担任江西巡抚时，曾对进贤县呈请捐建考棚的公案进行批示："绅士尚义，官亦得民心，是以成此善举，均堪嘉尚！"②

江西南昌府义宁州考棚系由全州士绅共同捐资建成于嘉庆二十三年（1818），其中考棚大堂则是由"龚明经禧之子学博旭、州司马芳霭昆季"共同捐建。本州学正黄文荣针对创建考棚的整件事件撰写了《初建考棚落成记》，而知州曾晖春则围绕龚氏兄弟独力捐建考棚大堂一事撰写了《考棚大堂记》，表彰其捐资义举。③

---

① （清）贺维锦：《考棚记》，（清）区作霖，冯兰森：同治《余干县志》卷 16《艺文志》，台北：成文出版社，1975 年，第 1122—1124 页。
② （清）江璧，胡景辰：《同治进贤县志》卷 3《公所》，南京：江苏古籍出版社，1996 年，第 281—282 页。
③ （清）王维新，涂家杰：《同治义宁州志》卷 32《艺文志》，南京：江苏古籍出版社，1996 年，第 629 页。

嘉庆十四年（1809），江西饶州府士绅根据学政汪廷珍（1757—1827）的倡议，在时任知府曲阜昌的率领下捐修学政试院，本府所辖7县分别认捐其中的部分建筑。据《同治安仁县志》记载，安仁县承修"文"字棚的款项是由廪生曾唯与同学杨汝楣合力认捐的。事后，本县府学廪生徐桂芳撰写了《饶郡考棚记》，除了批评当时社会"视阿堵为世守之资，彼伧父甘为钱虏""或挥霍于无用之地，或觊觎于不急之图"以及"二氏之学，吾儒之所不齿，琳宫梵宇，金碧辉煌，啸侣命俦，输财恐后。至语以郡县公事，则摇手莫应，避之恐不先"等诸多可鄙行径外，更高度评价了曾、杨二人"一德一心，同襄盛举"的可贵之处，认为"二君斯举，不惟乐善好义，其亦有功文教焉"。① 而据《同治万年县志》记载，此次捐修饶州府学政试院，万年县的承修款项是由本县生员方自越独力捐助的。通过万年县士绅和地方官的呈文，江西学政汪廷珍与饶州知府曲阜昌了解到，方自越除了独力捐修试院，还曾捐资4000余两购买田产230亩，创立"崇文堂"宾兴基金组织，资助本县士子赴省乡试、进京会试和入都参加优贡、拔贡朝考。为此，汪廷珍和曲阜昌分别撰写了《崇文堂义田记》和《崇文堂义田叙》，以表彰其义举。知府曲阜昌在记文中评价方自越是"不徇俗者，真古之独行好义君子也"。而汪廷珍则指出，尽管"世之勇于义者，往往不欲以名闻，田之有记，宜非方生之志"，但作为一省学政，"旌良士以厉俗"是其义不容辞的职责，尤其是记文可以"垂久远、杜侵渔、绝流弊，一举而三善得焉"②，即能够起到防蚀杜弊、保存史实的作用。

江西瑞州府试院创建于顺治己亥（1659），系将原巡按监察御史之察院行署改建为考场。嘉庆初年，瑞州府所辖高安、上高、新昌三县合力重建试院。该试院共有10座号棚，新昌县负责捐建其中的3棚，均由新昌刘氏家族的刘蕊堂、刘朗窗兄弟承担。为了表彰该家族的义举，嘉庆六年（1801）出任江西学政的李钧简（1757—1823）撰写了《新昌刘蕊堂朗窗

---

① （清）余桂芳：《饶郡考棚记》，（清）朱潼，徐彦楠：《同治安仁县志》，南京：江苏古籍出版社，1996年，第867—868页。

② （清）项珂，刘馥桂：《同治万年县志》，南京：江苏古籍出版社，1996年，第384—385、425—426页。

公分修本郡考棚记》。除了简略叙述刘氏家族捐资参与重建瑞州府试院的经过外，还用超过一半的篇幅评价了刘氏兄弟的捐资义举。李钧简说：

> 余以谓人生出处，正复何常？要以有济于世为贵。顾豪迈者或縻费于浮滥之途，而拘谨者又靳惜于锱铢之计。今菠堂持躬克俭而独能广以利人，见义勇为而至于老而弥笃，非特其度量之相越远也，亦其所见者大耳。向使展其所见，以大用于时，则栋梁之资、广厦之庇，夫岂异人任哉？乃偏乐为藏锋抱璞，以自娱其志于岩穴之间，倘所谓处士之雍容者，非耶？兹余得睹其诸孙之文，则山谷之所目为秀发者且不足以尽之，弥以卜菠堂之食报为无涯也。庄周有言："为善无近名！"菠堂之所为，初非以为名也，而其子若孙并能仰承其教，以自成其名，而其名即因而日显，兹且捧丹书而拜紫泥矣。夫孰谓善之所在，非即名之所归也耶？然则观菠堂之所为，为善者可以劝矣！①

新昌县刘氏家族历年来热心公益捐助，同时在科举考试方面也成绩斐然。仅嘉庆八年（1803）癸亥科科试中，刘菠堂、刘朗窗就有4个孙子考中生员，而在嘉庆十三年（1808）会试之前的3科乡试中，刘氏同祖昆季有4人考中举人。

以上5个例子，前3个是士绅捐建县试考棚而被地方官、学官撰文褒奖，后2个则是士绅捐建学政试院而获撰文褒奖。相关事例在全国其他地方亦极为普遍，此不赘述。

五、建祠奉祀

祠庙祭祀，是传统中国社会表达尊崇、爱戴、追思之情的一种重要方式，是中国传统文化的核心内容之一。在建造各类贡院的过程中，建祠奉祀便成为一种旌奖做出重要贡献者的主要途径。从形式来看，又可有专祠

---

① （清）李钧简：《新昌刘菠堂朗窗公分修本郡考棚记》，（清）黄廷金，萧浚兰：同治《瑞州府志》卷19《艺文志》，台北：成文出版社，1970年，第423—424页。

奉祀与立龛奉祀两种。

1. 专祠奉祀

所谓专祠奉祀，就是建造专门的祠堂奉祀贡献者的牌位，有时候则是奉祀捐助者的父祖辈之木主。

如湖北汉阳府学政试院中有"学士祠"。清初汉阳府未建试院，其生童岁科试附试于武昌府试院。雍正三年（1725）汉阳县知县阎鋗倡捐建造本府试院，其基址是"县人熊钟陵学士故宅"，由熊氏后人熊祖旆捐为试院基址。为此，郡人士特于试院东偏设"学士祠"奉祀熊钟陵，并悬挂"流万堂"匾额。而历任湖北学政为了表示对熊钟陵的尊敬和对熊氏捐宅的感激，"按临日悉先诣行香"。① 熊钟陵即熊伯龙（1616－1669），字次侯，别号钟陵，顺治五年顺天乡试解元，次年联捷榜眼，官至内阁学士兼礼部侍郎。

浙江台州府天台县考棚有"同善祠"。道光八年（1828），天台知县张如松委派邑绅王懋昭、袁凤翔等号召绅民捐款，共筹集白银 17 800 余两。建成考棚后，张如松谕令管理董事建造"同善祠"。他在谕令中指出，考棚顺利建成，则"绅耆之善，曷容隐而不彰"；而"古人善则归亲"，考棚同善祠的牌位上应该书写"绅耆祖若父芳名"，从而使"子孙善举，既扬祖考之名，□□式凭，更享馨香之祀。履堂阶而瞻遗躅，后之仰慕何穷？登邑乘而载贤名，奕世之芬芳不朽"。②

江西南昌府奉新县考棚建有"好义祠"，奉祀宋代奉新乡贤胡价和各捐助者。嘉庆九年（1804）奉新县士绅共同捐资修建了文昌宫与县试考棚，"费以巨万计"。为对捐资者表示旌奖，士绅合议"捐银百两以上者建祠设主"，所建祠堂名为"好义祠"。不过，由于各方面的原因，"维时好义者众，凡子孙出资、归美先人者居多，故木主所载之名不一"，即有些捐助者木主上题写的是本人，有的则题写着捐助者已故先人的姓名。此

---

① （清）濮文昶，张行简：《光绪汉阳县识》卷2《营建略》，南京：江苏古籍出版社，2001年，第387页。
② 褚传诰：《民国天台县志稿》卷9《舆地略》，上海：上海书店出版社，1993年，第224页。

外，还有三种情况的捐助者未能入主。一是"阖祠及各祭会公捐而不愿入主者"，即以同族的名义捐助；二是"子孙捐输，体先世让德而未入主者"，即出于礼让不欲显名；三是"已入碑刻而不愿入主者"。管理首事认为，对于这三种捐助者，"若不为登载，恐没其好义之诚。若第载现在姓名，又未免偏枯之讥"。为此，建祠者采取了"列其居首"的处理方式，目的是"使入是祠者遍瞻姓氏"，同时也可以"为将来慕义急公者劝"。①

江西南昌府南昌县考棚建有两间祠堂，分别为"贤尹祠"和"同善祠"。前者专门奉祀若干政绩突出的南昌知县，包括黎世序、李培绪、石家绍、屈怀珠、江召棠5人，后者则专门奉祀"六乡倡始捐建考棚及增费于后者"，其人数远较贤尹祠为多，分为省垣（43人）、中乡（27人）、东乡（35人）、西乡（35人）、南乡（39人）、北乡（10人）6个坊乡。入祠者既有官衔高至光禄大夫、资政大夫的乡宦，也有完全没有职衔的普通百姓；既有捐资者的远祖如宋迪功郎篁甸万焕、宋秘书丞荷湖周彦托，也有捐资者本人。时人刘锡名《同善祠记》阐述了建造该祠的原因，反映了清代基层地方社会对此类义举的感恩情怀，同时也揭橥了清代以"为善必获报"和"善与人同"为核心的慈善理念：

> 考棚之建，继以考费之设，至善举也。为善者必获报，报之于天者天为之，报之于人者人为之，此祠址所由立也。为此善者，不限于数，俎豆于祠，则以数二百缗为之准。加乎数以与过乎数而远出于其上者，此为善与人同，此同善之所由名也。考棚建在道光十年庚寅，考费之兴即在建棚后之一年辛卯。及二十三年癸卯接续劝捐，以完其事。一时风声响应，勇于输将。士大夫席丰履厚固乐为之，即辛勤起业者亦若义不容已，是皆天牖也。譬诸树艺，芃芃或或者后日之生机也，其先则一种子而已。兹之建考棚、佽考费，其为读书谋者，不即读书之种子乎？吾家先代，栽培儒士，感召之异，芝产于庭，而生少

---

① （清）吕懋先，帅方蔚：《同治奉新县志》卷2《学校志》，南京：江苏古籍出版社，1996年，第470页。

宰文简、相国文端诸人。谈往事者犹指书院、义学之遗迹而称道之，乡先辈食祖父之遗泽者，尤未易更仆数也。今岂殊于昔耶？诸君子，天必报之矣，人又乌得而不报？诸祠之者，报之也，即所以劝之也。力之勤与夫数之多者，并祠于其中，旌之也。不及其数者，则别勒于贞珉，而其为善则一也。士子读书，本以明善，独善、兼善之理，宜悉之矣。其可不体此意也哉？①

2. 立龛奉祀

所谓"立龛奉祀"，也就是不另外建造专祠，而在考棚内某一建筑里设立神龛，供奉捐助者或相关人员的木主。

浙江宁波府奉化县将木主供奉于考棚大堂的正厅。该县考棚称为"校士馆"，创建于道光十八年（1838）。建成之后，人们在大堂正厅供奉木主，奉祀"蒋公"，即主持此次创建考棚活动的知县蒋士麒，此外则以"邑人周炯言、汪祖经、宋可堂、张兆赓、周珮、戴巨林配享"，他们都是"当时劝捐、董建者"。②

江西南昌府武宁县将神龛设于"考棚上重"。道光十七年（1837），武宁县试用教职张绍玑携其二子生员张向斗、州同张向仁捐资 15 000 余两，建成县试考棚，并分别以"孝、弟、忠、信、礼、义、廉、耻"命名所建八棚。为表达对张氏家族的感激之情，"合邑士子于考棚上重设龛，金题封翁生主，供奉其上"③，"封翁"即张绍玑。

广东高州府化州考棚创建于道光六年（1826），系由州同职黎卓英独力捐建，地基则由袁像章等 49 名贡生、文武生员、候选训导、武举等合力捐资 500 余千文购置。光绪七年（1881），州人陈揸鲤等改建文昌阁 7 间，

---

① （清）刘锡名：《同善祠记》，魏元旷：《南昌文征》，台北：成文出版社，1970年，第 808 页。
② （清）李前泮，张美翊：光绪《奉化县志》卷 2《建置志》，台北：成文出版社，1970 年，第 136 页。
③ （清）何庆朝：《同治武宁县志》卷 12《公廨》，南京：江苏古籍出版社，1996 年，第 124 页。

第八章　清代贡院的管理制度

中间 1 间为文昌宫，左边 3 间及文昌宫右边 1 间用于"安奉捐题印金经费者禄位"，而右边剩余 2 间则"仍安奉旧捐修试院者禄位"。①

六、立碑垂久

立碑，是中国传统时代独有的存史警世方式。上至帝王将相，下至平民百姓，上至国家大事，下至墓志业产，都要刊刻石碑。个别地方则刊立木碑或砖碑。为了让后人记住前人的公益善心，很多地方不仅在修撰地方志时将捐资者姓名刊入志乘，而且将捐资者姓名刻碑立石，以存信史，以传美名。

安徽泗州直隶州学政试院始建于雍正四年（1726），道光十七年（1837）全州捐资重修。安徽学政沈维鐈为之撰写了《重修泗州试院碑记》，赞叹该试院为"安徽全省试院第一"，并将"绅户捐数"附记于碑后：

> 贵州按察使杨殿邦捐银五百两；江西赣州府知府汪云任捐银四百两；山西朔州知州许昭德捐银二百两；江西铅山县知县俞舜钦捐银二百两；广西宜山县知县吴楷捐银二百两；广东南雄营守备杨映奎捐银一百两；监生张大元捐银五千九百九十四两零；监生吉文升捐银三千四百五十九两零；生员陈瀛捐银三千两；童生汪根书、汪根芝各捐银三百两；童生樊国华捐银二百十五两；邑人陆大润捐银一百四十三两。②

同治四年（1865）泗州士绅捐资银 9050 两、钱 2350 千文，再次重修试院。安徽学政朱兰为之撰写了《重建泗属试棚碑记》，也在碑阴记载了捐资者姓名及捐资数额。

---

① （清）彭诒荪，章毓桂，彭步瀛：《光绪化州志》卷 3《建置志》，上海：上海书店出版社，2003 年，第 62 页。
② （清）王锡元：光绪《盱眙县志稿》卷 5《学校志》，台北：成文出版社，1970 年，第 313 页。

五属绅士捐资姓名数目列后：漕运总督吴棠捐银五千两；候选员外郎胡康安捐钱六百千文；盱眙县绅士，现署河南安阳县知县秦茂林捐银一千两；盱眙县绅士寻德源捐银六百两；盱眙县绅士汪春和捐钱五十千文；泗虹绅董公捐钱一千六百千文，又捐钱八百千文；虹乡举人胡国栋捐钱一百千文；五河县绅士，现署海州知州郜云鹄捐银五百两；天长县绅士，同知衔孙嘉谋捐银一百五十两；天长县绅士，布都事衔胡泉捐银一百两；天长县绅士，候选知州张舜龄捐银一百五十两；天长县绅士，议叙八品刘廷珊捐银一百三十两；天长县绅士零星续捐银六百两；总兵陈文胜捐银二百两；记名总兵王廷瑞捐银二百二十两；提举衔江苏候补府经历许佐廷捐银四百两。①

湖北武昌府崇阳县在道光二十五年（1845）由知县金云门倡导捐资建造了考棚，并将剩余捐款存典生息，用于支付县试考生的考试杂费。金云门在其撰写的《创建考棚碑》的碑记中，特别提到了刘镇鼎等18位"与有劳者"即贡献最大的士绅的姓名，认为他们"例得勒石"，同时还指出，"其各保劝捐及乐输姓名，俱以次刊石，俾后人知所劝焉"。②

台湾省台北府新竹县在光绪十二年（1886）建成考棚后，知县方祖荫撰写了一篇碑记专门记载此事，其中除了介绍了考棚建成的经过外，也描述了考棚的基本规制，说明了考棚建造经费的来源以及"共襄厥成"的董事名单。在记文的最后，方祖荫还"将题捐芳名数目开列于左"，也就是逐一列出了捐资者的姓名和捐款数额。③ 而在新竹县建成县试考棚的60年前，即道光十五年（1835），台湾府也在知府周彦的主持下建造了一座拥

---

① （清）王锡元：光绪《盱眙县志稿》卷5《学校志》，台北：成文出版社，1970年，第317页。
② （清）金云门：《创建考棚碑》，（清）高佐廷，傅燮鼎：《同治崇阳县志》卷3《建置志》，南京：江苏古籍出版社，2001年，第133—134页。
③ 林真：《台湾私法物权编》，《台湾文献史料丛刊》第172册，台北：台湾大通书局，1987年，第1428页。

有 3400 个座位的试院。工程竣工后，时任台湾道刘鸿翱也撰写了一篇《台湾新修学政衙署碑记》详细记载了该试院的建造过程。① 1974 年至 1975 年间，台湾成功大学的石万寿教授在台南市卫民街的一处工地里抄录了一通道光十八年（1838）二月所立的石碑，即《道山建台阳考棚捐题碑记》②，碑上刊刻的主要是此次重建台湾府试院的部分捐资者名单。

需要指出的是，清代很多地方会将贡院记文刊刻在石碑上，这些记文一般被称为"碑记"。乡试贡院记方面，如广东巡抚李士桢于康熙二十三年（1684）迁建贡院，撰有《新建贡院碑记》③；道光元年（1821）两广总督阮元重建广东贡院，撰有《广东改建贡院号舍碑记》；此前阮元在江西重修贡院，则撰有《江西改建贡院号舍碑记》④。江西历年重建贡院过程中，所留下的贡院碑记还有王思轼《重建贡院石号碑记》、彭家屏《江西贡院事宜碑记》、觉罗耆龄《新修贡院碑记》、何廷谦《增广贡院号舍碑记》等。河南贡院历年重修，先后有李粹然《贡院碑记》、田文镜《改建贡院碑记》、鄂顺安《重修河南贡院碑记》等流传于世。学政试院记方面，如贵州遵义府贡生罗其章于康熙四十六年（1707）撰有《重修提督学院行署碑记》⑤；雍正四年（1726）浙江学政彭维新（1679－1769）倡捐改建杭州府学政试院，钱塘县（今杭州市）人沈近思（1671－1727）为之撰写了《改建督学使署碑记》⑥；嘉庆二十一年（1816）山西同州府郃阳县知县靖

---

① 诸家：《台湾关系文献集零（十）》，《台湾文献史料丛刊》第 9 辑，台北：台湾大通书局，2009 年，第 72 页。
② 石万寿：《古碑续拾：（二）道山建台阳考棚捐题碑记后碑》，《台湾风物》第 25 卷 1975 年第 3 期，第 11 页。
③ （清）阮元，陈昌齐：道光《广东通志》卷 129《建置略五》，《续修四库全书》第 672 册，上海：上海古籍出版社，2002 年，第 72 页。
④ （清）阮元：《揅经室三集》卷 2，《清代诗文集汇编》第 477 册，上海：上海古籍出版社，2010 年，第 369－371 页。
⑤ 刘显世，谷正伦，任可澄，杨恩元：《民国贵州通志》《建置志》，成都：巴蜀书社出版社，2006 年，第 250 页。按，原文只说有"碑记"，题目为笔者所拟。
⑥ 吴庆坻：《民国杭州府志》卷 18《公署一》，上海：上海书店出版社，1993 年，第 484 页。

本托撰有《郃阳创修试院碑记》①；乾隆三十八年（1773）江西学政曹文埴（1735—1798）组织重修南昌府学政试院，南昌人彭元瑞（1731—1803）为之撰写了《增建试院碑记》②。光绪十二年（1886）直隶遵化州知州陈以培撰有《继修试院碑记》③。

当然，清代刊刻于石碑的并不一定要称为"碑记"，很多也直接称为"记"。如阮元所撰《江西改建贡院号舍碑记》一文，在魏元旷编纂的《南昌文征》中其题目便是《重修贡院号舍记》④。

以上从六个方面对清代各类贡院的社会监督方式进行了举例分析。需要指出的是，对于每一座贡院来说，这五种社会监督形式并非互不兼容，而是往往多种监督形式同时出现。如前引江西南昌府武宁县考棚，捐建者所受到的旌奖便包括了国家旌表、地方建祠、官员撰文、地方立碑四种方式，除了朝廷根据相关政策分别给予张氏兄弟通判、同知的议叙外，合邑士子则将张绍玑的木主供奉于考棚，而南昌知府桐城人张寅则为之撰写了《新造考棚碑记》，表彰其"创从来未有之举，为多士广厦之庇"⑤ 的善心义举。而这些资料均被记载于《同治武宁县志》的建置志、艺文志、人物志等相关卷目中。

总体而言，本节所列举的六种社会监督方式都是从撰文存史、刊碑示禁、建祠为范的角度，一方面保护善行义举免受侵蚀，另一方面则对士绅的捐资行为给予充分肯定和积极鼓励。

---

① （清）饶应祺，马先登：光绪《同州府续志》卷14《文征续录上》，台北：成文出版社，1970年，第949页。
② 魏元旷：《南昌文征》卷18《记六》，台北：成文出版社，1970年，第722—723页。
③ （清）何崧泰：《光绪遵化通志》卷17《建置志》，上海：上海书店出版社，2006年，第311—312页。
④ 魏元旷：《南昌文征》卷18《记六》，台北：成文出版社，1970年，第703页。
⑤ （清）张寅：《新造考棚碑记》，（清）何庆朝：《同治武宁县志》卷32《艺文志》，南京：江苏古籍出版社，1996年，第510页。

第三节 清代贡院的日常管理

与民间建筑一样,清代贡院作为一种与众不同的特定功能性公共建筑,也需要进行日常维护。清代人认为,"民舍可百年常守,官舍无十年不修。为己、为人,公私之心判也"[①]。也就是说,人们对于自己的私人物品总是千方百计加以珍惜,而对于公有建筑则多数事不关己漠然处之。这种"公私分明"的态度,也决定了清代贡院异于寻常的维修难度。清代贡院在建成之后,并非如衙署、寺院、坛庙、民居、宫观一样每日有人在其中办公、居住或从事各类活动,而是每三年只集中使用两次,有些甚至只使用一次,每次使用不过一两个月。在考官入闱、考生三场答题、考官阅卷、张榜公示、考官出闱等一系列周期性考试活动结束之后,贡院的考试功能便告结束,再次进入了漫长的闲置状态。本节所讨论的清代贡院的日常管理,主要是指非考试期间的管理问题。

一、乡会试贡院的日常管理

清代科场条例规定,设立于京师、江南、浙江、江西、福建、山东、山西、河南、湖南、湖北、广东、广西、四川、陕西、甘肃、云南、贵州的17所贡院,应派专员负责其日常管理,"京师,顺天府委员经理,直省事隶布政使司"[②]。总体来看,清代乡会试贡院的日常管理,主要集中在考前的若干天内。如顺天贡院的考前维修,一般是"乡试八月初四日工竣,会试三月初四日工竣",光绪六年(1880)经御史李振南奏请后,改为分别于七月二十七日和二月二十七日修理完工。[③]

---

① (清)潘绍诒,周荣椿:《光绪处州府志》卷5《建置志·公署》,台北:成文出版社,1974年,第170页。
② (清)礼部:《钦定科场条例》卷28《关防·贡院》,沈云龙:《近代中国史料丛刊三编》第48辑,台北:文海出版社,1989年,第1951页。
③ (清)礼部:《钦定科场条例》卷28《关防·贡院》,沈云龙:《近代中国史料丛刊三编》第48辑,台北:文海出版社,1989年,第1998—2001页。

由于乡会试贡院往往在考前若干天进行维修，很有可能发生考生勾结修理人员在贡院号舍或垣墙中预埋纸张的舞弊行为，因此《科场条例》便规定，在修理贡院期间，"该管官务委妥员，将贡院大门严加看守，夫匠工役，每日搜明放入，不许闲杂人等出入。凡内外房官、举子号舍，及一切墙垣、更道关涉内外者，无得稍留隙缝，均宜修整完竣"①。若事后被发现存在相应舞弊行为，则主管官员将按"容隐例"议处，而考生、夫役则按"通同作弊受贿"，交刑部计赃治罪。

除了考试邻近前的修理活动外，各省贡院在平时也需进行相应的管理。如顺天贡院，乾隆三十六年（1771）监察御史凤升阿等条奏，"贡院东西砖门，令大兴、宛平两县按月轮派妥役四名，前往居住看守。届考试时，所有外龙门启闭及张挂告示等差，另行派役专管，不得仍令原派看守之人在场执事"②。这一建议得到礼部议准。

清代乡会试贡院的日常维修经费一般由国库开销，不过也有一些省份由民间捐集维修基金。如福建贡院在乾隆十八年（1753）完成重修，由于各府州县所捐银两较多，除支付维修费用外，还剩余捐银6000余两。为此，巡抚陈宏谋命人将其设法存款增值，利用所得利息作为维修经费："为权子母，永为将来修理贡院之需，可以善厥后矣！"③

二、学政试院的日常管理

与乡试贡院和县试考棚相比，学政试院之日常维护更为困难。因为学政试院虽然名义上归属于学政之公署或行署，但学政每省只有一人，且三年一换，势必无法顾及试院之管理。很多试院在建成之后，往往因年久失修无人过问，状况令人担忧。如直隶保定府试院始建于康熙三十六年

---

① （清）礼部：《钦定科场条例》卷28《关防·贡院》，沈云龙：《近代中国史料丛刊三编》第48辑，台北：文海出版社，1989年，第1952页。
② （清）礼部：《钦定科场条例》卷28《关防·贡院》，沈云龙：《近代中国史料丛刊三编》第48辑，台北：文海出版社，1989年，第1971页。
③ （清）陈宏谋：《重修贡院记》，（清）徐景熹，鲁曾煜：乾隆《福州府志》卷18《公署》，台北：成文出版社，1966年，第438页。

（1697），乾隆四年（1739）知府倪象恺全面重修之前，已经变成了"仅蔽风雨""颓败不测"的危房："屋宇倾圮，厅事后轩槏栌欹侧，篝灯视事，风入窗牖，声渐渐然。瓦腐椽蛀，落几凳间"，令人不禁心惊胆战；"夜中大雨，倒屋三楹，册籍尽为所压，胥役以避漏，移止他所，仅以身免"①，差点酿成人命之灾。有些试院则建而复毁，不得不回到当年未建试院时的状态。如山西代州直隶州在清初便有考院，但因"年久弗葺，遂至于废"。从此以后，每逢岁试，只能"别就公署搭盖席棚，甚陋，而民且不堪其扰。盖其所需一切椽席绳索桌凳诸物，悉责诸民，而民间贫户辄出钱赁贷，以联缀撑架之烦，必延时日。学使尝先期檄催，再三乃就，而究不足以庇风雨。事毕，虽云拆还于民，则已十损八九，而士实不得其益。即附近诸邑，亦以协济为累"。②

为了能够使学政试院长久延续，从而维护考风考纪，劝勉士风士习，各地学政试院发展出了一系列的日常管理措施。

1. 设立维修基金

很多试院在建成之后，便设法为其设置维修基金，或为田产，或为存款，或为店铺，均属用其每年的田租或利息支付其维修经费。如山东武定府试院创建于乾隆十一年（1746），系由本府所辖10个州县的士绅合力捐资建造而成。当年由于"未筹岁修之款"，因此历年虽有修葺，但都是采取"分段计工，十属捐修"的方式筹集经费，具体施工则由"胥吏之司其事者苟且涂饰"。因此，至道光十五年（1835），试院已经"风雨剥蚀，梁栋墙垣，腐朽颓圮，势将尽废"。③ 为了保证试院维修时的经费能够物尽其用，武定府乡绅决定额外捐银1200两作为岁修基金，发商生息，绅董自管，利用其利息支付每次维修的费用。

---

① （清）钱陈群：《保阳学政公署落成碑记》，（清）李培祜，朱靖旬，张豫垲：《光绪保定府志》卷35《工政略》，上海：上海书店出版社，2006年，第545页。

② （清）张瑜：《新建考院附义塾记》，（清）俞廉三：《光绪代州志》卷4《建置志》，南京：凤凰出版社，2005年，第315页。

③ （清）张映蛟：《重修考院记》，（清）李熙龄：《咸丰武定府志》卷33《艺文志》，南京：凤凰出版社，2004年，第115—116页。

在全国其他地方，也多有与山东武定府相似的维护措施。如江苏淮安府试院始建于清代初年。雍正、乾隆、道光年间均曾组织修理或扩建。道光二十四年（1844），知府福琳禀请"拨骆马湖租钱三千串，存典生息"，作为试院的日常维修基金。不久各典铺被战乱所毁，试院维修基金仅剩下"存本五百七十二千"。同治四年（1865），漕督吴棠"拨银八百两，存清河济源号生息"①，再次扩充了维修基金。又如安徽泗州试院设有岁修公款800千钱，系光绪八年（1882）五河县所捐，由知州"照章分存典商，按月一分二厘生息，以备逢考修补之用"②。又如湖北德安府试院在嘉庆十五年（1810）筹捐重修，"工既竣，犹有以制钱三百贯为补葺之计者"。这笔300千文的捐款，系本府随州文童李华林、李藻兄弟所捐，它们被"存典生息，以为修补号舍之费"③。再如广西镇安府试院初建于道光十三年（1833），当时只是"专考府、县试"，直到同治十三年（1874）广西学政才按临考试，成为真正的学政试院。该试院的岁修经费来源为"每逢岁科考试由猪判项下支用"④，也就是来自生猪屠宰税。

2. 安排专人看管

各地学政试院建成之后，往往在院中安排相应的房屋，以备看守试院者居住。如直隶大名府学政试院称为"贡院"，东西文场共有棚厂22楹。在试院大门的左右各有3间房屋，其中东边3楹为官厅，"巡捕官居之"，西边3楹则是"看院人及水夫居之"⑤。又如浙江嘉兴府学政试院称为"宏文馆"，嘉庆十年（1805）知府李赓芸（1754－1817）倡捐维修，并与士

---

① （清）孙云锦，吴昆田：光绪《淮安府志》卷21《学校志》，台北：成文出版社，1976年，第1187页。

② （清）方瑞兰，江殿飏，许湘甲：《光绪泗虹合志》卷6《学校志》，南京：江苏古籍出版社，1998年，第471页。

③ （清）王履谦，李廷锡：道光《安陆县志》卷10《学校志》，台北：成文出版社，1975年，第477页。

④ （清）羊复礼，梁年：光绪《镇安府志》卷13《廨署》，台北：成文出版社，1967年，第260－261页。

⑤ （清）何俊，郭程先：《咸丰大名府志》卷6《署廨》，上海：上海书店出版社，2006年，第174页。

绅议定:"文场将试而启,既毕而毕,扃之钥之,以籧篨障之,皆有司其事者焉。"①

有些试院则从岁修基金中拨出部分经费,作为看守试院人役的报酬。如安徽六安州学政试院创建于雍正四年(1726),雍正八年(1730)知州李懋仁捐置田产,每年可收田租5石,除缴纳田赋之外,其余田租即作为"看守人役饭食"②。

3. 议定管理章程

为了更好地维护学政试院,各地官绅便设法议定管理章程,同时由地方官立碑示禁。如江苏扬州府试院设于泰州,康熙四十五年(1706)泰州士绅捐资重修,并在举行落成典礼时刊刻石碑示禁:"勿毁墙宇,勿肆刍牧,勿作吏局杂场,即往来宪使至止,亦必禀命于州、于学,随启随闭,著为令甲。"③又如湖南常德府试院在嘉庆二十年(1815)募捐经费26 000余两完成移建后,还捐设维修基金,每年收租44.8千文,规定每月给予"看守考棚人"工食钱1800文。《同治武陵县志》全文刊载了道光六年(1826)议定的试院管理章程,并说明该规条系"首事阮世醇、李树勋、唐尚袂、杨丕为、张正纲、戴有韶等于道光六年具禀府尊多暨摄县杨,遵批勒石,所有条规刊列于后",谨抄录于次。

常德府试院管理条规

一、武陵生员张正刚、戴永春于嘉庆二十三年修整东首佃房一进五间,西首佃房一进三间,油棚换凳,自行捐费三百两。每年收佃钱三十二千文;饶著五捐地一区,每年收课钱八百文;老棚余屋,每年收佃钱十二千,合计得钱四十四千八百文。看守考棚人每月给钱一千

---

① (清)许瑶光,吴仰贤:《光绪嘉兴府志》卷7《公署志二》,上海:上海书店出版社,1993年,第181页。
② (清)李蔚,王峻,吴康霖:《同治六安州志(一)》卷15《学校志》,南京:江苏古籍出版社,1998年,第236页。
③ (清)赵弘恩,黄之隽:乾隆《江南通志》卷91《学校志》,《景印文渊阁四库全书》第509册,台北:商务印书馆,1983年,第545—546页。

八百文,余钱存留,为逐年修补之费。其钱交值年首事管理。

一、龙阳监生梁家骥建修东西坐棚,计捐钱三百两。又于道光六年捐银四十两,交典生息,为岁科两试灯火及揭盖油洗补修之费。若息有赢余,付考棚公用。其银交值年首事管理。

一、考棚佃银务择殷实老成人及阮、戴、张三家报首轮管。三年更换,先行清算账目以便交下届首事承领。如有侵亏,加倍禀追补还。其钱不准同时人挪移。

一、看守考棚人既领公事,所有内外颓败之处,即报明首事,雇工葺补。平日整治洁净,不准外人践踏桌凳,及翻砖倒石等弊。如有此情,即报明首事禀究。

一、岁科两试承办差务人役,每多搬取内外门扇板片,搁铺作薪。看守考棚人不能阻御,即报明首事禀究。

府尊多批:该首事所议条规,均属妥善,准予勒石,俾得永远遵行,免致日久废弛。

摄县杨批:据呈议各规,洵属周备。即为勒石,俾各遵循。倘有故违,照议罚究。①

需要指出的是,常州府试院管理规条中要求所选管理首事原则上必须是"殷实老成人",这与同时代各地宾兴公益基金推举管理首事的标准颇为一致。

4. 难以做到专用

清代学政试院一般建造于学政衙署或行署之中,本身就是学政按临住宿之所;同时又多地处府城,常为府试及附郭县借用作考场,其每三年中的利用率相对高于其他类型的贡院,尤其高于普通州县之县试考棚。因此,有些试院在非考试期间的管理也相对宽松,并不严禁借为他用。

如湖南岳州府试院系康熙三十六年(1697)从上江防道署改建而来,

---

① (清)陈启迈:《同治武陵县志》卷10《建置志三·公舍》,南京:江苏古籍出版社,2002年,第252页。

虽然已经成为学政行署并兼作试院，但每当有官员路过时，便被借用作为临时住所。如乾隆四十五年（1780）翰林院检讨钱澧（1740—1795）在赶赴广西主持当年度庚子科乡试的途中，便曾"过岳州，假宿考院"①。

福建泉州府学政试院创建于乾隆四年（1739），系由原兴泉道旧署改建而成。试院建成之前，福建学政按临泉州府举行院试，往往借用府学明伦堂为临时考场，"草厂篾篷，不蔽风雨，非所以肃观瞻、重取士也"。兴泉道从晋江县迁移至厦门后，其廨署乃被改建为学政试院。福建布政使朱叔权在批复泉州府的呈文时指出，将道署改为试院，可以一举而两得，也就是"学使按临固可为校士之所，而监司巡行所之，亦不必僦民舍以居也"②。这说明泉州府学政试院在创建之初，就已经被预设了兼为学政及巡行监司按临行署的角色功能。

又如福建漳州府试院在非考试期间则被赋予了考校书院生童的临时考场任务。道光二十五年（1845），江苏通州人徐宗幹（1796—1866）任汀漳龙道，以振兴人文为己任，为漳州府丹芝书院制订了每月大小官、师课的考课计划，其中官课、师课之小课每月各一次，考试经解、诗赋、杂体等，"在家塾作，三日投卷"；官课、师课之大课每月各一次，试诗文，于"考棚扃试"。③

再如河北大名府试院被借用为知府办公之所。据浙江嘉兴人沈涛《交翠轩笔记》记载，道光年间沈涛任职大名府知府期间，"一剖郡符，再假豸节，皆以试院为视事之所，坐啸画诺，日与苍官相对。暇则考订金石，浏览坟籍。或与宾从僚佐摩笺分韵，有得即随笔疏记"④。数年之后，沈涛将其所积文字汇刻成书，命名为《交翠轩笔记》。交翠轩虽然不是大名府

---

① （清）钱澧：《重修岳州试院记》，钱澧：《钱南园遗集》卷5《记》，《清代诗文集汇编》第397册，上海：上海古籍出版社，2010年，第326页。

② （清）朱叔权：《泉州府督学试院记》，（清）吴之鏌，周学曾，尤逊恭：《道光晋江县志》卷13《公署志》，上海：上海书店出版社，2000年，第163页。记文题目原缺，此为笔者所拟。

③ （清）李维钰，沈定均，吴联薰：《光绪漳州府志》卷27《宦绩四》，上海：上海书店出版社，2000年，第538页。

④ （清）沈涛：《交翠轩笔记》，清道光十六年（1836）刻本，卷首《自序》，第1页。

学政试院的主体建筑，但知府长期在此住宿、"科研"、办公，显然不可能对试院本身毫无影响。

当然，有些地方则强调试院在非考试期间不得借用为其他任何用途。如前引湖南常德府试院在嘉庆二十年（1815）移建后，时任湖南学政刘彬士便谕令考棚首事，"宜慎扃钥，非考试不得通舆马，其旧试院留作行台，新考棚不得再作公馆"①。湖南辰州府试院历时两年之久才在道光三十年（1850）完成又一次扩建，共费银一万四千余两。知府钟音鸿"念创造之难，不可不时为经理"，于是"立石为禁，除考试外，长封扃，不准借作公馆"②。

清代学政试院日常管理方面所体现出来的这种绅董自我意识的觉醒，可以追溯到清代早期。如据云南广西直隶州人李鹏举所撰《考棚记》，康熙四十五年（1706），广西直隶州士绅因为之前未建试院，每逢岁科试必须到澂江府试院应考，"山川险阻，跋涉维艰，生童寒苦者多，应试甚难"，故而恳请分棚考试，捐集3000余两建成督学考场。此后三十多年中，尽管试院为学政按临考校提供了极大的便利，"阅今三十余年，士无行路之苦，官无赴送之劳"，但是也因为经常被"往来贵显恒多借寓"，导致"薪木毁伤"。为此，管理首事联名向官府呈请"勒石于堂，详其颠末，庶不致忘成始之艰，而世享其泽"。他们这样做的原因，是由于他们担心试院"岁远年深，竟为公物，践踏毁坏，必须重修，遗累官民"③。所谓"竟为公物"，言下之意就是他们认为试院不属于"公物"——官方建筑，理由自然是因为试院是由士绅集体捐资建造的，并非由官方出资建造。这种"谁出钱谁主张"的产权意识，是其判断试院是否为"公物"的基础。

---

① （清）陈启迈：《同治武陵县志》卷10《建置志》，南京：江苏古籍出版社，2002年，第252页。

② （清）守忠，许光曙：《同治沅陵县志》卷9《公署》，南京：江苏古籍出版社，2002年，第214页。

③ （清）李鹏举：《考棚记》，（清）岑毓英：光绪《云南通志》，清光绪二十年（1894）刻本，卷40《建置志三之四》，第25页。

三、县试考棚的日常管理

与乡会试贡院和学政试院不同,清代各州县县试考棚一般由一州一县之士绅捐资建造,权责相对统一,所面对官员的品级相对较低,且县试考棚的建筑规制相对简陋,被官绅所觊觎私占的可能性相对更低。因此,各地士绅也拥有更多对县试考棚日常管理的自主性。

1. 议定管理章程

"章程"是清代各类文献中常见的名词。如《清代宾兴章程》编制的"清代部分宾兴章程一览表"中收录了127则宾兴章程,其中以"章程"命名者有87则,此外只有"规条"达到了16则,而"条规""条款""事例""条约""规约"等名称则均不超过10则。① 考棚作为一种同样以助考为职责的公共建筑,各地士绅在建成县试考棚后也多议定了管理章程。

如江西南昌府南昌县绅民于道光十年(1830)捐建了县试考棚,可容数千人考试,并捐资在县学文昌祠设立了"考棚公局","六乡各举素有才望、家计稍裕者值年分司之"。在共同议定的考棚公局管理章程即《考棚常行事宜》中,也有专门针对考棚日常管理的二则条款:

> 一、考棚乃六乡公建,无论官绅不得假作公馆,致滋作践。有徇私允借者,即惟经管人是问,每月罚银五十两,以作修葺之资。父母官强讨勒借,必合邑绅士同心沥情,剀切禀止,不必瞻徇畏惧。
>
> 一、考棚专为文试而设,并无箭道,非试武之场。吾邑武童小试,向在校场,地面开阔,可任纵横。道光甲辰天雨,兵房不知利害,只图办差省便,权借考棚复试,遂致有地窄人挤,伤及聚观幼孩,几至殒命之险。当即禀官,奉批立案,嗣后武童小试,无论晴雨,正考、复试,兵房不得朦怂考官在考棚内考武。并刻碑立于考棚门首,以重昭鉴。

---

① 毛晓阳:《清代宾兴章程》,北京:中国书店出版社,2022年,第8页。

相比于其他地方的考棚管理章程，南昌县考棚公局所议定的这两条条规特别强调了不准借给官绅使用、不得用作武童试考场，均属考棚日常维护管理的重中之重。值得指出的是，南昌县考棚公局的主要职责是管理士绅商富捐设的宾兴基金，为本县士子提供赴考经费。

江苏通州直隶州如皋县于同治九年（1870）由知县周际霖率领绅士张如杰、严景云、朱柏、马锦繁等购买民房地基创建了县试考棚，又名"考舍"。工程结束后，全县官绅共同议定了6条管理条规：

一、考舍房屋只准考试应用，常时谕交绅董经管锁闭，不得借人居住作践。每逢县试，由县筹款修理，以免日久坍损。

一、考舍桌凳只准考试应用，常时交由绅董封储，不准借用。仍于县试之前动用所收田租钱文修补。有不敷，由县筹添，以免散失，而资经久。

一、考舍桌凳均已编号，足敷应用。每逢县试，士子均可鱼贯归号，不得先期看守，拥挤争竞。

一、考舍原为士子应试之所，凡届县试，所有门窗栅栏均宜爱惜，毋稍损坏。

一、考舍本系借用常平仓旧基，将来如谷数复额，东门均储仓不敷堆积，亦可于此处分储。于春季出陈易新之际，仍可举办县试，并行不悖。

一、旧有监生陈连瑞等原捐县南春字号水捞圩沙田六十二亩，以为岁修桌凳之用。又孙宜文现捐县东东岳庙漕田五亩，一并拨入考舍充费，统交绅董经理收租，以备考时修理之资。①

从中可以看出，如皋县考棚被认为是专为县试而建的公共建筑，平时无论何种事情都不准借用。

---

① （清）周际霖，周顼：同治《如皋县续志》卷2《建置志》，台北：成文出版社，1970年，第31—32页。

与南昌、如皋两县考棚的管理章程相比，江西吉安府万安县考棚的管理章程可谓极为全面。万安县考棚创建于嘉庆二十四年（1819），其管理"定规"共有12条：

一、考棚经邑人刘士楠修理，用费数千金，兴工逾年，才得落成，不可不设法保全。既设立守考棚人，已于头门内右边隔墙拆开，作二重小门，以通棚内。自栅栏门至头门，平日一齐紧闭，无事不开。不许闲人入内。其有乡人来看者，开右边霞蔚门入。如久不出，守考棚人即宜查看请出，不许在内逗遛。

一、考棚永远不准文武衙门借作公馆，恐门壁号板易于损坏，用器难以查点。

一、考棚自栅栏门以进，不许竹木匠手艺店在此兴工，不许堆放物件，畜养猪羊及晒谷麦等件，不许打官事、上粮米一切闲杂人等住宿、耍钱。如外人恃势不遵议规，守考棚人即通知首事，鸣官究治。如守考棚人瞻徇情面，不行阻止，一经查出，即将守考棚人送官责处，扣除住脚钱，逐出不用，断不姑容。

一、守考棚人不但守住门户，凡内中桌椅用器照单查点，如有损坏失落，责令赔补。凡有渗漏，遇管理宾兴首事设局，即行指示其处，以便随时检盖。如不告知，便属不忠其事，将守考棚人逐出。

一、考棚后城墙下向来各铺户再次倾倒煤渣齷齪，修理考棚时曾经挑尽、禁止，再不准倾在此处，恐雨水浸渍，压倒后墙。如有不遵公议者，经人眼见某铺户挑来此处，便告知守考棚人，转禀明儒学，差门斗饬令挑尽，并罚钱四百文，给与查出报信之人。若该铺户恃强不遵，并请学师送县责处。

一、管宾兴首事来考棚设局，一切茶汤灯火，俱守考棚人供应。其办备酒饭，另有帮钱，载在宾兴条内。

一、考棚房屋虽无人住宿，守考棚人每月须打扫一两次桌椅，随时拂拭坐号，打扫堂阶、号舍，务须洁净。有遗漏字纸，俱宜拾入惜字炉焚化，不得践踏。如有苟减，扣除住脚钱，逐出不用。

一、考棚内县试灯笼，宾兴项下于临考时帮礼房钱八百文。务要处处点烛。其余彩联及一切办考应用之物，俱礼房办理，不得支用宾兴公项。

一、守考棚人必须有家眷者方准承充，先交住脚十足制钱十六吊，与宾兴项下收存。每年宾兴项下给工食钱十六吊，作两季给发。上季于六月发膏火时给，下季于十二月收店税发膏火时给。亦用十足制钱。如后日告退，必向首事说明，交清物件，将住脚钱如原数给还。应听首事招人看守，不得任意私退。

一、守考棚人另有井前房屋四间，尽可居住。其头门右边两间，虽属空间，止准税与各店做栈房。中间隔墙开有耳门，以通后一间。应将后门封锁，不准通进考棚。其税钱应交宾兴项下收。或按月交守考棚人收存，准作工食亦可。但税者只准堆货物，不准在内起火，恐误事不小。亦不许作店开张。至栅栏门不能紧闭，如无人税，即从内闩紧双门。后门用锁，不许守考棚人堆积物件。无事亦不必打开。

一、考棚内房屋宽大，无人住宿，亦易败坏。准借与城乡人起经馆。其出入由右边霞蔚门通，傍边耳门出井前。不许开栅栏门，致紊前议。在内起馆者，纵有事出外，□□后必归。至二炮时便闭户不纳，不得责备守考棚人，致难守候。且必须起馆乃可借住，不得如濂溪书院，可以长年在内读书。恐久踞其中，易生弊端。

一、凡合邑有关文教公举公议事件，即于考棚内设局，并得稽察一切。其棚内粪灰、小便及右边余土，可以栽种，俱属守考棚人掌管，外人不得分利。[①]

从万安县考棚的管理章程可以看出，考棚日常主要由守考棚人负责打扫卫生和门户开启，并确保考棚不受周边诸如商业活动、倾倒垃圾等行为的侵害。同时，为了使考棚栅栏门以外的建筑不至于因日久旷置而霉变腐

---

① （清）欧阳骏，周之铺：《同治万安县志》卷2《建置志》，南京：江苏古籍出版社，1996年，第514—515页。

朽,特别允许人们租用考棚相应房舍开设经馆,招收已经完成童蒙教育阶段的学生进行科举八股文教学。同时,为了保护考棚不被损坏,考棚章程规定不得将考棚借给任何官方部门使用。

湖北汉阳府汉川县考棚建成于同治八年(1869),并捐设"岁修田亩"和"生息钱文",除用作考棚岁修之外,还为每届岁科试文武童生代缴卷价、为赴京会试举人提供路费。对于考棚的日常管理,还设立"经管考棚首事"负责专管,并议定章程,"禁止借作别用,致遭污毁。器具不准挪移,以致损失"。其考棚禁约,刊石立碑:

  为据禀示禁事。据职员林祥理……(按,共25人)等禀称,职等奉谕督修考棚,堂后建文昌祠一座,借为衡文憩息之地。所有棚内应用一切器具,公置咸备,以免临时周章。每件均刻有考棚字样,一切开列,先行悬榜。一面照榜勒石,期其历久无弊。但川邑地当孔道,差使络绎,遇有别省大宪过境,及本省上宪按临办差,书役各图便宜,向经管考棚首事借作公馆,抑或县尊新旧交卸之际,挪左暂住。在经管人一遇此举,可否两难,殊觉棘手。不知考棚系阖县公建,器具亦阖县公置,一二人岂敢擅专?况考棚为拔取人材而建,经营匪易,碍难借作别用。一作公馆,房屋必致毁坏,器具必致散失,甚至左借之初,每年或一二次,三四次不等,积久必至于一年数十次,或百余次,可逆料也。公议及此,流弊难堪,与其弊流于后,曷若杜防于先。为此开呈器具,拈单公恳,赏准示禁:考棚不准借作公馆,器具不准棚外左用,违者许邑人指名禀究,以杜流弊,则感戴在此日,蒙泽在百世矣。等情。据此,查考棚为校士之地,非辎轩适馆之区,器具为扃试之需,非官民通用之物,自应准予所请。先示禁约,以示爱重而垂久远。除批示外,合行示禁。为此示仰考棚经管首事及看守人役,并县属诸色人等知悉,以后无论何项差使,考棚不许借住,器具不许借用。倘敢徇情滥借,许邑人指名具禀,以凭拘究。其棚内号板、号凳、石磉,以及一切器物,看守者责无旁贷,一有散失,定干着赔。各宜凛遵毋违,切切。特示。①

南昌县考棚、如皋县考舍、万安县、汉川县考棚有关平时不得外借的规定,在其他州县考棚的日常管理中也颇为常见。如浙江平阳县考棚名为校士馆,又名"昆阳试院",建成于道光八年(1828)。官绅合议在考棚内刊刻碑石,规定"除总督按临阅兵权作行馆外,余概不借用"②。又如安徽安庆府宿松县试棚始建于嘉庆十三年(1808),合计可容2000余人考试。为使其不被闲杂人等破坏,全县官绅特在其龙门外壁竖立"不许借作公馆碑"③。再如江西泰和县建成考棚后,嘉庆十二年(1807)四月岁贡生梁志宁等呈请立碑示禁,江西巡抚金光悌(1747—1812)饬令吉安知府武鸿核查属实后,做出了立碑示禁的批示:"建设考棚,原属士子考试之处,理应严肃,未便借为客舍。除饬县遵照外,合行出示严禁,为此示仰阖属官民人等知悉,嗣后一切闲杂人等,毋许在于该处住宿。如遇公差临境,务须另备公馆,不得以考棚作为客舍。各宜凛遵毋违。"④

2. 设立考棚修缮基金

各地建成州县考棚后,士绅一方面为之议定管理章程,推选管理首事,另一方面则会为考棚捐设维修基金,其资产形态与增值方式各不相同,大致有田产收租、店铺收租和银钱取息三种。

田产收租是清代全国颇为常见的资产形态与增值方式。如江西抚州府乐安县绅民于嘉庆十九年(1814)合力捐建考棚,经理首事还利用考棚捐款"余项"置买田产,设立考棚维修基金,每年可收田租1100余石。由于经费充足,士绅共同约定其田租除作为考棚岁修经费外,还用于资助本县

---

① (清)德廉,袁鸣珂,林祥瑗:《同治汉川县志》卷11《学校志》,南京:江苏古籍出版社,2001年,第268页。

② 符璋,刘绍宽:民国《平阳县志》卷6《建置志二》,台北:成文出版社,1970年,第65页。

③ 俞庆澜,刘昂,张灿奎:《民国宿松县志(一)》卷21《学校志》,南京:江苏古籍出版社,1998年,第423页。

④ (清)宋瑛,彭启瑞:《同治泰和县志》卷3《建置志》,南京:江苏古籍出版社,1996年,第70—71页。

士子的"乡会试程仪并文武县试卷资"①，也就是兼具了宾兴公益基金的性质。又如浙江金华府浦江县于嘉庆二十年（1815）建成浦阳试院之后，并"置田地二十八亩零为岁修之费"。道光三年（1823），知县方功钺增建考棚，又"置岁修田地五十三亩有零"。光绪初年，邑人朱承哲又向考棚捐出"岁修田三十九亩五分零"②，合计浦江县考棚的岁修基金共有120多亩田地。又如浙江台州府宁海县考棚称为"蒲湖试院"，始建于嘉庆二十三年（1818）。太学生邬国华、职员金宝斋先后分别捐助"赡田"作为考棚"岁修费"。③又如湖北德安府应城县在道光十一年（1831）创建考棚，共可编座位1400余号。考棚还有4处田产，每年可收田租33石有奇，"专备岁科县试先期考棚"，县志称其为"修葺经费"。④又如湖北黄州府黄梅县在光绪元年（1875）建成考棚后，又捐设了每年约可收取110担田租的考棚岁修田产。⑤再如江苏苏州府常熟县"海虞试院"创建于光绪二十五年（1899）。建成后不久，县人高、强两大家族又合力捐助田产110多亩，每年收取田租"作岁修费"⑥。

有些州县将考棚岁修田产直接称为"试院田"或"考棚田"。如湖南郴州直隶州桂阳县于乾隆戊子（1768）建成考棚，设有"考棚田"，规定"每年现批，公举首士经管。除上饷外，遇考棚损坏，随即支用修理。所

---

① （清）朱奎章，胡芳杏：同治《乐安县志》卷2《建置志》，台北：成文出版社，1975年，第284页。
② （清）善广，张景青：《光绪浦江县志》卷4《建置志》，上海：上海书店出版社，1993年，第174页。
③ （清）王瑞成，张浚：光绪《宁海县志》卷4《学校志》，台北：成文出版社，1975年，第453页。
④ （清）罗缃，陈豪，王承禧：《光绪应城县志》卷4《学校志》，南京：江苏古籍出版社，2001年，第226页。
⑤ （清）覃瀚元，袁瓒：《光绪黄梅县志》卷18《学校志》，南京：江苏古籍出版社，2001年，第114页。
⑥ （清）郑钟祥，庞鸿文：光绪《重修常昭合志》卷14《学校志》，台北：成文出版社，1970年，第793页。

有赢余，亦皆经管人生息公用"①。道光八年（1828）建成的湖南永顺府保靖县考棚岁修基金称为"考棚田亩"②。浙江处州府缙云县于道光二十八年（1848）由各乡绅富捐建考棚后，还捐设了"试院田亩"，作为其日常维修基金。③

店铺收租也是县试考棚维修基金常见的资产形态与增值方式。如安徽徽州府休宁县考棚由邑绅刘启伦④创建于嘉庆十二年（1807），除修建大堂、东西文场等建筑外，还建有"墙外西偏楼房四进，赁租以为岁修之费"⑤。又如江苏丹徒县是镇江府的附郭县，但镇江府的学政试院却建在金坛县。嘉庆十四年（1809），由于此前丹徒县举行府试、县试都是借用府、县衙门为临时考场，"人多屋少，坐次不敷"，于是便在水利通判署故址建造试院。为使试院日常维修不缺经费，邓暄还在试院垣墙外面的官道两旁"建屋十间，租赁居民，月取其值，以为岁修之费"。道光二十三年（1843）丹徒知县将租屋拆除，改建为试院正门。同治四年（1865）知府将本县陈姓捐助的二间市房拨给试院，称为"试院岁修采租市房"⑥。又如山西平阳府曲沃县考棚建造于道光二十一年（1841），称为"考院"，系由知县张兆衡倡捐万余钱款历时一载建成，同时就近创置了岁修基金："辕

---

① （清）钱绍文，孙光燮：《同治桂阳县志》卷7《建置志》，南京：江苏古籍出版社，2002年，第400页。

② （清）林继钦，龚南金，袁祖绶：《同治保靖县志》，南京：江苏古籍出版社，2002年，第94页。

③ （清）何乃容，葛华，潘树棠：《光绪缙云县志》卷3《公署志》，上海：上海书店出版社，1993年，第229—230页。

④ 按，《道光徽州府志》卷3《建置志》（《中国方志丛书》版第233页）、《道光休宁县志》卷3《学校志》（《中国地方志集成》版第72页）均作"刘启伦"，《光绪安徽通志》卷93《学校志》作"刘启纶"（《续修四库全书》第651册第110页）。

⑤ （清）何应松，方崇鼎：《道光休宁县志》卷3《学校志》，南京：江苏古籍出版社，1998年，第72页。

⑥ （清）何绍章，杨履泰：光绪《丹徒县志》卷19《学校志》，台北：成文出版社，1970年，第350—351页。

门外铺面房屋,左四间,右两间。每岁租入以为补修之资。"① 四川叙州府筠连县考棚创建于咸丰七年(1857),系由知县张奋翼主持建造。其维修基金在民国《筠连县志》中被载为"考棚租息",共有九处行捐和山地田产,每年"斗行纹银四十四两,钱一十二钏,田租八大硕,山租三硕,每届岁科两试,分缴棚费银四十八两余,除完粮外,作岁科县试正场卷资之用"②。又如浙江台州府仙居县校士馆建成于同治十三年(1874),大门、二门、考舍、花厅等建筑俱"坚致牢实"。此外,管理董事还在"其东南西北两隅,别建赁斋两区,岁收其息,为修理资"③。

银钱取息在清代经济领域颇为盛行,但单一的银钱取息的资产形态与增值方式在县试考棚的岁修基金中却较为少见。如江苏淮安府阜宁县考舍建成后,"以预提钱千四百串,分商领运,各按一分四厘生息,以供岁修之用"④。

有些县试考棚的岁修基金包括多种类型的资产形态与增值方式。如前引江苏通州直隶州如皋县考舍建成后,设法筹设了岁修基金,主要包括田租、房租和捐资,即"陈连瑞捐水捞圩底面沙田六十二亩,租钱二十千文;孙宜文捐双店南东岳庙西南园田五亩,租钱三千六百文;韩元卿捐薛家腰庄田七亩,租钱六千文;地芦库各经承每年捐修理钱二十四千文;公置照壁东首住屋五间,每月租钱二千四百文"⑤。又如江西九江府彭泽县考棚建成于嘉庆六年(1801),其岁修基金有三项来源:一是嘉庆二十四年(1819)分摊捐修省城贡院的剩余钱款92千文,"同登公簿,生息以为善后

---

① 邬汉章,仇汝功:《民国新修曲沃县志》卷24《营建考》,南京:凤凰出版社,2005年,第557页。
② 祝世德:民国《筠连县志》卷3《教育志》,台北:成文出版社,1976年,第252页。
③ (清)王寿颐,王菜:《光绪仙县志》卷6《建置志》,台北:成文出版社,1970年,第396页。
④ 吴宝瑜,庞友兰:民国《阜宁县新志》卷7《教育志》,台北:成文出版社,1975年,第620页。
⑤ (清)周际霖,周顼:同治《如皋县续志》卷2《建置志》,台北:成文出版社,1970年,第32—33页。

之资";二是考棚周边的空地租金,其中后北角每年可得6千文,前北角及屏墙内外基地"租作晒场",每年租金8千文;三是邑人候选州同艾绶所捐田地山场,议定每年收租10.8千文,"丰年不加,凶年不减","岁岁所有,永备考棚修理之费"。① 又如湖南永州府道州考棚建成于嘉庆九年(1804),此后并设立了考棚维修基金,共分为三项:一为"先年入籍公项,置买文明坊瓦铺一座,每年收租钱十千文,以为守看考棚人役工食";二为"照墙外有冷姓捐铺一座,每年租钱八千文,存留为修整检盖之费";三为"总社仓旧屋三楹,并前园地,每年租钱一千二百文,为文昌帝君香火之资"。② 又如江西南昌府新建县于道光二十五年(1845)建成考棚,由于全县绅民踊跃捐助,考棚建成后还剩余钱款8000缗有奇,有些捐款则尚未缴齐。据《同治新建县志》记载,同治七年(1868)新建县考棚拥有多种资产,其中"现存公项"包括存众司炉银3000两、存万炯华司炉银1000两、书坊街坐北朝南土库店屋1所、棉花市土库店屋1所、大成坊坐南朝北店面1所、大成坊店后房屋1间、带子巷店屋1所、德胜门内中大街坐东朝西店屋3所、存房屋基地及园地鱼塘各契共42纸、存朱森茂欠银50两零6钱6分、存冯积斋欠银50两,合计每年可收租钱63千文、租银757两。③

3. 设定管理人员

不管是管理章程还是岁修经费,均需要管理人员进行执行。清代各类贡院的管理人员主要有两类,一类是士绅首事,或称经理、董事、首士;另一类是考棚看管人员。前引江西南昌县"考棚公局"、江苏如皋县考舍绅董、湖北汉川县经管考棚首事等,均是专门管理考棚的士绅首事,承担考棚的日常管理工作。这些考棚首事不一定是考棚的捐资者,但也需要符

---

① (清)赵宗耀,陈文庆,欧阳寿:《同治彭泽县志》卷18《杂记》,南京:江苏古籍出版社,1996年,第417页。
② (清)许清源,洪廷揆:《光绪道州志》卷5《学校志》,南京:江苏古籍出版社,2002年,第115页。
③ (清)承霈,杜友棠,杨兆崧:《同治新建县志》卷18《公所》,南京:江苏古籍出版社,1996年,第190—191页。

合一定的入选标准。如前引江西南昌县在道光十年（1830）捐建考棚后，设立"考棚公局"于县学文昌祠。考棚公局的首事都是从南昌县城及南昌县东、南、西、北、中各乡的士绅中推选产生，要求必须是"素有才望、家计稍裕者"，采取"值年分司"的方式轮流负责。考棚公局除了负责考棚的日常事务管理外，还承担"童子之考费、生员之考费、贡举之考费"等助考经费的管理发放任务，以及"县中应办之公事，须集绅会议者，莫不于局中商榷焉"。①

考棚士绅首事负责讨论决定考棚重大事务，而考棚的日常清洁、看管工作则由看管人员负责。兹就地方志所载，各举江西、湖南两省部分州县考棚为例。

江西抚州府金溪县考棚称为"考署"，建成于乾隆五十六年（1791）。士绅除捐资建造考棚各处房屋外，还"捐田以赡看守工食及岁修之用"，每年可收租谷126硕。②江西吉安府吉水县考棚建成于嘉庆二十四年（1819），编有"一片承平雅颂声"七棚。考棚大堂的西北隅邻接罗氏祠，其右边有两进房屋，其中一进作为送考官厅屋，另一进则供"看守考棚人住居"③。江西赣州府安远县考棚称为"试院"，建成于道光丙申（1836），东西文场字号共1000余座。此外，大堂、厢房、后堂、头门、仪门等一应俱全。其中，头门左右房屋各二间，为"书办考期办公之所"，由头门进为仪门，左右房屋各一间，则是"守管试院所居"。④江西南昌府武宁县考棚创建于道光十七年（1837），除了号舍、官廨、头门、仪门、廪局、礼

---

① （清）周学光：《考棚公局记》，魏元旷：《南昌文征》卷20《记八》，台北：成文出版社，1970年，第806—807页。
② （清）程芳，郑浴修：《同治金溪县志》卷12《书院》，南京：江苏古籍出版社，1996年，第92—93页。
③ （清）彭际盛，胡宗元：《光绪吉水县志》，清光绪三年（1877）刻本，卷13《建置志》，第10页。
④ （清）黄瑞图，欧阳铎：《同治安远县志》卷2《试院》，南京：江苏古籍出版社，1996年，第413页。

科、大堂、川堂、厅事等房屋外，还在"头门外缭垣以南别为小屋，居守者"①。

湖南常德府龙阳县考棚创建于乾隆五十一年（1786），以学宫明伦堂为大堂。除了仪门、头门、穿堂等房间外，主要有东西号舍40间，配备了320条考桌考凳。同时，还有"头门旁一间，为雇人看守之所"②。湖南永州府宁远县考棚创建于嘉庆八年（1803），系知县蒋震集合绅士公议，以春陵书院旧址创建。每逢考试，"依乡里次序，编定字号，合计可坐千余人"。在考棚的后堂，左右各有一间房屋，其中右边房间为厨房，左边房间"住宿守棚人"③。湖南澧州直隶州永定县考棚建成于嘉庆十八年（1813），除头门、龙门、大堂、中堂及号舍等房屋外，还有田一丘"每年纳租五石"，官地一方"纳佃租五千二百文"，这些收入"俱付作看伺工食"，也就是考棚设有专门的平时管理人员。④

对于贡院的日常维护管理问题，清代各地逐渐形成了较为成熟的方式。道光二十三年（1843），山东武定府试院完成了其岁修基金的募捐活动之后，邑人袁溥应邀撰写了一篇《考院善后记略》，里面除了简要介绍了武定知府陶庆增与僚属共同捐集1200两岁修基金并委托邑绅李维城发商生息的过程外，还特意对捐设贡院岁修基金的必要性进行了论述。他说："考院之修，官倡民应，固宜工料坚而成功速，可历久远，为众士庇荫已。倘无以善后，则初捐第所为肇端也。及时豫为绸缪，则续捐乃所为继美也。韩子云，莫为之前，虽美不彰；莫为之后，虽盛不传。余幸吾郡考院

---

① （清）张寅：《新造考棚碑记》，（清）何庆朝：《同治武宁县志》卷32《艺文志》，南京：江苏古籍出版社，1996年，第510页。
② （清）黄教镕，黄文桐，陈保真，彭日晓：《光绪龙阳县志》卷12《学校志》，南京：江苏古籍出版社，2002年，第178页。
③ （清）曾钰：嘉庆《宁远县志》卷3《建置志》，台北：成文出版社，1975年，第284－285页。
④ （清）万修廉，张序枝：《同治续修永定县志》（湖南）卷5《学校志》，南京：江苏古籍出版社，2002年，第341页。

得以永永不敝者,皆我公祖之赐也。"① 袁溥的这番话语,也代表了清代各地贡院捐建者的普遍心声。

本章结语

本章探讨的是清代各类贡院的日常管理问题,实际上涉及多个方面的内容,包括国家和基层地方政府对各级各类贡院修建活动的审批立案、经费报销政策、政府旌奖措施,也包括基层地方社会对清代各级各类贡院修建活动的评价、奖惩、监督、保护,还包括贡院建成之后的日常维护与维修问题。对于不同级别类型的贡院来说,每个方面的管理方式都有所不同,体现出国家、政府、社会对贡院这种颇具公共性的考试建筑的关注、掌控与投入的不同形式与不同力度。总体来说,级别越高的贡院,如各省乡试贡院、礼部会试贡院,国家的掌控与投入的力度便越大,地方绅士的参与处于辅助者地位。而级别越低的贡院,如各州县的县试考棚,地方绅士的掌控与投入的力度便越大,国家在此空间基本不投入运作成本,地方官员尽管名义上是考棚建设的主持者,但实质上不管是经费的捐集还是工程的监管以及日常的管理,全都是地方绅士居于主导者的地位。我们有理由认为,得益于清代国家对地方赋役征收权限与方式的严格管控,考棚——也包括宾兴、书院以及养济院、育婴堂、恤嫠会、施棺局、水龙局等公益慈善类组织——的存在,为清代基层地方社会中的绅士阶层提供了开展类似于今日第三部门、NGO、NPO 活动的公共领域或公共空间。在遵从清代的国家治理理念的基础上,他们积极寻求与地方政府官员相互理解与合作,在这些公益慈善事业方面投入了极大的精力与财力,身体力行于修齐治平的人生追求。

---

① (清)袁溥:《考院善后记略》,(清)李熙龄:《咸丰武定府志》卷 33《艺文志》,南京:凤凰出版社,2004 年,第 117 页。

第九章

清代贡院的考试思想

清代各地官绅在建成贡院后,主持修建的地方官员往往撰写考场记文,或邀请当时名士撰写记文,揭示修建贡院的原因,叙述其修建过程,阐述其存在价值。在一些地方志中,编纂者有时也会对贡院的修建活动进行评论。这些贡院记文及地方志的评述,集中体现了时人对贡院的态度,反映了清代贡院修建活动中的考试思想。

第一节 考场规范与考试公平

公平,向来是一个相对的概念,教育公平与考试公平同样如此。科举考试是一种淘汰率极高的择优选拔考试,这就意味着考生之间必定存在一定的客观差异,也决定了科举公平只能是一种相对公平。首先,考生的社会背景包括家庭的贫富和社会地位的高低,是一种与生俱来的客观存在;其次,考生所经历教育的水平与特点千差万别;再次,考生能够获得的社会资源各自不同;最后,考生投入的学习成本因人而异。这些客观差异,决定了考生在跨入考场的那一刻就是不公平的。因此,贡院建造者们所追求的科举公平,便不可能是考生成长环境、成长过程、成长结果的起点公平,而只能是考试的程序公平,也就是考生们必须凭借自己的实际能力完成考试,要防止其利用一切外在因素改变考试结果。

考试，客观上是一种根据考试成绩对人才优劣进行评判的制度设定。在此过程中，应尽量去除可能影响考试结果的各种相关因素，比如考场条件、人为舞弊等。清代建造各类贡院的最主要目的是要规范考场秩序，杜绝舞弊行为，为考生创造公平竞争的考试环境。为了尽量达到社会普遍认同的公平条件，清代各类贡院的修建者做出了很多努力。众多的贡院记文，体现了人们希望通过捐建贡院的教育公益活动，帮助考生尤其是贫困考生获得考试程序公平。

一、修建专用考场与防止考试舞弊

尽管道光年间江西新建举人熊宝书在代理湖北云梦县知县时曾说，本地官绅倡建县试考棚，其本意并非"峻其垣墉，厚其闬闳，以杜侥幸之弊"，因为凭着"此邦乡邻风俗之美"，以及生童"夙凛父师之训"，考生进入考场后"必不为此苟且之行"；① 但是事实上，规范化的考场设施确实可以起到防止考生作弊的客观效果。如乾隆九年（1744）陕西学政嵩寿（？—1755）便奏请将各省之学政试院开放给普通州县作为县试之考场，以杜绝借用衙署、学宫等作为临时考场必然出现的诸多弊端：

> 今府州考试童生，多无考棚号舍，无从编定坐号。或在衙署，或在学宫，听自备桌凳进考。师弟父子，共坐一处，父师作稿，子弟誊钞；或一人几卷，更易姓名，侥幸俱取，另与他人进院考试，诸弊丛生。请嗣后府州考试童生，即在学政衙门考棚内编号启试。如学政衙门不在府州治内，令该府州选择就近紧密公所，照院试例编立坐号。仍按名取具廪生保结，临时认识。倘有不按本号者，即行逐出。②

对于嵩寿的这一建议，清礼部表示"应如所请"，并由清高宗批准

---

① （清）吴念椿，程寿昌：《光绪续云梦县志略》卷11《艺文志》，南京：江苏古籍出版社，2001年，第541页。
② （清）庆桂，董诰，曹振镛：《清高宗实录（三）》卷211《乾隆九年二月下》，北京：中华书局，1985年，第715—716页。

执行。

修建贡院以规范考场秩序的言论，在清代学政试院文献中颇为常见。如福建台湾府从康熙二十三年（1684）开始设科取士，历经五十余年未建试院，其岁科试均是借用海东书院为临时考场："止就海东书院之便，而地方湫隘，实不能容。遂别开门径，通于圣庙戟门外搭盖棚厂。"乾隆二年（1737）十二月，巡台御史单德谟（1700—1767）奏请"照内地之例"建造试院，"以昭严肃"。其提出的理由，一是以孔庙为考棚"未免杂沓喧嚣，邻于亵慢"，二是"关防不密，易滋弊端"。① 又如浙江台州府试院称为"校士馆"，建成于乾隆九年（1744），浙江巡抚常安应邀为其撰写记文，他在分析建造校士馆的原因时提出："夫校士之所，缭之以垣，树之以堂，联之以号舍，垣坏则径窦行矣，堂卑则瞻望玩矣，号舍促隘则文战之道苦，羸体之士至有不得横其肱者矣。"② 所谓"垣坏则径窦行"，便是从考场纪律的角度进行的分析，认为建造试院可以加强关防，防止试院内外传递的舞弊行为。

类似的言论在清代各地县试考棚文献中也颇为常见。如江西吉安府永新县士绅捐资 15 000 余缗，历时六年之久，于嘉庆二十一年（1816）建成考棚。江西学政王鼎（1768—1842）为之撰写记文，指出"今试士必始于县，即三代选举始乡里之意"，然而大多数地方县试的实际状况却是"县皆有试，而考棚不多有。试之日，或集于公廨，与吏胥杂处；或聚之廨宇，关防难周，均无以昭慎重"。③ 永新县考棚的建成，切实解决了这些问题，有利于提升考试选拔的公平性。又如湖北武昌府武昌县考棚捐建于道光七年（1827），知县林芳在其《武邑新建校士馆碑记》中指出，"国家以制科取天下士，士之举孝廉、成进士、致位通显者，莫不自田间来，则童

---

① （清）庆桂，董诰，曹振镛：《清高宗实录（一）》卷 53《乾隆二年十二月下》，北京：中华书局，1985 年，第 957 页。
② 张寅，何奏簧：民国《临海县志》卷 8《学校志》，台北：成文出版社，1975 年，第 746 页。
③ （清）定祥，刘绎，周立瀛：光绪《吉安府志》卷 7《建置志》，台北：成文出版社，1975 年，第 291 页。

子试其首基也"。不过，各地县试往往"聚而试之于署，无所谓考棚者。即间有之，亦不必其处处皆然"。林芳认为，这是县试容易发生舞弊情形的主要原因："关防之不密，去取之不精，大率坐此。"①

有些考棚创建者更进一步指出，考试关防不密，将导致无法选拔到真正的人才。如湖南桂阳直隶州临武县考棚建造于乾隆四十五年（1780），知县赵嘉程在其所撰《鼎建考棚记》中指出，自己曾两次主持临武县童试，亲身经历了考试情景："诸生云集，环坐县署，如学市之纷列槐街，不惟苦其逼仄，亦且难于防范。"他认为，"夫防范不密，将怀挟而欲试。虽徒抱梧台之石，亦得别衒以楚岫之珍；即不得郢书燕说，其又奚以精厥鉴？抡才之谓何，而可勿慎耶？"② 又如广西思恩府上林县考棚建成于道光二十一年（1841），是由知县柯桂采号召绅民捐资创建的。次年，广西学政钮福保（1805—1854）应邀撰写了《上林县创建试庐记》，采用四六骈体的韵文体裁，叙述了上林县建造考棚的原因与过程。在论及修建考棚之前的考试弊端时，钮福保指出："郡县之率由不一，国家之经费有常。彼校诸童于廨舍之中，且不免夫负戴；是侪多士于胥徒之列，更何论夫怀藏？欺诈无所关防，品诣奚由简择？譬之士子，罔知教自婴孩；比及成人，能不伤夫老大耶？"③ 他认为考棚未建，便无法防止夹带抄袭，而这样选出来的人才，显然缺乏良好的道德品性。

二、提供固定座位与防止贫富考生占座不均

在未建专门考场之时，尤其是在县试考试阶段，各地往往借用衙署、文庙、书院、寺庙等建筑临时搭盖棚厂组织考试。由于事起仓促，各州县礼房虽然可以找到搭盖棚厂的相对封闭的空间，但却无法为数百上千人的

---

① （清）钟铜山，柯逢时：光绪《武昌县志》卷7《学校志》，台北：成文出版社，1975年，第430—431页。
② （清）陈佑启，章俊纯：《同治临武县志》卷14《公署志》，南京：江苏古籍出版社，2002年，第444—445页。
③ （清）徐衡绅，周世德：光绪《上林县志》，清光绪二十五年（1899）刻本，卷9《艺文志上》，第15—16页。

考生提供考试桌凳。因此，考生在赴考时便必须自携桌凳。有的要在考前一日搬入考场，有的则需在考试当日点名时携入考场。进入考场后，考生桌凳的摆放地点，或取决于自身是否强壮，或取决于随从是否勇武，甚或取决于礼房胥吏能否得便通融。由于临时考场大多空间有限，因而摆放桌凳的地点也便决定了答题环境的优劣。有些地点光线明亮、宽敞隐秘，甚至方便抄袭、传递；有些地点则上无房瓦，下有湿泥，来往磕碰，难以展卷；有些地点甚至坑坑洼洼，桌凳难稳，遇到刮风、下雨、暴晒、飘雪等情况，不仅试卷可能损毁，甚至自己也无处藏身。此时，家资丰厚的考生便可通过支付高价得到最好的桌凳安置点，而家庭贫困的考生则只能接受应试条件较差的桌凳安置点。因此，官绅普遍认为，修建贡院可以在考前统一编排座号，排除人为因素干扰，为全体考生提供平等就试的答题环境。

从当代考试理论的角度来看，修建贡院实际上是在为考生创造考试的起点公平与程序公平。清代各类贡院记文中虽然没有从当代考试理论的角度进行分析，但其相关表述已经体现了初步的公平考试思想。如在同治三年（1864），时任江苏巡抚的李鸿章（1823－1901）不仅力排众议决定将苏州府学政试院改建于郡城元和县，而且为之撰写了《重建苏州试院记》一文。文中除了阐述改建试院的理由并叙述建造试院的过程外，还顺便提到了此前苏州府岁科试中的相关弊病："余闻吴中旧有自备桌凳之弊，酬厚值者得善地，寒畯不蔽风雨。"也就是说，考生家庭的贫富不均，决定了他们进入考场之后所能获得的考试便利条件，从而有可能影响最后的考试结果。为此，李鸿章在"深苦之"之余，终于想出了对策，他以江苏巡抚的名义向全省各府州县发文，要求各地参照松江府的方式执行："檄视松江式，郡、县正场、复试皆于试院举行，永以为例。"[①] 当然，李鸿章之所以想出这一对策，是因为在同治三年（1864）前后，作为科举强省的江苏省几乎没有一个州县建造了县试考棚。

---

① （清）李铭皖，冯桂芬：光绪《苏州府志》卷22《公署一》，台北：成文出版社，1970年，第529页。

李鸿章所发现的苏州府岁科试考生自备桌凳的弊病，自然不会只存在于"吴中"地区，而是在全国各地都普遍存在。如浙江绍兴府会稽县人孙德祖在同治十二年（1873）为同府余姚县建成考棚一事撰写记文时，回忆了自己当年参加童试的情景，揭示了考生因家境贫富不同而影响其在考场中的答题环境的事实："回忆卯角囊笔就试，其时试童子者两邑亡虑三千人，郡试院不能容，吾会稽犹扃试县署。试必昂六房作号舍，有力者以重资赁诸吏，乃得占之；外此循廊庑列几案，尚人率百钱，谓之'纳卓'。阳雨之不时，风雪之不蔽，莫之或恤。"①

　　浙江会稽县称考生缴钱获取考试座位为"纳卓"，在湖北汉阳府孝感县则直接叫作"买坐"。孝感县举人徐恕曾在《前邑侯李公创修考棚碑记》一文中回忆了本县未建考棚时以县署为临时考场安排考试座位的情景："每届试期，书吏即借以牟利，各于区谒舍布几筵，肩相摩，趾相错也。胥役则自堂皇、戒亭迄仪门，画地张幄，或蓬席，仅蔽风日，列长凳短椅于其间。应试者先期议其值，曰'买坐'。"② 交了钱就可以获得好的座位，说明考生与胥吏之间存在讨价还价的空间，这种讨价还价，自然不可能只存在于购买座位这一件事情上。

　　广东潮州府四会县也有出钱买座的现象。四会县考棚建成于光绪十九年（1893），系由知县刘德恒捐廉倡议邑绅捐资建造。据民国《四会县志》记载，该县在建成考棚之前，"向来岁科文试皆在县署仪门内各房廨舍前搭盖棚厂，由署役赁桌凳，分布坐位，向考童收取租钱，或多出钱租各房办公地。二场以后，前列者调入二堂及花厅，亦须出桌凳钱"③。这种按价出售考试座位的方法，自然不利于贫寒士子，也给各类抄袭、枪替等舞弊行为打开了方便之门。

---

① （清）孙德祖：《余姚试院碑记》，（清）邵友濂，孙德祖：光绪《余姚县志》卷10《学校志》，台北：成文出版社，1983年，第199页。
② （清）徐恕曾：《前邑侯李公创修考棚碑记》，（清）朱希白，沈用增：《光绪孝感县志》卷21《艺文志》，南京：江苏古籍出版社，2001年，第449页。
③ （清）陈志喆，吴大猷：民国《四会县志》编2上《建置五》，台北：成文出版社，1967年，第159页。

三、提供便利条件以便考生充分发挥

科举考试是"抡才大典",是考生实现人生规划的重要途径。能否在每次考试中静心思考、专心属文,全面发挥平日所学,对考生来说至关重要。对国家和政府来说,这也是能否甄拔到符合要求的理想人才的关键。各地修建专门的贡院,其考量因素之一,便是通过为考生提供便利的考场条件,实现录取真才的目的。此类思想的表达在各类贡院记中也不乏其例。

乾隆五十五年(1790),湖南长沙府益阳县士绅捐建了考棚。知县刘尔芹在其所撰《建考棚记》中指出,益阳县童试考生有2000余人,只能在县署设置临时考场,"地狭人夥,局蹐已甚"。加上进场时必须各自"负桌凳,携笔砚,累累如鱼贯雁行",导致"力疲莫振,气恭难舒",最终结果必然是无法发挥真实水平,辜负平日刻苦攻读:"夫其平居,焚膏油,饫经史,期及锋一试也。业逢其会矣,乃终局于势,而不获一骋其胸中磅礴郁积之奇,则县署果不足以试士,而考棚之必资创建也为尤亟。"考棚建成之后,可以使考生"思深力厚,气静沉恬,殚一日之长,无复向时疲荼态"。①

嘉庆十五年(1810),湖北德安府在两任知府陈元京、李世治的先后倡导下,由随州童生谢必选、应山县武举蔡一举等合力捐资,对本府学政试院进行了扩建。时任湖北学政涂以辀(?—1821)应邀为之撰写了《扩修德安试院记》,文中指出:"予观人之一身,居处少有未惬,即蹐局而不宁。况风檐中限以晷刻,各奋其力以战胜,而所凭以为安者,时而动摇焉,且颠踬焉。欲其单思凝虑以求当于有司,难矣。"涂以辀此前曾主持戊辰岁试,当时"诸生以桌凳损折告者纷集",涂以辀无计可施,只能为之"蹙然"而已。此次谢必选等人捐资扩建试院,涂以辀自然深感欣慰,他进一步指出:"岁科试,兴贤之基也。古者以乡三物教万民而宾兴之,

---

① (清)姚念杨,赵裴哲:《同治益阳县志》卷8《学校志》,南京:江苏古籍出版社,2002年,第201页。

今之时岂外乎？是盖未有德不进、行不修、艺不精而能侥幸取功名者。今试院既修既新，士子囊笔而入，可以安其身矣。当必争自濯磨，日新其德，以求其心之安焉。吾知众贤蔚起，咸足以仰副圣天子作人之盛心，则采风者至止于斯，不徒慕其名，而且慕其实矣。岂不休哉？！"①

受德安府管辖的湖北云梦县在道光十六年（1836）费钱5000缗，建成了考棚，有号舍1200有奇。时任知县熊宝书在记文中指出，建造专门的考棚，通过"峻其垣墉，厚其闬闳"，达到"杜侥幸之弊"的目的，这一考量因素"固非诸君子创建之意，亦非守土者之意"。那么地方官倡建考棚的本意到底是什么呢？是希望所有进入考场的考生都能够"思今昔苦乐之异，念父兄师友缔造之艰"，并进而"沉酣于经籍，澡雪其身心，务求为有体有用之学，勿徒为浮华靡丽之习，躬行心得之余，发为道德之华，自有以露其本原之蕴，而为有目共赏之文"。②

四川夔州府万县在道光二十一年（1841）由乡绅杜峙三捐资16 000余千文建成县试考棚。万县儒学训导龚珪《万县新建考棚碑记》认为，县试是"登进始基之令典"，"典既重，则关防不得不密，体制不可不肃"，而万县未建考棚之前，都是借用县署为县试考场，除了"几案自备，拥挤逼仄，炎蒸郁炙，风雨飘摇"而导致"试者深以为苦"之外，考场纪律也无法保证："散处陬隅，族谈扰攘，稽察亦弗能周。"而在建成考棚之后，则不仅"崇垣四周，闬闱重阻，于关防体制，尤为肃密"③，有利于维护考场纪律，而且"其号舍则高爽，俾风日莫能侵，阴翳无虞蔽也。其号座则坚固，俾构思者安适弗摇"，有利于考生安静思考，发挥实力。

诚如道光二十一年（1841）张之洞之父、兴义府知府张锳（1791—1856）所言，"试院拓，关防密，而后真才出"。清代各地官绅想尽各种办

---

① （清）赓音布，刘国光：光绪《德安府志》卷4《建置志上》，台北：成文出版社，1970年，第141页。
② （清）熊宝书：《创建云梦县考棚记》，（清）吴念椿，程寿昌：《光绪续云梦县志略》卷5《学校志下》，南京：江苏古籍出版社，2001年，第540—541页。
③ （清）张琴，范泰衡：同治《万县志》卷36《艺文志》，台北：成文出版社，1976年，第1122—1126页。

法筹集资金建成贡院，其目的都在于严肃考场纪律，杜绝抄袭、枪替等舞弊行为，保证考生凭借自己的真才实学被考官录取。而这一考场思想，也正是中国历代科举制度的一以贯之的"以程文论去留"的精神所在。可以说，贡院的出现，为科举制度理想的实现提供了保障、奠定了基础。

第二节　考场成本与社会效益

中国的文科举与武科举内场考试本质上是一种以文字表述为表现形式和评判对象的择优选拔考试。从考试成本的角度来看，科举考试在应试阶段的成本并不复杂，数额亦不算巨大。考试过程中一般也不会造成意外的人身伤害，也不需要消耗过多的物料。科举考试成本主要包括三个方面，一是考场修建成本；二是考生费用，包括赴考途中的路费、考试期间的食宿费、应试各阶段的考试费；三是考期消耗成本，包括考官的报酬、考务人员的食宿、纸张笔墨消耗等。其中贡院修建成本颇大，在三类成本中更具可控性。因此，对于是否有必要建造专门的贡院的讨论，也构成中国贡院思想的主要内容之一。

一、逐渐下移的考场成本讨论

科举制度创立初期，建造专门的贡院的问题并未进入人们的讨论视野。唐五代时期乃至北宋前中期，即便是省试或殿试阶段，也没有人提出要为它们建造专门的考场。到了北宋后期，随着糊名、誊录、对读等防弊制度以及别头试等考试形式的出现，以科举防弊为核心的考试公平观念也日渐普遍。为了将这些防弊措施付诸实施，以及进一步防止抄袭、传递、换卷、代考以及内外帘勾结等舞弊行为，建造贡院成为一种必然。

不过，自北宋英宗（1063—1067年在位）确立三年一科的考试周期以后，建造专门考试场所的必要性便成为人们必须面对的问题。但最早将这些讨论形诸文字并传至后世的文献记载，则是南宋时期的贡院记。生活于两宋之交、曾任衢州知州的李处权（？—1155）在《衢州新建贡院记》一文中，首次向世人提出了建造贡院的经济成本与社会效益的对应关系问题。他指出，对于建造专门的科举贡院，社会上确实普遍存在怀疑态度：
"旷数年以待，不几月之用，其为不急之务欤？"① 从现存文献的记载来看，
目前尚未发现两宋时期县级考场的个案。② 这似乎可以说明，时人不认为
有必要专门为县级考试建造贡院。

进入明代，不仅乡会试阶段普遍建造了贡院，在学政院试阶段也大多
建造了试院，清代则不仅延续明制，乡会试贡院规制全面改进，学政试院
日益普及，而且在府州府试、州县县试阶段也都建造了考棚。在有关建造
贡院的成本问题的讨论方面，明代时期一般对建造专门考场持赞同意见。
如山西平阳府在明万历年间由山西提学副使王三才（生卒年不详，万历二
十九年进士）倡议地方官员创建了平阳府试院，其所撰《平阳试院记》一
文便谈到了修建试院的经费成本问题。

> 明兴，广励学宫，试事岁举，岁必盖厂，萧然烦费。予初入晋，计为经始，而时以大比刻期，未遑也。越岁再校平阳，具问厂费，太守进曰：厂役岁兴，每费民间几三百金，借用物料不与焉，久亦属乌有。不若创建之便。余曰：洵哉！每岁费三百金，则三岁几千金矣，诸物称是。费且不资，则困在民。且芦苇覆葺，不蔽风雨，往往左执盖而右操觚，甚至不终局而改期者有之，则困在士。国家诚重宾兴，何靳此铢两而重困士民？为亟议经理之，而惴惴焉犹以烦费是惧。数日，太守以议报，因仓地之旷以为基，移废院之材以助植，动岁考之余银以充工料，盖不烦改辟征发，而事在指掌间矣。遂请于大中丞魏

---

① （宋）李处权：《衢州新建贡院记》，曾枣庄，刘琳：《全宋文》第174册，上海：上海辞书出版社，2006年，第150页。
② 按，（清）张佩芳所修乾隆《歙县志》卷2《公署》载，歙县在宋代乾道四年（1168）"以大成殿东余地增民地六百二十余丈"建造贡院（台北：成文出版社，1974年，第152页），让人颇怀疑这是一座县级贡院。不过，据宋人程珌《徽州贡院记》记载，徽州在北宋便建造了贡院，自宣和年间遭火灾后，便一直未予修复。直到南宋乾道戊子（即乾道四年），"邦君郑侯升卿始规庙东闲地及增市于民者凡六百二十丈，为屋百楹"（《全宋文》第298册，上海辞书出版社，2006年，第85页）。这说明《歙县志》中提及的贡院其实便是徽州贡院，并非歙县贡院。

公、置指使刘公。二公可其请，遂属其役于县，选择董理，聚材鸠工，吉期告祭。①

王三才的这篇试院记文，不仅对比了建造专门考场前后考试成本的高低，而且指出了未建专门考场之时搭盖临时考场的"厂费"带给百姓与考生的双重负担，通过摆事实、讲道理，阐明了自己坚决支持建造贡院的观点。

明崇祯年间浙江嘉兴府知府郑瑄捐廉为倡，与士绅一起创建了嘉兴府学政试院，称为"宏文馆"。时人黄承昊在其所作记文中，也论及了宏文馆未建之前的经费负担问题。他指出：

> 我浙学使者试士，会城有校士馆，而我郡独无。每遇学使按郡，棚厂之费不赀。虽七邑合输，然竹木供自郡城诸肆，商贾苦之。一建一除，七邑所输既委之逝波，而日暴雨霖，民间之物半归朽坏。往者网疏，岁考约十载方一及，犹可强支。迩则功令严密，非岁科兼周，学使者不得擢。三岁中两试，业为之额，将邑困供输而民不堪命矣。②

黄承昊（1576－约1645），字屐素，浙江秀水人，明万历四十四年（1616）三甲第171名进士③，历官大理评事、河南道监察御史、福建按察使等职。黄承昊出身秀水望族，父祖三代六进士，科甲荣耀，辉映乡里。他的这篇记文，不仅代表了他自己的观点，同时也代表了当地官绅的共同意愿。他们认为，在没有建造校士馆时，每次考试的物品消耗不仅给商铺造成了负担，而且一府七县所合力筹集的钱款也被极大地浪费了。显然，

---

① （明）王三才：《平阳试院记》，（清）章廷珪：《雍正平阳府志》卷36《艺文志》，南京：凤凰出版社，2005年，第295页。
② （清）许瑶光，吴仰贤：《光绪嘉兴府志》卷7《公署志二》，上海：上海书店出版社，2000年，第181页。
③ 朱保炯，谢沛霖：《明清进士题名碑录索引》，上海：上海古籍出版社，1989年，第1535页。

无论是山西提学王三才还是浙江进士黄承昊，均认为创建试院所花费的经济成本较之每次临考搭盖棚厂的经济成本要更为低廉，而从实际效益来看，作为科举专用考场的试院显然比临时搭盖的考场更有助于考试的顺利完成。

从现有文献记载来看，对于建造乡会试贡院这种规模巨大的城市建筑，尚未发现明清时期有人质疑其必要性。而对于学政试院尤其是县试考棚，则相关的质疑较为普遍，在清代尤其如此。如乾隆八年（1743），福建鳌峰书院山长靖道谟（1676—1760）在其为泉州府学政试院撰写的记文中便指出，自南宋乾道年间王十朋捐建贡院后，近600年间再无人重建贡院，每逢考试，都是"假学宫之明伦堂"作为临时考场。其中的原因便在于，"惟是考棚之建，急刀笔筐箧者每谓无足措意。遥遥数百年，独两君子毅然为之"①。又如浙江黄岩县人姜文衡（1789—1868）在《创建校士馆及朱子祠记》中指出："自京师及各省、郡皆有试院，以为衡文选士之区，而县鲜有闻。盖地狭而人寡，不欲重费劳民，理固宜然。"② 也就是说，人们普遍认为各地州县之所以不必建造类似省贡院、学政试院一样的县试专用考场，主要是因为担心修建考棚的费用太多，对百姓造成沉重的负担。

嘉庆三年（1798）戊午科福建乡试解元、德化县人郑兼才（1758—1822）曾经撰写过一篇《请移建德化教谕、训导廨》的申文，向福建督、抚、藩、臬请求全面整顿德化县文庙、书院、考棚，改变教谕、训导廨署不合礼制的状况。文中指出，"自议建考棚，割书院地以益，已失书院旧观；而文庙远隔城隅，反不如民祠、寺观犹有专司"，认为书院、文庙的地位被严重忽视了。他接着说："窃以县治考棚之设，事属可已、费在不赀，然皆勉力蒇事。若两斋廨舍，无烦浩费，且为遵制移建，以敬圣之

---

① （清）方鼎，朱升元：乾隆《晋江县志》卷13《公署志》，台北：成文出版社，1967年，第163页。

② （清）陈钟英，王咏霓：光绪《黄岩县志》卷8《建置志》，台北：成文出版社，1970年，第631页。

心,为乐事劝功之举,当必倍加踊跃。"① 所谓"考棚之设,事属可已、费在不赀",意思就是考棚修建成本过高,其实不必修建。需要指出的是,郑兼才曾在福建、台湾多地担任教职,门人弟子众多,并曾主持编纂《台湾县志》《台湾府志》等方志,其观点实具有相当的代表性。

二、清代学政试院修建成本的相关讨论

前已论及,清朝初年便已规定,各地应积极为学政院试提供相应的廨署,并且该廨署应该具备作为岁科试考场的条件。随着各地学政试院的不断增多,有关其修建成本的讨论也逐渐普遍。总体而言,清代关于学政试院修建成本问题的讨论主要涉及以下几个方面。

1. 学政试院的使用频率过低,衬托出其修建成本偏高

江西建昌府试院最早建成于明崇祯年间。乾隆六年(1741),时任江西学政赵大鲸(1686—1749)决定对其进行修理。由于担心耗费过多钱财增加百姓负担,赵大鲸最初的维修预算仅为白银500两。此时,建昌知府杨弘志将修建试院之事"引为己任",采取设簿劝捐的方式积极筹集捐款,最终除了试院大堂之外,其余建筑全部得到了修理或重建。赵大鲸《重修建昌试院记》高度评价了杨弘志,认为他规划得体,任人得宜,尤其是做到了"门不设吏胥之席,役不烦蓍鼓之召,寸墁尺木皆同会计,梓人圬人缩手无所乾没"②,最大限度地防止了因吏胥中饱私囊、工匠偷工减料带来的经济损失。不过,赵大鲸同时也指出,学政试院的使用频率确实很低,"学使奉命,三年按临,不过阅二月耳",因此很多学政才会对试院"去来如传舍,每不甚措意",而地方官也对其抱有"专事涂垩,缘饰耳目"的敷衍态度。这表明,清代大多数学政及地方官都认为,建造学政试院尤其是材料坚实、房宇高大的试院,确实是一种成本与效率不相对等的行为。

道光年间山东学政殷寿彭(1795—1862)的《重建兖州试院记》,也

---

① (清)郑兼才:《宜居集》卷2《请移建德化教谕训导廨申文》,《六亭文选》,《台湾文献丛刊》第143种,台北:台湾银行经济研究室,1962年,第15页。

② (清)赵大鲸:《重修建昌试院记》,(清)邵子彝,鲁琪光:《同治建昌府志》,南京:江苏古籍出版社,1996年,第380页。

含蓄地表达了建造试院成本过高的观点。兖州府试院的始建年月无考,全府 10 个县的岁科试分在曲阜和滋阳两处考场举行,即"邹、滕、峄、泗水、曲阜,并四氏而六,皆别试于曲阜,余五邑就郡城试"。其中府城试院因年久失修,道光二十六年(1846)通过地方官捐俸为倡,各县士绅合力捐资,才使其考官、考生不再"惴惴焉栋折榱崩之是虞"。殷寿彭为之感叹道:"余尝读孙可之书褒城驿,叹官舍常新,振古为难。矧试院为使者校士驻节之所,三年再至,其得居此者,统前后仅逾月耳。而兖曹观察使总理四属,纷纭繁剧,其于试院,似尤非急务也。"① 文中提到的孙可之,即唐代孙樵,曾作有《书褒城驿壁》,讽刺地方官视为官如传舍,不肯用心为民兴利除弊。殷寿彭引述孙樵此文,则是指出自古至今的地方官都不肯将精力放在官衙的修建上,何况学政试院更是连官衙都不是,因而捐集巨款建造试院自然更不会被看作是地方官施政的"急务"。

2. 与建造试院的成本投入相比,远途赴考的路费成本更高

既然时人普遍认为建造院试专用考场成本过高,那么为什么清代全国依然有超过 80% 的府、直隶州建造了试院?这是因为,如果本地没有建造试院,则学政便不会按临主持院试,学政不按临主持院试,势必调取本地士子附考于他府试院。如此一来,本地士子付出的应试成本便同样高昂,其中又主要是路费与住宿费用。

山西辽州直隶州因未建试院,自明代以来州属一州两县的生童便需赴平定直隶州、潞安府、太原府甚或沁州直隶州参加岁科试。为此,康熙三十年(1691)辽州及其所辖榆社、和顺二县的士绅分别撰写禀稿,请求知州王景亮代为上禀山西巡抚、学政,以"辽列八郡之一,考赴沁州之场,六庠苦乐不均,两州轻重互异"为由,请求准许"辽、沁分考,以宏作养,以培文运",也就是允许辽州自建学政试院,不必附考于沁州。王景亮在申文中指出"辽属一州两县,均居太行绝巅。土瘠人贫,咸半耕而半读,亦为士而为民。是辽属之民,固为晋省极苦之民,而辽属之士,更为

---

① (清)殷寿彭:《重建兖州试院记》,(清)黄师闇,蒋继洙:《光绪滋阳县志》卷 11《艺文志》,南京:凤凰出版社,2004 年,第 240 页。

晋省极穷之士也。况辽距沁四百余里,跋涉艰难,老幼视为畏途。一闻考试,无暇攻书,日每办费。及资斧甫具,竭蹶以往,或至愆期而归者。如此困苦,真可痛心。何沁州生童独享其乐,而辽属生童独受其苦也?"① 显然,王景亮认为,因路途遥远而产生的巨额差旅费是阻碍辽州生童赴考的绊脚石。而他提出的建造辽州试院以及准许辽州生童岁试在本州、科试赴太原的建议,也最终得到了山西巡抚、学政的批准。

辽州建造试院,还只是为了帮助生童争取在本州参加岁试的权利,而辽州所竭力与之割席的沁州,则已经在帮助生童争取岁科试均在本州考试的权利。沁州虽然在明代崇祯年间便建造了试院,但却仅能在其中举行岁试,而科试则必须"调赴潞郡"。潞郡,即潞安府,距沁州及其所辖沁源、武乡二县均超过200里,而且"道路所经,皆崇岗复岭,绝壁深溪",尤其是"每当潦暑严寒,崎岖跋涉,几莫可状"。沁州生童大多"瘠土多贫",他们赴潞安府参加科试,"治装僦屋,资粮扉屦之需,较岁试不啻数倍",这导致一些"皓首穷经"的生童只能"遇观光大典,辄以行李困乏,茶然中止"。② 为此,知州姚学瑛呈请山西学政岁科试均按临沁州考试,免除士子跋涉之苦,并最终获得成功。

广东廉州府于康熙三十四年(1695)建造学政试院,同样有考生赴考成本的考量。康熙三十三年(1694)甲戌,广东提学金事王郴在巡考期间,发现广东全省"惟连州独无试院",生童参加岁科试需要"调赴高凉随棚考校",因而"疲于奔命,益衰飒无上进志"。他认为,清朝稳定发展已经50多年,时丰物和,老百姓大多"家弦户诵,踊跃以赴功名",不应该让"童子甫试辄使困于行李,往返于千余里以就学使",将参加考试"视为畏途"。③ 在他的建议下,廉州知州董绍业将海北道署改建为学政

---

① (清)王景亮:《创建考场碑记》,(清)徐三俊、陈栋:光绪《辽州志》,台北:成文出版社,1976年,第695—698页。
② (清)姚学瑛:《沁州三学岁科试永免调潞碑记》,(清)吴正:《乾隆沁州志》卷10《艺文志》,南京:凤凰出版社,2005年,第308页。
③ (清)张堉春、陈治昌:道光《廉州府志》,清道光十三年(1833)刻本,卷7《建置志》,第5页。

试院。

安徽和州直隶州试院创建于明隆庆六年（1572），清雍正九年（1731）和州士绅请知州曹元梦代为详明上宪，自愿以"和州六、含山四"的认捐比例共同捐资建造试院。和州学正唐德咸不仅亲任资金出纳事务，试院建成后还撰写了一篇《新建和州试院记》，其中谈到了修建试院的成本与效益问题。记文说："是役也，工费计三千金，州二县一，集之数旬，不虞物力之绌。又出纳听诸一人，彼此各无瞻徇。至任事诸子，亦莫不清心竭力，以底于成。由是应试生童免跋涉之苦、省旅舍之资，商贾细民获转移之利，州城土著得僦屋之资。且官司就近，提调送考，无津途舆马之烦，钱粮簿书悉不至于濡滞。于以上副皇上乐育人才之心，次慰各宪轸恤士子之意，官吏清和，四民乐利，诚于州属大有裨益也。"① 显然，唐德咸所算的这笔账不只是应试考生的差旅费、考试组织部门的办公费，而且还包括考试期间本州商贾、贫民所获得的经济收入，已然开了今日考试经济学的先河。

四川黔彭直隶厅在乾隆元年（1736）被改为酉阳直隶州后，其岁科试一直附于重庆府试院。经过八十多年的文教发展，酉阳州的应试生童日益增多。为此，嘉庆二十四年（1819），酉阳州举人徐映台、贡生陈盛佩等联名撰写禀稿，呈请在酉阳州自建试院。禀稿指出，"近年州试童生一州三县不下三千余人，及至院考仅有其半"，原因就在于州试是在本州考试，而院考则要远赴重庆，旅费艰难："贫寒者多乏资远涉，虽或可希寸进，亦终困守蓬庐。"尤其是每年院试都是在五六月的梅雨季节举行，陆路固然难行，水道亦因"河水泛涨，滩凶峡险"而成畏途。禀稿表示，经过士绅集议，一致同意"请分设考棚，情愿公捐经费，协力妥协，一切堂宇、号舍、器物等件，及沿途桥梁、道路、尖宿、公馆、应支夫马等项用费，俱愿公捐"。这一禀稿经过酉阳知州及四川总督等逐级上报到清朝礼部后，得到了积极回应。除了肯定了徐映台等人所列出的理由之外，礼部官员还

---

① （清）朱大绅，高照：《光绪直隶和州志》卷8《学校志》，南京：江苏古籍出版社，1998年，第179页。

强调，附考于他府试院，常常会产生"提调各官以地非所属呼应不灵，枪、冒等弊倍难稽察周密"等弊病。礼部还通过查阅《学政全书》，列举了全国部分地区"始缘应考人少，附棚合考，后因应考人多，分棚考试"的例子，比如山东省济宁州附考于兖州府、临清①州附考于东昌府、广东省南雄州附考于韶州府，以及江苏海州、广西庆远府、四川眉州等地均有类似情形，认为酉阳州具有建棚分考的充足理由。最终，礼部的奏折得到了清宣宗的批复："依议。钦此！"②据地方志记载，酉阳州士绅确实信守了诺言，他们不仅捐资建造了酉阳直隶州学政试院，而且承担了每次学政按临考试时的相关交通、食宿费用。按照惯例，四川学政到酉阳州的前一站考点是涪州，而自涪州至酉阳州先后要经过新场尖站、沙窝山宿站等9尖8宿合计17个停留地点，每个尖站和宿站之间的距离为40—60里不等，四川学政在此区间进行歇息、夜宿的相关费用均由酉阳州承担。为此，酉阳州绅民共捐资10 500两，由川东道于道光八年（1828）发商生息，作为酉阳州岁科试的专项基金。

3. 与修建试院的成本投入相比，搭盖临时考场的成本同样不低

前引明代末年山西提学王三才《平阳试院记》和浙江进士黄承昊《嘉兴府校士馆碑记》均认为，创建试院的经济成本较之每次临考搭盖棚厂的经济成本要更为低廉，这种分析在清代同样存在。如山东东昌府因濒临黄河，清代初年黄河决溢，旧有考院遭遇"荡析"之灾，此后每逢岁科试，"自棚场以及器用，皆取给聊（城）之二十四里，民力大困"。为此，顺治十六年（1659）东昌知府卢纮与聊城知县刘士龙发起倡捐，重建试院，从而"既使士子操觚免风雨之患，聊摄残黎亦永无土木之累"。③ 时任山东学政施闰章（1619—1683）借东昌府诸生之口，指出不重建试院有三"不便"："今假馆于御史台巡按之所，无以候台使者，有司多惶愕失措，其不

---

① 按，原文作"临济"，当误。
② （清）王鳞飞，冯世瀛，冉崇文：《同治增修酉阳直隶州总志》卷5《学校志》，成都：巴蜀书社，1992年，第325—331页。
③ （清）庞纯仁：《重修考院记》，（清）嵩山，谢香开，等：《嘉庆东昌府志》卷14《学校志下》，南京：凤凰出版社，2005年，第218页。

便一。考棚费竹木无算,郡故平壤,濯濯无深山茂林,至发屋材以从事,事已撤去,既费且劳,聊城为独累,其不便二。考院旧有瓦棚,高明爽垲。今败苇朽木,取办一时,卑暗阘茸,风雨不蔽,其不便三。"① 这三个"不便",第一、第三个都是分别从地方官与考生的角度进行分析,而第二个则是从经济成本的角度,认为建造试院是一种一劳永逸的选择。

4. 通过岁科连考、府院连考等方式降低考生赴考成本

需要指出的是,为了减轻考生赴考的路费负担,各地官绅除了在本地建造试院禀请学政按临主持考试这一种方法之外,还有其他折中的方法。

第一是争取岁、科连考,也就是考生在一次往返的考试旅途中完成岁试、科试两次考试,从而省下一次往返赴考的路费。这种方式,在一些较为偏僻的府、州尤其常见。如乾隆十年(1745),清礼部便议准了四川学政蒋蔚关于请求准许酉阳直隶州考生仿照四川夔州、宁远二府生童之例实行岁科连考的奏折,其理由便是酉阳州"僻处川东,生童向赴重庆府考棚应试,往返二千余里,路险难行,孤寒盘费维艰"②。又如广东琼州府(今属海南省)的考生在明代原本需要渡过琼州海峡到雷州府参加考试,万历七年(1579)经郡人尚书王宏诲上疏建言,改以海南道兼提学事,琼州府生童才改为在本府考试。清代初年沿袭明制。雍正九年(1731)因广东改设两个学政,琼州府隶属肇高学政考校,琼州府生童不得不再次渡海赴考。乾隆十六年(1751)广东学政再次合二为一,琼州府士子因"渡海维艰",经呈请批准,"岁科两考一并举行"③。

第二是争取府、院连考,即在学政院试举行之前,约定与之较为接近的时间提前举行府试,府试结束后直接参加院试。如浙江台州府宁海县,乾隆八年(1743)本县绅士龚正席、陈安春等向台州府详请府试、院试连

---

① (清)施闰章:《重建东昌府考院记》,《施愚山先生学余文集》卷12《记》,《清代诗文集汇编》第69册,上海:上海古籍出版社,2010年,第103页。
② (清)庆桂,董诰,曹振镛:《清高宗实录(四)》卷245《乾隆十年七月下》,北京:中华书局,1985年,第161页。
③ (清)明谊,张岳崧:光绪《琼州府志》,清光绪十六年(1890)刻本,卷6《建置志》,第6页。

考,理由是宁海县离台州府城较远,往来相距三百余里,且路途上多为崇山峻岭或洪流急湍,本县童生"府、院试两次往返,艰于跋涉,多费盘资,甚苦之"。他们了解到,宁波府象山、定海二县也是"滨海之邑",它们经过申报,确定了"每逢府试,有俟学宪按临十日前,由府调考之例",因此希望宁海县也能"援例"办理。台州府将其详文转呈乾隆二十六年(1761)状元、浙江学政王杰(1725—1805),得到了"如详饬遵"的肯定答复。① 又如湖南长沙府茶陵州,乾隆五十二年(1787)长沙知府刘尚质建议茶陵州官绅一起向湖南学政申请府院连考,理由是:"茶陵距省甚遥,文武童生向与各属同考试毕,守候院试。苦于期远,旅食维艰。若归而复来,未免两番跋涉,学业亦荒。"具体方法则是在湖南学政按临长沙府时,"岁考一月前,科考半月前",先考府试,府试取中的童生"录送院试",从而使其免于"往返之劳"。这一建议得到了湖南学政的批准立案,并"勒碑府辕,以垂永久"。② 据《同治湘乡县志》记载,长沙府茶陵州、攸县、安化县三个州县均因为距离省城较远,"每届府试后,若守候院试,则为日既久,往返两次,则资斧维艰",因而都呈请学政准许其"府、院连考"。而湘乡县也在嘉庆九年(1804)由绅士张明漠、萧积璋等"援案呈准两试连考,与三属同,至今称便"。③

三、清代县试考棚修建成本的相关讨论

县试考棚是中国科举制度历经千年发展之后才在清代出现的一种专门的县级贡院。如何在县一级基层行政单位开展选拔考试并保证其公平性,这一问题应该在科举制度创建之初便已经出现。但是,为什么迟至清代尤

---

① (清)王瑞成,张浚:光绪《宁海县志》卷4《学校志》,台北:成文出版社,1975年,第453页。按,"定海"在明代为定海卫,康熙二十七年(1688)设定海县,道光二十一年(1841)升格为定海直隶厅,改归浙江布政使直辖。
② (清)梁葆颐,谭钟麟:同治《茶陵州志》卷13《学校志》,台北:成文出版社,1975年,第490页。
③ (清)齐德五,王述恩,黄楷盛:《同治湘乡县志》卷4《学校志》,南京:江苏古籍出版社,2002年,第330页。

其是清代中后期才普遍出现了县试考棚？这显然与清代独特的时代特征密切相关。清代人讨论县试考棚的修建成本问题，大致有以下几个角度。

1. 县试考棚的使用频率与修建成本考量

清代各省的县（包括散州、散厅）的数量远多于府和直隶州、直隶厅的数量，因而有关县试考棚修建成本的讨论，必然比学政试院修建成本的讨论更为普遍。

与学政试院相比，清代县试考棚的使用频率相对更低。这是因为，学政试院不仅要用作本府（直隶州）所辖各县文武童生的考场，而且还要被用作本府州各县文武生员的岁科试考场；不仅要作为学政院试的考场，而且还要被用作本府（直隶州）府试考场以及本府附郭县（直隶州州城）的县试考场。而县试考棚则仅供本县童生参加童试之用，三年仅使用两次。当然，本文所搜集到的考棚资料往往都是来自建成了考棚的地方志，这意味着在考棚修建成本的辩论中，赞成建造考棚的一方已然获得了最终的胜利。

道光七年（1827）以知县身份主持建造了湖北荆州府松滋县考棚的张希吕，也在其撰写的《修松滋试院碑记》中提到了修建考棚的成本问题。他指出，全国各地只有学使者周巡所部之处才建有试院，而各县则没有试院，都是借用"有司之公廨"作为临时考场，其原因何在呢？"非例不得建也，费巨故耳"。既然如此，为什么各地的州县考棚却又在日渐增多呢？这是因为社会稳定文教发展，应试考生不断增多："国家兴贤造士，菁莪棫朴之化，远迈前朝。生斯际者，涵濡圣泽已二百年。莫不家弦户诵，巷鼓衢歌，争自濯磨，以期为朝廷用。故各邑之应试者正蒸蒸日盛，视昔有加。公廨不足容，相率而立试棚焉。"①

嘉庆二十一年（1816），耗时六年之久的江西吉安府永新县考棚终于建成，江西学政王鼎（1768—1842）应邀为之作记。在开门见山地介绍完永新县士绅合力捐资 15 000 余缗建造考棚的善行义举，并详细分析了建造

---

① （清）罗有文，朱美燮：《同治松滋县志》卷11《艺文志上》，南京：江苏古籍出版社，2001年，第602—603页。

县试考棚与周代乡举里选制度之间的关系之后，王鼎并没有急于结束这篇记文，而是话锋一转，进一步指出："考棚三岁始两用之，且每试不过旬余日。邑之人不惜重费，多方营造，积六年而乃蒇事，其为应试计者既劳且悉，则当熟思朝廷所以试士之意。制义以观其经术，诗策以察其才识，简拔贤良，用资器使，必载道之文、经世之言，有体有用，而后为不负科举。"也就是说，如果仅从考试过程来说，耗费重金建造考棚确实成本巨大；但如果从为国求贤的角度去考虑，则是非常值得的。因此，他也勉励永新县的所有士子务求"博览乎古今载籍之全，致力于日用伦常之地"，努力做到"不欺暗室而品端，不骛纷华而学正"，并将所学习、感悟到的哲理"心领神会，身体力行"。①

由于县试考棚每三年才使用两次，相对于官衙、孔庙、书院、坛庙等其他公共建筑来说，其修建成本便显得尤其高昂，因此有些地方便设法开发其非考试期间的使用价值，其中又以兼用作书院最为常见。

如安徽六安州霍山县，嘉庆三年（1798）知县俞廷柏到任后，见本地因多年来未建考棚，每次童试，近千名考生都要"先一日挈桌凳至署"，而县署地盘有限，"堂上不能容，环列阶下"；如果遇到坏天气，则"风雨几无蔽"。考试结束后，考生又需自行将桌凳带走，"缴卷时仍需负出"。不仅正场如此，接下来的四五次"复试亦然"。②因此，俞廷柏"商诸同寅，暨之绅士"，最终通过捐集款项，就文昌宫旁拓僧舍建"云程馆"，作为县试"扃试童子之地"。同时，他又倡捐集资购买田产，作为云程馆名下资产，此前已经倒闭的衡山书院的旧有产业也被全部划归云程馆名下。俞廷柏的这些举措，使"邑中始有膏奖之费"，也就是说，原本作为县试考棚而建的云程馆，也被赋予了书院的职能。到了道光六年（1826），新任霍山知县朱士达因为本县原有的三所书院全都"久废"，而县学又"黉舍蔽陋"，于是干脆将云程馆改名为奎文书院。在其所撰写的号召士绅捐

---

① （清）定祥，刘绎，周立瀛：光绪《吉安府志》卷7《建置志》，台北：成文出版社，1975年，第291页。
② （清）秦达章，何国佑：《光绪霍山县志》卷5《学校志》，南京：江苏古籍出版社，1998年，第104页。

资修建书院的《募修书院引》中,朱士达甚至都没有提及改名的原因。显然,在朱士达看来,书院养士的存在意义远比考棚取士的意义更为重大。咸丰年间,奎文书院被战火所毁,同治八年(1869),霍山知县张伯超在云程馆旧基上重建试院。至光绪三十一年(1905),知县秦达章奉命开办高等小学堂,仍然建议以试院为校址。他向士绅陈述的理由是:"南城旧有云程馆,乃同治初新建,基地开拓,舍宇修洁。仅间岁一试童子,闲旷可惜。就改为学堂,仍不防考生,诚一举两得者。"① 对于他的建议,全县士绅"亦皆称善"。

2. 未建专门考场时的考试总体成本考量

尽管贡院的使用频率很低,反衬出其修建成本格外高昂,但是如果从其他角度进行分析,则这种成本又显得相对较低了。也就是说,在没有建造贡院之时,其考试成本反而更高。

一方面,未建考棚同样需要各项经费支出。清代初期按照明代惯例,在地方年度财政预算中列入了考试经费,各地每年赋税的"起运"项目中往往都列有"提学道考试心红纸札、油烛柴炭、吏书廪粮、皂隶米菜银"和"提学道考试搭盖蓬厂银"。而负责考试后勤工作的胥吏则往往巧立名目,虚报开支,使得实际耗费的考试费用往往高于制度规定。明末八股文大家江西东乡人艾南英(1583—1646)便已指出,当时的岁科试考场多为临时搭建,"所置坐席,取给工吏,吏大半侵渔,所费仓卒"②。清朝顺治、康熙年间,这些预算经费陆续被予裁扣,相关考试成本便被转嫁到应试生童身上。由于制度的不健全,各地府、县试阶段存在各种规费。如康熙二十一年(1682)礼部议准,"向来考试地方,各州县官指称供给名色,私派甚多,或按丁征收,或逐户科敛,每考一府,费民间数千余金。嗣后应

---

① (清)秦达章:《(霍山)县小学堂原起记》,(清)秦达章,何国佑:光绪《霍山县志》卷5《学校志》,南京:江苏古籍出版社,1998年,第108页。
② (明)艾南英:《前历试卷自叙》,艾南英:《天佣子集》,清康熙三十八年(1699)家塾刻本,卷2《序》,第5页。

严行禁革，如有私派照旧累民者，许该督抚指参，交部从重议处"①。浙江温州府平阳县人谢青扬在《新建平阳试馆落成记》中指出，本县在未建县试考棚昆阳试院时，主要采取的是"试则赁公廨之两庑，而归其值于胥吏"的办法。这种办法虽然可以应付考试的基本需求，但却往往会造成"胥吏便之，童冠苦焉"的后果。②也就是说，考生缴钱给礼科、兵科的胥吏后，胥吏往往以各种名目虚开用项，中饱私囊；考生付出了经济成本，却得不到相应的考试管理服务。从地方志的记载来看，在未建考棚的地方，确实存在为搭建临时考试场地所需钱款而设定的财政预算项目，附于地方赋役项下向百姓征收。如直隶赵州直隶州柏乡县便在年度"地方款项"中列支了"考棚费"，其数额为"银元三百四十七元三角四分五厘"③。

另一方面，对于某些地方的考生来说，建造专属考棚可以免除高昂的赴考成本。直隶蓟州为顺天府所辖散州，由于顺天府辖地范围过大，因此明代顺天府岁科试便分为三处考场分棚考试，蓟州考棚是其中之一。天启年间（1621—1627）蓟州铸钱局设立，以蓟州考棚为衙署，蓟州生童遂被迫赴顺天府的另一个考场即通州考棚应试。清初币值改革发行钞票后，铸钱局于顺治、康熙年间被裁撤，但蓟州考棚却一直没有恢复。为此，康熙四十四年（1705），蓟州、遵化、玉田、丰润、宝坻等5个州县的考生因"岁科考试俱赴通州应试，路远费重，每遇水发之时，路更难行，生童愈苦"，希望不再远赴通州。其中，有人提出可以"援本府属之文安、大成二县就近赴河间府应考之例"，而生员钟良辅等则主张留在蓟州应试，由士绅共同捐资重建考棚。最终，蓟州知州张朝琮支持第二种意见，他"首倡捐资"发动募捐，并为之呈文通永道、直隶学政等上级衙门，最终获得成功。此次蓟州等5州县生童捐资重建考棚，其理由是赴通州应试"路远

---

① （清）素尔讷：《钦定学政全书》卷10《学政关防》，沈云龙：《近代中国史料丛刊》第30辑，台北：文海出版社，1968年，第200页。

② 符璋，刘绍宽：民国《平阳县志》卷6《建置志二》，台北：成文出版社，1970年，第65页。

③ 牛宝善，魏永弼：民国《柏乡县志》卷4《田赋志》，台北：成文出版社，1976年，第244页。

费重",而学政杨名时的批复里也强调"路途跋涉,资斧艰难"①,说明建造考棚确实可以起到节省考生应试成本的作用。

正如咸丰年间台湾道徐宗幹(1796—1866)在倡议台湾绅民捐资设立宾兴公益基金时提出的"事不经官,必无后累"②的管理原则一样,清代各地士绅在捐资建造各类贡院时,同样普遍存在应由士绅自捐自建自主管理贡院的观念。如乾隆二十八年(1763),浙江温州府永嘉知县崔锡捐俸重修校士馆,在《新制校士馆号板记》一文中指出,当年艾东乡(即艾南英,明末八股文名家)曾揭露学政按临时吏胥"大半侵渔"办考经费的弊病,而这种弊病"与今略相似";人们都知道这种弊病普遍存在,但即便是"一代之宗工宿学",也因为临考仓促,只能"相与随行逐队,受其束缚,敢怨于室而不敢哗于公",迁延日久,遂成积弊。③又如嘉庆十年(1805),嘉兴知府李赓芸重建学政试院,委托项学醇、陈延声、钱善膺、褚长春等四人"董其役:鸠工庀材,且司出纳",并特别强调"凡庶人在官者,胥不得与焉"。④在建造试院的过程中,各地一般会推选士绅担任经理、董事,全程监理试院修建工程,特别强调不许衙门吏胥插手。又如光绪初年,浙江黄岩县举人王棻在编纂《光绪青田县志》时,以同治十三年(1874)青田知县雷铣为例,分析了清代地方官对各地士绅捐建考棚行为的直接影响,其言论便集中反映了这种观念:"夫十步之内必有芳草,醴泉无源,灵芝无根。彼为人上者,或好兴作以为名高,或假公政以肥私橐,甚则头会箕敛而取赢焉。由是富者私其财,贤者爱其力,而公事不可为矣。今雷侯之为政也,归其善于邑人而不私其名,委其事于邑绅而不挠

---

① 仇锡廷:民国《蓟县志》卷6《建置志》,台北:成文出版社,1968年,第521—522页。
② (清)徐宗幹:《劝捐乡会试公费约》,丁曰健:《治台必告录》卷5,《台湾文献丛刊》第17种,台北:台湾银行经济研究室,1957年,第371—373页。
③ (清)崔锡:《新制校士馆号板记》,(清)崔锡,齐召南,汪沆:乾隆《永嘉县志》,清乾隆三十年(1765)刊本,卷5《公署》,第4页。
④ (清)许瑶光,吴仰贤:《光绪嘉兴府志》卷7《公署志二》,上海:上海书店出版社,2000年,第182页。

其计。富者乐割其财，贤者乐尽其力，故不逾月而试院拓焉。"① 真正有为的地方官不会主动插手地方士绅的公益捐建活动，这样反而有利于调动社会热心人士的公益积极性。官府应该做的事是为其做好下情上达、上情下达，为地方公益活动申报立案提供帮助，促进社会公益事业的健康发展。

第三节　体恤考生与助考公益

各级贡院尤其是州县级别的县试考棚之所以被认为是中国传统教育公益文化的重要体现之一，一方面是因为其经费来源大多是捐资，另一方面则是因为建造考棚的活动体现了社会大众体恤童生应试之苦的博爱精神。这种博爱精神，集中体现为对考生应试恶劣条件的悲悯情怀。部分考棚创建者则因为想起早年自身曾饱受其苦，从而推己及人，决心帮助年轻后辈排忧解难。这种思想，实际上与儒家所提倡的"己所不欲，勿施于人"精神是一致的。

一、始于官绅对考生身处恶劣应试环境的悲悯情怀

清代各地建立各类贡院，其原因之一便在于建成贡院后不可同日而语的应试条件。建造考棚前，考生一般需要自备桌凳，搬运极为辛苦；考场空间不足，考生要忍受夏日酷暑、冬日寒霜的煎熬。建成考棚后，考生可以轻松往来、自在应试，心情舒畅，文思泉涌。考生从容作答，自由发挥，考官才能拔取真才。

相比较而言，作为清代最低级别的贡院，县试考棚的建造难度最大，因而人们在今昔对比之后的感慨也最为普遍。清人将这些感慨行诸文字，载诸方志，今人读之而后有思接千载之感。

安徽池州府青阳县境内有三座察院，其中"惟署东大察院乃前明张公所建，苏公修葺，永传至今。各宪停节于斯，岁科校士亦于斯"。乾隆年

---

① （清）雷铣，王棻：《光绪青田县志》卷2《建置志》，上海：上海书店出版社，1993年，第586页。

间，青阳知县吴文涛认为，"以察院为考场，运桌负凳，争先拥后，视诸圜桥雍雍、冠裳济济之风，殊亵雅度"，因此他在乾隆三十九年（1774）"商同合邑绅士，捐资庀材，量地定制，于察院则仍旧址，于文场则别创于西"，最终建造了青阳县考棚。①

浙江金华府永康县考棚称为"试院"，始建于道光二十一年（1841）。咸丰八年（1858），该试院"毁于寇"。至光绪九年（1883），邑人胡凤丹考虑到"燹后户瘠民贫，集捐匪易"，于是独力捐资 13 213 两，耗时近四年时间重建考棚，共计建成瓦屋 122 间。胡凤丹在自撰《重建试院落成记》中表示，自己独力捐建考棚，"不敢谓大庇寒士使之欢颜，庶将来邑之绩学能文章者怀铅握椠而从事于斯，不至有上雨旁风之憾焉，此予之大愿也"②。

湖南辰州府试院是本府学生童岁科试的专门考场，始建于雍正十二年（1734）。嘉庆十二年（1807），沅陵知县王作梅组织士绅捐款重修。之所以要主动承担这样一个繁重的任务，是因为王作梅此前被借补为辰州府参军时，曾多次参与本府岁科试的组织工作。他看到的辰州试院是这样的场景："东西列为两长廊，坐号限以十四人，未及盈尺，左右手俱受窒碍。此即应诸生试者犹难堪之，况四县一厅之童军乎？当盛夏酷暑熏蒸，彼此并倚，淫汗浃背，若不能舒其气者然。寒冬日短，一题初下，坐位犹持议未定，已鸣号击金，催缴试卷。及届风雨之期，中堂则白昼如昏，列前后者非沾屋漏痕，即承檐溜，恒以衣覆试卷，要惟潦草了事已耳。然沅之应童子试者千余人，泸、辰与乾尚不及于溆，则每试辄以千八百人计，应试日或于堂下焚燎，或于堂上列坐，周遭皆满，几无隙地能通往来。赴试者病之。"由于当时只是借调，"事权不属"，有心无力，只能"恻焉伤之"。等到嘉庆丁卯，王作梅被委任为代理沅陵知县，禁不住"修理考棚之心怦

---

① （清）段仲律：《新建察院文场暨蜡庙碑记》，（清）周赟：《光绪青阳县志》卷 11《艺文志》，南京：江苏古籍出版社，1998 年，第 553 页。
② （清）李汝为，潘树棠：民国《永康县志》卷 15《艺文志》，台北：成文出版社，1970 年，第 826 页。

怦欲动",最终与绅董商议倡捐经费 2000 余两重修了试院。①

江西九江府湖口县考棚创建于嘉庆二十一年（1816），是由知县宋庚号召士绅"增诸计石粮"筹捐经费而建造的。宋庚之所以不惧"干科敛之禁"倡捐考棚，主要是因为目睹湖口县童生因未建考棚而遭遇的各种辛苦："县试无试院，先一日，士子携坐具之公廨，廨不能容，又携之学署、之城隍祠。日暮负而趋，风雨尤甚。"②从中也反映出，各地在未建考棚的时候，其考场编号是非常混乱的，考生应试之前根本不知道自己的座位在哪里，必须提前一日自备桌凳到临时考场抢占地盘，而湖口县的临时考场则包括了县衙、儒学和城隍庙三处。

山东兖州府阳谷县长期未建考棚，每逢县试均在山西会馆设立临时考场，"席薄为棚，不蔽风雨，士子自备桌凳，觅借不易，搬运尤难。往往失迷，还须赔补。稚发贫远，直有惮其苦而不敢应试者"。光绪十三年（1887），顺天大兴进士刘承宽担任阳谷县知县时，"恻然悯之"，于是下定决心，"毅然斯举，不辞难，不避怨，集款鸠工，逾年而竣"，建成了拥有 50 间房屋的考院。③

广东广州府花县在同治五年（1866）才建成考棚，在此之前，"每县试于官廨为考场，各童于旅次自运试桌、坐具，前后撑触无次。及放栅，又合数人共负桌凳以出，困惫实甚"④。为此，在知县彭荣绍的主持决策下，在花峰书院后新建县试考棚，称为"考栅"，编列座位 900 多个。书院大门悬挂"天开文运"匾额，由此进入考栅，书院、考栅连为一体。

湖北黄州府罗田县经过窦毓俊、赵鹏翔、杨彪、耿醇玉等数任知县的倡议推动，才最终在道光初年建成考棚。据道光四年（1824）知县杨彪任

---

① （清）王作梅：《重修考棚碑记》，（清）守忠，许光曙：《同治沅陵县志》卷 44《艺文志》，南京：江苏古籍出版社，2002 年，第 523—524 页。
② （清）宋庚：《新建考棚记》，（清）王肇赐，陈锡麟：《同治新淦县志》卷 2《建置志》，南京：江苏古籍出版社，1996 年，第 190—191 页。
③ （清）孔广海：《创修考院碑记》，董政华：民国《阳谷县志》卷 13《艺文志》，台北：成文出版社，1968 年，第 580 页。
④ 孔昭度，符矩存，利璋：《民国花县志》卷 5《学校志》，上海：上海书店出版社，2003 年，第 51 页。

内官绅共同议定的《劝捐考棚膏火公议》，考棚未建之前，每逢考试，"应试士子携持几席，露坐风檐，溽暑则阳气蒸肤，严寒则霜雪砭体"。此种情景，令本县官绅看后，都不免有"情状苦楚，是用疚心"之感叹。①

陕西同州府朝邑县旧无考棚，每次县试，一千五六百名考生齐聚县署，"房舍实不能容，有据阶几者"，一旦"风雨猝至，则茫然失措"。而且县试考期"多在隆冬，霜晨雪夜，方呵冻不暇，而何文之能为"。知县吴崇执眼见此种情形，不由得"私心悯之"。② 在这种悲悯情怀的推动下，他倡劝县人工部主事谢贞侯、司马晼九、承务典侯兄弟三人捐资，于道光元年（1821）建造了朝邑县考棚。

从以上所举各地贡院记文的行文描述中不难看出，全国创建各类贡院尤其是修建县试考棚的原因惊人的一致。"四体不勤"的文弱书生却要搬移桌凳进入考场的斯文扫地、偶遇恶劣天气导致考试难以终场的狼狈不堪，令各地官绅不免生出恻隐之心。

二、源自官绅推己及人的同情之心

《诗经·秦风·无衣》篇云："岂曰无衣，与子同袍！"科举考官与考生同属服膺孔门圣教的读书之人，地方士绅与考生有乡梓之谊，他们在看到后辈们所面对的恶劣应试条件时，不由得想起自己年轻时候一路走来所经历的种种艰辛，不免心中酸楚，于是发为念心，各以己力，或倡议，或自捐，为后辈学子创建贡院。这种推己及人的同情之心，在乡试贡院记、学政试院记、县试考棚记之中均不乏其例。

嘉庆二十年（1815），江西省城首事戴淑元等呈请重修并扩建贡院号舍，其经费由全省各县共同捐助。南昌府武宁县梦葛山房的翁氏兄弟接到"首事邮书"后，慨然兴叹说："吾曩以秋闱，侧身矮屋，覆以蓬茅，围以箬簟。雨则坐于漏途，风则难张灯烛。湫隘暴露，度日如年。今幸逢盛

---

① （清）管贻葵，陈锦：《光绪罗田县志》卷4《政典志》，南京：江苏古籍出版社，2001年，第300页。
② （清）吴崇执：《朝邑县新建试院记》，（清）饶应祺，马先登：光绪《同州府续志》卷14《文征续录上》，台北：成文出版社，1970年，第874—876页。

举,盍可不襄厥事?!"为此,他们先后赴南乡、北乡,倡劝姻娅葛镜崖兄弟和李廷黻共同捐款 900 余缗参与重修省城贡院。①

浙江温州府学政试院始建于明万历二十四年(1596),乾隆二十八年(1763)永嘉知县崔锡对其进行了维修、扩建。在其撰写的《新制校士馆号板记》中,崔锡通过引述江西东乡人艾南英(1583—1646)《前历试卷自叙》所谈到的考试辛苦场景,指出冬寒夏暑应试艰难是古今常态,而自己之所以要"独捐俸、竭蹷"建造考棚的原因,是因为"少日辛勤,宛然在目;谈虎色变,见猎心喜。不为诸生平其缺憾,心怦然焉为之不□"。②

江西南昌府学政试院始建于康熙四十六年(1707),乾隆三十八年(1773)学政曹文埴号召府中各县分别募捐钱款,合力修理。奉新县内阁中书蔡元度于是独力承担了本县需要捐助的份额。奉新县人赵开元应同乡之邀,为之撰写了《奉新县中书蔡元度独捐增建南昌试院碑记》,除了高度赞赏蔡元度能够继承其父"树德于文教之地"的善行外,还提到了自己当年在南昌试院参加岁科试的场景:"南昌府署试院号舍,旧隘不宏,时当阴雨,上漏下湿,暑月则炎气逼蒸,竟日不能舒肱。余在诸生中应试时,其苦况已备尝之。"③

山西代州直隶州崞县在同治五年(1866)由知县王珠燿、万启钧先后倡捐建成。县人张曾应邀撰写了《新修试院碑记》,除了论述创建考棚的必要性,以及叙述崞县考棚的建造过程外,还回忆了三十八年前自己参加岁科试的亲身经历:"吾辈幼时,应试者将及千人。每届试期,堂皇内外,拥挤无立足所。兼以阶砌高下,广狭不一,不能编立坐号。开门时一涌而入,左手接卷,右手提考篮;或背负坐褥,绳络布囊;肩上横短足几。往来冲磕,如入五都之市;哗然以嚣,与点名声相杂。最后各觅容膝地,强

---

① (清)王赍卣:《与修贡院号舍记》,(清)何庆朝:《同治武宁县志》卷31《艺文志》,南京:江苏古籍出版社,1996年,第492页。
② (清)崔锡:《新制校士馆号板记》,(清)崔锡,齐召南,汪沆:乾隆《永嘉县志》,清乾隆三十年(1765)刊本,卷5《公署》,第4页。
③ (清)许应鑅,王之藩,曾作舟,杜防:《同治南昌府志》卷10《建置志》,南京:江苏古籍出版社,1996年,第249页。

弱幼壮，众寡不敌，甚而争殴者有之。更遇疾风暴雨，或尘雾迷天，或淋漓布地，镇日辄不能下笔。"在崭新的考棚里，张曾周览熟观，见其"栋梁轮奂，巍然翼然""两廊号舍，东西森列"，不禁发出了这样的感叹："令人见猎心喜，恨不迟生四十年，仍厕身童子队中，卯角红襟，与诸少年旗鼓相当，重角此风檐寸晷之胜。今老矣，为艳羡者久之！"① 张曾的这种感慨，无疑代表了众多科举出身人士的共同心声。

县试是科举考试的"始基"，"科举必由学校"的明清时期，县试是每个读书应试的士子的必经之路。在没有建造专门考场的时候，应试者往往需要自备考试桌凳，其艰难程度远大于乡会试乃至学政院试。故而在县试考棚的创建过程中，往往不乏决策者、捐助者回忆自己当年应试场景的相关描述。

湖北汉阳府孝感县在咸丰元年（1851）建造了考棚，本县举人徐恕曾撰写了《前邑侯李公创修考棚碑记》以记其事。文中描述了当年未建考棚时借县署为临时考场的考试情景："胥役则自堂皇戒亭迄仪门，画地张幄，或蓬席，仅蔽风日。列长凳短椅于其间，应试者先期议其值，曰买坐。冬遇风雪，笔冻不能作字，否则夏日暑雨，上淋下湿，群济东西两檐下，嘈杂喧阗，如立万马军间。"徐恕曾同时指出，当年考试的"艰辛之状，余幼应童试毕尝之"。②

江西袁州府万载县考棚创建于嘉庆四年（1799），是在时任万载知县浙江萧山进士来玠主持下，通过"土七客三"的分配方式由土籍、客籍士绅合力捐资七八千金建造而成的。在募捐建造经费时，来玠委托万载县举人辛炳晟③代他撰写了一篇《县试公宇乐助簿引》。有别于其他用四六骈体文格式写成的募捐序引，辛炳晟的这篇引文不仅使用了散文的体裁，而且篇幅近千字，其中除了开篇简短叙述了贡院的类别，后半部分叙及建造考

---

① （清）张曾：《新修试院碑记》，（清）赵冠卿，龙朝言，潘肯堂：《光绪续修崞县志》卷7《艺文志上》，南京：凤凰出版社，2005年，第570—571页。
② （清）朱希白，沈用增：《光绪孝感县志》卷21《艺文志》，南京：江苏古籍出版社，2001年，第449页。
③ 辛炳晟，乾隆六十年（1795）举人，嘉庆十年（1805）进士。

棚的大致方案，篇末顺带号召县人捐建试馆、捐置宾兴，其他约占四成的篇幅都是描述童生县试之苦：

> 县童生来者千三百而未止，扃署门试之，堂庑不能容，多露坐阶下甬道中。雨至无所避，则散坐仪门及内署各轩下，勾稽固难焉，而所为试席坐具，官不能办，必待其人之自备。计县之为啚百有四，每考符一下，乡居者竞走数十里入城，假具戚友家，无则谋诸寓肆，往往先期辄为人移去，稍迟又无地可庋。唱名既入，而索且争者声相哄也。或临事乃将，则怀饼橐笔，力既不任，而又格不得行。及卷已纳，独力不能持，必待其曹四鼓既瘁矣，三两人肩捧肘挟而出署门。固余地无多，诸童仆侦迎者复扰塞其间，力尽气竭，物相扰击有声，而败阙不可得偿者，比比也。其每覆而入而出也复然。值天苦雨，水泠泠著项背间，鞋袜踏泥泞，犹相与力排负而前，盖不独乡之人苦之，城之人无弗苦之。余每见未尝不劳苦之也。①

辛炳晟的这篇募捐引文是以知县来玒的名义写作的，县试考生所经历的各种苦楚，也是通过来玒的目光看到的。但是很显然，这些其实也是辛炳晟自己当年参加童试时的真实写照。

三、基于地方官爱贤礼士的责任之心

如前所述，尽管各地创建贡院尤其是州县考棚的经费来源主要是地方绅富的慷慨捐助，但在募捐的过程中，地方官的倡导、推动往往是完成此类义举的非常重要的因素。而地方官之所以要耗费时日甚至捐出俸禄促成考棚，则多源于其爱贤礼士的责任之心。

山西代州直隶州在清代初年便有考院，在城内东北，但因为"年久弗葺，遂至于废"，此后每次岁试都只能在州署搭盖席棚。康熙二十二年

---

① （清）辛炳晟：《县试公宇乐助簿引》，张芗甫，龙赓言：《民国万载县志》卷尾《文征》，南京：江苏古籍出版社，1996年，第614页。

(1683)，山西雁平道张道祥主持创建义塾，教授贫民子弟。代州士绅乃借机向其请求重建试院。张道祥欣然同意，并"毅然以为己任"。他说："天子命官，固使之兴利而除害也。建义塾为尔代，建考院亦为尔代。予数十家诵读之益，吾乐为之。去千百家供亿之苦，吾尤乐为之。况二者无妨并行哉！"①

广东廉州府学政试院创建于康熙三十三年（1694），康熙三十四年（1695）广东提学佥事王郧在其所撰《重修试院碑记》中指出，清代承平日久，民间均知向学，呈现出"家弦户诵，踊跃以赴功名"的和平景象。然而，由于廉州府未建试院，必须赴高州府随棚考校，使得已经考上的生员"疲于奔命，益衰飒无上进志"，而想要入学的童生则"困于行李，往返千余里以就学使"。他认为，要想解决生童视考试为"畏途"的难题，地方官必须负起责任："则当事之责也！"②

直隶永平府知府张朝琮曾在担任蓟州知州时创建考棚，康熙丁亥（1707）再次捐俸倡建永平学政试院。直隶学政、江西南城人梅之珩（1649－1734）③撰写了《重修考院碑记》，高度赞赏张朝琮重修试院的行为，认为它可以使生童"风雨不侵，燥湿无患，含毫濡墨，得尽所长"，并进一步强调，"昔少陵诗云：'安得广厦千万间，大庇天下寒士皆欢颜，风雨不动安如山？'此不过悬拟虚愿之辞耳，而今乃见诸实事"④。梅之珩将张朝琮与杜甫相提并论，显然是为了突出其兴贤育才、崇奖风教的良好官品。

---

① （清）张瑜：《新建考院附义塾记》，（清）俞廉三：《光绪代州志》卷4《建置志》，南京：凤凰出版社，2005年，第315页。

② （清）张堉春，陈治昌：道光《廉州府志》，清道光十三年（1833）刻本，卷25《地方志三》，第4－5页。

③ 按，梅之珩在记文中提及，"岁丁亥，余校士兹土，适太守张君甫下车"，即其与张朝琮是在同一年（1707）分别莅任直隶学政和永平知府的。而据查法式善《清秘述闻》卷9《学政类一》，则记载梅之珩"康熙乙丑进士，三十九年以谕德任"。（中华书局，1982年，第316页）

④ （清）梅之珩：《重建考院碑记》，（清）游智开，史梦兰：《光绪永平府志》卷34《公署上》，上海：上海书店出版社，2006年，第596－597页。

江西饶州府万年县考棚建成于嘉庆四年（1799），系由知县潘兰皋"谋之邑绅士醵金以建"。未建考棚前，潘兰皋主持万年县岁试、科试，发现"童子云集官署，自携几桌，不胜烦苦"，认为"甚非所以爱惜人材"。为此，他主持创建了万年县考棚，"使诸童入则鱼贯，坐则鹓行，不至拥挤杂沓"，并认为这也是"守土者教养之一端"。①

广东高州府电白县考棚始建于嘉庆二十三年（1818），系由知县蒋善功倡捐1万余金建成。在其所撰《新建电阳试院碑》中，蒋善功指出，他在嘉庆二十二年主持县试时发现，由于本县没有考棚，因此2000多名考生都只能"躬荷坐具，流汗相属，拥聚排挤"，令他深感"殊乖爱惜士子之意"。

台湾省台北府新竹县考棚建成于光绪十二年（1886），系由士绅合力捐资近9000两番银所建，共有号舍1000号。该考棚之得以建成，离不开知县方祖荫的极力推动。据其于光绪十五年（1889）正月所撰碑记，方祖荫被调任新竹知县的第二年，便"奉檄举行邑试"，他按照此前惯例，"集多士于公庭"进行考试，但却发现"杂沓拥挤，无以严防范而重甄陶，甚非圣朝作育人材之意，与士君子怀才欲试之心"。他随即想起淡水厅最早由其先伯祖方维甸奏请设立、新竹县由沈葆桢奏请分治的建置历史，从而认为自己也应担负起相应的责任："前人经营改设，具有精心，官斯土者顾可固陋就简，听其校士无所，而不为创建试院之举乎？"考棚建成后，方祖荫也分外高兴，他希望新竹县诸生将于此发轫，"日就月将，以经术为经济，勉为国家有用之才"，同时也认为，"俾学校扬麻，而海邦生色，余亦可无愧司牧矣！"②

湖北荆门直隶州当阳县在道光二十九年（1849）建成了考棚。知县董文煜作为此项工程的决策者与推动者，在咸丰二年（1852）撰写了一篇《新建考棚碑记》，其中除了叙述建造考棚的原因、过程，勉励士子努力向

---

① （清）潘兰皋：《创建考棚记》，（清）项珂，刘馥桂：同治《万年县志》卷10《艺文志》，台北：成文出版社，1975年，第1692—1694页。

② 林真：《台湾私法物权编》，《台湾文献史料丛刊》第172册，台北：台湾大通书局，1987年，第1428页。

学、刻苦成才之外，还阐述了自己对地方亲民官的职责的理解：

> 夫勤恤民隐、广厉士风者，守令之责也。令为天子亲民之官，凡一切养之、教之之权，胥于令是寄。为令者，必周知百姓患苦，乃不负一官。又其上者，则雅意作育，俾多士鼓舞奋兴，为国家蓄有用材。故汉制守令特重，诏举孝弟贤良、茂材异等，亦即责之郡县有司，汉以此多循良吏。余之令是邑也，愧无以休养吾民，而兢兢营此者，亦欲使都人士知所观感，益以蓄道德、能文章，沃其根以俟其实，无徼利达，无谋躁进，庶通经致用，不负圣朝尊贤养士之至意，此则余之所厚望者。①

各地知县、知州、知府是所莅州县的父母官，有些在任数年甚至十数年，对当地产生了深厚的感情，将其治下百姓看作自己的子民，因此在倡议捐建试院、考棚时常有责无旁贷之心。也有一些级别更高、管辖范围更广的地方官员，也将建造学政试院看作自己的应尽之责。如四川川北道黎学锦，便在嘉庆二十二年（1817）捐廉率属重修了俗称"阆中贡院"的保宁府试院。阆中贡院始建于明代，清代初年，由于四川成都府军事行动尚未结束，因此清政府选择在阆中贡院开科取士，笼络士子，争取民心。自顺治八年（1651）至康熙三年（1664）合计在阆中贡院举行了5科乡试，共计录取296名举人，其中前4科的应试生监达4400多人次。②康熙四年（1665）以后，四川境内肃清，巡抚张德地与成都府县官员一起，将原来的明蜀王府改建为乡试贡院，而阆中贡院则恢复学政试院。嘉庆二十二年黎学锦任川北道期间，因见"试院考棚年久倾圮，地势低洼，每当考试，遇风雨，不惟誊写昏暗，且虞覆压之虞"，与保宁府相关官员商议，将会城、书院、试院三项工程一并发动。最终，工程耗银计一万多两，"阆郡

---

① （清）沆恩光，王柏心：同治《当阳县志》卷16《艺文志》，台北：成文出版社，1970年，第397页。
② （清）罗廷权，衷兴鉴：《同治重修成都县志》卷4《学校志》，成都：巴蜀书社出版社，1992年，第148页。

文武及州县官僚捐帮，不及三千之数，其余经费俱系余通融筹划"，也就是黎学锦捐筹的经费共有7000余两。黎学锦表示，川北道是一个较为"清苦"的官缺，自己莅任十多年来，只要是"地方所当培植，并有裨益于民生"的事情，都会"竭蹶经营"，即便自己"捐赔累万"，也从来没有"一草一木累及绅民"。黎学锦表示，自己之所以这样做的目的，并非为了博取声誉，而是出于一种责任感："岂为博声誉？抑亦尽使者责也！"①

本章结语

作为一种主要由儒家知识分子倡导的教育公益活动，清代的贡院无疑涵盖了其独有的教育公益思想。很多贡院的建造决策者在设法募捐工程款项时，常不免对社会其他捐助行为生发感慨，其中又尤以对比佛道寺观的捐建而感慨良多。如徐宗幹在担任山东济宁直隶州知州时，便曾为该州书院兼试院的渔山书院撰写了一篇《增拨膳田记》，其中写道："尝见通都大邑，每多古刹丛林，金澄绀碧，缁流羽士，饱食逸居；而家塾党庠，寒畯子弟，糊口而恐不赡，韦布之士，兀坐青毡，舌耕终老，良可慨已。士为四民之首，司牧者其能恝然置之耶？"或许正是由于这样一种思想，道光己亥（1839）东河总督在筹银4000两运营生息补贴书院修脯之后，"分僧庵地二百亩，道观地八百亩，各立约剂，仍暂交僧道佃种，按年输制钱五百贯，申明各宪立案"。②表面来看，这是东河总督与玉露庵僧人达典、常清观道士张永智等"商议"后的决定，但事实上则是其利用官府行政力量，将僧道的产业强行拨给教育机构。

安徽歙县人、江西学政曹文埴在乾隆三十八年（1773）撰写的《增建南昌试院记》中指出，学政虽然"最专且重"，但有些事情是他们"力所能为"的，有些则是"力所不能为"的。前者主要是"端士习、整文风"

---

① （清）黎学锦：《续修会府书院考棚碑记》，（清）黎学锦，史观：《道光保宁府志》卷11《舆地志》，成都：巴蜀书社出版社，1992年，第84页。
② （清）徐宗幹：《增拨膳田记》，（清）徐宗幹，汪承镛：《道光济宁直隶州志》卷5《学校志》，南京：凤凰出版社，2004年，第234页。

的文教类事务，后者则是为地方"兴利除弊"的行政类事务，尤其对那些可以让地方"不费官帑、不延岁月，并不致有劳夫上之人，而群自忻忻然而赴公家之义"①的公共事务更是无能为力。这句话是这篇记文的中心论点所在，体现了以曹文埴为代表的清代官绅对贡院的普遍看法。也就是说，一方面他们认为贡院是"公家"的，具有公共性；另一方面他们也认为建造贡院是可以由民间自愿捐资完成，而不必经过各级政府进行申报审批拨款建造，因为后者虽然最终也能成功，但却旷日持久效率低下。将本应由官方承担的公共建筑的修建工作交给地方社会，通过倡议士绅商富"忻忻然"地捐筹款项高效解决，在清代贡院建造活动中日益普遍。

---

① （清）曹文埴：《增建南昌试院记》，（清）曹文埴：《石鼓砚斋文钞》卷16《记》，《清代诗文集汇编》第387册，上海：上海古籍出版社，2010年，第138—139页。

第十章

清代贡院文学

所谓"贡院文学",是指与乡会试贡院、学政试院、县试考棚等各类贡院有关的文学作品。贡院文学有广义和狭义之分。狭义的贡院文学,主要是指考官、考生等各社会人群围绕贡院所撰写的诗、文、词、曲等作品,也包括贡院匾额、楹联、题跋等篇幅极短但却带有深刻贡院烙印的文体。广义的贡院文学则还包括考生在贡院中完成的考试答卷,如制艺、策论、诏诰表判及五言八韵诗,以及考官在贡院中以考试题目为主题拟作的试题答卷。本章所探讨的贡院文学,主要是狭义的贡院文学,其中又主要有贡院记和贡院诗两类,贡院匾额已在前文论及,此不赘述。

第一节　清代贡院记

清代贡院完成修建之后,一般会要求相关的社会名流撰写文章记叙其修建过程,阐述其修建意义,表彰做出贡献的相关人物。这些文章在地方志或文集中一般被归入"记"之目中,可以称为"贡院记";少数则被归入"序"中,可称为"贡院序"。此外,有些地方在修建贡院之前,地方官或士绅名流为了向本地绅民发动劝捐,会撰写"引"或者"启",可称为"贡院引"或"贡院启"。由于这些为修建贡院而撰写的应用性文体以记文的数量最为庞大,因此本文将其统称为"贡院记"。

一、贡院记的概念

有关清代贡院记的研究，目前尚未有专著发表，所见最早的中国古代贡院记的研究成果为厦门大学钱建状《宋代的州府贡院与贡院记》一文。他认为，贡院记是一种典型的实用性文体，它用文字的形式图解一座建筑的历史与现状，以碑石的外在形式融入贡院的整体结构当中，是贡院的一个重要部分。[①] 此外，中国人民大学诸葛忆兵撰有《宋代贡院记论略》一文，发表于《四川大学学报（哲学社会科学版）》2020 年第 1 期。遗憾的是，该文没有参考钱文，也没有对"贡院记"的概念加以界定。本文对"贡院记"的界定一方面参考钱文，另一方面则对"贡院"的外延加以扩充，即"贡院记"是一种叙述包括乡试贡院、学政试院、县试考棚等在内的历代各类贡院的修建过程，并论述其存在价值的述论结合的实用性文体。

中国最早的"贡院记"出现在南宋时期。前已论及，自北宋以来，各府州军为了解决解试的考场问题，通过官方筹资及民间捐款筹集经费修建贡院。贡院落成后，一般会借助各种社会关系邀请朝野知名人士撰写记文，有些则由主持修建贡院的地方官自己撰写，记文的标题多冠以"贡院记"。目前发现最早的贡院记是作于南宋绍兴十七年（1147）的李处权[②]的《衢州新建贡院记》。

明清以来，随着贡院级别类型的增多，考场名称也随之多样化。相应地，人们所撰写贡院记文的标题也各有不同，其中尤以县试考棚记文的标题为多种多样。如江西萍乡县考棚建于乾隆五十七年（1792），知县陛文

[①] 钱建状：《宋代的州府贡院与贡院记》，《科举学论丛》2014 年第 2 期，第 9—16 页。
[②] 按，李处权，字巽伯，江苏溧阳县人（一作洛阳人，见《钦定四库全书总目》卷 157《集部·别集类十》"松庵集"条）。生卒年不详。钱文误作"李处全"。据《钦定四库全书总目》，李处全为李处权之从弟。

涛所撰记文标题为《试舍记》①；又如江西万载县考棚始建于嘉庆元年（1796），县人辛从益所撰记文题为《创建试院记》，而太平天国运动结束后，县人宋仕豪独力修葺考棚，知县王麟昌所撰记文题为《宋仕豪捐建试院号舍记》②；四川新都县考棚创建于道光十八年（1838），知县张奉书所撰记文题为《考棚碑记》③；浙江仙居县考棚创建于同治十三年（1874），县人王魏胜所撰记文题为《新建校士馆碑记》④；山西辽州知州王景亮于康熙三十年（1691）撰写了《创建考场碑记》，叙述辽州建造专属考场的前后缘起。⑤

二、清代贡院记的类别

从所描述的对象进行区分，清代贡院记主要分为乡会试贡院记、学政试院记和县试考棚记三类。不管是哪种贡院记，其内容均可包括三个方面，一是客观记录贡院修建的过程，包括决策过程、选址规划、经费来源、建筑结构、关联人物等；二是分析修建贡院的现实意义，提炼贡院对人才选拔与王朝发展的基本价值；三是通过引经据典，发掘贡院在儒家典籍中的文化渊源，使之成为当下国家治理观念中的合理环节。

1. 乡会试贡院记

乡会试贡院是清代级别最高的科举专用考场，也是清代国家政策中规定由国家财政支持其重大修建与日常维护等相关经费的科举专用考场。清代乡会试贡院记是专门记载其重大修建活动的贡院记文，一般不涉及三年

---

① 刘洪辟：《民国昭萍志略》卷2《营建志》，南京：江苏古籍出版社，1992年，第58页。
② 张芗甫，龙赓言：《民国万载县志》卷10《文征》，南京：江苏古籍出版社，1992年，第660—661页。
③ 陈习删，闵昌术：《民国新都县志》第2编《政纪》，成都：巴蜀书社，1992年，第724页。
④ （清）王寿颐，王棻：《光绪仙居志》卷6《建置志》，台北：成文出版社，1970年，第396页。
⑤ （清）徐三俊，陈栋：光绪《辽州志》卷6《艺文志》，台北：成文出版社，1976年，第695页。

一次的考前常规整修。表10-1"清代乡会试贡院记一览表（明代附）"共列有45篇贡院记，其中包括明代16篇、清代28篇、民国1篇。其中"作者信息"栏尽量列出作者撰写记文时的身份及其与贡院的关系，"文章标题"栏用括号补注记文中所叙述贡院的名称，"备注"栏统计贡院记字数，并概括记文基本内容。

表10-1　清代乡会试贡院记一览表（明代附）

贡院名称	写作时间	文章标题	作者信息	备注
云南贡院	明景泰四年（1453）	新建云南贡院记	陈文（1405—1468），江西庐陵县人。明正统元年（1436）榜眼，官至文渊阁大学士，时任云南右布政使。 主持者	约900字。贡院与养士关系；决策过程；评价决策者，作记缘由
江南贡院	明天顺元年（1457）	重修（江南贡院）碑记	吴节（1396—1481），江西安福县人。明宣德五年（1430）进士，时任南京国子监祭酒。 关系者	约730字。决策过程；贡院规制；作记缘由
浙江贡院	明成化十年（1474）	重修（浙江）贡院记	商辂（1414—1486），浙江淳安县人。明正统十年（1445）三元及第，官至吏部尚书谨身殿大学士，时任吏部尚书。 本省名流	约300字。决策过程；修建经过
山东贡院	明成化十九年（1483）	山东贡士院记	刘珝（1426—1490），山东寿光县人。明正统十三年（1448）进士，时任户部尚书、谨身殿大学士。 本省名流	约640字。倒叙结构；贡院规制；决策与修建过程；贡院与人才培育

续表

贡院名称	写作时间	文章标题	作者信息	备注
河南贡院	明弘治十年（1497）	（河南）贡院碑记	刘健（1433—1526），河南洛阳县人。明天顺四（1460）年进士，时任吏部尚书、华盖殿大学士。本省名流	约700字。贡院史略；决策经过；详述贡院规制
福建贡院	明正德十四年（1519）	福建重修贡院记	林瀚（1434—1519），福建闽县人。明成化二年（1466）进士，官至南京吏部尚书。时致仕里居。本省名流	约1000字。决策过程；相关官员；贡院规制；宋代以来贡院史
广西贡院	明嘉靖四年（1525）	广西贡院修拓记	蒋冕（1463—1532），广西全州人。解元，明成化二十三年（1487）进士。户部尚书、谨身殿大学士、内阁首辅。本省名流	约1350字。广西贡院史略；选址变迁；决策过程；贡院规制；从泽宫到贡院
浙江贡院	明嘉靖四年（1525）	重修浙江贡院记	王守仁（1472—1529），浙江余姚县人。明弘治十二年（1499）进士。时任南京兵部尚书、新建伯，丁父忧家居。本省名流	约1000字。古今选士异同；决策与修建过程
江西贡院	明嘉靖七年（1528）	江西新贡院记	钟芳（1476—1544），海南崖州人。明正德三年（1508）进士，嘉靖二年（1523）任江西右布政使。主持者	约650字。贡院史略；文章取士理道虚实

第十章　清代贡院文学

续表

贡院名称	写作时间	文章标题	作者信息	备注
陕西贡院	明嘉靖十九年（1540）	陕西贡院重修记	吕楠（1479—1542），陕西高陵县人。明正德三年（1508）进士，官至南京礼部右侍郎。著名理学家。时致仕里居。 本省名流	约920字。对话形式；贡院缘起；培养人才之道；贡院规制；修建者姓名
浙江贡院	明嘉靖二十一年（1542）	增修浙江贡院记	唐龙（1477—1546），浙江兰溪县人。明正德三年（1508）进士，官至吏部尚书。 本省名流	约1000字。贡院意义；旧贡院规制；决策过程；贡院规制；人才培养之道
贵州贡院	明嘉靖四十三年（1564）	（贵州）贡院碑记	吴维岳（1514—1569），浙江孝丰县人。明嘉靖十七年（1538）进士，时任贵州巡抚。 后任巡抚	约660字。贡院简史；写作缘起
顺天贡院	明万历二年（1574）	京师重建贡院记	张居正（1525—1582），湖北江陵县人。明嘉靖二十六年（1547）进士，时任中极殿大学士、内阁首辅。 主持者	约480字。贡院规制；贡院史略；议修缘起
顺天贡院	明万历二年（1574）	重修（顺天）贡院记	赵用贤（1535—1596），江苏常熟县人。明隆庆五年（1571）进士，时任检讨。 关系者	约370字。贡院湫隘旧貌；新贡院规制

续表

贡院名称	写作时间	文章标题	作者信息	备注
福建贡院	明万历七年（1579）	重建（福建）贡院记	耿定向（1524—1596），湖北黄安县人。明嘉靖三十五年（1556）进士，官至户部尚书，时任福建巡抚。主持者	约730字。贡院选址变迁与重建原因；决策经过与基本规制；国家重士；用当地历史名人激励士子不负国家
河南贡院	明万历七年（1579）	标题缺载	曹金（生卒年不详），河南祥符县人。明嘉靖二十六年（1547）进士，官至兵部右侍郎、陕西巡抚。时致仕居家。本省名流	约1180字。贡院史略；决策详情；贡院规制；作记缘起；官员名单
河南贡院	顺治十六年（1659）	（河南）贡院碑记	李粹然（生卒年不详），辽东人。时以江南道监察御史巡按河南。主持者	约950字。乡试意义；贡院选址；重建详情
云南贡院	康熙三年（1664）	重建（云南）贡院碑记	卞三元（1616—1697），汉军镶红旗人。时任云南总督。主持者之一	约800字。决策过程；贡院规制
江西贡院	康熙二十年（1681）	方伯王公重建（江西）贡院记	熊一潇（1638—1706），江西南昌县人。康熙三年（1664）进士，官至工部尚书。本省名流	约580字。贡院价值；贡院史略；王日藻重建过程；作记缘起

第十章　清代贡院文学

续表

贡院名称	写作时间	文章标题	作者信息	备注
广东贡院	康熙二十三年（1684）	新建（广东）贡院碑记	李士桢（1619—1695），山东昌邑县人。贡生。时任广东巡抚。 主持者	约660字。贡院史略；决策过程；选址与捐资过程；官员监理；贡院规制
云南贡院	康熙四十七年（1708）	重建（云南）贡院碑记	刘荫枢（1637—1724），陕西韩城县人。时任云南布政使。 主持者	约2400字。新旧规制；经费详情；成功原因；董理名单
江西贡院	康熙五十一年（1712）	重建（江西）贡院石号碑记	王思轼（1655—1727），江西兴国县人。康熙二十一年（1682）进士，官至礼部左侍郎。 本省名流	约640字。贡院破败；捐修贡院；杜甫广厦为虚言
河南贡院	雍正九年（1731）	改建（河南）贡院碑记	田文镜（1662—1733），汉军正黄旗人。监生。时任河南山东总督。 主持者	约850字。决策过程；选址风水；贡院规制；负责人员
广西贡院	雍正十年（1732）	重修（广西贡院）至公堂记	张钺（生卒年不详），时任广西按察使。 主持者之一	约700字。贡院史略；捐修贡院；官员姓氏；至公堂之意义

续表

贡院名称	写作时间	文章标题	作者信息	备注
广西贡院	乾隆四年（1739）	增修（广西贡院）碑记	杨超曾（1694—1742），湖南武陵县人。康熙五十四年（1715）进士，乾隆二年（1737）任广西巡抚。主持者	约280字。贡院简况；修建过程
江西贡院	乾隆十二年（1747）	江西增修贡院记；一作：重修贡院记	钱陈群（1686—1774），浙江嘉兴人。康熙六十年（1721）进士，时以刑部侍郎主考江西乡试。关系者	约600字。贡院简史；修建过程；人员名单
湖南贡院	乾隆十二年（1747）	湖南重建贡院号舍记	杨锡绂（1700—1768），江西清江县人。雍正五年（1727）进士，乾隆十年（1745）任湖南巡抚。主持者	约870字。贡院史略；修建过程；公捐经费；贡院规制；人员名录
江西贡院	乾隆十三年（1748）	江西贡院事宜碑记	彭家屏（1692—1757），河南夏邑人。康熙六十年（1721）进士，时任江西布政使。主持者	约550字。贡院浚井；种植树种象征意义；决策过程
福建贡院	乾隆十八年（1753）	重修（福建）贡院记	陈弘谋（1696—1771），广西临桂县人。雍正元年（1723）进士。官至工部尚书东阁大学士。时任福建巡抚。主持者	约600字。贡院旧况；决策过程；全省捐资；委官督工；改建情形；余款为岁修基金

续表

贡院名称	写作时间	文章标题	作者信息	备注
江西贡院	乾隆三十三年（1768）	重修（江西）贡院记	吴绍诗（1699－1776），山东海丰县人。诸生。官至吏部侍郎。时任江西巡抚。 主持者	约960字。贡院政策回溯；贡院旧况；委官修理
湖南贡院	嘉庆九年（1804）	（湖南贡院）储英泉记	吴廷琛（1173－1844），江苏元和县人。嘉庆七年（1802）状元，时以修撰出任湖南乡试主考官。 关系者	约600字。水井情形；祭祀水井；水井更名
江西贡院	嘉庆二十一年（1816）	江西改建贡院号舍碑记	阮元（1764－1849），江苏仪征县人。乾隆五十四年（1789）进士，官至体仁阁大学士，时任江西巡抚。 主持者	约460字。贡院旧况；工程内容；绅士捐费与工期
江西贡院	嘉庆二十一年（1816）	（武宁县）与修贡院号舍记	王赍卣（生卒年不详），江西武宁县人。 本地名流	约420字。决策过程；武宁分任；捐建意义
广东贡院	道光二年（1822）	改建广东乡试闱舍碑记	阮元，江苏仪征县人。乾隆五十四年进士，道光十八年（1838）以体仁阁大学士致仕。时任两广总督。 主持者	约780字。对比各省贡院号舍；选址变迁；号舍旧况；决策过程；筹捐经费；工程内容

续表

贡院名称	写作时间	文章标题	作者信息	备注
山东贡院	道光十年（1830）	标题缺载	汤世培（生卒年不详），江西南丰县人。嘉庆十四年（1809）进士，时任历城知县。 主持者之一	约900字。贡院简史；决策过程；选定绅董；捐款用款；维修基金
陕西贡院	道光十一年（1831）	标题缺载	杨名飏（1773—1852），云南云龙州人，白族。举人，时任陕西巡抚。该文实际作者李元春（生卒年不详），陕西朝邑县人。嘉庆三年（1798）举人，官至大理寺评事。关学大儒。 本省名流	约1250字。刘学宠叔侄请建贡院；贡院规制；捐款与旌奖；富而好义；官绅姓名
湖北贡院	道光十二年（1832）	增修楚北贡院记	裕谦（1793—1841），蒙古镶黄旗人。嘉庆二十二年（1817）进士，官至两江总督，时任武昌知府。 主持者	约1720字。为善最乐；贡院史略；以工代赈；全省捐修；委派督工；工期起讫；贡院规制与经费；乐善必报子孙
山西贡院	道光二十二年（1842）	（山西）贡院号舍记	李德溥（生卒年不详），山西阳曲县人。道光二年（1822）举人。 补记者	约1420字。贡院规制；决策与倡捐；两次扩建

续表

贡院名称	写作时间	文章标题	作者信息	备注
河南贡院	道光二十四年（1844）	重修河南贡院碑记	鄂顺安（生卒年不详），满洲正红旗人。时任河南巡抚。 主持者	约870字。贡院史略；重修贡院
江西贡院	咸丰九年（1859）	新修（江西）贡院碑记	觉罗耆龄（生卒年不详），满洲正黄旗人。道光十七年（1837）举人，时任江西巡抚。 主持者	约600字。贡院朽蚀；官绅倡捐督修；工程内容；士绅好义
广东贡院	咸丰十一年（1861）	标题缺载	劳崇光（1802—1867），湖南善化县人。道光十二年（1832）进士，时任两广总督。 主持者	约580字。贡院史略；决策过程；工程内容
广东贡院	同治元年（1862）	标题缺载	蒋益澧（1825—1874），湖南湘乡县人。军功。时任广东巡抚。 主持者	约540字。贡院史略；决策缘起；贡院规制
江西贡院	同治六年（1867）	增广（江西）贡院号舍碑记	何廷谦（生卒年不详），安徽定远县人。道光二十五年（1845）进士，官至礼部侍郎。同治二年（1863）以中允任江西学政。 决策者之一	约640字。决策过程；工程详情；全省捐款；捐输好义；官绅名单

续表

贡院名称	写作时间	文章标题	作者信息	备注
江南贡院	同治十年（1871）	重修江南贡院碑记	李鸿章（1823—1901），安徽合肥县人。修贡院时为署理两江总督，作记时任直隶总督。 主持者	约850字。贡院史略；江南人文
江南贡院	民国十年（1921）	金陵贡院遗迹碑记	陈澹然（1859—1930），安徽安庆人。光绪十九年（1893）举人。曾主修《江苏通志》《安徽通志》。该记以省长王瑚名义立碑。 本省名流	约590字。苏皖共建；民国三年（1914）处置贡院；今昔异同

从时间分布情况来看，表中所列16篇明代贡院记，分布于景泰、天顺、成化、弘治、正德、嘉靖、万历共7个帝王时期，其中嘉靖年间最多，共有6篇，其次是万历（4篇）、成化（2篇）年间，其余4个帝王时期各1篇。创作时间最早的是作于景泰四年（1453）的《新建云南贡院记》，作者为江西吉安府庐陵县人、正统元年（1436）丙辰科榜眼陈文，时任云南右布政使①，后官至礼部尚书，加太子少保、文渊阁大学士。

从所涉及的省份来看，这16篇明代贡院记共涉及11个省份，分别为浙江（3篇），顺天、河南、福建（各2篇），以及江南、山东、陕西、江西、广西、云南、贵州（各1篇）。

从作者的身份来看，这16篇明代贡院记的作者主要分为4类。

一是贡院所在省份的文化名人或重要官宦，本文将其归为"本省名流"，共有9人次。他们大多曾经在朝官居高位，如成化十年（1474）为浙江贡院撰写《重修贡院记》的浙江淳安县人商辂，是明代首位三元及第的

---

① （明）陈文修；李春龙，刘景毛校注：《景泰云南图经志书校注》，昆明：云南民族出版社，2002年，第526—527页。

状元，时任吏部尚书；成化十九年（1483）为山东贡院撰写《山东贡士院记》的山东寿光县人刘珝①，时任户部尚书、谨身殿大学士。个别则是文化名流，如嘉靖十九年（1540）为陕西贡院撰写《陕西贡院重修记》的吕枏②，曾官至南京礼部侍郎，当时已经致仕居乡。

二是贡院修建活动的主持者或主持者之一，共有4人次。他们大多为督抚藩臬等高级官僚，曾直接参与贡院修建活动的工程决策、人员调派、组织申报等各项工作。其中职位最高的是张居正，万历二年（1574）他写作这篇《京师重建贡院记》时的官职是中极殿大学士、内阁首辅，其他则是巡抚（1人次）、右布政使（2人次）。

三是前二者之外与该贡院存在某种其他关系者，为2人次。第一个为天顺元年（1457）为江南贡院撰写《重修碑记》的江西安福县人吴节，时任南京国子监祭酒③；第二个是万历二年（1574）为顺天贡院撰写《重修贡院记》的江苏常熟县人赵用贤，时任翰林院检讨④。他们都既非主持修建贡院的高官，也非与贡院所在省份有乡梓之谊，本文暂时将其笼统地归为"关系者"。据吴节记文，他撰写这篇碑记的原因是"京府长寮以为文运方隆乎昔，而是院更新，宜有所记。乃具始末，来征文，将刻诸石"，也就是说他是受邀作记，而赵用贤撰写该记文的缘由则尚待考证。

四是补记者，也就是记文作者并非修建贡院的主持者，他们写作贡院记时已经离修建贡院的年份有一定的时间距离，属于补充记述。如贵州贡院在嘉靖十四年（1535）完成修建，而贵州巡抚吴维岳撰写《贡院碑记》

---

① （明）刘珝：《古直先生文集》卷9，《四库全书总目丛书》集部第36册，济南：齐鲁书社，1997年，第84页。
② （明）吕枏：《泾野先生文集》卷19，《四库全书总目丛书》集部第61册，济南：齐鲁书社，1997年，第220页。
③ （清）赵弘恩，黄之隽：乾隆《江南通志》卷91《学校志》，《景印文渊阁四库全书》第509册，台北：商务印书馆，1983年，第542—543页。
④ （清）于敏中：《钦定日下旧闻考》卷48《城市》，北京：北京古籍出版社，1985年，第748页。

的时间则是嘉靖四十三年（1564）。①

清代的 28 篇贡院记共涉及清代 13 个省份的贡院修建活动，其中留下贡院记最多的是江西贡院（9 篇），其次是广东贡院（4 篇）、河南贡院（3 篇），湖南、云南、广西贡院各 2 篇，江南、山东、山西、陕西、福建、湖北 6 省贡院各只有 1 篇。本文尚未从相关地方志中发现清代顺天、浙江、四川、甘肃、贵州 5 省修建贡院活动的记文，日后当予补充。

从时间分布来看，这 28 篇清代贡院记分布于清代自顺治至同治的 8 个帝王时期。其中顺治 1 篇、康熙 5 篇、雍正 2 篇、乾隆 6 篇、嘉庆 3 篇、道光 6 篇、咸丰 2 篇、同治 3 篇。从频率来看，同治时期的贡院记写作频率最高，约为 4 年/篇，而道光、咸丰时期均约为 5 年/篇，雍正时期约为 6 年/篇，嘉庆时期约为 8 年/篇，顺康乾均约为 20 年/篇。本文尚未发现光绪年间撰写的贡院记。

与明代贡院记一样，本文所发现的清代 28 篇贡院记的作者也主要分为 4 类。

第一类也是贡院修建活动的主持者或主持者之一，共有 21 人次。他们大多为贡院所在省份的总督（5 人次）、巡抚（9 人次）、学政（2 人次）、布政使（2 人次）、按察使（1 人次）。只有 2 人例外，即道光十年（1830）为山东贡院撰写记文的江西南丰县进士汤世培，其官职为济南府历城县知县②；以及道光十二年（1832）撰写了《增修楚北贡院记》的裕谦，虽然后来官至两江总督，但主持此次修建湖北贡院时他还只是从四品的武昌知府③。

第二类是贡院所在省份的著名官宦（2 人次）或文化名流（2 人次），共 4 人次。前者均来自江西，分别为康熙二十年（1681）撰写《方伯王公

---

① （清）鄂尔泰，靖道谟，杜诠：乾隆《贵州通志》卷 41《艺文志》，《景印文渊阁四库全书》第 572 册，台北：商务印书馆，1983 年，第 426－427 页。
② 毛承霖：民国《续修历城县志》卷 13《建置考一》，台北：成文出版社，1968 年，第 745－749 页。
③ （清）裕谦：《增修楚北贡院记》，（清）裕谦：《裕靖节公遗书》卷 7《重士类》，《清末民初史料丛书》第 32 册，台北：成文出版社，1968 年，第 567－575 页。

重建贡院记》的江西南昌县人熊一潇，官至工部尚书；以及康熙五十一年（1712）撰写《重建贡院石号碑记》的江西兴国县人王思轼，官至礼部左侍郎。①后两篇贡院记的作者颇为特殊，其中之一是道光十一年（1831）为陕西贡院撰写记文（标题缺载）的陕西朝邑县人李元春，他虽然只有举人的功名，历官也只到了正七品的大理寺评事，但他却是关学大儒，学问渊博，名闻遐迩。此次重建陕西贡院共耗费白银"四万六千四百四十余两"，全部由陕西朝邑县生员刘学宠家族独力捐助。工程结束后，刘氏聘请李元春为之撰写记文，立碑垂远，而其作者则被载为"藩司杨名飏"②。另一位则是江西武宁县人王赟卣，他在嘉庆二十一年（1816）为本县参与捐资建造省城贡院的翁、葛、李等绅士撰写了《与修贡院号舍记》③。这篇记文虽然确实和江西贡院有关，但作者的"本地名流"身份却颇为尴尬。据查《同治武宁县志》，王赟卣并非进士、举人出身，也没有位居高官，更不是学术名家。

第三类为与该贡院存在非修建主持者和非本省名流关系的相关人员，共有2人次。一是乾隆十二年（1747）为江西贡院撰写《江西增修贡院记》的浙江嘉兴人钱陈群④，二是嘉庆九年（1804）为湖南贡院撰写《储英泉记》的江苏元和县人吴廷琛⑤。他们都既非本省名流，又非在贡院修建活动中扮演决策者或主持者角色的督抚学藩臬等高级官员，而是贡院所在省份的乡试主考官⑥，是新贡院的第一位"近距离体验者"，本文也将其列为

---

① （清）阿应麟，徐清选：道光《南昌县志》，清道光六年（1826）刻本，卷2《公所》，第21—24页。
② 杨虎城，邵力子：民国《续修陕西通志稿》，民国二十三年（1934）铅印本，卷6《建置志一》，第6—7页。
③ （清）何庆朝：《同治武宁县志》卷32《艺文志》，南京：江苏古籍出版社，1996年，第492页。
④ （清）阿应麟，徐清选：道光《南昌县志》，清道光六年（1826）刻本，卷2《公所》，第24—26页。
⑤ （清）刘采邦，张延珂，袁继翰：《同治长沙县志》卷12《典礼志》，南京：江苏古籍出版社，2002年，第184页。
⑥ （清）法式善，等：《清秘述闻三种》，北京：中华书局，1982年，第175、539页。

"关系者"。

第四类是补记者,共 1 人次,也就是道光二十二年(1842)为山西贡院撰写《贡院号舍记》的山西阳曲县举人李德溥。他之所以撰写这篇记文,是因为"前此并未勒石,缘修志,谨录其颠末如左,以告来兹"①。据查,李德溥是《道光阳曲县志》的参与编纂者之一。正因为如此,县志在标注这篇贡院记的作者时,才采用了"邑举人李德溥述"的表述方式。

明清时期乡会试贡院记的内容,一般围绕贡院修建过程展开,包括修建贡院的决策人物与决策过程、修建贡院的经费来源与具体数额、贡院修建前后的规制情形、修建贡院的工程负责人员情形,有些贡院记则进一步介绍当地文教发展历史、贡院与历代教育与人才选拔的关系、主持修建贡院的官员政绩、贡院选址的风水堪舆、作者创作贡院记的缘起等内容。

明清时期乡会试贡院记的篇幅长短不一。其中字数在 500 至 1000 字之间者有 30 篇,1000 字以上者有 8 篇,500 字以下者有 7 篇。

2. 学政试院记

学政试院是清代贡院中使用频率较高的专门考场,它既是学政举行岁科试院试的考场,同时也被府、直隶州借用为府试考场以及被会城所在附郭县和直隶州本州借用为县试考场,因而 3 年之中至少可以举行 6 次较大规模的县试、府试和院试。学政试院记是清代贡院记文中数量较大的类别,是记录清代岁科试基本运行机制的鲜活史料。表 10-2"清代学政试院记一览表(明代附)"为笔者根据各类地方志的记载制成。

表 10-2 清代学政试院记一览表(明代附)

地名	时间	文章标题	作者	备注
贵州贵阳府	明正德二年(1507)	兴建贵州提学分司记	毛科(生卒年不详),浙江余姚县人。明成化十四年(1478)进士,时任贵州提学副使。	约 1070 字。贵州文教;试院规制;分司功能

---

① (清)李德溥:《贡院号舍记》,(清)李培谦,阎士骧:道光《阳曲县志》卷 13《文征》,台北:成文出版社,1976 年,第 1148 页。

续表

地名	时间	文章标题	作者	备注
南直江宁府（句容）	明万历二十三年(1595)	标题缺载	余孟麟（1537—1620），江苏江宁人。明万历二年（1574）榜眼，时任国子监祭酒。 关系者	约850字。周代制度；明代学政；决策过程；建造过程；试院意义；句容道里适中；工程人员
山西平阳府	明万历三十五年(1607)	平阳试院记	王三才（生卒年不详），浙江萧山人。明万历二十九年（1601）进士，明万历三十四年（1606）由礼部郎中出任山西督学副使。	约880字。试院难建；场费繁重；决策过程；修建过程；试院规制
河南汝宁府	明万历三十九年(1611)	天中校士馆碑记	叶秉敬（1562—1627），浙江西安县人。明万历二十九年（1601）进士，时任浙江学政。	约740字。试院史略；创建试院前后对比
南直常州府	明万历四十二年(1614)	新建督学察院记	孙慎行（1565—1636），江苏武进县人。明万历二十三年（1595）进士，时任礼部尚书。 本地名流	约850字。新增南直学政；院试情形；建院官员
北直广平府	明万历间	记略	杜糜（生卒年不详），直隶永年县人。明万历八年（1580）进士，官至副使。 本地名流	约220字。院试旧法；试院简史

续表

地名	时间	文章标题	作者	备注
山西沁州直隶州	明崇祯六年（1633）	创建（沁州）考院记	霍守典（1579－1634），山西沁州人。明万历三十八年（1610）进士，官至太常寺少卿。 本地名流	约630字。院试制度；赴考之难；决策过程与经费来源；试院规制
浙江衢州府	明崇祯九年（1636）	标题缺载	张文达（生卒年不详），云南保山县人。举人。明崇祯七年（1634）任衢州知府。 主持者	约680字。院试旧制；建造试院的三个条件；捐建试院；刊立石碑
浙江衢州府	明崇祯十年（1637）	鼎建（衢州府）校士馆记	刘麟长（生卒年不详），籍贯、职官不详。疑为本地人。 本地名流	约1060字。捐修试院；院试旧况；官绅姓名
浙江严州府	明崇祯十五年（1642）	建（严州府）试馆碑记	王应华（1600－1665），广东东莞县人。明崇祯元年（1628）进士，官至礼部侍郎，时任浙江学政。	约610字。士贵尚志；院试旧况；宋贤捐建试院
浙江嘉兴府	明崇祯年间	标题缺载	黄承昊（1576－1645），浙江秀水县人。明万历四十四年（1616）进士，官至广东按察使。 本地名流	约310字。院试厂费；郑瑄捐俸倡建试院；工程时限

第十章 清代贡院文学

续表

地名	时间	文章标题	作者	备注
浙江嘉兴府	明崇祯年间	（嘉兴府）宏文馆碑记	陈懿典（1554—1638），浙江秀水县人。明万历二十年（1592）进士，官至中允。乞假归。本地名流	约610字。宏文馆制度；院试旧况；郑瑄捐俸修建；撰记缘起
安徽安庆府	顺治七年（1650）	新建（安庆府）试院棚厂记	李嵩阳（生卒年不详），河南封邱县人。举人，时以御史提督江南学政。	约680字。决策与修建过程；称赞倡建者
山东济南府	顺治十四年（1657）	（济南试院）独树轩记	施闰章（1619—1683），安徽宣城县人。顺治六年（1649）进士，时任山东提学佥事。	约420字。叙轩；叙树；叙宴；叙一树而五善备
江苏苏州府	顺治十五年（1658）	标题缺载	张能麟（生卒年不详），顺天府大兴县人。顺治四年（1647）进士，时任江苏提学佥事。	约650字。江南学政出身；试院规制；修建过程
山东东昌府	顺治十七年（1660）	重建东昌考院记	施闰章（1619—1683），安徽宣城县人。顺治六年（1649）进士，时任山东提学佥事。	约650字。学使校士；决策过程；诸生三不便；捐款标准；官员姓名
山东东昌府	顺治十七年（1660）	重修（东昌府）考院记	应纯仁（生卒年不详），浙江慈溪县人。顺治十五年（1658）进士，康熙三年（1664）任聊城知县。主持者	约420字。东昌人文；考院被毁；决策过程；捐资重修；董事简介

续表

地名	时间	文章标题	作者	备注
四川泸州直隶州	康熙九年（1670）	修（泸州）考棚记	张含辉（生卒年不详），山东掖县人。顺治九年（1652）进士，康熙八年（1669）任四川提学道。	约640字。决策过程；捐资修建；四言铭文
云南云南府	康熙十年（1671）	增建云南提学道署记	黄琮（生卒年不详），籍贯不详。时任云南提学道①。 主持者	约870字。院试情形；修建详情；工期起讫；经费来源；督工姓氏
山西代州直隶州	康熙二十二年（1683）	新建（代州）考院附义塾记	张瑜（生卒年不详），山西代州人。康熙二十二年（1683）副贡。 本地名流	约920字。院试旧况；决策过程；规制与经费
浙江严州府	康熙二十三年（1684）	标题缺载	蒋鸣梧（生卒年不详），浙江建德县人。选贡。官至御史。 本地名流	约780字。督学之制；试院史略；新修试院
广东韶州府	康熙二十四年	鼎建（韶州府）试院碑记	唐宗尧（生卒年不详），辽宁辽阳人。康熙二十二年（1683）任韶州知府。 主持者	约600字。试院毁于战乱；倡建试院；规制与工期
山西辽州直隶州	康熙三十年（1691）	创建（辽州）考场碑记	王景亮（生卒年不详），时任辽州知州。 主持者	约680字。碑记实为申请专设辽州试院的申文及批文

---

① 按，记文中有"余以己酉之夏入滇，初校士云南府"之语，知记文作者当为云南提学道。不过，据查法式善《清秘述闻》卷12《学政类四》及《清圣祖实录》，康熙己酉至辛亥间的云南提学道并无黄琮。疑该文为黄琮代云南提学道陈必成所作。

续表

地名	时间	文章标题	作者	备注
广东廉州府	康熙三十四年（1695）	重修（廉州府）试院碑记	王郫（生卒年不详），陕西鄠县人。康熙癸丑进士，康熙三十三年（1694）任广东提学道。	约380字。学政职责；院试前后情形；赞誉董绍业
山西平阳府	康熙四十五年（1706）	重建平阳试院记	邹士璁（生卒年不详），湖北麻城县人。康熙二十七年（1688）进士，康熙四十五年（1706）以侍读任山西学政。	约570字。视学三晋；试院旧况；知府刘棨以寿诞贺礼修试院；规制简述
江苏扬州府	康熙四十五年（1706）	标题缺载	宫梦仁（1632—1713），江苏泰州人。康熙九年（1670）会元，康熙十二年（1673）进士。官至福建巡抚。时致仕居里。本地名流	约630字。院试旧况；重修原因与过程；立碑示禁
贵州遵义府	康熙四十六年（1707）	标题缺载	罗其章（生卒年不详），贵州遵义府人。贡生。本地名流	约750字。院试史略；捐建试院；试院规制；士绅姓名
直隶永平府	康熙四十六年（1707）	重修（永平府）考院碑记	梅之珩（1649—1734），江西南城县人。康熙二十四年（1685）进士，时任顺天学政。	约550字。试院简述；重修缘起；试院规制；试院意义；评价知府张朝琮
广东广州府	康熙四十九年（1710）	（广州府）学署考古记	张明先（生卒年不详），湖南安乡县人。康熙二十四年（1685）进士，时任广东学政。	约1130字。基址变迁；劝捐重修；规制详情

续表

地名	时间	文章标题	作者	备注
山东莱州府	康熙四十九年（1710）	新造莱州府试厂记	黄叔琳（1672—1756），直隶大兴县人。康熙三十年（1691）探花，时任山东学政。	约1050字。试院概况；决策过程；规制简况
山东莱州府	康熙四十九年（1710）	创建（莱州府）考棚碑记	刘以贵（生卒年不详），山东潍县人。康熙十七年（1678）进士，官至苍梧知县。年四十告归。**本地名流**	约900字。考院制度；试院旧况；试院规制；院试效果
江苏江宁府	康熙五十二年（1713）	标题缺载	张伯行（1651—1725），河南仪封县人。康熙二十四年（1685）进士，时任江苏巡抚。**主持者**	约570字。试院简史；决策与修建过程；选址理由
江西南安府	康熙五十四年（1715）	建复南安试署碑记	鱼鸾翔（生卒年不详），陕西高陵县人。康熙二十四年（1685）进士，康熙五十三年（1714）任江西学政。	约500字。绅士捐建；作记缘起；试院史略
江西抚州府	雍正二年（1724）	重建抚州府考署记	任士理（生卒年不详），山东聊城县人。岁贡。康熙五十三年（1714）任抚州知府。**主持者**	约570字。学宫考署关系；重建试院于旧址

第十章 清代贡院文学

续表

地名	时间	文章标题	作者	备注
江西抚州府	雍正二年（1724）	重建抚州府考署记	沈翼机（生卒年不详），浙江宁海县人。康熙四十五年（1706）进士，官至翰林院侍读学士，时任江西学政。	约720字。试院规制；任士理急公爱士；批评若干常见情形
山西解州直隶州	雍正三年（1725）	创建直隶解州试院记	马允邵（生卒年不详），山西解州人。本地名流	约650字。试院旧况；决策经过；试院规制；赞赏两任知州
江苏通州直隶州	雍正四年（1726）	标题缺载	李玉铉（生卒年不详），江苏通州人。康熙四十五年（1706）进士，官至福建按察使。本地名流	约750字。决策详情；规制详情；工程人员
陕西商州直隶州	雍正四年（1726）	（商州）考院记	王蓍（？－1755），江苏太仓州人。康熙四十五年（1706）进士，时任陕西学政。	约530字。试院史略；应试之苦；倡修试院；院试场景
浙江杭州府	雍正四年（1726）	改建（杭州府）督学使署碑记	沈近思（1671－1727），浙江余杭县人。康熙三十九年（1700）进士，时任吏部侍郎典试江南给假归里。本地名流	约880字。试院职责；决策过程；委派人员；捐修过程；院试情形

续表

地名	时间	文章标题	作者	备注
广西郁林直隶州	雍正七年（1729）	重建郁林州校士馆碑记	屠嘉正（生卒年不详），浙江秀水县人。雍正二年（1724）进士，时任郁林知州。后任知州，其他关系者	约780字。院试史略；决策与修建过程；董事姓名
安徽和州直隶州	雍正九年（1731）	新建和州试院记	唐德咸（生卒年不详），江苏苏州人。举人。时任和州学正。主持者	约810字。决策过程；士绅分工；试院规制；试院意义
云南大理府	雍正十一年（1733）	大理府新建试院记	吴应枚（生卒年不详），浙江归安人。雍正二年（1724）进士，时以编修任云南学政。主持者	约680字。院试制度；工程监理；试院意义
广东连州直隶州	雍正十一年（1733）	连州考棚碑记	陶德焘（生卒年不详），浙江会稽县人。康熙六十年（1721）进士，时任连州同知。主持者	约530字。院试制度；决策过程；规制简述；院试情景
江西南康府	雍正十一年（1733）	重建（南康府）考棚记	董文伟（生卒年不详），直隶顺天府人。雍正六年（1728）任南康知府。主持者	约940字。院试旧况；官绅移建；经费来源与用费细目；出力人员名单

续表

地名	时间	文章标题	作者	备注
江西南康府	雍正十一年（1733）	标题缺载	李凤翥（1674—1757），江西建昌县人。康熙三十六年（1697）进士，官至工部侍郎。 本地名流	约940字。试院旧貌；官绅议修试院；试院规制；成功因素
浙江严州府	雍正十一年（1733）	重建（严州府）试馆碑记	宋溱（生卒年不详），浙江建德县人。康熙三十八年（1699）举人。 本地名流	约520字。院试旧况；宋贤捐建试院情形；决策过程
奉天府	雍正十一年（1733）	奉天试院记	吕耀曾（1679—1743），河南新安人。康熙四十五年（1706）进士，时任左副都御史。 其他关系者	约530字。试院意义；奉天学政；修建过程
云南景东直隶州	雍正十二年（1734）	景东创建试院碑记	吴应枚（生卒年不详），浙江归安人。雍正二年（1724）进士，时以编修任云南学政。	约740字。经始难善后更难；赴试艰难；决策过程；捐集经费；修建简况；官方参与
陕西绥德直隶州	雍正十三年（1735）	重修（绥德州）试院碑记	马伯辂（生卒年不详），陕西绥德州人。雍正十三年（1735）举人，乾隆四年（1739）进士。 本地名流	约360字。延绥镇试院有二；绥德试院修建情形；延绥镇试院二分为四
云南广西直隶州	乾隆初年（约1736）	（广西州）考棚记	李鹏举（生卒年不详），广西直隶州人。 本地名流	约280字。岁试附考；捐输筹费

续表

地名	时间	文章标题	作者	备注
湖北宜昌府	乾隆二年（1737）	宜昌试院尔雅堂记	吴省钦（1729－1803），江苏南汇县人。乾隆二十八年（1763）进士，时任湖北学政。	约720字。施南宜昌分棚过程；岁科连试；童试人数；尔雅堂由来
江西广信府	乾隆二年（1737）	标题缺载	岳濬（？－1753），江苏宜兴县人。岳钟琪子，二品荫生，时任江西巡抚。 本省大员，其他关系者	约620字。决策过程；士绅捐建
江西广信府	乾隆二年（1737）	标题缺载	陈世增（生卒年不详），浙江钱塘县人。监生。雍正十二年（1734）十二月任广信知府。 主持者	约660字。院试旧况；以夏祠为试院不妥；决策详情；捐建试院
江西广信府	乾隆四年（1739）	标题缺载	赵大鲸（1686－1749），浙江仁和县人。雍正二年（1724）进士，官至左副都御史，时任江西学政[①]。	约550字。院试旧况；官绅议建；修建简况；赞誉陈世增

---

① 按，法式善《清秘述闻》卷载赵大鲸于雍正十二年（1734）以谕德任江西学政，乾隆元年（1736）被编修于辰继任（中华书局1982年版第328页）。而赵大鲸记文中叙及其"今年四月试信州"，时广信府试院已经建成。则法式善所载必有误。据《清高宗实录（二）》卷81《乾隆三年十一月下》记载，乾隆三年（1738）十一月丙子日谕旨中有"司经局洗马赵大鲸提督江西学政"。（中华书局，1985年，第280页）可知该记文当作于乾隆四年（1739）。

第十章　清代贡院文学

续表

地名	时间	文章标题	作者	备注
直隶保定府	乾隆四年（1739）	保阳学政公署落成碑记	钱陈群（1686—1774），浙江嘉兴人。康熙六十年（1721）进士，时任顺天学政。	约570字。学政公署与其他衙署的区别；决策过程
直隶保定府	乾隆四年（1739）	重修保定府试院记	倪象恺（生卒年不详），四川荣县人。时任保定知府。 主持者	约750字。保定试院状况；决策过程；试院规制与经费数额；工程人员
福建泉州府	乾隆四年（1739）	标题缺载	朱叔权（生卒年不详），浙江山阴县人。时任福建布政使。 上级官员，其他关系者	约500字。泉州文教；院试旧况；决策过程；绅士捐建；工期起讫
福建泉州府	乾隆四年（1739）	标题缺载	王廷诤（生卒年不详），安徽全椒县人。举人。时任泉州知府。 主持者	约210字。宋代贡院；决策过程；工期起讫与经费数额
山东莱州府	乾隆五年（1740）	重修莱郡试院号舍记	徐铎（1693—1758），江苏盐城县人。乾隆元年（1736）进士。时任山东学政。	约330字。作记缘起；试院作用
江西建昌府	乾隆六年（1741）	重修建昌试院记	赵大鲸（1686—1749）浙江仁和县人。雍正二年（1724）进士，官至左副都御史，时任江西学政。	约580字。贡院作用；试院与院试旧况；决策过程；倡捐经费；试院规制；效率分析；绅士监理

续表

地名	时间	文章标题	作者	备注
广西南宁府	乾隆七年（1742）	（南宁府）试院石凳记	沈慰祖（生卒年不详），江苏吴县人。雍正庚戌（1730）进士，时任广西学政。后任学政，其他关系者	约720字
广西南宁府	乾隆七年（1742）	修（南宁府）试院记	苏士俊（生卒年不详），江苏山阳县人。保举。时任南宁知府。主持者	约540字
福建泉州府	乾隆八年（1743）	标题缺载	靖道谟（1676－1760），湖北黄冈县人。康熙六十年（1721）进士。鳌峰书院山长。其他关系者	约1260字
江西赣州府	乾隆八年（1743）	重建赣州试院记	汪宏禧（生卒年不详），浙江钱塘县人。时任赣州知府。主持者	约960字。试院作用；试院旧况；决策过程；建造过程与规制详情
浙江台州府	乾隆十年（1745）	标题缺载	常安（？－1747），满洲镶红旗人。康熙三十二年（1693）举人，时任浙江巡抚。本省大员，其他关系者	约750字。决策过程；士敦实学不借形家
浙江台州府	乾隆十年（1745）	标题缺载	彭启丰（1701－1784），江苏长洲县人。雍正五年（1727）会元、状元。时以礼部侍郎任浙江学政。	约600字。校士馆旧况；重建过程；作记缘起；试院作用

第十章　清代贡院文学

续表

地名	时间	文章标题	作者	备注
河南陈州府	乾隆十年（1745）	重修（陈州府）考棚记	崔应阶（？—1780），湖北江夏县人。荫生。时任陈州知府。 主持者	约280字。士为四民之表；试院旧况；经费来源
山西解州直隶州	乾隆十年（1745）	增建（解州）试院记	介锡周（生卒年不详），山西解州人。康熙六十年（1721）进士，官至太仆寺少卿。 本地名流	约480字。扩建原因；修建过程；谋始难图成亦难
山东曹州府	乾隆十四年（1749）	曹州府创建试院记	刘藻（1701—1766），山东巨野县人。乾隆元年（1736）博学鸿词。官至湖广总督，时以内阁学士奉母家居。 本地名流	约820字。试院兴废；决策详情；工程经过；首次使用情形
山东沂州府	乾隆十八年（1753）	沂州府新建考院记	李希贤（生卒年不详），四川长寿县人。拔贡。时任沂州知府。 主持者	约850字。院试史略；决策过程；试院规制；建成效果
山西蒲州府	乾隆十九年（1754）	新迁（蒲州府）贡院记	周景柱（生卒年不详），浙江遂安县人。时任蒲州知府。 主持者	约660字。官署需因地制宜；改知府署为试院；新试院优点
山东泰安府	乾隆十九年（1754）	新建泰安府试院碑记	颜希深（1729—1780），广东连平县人。贡生。时任泰安知府。 主持者	约700字。院试旧况；决策过程；倡捐建造；试院作用

续表

地名	时间	文章标题	作者	备注
湖北郧阳府	乾隆二十年（1755）	标题缺载	陈浩（1695—1772），直隶昌平州人。雍正二年（1724）进士，时任湖北学政。	约440字。院试旧况；官绅捐建试院；试院规制
湖南衡州府	乾隆二十五年（1760）	重建（衡州府）考棚记	饶佺（生卒年不详），江西丰城县人。监生。时任衡州知府。主持者	约610字。院试旧况；试院作用；决策详情；建造过程；三代宾兴与科举取士；工期起讫与钱款数额
浙江温州府	乾隆二十八年（1763）	新制（温州府）校士馆号板记	崔锡（生卒年不详），汉军正黄旗人。拔贡。时任永嘉知县。主持者	约640字。院试旧况；撤换号板；对比艾南英小试之苦；试院简陋原因
浙江杭州府	乾隆三十年（1765）	（杭州府）学使署再到亭记	冯浩（1719—1801），浙江桐乡县人。乾隆十三年（1748）进士，官至御史。丁忧家居40年。本省名流	约340字。学政李宗文为其母两次入住浙江学署修建再到亭
山东济南府	乾隆三十二年（1767）	重修（济南试院）四照楼记	张若溎（1703—1787），安徽桐城县人。张廷玉子。雍正八年（1730）进士，时任山东学政。	约830字。命名缘由；修理过程；登临景色风光；修理意义；官员姓名

续表

地名	时间	文章标题	作者	备注
福建台湾府	乾隆三十二年（1767）	建（台湾府）台阳校士场屋记	张珽（生卒年不详），陕西人。乾隆三年（1738）举人。乾隆三十一年（1766）任分巡台湾道。主持者	约530字。台湾学政特色；院试旧况；建造过程；作记缘起；官员姓名
福建永春直隶州	乾隆三十二年（1767）	永春州新建试院记	嘉谟（生卒年不详），奉天长白人。时任永春州同知。主持者	约500字。州试旧况；决策过程；试院规制；经费数额与工期起讫
甘肃甘州府	乾隆三十四年（1769）	修（甘州府）贡院记	王廷赞（1715—1781），辽东人。吏员，官至甘肃布政使，时任张掖知县。主持者	约580字。院试旧况；决策详情；官员捐建
江西临江府	乾隆三十四年（1769）	标题缺载	汪廷玙（1718—1783），江苏镇洋县人。乾隆十三年（1748）探花，官至工部侍郎，时任江西学政。	约400字。知府李昌昱修建试院；李昌昱施闱章后先媲美
山东济南府	乾隆三十五年（1770）	重修济南考棚记	韦谦恒（1715—1792），安徽芜湖县人。乾隆二十八年（1763）榜眼，时任山东学政。	约640字。试院旧貌；重修简况；学校试院关系；官绅姓氏
江西南昌府	乾隆三十八年（1773）	武宁县与修南昌试院记	张华甫（生卒年不详），江西武宁县人。乾隆三十六年（1771）进士，时丁忧家居。本地名流	约400字。武宁士绅参与捐修南昌试院

860　清代贡院史

续表

地名	时间	文章标题	作者	备注
江西南昌府	乾隆三十八年（1773）	增建豫章考棚记	袁守定（1705—1782），江西丰城县人。雍正八年（1730）进士，官至礼部主事，乾隆二十四年（1759）告归。 本地名流	约650字。试院旧况；决策过程；八邑共修；丰城商人吕仕麟承修分任；试院规制；撰记缘起
江西南昌府	乾隆三十八年（1773）	增建（南昌）试院碑记	彭元瑞（1731—1803），江西南昌县人。乾隆二十二年（1757）进士，官至工部尚书、协办大学士。 本地名流	约620字。南昌院试新规与试院旧况；曹文埴议修试院；撰记缘起
江西南昌府	乾隆三十八年（1773）	增建南昌试院记	曹文埴（1735—1798），安徽歙县人。乾隆二十五年（1760）传胪，官至户部尚书，时任江西学政。	约980字。学政职责；试院窘况；决策过程；建造过程
江西吉安府	乾隆三十九年（1774）	标题缺载	卢崧（生卒年不详），奉天辽阳州人。乾隆三十八年（1773）任吉安知府。主修《乾隆吉安府志》。 主持者	约560字。决策过程；试院规制；赞誉士绅捐资；士绅姓名

续表

地名	时间	文章标题	作者	备注
陕西汉中府	乾隆四十三年（1778）	南郑尹郭侯修棚场碑文	戴祖启（1725—1783），江苏上元县人。乾隆四十三年（1778）进士，曾受毕沅之聘主讲关中书院。 其他关系者	约420字。尽心之益；撰记缘起；使者讲述郭嵩水利文教政绩与捐建试院
湖南澧州直隶州	乾隆四十九年（1784）	重修澧州试院记	钱澧（1740—1795），云南昆明县人。乾隆三十六年（1771）进士，时任湖南学政。	约460字。知州讲述捐建试院经过与试院规制；对比岳州试院
湖南岳州府	乾隆五十年（1785）	重修岳州试院记	钱澧（1740—1795），云南昆明县人。乾隆三十六年（1771）进士，时任湖南学政。	约670字。试院重修费多工恶；吴嗣龙家族呈请独修试院；吴氏好义与不良有司的对比；试院新景
安徽池州府	乾隆五十八年（1793）	重修（池州府）试院碑记	荆道乾（1731—1802），山西临晋县人。举人。官至安徽巡抚，时任池州知府。 主持者	约780字。决策简述；试院规制；捐费来源与工程管理
安徽徽州府	乾隆五十六年（1791）	标题缺载	胡赓善（生卒年不详），安徽歙县人。乾隆二十四年（1759）举人。 本地名流	约450字。试院简史；曹文埴修建试院与评价

续表

地名	时间	文章标题	作者	备注
浙江杭州府	嘉庆二年（1797）	（杭州府学署）影桥记	阮元（1764—1849），江苏仪征县人。乾隆五十四年（1789）进士，道光十八年（1838）以体仁阁大学士致仕，时以内阁学士任浙江学政。	约290字。叙述池影、亭影、阑影、篱影、树木花草影、日月星云影等诸多影像
浙江杭州府	嘉庆二年（1797）	（杭州府学署）定香亭记	阮元	约250字。简述修理学署；筑精舍、种树、浚池、命名定香亭；撰记缘由
广西桂林府	嘉庆四年（1799）	重筑（桂林试院）号舍记	钱楷（1760—1812），浙江嘉兴县人。乾隆五十四年（1789）进士，官至安徽巡抚，时任广西学政。 主持者	约660字。利不倍不妄行，理不至不轻举；试院旧况；阴阳家言；试院规制；经费说明；官员介绍
江苏通州直隶州	嘉庆五年（1800）	标题缺载	杨世纶（生卒年不详），江苏通州人。乾隆三十四年（1769）进士，官至廉州知府。 本地名流	约740字。试院旧况；决策简述；试院规制；工程人员

第十章　清代贡院文学

续表

地名	时间	文章标题	作者	备注
浙江杭州府	嘉庆五年（1800）	修治（杭州府）学院庑舍并设木石几坐记	孙星衍（1753—1818），江苏阳湖县人。乾隆五十二年（1787）榜眼，官至山东布政使。时丁母忧，阮元聘主诂经精舍。 本省名流	约410字。庑舍旧况；诸生捐资修治；评论捐资者；评论阮元等官员
山西沁州直隶州	嘉庆六年（1801）	增修（沁州）考院记	舒翰（生卒年不详），满洲正黄旗人。举人。嘉庆六年（1801）继任刘征泰为知州。 后任官员，其他关系者	约410字。考院旧况；决策过程；考院规制；作记缘由
湖北黄州府	嘉庆八年（1803）	标题缺载	茹棻（1755—1821），浙江会稽县人。乾隆四十九年（1784）状元。时任湖北学政。	约580字。岁试旧况；王宗华兄弟呈请捐修试院；科试新景；试院规制；工期起讫与耗费经费；论美成在久
浙江嘉兴府	嘉庆十年（1805）	标题缺载	李赓芸（1754—1817），江苏嘉定县人。乾隆五十五年（1790）进士，官至福建布政使，时任嘉兴知府。 主持者	约800字。决策过程；评价试院；试院意义

续表

地名	时间	文章标题	作者	备注
江西南昌府	嘉庆十一年（1806）	重修南昌试院记	曹振镛（1755－1835），安徽歙县人。曹文埴子。乾隆四十六年（1781）进士，官至工部尚书体仁阁大学士，时任江西学政。	约800字。试院近况；官绅合议；前后对比；赞誉士绅捐资赴义
四川眉州直隶州	嘉庆十一年（1806）	新建眉州督学使者官署记	梁敦怀（1748－1830），浙江新昌县人。生员，官至太仆寺卿，时任眉州同知。 主持者	约590字。院试旧况；倡建试院；修建过程；绅董姓名
四川眉州直隶州	嘉庆十一年（1806）	眉州新建考棚记	彭锡珖（生卒年不详），江西湖口县人。乾隆四十五年（1780）进士，时任眉州同知。 后任同知，其他关系者	约460字。院试史略；试院使用频率；绅士督建试院
江西袁州府	嘉庆十一年（1806）	捐修（袁州府）考棚记	刘方度（身份不详） 其他关系者	约200字。官绅合议；宜春县萧九照承修子棚；赞誉萧九照首倡义举
江西瑞州府	嘉庆十三年（1808）	新昌刘蒞堂、朗窗公分修本郡考棚记	李钧简（1757－1823），湖北黄冈县人。乾隆五十四年（1789）进士，嘉庆七年（1802）曾以内阁学士任江西学政。	约600字。瑞州文教；试院简述；赞赏刘氏义举必有厚报

第十章　清代贡院文学

续表

地名	时间	文章标题	作者	备注
江西南康府	嘉庆十三年（1808）	重修南康考棚记	狄尚绸（生卒年不详），江苏溧阳县人。乾隆四十六年（1781）进士，嘉庆十二年（1807）任南康知府。主持者	约680字。试院旧貌；贡生王松独捐试院；试院规制；士绅捐建试院原因
四川忠州直隶州	嘉庆十三年（1808）	添建（忠州）考棚记	张星炜（生卒年不详），陕西人。嘉庆十一年（1806）任忠州同知。主持者	约400字。试院朝向不合风水；改建过程；选派绅董；地形限制形制
浙江严州府	嘉庆十四年（1809）	建邑捐修试院碑记	周兆基（？—1817），湖北江夏县人。乾隆四十九年（1784）进士，官至礼部尚书，嘉庆十四年（1809）以刑部侍郎任浙江学政。	约660字。试院旧况；捐修端末；赞赏士子捐资建试院；撰记缘起
江西饶州府	嘉庆十五年（1810）	饶郡考棚记	余桂芳（生卒年不详），江西安仁县人。廪生。时参与编纂《安仁县志》。本地名流	约560字。周代宾兴为科举之源；清代公举皆取办乐捐；官绅合议；修建过程；对比佛道与教育捐助
湖北德安府	嘉庆十五年（1810）	扩修德安试院记	李世治（1759—1833），山东寿光县人。举人。嘉庆十五年（1810）任德安知府。主持者	约560字。官绅合议；试院规制；捐资姓氏；绅董姓名；创始者不必观其成

续表

地名	时间	文章标题	作者	备注
湖北德安府	嘉庆十五年（1810）	标题缺载	涂以辀（？—1821），江西新城县人。嘉庆四年（1799）进士，时任湖北学政。	约620字。试院旧况；童生谢必选等四人捐资修理；建造简况；撰记缘由；试院意义；欲立立人；督工姓名
湖南辰州府	嘉庆十六年（1811）	重修（辰州府）考棚记	王作梅（生卒年不详），陕西岐山县人。拔贡。嘉庆十三年（1808）任沅陵知县。主持者	约870字。试院旧况；委派倡捐；修建情形与号舍数量；经费来源
浙江严州府	嘉庆二十年（1815）	重建（严州府）校士馆东西文场序	张四箴（生卒年不详），山西举人。嘉庆十六年任建德县知县。主持者	约400字。善作者不必善成；试院简史；绅董捐资重修；绅董乐善不倦
四川保宁府	嘉庆二十二年（1817）	续修（保宁府）会府书院考棚碑记	黎学锦（1776—1838），湖南龙阳县人。选贡。时任川北道。主持者	约730字。决策过程；仿照省城贡院；经费来源
安徽安庆府	嘉庆二十五年（1820）	（安庆府）考棚记	申瑶（生卒年不详），山西壶关县人。乾隆五十四年（1789）进士，时任安庆知府。主持者	约750字。李嵩阳首建安徽试院；试院旧况；决策过程；修建细节；善后规划；工程人员

续表

地名	时间	文章标题	作者	备注
四川资州直隶州	道光二年（1822）	捐修资州考棚碑记	郑廷楷（生卒年不详），四川资州人。恩贡。本地名流	约1100字
江西吉安府	道光三年（1823）	标题缺载	郑祖琛（1784—1851），浙江乌程县人。嘉庆十年（1805）进士，时任吉安知府。主持者	约830字。试院旧况；试院规制；撰记缘由；萧瑞华义举可风
江西吉安府	道光四年（1824）	标题缺载	李宗昉（1779—1846），江苏山阳县人。嘉庆七年（1802）榜眼，道光二年（1822）以礼部侍郎任江西学政。	约540字。试院简史；萧瑞华独建试院；萧氏父子义举可风
湖南常德府	道光六年（1826）	改建（常德府）试院碑记	未详其他关系者	约520字。试院旧况；官绅合议；试院规制；捐款详情；不得借作公馆
直隶保定府	道光七年（1827）	重修保定府试院记	那彦成（1763—1833），满洲正白旗人。乾隆五十四年（1789）进士，时任直隶总督。主持者	约550字。试院简史；试院意义；试院修建用费、材料、人工；任事官员
湖南澧州直隶州	道光七年（1827）	重建（澧州）考棚记	谢希闵（生卒年不详），浙江会稽县人。监生。道光六年（1826）任澧州同知。主持者	约600字。院试简况；官绅合议；修建经过；试院规制；用试院比拟君子

续表

地名	时间	文章标题	作者	备注
广西南宁府	道光八年（1828）	修（南宁府）试院记	呈麟（生卒年不详），满洲正蓝旗人。嘉庆十九年（1814）进士，道光七年（1827）任广西左江道。主持者	约550字
广西思恩府	道光八年（1828）	辟建思恩府试院记	李彦章（1794－1836），福建侯官县人。嘉庆十六年（1811）进士，道光五年（1825）任思恩知府。	约1110字。试院史略；倡捐修建；撰记缘起；官绅合作；试院今昔规制对比；工期起讫；用费耗材；经理姓名
湖南桂阳直隶州	道光八年（1828）	重修（桂阳州）试院记	程恩泽（1785－1837），安徽歙县人。嘉庆十六年（1811）进士，时任湖南学政。	约600字。试院简史；考棚规制；工期起讫；撰文缘起；摊捐之利
湖南桂阳直隶州	道光八年（1828）	重修（桂阳州）试院记	陈同治（生卒年不详），浙江桐乡县人。道光二年（1822）任桂阳州同知。主持者	约440字。官绅合议；筹费数额；试院规制；对比前后情形；创始难持后尤难；作记缘起
浙江台州府	道光十一年（1831）	标题缺载	周召棠（生卒年不详），云南昆明县人。监生。时任临海知县。主持者	约560字。试院史略；官绅合议；试院规制

续表

地名	时间	文章标题	作者	备注
江西临江府	道光十四年（1834）	临江考棚记	吴孝铭（生卒年不详），江苏阳湖县人。嘉庆十四年（1809）进士，前任江西学政，时为江西乡试正主考。 其他关系者	约420字。新喻贡生傅昭请修试院；修理简况；作记缘起
江西临江府	道光十四年（1834）	标题缺载	孙慧焞（生卒年不详），江苏金匮县人。举人。时任清江知县。 主持者	约100字。傅昭捐建试院
江苏通州直隶州	道光十四年（1834）	标题缺载	平翰（生卒年不详），浙江山阴县人。时任通州知州。 主持者	约550字。试院史略；决策过程；守土责任与试院作用
山东武定府	道光十七年（1837）	重修（武定府）考院记	张映蛟（生卒年不详），山东海丰县人。乾隆五十九年（1794）举人，官至湖南辰沅靖道。 本地名流	约630字。试院简史；院试旧况；倡捐完工；捐设岁修基金；知县董事姓名
安徽泗州直隶州	道光十七年（1837）	重修泗州试院碑记	沈维鐈（1778—1839），浙江嘉兴县人。嘉庆七年（1802）进士，道光十二年（1832）以副都御使任安徽学政，主持修建试院。 主持者	约500字。试院史略；认捐详情；规制简述；嘉奖好义敦仁

续表

地名	时间	文章标题	作者	备注
江苏常州府	道光十八年（1838）	增修江阴考棚记	祁寯藻（1793—1866），山西寿阳县人。嘉庆十九年（1814）进士，时任江苏学政。	约840字。生童应试人数；常州试院旧况；决策倡捐；号舍尺寸与规模；工程人员；对比重修岳州府试院
安徽泗州直隶州	道光十九年（1839）	（泗州）试院碑记	沈祥煦（生卒年不详），时任盱眙知县代理宿州知州。 主持者	约500字。开宗明义提出创始难踵事更难；泗州试院简史；士绅合力重修试院详情；勉励士绅见义必为
江西袁州府	道光二十一年（1841）	袁州试院雨亭记	崔登鳌（生卒年不详），山东人。举人。时任万载知县。 主持者	约240字。事有裨益于士林尤善；雨亭历史与近况；万载汤莘圃独捐雨亭；雨亭规制简况
山西沁州直隶州	道光二十二年（1842）	重修（沁州）考院碑记	穆克德起（生卒年不详），满洲正黄旗人。贡生。道光十六年（1836）任沁州知州。 主持者	约680字。试院意义与价值；沁州考棚旧况；决策过程与捐资详情；试院规制；详请奖励；撰记刻碑

续表

地名	时间	文章标题	作者	备注
山东莱州府	道光二十三年（1843）	建修（莱州府）试院碑记	王潓（生卒年不详），浙江山阴县人。道光元年（1821）举人，时任莱州知府。 主持者	约430字。试院内外旧貌；莱州文教今昔对比；试院修建历史；本次倡建过程；赞赏捐资勉励后来
山东武定府	道光二十三年（1843）	（武定府）考院善后记略	袁溥（生卒年不详），山东惠民县人。道光十五年（1835）进士，官至给事中。 本地名流	约420字。岁修基金捐而未集；知府陶庆增倡捐踵成之。韩子曰："莫为之前，虽美不彰；莫为之后，虽盛不传。"
湖南宝庆府	道光二十三年（1843）	重修（宝庆府）试院记	彭洋中（1803－1864），湖南湘乡县人。道光八年（1828）举人。时任邵阳县训导。 主持者之一	约350字。试院被风雨所毁；官绅议修试院；督工绅士姓名；工期起讫与修建简况；由实工实料论尽心尽力
山东兖州府	道光二十五年（1845）	重建兖州试院记	殷寿彭（1795－1862），江苏吴江县人。道光二十年（1840）传胪，时任山东学政。	约660字。兖州两试院；试院旧况；官绅合议捐建

续表

地名	时间	文章标题	作者	备注
贵州兴义府	道光二十六年（1846）	（兴义府试院）他山楼记	张锳（1791—1856），直隶南皮县人。嘉庆十八年（1813）举人，时任兴义知府。主持者	约200字。改建试院，以李他山故宅为他山楼
四川泸州直隶州	道光二十七年（1847）	拓修（泸州）考棚记	黄鲁溪（生卒年不详），时任泸州同知。主持者	约740字。州试旧况；捐廉增建号舍；回任倡捐重修试院；绅士慕义急公
湖南辰州府	道光三十年（1850）	辰州试院记	张开谟（生卒年不详），湖南沅陵县人。咸丰二年（1852）恩贡，官至教谕。主持者之一	约680字。以工代赈修理试院；绅董姓名；捐资数额；试院规制；工期起讫
福建汀州府	咸丰二年（1852）	标题缺载	黄赞汤（1805—1869），江西庐陵县人。道光十三年（1833）进士，时任福建学政。	约560字。试院颓败；决策过程；试院规制；经费数额；官绅姓名
贵州兴义府	咸丰二年（1852）	（兴义府试院）植桂轩记	张锳（1791—1856），直隶南皮县人。嘉庆十八年（1813）举人，时任兴义知府。主持者	约810字。植桂轩命名用意；科举灵验；科举为事业阶梯

第十章 清代贡院文学

续表

地名	时间	文章标题	作者	备注
浙江台州府	同治二年（1863）	重修（台州府试院）游廊记	陈一鹤（生卒年不详），浙江临海县人。道光十九年（1839）举人，官至工部员外郎。 本地名流	约375字。官绅重修试院；宁海胡丹峰独修游廊
江苏苏州府	同治三年（1864）	标题缺载	李鸿章（1823—1901），安徽合肥县人。修贡院时为署理两江总督，作记时任直隶总督。 本地名流	约580字。试院均建于会城；按松江试院规制创建苏州试院；勉励诸生学习范仲淹
浙江嘉兴府	同治四年（1865）	标题缺载	许瑶光（1817—1881），湖南善化县人。拔贡。时任嘉兴知府。 主持者	约960字。战后重建试院；论历代宏文名人；博览群书不唯科举
安徽泗州直隶州	同治四年（1865）	重建泗属试棚碑记	朱兰（1799—1873），浙江余姚县人。道光九年（1829）探花，时以詹事任安徽学政。	约430字。试院简史；战后重建试院；州人好义；读有用之书做可传之事
江苏太仓直隶州	同治四年（1865）	太仓试院碑记	叶裕仁（1809—1879），江苏镇洋县人。贡生，善古文。 本地名流	约230字。士绅合议；试院规制与田产；工程董事

续表

地名	时间	文章标题	作者	备注
江苏镇江府	同治四年（1865）	重建（镇江府）试院碑记	陈鼐（生卒年不详），江苏溧阳县人。道光二十七年（1847）进士，与李鸿章、沈葆桢、郭嵩焘为同年。官至直隶清河道。本地名流	约650字。战后奏请修复试院；李鸿章勘估经费并派员修复；撰记缘由
江苏常州府	同治五年（1866）	重建江苏学政节署记	童华（1818—1889），浙江鄞县人。道光十八年（1838）进士，时任江苏学政。	约630字。试院简史；重修规制；工程人员
广东广州府	同治七年（1868）	新（广州试院）西考棚记	史澄（生卒年不详），广东番禺县人。道光二十年（1840）进士，官至左中允。本地名流	约230字。院试近况；经费来源；工期起讫
直隶大名府	同治九年（1870）	重修大名贡院碑记	李文敏（1817—1890），陕西西乡县人。咸丰二年（1852）进士，官至江西巡抚，时任兵备道。主持者	约1160字。院试制度；试院旧况；决策过程；试院规制；经费来源；工程人员
直隶广平府	同治十年（1871）	记略	长启（生卒年不详），镶红旗举人。时任广平知府。主持者	约330字。试院旧况；决策略述；试院规制

续表

地名	时间	文章标题	作者	备注
河南陕州直隶州	同治十一年（1872）	重修陕州试院记	何金寿（？—1882），湖北武昌县人。同治元年（1862）榜眼，同治九年（1870）任河南学政。	约300字。捻乱后重修试院
云南大理府	同治十二年（1873）	改建大理试院记	岑毓英（1829—1889），广西西林县人。附生。时任云南巡抚。 主持者	约440字。试院分棚旧情；重修简况
江苏常州府	同治十三年（1874）	增建江阴考棚记	林天龄（1830—1878），福建长乐县人。咸丰十年（1860）进士，时任江苏学政。	约500字。试院旧史；增修缘由；增修内容；事之废兴视乎人
贵州都匀府	光绪元年（1875）	重修（都匀府）考棚记	罗应旒（生卒年不详），四川崇宁县人。附生。时任都匀知府。 主持者	约410字。建书院兼作试院；按亩摊捐；委员姓名；修建简述；学真学写真文
直隶遵化直隶州	光绪三年（1877）	遵化州新建学使院记	蒋庆第（1823—1906），直隶遵化州玉田县人。咸丰二年（1852）进士，时任内阁中书。 本地名流	约540字。试院制度；院试旧况；决策与创建简述；论轻重异观
福建漳州府	光绪三年（1877）	漳州府试院外棚记	沈定均（生卒年不详），湖南岳阳人。时任漳州知府，主修《光绪漳州府志》。 主持者	约320字。泽宫选士；点名候场不容争竞

续表

地名	时间	文章标题	作者	备注
山西忻州直隶州	光绪六年（1880）	新建（忻州）考棚记	方戊昌（生卒年不详），河南杞县人。廪贡。时任忻州知州，主修《忻州志》。主持者	约570字。院试旧况；捐修学宫考棚回顾；旧记文烦琐补写新记文
直隶遵化直隶州	光绪十三年（1887）	继修（遵化州）试院碑记	陈以培（生卒年不详），安徽合肥县人。监生。时任遵化州知州，后曾三次回任。主持者	约1460字。院试史略；决策过程；重修过程；试院三要
浙江杭州府	光绪十四年（1888）	（杭州府学署）定香亭图记	瞿鸿禨（1850—1918），浙江善化县人。同治十年（1871）进士，官至外务部尚书、协办大学士，时以侍讲学士任浙江学政。	约650字。定香亭来历；修治庭院；事物成艰毁易

上表所列12篇明代学政试院记，涉及明代浙江（5篇），南直、山西（各2篇），北直、贵州、河南（各1篇）6个省份。从时间分布来看，涉及正德（1篇）、万历（5篇）、崇祯（6篇）3个帝王时期，表明明代提学道办公与考试场所在明代后期逐步规范化。从学政试院记的作者来看，大致有本地名流（6人次）、各省提学道（4人次）、主持修建试院的官员（1人次）和其他关系者（1人次）4种类别。

上表共列有151篇清代学政试院记，从地域分布情况来看，最多的是江西（26篇），其次为浙江（17篇），之后依次为山东（15篇），江苏（12篇），湖南（10篇），山西（9篇），直隶、安徽（各8篇），福建、四川（各7篇），广西（6篇），湖北、广东、云南（各5篇），贵州（4篇），陕西（3篇），河南（2篇），甘肃、奉天（各1篇）。

从时间分布情况来看，依次为顺治（5篇）、康熙（16篇）、雍正（16

篇)、乾隆(43篇)、嘉庆(23篇)、道光(27篇)、咸丰(2篇)、同治(13篇)、光绪(6篇)。其中雍正时期年平均创作量最多，约1.2篇；其次为同治时期，平均1篇/年。雍正时期是全国行政区划大调整的阶段，很多散州被升格为直隶州，因而独立建造了试院；同治时期则因为战乱结束，长江流域的很多府、直隶州在战后重建的过程中重修了试院。嘉庆、道光时期的年平均创作量也相对较高，分别达到了0.92篇和0.9篇。乾隆时期学政试院记的总量最多，但年平均创作量则只有约0.72篇。顺治、康熙时期的年平均创作量都只有不到0.3篇，这是因为满清入关之初战乱刚刚结束，统治者重在休养生息，一切制度都承袭明制。光绪年间的年平均创作量最低，只有0.2篇。

这151篇清代学政试院记中，为各府学政试院而作的共有116篇，为直隶州、直隶厅学政试院而作的共有35篇。

清代学政试院记的数量远多于明代，其作者情况也远较明代更为复杂。总体来说，清代学政试院记的作者依然可以分为4类，即主持修建试院的各类官员(63人次)、各省时任学政(47人次，含主持者4人次)、本地或本省名流(31人次)以及其他关系者(13人次)。从4类作者的占比情况来看，主持修建试院的地方官员的比例尽管不如同类型的乡会试贡院记作者的比例高，但其篇数依然是最多的。此类作者的比例之所以有所下降，主要是因为各省学政在4类作者中所占比例有所增加，因而造成此消彼长。在所有主持修建试院的地方官员类作者中，大部分为各府知府(28人次)、直隶州知州或同知(12人次)以及各府附郭县知县(8人次)，少部分为各省总督(1人次)、巡抚(2人次)、学政(4人次)、道员(4人次)、非附郭知县(1人次)、本地教官(学正、教谕、训导各1人次)。

各省学政是学政试院及其所处公署的最高行政长官，理论上说他们都是学政试院修建工程的直接主持者或主持者之一，不过由于学政必须巡行全省主持考试，在每一个府、直隶州的试院中的工作住宿时间都不可能太长，且每次入住之时也必定是其工作最为繁忙之时，因此只有极少数学政能真正成为试院修建工程的主持者。如嘉庆四年(1799)主持修建广西桂林府提督学院署的浙江嘉兴县人钱楷(1760—1812)，便不顾阴阳家认为修建试院不利于学政的风水言论，毅然决定按照原定计划拓建试院，并为之撰写了一篇《重筑号舍记》。①

与乡会试贡院记的本省名流作者相比，清代学政试院记的本地名流作者的"含金量"显然要更低一些。29位本地名流作者社会身份差别极大，虽然其中有一些作者的时任官职为尚书、总督、巡抚、侍郎、卿贰、内阁学士、给事中等京官职衔，但也有相当多的作者是道员、员外郎、知府、主事、知县或教官等较低级别的京官或地方官，甚至有不少作者只有举人、贡生或生员功名，生平并无仕宦履历。值得指出的是，有1篇试院记的作者是本省名流，即乾隆三十年（1765）为浙江杭州府学政署撰写《学使署再到亭记》的浙江桐乡县人冯浩②（1719－1801）。他是乾隆十三年（1748）进士，官至监察御史，后因丁母忧归里，隐居40年不仕。

清代学政试院记的其他关系者数量较多，他们与所涉及试院的关系也颇为不同。他们中有些是本省大员，也就是各府、直隶州的顶头上司。如乾隆二年（1737）为江西广信府试院撰写碑记的江苏宜兴县人岳濬（？－1753），时任江西巡抚。③乾隆四年（1739）为福建泉州府试院撰写记文的浙江山阴县人朱叔权（生卒年不详），时任福建布政使。④乾隆十年（1745）为浙江台州府撰写碑记的浙江巡抚常安（？－1747），曾参与协调台州府试院的选址矛盾。⑤有些是省城书院的山长。如乾隆八年（1743）为福建泉州府试院撰写碑记的湖北黄冈县人靖道谟（1676－1760），是福州鳌峰书院山长；乾隆四十三年（1778）为陕西汉中府试院撰写《南郑尹

---

① （清）蔡呈韶，胡虔：嘉庆《临桂县志》卷12《廨署》，台北：成文出版社，1967年，第197页。

② 吴庆坻：《民国杭州府志》卷18《公署一》，上海：上海书店出版社，1993年，第484－485页。

③ （清）蒋继洙，李树藩：同治《广信府志》卷2《建置志》，台北：成文出版社，1970年，第153页。

④ （清）方鼎，朱升元：乾隆《晋江县志》卷13《公署志》，台北：成文出版社，1967年，第163页。

⑤ 张寅，何奏簧：民国《临海县志》卷8《学校志》，台北：成文出版社，1975年，第745－747页。

郭侯修棚场碑文》的江苏上元县人（一作安徽休宁县人）戴祖启①（1725－1783），因受陕西巡抚毕沅（1730－1797）之聘担任西安关中书院山长；嘉庆五年（1800）为浙江杭州府学政署撰写了《修治学院庑舍并设木石几坐记》的江苏阳湖县人孙星衍②（1753－1818），为母守孝丁忧归里，被浙江巡抚阮元聘为杭州诂经精舍山长。有些是后任地方官，也就是说他们莅任之时试院已经建成。如嘉庆十一年（1806）为四川眉州直隶州撰写《眉州新建考棚记》的江西湖口县进士彭锡珖（生卒年不详），他在嘉庆十一年（1806）才莅任眉州，而眉州试院则在嘉庆十年（1805）便已经开始由时任同知梁敦怀率领士绅题请捐建。③ 有些是乡试主考官，如道光十四年（1834）为江西临江府试院撰写《临江考棚记》的吴孝铭（生卒年不详），此前曾经在道光八年（1828）正月以光禄寺少卿之职，接替因纵容家丁收受贿赂的前任学政福申出任江西学政，适逢生员聂宗周独力捐修临江府试院，故应邀为之撰写碑记。同年八月，吴孝铭奉命留任江西学政，而新喻县贡生傅昭也呈请独力捐修试院。工程结束后，傅昭再次请吴孝铭撰写碑记，但吴孝铭因为考校繁忙，且母亲突然亡故，不得不于道光九年（1829）三月回京守孝，而江西学政一职则由福建省监察御史郑瑞玉接任。直到道光十四年（1834）吴孝铭升任太仆寺卿，适逢甲午科乡试，他被派任为江西正主考④，这才补写碑记，完成6年前的一诺之约，并"嘱孙明府荫柏书之并泐石于堂之西偏，以示后之人，俾好义者知所劝焉"⑤。

---

① （清）严如熤，杨名飏：《道光汉南续修郡志》卷27《艺文志下》，南京：凤凰出版社，2007年，第438页。按，该志名称，各卷卷名刊为"汉南续修郡志"，而中缝则刊为"汉南续修府志"。又杨名飏续辑年份为道光九年（1829），而凤凰出版社误作"民国"。

② 吴庆坻：《民国杭州府志》卷18《公署一》，上海：上海书店出版社，1993年，第485页。

③ （清）戴三锡，王之俊：《嘉庆续眉州志略》，成都：巴蜀书社，1992年，第436、437、460－461页。

④ （清）法式善，等：《清秘述闻三种》，北京：中华书局，1982年，第625、782页。

⑤ （清）文聚奎，祥安，吴增逵：《同治新喻县志》卷3《建置志》，南京：江苏古籍出版社，1996年，第141页。

总之，为了尽可能多地让后人了解试院修建的历程，并珍惜爱护试院使其垂之久远，各地官绅在完成试院修建工作后都会千方百计地邀请上级主管大员、本地或外地名流为之撰写记文。因而有些地方建成试院后，会同时产生若干篇学政试院记。如前引江西广信府，浙江钱塘县人陈世增（生卒年不详）于乾隆二年（1737）倡捐经费修建了学政试院，不仅自己撰写了一篇碑记，而且还恳请时任江西巡抚岳濬和江西学政、浙江仁和县人赵大鲸（1686－1749）分别撰写了碑记；乾隆四年（1739）直隶保定府建成试院后，时任知府、四川荣县人倪象恺（生卒年不详）不仅自己撰写了《重修保定府试院记》，还邀请时任顺天学政、浙江嘉兴县人钱陈群撰写了《保阳学政公署落成碑记》。①

有些邀请名人、名宦撰写的贡院记，其时间会晚于贡院的修建时间。如江西瑞州府于嘉庆初年重修试院，由本府高安、上高、新昌三县分别捐资承担10间号棚的修建经费。其中新昌县分配到3间号棚由本县刘蒞堂、刘朗窗兄弟慷慨应捐，分别承修一座号棚。嘉庆十三年（1808），湖北黄冈县人、顺天府府尹李钧简家中来了4位客人，他们都是来自瑞州府新昌县刘氏家族的举人，此次进京并非专程拜访李钧简，而是为了参加当年度的戊辰科会试。攀谈之间，当兄弟四人谈起父亲、叔父捐资承修瑞州府试院号棚的过程，也谈到了李钧简在嘉庆七年（1802）以内阁学士出任江西学政时，癸亥科试录取的新生中便有4人分别是刘蒞堂、刘朗窗兄弟之子。在感叹刘氏昆季"持躬克俭"却能"广以利人、见义勇为"，且刘氏家族科第繁盛之余，李钧简欣然命笔，为之撰写了《新昌刘蒞堂、朗窗公分修本郡考棚记》。此时离试院建成的嘉庆七年已经过去了整整6年的时间。又如云南广西直隶州在清代初年没有自己的试院，"前与澂江合棚"，由于路途遥远，"山川险阻，跋涉维艰，生童寒苦者多，应试甚难"，影响了本州文教的发展。为此，康熙四十五年（1706）经过申请，获准分棚考试，采取"三学绅士人等按名捐资"的方式筹集经费3000余两，建成督学考场。

---

① （清）李培祜，朱靖旬，张豫垲：《光绪保定府志》卷35《工政略》，上海：上海书店出版社，2006年，第535页。

光绪《云南通志》卷 40《建置志》中收录了一篇郡人李鹏举撰写的《考棚记》，里面提到建成督学考场后，"阅今三十余年，士无行路之苦，官无赴送之劳"①。这说明李鹏举写作这篇记文的时间是试院建成之后 30 年。

需要指出的是，表 10-2 中所列出的试院记大多是叙述修建某一学政试院的经历，包括分析修建该试院的原因、对比修建该试院前后的院试情形、叙述修建计划的决策过程与工程进展、介绍新建试院的建筑规制与参与人员、评价主持官员的主动作为与捐助士绅的解囊义举，乃至于追溯院试制度的历史发展、分析当地人文的盛衰兴替、勉励士子感怀公益奋志青云，都是各类试院记的常规内容。除此之外，表中也列有一些颇为特殊的记文，它们不是以整座试院为书写对象，而是以试院中的某一独体建筑为记文的主角。如施闰章为山东济南府试院撰写的《独树轩记》，吴省钦为湖北宜昌府试院撰写的《尔雅堂记》，冯浩为浙江杭州府试院撰写的《学使署再到亭记》、张若湤为山东济南府试院撰写的《重修四照楼记》、阮元为杭州府试院撰写的《影桥记》和《定香亭记》等。

3. 县试考棚记

县试考棚是清代级别最低、数量最多的贡院。与乡会试贡院、学政试院一样，从乾隆年间开始在全国各地逐渐涌现的县试考棚，其修建者同样采取立碑垂久的方式，将考棚的建造过程告之大众、诉诸后人。他们期待这些考棚能够像刊刻的石碑一样坚固稳重，希望后人对其善加珍护。表 10-3"清代县试考棚记一览表"为笔者查阅各类地方志之后制成，共列有 183 篇县试考棚记。

---

① （清）李鹏举：《考棚记》，（清）岑毓英：光绪《云南通志》，清光绪二十年（1894）刻本，卷 40《建置志三之四》，第 25 页。

表 10-3 清代县试考棚记一览表

地名	时间	文章标题	作者	备注
湖南宝庆府武冈州	乾隆十六年（1751）	修（武冈州）文场记	湛开涟①（生卒年不详），湖南善化县人。举人。时任武冈州学正。主持者	约380字。工期起讫；绅董与官员；号舍数量与经费；修建缘起；岁修经费；撰记缘起；督工绅士
江西广信府贵溪县	乾隆十九年（1754）	标题缺载	李承弼（生卒年不详），山东海阳县人。时任贵溪知县。主持者	约670字。县试旧况；官绅合议；考棚规制；士绅踊跃参与
江西广信府铅山县	乾隆三十一年（1766）	标题缺载	蒋士铨（1725—1785），江西铅山县人。乾隆二十二年（1757）进士，官至编修。本县名流	约600字。县试窘况与考棚意义；捐建考棚
安徽六安州英山县	乾隆三十七年（1772）	建造兴贤馆考棚记	徐曰纪（生卒年不详），浙江桐庐县人。廪贡。时任英山知县。主持者	约600字。天下事创始勉强垂久为难；扩建兴贤馆基地为考棚；考棚规制
安徽池州府青阳县	乾隆四十一年（1776）	新建察院文场暨蜡庙碑记	叚仲律（生卒年不详），时任青阳知县。主持者	约450字。县试旧况；倡捐经过；考棚规制

---

① 按，光绪《宝庆府志》卷93《礼书七》载为"湛开禋"。

续表

地名	时间	文章标题	作者	备注
湖南桂阳直隶州临武县	乾隆四十五年（1780）	鼎建（临武县）考棚记	赵嘉程（生卒年不详），正蓝旗人。举人。乾隆四十三年（1778）任临武知县。 主持者	约500字
湖南宝庆府新化县	乾隆五十四年（1789）	续修（宝庆府）文场引	周宁远（生卒年不详），籍贯不详。时任新化知县。① 主持者	约350字。考棚旧况；官绅合议；改进劝捐方式
江西饶州府余干县	乾隆五十五年（1790）	捐建（余干）县考棚记	吴照（1755—1811），江西南城县人。乾隆五十四年（1789）拔贡。时任余干训导。 后任训导	约680字。公义与私利；县试旧况；黄国定独捐考棚；勇于为义；作记缘起
湖南长沙府益阳县	乾隆五十五年（1790）	（益阳县）建考棚记	刘尔芊（生卒年不详），山东昌乐县人。乾隆四十三年（1778）进士，时任益阳知县。 主持者	约440字
江西饶州府浮梁县	乾隆五十六年（1791）	标题缺载	何浩（生卒年不详），时任浮梁知县。曾主修《浮梁县志》。 主持者	约550字。县试旧况；于书院改建考棚；书院考棚管理

① 按，光绪《宝庆府志》卷93《礼书七》载为"周临远"，光绪《宝庆府志》卷16《职官表五》、同治《新化县志》卷14《官师一》均载为"周宁远"，然亦均未载其籍贯、出身。道光《新化县志》卷13《职官志》缺载其姓名。

续表

地名	时间	文章标题	作者	备注
江西袁州府萍乡县	乾隆五十六年（1791）	（萍乡县）试舍记	陆文涛（生卒年不详），浙江会稽县人。举人。乾隆五十二年（1787）任萍乡知县。主持者	约600字。县试旧况；官绅合议；捐款数额；考棚规制；萍士好义
江西抚州府金溪县	乾隆五十七年（1792）	新建（金溪）考署记	龙澍（生卒年不详），籍贯不详。时任金溪知县。后任知县	约580字。作记缘起；县试旧况；前任倡建；考棚规模
江西抚州府金溪县	乾隆五十九年（1794）	金溪新建考署碑记	杨護（1744—1828），江西金溪县人。乾隆四十九年（1784）进士，官至浙江巡抚。本县名流	约740字。县试窘况；官绅决策；官绅倡捐；县试考棚创建之难
湖南衡州府常宁县	乾隆六十年（1795）	标题缺载	段永罕（1728—?），湖南常宁县人。乾隆三十八年（1773）任新化训导。本县名流	约350字
湖南衡州府耒阳县	乾隆六十年（1795）	（耒阳县）考棚记	阎广居（生卒年不详），山西交城县人。乾隆三十五年（1770）举人，时任耒阳知县。主持者	约300字
江西饶州府余干县	嘉庆二年（1797）	（余干县）考棚记	贺维锦（生卒年不详），江苏丹阳县人。举人。时任余干知县。后任知县	约530字。黄国定善承母志；撰记缘起；童试蒙以养正

第十章 清代贡院文学

续表

地名	时间	文章标题	作者	备注
安徽六安州霍山县	嘉庆三年（1798）	（霍山县）云程馆记	俞廷柏（生卒年不详），江苏昭文县人。乾隆四十五年（1780）进士，时任霍山知县。主持者	约800字。县试为科举之始；县试旧况；官民合议；考棚规制；经费来源；工程人员
江西饶州府万年县	嘉庆四年（1799）	创建（万年县）考棚记	潘兰皋（生卒年不详），广东顺德县人。举人。乾隆五十五年（1790）任万年知县。主持者	约340字。各级贡院；县试旧况；官绅合议；考棚规制；工程起讫；董事名单
江西袁州府万载县	嘉庆四年（1799）	（万载县）县试公宇乐助簿引	辛炳晟（生卒年不详），江西万载县人。乾隆六十年（1795）进士，官至饶州府学教授。代知县来珩作。本县名流	约920字。考棚作用；县试窘况；官绅合议；募捐原则重在自愿
湖南桂阳直隶州蓝山县	嘉庆四年（1799）	新建（蓝山县）试院碑记	史克信（生卒年不详），山东定陶县人。举人。时任蓝山知县。主持者	约240字
江西吉安府安福县	嘉庆五年（1800）	创建（安福县）考棚记	孙范金（生卒年不详），浙江嘉善县人。乾隆四十二年（1777）举人，时任安福知县。主持者	约750字。县试旧况；官绅合议；建造过程；考棚规制；考棚题匾

续表

地名	时间	文章标题	作者	备注
江西建昌府泸溪县	嘉庆五年（1800）	泸溪新造试院记	阎鏧（生卒年不详），时任泸溪知县。后任知县。	约590字。县试旧况；官绅合议；修建过程；科举不仅文章取富贵
江西建昌府新城县	嘉庆五年（1800）	标题缺载	吴士升（生卒年不详），顺天宛平县人。举人。乾隆五十九年（1794）任新城知县。主持者	约540字。院试制度；新城人文；县试窘况；官绅合议；考棚规制；赞许吴英勇于为善
湖南永州府祁阳县	嘉庆五年（1800）	标题缺载	万在衡（生卒年不详），湖南祁阳县人。本县名流	约250字。修县志，补记考棚
湖南宝庆府新宁县	嘉庆六年（1801）	创修（新宁县）考场记	蔡孔昜（生卒年不详），时任新宁知县。主持者	约375字
江西九江府彭泽县	嘉庆六年（1801）	公建彭泽县试公廨碑记	沈廷献（生卒年不详），籍贯不详。时任彭泽知县。① 主持者	约760字。科举述略；县试旧况；官绅合议；考棚规制
江西抚州府崇仁县	嘉庆六年（1801）	崇仁县试院记	陈学诗（生卒年不详），河南祥符县人。乾隆五十二年（1787）进士，嘉庆三年（1798）任崇仁知县。主持者	约380字。崇仁文教；县试旧况；邑绅黄杰捐建考棚；黄杰不惜万金，义举可风

---

① 按，《同治九江府志》卷25《职官志》缺载沈廷献。

续表

地名	时间	文章标题	作者	备注
江西南康府都昌县	嘉庆七年（1802）	建（都昌县）考棚记	詹春英（生卒年不详），江西都昌县人。廪贡。官至署饶州府教授。本县名流	约380字。县试旧况；以修学宫余款建考棚；考棚规制
湖南永州府宁远县	嘉庆八年（1803）	标题缺载	蒋震（生卒年不详），江苏阳湖县人。举人。时任宁远知县。主持者	约470字
江西南昌府奉新县	嘉庆九年（1804）	敕建（奉新县）文昌宫先代殿并附建试棚记	郭大经（生卒年不详），江西人。时任奉新教谕。主持者	约770字。奉祀文昌；官绅议建文昌考棚；各乡承修；规制与经费；撰记缘起
江西吉安府泰和县	嘉庆十一年（1806）	标题缺载	黎燮（生卒年不详），湖北黄陂县人。嘉庆七年（1802）翰林，嘉庆十一年（1806）、十二年（1807）、十八年（1813）三任泰和知县。主持者	约460字。考棚粗创，王氏发科；续捐积极，逾年建成；作记缘起；考棚规制
湖南衡州府常宁县	嘉庆十二年（1807）	标题缺载	甘庆增（生卒年不详），广西崇善县人。举人。嘉庆十二年（1807）任常宁知县。主持者	约470字
江西南昌府丰城县	嘉庆十二年（1807）	丰城新考棚记	杨道南（生卒年不详），江西丰城县人。拔贡。本县名流	约840字。李海麟家族独建考棚；选址、规制与经费

续表

地名	时间	文章标题	作者	备注
安徽安庆府宿松县	嘉庆十四年（1809）	标题缺载	邹杰（生卒年不详），湖南新化县人。乾隆戊子举人。时任宿松知县。主持者	约840字。考棚建成；县试旧况；考棚规制；修建考棚不易
安徽安庆府宿松县	嘉庆十四年（1809）	标题缺载	汪廷珍（1757－1827），江苏山阳县人。乾隆五十四年（1789）榜眼，官至礼部尚书，时任安徽学政。	约680字。县试旧况；捐建考棚；重学好义
江西瑞州府上高县	嘉庆十四年（1809）	标题缺载	刘丙（生卒年不详），时任上高知县。主纂《上高县志》。主持者	约620字。县试旧况；官绅决策；书院养士与考棚造士合一；建筑规制；绅董姓名
福建永春直隶州德化县	嘉庆十五年（1810）	标题缺载	申允继（生卒年不详），贵州婺川县人。举人。时任德化知县。主持者	约360字。申允继就图南书院增建考棚
江西吉安府莲花厅	嘉庆十五年（1810）	标题缺载	朱钰（生卒年不详），浙江钱塘县人。乾隆五十二年（1787）进士，嘉庆六年（1801）、十二年（1807）、十五年（1810）三次任莲花厅同知。主持者	约580字。县试旧况；莲花厅设厅与文教；士绅合议；考棚规制；撰文缘起；选士以文行志识

续表

地名	时间	文章标题	作者	备注
湖南宝庆府城步县	嘉庆十六年（1811）	（城步县）修文场记	徐瀚（生卒年不详），湖北汉阳县人。时任城步知县。 主持者	约660字
江西袁州府分宜县	嘉庆十六年（1811）	新建（分宜县）考棚记	朱浩（生卒年不详），籍贯不详。时任袁州知府。 后任知府	约760字。县试为选士始基；县试旧况；经费来源；官员姓名；县试现状；袁州士民急公好义
江西袁州府分宜县	嘉庆十六年（1811）	新建（分宜县）考棚记	黄步堂（生卒年不详），山西平定县人。嘉庆十年（1805）进士，庶吉士，时任分宜知县。 主持者之一	约620字。县试为始基；考棚规制；士绅用心之深；官绅姓名
江西袁州府分宜县	嘉庆十六年（1811）	（分宜县）考棚记	曾桂（生卒年不详），江西丰城县人。时任分宜教谕。 主持者	约580字。作记缘起；倡建过程；考棚规制；官绅合力；创难修易
浙江金华府浦江县	嘉庆十六年（1811）	标题缺载	戴殿泗（1746－1825），浙江浦江县人。嘉庆元年（1796）进士，官至翰林院编修。 本县名流	约700字。各县不建考棚原因；新建考棚；绅士分建；作记缘起
江西袁州府分宜县	嘉庆十八年（1813）	（分宜县）考棚记	梅照璧（生卒年不详），江西南城县人。时任分宜训导。 后任训导	约360字。赞许建考棚事；考棚情形；教谕曾桂倡建考棚兼作书院

续表

地名	时间	文章标题	作者	备注
江西吉安府永新县	嘉庆十八年（1813）	标题缺载	王章（生卒年不详），浙江乌程县人。举人。嘉庆九年（1804）任永新知县。 主持者	约400字。县试旧况；官绅决策；捐建考棚；撰记缘起
安徽安庆府太湖县	嘉庆十九年（1814）	增修（太湖县）考舍碑记	余心畅（生卒年不详）江西奉新县人。乾隆四十年（1775）进士，时任太湖知县。 主持者	约620字。太湖科名；考棚旧况；决策过程；规制概貌；董事名单
江西赣州府雩都县	嘉庆十九年（1814）	（雩都县）雩阳试院记	宋惟驹（生卒年不详），江西雩都县人。嘉庆十二年（1807）举人。官至教谕。雩阳书院山长。 本县名流	约460字。考棚为发轫之初；县试旧况；建造过程；考棚规制；创始难，守成易，重在不畏难；好义急公
江西赣州府会昌县	嘉庆十九年（1814）	新建（会昌县）文昌宫考棚记	曾晖春（1770－1853），福建闽县人。嘉庆六年（1801）进士，时任会昌知县。 主持者	约320字。县试旧况；官绅议建文昌宫考棚；文昌宫考棚规制；绅士姓氏

续表

地名	时间	文章标题	作者	备注
江西饶州府德兴县	嘉庆二十年（1815）	创建（德兴县）考棚记	杨嗣沅（生卒年不详），河南商邱县人。嘉庆六年（1801）进士，时任德兴知县。主持者	约500字。历代选士制度；德兴胡友谦独建考棚；考棚规制；好善慕义；县试为发轫之始，考棚不容或缺
江西抚州府宜黄县	嘉庆二十年（1815）	宜黄创建考棚记	程卓樑（1751—1830），江西宜黄县人。乾隆五十四年（1789）进士，官至广西按察使，被议归里。本县名流	约520字。人情始创为难；县试旧设桌凳；官绅以贡院派捐议建考棚；考棚规制；县试为仕进始基；士绅义举
江西南昌府进贤县	嘉庆二十一年（1816）	新建进贤考棚记	阮元，江苏仪征县人。乾隆五十四年（1789）进士，官至体仁阁大学士，时任两广总督。其他关系者	约450字。县试旧况；绅士承捐；作记缘起；批示内容
江西吉安府永新县	嘉庆二十一年（1816）	标题缺载	王鼎（1768—1842），陕西蒲城县人。嘉庆元年（1796）进士，官至军机大臣，东阁大学士。时任江西学政。	约680字。作记缘由；捐款数量；官绅姓名；取士宜言德并重；考棚意义
湖南长沙府益阳县	嘉庆二十一年（1816）	（益阳县）建考棚记	陈嘉言（生卒年不详），江西安仁县人。举人。时任益阳知县。主持者	约990字

续表

地名	时间	文章标题	作者	备注
陕西同州府郃阳县	嘉庆二十一年（1816）	郃阳创新试院碑记	靖本托（生卒年不详），嘉庆十一年（1806）莅任郃阳知县。主持者	约400字。县试旧况；两任知县接续修建；考棚基址；旁建公所
湖北汉阳府沔阳州	嘉庆二十二年（1817）	标题缺载	刘琴（生卒年不详），安徽怀宁县人。拔贡。时任沔阳州同知。主持者	约950字。科举级别与县试考棚；县试旧况；平氏兄弟捐建考棚；考棚规制
湖南长沙府浏阳县	嘉庆二十二年（1817）	（浏阳县）考棚记	谢希闵（生卒年不详），浙江会稽县人。监生。时任浏阳知县。主持者	约360字
广东高州府电白县	嘉庆二十二年（1817）	新建电阳试院碑	蒋善功（生卒年不详），广西全州人。时任电白知县。主持者	约710字。县试旧况；官绅合议；绅士姓名；工期与用费；县试新貌
江西南昌府义宁州	嘉庆二十三年（1818）	初建（义宁州）考棚落成记	黄文荣（生卒年不详），江西临川县人。时任义宁州学正。主持者	约870字。州试旧况；官绅合议；劝捐与选址；考棚规制；工期与经费；董事姓名
江西吉安府万安县	嘉庆二十四年（1819）	标题缺载	陶尧臣（生卒年不详），广东番禺县人。举人。嘉庆十九年（1814）任万安知县。主持者	约340字。万安人文；县试旧况；官绅倡捐；作记缘起

续表

地名	时间	文章标题	作者	备注
浙江绍兴府新昌县	嘉庆二十四年（1819）	恭建（新昌县）万寿宫暨考棚并左右两祠记	张邦栋（生卒年不详），湖北武昌县人。嘉庆十九年（1814）进士。时任新昌知县。 主持者	约490字。士绅文教公益善举；官绅以捐建万寿宫余资创建考棚
江西赣州府长宁县	嘉庆二十五年（1820）	（长宁县）考棚记	彭景贤（生卒年不详），江西崇仁县人。嘉庆二十年（1815）任长宁教谕。 主持者	约400字。官绅合议；工程分派；考棚规制；考棚兼作书院；撰记缘起
江西南昌府义宁州	嘉庆二十五年（1820）	（义宁州）考棚大堂记	曾晖春（1770－1853），福建闽县人。嘉庆六年（1801）进士，嘉庆二十五年（1820）任义宁州知州。 后任知州	约320字。考棚原貌；龚芳霭兄弟独建大堂
广西郁林州陆川县	道光元年（1821）	（陆川县）庞府让地建考棚记	蓝时秀（生卒年不详），广西陆川县人。道光八年（1828）举人。 本县名流	约570字。庞氏捐基建考棚；县试景况新旧对比；以庞氏比拟范仲淹
陕西同州府朝邑县	道光元年（1821）	朝邑县新建试院记	吴崇执（生卒年不详），嘉庆二十四年（1819）任朝邑知县。 主持者	约570字。官绅决策；考棚规制；世之好善，始事为难

续表

地名	时间	文章标题	作者	备注
江西临江府新淦县	道光三年（1823）	新建（新淦）考棚记	宋庚（生卒年不详），江苏溧阳县人。嘉庆七年（1802）进士，时任新淦知县，主修《道光新淦县志》。主持者	约400字。县试旧法；摊捐筹费；对比湖口考棚规制；不畏难，事竟成
江西抚州府乐安县	道光三年（1823）	（乐安县）考棚大堂记	缪共学（生卒年不详），直隶天津县人。举人。道光三年（1823）任乐安知县。后任知县	约460字。职员康明魁主管建造考棚并独建大堂；康鹏续捐岁修田；父子继美
湖北黄州府罗田县	道光四年（1824）	劝捐考棚膏火公议	耿淳玉（生卒年不详），山东昌邑县人。时任罗田知县。主持者	约410字。县试旧况；三任知县接续推进；建造方案；号召绅士慷慨解囊
江西袁州府万载县	道光四年（1824）	创建（万载县）试院记	辛从益（1760－1828），江西万载县人。乾隆五十五年（1790）进士，官至工部侍郎。本县名流	约950字。县试旧况；倡捐修建；考棚新况；撰记缘起；县试为进身之始；考棚管理宜慎

第十章　清代贡院文学

续表

地名	时间	文章标题	作者	备注
广东高州府化州	道光五年（1825）	标题缺载	黄锡宝（生卒年不详），江苏镇洋县人。嘉庆十三年（1808）进士。时任化州同知。主持者	约680字。杜甫广厦寒士论；县试旧况；官绅合议；地址与经费；工期起讫；考棚规制；赞誉黎氏等义举
江西临江府新喻县	道光五年（1825）	新喻县捐建试院记	赵敬襄（生卒年不详），江西奉新县人。嘉庆四年（1799）进士，时任新喻教谕。主持者之一	约500字。考棚概况；贡生刘必选独捐考棚；人情贪财多事佛道；撰记缘起
湖北宜昌府长阳县	道光六年（1826）	（长阳县）书院考棚序	黄开榜（生卒年不详），湖北长阳县人。副贡。本县名流	约350字。文运、地运与人运关系；倡建书院考棚；考棚规制
安徽凤阳府寿州	道光七年（1827）	捐建寿州考棚小引	朱士达（？—1854），江苏宝应县人。嘉庆二十二年（1817）进士，官至湖北布政使，时任寿州知州。主持者	约680字。考棚作用；修建方案；奖励方案；倡议捐资
湖北武昌府武昌县	道光七年（1827）	武邑新建校士馆碑记	林芳（生卒年不详），浙江玉环厅人。嘉庆十九年（1814）进士，时任武昌知县。主持者	约710字。童试为科举首基；县试旧况；书捐经过；委派工程人员；捐钱数额与工期起讫；考棚规制

清代贡院史

续表

地名	时间	文章标题	作者	备注
浙江温州府平阳县	道光八年（1828）	新建平阳试馆落成记	谢青扬（生卒年不详），浙江平阳县人。贡生。本县龙湖书院山长。本县名流	约180字。县试旧况；知县查炳华政绩；官绅捐建考棚
广东韶州府乐昌县	道光八年（1828）	建书院考棚记	李云栋（生卒年不详），陕西人。举人。时任乐昌知县。主持者	约630字。书院与考棚；县试旧况；官绅共议建考棚设书院；倡捐与建造
四川绥定府大竹县	道光八年（1828）	（大竹县）创修考棚碑记	曹允中（生卒年不详），时任大竹教谕。主持者	约540字
四川绥定府东乡县	道光九年（1829）	（东乡县）新建校士馆记	余绍元（生卒年不详），时任东乡知县。主持者	约680字
山东东昌府高唐州	道光九年（1829）	创建（高唐州）考棚碑记	崔埥（生卒年不详），安徽太平县人。举人。道光五年（1825）任高唐知州。主持者	约190字。县试旧况；官绅公议；考棚规制；董事名单
江西饶州府安仁县	道光九年（1829）	（安仁县）县考棚记	项鉴（生卒年不详），江西贵溪县人。举人。参与修纂道光《安仁县志》。其他关系者	约480字。书院与考棚；生员毛腾万家族独建考棚；赞誉毛氏义举

第十章 清代贡院文学 897

续表

地名	时间	文章标题	作者	备注
湖北黄州府麻城县	道光九年（1829）	修建（麻城县）考棚序	董应魁（生卒年不详），山西安邑县人。嘉庆二十五年（1820）进士，时任麻城知县。主持者	约640字。县试景况；风水之说；决策过程；绅士捐助与督工详情；迎难而上，其难必克
湖北黄州府麻城县	道光九年（1829）	（麻城县）考舍落成序	袁铣（生卒年不详），湖北麻城县人。嘉庆十六年（1811）进士，官至礼科给事中，辞归。本县名流	约340字。风水与文运；考棚作用；捐资建造考棚
湖北荆州府松滋县	道光十年（1830）	修松滋试院碑记	张希吕（1762－1841），广西临桂县人。乾隆五十三年（1788）举人，时任松滋知县。主持者	约620字。县试苦状；官绅合议；考棚规制；工期起讫与用费；绅董姓名
湖北汉阳府黄陂县	道光十年（1830）	新建（黄陂县）考棚记	李忠墀（生卒年不详），湖北黄陂县人。举人。官至麻城训导。本县名流	约320字。考县试旧况；官绅合议；捐建考棚；考棚作用
江西南昌府南昌县	道光十年（1830）	（南昌县）考棚公局记	周学光（生卒年不详），江西南昌县人。嘉庆二十五年（1820）进士，官至户部主事。本县名流	约480字。县试旧况；公建考棚与设立公局

续表

地名	时间	文章标题	作者	备注
江西吉安府遂川县	道光十年（1830）	重修（遂川县）泉江试院记	杨振纲（生卒年不详），四川成都县人。嘉庆二十五年（1820）进士，时任龙泉知县。 主持者	约600字。考棚颓败；监生胡言扬请独力捐修；考棚规制；胡氏德业；莫为之前虽美弗彰，莫为之后虽盛弗传
福建延平府清流县	道光十年（1830）	（清流县）新建试院记	未详 其他关系者	约520字。县试旧况；训导余殿荣筹建考棚；倡捐艰难及其原因
广东高州府石城县	道光十年（1830）	新建（石城县）试场碑记	王德茂（生卒年不详），河南光山县人。举人。时任石城知县。 主持者	约370字。县试旧况；官绅合议；科试新貌；号舍数目与用费；绅士姓名
广西郁林州北流县	道光十一年（1831）	创建（北流县）试院碑记	李敏阳（生卒年不详），广西北流县人。嘉庆六年（1801）举人。官至石门知县。 绅董	约560字。县试旧况；官绅合议；购置基址；委派士绅；经费数额与工期起讫；考棚规制
江西临江府新喻县	道光十一年（1831）	（新喻县）考棚记	陆尧春（生卒年不详），浙江仁和县人。嘉庆二十二年（1817）庶吉士，道光四年任（1824）新喻知县。 主持者	约610字。刘必选独捐考棚；县试旧况；考棚规制；捐设岁修基金；刘氏有力好善

续表

地名	时间	文章标题	作者	备注
四川嘉定府洪雅县	道光十一年（1831）	建洪雅考棚碑	邓仁堃（？—1866），湖南武冈州人。拔贡。时任洪雅知县。 主持者	约330字
四川重庆府綦江县	道光十二年（1832）	重修綦江试院碑	邓仁堃（？—1866），湖南武冈州人。拔贡。时任洪雅知县。 主持者	约300字
江西吉安府遂川县	道光十二年（1832）	重修（遂川县）泉江试院记	董斯福（生卒年不详），江苏人。监生。道光十二年（1832）任吉安知府。 后任知府	约500字。龙泉胡言扬独修考棚；撰记缘起；考棚意义
湖南宝庆府新化县	道光十三年（1833）	重修新化考棚记	曾宣旬（生卒年不详），湖南新化县人。举人。正谊书院山长。 本县名流	约1000字。县试为重典；县试旧况；修建考棚经过
江西吉安府泰和县	道光十四年（1834）	标题缺载	朱良翰（生卒年不详），湖北咸宁县人。举人。道光十三年（1833）任泰和知县。 主持者	约700字。县试旧况；吴海俊遗命其子捷元捐建考棚
湖北宜昌府长阳县	道光十五年（1835）	（长阳县）书院考棚序	范炳监（生卒年不详），山西临汾县人。拔贡。时任长阳知县。 主持者	约510字。官绅议修书院考棚；绅士姓名；工期起讫与用费数额

续表

地名	时间	文章标题	作者	备注
浙江绍兴府诸暨县	道光十五年（1835）	标题缺载	蒋祥墀（1761—1840），湖北天门县人。乾隆五十五年（1790）进士，时任左副都御史。子蒋立镛，嘉庆十六年（1811）状元。孙蒋元溥，道光十三年（1833）探花。弟蒋祥堡，岁贡，道光九年（1829）任诸暨知县。 其他关系者	约240字。知县蒋祥堡倡建考棚；作记缘起；莫为之前虽美弗彰，莫为之后虽盛弗传；书院试院相得益彰
浙江绍兴府诸暨县	道光十五年（1835）	标题缺载	蒋源镐（生卒年不详），浙江诸暨县人。黄岩教谕。 本县名流	约230字。县试旧况；知县蒋祥堡倡建考棚；士绅捐助；绅董姓氏
河南郑州荥阳县	道光十五年（1835）	标题缺载	熊燮（生卒年不详），江西新昌县人。时任荥阳知县。 主持者	约450字。县试旧况；官绅合议；工程简况；捐款余资存为宾兴
浙江宁波府慈溪县	道光十五年（1835）	新建（慈溪县）校士馆记	赵光（1797—1865），云南昆明县人。嘉庆二十五年（1820）进士，道光二十六年（1846）以兵部右侍郎提督浙江学政。官至刑部尚书。	约450字。县试旧况；郑廷荣父子独捐校士馆；范仲淹舍家为黉舍；撰记缘起

第十章　清代贡院文学

续表

地名	时间	文章标题	作者	备注
湖北德安府云梦县	道光十六年（1836）	创建云梦县考棚记	熊宝书（生卒年不详），江西新建县人。举人。时任云梦知县。主持者	约830字。艾南英论县试之苦；官绅合议；选址与规制；工期起讫与费用数额；有体有用之学
江西南昌府武宁县	道光十八年（1838）	新建（武宁县）考棚碑记	张寅（生卒年不详），安徽桐城县人。时任南昌知府。主持者	约660字。县试为士子进身之阶；县试旧况；张浑斋父子独捐考棚；考棚规制；多士得广厦之庇
浙江台州府黄岩县	道光二十年（1840）	创建（黄岩县）校士馆及朱子祠记	姜文衡（生卒年不详），浙江黄岩县人。岁贡。总纂《黄岩县志》。本县名流	约400字。建造考棚，重费劳民；典商废园，改建考棚；考棚规制；官绅姓名
四川潼川府安岳县	道光二十年（1840）	（安岳县）建修文场记	周国颐（生卒年不详），四川安岳县人。举人。主纂道光《安岳县志》。本地名流	约880字。历数任知县才得以建成
四川夔州府万县	道光二十一年（1841）	万县新建考棚碑记	龚珪（生卒年不详），时任万县训导。主持者之一	约920字

续表

地名	时间	文章标题	作者	备注
河南陕州灵宝县	道光二十一年（1841）	新建灵邑考院碑记	严正基（1785—1863），湖南溆浦县人。副贡，官至通政使，时任灵宝知县。主持者	约200字。县试旧况；决策过程；倡捐建造；撰记缘起
河南卫辉府滑县	道光二十二年（1842）	建（滑县）欧阳书院考棚记	秦敦原（生卒年不详），湖北汉川县人。嘉庆二十二年（1817）进士，时任滑县知县。主持者	约240字。书院考棚并重；县试旧况；倡捐试院简况；先器识而后文艺
广西思恩府上林县	道光二十二年（1842）	上林县创建试庐记	钮福保（1805—1854），浙江乌程县人。道光十八年（1838）状元，时任广西学政。	约580字。四六骈文体裁
江西临江府峡江县	道光二十三年（1843）	建立峡江县试院碑记	蒋予检（生卒年不详），河南睢州人。举人。道光二十一年（1841）任峡江知县。主持者之一	约480字。难举之事易以地成；县试旧况；官绅合议；捐建考棚；选址风水有文明之象科；董事姓名；撰记缘起
江西临江府峡江县	道光二十三年（1843）	峡江县试院序	谢方润（生卒年不详），河南祥符县人。道光二十一年（1841）进士，道光二十二年（1842）任峡江知县。主持者	约400字。县试旧况；两任知县倡建；考棚规制

续表

地名	时间	文章标题	作者	备注
湖北郧阳府郧西县	道光二十三年（1843）	创建（郧西县）考棚碑记	翁吉士（生卒年不详），福建侯官县人。时任郧西知县。	约2000字。县试简况；士绅建议宾兴试院并举；考棚工期与选址；考棚规制；绅董监理；待士五品与建造考棚
福建建宁府政和县	道光二十三年（1843）	（政和县）东和试院记	郭礼图（生卒年不详），福建闽县人。道光八年（1828）解元，道光二十一年（1841）进士，官至河防同知。其他关系者	约690字。县试旧况；各地不建考棚的原因；工期与费用
安徽颍州府太和县	道光二十五年（1845）	标题缺载	戴汉翔（生卒年不详），安徽人。时任太和教谕。主持者	约570字。李氏认捐考棚；捐建过程；官民评价李氏宗族
江西南昌府新建县	道光二十五年（1845）	（新建县）考棚记	斌椿（1804—1871），汉军正白旗人。道光二十年（1840）任新建知县。被誉为东土西来第一人，引入标点符号第一人。主持者之一	约550字。县试旧况；官绅合议；蔡耘圃在任去任始终监工；考棚规制

续表

地名	时间	文章标题	作者	备注
湖北武昌府崇阳县	道光二十五年（1845）	创建（崇阳县）考棚碑	金云门（1794—1853），安徽休宁县人。道光十三年（1833）进士。时任崇阳知县。 主持者	县试旧况；官绅合议；修建过程；考棚规制；余钱设为县试基金；考棚为文运将昌之候；绅士名单
江西南安府上犹县	道光二十六年（1846）	（上犹县）考棚记	岑莲乙（生卒年不详），浙江慈溪县人。时任上犹知县。 主持者之一（三任知县之一）	约420字。县试旧况；两任知县倡建考棚；撰记缘起
江西南昌府靖安县	道光二十七年（1847）	创建（靖安县）考棚记	祁启萼（生卒年不详），籍贯不详。时任靖安知县，主修道光《靖安县志》。 主持者	约860字。学宫考棚城垣三工并举；捐输董事等名单
山西潞安府襄垣县	道光二十七年（1847）	创建（襄垣）书院考棚碑记	卓熙泰（生卒年不详），广西藤县人。时任襄垣知县。 主持者	约630字。决策过程；建书院考棚合一
贵州都匀府独山州	道光二十八年（1848）	捐修（独山州）考棚记	韩超（1800—1878），直隶昌黎县人。副贡。道光二十八年（1848）任独山同知。 主持者	约430字。县试旧况；张万春兄弟呈请独捐考棚；委派绅董；考棚景况；人之欲善，谁不如我；用费与岁修基金

续表

地名	时间	文章标题	作者	备注
湖北黄州府黄安县	道光二十八年（1848）	新建（黄安县）考棚记	许赓藻（1804—1877），浙江孝丰县人。举人。时任黄安知县。 主持者	约770字。建考棚理由；考棚创始有三难；官绅合议；基址与倡捐；考棚规制；余钱存典为岁修基金；绅董姓名
浙江处州府缙云县	道光二十八年（1848）	标题缺载	汤成烈（1805—1880），江苏常州人。道光十一年（1831）举人，时任缙云知县。 主持者	约820字。县试旧况；官绅决策；士绅分认修建；积学根本与成才之道
河南陈州府项城县	道光二十八年（1848）	标题缺载	俞长赞（生卒年不详），顺天府大兴县人。道光二十一年（1841）进士，时任河南学政。	约550字。莲溪书院兼做考棚；扩建考棚；撰记缘起
安徽池州府青阳县	道光二十九年（1849）	重修考棚邑令刘公碑示记	刘汉翼（生卒年不详），陕西人。举人。道光二十九年（1849）任青阳知县。 后任知县	约340字。考棚被雪压坏；胡王氏独力捐修；重修东西文场；表彰胡王氏
河南光州光山县	约道光年间	（光山县）试院序	王雅南（生卒年不详），河南光山县人。嘉庆十四年（1809）进士，官至大庚知县，时辞官里居。 本县名流	约610字。通篇四六骈体。历代选人与考场；县试旧况；风水择地；考棚规制

续表

地名	时间	文章标题	作者	备注
河南陕州卢氏县	咸丰元年（1851）	创修（卢氏县）考院碑	刘应元（生卒年不详），福建人。道光十二年（1832）举人，时任卢氏知县。主持者	约560字。县试旧况；官绅决策；倡建考棚；考棚规制
浙江衢州府江山县	咸丰元年（1851）	重建江山文溪书院碑记	吴钟骏（1798—1853），江苏吴县人。道光十二年（1832）状元，时任浙江学政。	约510字。官绅捐资修复书院并兼为考棚；圣王建学于闲燕养士；撰记缘起
湖北荆门州当阳县	咸丰二年（1852）	新建（当阳县）考棚记	董文煜（生卒年不详），陕西朝邑县人。时任荆门同知，主修同治《荆门直隶州志》。主持者	约570字。县试旧况；丰年筹捐；守令有广厉士风之责
山东登州府文登县	咸丰四年（1854）	创修文登考院记	赵敏功（生卒年不详），河南河内县人。举人。咸丰三年（1853）任文登知县。主持者	约440字。县试旧况；官绅合议；考院规制
山东登州文登县	咸丰五年（1855）	（文登县）考院记	毕瀚昭（生卒年不详），山东文登县人。道光十七年（1837）拔贡。本县名流	约320字。县试旧况；士绅捐资；知县赵敏功创始之功

第十章　清代贡院文学

续表

地名	时间	文章标题	作者	备注
浙江宁波府镇海县	咸丰六年（1856）	标题缺载	姚燮（1805—1864），浙江镇海县人。道光十四年（1834）举人。文学家、画家。 本县名流	约690字。县试旧况；王氏家族捐建考棚过程；作记缘起
湖北施南府宣恩县	咸丰十年（1860）	（宣恩县）考棚记	陈文焰（生卒年不详），浙江山阴县人。监生。咸丰八年（1858）至咸丰十一年（1861）任宣恩知县。 主持者	约480字。县试旧况；考棚为荟萃贤才之区；倡建考棚及其规制；工期起讫与分派任劳
山东泰安府莱芜县	同治二年（1863）	新建莱芜试院记	潘绍烈（1796—1881），山东莱芜县人。道光九年（1829）进士，选庶吉士，官至瓯宁知县。 本县名流	约670字。县试旧况；绅士自主决策捐资建造考棚；考棚新貌；县试为士人发轫
河南陕州卢氏县	同治三年（1864）	重修（卢氏县）考院碑	秦家驹（生卒年不详），江苏无锡县人。生员。时任卢氏知县。 主持者	约550字。卢氏考院史略；捻乱后考院情形；官绅合议；修建过程；监理人员
安徽池州府青阳县	同治三年（1864）	（青阳县）考棚书院记	陈攀桂（生卒年不详），安徽青阳县人。时以霍邱教谕任劝农局绅董。 绅董	约800字。考棚书院旧况；决策经过；工程分工；考棚规制；余款作宾兴

续表

地名	时间	文章标题	作者	备注
福建泉州府同安县	同治四年（1865）	标题缺载	白冠玉（生卒年不详），湖南华阳县人。廪生。时任同安知县。 主持者	约640字。县试旧况；倡捐书院兼作考棚；建造考棚；考棚目的
福建泉州府同安县	同治四年（1865）	标题缺载	吴大廷（1824—1877），湖南沅陵县人。咸丰五年（1855）举人，时任台湾兵备道。 上级主管	约660字。知县白冠玉政绩；作记缘起
湖北武昌府大冶县	同治四年（1865）	重建（大冶县）县署暨试馆记	胡复初（生卒年不详），江西南昌县人。举人。时任大冶知县。主修同治《大冶县志》。 主持者	约570字。离任前设局倡捐建造县署、考棚；寄望绅士同心完工；局董姓名
湖北郧阳府郧西县	同治四年（1865）	重修（郧西县）考棚记	程光第（生卒年不详），河南光山县人。资选，时任郧西知县。主修同治《郧西县志》。 主持者	约1200字。翁吉士始建文武考棚；考棚两次战乱被毁后补救之法；倡修考棚
湖南桂阳直隶州蓝山县	同治五年（1866）	增修（蓝山县）试院记	陈若虚（生卒年不详），湖南蓝山县人。拔贡。官至沅江教谕。 本地名流	约460字。以"亩捐"之法筹集经费，正供一两派钱三百文
江西广信府兴安县	同治五年（1866）	标题缺载	李宾旸（生卒年不详），广西桂林人。同治五年（1866）任兴安知县。主修同治《桂林县志》。 后任知县	约440字。考棚战乱被毁；官绅商议以捐修文庙款项拨建考棚；考棚规制

第十章　清代贡院文学　909

续表

地名	时间	文章标题	作者	备注
湖北武昌府通山县	同治六年（1867）	创修（通山县）考棚记	乐纯青（生卒年不详），湖北通山县人。岁贡。纂修同治《通山县志》，补撰记文入志。本县名流	约680字。工程起讫；邑人颂德知县张中孚及其原因；修建过程与规制；绅士分工；以余费设宾兴会
河南陈州府商水县	同治六年（1867）	新建（商水县）凤台试院记	叶尔安（1834—1877），浙江仁和县人。附贡。时任商水知县。主持者	约740字。县试旧况；战后官绅重建考棚；考棚规制；书院考棚一体；官绅姓名
江西吉安府遂川县	同治七年（1868）	重建（遂川县）考棚记	王肇渭（生卒年不详），直隶人。拔贡。同治四年（1865）、八年（1869）、十年（1871）三次任遂川知县。主修《龙泉县志》。主持者	约480字。龙泉校士馆毁于咸丰寇乱；县试窘况；官绅合议；考棚简况；董事姓名
山西代州崞县	同治七年（1868）	新修（崞县）试院碑记	张曾（生卒年不详），山西崞县人。道光十七年（1837）举人，官至陇州知州。本县名流	约970字。国家县试政策；县试旧况；考棚修建之难；有志竟成；作记缘起
湖南长沙府益阳县	同治七年（1868）	标题缺载	诸桓（生卒年不详）江苏娄县人。举人。时任益阳知县。主持者	约400字

续表

地名	时间	文章标题	作者	备注
江西袁州府万载县	同治八年（1869）	宋仕豪捐建试院号舍记	王麟昌（生卒年不详），顺天大兴县人。举人，时任万载知县。 主持者	约580字。县试考棚毁于战乱；乡绅捐建东西斋；宋仕豪独捐考棚；考棚规制；以宋仕豪比拟范仲淹
江西临江府新淦县	同治九年（1870）	重建（新淦）考棚记	王肇赐（生卒年不详），山东费县人。附生，同治六年（1867）任新淦知县。主修《同治新淦县志》。 主持者	约580字。县试旧况；考棚旧貌；书院考棚毁于战乱；致信朱梦槐独捐考棚
湖北荆州府监利县	同治十年（1871）	重修（监利县）考棚记	王柏心（1779—1873），湖北监利县人。道光二十四年（1844）进士。官刑部主事一年，乞养归里。 本县名流	约680字。考棚简史；考棚毁于战乱；两任知县接续重修；考棚规制；县试选才；董事姓名
江西南康府建昌县	同治十年（1871）	创建（建昌县）考棚记	陈惟清（生卒年不详），广西桂平县人。廪生。同治九年（1870）任建昌知县。主修同治《建昌县志》。 主持者	约460字。县试旧况；官绅合议；董事姓名

续表

地名	时间	文章标题	作者	备注
陕西汉中府定远厅	同治十年（1871）	建修（定远厅）考院记	鲁学浩（生卒年不详），浙江会稽县人。监生。同治十年（1871）任定远厅同知。主持者	约580字。两任同知接续劝捐经费；修建过程；成功在于理数人力三者兼备；书院考院合一
山西蒲州府荣河县	同治十一年（1872）	创建（荣河）考院序	戴儒珍（生卒年不详），江苏人，监生。时任荣河知县。主持者	约460字。清代贡院级别；县试旧况；决策过程；规制略述；撰记刻碑
山西泽州府阳城县	同治十一年（1872）	阳城县创修获泽试院记	赖昌期（生卒年不详），湖南善化县人。军功。时任阳城知县。主持者	约580字。阳城科甲；县试旧况；决策过程；捐建简况
广东广州府东莞县	同治十一年（1872）	创建（东莞县）考棚记	张庆鏒（生卒年不详），江西玉山县人。时任东莞知县。主持者	约630字。该记为邑绅何仁山代作。
广西梧州府怀集县	同治十一年（1872）	标题缺载	孙汝霖（生卒年不详），直隶遵化州人。举人。同治十年（1871）任怀集知县。主修同治《怀集县志》。主持者	约450字。县试重要性与无考棚之弊端；县试旧况；官绅合议；修建过程；县试新景；工期起讫；绅董姓名

续表

地名	时间	文章标题	作者	备注
浙江宁波府余姚县	同治十二年（1873）	余姚试院碑记	孙德祖（1840－1905），浙江德清县人。同治六年（1867）举人，官长兴教谕。主修《余姚县志》 其他关系者	约830字。官绅合议；建造简述；撰记缘起；回忆县试情景；首事姓氏
陕西同州府白水县	同治十二年（1873）	白水创修考院记	马有章（生卒年不详），陕西武功县人。举人。时任白水训导。 主持者之一	约480字。县试旧况；官绅捐建考棚；学宫考棚规制；官绅姓名
浙江台州府仙居县	同治十三年（1874）	新建（仙居县）校士馆碑记	王魏胜（生卒年不详），浙江仙居县人。恩贡。 本县名流	约260字。知县唐济倡捐建造；考棚规制；作记缘起
广东潮州府潮阳县	光绪二年（1876）	潮阳县新建试舍记	张铣（1822－1891），湖南宁乡县人。官至广东按察使，时任惠潮嘉道。 上级主管，其他关系者	约600字。县试为士人发轫之初；县试旧况；官绅合议；考棚规制；化民成俗必有学
浙江台州府太平县	光绪三年（1877）	（太平县）校士馆续办善后汇记碑	唐济（生卒年不详），广西桂林府全州人。军功。同治十三年（1874）九月至光绪三年（1877）二月任太平知县。 主持者	约480字。善后重建之校士馆、忠义祠、养济院等各项工程

第十章 清代贡院文学

续表

地名	时间	文章标题	作者	备注
广西郁林州陆川县	光绪三年（1877）	增修（陆川县）考棚记	李庆云（生卒年不详），广西陆川县人。光绪三年（1877）进士。户部主事。 本县名流	约720字。考棚作用；考棚近况；官绅合议；吕刚卿呈请捐修；工期起讫与用费号舍
湖南长沙府宁乡县	光绪三年（1877）	重修（宁乡县）考棚记	唐步瀛（生卒年不详），四川乐山县人。咸丰九年（1859）举人，时任宁乡知县。 主持者	约670字。县试旧况；官绅合议；考棚规制；工期起讫与用费；赞誉贤父兄；董理姓名
山东济南府德平县	光绪三年（1877）	创建（德平县）试院碑记	李敬熙（生卒年不详），山东德平县人。举人。 本县名流	约440字。试院与选人关系；县试旧况；官绅决策；捐资创建试院
安徽安庆府宿松县	光绪五年（1879）	重修（宿松县）试院记	谭廷献（1832—1901），浙江仁和县人。同治六年（1867）举人，时任宿松知县。 主持者	约1100字。考棚史略；捐修考棚
四川宁远府越嶲厅	光绪七年（1881）	越嶲厅试棚记	何亮清（生卒年不详），贵州贵阳人。咸丰十年（1860）进士，时任宁远知府。 上级主管，其他关系者	约350字。试棚各地都有

续表

地名	时间	文章标题	作者	备注
湖北汉阳府孝感县	光绪七年（1881）	前邑侯李公创修考棚碑记	徐恕曾（生卒年不详），湖北孝感县人。咸丰元年（1851）举人，协修光绪《孝感县志》。本县名流	约1050字。县试旧况；提倡无人难建考棚；知县李公倡捐考棚；委派绅士；重修县志补作碑记
山东东昌府高唐州	光绪七年（1881）	移建（高唐州）鸣山书院考棚碑记	帅嵩龄（生卒年不详），江西奉新县人。道光十七年（1837）举人，同治六年（1867）任高唐知州。主持者	约810字。作记缘起；成事需得时得人；商议捐资合修书院考棚；知州张念黻完成修建
福建建宁府建阳县	光绪八年（1882）	（建阳县）创建考棚记	八十四（生卒年不详），湖北荆州人。① 时任建阳知县。主持者	约200字。县试旧况；倡建试院及其规制；用费及绅董名单；工期起讫
安徽凤阳府寿州	光绪九年（1883）	寿台试院新建雨舍碑记	陆显勋（生卒年不详），浙江山阴县人。时任寿州知州。主持者	约650字。作记缘起；考棚史略；战后寿州县试情形；雨舍意义；董事人员

---

① 按，据《民国建阳县志》卷5《职官志》："八十四，字寿徵，满洲旗人。光绪十年署。政尚严肃，重文学。邑中县试历在衙署，传递者多，公捐资倡建考棚于景贤书院讲堂之后，自是传递之风稍戢。"（成文出版社，1975年，第757页）据其所撰考棚记中有"光绪辛巳八月权篆于此"及"是役也，以壬午正月始，迄十一月功将告竣，余亦瓜代欲行"，并自署为"荆州八十四撰文"。辛巳、壬午分别为光绪七年（1881）、八年（1882），则职官志所载其到任年份有误。

第十章　清代贡院文学

续表

地名	时间	文章标题	作者	备注
直隶天津府沧州	光绪九年（1883）	建（沧州）考棚记	赵秉恒（生卒年不详），时任沧州知州。主持者	约800字。县试景况；决策过程；考棚规制；经费来源；施工人员
河南陈州府扶沟县	光绪十一年（1885）	扶沟县创修考院碑记	孟宪璋（生卒年不详），山东章丘县人。同治十三年（1874）进士，光绪五年（1879）任扶沟知县。主持者	约780字。县试旧况；官绅合议；数年后倡捐建造；考棚规制
浙江金华府永康县	光绪十三年（1887）	重建（永康县）试院落成记	胡凤丹（1828—1889），浙江永康县人。捐纳。官至湖北督粮道。本县名流	约740字。县试旧况；旧考棚毁于粤乱；新建考棚规制；自叙公益之志；监理姓名
台湾台北府新竹县	光绪十三年（1887）	创建（新竹县）试院碑	方祖荫（生卒年不详），安徽桐城县人。时任新竹知县。主持者	约410字。县试场景；官绅捐资建造考棚；工期起讫；考棚规制；经费数额；绅董姓名
山东沂州府莒州	光绪十三年（1887）	重建（莒州）考棚碑记	周秉礼（生卒年不详），湖北汉阳县人。时任莒州知州。主持者	约425字。倡捐宾兴卷价基金；按牌分社捐资；考棚规制；书院考棚合一

续表

地名	时间	文章标题	作者	备注
山东兖州府阳谷县	光绪十三年（1887）	创修（阳谷县）考院碑记	孔广海（生卒年不详），山东阳谷县人。举人。东平州学正。 本县名流	约220字。县试旧况；倡捐考棚；科举效果
河南归德府夏邑县	光绪十三年（1887）	重修（夏邑县）崇正书院并增修试院记	张鉴堂（生卒年不详），陕西鄠县人。同治七年（1868）进士。光绪十三年（1887）任夏邑知县，次年被巡抚倪文蔚参革。 主持者	约580字。县试旧况；新建书院考棚简述；书院考棚规制
山东济南府长清县	光绪十四年（1888）	创建（长清县）考棚碑记	苏杰（生卒年不详），安徽太平县人。监生。光绪十年（1884）、二十二年（1896）两任长清知县。 主持者	约470字。试院作用；县试旧况；倡捐考棚；考棚风水与未来期许
福建延平府沙县	光绪十五年（1889）	标题缺载	罗克涵（生卒年不详），福建沙县人。岁贡。主修民国《沙县志》。 本县名流	约510字。县试旧况；官绅合议；委派绅董；考棚规制；奉祀先贤；工期与费用
广西柳州府柳城县	光绪十六年（1890）	鼎建（柳城县）书院文场碑记	谢三聘（1830－1902），广西柳城县人。拔贡，曾任岑溪训导。柳江书院山长。 本县名流	约630字。书院文场交相为用；五任知县筹建书院文场；知县陈伯陶规划书院考棚；经费来源与工期用费；成功原因

第十章　清代贡院文学　　917

续表

地名	时间	文章标题	作者	备注
直隶大名府东明县	光绪二十二年（1896）	创修（东明县）试院记	李曾裕（生卒年不详），直隶东明县人。光绪己卯举人，1929年曾续修《东明县续志》。本县名流	约500字。考棚作用；县试旧况；决策与修建过程；考棚规制
直隶河间府宁津县	光绪二十二年（1896）	修（宁津县）考棚记	吴浔源（1824—1902），直隶宁津县人。光绪元年（1875）举人，书法家、方志学家。本县名流	约660字。决策倡捐与修建简况；建考棚后县试变化
陕西同州府蒲城县	光绪二十四年（1898）	标题缺载	杨孝宽（生卒年不详），湖南安福县人。光绪三年（1877）进士，光绪二十三年（1897）任蒲城知县。后任知县	约480字。作记缘起；捐建经过；县试旧况；捐资与规制；绅董名录
河南卫辉府滑县	光绪二十五年（1899）	建（滑县）考棚路厅后院住宅记	盛元均（生卒年不详），浙江秀水县人。优贡。光绪二十一年（1895）至二十五年（1899）两任滑县知县。主持者	约300字。书院重修简史；倡建试院；捐修考棚经费
福建泉州府同安县	光绪二十五年（1899）	标题缺载	绅董	约120字。杜文艮独力捐修书院考棚；房舍与用费数量

续表

地名	时间	文章标题	作者	备注
广东肇庆府四会县	道光二十三年（1903）	四会县新建考院记	刘德恒（生卒年不详），山西洪洞县人。时任四会知县。主持者	约540字。考棚选址与议建；考棚规制；考棚效果；人才器具与治世之道

上表"清代县试考棚一览表"所列183篇记文，除因地方志缺载而有36篇暂时无法得知其标题外，其余147篇包括"记""碑"或"碑记"136篇、"序"7篇、"引"3篇、"公议"1篇。

这183篇县试考棚记文，共涉及清代16个省份，其中最多的是江西（57篇），接下来依次为湖北（20篇）、湖南（18篇）、浙江（14篇）、安徽（12篇）、河南（11篇）、山东（9篇）、福建（8篇）、广东（7篇）、四川（7篇）、广西（6篇）、陕西（5篇）、山西（4篇）、直隶（3篇）、贵州（1篇）、台湾（1篇）。目前笔者尚未发现江苏、云南、甘肃三省的县试考棚记，其中江苏是清代的科举大省。

从时间分布来看，从乾隆到光绪年间依次为乾隆15篇、嘉庆47篇、道光62篇、咸丰7篇、同治26篇、光绪26篇。显然，道光年间留下的县试考棚记的数量最多，嘉庆年间次之，这也和前文所统计的清代全国县试考棚建造的时间分布情况相吻合。

县试考棚记文的作者大多为主持修建的地方官，部分为当地的官宦或文化名流，偶尔也会请时任学政执笔。上表所统计的183篇县试考棚记的作者主要可分为七类。

第一类是主持修建考棚的地方官，共有114篇。由于县试考棚都是为各州县县试考试而建，其主持者也多为州县行政官员即知州、同知、知县，因而他们也是县试考棚记最为常见的作者，这类记文共有103篇。另有少部分为州县官学教官，如学正、教谕、训导也会参与考棚的主持修建工作，并撰写记文，共有10篇。还有1篇的作者为考棚所在州县的上级主管行政官员，也就是南昌知府张寅，他担任南昌知府后，"特檄行武宁官吏劝建考棚"，并在武宁县考棚建成之后为其撰写了《新建考棚碑记》。①

第二类是本县名流，共有39篇。其中大多数都是本县的举人、贡生或所任官职较低的进士，只有很少部分官职较高或影响较大。如乾隆三十一年（1766）为家乡江西广信府铅山县撰写考棚序（标题缺载）②的蒋士铨（1725—1785），乾隆二十二年（1757）进士，官至编修，以诗文戏剧闻名天下，被乾隆皇帝称为"江右才子"；乾隆五十九年（1794）为家乡江西抚州府金溪县撰写《金溪新建考署碑记》③的杨䓲（1744—1828），乾隆四十九年（1784）进士，官至浙江巡抚，时任刑部主事；嘉庆二十年（1815）为家乡江西抚州府宜黄县撰写《宜黄创建考棚记》④的程卓樑（1751—1830），乾隆五十四年（1789）进士，官至广西按察使；道光四年（1824）为家乡江西袁州府万载县撰写《创建试院记》⑤的辛从益（1760—1828），乾隆五十五年（1790）进士，时任工部侍郎。其中，万载县考棚建成于嘉庆四年（1799），是由时任知县萧山进士来珩组织土、客士绅合力捐银近8000两建造的，考棚竣工后一直没有人撰写考棚记文。直到道光四年（1824）编纂县志，当时正以工部侍郎之职担任江苏学政的辛从益才应邀补写了这篇记文。从考棚建成到记文成篇，整整隔了25年的时间。

第三类是本省学政，共有6篇。其中嘉庆十四年（1809）为安徽安庆府宿松县撰写记文的江苏山阳县人汪廷珍（1757—1827）、嘉庆二十一年（1816）为江西吉安府永新县撰写记文（标题缺载）的陕西蒲城县人王鼎（1768—1842）、道光二十二年（1842）为广西思恩府上林县撰写《上林县

---

① （清）何庆朝：《同治武宁县志》卷32《艺文志》，南京：江苏古籍出版社，1996年，第510页。
② （清）张廷珩，华祝三：《同治铅山县志》卷6《建置志》，南京：江苏古籍出版社，1996年，第112页。
③ （清）程芳，郑浴修：《同治金溪县志》卷33《文征》，南京：江苏古籍出版社，1996年，第500页。
④ （清）张兴言，谢煌：《同治宜黄县志》卷45《艺文志》，南京：江苏古籍出版社，1996年，第641页。
⑤ 张芗甫，龙赓言：《民国万载县志》卷尾《文征》，南京：江苏古籍出版社，1996年，第660—661页。

创建试庐记》的浙江乌程县人钮福保（1805－1854）、道光二十八年（1848）为河南陈州府项城县撰写记文（标题缺载）的顺天大兴县人俞长赞（生卒年不详）、咸丰元年（1851）为浙江衢州府江山县撰写《重建江山文溪书院碑记》的江苏吴县人吴钟骏（1798－1853）等5位学政都是各省现任学政。其中吴钟骏因为主持乡试和担任学政而两次赴闽，途经江山县时都是住在城南15里的广济驿，故此在担任浙江学政时欣然应允为之作记。① 而道光二十六年（1846）才以兵部右侍郎之职提督浙江学政的云南昆明县人赵光，则是后任学政，他所为之撰写《新建校士馆记》的浙江宁波府慈溪县校士馆建成于道光十五年（1835）。②

第四类是后任官员，也就是主持修建考棚的地方官员的接任者，他们到任之后考棚已经竣工，共有12篇。其中8人为后任知县或知州，另4人分别为后任知府和训导。如道光十二年（1832）为江西吉安府遂川县撰写《重修泉江试院记》的吉安知府董斯福。③

第五类是上级主管官员，共有3篇。其中2人为道员，即同治四年（1865）为福建泉州府同安县考棚撰写记文（标题缺载）的福建盐法道吴大廷（1824－1877）、光绪二年（1876）为广东潮州府潮阳县撰写《潮阳县新建试舍记》④的惠潮嘉道张铣（1822－1891）；另1人为知府，即光绪七年（1881）为四川宁远府越雟厅撰写《越雟厅试棚记》的宁远知府何亮清。⑤

第六类是负责监督管理工作的绅董，共有3篇。其中有明确署名的有

---

① （清）王彬，朱宝慈：同治《江山县志》卷4《学校志》，台北：成文出版社，1970年，第470－471页。
② （清）冯可镛，杨泰亨：《光绪慈溪县志》卷2《建置志一》，上海：上海书店出版社，1993年，第65－66页。
③ （清）王肇渭，郭崇煇：《同治龙泉县志》卷16《艺文志》，南京：江苏古籍出版社，1996年，第377－378页。
④ （清）周恒重，张其翮：《光绪潮阳县志》卷21《艺文志中》，上海：上海书店出版社，2003年，第459－460页。
⑤ （清）马忠良，孙锵：光绪《越雟厅全志》卷5《学校志下》，台北：成文出版社，1969年，第394页。

2篇，即道光十一年（1831）广西郁林直隶州北流县人李敏阳撰写的《创建试院碑记》①，同治三年（1864）安徽池州府青阳县劝农局绅董、霍邱教谕陈攀桂撰写的《考棚书院记》②；未署名者1篇，即光绪二十五年（1899）福建泉州府同安县绅董所写的记文，县志未载标题，全文仅约120余字。③

第七类是其他关系者，共有5篇。分别为江苏仪征县人阮元为江西南昌府进贤县撰写的《新建进贤考棚记》、江西贵溪县人项鉴为同属江西饶州府的安仁县考棚撰写的《县考棚记》、福建闽县人郭礼图为福建建宁府政和县撰写的《东和试院记》、湖北天门县人蒋祥墀为浙江绍兴府诸暨县考棚撰写的记文（标题缺载）、浙江德清县人孙德祖为宁波府余姚县撰写的《余姚试院碑记》。他们写作记文的缘由各自不同。如阮元的记文署名为"太子少保兵部尚书都察院右都御史总督两广前江西巡抚"，他是清代所有县试考棚记的作者里面地位最为显赫、学问最为精深的，能够为进贤县考棚作记，原因是主持修建该考棚的进贤知县周澍是其"昔督学浙江所取士"。此前周澍在代士绅向督抚呈请捐建考棚时，阮元便已经批示："绅士尚义，官亦得民心，是以成此善举，均堪嘉奖。"④ 项鉴是道光《安仁县志》的主纂人，他写这篇考棚记的原因是"兹邑志成，为敬详其颠末，以志美昭劝"⑤。蒋祥墀是主持建造诸暨县考棚的知县蒋祥堡的兄长，而且是嘉庆十六年（1811）状元蒋立镛的父亲以及道光十三年（1833）探花蒋元溥的祖父。天门蒋氏三代二鼎甲，科举盛名传天下。加上蒋祥墀曾于嘉庆

---

① （清）徐作梅，李士琨：光绪《北流县志》卷21《艺文志》，台北：成文出版社，1975年，第1338—1341页。
② （清）周赟：《光绪青阳县志》卷11《艺文志》，南京：江苏古籍出版社，1998年，第571—572页。
③ 林学增，吴锡璜：民国《同安县志》卷7《建筑》，台北：成文出版社，1967年，第178页。
④ （清）江璧，胡景辰：《同治进贤县志》卷3《公所》，南京：江苏古籍出版社，1996年，第281—282页。
⑤ （清）朱潼，徐彦楠：《同治安仁县志》卷30《艺文志》，南京：江苏古籍出版社，1996年，第867页。

三年（1798）戊午科"奉命典试浙江，于暨邑得正副榜六人"，与诸暨县有师生之谊。因此蒋祥堡才会在历时三年建成考棚后"遣人走京师"请其作记，而蒋祥墀此时已经官居左副都御史。① 郭礼图为政和县考棚撰写记文的原因暂未确定。郭礼图为道光八年（1828）戊子科福建乡试解元，道光二十一年（1841）进士。据记文，郭礼图写作这篇文章的原因是"予既亲睹其成，遂不辞而为之记"②。

此外，有1篇考棚记的作者尚难确定，即《民国清流县志》所载道光十年（1830）福建汀州府清流县《新建试院记》，其作者姓名、籍贯、科举功名、仕宦经历等均无从考证。③ 据查福建省图书馆藏道光九年（1829）刻本《清流县志》，该记文属于该卷"学校志"下所载正文内容④，并非独立成篇的记文，故县志编纂者当可视为其作者。

有些州县在建成考棚后会留下多篇记文。如江西袁州府分宜县于嘉庆十六年（1811）建成考棚后，袁州知府朱浩、分宜知县黄步堂、分宜教谕曾桂、分宜训导梅照璧便分别为之撰写了记文。黄步堂和曾桂是该考棚的工程主持者，而梅照璧则是在考棚建成后到任的。⑤

有些州县考棚的记文为日后若干年补作。如前引江西袁州府万载县辛从益所作的《创建试院记》便是如此。另如江西抚州府乐安县考棚，《光绪抚州府志》收录了道光三年（1823）乐安县知县缪共学撰写的一篇《考棚大堂记》，叙述了6年前乐安知县刘诚捐俸倡导县人捐资建造考棚的经过，并重点叙述了"职员康明魁"被众人推举出来"以任厥事"并独力捐

---

① （清）陈遹声，蒋鸿藻：《光绪诸暨县志》卷14《学校志》，南京：江苏古籍出版社，1993年，第264页。
② 李熙：民国《政和县志》卷13《学校志》，台北：成文出版社，1967年，第182页。
③ 林善庆，王琼：《民国清流县志》卷8《学校志》，上海：上海书店出版社，2000年，第304页。
④ （清）乔有豫：道光《清流县志》，清道光九年（1829）活字本，卷5《学校志》，第20页。
⑤ （清）李寅清，夏琮鼎，严升伟：《同治分宜县志》卷2《建置志》，南京：江苏古籍出版社，1996年，第147—150页。

建考棚大堂之事迹，同时也提到了康明魁之子康鹏捐置田租数十石"付之公局，岁取其入，以为他日修葺之费"①。[按，乐安县考棚建成于嘉庆二十二年（1817），系由本县游、乐二姓暨全县绅富合力捐资建造。缪共学的这篇贡院记不仅晚于考棚建成6年，而且作者也和当年修建考棚之事没有任何关系。]

据文献记载，清代各地县试考棚记中也有由他人代作的案例。如广东广州府东莞县考棚建成于同治十一年（1872），系由时任知县张庆镂"率绅士倡建"。《民国东莞县志》刊载了一篇长约630字"张庆镂创建考棚记"，叙述了建造考棚的原因、过程，并重点论述了"科名不足为我重，我自足为科名重"的观点。不过，在这篇记文的背后，修志者加了这样一条按语："按，考棚今改中学校。记文系邑绅何仁山代作。"②

三、清代贡院记的基本内容

作为一种实用性文体，清代贡院记的写作并无一定之规。对于绝大多数贡院记来说，作者都是围绕修建贡院的前因后果，谨守 When、Where、Who、How 和 Why 五个要素，以第一人称的方式，记录自己的所见所闻、所思所想。通过阅读与分析各种各样的贡院记，包括乡会试贡院记、学政试院记和县试考棚记，我们发现，清代贡院记的内容大都包括两个方面的内容，即一是叙事，二是议论。议论是叙事的升华，叙事是议论的基础，二者相辅相成，不可偏废。此外，大多数贡院记都会展望今后人文或科甲的美好愿景，有些则对考生进行勉励，向他们提出各种成才的标准。

1. 清代贡院记的叙事内容

第一，创建原因。叙述修建贡院前的考场历史或考试场景，从而陈述修建贡院的原因。如广西郁林直隶州陆川县在道光元年（1821）始建县试考棚、光绪三年（1877）扩建号舍后，本县举人蓝时秀、进士李庆云分别

---

① （清）许应镂，朱澄澜，谢煌：《光绪抚州府志》卷19《建置志》，南京：江苏古籍出版社，1996年，第307—308页。
② 陈伯陶：《民国东莞县志》卷17《建置略二》，上海：上海书店出版社，2003年，第147页。

撰写了《庞府让地建考棚记》和《增修考棚记》加以记载。其中，李庆云的记文叙述增建号舍的原因是"士气文风蒸蒸日上，应考者视昔加倍"，原有号舍不敷使用，导致每次考试都出现争占座位的混乱现象："强者争先入占，号兼旁座，弱者后至，席地露天，则自备几案，抽毫于檐牙壁角间，劳逸不均，屡以争号起衅。"①为此，全县士绅在光绪三年（1877）捐资扩建，增修长廊2条，共22间，合计号舍99条，每条可以安排9人，也就是约可多容900名考生应考。又如广西梧州府怀集县知县孙汝霖在同治十一年（1872）率领士绅合力捐资建造考棚之后，也撰写了一篇记文。他首先指出，国家开科取士的目的是要选拔有真才实学的人，而县试作为士子"发轫之始"，却经常遭遇各类舞弊现象，"挟帖括以幸弋获，假捉刀以绐父兄者，在所不免"。他以怀集县为例，分析阐述舞弊的原因："试无专所，至期则坌集县署廊庑，涵涵几满，胥吏杂厕，弊端丛生。"与之形成对比的是，由于社会稳定，家闻弦诵，人文蔚起，本县应试童生增至800多人，导致县署无法容纳，考场防弊无从执行，"挟策入座，署不能容，遑言塞窦哉？"②这些都是怀集县建造考棚的主要原因。

有些贡院记还会集中描述当地的山川地理与人文历史，激发绅民的桑梓自豪与自信，坚定其修建贡院的决心。如道光二十五年（1845）山东兖州府重建学政试院，时任山东学政殷寿彭（1795—1862）为之撰写了《重建兖州试院记》，开篇便谈到了兖州独特的人文历史优势："兖郡古鲁治，士人生长圣人之邦，孺唔道真，涵泳教泽，宾宾然近。文章砥砺廉隅者，恒较他郡邑而什佰倍之也。"③又如同治四年（1865）福建泉州府同安县官绅捐资建成考棚，知县白冠玉和盐法道吴大廷均分别撰写了记文，其中吴大廷便提到了宋代朱熹对同安县人文发展的影响：

---

① （清）李庆云：《增修考棚记》，古济勋，吕浚堃：民国《陆川县志》卷23《艺文类一》，台北：成文出版社，1967年，第365—366页。

② 周赞元：民国《怀集县志》卷2《建置志》，台北：成文出版社，1975年，第171—172页。

③ （清）黄师阎，蒋继洙：《光绪滋阳县志》卷11《艺文志》，南京：凤凰出版社，2004年，第240页。

> 同安者，泉之剧邑。绍兴二十三年，朱子始登第，尝主县簿矣，到任凡职事当为者，大书揭楣间。而选邑之秀民充弟子员，又请柯公翰职教事，徐、王二生为学宾，特给厨馔，以宾礼，使诸生相与渐磨，学者翕然从之。自时厥后，文教昌明，海滨邹鲁焉。①

再如同治三年（1864）浙江嘉兴府知府许瑶光重建学政试院宏文馆，并为之撰写记文，其中便提到了嘉兴府的山川地理与历史人文：

> 嘉兴，古吴越交壤地。左抱淞浍，右吞苕笠，前控大海，平田沃壤，野谷自生，秀水五色，蔚成奥区，其士人率彬彬秀雅，秀州锡名，其以此乎？汉晋以荐辟举士，时则有若严、施、于、顾、诸陆，彪炳史册，先后相辉。至唐肇科目，陆宣公由进士为名臣，扶翊唐室，尚矣。宋自熙宁以迄明末，每科或五六人，或十余人。国朝顺治己丑，登进士者二十四人。康熙己未，与鸿博者四人。其时匠成翘秀，凤举鸿翻，怀瑾握瑜之士，莫不争自砻错，以副崇文之雅化。中如陆清献绍洛闽之传，功德加于海内，虽不能以科目囿之，然实自科目起家。②

第二，工程准备。叙述修建贡院的决策或规划过程，描述修建贡院前的相关准备工作，包括考场选址、经费筹集、人员调配等。如雍正八年（1730），安徽和州直隶州创建学政试院，本州学正唐德咸撰写了一篇约800字的《新建和州试院记》，其中用了接近一半的篇幅，较为详细地叙述了试院的决策过程和前期准备工作。

> 雍正八年四月初吉，都士造署请曰："先生鼎新明伦堂，所以贻

---

① 林学增，吴锡璜：民国《同安县志》卷7《建置志》，台北：成文出版社，1967年，第177—178页。

② （清）许瑶光，吴仰贤：《光绪嘉兴府志》卷7《公署志二》，上海：上海书店出版社，1993年，第181页。

吾和者甚大。抑有进焉。向者，两江合试，学宪不能遍巡，多就试他郡。今圣天子振兴文教，加意作人，钦命两院上下江分校。安徽所属六、泗、颍、亳等州，皆建立考棚，分道按临。吾州盍援例以请？"余曰："功巨费繁，而期又甚迫，恐难集事。"佥曰："幸得先生实心任事，胥愿黾勉匡勷，以迄于成。"遂同含学呈署州守曹公元梦，申请学宪，蒙批查议。九月中，绅士集学舍公议。筹基址，则在察院旧署。议捐，俱踊跃乐从。其劝募最力者为举人吴韬、张基封，贡士邱瑛，廪生张光斗、鞠筠、姚正揆等，城乡催捐，而司训沈君廷楣亦分任其劳者也。议协助，则州六县四，有定例。而催督转输，为含邑教谕黄君于度也。议董理，以监生王柜，诸生王尊彝、陈植、黄毓风、宋璠、张铨、孙贯英、班应高等，而总其成者，余内侄诸生葛龚也。议出纳，谬推余公慎，且谓余子侄诸生琦堪赞襄也。爰再申覆，更详督抚两宪，俱蒙批允。①

第三，工程过程。介绍贡院的相关规制，如号舍数量、厅堂布局、门户设置、牌坊匾额以及亭台楼阁等，以及修建贡院的工期起讫和钱款使用等。如浙江金华府永康县于光绪十三年（1887）建成县试考棚，本县湖北督粮道胡凤丹（1828—1889）为之撰写了《重建试院落成记》，其中详细描述了考棚规制：

东西号舍六十八间，深二十余丈，阔各四丈余，每舍列坐具焉。上有堂三楹，曰衡鉴堂，仍旧址也。暖阁后为过亭，左右翼以屋各三楹，为吏胥供事之所。缭以垣，垣之北为后堂，凡五楹，额曰藜青轩，为县官僚佐较艺所，至缜密也。东西旁舍各二楹，仆从居焉。外此若庖、若湢，纤悉具备。号舍之外，有仪门、大门，高广视堂之度

---

① （清）朱大绅，高照：《光绪直隶和州志》卷8《学校志》，南京：江苏古籍出版社，1998年，第179页。

而加敞焉。号舍之中为甬道,为射厅,岁试校阅弓矢,俾中的焉。①

永康县考棚初建于道光年间,系由士绅合力捐资1.7万余两所建。咸丰年间毁于战乱。光绪九年(1883)胡凤丹独力捐资13 213两重建考棚,并亲自撰写记文,表达了"不敢谓大庇寒士,使之欢颜,庶将来邑之绩学能文章者,怀铅握槧而从事于斯,不至有上雨旁风之憾"②的心愿。

有些贡院记在记叙贡院的修建过程时较为重视量化陈述。如道光十一年(1831)广西北流县人李敏阳为本县修建县试考棚撰写的《创建试院碑记》,便详细记载了款项的数额:"共收捐项银二千九百六十四两六钱三分,移支文塔余项银二百一十七两三钱。"③又如雍正十一年(1733)江西南康府试院建成之后,知府董文伟撰写了一篇《重建考棚记》,在叙述了修建南康府试院的缘起之后,详细说明建造试院的起讫日期、使用物料、耗费钱款等:"始事于癸丑六月之念六日,落成于十二月初八日,共用木五千五百根,砖三十六万块,瓦七十二万片,石条、石板一万一千块,石子一百万斤,石灰六万斤,铁七百五十斤,大小匠作一万七千工,买民基十三块,并督工官绅饭食一切杂费,共计用银三千三百两。"④董文伟的贡院记之所以能提供如此翔实的数据,显然得益于其曾反复向江西学政、巡抚及两江总督等如实申报试院建造事项。

第四,工程效果。描述考场建成后的社会评价或考试情景。有些贡院记将笔墨重点放在描写考场建成后的实际效果方面。如山东莱州府在康熙

---

① (清)李汝为,潘树棠:民国《永康县志》卷15《艺文志》,台北:成文出版社,1970年,第825—826页。按,据胡凤丹自撰记文,他捐资重建永康县试院,"经始于癸未六月",即光绪九年(1883),"休斧于丁亥二月",即光绪十二年(1886),但记文末尾则云"光绪十一年岁次丁亥九月记",显系有误。

② (清)李汝为,潘树棠:民国《永康县志》卷15《艺文志》,台北:成文出版社,1970年,第825—826页。

③ (清)徐作梅,李士琨:光绪《北流县志》卷21《艺文志》,台北:成文出版社,1975年,第1340页。

④ (清)盛元:同治《南康府志》卷5《建置志一》,台北:成文出版社,1970年,第104—105页。

四十九年（1710）创建学政试院之后，山东学政黄叔琳（1672—1756）为其撰写了《新造莱州府试厂记》。在叙述了此前莱州府院试情形并简要描述了建造过程之后，便借"余适科试再临"，着重描写了他亲眼所见新建试院的考试场景："阛阓肆压，优游乐业。入试院，左右审顾，规模焕新。试之日，士皆作止自如，无复曩时拘束之态，而深幸斯举之为经久计者至也。"① 又如乾隆十四年（1749）山东曹州府创建试院，巨野县人刘藻（1701—1766）时以内阁学士奉母居家，为其撰写了《曹州府创建试院记》，其中也谈到了首创试院后的考试效果："学使者按行科试，被公服，临堂上，诸生大小彬彬，鸿序以进，殚精专志，各奏其技。环卫徼巡，奸宄不作。试事既竣，生童千人，习礼学宫，雍容揖让，观者填咽。于是一州十邑父老子弟咸嗟咨称羡，以为兴朝以来，吾曹未有之盛举也。"②

2. 清代贡院记的议论内容

第一，引经据典，论述清代科举制度的合理性。前文在讨论清代贡院的历史渊源时，曾论及清人以周代"泽宫""射宫"为建造贡院的源自儒家典籍的理论来源。事实上，与贡院、书院、科举有关的周代文教制度也常被各种贡院记所提及，其中又主要以三代乡举里选最为常见。如湖南衡州知府饶佺于乾隆二十五年（1760）倡捐钱款重建学政试院，并撰写了《重建考棚记》，其文后半部分指出，科举取士虽然主要是以文章为依据，但实际上与三代宾兴制以六德六行六艺选拔人才的方法完全一致。士子读书应试，同样需要砥砺琢磨以提升自己的德行实践能力："古者取士，六德六行，论秀书升，非徒文艺之谓，而未尝不自文艺始。顾或笔口之所宜者孔孟，而身心之所倚者背之。多士有志，应不出此。余因修棚之役，得士子自修之道，曰毋安简陋，毋事粉饰，毋务弥缝，亦惟是兢兢于德行之间，以不负圣明选造之至意。进身而不由乎此，适越而北辕也。由乎此而

---

① （清）严有禧：《乾隆莱州府志》卷13《艺文志》，南京：凤凰出版社，2004年，第314—315页。

② （清）李登明，谢冠：《乾隆曹州府志》卷8《学校志》，南京：凤凰出版社，2004年，第139页。

不永矢实践焉，是画饼以疗饥也。"①

第二，热情洋溢，评价绅民捐资的急公好义与乐善好施。如道光十二年（1832）武昌知府裕谦（1793—1841）在倡捐白银4.6万余两重建湖北贡院后，撰写了一篇长达1700余字的《增修楚北贡院记》。文章起始一句便是："古人有言曰，为善最乐。"并指出："夫捐修贡院，嘉惠士林，善事也。"而在文章的结尾又用了500余字的篇幅论述湖北士绅从事公益捐助的特征："楚人为善，尤好为人之所难，盖其善念最真，则善力自大，其根柢在性情，异于豪侠之动于意气也。"他认为，此次捐修贡院，完全是因为楚人"乐善之诚，根柢于性情，至深且厚"，而"贡院者，善人发轫之阶"，因而"贡院既成，凡乐善者必食报于此，不于其身，必于其子孙"。②又如贵州都匀府独山州考棚建于道光二十八年（1848），其建造经费合计1080余两，全部由本县廪生张万春、增生张馥春、监生张咏春兄弟三人捐助。独山州同知韩超（1800—1878）为之撰写了《捐修考棚记》，文末指出："夫人之欲善，谁不如我？然势利之缘战于中而纷华之交夺于外，则惠者常少而吝者常多。今张生父子力可能为，即慨然为之，无疑阻，无勉强，此真重义而轻利者耶！其食报正未有艾也！"③

第三，深刻赞许，点评时任官员的施政方针。如康熙九年（1670），四川泸州直隶州同知杨奇烈倡捐创建学政试院，时任四川提学道张含辉撰写的《修考棚碑记》便对杨奇烈大加赞赏："杨公奇烈以三韩硕彦，一旦来守于泸。下车后振衰起敝，百度维新。""公之才，大而且敏也。天下有治人始有治法，自场院颓败以还，莅兹土者，岂不知修造之为宜？率以因循，安其蠹坏，日复一日，年复一年，使国家之典章法度隳废于泄泄忽忽之中者，不知凡几。今公兹举，不肯仍前人之苟且，岂惟泸之黄发儿童再

---

① （清）饶佺，旷敏本：《乾隆衡州府志》卷30《艺文志》，南京：江苏古籍出版社，2002年，第197页。
② （清）裕谦：《裕靖节公遗书》卷7《重士类》，《清末民初史料丛书》第32册，台北：成文出版社，1968年，第567—575页。
③ 王华裔，何幹群：《民国独山县志》卷19《学校志》，成都：巴蜀书社，2006年，第466—467页。

睹威仪而际盛事哉！持此心以上报朝廷，下达苍生，矫其恬嬉之俗而振其明作之神，其施于政事之间，又何如也?!"① 又如道光三十年（1850）湖南辰州府绅民捐资重修学政试院，本府沅陵县生员张开谟为之撰写了《辰州试院记》，高度评价了知府钟音鸿的临民施政之道："公因时制宜，借兴文教，法良意美，事举令兴，信积于平时而功成于一旦。仁也而智行乎其间，宜辰民之讴思不忘，而矩步方袍之士尤低徊眷恋于不置也。"②

3. 清代贡院记的展望与劝勉

清代贡院记在完成对贡院修建过程的描述之后，其作者大多会就其对当地文教的未来影响进行展望，或对踏入贡院的应试士子表达期许。

第一，科举成绩大幅提升。这是对修建贡院目的最直白的表达。如康熙二十三年（1684）浙江严州府重修学政试院，本府建德县人蒋鸣梧为之撰写记文，他在篇末指出，浙江学政张衡捐廉倡建试院内署，其目的在于提升人才选拔质量："非徒广其署而已，其谓署既广则身得以安，身安则神清，而鉴益以明，其所评骘之文与所拔尤之士，非确然有用之才乎？"他同时还展望未来："余向所谓乡会廷对、读中秘之书而储公辅器者，莫不出乎其中，此吾所厚望吾乡之士，而吾乡之士世世祝公于勿替者也。"③

第二，人才水准逐日攀升。这种愿景相对较为含蓄。如康熙四十七年（1708）云南布政使刘荫枢（1637－1724）所撰《重建贡院碑记》便在文末指出，重修云南贡院、增设乡试中额之后，云南考生的"登进之路既宽，奋发之念欲胜"，从此以后，云南必将"鸿儒辈出，名贤代起，文章事业，光辅太平，滇之盛将自此无量矣！多士勉乎哉！"④ 又如广西郁林直隶州北流县考棚建成于道光十一年（1831），主持修建工程的绅董之一李

---

① （清）田秀栗，华国清，施泽久：《光绪直隶泸州志》卷3《公署》，成都：巴蜀书社，1992年，第391－392页。
② （清）守忠，许光曙：《同治沅陵县志》卷44《艺文志》，南京：江苏古籍出版社，2002年，第531页。
③ 夏日璈，王韧：民国《建德县志》卷6《建筑》，台北：成文出版社，1970年，第111页。
④ （清）刘荫枢：《重建贡院碑记》，张建新，董云川：《云大文化史料选编》，昆明：云南大学出版社，2006年，第5－7页。

时勉为之撰写了《创建试院碑记》。他在记文的结尾处指出:"夫试院为一邑士人发轫之始,睹此堂宇宏敞,自能开荡胸襟,奋兴鼓舞。且前为试院,上则万寿宫。当童试之日,而有廷对之征。他年人材踵接,济济登朝,黼黻休明,光昭事业,胥于是卜之。岂徒免于漏湿、无事拥挤、试称便云尔哉?!"①

第三,地方义举绵延不绝。如道光十五年(1835)安徽泗州直隶州在学政沈维鐈的倡捐下筹集捐款1.6万余两,全面修理学政试院,其中盱眙县监生张大元兄弟三人捐银5994余两修理号舍桌凳。道光十九年(1839)盱眙知县沈祥煦为其撰写了《试院碑记》,其开篇云:"天下事始创难,踵事亦难。士君子尚义难,继志尤难。而有为其难者,则固难能而可贵矣。"接下来叙述了张氏兄弟遵循其父监生张万禄的遗愿捐修试院号舍桌凳及捐设岁修基金的过程,指出张氏兄弟的善举"正未有艾",并向全州士绅提出倡议:"详记其事,俾镌诸石,并以告郡邑士夫,当思于地方有所裨益,捐资任力,见义必为,虽由此百废俱兴,其庶几乎又不独一试院得以永固于不敝而已也。"②不仅要用义举维持试院之永固,而且要将善心推广到所有"于地方有所裨益"的事情上。

第四,后来官绅珍惜维护。如广西柳州府柳城县考棚与书院同时建造,合二为一,共用银1100余两,建成于光绪十六年(1890)三月。本县拔贡谢三聘(1830—1902)撰写了《鼎建书院文场碑记》,叙述了同治年间以来近20年间五任知县筹建书院、考棚的艰难历程。在记文的最后,谢三聘对未来的地方官提出了自己的期待:"文场以甄别人材,三年仅为两考之用。书院非常有师长主讲,生童肄业,则虽有如无。侯今亦将去矣。捐廉课士,终非久计,尚冀贤如我侯者,更筹膳备膏伙之费,庶作育人

---

① (清)徐作梅,李士琨:光绪《北流县志》卷21《艺文志》,台北:成文出版社,1975年,第1338—1341页。
② (清)王锡元:光绪《盱眙县志稿》卷5《学校志》,台北:成文出版社,1970年,第313—314页。

材,历久弗替,文化可蒸蒸日上乎?"①

第五,努力成就有用之材。如乾隆三十八年(1773)江西学政曹文埴(1735—1798)主持扩建南昌府学政试院后,为之撰写了《增建南昌试院记》。他在记文的结尾处劝勉诸生专心致志,努力成就事业文章:"夫事不患乎不成,患志之不立;力不患乎不足,患心之不专。志果立,心果专,即圣贤不难以驯至,而况区区土木之功乎哉?以百余年无所凭借之事,而一旦忽有其几,遂可不半载而底于成。又况诸生事业文章,有乡先辈以为凭借,而专心致志,其成也益易为功矣。诸生勉乎哉!继今以后,诸生果能充其所学而更扩而新之,以上副国家求贤之典,则岂徒试院之焕然一新已哉?学使者亦与有光荣也已。"②而同时被邀请撰写记文的江西南昌县人彭元瑞(1731—1803),则从行止坐卧皆为进德修业之途的角度劝勉桑梓后辈努力为学:"道若大路,学在多闻。必下帷执卷而后读书,非善学也。贾山曰,'学问至于刍荛,求善无厌也'。诸君子能体公之为政者以为学,则进德修业之途,行止坐卧,随处皆充满洋溢之区也。诸生勉乎哉!"③

当然,文无定法。清代各地贡院记并非每一篇都面面俱到,有些贡院记的写作手法独出意表。如山西辽州直隶州知州王景亮于康熙三十年(1691)主持创建了辽州学政试院,其撰写的《创建考场碑记》实际上就是辽州申请单独设立学政试院的申文以及山西巡抚、学政的批复。④又如江苏上元县人、乾隆四十三年(1778)进士戴祖启(1725—1783)为陕西汉中府撰写的《南郑尹郭侯修棚场碑文》同样打破常规,采取借口传声的方式进行叙述。该文共约420字,其开篇云:"今之君子,苟能自尽其心,无地不可以益人。矧县令父母师保斯民于一邑,无所不可尽。患在不尽,

---

① 何其英,谢嗣农:民国《柳城县志》卷8《艺文志》,台北:成文出版社,1967年,第86页。
② (清)曹文埴:《石鼓砚斋文钞》卷16《记》,《清代诗文集汇编》第387册,上海:上海古籍出版社,2010年,第138—139页。
③ (清)彭元瑞:《增建试院碑记》,(清)刘坤一,刘绎:光绪《江西通志》卷67《建置略一》,《续修四库全书》第657册,上海:上海古籍出版社,2002年,第556页。
④ (清)徐三俊,陈栋:光绪《辽州志》卷6《艺文志》,台北:成文出版社,1976年,第695—698页。

不患不得行也。"意思是作为父母官，只要尽心尽责，便可以有益于百姓。顺着这个主题思想，引出其友人郭嵩在南郑知县任上实心为民因而深受百姓爱戴，在任四年后南郑县"士大夫走千里来乞余文纪其修棚试之场"的事情。接下来，他借助信使之口，先详细讲述了郭嵩在南郑县兴修水利、重视文教、修建书院、亲临讲学之事，为大家描绘了一个被县人赞誉为"经师人师"的循吏形象。相对于这些内容的详细而周全，信使用来叙述这篇记文的主体内容，即郭嵩捐资建造试院之事，反而只用了不到80字的篇幅。之后便是文章的结尾："余笑曰，此吾故人也。果如是，顾不足惊喜。侯之蕴蓄，吾知之。然如是，亦颇足慰。《书》曰，'往尽乃心，无康好逸，豫乃其乂民'。吾于郭侯尤信。侯名嵩，字乔望。长大美髯，又自号髯樵云。"① 这句话点明了自己和郭嵩的关系，并引《尚书·康诰》之语，对郭嵩实心为民的为政之道表示赞赏。值得指出的是，戴祖启这篇贡院记记的写法并非首创。早在南宋嘉定十二年（1219），著名理学家真德秀（1178—1235）撰写《潮州贡院记》时，便已经采取对话体结构，通过他与"以其绘事之图来请记"的14位"郡学职"的对话，逐一叙述了王十朋创建潮州贡院的经过、本次重修潮州贡院的决策过程、主持重修的官绅名称与经费来源等相关信息，最后才通过一句"噫！是真宜书也"引出对地方官施政职责的论述。②

另外，清代贡院记的篇幅一般不是很长，大多400至700字，只有少数篇幅超过1000字，而2000字以上的贡院记则极为罕见。也有一部分贡院记因为地方志的编纂者进行了删节，因而呈现在我们面前的篇幅非常短小。如道光十四年（1834）江西临江府重建试院，时任清江知县孙慧焯撰写了一篇不到100字的记文，简要说明了撰写记文的原因、贡生傅昭捐建

---

① （清）严如熤、杨名飏：《道光汉南续修郡志》卷27《艺文志下》，南京：凤凰出版社，2007年，第438页。按，碑文所引《尚书》文字来自《尚书·康诰》，原作"往尽乃心，无康好逸，乃其乂民"。县志中的"豫"字当是衍文。

② 曾枣庄、刘琳：《全宋文》第313册，上海：上海辞书出版社，2006年，第393—394页。

试院的经过，并补充说明傅昭之兄弟参加捐建试院的情况。① 又如道光二十一年（1841）河南陕州直隶州灵宝县知县严正基倡捐建造了考棚，并撰写了《新建灵邑考院碑记》，其篇幅不到 200 字。

> 灵邑旧乏试院，有司每值试期，则张幕于厅事之前，骈坐邑童其下扃试。地湫而隘，霪霖风霾弗蔽，应试者栗栗卒事。余绾邑符之初，心焉恫之，议建试院为甄英区，以连岁小祲，又筹待会办装实，虑民力未纾，屡不果。洎去年夏麦大熟，乃集邑人士议之，佥曰：可。首捐俸缗为倡，绅氓之急公者咸输将恐后。于是相地宏农书院之右，鸠工庀材，经始于仲秋中浣，越季冬上浣告成。会余迁刺郑州，以行未有以纪其事。今又五阅月矣，谨缀叙创建本末而为之记。②

这篇碑记虽然简短，却将创建考棚之前的县试情景、议建考棚的基本过程和自己写作该碑记的经历做了简要而清晰的描述。当然，由于篇幅过于简短，该碑记未能叙及考棚的基本形制、捐款数量与来源、考棚工程的监理人员等信息。

四、贡院记的行文风格

1. 夹叙夹议

贡院记的基本任务是记叙贡院的修建过程，交代清楚时间、地点、事件、人物；另外则要分析修建的原因或意义，肯定相关决策者的不畏烦难，赞赏捐资者的慷慨好义；甚至引经据典，勉励应试士子努力向学。因此，贡院记在记叙事情经过的同时，往往在文章开头或末尾添加议论，体现出夹叙夹议的基本特征。

各省学政应邀撰写的贡院记一般都很重视议论，有时候甚至叙少论

---

① （清）文聚奎，祥安，吴增逵：《同治新喻县志》卷 3《建置志》，南京：江苏古籍出版社，1996 年，第 141 页。
② （清）周淦，高锦荣：光绪《灵宝县志》卷 7《艺文志中》，台北：成文出版社，1976 年，第 974—975 页。

多。如嘉庆二十一年（1816）江西学政王鼎（1768－1842）应邀为建成于嘉庆十七年（1812）的江西永新县考棚撰写的记文便是如此。这篇记文不带标点符号总共约为680字，记文开篇便开门见山："永新创建考棚落成，贡生段霖等具呈求记其事。"然后借段霖之口，叙述了士绅捐建考棚的钱款数额、人工数量以及"董其役者"的诸生人数，并说县人把建成考棚之事"归美于前县王章、郭两邑令之督率不倦"。王鼎由此而感叹："甚矣，邑人之好义又知礼也！"行文至此，仅用了不到80字的篇幅，接下来的近600字，王鼎全部用来发表议论：

> 夫取士之法，莫详于科目。乡会试三年各举一次，而郡县试则三年两举之。县官取邑士之俊秀者升选于郡守，郡守复加意遴选贡于学政，如额以录，而考校实自县始。考棚者，试士之地也。乡举里选之典，势不得复行于后世，则上之所以用人，与士之所以待用，不能不以文章为进取。自汉唐制科以来，历代得人之途，科目为盛。诚以士子研求经史，名教范身，体圣贤之义理，裕措施之本根，得于心而应之手，服习探讨之既久，而后发为文章，故言皆有物。观其言即可知其人，非第以斧藻剽窃，以丽句缛辞争耀人耳目而已也。试士之法，以言该行，与古昔言扬行举之义稍有不同。而敷奏以言，犹是唐虞之制。县令于其邑之士闻见最真，考核易实。今试士必始于县，即三代选举始乡里之意。在司事者公慎而采择之，尤贵豫策之以实学实行，俾有德而有言，为急务耳。
>
> 县皆有试，而考棚不多有。试之日，或集于公廨，与吏胥杂处，或聚之庙宇，关防难周，均无以昭慎重。今永新立考棚，周百三十余丈，号舍堂榭，宏敞周备。前设重门，四围厚其墙垣，何其善欤？抑余又有说焉。考棚三岁始两用之，且每试不过旬余日。邑之人不惜重费，多方营造，积六年而乃藏事，其为应试计者，既劳且悉，则当熟思朝廷所以试士之意。制义以观其经术，诗策以察其才识，简拔贤良，用资器使，必载道之文，经世之言，有体有用，而后不负科举。则父教其子，兄勉其弟，师之训课弟子，务使博览乎古今载籍之全，

致力于日用伦常之地，精识于猷为政事之原，不欺暗室而品端，不骛纷华而学正，以心领神会身体力行者见之文辞。不惟邑之科目将日盛，而贤材蔚起，以应盛世之旁求者，为用宁有涯乎？贤邑宰试士斯地，宜操何道哉？①

在这两大段文字中，第一大段结合夏商周三代乡举里选德行道艺并重、后世科举一切以程文为去留，指出了古今选士制度的异同，认为当代县试就是周代的乡举里选。第二大段高度评价建成考棚的重要意义，分析了建造考棚的目的所在，进而勉励考生应该立足于有体有用进行学习和应试，博览古今书籍，身体力行，努力成为品端学正的实用型人才。

县试考棚记的作者大多是主持修建考棚的州县官员。他们早期均曾熟读四书五经，入仕后则每日处理各类事务，有机会在实践过程中思考儒家经典。在撰写贡院记文时，往往也将儒家典籍的相关表述融入其中。如道光二十三年（1843）湖北郧阳府郧西县知县翁吉士所撰写的《创建考棚碑记》便是如此。该记约2000字，是迄今所发现的篇幅最长的县试考棚记文。在记文的开篇，翁吉士便用250余字，以《周官》州长党正族师闾胥对应清代州县地方官、以乡举里选对应清代县府院试进行了比较。接下来，翁吉士用了约220字描述自己到任后看到的县试情景、听闻的郧西县科第状况。之后又用了近300字征引马端临、文翁、司马相如等的言论、事迹，阐述地方官应当对推动地方文教发展有所作为的观点。接下来，翁吉士先用了约180字叙述了道光二十三年（1843）本县士绅建议"宾兴试院二者并举"从而捐资设立宾兴基金之事，之后才正式进入创建考棚之正题。他分别详细叙述了考棚建造工期的起讫年月、考棚所选基址的面积和方位、考棚外面的候点长廊，并重点叙述了考棚仪门、大门、大堂、二堂、丽泽精舍、莲花池及其分别附设的祠祀、房舍等，篇幅约为350字。其中在介绍大堂旁边的射圃、射堂时，他又顺便对周代的射礼做了简单的

---

① （清）萧玉春，陈恩浩，李炜，段梦龙：《同治永新县志》卷6《建置志》，南京：江苏古籍出版社，1996年，第120页。

回应。接下来，翁吉士采取倒叙的方式，详细描述了本县士绅为了设立宾兴、建造考棚而做出的各种努力，包括远溯汉江购买木材、走遍城乡募捐经费、不避艰辛分类督工、锱铢必较管理经费、适应考试调整进度等。记文还提及，在他兼摄郧县知县三个多月期间，管理首事一直写信向他报告工程进展，而在他回任之后，发现"木石诸材皆庀，而诸衿士皆数月烈日中，面目黧黑，见余交相慰劳而不自知其皆瘁矣"。这段的篇幅约为330字。随后，翁吉士用他在考棚建成后开展对诸生的考课，引出本篇记文的结尾讨论，约240字。他指出，"古之待士者，居之地必择宽闲之所，升之时必需岁月之久，盖必教之之详而后乃得用之之当"，而教育的内容主要是"五品"，即爱亲、敬长、仪情、复性、明仁。最后则对另立石碑刊刻相关官绅姓名以及宾兴试院管理章程之事进行了简要说明，篇幅约110字。①

2. 文贵写实

贡院记作为一种记叙贡院修建过程的实用性文体，其第一要务自然是客观记录修建贡院的前因后果，其次才是发表议论适当评价。而一篇好的贡院记则能够二者兼顾，做到记事真实客观，点评恰到好处。

如前所述，清代贡院记的作者类型多种多样，文采高下有别，呈现出的才气底蕴自然有所不同；作者对修建贡院过程的了解千差万别，记文体现的细节、情感也截然不同。亲身经历了贡院整个修建过程的作者，其贡院记往往更为生动、感人。前面提到的福州侯官县人翁吉士《创建考棚碑记》便是如此。兹再以安徽安庆府太湖县知县余心畅撰写的《增修考舍碑记》为例：

> 从来人事之修，必乘乎时，因乎地，而或时地所迫，有未及规其全者，则需后之人踵成之。而犹未越廿余年，此真际乎气运之隆，非偶然也。

---

① （清）程光第，叶年莱：《同治郧西县志》卷8《学校志》，南京：江苏古籍出版社，2001年，第112—114页。

湖邑科名，自元仁宗朝黄公信一以殿元开先，至明而递盛，至国朝近三十年而更盛。甲科始乾隆庚子，越甲辰则胪传，嘉庆丙辰则胪传第一，壬戌则一榜得三人。嗣是联镳继轨，盖气运寖炽寖昌矣。顾人才之乐育，首在书院，而士子发轫，则由考舍。忆岁己酉南闱差回，邑绅士请并建书院、考舍。予欣然趣之，购地鸠工庀材，阅数月而事竣。庚戌、辛亥，予两次校试，多士角艺其中，争相劝勉。予顾之辗然，因书数语于壁，为之期曰："愿诸君他日衡文，勿忘此间较艺。"迄今主乡试、分乡会闱者不绝。

然其时，应童子者不过千五六百人耳。迄己巳春，邱明园明府以邑人士意，延予入书院，则见县试几二千人，桌凳胪列，坐间觉稍隘。予谓，才之盛，洵时为之，如地何？越两载，比邻孙宅将售，诸同人集商之，而患屋多值昂，以告邱明府，明府亦乐襄是举也，乃分购其大半为公所焉。岁甲戌，以属梓人，为厅一，为棚四，为坐号可五百有奇，计费一千余金。且敞其东为他日增构地。予现植桃李于其间，亦快意事也。旧时董事陈君羽丰，年已逾耄耋，惟周君康言力司经费，余则各家子姓而同理经费者，若李君东乔；朝夕督工者，若蒋君克尚、李君根良、曹生仙崖；往来巡视者，若李君养吾、韦君蓝田、王君德全，并皆自具饔飧，勤施不怠。

以是知气运方兴，又适时与地合，此人事之所以后先一辙也。予喜见其成始成终，故复不揣固陋，为其次其事直书之，勒于西厅壁左。①

余心畅（生卒年不详），字卓尔，一字文茵，江西奉新县人。乾隆四十年（1775）进士。乾隆五十一年（1786）莅任太湖知县，痛惩构讼之风，赈济被灾民众，请免灾民租税，捐助书院膏火，捐俸倡建考棚，提振文风士气。太湖县首位状元赵文楷，便是在其任内入学并考中举人的，

---

① 高寿恒，李英：《民国太湖县志》卷35《艺文志》，南京：江苏古籍出版社，1998年，第425页。

"赵殿撰文楷所造就"①。乾隆五十六年（1791）余心畅"以罣误去官"后，太湖县人又于嘉庆十四年（1809）邀其主讲其亲自"捐俸倡修"的熙湖书院，并"立生祠于讲堂右以祀之"。②余心畅在主讲熙湖书院期间，也再次参与了扩建考棚的活动。因此，余心畅的这篇记文，实际上便是一个亲历者的回忆录。余心畅首先指出，取得成功（人事之修）需要同时满足若干关键因素，即天时、地利和气运。太湖县从元代以来的科举成就，表明本县"气运"在逐渐提升。不过，科第之"气运"不会凭空而来，它需要靠书院"乐育"人才，也需要靠考棚为人才提供"发轫"。乾隆五十四年（1789）以来，本县官绅共商建筑书院、考舍，正是为了"乐育"人才，并为其"发轫"创造条件。建造考棚以后的科举成绩，说明努力没有白费。余心畅接着指出，由于参加童试的人数不断增加，从此前的1500人左右增至近2000人，原有考舍座位便显得日渐拥挤。为此，太湖知县邱文熙与士绅商议，合力买下考棚隔壁的孙氏宅院，其中大半由官方出资购买作为本县公所，部分由士绅捐资购买作为考棚地基，成功为考棚扩建了1厅、4棚，合计增修了500多个坐号。在结束记文之前，余心畅还逐一列出参与出力的司理经费、朝夕督工、往来巡视等董事士绅的姓名。由于这篇记文最终要被刊刻立碑，因此对在如此简短的篇幅内提到的每一个姓名，都无疑具有使之名垂青史的表彰作用。最后，余心畅又将笔锋一转，对开篇的"人事"关乎"气运"的观点进行呼应。整篇记文首尾呼应，气脉贯通，实情实感，不涉空谈，是各类贡院记中的典型佳作。

主持修建县试考棚的州县官员所作考棚记文往往叙事写实颇为生动，具有很高的史料价值。而一些较高级别贡院的记文，也不乏同类作品。如被尊为"一代文宗"的江苏仪征人阮元，曾撰写过两篇改建贡院号舍的碑记，一篇是《江西改建贡院号舍碑记》，另一篇是《改建广东乡试闱舍碑记》。它们分别作于嘉庆二十一年（1816）和道光二年（1822）阮元出任

---

① （清）许应鏒，王之藩，曾作舟，杜防：《同治南昌府志（中）》卷42《人物志》，南京：江苏古籍出版社，1996年，第528—529页。
② 高寿恒，李英：《民国太湖县志》卷16《职官志》，南京：江苏古籍出版社，1998年，第136页。

江西巡抚和两广总督期间。前者篇幅略短，只有约450字；后者篇幅略长，约为680字。从行文风格来说，两篇贡院记都以叙事为主，基本不发议论。如前者开门见山，直接讲述江西贡院号舍卑狭的基本情形，接下来叙述自己莅任江西巡抚后，江西绅士如何主动要求扩增号舍，如何疏浚东湖淤泥填培舍基，如何撤换舍瓦铺砌石板，如何改造厕号开挖水井。文中只有字数不多的议论文字，一是评价士绅积极捐款、踊跃任事："非众义之积，盍克举事？非有所倡有所勤，盍克蒇事？"二是展望科甲盛况："今而后文学道谊、科名之盛，当更有翊乎圣运者！"后者更是将所有笔墨用于叙事，开篇从"各行省乡试号舍，初创即定其尺寸，纵有所修，无能改作"入手，指出全国各省乡试贡院的号舍尺寸一经修建便几乎没有办法加以更改。接着叙述自己参加乡会试和担任乡试监临的亲身经历，对比江南贡院、顺天贡院、江西贡院、广东贡院的号舍情形，指出江南、顺天贡院号舍较为宽舒，而江西、广东贡院号舍则极为湫隘。接下来，阮元简单回顾了广东贡院的选址变迁历史，重点描述了贡院号舍的湫隘状况，说明自己派遣工匠实地丈量后制订了号舍改建计划。再接下来，阮元用自己改建江西贡院号舍的经历，与在籍翰林院编修刘彬华等广东绅士商议如何倡捐筹集经费。在取得了一致意见后，阮元率领官属"倡捐俸银"，引导捐资；并同时拆除旧号，"以示事在必行"。接下来的篇幅里，阮元详细叙述了道光元年（1821）十二月之后的半年之中工程进展情况，包括改建号舍7602间，开挖水井24口，改建厕所，开通沟渠，改建对读、誊录二所。尤其是在描述改建号舍情况时，阮元还列出了新旧号舍的长度、宽度、高度，这在其他各省贡院记中极为罕见。记文的结尾部分，阮元依然平铺直叙地说明了改建号舍工程的总体用费情况，以及将另外刊刻石碑，记录"乡官士商之议事者、捐银者、司工者"。① 整篇记文没有用一个字来评论贡院制度、号舍意义、乡绅捐资的义举精神、贡院修缮的文教影响等，几乎将文贵写实的原则贯彻到了极致。

---

① （清）阮元：《揅经室三集》卷2，《清代诗文集汇编》第477册，上海：上海古籍出版社，2010年，第369—371页。

除了如实记录贡院的修建过程外，有些贡院记还注重写出真情实感。如江西吉安府万安县考棚建成于嘉庆二十四年（1819），是由广东番禺县举人陶尧臣主持建造的。他在嘉庆十九年（1814）莅任万安县后，"历文试者三、武试者再"，亲眼见到本县"应童子试者不下千余人，而邑无应试公所，各挈坐具赴县署就考，竞相喧挤不可禁，老弱者力困惫，往往至倾仆"的混乱场景，心中十分不忍，为此"首捐廉俸以倡"，并委派多名"勇于义而敏于才"的绅士负责工程管理，最终历时四五年之久建成考棚。不过，陶尧臣还没来得及参加考棚的落成典礼，便"由摄庐陵篆，调任信州之上饶"，从赣西调任到赣东。不过，万安县士子却不忘其倡首之恩，派人专程到上饶县请其作记："诸君子念余之倡斯举也，胪名具书词，遣人走千里，以成功来告，视以图堂庑之宽广而高敞，墙垣之坚厚而周密。其间号桌坐板用木若石之宜，及广与厚之度，一如余向所规划。并请为文以记之。"行文至此，陶尧臣并未像其他贡院记一样展开评论，而是用一句"余喜斯举之甚赖诸君子相与有成也，而乐寄一言，以书于石"[①] 突然结束了这篇记文。这句话看似轻描淡写，但此时无声胜有声，想必陶尧臣的心里早已感慨万千。

3. 紧扣主题

贡院记作为一种实用性文体，其任务以写实为主，其叙事涉及官员规划、士绅捐资、贡院规制等诸多方面，有时候不免有记流水账之瑕疵，很难找到一个统一的主题。但也有很多贡院记的作者亲身参与了修建贡院的全过程，因而印象深刻，感慨良多，其所作记文便能够主题突出，叙事生动，条理清晰，引人入胜。如湖北武昌府通山岁贡乐纯青撰写的《创修考棚记》，便是一篇紧扣主题、层次分明的贡院记：

> 道光乙巳秋，通山创修考棚。阅二年落成，人咸颂张侯德于不衰。夫考棚重地也，创修宰职也。振兴文教，嘉惠士林，上副圣天子

[①] （清）定祥，刘绎，周立瀛：光绪《吉安府志》卷6《建置志》，台北：成文出版社，1975年，第289页。

作人雅意，贤侯之夙心也，奚颂为？特以数百年未修之举，一日创之，费将累万，工经数年，非政成民和，未有翕然从风者。侯之德大矣哉！

始之经营也，买城东管姓屋一座，价一千一百金。因地势低，且与署远，暂作公所。仍于署内右侧审其地，得天然基，后稍促，移常平仓故址足之，今之至公堂以上皆仓基也。为号舍三间，大致仿武昌府考棚，可容千余人。桌凳皆石脚，又过之。时则有经理者若而人，经费者若而人，鸠工庀材者若而人，矢公矢慎，任怨任劳。既成，各里复以费之余起宾兴会。虽诸绅协力同心，总以宣侯德意耳。

夫新沐者必弹冠，考棚既修，宾兴复起，通之气象焕然一新，士孰不弹冠相庆？昔道光癸巳冬府试，通应试者不满三百人，裕太尊独奖通山，谓十年后必有文人蔚起，二十年后必有达人。今县试近千人，学额加八名，斯言不有征乎？抑亦张侯兴作，与运会适相合也。

特天下事创业难，守成亦难。自咸丰甲寅，贼入城，公署尽毁，而考棚独存。宰是邑者，不居公所，即居考棚，号桌号凳，每不无损坏之忧。所望后之贤侯，以张侯之心为心，不负熙朝作养之意，则通人士之福也已。

夫前明有二张侯，皆贤能，所建修列诸志矣。今侯并峙为三，乌可不记？遂作颂曰：海康张侯，重修谯楼。仪门备制，式焕新猷，九冈张公，整顿泮宫，棂星门辟，学校尊崇。今之贤尹，起自乌程，民情允洽，乃建考棚，事为其创，象取诸庄。爰暨诸绅，经营意匠。广厦千间，庇士欢颜。昔惟大邑，今见通山。栽培士类，惟侯之赐。后来贤宰，善继斯志。

侯讳中孚，号蔼人，浙江乌程举人。[①]

据《同治通山县志》卷3《学校志》记载，通山县考棚始建于道光二

[①] （清）乐纯青：《创修考棚记》，（清）罗登瀛，胡昌铭，朱美燮，乐纯青：《同治通山县志》卷6《艺文志》，南京：江苏古籍出版社，2001年，第256页。

十六年（1846），系由知县张中孚谕令绅士汪鼎、陈兆熊等5人倡导全县士民"踊跃经营"，历时三年建成。① 乐纯青的这篇记文共约740字，开篇便点明通山县创建了考棚，并以一句"人咸颂张侯德于不衰"引领全文。作者以自问自答的形式（"奚颂为？"），阐明县人感激颂扬知县张中孚的原因，继而叙述张中孚带领县人建造考棚的过程，包括考棚选址、捐款数额、监理分工等内容。在"颂德"的基础上，作者进一步阐明了创建考棚的意义，并提醒后来者应该感念张中孚之用心，一定要珍惜、保护好考棚，使之传之久远。在每一个段落的结尾，作者都会直接或间接地点出"称颂张侯"的中心论点。文章的最后一段，作者集中围绕"颂德"的主题，以"遂作颂曰"起头，以四言颂诗的形式，再次叙述了张中孚倡建考棚的过程，用铿锵严整的韵律将记文推向高潮。记文最后用"侯讳中孚，号蔼人，浙江乌程举人"结束全文，清楚点明了记文颂扬的对象。

　　道光十九年（1839）安徽盱眙县知县沈祥煦为安徽泗州直隶州试院所撰《试院碑记》同样令人印象深刻。在这篇记文中，沈祥煦开宗明义，开篇便提出了文章的主题思想："天下事始创难，踵事亦难。士君子尚义难，继志尤难。而有为其难者，则固难能而可贵矣。"接下来，他先简单介绍了雍正四年（1726）知州张文炳首创泗州直隶州试院，以及道光年间监生张万禄临终前遗命其子张大元、大魁、大宾捐修试院之事。接着，他详细叙述了学政沈维鐈到任后捐俸添建堂帘、张氏兄弟捐资独修号舍桌凳，以及全县士绅继起分修堂寝各处的过程与耗费银两。不仅如此，张大元还为敬一书院捐设了每年可收120石田租的庄田。最后，沈祥煦用"善举正未有艾"呼应开篇之主旨，并勉励士绅将"见义必为"的精神继续传递下去。② 在这篇记文里，开篇的"始创""踵事""尚义""继志"是贯穿始终的主线，张氏兄弟遵从父亲遗志捐资建造考棚的经过是论述这一主题思想的最佳事例，本县其他绅士参与捐资是这一精神不断感召众人扩大影响的

---

① （清）罗登瀛，胡昌铭，未美燮，乐纯青：《同治通山县志》卷3《学校志》，南京：江苏古籍出版社，2001年，第128页。

② （清）沈祥煦：《试院碑记》，（清）王锡元：光绪《盱眙县志稿》卷5《学校志》，台北：成文出版社，1970年，第313—314页。

最佳结局，文末对主题的呼应则为整篇记文画上了完美的句点。

各省学政是清代贡院记的主要作者群体之一。由于学政按临各省后，三年之中要两次巡行全省，到各府、直隶州举行岁试、科试，其间还要考核教官优劣，访寻节妇孝子，惩处顽劣诸生，事务极为繁忙。他们虽然名义上主持修建了很多试院，但事实上对每个试院的修建过程都无法做到亲力亲为。正因为如此，他们撰写的考场记文也多数重于说理而弱于叙事，务虚有余而写实不足。当然，事无绝对，各省学政毕竟是科举人才中的佼佼者，舞文弄墨是他们的老本行。只要他们有时间、肯用心，写出文情并茂、虚实兼顾的考场记文并不困难。如嘉庆四年（1799）广西学政钱楷（1760—1812）为桂林府提督学政署所写的《重筑号舍记》一文便是其中的佳作。这篇记文约660字，开篇与结尾都紧扣其中心思想，那就是开篇的第一句话："凡事利不倍不妄行，理不至不轻举。"围绕这个中心思想，他叙述了桂林府提督学政署从无到有的过程，其间经历的多位知府的做法，阻碍他们顺利建造试院的原因，现任知府邱庭潾与临桂知县蔡呈韶能够建成试院的基本要素。其中，他重点描述了"阴阳家"提出的学政署"堂之下宜旷，今作号舍，毋乃隘甚，且不利于使者"①的迷信言论，以及自己决心将三千名考生的利益置于自己的安危之上，坚决推动试院工程的心路历程。这篇记文将自己的心理感受乃至生命感悟融入文中，行文有血有肉，读来令人动容。

4. 偶用骈文

贡院记一般都较为自由，采取散文的笔调直白陈述事实论述道理，不讲究句式押韵、语调平仄。不过，也有部分贡院记采取骈体文的行文笔调，通篇使用四六对仗的词句进行叙述。如广西思恩府上林县在道光二十一年（1841）由知县柯桂采倡导绅民捐资创建考棚，次年，广西学政钮福保应邀为其撰写了一篇《上林县创建试庐记》，便通篇使用了四六对仗的骈体文文体：

---

① （清）蔡呈韶，胡虔：嘉庆《临桂县志》卷12《廨署》，台北：成文出版社，1967年，第196—197页。

驹名千里，可称逐电之能；鹏击九秋，犹借培风之力。是以量才造士，溯自初基；所宜正本清源，端其始进。年方典谒，频更小试以甄陶；学果超群，乃得附名于黉序。然捉刀而立，每为借面蒙倛；或夹袋之中，孰是呕心长吉？此则试庐之设，当务所先，关乎弊窦之除，厥功甚巨者也。我圣朝崇儒重士，三载宾兴；选秀升贤，四方利用。将瓮牖绳枢之士，即蛮花犵鸟之乡。凡兹济济多才，莫不蒸蒸向化。顾乃庇之万厦，抑犹闭以重扃；诚恐夤缘苞苴，是禁尤防代倩。菅蒯相渎，故不能不广设科条，严申功令也。予以叠膺帝简，载（再）典乡闱。此际利病良多，向者见闻最悉。惟每叹郡县之率由不一，国家之经费有常。彼校诸童于廨舍之中，且不免夫负戴；是侪多士于胥徒之列，更何论夫怀藏？欺诈无所关防，品诣奚由简择？譬之士子，固知教自婴孩；比及成人，能不伤夫老大耶？今以辛壬之岁，粤岭提衡；间闻甲乙之科，澄江夺锦。按临者再，科考告竣。会斯宇之兴役落成，因诸生以撰文为请。询其缔构，灿若列眉；告厥经营，成于集腋。适以戒涂将发，距其治境尚遥。莫得其详，姑无具论。稽彼都之名风化，隶昭代而见龙飞。洪洞藏书，流风未泯；姚江讲学，旧泽长存。虽惟九里三闉，讵乏千灵万秀。从知士则超前轶后，待以席珍；将见文则肆外闳中，蔚为国宝。未必非积习清厘于此举，斯以有英才辈出于他年。幸毋河汉斯言，愿共渊源正学。是固予之厚望，当亦众所乐从。既得与闻，聊为记之，云尔。①

钮福保（1805—1854），字右申，浙江乌程县人。道光十八年（1838）状元，工书法，善诗文。官至詹事府少詹事。钮福保的这篇记文，总体上可以划分为四个段落。从"驹名千里"到"厥功甚巨者也"为第一段，论述县试对士子的重要意义以及县试考棚对县试的重要意义；从"我圣朝"到"严申功令也"为第二段，指出国家重视县试，也重视防弊；从"予以

---

① （清）徐衡绅，周世德：光绪《上林县志》，清光绪二十五年（1899）刻本，卷9《艺文志上》，第15—16页。

叠膺帝简"到"能不伤夫老大耶"为第三段,重申考试防弊对士子成才的重要意义;从"今以辛壬之岁"到"云尔"为第四段,叙述自己撰写这篇记文的缘由,并对当地士子表达殷切期望。这篇记文除了部分过渡性的词句外,几乎通篇都是骈文,四六对仗,音律和谐,引经据典,用词典雅。

受文体限制,此类骈体文的贡院记往往优于说理,劣于写实,无法据实描述贡院的房舍规制,也无法清楚叙述参与决策、捐资的官绅姓名。因而也有一些贡院记选择将散文叙述与骈体修辞或诗篇铭文融合在一起,使文章既叙事清晰又韵律优美。如康熙四十九年(1710)山东莱州府在知府陈谦的主持下重修了试院,山东学政黄叔琳和潍县进士刘以贵分别为其撰写了记文。刘以贵的《创建考棚碑记》约900字,依次综述历代贡院制度,描述此前莱州府试院旧况,简要说明知府陈谦到任后的文教政绩,重点叙述了陈谦主持建造试院的过程与规制以及新建试院的使用效果,继而用"鱼跃龙门"勉励士子努力上进。在记文的最后,刘以贵介绍了陈谦的字号、籍贯,并用一首四言诗对其创建莱州府试院之事作出了总体评述。

  谨志其事,系之以诗,曰:莱朱之墟,经师若储。笺诗注礼,雅雅鱼鱼。薪之樵之,作人如砥。猗欤试厂,别白渑淄。故址狭卑,谁恢厥规?东西两荣,龚黄是葵。既经既成,有觉其楹。德造毕集,喤喤厥声。庀材饬工,断制由衷。士怀大德,海隅同宗!①

相比于散文体的直白陈述,韵文体的诗句更具整齐和谐的音律和古奥典雅的词语,也更能带给读者以优美的阅读体验。

5. 忌发空论

一些贡院记的作者因为没有亲历贡院的建造过程,对贡院的房舍结构、参与人员等情况不甚了了,因而所撰记文便显得高调空洞、毫无情感。如同治十年(1871)时任直隶总督李鸿章所作《重修江南贡院碑记》,

---

① (清)刘以贵:《创建考棚碑记》,(清)杨祖宪,侯登岸:《道光再续掖县志》卷下《艺文志》,南京:凤凰出版社,2004年,第227—228页。

有 800 余字，其中真正用来描述江南贡院的文字，则只有 220 多字。开篇一大段约 200 字，叙述孔子及其弟子的事功，目的在于说明山川地理环境对于人才产出的影响；最后一大段 380 余字，主旨是呼应开篇的这个观点，说明江苏、安徽两省的山川地理对人才产出的影响甚至超过春秋时期的鲁国。① 前后这两大段文字，与中间对同治年间曾国藩、李鸿章先后两次重修江南贡院的描述，几乎没有任何词语或逻辑上的连接，起承转合显得非常生硬。而前后两大段里罗列的一大堆极为生僻的地理名词、人物姓名，更使人读来如堕五里雾中，茫然不知所云。事实上，曾国藩扩修江南贡院是在同治三年（1864），李鸿章扩修江南贡院是在同治五年（1866），他们都只是修建工程的决策者，并不参与具体的工程监理等相关事务，因而对修建贡院的过程、贡院房舍的布局、工程出力人员等详情都了解较少。李鸿章虽然 17 岁便已入学，但 21 岁乡试中举却是在顺天贡院而非江南贡院，因而对江南贡院并无个人好恶情感；再加上李鸿章写作这篇记文时已经转任直隶总督，朝廷内外事务繁忙，根本无暇静下心来写好这篇贡院记。

学政肩负教化之责，往往借助各种场合宣讲治世化民之道。贡院记是一种立碑垂久的文体，非常适合于承载传统国家的礼乐教化。不过，有些学政的贡院记"用力过猛"，脱离主题不说，甚或流于空谈泛论。康熙四十九年（1710）山东学政黄叔琳撰写的《新造莱州府试厂记》，便是一篇用力过猛、说理过度的贡院记。该记全篇约 1050 字，大致可分为三个部分，第一部分是开头，约 110 字，主要叙述此前莱州府院试的情形。第二部分是过渡，约 250 字，简单介绍新建试厂的决策过程、建造经过、基本规制、经费来源。第三部分是主体，约 890 字，叙述国家重视养士选才、当今皇帝重视人才、莱州生童积极应试、学政各官尽心经营的景况；勉励士子努力学习先贤作文之法，注重实学，明体达用；最后说明作记是为了立碑，以为后人征信凭证。② 黄叔琳的这篇贡院记，本应该详细记叙修建试院的过程和试院的房舍分布等，但却将大量的笔墨放在说理上，读来令

---

① 时呈忠：《南京夫子庙志略》，北京：中国工人出版社，2005 年，第 79—80 页。
② （清）严有禧：《乾隆莱州府志》卷 13《艺文志》，南京：凤凰出版社，2004 年，第 314—315 页。

人昏昏欲睡。

6. 切忌偏题

贡院记是用来记叙贡院的修建过程及其基本规制的文章，但也有一些贡院记跑偏了题，将褒贬人物作为第一要务，记叙贡院反而成了次要任务。

康熙四十五年（1706）以侍读之职出任山西学政的邹士璁撰写的《重建平阳试院记》便是一篇"偏题"的贡院记。

> 余奉简书，视学三晋。夙夜兢兢，务拔真才。苞苴请托，一概屏绝。郡县之贤者亦咸思仰称今上作人至意，而平阳太守刘公为之最。
>
> 平阳旧无试院，岁于旷地盖厂校士，民苦其役，士患风日雨雪不足蔽。至明季始因废仓故址创试院，士民交便之。岁久倾圮，继以兵燹、地震，荡然无存。而厂役又兴，公以为忧。会公诞日，三十四属吏议画屏为寿。公素廉，戒无制。固请之，曰："必欲寿我，盍以此为我建平阳试院乎？"佥奉教恐后。余亦捐俸钱襄之。刻期鸠工，不数月而落成。其屋为堂、为寝、为轩、为厢、为书室、为号舍、为仪门、为坊、为门皂房、为庖湢所，总若干，皆坚固可数百年。由是得不以厂役苦民，士子入试，风日雨雪皆可无患也。
>
> 余观前史良二千石事迹，多可喜者，然亦各名一节。公之遭际主知，擢守平阳也，当是邦洊罹灾异之后，急之则乱绳难理，缓之则又不可以清谈而卧治，鲜不左支右吾，跋前疐后，公则于于焉起而整顿之。朱南阳之强直自遂，员半千之文雅粉泽，马援之遇长吏如兄弟，高慎之遗子弟以清名为基，兼而有之，故能感人之深，百废是举，而官不缺费，民不言劳。向闻公之兄为学臣，捐俸为孤寒援纳子弟员，修文庙及先贤书院，皆身先倡率，江左至今称焉。余既心仪久之。公官太守，职司牧民，乃能恤轸士类，建试院，有兄之风，余尤以为难。
>
> 今上加意吏治，守令必临轩亲试，训诰再三而始遣之。为吏者莫不感奋，斤斤自好。故或砥名节，却馈遗，未必其以己所弗受者，俾

三十四属之士均获庇于广厦也。天下诚得如公者数十人，散布大郡，各率其属，以仰称今上作人至意，文治有不益臻于盛欤？公名棨，号青岑，密州人。其治平阳美绩不可胜书，余特书其有关于学政者如此，以风后之良二千石。①

邹士璁的这篇《重建平阳府试院记》只有大约570字，其中叙述平阳知府刘棨创建试院经过的文字仅有约190字，其余近380字都是用来夸赞刘棨及其兄刘果的政绩。[按，刘棨（1657－1718），字弢子，山东高密县人。康熙二十四年（1685）进士，康熙四十三年（1704）任平阳知府。②后官至四川布政使。一生为宦，勤奋不懈，颇得民众爱戴。其兄刘果（1627－1699），字毅卿，顺治十五年（1658）进士，康熙十八年（1679）任江南学政，曾参与修纂《大清律》。]虽然邹士璁的这篇贡院记与前引通山岁贡乐纯青的《创修考棚记》都是以颂德为主，但乐纯青的记文是在创修考棚的基础上叙述地方官的德政，而邹士璁则是在颂扬刘氏兄弟德政的基础上顺带提及平阳府试院，显然有"偏题"之嫌。

浙江台州府太平县知县唐济所写的《校士馆续办善后汇记碑》，则是存在颇为严重的"跑题"情况。唐济为广西桂林人，以军功身份于同治十三年（1874）九月九日署任太平县知县，光绪三年（1877）二月被命代理临海知县之职。其间他主持了诸多太平天国战事之后的"善后事宜"，得到了"初政卓异"的评价。在这篇以"校士馆"为题的碑记中，他记叙了自己认为"关系甚重，清厘整顿，义不容辞，故纤悉靡遗"的几类事情。一是"本无而创建者"，包括忠义祠、校士馆、涂路、避潮口、四城门、各汛守营房；二是"久废而重兴者"，包括养济院、义谷仓、神农祠、节孝祠等；三是"旧有而修整者"，包括城垣、明伦堂、闸坝、神祇坛、岳忠武庙、邑厉坛等；四是"被侵而规复者"，包括袁公祠和节孝祠之房屋、

---

① 刘玉玑，张其昌，等：《民国临汾县志》卷5《艺文志》，南京：凤凰出版社，2005年，第475页。
② （清）章廷珪：《雍正平阳府志》卷19《职官上》，南京：凤凰出版社，2005年，第317页。

育婴堂和朱子祠之房产等。并将各种"年久失管、豪强兼并"的田产等全部整理清楚,"分别拨充校士馆岁修、合邑文宾兴之用"。① 可以看出,这篇碑记与其说是一篇考棚记,不如说是一篇由作者自己执笔的德政碑记。

五、清代贡院记中的典型文化意象

清代贡院记是一种主题集中的应用性文体,虽然地点不同、时代不同、人物不同,但所描述的对象都是贡院,因而不可避免地存在诸多颇为相似的行文表述。尤其是在评价各地士绅慷慨捐资为全体士子建造贡院的义举时,更是经常涉及若干典故,从而使其成为贡院记中的典型文化意象。

1. 杜甫与"广厦万间"

杜甫《茅屋为秋风所破歌》有"安得广厦千万间,大庇天下寒士俱欢颜"之句,体现出对天下寒士的悲悯情怀。在清代贡院记中,杜甫的这首诗成为一种典型的文化意象。不过,在清代贡院记中的广厦寒士不再是凄凉悲苦的落寞书生,而是得到官师乡人厚爱提携得以在科场号舍中一展所长的意气风发之士。

如康熙五十一年(1712)江西巡抚佟国勷通过"经营捐造,所托得人",全面重修了江西贡院的一万多间号舍,"尽撤木席而易以石,务合完善坚好"。江西兴国县人、礼部侍郎王思轼(1655—1727)在所撰写的贡院记中便指出,"昔少陵云'安得广厦千万间,大庇天下寒士皆欢颜',在少陵犹为虚愿,而公则真能见诸行事"②。无独有偶,同治二年(1863)以中允之职出任江西学政的何廷谦,在其《增广贡院号舍碑记》中也提到了杜甫广厦大庇寒士的典故。是年何廷谦见到江西因为历年捐输军饷得以增广乡试举人名额,入场考生人数相应增加,导致贡院号舍不敷使用,于是与巡抚刘坤一商议增修号舍4000间。通过广泛劝捐,全省14个府、直隶

---

① (清)陈汝霖,王棻:《光绪太平续志》卷2《建置志》、卷3《职官志》,上海:上海书店出版社,1993年,第516、554页。

② (清)阿应麟,徐清选:道光《南昌县志》,清道光六年(1826)刻本,卷2《公所》,第24页。

州的在学生员捐款总额共计 3.8 万余千文，而江西贡院号舍总数则达 17591 间。何廷谦在贡院记中指出，"夫广厦大庇寒士，千万间不厌多"①，认为自汉代以来尽管历代都有立学、建书院的事例，但都没有人为考生建造贡院，而只有清代才真正做到了学校养士和贡院取士的完美结合。

杜甫"广厦万间庇寒士"诗句所体现的体恤寒士的文化意象在县试考棚记文中同样颇为常见。如嘉庆初年江西金溪县例贡黄杰独力捐资一万余金，为本县创建县试考棚。嘉庆六年（1801），目睹了考棚修建整个过程的知县陈学诗特意撰写了《崇仁县试院记》，高度评价了黄杰的义举，说他"能继父志，不惜万余金，为广厦以庇寒士而生欢颜，使向之老者、弱者、负者、携者艰辛劳瘁一变而为从容暇逸"②。又如道光年间江西新喻县贡生刘必选独力捐资 5000 余缗建成县试考棚，本县知县、浙江仁和县进士陆尧春在其所撰《考棚记》中也对其行为大加赞许，认为"杜少陵所云大庇寒士欢颜者，其此之谓欤"③。再如嘉庆十二年（1807）江西南昌府丰城县李凤鄂兄弟独力捐银一万余两建成县试考棚，本县拔贡杨道南在其所撰《丰城新考棚记》中如此评价："昔少陵云'安得广厦千万间，大被天下寒士皆欢颜'，安得者，虚愿也，兹实见诸行事矣！"④ 认为李氏兄弟将杜甫的心愿变成了事实，其行为更超出了杜甫的境界。

清代江西是建造县试考棚最多、留下县试考棚记最多的省份，杜甫的广厦大庇寒士的文化意象自然颇多体现。而在其他省份，类似的表述也不乏其例。如湖北施南府宣恩县知县陈文炤在咸丰十年（1860）倡建县试考棚后，在其撰写的《考棚记》中畅想今后县试场景时便说："士之怀瑾握瑜以就试于考棚者，虽非广厦千间，而各安笔札，亦可欢颜，以尽所长。

---

① 魏元旷：《南昌邑乘文征》卷 19《记七》，台北：成文出版社，1970 年，第 729 页。
② （清）许应鑅，朱澄澜，谢煌：《光绪抚州府志》卷 18《建置志》，台北：成文出版社，1970 年，第 308 页。
③ （清）陆尧春：《考棚记》，（清）文聚奎，祥安，吴增逵：《同治新喻县志》卷 3《建置志》，南京：江苏古籍出版社，1996 年，第 141—142 页。
④ （清）王家杰，周文凤，李庚：《同治丰城县志》卷 26《艺文志中》，南京：江苏古籍出版社，1996 年，第 610—611 页。

行见争自濯磨，以仰副圣天子作人之雅化。"① 又如广东高州府化州知州黄锡宝于道光五年（1825）率领邑绅捐建考棚后，又为其撰写了一篇记文，开篇第一句便说："昔杜工部有云，安得广厦千万间，大庇天下寒士俱欢颜，矧考试为抡才盛典，多士云集，欲尽一日之长，未有片席之地，风雨不蔽，所谓庇寒士者安在哉？"②

2. 范仲淹与"舍宅建学"

范仲淹（989—1052），字希文，谥文正，北宋名臣，起家科甲，位至宰辅，文韬武略，天下知名。他在《岳阳楼记》中所表达的"先忧后乐"思想，以及捐设义庄护佑同族的行为，更一直为后世所景仰与效仿。作为一种专为选拔人才而建的公益建筑，贡院本身便很容易令人联想到范仲淹，从而使之成为贡院记中的一种文化意象。

如道光元年（1821）广西郁林直隶州陆川县知县彭庆昭倡集绅民捐建考棚，其地基为本县庞敬斋、庞绍园兄弟捐献的先祖故园。本县举人蓝时秀为之撰写了《庞府让地建考棚记》，指出庞氏多次捐助本县文教发展，并将庞氏义举和范仲淹进行比较："昔范文正公将家园让建郡学，千载称为义举。今庞氏让地以建考棚，事虽不同，其有功于文教一也。"③ 又如道光十五年（1835）浙江宁波府慈溪县人郑廷荣及其子举人郑一夔捐银 2.4 万余两创建县试考棚，称为"校士馆"。十年后昆明人赵光提督浙江学政，为其撰写了《新建校士馆记》，指出："昔范希文得巨室，既立荝矣，形家者言，居是宅者，子孙当科第不绝。希文遂舍宅为黉宫，曰，吾不欲攘一邑之吉为己有也。而范氏之子孙，至于今簪缨勿替。郑君父子之用心，其亦有希文之意也夫？其后嗣之炽昌，是又可操券决者。"④ 再如同治八年

---

① （清）张金澜，张金圻：《同治宣恩县志》卷 20《艺文志》，南京：江苏古籍出版社，2001 年，第 271 页。

② （清）彭贻荪，章毓桂，彭步瀛：《光绪化州志》卷 3《建置志》，上海：上海书店出版社，2003 年，第 62—63 页。

③ 古济勋，昌浚堃：民国《陆川县志》卷 23《艺文类》，台北：成文出版社，1967 年，第 362 页。

④ （清）赵光：《赵文恪公遗集》，《清代诗文集汇编》第 594 册，上海：上海古籍出版社，2010 年，第 457—458 页。

(1869)江西袁州府万载县人宋仕豪独力捐钱1600余缗，整修因战乱被毁的县试考棚。时任知县顺天府大兴县举人王麟昌为其撰写了《宋仕豪捐建试院号舍记》，指出："昔范文正居贵显，惟期以义遗子孙，后世用能修其业。封翁之克昌厥后，食报无穷，可豫卜也。且屡以不邀奖叙自陈，是其好义之性之出于自然，又岂袭义市义之徒所能冀其万一哉？"① 王麟昌虽然没有直接说明范仲淹"以义遗子孙"到底是哪项义举，但人们很容易便能联想到其捐地建学之事。

3. 韩愈与"彰美传盛"

韩愈是唐代古文运动的倡导者，被苏轼誉为"文起八代之衰"。他曾在《与于襄阳书》中写道："士之能享大名、显当世者，莫不有先达之士、负天下之望者为之前焉。士之能垂休光、照后世者，亦莫不有后进之士、负天下之望者，为之后焉。莫为之前，虽美而不彰；莫为之后，虽盛而不传。是二人者，未始不相须也。"② 蕴含后先继美、相得益彰之意。作为一种公共建筑物，清代贡院建成之后，需要后人加以爱护不断重修，才能将前人的善意传承下去并发扬光大。韩愈的"莫为之前虽美弗彰，莫为之后虽盛弗传"便成为贡院记中的常见文化意象。

清代贡院记中的"先美"，有时候可能是主持修建贡院的地方官。如道光十三年（1833）江西吉安府遂川县乡绅胡言扬独力捐建本县泉江试院，知县杨振纲为之撰写了《重修泉江试院记》，他在结尾处指出："虽然，'莫为之前虽美弗彰，莫为之后虽盛弗传'。兹之扩而增之，如德之日益新，如业之日益广，所以继胡侯者弥益至矣！今而后，多士奋兴，有如泉之始达，科名之盛，更有进于若余、若淦、若分宜者。"③ 其中的所谓"胡侯"，是指乾隆五十三年（1788）率领邑绅倡捐创建本县考棚的知县胡

---

① 张芗甫，龙赓言：《民国万载县志》卷尾《文征》，南京：江苏古籍出版社，1996年，第611页。
② （清）余诚编，吕莺校注：《古文释义（下）》，北京：北京出版社，2018年，第687页。
③ （清）王肇渭，郭崇辉：《同治龙泉县志》卷16《艺文志》，南京：江苏古籍出版社，1996年，第382—383页。

光祖;"若余、若淦、若分宜",是指杨振纲此前莅任过的余干、新淦、分宜三县,他在这几个地方都曾倡捐修理文庙、文昌宫、鼓楼和建造书院。

有时候则可能是慷慨捐助的当地士绅,如道光十五年(1835)浙江绍兴府诸暨县知县蒋祥堡倡议全县绅民捐款2万余两创建县试考棚,本县翼圣会后裔及孙、吴二姓则为之捐设了用于日常维修的钱款与田产。为此,本县时任黄岩县教谕蒋源镐为之撰写了记文,指出:"莫为之前虽美弗彰,莫为之后虽盛弗传。是举也,前君子倡而率之,后君子扩而大之,洵美且盛矣,其彰与传也宜哉!"① 记文并顺着这一叙事逻辑,逐一介绍了26位捐资建造考棚的"前君子"的姓名。

还可能是协力同心的全体官绅。如道光二十三年(1843)山东武定府知府、江苏吴县人陶庆增因前任知府张映蛟、诸镇一直想为本府试院捐设岁修基金却未能如愿,乃"捐廉率属以成其事",筹集白银1200两"发商生息以为岁修之用"。本府惠民县进士、给事中袁溥在收到同乡李维城请求为之撰写记文的信件后,欣然应允。袁溥在《考院善后记略》中写道:"考院之修,官倡民应,固宜工料坚而成功速,可历久远,为众士庇荫已。倘无以善其后,则初捐第所以肇端也。及时豫为绸缪,则续捐乃所为继美也。韩子云,'莫为之前虽美不彰,莫为之后虽盛弗传'。余幸吾郡考院得以永永不敝者,皆我公祖之赐也!"②

除了以上三个典型的文化意象外,清代贡院记中较为常见的表述还有不少。如出自《左传·僖公九年》的"人之欲善,谁不如我",用于表达对乐善捐资者的赞许;出自《史记·商君传》的"民不可与虑始,而可与乐成",用于表达人们最初捐资建造贡院的不易;以及由《周易·讼》"君子以作事谋始"变化而来的"天下事谋始难,图成尤不易"③"天下事始创

---

① (清)陈遹声,蒋鸿藻:《光绪诸暨县志》卷14《学校志》,南京:江苏古籍出版社,1993年。
② (清)李熙龄:《咸丰武定府志》卷33《艺文志》,南京:凤凰出版社,2004年,第116—117页。
③ (清)介锡周:《增建试院记》,(清)张承熊:《光绪解州志》卷15《艺文志》,南京:凤凰出版社,2005年,第591页。

难,踵事亦难"①,用于体现再次捐资重修贡院时的艰难,从而向捐资者表达尊敬赞美之情。这些源自各类历史典籍或著名历史人物的文化意象,被记文作者以使用典故的文学手法赋予了新的含义,它们在不同时期、不同地点、不同人们的贡院记中出现,最终也成为清代贡院文化的一个部分,成为后人认识和感悟贡院文化的切入点。

第二节 清代贡院诗

传统中国是一个诗的国度,清代科举以五言六韵、五言八韵诗为必考题,使诗歌与科举结下了不解之缘。上至皇帝和王公大臣,下至学校教师和生童,均以写诗为人生必修之功课,以诗歌为展示才情的重要手段。而围绕着各类贡院,清朝人也留下了不少诗作,通过这些诗作描述科场景致、叙述科场见闻、抒发所思所想。这些科场诗作颇具规模,是贡院文学的重要组成部分。

一、乡会试贡院诗

乡会试贡院是清代级别较高的科举专用考场,是选拔国家高级科举人才的场所。进入乡会试贡院的人,不论是考官还是考生,在文化水准方面,都是全国的佼佼者。他们在面对这一可以使人"鱼化龙"的神圣场所,自然会感触良多。触景生情,歌以咏志,乡会试贡院诗应运而生。从作者进行区分,乡会试贡院诗可以分为皇帝贡院诗、主考贡院诗和考生贡院诗三类。

1. 清高宗贡院诗

中国历代皇帝除了开国之君外,继任君主都是世袭,不需要通过科举考试决定继承权。清代科举最高级别为殿试,主要是在中和殿、保和殿举行,它也是皇帝多次近距离接触科举考试的主要场所。因此从理论上讲,

---

① (清)沈祥煦:《试院碑记》,(清)王锡元:光绪《盱眙县志稿》卷5《学校志》,台北:成文出版社,1970年,第313—314页。

皇帝与乡会试贡院很难发生交集。不过，清高宗乾隆皇帝是个例外。清高宗爱新觉罗·弘历（1711—1799），一般也称为"乾隆帝"，是清代科举史上影响极大的帝王，其在位期间对科举制度的各种改革措施，对科举制在清代中后期的发展起到了至关重要的作用。

乾隆帝不仅关心科举制的制度变革，也很关心科举考生的实际感受。据何刚德（1855—1936）《春明梦录》记载，有一年会试，乾隆帝一时技痒，想要亲身感受"棘闱风味"，便"托一举子名，领卷进场，坐龙字第三号"。然而，还没等考试结束，他便无法忍耐其枯燥与束缚，"传呼开门而出"。有了这次亲身经历，乾隆皇帝对考生的艰辛有了更为切身的体会，于是"御制一七律"，其中末句为"从今不薄读书人"。①

乾隆帝是否真的曾经入场应试，以便亲身体验考生的艰辛？正史中并无记载，但想来不是空穴来风。因为何刚德所说的御制诗确实存在，它作于乾隆九年（1744），而且不止一首，而是四首。据记载，这四首诗的题目都是《十月二十七日幸翰林院，赐大学士及翰林等宴，因便阅贡院，乃知云路鹏程诚不易易也，得诗四首》。从诗题可知，乾隆九年（1744）十月二十七日，乾隆帝巡视翰林院，赐宴群臣之后，近便参观顺天贡院，看到其中低矮的号舍，想象考生要在其中连考三场，不由得感叹士子之登科不易。作为一位毕生作诗万余首的诗人皇帝，乾隆帝不由得动了诗思，于是作诗四首，抒发所感。诗成之后，命各省贡院至公堂分别刊刻立碑，用于警示考官，劝勉士子。顺天贡院所立石碑，今由北京石刻艺术博物馆收藏。这四首七言律诗分别为：

其一

翰苑琼筵酌令辰，棘闱来阅凤城闉。百年士气经培养，寸晷檐风实苦辛。自古曾闻观国彦，从今不薄读书人。白驹翙羽传周雅，佐我休明四海春。

---

① （清）何刚德：《春明梦录》卷上，《民国笔记小说大观》第3辑，太原：山西古籍出版社，1997年，第40页。

其二

尽道文章接上台，菁莪乐育济时才。千秋得失非虚也，咫尺云泥亦哉。若有泪眶啼桂落，那无笑口对花开。凤池多少簪毫者，都向龙门烧尾来。

其三

万里扶摇正翩抟，飞龙利见岂为干。志贤圣志应须立，言孔孟言大是难。见说经纶推国士，从来桃李属春官。但令姓氏朱衣点，那惜三条泪烛残。

其四

周遭围棘院沉沉，景物当前总入吟。材拟圭璋方特达，文归雅正薄艰深。禹门鱼变辞凡水，乔木莺迁出故林。寄语至公堂里客，莫教冰鉴负初心。①

这四首诗，结构完全相同，每首均为八句，二、四、六、八句押韵，三、四两句和五、六两句对偶，属于典型的七言律诗，分别描述其参观贡院的所见所想。第一首诗，第一、二句叙述到贡院参观的缘由，第三、四句写贡院号舍条件之艰苦，第五、六句向天下表明朝廷重视士子的决心，第七、八句勉励士子努力钻研经书，为国效力。第二首诗，第一、二句阐明科举取士的形式，第三、四句说明科举有其利弊，第五、六句劝慰士子用平常心看待考试成败，第七、八句勉励士子积极赴试。第三首诗，第一至四句寄望士子志存高远，以孔孟圣贤之学为宗，第五至八句简单敷陈会试取士过程。第四首诗，第一、二句描写贡院棘闱制度之严密，第三、四句描述考生及其所作文章的标准，第五、六句叙述科举对考生人生的影响，第七、八句要求考官认真评阅，公正取士。乾隆帝这四首贡院诗，以其作为清朝皇帝代表朝廷向天下考生宣示国家重视人才的态度，同时要求考官公平取才而所体现的公平、公正、公开的考试精神，获得了人们的共鸣；更因为它们被各省贡院立碑于至公堂，切实起到了昭告天下的宣传效

---

① （清）于敏中：《钦定日下旧闻考》，北京：北京古籍出版社，1985年，第753页。

果，而成了清代最广为人知的贡院诗。

2. 考官贡院诗

乾隆帝因参观顺天贡院对考生的艰辛感同身受而创作了贡院诗，各地乡会试、岁科试考官则或因当前身任主考或同考职责攸关，或因其当年曾以考生身份进入科场，总之都属触景生情，歌以咏志。

（1）清以前考官贡院诗

考官贡院诗由来已久，唐宋时期较为常见，其中又以围绕礼部贡院及礼部省试的诗作为多。唐代贞元十四年（798）进士王起（760—847）以尚书省仆射之职主持会昌三年（843）的礼部省试，其学生华州刺史周墀等争相祝贺，乃作诗答谢。诗云："贡院离来二十霜，谁知更忝主文场。杨叶纵能穿旧的，桂枝何必爱新香！九重每忆同仙禁，六义初吟得夜光。莫道相知不相见，莲峰之下欲征黄。"① 由于其校阅勤勉、取士公正，考试结束后，该科22位新科进士均作诗相和，一时传为佳话。

取士公正的考官受人尊崇，品行不端的考官则备受嘲讽。唐宣宗大中元年（847），礼部侍郎魏扶任知贡举，入场时也写了一首诗，表明自己定要公正取士的决心，诗云："梧桐叶落满庭阴，锁闭朱门试院深。曾是当年辛苦地，不将今日负前心。"然而，揭榜之后，人心不服，有考生便将魏扶的七言诗各删去起头二字，变成一首五言诗："叶落满庭阴，朱门试院深。当年辛苦地，今日负前心。"② 删削之后的五言诗，其含义与原诗完全相反，变成了一首痛骂考官忘记初心、以权谋私的讽刺诗了。

宋代考官贡院诗佳作颇多，其中嘉祐二年（1057）丁酉科以欧阳修（1007—1072）等知贡举官为代表的考官贡院唱和诗则最具代表性。除了欧阳修外，该科的同考官还有范镇（1007—1088）、王珪（1019—1085）、梅挚（994—1059）、梅尧臣（1002—1060）等人，他们在贡院中相互唱和，描述考场情景，阐述取士态度。其中，欧阳修《礼部贡院阅进士就试》诗云："紫案焚香暖吹轻，广庭清晓席群英。无哗战士衔枚勇，下笔

---

① （五代）王定保：《唐摭言》，北京：中华书局，1959年，第33—34页。
② （清）徐松：《登科记考》卷22《大中元年》，北京：中华书局，1984年，第810页。

春蚕食叶声。乡里献贤先德行，朝廷列爵待公卿。自惭衰病心神耗，赖有群公鉴裁精。"① 据《文忠集》，该科欧阳修与同考友人在场中唱和极多，他本人所作便有 22 首之多。梅尧臣《较艺和王禹玉内翰》诗云："分庭答拜士倾心，却下朱帘绝语音。白蚁战来春日暖，五星明处夜堂深。力摧顽石方逢玉，尽拨寒沙始见金。淡墨榜名何日出，清明池苑可能寻。"梅尧臣又有《明经试大义多不通有感依韵和范景仁舍人》诗云："明经与进士，皆欲取公卿。自是俗儒陋，非于吾道轻。昔由羔雁聘，今乃草莱并。不措一辞去，缘何禄代耕。"② 这些诗句或描写考场情景，或抒发考官志向，均能使读者从一个侧面加深对贡院的认识。此科省试因欧阳修欲振兴古文扭转风气，引发考生不满，并从欧阳修、梅尧臣等考试官的唱和诗发起攻击，导致此后很长一段时间考官均相约不再进行贡院唱和。

宋代是解试贡院修建的先发时期，因此围绕解试和解试贡院，也有不少诗作。地方知州对自己亲手修建的贡院抱有很深厚的感情，往往形诸笔墨。如王十朋（1112—1171）在乾道四年（1168）被任命为泉州知州，乾道五年离职返京。其间在他的规划下，泉州首次创建了贡院。短短一年多的时间里，王十朋不但多次到贡院视察工程进展，贡院落成后还在其中纳凉、会友，创作了 20 首贡院诗。他在泉州经历的唯一一次中秋节，便是在贡院中度过的，并写下了《八月十五日贡院落成，宾僚咸集，斥世俗之乐不用，饮文字也。把杯邀月，诵香满一轮中句，即席赋诗，以勉多士》诗，其中勉励泉州士子："姮娥殷勤寄消息，科第要从勤苦得。丹桂在君书卷中，不须遥向蟾宫觅。"③ 乾道六年（1170）五月，王十朋离任返杭，临行之前还来到泉州贡院，写下了《临行至贡院观桂赠致约》："窃禄清源愧不才，贡闱临去尚徘徊。青青万本新移桂，尽是梅仙手为栽。"④

---

① 陈新，杜维沫选注：《欧阳修选集》，上海：上海古籍出版社，2016 年，第 159 页。
② （宋）梅尧臣：《宛陵集》卷 52，上海：中华书局，1936 年，第 1、2 页。
③ （宋）王十朋：《梅溪后集》卷 18《诗》，《景印文渊阁四库全书》第 1151 册，台北：商务印书馆，1983 年，第 494 页。
④ （宋）王十朋：《梅溪后集》卷 20《诗》，《景印文渊阁四库全书》第 1151 册，台北：商务印书馆，1983 年，第 520 页。

元代科举只有 16 科，但也不乏考官贡院诗存留于世。如与许衡并称"南吴北许"的江西崇仁人吴澄（1255—1330）在江西南昌担任考官时作有《豫章贡院即事奉和云林提举晚春闲居旧韵》，云："客里秋光好，归心不厌迟。墙低孤塔见，院静一帘垂。隔纸闻风怒，临阶看日移。宛然似三径，未负菊花期。"① 这首唱和诗虽然没有描述考场内考生作答的情景，却恰好反映了元代乡试内外帘之间不能互通的制度规定，尤其是通过对贡院内帘的近景（帘、墙、台阶、日影、菊花）和远景（孤塔）等景物的描述，展示了尚未开始阅卷之初考官的闲暇幽静状态。

明代各省乡试也有不少考官贡院诗存留于世。如洪武三年（1370）江西乡试期间，按察使司经历刘景文入场执事，他"赋诗以歌盛美"，以浙江石门县人梁寅（1303—1389）为代表的 6 名同考官以及"凡在贡院者，无不属和"。刘景文认为这些贡院诗都是"金玉之章，前陈后列。喤喤乎，洋洋乎，如八音之并奏"，于是将其编纂成册，名为《贡院唱和诗》，并请梁寅为之作序。②

（2）清代乡会试考官贡院叙事诗

清代乡会试制度继承明制，考生在贡院中鏖战 3 场，前后经历 9 天，非常辛苦。而考官既要维持考场秩序，又要做好考务管理，更要秉公评阅试卷，在短短一个月中便要从万千考生中挑选出数十或数百名优秀考生发榜公示，其紧张烦累较之考生有过之而无不及。故而不少考官也会寻找机会作诗唱和，一来是作为考试经历的纪念，二来则是以此舒缓紧张的情绪。如乾隆十五年（1750）庚午科刑部侍郎钱陈群（1686—1774）第二次担任江西乡试主考，便写过一首《中秋日雨后协一堂阅文，彭乐君方伯、李苍崖前辈各遗桂一枝，赠谢一首呈同事诸公》的七言律诗：

雨过江城月半廊，两行银烛正高张。重携天上吴刚斧，领取人间

---

① （清）谢旻：雍正《江西通志》卷 153《艺文志·诗七》，《景印文渊阁四库全书》第 518 册，台北：商务印书馆，1983 年，第 521 页。
② （明）梁寅：《贡院唱和诗序》，（清）刘坤一，刘绎：光绪《江西通志》卷 67《建置志》，《续修四库全书》第 657 册，上海：上海古籍出版社，2002 年，第 560 页。

鹫岭香。要与佳文增气色，肯同众卉斗芬芳。夜来试院茶初熟，手摘琼英带露尝。①

这首七律，第一、二句用"江城""明月""银烛"等乡试期间的典型意象，点名适逢八月乡试之期；第三、四句用"重""吴刚"等词，暗示自己是第二次担任江西乡试主考官；第五、六句表明自己写诗的目的不是为了炫耀文采，而是为了衬托考生的才气；最后两句用比兴的手法，用"茶初熟""琼英带露"比喻考生所作的文章犹带墨香，也用以比喻经过层层筛选后的新科举人。整首七律中并无一句言及乡试、贡院，却使人读来对贡院情景历历在目。

据这首七律诗后所附跋文，在该科录取工作结束后的九月十四日，钱陈群与副主考翰林院编修史贻谟一起受邀参加了江西巡抚阿斯哈于南昌百花洲举行的宴会。三年前钱陈群主持乾隆十二年（1747）丁卯科江西乡试后便曾在出闱宴会上创作诗篇，三年后这首诗则是"依前韵"而作。从这首诗的题目还可以发现，在该科乡试行将结束的中秋之夜，作为外场监试、提调官的彭乐君、李苍崖等人还通过赠送桂枝的方式，向在内帘协一堂阅卷的钱陈群等考官表达欢度佳节的祝愿。

钱陈群两次担任江西乡试主考，留下了不少唱和诗作。其中与贡院有关的还有一首《重阳前一日同闱中诸公晚出至公堂，观屏风所刊御制题贡院诗，遂登明远楼，用韦苏州〈郡斋雨中与诸文士燕集〉韵》的五言律诗：

列棘撤深院，晚桂敷丛香。楼高延江气，衣薄怯地凉。执事方散去，纤步回公堂。岂惟适眺听，于兹睹时康。鳞鳞别号舍，辛苦谁能忘。以人有同趣，感遇皆亲尝。右文摅令德，煌煌垂诗章。思通风云

---

① （清）钱陈群：《香树斋诗集》卷16，《清代诗文集汇编》第261册，上海：上海古籍出版社，2010年，第194页。

迥，势转鸾凤翔。洪都磊落州，声教何洋洋。凌虚发清唱，永言表南疆。①

清代乡试从 8 月 8 日子夜考生点名入场开始，8 月 16 日考生交卷离场，之后便是主考、同考们夜以继日的阅卷阶段，等到 9 月 15 日前后放榜撤棘考官出闱，才算是全部结束。钱陈群这首诗中所描写的，正是阅卷工作进入尾声阶段的情景。此时恰逢九九重阳，闱中考官便暂时放下手中工作，一起到至公堂观赏乾隆皇帝御制贡院诗，并登上明远楼，以应重阳登高之景。诗中"鳞鳞别号舍，辛苦谁能忘。以人有同趣，感遇皆亲尝"之句，描写了在内帘被关了一个多月的考官们来到外帘至公堂和号舍区，看到乾隆帝的贡院诗以及鳞次栉比的低矮号舍，不由得想起自己当年也曾有过的应试经历，当日备尝艰辛，今朝忆苦思甜，不禁生发出恍如隔世之慨叹。

乾隆二十四年（1759），年未而立的顺天大兴人、侍读朱珪（1731－1807）奉命与江西宁都人翰林院侍读卢明楷（1702－1766）一起担任河南己卯科乡试主考官。揭晓后，因汜水县拔贡禹文煟落榜，朱珪感叹阅卷有遗珠之憾，乃作《场中卷凡四千八百有一十，竭十八昼夜之目力，搜阅未遍也。榜发，有汜水拔贡禹生文煟者，能文被落。取其卷阅之，字字化工矣。为之泣下如雨，诗以自讼》以自责，诗云：

象罔搜元珠，赤水何溟濛？神山在何许？一苇阻恶风。我来自冀北，志欲万马空。岂知真麒麟，低首泣路穷。鬼伯亦善幻，夜梦堕两瞳。觉来抱骀佗，玉波冷吴宫。长号结蒯缑，失我三尺龙。知君一抚掌，天下多叶公。②

---

① （清）钱陈群：《香树斋诗集》卷 12，《清代诗文集汇编》第 261 册，上海：上海古籍出版社，2010 年，第 157 页。

② （清）朱珪：《知足斋诗集》卷 3，《清代诗文集汇编》第 376 册，上海：上海古籍出版社，2010 年，第 347 页。

清代乡会试贡院主要是用于文科考试，但同时也供武科内场作为考场。清代乡会试贡院诗中也有相应的诗篇。如乾嘉考据大家赵翼（1727—1814）于乾隆三十年（1765）担任顺天武科乡试主考期间，作有《蒙恩命偕张垲似侍读主试顺天武闱，恭纪四律，末章兼呈垲似》四首和《聚奎堂用壁间明人王衷白韵呈同考诸公》二首，其中《聚奎堂》二诗云：

其一
武科文义不多深，恩许量材棘院临。善相马须空冀野，凯旋牛已放桃林。知方要备韬铃用，为将先观气韵沉。最喜奎垣多胜侣，朱衣影里共盟心。

其二
对策诸生孰浅深？专家粉本各摩临。时无兵革惟文阵，材可干城亦士林。日短烛须三鼓继，天寒火易一炉沉。虚堂好片冰霜气，恰称吾曹似水心。①

据诗题可知，赵翼的这两首诗属于和诗，也就是诗的韵脚已经完全固定，甚至四句诗的最后一字（即"临""林""沉""心"）完全不能改变。在这一规则下作诗，无异于戴着脚镣跳舞，对于能否如实描写主考官阅卷时的情形自然是莫大的挑战。不过，对于赵翼来说，这种难度并不算大，这两首诗也一定程度上反映了清代武科乡试内场阅卷的真实场景。其中第一首的第一句"武科文义不多深"，开篇便为武科乡试的内场考校作了定性，颔联、颈联则说明在和平环境下选择将领的主要原则，尾联写出了武科乡试内帘阅卷的轻松氛围。第二首的首联与第一首意思相近，说明武科考生的内场对策答题只需临摹坊间选本便可以了；颔联则说和平时代的武科考试选出来的举子也都有一定的文化水准；颈联说的是武科内场也像文科一样准许给烛；尾联点出了武科乡试已入初冬，空旷的聚奎堂里寒气逼

---

① （清）赵翼：《瓯北集》卷11，《清代诗文集汇编》第362册，上海：上海古籍出版社，2010年，第96页。

人，但考官依然会秉持清白公正的原则评阅试卷。值得注意的是，赵翼在《蒙恩命》第四首的"我不知文聊论武，君才校士又谈兵"后添注了"君分校文闱才月余"八字，表明张垲似［即张曾敞，安徽桐城县人，乾隆十六年（1751）进士］不仅是本科顺天武乡试的主考之一，而且还是此前刚刚在九月中旬结束的本科顺天文科乡试的十八房考官之一。

（3）清代乡会试考官贡院人物诗

有些贡院诗以人物为写作对象。这些人物，既包括贡院中的工作人员，也包括进入贡院的应试士子。乾隆十二年（1747）钱陈群主持丁卯科江西乡试时，便曾经写过一首诗，描写百花洲畔落第士子。诗题为《榜发后登明远楼见百花洲上有被放者徙倚水滨，若不能归者，愀然有作，用涪翁〈咏李伯时韩干三马〉韵》，诗云：

> 何人泽畔头低垂，绝似病马脱缰丝。此时相对风前叶，昨日自许囊中锥。暮云欲雨且不雨，西颢隐隐如驹驰。驹驰况复看火马，冲泥报捷谁能羁？贫女何堪老不嫁？将军自古归数奇。几家博塞呼五白，孤梦逐雉终成雌。三十年前曾下泪，今日登楼一见之。芳荪被逐不可采，吁嗟不如败鼓皮。水边人哭人不识，楼上人愁人不知。惟有庐陵老居士，目迷五色真吾师。①

诗中首先描写了百花洲上落榜考生垂头丧气的模样，继而用年老贫女和凯旋将军作比，说明落第和中举均有其原因。接下来用"三十年前曾下泪"，表示自己当年也曾经有过相似的经历，表达了对考生的同情之心。最后用欧阳修担任考官时能够从众多考生中拔取真才的典故，含蓄地表达了自己对落第考生的歉意。

被清高宗评价为"操守甚好，取士公明"② 因而留任的江西学政、乾

---

① （清）钱陈群：《香树斋诗集》卷12，《清代诗文集汇编》第261册，上海：上海古籍出版社，2010年，第156页。

② （清）庆桂，董诰，曹振镛：《清高宗实录（三）》卷229《乾隆九年十一月下》，北京：中华书局，1985年，第953页。

隆元年状元金德瑛（1701—1762）第二届任期将满，为之唱和一首：

> 妙技争夸和与乖，暗中得失千钧丝。一朝榜发胡自叹？默默愧此三寸锥。圣朝选士命欧陆，冒暑六月锋车驰。正当球玉搜仄陋，肯以糠秕轻孤羁？须知蕊榜有定命，一士数偶百士奇。长途弗与整秋驾，故里还复烹伏雌。尔方倚栏意何似？公乍登楼远见之。文章公器自古反，洗濯骨髓宁毛皮。金针度处谁共喻？马首噪者或无知。犹复居高悯穷贱，举念直作人天师。①

这首和诗首先责怪落第士子因过于自信而文有瑕疵，未能发挥真才实学，辜负了平日辛苦攻读；接着说考官都是朝廷千挑万选出来的饱学之士，他们从京城一路冒着酷暑来到此地，其目的就是要选拔珠玉之士，绝不会用糠秕滥竽充数。接下来他用命运观念安慰考生，劝他们整理行装回家，即便未能月宫折桂，生活还是要继续，不如杀只老母鸡下酒，也是对自己三载辛劳的一种慰劳。他继续劝勉考生，要体谅主考惜才之心，认真反思自己失败的原因何在，要认真领会考官"金针度人"的关键所在，不要学宋朝那些拦在欧阳修马前喋喋不休的轻浮之士。最后金德瑛说，考生只要好好地进行反躬自省，最终一定会发现，钱陈群真是一位评阅公正、值得信任的好老师。作为不能进入乡试内帘阅卷但同时又是场中士子的科试受知师的一省学政，金德瑛的这首诗显然是在用一个任课老师的口吻，一方面对"不成材"的落第士子进行安慰与批评，另一方面则是代表学生对以钱陈群为代表的乡试考官们表示理解与尊重。整首诗在遣词用句、情绪拿捏方面都显得恰到好处，非常得体。

乾隆十五年（1750）钱陈群第二次来到江西，主持庚午科乡试，曾为一位年过80岁的考场工作人员黄巨儒作诗，题为《藩吏黄巨儒年八十余，执事试院甚勤，示一绝句》：

---

① 魏元旷：《南昌诗征》卷2《七言古》，台北：成文出版社，1970年，第89页。按，乾隆三十三年（1768）刻金德瑛《诗存》收录的这首诗部分词句略有不同。

桂籍凭伊腕底传，白头从事地行仙。自言作吏中书省，曾侍朱衣六十年。①

时任江西布政使的彭家屏（1692—1757）也写了一首《黄吏巨儒直闱中者六十年，庚午秋试，主司钱侍郎书绝句赠之，及武榜发，既书解首名，则吏孙也。中丞阿公属余纪其事，随成此诗，存为他日佳话可耳》，记录这位在江西贡院工作了60年的黄巨儒：

榜花题处忽开眉，六十年来鬓若丝。官烛两行人第一，夜阑重忆抱孙时。

中国古代官员虽有致仕制度，但并未明确规定致仕的年限。胥吏当差而至80岁，当是极为罕见的案例。而在贡院当差至第60年时，当年抱在怀里咿呀学语的孙子竟然被主考官取为本年的武科解元，这种令人欣喜万分的场景，更是世间绝无仅有的奇景。

（4）清代乡会试考官贡院景物诗

如前所述，为了舒缓考官的紧张情绪，消解其试期劳累，清代贡院中往往修建有亭台楼阁、苑池假山，种植花草树木，颇有趣味。乡会试贡院之中的此类景物相对更为常见，因而围绕贡院景物展开描写的乡会试贡院诗数量极多。

清代云南诗人、书法家范仕义曾作有《闱中和刘眉士题兰花韵》诗：

朗朗冰壶贮月深，幽兰谱里听高吟。托根秘省生芳艳，（画为司马赵兰友先生作，由中书外放）照影湘波印素心。香草三秋萦远梦，瑶琴一曲感知音。临风气味清如许，雅集西园好再寻。（同房者十八人）②

---

① （清）谢旻：雍正《江西通志》卷158《艺文志》，《景印文渊阁四库全书》第518册，台北：商务印书馆，1983年，第692—693页。
② （清）范仕义：《廉泉诗钞》卷3，《清代诗文集汇编》第548册，上海：上海古籍出版社，2010年，第615—616页。

范仕义（1785—1865），字质为，号廉泉，永昌府保山县人。嘉庆十九年（1814）进士，长期在江苏境内为官，官至通州知州。著有《廉泉诗钞》。该诗当是其在江南贡院任乡试同考官时所作。

清中期直隶宛平县诗人邵自镇（生卒年不详）的《登济南明远楼》和清末直隶三河县（今河北蓟县）诗人郝植恭（1832—1885）的《重阳后一日同吴苹初士恺登明远楼》，便全方位描述了山东贡院的景色：

赐履自何年？河山十二遍。斯文千古地，后圣九重天。北阁凌诸刹（北极阁），西湖纳众泉（西湖即大明湖）。不胜高处冷，徐听响水弦。（邵自镇《恭寿堂诗选》）

锁院棘初撤，同登明远楼。云蒸天际曙，山落槛边秋。蜡屐怀前约，题糕续旧游。衣冠终束缚，凤愿恐难酬。（郝植恭《漱六山房诗集》）①

乾隆五十八年（1793）进士、山东诸城县人王赓言（1762—1825），嘉庆年间任职江西广信府知府期间，曾受邀在江西贡院担任监试工作，作有《中秋后二日中丞课肄业士子于贡院，命余监试院中，桂花盛开，漫成四绝》：

小山丛树曲城隈，帘外清风放蕊鬖。曾是钱郎亲手植，种花人得见花开。（西江贡院桂树，系钱箨石先生客香树先生学幕时所植，后箨石两任江西学政，栽桂业已拱把，花叶甚盛，为诗记其事，诚佳话也。）

金粟如米是化身，天花散落细如尘。阿谁识得香生处，便是文心慧业人。

---

① 毛承霖：民国《续修历城县志》卷13《建置考一》，台北：成文出版社，1968年，第750页。

> 声价昆山片玉同，怜香人恰坐西风。嗔他休试吴刚斧，留得一枝待郗公。（时吏胥仆从剪伐颇酷，故戒之。）
>
> 节过中秋月尚圆，奇香馥郁散瑶天。云程远近都忘却，不到蟾宫已廿年。（余壬子秋捷已二十年矣。）①

从诗题可以看出，王赓言参与监试的这次考试并非乡试，很可能是豫章书院的官课，因而他只能算是一名广义上的贡院考官。不过，由于这次监试的经历，王赓言想起20年前自己在山东贡院参加乡试的场景，眼中看到的一切都格外亲切，对于钱陈群在贡院中亲手种植的桂树则更是格外呵护，甚至赋予其点化文心慧业人的神奇魔力。

三、学政试院诗

清承明制，由朝廷派翰詹、六部等科举出身的京官到各省担任提督学政。为了方便学政按临，各省于省城为其建造学政衙署，各府、直隶州则为其建造学政行署，而举行岁科试的学政试院也大多数附设于其中。提督学政号为天下文宗，主管一省文教，所至之处，多所题咏。其所按临驻劄的学政试院，自然也是其歌咏对象之一。此外，一些地方官员及其幕僚也有吟咏学政试院的诗作，它们也都属于学政试院诗。学政试院诗又包括试院景物诗、试院咏怀诗、试院纪事诗、试院唱和诗等类。

1. 试院景物诗

学政试院诗的首选歌咏对象，自然是试院本身。山西代州直隶州试院建成于康熙二十二年（1683），乾隆十一年（1746）乾隆帝的老丈人索绰络·德保任山西学政期间，曾撰有一首《代州试院有作》：

> 高轩爽敞面青岑，问俗观风偶驻临。雁塔风高连紫塞，清凉地近接重荫。楼中椽笔斯文柄，阶下槐花客子心。敢问量才明似水，滹沱

---

① （清）王赓言：《箕山堂诗钞》卷8《信江集》，清嘉庆刻本，第16—17页。

聊借涤清襟。①

清代名臣阮元于乾隆五十四年（1789）庚戌科登进士第，四年后即被派任山东学政。围绕济南府学政署，阮元作有《山左学署八咏》诗，分别描述了四照楼、濯缨桥等试院八景：

落日城头晚，东风泉上春。湖光复山色，齐向倚栏人。（四照楼）
落落桥上人，泠泠桥下水。顾影独整冠，清歌怀孺子。（濯缨桥）
鸟浴兰花外，鱼跳窗影中。沧江卧米叟，画舫记欧公。（小石帆亭）
十丈赤珊瑚，红泉入镜湖。辋川图画里，惟解种茱萸。（海棠泮）
岱云一片白，风雨雕玲珑。落地化为玉，朗朗对裴公。（玉玲珑）
台迥烟波阔，檐虚夕照闲。寒钟静无语，霜气满秋山。（钟楼）
西轩石如菌，松杉得甘露。恐有仙人来，采与东坡去。（石芝）
吉金与乐石，齐鲁甲天下。积之一室中，证释手亲写。（积石斋）②

"山左学署"即山东济南府学政署，位于济南大明湖之南，面北背南，风景绝佳。经过清代历任山东学政的不断修建，山东学署内建成了多处亭台楼阁，加上学署四外山明水秀，环境优美，山东学政们在公务之暇，登临赏玩，骋目畅怀，都不由得诗意盎然。施闰章（1619—1683，安徽宣城人）、闵鹗元（？—1797，浙江归安人）、翁方纲（1733—1818，顺天大兴人）、王宗诚（1763—1837，安徽青阳县人）等历任山东学政，以及黄景仁（1749—1783，江苏武进县人）、朱文藻（1735—1806，浙江仁和人）、刘大观（1753—1834，山东邱县人）、封大受（生卒年不详，山东德州人）、吴振棫（1792—1870，浙江钱塘人）、宗稷辰（1792—1867，浙江会稽人）、马国翰（1794—1857，山东历城人）、萧培元（1816—1873，云南

---

① （清）俞廉三：《光绪代州志》卷4《建置志》，南京：凤凰出版社，2005年，第316页。
② （清）阮元：《揅经室四集》卷1《诗》，《清代诗文集汇编》第477册，上海：上海古籍出版社，2010年，第467—468页。

昆明人）等多位知名学者、诗人或官员都曾留下吟咏济南学政试院的诗作。

晚清大臣张之洞（1837—1909）之父张锳（1791—1856）曾长期担任贵州兴义府知府，任职期间，他不仅主持编纂了咸丰版《兴义府志》，还在道光二十二年（1842）倡捐经费3万余两重建了兴义府学政试院。由于该试院"规模宏阔甲天下"，张锳及其好友纷纷为其创作诗文。[①] 如江苏苏州人、兴义府经历冯庆（生卒年不详）作有四首《岑南试院》诗：

其一
万山深处起楼台，窗嵌玻璃面面开。绮窗连云廊曲折，经营端的要仙才。

其二
宜雨宜晴望海楼，四时风月一帘收。垂杨堤外波光静，爽把荷香夏亦秋。

其三
幽斋深邃画楼崇，栏槛萦纡点缀工。怪石玲珑花烂漫，一亭深隐绿阴中。

其四
携家小住类升仙，广结岑南山水缘。一月清游随处好，果然台榭胜平泉。

张锳的同乡张桐作有两首五言律诗，分别以试院中的"他山楼""植桂轩"为吟咏对象：

他山楼
十载交情重，凭栏客泪潜。遥怜新槛榭，不见故人颜。世事沧桑

[①] （清）张锳，邹汉勋，朱逢甲：《咸丰兴义府志》卷20《学校志》，成都：巴蜀书社，2006年，第257—258页。

改，人生石火间。不堪回首处，惆怅忆他山。

植桂轩

乞得灵根桂，经营手自栽。香从天外散，蕊记月中开。时听秋风动，偏宜化雨培。无声飘冷露，佳地拟天台。

晚清大臣鹿传霖作有《植桂轩赏桂》七言律诗两首和《半山亭观荷，大佛寺赏桂，归饮植桂轩（调寄醉花阴）》词一首。诗云：

其一

仙根分种向蟾宫，先占秋光午院东。金粟藏开千点散，木樨香透万缘空。湿衣花冷侵阶露，对酒香飘入座风。艳说庭前曾手植，十年养到已葱茏。

其二

点缀琼林逗夕阳，十分秋色认华堂。移来不让燕山种，折处曾探月窟香。得地已经盈树馥，仰天先占一枝黄。深蒙无限栽培力，留到他年分外芳。

词云：

缓缓肩舆游薄暮，行遍迂回路。今日又重来，世界清凉，香绕莲花幕。

画堂把酒花盈树，有暗香凝露。此地即蟾宫，折取一枝，何似携筇处。

鹿传霖（1836－1910），字润万，河北定兴县人。同治元年（1862）进士，曾任军机大臣、湖广总督、东阁大学士等职。鹿传霖之父鹿丕宗与张锳交好，二人同在贵州为官，鹿丕宗任都匀知府，两家不仅过从甚密，还缔结姻缘，鹿传霖是张之洞的姐夫。兴义府试院建成之时，鹿传霖年岁尚幼，只有六岁。从第一首诗中的"艳说庭前曾手植，十年养到已葱茏"

和词中的"今日又重来"来看，这三首诗词应该是作于咸丰初年，此时张锳还在兴义知府任上，而鹿传霖已经长成为十六七岁的少年。

除了试院建筑本身外，试院中的亭台楼阁花草虫鱼等也是学政试院诗较为常见的歌咏对象。作者往往借物抒怀，歌以咏志。如张锳建成兴义府试院后，其同乡张延泽作有《意舟》《双清》诗，张桐也作有《纳旭亭》《绿天深处》诗，所题咏的都是兴义府试院中的景物，此不赘录。

乾隆乙丑科进士、满洲正黄旗人国柱在乾隆三十九年（1774）以侍读学士的身份出任山西学政①，在泽州试院主考期间，曾作有一首《濩泽试院古松歌》，专门咏叹试院中的三棵松树，发"树人同树木"之慨叹：

> 太行西来爽气簇，建兴古郡依山麓。云岚之液石之精，幻作老松伴幽独。我来试署天宇晴，萃荫森森团古屋。秋风时作寒玉声，镇日吟哦看不足。须臾斜照欲沉山，新月挂檐仍秉烛。东司四友今存三，良夜客来成不速。是中疑有古衣巾，月黑堂空时在目。我抚此松三叹息，世外奇材谢羁束。童童亦作盆沼观，拔地突起参天禄。养成鳞甲惊蛟龙，鹳鹊回翔不敢宿。如此枝柯岂易培？从古树人同树木。托根喜得傍文垣，翘秀口成歌械朴。青松坐对如故人，偃蹇无为叹空谷。②

文献记载表明，泽州试院的这三棵古松，不止一次出现在清人的笔下。福建长乐县人、光绪二年（1876）进士谢章铤（1820－1903）在中举后曾周游天下，六度太行。其所作《泽州试院古松歌，和锡三》诗云：

> 并州童山少嘉树，火伞当空遮不住。入门长啸清风来，怪龙突兀横烟雾。我闻此松昔三株，（见王西樵诗）大者瘦衲小臞儒。黯黯同根忽已尽，亭亭独立难为徒。奇才得一亦自足，刮目相看宁非福？梦魂如在万山颠，彻夜涛声压矮屋。松旁盘礴谈风骚，汪（灏）王（士

---

① （清）法式善，等：《清秘述闻三种》，北京：中华书局，1982年，第359页。
② （清）张贻珣，陈继三：《光绪凤台县续志》卷4《艺文志》，南京：凤凰出版社，2005年，第557－558页。

禄）吟兴青天高。淋漓大笔还余几，对君憔悴思人豪。文采风流半销歇，且饵茯苓养毛骨。接叶谁铺上党云，开花空照太行月。故乡又想郑鹧鸪，遗书抛散千明珠。（堂有"听涛轩"额，吾乡郑云门际唐视学时所书。云门遗集，予家有之，未刻本也。）擘窠三字何磊落，当时桃李傍松趋。松乎得天良独厚，铃阁葱茏绝尘垢。梁栋自培元气中，文章应炼冰霜后。古槐垒砢亦何有，老桧嵯岈自嫌丑。掉头都向墙外走，相望风云汝知否？努力人间争不朽，异时应叹支离叟。①

谢章铤虽然也是进士，但并未出任过山西学政。不过，他的诗中提到的人有好几个都曾以山西学政到过泽州试院。如汪灏，字文漪，山东临清人，康熙乙丑科进士，康熙四十一年（1702）以内阁学士出任山西学政。郑际唐，字大章，福建侯官（今福州市闽侯县）人，乾隆己丑科进士，乾隆五十二年（1787）任山西学政。② 王士禄（1626—1673）虽然没有做过山西学政，但同样是进士出身，工吟咏，与弟王士祜、王士禛并称"三王"。从谢氏此诗可知，王士禄也曾以泽州试院古松为题进行诗歌创作，而郑际唐则题写过"听涛轩"的堂额。

无独有偶，直隶永平府试院中也有三棵古松，岁寒劲节，发人感慨，清人李东櫺、钱陈群、范长发、欧阳绍洛等人都曾为其歌咏唱和。《光绪永平府志》卷 34《公署志上》载有他们所作的四首长诗。如乾隆元年（1736）再次担任顺天学政的钱陈群③《北平试院三松歌，用壁间李东櫺孝廉韵》诗云：

七年三度马首东，历春而夏秋未冬。来时百卉竞献秀，鱼钥一一开提封。缘坡登磴就平处，堂宇肃肃当龙嵸。入门案牍不挂眼，敛容振襟寻揖三高松。两株并笋轩之后，似踞虎豹登蒙茸。低者随肩高俯

---

① （清）谢章铤：《谢章铤集》，长春：吉林文史出版社，2009 年，第 277 页。
② （清）法式善，等：《清秘述闻三种》，北京：中华书局，1987 年，第 357、359 页。
③ 按，钱陈群曾两次担任顺天学政，而法式善《清秘述闻》仅载其乾隆元年以通政使任。

首,各有本性含蒨葱。一株平铺荫十丈,高张车盖青童童。月斜倒影城郭外,下瞷雉堞如垣墉。笙簧间作自酬答,况有万窍来清风。退之老而愚,乃欲东野化为龙。何如三松非龙亦非云,龙蟠云护相追踪。由来后凋质御攘,冰雪千古同。奈何相赏在春夏,坐令奇节群嫣红。松也有知若欲语,忍见众草丁其穷。座客感之为起舞,剑佩摩戛鸣钑。句容词客青莲裔,拳曲臃肿遭龙钟。想其醉后泼墨题素壁,肝肠镂刻工磨砻。调孤似弄云和瑟,力大拟挽乌号弓。我从校士得清暇,长廊缓步开心胸。读罢涛声落众壑,高歌一撞蒲牢钟。①

松树作为中国境内常见的树种,因寒冬不减其苍翠、凌虚不减其挺拔而被赋予孤高直傲的人性化品格,因而也成为试院诗咏叹的对象。与之并驾齐驱的树种还有柏树。如乾隆六十年(1795)阮元以内阁学士出任浙江学政,在按临金华府时作有《金华试院宋自公堂后双古柏》诗:

  自公堂后双古柏,六百余年老宋客。蟠根郁律透重泉,生气勃然出堂春。一株繆轇纹节转,一株皮厚腹中坼。等闲莺燕不敢来,绝顶花雕刷寒翮。瓦沟残日落青子,苍鼠奋髯啖其液。此堂支柱多古础,乾道七年魏王宅。汤阴恶桧剜不尽,巩洛松楸种何益?此柏幸栽节度家,颇有清香凝画戟。徒恨苔身长百尺,未与冬青树争碧。堂阴谁可话畴昔?六碑首问熙宁石。(堂后有石碑六,皆两宋物也。)②

除了松柏,桂树也是试院景物诗中的常客。这是因为清代乡试在八月丹桂飘香的季节举行,人们常用"折桂"代指乡试中举,因而在各类贡院中也多种植有桂树,而在长江流域及其以南的省份更为常见。乾隆四十五年(1780)侍读学士朱珪(1731—1807)接任其兄朱筠(1729—1781)担

---

① (清)游智开,史梦兰:《光绪永平府志》卷34《公署上》,上海:上海书店出版社,2006年,第597页。
② (清)阮元:《揅经室四集》卷4《诗》,《清代诗文集汇编》第477册,上海:上海古籍出版社,2010年,第488—489页。

任福建学政，曾于按临汀州府期间作有《汀州试院天香堂前补栽两小桂，他年或不借香于邻寺乎？用昌黎〈杏花诗〉韵》诗：

> 天香堂前树久空，昨来正值邻花红。木樨香满透鼻观，独绕庭月吟秋风。百年惆怅旧神物（天香堂为康熙乙丑赵随所题），丹成拔宅淮山同。临行寄语风雅尹，为我补植参天功。今冬重来一莞尔，盈尺抱蕊双盆中。郭驼善种戎摇本，董虎妙守严深丛。移栽恰当北陆雨，招魂岂反南江枫？我如印爪行又递，谁抱拱把生无穷？后来好事或过我，婆娑培护堂之东。前荣老柏应大笑，定有觭梦嘲庄翁。①

清代试院景物诗也有以景喻人进行歌咏者。如山西平定州试院建成于雍正二年（1724），山东平原县人董元度（1712—1787）作有《对平定试院老槐有怀乡先达任无欲先生》诗：

> 吾乡老画师，泼墨擅奇绝。佐郡驻榆关，退食曾斯室。想像百年前，老槐仍故物。婆娑卓圆影，人世良多阅。鸿爪不可留，声华久消歇。大树感冯异，古柏怀诸葛。虬干郁纷披，恍见通神笔。云中骑碧驴，清风疑仿佛。（先生画多赝作，其真迹则以"云中骑碧驴"图书别之）倘许梦时来，南柯谒先哲。②

该诗按语有云："书院假馆学使行台，故太原同守公署也。国初吾邑任公有刚佐郡于此。后堂古树，大盈数抱，应是百年前物，感而有作。"也就是说，平定州试院本为太原府同知公署，后改建为试院。董元度之所以能住在试院中并写作这首怀古诗，是因为他被聘为书院山长，而以试院为住所。

---

① （清）朱珪：《知足斋诗集》卷6，《清代诗文集汇编》第376册，上海：上海古籍出版社，2010年，第400页。
② （清）张彬、沈晋祥：《光绪平定州志》卷15《艺文志》，南京：凤凰出版社，2005年，第452页。

2. 试院咏怀诗

清代学政大多选取京城中、低级官员担任,他们入仕年份相对较短,年龄相对较小,仕途上正处于意气风发的阶段。他们虽是以原职赴任,待遇却比于督抚,颇受尊崇,更由于身任一省之大宗师,肩负宣示朝廷旨意、整顿士习文风之责,很多学政所作试院诗往往诗以咏志、借景抒怀。

乾隆三十七年(1772)壬辰科进士、汉军正黄旗人百龄(1748-1816),于乾隆四十二年(1777)莅任山西学政,次年主持泽州府院试,在泽州府试院中作有七言律诗《戊戌初冬濩泽试院偶题》,感叹泽州府地理独特、人文悠久,提醒考生珍惜光阴,按时作答:

> 此邦秦晋分唇齿,人度盘陀溯旧闻。上党已登天下脊,太行遥指望中云。松涛冰署余三尺,文阵胶坛各一军。志士定当惜日短,暮楼鼓角倚斜曛。①

与兴义府同时获准建造学政试院的贵州黎平府,雍正十一年(1733)建成试院后,迎来了第一位按临考试的贵州学政——清代江西新喻县(今新余市渝水区)唯一的进士晏斯盛(1689-1752)。在主持黎平府院试期间,晏斯盛留下了一首五言诗和一首七言诗,描述其主持院试期间难得的闲暇心态,五言律诗云:

> 井邑分黔楚,弦歌辟草莱。南天风雨静,东璧日星回。花事分桃李,芳情和鼎梅。龙山佳气郁,临眺一徘徊。

七言律诗云:

> 黔山缥缈足登临,走马西南岁月寻。霁雪开轩红蜡暖,严更问学

---

① (清)张贻琯,陈继三:《光绪凤台县续志》卷4《艺文志》,南京:凤凰出版社,2005年,第558页。

绛纱深。旦明只切怜才意,五十无能补衮心。归去花魁当满院,何人高卧尚龙吟。①

乾隆十七年（1752）莅任贵州学政的广东乐昌县人欧堪善（1703—1766）在按试黎平府期间,也作有一首题为《黎阳试院除夕》的七言律诗:

牂牁度岁景萧萧,满苑风光颇寂寥。残雪映梅香未散,红灯对酒兴偏饶。心悬紫阁燕台迥,念切萱帏粤岭遥。烁烁文星环斗极,好看瑞色灿晴霄。

从诗中可以看出,欧堪善为了完成巡考贵州全省的工作,除夕之夜也在试院中度过。不过,尽管他心系京城天子、思念家中母亲,但他一定会认真校阅,拔取真才。

贵州遵义府在康熙四十六年（1707）改建分司署为学政试院,并于嘉庆二十一年（1816）扩建,可容一千七八百人考试。知府张日仑作有题为《口占示诸生童》的七言律诗,勉励士子:

百炼金钢九转丹,老来方解读书难。发堂起视民如子,爱士浑忘我是官。海上鱼龙初变化,人间松柏耐清寒。好花探得春消息,合向长安走马看。②

贵州安顺府学政试院建成于嘉庆九年（1804）,此前则以城内西南驿馆权作学政行署。乾隆元年（1736）御史邹一桂（1688—1772）任贵州学政,在按临安顺府期间,作有题为《闰重九安顺考棚口占》的三首七言绝

---

① （清）俞渭,陈瑜:《光绪黎平府志》卷4《典礼志上》,成都:巴蜀书社,2006年,第368页。
② 刘显世,谷正伦,任可澄,杨恩元:《民国贵州通志》《建置志》,成都:巴蜀书社,2006年,第250—251页。

句。诗云：

　　来日题糕贵岭旁，棘闱今日又重阳。何当山郭兼旬雨，涤遍农家九月场。

　　天与秋光岁月宽，葛巾原不碍儒冠。一行鼓吹簪花去，好作茱萸插鬓看。(是日发落生童)

　　雨后新晴日色妍，薄寒风近小春天。黔中遍是登高地，难得重开落帽筵。①

3. 试院纪事诗

纪事诗是以记录某一事件发展经历为主的诗作。试院纪事诗一般围绕试院中发生的某一场景或事件展开描写，有时还借事抒怀，发表议论，警示世人。

有些学政撰写过多首试院纪事诗，为我们了解清代院试制度提供了不一样的史料。如乾隆五十一年（1786）朱珪以吏部侍郎出任浙江学政，在考试严州府淳安县生童时，一个名叫项菁的考生首场被取后不幸去世。朱珪心中悲痛，为之写作了一首《四月廿一日岁试淳安，有东玉十五号卷招覆不到，问之，曰："项菁。死矣。"作诗吊之》，以表悼念。诗云：

　　炎云溽雨蒸三江，我来校士新安邦。春蚕食叶丝易尽，空成素锦绸文杠。淳安项菁嗜学子，笔有棱芒经义美。岂知一夜风穿肠，语欲惊人身已亡。嗟余赤海鲛珠搜，老泪一迸双青眸。逢人说项竟何益，题名尚挂琼瑶楼。新鬼有知应拍手，曾被朱衣一领首。钓台叫起老方干，能赐孤魂及第否？②

---

① （清）鄂尔泰，靖道谟，杜诠：乾隆《贵州通志》卷45《艺文志》，《景印文渊阁四库全书》第572册，台北：商务印书馆，1983年，第560页。

② （清）朱珪：《知足斋诗集》卷7，《清代诗文集汇编》第376册，上海：上海古籍出版社，2010年，第413页。

同年十一月，朱珪按临衢州试院，作有题为《子月校试衢州，长至日移寓崔氏园，用渊明〈移居〉二首韵，留赠主人》之诗二首，诗云：

其一
浮槎上衢江，假馆讵安宅。军门托校艺，信宿已九夕。行马各有主，守官从所役。城西敞园居，清旷宜暖席。方塘开源泉，怀抱悟夙昔。适当来复期，天心此昭析。

其二
嘉园岂无名？移居会有诗。客来观我园（即以此三字名之），何必独乐之。花香绕四阿，去作十日思。丛兰虽未范，芳远无人时。国香天乞与，为善意在兹。如长日加益，此语良非欺。（闻主人有商瞿之卜，故及之。）

前引山东学政阮元于乾隆五十八年（1793）在兖州府岁试过程中，作有《发落卷》诗，表达对考生辛勤攻读却无缘被取的同情之意：

积案盈箱又几千，此中容易损华年。明珠有泪抛何处？黄叶无声落可怜。冷傍青毡犹剩墨，照残红烛已销烟。那堪多少飘零意，为尔临风一惘然。[①]

首联"积案盈箱又几千"之句，道出了科举取士的残酷性。由于名额的限制，成千上万的考生只能在蹉跎岁月中追逐着虚幻的梦想，消耗着宝贵的青春。

4. 试院唱和诗

与乡会试贡院唱和诗一样，清代学政在按临各地试院主持岁科试期间，也会在阅卷开始前或发案之后与其幕僚或当地官员诗酒相和。如朱珪

---

① （清）阮元：《揅经室四集》卷1《诗》，《清代诗文集汇编》第477册，上海：上海古籍出版社，2010年，第465页。

在任职浙江学政按试严州府时，曾作有《诸君叠和张在芦"丁"字韵诗，见猎心喜，辄拟四首，老荒可笑也》《诸君竞美不休，叠此自嘲，即以解之，亦以酒破醒之意也》《三次"丁"字韵赠诸君》等12首唱和诗，以及《湖州试院次张在芦饮桂花下韵》10韵长诗。[①]

四、考生贡院诗

贡院诗除了以上介绍的以考官、地方官或游历者身份进入贡院的人们所写作的贡院诗外，还有考生所写的，主要包括两种类型，一种是根据考试答题要求而临场写作的诗作，另一种则是围绕考试过程而写作的叙事、抒怀诗作。前者体量非常庞大，其内容也与贡院没有直接关系。本节主要讨论后者。

考生贡院诗早已有之，其诗歌体裁多有不同。如前引唐代韦承贻所作《策试夜潜纪长句于都堂西南隅》便是一首典型的七言律诗体裁的考生贡院诗：

> 褒衣博带满尘埃，独自都堂纳卷回。蓬巷几时闻吉语，棘篱何日免重来？三条烛尽钟初动，九转丹成鼎未开。残月渐低人扰扰，不知谁是谪仙才？[②]

清代科举考生参加科举考试，历尽千辛万苦，虽然每年都有一定数量的考生实现金榜题名的梦想，但更多的考生则是不幸落第、黯然神伤，对年复一年的赴考经历难免生发出厌弃心理，有些则形诸笔墨。康熙年间江苏常熟人陈祖范（1676—1745）所撰写的四言诗《别号舍文》便是这种心理的真实写照：

[①]（清）朱珪：《知足斋诗集》卷7，《清代诗文集汇编》第376册，上海：上海古籍出版社，2010年，第413—414页。

[②]（清）清圣祖御定：《御定全唐诗》卷600，《景印文渊阁四库全书》第1429册，台北：商务印书馆，1983年，第111页。

试士之区,围之以棘,矮屋鳞次,百间一式,其名曰号。两廊翼翼,有神尸之,敢告余臆。余入此舍,凡二十四。偏袒徒跣,担囊贮糒,闻呼唱诺,受卷就位。方是之时,或喜或戚。其喜惟何?爽垲正直,坐肱可横,立颈不侧,名曰老号,人失我得,如宜善地,欣动颜色。其戚惟何?厥途孔多。一曰底号,粪溷之窝,过犹唾之,寝处则那?呕泄昏怞,是为大癔,谁能逐臭,摇笔而哦?一曰小号,广不容席。檐齐于肩,墙迫于跖。庶为僬侥,不局不脊。一曰席号,上雨旁风。架构绵络,藩篱其中,不戒于火,延烧一空。凡此三号,魑魅所守。余在举场,十遇八九。黑发为白,韶颜变丑。逝将去汝,湖山左右。抗手告别,毋掣吾肘。①

被乾隆皇帝评为"江右两名士"之一的翰林院编修、江西铅山人蒋士铨也曾作有题为《八月十五夜题号舍壁诗》的四首贡院诗:

其一
残杯冷炙不能餐,四壁苍苔拥暮寒。合到琼楼高处去,此中秋月让人看。

其二
危楼檐铎夜丁当;蚁穴蜂房界短墙。赢得三条红烛尽,背人消受逆风香。

其三
何处云梯楼上请,文昌桂籍未分明。笔端谁有千钧力?横扫收他数十城。

其四
巨手能开五凤楼,九霄雕鹗共盘秋。不知击节欧阳老,可放门生出一头?②

---

① (清)陈康祺:《郎潜纪闻初笔》,北京:中华书局,1997年,第225页。
② (清)蒋士铨:《忠雅堂诗集》不分卷《喻义斋少作稿》,《清代诗文集汇编》第356册,上海:上海古籍出版社,2010年,第42—43页。

这四首贡院诗,第一首叙述贡院考试条件之艰苦,表达月宫折桂的祈盼;第二首描写夜晚贡院号舍考生秉烛作文的场景;第三首表达谁能最终被考官取中的疑问;第四首展示对自己文章写作能力的自信,期待主考官能够慧眼识珠。诗的标题中出现了"八月十五"这个特殊的日期,说明它们描写的是乡试贡院中的经历。[按,蒋士铨,字心余,乾隆九年(1744)被乾隆元年(1736)甲辰恩科状元、江西学政金德瑛(1701—1761)取为生员;乾隆十二年(1747)丁卯科江西乡试考中举人,座师为钱陈群;乾隆二十二年(1757)丁丑科考中进士。他进入江西贡院应试只有一次,故这四首诗应该都是作于乾隆十二年。]此次乡试结束后,蒋士铨还作有《九月十三日桧门师邀钱坤一先生百花洲雨中小饮,召士铨陪侍,限"藏""山"二字各赋两章》《司寇座主登明远楼,见士有被放者,慨然作诗。用山谷〈题伯时画韩干三马〉韵敬和》《桧门先生招钱、冯两座主静香斋小饮,属纪其事》《上冯历城座主》等诗,均为叙述乡试放榜后的相关经历。诗中的"桧门师"即金德瑛,"司寇座主"及"钱、冯两座主"系指乾隆十二年(1747)江西乡试主考钱陈群与冯秉仁。钱陈群以刑部侍郎担任江西乡试正主考,故称"司寇座主"。

陈祖范的《别号舍文》没有确切指明写的是哪个级别的贡院,蒋士铨写的是一首乡试贡院诗,湖南道州人何庆涵(1821—1892)则写有一首会试贡院诗《辛未春闱题号舍壁》。诗云:

> 矮屋低回十四春,文章花样日翻新。敢云磨尽英雄气,正好陶成杰士身。几辈鹓鸾奋云路,多年鹰隼老风尘。明朝襆被辞君去,也似依依恋故人。①

---

① (清)何庆涵:《眠琴阁遗诗》卷2,《清代诗文集汇编》第683册,上海:上海古籍出版社,2010年,第735页。

据《光绪道州志》卷 8《选举志》，何庆涵为"咸丰戊午科北榜"①，也就是考中了咸丰八年（1858）顺天乡试举人。诗题中的"辛未"是指同治十年（1871），此时何庆涵已经年满 50 岁，中举后整整考了 14 年共计 4 科的会试，每次都名落孙山。诗中虽然依然倔强地认为失败可以磨炼人的意志，"正好陶成杰士身"，但多年的挫折却也使其"磨尽英雄气"，就如翱翔山巅的鹰隼逐渐在风尘中老去。看到身边的年轻人一个个春风得意金榜题名，不由得生发出放弃的念头。坚持了一生的梦想，突然要下决心放弃，心中难免会失落、痛苦、不甘与彷徨。何庆涵用这样一首贡院诗为自己的科举人生画上了句号，它其实也代表了清代众多失意士子的痛苦心声。

五、县试考棚诗

县试考棚是清代贡院中数量最多的门类，也是服务考生总数最多的贡院。不过，就本文所查阅的地方志及相关文集来看，围绕县试考棚创作的诗篇却极少。

福建《民国清流县志》载有两首县试考棚诗。福建汀州府清流县考棚规划于嘉庆甲戌（1814），建成于道光十年（1830），前后历时 16 年之久，系由县学训导余殿荣父子呕心沥血苦心经营才最终建成的。县人雷可升作有一首《咏新建试院诗》，感念余殿荣对建成清流县考棚的贡献：

> 数百年来试院空，今朝掉臂喜终童。先生地下应含笑，莫忘西河是首功。

这首诗的第一、三、四句都浅显易懂，只有第二句中的"掉臂""终童"不好理解。"掉臂"，有"自在行貌"和"奋起貌"两种意思，都勉强可以用来形容考棚的崭新气象或考生的意气风发。而"终童"本来是汉代

---

① （清）许清源，洪廷揆：《光绪道州志》卷 8《选举志》，南京：江苏古籍出版社，2002 年，第 147 页。

终军的典故，原典出自《汉书·终军传》，大致是说汉代济南人终军自告奋勇出使越南，说服越王归附西汉王朝。不料南越陈翔吕嘉发动叛乱，终军也死于战乱。由于其死时年仅二十多岁，故世人称其为"终童"。但这个典故用在清流县建成考棚之事上，显然让人无法理解二者之间有哪些联系。

清流县人伍喜猷也有一首题目同为《咏新建试院诗》的七言诗，展望考棚即将给清流县人文发展带来的影响：

前对鹅山枕赤冈，天开区宇试文章。春华秋实何人备？韩范襟期大雅堂。①

这首诗的前三句较易理解，第四句中的"韩、范"或是指宋代的韩琦（1008—1075）与范仲淹（989—1052）。前者为宋仁宗天圣五年（1027）进士，后者为宋真宗大中祥符八年（1015）进士。他们起家科甲，但却都是领兵打仗守御边疆的名将，范仲淹更是被羌人和西夏国称为"龙图老子"和"小范老子"。两人同心协力，共御外敌，名重一时，朝廷倚信，后世合称为"韩范"。"大雅堂"则全国不仅一处，最著名的则是成都杜甫草堂的大雅堂，建于北宋元符三年（1100），黄庭坚为之题写"大雅堂"匾额，并作有《大雅堂记》。"韩范襟期大雅堂"虽然可以理解为勉励本县士子努力成为像韩琦、范仲淹、杜甫等成就功业或青史留名的伟人，但这些人和清流县并没有什么关系，他们的名字出现在一首描写考棚的诗里难免显得突兀。

湖南道州（今道县）人何庆涵《眠琴阁遗诗文》中收有一首《江油试院古松歌》，是描写县试考棚景物的长诗。诗云：

清和爽抱虚堂东，山光树色交玲珑。萧萧忽疑骤雨至，松涛万顷

---

① 林善庆，王琼：《民国清流县志》卷8《学校志》，上海：上海书店出版社，2000年，第304页。

鸣长空。三巴植物最蕃茂，竦条擢干多灌丛。阴平坟衍乔木少，药苗界陇弥横纵。试院隙地宽十亩，耸拔乃由九九松。始知生材不择地，能自树立天无功。四株磊落屹相向，俨如华盖高童童。鸟蟾万古不到地，青油幕下重阴浓。晴天倒影入涪水，蜿蜒百丈疑饮虹。惊飚疾雷起夜半，一时变化俱成龙。树人树木理相通，华实还须根氐充。杞柳柔曼纵适用，桃李绚烂亦为容。暂时得气竞妍媚，往往零落随秋风。何如大气毓梁栋，轮囷礌砢深山中。岁寒霜雪任凌厉，坚心劲节贯始终。百年长养匪容易，划削莫令来村翁。①

何庆涵（1821—1892），字伯源，湖南道州人。嘉庆十年（1805）乙丑科探花何凌汉（1772—1840）之孙，道光十六年（1836）庚寅恩科进士何绍基（1799—1873）之子。咸丰八年（1858）顺天乡试举人，官至刑部郎中。何庆涵并未有在四川任职的经历，《光绪江油县志》卷15《官师志》中亦未载何庆涵的姓名。疑该诗为其咸丰年间随侍父亲何绍基任职四川学政时所作。诗中"树人树木理相通，华实还须根氐充"之句，显然是以树写人，尤其是写科举考生既要重文章，也要重实行。

前引云南保山县人范仕义《廉泉诗钞》还收有一首《署中试士有作》，描述范仕义主持县试考试的场景。诗云：

抡英三度试琴堂，春到槐厅昼漏长。墨雨翻腾笺上彩，笔花飞舞案头香。登云路接翘材馆，夺锦名联选佛场。四十余年辛苦地，坐听咕哗气轩昂。（余十三岁应试，十六入泮，今已四十余年矣。）②

"琴堂"典出《吕氏春秋·察贤》"宓子贱治单父，弹鸣琴，身不下堂

---

① （清）何庆涵：《眠琴阁遗诗文》卷2，沈云龙：《近代中国史料丛刊》第95辑，台北：文海出版社，1973年，第64—65页。
② （清）范仕义：《廉泉诗钞》卷4，《清代诗文集汇编》第548册，上海：上海古籍出版社，2010年，第627页。

而单父治"①。后世一般用"琴堂"以代指州县衙署里的大堂。"槐厅"本指唐代学士院第三厅，此处当是指衙署中某一建筑。"翘材馆"典出《西京杂记》，汉武帝时期公孙弘为相，设翘材馆以罗致天下人才。"选佛场"典出《五灯会元》，唐代天然禅师早年习儒，赴长安应举途中，路遇禅僧对他说选官不如选佛，因而转而出家为僧。"呫哔"，意为轻声吟诵，一般特指清代文人学习八股文反复背诵形若痴狂的情态。当然，这首诗虽然很生动地描写了县试考场的情景，并且还提到了作者40多年前也曾有过同样的艰辛经历，但是它却并非发生在专门的县试考棚里，而是以县署为临时考场，因而这首诗只能算是广义上的考棚试院诗。

六、民国贡院诗

科举制度停废之后，各类贡院失去存在意义。除了被改建为学堂、行政衙署外，也有不少被冷落废弃。清末至民国年间，一些曾经在各类考场中历经艰辛应试作文的人旧地重游，不免黍离沧桑之慨，进而发为诗篇。如1933年的《国闻周报》第16、21期《采风录》栏目先后选刊了4首分别署名为"尔和"与"蔚如"的诗作。其中，尔和的诗两首，题为《次均章一山移居贡院废基》：

其一

四明进士贺知章，小筑新居旧选场。骨瘦都无烟火气，夜深倘见斗牛光。此间曾呕穷儒血，隔世犹闻禁苑香。说到前尘浑不语，予怀渺渺鬓苍苍。

其二

吟笺索和似催科，同在天涯涕泪多。胸有诗书聊复尔，身无鳞甲更如何？故园讯到刚挑笋，官舍尘荒只种莎。且与韩康成市隐，乐郊

---

① （清）许维：《吕氏春秋集释》卷21《开春论》，北京：中国书店出版社，1985年，第5页。

难得莫奔波。①

蔚如的诗也是两首,题为《章一山同年卜居贡院至公堂旧址,感念畴昔同骋文场,成诗索和,即步其均》:

其一

留将辣手著文章,老马何尝怯战场。署榜犹称前贡士,卜居合住鲁灵光。鉴衡堂上门长辟,书带阶前草尚青。②独愧枝巢老居士,年年苦忆摄山苍。

其二

拔萃唐时号美科,北来士比鲫鱼多。致君高论期尧舜,陈策明经拟郑何。我辈白头阅桑海,几人黄土卧烟莎。十龄差较君年少,早歇名心并不波。③

据查,诗中的"章一山"即是章梫(1861—1949),名正耀,字立光,号一山,浙江宁海县(今台州三门县)人。光绪二十八年(1902)庚子、辛丑并科举人,光绪三十年(1904)甲辰恩科进士,翰林院检讨。历任京师大学堂译学馆提调、监督,翰林院国史馆协修、纂修,功臣馆总纂、德宗实录馆纂修、北京女子师范学校校长等职。1914年《德宗实录》修成,章梫移居上海,先后受张元济所聘担任商务印书馆编辑、受沈曾植之邀担任《民国浙江通志》编辑、受上海仓圣明智大学之聘主讲文史。作为清代最后一科殿试进士,章梫一生曾经踏入过宁海县考棚、台州府校士馆、浙江省贡院和河南省贡院等各级贡院。《国闻周报》所刊登的这四首诗,显

---

① 《采风录》,《国闻周报》1933年第10卷第16期,第3页。
② 颈联前一句后面有添注:"贡院前旧有坊曰辟门吁俊,今君所居,四无屏障,故云。"
③ 《采风录》,《国闻周报》1933年第10卷第21期,第2页。颈联、尾联后一句后面各有添注:"丁酉同年作古人者强半矣。""一山诗多述戊戌朝考故事,钞寄读。蘅希亦作《古战场赋》也。"

然是尔和、蔚如二人应章楑之邀所作的和诗。据查《历代名人室名别号辞典》，清末号"蔚如"且与章楑生活年代相近者为项文彦，字幼平，江苏山阳人。① 该书未收字号为"尔和"的人。

章楑贡院原作目前暂未阅及，其唱和之作则不仅蔚如、尔和所作四篇。据 1935 年第 215 期《虞社》杂志，天津静海县人高淞荃也作有《和章一山同年移居北京贡院旧基原韵》二首：

其一
海内真儒见一章，因缘结契在名场。时乖久罢风云想，道塞犹依日月光。访旧晨星千佛籍，徙家废院五经香。秋娘零落春婆醒，相看惟惊两鬓苍。

其二
纷纷孔跖竟同科，日下江河去已多。三匝绕枝聊复尔，五噫过阙奈伊何？古槐劫火随温树，弱草轻尘寄露莎。总是命躔奎璧度，文澜浩瀚有余波。②

高淞荃即高毓浵（1877—1956），光绪二十八年（1902）举人，光绪二十九年（1903）癸卯科进士，选庶吉士，散馆授翰林院编修。其和诗中的"因缘结契在名场"，当是指两人均入选翰林院庶吉士，而"纷纷孔跖竟同科"一句，当是指二人都是光绪二十八年庚子、辛丑并科举人。不过，二人各属直隶、浙江两省，虽然都是在光绪二十八年考中举人，但此时顺天贡院已残破，顺天乡试和全国会试均在河南贡院举行，两人不可能在顺天贡院参加过乡试或会试。他们对顺天贡院的感叹、惋惜，更多的是来自想象。

1930 年，甘肃造币厂监督邓隆邀集省城的前清进士、举人、贡生等，举行重宴鹿鸣典礼。邓隆（1884—1938），字德舆，号玉堂，甘肃临夏

---

① 池秀云：《历代名人室名别号辞典》，太原：山西古籍出版社，1998 年，第 1044 页。

② 《虞社》1935 年第 215 期，第 29—30 页。

(今甘肃临夏回族自治州）人。光绪二十九年（1903）甘肃乡试解元，光绪三十年（1904）三甲第61名进士。曾任清南充知府、民国夏河县长等职。甘肃造币厂位于甘肃贡院龙门一带，建成于1927年。鹿鸣宴本是乡试结束后各省督抚为考官、执事官及新科举人举行的庆功宴。邓隆虽然从未担任甘肃巡抚，也不是甘肃省主席，但作为年仅20岁便以甘肃末科解元身份考中的末科联捷进士，自然对科举制度情有独钟。此年8月16日，正是当年乡试三场结束之期，邓隆与一众友朋赋诗唱和，作七绝两首：

其一
观成堂接至公堂，旧事重提喜欲狂。携酒贪看古时月，不知清露湿衣裳。

其二
明远楼空月似烟，谁教沧海变桑田？黄槐零落秋风里，旧事回头廿七年。

邓隆的进士同年杨巨川也和诗一首，将民国九年（1920）刘尔炘（1865－1931）迁建贡院明远楼于五泉山之事融入诗中：

若问当年明远楼，飞从平地上山头。五泉高矗万源阁，依旧文光射斗牛。①

杨巨川（1873－1953），字揖舟，号松岩，甘肃金县（今榆中县）人，光绪三十年（1904）二甲第107名进士②。中国同盟会会员。历任清朝刑部主事、湖南麻阳知县，民国甘肃省议员、敦煌县长。1924年因力主禁烟受人排挤，愤而辞官。中华人民共和国成立后，1953年任甘肃省文史研究馆首任馆长。

---

① 邓明：《明远楼与甘肃贡院的兴废》，《档案》2008年第5期，第36－38页。
② 《明清历科进士题名碑录》，台北：华文书局，1969年，第2922页。

民国年间各省官绅围绕贡院遗迹写作贡院诗，甚至组织多人进行贡院诗的唱和写作，表面上看只是当时的一种文化活动或文化现象，但深层里却反映了时人对逝去的年代的追忆甚至留恋，体现了后科举时代人们对人才选拔制度的一种反思。

本章结语

清代贡院文学是中国科举文学的一个细目，更是中国古代文学的一个很小的类别。但是，由于科举制度对清代文人、文化的深层影响，贡院文学作品的体量颇为庞大。林林总总的贡院记文，是清代各地不同社会阶层参与贡院建造活动的历史记录，反映了清代科举制度执行于不同阶段、映射于不同社会阶层的原貌。贡院记不仅是一种特色鲜明的实用性文体，更是一种鲜活的史料，为我们还原清代贡院的历史样貌提供了第一手资料。数量繁多的贡院诗，尽管存在重在写意而弱于白描的缺陷，使其史料价值略受影响，但它们却从各个不同的角度记录了与清代贡院相关的人物、景物、事件，通过考官、考生或其他社会人群的观察视角，反映了科举制度执行过程中的种种现象，其中既包括考场中考官的众生相，也包括考生成功后的喜悦与失败时的悲伤，从而为我们提供了更多富于个人情感色彩的史料，帮助我们建构一个更具人情味的科举史。

需要指出的是，本文虽然从地方志中查阅到了不少贡院记文，但由于地方志的编纂凡例各有不同，有些贡院记文并非其原貌，而是存在一定程度的删节。很多记文直接以"记略"的标题出现，有些则篇幅极为简短。这些被删节加工了的贡院记文，其文学与史料研究价值自然受到一定的影响。而相对于考场记文来说，本文所查阅到的贡院诗文则数量很是有限。这一方面是因为清代地方志种类庞大，有些贡院诗文又散见于地方志的艺文志中，查阅起来实在是旷日持久；另一方面也因为本文所查阅的清代文集数量有限，即便是2010年上海古籍出版社影印出版的《清代诗文集汇编》（800册），笔者也未能逐页翻完，更不用说要全凭十指之力将查阅到的诗篇录入电脑之中，成为可供随手使用的科研资料。笔者认为，包括清代贡院的文学作品在内，唐宋以来的同类文学作品的数量确实非常可观，中国历代贡院文学研究是一个值得专人、专项深入挖掘的科研选题。

第十一章

晚清贡院的近代转型

清代末年，强敌环伺。面对西方列强咄咄逼人的攻势，朝野上下逐渐警醒，开始反思本身制度与文化中存在的缺点，并先后进行了洋务运动、维新变法、清末新政等系列变革活动。在教育革新的背景下，因考试内容陈旧僵化不合时用，在追求公平取士的制度建设方面几乎臻于极致的科举制度被祭上了断头台，与官学、书院、义学等一起成了旧时代的第一批殉葬品，而贡院也随之走到了自身历史的尽头。

光绪二十九年二月十三日（1903年3月11日），张之洞、袁世凯奏请递减科举，指出尽管朝廷厉行教育改革，但天下士子皆恋栈科举，希图应试入仕，致使学堂改革备受冷落，举步维艰。他们大声疾呼："科举一日不废，即学校一日不能大兴；将士子永远无实在之学问，国家永远无救时之人才；中国永远不能进于富强，即永远不能争衡于各国！"建议在举行完万寿恩科乡会试后，"将各项考试取中之额，预计均分，按年递减：学政岁科试分两科减尽，乡会试分三科减尽。即以科场递减之额，酌量移作学堂取中之额。俾天下士子，舍学堂一途，别无进身之阶，则学堂指顾而可以普兴，人才接踵而不可胜用"。[①] 同年十一月二十六日（1904年1月

[①] 朱有瓛：《中国近代学制史料》第2辑上册，上海：华东师范大学出版社，1987年，第103—106页。

13日），张之洞又和管学大臣张百熙、荣庆上疏，奏请递减科举注重学堂，指出由于科举未能变通裁减，各地无法筹集到足够的民间捐款用于兴办学堂，为此提出了乡会试中额三科减尽、岁科试学额两科四次减尽、科举停止后钦派会试总裁、各省学政分别主持大学堂、全省学堂等毕业考试的具体方案。同日，该奏折获准施行。

然而，当时就是否应该修复京师贡院在朝野引发了广泛的讨论，且在京各部官员大多赞成修复贡院，这反而坚定了改革派立停科举的决心。光绪三十一年八月初四（1905年9月2日），直隶总督袁世凯、盛京将军赵尔巽、湖广总督张之洞、两江总督周馥、两广总督岑春煊、湖南巡抚端方等6位督抚大臣联衔上奏，指出"科举一日不停，士人皆有侥幸得第之心，以分其砥砺实修之志"，极大地延缓了国家急需的实用人才的培养进程；只有立停科举，才能在内培养有用之才俊，对外释各国之讥评。为此，奏折提出了"尊经学""崇品行""倡行师范""慎学堂考试""筹旧学出路"等5条善后建议，主张立停科举。同日，光绪帝颁布上谕，"着即自丙午科为始，所有乡会试一律停止，各省岁科考试亦即停止"。[①] 科举既经废除，贡院便失去作用，不得不进行转型。

第一节 乡会试贡院的废弃与处置

乡会试贡院是清代全国影响范围最广、占地面积最大、建造经费最多的贡院。而在科举制度被停废的过程中，乡会试贡院也是废置和处置难度最大的贡院。总体而言，清末乡会试贡院的废置过程主要有以下几种类型。

一、突然死亡型

顺天贡院，是明清科举制度的核心标志之一，承载了数十万士子的艰

[①] 朱有瓛：《中国近代学制史料》第2辑上册，上海：华东师范大学出版社，1987年，第110—113页。

辛、期望、狂喜、落寞，吸引了六百多年全国百姓的高度关注。让人始料未及的是，还没有等到科举制度的废除，这座全国最高级别的专门贡院便迎来了自己的悲凉命运。光绪二年（1876）丙子科举人、光绪三年（1877）丁丑科进士福建闽侯县人何刚德（1855—1936），回忆其亲历光绪年间改造顺天贡院之情景，指出当时坊间传言，"明季因修贡院而国亡，有清一代相戒不敢改造，似以仍旧贯为宜"。对于这种言论，尽管"当时多以迷信斥之"，但令人意想不到的是，"国未亡而科举先废，亦可怪也"。①

其实更为"可怪"的是，作为清代最高级别的专门贡院，顺天贡院在科举未废之时而贡院已毁。1900年5月，以英、美、法、德、俄、日、意、奥为首的西方列强以"保护使馆"为名，决定联合出兵镇压义和团。是年8月，八国联军侵占北京，并于次年逼迫清政府签订了丧权辱国的《辛丑条约》。条约除要求清政府道歉、赔款外，还特别强调"将诸国人民遇害被虐之城镇，停止文武各等考试五年"②。而在北京被占期间，顺天贡院也遭受了战火重创。据当时新闻报道，"北京贡院因洋人修盖兵房，拆砖便用，已成平地"③。而据时任顺天府尹陈夔龙（1857—1948）光绪二十七年（1901）七月十三日所奏《贡院被毁情形片》，1901年6月德国军队撤出北京时，将贡院交还顺天府管理，顺天府尹和大兴、宛平知县实地查勘，发现"所有号舍、房间各门座十毁七八，聚奎堂、监临堂、至公堂亦多被拆毁"④。鉴于《辛丑条约》中有五年内停止北京所有考试的条款，且因经费短缺无从筹集，陈夔龙不得不提议对顺天贡院暂缓维修、加强巡查。为此，清政府于光绪二十七年（1901）十月接受刘坤一等大臣的建

---

① （清）何刚德：《春明梦录》卷下《京师贡院维修及改造》，《民国笔记小说大观》第3辑，太原：山西古籍出版社，1997年，第77—78页。
② 《辛丑各国和约》，王铁崖：《中外旧约章汇编》第1册，北京：三联书店，1957年，第1004页。
③ 《贡院拆平》，《集成报》1901年第9期，第19页。
④ 陈夔龙：《庸庵尚书奏稿》，《清末民初史料丛书》第34种，台北：成文出版社，1968年，第85页。

议,将本应在当年举行的光绪皇帝三旬万寿辛丑恩科会试和即将在光绪二十八年(1902)举行的壬寅正科会试全部"归并壬寅年举行"。同时,由于"河南地居适中,毗连直隶",故决定"所有顺天乡试着于明年八月间暂借河南贡院举行,河南本省乡试,着于十月间举行。次年会试,仍暂就河南贡院办理"。① 而光绪三十年(1904)慈禧七旬万寿甲辰恩科同样借河南贡院举行。自明永乐年间便承担了科举最高级别淘汰考试的顺天贡院,由于八国联军入侵北京后的大肆破坏,此后再未承担考场职责,事实上先于科举制度而灭亡。

尽管如此,在此后的若干年中,意图恢复科举的保守派官僚依然多次建议修复顺天贡院。光绪三十一年(1905)二月十九日,已经升任河南巡抚的陈夔龙再上《请修复京师贡院折》,建议筹款估修京师贡院,规复春秋两闱旧章,"以维士心而崇体制"。他提出,修复京师贡院有"四便",一是便于考务管理节省用费,二是便于考生参加会试后静候殿试,三是可使学校、科举并行不悖,四是可使河南乡试恢复正常。关于重修京师贡院的经费问题,他提出可以按照自己四年前提出的建议,即"分摊各直省通融筹措,大省约二万,中省一万五千两,小省一万两",各省设法筹银二十万两,同时广泛吸收"量力报捐者"的捐款,以便诹吉兴工,共襄盛举。② 围绕是否应该修复顺天贡院以便在京举行丁未科(1907年)会试,清廷各部院官员纷纷向政务处呈递说帖,发表各自的意见。据政务处统计,在收到的120件说帖中,有72件"主修京闱",19件"主修京闱,仍暂借汴闱",29件"主借汴闱,不修京闱",也就是说,主张修复顺天贡院的官员超过了75%。不过,由于修建经费难以筹集,清廷最终不得不决定暂缓修理。③ 而从保守派普遍赞同重修贡院所表现出来的对科举考试之留恋,则使维新派意识到缓停科举必将妨碍学制改革,进一步刺激了其立停

---

① (清)世续,陈宝琛,郭曾炘:《清德宗实录(七)》卷488《光绪二十七年十月》,北京:中华书局,1987年,第459页。
② 陈夔龙:《庸庵尚书奏稿》,《清末民初史料丛书》第34种,台北:成文出版社,1968年,第489—493页。
③ 《政务处奏会议兴修贡院折》,《北洋官报》1905年第622期,第2—3页。

科举的决心。光绪三十一年（1905）八月初四日，经直隶总督袁世凯等6位督抚联衔上奏，清廷下旨立停科举。

科举制度既告停废，重修顺天贡院的动议随之停歇，原本就已经"十毁七八"的贡院房舍日渐废败。民国鼎革之前，围绕顺天贡院的旧址利用问题，曾有多种改建计划。一是改建为优级师范学堂。据光绪三十三年（1907）十月二十四日《顺天时报》称："贡院改建优级师范学堂一节，学部已按投标法招商估修，现已派妥厂商于月内动工兴修，定于年内一律建齐，明春开学。"① 二是改建为议院。宣统元年（1909）七月的《顺天时报》刊登了一篇《资政院奏择定贡院旧址建筑资政院请旨饬修折》，表示为了满足预备立宪会议需要，拟就贡院旧址，按照"东、西立宪各国议院之制"，建造上、下议院大楼。② 三是拆建顺天贡院砖木用于建造分科大学。宣统二年（1910）二月《顺天时报》报道，"张相国因建筑分科大学，需用木料甚多，已饬承修厂商将贡院之砖木等项拆运使用，以资撙节用款，而免弃置朽坏"③。

此外，关于顺天贡院的处置问题，坊间还有其他传闻。如据1905年《中华报》消息，"现在练兵处议定，将京师贡院改为陆军大学校，已派员估修，明春即可开工云"④。又如据1905年《教育杂志（天津）》消息，清政府王大臣议商，"现在讲求武备之际，亟应添设学堂，以期广植人材"，而京师贡院地势宽阔，正是修建武备学堂的最佳选址，"俟奏准即行筹款，鸠工修筑"⑤。又如据1906年《北洋官报》报道，练兵处王大臣经过会商，决定"将贡院地基改建陆军小学堂，并附设警务学堂与测绘学堂，以资整饬"⑥。不过，这些有关顺天贡院的处置办法均未获准施行。据

---

① 《贡院改建学堂动工》，《顺天时报》第1704号，1907年10月24日第7版。

② 《资政院奏择定贡院旧址建造资政院请旨饬修折》，《顺天时报》第2258号，宣统元年（1909）七月十四日第5版。

③ 《饬用贡院砖木修建大学》，《顺天时报》第2112号，宣统二年（1910）二月二十日第7版。

④ 《改贡院为陆军大学校》，《中华报》1905年第371期，第6页。

⑤ 《拟将贡院改设武备学堂》，《教育杂志（天津）》1905年第12期，第53页。

⑥ 《贡院拟建陆军小学》，《北洋官报》1906年第965册，第6页。

1920 年 5 月 13 日的《顺天时报》消息，"东城贡院旧基荒废已久"，京兆警察厅拟将该贡院旧基改为"树艺分所"，用于培育行道树幼苗，同时在内布置景观，以便人民游览。① 又据 1920 年 11 月 29 日《顺天时报》消息，北京贡院旧基宽广，荒废已久，多年以来一直有人愿意出价建筑楼房，但都被主管公署拒绝。近期内则有传闻，市政公所已经从警察厅接管了贡院地基，并拟将其改为"特别模范市区"。②

民国时期，由于很难找到整体处置方案，顺天贡院基址逐渐被零星发卖。民国九年（1920），教育部致函内务部，商请用贡院基址建造京师图书馆，被内务部以"特别保存留作将来巨大工程之用"为由加以拒绝。然而，到了民国十二年（1923）的七八月间，《顺天时报》连续多日刊登了一条题为"贡院官地招领"的地皮广告，称贡院地皮共有 150 余亩，"极合建筑洋式楼房及普通房屋之用"，今拟将其分作 92 区出售，1～2 亩不等，售价分甲乙丙三级，有意购买者可以"随意领购，一区或数区均可"。③ 看到这则落款为"内务部整理官产处"的卖地广告后，教育部大为震惊，急忙向内务部发出公函予以阻止，并于 1923 年 9 月 4 日在《顺天时报》刊登了一则题为《领买旧贡院地基者注意》的署名公启，向社会各界宣称："查旧贡院地基，本系教育部公产。现已致函内务部，声明在档。限未解决以前，无论何人领买，概不承认。兹将原函列左，俾明真相。即希注意，为荷！教育部启。"教育部还将致内务部的公函附在这则公启后面一并刊登，借以说明贡院基址的土地归属于教育部，内务部无权处置。公函指出，顺天贡院在清末曾先后被规划为法律、财政两学堂以及资政院的建筑用地，但都未及施行。三年前，教育部拟于贡院基址建造京师图书馆，也被内务部拒绝。而此次内务部竟然违反三年前双方"留作将来巨大工程"的约定，悍然允许整理官产处将贡院基址分片公开竞卖，令人非常不解。教育部在公函中愤然质问内务部："究竟此项经由贵部特别保存之基

---

① 《北京贡院改为树艺所》，《顺天时报》第 5854 号，1920 年 5 月 13 日第 19 版。
② 《贡院改建市区》，《顺天时报》第 6048 号，1920 年 11 月 29 日第 3 版。
③ 《贡院官地招领》，《顺天时报》第 6966 号，1923 年 7 月 27 日头版。

地，何以忽由官产处定价招领？原定之案，何以变更？"① 教育部的干涉，显然起了作用。此后一年多时间里，内务部整理公产处没有再在《顺天时报》上刊登卖地广告。

不过，也仅仅过了一年多的时间，顺天贡院地皮的零售广告便又重新出现在了《顺天时报》上。1925年3月2日《顺天时报》在头版显著位置刊登了《出售东总布胡同旧贡院地皮》的广告，称该处有地皮15区，分甲乙丙三级，每区1.4～1.9亩不等，"深合建筑住房之用"。提醒有意购买者可以联系"前门外劝业场事务所电话南八一二""东四多福巷七号姚宅电话东一九五一"或"前门外观音寺街龙大佩号电话南一六一九、二四二"，面议则有"详图备阅"。② 这3个联系电话，"姚宅"显然是私人住宅，"龙大佩号"是商号名称，而所谓"劝业场"，则最早是清末新政时期由各省劝业道、劝工局组织建造的商品集散中心，目的在于鼓励生产和商贸。北京劝业场始建于1905年，初名"京师劝工陈列所"，后改名为劝业场。民国时期，北京劝业场已经发展成为一个拥有20多个行业、180多个货摊的综合性商业建筑。从《顺天时报》的这则广告，我们可以发现此时顺天贡院的面积已经大为减少，原本分为92区合计150余亩的基址只剩下了15区不到30亩。而从1925年10月开始到1926年1月间，《顺天时报》所刊登的有关出售顺天贡院地皮的广告标题便从最初的"官地招领"，慢慢改为"廉价出售"和明码标价的"减价出售"，出售者的联系电话也从最初的3个减少到1个，即"东四多福巷七号姚宅电话东一九五一"。

从《顺天时报》所刊登的地皮出售广告，我们可以看出，无论是清朝政府还是民国内务部、教育部，都未能实现对顺天贡院进行整体处置，最终只能使之从官产、公产逐渐零星变卖为私人地产。1939年的《艺林月刊》刊登了一幅题为《北京贡院明远楼》的照片，并配有一段简短的文字："贡院在崇文门内东南隅，民国初年毁，其地已卖为民居矣，楼居考场之中，号舍旁列，达官贵人皆从此出，若言卫生，则厕厩不如矣。回首

---

① 《领买旧贡院地基者注意》，《顺天时报》第7004号，1923年9月4日第4版。
② 《出售东总布胡同旧贡院地皮》，《顺天时报》第7518号，1925年3月2日头版。

前尘，不胜感慨。"① 照片为自甬道南面向北望明远楼，楼居正中，左右各有约20条号巷，巷口各有一口倒扣的水缸，内号巷口及甬道均长满荒草。照片右侧距明远楼较近的几条号巷均已倒塌，其间长有一棵大树，其上半部分枝干已经枯死，下半部分则枝叶丰茂，垂压于邻近号巷之上。此树当是贡院废弃之后偶然长成，因无人整理，年复一年，竟俨然有与明远楼并峙之势。旧日规模恢宏的全国最高级别的乡会试贡院，在经历列强荼毒之后，在晚清、民国日渐衰败的国运中，慢慢沦落凡尘，消失于鳞次栉比的普通房舍之间。

二、长期延缓型

顺天贡院虽然在科举被废之前便已告废弃，但是因为毁坏程度严重、占地面积宽阔、基址属性不明，所以长期难以处置，各类官、私改建或交易方案均未能得以施行。与之相同的是，占地面积同样宽阔的江南贡院在科举被废后同样长期未能得到妥善处置。不同的是，江南贡院能长时期内按照一个既定处置方案缓步推进，最终在保留古迹的基础上实现了商业化转型。

江南贡院是明清时期全国规模最大的贡院，在清末废科举兴学堂的政策背景下，也失去了存在意义，被废弃不用。由于江南贡院历来为江苏、安徽两省所共有，尤其是清代中后期以来，其一切兴作改造之经费多由两省士绅共同捐集，因此其善后工作也需两省绅士共同商议。

科举尚未被废的光绪三十一年（1905）年初，两江总督周馥曾于江南贡院中设师范传习所，时任传习所监督梅光远"连日与各教员计议，拟即将东西号舍一律拆毁，改建附属小学三四所，分派诸生，教授各科，从事实验"②。科举被废之初，江南贡院"为督练公所辎重队所驻扎，砖石木料失去颇多"。光绪三十三年（1907）一月，两江总督端方（1861—1911）接受以南通状元张謇（1853—1926）为首的苏、皖两省士绅的建议，预备

---

① 《北京贡院明远楼》，《艺林月刊》1939年第110期，第3页。
② 《拆改贡院》，《广益报》1905年第87期，第5页。

将江南贡院地基辟为商场，常年收取地租，其砖石木料则清点变卖，作为建造南洋大学堂的修建及办学经费。为此，端方命令督练公所在一月十五日前"全行腾出，勿稍延误"，同时要求其保证贡院器物不再遗失。① 同年四月，端方派遣淮扬海兵备道安徽合肥人蒯光典（1857－1911）、国史馆总纂江苏江阴人缪荃孙（1844－1919）作为两省绅士代表，与江宁商务总会会长安徽太平人苏锡岱（1868－1918）就接收江南贡院一事进行磋商，决定"先将贡院内实存一切什物移至衡鉴堂后暂储，眼同点验核收，再行造册呈报"②。不过，由于江南贡院房舍众多、基址广阔，要进行整体拍卖和改造，不仅估价难以统一，且要求其投标者必须拥有巨额资金，这也导致两省绅士很难取得统一意见，改建江南贡院为市场的计划在清代覆亡之前未能施行。

辛亥革命爆发之后，清朝灭亡，而改建江南贡院的计划则没有结束。民国五年（1916），江苏省议员王仕良再申前议，提议将南京贡院改建为劝业场。他指出，江南贡院"地居要冲，面临秦淮，既为省中繁盛之区，又当南北适中之点。若辟为市场，必可日见兴盛"。其具体办法："保存院中一二宏壮房屋，留为古迹纪念，余于四周改建市房，中留十字孔道，租赁商家。"③ 这一提案得到了张彬、朱嘉桢等16名议员的赞成、附议。民国六年（1917），在江苏省省长齐耀琳、安徽省省长韩国钧的共同推动下，两省议会、士绅代表齐聚南京，经过长期磋商，议定了江南贡院处分法十条。次年，组织成立了处分江南贡院事务所，"规厥制，划巨道，剖其中，而留明远楼及衡鉴堂为方式，存遗迹以示方来。别存号舍若干间，以明前代试场之遗轨。余则辟市肆，和群商"④。到民国八年（1919）春季，两省

---

① 《金陵贡院改辟市场之计划》，《顺天时报》第1503号，光绪三十三年（1907）一月十八日（1907年3月2日）第5版。

② 《添派缪太史稽查接收贡院事宜》，《顺天时报》第1575号，光绪三十三年（1907）四月十四日（1907年5月25日）第4版。

③ 《江苏贡院改建劝业场之先声》，《顺天时报》第4626号，民国五年（1916）十月初一日（1916年10月27日）第4版。

④ 陈澹然：《金陵贡院遗迹碑记》，时呈忠：《南京夫子庙志略》，北京：中国工人出版社，2005年，第82页。

各派专员，负责拍卖贡院地皮，共卖得银币98 200余元。采取"苏六、皖四"的分配原则，分别归为两省公款。最后，围绕未予拍卖的至公堂、衡鉴堂等贡院遗迹，江苏省再向安徽省支付11 000元，完全买断了安徽省对江南贡院的所有权。

江南贡院在总体上被改建为市场之后，其保留下来的衡鉴堂、至公堂等建筑也得到了较好的保管与修复。据《江苏实业月志》，贡院拍卖过程中不仅设立了"江南贡院专员"，而且还设有贡院古迹保管员，有关贡院处理事务，专员、管理员可以直接向省长公署汇报，同时直接接受省长公署命令。据1920年第14期《江苏实业月志》，民国九年（1920）3月11日，江苏省长公署向江南贡院专员陈超衡和贡院古迹保管员汤允中签发了第4624号指令，将"保存古迹地段及安置各处碑碣"等事宜统一交由贡院古迹保管员执行。[①] 另据1920年第10、11期《江苏实业月志》，江南贡院专员共为两人，分别为陈超衡、年延龄，他们专门负责贡院古迹之外房舍的地皮拍卖活动，并随时向江苏、安徽两省省长公署报告所拍卖的地段、承买人、缴款情况等。贡院古迹以外的地基拍卖完成后，江南贡院专员事务所即予撤销。

贡院古迹保管员专门负责贡院古迹的修建、拆除改造工作。据1921年《江苏实业月志》刊载的江苏省省长公署签发的两条训令，即第2160号《令贡院古迹保管员汤允中》、第3709号《令贡院古迹保管员》，3月6日，江苏省长公署命贡院古迹保管员汤允中上报贡院维修计划。4月15日，省长公署批准了考试院考选委员会委员杜芝庭（1888—1956）呈报的《复勘贡院古迹规划修理情形由》，命令贡院古迹保管员汤允中遵照办理。从训令可知，此前贡院保管员就如何维修贡院一事，提出了三个方面的维修计划。一是添修计划，即"添修明远楼后东西两边号舍各留十条，每条十个，并配置板帘等物。又添造门房一间、平江府北总门一所、状元新号总门一所、至公堂前牌楼一座、衡鉴堂东边同考官房九间，暨各堂酌配椅位

---

① 《令处分贡院专员陈超衡、保管员汤允中（第四六二四号）》，《江苏实业月志》1920年第14期，第13页。

器具，并移置办事室各节"。二是拆除计划，即"各项朽烂房架，类皆腐坏不堪"，"应即一律拆去，挑填平砌，以为种植花木之地"。三是善后计划，也就是将拆除朽烂房屋之后得到的空地"筹款建筑市房，将来即以收入租金，补足保管经费"。杜芝庭在经过复勘之后，认为其添修计划"均系为保存古迹、整饰观瞻起见，规划尚属妥惬"，其拆除计划均系针对"未便修理"的房屋，是基于"实在情形"的合理处置，其善后计划则"洵属一举两得，亟应及早举办"。不过，杜芝庭也指出，保管员提出的在至公堂后添建两条穿越河池的走廊的建议，"似嫌工程太费，而式样亦不美观"，应该做出相应调整，也就是"从河房东西两头起，沿池边直达衡鉴堂左右两门止，建造走廊两条"，以便节省经费。① 此后的施工过程中，省长公署还特别委派实业视察员蒋汝正前往复估，分别就工程设计所用材料规格及工程总体报价进行商议，并于 6 月 24 日再次给汤允中签发指令，要求其遵照办理，毋得延误。②

江南贡院保留下来的建筑还曾被借用为相关政府部门的办公场所。民国九年（1920）7 月 26 日，江苏省实业厅厅长张轶欧遵照江苏省公署签发的第 3281 号训令，通知全省 60 个县的知事，因"时局多故"，原定于本年 10 月就省城贡院旧址召开的"第二次江苏省地方物品展览会"拟延期至次年即民国十年（1921）3 月举行。③ 又据《江苏省教育会月报》，1924 年 4 月 8 日，因江苏省教育会南京分事务所开支筹划艰难，江苏省政府允许其借用江南贡院之监临堂部分闲房作为办公之所。不过，该事务所在准备迁入时，发现监临堂已经被江苏省实业厅借用，作为"物品展览会"的会场。此后一年多时间里，江苏省教育会不断致函教育厅、实业厅，请求其"顾念敝会经费困难情形，迅将前项房屋迁出"。1925 年 7 月 24 日，江苏

---

① 《令贡院古迹保管员（第三七零九号）》，《江苏实业月志》1921 年第 26 期，第 4—5 页。
② 《令贡院古迹保管员汤允中（第六四三四号）》，《江苏实业月志》1921 年第 28 期，第 5—6 页。
③ 《江苏实业厅训令第六百十四号：令六十县知事》，《江苏省公报》1920 年第 2384 期，第 7—8 页。

省实业厅厅长复函称，此前因为厅署无着，才临时"借用监临堂及商品陈列所房屋"。他表示，江苏省政府已经批准将第一工场织科房屋改作实业厅厅署，故向教育会许诺，"一俟确定，即行迁出"。①

除了保留部分贡院建筑作为古迹纪念外，江南贡院其他变卖地皮也根据合议规则有序建造商业市场。据1920年第15期《江苏实业月志》记载，民国九年（1920）4月22日，江苏省长公署向省会警察厅签发了第7434号指令，要求其向购买贡院地皮的商户发出通知，所有在贡院基址上建造房屋商品的行为，均须遵从由"宁绅仇继恒等"拟定的《贡院新市场取缔营造规则》。该规则合计15条（后改为10条），对贡院基址上建造商品市场的活动进行了统一规划。② 1921年，由于"南京贡院新改市场，为今日宁垣极繁盛之地"，因而花市街基督会特意在龙门街西口设立了一所支堂，称为"基督会贡院支堂"。③ 1927年，南京市政府暂借江南贡院为办公场所。据1927年第250期的《上海画报》刊有一幅《南京贡院之改作市政府》的照片，取景为南京贡院明远楼，其正面门楼之上悬挂有"南京市政府"的招牌。该图系为《都市访秘谈》一文所配的照片。该文的作者为"舍予"，即舒庆春，老舍（1899—1966）。据该文记载，当时的南京市政府设在贡院内，"现辖五局，曰财政工务教育公安卫生，各有局长，专司其事。市长为刘纪文君，办公厅即用旧飞虹桥北之衡鉴堂，其东厢为秘书室"。④ 另1929年第517期《上海画报》刊有由"舍予"供稿的三幅照片，其附注文字分别为："南京旧贡院内飞虹桥后之衡鉴堂，今改建市府之市长办公室""双十节京市府之门景即旧明远楼""南京市政府国庆日开放任

---

① 江苏省教育会：《致教育厅实业厅商将贡院内之本会分事务所房屋迁让应用函》，《江苏省教育会月报》1925年7月，第2页。

② 《令省会警察厅（第七四三四号）》，《江苏实业月志》1920年第15期，第8—9页。

③ 徐则林：《基督会贡院支堂开幕志盛》，《兴华》1921年第18卷第32期，第23—24页。

④ 老舍：《南京贡院之改作市政府（照片）》，《上海画报》1927年第250期，第1页。

人参观，图中礼堂即旧贡院之至公堂"①，说明此前被保留下来作为"古迹纪念"的明远楼、至公堂、衡鉴堂等建筑，此时分别被借用为市政府门楼、礼堂和市政府办公厅。

据《绩溪县教育会年刊》记载，1920年绩溪县教育会曾根据安徽旅宁同学会来函，向安徽省省长聂宪藩建议，"将南京贡院出售拨归皖省之款四成，作为留学基金"②。尽管未知晓此项建议是否被采纳，但该提议却体现了公益精神的传承，即由江南贡院这一民间捐资修建的公益性教育建筑向留学基金这一教育公益基金转变。

相比于其他各省直接将贡院改建为学堂或相应行政机构，以及任其荒废或售卖为民房，南京贡院的处置过程虽然较为漫长，但显然相对成功。究其原因，主要有三个方面。一是有较为雄厚的资金支持。将贡院改建为市场，是江苏状元实业家张謇最早提出的计划，得到了苏、皖两省绅商的一致支持。江南贡院之所以能够最终突破各种矛盾纠葛完成改造，离不开两省商会的资金支持。二是有深思熟虑的改建计划。与其他各省不同的是，江南贡院在拆除大部分门楼、号舍、墙垣等服务性建筑或低矮建筑的同时，重点保留了衡鉴堂、至公堂、明远楼等最为宏伟的贡院建筑以及部分代表性号舍。这一处置计划，在科举制被戛然废止的晚清、民初时期，满足了大多数科举出身官绅的留恋心理。三是有责任明晰的组织保障。江苏省政府直接指挥贡院改造工作，省议会从旁监督贡院拍卖的程序与结果，贡院专员、古迹管理员各司其职。而贡院拍卖、改造的价格和方案均由各类报刊及时刊载，接受公众监督。同时，江苏省长公署每每有所指令时，都会向安徽省长公署发文备案，向其公开处置工作进展情形，征求其处理意见，从而尽量避免因信息不通而造成的误解。正因为以上三个方面的原因，所以尽管在贡院处置过程中受到了来自江苏省议会、个别官绅代表对公平拍卖方式、房舍拍卖价格等的公开质疑，但处置者都能合理解

---

① 老舍：《双十节京市府之门景即旧明远楼》，《上海画报》1929年第517期，第2页。

② 《呈省长请将出售南京贡院拨归皖省卖价作为留学基金文》，《绩溪县教育会年刊》1920年第1期，第74页。

释，稳步推进，最终完成对贡院建筑的整体处置。

三、即刻转变型

随着科举被废，各省贡院成为废置无用之地。此前光绪二十八年（1902）张百熙奏定的《钦定高等学堂章程》中规定，各省应在省会设置高等学堂，并附设师范学堂、农工商医高等专门实业学堂。有条件的地方，还可以附设商业专门实业学堂、矿务专门实业学堂。① 至光绪三十二年（1906）清学部奏准，"将各省贡院拨给该部，以为改作学堂之用"②。受此政策影响，清代全国17所乡会试贡院开始了其近代转型的过程。除了前文所述顺天、江南贡院一直迁延未改之外，其他15所省城贡院大多有被改建为学堂的过程。

浙江贡院，科举废后改为全浙师范学堂。光绪三十二年（1906），浙江巡抚张曾扬（1842—1920）上奏朝廷称，该省根据学部章程，拟开办全浙师范学堂，为全省各中小学堂培养教员，"于以益宏教育，造成国民，用副朝廷兴学图强之意"。然而经过多方规划，均未找到合适选址；且欲创建全新之校舍，其经费筹集难度极大。经筹商查勘，发现原浙江省贡院"占地极为广阔，地势亦属爽垲。科举既罢，此为虚设，就改学堂，最为适宜"，而且"其折缺号舍，瓴甓木石，就加选用"，还能在一定程度上节省修建经费。为此，该省委派浙绅候补道、江苏候补知府陆桂星董理建造，并加派官绅稽察，"现已鸠工庀材，按图建筑"。③ 该校建成后，名为浙江官立两级师范学堂。民国年间，经与养正书塾合并，先后改名为浙江省立第一中学校、浙江省立第一中学、浙江省立高级中学、浙江省立杭州高级中学，中华人民共和国成立后与杭州市立中学合并，改名浙江省杭州市第一中学，1988年改名为浙江省杭州市高级中学。此外，为遵照清廷命

---

① 《钦定高等学堂章程》，朱有瓛：《中国近代学制史料》第2辑上册，上海：华东师范大学出版社，1987年，第559—560页。
② 《奏准以各省贡院改学堂》，《直隶教育杂志》1906年第10期，第1页。
③ 《浙抚张奏全浙师范学堂拟就贡院改建折》，《教育世界》1906年第132期，第1页。

令训练新军,光绪三十二年(1906)浙江巡抚张曾扬还曾奏请将督练公所设于浙江贡院。一来贡院本身地势开阔,二来周边荒地较多,可以辟为"演习行阵"的大操场。①

山东贡院,科举停废后被山东省政府改建为各类学校或教育部门。据《山东官报》1905 年第 15 期"本省新闻"报道,时任山东巡抚吴廷斌(1839—1914)决定,"将贡院号舍拆去,改作师范学堂或客籍学堂之用,以期节省建造经费"②。同年第 85 期"本省新闻"则报道,山东巡抚杨士骧(1860—1909)计划将山东贡院改建为师范学堂:"科举停止,抚帅拟将贡院改为师范学堂,业派方鹤人、潘仲年两观察为监修。现闻两观察已连日派人至贡院测量绘图,以便拆修。"③ 而 1906 年《北洋官报》则报道,"山东省宪以科举既停,旧日乡试贡院业归无用,近拟变通旧规,改为提学司署,既省工需,亦便改造。刻已拆毁旧号,鸠工赶办矣"④。不过,据民国《续修历城县志》记载,山东省巡抚、藩司、臬司等经多方商议,最终采取的措施是"将号舍及明远楼、至公堂一律拆去,自至公堂以南改建提学司署,自监临院迤北改建济南府中学堂。又于提学署东偏建模范小学堂,其东新号遗址改建图书馆,而西新号遗址则建为谘议局焉"⑤。

山西贡院,光绪三十二年(1906)改建为山西省公立中学堂,宣统二年(1910)改名为晋阳中学堂,民国元年(1912)更名为山西省立模范中学堂,民国二年(1913)改名为山西省立第一中学,民国二十四年(1935)改名为山西省立太原中学。⑥

河南贡院,科举停废后,监临、主考、提调各房舍被改建为河南第二师范学堂,西边部分设教养局。为了使"仍旧封置"的贡院原有器具不被

---

① 《贡院改设督练所》,《北洋官报》1906 年第 981 册,第 10 页。
② 《贡院改观》,《山东官报》1905 年第 15 期,第 5 页。
③ 《测绘贡院》,《山东官报》1905 年第 85 期,第 6 页。
④ 《贡院拟改提学司署》,《北洋官报》1906 年第 1099 期,第 9 页。
⑤ 毛承霖:民国《续修历城县志》卷 13《建置考一》,台北:成文出版社,1968 年,第 744—745 页。
⑥ 宋玉岫,杨进发:《中华学府志(山西卷)》,北京:中共中央党校出版社,2003 年,第 198 页。

"弃材不用",光绪三十四年(1908)四月间,开封府祥符县知县黎德芬奉令前往调查,"造册呈案,以凭提用"。①次年,又拟将贡院至公堂及东、西文场改设谘议局,"方广数十丈,为豫省唯一之大建筑"②。其东隅新修号场则因考试优拔贡,被河南布政使改建为"校试公所",以备将来或有组织大型考试之需。③1912年民国成立后,将谘议局改为省议会,教养局维持不变,而第二师范学校则停办,改为商业学校楼。原校试公所则改建为"河南留学欧美预备学校"。民国时期,该校先后易名为中州大学、国立第五中山大学、河南省立中山大学、省立河南大学、国立河南大学。1953年院校调整后,又先后易名为河南师范学院、开封师范学院、河南师范大学,直到1984年恢复河南大学校名,至今未改。④

广东贡院,科举停废后清廷于此设立两广优级师范学堂,除明远楼(今俗称为"红楼")被保留了下来,贡院其他建筑全部被拆除。⑤广东省作为清末开风气之先的省份,其贡院改建为学堂之举措也较全国其他省份更早施行。据当时新闻报道,光绪三十一年(1905),广东巡抚岑春煊便决定兴办优级师范学堂,委派道员温宗尧、知县刘士骥作为督工兴建。其最初选址本为省城小北门,后因其基址地势低洼,"既须填筑,地场狭隘,又须购买民房,深恐糜费需时"⑥,才决定以省城贡院改建优级师范学堂。

湖北贡院,科举废后曾于其中改设中等农业学堂,并以衡鉴堂等改建为教室。宣统二年(1910),因为学部要求各农业学堂务须附设学生试验场,其学堂堂长乃向湖北提学司申请留在贡院办学,就近寻找空地,解决试验场的问题。湖北提学司则批复称,贡院周边均属城内,"房屋比栉,何能有空阔余地辟为学生试验场?"要求该校务必遵从湖北布政使所定原

---

① 《调查贡院存器》,《顺天时报》第1869号,光绪三十四年(1908)四月十四日第7版。
② 寒蛮:《豫乘》,《豫言》1917年第12期,第3页。
③ 《贡院之瓜分》,《顺天时报》第2142号,宣统元年(1909)闰二月廿五日第四版。
④ 邓明灿,张义忠编著:《河南大学校园百年建设史》,郑州:河南大学出版社,2012年,第7页。
⑤ 李兵,林介宇:《科举旧影录》,长沙:湖南大学出版社,2011年,第89页。
⑥ 《广东改贡院为优级师范学堂》,《教育杂志(天津)》1905年第13期,第52页。

案，也就是将该校"附设于高等农业学堂"，并遵照前令札饬，"从速迁移"，"以符定章，而兴实业"。① 此外，预备立宪期间，湖北省贡院还有改建为省议院的计划。据《顺天时报》报道，为了赶上宣统元年（1909）九月初一的湖北省谘议局的预定成立日期，湖北省一面派员赴日本考察议院，绘制图式，一面选择省城贡院作为改建议院之场所，并计划将贡院旧有砖木各项材料"先行分别拆卸，登记汇存，以备建筑之用"②。

湖南贡院，光绪三十二年（1906）经湖南巡抚岑春煊（1861—1933）与士绅再三商议，决定将贡院"改建中、西、南三路优级师范学堂"。于是，时任湖南提学使吴庆坻（1848—1924）委派长沙县劝学所长、学堂监督余肇升（1855—1916）等负责办理，并"于日前兴工改建"③。

四川贡院，光绪三十二年（1906）锡良在其所撰《贡院废号记》一文中指出，停罢科举诏书颁布之后，他就在贡院及成都府试院中"增师范、补习、豫备、选科诸校"。对于贡院中的万余间考试号舍，锡良"命存留若干间，封识而葆护之，以待来者"，其余则全部拆毁，将其砖瓦用于建造"武校兵舍及学务公所"。④ 宣统三年（1911）三月，四川省提学使司向四川总督呈文，请求"借贡院至公堂、清白堂公地开办图书馆"。这是四川提学使根据宣统元年（1909）清学部所奏拟的《京师及各省图书馆章程》的统一要求而拟定的执行措施。之所以要借用贡院房舍开设图书馆，是因为"一切房舍建筑可以节省经费"⑤。不过，这一计划未能施行。1925年，张澜在贡院创办成都大学，1931年与国立师范大学、公立四川大学合并，成立国立四川大学，贡院即为川大文学院、法学院所在地。抗战爆发

---

① 《本司批中等农业学堂堂长申该学堂请仍就贡院办理情形由》，《湖北教育官报》1910年第1期，第91—92页。

② 《鄂督委员将贡院改筑谘议局文》，《顺天时报》第2138号，宣统元年（1909）闰二月二十日第4版。

③ 《贡院改建学堂》，《北洋官报》1907年第1557册，第11页。

④ （清）锡良：《贡院废号记》，虞和平：《近代史所藏清代名人稿本抄本》第3辑第130册，郑州：大象出版社，2017年，第171—176页。

⑤ 《本司详借贡院至公堂清白堂公地开办图书馆文》，《四川教育官报》1911年第28期，第3—5页。

后，外地难民流落成都，栖身于贡院一带。20 世纪 70 年代，四川贡院仅有的至公堂、明远楼及牌坊等建筑最终被全部拆除。①

福建贡院，据《北洋官报》报道，1906 年福建省政府曾决定在贡院创办警务学堂，议定聘请日本人佐仓孙三为学堂教习，已经派人"相度贡院地址，以备鸠工改建"②。光绪三十三年（1907）三月于贡院开办福建公立法政专门学堂。③ 宣统元年（1909）于贡院设置福建省谘议局。民国成立，孙中山先生应邀至榕，在贡院至公堂发表演讲。1932 年至公堂改名为中山堂，2009 年中山堂入选福建省第七批省级文物保护单位。

陕西贡院，科举停废后，先于光绪三十一年（1905）被改为"总工艺厂"，后于宣统元年（1909）被改为陕西谘议局。④ 另外，还在"贡院供给所隙地"设立了存古学堂。⑤

云南贡院，科举废后改设师范学堂。据《北洋官报》报道，云南省绅士代表李厚庵向云贵总督丁振铎（1842—1914）禀请"将贡院改为优级师范学堂及法政学堂，约可容四百余人"，获得批准后，已经"绘图估工，不日即可改造"。⑥ 1943 年，云南大学设于贡院，"至公堂作礼堂；衡鉴堂作教职员食堂；监临提调监试诸堂在东侧者作学校总务处，在西侧者作职员住宅；原来的考棚号舍作学生宿舍（即东宿舍）；东陆大学成立时新建的会泽院则作为教室及行政办公室"⑦。

甘肃贡院，科举考试废除后先后被改设为学堂、公所、工厂、农场

---

① 刘艳伟，杨洋：《清代四川的贡院》，《巴蜀史志》2013 年第 5 期，第 45 页。
② 《贡院拟改警务学堂》，《北洋官报》1906 年第 989 册，第 10 页。
③ 陈衍：《民国闽侯县志》卷 34《新学校》，上海：上海书店出版社，2000 年，第 569 页。
④ 翁柽，宋联奎：《民国咸宁长安两县续志》卷 8《衙署考》，南京：凤凰出版社，2007 年，第 418 页。
⑤ 翁柽，宋联奎：《民国咸宁长安两县续志》卷 9《学校考》，南京：凤凰出版社，2007 年，第 423 页。
⑥ 《贡院改设师范学堂》，《北洋官报》1906 年第 984 册，第 11 页。
⑦ 李埏：《至公堂怀古》，张昌山主编：《云南文化读本》，昆明：云南人民出版社，2014 年，第 81 页。

等。① 光绪三十二年（1906）三月，兰州道彭英甲在贡院西部设立甘肃农业实验场，分南北两场，引种甜菜，种植蔬菜新品种，向全省推广。五月，在东部设立甘肃劝工厂，分设织布、栽绒、绸缎、玻璃四科。此后两年间，先后在贡院东北部设立农林学堂、矿务学堂，在西北部设立甘肃官书报局，在东南部设立甘肃督垦总局。宣统元年（1909）三月，在督垦总局稍西即原南号舍一带设立甘肃农工商矿务总局，次年在矿务学堂稍西设立甘肃高级巡警学堂。民国时期，甘肃贡院原有堂舍几乎全部被公所、学校占据。民国二年（1913）甘肃法政专门学校迁入贡院，校址包括北号舍所建的农林、矿务、巡警学堂校舍，及明远楼、至公堂、观成堂一带。1916年，原本打算在贡院南号舍建造子爵府的甘肃督军张广建，为掩盖其拥戴袁皇帝的罪行，不得不将甘肃机器局迁入。1917年，在衡鉴堂及其南北设立甘肃公立甲种农业学校。1928年法政学校改为兰州中山大学，后又改为甘肃大学、甘肃学院，将机器局改为学校附属医院。1935年农校迁至何家庄，次年甘肃工业学校迁至农校旧址。1946年甘肃学院改为国立兰州大学，校舍几乎占据整个贡院的空间，至公堂被改为中山堂，观成堂被改为图书馆。中华人民共和国成立后，在甘肃工业学校设立兰州劳动技校、化工机械厂，衡鉴堂作为车间，直至20世纪90年代后期衡鉴堂被拆，原地盖起高楼。1919年，兰州兴学社社长、翰林刘尔炘（1864—1931）向社会募捐4.6万余元，重修五泉山，新建太昊宫，并于1920年将明远楼从贡院迁建太昊宫东面，成为五泉山中轴线上的重要建筑。

贵州贡院，光绪三十年（1904）停止科举后，"以其地址设师范传习所"。光绪三十三年（1907），将贡院前段"改巡警总局"，次年改建"巡警道署及警务公所"；后段"改建法政学堂及劝工局"。②

当然，也有个别省份的贡院和顺天、江南贡院一样，最终未能用以改建为新式学堂。如江西贡院，光绪三十二年（1906）原设豫章书院之江西

---

① 邓明：《明远楼与甘肃贡院的兴废》，《档案》2008年第5期，第36—38页。
② 刘显世，谷正伦，任可澄，杨恩元：《民国贵州通志》《建置志》，成都：巴蜀书社，2006年，第236页。

高等学堂学生以"屋舍湫隘,地势潮湿,于卫生大有妨碍"为由,联名向政府有关部门禀请另创新校。有人提出,"贡院地势宽敞,堪以改建",而坊间亦有政府"已饬工程委员雇匠勘估,以便设法筹款建造"的传闻。① 而据1908年第1635期的《北洋官报》报道,此前政府已经在江西省贡院附设了"初级师范学堂",并进一步计划"仍将贡院基地一并改为学堂之用,所有号舍,业由林学使札派委员,督同工匠,概行拆卸改造"②。不过,以上计划都不了了之。据民国二十一年(1932)4月19日《江西建设月刊》报道,时任江西省建设厅厅长龚学遂向江西省政府主席熊式辉呈送了关于将贡院旧址改修为公园的工程进展报告。报道说,根据熊式辉此前提出的"将东湖边贡院旧址用简单布置修作公园,借免荒废,而壮观瞻"的命令,建设厅选派了技士刘震洲、陈传忠进行了实地测量和设计规划,随即让邓珍和等4个泥木工厂分别估计工价,一致认为主要用费在于"运砖平土"。为此,建设厅建议"令调保安处士兵担任运输平治",则工匠可以减少到六七百元。③ 不过,该计划似乎同样没有顺利执行。据1932年第19期《江西省政府公报》,民国二十一年(1932)6月27日,江西省政府分别向公路处、公安局发出命令,指出贡院旧址中"砖石树木,无人管理,时有被窃及任意砍伐情事",要求公路处"妥为保管,以专责成",要求公安局"饬派警士,不时巡察,严予取缔"。④

清代中后期以后,各省贡院的创建与重修基本上都离不开全省绅民的合力捐助,围绕贡院的维护与处置问题,逐渐也形成了由省内各府州绅董组成的类似于贡院管理委员会的绅董联合会。它们虽然并没有登记在册的办公地点,也没有责任明确的组织机构,甚至没有条款分明的活动章程,然而在需要针对贡院修建问题进行讨论、募捐的时候,它们便能够马上起

---

① 《贡院改建高等学堂》,《北洋官报》1907年第1401册,第11页。
② 《赣省贡院改造学堂》,《北洋官报》1908年第1635册,第10页。
③ 《呈省政府为遵谕估计贡院旧址改修公园工程请察夺示遵由(二十一年四月十九日)》,《江西建设月刊》1932年第6卷第4期,第2页。
④ 《分饬保护贡院旧址之砖石树木》,《江西省政府公报》1932年第19期,第58页。

到实质性的作用。在这个过程之中，由于地方财政经费拮据、贡院修建耗资巨大，以籍贯回避、年资考成为基础而任职于各省的督、抚、藩、臬等地方大员逐渐将处置贡院的绝大部分话语权移让给本地绅董。这种权力转让，在清末贡院的处置过程中也得到了集中体现。尤其是当清末推行预备立宪的地方自治改革过程中，传统的绅士集团经过劝学所、学务处、谘议局的改造而逐渐拥有了一定的法定权力，从而使得他们对贡院的处置更多地带上了地方行政权力的色彩。

第二节　学政试院的废弃与处置

清末废科举兴学堂，各省学政试院也不再承担贡院的功能。在历史浪潮的冲击下，它们不得不追随命运的脚步，开始了各自不同的转型。

一、改建为学堂

根据《壬寅学制》和《癸卯学制》的要求，各省应在高等学堂之中附设师范学堂，由其自主决定学堂的选址。除了贡院或书院外，有的省份也将师范学堂设立于省城的学政试院。如安徽安庆府学政试院在光绪三十二年（1906）便被改设为安徽师范学堂，宣统三年（1911）又改为优级师范学堂，民国元年（1912）再改为安徽省立第一师范学校。[①] 不过，按照学制的要求，地方各府应该相应设立中学堂。而主要建造于各府府城的学政试院也便更多地被改建为中学堂。

安徽徽州府试院，康熙二十八年（1689）由休宁县乡绅黄大顺、黄凤翼父子捐资改建西察院，作为督学使者按临考试公署，并在其中"造设棚厂、桌凳，规制秩然"。至光绪三十一年（1905），试院被"改创新安中学堂，撤左右考棚，建学生自修室"。[②]

[①] 朱之英，洪思亮：《民国怀宁县志》卷8《学堂》，南京：江苏古籍出版社，1998年，第133页。
[②] 石国柱，许承尧：《民国歙县志》卷2《营建志》，南京：江苏古籍出版社，1998年，第56页。

江苏徐州府试院，清初徐州士子均赴淮安府山阳县学政试院应试，康熙四十九年（1710）因州人葛茂才等请，知州卞之钧、训导汪庆升等以明察院改建考棚。至清光绪三十二年（1906），徐州试院被"改为徐州中学堂"①。

江苏太仓直隶州试院，始建于清同治五年（1866）。科举废除以后，太仓州及其所辖州县士绅共同商议，将试院改建为"太镇嘉宝崇中学堂"②。

浙江处州府校士馆始建于明万历年间。清光绪三十二年（1906）知府刘钜翰拓地增建处州中学堂校址，次年改建校士馆西文场为中学堂教室，同时将中学堂全部迁入校士馆，而中学堂原址则改设师范学堂。宣统三年（1911），浙江省谘议局议决，各府中学堂由省税开支，处州中学堂遂被改名为浙江第十一中学堂。民国建立后，全国的学堂一律改名为学校。1913年，处州中学校和师范学校改名为省立第十一中学校和省立第十一师范学校。1923年，两校合并，统称为处州第十一中学校。③

河南陕州在雍正二年（1724）升格为直隶州，雍正十一年（1733）"生童捐资建署"，乾隆元年（1736）学政按临主持考试，从此不必再赴河南府商丘县学政试院附考。清代光绪末年废科举，试院"县绅张坤建议改为陕州中学堂"④，此后在民国年间又先后改名为河南省立第九中学校和陕县初级中学校。

与各省高等学堂应该附设师范学堂相同，壬寅、癸卯学制同样规定，各府可在中学堂内附设师范学堂，"以造成小学堂教习之人才"⑤。因此，有一些学政试院便在被改建为中学堂的前提下并附设初等师范学堂。

---

① 余家汉：民国《铜山县志》卷11《建置志》，台北：成文出版社，1970年，第705页。

② 王祖畬：民国《太仓州志》卷8《学校志》，台北：成文出版社，1975年，第165页。

③ 李钟岳，孙寿芝：民国《丽水县志》卷2《学校志》，台北：成文出版社，1970年，第148—149页。

④ 欧阳珍，韩嘉会：民国《陕县志》卷4《建置志》，台北：成文出版社，1968年，第151—152页。

⑤ 朱有瓛：《中国近代学制史料》第2辑上册，上海：华东师范大学出版社，1987年，第374页。

湖北宜昌府试院始建于乾隆二年（1737），光绪末年废科举后，宜昌府设立高等小学堂，并借试院为该校学生宿舍。光绪三十三年（1907）五月，宜昌府奉湖北提学使整顿学务之令，计划将本府中学堂、师范学堂"合为一处"，而原设之墨池书院"房舍既少，四围又无余地可以拓充"，反观本府试院则"房屋宏多，基址宽阔，且系旧日阖郡抡才之地，改为府中学堂，实觉名实相符"，因此决定改以墨池书院为高等小学堂学生宿舍，而"将中学堂移入郡城考棚，并将师范全班学生并入其内"。①

山西大同府学政试院称为"贡院"，是大同、朔平两府生童岁科试的共同考场。光绪三十二年（1906）大同府向山西巡抚恩寿（？—1911）禀请"修建贡院为中学堂，原设旧舍改作初级师范学堂"。恩寿批复认为"办事妥协，应准照办"②，并要求山西省提学司转饬遵照执行。

浙江衢州府试院在同治八年（1869）重修后，将其匾额"校士馆"改为"三衢试院"。科举停废后，三衢试院亦告废弃。宣统三年（1911），浙江省谘议局议决，各府各设一所初级完全师范学校。为此，金衢严道李龙元捐洋银3000元为倡，计划拆改试院，建成西式楼房，作为学校校舍。不料，次年民国成立，原定捐款计划无法完成，只能由西安县独力维持。从民国元年（1912）到民国十三年（1924），三衢试院被先后改设为小学教员养成所、师范讲习所、金华道第二联合县立师范讲习所、省立第八师范学校等。③

当然，正如《壬寅学制》所补充说明的那样，"中小学堂原不以府县而分，如州县亦可立中学堂，府治亦可立小学堂"。有些地方的学政试院便没有被改建为中学堂，而是改建为其他类型的学校。如河南陈州府试院沿自明代察院，清乾隆十年（1745）知府崔应阶移建后，嘉庆、道光、同治年间历经重修。清末改学制，试院也被改为学校，"宣统元年知府陶福

---

① 《府中学堂迁入贡院》，《北洋官报》1908年第1833册，第11页。
② 《晋省贡院改作学堂》，《北洋官报》1907年第1409册，第10—11页。
③ 郑永禧：《民国衢县志》卷3《建置志上》，上海：上海书店出版社，1993年，第696页。

同改建为陈州初级学堂,民国后改为省立第二师范"①。又如江苏通州试院始建于雍正时期,光绪三十二年(1906)通州士绅禀请江苏省学务处,"将贡院东偏号舍改设贫民学校",获得批准。不久后,"改建校室业已落成,暑假后当可开学"。据报道,该校所有教员"均由高等小学教员担任"。②

二、改建为行政公署

《壬寅学制》和《癸卯学制》规定了省、府、州县应该设立的学校的级别与类型,但对于应该将其设立于何处则未予说明。各府州书院也常被用于筹设中学堂和初级师范学校,这使得被改建为中学堂或初级师范学堂并非学政试院转型的唯一选择。一些学政试院被改为地方行政部门的办公场所。

改建为县政府。如江苏常州府试院,始建于明万历四十三年(1615),清代仍旧,康熙、嘉庆、道光、同治年间相继重修或扩建。光绪三十二年(1906),"学使裁撤,淮军统领徐传隆暂驻其中。未几徐去,三十六标征兵居之,不戒于火,庭后丹桂楼烬焉。因是迁出,署遂空旷"③。辛亥革命以后改革行政区划制度,取消府级建置,直接以省管县。常州府被改为江阴县,而常州府试院也在辛亥年九月二十日被"改为县署"④,并于民国四年(1915)十一月由江苏巡按使批准立案。又如福建建宁府督学试院创建于乾隆十七年(1752),光绪末年废科举兴学堂,适逢光绪三十一年(1905)建宁府署失火,乃搬移至试院办公。民国元年(1912)后废除府制,归并建安、瓯宁两县为建瓯县,试院遂改为建瓯县公署。民国十七年

---

① 朱撰卿:民国《淮阳县志》卷2《建置志》,台北:成文出版社,1976年,第248页。
② 《贡院改建贫民学校》,《北洋官报》1906年第1073册,第8页。
③ 陈思、缪荃孙:民国《江阴县续志》卷3《建置志》,台北:成文出版社,1970年,第219—220页。
④ 缪荃孙:《江阴近事录》卷1《建置志》,台北:成文出版社,1970年,第1页。

（1928）又改名为建瓯县政府。①

改建为财政厅。广西南宁府试院最早借用萧文端公第宅作为岁科两考专用考场，周边太平、泗城、镇安三府的生童均在此应试。乾隆六年（1741）知府苏士俊改建萧氏宅第，设置石桌、石凳，使之更具试院功能。民国建立后，该试院被"改为财政厅"，而且"每年政府仍纳租于萧氏"②，租金数额清代时为每年银24两，民国时期则改为每年银元24元。

改建为警务总局。直隶保定府试院被改建为警务总局。据光绪三十二年（1906）《中华报》报道，保定工巡局总办吴彭秋拟在省城设立一所警务学堂。其选址办法是，在保定府试院中改建警务总局房舍，而在其旧址设立警务学堂。报道指出，"袁宫保"已经批准了其建造计划，并委派其担任警务学堂监督，学堂提调则委派工巡局总稽查陈希曾担任。③

改建为高等法院。四川泸州直隶州试院被改建为四川第三高等法院。泸州试院初建于康熙九年（1670），后历经重修、拓建，道光年间规模宏大，可容三四千人应试。清末诏停科举，试院荒废。民国十七年（1928）试院辕门、照壁被拆，建为市街花园。民国二十四年（1935），试院被改建为四川第三高等法院办公场所，该院原设于城南文庙街"废会府"，即原泸州知州署。④

改建为征收局。四川绥定府学政试院始建于雍正八年（1730），清末废科举后，试院荒废无用。民国时期，其主体部分被改建为征收局，其后东号舍则被划拨为"烟酒公卖监察所"的办公建筑用地。⑤

改建为教学管理行政机关。如浙江杭州府试院始建于明嘉靖三十三年

---

① 詹宣猷，蔡振坚：民国《建瓯县志》卷6《城市志》，台北：成文出版社，1967年，第71页。
② 莫炳奎：民国《邕宁县志》卷21《学校志一》，台北：成文出版社，1975年，第897—898页。
③ 《改保定贡院为警务学堂》，《中华报》1906年第434期，第8页。
④ 赖佐唐，宋曙：《民国泸县志》卷2《治制志》，成都：巴蜀书社，1992年，第45、47页。
⑤ 蓝炳奎，吴德准，王文熙，朱炳灵：《民国达县志》卷1《建置门》，成都：巴蜀书社，1992年，第16页。

（1554），清代历经修理、扩建，清末废科举后，宣统元年（1909）"改提学使司"。① 又如江苏扬州府试院，清初康熙年间以明凤抚军使院改建为试院，后历经修缮、扩建。停罢科举后，试院"遂旷废"。至民国年间，"教育会、劝学所皆设于内"。②

有些地方的学政试院被军队征用。如四川顺庆府学政试院初建于康熙六年（1667），清末废科举后，该试院亦被荒废。民国年间，先后被政府、军队征用。先是"道尹署前亦权驻其中"，后来又被作为"驻军司令部"。③ 四川绵州直隶州试院始建于道光二十年（1840），清末废科举后，州绅吴朝聘、邓昶将其改建为联立中学校，并将东西号舍拆除。民国年间，试院被"屯殖司令部暂驻其内"。④ 四川宁远府试院在科举废后遂告废置，民国初年被改建为"县议会议场"，此后则"迭为驻军司令部"。⑤ 又如贵州遵义府学政试院始建于康熙三十四年（1695），清末废科举后，地方政府"奉上谕改设遵义协镇署"⑥。

有些地方的学政试院经过了多次"转手"。如江西吉安府试院在科举停废后"鞠为茂草"。至民国四年（1915），吉安府建立清理官产委员会，庐陵县邑绅周鹃用了3000元银币向其购买试院房产，并将其捐作庐陵县的公业，改建为宋四先生祠。民国五年（1916）修纂《庐陵县志》，借其房屋开办县志局。民国十年（1921）开办凌云工艺场，附设艺徒学校。民国十八年（1929）江西吉安地方法院借作院址。民国二十四年（1935）庐陵

---

① 吴庆坻：《民国杭州府志》卷18《公署一》，上海：上海书店出版社，1993年，第488页。

② 程法：《民国续纂泰州志》卷5《公署》，南京：江苏古籍出版社，1991年，第571页。

③ 李良俊，王荃善：《民国新修南充县志》卷5《舆地志》，成都：巴蜀书社，1992年，第185页。

④ 蒲殿钦，崔映棠：《民国绵阳县志》卷2《建置志》，成都：巴蜀书社，1992年，第33页。

⑤ 郑少成，杨肇基：《民国西昌县志》卷7《教育志》，成都：巴蜀书社，1992年，第116页。

⑥ 周恭寿，赵恺，杨恩元：《民国续遵义府志》卷3《公署》，成都：巴蜀书社，2006年，第65页。

县士绅向法院申请不动产登记，申明"在法院未自动迁移以前不得收回，如法院不需用时仍应归还县有"①。又如安徽太平府试院，光绪三十三年（1907）由知府汪麟昌呈请改修太平府学公所，其余房屋则作为地方团体办公之所，先后成立城区自治公所、县议会、姑孰小学。民国年间，又先后被改设为第八师范学校、第十中学、县立中学，等。②再如浙江严州府校士馆，民国二年（1913）被改设为地方审检厅，后又被改为浙江省立第九师范学校。③

三、其他转型形式

科举被废以后，清廷及民国政府并未就学政试院的处置问题颁布统一处置办法，因而全国各府州学政试院的处理也便各自不同。除了被改建为学校和官方公署外，学政试院还有更多的转型选择。

有些学政试院被改建为市场。如四川重庆府试院在科举停废后，最初于其中改设川东师范学校，民国年间则被改设为"第三模范市场"。④

有些被改建为公园。如四川嘉定府学政试院系于嘉庆十年（1805）由知府宋鸣琦改建上川南道署而成。光绪末年，该试院最初也被设为中学校，而到了民国年间则被"改建为公园"。⑤

江苏苏州府学政试院的处理过程显得更为负责。苏州府学政试院始建于明代，旧在昆山县，雍正二年（1724）分昆山县东部设新阳县，试院位于新阳县城。此后曾经多次修复、扩建。咸丰十年（1860）试院被战乱所

---

① 李正谊，邹鹄：《民国吉安县志》卷5《建置志》，南京：江苏古籍出版社，1996年，第86页。
② 鲁式穀：《民国当涂县志》之《民政志·官署》，南京：江苏古籍出版社，1998年，第150页。
③ 夏日璈，王韧：民国《建德县志》卷6《建筑》，台北：成文出版社，1970年，第112页。
④ 朱之洪，向楚：《民国巴县志》卷2《建置志上》，上海：上海书店出版社，1992年，第53页。
⑤ 唐受潘，黄熔：《民国乐山县志》卷4《建置志》，上海：上海书店出版社，1992年，第737页。

毁，四年后即同治三年（1864），江苏巡抚李鸿章奏请在苏州府城元和县定慧寺东偏重建试院，从而使"自后凡学使者岁科校士驻郡城"，而原建于新阳县的学政试院则仅被作为县试考棚使用。光绪三十二年（1906），这座学政试院彻底废弃，县人杜庆征等人禀请新阳知县王熙宇转禀两江总督，"核准开垦，名新丰公司"。①

而由李鸿章主持建造于府城的苏州府学政试院，在科举废后则没有被改建为其他建筑，并一直延续到民国年间。光绪三十一年（1905）废科举、裁学院，各省改设提学使，苏州府城试院被保留下来，用作"考试苏松常镇太五属优拔生及举贡生员"的考场。如光绪三十四年（1908），巡抚陈启泰考试存古学堂及法政学堂诸生，便是"于此院举行首场"②。

进入民国后，苏州学政试院很久都没有得到妥善处理。民国期刊《吴江》1923年5月1日第2版则刊登了两则"平社开会详志"，第一则为吴江县陆鼎奎提议的《改筑贡院为平民工厂案》，其中提到，"苏郡贡院"在废科举立学堂后"无存在之余地，三吴文士昔日角艺之场，今则鞠为茂草"。此前曾有人提议将其改建为"游民乞丐习艺所"，因其难免斯文扫地之辱而未采纳。为此，陆鼎奎建议将其"改设一雏形之平民工厂"，以期其"于将来之贫民生计，不无小补"。第二则是常熟县赵宾等六人提议的《处置苏州试院案》，其中提及苏州试院自科举停废后便"屋宇弃置不用，虽经吴县公署保管，然墙垣倾颓，砖石被窃，久已无人过问"。为此，建议召开四县劝学所联合会议，商讨处置办法。由于这两项提案都与苏州试院有关，因此平社进行了统一讨论。有人提到，根据试院所在的双塔四隅公社发布的公函，"近来试院中且有私卖灯吸，藏垢纳污"等现象，必须抓紧时间妥善处置。不过，最终的讨论结果却是"由四县劝学所先商保管方法，再行筹议改建"。③ 从《吴江》杂志的报道我们可以得知，迟至1923

---

① 连德英，李传元：民国《昆新两县续补合志》卷2《建置志》，台北：成文出版社，1983年，第89页。
② 吴秀之，曹允源：民国《吴县志》卷29下《舆地考·建置二》，台北：成文出版社，1970年，第444页。
③ 《吴江》1923年第44期，1923年5月1日第2版。

年5月,苏州试院依然没有找到妥善的处置办法。

又过了10年,这座学政试院的处理问题依然没有解决。据1932年第11期《昆山县教育汇刊》报道,民国二十年(1931)7月17日,吴县教育局局长吴耀章向常熟、吴江、昆山三县教育局发出公函,邀请他们在当月21日到吴县教育局开会,共同讨论标卖苏州试院之事项。公函提及,1930年秋曾在上海相关报纸刊登标卖苏州贡院基地房屋的广告,定价为2.5万元,但由于无人竞标,经过四县教育局商议,决定将标价减少到九折即2.25万元。对于这一价格,多家商号表示愿意竞买,文根记、尚德记、宗德记等商号分别缴纳了2000元的定金。公函中还提及,此次标卖的"江苏贡院"地基,并不包括"原有双塔学校校址",说明在此之前已经在贡院部分基址上改建了双塔学校。从该公函我们还可以得知,吴县教育局之所以要邀请其他三县的教育局长一起开会,是因为"贡院基地房屋系四县合有,本局仅负就近主持之责"。①

四、倒塌荒废

从江苏苏州府学政试院的处置过程,我们不难感觉到各地学政试院的转型过程并非易易。而从地方志的记载来看,确实也有不少学政试院因缺乏善后之法而告荒废。

江苏淮安府试院,清初由明察院署改建为试院,雍正、乾隆、道光时期多次重修。光绪三十一年(1905),"停岁科试,试院废,号舍塌毁殆尽"②。

江西南安府试院,始建于康熙四十二年(1703),系由大庚县绅士公捐建造,此后的历次重修也均由本府四县绅士分别捐资完成。清末科举停废,试院"渐圮"。不久,因驻兵于试院,各处建筑材料被"拆毁一空",

---

① 《吴县教育局公函第二七三号:为标卖贡院定于七月二十一日开会希出席由》,《昆山县教育汇刊》1932年第11期,第60页。
② 邱沅,王元章,段朝瑞:《民国续纂山阳县志》卷7《学校志》,南京:江苏古籍出版社,1991年,第353页。

最终"平基址为操场"。①

山西解州直隶州试院在雍正三年（1725）解州升格为直隶州后，便由知州许日炽、童绂等先后督率绅士捐资创建。此后解州历任知州先后于乾隆十年（1745）、乾隆十三年（1748）、乾隆三十二年（1767）、道光十六年（1836）、咸丰四年（1854）重修或扩建。科举停废后，该试院被"废弃不用"。至民国初年，"地方多事，过往兵差辄住其内，房舍被其毁坏，坍塌不堪"。民国九年（1920）左右，试院"残木破瓦变作官价，售卖地基作官桑园"。②

河南郑州试院创建于本州升格为直隶州后的雍正二年（1724），尽管雍正十三年（1735）重新降格为散州，但其学政试院则一直保留，甚至在乾隆七年（1742）发展成为面向开封府8个州县生童的岁科试考场。清末光绪年间，郑州的东里书院、训导署分别被改建为中学堂、高等小学堂，民国年间又先后改名为中学校、高等小学校，而郑州试院则一直没有被改建。据民国《郑县志》记载，郑州试院被称为"贡院"，占地面积10亩，有房屋64间，"今废"。③

湖南永顺府试院创建于乾隆三年（1738），历年不断修葺、扩建。光绪末年考试停止后，试院遂告废置。民国元年（1912）试院的后半截曾改为"临时事务所"，不久便告"撤毁"。试院基址最终变为"菜圃、稻田"，由中学校管理收租。④

除了内部单体建筑被改作他用外，清代各地试院大多设有岁修经费，在科举停废后，也被改为其他用途。如据《民国昭通县志稿》记载，民国

---

① 吴宝炬，刘人俊：《民国大庾县志》卷3《建置志》，南京：江苏古籍出版社，1996年，第61页。
② 曲乃锐：民国《解县志》卷11《营建考》，台北：成文出版社，1968年，第811页。
③ 周秉汇，刘瑞璘：民国《郑县志》卷3《建置志》，台北：成文出版社，1968年，第159页。
④ 胡履新，张孔修：《民国永顺县志》卷21《学校志二》，南京：江苏古籍出版社，2002年，第348页。

时期昭通县的教育资产"尚属丰富",它们的来源主要是"前清文武二庙及文昌宫所属田地、房屋,以及府属考棚、县属书院之卷金、基金等提拨而来"①,另外则有民国元年以来增设的各项税捐。所谓"府属考棚",其实就是昭通府学政试院。

清代学政试院是服务于一府(直隶州)若干州县的贡院,其修建费用一般由各州县分担解决,因而在科举停废后,各州县都拥有对其房屋、地基进行处置的权利。但是由于教育与行政制度的变革,无论要将其改建为任何一所学校、一座公署,学政试院都已经不可能继续为所有的州县服务,只能为某一个州县尤其是基址所在地州县服务。在不断地协商、讨论、讨价还价的过程中,一心为公者需要权衡利弊甚至忍辱负重,心胸狭窄者会斤斤计较甚至中饱私囊。折冲樽俎之间,如何让一座座承载着前人公益与公平诉求的公共建筑实现圆满的转型,确实是对时人智慧与良知的一次极大考验。这种考验,甚至超过在这些贡院中举行过的任何一次考试。

第三节 县试考棚的废弃与处置

县试考棚是清代级别最低但分布却最为广泛的贡院。在清末教育改革开始兴起之时,各地似乎并未感受到强烈的冲击,个别地方如福建政和县和广东四会县人们依然在捐资重修考棚,并为之撰写记文。光绪三十一年八月初四日(1905年9月2日)的立停科举上谕,对很多基层社会的绅民来说无异于晴天霹雳。而他们抱着极大的热情捐资建造的县试考棚也突然走到了命运的尽头。

一、改建为学校

县试考棚最为常见的近代转型形式是改建为新式学堂。据光绪二十八

---

① 卢金锡,杨履乾,包鸣泉:《民国昭通县志稿》卷9《教育》,南京:凤凰出版社,2009年,第229—230页。

年（1902）颁布的《钦定小学堂章程》，每个州县被要求设立一所小学堂，分高等、寻常二种，次年颁布的《奏定初等小学堂章程》和《奏定高等小学堂章程》中则改称初等小学堂和高等小学堂。地方官应积极鼓励绅董慷慨捐资，支持公立小学堂的建设或自办私立小学堂。[①] 对于小学堂的校舍建设，管学大臣张百熙等在光绪二十九年十一月二十六日（1904年1月13日）奏定的《学务纲要》中特别做了"各省学堂建造须合规制"的说明："外省大小各学堂建造屋宇，均宜求合规式，方能有益。"要求各地按照"近来日本专绘印有学堂图"进行模范改造。[②]

需要指出的是，由于壬寅、癸卯学制都是在1905年9月2日立停科举诏书之前颁布的，因而它们都没有涉及各地县试考棚的处置问题。而各省在向下属州县转发朝廷的兴学诏书时，也都没有涉及考棚的处置问题。如光绪三十一年（1905），贵州巡抚林肇年向各州县发出札文，要求各府州县设法建设新式学堂，在关于如何筹集办学经费的建议中，就没有涉及县试考棚。如其下发给麻哈州的札文内容为："仰该州遵照立将该州所属城乡远近历年筹备童试、院试、优拔试、乡会试等所需卷费、册费、黉仪费、赀见费、修理考棚费、供应主差、试差夫马、尖宿费，摊解学院科岁两棚费，考送师资、宾兴、花红费，勿论公集、私捐、存银、置产生息，或临时按数抽收，或由官自摊解公，或虽无名目可指，实为人所共知，但系试事曾用之款，均即逐一查明实在数目，始末缘由，妥为存储，不准借端挪移丝毫。"[③] 因此，将县试考棚改建为新式学堂，更多属于各地官员与绅董协商之后采取的举措。

山东博山县县试考棚创建于光绪元年（1875），称为"考院"，除有考试棚厂60间外，还有讲舍5间，乐育堂3间，当是在平日兼为书院。光绪

[①] 朱有瓛：《中国近代学制史料》第2辑上册，上海：华东师范大学出版社，1987年，第163—164、174—176、189—190页。

[②] 朱有瓛：《中国近代学制史料》第2辑上册，上海：华东师范大学出版社，1987年，第96—97页。

[③] 刘钟荫，周恭寿：民国《麻江县志》卷7《营建志》，台北：成文出版社，1968年，第217—218页。

三十一年（1905），博山县绅董"即其地成立公立高等小学堂"。至民国元年（1912）将公立、官立予以合并，改学堂为学校。民国二十六年（1937）前后，"为县立考院小学校"。① 这是清末民初各地改建为学校的县试考棚中依然保留了考棚信息的极为罕见的案例。

安徽宿松县考棚名为"试棚"，始建于嘉庆十三年（1808），合计可容2000余人考试。光绪三十二年（1906），"邑官绅改试棚为宿松官立高等小学堂"②，民国时期再改为宿松县立高等小学校。

安徽霍山县考棚称为"云程馆"，创建于嘉庆三年（1798），道光六年（1826）被改建为书院，岁科试期间则仍为考棚。光绪三十一年（1905）县人商议开办高等小学堂，决定"就试院为讲舍"。③

河南许州直隶州长葛县县试考棚称为"试院"，创建于道光二十六年（1846），光绪十二年（1886）重修，分别由监生王嗣曾、左应旃独力捐资完成。光绪三十三年（1907）废科举兴学堂，考棚改为高等小学堂，依然由监生左应旃独力捐资改造。其中，"大门左右耳房东为门夫室，西为传达处。大门内院，东屋三间为接待室，西屋三间为校长室及司事室。二门中间树一屏蔽。东西文场改造学生寝室。冰鉴轩改为第一教室，培风堂改为第二教室。第一教室院东西屋各三间，俱改为教员住室，厨房仍旧；西院厕所亦从新改建"④。民国二年（1913）因被陆军借为住处，东斋房16间被失火焚毁。嗣后，县知事苗德垔拨罚款500千、继县知事何毓琦拨罚款100余缗进行重修，但原有考棚之东西辕门及照壁则先后被撤去。

江苏阜宁县"考舍"系由士绅捐资建造于光绪十一年（1885），建成以后，"嗣逢县试，必先修理"。但建成后仅20年，便于光绪三十三年

---

① 王荫桂，张新曾：民国《续修博山县志》卷3《建置志二》，台北：成文出版社，1968年，第299页。

② 俞庆澜，刘昂，张灿奎：《民国宿松县志（一）》卷21《学校志》，南京：江苏古籍出版社，1998年，第425页。

③ （清）秦达章，何国佑：《光绪霍山县志》卷5《学校志》，南京：江苏古籍出版社，1998年，第107页。

④ 刘盼遂：民国《长葛县志》卷2《营缮志》，台北：成文出版社，1976年，第71页。

(1907)成为本县高等小学堂的校舍。宣统三年（1911）秋季，高等小学堂停办。民国二年（1913）复办后，改名为"县立第一高小"，民国十三年（1924）再改名为"第一小学"，民国十六年（1927）改名为"城厢小学"，民国十九年（1930）再改名为"城中小学校"。①

山西平阳府襄陵县考棚系道光十年（1830）知县王逢寿重修姑汾书院时，就书院附建的。光绪三十二年（1906）"就姑汾书院改组高等小学堂"，而"姑汾书院系县试考棚，既改组学校，学生住堂者百余人，于是将东西号舍改为自修室，上房改为礼堂，大堂改为讲堂，其余或改为教员室，或改为书记室"。②

在有些地方志中，当地县试考棚改设为小学堂的年份被载为早于1905年9月的立停科举诏书，令人有些费解。因为在此之前虽然朝廷早已决心发展新式学堂教育，但是科举毕竟未废，考棚依然肩负县试之责。

如山东泰安府东阿县，终清一代并未正式建造县试考棚，不过在道光二十六年（1846）该县士绅合力捐建了谷城书院之后，由于无力筹集"延师课士之费"，使得该书院"仅供考棚之用"。而光绪二十二年（1896）知县张世卿更是将其改名为"校士分馆"，基本放弃了其作为书院的初衷。光绪二十九年（1903）知县李桂芬奉令将其改建为高等小学堂，"增添前过厅五间，后校舍三十余间，规模壮阔，轮奂辉煌，美冠一邑"。③民国十八年（1929）再改名为县立第一小学校。

又如山东长清县，光绪十四年（1888）之前每逢县试都是在县署大堂之后搭盖棚厂，由考生自运桌椅应试。为此，知县苏杰倡捐经费建造考棚。据民国《长清县志》卷8《学校志下》记载，该县当时的县立高级小学最早是"清光绪三十年（1904）在县城内旧考棚设立一处，名为高等学

---

① 吴宝瑜，庞友兰：民国《阜宁县新志》卷7《教育志》，台北：成文出版社，1975年，第628页。
② 李世祐，刘师亮：民国《襄陵县志》卷17《学校志》，台北：成文出版社，1976年，第700—702页。
③ 周竹生，靳维熙：民国《东阿县志》卷4《政教志四》，台北：成文出版社，1976年，第196页。

堂，为县立小学堂之始"，到了民国年间数量增至 9 处，校名也都相应地从"小学堂"改为"高等小学""高级小学"等。①

当然，由于清廷在颁布壬寅、癸卯学制时，并未强制要求各州县只能开设小学堂，而是允许其也可开设中学堂，以及农工商等实业学堂，因此，有些地方的县试考棚也被改设其他类型的学校。

浙江宁波府奉化县考棚名为"校士馆"，道光十八年（1838）知县蒋士麒劝捐建造，东西文场可容千余人，合计用银 2 万余金。光绪三十一年（1905）罢科举后，"由县禀准大宪，并为县立中学堂"②。

云南武定直隶州禄劝县考棚在科举停止后被改建为蚕桑学校，是于光绪三十二年（1906）由知县李崇朴督绅拔贡角显、清岁贡梅安荣开办的。③进入民国年间，由于民国十年（1921）各县奉令成立县众议会和参议会，故县知事周为桢将其设立于"旧考棚内"。④ 此时蚕桑学校当已经停办。

江苏宜兴、荆溪两县于光绪十八年（1892）合力捐助建造了"宜荆试院"，每逢岁科试"两县令轮驻试士"。但仅使用了 10 年左右，便逢清末新政。光绪二十九年（1903）被改为宜荆经史学堂，三年后再改为知新学堂。⑤

二、改建为行政机关办公衙署

正如前文所指出的，对于各地县试考棚的处置，清廷并未出台统一的规定，也没有强制要求其一定要改设为新式学堂。因此，有些州县的考棚也被改造用于本地的其他公共需求。

安徽太湖县考棚始建于乾隆年间，民国元年（1912）被改设为"县议

---

① 李起元，王连儒：民国《长清县志》卷 8《学校志下》，台北：成文出版社，1968 年，第 295 页。
② （清）李前泮，张美翊：光绪《奉化县志》卷 2《建置志》，台北：成文出版社，1970 年，第 136 页。
③ 许实：民国《禄劝县志》卷 6《学校志》，台北：成文出版社，1975 年，第 315 页。
④ 许实：民国《禄劝县志》卷 4《官署志》，台北：成文出版社，1975 年，第 243 页。
⑤ 陈善谟，徐保庆：《光宣宜荆续志》卷 2《建置志》，台北：成文出版社，1970 年，第 109 页。

会"，两年后又改为"地方财政局"。①

浙江台州府黄岩县校士馆建成于道光二十年（1840）。科举停废后，宣统初年在校士馆改设劝学所，并附县议会。后来议会废，又改设教育会、农会于其中。两会被废后，再改设教育局，附以通俗图书馆、县党部以及公园。②

浙江萧山县考棚建成于道光甲午（1834），光绪三十二年（1906）知县李前泮改考棚为学堂，将前此光绪二十七年（1901）知县瞿偄创办的中西学堂（后改名"励志学堂"）迁至考棚，改名为官立高等小学堂。不过，考棚之仪门两边房间则被改建为劝学所，成为清末教育改革的行政机构。劝学所被裁撤后，又改为县议会会所。③

湖南辰州府溆浦县考棚旧在卢峰书院东偏，占地面积较小，颇觉"隘甚"。道光三年（1823）知县张相侯将其移建于文庙遗址，东西号舍共59间。民国元年（1912）由于旧县署被改为司法署，县知事廖汉瀛乃召集绅士商议，将考棚改建为"行政厅"，第二年改称为"知事公署"。④

湖南永州府永明县考棚从道光十七年（1837）捐建之后便从未全面修理过，咸丰年间因县署"毁于贼"，考棚被"借作县署者十余年"。清代末年，考棚大公堂被设置"志局"，作为修纂地方志的场地，而东西号舍棚屋则分别"为警察局，为蒙学堂"，还曾经做过"警察学堂"。⑤

广东雷州府徐闻县考棚创建于光绪四年（1878），据《宣统徐闻县志》

---

① 高寿恒，李英：《民国太湖县志》卷12《学校志》，南京：江苏古籍出版社，1998年，第92页。
② 喻长霖：民国《台州府志》卷16《学校略上》，台北：成文出版社，1970年，第860页。
③ 张宗海，杨士龙：民国《萧山县志稿》卷10下《学校门》，台北：成文出版社，1970年，第805－807页。
④ 吴剑佩，陈整，舒立淇：《民国溆浦县志》卷5《建置志》，南京：江苏古籍出版社，2002年，第69页。
⑤ （清）万发元，周铣诒：《光绪永明县志》卷22《学校志》，南京：江苏古籍出版社，2002年，第390页。

记载，该考棚"今借为县署"①。不过，相关文献显示，徐闻县考棚其实在光绪三十一年（1905）科举制度被停废前已经被借用为县署了。1901年，台湾安平县进士许南英被委任为徐闻县知县，其到任时发现"县衙早已破毁，前任县官假借考棚为公馆"②。

三、其他废弃方式

河南陈州府商水县考棚称为"试院"，建成于同治六年（1867），可容纳一千余人同时考试。科举停废后，该考棚被废置不用，至民国四年（1915）被"改为关岳庙"。③

四川重庆府江津县（今重庆市江津区）在道光五年（1825）由知县陈叙颂倡捐建造了考试文场，文场落成后，剩余捐款和剩余基址被用作建造了若干间铺屋，每年收租，作为修补考棚的基金。光绪三十一年（1905）科举停废后，铺屋租金被"拨充办学经费"。而考棚也在民国年间沦为"驻军所"。④

与江津县同属重庆府的长寿县考棚建成于道光八年（1828），其号舍除东西文场外，另有堂号。光绪末年科举被罢，考棚被改为"团练传习所及自治研究所、警察局，旋改为县参议会"。"反正后"即民国成立后，"改为司令部"，而右花厅改为劝学所、西文场改为城防局。此后不久，考棚被驻军占领，因而"毁损殆尽"。至民国三十三年（1944）编纂出版《长寿县志》期间，才又在考棚废址上"修复为县城镇中心小学校址"。⑤

---

① （清）王辅之，骆克良：《宣统徐闻县志》卷3《建置志》，上海：上海书店出版社，2003年，第465页。

② 许南英：《窥园留草》，《台湾文献丛刊》第147种，台北：台湾银行经济研究室，1962年，第242页。

③ 徐家璘，宋景平，杨凌阁：民国《商水县志》卷9《学校志》，台北：成文出版社，1975年，第487页。

④ 聂述文，刘泽嘉：《民国江津县志》卷5《食货志》、卷8《学校志》，成都：巴蜀书社，1992年，第576、643页。

⑤ 卢起勋，刘君锡：民国《长寿县志》卷7《学校志》，台北：成文出版社，1975年，第328页。

贵州遵义府绥阳县考棚附建于书院，系道光十七年（1837）知县李毓馨募捐所建，共有棚厂16间。同治初年，该考棚"毁于贼"，此后虽曾议论修复，却一直未能如愿。至民国年间，"其址今已为民居"。①

本章结语

清代贡院，从清代初年的或延续明代旧制，或假借衙署庙学寺观等各类公共建筑、场所，到逐渐重修、调整、倡建而层级齐全，规制完备。260年间，在无数政府官员和地方绅富的竭力维持下，克服选址、经费、管理等方面的种种困难，步履蹒跚，艰难前行。迄今为止，到底有多少人曾经为其付出过财富、智慧、体力，甚至生命的代价，已经无从详细统计。清代人为之竭其所能、甘心付出的最终目的，并非贡院本身，而是贡院所承载的为国求贤、公平取士的精神。他们相信，一座规制健全、结构合理的贡院，不仅能够为考生提供舒适的考试环境，帮助他们平复心情，静心构思，写出最具代表性的文章，展示最全面的学习成效，从而帮助主考官从中选出最有才华的栋梁之才，而且能够极大程度地维护考试纪律，减少传抄、枪替等舞弊行为，从而真正做到公平、公正地选拔真才。

受时代条件的限制，上至天子宰辅，下至编户齐民，清代人并不能清楚地解答这样一个问题：他们所致力于培养与选拔的理想的治国人才，究竟能不能真正造福于国家和人民？直到西方列强以无法用仁义之心理解的坚船利炮野蛮地轰开帝国封锁已久的国门时，他们才无奈地发现，科举制度虽然将公平选士作为最高标准，但其选才标准过于单一，选拔出来的人才很难起到实际作用。更重要的是，科举选才的成本与收益之间的对比过于悬殊，人们对科举入仕的热衷远远超过务农、做工、经商、技巧、艺术、行医等社会劳动分工类别，导致各类人才产出的比例严重失调，导致国家危难之际竟然无人可用。震惊、沮丧、彷徨、无助的情绪笼罩了朝

---

① 胡仁，李培枝：《民国绥阳县志》卷2《营建下》，成都：巴蜀书社，2006年，第299页。

野，在需才孔亟的时局面前，清廷再也无法优雅地坚持科举取士的公平公正，在和平时期尚且很难抉择的效率与公平两大选项面前，他们只能选择前者。当然，令人颇感欣慰的是，在几乎至于亡国灭种的艰难变局之下，人们对贡院的处理方式也颇为决绝与迅速，并竭力让其所承载的公益与公平精神延续下去。在朝廷或政府的政策指导下，经过官绅协商，大多数当日"无哗战士衔枚勇，下笔春蚕食叶声"的贡院，转而成为书声琅琅的近代学校，继续为近代中国的养士与选才作出贡献。

第十二章

结语

有着1300年发展历程的科举制度，孕育了十多万的进士、近千万的举人，以及难以屈指数之的贡生、生员。这些由科举考试选拔出来的古代人才，无一不是从各类或临时，或附属，或专用的科举考场中走出来的。"三场辛苦磨成鬼，二字功名误煞人！"以乡会试贡院为代表的各类贡院，既是中国古代士人金榜题名、春风得意的发轫始基，也是他们全力以赴、爱恨交织的云程起点。在科举制度已经停废了110多年后，当我们回过头来重新审视这些承载了中国古代精英阶层发迹前的青春梦想的贡院时，我们才能发现，它们其实蕴含了中国优秀传统文化的很多积极向上的元素。

一、以士绅为参与主体的教育公益活动

本书是在国家社科基金项目"以公益求公平：清代科举考场研究"结项成果的基础上修改而成的，内容涉及清代贡院的诸多方面。从清代贡院的修建原因、修建过程、管理方式、肩负功能来看，"以公益求公平"恰如其分地揭示了清代贡院的核心特征。如果没有民间公益捐资的参与，则清代不仅不会新增近400座县试考棚，更不会存在近250座较明代数量大量增加、形制更为规范的学政试院，在清代后期割地赔款、国库空虚的背景下，各省的乡试贡院甚至完全可能无法维持。清代各地的民间公益参与，不仅提供了创建贡院所需的基址、物料、人工以及工程监理者、经费出纳者，而且奠基了贡院日常管理的维修基金与规章制度。在不少州县，同样由民间公益捐资而设立的宾兴公益基金组织以及试馆、会馆等则为当地科举考生提供了考费资助和考期住处，这种完全免费的"一条龙"科举公益服务，是考生们顺利完成科举考试的坚强后盾。

一般认为，清代康雍时期更为彻底地推动明代张居正创建的一条鞭法赋役制度，由康熙年间的"盛世滋生人丁永不加赋"发展为雍正时期的"摊丁入亩"制度，使地方财政开支预算化、规范化，从而极大地限制了地方政府向百姓征发徭役的随意性。地方官慑于违制妄取的舆论压力，不得不参照国家的旌奖制度，主动寻求士绅商富的自愿捐助，从而推动了清代社会公益行为的高速发展。同时，赋役制度的规范化，也令各地士绅商富不必再承受如明代那样因承差里甲而致破产毁家的沉重压力。正如嘉庆十三年（1808）江西南康府知府狄尚絅①在其《重修南康考棚记》中所提到的，"我朝郅治崇宏，子爱黎元，卓越前古，凡大小兴筑，胥出国帑，估工予直，不以纤细病民，故民得以恬和醇固，家给而人足"。这种政策环境下，士绅商富才能有能力、有意愿进行公益捐助。江西南康府此次重修学政试院，便是该府都昌县"上舍生"王松主动提出的，并且是"愿独举其事久矣"。当知府狄尚絅"虑其工之巨，而难其一木之莫支"时，王松"诣郡投诚，其请益坚"，表现出了极大的捐资热情。② 嘉庆十五年（1810）江西饶州府安仁县廪生余桂芳在其所撰《饶郡考棚记》中也指出："我朝列圣相承，覃敷文教，师道立而善人多。历来公举，皆取办于闾阎之乐施，不烦公帑而事集。"③ 尽管余桂芳将清代公益盛行的原因归之于教化的作用，但经济基础才是决定性的因素。

---

① 狄尚絅，生卒年不详，江苏溧阳县人。乾隆四十六年（1781）进士，嘉庆十二年（1807）任南康知府。[同治《南康府志》，同治十一年（1872）刊本，卷12《职官志》第18页] 按，朱宝炯，谢沛霖：《明清进士题名碑录索引》作"狄尚炯"。（上海古籍出版社，1989年版，第1759页）

② （清）狄尚絅：《重修南康考棚记》，（清）盛元：同治《南康府志》卷5《建置志一》，台北：成文出版社，1970年，第105页。

③ （清）朱潼，徐彦楠：《同治安仁县志》卷30《艺文志》，南京：江苏古籍出版社，1996年，第867页。

绅士是清代各地贡院的主要捐资力量。清代各类贡院的捐助者中，既有单人独力捐资，也有单个家庭独家捐资，也有数个家族合力捐资，还有全体士绅合力捐资。他们中的有些人只是本地富豪，没有考取任何功名或担任任何官职，有些人是拥有生员、监生、贡生或举人、进士功名的普通绅士，有些则是现任或退休的官员，甚至可能是封疆大吏或朝廷重臣。有些地方则发展到按亩摊捐，即不论是否在任或退休官员，不论是否考取功名，不论田连阡陌或是自耕小农，一律按照其所拥有的田产数量，根据其纳税数额按照一定的比例收取捐款。

值得指出的是，清末民国时期，为了发展各类近代卫生、教育、交通等社会公共设施与服务事业，中国各地都采取了"摊捐"的方式来解决经费筹措问题，并最终发展为"苛捐杂税"。① 地方官施行的这种"摊捐"，在很大程度上是要承担风险的。江苏溧阳县进士宋庚在任职江西九江府湖口县知县时，曾倡捐修建考棚、编纂县志，并建议士绅用"增诸计石粮"，即"摊捐"的方式解决"费难"的问题。这时，有人担心摊捐会"干科敛之禁"，宋庚则认为"公事也，何畏"。后来，宋庚被调任江西临江府新淦县知县，道光三年（1823）倡建考棚，他又用同样的方式筹集了建造经费，"以行之湖口者告新淦绅士"②。宋庚两次摊捐筹费都没有被议，而雍正十二年（1734）主持建造湖南桂阳直隶州试院的同知张明叙就没那么幸运了。是年，因桂阳州升格为直隶州，有资格自建学政试院，而此前一直附考于衡州府。张明叙为免生童往返跋涉，"力请分棚"，并因为"工费繁大"，而委托"州人王伊士督其役"。最终虽然桂阳州试院得以建成，而张明叙和王伊士则被人"以科派诬诉"，导致"明叙被议，伊士坐下狱"。③ 值得庆幸的是，到了同治年间，桂阳州人为张明叙"立祠考棚"，这才恢复了张明叙和王伊士的名誉。从某一角度来看，清代后期首先出现在宾

---

① 参阅梁发苀：《晚清民国的苛捐杂税》，《同舟共进》2019年第8期，第83—86页。
② （清）宋庚：《新建考棚记》，（清）王肇渭，陈锡麟：《同治新淦县志》卷2《建置志》，南京：江苏古籍出版社，1996年，第190页。
③ （清）汪敦灏，吴嗣仲：《同治桂阳直隶州志》卷6《工志》，南京：江苏古籍出版社，2002年，第84页。

兴、考棚、书院等教育公益事业方面的"摊捐",正是以社会公益的名义冲破了清代康熙以来奉行的"盛世滋生人丁永不加赋"的赋税原则,使地方政府某些经费的来源从自愿捐发展为强迫捐,从公益捐助发展为法定税收,从而为中国近代新税制的建立提供了试点。

清代各地士绅捐资建造贡院、设立宾兴公益基金,以及捐资作为官学学田、书院膏火,尽管也能得到国家的题匾、建坊、议叙等相关奖励,但这种捐赠获奖与清代捐纳制度下的捐资行为则完全不同。清代的捐纳制度,主要施行于军需、河工、营田、赈灾四个方面。[①] 捐纳制度的主要内容,是国家为了筹集相关款项,明码标价,允许平民或在职官员缴钱买得监生出身或更高官职。捐纳制度实际上是一种公开的卖官鬻爵行为,它尽管能在一定程度上帮助国家解决经费的燃眉之急,并且支持科举同样成为社会流动的重要工具[②],却也容易造成官员队伍整体素质的严重下滑,并助长官场的贪腐风气,最终戕害百姓、贻害无穷,无异于火中取栗、饮鸩止渴。

二、体恤考生艰辛,促进考试公平

尽管从时人的言论来看,清代各地捐建贡院具有一定的功利性,也就是期望建造专门的贡院以提升科举成绩,如光绪三年(1877)山东济南府德平县捐资建成考棚后,"邑士人顾而乐之,谓从此掇巍科、登显要、增

[①] 许大龄:《清代捐纳制度》,北京:燕京大学哈佛燕京学社,1950年,第21页。
[②] 范金民:《伍跃〈中国的捐纳制度与社会〉》,《历史研究》2011年第5期,第179页。按,笔者认为,无功名的平民通过捐纳成为监生,尽管也有部分人像《儒林外史》中的周进一样继续参加乡试、会试而考中进士,但由于科举录取人数相对来说已经确定,这些"周进"式的捐监者实际上利用金钱的优势挤占了其他正途考生的社会阶层上升通道。事实上,大多数捐监者(即例监)的目的只是为了获得一张"监照",从而获得清代入仕为官的最低入场券,而这一制度其实和科举制度并无多大关系。因此,笔者认为,捐纳制度或许影响了社会阶层的流动方式,但却并未支持科举对社会阶层垂直流动的作用,反而是用金钱的标准破坏了科举制度"以程文定去留"的文化标准,同时也破坏了以考试公平为基础的社会阶层垂直流动。

光间里黼黻皇猷皆是举为之嚆矢"①；光绪十一年（1885）莅任直隶遵化州知州的安徽合肥人陈以培在其所撰《继修试院碑记》中曾提到，遵化州建成试院龙门后，不仅"形家金谓文运之盛于斯卜之"，而且本州在此后的科举考试中也果然大获成功，"戊子、己丑乡会二科，举京兆者十数人，捷春官者四人"；②沧州知州赵秉恒期待倡建沧州考棚促使沧州"人文蔚起展风檐寸晷之才，无露处终宵之苦，芹香一采，桂杏联芳，高步青云，拾级以上，则巍巍科第，庶免沧海遗珠之叹"③。但从整体来看，实际上建造了各类贡院的府州县的科举成绩并不一定比其他府州县更为理想。最为直接的例子便是，全国巍科、进士最为高产的江苏、浙江两省，其所建各类贡院的数量却非常之少。江苏省整个清代仅有9座考棚，其中3座附建于书院，4座建成于光绪年间，常熟县考棚更是建成于离清廷颁布停罢科举之诏仅有6年的光绪二十五年（1899）。而另一个科举大省浙江，省内科举成绩最好的杭州府并无任何一个州县建成了县试考棚。浙江省内科举成绩领先的嘉兴府，其所辖各州县所建造的县试考棚数同样为零，但并未影响其在浙江省内进士人数与杭州府分列第一、第二的排名成绩。④

因此，正如前文已经揭示的那样，清代各地捐资建造贡院的最终结果，并不是借此提升科举成绩，而只是为全体考生提供了便利、舒适的考试环境，规范点名入场、编号入座等考场规则，改变搭盖临时考场时的考纪混乱状况，从而为贫寒考生赢得平等的应试条件，为科举考试尤其是低级别的县试、府试创造考试公平。来自全国不同州县、撰成于清代不同时期、出自不同社会身份成员之手的诸多贡院记，也向我们揭示了未建贡院前的影响考试公平的诸多因素：贫穷考生必须租赁或自携桌凳背负肩扛进

---

① （清）李敬熙：《创建试院碑记》，（清）凌锡祺，李敬熙：光绪《德平县志》卷13《艺文志下》，台北：成文出版社，1976年，第701页。
② （清）陈以培：《继修试院碑记》，（清）何崧泰：《光绪遵化通志》卷17《建置志》，上海：上海书店出版社，2006年，第311—312页。
③ （清）赵秉恒：《建考棚记》，（清）徐宗亮：《光绪重修天津府志》卷35《学校志》，上海：上海书店出版社，2004年，第64页。
④ 夏卫东：《清代浙江进士的地域分布及其规律》，《绍兴文理学院学报》2001年第21卷第4期，第24—28页。

入考场，交卷后还得自己背回，缴卷时甚至可能被人偷去，富裕考生则有仆从代为运送；贫穷考生只能将桌凳放置于光线阴暗或上无遮挡的位置，富裕考生则可以将桌凳摆放在光线明亮、遮护周全的位置；贫穷考生囊中羞涩，富裕考生则钱可通神，拥有更"有利"的舞弊条件。建成贡院后，考生不必自携桌凳，考试座次均事先编定禁止哄抢，舞弊情况虽然无法根治，但相对此前则大有改善。

在各种贡院记中，在陈述建造专门考场的理由时，与追求考试公平有关的表述较为常见。即便是到了光绪末年，科举改革的呼声已经日渐高涨，而贡院记中的相关论述却依然如昔。如光绪二十二年（1896），直隶河间府宁津县捐集捐银5200余两建成考棚，县人吴浔源在对比建造考棚前后的不同情景时指出，建考棚前，因为无"尺阶可借"，无"广厦庇寒"，每逢考试只能"架席为棚"，因而无法"肃功令"；而建成考棚之后，则"向之纷持几凳而躐进者，今若释负而整以暇也；向之风雨漂摇而卑暗者，今且高明而无不覆也"，考试得以规范举行。① 又如光绪二十三年（1897），河北大名府东明县举人、近代名士李曾裕在撰文叙述本县"按亩出资"捐资建造县试考棚时，强调"试院之设，与学校、书院相辅为功，皆为振兴人才计，所关甚巨也"，展望本县建成县试考棚以后，"凡应童试者，既免携负之劳，复无风雨之苦，得安然于殚精构思，有不鼓舞奋兴者哉！"在这篇题为《创修试院记》的贡院记中，李曾裕虽然联系当前形势指出士习文风"已极不振"，主要表现为"学者为文，但摹腔调，不务实学，故日即浮靡"，但却依然勉励本地士子顺应形势，努力做到"读书穷理，诵圣贤之言，身体而力行之。以中学为本，西学为辅。由其中之所得者，发为文章事业"，将"中学"置于"西学"之上。②

总体来说，以改进考试公平为目的的贡院捐建活动主要体现在县试考棚的创建方面，而体恤考生应试艰辛的人文关怀则体现在各类贡院的修建

---

① （清）吴浔源：《修考棚记》，（清）祝嘉庸，吴浔源：光绪《宁津县志》，台北：成文出版社，1976年，第383—385页。

② （清）李曾裕：《创修试院记》，周保琛，李增裕：民国《东明县续志》卷3《艺文志》，台北：成文出版社，1976年，第307—308页。

活动中。修建县试考棚的人文关怀，主要体现为可以使全体考生免于自己背负桌凳进入考场之苦，也使他们在遭遇上雨旁风冬雪烈日的恶劣天气时不至于狼狈不堪甚至无法完成答卷。修建学政试院和乡试贡院的人文关怀，则体现在不断增加号舍数量以满足不断增多的考生人数的需求，改进桌凳或号舍的材质、尺寸以使考生的应试条件更为宽敞舒适。事实上，清代贡院捐建活动中的公平追求与人文关怀，同样体现在各地远更普遍的宾兴公益基金的捐设活动中。它们既是清代科举不同于明、元、宋、唐等时代科举的重要特征，也是清代科举社会日益固化的标志。

三、清代贡院的发展得益于各阶层的合力推动

清代各类贡院的数量不断增多。其中，乡试贡院在明代15座贡院的基础上增至17座，即增加了湖南、甘肃2座；学政试院则在明代52座的基础上增加了194座。而受乾隆九年（1744）朝廷制定的府、直隶州、附郭县可以借用学政试院作为县试、府试考场的政策的影响，从乾隆十四年（1749）湖南长沙府安化县建造"明伦堂考棚"开始，至光绪二十七年（1901）贵州镇远府天柱县在文昌宫奎阁建造考棚，157年中，全国的县试考棚总数从0座增加到399座，平均每年新增2.6座。

清代贡院的全面发展，得益于上至督抚藩臬下至士绅商富的通力合作。一方面，来自外地的在任官员扮演了多种角色。他们是修建科举考棚的决策者、奏请报销修建经费的上报者、号召捐建考棚的倡议者、申报立案文书的审批者、奖励捐款人员的执行者、贡院记文的执笔者等；另一方面，本地士绅商富则是修建贡院经费的捐助者、执簿劝捐的倡捐人、考场建造工程的监理者、经费支出的会计与出纳、申报立案文书的执笔者、日常管理章程的参议者、考场管理首事的承担者、考场维修基金的捐资人。有些人可能只是承担了其中的某一个角色，有些人则身兼数职，是修建贡院的核心力量。

尽管中国古代一直便有"从善如流"的文化传统，孔孟仁义思想在经过宋代范仲淹"先忧后乐"、陆九渊"义利之辨"的理性重构之后逐渐体现为更具组织性的社会行为表达，发展至清代则由于赋役制度和旌奖制度

的变化而激发了地方士绅参与各类慈善、公益活动的巨大热情，但是，在以封建地主土地私有制为基础的传统时代，要顺利完成一座贡院的修建依然不是一件容易的事情。如湖南省贡院，从康熙四十四年（1705）开始，赵申乔、潘宗洛、李发甲等三任湖南巡抚先后四次上疏，奏请两湖分闱，李发甲甚至在第二次上疏之前便已经信心满满地初步建成了贡院，但都被礼部驳回，李发甲初创的湖南贡院也被迫改为"湖湘书院"。康熙五十九年（1720），湖广乡试主考官翰林院编修吕谦恒再次奏请两湖分闱，依然遭到驳回。直至雍正元年（1723）七月，经清世宗直接给礼部下旨，湖南才得以另建贡院。但是，由于考期临近时间仓促，这座用湖湘书院改建的贡院存在颇多不合体制之处，如号舍开门两两相对、所有号舍全部位于至公堂右侧等。乾隆十一年（1746），以湖南长沙副榜高拔为首的全省79个府州县官学生员联名呈请，愿意捐出本年的科举盘费和廪粮银作为贡院改建经费，经时任湖南布政使申详巡抚杨锡绂代为上奏朝廷，准予施行。①

又如直隶遵化直隶州试院。遵化州明代为遵化县，隶属于蓟州，是清初直隶三巡抚之一的顺天巡抚的驻劄之地。康熙十五年（1676）因其地括皇陵升为散州，改属顺天府。乾隆八年（1743）升格为直隶州，下辖玉田、丰润两县。② 此时，遵化直隶州并未自建试院，本州生童需要远赴"滦河、沙碛，道阻且长"的永平府学政试院"借棚就试"。百余年间，遵化直隶州的贫寒士子因路途遥远，耗钱费时，往往视赴考为畏途，导致"寒畯苦于向学，科第渐逊往时"。尽管本州士绅"屡议捐建试院"，却一直未得到批准。直至光绪二年（1876），经本州绅士道光十六年（1836）丙申恩科进士、广东督粮道史朴（？—1878）"会集三境士绅"，联合请求建造试院；时任遵化知州、安徽凤阳县人何崧泰则"以地方文运为重"，组织倡捐，得银1000两，并代为"具详请奏"；时任直隶总督李鸿章接到

---

① （清）刘采邦，张延珂，袁继翰：《同治长沙县志》卷12《典礼志》，南京：江苏古籍出版社，2002年，第179—182页。

② 赵尔巽：《清史稿》卷54《地理一直隶》，北京：中华书局，1977年，第1892—1893页。

奏报后，立即会同工部左侍郎、提督顺天学政何廷谦"驰章入告"，得到礼部"报可"的批复，遵化直隶州士绅这才得以着手修建试院。经过从光绪丁丑（1877）七月到光绪己卯（1879）四月近两年的工期，试院初步建成。不久，何崧泰升任道员，史朴"卒于里第"，史朴之孙史惺石继任试院工局绅董，由于他同时"迭秉南乐、滦州学铎"，工作繁忙，并且"筹捐莫继"，试院工程一直迁延难以完工。再加上"己巳雨雹，毁瓦颇多，连年霖潦，墙圮屋漏，丹碧黯剥"，到光绪十一年（1885）安徽合肥监生陈以培莅任时，试院已经到了"补葺之不可缓"的程度。经过与玉田、丰润两县知县商议，三人"捐廉兴修"，合计费银324两，使试院得以在光绪丁亥（1887）二月"土木整固，油饰一新"。不过，自光绪二年（1876）知州何崧泰和乡绅史朴开始着手倡建试院，到光绪十三年（1887）才最终完工，遵化州试院竟然经历了"十年五任"① 知州，而参与其间的人员不仅有"先自州伯、官吏，士民继之"的诸多捐资者，而且有像何崧泰、陈以培等多位知州，更有像李鸿章、何廷谦这样的朝廷重臣。这不仅体现了清代社会各阶层对建造专门的贡院的普遍重视，同时也充分反映了修建贡院的殊多艰难，从中还可以窥见清代全国创建600余座贡院为何等之不易。

四、清代贡院所体现的中国式公共空间

21世纪以来，德国哲学家尤尔根·哈贝马斯的市民社会（Civil Society，或称"公民社会"）理论对各学科学术研究的影响日渐深远。"市民社会"概念产生于18世纪苏格兰启蒙运动时期，后经由黑格尔、马克思、葛兰西、柯亨和阿拉托的不断深化，至哈贝马斯而益发全面。② 自20世纪80年代以来，中国学界对该理论的介绍与探讨日渐增多。中国古代史研究界引入了"公共空间"（Public Sphere，亦称"公共领域"）的视角，探讨存

---

① （清）陈以培：《继修试院碑记》，（清）何崧泰：《光绪遵化通志》卷17《建置志》，上海：上海书店出版社，2006年，第311—312页。

② 徐步华：《20世纪"市民社会"概念的三次重要转变：葛兰西、柯亨和阿拉托、哈贝马斯》，《世界哲学》2019年第3期，第24—34页。

在于国家和私人之间的公共活动空间问题。如北京大学荣新江（2008）便认为，中晚唐时期"王府"被转用为寺观后，逐渐成为兼具公共的政治空间、公共的学术空间、大众文化的场所、大众的娱乐空间四个功能的公共空间。① 诸葛净（2016）认为，城市中的寺院道观、酒楼、街道等的公共空间属性与性别、身份及特定的时间等要素具有相关性。② 鲍宁、贾长宝（2013）探讨了清代北京茶馆的公共空间特性及其在清末以来在开启民智和改良社会风气方面所作出的贡献。③ 当前日本宋学研究领军人物平田茂树教授则从哈贝马斯"公共圈"理论（即公共空间）的视角，认为作为宋代国家与社会之间介体的公共空间确实较为发达，它们既包括类似于明清时期的地缘、业缘组织如会馆、公所、善堂等，也包括类似日本中世史的建筑物、广场、道路等。④ 比如宋代士人的交游空间，除了住宅、庭院等私人空间外，还有朝堂、衙署、寺观、酒肆、茶坊等公共空间。⑤

当然，"市民社会""公共领域"等概念都是围绕西方资产阶级社会进行的理论概括，其所论述对象的时代背景不仅基于17、18世纪欧洲资产阶级国家，有些甚至是近代、现代西方国家。如哈贝马斯便认为，市民社会是"非政府的、非经济的联系和自愿联合"；公共领域是一种由交往行为所创造的社会空间；不同的意见在交往过程中被呈现、聚合和浓缩成公共舆论；公共舆论不是为了夺取权力，而是为了影响权力；政治系统必须向

---

① 荣新江：《从王宅到寺观：唐代长安公共空间的扩大与社会变迁》，《基调与变奏：七至二十世纪的中国》，台湾政治大学历史学系等，2008年。
② 诸葛净：《时空中的缝隙：明代城市中"公共"空间的涵义及其时间性》，《建筑师》2016年第3期，第87—94页。
③ 鲍宁，贾长宝：《从公共空间视角看清代北京的茶馆文化及其近代转变》，《农业考古》2013年第2期，第110—116页。
④ ［日］平田茂树：《宋代政治史研究的新视野：以科举社会的"人际关系"为线索》，《史学月刊》2014年第3期，第22—27页。
⑤ 王燕萍，王华震，译：《平田茂树谈日本宋史研究的最新动态》，《澎湃新闻》2018-12-09，https://www.sohu.com/a/280592740_260616，阅读日期：2020年4月13日。

公共舆论保持敏感，才能维持其合法性。① 清代贡院是存在于东方集权制国家中的特有现象，其经济、政治、社会、文化背景都有别于西方哲学家讨论"市民社会""公共领域"等概念所涉及的相应背景。然而，借用哈贝马斯的公共领域理论，参考相关史学研究者的切入视角，我们发现，清代贡院的修建与管理中所呈现的国家、社会、私人的关系，似乎能够在一定程度上回应哈贝马斯所提出的"公共领域"或者学界所讨论的"公共空间"问题。②

首先，贡院（也包括宾兴、书院、善会善堂等公益慈善组织）的公益性与哈贝马斯提出的"市民社会"的核心机制天然契合，即"市民社会"是"由非国家和非经济组织在自愿基础上组成的"③。这是因为，在有关修建贡院活动的文献记载里，关于"义利之辨""义举"等的表述随处可见。与捐设宾兴、书院、善会善堂的公益或慈善资产一样，捐建贡院同样是一种不以营利为目的的士绅自发的民间公益行为。

其次，贡院尤其是由地方士绅捐资建造的县试考棚，其修建过程体现了绅董自主管理模式。除了高级别的贡院如乡会试贡院、各省学政公署以及部分学政行署多由地方官员如督抚、藩臬、学政、道台或知府等进行工程决策、经费筹集、人员委派、奏请报销等外，大多数由民间捐资修建的贡院则由地方官邀集当地士绅进行商议，共同商定工程方案。继而委托士

---

① Habermas, J., 1996, *Between Facts and Norms: Contributions to a Discourse Theory of Law and Democracy*, MIT Press, P360、366、371. 转引自徐步华:《20世纪"市民社会"概念的三次重要转变：葛兰西、柯亨和阿拉托、哈贝马斯》，《世界哲学》2019年第3期，第31页。

② 对于中国学界应用哈贝马斯等公共领域理论（Public Sphere Theory）的状况，有学者进行了反思与批判，并尖锐地指出，对于西方理论的吸收，我们常常都没界定何为"是"，就急忙沉浸在对西方概念和文本的抄袭以及想方设法与中国语境"对接"的氛围中，不单对现实难以做出真正的评判，无力做出原创性和有意义的理论建树，甚至连对自己的生存状态也丧失了评估的权利。参见邵培仁，展宁：《公共领域之中国神话：一项基于哈贝马斯公共领域文本考察的分析》，《浙江大学学报（人文社会科学版）》2013年第5期，第82—102页。

③ ［德］尤尔根·哈贝马斯：《公共领域的结构转型》，曹卫东，王晓珏，刘北城，等译，上海：学林出版社，1999年，第29页。

绅分赴各乡劝捐，分派绅士代表负责监理工程、督促工匠、经费出纳、会计审核等各项工作。随着时代的发展，很多贡院的修建都是由士绅主导，官方退居为辅助者甚至是旁观者角色。即便是省级乡试贡院，如清代号舍规模最为庞大的江南贡院，其在清末的产权处理也依然需要邀集江苏、安徽两省的绅士代表共商解决。有些县试考棚的修建与管理则完全由绅董自主，体现为自主协商、自主募捐，并推举相关人员分别负责工程监工、经费出纳、数据统计、档案编纂等相关事务。考场建成之后，他们还捐设维修基金，议定管理章程，推举管理首事，安排专人看管。事实上，地方士绅在清代地方事务中扮演的角色日益突出，不仅体现在贡院这一个方面，在书院、宾兴、赈济、育婴会、同善堂、恤嫠会等公益慈善事务，以及团练、修城、河工，修理城墙、衙署等国家公共事务方面同样表现突出。

再次，贡院日常管理中的严禁借为他用的意愿表述体现了绅权相对于政权的此消彼长。除了严禁胥吏参与贡院的修建过程以免遭其贪污侵害以外，很多贡院尤其是较低级别的县试考棚在建成之后的管理条规中，往往会有"禁止借作别用"的规定，并刊立禁碑，约定官民共同遵守。有些试院或考棚的管理条规中甚至明确约定"不准借作公馆"，显然是在对地方政府大胆说"不"。这种意愿，往往是由士绅提出，经过与官府协商，最终以官方的名义向民众展示。

最后，贡院成为其他公益活动的展示场所。贡院本身便是一种公共空间。从县试考棚到学政试院到乡会试贡院，所有获得了应试资格的考生都享有进入考场公平应试的机会。考生的座位是随机排定的，考生的考题完全相同，答卷以匿名的方式进行评定。不仅如此，有些地方贡院还成为当地其他公益事务的活动场所。如湖南宝庆府城步县在本县"文场东角门侧"刊立石碑，记载嘉庆七年（1802）本县教谕胡泽汇、训导练光儒将学师田捐入宾兴会之事。① 江西吉安府万安县宾兴局约定每届乡试于6月21至23日向参加乡试的本县文武生员及贡监"在考棚设局开送"赴考"程

---

① （清）盛镒源，戴联璧：民国《城步县志》卷3《学校志下》，台北：成文出版社，1970年，第286页。

仪"，每人 3.2 吊。① 四川重庆府长寿县每届乡试六月初旬为应试诸生举行宾兴礼，"设宴于考棚大堂，具鼓乐，演梨园，架彩桥于仪门内"，由本县先辈引领诸生从彩桥进入考棚公堂，拜谒县官，开宴演剧。② 举行宾兴典礼、分发赴考赠金，是清代地方社会颇为流行的科举公益活动。

从清代贡院的建造过程，我们认为参与其中的众多士绅并非某一政府部门或某一经济组织的成员，因此其相互间的联系是非政府的、非经济的，他们是为了修建贡院而完全出于自愿走到一起，各自承担修建贡院的某一项任务或几项任务。在此过程中，他们通过修建贡院的行为建造了一个有形的考试空间，同时通过管理绅董构成了一个无形的社会空间。围绕修建贡院，他们对修建考场的原因或目的的表述形成了一种公共舆论，其核心内容便是，通过公益捐助修建贡院有利于提升科举考试的公平性、便利性和规范性。这种公共舆论，通过申请立案的形式获得了官方认同，官方也通过协商与交流接纳士绅的意见。显然，在修建贡院这一事例中，贡院是国家（地方政府为代表）、社会（士绅为代表）共同建构的一个公共空间。

官方和士绅通过协商合作而非行政命令完成了贡院的修建，并最终由士绅组成的绅董会以值年轮管的方式自主管理贡院（主要是低级别的县试考棚）。江西南昌府南昌县还以考棚管理事务为契机组建了考棚公局，除了承担考棚管理事务外，其所捐设的考棚公局田产还负责为文武童生缴纳县府院三试结费，付县府礼房、兵房卷费，文武新生入学束脩费，乡会试文武生员、举人应试费等各种费用。③ 士绅围绕贡院形成的公共舆论、公共空间，显然具有与国家行政权力运行机制迥然不同的特色。最重要的是，无论是从权力的角度还是从收益的角度，这些士绅都没有得到来自国

---

① （清）欧阳骏，周之镛：《同治万安县志》卷 6《学校志》，南京：江苏古籍出版社，1996 年，第 611—612 页。

② 卢起勋，刘君锡：民国《长寿县志》卷 7《学校志》，台北：成文出版社，1975 年，第 333 页。

③ （清）陈纪麟，汪世泽：同治《南昌县志》卷 2《建置志上》，清同治九年（1870）刻本。

家或地方政府的任何回馈。

不过,清代贡院的这种"公共空间",以及它所具有的略显独立自主的属性,在有些时候很容易被打破。在某些特殊的时期,清代贡院必须服从于更大的公共需要——国家、政府等公权力的需求。

首先,服从国家安全的召唤。如八国联军攻陷北京后,慈禧太后带领光绪帝及文武百官逃亡到西安,陕西贡院便被借用为京城各衙门的办公场所。如"王中堂住贡院。除都察院、内务府、工部,其余各衙门皆设贡院内,以红纸长条书'某部公所'字样,而不书衙门。贡院内皆系办公之所,各部暂刻木质关防,文曰'行在某部关防'"①。又如台北府试院在光绪十年(1884)八月中法战争过程中,曾被刘铭传(1836—1896)用作临时驻军场所。两年后,刘铭传担任首任福建台湾巡抚期间,又在考棚设官医局和台北医院。②

其次,服从局部区域安全需要。如道光二十一年(1841)黄河泛滥,河南巡抚牛监(生卒年不详)将河南贡院号舍砖石拆作筑堤之用,"囊下之以拒水""得砖数百万,城赖以全"③,开封城及下游各地城乡百姓的生命财产得以保全。

再次,服从教育发展需要。这主要体现为两种情形:一是部分贡院在其早期与当地的教育机构如书院或儒学合二为一,如浙江省便有多座县试考棚附建于书院之中,福建各府、直隶州在建成学政试院前,多借府学或直隶州学明伦堂为考场;二是在清末新政时期,各地的贡院多被改建为各级各类学校。

最后,服从公共行政需要。这也主要体现为两种情形:一是在尚未建

---

① (清)佚名:《西巡回銮始末记》卷3《两宫驻跸西安记》,[日]吉田良太郎、八咏楼主人:《中国史学丛书续编》第27册,台北:台湾学生书局,1973年,第127—128页。

② 连横:《台湾通史》卷21《乡治志》,《台湾文献丛刊》第128种,台北:台湾银行经济研究室,1962年,第477、563页。

③ (清)鄂顺安:《重修河南贡院碑记》,郭灿金编著:《世纪华章:纪念河南大学建校100周年书系·百年流韵》,郑州:河南大学出版社,2012年,第4页。

造贡院时,各地往往以察院、府县衙署等地方行政衙署为临时考场;二是在科举停废后,有些贡院被改建为县衙、警察局、学务所等行政办公场所。

因此,清代贡院中所体现的公共空间属性与哈贝马斯基于英法德等国而建构的公共领域理论有较大的区别。它们虽然也以国家与社会、官方与士绅的协商为基础,但士绅的公共舆论或公共意愿必须服从大一统的封建国家的总体意志,服从于清代赖以治国的儒家理念、赖以选才的科举制度,且必须遵从"盛世滋生人丁永不加赋"的祖制,以不破坏清代赋役制度为基本原则。而当贡院所服务的对象即科举制度被取消之后,其最终的处置也必须服从国家的总体需求,不管是变卖砖瓦木料还是基址地皮,其交易所得依然必须用于开销其他公共事务。

或许正因为如此,当前我国公共管理学界才会认为,"在中国传统阶级社会里,政府是唯一的公共部门"[①]。但是,这种论断显然有些武断。正如我们所看到的,即便是在科举停废后面对贡院的处置问题,各地绅董依然具有发言权,地方官员必须经过与绅董协商,才能最终决定贡院的命运。进入民国,各地绅董经过地方自治制度进入议会参政议政,正式成为国家"体制内"的成员。类似清代贡院的公共空间、公共领域,也正式转变为国家、政府的公权空间。清代贡院的发展、转型过程,与其说反映了哈贝马斯公共领域理论的中国式图景,毋宁说反映了传统中国近代化过程中部分地方政府公共服务职能的近代化历程。

---

① 曹现强,王佃利:《公共管理学概论》,北京:中国人民大学出版社,2005年,第40—50页。转引自宋燕鹏:《南宋士人与地方公益事业之研究》,石家庄:河北大学博士学位论文,2010年,第4页。

参考文献

一、地方志

1. 宋元明地方志

（宋）宋敏求：《长安志》，清光绪十七年（1891）重刊本。

（明）朱怀幹，盛仪：嘉靖《惟扬志》，《天一阁藏明代方志选刊》第12册，上海：上海古籍书店，1963年。

（明）申嘉瑞，李文，陈国光：隆庆《仪真县志》，《天一阁藏明代方志选刊》第15册，上海：上海古籍书店，1963年。

（明）夏玉麟，郝维岳，汪佃：嘉靖《建宁府志》，《天一阁藏明代方志选刊》第27册，上海：上海古籍书店，1964年。

（明）夏良胜：正德《建昌府志》，《天一阁藏明代方志选刊》第34册，上海：上海古籍书店，1964年。

（明）严嵩：正德《袁州府志》，《天一阁藏明代方志选刊》第37册，上海古籍书店，1963年。

（宋）范成大：《吴郡志》，台北：成文出版社，1965年。

（宋）罗愿：《新安志》，台北：成文出版社，1974年。

（元）俞希鲁：《至顺镇江志》，台北：成文出版社，1975年。

（宋）罗濬：《宝庆四明志》，台北：成文出版社，1983年。

（宋）陈耆卿：《嘉定赤城志》，台北：成文出版社，1983年。

（宋）周应合：《景定建康志》，台北：成文出版社，1983年。

（明）阳思谦，徐敏学，吴维新：《万历重修泉州府志》，《中国史学丛书三编》第4辑，台北：台湾学生书局，1987年。

（宋）潜说友：《咸淳临安志》，《宋元方志丛刊》第4册，北京：中华书局，1990年。

（宋）罗濬：《宝庆四明志》，《宋元方志丛刊》第5册，北京：中华书局，1990年。

（宋）谈钥：《嘉泰吴兴志》，《宋元方志丛刊》第5册，北京：中华书局，1990年。

（宋）陈公亮，刘文富：《淳熙严州图经》，《宋元方志丛刊》第5册，北京：中华书局，1990年。

（宋）施宿：《嘉泰会稽志》，《宋元方志丛刊》第7册，北京：中华书局，1990年。

（宋）梁克家：《淳熙三山志》，《宋元方志丛刊》第8册，北京：中华书局1990年。

（宋）程大昌：《雍录》，《丛书集成续编》第51册，上海：上海书店出版社，1994年。

（宋）梁克家：《三山志》，福州：海风出版社，2000年。

（宋）佚名：《临汀志》，《永乐大典方志辑佚》第2册，北京：中华书局，2004年。

（明）佚名：《三阳志》，《永乐大典方志辑佚》第4册，北京：中华书局，2004年。

（明）夏玉麟，郝维岳，汪佃：《建宁府志》，厦门：厦门大学出版社，2009年。

2. 清代、民国地方志

【北京】

（清）高建勋：光绪《通州志》，清光绪九年（1883）刊本。

（清）李鸿章，黄彭年：光绪《畿辅通志》，上海：商务印书馆，

1934年。

金士坚，徐白：民国《通县志要》，台北：成文出版社，1968年。

（清）李卫：雍正《畿辅通志》，《景印文渊阁四库全书》，台北：商务印书馆，1983年。

（清）周家楣，缪荃孙：《光绪顺天府志》，北京：北京古籍出版社，1987年。

【天津】

仇锡廷：民国《蓟县志》，台北：成文出版社，1968年。

（清）徐宗亮：《光绪重修天津府志》，上海：上海书店出版社，2004年。

【河北】

（清）观祐，齐联芳：同治《增续长垣县志》，台北：成文出版社，1969年。

（清）海忠，林从炯：光绪《承德府志》，台北：成文出版社，1968年。

（清）方宗诚：光绪《枣强县志补正》，台北：成文出版社，1968年。

程廷恒，洪家禄：民国《大名县志》，台北：成文出版社，1968年。

（清）宋荫桐：民国《安国县新志稿》，台北：成文出版社，1969年。

（清）凌燮，夏应麟：光绪《巨鹿县志》，台北：成文出版社，1976年。

牛宝善，魏永弼：民国《柏乡县志》，台北：成文出版社，1976年。

周保琛，李增裕：民国《东明县续志》，台北：成文出版社，1976年。

（清）杜甲，达明：《乾隆河间府新志》，上海：上海书店出版社，2006年。

（清）徐景曾：《乾隆顺德府志》，上海：上海书店出版社，2006年。

（清）吴廷华：《乾隆宣化府志》，上海：上海书店出版社，2006年。

（清）郑大进：《乾隆正定府志》，上海：上海书店出版社，2006年。

（清）海忠：《道光承德府志》，上海：上海书店出版社，2006年。

（清）何俊，郭程先：《咸丰大名府志》，上海：上海书店出版社，

2006年。

（清）李培祜，朱靖旬，张豫垲：《光绪保定府志》，上海：上海书店出版社，2006年。

（清）吴中彦，胡景桂：《光绪广平府志》，上海：上海书店出版社，2006年。

（清）游智开，史梦兰：《光绪永平府志》，上海：上海书店出版社，2006年。

（清）孙传栻：《光绪直隶赵州志》，上海：上海书店出版社，2006年。

（清）赵文濂：《光绪正定县志》，上海：上海书店出版社，2006年。

（清）何崧泰：《光绪遵化通志》，上海：上海书店出版社，2006年。

程廷恒，简恩濡：《民国大名县志》，上海：上海书店出版社，2006年。

贾恩绂：《民国定县志》，上海：上海书店出版社，2006年。

王树楠：《民国冀县志》，上海：上海书店出版社，2006年。

【江苏】

（清）曹袭先：乾隆《句容县志》，台北：成文出版社，1970年。

（清）宋如林，孙星衍：嘉庆《松江府志》，台北：成文出版社，1970年。

（清）梁园棣：咸丰《重修兴化县志》，台北：成文出版社，1970年。

（清）周际霖，周顼：同治《如皋县续志》，台北：成文出版社，1970年。

（清）郑钟祥，庞鸿文：光绪《重修常昭合志》，台北：成文出版社，1970年。

（清）何绍章，杨履泰：光绪《丹徒县志》，台北：成文出版社，1970年。

（清）杨开第，姚光发：光绪《重修华亭县志》，台北：成文出版社，1970年。

（清）龚宝琦，黄厚本：光绪《金山县志》，台北：成文出版社，1970年。

（清）金吴澜，汪堃：光绪《昆新两县续修合志》，台北：成文出版社，1970年。

（清）陈其元，熊其英：光绪《青浦县志》，台北：成文出版社，1970年。

（清）梁悦馨，季念诒：光绪《通州直隶州志》，台北：成文出版社，1970年。

（清）陈善谟，徐保庆：《光宣宜荆续志》，台北：成文出版社，1970年。

张允高，钱淦，等：民国《宝山县续志》，台北：成文出版社，1970年。

陈思，缪荃孙：民国《江阴县续志》，台北：成文出版社，1970年。

冯煦：民国《金坛县志》，台北：成文出版社，1970年。

余家谟，王嘉诜：民国《铜山县志》，台北：成文出版社，1970年。

吴秀之，曹允源：民国《吴县志》，台北：成文出版社，1970年。

缪荃孙：《江阴近事录》，台北：成文出版社，1970年。

（清）谢庭薰，陆锡熊：乾隆《娄县志》，台北：成文出版社，1974年。

吴宝瑜，庞友兰：民国《阜宁县新志》，台北：成文出版社，1975年。

王祖畲：民国《太仓州志》，台北：成文出版社，1975年。

（清）孙云锦，吴昆田：光绪《淮安府志》，台北：成文出版社，1976年。

（清）赵弘恩，黄之隽：乾隆《江南通志》，《景印文渊阁四库全书》，台北：商务印书馆，1983年。

（清）陈延恩，李兆洛：道光《江阴县志》，台北：成文出版社，1983年。

（清）卫哲治，陈琦：咸丰《淮安府志》，台北：成文出版社，1983年。

（清）卢思诚，季念诒：光绪《江阴县志》，台北：成文出版社，1983年。

（清）李景峄，史炳：光绪《溧阳县志》，台北：成文出版社，1983年。

连德英，李传元：民国《昆新两县续补合志》，台北：成文出版社，1983年。

（清）王有庆，李国瑞：《道光泰州志》，南京：江苏古籍出版社，1991年。

（清）蒋启勋，赵佑宸，汪士铎：《同治续纂江宁府志》，南京：江苏古籍出版社，1991年。

（清）何绍基，丁晏：《同治重修山阳县志》，南京：江苏古籍出版社，1991年。

邱沅，王元章，段朝瑞：《民国续纂山阳县志》，南京：江苏古籍出版社，1991年。

程法：《民国续纂泰州志》，南京：江苏古籍出版社，1991年。

【安徽】

（清）谢永泰，程鸿诏：同治《黟县三志》，台北：成文出版社，1970年。

（清）黄云，林之望：光绪《庐州府志》，台北：成文出版社，1970年。

（清）鲁铨，洪亮吉：光绪《宁国府志》，台北：成文出版社，1970年。

（清）王锡元：光绪《盱眙县志稿》，台北：成文出版社，1970年。

丁炳烺，吴承志：民国《太和县志》，台北：成文出版社，1970年。

（清）马步蟾，夏銮：道光《徽州府志》，台北：成文出版社，1975年。

（清）廖大闻，金鼎寿：道光《桐城续修县志》，台北：成文出版社，1975年。

（清）周溶，汪韵珊：同治《祁门县志》，台北：成文出版社，1974年。

汪篯，于振江：民国《重修蒙城县志书》，台北：成文出版社，

1975年。

杨虎，李丙羚：民国《宁国县志》，台北：成文出版社，1975年。

（清）左辅：《嘉庆合肥县志》，南京：江苏古籍出版社，1998年。

（清）何应松，方崇鼎：《道光休宁县志》，南京：江苏古籍出版社，1998年。

（清）李蔚，王峻，吴康霖：《同治六安州志》，南京：江苏古籍出版社，1998年。

（清）熊祖诒：《光绪滁州志》：南京：江苏古籍出版社，1998年。

（清）于万培，谢永泰，王汝琛：《光绪凤阳县志》，南京：江苏古籍出版社，1998年。

（清）胡有诚，丁宝书：《光绪广德州志》，南京：江苏古籍出版社，1998年。

（清）陆延龄，桂迓衡：《光绪贵池县志》，南京：江苏古籍出版社，1998年。

（清）朱大绅，高照：《光绪和州直隶州志》，南京：江苏古籍出版社，1998年。

（清）秦达章，何国佑：《光绪霍山县志》，南京：江苏古籍出版社，1998年。

（清）钱鑅，俞燮奎，卢钰：《光绪庐江县志》，南京：江苏古籍出版社，1998年。

（清）周赟：《光绪青阳县志》，南京：江苏古籍出版社，1998年。

（清）曾道唯，葛荫南：《光绪寿州志》，南京：江苏古籍出版社，1998年。

（清）吕林钟，赵凤诏：《光绪续修舒城县志》，南京：江苏古籍出版社，1998年。

（清）方瑞兰，江殿飏，许湘甲：《光绪泗虹合志》，南京：江苏古籍出版社，1998年。

鲁式縠：《民国当涂县志》，南京：江苏古籍出版社，1998年。

朱之英，洪思亮：《民国怀宁县志》，南京：江苏古籍出版社，

1998 年。

石国柱，许承尧：《民国歙县志》，南京：江苏古籍出版社，1998 年。

俞庆澜，刘昂，张灿奎：《民国宿松县志》，南京：江苏古籍出版社，1998 年。

高寿恒，李英：《民国太湖县志》，南京：江苏古籍出版社，1998 年。

（清）沈葆桢，何绍基：《（光绪）重修安徽通志》，《续修四库全书》第 652 册，上海：上海古籍出版社，2002 年。

【山西】

（清）吴光熊，史文炳：光绪《岢岚州志》，清光绪十年（1884）刻本。

曲乃锐：民国《解县志》，台北：成文出版社，1968 年。

（清）李培谦，阎士骧：道光《阳曲县志》，台北：成文出版社，1976 年。

（清）赖昌期，潭沄，卢廷棻：同治《阳城县志》，台北：成文出版社，1976 年。

（清）陈泽霖，杨笃：光绪《长治县志》，台北：成文出版社，1976 年。

（清）杨亦铭：光绪《广灵县补志》，台北：成文出版社，1976 年。

（清）徐三俊，陈栋：光绪《辽州志》，台北：成文出版社，1976 年。

（清）马鉴，寻銮炜：光绪《荣河县志》，台北：成文出版社，1976 年。

刘玉玑，张其昌：民国《临汾县志》，台北：成文出版社，1976 年。

李世祐，刘师亮：民国《襄陵县志》，台北：成文出版社，1976 年。

徐昭俭，杨兆泰：民国《新绛县志》，台北：成文出版社，1976 年。

（清）曾国荃，杨笃：光绪《山西通志》，《续修四库全书》第 643 册，上海：上海古籍出版社，1995 年。

（清）章廷珪：《雍正平阳府志》，南京：凤凰出版社，2005 年。

（清）朱樟：《雍正泽州府志》，南京：凤凰出版社，2005 年。

（清）吴辅宏：《乾隆大同府志》，南京：凤凰出版社，2005 年。

（清）孙和相：《乾隆汾州府志》，南京：凤凰出版社，2005年。

（清）高嶟，吴士淳：《乾隆临汾县志》，南京：凤凰出版社，2005年。

（清）张淑渠，姚学甲：《乾隆潞安府志》，南京：凤凰出版社，2005年。

（清）乔光烈，周景柱：《乾隆蒲州府志》，南京：凤凰出版社，2005年。

（清）吴正：《乾隆沁州志》，南京：凤凰出版社，2005年。

（清）谭尚忠，沈之燮：《乾隆太原府志》，南京：凤凰出版社，2005年。

（清）周人龙，窦谷邃：《乾隆忻州志》，南京：凤凰出版社，2005年。

（清）崔允昭，黎中辅：《道光大同县志》，南京：凤凰出版社，2005年。

（清）周景柱，李维梓：《咸丰续宁武府志》，南京：凤凰出版社，2005年。

（清）俞廉三：《光绪代州志》，南京：凤凰出版社，2005年。

（清）方家驹，庆文，成熙，等：《光绪汾阳县志》，南京：凤凰出版社，2005年。

（清）张贻琯，陈继三：《光绪凤台县续志》，南京：凤凰出版社，2005年。

（清）赵冠卿，龙朝言，潘肯堂：《光绪续修崞县志》，南京：凤凰出版社，2005年。

（清）张承熊：《光绪解州志》，南京：凤凰出版社，2005年。

（清）张彬，沈晋祥：《光绪平定州志》，南京：凤凰出版社，2005年。

（清）吴承恩：《光绪沁州复续志》，南京：凤凰出版社，2005年。

（清）王勋祥，王效尊：《光绪清源乡志》，南京：凤凰出版社，2005年。

（清）方戊昌，方渊如：《光绪忻州志》，南京：凤凰出版社，2005年。

（清）李荣和，刘钟麟：《光绪永济县志》，南京：凤凰出版社，2005年。

刘玉玑，张其昌，等：《民国临汾县志》，南京：凤凰出版社，2005年。

邬汉章，仇汝功：《民国新修曲沃县志》，南京：凤凰出版社，2005年。

严用琛，鲁宗藩，王维新：《民国襄垣县志》，南京：凤凰出版社，2005年。

【山东】

（清）胡德琳：乾隆《历城县志》，清乾隆三十八年（1773）刻本。

（清）杨士骧，孙葆田：宣统《山东通志》，上海：商务印书馆，1934年。

王荫桂，张新曾：民国《续修博山县志》，台北：成文出版社，1968年。

李起元，王连儒：民国《长清县志》，台北：成文出版社，1968年。

赵文运，匡超：民国《胶志》，台北：成文出版社，1968年。

毛承霖：民国《续修历城县志》，台北：成文出版社，1968年。

丁世平，尚庆翰：民国《续平度县志》，台北：成文出版社，1968年。

梁钟亭，张树梅：民国《续修清平县志》，台北：成文出版社，1968年。

董政华：民国《阳谷县志》，台北：成文出版社，1968年。

（清）凌锡祺，李敬熙：光绪《德平县志》，台北：成文出版社，1976年。

周竹生，靳维熙：民国《东阿县志》，台北：成文出版社，1976年。

（清）祝嘉庸，吴浔源：光绪《宁津县志》，台北：成文出版社，1976年。

王嘉猷，严绥之：民国《莘县志》，台北：成文出版社，1976年。

王延纶，王翩铭：民国《增订武城县志续编》，台北：成文出版社，1976年。

（清）岳浚，杜诏：乾隆《山东通志》，《景印文渊阁四库全书》，台北：商务印书馆，1983年。

（清）李登明，谢冠：《乾隆曹州府志》，南京：凤凰出版社，2004年。

（清）严有禧：《乾隆莱州府志》，南京：凤凰出版社，2004年。

（清）张度，邓希曾：《乾隆临清直隶州志》，南京：凤凰出版社，2004年。

（清）成城：《乾隆泰安府志》，南京：凤凰出版社，2004年。

（清）潘遇莘，丁恺曾：《乾隆沂州府志》，南京：凤凰出版社，2004年。

（清）陈顾㻋：《乾隆兖州府志》，南京：凤凰出版社，2004年。

（清）嵩山，谢香开，等：《嘉庆东昌府志》，南京：凤凰出版社，2005年。

（清）张同声，李图：《道光胶州志》，南京：凤凰出版社，2004年。

（清）成瓘，成琅：《道光济南府志》，南京：凤凰出版社，2004年。

（清）徐宗幹，汪承镛：《道光济宁直隶州志》，南京：凤凰出版社，2004年。

（清）黄维翰，袁傅裘：《道光巨野县志》，南京：凤凰出版社，2004年。

（清）杨祖宪，侯登岸：《道光再续掖县志》，南京：凤凰出版社，2004年。

（清）李图，刘燿椿：《咸丰青州府志》，南京：凤凰出版社，2004年。

（清）李熙龄：《咸丰武定府志》，南京：凤凰出版社，2004年。

（清）尹继美：《同治黄县志》，南京：凤凰出版社，2004年。

（清）舒孔安，王厚阶：《同治重修宁海州志》，南京：凤凰出版社，2004年。

（清）陈嗣良，孟广来：《光绪曹县志》，南京：凤凰出版社，2004年。

（清）周悦让，慕荣幹：《光绪登州府志》，南京：凤凰出版社，2004年。

（清）王敬勋，李尔梅：《光绪海阳县续志》，南京：凤凰出版社，2004年。

（清）沈世铨，李勖：《光绪惠民县志》，南京：凤凰出版社，2004年。

（清）郑锡鸿，江瑞采，王尔植：《光绪蓬莱县续志》，南京：凤凰出版社，2004年。

（清）黄丽中，于如川：《光绪栖霞县续志》，南京：凤凰出版社，2004年。

（清）李祖年，于霖逢：《光绪文登县志》，南京：凤凰出版社，2004年。

（清）张承燮，法伟堂：《光绪益都县图志》，南京：凤凰出版社，2004年。

（清）毕子群，赵翰銮：《光绪郓城县志》，南京：凤凰出版社，2004年。

（清）黄师闾，蒋继洙：《光绪滋阳县志》，南京：凤凰出版社，2004年。

（清）吴若灏，钱枏：《光绪邹县续志》，南京：凤凰出版社，2004年。

余有林，王照青：《民国高密县志》，南京：凤凰出版社，2004年。

潘守廉，唐烜，徐金铭：《民国济宁直隶州志》，南京：凤凰出版社，2004年。

郁浚生，毕鸿宾：《民国巨野县志》，南京：凤凰出版社，2004年。

卢少泉，庄陔兰：《民国重修莒志》，南京：凤凰出版社，2004年。

张雪安，王景沂：《民国莱芜县志》，南京：凤凰出版社，2004年。

李钟豫，亓因培：《民国续修莱芜县志》，南京：凤凰出版社，2004年。

万邦维，张重润：《民国莱阳县志》，南京：凤凰出版社，2004年。

张树梅，王贵笙：《民国临清县志》，南京：凤凰出版社，2004年。

苗恩波，刘荫岐：《民国陵县续志》，南京：凤凰出版社，2004年。

杨豫修，阎廷献，郝金章：《民国齐河县志》，南京：凤凰出版社，2004年。

孟昭章，卢衍庆：《民国重修泰安县志》，南京：凤凰出版社，2004年。

刘国斌，刘锦堂：《民国四续掖县志》，南京：凤凰出版社，2004年。

（清）赵祥星，钱江：《康熙山东通志》，南京：凤凰出版社，2010年。

【河南】

（清）崔应阶：乾隆《陈州府志》，清乾隆十二年（1747）刻本。

（清）毕沅，刘钟之：乾隆《卫辉府志》，乾隆五十二年（1787）刻本。

（清）萧元吉：道光《许州志》，清道光十八年（1838）刻本。

（清）管竭忠：同治《开封府志》，清同治二年（1863）刻本。

（清）施诚，陈肇镛：同治《河南府志》，清同治六年（1867）刻本。

（清）贵泰，武穆淳：嘉庆《安阳县志》，台北：成文出版社，1968年。

（清）黄璟：光绪《续浚县志》，台北：成文出版社，1968年。

（清）谢应起，刘占卿：光绪《宜阳县志》，台北：成文出版社，1968年。

（清）施景舜：宣统《项城县志》，台北：成文出版社，1968年。

刘莲青：民国《巩县志》，台北：成文出版社，1968年。

许希之，晏兆平：民国《光山县志约稿》，台北：成文出版社，1968年。

王维垣，王蒲园：民国《重修滑县志》，台北：成文出版社，1968年。

张凤台，李见荃：民国《林县志》，台北：成文出版社，1968年。

欧阳珍，韩嘉会：民国《陕县志》，台北：成文出版社，1968年。

韩世勋，黎德芬：民国《夏邑县志》，台北：成文出版社，1968年。

卢以治，张沂：民国《续荥阳县志》，台北：成文出版社，1968年。

王秀文，张庭馥：民国《许昌县志》，台北：成文出版社，1968年。

周秉汇，刘瑞璘：民国《郑县志》，台北：成文出版社，1968年。

魏松声：民国《正阳县志》，台北：成文出版社，1968年。

徐家璘，宋景平，杨凌阁：民国《商水县志》，台北：成文出版社，1975年。

（清）袁通，方履籛：道光《河内县志》，台北：成文出版社，1976年。

（清）张道超，马九功：道光《伊阳县志》，台北：成文出版社，1976年。

（清）熊灿，张文楷：光绪《扶沟县志》，台北：成文出版社，1976年。

（清）杨修田：光绪《光州志》，台北：成文出版社，1976年。

（清）周淦，高锦荣：光绪《灵宝县志》，台北：成文出版社，1976年。

（清）郭光澍，李旭春：光绪《卢氏县志》，台北：成文出版社，1976年。

（清）于沧澜，马家彦：《光绪鹿邑县志》，台北：成文出版社，1976年。

（清）潘守廉，张嘉谋：光绪《南阳县志》，台北：成文出版社，1976年。

刘盼遂：民国《长葛县志》，台北：成文出版社，1976年。

朱撰卿：民国《淮阳县志》，台北：成文出版社，1976年。

阮藩济，宋立梧：民国《孟县志》，台北：成文出版社，1976年。

陈伯嘉，李成均：民国《重修汝南县志》，台北：成文出版社，1976年。

韩邦孚，田芸生：民国《新乡县续志》，台北：成文出版社，1976年。

（清）田文镜，王士俊，孙灏，顾栋高：乾隆《河南通志》，《景印文渊阁四库全书》，台北：商务印书馆，1983年。

【陕西】

杨虎城，邵力子：民国《续修陕西通志稿》，民国二十三年（1934）铅印本。

（清）张聪贤，董曾臣：民国《长安县志》，台北：成文出版社，1969年。

（清）余修凤：光绪《定远厅志》，台北：成文出版社，1969年。

（清）刘懋官，周斯亿：宣统《泾阳县志》，台北：成文出版社，1969年。

（清）马毓华，郑书香：光绪《宁羌州志》，台北：成文出版社，1969年。

（清）李体仁，王学礼：光绪《蒲城县新志》，台北：成文出版社，1969年。

聂雨润，李泰：民国《大荔县志稿》，台北：成文出版社，1970年。

（清）杨孝宽，李联芳：光绪《续修平利县志》，台北：成文出版社，1970年。

（清）焦云龙，贺瑞麟：光绪《三原县新志》，台北：成文出版社，1976年。

（清）饶应祺，马先登：光绪《同州府续志》，台北：成文出版社，1970年。

（清）舒其绅，严长明：乾隆《西安府志》，台北：成文出版社，1970年。

（清）刘于义，沈青崖：雍正《陕西通志》，《景印文渊阁四库全书》，台北：商务印书馆，1983年。

（清）冯昌奕，刘遇奇：《康熙续华州志》，南京：凤凰出版社，2007年。

（清）达灵阿，周方炯，高登科：《乾隆凤翔府志》，南京：凤凰出版社，2007年。

（清）汪以诚，史萼：《乾隆再续华州志》，南京：凤凰出版社，2007年。

（清）王如玖：《乾隆直隶商州志》，南京：凤凰出版社，2007年。

（清）李国麒：《乾隆兴安府志》，南京：凤凰出版社，2007年。

（清）吴鸣捷，谭瑀：《道光鄜州志》，南京：凤凰出版社，2007年。

（清）严如熤，杨名飏：《道光汉南续修郡志》，南京：凤凰出版社，2007年。

（清）李熙龄：《道光榆林府志》，南京：凤凰出版社，2007年。

（清）周铭旂：《光绪乾州志稿》，南京：凤凰出版社，2007年。

（清）孔繁朴，高维岳：《光绪绥德直隶州志》，南京：凤凰出版社，

2007年。

翁柽，宋联奎：《民国咸宁长安两县续志》，南京：凤凰出版社，2007年。

【甘肃】

（清）钟庚起：乾隆《甘州府志》，台北：成文出版社，1976年。

（清）陈士桢，涂鸿仪：道光《兰州府志》，台北：成文出版社，1976年。

（清）许容，李迪：乾隆《甘肃通志》，《景印文渊阁四库全书》，台北：商务印书馆，1983年。

（清）鲁廷琰，田吕叶：《乾隆陇西县志》，南京：凤凰出版社，2008年。

（清）赵本植：《乾隆新修庆阳府志》，南京：凤凰出版社，2008年。

（清）曾钧，苏暻：《乾隆武威县志》，南京：凤凰出版社，2008年。

（清）陈士桢，涂鸿仪：《道光兰州府志》，南京：凤凰出版社，2008年。

（清）叶恩沛：《光绪阶州直隶州续志》，南京：凤凰出版社，2008年。

（清）余泽春，匡翼之，张珩：《光绪秦州直隶州新志》，南京：凤凰出版社，2008年。

（清）杨丙荣：《宣统泾州采访新志》，南京：凤凰出版社，2008年。

郑哲侯，朱离明：《民国平凉县志》，南京：凤凰出版社，2008年。

【青海】

（清）龚景瀚，李本源：道光《循化厅志》，台北：成文出版社，1968年。

【宁夏】

马福祥，王之臣：民国《朔方道志》，台北：成文出版社，1969年。

【浙江】

（清）崔锡，齐召南，汪沆：乾隆《永嘉县志》，清乾隆三十年（1765）刊本。

（清）戴兆佳：《天台治略》，台北：成文出版社，1970年。

（清）姚宝煃，范崇楷：嘉庆《西安县志》，台北：成文出版社，1970年。

（清）张吉安，朱文藻：嘉庆《余杭县志》，台北：成文出版社，1970年。

（清）王彬，朱宝慈：同治《江山县志》，台北：成文出版社，1970年。

（清）李前泮，张美翊：光绪《奉化县志》，台北：成文出版社，1970年。

（清）陆心源：光绪《归安县志》，台北：成文出版社，1970年。

（清）陈钟英，王咏霓：光绪《黄岩县志》，台北：成文出版社，1970年。

（清）邓钟玉：光绪《金华县志》，台北：成文出版社，1970年。

（清）李登云，钱宝镕，陈珅：光绪《乐清县志》，台北：成文出版社，1970年。

（清）严辰：光绪《桐乡县志》，台北：成文出版社，1970年。

（清）王寿颐，王棻：《光绪仙居志》，台北：成文出版社，1970年。

（清）刘浚，潘宅仁：光绪《孝丰县志》，台北：成文出版社，1970年。

（清）吴士进，吴世荣：光绪《严州府志》，台北：成文出版社，1970年。

（清）李汝为，潘树棠：民国《永康县志》，台北：成文出版社，1970年。

陈训正，马瀛：民国《定海县志》，台北：成文出版社，1970年。

夏日璈，王韧：民国《建德县志》，台北：成文出版社，1970年。

李钟岳，孙寿芝：民国《丽水县志》，台北：成文出版社，1970年。

余绍宋：民国《龙游县志》，台北：成文出版社，1970年。

符璋，刘绍宽：民国《平阳县志》，台北：成文出版社，1970年。

喻长霖：民国《台州府志》，台北：成文出版社，1970年。

张宗海，杨士龙：民国《萧山县志稿》，台北：成文出版社，1970年。

金城，陈畲：民国《新昌县志》，台北：成文出版社，1970年。

（清）曹秉仁：乾隆《宁波府志》，台北：成文出版社，1974年。

（清）潘绍诒，周荣椿：光绪《处州府志》，台北：成文出版社，1974年。

（清）秦簧，唐壬森：光绪《兰溪县志》，台北：成文出版社，1974年。

（清）李诗：光绪《淳安县志》，台北：成文出版社，1975年。

（清）王瑞成，张浚：光绪《宁海县志》，台北：成文出版社，1975年。

（清）杨廷望，刘国光：光绪《衢州府志》，台北：成文出版社，1975年。

（清）储家藻，徐致靖：光绪《上虞县志校续》，台北：成文出版社，1975年。

（清）支恒春：光绪《松阳县志》，台北：成文出版社，1975年。

（清）张宝琳，王棻：光绪《永嘉县志》，台北：成文出版社，1975年。

张寅，何奏簧：民国《临海县志》，台北：成文出版社，1975年。

（清）应德广：乾隆《建德县志》，台北：成文出版社，1983年。

（清）周兴峄，严可均：道光《建德县志》，台北：成文出版社，1983年。

（清）邵友濂，孙德祖：光绪《余姚县志》，台北：成文出版社，1983年。

郑永禧：民国《衢县志》，台北：成文出版社，1983年。

洪锡范，王荣商：民国《镇海县志》，台北：成文出版社，1983年。

（清）嵇曾筠，沈翼机：乾隆《浙江通志》，《景印文渊阁四库全书》，台北：商务印书馆，1983年。

（清）赵世安：《康熙仁和县志》，上海：上海书店出版社，1993年。

（清）李亨特，平恕：《乾隆绍兴府志》，上海：上海书店出版社，1993年。

（清）李琬，齐召南：《乾隆温州府志》，台北：成文出版社，1983年。

（清）宗源瀚，周学浚：《同治湖州府志》，上海：上海书店出版社，1993年。

（清）赵定邦：《光绪长兴县志》，上海：上海书店出版社，1993年。

（清）冯可镛，杨泰亨：《光绪慈溪县志》，上海：上海书店出版社，1993年。

（清）江峰青，顾福仁：《光绪嘉善县志》，上海：上海书店出版社，1993年。

（清）许瑶光，吴仰贤：《光绪嘉兴府志》，上海：上海书店出版社，1993年。

（清）赵惟崡：《光绪嘉兴县志》，上海：上海书店出版社，1993年。

（清）何乃容，葛华，潘树棠：《光绪缙云县志》，上海：上海书店出版社，1993年。

（清）善广，张景青：《光绪浦江县志》，上海：上海书店出版社，1993年。

（清）雷铣，王棻：《光绪青田县志》，上海：上海书店出版社，1993年。

（清）陈汝霖，王棻：《光绪太平续志》，上海：上海书店出版社，1993年。

（清）王棻，李仲昭：《光绪仙居县志》，上海：上海书店出版社，1993年。

（清）陈遹声，蒋鸿藻：《光绪诸暨县志》，南京：江苏古籍出版社，1993年。

吴庆坻：《民国杭州府志》，上海：上海书店出版社，1993年。

褚传诰：《民国天台县志稿》，上海：上海书店出版社，1993年。

【江西】

（清）徐午：乾隆《南昌县志》，清乾隆五十九年（1794）刻本。

（清）周树槐：道光《吉水县志》，道光四年（1824）刊本。

（清）阿应麟，徐清选：道光《南昌县志》，清道光六年（1826）

刻本。

（清）陈纪麟，汪世泽：同治《南昌县志》，清同治九年（1870）刻本。

（清）柏春，鲁琪光：同治《南丰县志》，清同治十年（1871）刻本。

（清）陈汝祯，匡汝谐：同治《庐陵县志》，清同治十二年（1873）刻本。

（清）彭际盛，胡宗元：光绪《吉水县志》，清光绪三年（1877）刻本。

（清）陈鼒，吴彬：同治《德化县志》，台北：成文出版社，1970年。

（清）孟庆云，杨重雅：同治《德兴县志》，台北：成文出版社，1970年。

（清）蒋继洙，李树藩：同治《广信府志》，台北：成文出版社，1970年。

（清）盛元：同治《南康府志》，台北：成文出版社，1970年。

（清）黄廷金，萧浚兰：同治《瑞州府志》，台北：成文出版社，1970年。

（清）许应鑅，朱澄澜，谢煌：光绪《抚州府志》，台北：成文出版社，1970年。

魏元旷：《南昌邑乘文征》，台北：成文出版社，1970年。

魏元旷：民国《南昌县志》，台北：成文出版社，1970年。

（清）杜林，彭斗山，熊宝善：同治《安义县志》，台北：成文出版社，1975年。

（清）双全，顾兰生：同治《广丰县志》，台北：成文出版社，1975年。

（清）达春布，黄凤楼，欧阳燾：同治《九江府志》，台北：成文出版社，1975年。

（清）朱奎章，胡芳杏：同治《乐安县志》，台北：成文出版社，1975年。

（清）黄鸣珂，石景芬：同治《南安府志》，台北：成文出版社，

1975年。

（清）锡荣：同治《萍乡县志》，台北：成文出版社，1975年。

（清）项珂，刘馥桂：同治《万年县志》，台北：成文出版社，1975年。

（清）李宾阳，赵扶友：同治《兴安县志》，台北：成文出版社，1975年。

（清）区作霖，冯兰森：同治《余干县志》，台北：成文出版社，1975年。

（清）黄德溥，褚景昕：民国《赣县志》，台北：成文出版社，1975年。

（清）定祥，刘绎，周立瀛：光绪《吉安府志》，台北：成文出版社，1975年。

（清）叶滋澜，李临驯：光绪《上犹县志》，台北：成文出版社，1975年。

萧家修，欧阳绍祁：民国《分宜县志》，台北：成文出版社，1975年。

丁国屏，陈家骏：民国《宁冈县志》，台北：成文出版社，1975年。

胡思敬：《盐乘》，台北：成文出版社，1975年。

（清）谢旻：雍正《江西通志》，《景印文渊阁四库全书》，台北：商务印书馆，1983年。

（清）杨柏年，黄鹤雯：《乾隆石城县志》（江西），南京：江苏古籍出版社，1996年。

（清）乔溎，贺熙龄，游际盛：《道光浮梁县志》，南京：江苏古籍出版社，1996年。

（清）黄永纶，杨锡龄：《道光宁都直隶州志》，南京：江苏古籍出版社，1996年。

（清）周之镛：《道光信丰县志续编》，南京：江苏古籍出版社，1996年。

（清）陈乔枞：《咸丰袁州府志》，南京：江苏古籍出版社，1996年。

（清）姚濬昌，周立瀛，赵廷恺：《同治安福县志》（江西），南京：江苏古籍出版社，1996年。

（清）朱潼，徐彦楠：《同治安仁县志》，南京：江苏古籍出版社，1996年。

（清）盛铨，黄炳奎：《同治崇仁县志》，南京：江苏古籍出版社，1996年。

（清）李士棻，王维新，胡业恒：《同治东乡县志》，南京：江苏古籍出版社，1996年。

（清）狄学耕，刘庭辉，黄昌藩：《同治都昌县志》，南京：江苏古籍出版社，1996年。

（清）李寅清，夏琮鼎，严升伟：《同治分宜县志》，南京：江苏古籍出版社，1996年。

（清）王家杰，周文凤，李庚：《同治丰城县志》，南京：江苏古籍出版社，1996年。

（清）吕懋先，帅方蔚：《同治奉新县志》，南京：江苏古籍出版社，1996年。

（清）曾毓璋：《同治广昌县志》，南京：江苏古籍出版社，1996年。

（清）杨长杰，黄联珏：《同治贵溪县志》，南京：江苏古籍出版社，1996年。

（清）殷礼，张兴言，周谟：《同治湖口县志》，南京：江苏古籍出版社，1996年。

（清）邵子彝，鲁琪光：《同治建昌府志》，南京：江苏古籍出版社，1996年。

（清）陈惟清，闵芳言，王士彬：《同治建昌县志》，南京：江苏古籍出版社，1996年。

（清）程芳，郑浴修：《同治金溪县志》，南京：江苏古籍出版社，1996年。

（清）江璧，胡景辰：《同治进贤县志》，南京：江苏古籍出版社，1996年。

（清）徐家瀛，舒孔恂：《同治靖安县志》，南京：江苏古籍出版社，

1996年。

（清）董萼荣，梅毓翰，汪元祥，陈谟：《同治乐平县志》，南京：江苏古籍出版社，1996年。

（清）德馨，鲍孝光，朱孙诒，陈锡麟：《同治临江府志》，南京：江苏古籍出版社，1996年。

（清）王肇渭，郭崇辉：《同治龙泉县志》，南京：江苏古籍出版社，1996年。

（清）杨松兆，孙毓秀，彭钟华：《同治泸溪县志》，南京：江苏古籍出版社，1996年。

（清）沈恩华，卢鼎峋：《同治南康县志》，南京：江苏古籍出版社，1996年。

（清）赵宗耀，陈文庆，欧阳寿：《同治彭泽县志》，南京：江苏古籍出版社，1996年。

（清）陈志培，王廷鉴：《同治鄱阳县志》，南京：江苏古籍出版社，1996年。

（清）张廷珩，华祝三：《同治铅山县志》，南京：江苏古籍出版社，1996年。

（清）潘懿，胡湛，朱孙诒：《同治清江县志》，南京：江苏古籍出版社，1996年。

（清）姚暹，冯士杰：《同治瑞昌县志》，南京：江苏古籍出版社，1996年。

（清）冯兰森，陈卿云：《同治重修上高县志》，南京：江苏古籍出版社，1996年。

（清）宋瑛，彭启瑞：《同治泰和县志》，南京：江苏古籍出版社，1996年。

（清）欧阳骏，周之镛：《同治万安县志》，南京：江苏古籍出版社，1996年。

（清）项珂，刘馥桂：《同治万年县志》，南京：江苏古籍出版社，1996年。

（清）金第，杜绍斌：《同治万载县志》，南京：江苏古籍出版社，1996年。

（清）何庆朝：《同治武宁县志》，南京：江苏古籍出版社，1996年。

（清）暴大儒，廖其观：《同治峡江县志》，南京：江苏古籍出版社，1996年。

（清）朱庆萼，黄大承：《同治新昌县志》（江西），南京：江苏古籍出版社，1996年。

（清）刘昌岳，邓家祺：《同治新城县志》（江西），南京：江苏古籍出版社，1996年。

（清）王肇赐，陈锡麟：《同治新淦县志》，南京：江苏古籍出版社，1996年。

（清）承霈，杜友棠，杨兆崧：《同治新建县志》，南京：江苏古籍出版社，1996年。

（清）文聚奎，祥安，吴增逵：《同治新喻县志》，南京：江苏古籍出版社，1996年。

（清）李大观：《同治信丰县志续编》，南京：江苏古籍出版社，1996年。

（清）崔国榜，金益谦，蓝拔奇：《同治兴国县志》，南京：江苏古籍出版社，1996年。

（清）张兴言，谢煌：《同治宜黄县志》，南京：江苏古籍出版社，1996年。

（清）王维新，涂家杰：《同治义宁州志》，南京：江苏古籍出版社，1996年。

（清）俞致中，汪炳熊：《同治弋阳县志》，南京：江苏古籍出版社，1996年。

（清）双贵，王建中，刘绎：《同治永丰县志》，南京：江苏古籍出版社，1996年。

（清）杨辅宜，萧应乾：《同治永宁县志》，南京：江苏古籍出版社，1996年。

（清）萧玉春，陈恩浩，李炜，段梦龙：《同治永新县志》，南京：江苏古籍出版社，1996年。

（清）颜寿芝，王颖，何戴仁，洪霖：《同治雩都县志》，南京：江苏古籍出版社，1996年。

（清）黄寿祺，吴华辰，任廷槐：《同治玉山县志》，南京：江苏古籍出版社，1996年。

（清）沈镕经，黄光祥，刘德姚，刘丕诚：《光绪长宁县志》，南京：江苏古籍出版社，1996年。

（清）杨锷：《光绪南安府志补正》，南京：江苏古籍出版社，1996年。

（清）江召棠，魏元旷：《光绪南昌县志》，南京：江苏古籍出版社，1996年。

吴宝炬，刘人俊：《民国大庾县志》，南京：江苏古籍出版社，1996年。

王补，曾灿材：《民国庐陵县志》，南京：江苏古籍出版社，1996年。

张芗甫，龙赓言：《民国万载县志》，南京：江苏古籍出版社，1996年。

谢祖安，苏玉贤：《民国宜春县志》，南京：江苏古籍出版社，1996年。

刘洪辟：《民国昭萍志略》，南京：江苏古籍出版社，1996年。

（清）刘坤一，刘绎：光绪《江西通志》，《续修四库全书》第657册，上海：上海古籍出版社，2002年。

（清）汪报闰，陈世玮：《（咸丰）崇义县续志》，北京：北京图书馆出版社，2007年。

【湖北】

（清）王希琮，张锡谷：道光《天门县志》，清道光元年（1821）刻本。

吕调元，刘承恩：民国《湖北通志》，台北：华文书局，1967年。

（清）沅恩光，王柏心：同治《当阳县志》，台北：成文出版社，1970年。

（清）周承弼，王慰：同治《公安县志》，台北：成文出版社，1970年。

（清）赓音布，刘国光：光绪《德安府志》，台北：成文出版社，1970年。

（清）钟桐山，段映斗：光绪《光化县志》，台北：成文出版社，1970年。

（清）倪文蔚，顾嘉蘅：光绪《荆州府志》，台北：成文出版社，1970年。

（清）史致谟：光绪《潜江县志》，台北：成文出版社，1970年。

（清）吴念椿，程寿昌：光绪《云梦县志略》，台北：成文出版社，1970年。

（清）王履谦，李廷锡：道光《安陆县志》，台北：成文出版社，1975年。

（清）劳光泰：道光《蒲圻县志》，台北：成文出版社，1975年。

（清）熊启咏：同治《建始县志》，台北：成文出版社，1975年。

（清）张梓，张光杰：同治《咸丰县志》，台北：成文出版社，1975年。

（清）程启安，张炳钟：同治《宜城县志》，台北：成文出版社，1975年。

（清）周士桢：同治《竹山县志》，台北：成文出版社，1975年。

（清）英启，邓琛：光绪《黄州府志》，台北：成文出版社，1975年。

（清）王庭桢，雷春召：光绪《施南府志续编》，台北：成文出版社，1975年。

（清）钟铜山，柯逢时：光绪《武昌县志》，台北：成文出版社，1975年。

（清）陈树南，钱光奎：光绪《咸宁县志》，台北：成文出版社，1975年。

余晋芳：民国《麻城县志前编》，台北：成文出版社，1975年。

（清）陶士契：《乾隆汉阳府志》，南京：江苏古籍出版社，2001年。

（清）杨世霖：《同治保康县志》，南京：江苏古籍出版社，2001年。

（清）陈惟模，谭大勋：《同治长阳县志》，南京：江苏古籍出版社，2001年。

（清）高佐廷，傅燮鼎：《同治崇阳县志》，南京：江苏古籍出版社，2001年。

（清）胡复初，黄昺杰：《同治大冶县志》，南京：江苏古籍出版社，2001年。

（清）杨延烈：《同治房县志》，南京：江苏古籍出版社，2001年。

（清）承印：《同治穀城县志》，南京：江苏古籍出版社，2001年。

（清）朱荣实，刘燀：《同治广济县志》，南京：江苏古籍出版社，2001年。

（清）德廉，袁鸣珂，林祥瑗：《同治汉川县志》，南京：江苏古籍出版社，2001年。

（清）黄式度，王柏心：《同治续辑汉阳县志》，南京：江苏古籍出版社，2001年。

（清）刘昌绪，徐瀛：《同治黄陂县志》，南京：江苏古籍出版社，2001年。

（清）钟传益，俞焜：《同治重修嘉鱼县志》，南京：江苏古籍出版社，2001年。

（清）林瑞枝，王柏心：《同治监利县志》，南京：江苏古籍出版社，2001年。

（清）恩荣，张圻：《同治荆门直隶州志》，南京：江苏古籍出版社，2001年。

（清）李勖，何远鉴，张钧：《同治来凤县志》，南京：江苏古籍出版社，2001年。

（清）顾际熙：《同治蒲圻县志》，南京：江苏古籍出版社，2001年。

（清）朱荣实，傅如筠：《同治石首县志》，南京：江苏古籍出版社，2001年。

（清）文龄，孙文俊，史策先：《同治随州志》，南京：江苏古籍出版社，2001年。

（清）罗有文，朱美燮：《同治松滋县志》，南京：江苏古籍出版社，2001年。

（清）郑焱，杜煦明，胡洪鼎：《同治通城县志》，南京：江苏古籍出版社，2001年。

（清）罗登瀛，胡昌铭，朱美燮，乐纯青：《同治通山县志》，南京：江苏古籍出版社，2001年。

（清）张金澜，张金圻：《同治宣恩县志》，南京：江苏古籍出版社，2001年。

（清）聂光銮：《同治宜昌府志》，南京：江苏古籍出版社，2001年。

（清）龚绍仁：《同治宜都县志》，南京：江苏古籍出版社，2001年。

（清）周瑞，定熙，余潎廷，崔诰：《同治郧县志》，南京：江苏古籍出版社，2001年。

（清）程光第，叶年茱：《同治郧西县志》，南京：江苏古籍出版社，2001年。

（清）吴葆仪，王严恭：《同治郧阳志》，南京：江苏古籍出版社，2001年。

（清）查子庚，熊文澜：《同治枝江县志》，南京：江苏古籍出版社，2001年。

（清）许光曙，孙福海：《同治钟祥县志》，南京：江苏古籍出版社，2001年。

（清）李焕春，潘炳勋：《光绪长乐县志》，南京：江苏古籍出版社，2001年。

（清）沈云骏，刘玉森：《光绪归州志》，南京：江苏古籍出版社，2001年。

（清）濮文昶，张行简：《光绪汉阳县识》，南京：江苏古籍出版社，2001年。

（清）长庚，厉祥官，陈鸿渐：《光绪续修鹤峰州志》，南京：江苏古籍出版社，2001年。

（清）陈瑞图，陶大夏，吴言昌，王仪吉：《光绪黄安县志》，南京：江苏古籍出版社，2001年。

（清）戴昌言，刘恭冕：《光绪黄冈县志》，南京：江苏古籍出版社，2001年。

（清）覃瀚元，袁瓒：《光绪黄梅县志》，南京：江苏古籍出版社，2001年。

（清）沈星标，曾宪德，秦有锽：《光绪京山县志》，南京：江苏古籍出版社，2001年。

（清）马云龙，贾洪诏：《光绪续辑均州志》，南京：江苏古籍出版社，2001年。

（清）黄世崇：《光绪利川县志》，南京：江苏古籍出版社，2001年。

（清）管贻葵，陈锦：《光绪罗田县志》，南京：江苏古籍出版社，2001年。

（清）葛振元，杨钜：《光绪沔阳州志》，南京：江苏古籍出版社，2001年。

（清）多祺：《光绪蕲水县志》，南京：江苏古籍出版社，2001年。

（清）封蔚礽，陈廷扬：《光绪蕲州志》，南京：江苏古籍出版社，2001年。

（清）恩联，王万芳：《光绪襄阳府志》，南京：江苏古籍出版社，2001年。

（清）朱希白，沈用增：《光绪孝感县志》，南京：江苏古籍出版社，2001年。

（清）吴大训，陈光亨，刘凤纶，王凤池：《光绪兴国州志》，南京：江苏古籍出版社，2001年。

（清）黄世崇：《光绪兴山县志》，南京：江苏古籍出版社，2001年。

（清）罗缃，陈豪，王承禧：《光绪应城县志》，南京：江苏古籍出版社，2001年。

包安保，向承煜：《民国南漳县志》，南京：江苏古籍出版社，2001年。

徐锦，胡鉴莹：《民国英山县志》，南京：江苏古籍出版社，2001年。

梁汝泽，王荣先，谢鸿举：《民国枣阳县志》，南京：江苏古籍出版社，2001年。

【湖南】

（清）张培仁，李元度：同治《平江县志》，清同治十三年（1874）刻本。

（清）杨松兆，孙毓秀：同治《泸溪县志》（湖南），清同治九年（1870）刻本。

（清）盛庆黻，熊兴杰：同治《临湘县志》，清同治十一年（1872）刻本。

（清）唐步瀛，李镇湘：《宁乡县宾兴志》，清光绪四年（1878）刻本。

（清）胡祖荫：《益阳县公产志》，清光绪三十二年（1906）刊本，湖南省图书馆藏。

佚名：《新化公产志》，民国刊本，湖南省图书馆藏。

邓典谟：民国《宜章县志》，民国三十年（1941）刻本。

（清）余良栋，刘凤苞：光绪《桃源县志》，台北：成文出版社，1970年。

（清）盛镒源，戴联璧：民国《城步县志》，台北：成文出版社，1970年。

雷飞鹏：《民国蓝山县图志》，台北：成文出版社，1970年。

（清）赵文在，易文基：嘉庆《长沙县志》，台北：成文出版社，1975年

（清）曾钰：嘉庆《宁远县志》，台北：成文出版社，1975年。

（清）梁葆颐，谭钟麟：同治《茶陵州志》，台北：成文出版社，1975年。

（清）唐荣邦，杨岳方：同治《酃县志》，台北：成文出版社，1975年。

（清）符为霖，刘沛：同治《龙山县志》，台北：成文出版社，1975年。

（清）关培钧，刘洪泽：同治《新化县志》，台北：成文出版社，1975年。

（清）孙炳煜，张钊：光绪《华容县志》，台北：成文出版社，1975年。

（清）孙炳煜：光绪《会同县志》，台北：成文出版社，1975年。

（清）张大煦，欧阳泽闿：光绪《宁远县志》，台北：成文出版社，1975年。

（清）黄文琛：光绪《邵阳县志》，台北：成文出版社，1975年。

（清）饶佺，旷敏本：《乾隆衡州府志》，南京：江苏古籍出版社，2002年。

（清）关天申：《乾隆永顺县志》，南京：江苏古籍出版社，2002年。

（清）朱偓，陈昭谋：《嘉庆郴州总志》，南京：江苏古籍出版社，2002年。

（清）黄宅中，邓湘皋：《道光宝庆府志》，南京：江苏古籍出版社，2002年。

（清）孙均铨，黄元复：《道光凤凰厅志》，南京：江苏古籍出版社，2002年。

（清）褚维垣，尹袭澍：《同治安福县志》（湖南），南京：江苏古籍出版社，2002年。

（清）邱育泉，何才焕：《同治安化县志》，南京：江苏古籍出版社，2002年。

（清）张景垣，张鹏，侯材骥：《同治安仁县志》，南京：江苏古籍出版社，2002年。

（清）林继钦，龚南金，袁祖绶：《同治保靖县志》，南京：江苏古籍出版社，2002年。

（清）玉山，李孝经，毛诗：《同治常宁县志》，南京：江苏古籍出版社，2002年。

（清）刘采邦，张延珂，袁继翰：《同治长沙县志》，南京：江苏古籍出版社，2002年。

（清）刘华邦：《同治桂东县志》，南京：江苏古籍出版社，2002年。

（清）钱绍文，孙光燮：《同治桂阳县志》，南京：江苏古籍出版社，2002年。

（清）汪敩灏，吴嗣仲：《同治桂阳直隶州志》，南京：江苏古籍出版社，2002年。

（清）刘华邦：《同治江华县志》，南京：江苏古籍出版社，2002年。

（清）何玉芬，魏式曾：《同治直隶澧州志》，南京：江苏古籍出版社，2002年。

（清）陈佑启，章俊纯：《同治临武县志》，南京：江苏古籍出版社，2002年。

（清）王汝惺，邹焌杰：《同治浏阳县志》，南京：江苏古籍出版社，2002年。

（清）姜钟琇，刘士先，王振玉：《同治新修麻阳县志》，南京：江苏古籍出版社，2002年。

（清）魏式曾，周来贺：《同治桑植县志》，南京：江苏古籍出版社，2002年。

（清）潘清，邓绎：《同治武冈州志》，南京：江苏古籍出版社，2002年。

（清）陈启迈：《同治武陵县志》，南京：江苏古籍出版社，2002年。

（清）齐德五，王述恩，黄楷盛：《同治湘乡县志》，南京：江苏古籍出版社，2002年。

（清）关培钧，刘洪泽：《同治新化县志》，南京：江苏古籍出版社，2002年。

（清）姚念杨，赵裴哲：《同治益阳县志》，南京：江苏古籍出版社，2002年。

（清）万修廉，张序枝：《同治续修永定县志》（湖南），南京：江苏古籍出版社，2002年。

（清）李龙章，罗教纯：《同治永顺府志》，南京：江苏古籍出版社，2002年。

（清）守忠，许光曙：《同治沅陵县志》，南京：江苏古籍出版社，2002年

（清）张官五，岳兴阿，孟牲康：《同治沅州府志》，南京：江苏古籍出版社，2002年。

（清）姚诗德，郑桂星，李和卿：《光绪巴陵县志》，南京：江苏古籍出版社，2002年。

（清）许清源，洪廷揆：《光绪道州志》，南京：江苏古籍出版社，2002年。

（清）黄心菊：《光绪东安县志》，南京：江苏古籍出版社，2002年。

（清）李惟丙，劳铭勋，文岳英，胡伯第：《光绪衡山县志》，南京：江苏古籍出版社，2002年。

（清）唐际虞，李廷森：《光绪靖州直隶州志》，南京：江苏古籍出版社，2002年。

（清）宋世煦：《光绪耒阳县志》，南京：江苏古籍出版社，2002年。

（清）嵇有庆，刘沛：《光绪零陵县志》，南京：江苏古籍出版社，2002年。

（清）黄教镕，黄文桐，陈保真，彭日晓：《光绪龙阳县志》，南京：江苏古籍出版社，2002年。

（清）吴兆熙，冒沅，张先抡，韩炳章：《光绪善化县志》，南京：江苏古籍出版社，2002年。

（清）郭嵩焘：《光绪湘阴县图志》，南京：江苏古籍出版社，2002年。

（清）张葆连，欧阳辅：《光绪新宁县志》，南京：江苏古籍出版社，2002年。

（清）万发元，周铣诒：《光绪永明县志》，南京：江苏古籍出版社，2002年。

（清）吕凤藻，李献君：《光绪永兴县志》，南京：江苏古籍出版社，2002年。

（清）杨瑞珍：《宣统永绥厅志》，南京：江苏古籍出版社，2002年。

周震麟，刘宗向：《民国宁乡县志》，南京：江苏古籍出版社，

2002年。

李馥：《民国祁阳县志》，南京：江苏古籍出版社，2002年。

吴剑佩，陈鏊，舒立淇：《民国溆浦县志》，南京：江苏古籍出版社，2002年。

胡履新，张孔修：《民国永顺县志》，南京：江苏古籍出版社，2002年。

（清）曾国荃，郭嵩焘：光绪《湖南通志》，《续修四库全书》第661册，上海：上海古籍出版社，2002年。

【四川】

（清）濮瑗，周国颐：道光《安岳县志》，清道光丙申（1836）刻本。

（清）马忠良，孙锵：光绪《越嶲厅全志》，台北：成文出版社，1969年。

（清）罗度，郭肇林：光绪《珙县志》，台北：成文出版社，1975年。

卢起勋，刘君锡：民国《长寿县志》，台北：成文出版社，1975年。

陈铭勋：民国《渠县志》，台北：成文出版社，1975年。

殷鲁：民国《双流县志》，台北：成文出版社，1975年。

（清）刘长庚，侯肇元：嘉庆《汉州志》，台北：成文出版社，1976年。

（清）张琴，范泰衡：同治《万县志》，台北：成文出版社，1976年。

（清）张龙甲，龚世莹：光绪《彭县志》，台北：成文出版社，1976年。

陈步武，郑国翰：民国《大竹县志》，台北：成文出版社，1976年。

庞麟炳，汪承烈：民国《四川宣汉县志》，台北：成文出版社，1976年。

祝世德：民国《筠连县志》，台北：成文出版社，1976年。

（清）黄廷桂，窦启瑛：乾隆《四川通志》，《景印文渊阁四库全书》，台北：商务印书馆，1983年。

（清）曹抡彬，曹抡翰：《乾隆雅州府志》，成都：巴蜀书社，1992年。

（清）戴三锡，王之俊：《嘉庆续眉州志略》，成都：巴蜀书社，

1992年。

（清）吴巩，王来遴：《嘉庆邛州直隶州志》，成都：巴蜀书社，1992年。

（清）黎学锦，史观：《道光保宁府志》，成都：巴蜀书社，1992年。

（清）恩成，刘德铨：《道光夔州府志》，成都：巴蜀书社，1992年。

（清）曾灿奎，刘光第，甘家斌：《道光邻水县志》，成都：巴蜀书社，1992年。

（清）罗廷权，衷兴鉴：《同治重修成都县志》，成都：巴蜀书社，1992年。

（清）曾秀翘，杨德坤：《光绪奉节县志》，成都：巴蜀书社，1992年。

（清）文良，陈尧采：《同治嘉定府志》，上海：上海书店出版社，1992年。

（清）田秀栗，华国清，施泽久：《光绪直隶泸州志》，成都：巴蜀书社，1992年。

（清）文启，董贻清，伍肇龄，何天祥：《同治绵州直隶州志》，成都：巴蜀书社，1992年。

（清）杨铭，伍濬祥：《同治綦江县志》，成都：巴蜀书社，1992年。

（清）王鳞飞，冯世瀛，冉崇文：《同治增修酉阳直隶州总志》，成都：巴蜀书社，1992年。

（清）侯若源，庆徵，柳福培：《同治忠州直隶州志》，成都：巴蜀书社，1992年。

（清）陈其宽，邹宗垣：《光绪续修安岳县志》，成都：巴蜀书社，1992年。

（清）高维岳，魏远猷：《光绪大宁县志》，成都：巴蜀书社，1992年。

（清）郭世棻，邓敏修：《光绪洪雅县志》，成都：巴蜀书社，1992年。

（清）庄定域，支承祜：《光绪彭水县志》，成都：巴蜀书社，1992年。

（清）阿麟，王龙勋：《光绪新修潼川府志》，成都：巴蜀书社，1992年。

（清）连山，李友梁：《光绪巫山县志》，成都：巴蜀书社，1992年。

（清）王麟祥，邱晋成，赵树吉：《光绪叙州府志》，成都：巴蜀书社，1992年。

（清）刘炯，罗廷权，何衮：《光绪资州直隶州志》，成都：巴蜀书社，1992年。

朱之洪，向楚：《民国巴县志》，上海：上海书店出版社，1992年。

谢汝霖，罗元黼：《民国崇庆县志》，成都：巴蜀书社，1992年。

蓝炳奎，吴德准，王文熙，朱炳灵：《民国达县志》，成都：巴蜀书社，1992年。

陈法驾，曾鉴：《民国华阳县志》，成都：巴蜀书社，1992年。

聂述文，刘泽嘉：《民国江津县志》，成都：巴蜀书社，1992年。

唐受潘，黄熔：《民国乐山县志》，上海：上海书店出版社，1992年。

蒲殿钦，崔映棠：《民国绵阳县志》，成都：巴蜀书社，1992年。

李良俊，王荃善：《民国新修南充县志》，成都：巴蜀书社，1992年。

李凌霄，钟朝煦：《民国南溪县志》，成都：巴蜀书社，1992年。

刘锡纯：《民国重修彭山县志》，成都：巴蜀书社，1992年。

罗兴志，杨葆田，孙国藩：《民国新修武胜县志》，成都：巴蜀书社，1992年。

郑少成，杨肇基：《民国西昌县志》，成都：巴蜀书社，1992年。

陈习删，闵昌术：《民国新都县志》，成都：巴蜀书社，1992年。

胡荣湛，余良选：《民国雅安县志》，成都：巴蜀书社，1992年。

吴鸿仁，黄清亮：《民国资中县续修资州志》，成都：巴蜀书社，1992年。

【福建】

（清）乔有豫：道光《清流县志》，清道光九年（1829）活字本。

（清）郝玉麟：乾隆《福建通志》，《景印文渊阁四库全书》，台北：商务印书馆，1983年。

（清）徐景熹，鲁曾煜：乾隆《福州府志》，台北：成文出版社，1966年。

（清）方鼎，朱升元：乾隆《晋江县志》，台北：成文出版社，

1967年。

（清）吴宜燮，黄惠，李田寿：乾隆《龙溪县志》，台北：成文出版社，1967年。

（清）曾曰瑛，李绂：乾隆《汀州府志》，台北：成文出版社，1967年。

（清）刘国光，谢昌霖：光绪《长汀县志》，台北：成文出版社，1967年。

詹宣猷，蔡振坚：民国《建瓯县志》，台北：成文出版社，1967年。

马龢鸣，杜翰生：民国《龙岩县志》：台北：成文出版社，1967年。

林学增，吴锡璜：民国《同安县志》，台北：成文出版社，1967年。

李熙：民国《政和县志》，台北：成文出版社，1967年。

（清）郑一崧，颜璹：乾隆《永春州志》，台北，成文出版社，1974年。

（清）钮承藩，何修渊：光绪《光泽县志》，台北：成文出版社，1974年。

陈朝宗，王光张：民国《大田县志》，台北：成文出版社，1975年。

赵模，王宝仁：民国《建阳县志》，台北：成文出版社，1975年。

梁伯荫，罗克涵：民国《沙县志》，台北：成文出版社，1975年。

郑翘松：民国《永春县志》，台北：成文出版社，1975年。

（清）王琛，徐兆丰，张景祁，张元奇：《光绪重纂邵武府志》，上海：上海书店出版社，2000年。

黄恺元，邓光瀛，丘复：《民国长汀县志》，上海：上海书店出版社，2000年。

方清芳，王光张：《民国德化县志》，上海：上海书店出版社，2000年。

赵模，王宝仁①：《民国建阳县志》，上海：上海书店出版社，2000年。

陈衍：《民国闽侯县志》，上海：上海书店出版社，2000年。

吴栻，蔡建贤：《民国南平县志》，上海：上海书店出版社，2000年。

石有纪，张琴：《民国莆田县志》，上海：上海书店出版社，2000年。

林善庆，王琼：《民国清流县志》，上海：上海书店出版社，2000年。

高登艇，潘先龙，刘敬：《民国顺昌县志》，上海：上海书店出版社，2000年。

罗汝泽，刘以臧，徐友梧：《民国霞浦县志》，上海：上海书店出版社，2000年。

【广东】

（清）张堉春，陈治昌：道光《廉州府志》，清道光十三年（1833）刻本。

（清）林述训，单兴诗，欧樾华：同治《韶州府志》，台北：成文出版社，1966年。

（清）瑞麟，戴肇辰，史澄：光绪《广州府志》，台北：成文出版社，1966年。

（清）叶廷芳：道光《电白县志》，台北：成文出版社，1967年。

（清）徐宝符，李秾：同治《乐昌县志》，台北：成文出版社，1967年。

（清）李福泰，史澄：同治《番禺县志》，台北：成文出版社，1967年。

叶觉迈，陈伯陶：民国《东莞县志》，台北：成文出版社，1967年。

（清）吴宗焯，温仲和：光绪《嘉应州志》，台北：成文出版社，

---

① 《中国地方志集成》影印版民国《建阳县志》著录该志作者为"姚有则，万文衡等修；罗应辰纂"，据查，其所据以影印之民国铅印本，该志共列有5个"主修"，均为建阳知事，依次为赵模、胡子明、姚有则、万文衡、孔菁；列有4个"纂修"，均为本县清朝廪生、贡生，分别为王宝仁、倪寿朋、罗应辰、王子肃。按照惯例，其修纂者当以刊刻在第一个的人为准。台湾成文出版社《中国方志丛书》著录为"赵模修，王宝仁纂"。

1967年。

（清）张希京，欧樾华：光绪《曲江县志》，台北：成文出版社，1967年。

（清）陈志喆，吴大猷：民国《四会县志》，台北：成文出版社，1967年。

张仲弼：民国《香山县志》，台北：成文出版社，1967年。

（清）喻炳荣，赵钧谟：道光《遂溪县志》，台北：成文出版社，1974年。

（清）王崧，李星辉：光绪《揭阳县志》，台北：成文出版社，1974年。

（清）郝玉麟，鲁曾煜：雍正《广东通志》，《景印文渊阁四库全书》，台北：商务印书馆，1983年。

（清）阮元，陈昌齐：道光《广东通志》，《续修四库全书》第672册，上海：上海古籍出版社，2002年。

（清）周硕勋：《乾隆潮州府志》，上海：上海书店出版社，2003年。

（清）雷学海，陈昌齐：《嘉庆雷州府志》，上海：上海书店出版社，2003年。

（清）卢兆鳌，余鹏举：《嘉庆平远县志》，上海：上海书店出版社，2003年。

（清）余宝纯，黄其勤，戴锡纶：《道光直隶南雄州志》，上海：上海书店出版社，2003年。

（清）屠英，江藩：《道光肇庆府志》，上海：上海书店出版社，2003年。

（清）袁泳锡，觉罗祥瑞，单兴诗：《同治连州志》，上海：上海书店出版社，2003年。

（清）额哲克，单兴诗：《同治韶州府志》，上海：上海书店出版社，2003年。

（清）周恒重，张其翮：《光绪潮阳县志》，上海：上海书店出版社，2003年。

（清）杨霁，陈兰彬：《光绪高州府志》，上海：上海书店出版社，2003年。

（清）卢蔚猷，吴道镕：《光绪海阳县志》，上海：上海书店出版社，2003年。

（清）彭贻荪，章毓桂，彭步瀛：《光绪化州志》，上海：上海书店出版社，2003年。

（清）刘溎年，张联桂，邓抡斌，陈新铨：《光绪惠州府志》，上海：上海书店出版社，2003年。

（清）刘抃，惠登甲，黄德容，翁荃：《光绪饶平县志》，上海：上海书店出版社，2003年。

（清）毛昌善，陈兰彬：《光绪吴川县志》，上海：上海书店出版社，2003年。

（清）敖式欐，梁安甸：《光绪信宜县志》，上海：上海书店出版社，2003年。

（清）马呈图：《宣统高要县志》，上海：上海书店出版社，2003年。

（清）梁鼎芬，丁仁长，吴道镕：《宣统番禺县志》，上海：上海书店出版社，2003年。

（清）王辅之，骆克良：《宣统徐闻县志》，上海：上海书店出版社，2003年。

王大鲁，赖际熙：《民国赤溪县志》，上海：上海书店出版社，2003年。

曾枢，凌开蔚：《民国和平县志》，上海：上海书店出版社，2003年。

孔昭度，符矩存，利璋：《民国花县志》，上海：上海书店出版社，2003年。

周学仕，马呈图，陈树勋：《民国罗定志》，上海：上海书店出版社，2003年。

何炯璋，谭凤仪：《民国仁化县志》，上海：上海书店出版社，2003年。

钟喜焯，江珣：《民国石城县志》（广东），上海：上海书店出版社，

2003年。

何天瑞，桂坫：《民国西宁县志》，上海：上海书店出版社，2003年。

蓝荣熙，吴英华：《民国阳春县志》，上海：上海书店出版社，2003年。

张以诚，梁观喜：《民国阳江县志》，上海：上海书店出版社，2003年。

王思章，赖际熙：《民国增城县志》，南京：江苏古籍出版社，2003年。

【海南】

（清）明谊，张岳崧：光绪《琼州府志》，清光绪十六年（1890）刻本。

彭元藻，王国宪：民国《儋县志》，台北：成文出版社，1974年。

【广西】

（清）徐衡绅，周世德：光绪《上林县志》，清光绪二十五年（1899）刻本。

（清）吴九龄，史鸣皋：同治《梧州府志》，台北：成文出版社，1961年。

（清）羊复礼，梁年：光绪《镇安府志》，台北：成文出版社，1966年。

（清）蔡呈韶，胡虔：嘉庆《临桂县志》，台北：成文出版社，1967年。

（清）陈如金，华本松：光绪《百色厅志》，台北：成文出版社，1967年。

（清）顾国诰，何日新，刘树贤：光绪《富川县志》，台北：成文出版社，1967年。

（清）冯德材，文德馨：光绪《郁林州志》，台北：成文出版社，1967年。

欧仰义，梁崇鼎：民国《贵县志》，台北：成文出版社，1967年。

何其英，谢嗣农：民国《柳城县志》，台北：成文出版社，1967年。

古济勋，吕浚堃：民国《陆川县志》，台北：成文出版社，1967年。

黄旭初，刘宗尧：民国《迁江县志》，台北：成文出版社，1967年。

（清）李世椿，郑献甫：同治《象州志》，台北：成文出版社，1968年。

（清）易绍德，封祝唐：光绪《容县志》，台北：成文出版社，1974年。

（清）徐作梅，李士琨：光绪《北流县志》，台北：成文出版社，1975年。

刘振西：民国《隆安县志》，台北：成文出版社，1975年。

莫炳奎：民国《邕宁县志》，台北：成文出版社，1975年。

（清）金鉷：雍正《广西通志》，《景印文渊阁四库全书》，台北：商务印书馆，1983年。

（清）谢启昆，胡虔：嘉庆《广西通志》，《续修四库全书》第678册，上海：上海古籍出版社，2002年。

周赞元：《民国怀集县志》，上海：上海书店出版社，2003年。

（清）李彦章：《榕园文钞》，《清代诗文集汇编》584册，上海古籍出版社，2010年。

【云南】

（清）岑毓英：光绪《云南通志》，清光绪二十年（1894）刻本。

（清）范承勋，张毓碧，谢俨：康熙《云南府志》，台北：成文出版社，1967年。

（清）毛玉成，张翊辰：咸丰《南宁县志》，台北：成文出版社，1967年。

（清）戴纲孙：光绪《昆明县志》，台北：成文出版社，1967年

袁嘉谷，许实：民国《宜良县志》，台北：成文出版社，1967年。

符廷铨：民国《昭通县志》，台北：成文出版社，1967年。

许实：民国《禄劝县志》，台北：成文出版社，1975年。

（清）鄂尔泰，靖道谟：雍正《云南通志》，《景印文渊阁四库全书》，台北：商务印书馆，1983年。

张建新，董云川：《云大文化史料选编》，昆明：云南大学出版社，2006年。

（清）陈宗海：《光绪腾越厅志》，南京：凤凰出版社，2009年。

【贵州】

（清）黄乐之，平翰，郑珍：道光《遵义府志》，台北：成文出版社，1968年。

刘钟荫，周恭寿：民国《麻江县志》，台北：成文出版社，1968年。

解幼莹，钟景贤：民国《开阳县志稿》，台北：成文出版社，1970年。

（清）王粤麟，曹维祺：光绪《普安直隶厅志》，台北：成文出版社，1975年。

（清）鄂尔泰，靖道谟，杜诠：乾隆《贵州通志》，《景印文渊阁四库全书》，台北：商务印书馆，1983年。

（清）周作楫，萧琯：《道光贵阳府志》，成都：巴蜀书社，2006年。

（清）张锳，邹汉勋，朱逢甲：《咸丰兴义府志》，成都：巴蜀书社，2006年。

（清）俞渭，陈瑜：《光绪黎平府志》，成都：巴蜀书社，2006年。

（清）瞿鸿锡，贺绪蕃：《光绪平越州志》，成都：巴蜀书社，2006年。

（清）崇俊，王椿，王培森：《光绪增修仁怀厅志》，成都：巴蜀书社，2006年。

（清）林佩纶，杨树琪：《光绪续修天柱县志》，成都：巴蜀书社，2006年。

王华裔，何幹群：《民国独山县志》，成都：巴蜀书社，2006年。

窦全曾，陈矩：《民国都匀县志稿》，成都：巴蜀书社，2006年。

贵定县采访处：《民国贵定县志稿》，成都：巴蜀书社，2006年。

刘显世，谷正伦，任可澄，杨恩元：《民国贵州通志》，成都：巴蜀书社，2006年。

陈绍令，李承栋：《民国黄平县志》，成都：巴蜀书社，2006年。

胡仁，李培枝：《民国绥阳县志》，成都：巴蜀书社，2006年。

周恭寿，赵恺，杨恩元：《民国续遵义府志》，成都：巴蜀书社，

2006年。

【台湾】

（清）卢德嘉：《凤山县采访册》，《台湾文献丛刊》第73种，台北：台湾银行经济研究室，1960年。

（清）周玺：道光《彰化县志》，《台湾文献丛刊》第156种，台湾银行经济研究室，1962年。

（清）谢金銮，郑兼才：嘉庆《续修台湾县志》，《台湾文献丛刊》第140种，台北：台湾银行经济研究室，1962年。

（清）陈朝龙：《新竹县采访册》，《台湾文献丛刊》第145种，台北：台湾银行经济研究室，1962年。

（清）林豪：光绪《澎湖厅志》，《台湾文献丛刊》第164种，台北：台湾银行经济研究室，1963年。

诸家：《新竹县志初稿》，《台湾文献丛刊》第61种，台北：台湾银行经济研究室，1963年。

黄典权：《台湾南部碑文集成》，《台湾文献丛刊》第218册，台湾银行经济研究室，1966年。

（清）鲁鼎梅：《［乾隆］重修台湾县志》，《故宫珍本丛刊》第124册，海南出版社2001年。

（清）周元文：康熙《重修台湾府志》，《台湾文献史料丛刊》第1辑，台湾大通书局，2009年。

【其他】

（清）阿桂，刘谨之：乾隆《盛京通志》，《景印文渊阁四库全书》，台北：商务印书馆，1983年。

王文藻，陆善格：民国《锦县志》，台北：成文出版社，1974年。

二、古籍

（汉）贾谊：《贾谊集》，上海：上海人民出版社，1975年。

（汉）郑氏注，（唐）孔颖达疏，龚抗云整理：《礼记正义》，李学勤主编《十三经注疏（标点本）》，北京：北京大学出版社，1999年。

（汉）毛亨传，（汉）郑玄笺，（唐）陆德明音义，（唐）孔颖达疏：《毛诗注疏》，《景印文渊阁四库全书》第 69 册，台北：商务印书馆，1983 年。

（汉）郑玄注，（唐）陆德明音义，（唐）贾公彦疏：《仪礼注疏》，《景印文渊阁四库全书》第 102 册，台北：商务印书馆，1983 年。

（汉）郑玄注，（唐）陆德明音义，（唐）贾公彦疏：《周礼注疏》，《景印文渊阁四库全书》第 90 册，台北：商务印书馆，1983 年。

（汉）郑玄注，（唐）陆德明音义，（唐）孔颖达疏：《礼记注疏》，《景印文渊阁四库全书》第 115 册，台北：商务印书馆，1983 年。

（南朝宋）范晔：《后汉书》卷 35《郑玄传》，北京：中华书局，1965 年。

（唐）刘禹锡：《刘禹锡集》，上海：上海人民出版社，1975 年。

（唐）孙樵：《孙可之集》，《景印文渊阁四库全书》第 1083 册，台北：商务印书馆，1983 年。

（唐）李肇：《唐国史补》，上海：上海古籍出版社，1979 年。

（唐）张鷟：《朝野佥载》，《景印文渊阁四库全书》第 1035 册，台北：商务印书馆，1983 年。

（唐）李林甫，等：《唐六典》，北京：中华书局，1992 年。

（唐）舒元舆：《上论贡士书》，（宋）姚铉：《唐文粹》卷 26，《景印文渊阁四库全书》第 1343 册，台北：商务印书馆，1983 年。

（五代）王定保：《唐摭言》，北京：中华书局，1959 年。

（五代）刘昫：《旧唐书》，北京：中华书局，1975 年。

（宋）李焘：《续资治通鉴长编》，清光绪七年（1881）浙江书局校刊本。

（宋）王溥：《唐会要》，清光绪十年（1884）江苏书局刻本。

（宋）孟元老：《东京梦华录》，王云五：《丛书集成初编》第 3216 册，上海：商务印书馆，1935 年。

（宋）吴自牧：《梦粱录》，王云五：《丛书集成初编》，上海：商务印书馆，1935 年。

（宋）梅尧臣：《宛陵集》，上海：中华书局，1936年。

（宋）沈括：《梦溪笔谈》，北京：中华书局，1957年。

（宋）庞元英：《文昌杂录》，北京：中华书局，1958年。

（宋）薛居正：《旧五代史》，北京：中华书局，1976年。

（宋）王与之：《周礼订义》，《景印文渊阁四库全书》第94册，台北：商务印书馆，1983年。

（宋）宇文懋昭：《钦定重订大金国志》，《景印文渊阁四库全书》第383册，台北：商务印书馆，1983年。

（宋）洪皓：《松漠纪闻》，《景印文渊阁四库全书》第407册，台北：商务印书馆，1983年。

（宋）王应麟：《玉海》，《景印文渊阁四库全书》第946册，台北：商务印书馆，1983年。

（宋）苏辙：《栾城集》，《景印文渊阁四库全书》第1112册，台北：商务印书馆，1983年。

（宋）黄庭坚：《山谷外集》，《景印文渊阁四库全书》第1113册，台北：商务印书馆，1983年。

（宋）黄𥥴：《山谷年谱》，《景印文渊阁四库全书》第1113册，台北：商务印书馆，1983年。

（宋）王十朋：《梅溪后集》，《景印文渊阁四库全书》第1151册，台北：商务印书馆，1983年。

（宋）杨万里：《诚斋集》，《景印文渊阁四库全书》第1161册，台北：商务印书馆，1983年。

（宋）魏了翁：《鹤山集》，《景印文渊阁四库全书》第1172册，台北：商务印书馆，1983年。

（宋）真德秀：《西山文集》，《景印文渊阁四库全书》第1174册，台北：商务印书馆，1983年。

（宋）方岳：《秋崖集》，《景印文渊阁四库全书》第1182册，台北：商务印书馆，1983年。

（宋）田锡：《咸平集》，舒大刚：《宋集珍本丛刊》第一册，北京：线装书局，2004年。

（宋）李处权：《衢州新建贡院记》，曾枣庄，刘琳：《全宋文》第174册，上海：上海辞书出版社，2006年。

（宋）关耆孙：《大贡院记》，曾枣庄，刘琳：《全宋文》第200册，上海：上海辞书出版社，2006年。

（宋）鲍同：《贡院记》，曾枣庄，刘琳：《全宋文》第201册，上海：上海辞书出版社，2006年。

（宋）陈俊卿：《兴化军贡院记》，曾枣庄，刘琳：《全宋文》第209册，上海：上海辞书出版社，2006年。

（宋）李焘：《贡院记》，曾枣庄，刘琳：《全宋文》第210册，上海：上海辞书出版社，2006年。

（宋）韩元吉：《婺州贡院记》，曾枣庄，刘琳：《全宋文》第216册，上海：上海辞书出版社，2006年。

（宋）周必大：《梅州贡院记》，曾枣庄，刘琳：《全宋文》第231册，上海：上海辞书出版社，2006年。

（宋）杨万里：《建康府新建贡院记》，曾枣庄，刘琳：《全宋文》第239册，上海：上海辞书出版社，2006年。

（宋）楼钥：《黄州贡院记》，曾枣庄，刘琳：《全宋文》第264册，上海：上海辞书出版社，2006年。

（宋）雷孝友：《瑞州贡院记》，曾枣庄，刘琳：《全宋文》第272册，上海：上海辞书出版社，2006年。

（宋）陈公亮：《重建贡院记》，曾枣庄，刘琳：《全宋文》第274册，上海：上海辞书出版社，2006年。

（宋）程珌：《徽州贡院记》，曾枣庄，刘琳：《全宋文》第298册，上海：上海辞书出版社，2006年。

（宋）李英：《荆门军贡院记》，曾枣庄，刘琳：《全宋文》第302册，上海：上海辞书出版社，2006年。

（宋）钱文子：《袁州贡院记》，曾枣庄，刘琳：《全宋文》第302册，上海：上海辞书出版社，2006年。

（宋）李道传：《江东转运司新建贡院记》，曾枣庄，刘琳：《全宋文》第 304 册，上海：上海辞书出版社，2006 年。

（宋）周南：《平江重修贡院记》，曾枣庄，刘琳：《全宋文》第 294 册，上海：上海辞书出版社，2006 年。

（宋）魏了翁：《长宁军贡院记》，曾枣庄，刘琳：《全宋文》第 310 册，上海：上海辞书出版社，2006 年。

（宋）魏了翁：《普州贡院记》，曾枣庄，刘琳：《全宋文》第 310 册，上海：上海辞书出版社，2006 年。

（宋）魏了翁：《资州新创贡院记》，曾枣庄，刘琳：《全宋文》第 310 册，上海：上海辞书出版社，2006 年。

（宋）魏了翁：《眉州创贡院记》，曾枣庄，刘琳：《全宋文》第 310 册，上海：上海辞书出版社，2006 年。

（宋）真德秀：《潮州贡院记》，曾枣庄，刘琳：《全宋文》第 313 册，上海：上海辞书出版社，2006 年。

（宋）王应凤：《通州贡院记》，曾枣庄，刘琳：《全宋文》第 354 册，上海：上海辞书出版社，2006 年。

（宋）杨亿，（元）杨载：《武夷新集、杨仲弘集》，福州：福建人民出版社，2007 年。

（宋）文彦博：《文潞公集》，太原：山西人民出版社，2008 年。

（宋）崔与之撰，张其凡，孙志章整理：《宋丞相崔清献公全录》，广州：广东人民出版社，2008 年。

（元）李好文：《长安志图》，清光绪十七年（1891）重刊本。

（元）脱脱：《金史》，北京：中华书局，1975 年。

（元）脱脱：《宋史》，北京：中华书局，1977 年。

（元）郝经：《续后汉书》，《景印文渊阁四库全书》第 386 册，台北：商务印书馆，1983 年。

（元）梁益：《诗传旁通》，《景印文渊阁四库全书》第 76 册，台北：商务印书馆，1983 年。

（元）许谦：《诗集名物钞》，《景印文渊阁四库全书》第 76 册，台北：

商务印书馆，1983年。

（元）王恽：《秋涧集》，《景印文渊阁四库全书》第1200册，台北：商务印书馆，1983年。

（元）刘一清：《钱塘遗事》，《景印文渊阁四库全书》第408册，台北：商务印书馆，1983年。

（元）杨翮：《佩玉斋类稿》，《景印文渊阁四库全书》第1220册，台北：商务印书馆，1983年。

（元）马端临：《文献通考》，北京：中华书局，1986年。

（元）佚名：《通制条格》，《续修四库全书》第787册，上海：上海古籍出版社，1995年。

（明）礼部：《洪武四年进士登科录》，天一阁藏明洪武四年（1371）刻本。

（明）礼部：《嘉靖三十八年进士登科录》，天一阁藏明嘉靖三十八年（1559）刻本。

（明）礼部：《嘉靖四十一年进士登科录》，天一阁藏明嘉靖四十一年（1562）刻本。

（明）礼部：《嘉靖四十四年进士登科录》，天一阁藏明嘉靖四十四年（1565）刻本。

（明）王文凤：《湖广乡试录序》，《成化七年湖广乡试录》，天一阁藏明成化七年（1471）刻本。

（明）朱弘纪：《山东乡试录序》，《成化十年山东乡试录》，宁波天一阁藏明成化十年（1474）刻本。

（明）梁晓：《湖广乡试录序》，《弘治五年湖广乡试录》，天一阁明弘治五年（1492）刻本。

（明）柯德赞：《江西乡试录序》，《弘治五年江西乡试录》，天一阁藏弘治五年（1492）刻本。

（明）宋山：《山西乡试录序》，《弘治五年山西乡试录》，天一阁藏明弘治五年（1492）刻本。

（明）姚渊：《福建乡试录序》，《弘治八年福建乡试录》，天一阁藏弘治八年（1495）刻本。

（明）孙文原：《陕西乡试录序》，《弘治八年陕西乡试录》，天一阁藏明弘治八年（1495）刻本。

（明）刘莹：《陕西乡试录序》，《弘治十一年陕西乡试录》，天一阁藏明弘治十一年（1498）刻本。

（明）濮琰：《河南乡试录序》，《弘治十一年河南乡试录》，天一阁藏弘治十一年（1498）刻本。

（明）韩宗尧：《江西乡试录序》，《弘治十四年江西乡试录》，天一阁藏弘治十四年（1501）刻本。

（明）徐威：《福建乡试录序》，《弘治十四年福建乡试录》，天一阁藏弘治十四年（1501）刻本。

（明）颜烨：《江西乡试录序》，《正德十一年江西乡试录》，天一阁藏正德十一年（1516）刻本。

（明）黄珠：《四川乡试录序》，《嘉靖十六年四川乡试录》，天一阁藏明嘉靖十六年（1537）刻本。

（明）申时行，许国，王锡爵：《大明会典》，明万历十五年（1587）刻本。

（明）艾南英：《天佣子集》，清康熙三十八年（1699）家塾刻本。

（明）朱国祯：《涌幢小品》，北京：中华书局，1959年。

（明）宋濂：《元史》，北京：中华书局，1976年。

（明）季本：《诗说解颐字义》，《景印文渊阁四库全书》第79册，台北：商务印书馆，1983年。

（明）朱朝瑛：《读诗略记》，《景印文渊阁四库全书》第82册，台北：商务印书馆，1983年。

（明）王应电：《周礼图说》，《景印文渊阁四库全书》第96册，台北：商务印书馆，1983年。

（明）李贤：《明一统志》，《景印文渊阁四库全书》第472、473册，台北：商务印书馆，1983年。

（明）汪砢玉：《珊瑚网》，《景印文渊阁四库全书》第818册，台北：

商务印书馆，1983年。

（明）彭大翼：《山堂肆考》，《景印文渊阁四库全书》第975册，台北：商务印书馆，1983年。

（明）宋濂：《文宪集》，《景印文渊阁四库全书》第1223册，台北：商务印书馆，1983年。

（明）何乔新：《椒邱文集》，《景印文渊阁四库全书》第1249册，台北：商务印书馆，1983年。

（明）王世贞：《弇州续稿》，《景印文渊阁四库全书》第1283册，台北：商务印书馆，1983年。

（明）温纯：《温恭毅集》，《景印文渊阁四库全书》第1288册，台北：商务印书馆，1983年。

（明）胡应麟：《少室山房集》，《景印文渊阁四库全书》第1290册，台北：商务印书馆，1983年。

（明）邹元标：《愿学集》，《景印文渊阁四库全书》第1294册，台北：商务印书馆，1983年。

（明）张居正：《张太岳集》，上海：上海古籍出版社，1984年。

（明）王世贞：《弇山堂别集》，北京：中华书局，1985年。

（明）刘珝：《古直先生文集》，《四库全书存目丛书》集部第36册，济南：齐鲁书社，1997年。

（明）蒋冕：《湘皋集》，《四库全书存目丛书》集部第44册，济南：齐鲁书社，1997年。

（明）姚镆：《东泉文集》，《四库全书存目丛书》集部第46册，济南：齐鲁书社，1997年。

（明）王守仁：《王阳明先生全集》，《四库全书存目丛书》集部第50册，济南：齐鲁书社，1997年。

（明）吕柟：《泾野先生文集》，《四库全书存目丛书》集部第60－61册，济南：齐鲁书社，1997年。

（明）钟芳：《筠溪文集》，《四库全书存目丛书》集部第64册，济南：齐鲁书社，1997年。

（明）唐龙：《渔石集》，《四库全书存目丛书》集部第 65 册，济南：齐鲁书社，1997 年。

（明）张治：《张龙湖先生文集》，《四库全书总目丛书》集部第 76 册，济南：齐鲁书社，1997 年。

（明）张时彻：《芝园别集》，《四库全书总目丛书》集部第 82 册，济南：齐鲁书社，1997 年。

（明）蒋冕：《湘皋集》，蒋钦辉主编：《全州历史文化丛书》，南宁：广西人民出版社，2001 年。

（明）陈文修，李春龙，刘景毛校注：《景泰云南图经志书校注》，昆明：云南民族出版社，2002 年。

（明）钟芳：《钟筠溪集》，海口：海南出版社，2006 年。

黄彰健主编：《明太祖实录》，台北："中研院"史语所，1962 年。

（清）缪彤：《胪传纪事》，（清）王晫：《檀几丛书》，清康熙三十四年（1695）刻本。

（清）黄六鸿：《福惠全书》，康熙三十八年（1699）金陵濂溪书屋刻本。

（清）李渔：《笠翁一家言全集》，清雍正八年（1730）芥子园刻本。

《江南乡试录（乾隆九年甲子科）》，清乾隆九年（1744）刻本。

《福建乡试录（乾隆十七年壬辰恩科）》，美国哈佛大学藏清乾隆十七年（1752）刻本。

《顺天乡试录（乾隆三十三年戊子科）》，清乾隆三十三年（1768）刻本。

（清）王赓言：《簣山堂诗钞》卷 8《信江集》，清嘉庆刻本。

（清）沈涛：《交翠轩笔记》，清道光十六年（1836）刻本。

（清）佚名：《吉水考棚尚义录》，清道光刻本。

（清）蓝鼎元：《鹿洲初集》，清光绪五年（1879）刻本。

（清）景清，等：《钦定武场条例》，清光绪二十一年（1895）刻本。

（清）昆冈：《钦定大清会典事例》卷 403《礼部·风教》，清光绪二十五年（1899）刻本。

（清）蒋师辙：《台游日记》，《台湾文献丛刊》第 6 种，台北：台湾银行经济研究室，1957 年。

（清）丁曰健：《治台必告录》，《台湾文献丛刊》第 17 种，台湾银行经济研究室，1957 年。

夏德仪：《台湾教育碑记》，《台湾文献丛刊》第 54 种，台湾银行经济研究室，1959 年。

（清）徐宗幹：《斯未信斋文编》，台北：台湾银行经济研究室，1960 年。

（清）陈璸：《陈清端公文选》，《台湾文献丛刊》第 116 种，台北：台湾银行经济研究室，1961 年。

佚名：《新竹县制度考》，《台湾文献丛刊》第 101 种，台湾银行经济研究室，1961 年。

（清）邓传安：《蠡测汇钞》，《台湾文献丛刊》第 9 种，台湾银行经济研究室，1962 年。

许南英：《窥园留草》，《台湾文献丛刊》第 147 种，台湾银行经济研究室，1962 年。

（清）陈朝龙：《新竹县采访册》，《台湾文献丛刊》第 145 种，台湾银行经济研究室，1962 年。

（清）郑兼才：《六亭文选》，《台湾文献丛刊》第 143 种，台北：台湾银行经济研究室，1962 年。

（清）素尔讷：《钦定学政全书》，台北：文海出版社，1966 年。

（清）陈夔龙：《庸庵尚书奏稿》，《清末民初史料丛书》第 34 种，台北：成文出版社，1968 年。

（清）张芾：《张文毅公奏稿》，《清末民初史料丛书》第 11 种，台北：成文出版社，1968 年影印。

（清）李秉衡：《李忠节公奏议》，《清末民初史料丛书》第 5 种，台北：成文出版社，1968 年。

（清）钱鼎铭：《钱敏肃公奏疏》，《清末民初史料丛书》第 13 种，台北：成文出版社，1968 年。

（清）马新贻：《马端敏公奏议》，《清末民初史料丛书》第43种，台北：成文出版社，1968年。

（清）裕谦：《裕靖节公遗书》，《清末民初史料丛书》第32册，台北：成文出版社，1968年。

戴彦辉：《淡新档案选录行政编初集》，《台湾文献丛刊》第295种，台湾银行经济研究室，1971年。

（清）何庆涵：《眠琴阁遗诗文》，沈云龙：《近代中国史料丛刊》第95辑，台北：文海出版社，1973年。

（清）张廷玉：《明史》，北京：中华书局，1976年。

（清）法式善，等：《清秘述闻三种》，北京：中华书局，1982年。

（清）王夫之：《诗经稗疏》，《景印文渊阁四库全书》第84册，台北：商务印书馆，1983年。

（清）方苞：《周官集注》，《景印文渊阁四库全书》第101册，台北：商务印书馆，1983年。

（清）纳喇性德：《陈氏〈礼记集说〉补正》，《景印文渊阁四库全书》第127册，台北：商务印书馆，1983年。

（清）秦蕙田：《五礼通考》，《景印文渊阁四库全书》第137册，台北：商务印书馆，1983年。

（清）厉鹗：《辽史拾遗》，《景印文渊阁四库全书》第289册，台北：商务印书馆，1983年。

（清）徐乾学：《资治通鉴后编》，《景印文渊阁四库全书》第342册，台北：商务印书馆，1983年。

（清）嵇璜，曹仁虎：《钦定续通志》卷42《辽纪》，《景印文渊阁四库全书》第392册，台北：商务印书馆，1983年。

（清）嵇璜，曹仁虎：《钦定续通志》，《景印文渊阁四库全书》第398册，台北：商务印书馆，1983年。

（清）爱新觉罗·胤禛：《世宗宪皇帝圣训》，《景印文渊阁四库全书》第412册，台北：商务印书馆，1983年。

（清）李清馥：《闽中理学渊源考》，《景印文渊阁四库全书》第460册，台北：商务印书馆，1983 年。

（清）嵇璜，曹仁虎：《钦定续文献通考》，《景印文渊阁四库全书》第 627 册，台北：商务印书馆，1983 年。

（清）朱鹤龄：《愚庵小集》，《景印文渊阁四库全书》第 1319 册，台北：商务印书馆，1983 年。

（清）李光地：《榕村集》，《景印文渊阁四库全书》第 1324 册，台北：商务印书馆，1983 年。

（清）清圣祖御定：《御定全唐诗》，《景印文渊阁四库全书》第 1423－1431 册，台北：商务印书馆，1983 年。

（清）汪森：《粤西文载》，《景印文渊阁四库全书》第 1466 册，台北：商务印书馆，1983 年。

（清）徐松：《登科记考》，北京：中华书局，1984 年。

（清）许维：《吕氏春秋集释》，北京：中国书店出版社，1985 年。

（清）于敏中：《钦定日下旧闻考》，北京：北京古籍出版社，1985 年。

（清）庆桂，董诰，曹振镛：《清高宗实录》，北京：中华书局，1985 年。

（清）世续，陈宝琛，郭曾炘：《清德宗实录》，北京：中华书局，1985 年。

（清）阎镇珩：《六典通考》，扬州：江苏广陵古籍刻印社，1990 年。

（清）孙承泽：《春明梦余录》，北京：北京古籍出版社，1992 年。

（清）梁章钜，梁恭辰编著；白化文，李鼎霞点校：《楹联丛话全编》，北京：北京出版社，1996 年。

（清）何刚德：《春明梦录》，《民国笔记小说大观》第 3 辑，太原：山西古籍出版社，1997 年。

（清）陈康祺：《郎潜纪闻初笔》，北京：中华书局，1997 年。

（清）王先谦：《骈文类纂》，长春：吉林人民出版社，1998 年。

（清）嵇璜：《续通志》，杭州：浙江古籍出版社，2000 年。

（清）陈宝琛：《螺江陈氏家谱》，北京图书馆编：《北京图书馆藏家谱丛刊·闽粤侨乡卷》第 11 册，北京：北京图书馆出版社，2000 年。

（清）林则徐：《林则徐全集》第9册《日记卷》，福州：海峡文艺出版社，2002年。

（清）鄂尔泰，张廷玉：《清世宗实录》，北京：中华书局，2008年。

（清）刘鸿翱：《绿野斋集选录》，《台湾关系文献集零（十）》，《台湾文献史料丛刊》第9辑，台北：台湾大通书局，2009年。

（清）谢章铤：《谢章铤集》，长春：吉林文史出版社，2009年。

（清）施闰章：《施愚山先生学余文集》，《清代诗文集汇编》第69册，上海：上海古籍出版社，2010年。

（清）钱陈群：《香树斋诗集》，《清代诗文集汇编》第261册，上海：上海古籍出版社，2010年。

（清）蒋士铨：《忠雅堂诗集》不分卷《喻义斋少作稿》，《清代诗文集汇编》第356册，上海：上海古籍出版社，2010年。

（清）赵翼：《瓯北集》，《清代诗文集汇编》第362册，上海古籍出版社，2010年。

（清）朱珪：《知足斋诗集》，《清代诗文集汇编》第376册，上海：上海古籍出版社，2010年。

（清）曹文埴：《石鼓砚斋文钞》，《清代诗文集汇编》第387册，上海：上海古籍出版社，2010年。

（清）钱澧：《钱南园遗集》，《清代诗文集汇编》第397册，上海：上海古籍出版社，2010年。

（清）阮元：《揅经室三集》，《清代诗文集汇编》第477册，上海：上海古籍出版社，2010年。

（清）阮元：《揅经室四集》，《清代诗文集汇编》第477册，上海：上海古籍出版社，2010年。

（清）程恩泽：《程侍郎遗集》，《清代诗文集汇编》第548册，上海：上海古籍出版社，2010年。

（清）范仕义：《廉泉诗钞》，《清代诗文集汇编》第548册，上海：上海古籍出版社，2010年。

（清）赵光：《赵文恪公遗集》，《清代诗文集汇编》第594册，上海：

上海古籍出版社，2010年。

（清）何庆涵：《眠琴阁遗诗》，《清代诗文集汇编》第683册，上海：上海古籍出版社，2010年。

（清）刘坤一著，陈代湘校点：《刘坤一集》第5册，长沙：岳麓书社，2018年。

（清）余诚编，吕莺校注：《古文释义（下）》，北京：北京出版社，2018年。

三、近代报刊

《贡院停捐》，《益闻录》1895年第1436期。

《贡院拆平》，《集成报》1901年第9期。

《政务处奏会议兴修贡院折》，《北洋官报》1905年第622期。

《拆改贡院》，《广益丛报》1905年第87期。

《改贡院为陆军大学校》，《中华报》1905年第371期。

《拟将贡院改设武备学堂》，《教育杂志（天津）》1905年第12期。

《广东改贡院为优级师范学堂》，《教育杂志（天津）》1905年第13期。

《贡院改观》，《山东官报》1905年第15期。

《测绘贡院》，《山东官报》1905年第85期。

《奏准以各省贡院改学堂》，《直隶教育杂志》1906年第10期。

《浙抚张奏全浙师范学堂拟就贡院改建折》，《教育世界》1906年第132期。

《改保定贡院为警务学堂》，《中华报》1906年第434期。

《贡院拟建陆军小学》，《北洋官报》1906年第965册。

《贡院改设督练所》，《北洋官报》1906年第981册。

《贡院改设师范学堂》，《北洋官报》1906年第984册。

《贡院拟改警务学堂》，《北洋官报》1906年第989册。

《贡院改建贫民学校》，《北洋官报》1906年第1073册。

《贡院拟改提学司署》，《北洋官报》1906年第1099期。

《贡院改建高等学堂》，《北洋官报》1907年第1401册。

《晋省贡院改作学堂》，《北洋官报》1907年第1409册。

《贡院改建学堂》，《北洋官报》1907年第1557册。

《金陵贡院改辟市场之计划》，《顺天时报》第1503号，光绪三十三年一月十八日（1907年3月2日）第5版。

《添派缪太史稽查接收贡院事宜》，《顺天时报》第1575号，光绪三十三年四月十四日（1907年5月25日）第4版。

《贡院改建学堂动工》，《顺天时报》第1704号，1907年10月24日第7版。

《赣省贡院改造学堂》，《北洋官报》1908年第1635册。

《府中学堂迁入贡院》，《北洋官报》1908年第1833册。

《调查贡院存器》，《顺天时报》第1869号，光绪三十四年（1908）四月十四日第7版。

《鄂督委员将贡院改筑谘议局文》，《顺天时报》第2138号，宣统元年（1909）闰二月二十日第4版。

《贡院之瓜分》，《顺天时报》第2142号，宣统元年（1909）闰二月廿五日第4版。

《资政院奏择定贡院旧址建造资政院请旨饬修折》，《顺天时报》第2258号，宣统元年（1909）七月十四日第5版。

《饬用贡院砖木修建大学》，《顺天时报》第2112号，宣统二年（1910）二月二十日第7版。

《本司批中等农业学堂堂长申该学堂请仍就贡院办理各情形由》，《湖北教育官报》1910年第1期。

《江苏贡院改建劝业场之先声》，《顺天时报》第4626号，民国五年十月初一日（1916年10月27日）第4版。

《本司详借贡院至公堂清白堂公地开办图书馆文》，《四川教育官报》1911年第28期。

寒蛮：《豫乘》，《豫言》1917年第12期。

《呈省长请将出售南京贡院拨归皖省卖价作为留学基金文》，《绩溪县教育会年刊》1920年第1期。

《令省会警察厅（第七四三四号）》，《江苏实业月志》1920年第15期。

《江苏实业厅训令第六百十四号：令六十县知事》，《江苏省公报》1920年第2384期。

《令处分贡院专员陈超衡、保管员汤允中（第四六二四号）》，《江苏实业月志》1920年第14期。

《北京贡院改为树艺所》，《顺天时报》第5854号，1920年5月13日第19版。

《贡院改建市区》，《顺天时报》第6048号，1920年11月29日第3版。

《令贡院古迹保管员（第三七零九号）》，《江苏实业月志》1921年第26期。

《令贡院古迹保管员汤允中（第六四三四号）》，《江苏实业月志》1921年第28期。

徐则林：《基督会贡院支堂开幕志盛》，《兴华》1921年第18卷第32期。

《吴江》1923年第44期，1923年5月1日第2版。

《贡院官地招领》，《顺天时报》第6966号，1923年7月27日头版。

《领买旧贡院地基者注意》，《顺天时报》第7004号，1923年9月4日第4版。

《出售东总布胡同旧贡院地皮》，《顺天时报》第7518号，1925年3月2日头版。

江苏省教育会：《致教育厅实业厅商将贡院内之本会分事务所房屋迁让应用函》，《江苏省教育会月报》1925年7月。

老舍：《南京贡院之改作市政府（照片）》，《上海画报》1927年第250期。

老舍：《双十节京市府之门景即旧明远楼》，《上海画报》1929年第517期。

《呈省政府为遵谕估计贡院旧址改修公园工程请察夺示遵由（二十一年四月十九日）》，《江西建设月刊》1932 年第 6 卷第 4 期。

《吴县教育局公函第二七三号：为标卖贡院定于七月二十一日开会希出席由》，《昆山县教育汇刊》1932 年第 11 期。

《分饬保护贡院旧址之砖石树木》，《江西省政府公报》1932 年第 19 期。

《采风录》，《国闻周报》1933 年第 10 卷第 16 期。

《采风录》，《国闻周报》1933 年第 10 卷第 21 期。

《虞社》1935 年第 215 期。

《北京贡院明远楼》，《艺林月刊》1939 年第 110 期。

四、今人论著

1. 著作

黄涵林：《古今楹联名作选粹》，上海：广益书局，1929 年。

陈方镛：《楹联新话》，上海：中华书局，1932 年。

王铁崖：《中外旧约章汇编》第 1 册，北京：三联书店，1957 年。

商衍鎏：《清代科举考试述录》，北京：三联书店，1958 年。

许南英：《窥园留草》，《台湾文献丛刊》第 147 种，台北：台湾银行经济研究室，1962 年。

刘枝万：《台湾中部碑文集成》，《台湾文献丛刊》第 151 种，台北：台湾银行经济研究室，1962 年。

《福建省例·恤赏例（十案）》，《台湾文献丛刊》第 199 种，台北：台湾银行经济研究室，1964 年。

陈夔龙：《庸庵尚书奏稿》，《清末民初史料丛书》第 34 种，台北：成文出版社，1968 年。

《明清历科进士题名碑录》，台北：华文书局，1969 年。

赵尔巽：《清史稿》，北京：中华书局，1977 年。

周楣声：《针灸穴名释义》，合肥：安徽科学技术出版社，1985 年。

张伟仁：《明清档案》，台北：联经出版事业公司，1986 年。

朱有瓛：《中国近代学制史料》第 2 辑上册，上海：华东师范大学出版社，1987 年。

钟毓龙：《科场回忆录》，杭州：浙江古籍出版社，1987 年。

毛礼锐，沈灌群：《中国教育通史》第 3 卷，济南：山东教育出版社，1987 年。

林真：《台湾私法物权编》，《台湾文献史料丛刊》第 172 册，台北：台湾大通书局，1987 年。

朱保炯，谢沛霖：《明清进士题名碑录索引》，上海：上海古籍出版社，1989 年。

马贤达主编：《中国武术大辞典》，北京：人民体育出版社，1990 年。

李文郑：《林则徐楹联辑注》，郑州：中州古籍出版社，1993 年。

严修：《蟫香馆使黔日记》，《续修四库全书》第 582 册，上海：上海古籍出版社，1995 年。

［美］贾志扬：《宋代科举》，台北：东大图书股份有限公司，1995 年。

池秀云：《历代名人室名别号辞典》，太原：山西古籍出版社，1998 年。

［日］内藤湖南，青木正儿：《两个日本汉学家的中国纪行》，王青译，北京：光明日报出版社，1999 年。

周道祥：《江南贡院》，北京：中国物资出版社，1999 年。

张忠纲主编：《全唐诗大辞典》，北京：语文出版社，2000 年。

杨一凡，田涛：《中国珍稀法律典籍续编》第七册，哈尔滨：黑龙江人民出版社，2002 年。

梁石编著：《中国古今实用对联大全》，北京：大众文艺出版社，2003 年。

宋玉岫，杨进发：《中华学府志（山西卷）》，北京：中共中央党校出版社，2003 年。

杨学为，陈高华，宋德金，张希清：《中国考试通史·宋辽金元》，北京：首都师范大学出版社，2004 年。

［美］丁韪良：《花甲忆记：一位美国传教士眼中的晚清帝国》，沈弘，

恽文捷，郝田虎译，南宁：广西师范大学出版社，2004年。

时呈忠：《南京夫子庙志略》，北京：中国工人出版社，2005年。

刘海峰：《科举学导论》，武汉：华中师范大学出版社，2005年。

龚延明，祖慧：《宋登科记考》，南京：江苏教育出版社，2005年。

常建华：《清代的国家与社会研究》，北京：人民出版社，2006年。

解维汉编选：《中国衙署会馆楹联精选》，西安：陕西人民出版社，2006年。

翟吉昌编著：《官署对联选》，北京：中国档案出版社，2006年。

肖振才：《江南贡院》，北京：当代中国出版社，2007年。

周道祥：《江南贡院史话》，南京：南京出版社，2008年。

［日］宇野哲人：《中国文明记》，张学锋译，北京：中华书局，2008年。

《台湾关系文献集零（十）》，《台湾文献史料丛刊》第9辑，台北：台湾大通书局，2009年。

李兵：《千年科举》，长沙：岳麓书社出版社，2010年。

姜传松：《清代江西乡试研究》，武汉：华中师范大学出版社，2010年。

李兵，林介宇：《科举旧影录》，长沙：湖南大学出版社，2011年。

郭灿金编著：《世纪华章：纪念河南大学建校100周年书系·百年流韵》，郑州：河南大学出版社，2012年。

邓明灿，张义忠编著：《河南大学校园百年建设史》，郑州：河南大学出版社，2012年。

杨克泉：《中华名楼经典对联荟萃》，北京：金盾出版社，2013年。

刘先澄：《贡院春秋》，北京：中国文史出版社，2013年。

陆军，黄秀颖：《清代广西贡院》，桂林：广西师范大学出版社，2013年。

马丽萍：《明清贡院建筑》，南京：东南大学出版社，2013年。

毛晓阳：《清代科举宾兴史》，武汉：华中师范大学出版社，2014年

毛晓阳：《清代宾兴公益基金组织管理制度研究》，北京：人民出版

社，2014 年。

张昌山：《云南文化读本》，昆明：云南人民出版社，2014 年。

朱炳贵编著：《老地图·南京旧影》，南京：南京出版社，2014 年。

任慧峰：《先秦军礼研究》，北京：商务印书馆，2015 年。

金滢坤：《中国科举制度通史·隋唐五代卷》，上海：上海人民出版社，2015 年。

张希清：《中国科举制度通史·宋代卷》，上海：上海人民出版社，2015 年。

武玉环，高福顺，都兴智，吴志坚：《中国科举制度通史·辽金元卷》，上海：上海人民出版社，2015 年。

郭培贵：《中国科举制度通史·明代卷》，上海：上海人民出版社，2015 年。

黄美燕：《义乌建筑文化》，上海：上海人民出版社，2016 年。

陈新，杜维沫选注：《欧阳修选集》，上海：上海古籍出版社，2016 年。

虞和平：《近代史所藏清代名人稿本抄本》第 3 辑第 130 册，郑州：大象出版社，2017 年。

黄天骥：《黄天骥文集》，广州：广东人民出版社，2018 年。

2. 论文

胡伦清：《旧贡院硕果仅存的明远楼》，《明远》1934 年第 1 期。

朱意防：《北京贡院始末记》，《大东亚周刊》1943 年第 1 卷第 25 期。

石万寿：《古碑续拾：道山建台阳考棚捐题碑记后碑》，《台湾风物》第 25 卷，1975 年第 3 期。

张传：《有关云南贡院的两块碑记》，《思想战线》1981 年第 6 期。

杨兴茂：《甘肃贡院与贡院长联》，《兰州学刊》1985 年第 2 期。

刘文刚：《阆中清代试院考棚》，《四川文物》1989 年第 2 期。

詹德隆：《台北考棚筑造年代试探》，《台北文献》第 88 期，1989 年 6 月。

张振华：《明清的考场——贡院》，《北京档案》1991 年第 6 期。

鲁树泉，李耀奎：《青神清代考棚与〈重修考棚序〉碑记》，《四川文物》1991年第3期。

郭静洲：《清代四川"考棚"楹联》，《文史杂志》1992年第4期。

葛绍欧：《宋代府州的贡院》，邓广铭，漆侠主编：《国际宋史研讨会论文选集》，保定：河北大学出版社，1992年。

朱惠荣，马荣柱：《云南贡院史话》，《思想战线》1993年第2期。

李乾朗：《台湾可能仅存之江南匠派建筑——清末台湾府台中城内考棚遗存建筑》，《建筑师》第19卷，1993年第3期。

李朗乾：《台中考棚遗构与地图显示的关系》，《建筑师》第19卷，1993年第4期。

赖志彰：《台中考棚考——台湾省城元考试堂的历史变迁》，《空间》第44期，1993年3月。

方德修，胡金望：《安庆考棚沿革小考》，《安庆师院社会科学学报》1993年第3期。

何忠礼：《北宋礼部贡院场所考略》，《河南大学学报（社会科学版）》1993年第4期。

徐金华：《北京的贡院》，《中国档案》1997年第3期。

黄丽：《贡院碑石及江西贡院的变迁》，《南方文物》1998年第2期。

刘苗苗：《定州贡院初探》，《文物春秋》1999年第3期。

王小莉：《从贡院到国子监》，《北京档案》2000年第1期。

积多：《成都贡院的对联》，《文史杂志》2003年第3期。

于红英：《河南贡院——研究中国科举制度的重要档案》，《中州今古》2003年第3期。

李科友：《江西贡院与科举考试》，《南方文物》2005年第2期。

谢凌：《蜀中废科举、办新学的纪事碑——〈成都府贡院废号记〉》，《四川文物》2005年第3期。

河边：《漫谈贡院》，《中国考试（高考版）》2006年第2期。

王新：《云南贡院》，《寻根》2006年第3期。

李兵：《明清贡院漫谈》，《科举学论丛》2007年第2期。

萧源锦：《阆中的四川贡院》，《文史杂志》2007年第5期。

刘海峰：《探访广东贡院明远楼》，《科举学论丛》2008年第1期。

李兵：《明清贡院供水趣谈》，《教育与考试》2008年第1期。

王庆成：《清代学政官制之变化》，《清史研究》2008年第1期。

姜传松：《江西贡院史探》，《科举学论丛》2008年第2期。

冯家红：《中国科举制度文化见证——江南贡院》，《江苏省社会主义学院学报》2008年第1期。

冯海清：《河南贡院——中国科举制度的终结地》，《档案管理》2008年第2期。

邓明：《明远楼与甘肃贡院的兴废》，《档案》2008年第5期。

冯海清：《河南贡院与中国科举制度的终结》，《兰台世界》2008年第18期。

梁庚尧：《南宋的贡院》，刘海峰主编：《二十世纪科举研究论文选编》，武汉：武汉大学出版社，2009年。

关晓红：《议修京师贡院与科举制的终结》，《近代史研究》2009年第4期。

刘海峰：《贡院——千年科举的背影》，《社会科学战线》2009年第5期。

朱晓冉：《南宋建康府贡院地望考证》，《山西建筑》2009年第32期。

张森：《明清顺天贡院的修建及经费探究》，《北京社会科学》2010年第4期。

周道祥：《江南贡院碑刻揭示的科举文化》，《东方收藏》2010年第7期。

高福顺：《辽朝礼部贡院与知贡举考论》，《考试研究》2011年第2期。

黄雅君，陈宁宁：《河南贡院——科举考试的最后一抹亮色》，《兰台世界》2011年第26期。

俞振卿：《左宗棠、吴可读与甘肃贡院》，《西部时报》2011年10月28日C3版。

孙欣：《贡院春秋》，《寻根》2012年第2期。

苏峰楠：《"大畏民志"石额由来之厘疑》，《台南文献》第 1 卷，2012 年第 2 辑。

陈宁宁：《河南贡院清代碑记两通》，《历史档案》2012 年第 4 期。

马丽萍：《明清贡院选址研究》，《江苏建筑》2012 年第 4 期。

张建修：《河南贡院与科举制度改革》，《才智》2012 年第 34 期。

杨冉：《云南贡院掠影》，《科举学论丛》2013 年第 1 期。

陶易：《贡院火灾悲喜录》，《文史杂志》2013 年第 1 期。

王晓璇：《科举贡院：古代选拔人才的重地》，《辽宁教育》2013 年第 1 期。

王彬彬，韦明芳：《兴义府试院独特的历史文化风采》，《贵州民族报》2013 年 7 月 26 日 C4 版。

李兵，李志明：《明代童试及生员中举率再探》，《大学教育科学》2013 年第 4 期。

段红娟：《定州贡院——科举制度的见证》，《东方收藏》2013 年第 5 期。

文史成：《引书论史应求实——也说蜀王府、摩诃池和贡院》，《文史杂志》2013 年第 5 期。

刘一彬：《清代福建贡院的修建及其经费考论》，《石家庄学院学报》2014 年第 2 期。

钱建状：《宋代的州府贡院与贡院记》，《科举学论丛》2014 年第 2 期。

田建荣：《陕西贡院的历史变迁与价值》，《长安大学学报（社会科学版）》2014 年第 3 期。

张亚群：《科举文化盛衰与贡院的命运》，《社会科学战线》2014 年第 6 期。

刘海峰：《江南贡院的命运》，《社会科学战线》2014 年第 6 期。

刘希伟：《科举废止后江南贡院处置过程钩沉》，《教育与考试》2014 年第 6 期。

王力：《明清贵州贡院的使用与维修》，《贵州文史丛刊》2015 年第 1 期。

贾琳：《贡院兴废折射明清科举演化轨迹》，《中国社会科学报》2015年3月4日A05版。

吕珺，毛传寿：《玉山考棚：清代童生试的县试考场》，《中国文物报》2015年5月12日008版。

叶建萍：《江南贡院——中国科举制度的历史见证》，《档案建设》2015年第5期。

黄明光，杨秀富：《清朝广西镇安府壮族地区科举"考棚"探讨》，《百色学院学报》2015年第6期。

天津教育招生考试院：《同治年间福建汀州府童试文书》，《历史档案》2016年第1期。

裴兴荣，冯喜梅：《论金代的贡院唱和诗》，《山西大同大学学报（社会科学版）》2016年第1期。

刘丹：《清代广东贡院：考古、文献与历史》，《岭南文史》2016年第2期。

周春芳，王军：《明清陕西贡院建筑研究》，《华中建筑》2016年第2期。

贾飞：《清代定州贡院述论》，《长江丛刊》2016年第20期。

毛晓阳：《论清代社会公益基金组织的政府立案管理制度——以科举宾兴为中心》，《山东社会科学》2016年第8期。

杨惠玲：《论辽的礼部贡院及科举》，《社会科学战线》2016年第11期。

孟义昭：《清代江南科举的三次考棚之争》，《历史档案》2017年第1期。

毛晓阳，邹燕青：《以公益求公平：清代州县考棚述论》，《清史论丛》2017年第1期。

黄明光：《云南建水地区考棚及科举兴盛原因探讨》，《科举学论丛》2017年第2期。

程伟：《清代河南贡院的修建及其经费探究》，《科举学论丛》2017年第2期。

刘明鑫：《明代乡会试贡院修建与维护经费来源考述》，《求索》2017年第9期。

吴超，刘宗刚：《南京江南贡院的前世今生》，《建筑与文化》2017年第10期。

袁尔纯，王建军：《清代广东贡院修建考》，《中国地方志》2017年第12期。

孟义昭：《明清南京贡院研究》，《徽学》2018年第1期。

毛晓阳，邹燕青：《清代台湾考棚考论》，《清史论丛》2018年第1期。

杨锐：《清代湖北州县考棚的修建与分布》，《湖北职业技术学院学报》2018年第2期。

郭文安：《明代童试确立时间考》，《江海学刊》2018年第3期。

刘海峰：《江南贡院的保存与演变》，《厦门大学学报（哲学社会科学版）》2018年第5期。

何忠礼：《南宋的礼部贡院与省试》，《厦门大学学报（哲学社会科学版）》2018年第5期。

石孝义：《定州贡院》，《寻根》2018年第5期。

殷勇：《清代扬郡试院的历史渊源》，《江苏地方志》2019年第5期。

张亮：《晚清童试经费摊派及办考赔累——以四川保宁府为中心的考察》，《学术研究》2018年第7期。

潘春华：《闲说南京的江南贡院》，《建筑》2019年第15期。

诸葛忆兵：《宋人贡院记论略》，《四川大学学报（哲学社会科学版）》2020年第1期。

3. 学位论文

刘希伟：《清代山东乡试研究》，厦门大学硕士学位论文2008年。

周会娟：《明清时期桂林城若干历史地理问题研究》，广西师范大学硕士学位论文2008年。

姜传松《清代江西乡试研究》，厦门大学博士学位论文2009年。

许静：《清代湖南乡试研究》，湖南大学硕士学位论文2009年。

王毅：《南京城市空间营造研究》，武汉大学博士学位论文2010年。

马丽萍：《明清贡院建筑研究》，南京工业大学硕士学位论文 2012 年。

卢方琦：《明清南昌城复原研究》，北京大学硕士学位论文 2013 年。

王璐：《清代杭州城市地理研究》，复旦大学硕士学位论文 2014 年。

刘赟俊：《1873 年江南贡院格局及其构成浅析》，南京大学硕士学位论文 2015 年。

王旭静：《清末江南贡院明远楼浅析》，南京大学硕士学位论文 2015 年。

王忠培：《清代浙江乡试资格考试及其录取人数研究》，浙江大学硕士学位论文 2016 年。

邹艳妮：《清代江南乡试研究》，湖南大学硕士学位论文 2016 年。

巩帆：《阆中古城景观意象研究》，重庆大学硕士学位论文 2016 年。

裴家亮：《明代应天府乡试研究》，福建师范大学硕士学位论文 2018 年。

杨锐：《晚清湖北考棚研究》，淮北师范大学硕士学位论文 2019 年。

田万宾：《清代贡院建筑形制及空间特性研究——以定州贡院为例》，中国建筑设计研究院硕士学位论文 2019 年。

万亚玉：《甘肃贡院研究（1875－1905）》，新疆大学硕士学位论文 2019 年。

后 记

2015年6月，结束了历时一个多月的福建省高考命题封闭状态，我从至今未能知晓地名的安徽省某地的高考命题点回到福州。恰逢2015年度国家社科基金评审结果揭晓，我在"入闱"之前申报的一般项目"以公益求公平：清代科举考场研究"侥幸入选。此后经过数年的努力，2020年6月当我从日本大阪市立大学结束为期一年的访学转道上海回到福州时，我提交的课题成果也通过了国家社科规划办的结项鉴定，并获得了"优秀"的鉴定意见。三年后，在福建教育出版社的努力下，以该结项成果为基础的《清代贡院史》又获准入选2023年度国家出版基金资助项目，今年6月亦将"出闱"。

我对清代贡院的关注，始于1996年到1999年我在江西师范大学历史系师从许怀林先生攻读江西地方史硕士研究生期间。当时，许老师和地方史教研室的梁洪生老师一起推荐我参加教育学院胡青教授主持的"江西考试史"课题，承担其中的"清代江西考试史"一章。后来，我便以此为基础，完成了硕士学位论文《清代江西乡绅助考活动研究》。当时在做课题的过程中，我从江西省图书馆收藏的诸多晚清、民国版江西省地方志中发现了大量的宾兴和贡院史料，这也引起了我对中国古代"助考"类教育公益活动的关注。在我看来，以宾兴、贡院为代表的"助考"活动，是中国古代教育公益文化史的重要组成部分，也是迄今为止世界教育公益文化史上独一无二的现象。因此，在此后的近二十年中，无论是在浙江大学攻读中国古典文献学博士学位，还是在厦门大学从事教育学博士后研究，我在海内外各地图书馆查阅资料时，都对这两类史料特别上心，而图书馆的老师们也总是对我格外关照。浙江大学西溪校区图书馆的邹爱芳老师特别准许我将《中国方志丛书》抱出阅览室到邻近的复印店复印，厦门大学图书馆的老师们则向我的博士后合作导师刘海峰教授戏称我是同她们一起上班的图书馆编外馆员。我能幸运地在2009年、2015年分别获得以宾兴和贡院为选题的国家社科基金立项，离不开她们的帮助。

我能有此幸运也应该归功于众多师友的提携和关爱，尤其是科举学研究领域诸多师友的启发与教益。得益于二十年多来中国数字人文技术的快速发展，人文社会科学的学人们不仅能够突破时间和空间的限制更为便捷地获取资料，而且能够借助各类在线方式进行讲学与交流，从而大大缩短同好之间相互请益的时空距离。至今我还清楚地记得，二十年前当我刚刚踏入浙江大学西溪校区时，导师龚延明先生拿出一沓小卡片，手把手教我抄录清代进士小传的情景。在厦门大学嘉庚主楼的九楼教室，刘海峰老师在课堂上向我们讲述他在读研时去北京查阅资料，不得不和农民工一起挤在绿皮火车的硬座车厢里，他描述的画面至今令我们无比感慨。今天，龚老师已经率领科研团队在籍合网建立了全世界收录中国进士最多的"历代进士登科数据库"，成为数字人文领域的大咖；而刘老师创办的"科举学与考试研究"则是全球最具影响力的科举学微信公众号，发布的科举学研究资讯令人目不暇接。在龚老师和刘老师的师门群里，我可以第一时间获取同门最新发表成果的学术动态。通过"科举群"微信群、"宋学研究"与"科举学与考试研究"等微信公众号，我还可以亲历大家对科举学研究最新选题的讨论，无形中将每年科举制与科举学学术研讨会的线下交流延伸到线上并持续更新。日新月异蓬勃发展的数字人文技术，帮助我勉力追赶着科举学研究队伍阔步前行的脚步。

特别感谢大阪公立大学的平田茂树教授。2019年6月，我在导师龚延明老师的引荐下，利用福建省教育厅"高等学校学科（专业）带头人培养计划海外访问学者项目"的经费支持，应邀赴日本大阪市立大学师从平田老师进行为期一年的访学学者工作。在此期间，我不仅全程旁听了平田老师主讲的"东洋史学研究指导""东洋史学研究演习"和"东洋史学综合研究"等课程，而且参加了他主持的"宋代史谈话会"等学术研讨活动。为了照顾我在语言能力方面的不足，每次讨论交流时平田老师都会不厌其烦地将报告人的日语陈述翻译为中文，鼓励和引导我参与到讨论之中。他对我和其他访问学者、中国留学生的细致关照，让我感受到他不仅在学术研究方面踏实勤勉、追求创新，而且在为人处世方面待人诚恳、朴实谦恭。需要指出的是，由他主持开展的"宋代史谈话会"已届第265期，其周期大致为每月1期，举办至今已有近30年的历史。而在新冠疫情期间，为了保障与会者的健康，平田老师决定将此项学术交流活动改为线上举行，利用ZOOM、腾讯会议等在线会议软件，和包括中国学者在内的宋史学人保持密切联系。现在疫情虽然已经结束，平田老师也依然在举行"宋代史谈话会"时开设线上交流通道，方便分处中日各地的学者参加。也正是得益于平田老师的关照，本年4月20日我第二次应邀参加了宋代史谈话会，围绕我的中国古代贡院史研究做了专题讲座。谈话会结束后，我特意写信给平田老师，恳请他为本书撰写序言。他不仅慨然应允，而且很快完成，并委托中山大学的胡劲茵女士将其翻译成中文。胡劲茵女士也曾在大阪市立大学访学，和我有同门之谊，特此致谢。

  这部书稿能够顺利出版，得益于福建教育出版社的帮助。获得国家出版基金资助是人文社会科学领域的重要荣誉之一，正是由于祝玲凤、陈玉龙二位编审"点石成金"的加持，这部《清代贡院史》才能在众多参评选题中脱颖而出。而在编校过程中，编辑们更是不辞辛劳，凭借扎实的专业功底和严谨的治学态度纠正了书稿中的众多讹误。在此衷心感谢出版社编辑老师们的无私奉献。当然，由于书稿所研究的对象涉及时段较长、地域较广，且项目成果在提交结项鉴定后未及投入足够的时间进行修改便仓促出版，其中错讹、疏漏之处在所难免，敬祈方家不吝指正。

毛晓阳
2024年5月于福州三源花园